보이지 않는 군대
INVISIBLE ARMIES

보이지 않는 군대
INVISIBLE ARMIES

문상준 · 조상근 옮김

맥스 부트 지음

게릴라전, 테러, 반란전과 대반란전의 5천년 역사

플래닛미디어
Planet Media

보이지 않는 군대가 거의 스페인 전역에 그물처럼 퍼져 있었다.

주둔지를 잠시 벗어난 프랑스 병사는 그 그물망으로부터 벗어날 수 없었다.

제복도 입지 않고 무기조차 없는 게릴라들은 추격하는 군대로부터 쉽게 도망쳤고,

그들과 싸우기 위해 파견된 군대는 그들을 전혀 눈치채지 못한 채

그들의 한가운데를 지나가는 일이 비일비재했다.

– 미오 데 멜리토 백작 COUNT MIOT DE MELITO * (1858) –

* 나폴레옹의 형이자 한때 스페인 왕이었던 조제프 보나파르트 Joseph Bonaparte의 가신이었다.

◆

"우리는 보이지 않고, 유동적이며, 잡을 수 없는 적을 공격한다."

– 로저 트랑퀴에 대령 COLONEL ROGER TRINQUIER ** (1961) –

** 제1차 인도차이나 전쟁과 알제리 전쟁에 참전한 프랑스 군인

CONTENTS

제2부 자유가 아니면 죽음을 ✦ 126
- 자유주의 혁명의 대두 -

제3부 유점(油點) 확산 전략 ✦ 224
- 제국의 전쟁 -

제4부 폭탄 투척자들 ♦ 336

- 국제 테러리즘의 태동 -

제5부 사이드쇼 ✦ 434
– 제1·2차 세계대전 당시의 게릴라와 특공대 –

제6부 제국의 종말 ✦ 516
– '민족해방전쟁' –

| 일러두기 |

1. 이 책에 나오는 각주는 번역 과정에서 옮긴이들이 추가한 것이다.

2. 원서에 사용된 미국식 단위(마일, 야드, 피트 등)는 한국 표준 단위(킬로미터, 미터 등)로 환산해 표기했다. 단 무기나 장비의 특성을 드러내는 단위(예: 3.5인치 바주카)는 고유성을 인정하여 변환하지 아니했다.

프롤로그

♦

2007년 4월 9일, 바그다드 정찰

땅거미가 지기 시작하자 공수부대원들은 사냥을 준비하는 포식자처럼 임시 주둔시설에서 나왔다. 황갈색 사막 전투화를 신은 공수부대원들이 부대 내 불모지에 깔린 은빛 자갈을 밟을 때 부드럽게 부스럭거리는 소리가 났다. 방탄헬멧, M-4 소총, 9mm 권총, 방염防炎 장갑, 야간투시경, 응급처치키트, 탄약 파우치, 무전기 및 기타 많은 장비가 사용되었다. 가장 다루기 힘든 장비는 어깨와 가랑이 덮개와 전, 후면과 측면 주위에 방탄판이 들어가 있는 방탄복이었다. 전투하중은 최소 27kg 정도로, 이것은 고대 로마군단 전투원이 짊어졌던 무게와 비슷했다.

짧은 임무 브리핑 후에 공수부대원들은 저스티스 전방작전기지Forward Operation Base Justice 정문까지 800m의 거리를 도보가 아니라 장갑판이 없는 트럭을 타고 이동했다. 이들은 이동한 지 얼마 되지 않아 약 1.2m 높이의 트럭 짐칸에서 내려 부대 정문 밖으로 걸어 나갔다. 따뜻한 봄바람이 불자 근처 티그리스Tigris 강 건너에서 날아온 독한 냄새가 진동했다.

2007년 4월 9일 월요일. 바그다드 북서부 카디미야Kadhimiya 지역.

이날은 사담 후세인^{Saddam Hussein} 정권의 몰락을 기념하는 날이었다. 미군은 모든 정규군이 선호하는 진지전^{positional warfare}을 펼친 이라크군과 공화국 수비대를 무너뜨리는 데는 아무런 문제가 없었지만, 수니파^{Sunni}[1] 지하디스트^{jihadist}[2]부터 시아파^{Shiite}[3] 민병대에 이르는 무장세력에게는 쩔쩔매고 있었다.

수많은 무장세력이 단순한 무기—AK-47, 로켓추진탄^{RPG}, 그리고 무엇보다도 미군이 IED^{Improvised Explosive Device}(급조폭발물[4])라고 부르는 폭탄—를 사용함으로써 이미 3,300명이 넘는 미군이 전사했고, 2만 5,000명이 넘는 부상자가 발생했다. 이후 4년 8개월 동안 1,184명이 추가로 사망했다. 이라크인의 사망자 수는 더 끔찍한 수준이어서 총 8만 명 이상이 사망했다. 불과 몇 달 전에 바그다드^{Baghdad}에서 발생한 끔찍한 유혈사태는 이라크를 전면적인 내전의 위기로 몰아넣었다.

미군은 이제는 사라진 소련의 붉은 군대 같은 적을 무찌르기 위해 고안된 전술과 기술이 이런 새로운 위협에 대처하기에는 안타깝게도 부적절하다는 것을 절감했다. 이런 종류의 전쟁에서는 우회할 측익도 없었고, 함락할 요새도 거의 없었으며, 점령할 수도도 없었다. 도처에 있는 보이지 않는 적과 매일 끔찍한 전투를 할 뿐이었다. 이 보이지 않는 적은 수단과 방법을 가리지 않고 무자비하게 공격한 후 민간인 속으로 유유히 자취를 감추었고, 잔인한 보복을 할 수밖에 없는 상황으로 미군을 몰아넣어 주민들이 미군에 등을 돌리도록 만들었다. 이러한 적은 1900년대 초 필리핀의 정글에서부터 1960년대 베트남의 논에 이르기까지 미국이 싸워

---

1 수니파: 이슬람의 가장 큰 종파이자 정통파로서 예언자 무함마드(Muhammad)의 언행인 수나(Sunnah)를 따르는 사람을 의미한다.

2 지하디스트: 이슬람 원리주의 무장투쟁 세력.

3 시아파: 이슬람 세계에서 수니파 다음으로 큰 분파로, 시아 이슬람이라고도 한다. 시아는 사전적으로는 분파라는 뜻으로 수니파의 상대적인 개념으로 사용된다.

4 급조폭발물: 정규군에 의한 폭발물이 아니라, 임시로 조달 가능한 폭발 물질로 만든 사제 폭탄, 또는 폭발 장치. 게릴라전이나 비정규전에서 사용되는 일이 많다.

본 경험이 있는 유형의 적이었지만, 병사 대부분이 상대하기 편하다고 느끼는 적은 아니었다.

이라크 전쟁이 개시된 지 거의 4년 후인 2006년 말이 되어서야 비로소 미 육군과 해병대는 수십 년 만에 대반란작전counterinsurgency operation에 특화된 첫 야전교범(FM 3-24)을 발간했다. FM 3-24의 작성을 총괄한 데이비드 H. 퍼트레이어스David H. Petraeus 장군은 2007년 초 주이라크 사령관으로 임명되어 새 야전교범에서 제시된 교리를 적용하기 시작했다. 추가 부대들이 이라크로 증파되었고, 이들 중 상당수는 수 km의 윤형철조망과 콘크리트 장벽에 둘러싸여 이라크 주민과 접촉이 차단된 전방작전기지Forward Operating Bases에서 나와 주민들 곁으로 이동하기 시작했다. 이들은 이라크 주민들 근처에서 함께 살며 작전을 수행할 수 있는 합동경계기지Joint Security Station와 전투전초Combat outpost에 주둔하기 시작했다. 작전의 중점이 중무장한 험비Humvee를 이용한 차량정찰에서 보병이 주민들과 어울리며 반란군을 추적하는 데 필요한 정보를 수집할 수 있는 도보정찰로 변경되기 시작했다.

중위에서 대위로 갓 진급했지만 아직 소대장 임무를 수행하고 있는 데이비드 브루나이David Brunais 대위는 이러한 전략환경 변화에 따른 임무를 수행하기 위해 제82공정사단 소속 부사관 1명과 병사 11명을 이끌고 어둑어둑해진 카디미야Kadhimiya의 거리로 향했다.

몇 달 전 소수의 수니파 주민들이 쫓겨난 시아파 집중거주지역에서 실시하는 그날의 세 번째 정찰이었다. 극우 시아파 집단인 모크타다 알 사드르Moqtada al Sadr가 지휘하는 마흐디Jaish al Mahdi군을 지지하는 주민들의 집중거주지이자 지역 보안군의 보호를 받는 신성한 시아파 사원이 있는 곳이었다. 존 고티John Gotti[5] 구역의 마피아처럼 마흐디군은 다른 지역에서는 폭력행위를 자행하면서 자신의 구역은 안정을 유지하려고 했다. 그래서

---

5 존 고티: 미국 뉴욕시의 5대 마피아 조직 중 하나인 감비노(Gambino) 패밀리의 두목.

이 지역은 이라크의 기준에서 보면 비교적 안전하다고 할 수 있었지만, 그렇다고 아주 안전한 것은 아니었다. 이 무법천지 어디에서나 어떠한 예고도 없이 충격적인 폭력사건이 터질 수 있었다. 도심에 있는 그린 존Green Zone조차도 안전하지 않았다. 며칠 전에 자살폭탄 테러범이 그린 존에 있는 이라크 의회를 뚫고 들어가 의원들을 죽이려 한 사건이 대대적으로 보도되기도 했다.

공수부대원들은 거리 양쪽으로 산개해서 미광微光을 녹색으로 증폭하는 야간투시경으로 특이사항이 있는지 사주경계를 실시하고, 방탄모에 장착된 마이크를 통해 낮은 음성으로 통신을 유지했다. 그들이 직면한 유일한 문제는 택시가 전복된 심각한 교통사고였다. 브루나이 대위는 이라크 육군 소령에게 도움이 필요한지 물어보려고 멈췄으나, 이라크인들은 상황을 잘 통제하고 있는 듯했다. 공수부대원들은 6명의 중년 남성이 물담배를 피우는 노천 카페까지 계속해서 걸어갔다. 브루나이가 한 달 동안 이 동네를 정찰하면서 알게 된 사람들이었다. 그는 싸구려 플라스틱 잔디 의자에 앉아 대화를 나누기 위해 잠시 멈췄다.

이들은 변함없이 브루나이 대위를 아랍식으로 환대하면서 물담배를 권했다. 브루나이가 거절하자 펩시콜라를 권했고 브루나이는 그것을 받았다. 물담배를 피우는 사람들 중에 간혹 영어를 할 줄 아는 이라크 사람이 있었지만 오늘은 없었기 때문에 브루나이는 반란군의 보복을 피하기 위해 스키마스크로 얼굴을 가린 이라크인 통역사를 불렀다. 브루나이는 통역사를 통해 도미노와 축구에 대한 농담으로 시작하여 이 상징적인 날에 왜 이라크 정부가 바그다드의 차량 통행을 금지하는 결정을 했는지 설명하면서 격식 있는 우호적인 대화를 이어갔다. 이들은 차량통행금지로 인해 일상이 중단되어 장사가 안 된다며 악의 없이 불만을 늘어놓았다. 하지만 브루나이는 차량 폭탄 테러가 장사에 훨씬 더 나쁜 영향을 미친다고 지적했다.

대화는 몇 분 동안 계속되었다. 양측이 서로 우호적인 인사를 주고받은 뒤 브루나이와 소대원들은 천천히 기지를 향해 도보로 복귀했다. 기지를 떠난 지 한 시간 반 만에 복귀한 이들은 지치고, 피곤하고 땀에 젖은 상태였다. 이들은 취침했다가 아침에 일어나 다시 정찰 임무를 수행할 준비를 했다.

◆ ◆ ◆

온화한 그날 밤 바그다드에서 제82공정사단의 공수부대원들이 수행한 임무에는 특이사항이 없었다. 그것이 바로 핵심이다. 공수부대원들은 알렉산드로스 대왕Alexandros the Great과 율리우스 카이사르Julius Caesar 시대로부터 대반란작전의 초석이 되어온 특별할 것 없고, 지루하며, 평범한 정보 수집 및 경계 작전을 수행하고 있었다. 이들은 고되기 짝이 없는 비정규전에서 승리하기 위해 고군분투해온 오랜 역사를 가진 정규군인 반면, 이들의 적은 항상 정규군을 괴롭혀온 훨씬 더 긴 역사를 가진 비정규 전사戰士들이었다.

게릴라전은 시간이 흐르면서 1910년대의 산업화전쟁, 1930년대의 공중전, 1950년대의 핵전쟁, 1990년대의 네트워크중심전Network-centric warfare과 같은 '새로운 것'으로 대체되는 것처럼 보였다. 그러나 매번 게릴라전은 복수復讐와 함께 건재함을 알렸다.

제2차 세계대전 이후 반란과 테러리즘은 분쟁의 주된 형태가 되었으며, 가까운 미래에도 이 추세는 지속될 것이다. 국가 간의 전통적인 군사 분쟁이 줄어들더라도 게릴라와 테러 조직의 수는 증가하고 있으며, 증가 속도도 후자가 전자보다 훨씬 빠르다. 한 연구에 따르면, 1990년대 총 전사자의 90% 이상이 주로 비정규전으로 수행된 내전으로 인해 발생했다고 한다. 이 수치는 의심할 여지 없이 2000~2010년에 발생한 전사자의 수와 비슷하다.

이런 형태의 전쟁이 널리 퍼지게 된 이유는 쉽게 알 수 있다. 한 가지 이유는 저렴하고 쉽다는 것이다. 게릴라전을 벌이기 위해 값비싼 무기체계를 획득하거나 정교한 조직체계를 구축할 필요가 없다. 그리고 게릴라전은 효과가 있다. 알제리와 베트남에서부터 아프가니스탄, 체첸, 레바논, 소말리아, 이라크에 이르기까지 반란군은 강대국을 굴복시키는 일관된 능력을 보여주었다. 미국은 그다지 달갑지 않지만 2001년 9월 11일 발생한 테러 사건과 뒤이은 테러와의 전쟁에서 비정규 전술이 얼마나 강력할 수 있는지 알게 되었다. 갑자기 게릴라전의 본질, 그리고 게릴라전의 가까운 사촌인 테러리즘을 이해하는 것은 더 이상 플라워 파워flower power[6] 시대의 진부한 연구가 아니라 이제는 삶과 죽음의 문제가 되었다.

하지만 여러 시대에 걸친 게릴라전과 테러리즘의 진화를 추적하여 이해하기 쉽게 쓴 최신 책을 찾아볼 수 없었다. 내가 이 책『보이지 않는 군대Invisible Armies』를 집필한 목적은 선사시대의 비정규전 기원부터 이라크, 아프가니스탄 및 그 밖의 지역에서 발생한 현대 분쟁에 이르기까지 비정규전의 역사를 자세하게 설명하고 그 교훈을 전하기 위해서다. 또한 수세기에 걸쳐 발생한 다양한 저강도 분쟁의 사례들을 통해 중요한 저강도 분쟁의 변화를 보여주기 위해서다. 주로 지난 200년 동안 일어난 게릴라전에 초점을 맞추었지만, 최근의 게릴라전 변화 양상을 전체적인 관점에서 조망하기 위해 이 책의 전반부에서 고대와 중세시대의 게릴라전에 대해 살펴보았다.

나는 비정규전에 관심이 있는 일반 독자들을 위해 여러 책을 보지 않아도 비정규전에 대해 알 수 있도록 이 한 권의 책에 비정규전에 관한 모든 것을 담으려 했다. 그렇다고 백과사전을 만들려고 한 것은 아니다. 나의 목표는 교훈적일 뿐만 아니라 몰입도 높은 글을 쓰는 것이었다. 모든

---

6 플라워 파워: 1960년대 후반~1970년대 초반에 있었던 미국 비폭력 저항의 상징이다. 플라워 파워는 베트남 전쟁에 반대하는 반전운동에 뿌리를 두고 있었다. 1965년 미국의 비트 세대 시인인 앨런 긴즈버그(Allen Ginsberg)가 반전평화운동을 플라워 파워라고 표현하기 시작했으며 전쟁 반대운동을 보다 긍정적인 평화운동으로 전환하기 위해 주창했다.

게릴라전과 테러 사건을 연대기순으로 다루는 것—이것은 어떤 경우든 불가능하다—이 아니라 엄선한 사례들을 통해 비정규전의 주요 추세를 도출하고 실제 사례들을 구체적으로 설명하는 것이 목표였다. 따라서 간결한 글을 쓰기 위해 많은 전쟁에 대한 논의를 생략하거나 짧게 언급해야만 했다. 특정 주제에 대해 심도 있게 알아보려면 참고문헌을 읽어보기 바란다.

나는 이어지는 이야기에서 우리에게 잘 알려진 지휘관들의 시각과 개성을 강조하는 데 상당한 공을 들였다. 이들의 독특한 개성은 본질적으로 흥미로울 뿐만 아니라, 특히 반란이 진행되는 과정을 좌지우지하는 중요한 요소다. 정규군 같은 조직 구조가 없는 게릴라 부대에는 로버트 더 브루스Robert the Bruce, 주세페 가리발디Giuseppe Garibaldi, 오드 윈게이트Orde Wingate, 마오쩌둥毛澤東와 같은 지도자의 강한 개성이 투영되어 있다. 마찬가지로 게릴라전을 가장 잘 이해한 지휘관들—위베르 리요테Hubert Lyautey, 에드워드 랜스데일Edward Lansdale, 데이비드 퍼트레이어스David Petraeus와 같은 사람들—은 종종 기존 군사체제에 맞지 않는 특이한 장군들이었다.

◆ ◆ ◆

이런 주제를 다룬 책에 내재해 있는 첫 번째 어려움은 '게릴라guerrilla', '테러리스트terrorist' 같은 단어에 대한 일반적으로 받아들여지는 정의가 없다는 것이다. 속담에서 알 수 있듯이 누군가에게 테러리스트는 다른 누군가에게는 자유의 투사이다. 월터 라커Walter Laqueur는 수많은 타당한 이유를 제시하며 "('게릴라'라는 용어와 마찬가지로) '테러'라는 용어가 매우 다양한 의미로 사용되어 진정한 의미가 퇴색되어버렸다"라고 주장한다.

이 책에서 게릴라와 테러리스트를 모두 다룬 이유는 바로 이와 같은 용어들을 정의하기가 어렵기 때문이다. 둘 중 어느 하나를 빼면 왜곡될 가능성이 있다.

이 책에서 테러리즘은 비국가행위자가 주로 비전투원(대부분 민간인이지만 정부 공무원, 경찰, 그리고 복무 중이 아닌 군인도 포함된다)을 위협하거나 강압하여 정부의 정책 또는 구성을 바꾸기 위해 폭력을 사용하는 것을 의미한다. 사실 일반적으로 테러리스트가 바라는 정치적 또는 심리적 효과는 이들이 가한 실제 파괴에 비례하지 않는다. 19세기에 등장한 구호인 "행동에 의한 선전Propaganda by Deed"은 오늘날에도 여전히 적용되고 있다. 테러리즘은 주로 심리적 무기다. 국가가 민간인에 대해 폭력을 사용하는 행위는 우리의 정의에서 제외되었다. 1793~1794년 프랑스 혁명 당시 공포정치 시대에 에드먼드 버크Edmund Burke가 "테러리스트는 지옥에서 온 사냥개다"라고 지칭한 이래로 '테러리즘'의 의미가 상당히 바뀌었기 때문이다. 물론, 은밀하게 국가의 지원을 받는 테러리스트 조직이 차츰 확산되고 있어서 그 경계가 모호해지고 있기는 하지만, 이 책은 하향식 테러가 아닌 상향식 테러에 초점을 맞추고 있다.

게릴라Guerrilla라는 말은 스페인어로 '작은 전쟁small war'을 뜻한다. 게릴라라는 명칭은 1808년부터 1814년까지 나폴레옹Napoléon Bonaparte에 대항해 일어난 스페인 비정규군의 투쟁에서 유래되었지만, 그와 같은 형태의 비정규부대나 전법은 인류의 역사만큼이나 오래되었다. 이 책에서 게릴라 전술은 정치적 또는 종교적 이유로 주로 정부와 정부군을 대상으로 무장단체가 구사하는 치고 빠지기 전술을 말한다. 무장집단 중 단순히 재물을 노리는 강도단은 제외된다. 일반적으로 기존 질서를 흔드는 데 관심이 없고 강도질로 경제적 이익을 얻으려는 것뿐이기 때문이다. 대부분의 게릴라는 비국가 집단에 속하지만, 일부는 적의 전선 후방에 투입되어 작전하는 정규군(현대에 와서는 특수작전부대라 일컬음)의 일부일 수 있다. 기타 비정규군은 공식적으로 정규군에 소속되지 않은 경우에도 정규군 부대와 긴밀한 협력이 가능하다. 가장 낮은 수준에서의 게릴라 전쟁은 정규군의 소부대 전술과 많은 공통점이 있다. 둘 다 매복과 기민한 기동이 핵심이다. 차이점은 정규전의 특징이라고 할 수 있는 전선과 미리 계획을 세워 두고 실시하는 대규모 세트 피스set-piece 전투가 게릴라전에는 없다는 것이다.

때때로 테러리스트는 '도시 게릴라Urban Guerrilla'라고 불리기도 하지만, 이는 지나치게 단순화한 것이다. 도시 지역은 시골 지역과 마찬가지로 게릴라와 테러 작전이 모두 벌어지는 곳이다. 게다가 어떤 무장 반란에서도 폭력행위를 비전투원(테러리즘)이나 전투원(게릴라전)에 엄격하게 제한하여 투사하지는 않는다.

예를 들면, 베트콩은 남베트남 민간인과 남베트남 군인 및 미군 상당수를 살상했다. 마찬가지로 아일랜드공화국군IRA, Irish Republican Army은 영국군 정찰대와 주둔지뿐만 아니라 상점과 술집을 표적으로 삼았다. 즉, 강조하는 것이 무엇인가가 관건이었다. 이를테면 20세기 초의 보어인들Boer은 게릴라 전술을 강조했고, 21세기의 알카에다Al Qaeda는 테러리즘을 강조했다.

특기할 만한 몇 가지 확연한 차이점은 주목할 가치가 있다. 게릴라는 최소한 짧은 시간만이라도 점령한 영토를 유지하려고 하지만, 테러리스트는 그렇지 않다. 게릴라 군대는 종종 수만 명에 이르기도 하지만, 대부분의 테러 조직은 지지자가 수백 명을 넘지 않는다. 게릴라는 일반적으로 그들의 작전을 확연히 구분되는 교전 지역에 한정해 실시하지만, 테러리스트들은 공식적으로 전쟁 상태가 아닌 지역에 공격을 집중한다. 게릴라는 적을 물리적으로 패배시키거나 적어도 약화시키려고 하는 반면, 테러리스트들은 몇 번의 극적인 공격으로 혁명을 일으키려 한다. 무력충돌의 수준은 테러리스트가 가장 아래에 있고, 그 위에 게릴라, 그 다음에 정규군, 그리고 가장 위에 핵무기와 다른 대량살상무기가 위치한다.

이와 같은 용어의 정의에 대한 문제는 모든 '게릴라' 또는 '반란군'(상당히 좋게 표현한 칭호)의 적들이 그들을 '테러리스트' 또는 '범죄자', '도둑', '반역자', '극단주의자'와 같은 모욕적인 말로 낙인을 찍으려 하기 때문에 혼란이 더 가중된다. 물론, 반대로 게릴라와 테러리스트들은 자신을 '자유의 투사', '성전을 수행하는 전사', '애국자', '군인' 또는 기타 긍정적인 의미의 용어로 규정하려 한다. 영국 정부가 1944년에 유고슬라비아의 지지 대상을 미하일로비치Draža Mihailović[7]의 체트니크Chetnik[8]에서 티토Josip Broz Tito[9]의 파르티잔Partisan[10]으로 전환한 후 발표한 지침은 전술한 내용을 아주 잘 설명하고 있다. "앞으로 미하일로비치군은 애국자가 아닌 테러 집단으로 규정할 것이다. 또한 영국 정부는 파르티잔에게 지금까지 적용했던 '노상강도 공산주의자'라는 호칭을 '자유의 투사freedom fighter'로 교체할 것이다." 나치는 영국의 의견에 동의하지 않았을 수도 있지만, 의미론적 우위를 적에게 빼앗기지 않기 위해 마지못해 영국과 뜻을 같이했다. 1941년 하인리히 히믈러Heinrich Himmler[11]는 '심리적 이유'로 '파르티잔'이라는 용어를 '노상강도'로 대체하라는 지시를 내렸었다.

이들을 뭐라고 부르든 간에 전투원이 테러나 게릴라 전술에 의지하는 이유는 단 하나다. 세력이 너무 약해서 정규전을 수행할 수 없기 때문이다. 정치학자 새뮤얼 헌팅턴Samuel Huntington이 1962년에 규정한 것에 따르면, "게릴라전은 전략적으로 약한 쪽이 선정한 방식과 시간 및 장소에서 전술적 공세를 취하는 전쟁의 한 형태다."

사실 모든 무장단체는 전통적으로 성공 확률이 높은 정규전을 선호한다. 정규군은 최대한 빨리 적군을 격멸하는 섬멸전략strategy of annihilation을 수행할 수 있다. 반면, 비정규군은 적의 전투의지를 약화시키는 소모전략

---

7 드라자 미하일로비치: 제2차 세계대전 당시 활동한 세르브계 유고슬라비아 장군이다. 완고한 군주주의자 왕당파였던 그는 독일군이 1941년 4월 유고슬라비아를 점령하자 유고슬라비아 육군 체트니크 분견대라는 유격대를 조직하여 베오그라드 근교의 산중에서 싸웠다. 이는 유고슬라비아 최초의 반독(反獨) 투쟁이었다.

8 체트니크: 제2차 세계대전 중 유고슬라비아 망명정부의 전쟁장관이었던 미하일로비치가 세르비아 건설을 위해 조직한 군사조직이다.

9 요시프 브로즈 티토: 유고슬라비아의 정치가(1892~1980). 제2차 세계대전 때 반독(反獨) 저항 운동을 지휘하여 유고슬라비아를 독일로부터 해방시키고 독자적인 사회주의 노선을 추진했다.

10 티토의 파르티잔: 유고슬라비아 왕국 멸망 이후, 유고슬라비아 전역에서 요시프 브로즈 티토가 이끌던 저항 운동 조직이다.

11 하인리히 히믈러(1900~1945): 나치 독일의 SS(친위대) 대장으로서 SS와 게슈타포(Gestapo)를 기획했으며 유대인 대학살이 신무를 주도한 최고 책임자였다.

strategy of attrition을 취할 수밖에 없다. 이것은 비용이 많이 들고 장기간에 걸쳐 어렵게 수행된다. 이로 인해, 통상적인 교전 당사자들은 신뢰할 수 있는 대안이 있다면 자발적으로 소모전을 수행하려 하지는 않는다. 따라서 게릴라와 테러 전술은 항상 약자들이 강자에 대항하는 수단이 되어왔다. 반란군이 그림자 속에서 전쟁을 벌이는 이유다. 반란군이 정규군처럼 노출된 상태에서 싸운다면 전멸될 수도 있기 때문이다.

물론, 강자라고 해서 앞에서 언급한 끔찍한 폭력행위를 자행하지 않은 것은 아니다. 역사상 모든 테러리스트와 게릴라에 의해 목숨을 잃은 사람보다 히틀러 치하의 독일, 스탈린 치하의 러시아, 마오쩌둥 치하의 중국, 이 3개국에서 목숨을 잃은 사람이 훨씬 더 많지만, 이들이 자행한 행위는 게릴라에 대항하거나 게릴라 전술을 적용한 것을 제외하고는 이 연구의 범위에서 벗어난다.

저강도, 비정규, 비대칭, 복합, 하이브리드 또는 비전통전의 광범위한 범주에 속하는 게릴라와 테러리스트의 전술은 등장 초기에는 '작은 전쟁 la petite guerre'이라고 불렸다. 이러한 모든 범주는 정의하기 어렵지만, 포르노를 보기만 하면 바로 알 수 있는 것처럼 대부분의 분석가들은 게릴라와 테러리스트의 전술을 보면 뭔지 알 수 있다. 이 책을 읽고 게릴라와 테러리스트의 전술을 분명하게 정의할 수 있게 되기를 바란다.

◆ ◆ ◆

내가 이 책을 쓴 것은 게릴라와 테러리스트를 미화하거나 비난하기 위해서가 아니다. 일부는 칭찬할 만하지만, 나머지는 그렇지 않다. 게릴라와 테러리스트를 칭찬 또는 비난하는 것은 독자 자신의 세계관에 달려 있다. 약자가 반드시 강자보다 옳은 것만은 아니다. 나의 목표는 게릴라와 테러리스트가 옳으냐, 그르냐에 대한 논쟁을 불러일으키는 것이 아니라, 지금까지 한 번도 제대로 들어보지 못한 이야기를 가능한 한 흥미롭게 중립적인 입장에서 전달하는 것이다.

이 책의 제1부는 시간의 안개 속에 싸여 있는 선사시대 부족 전쟁부터 시작하여 고대 메소포타미아, 로마 및 중국에서 발생한 게릴라전을 거쳐 중세 스코틀랜드와 잉글랜드 간의 분쟁까지 가장 오래된 전쟁 형태인 게 릴라전의 기원에 대해서 살펴본다.

그 다음 제2부는 대략 1770년대에서 1870년대까지 세계를 휩쓸었던 자유주의 혁명의 결과인 게릴라전을 다룰 것이다. 특히, 미국 독립전쟁뿐 만 아니라 나폴레옹에 반기를 든 스페인 민중 봉기, 아이티 노예 반란, 오 스만 제국에 대한 그리스 독립전쟁, 이탈리아 통일을 위한 주세페 가리발 디Giuseppe Garibaldi의 무장투쟁에 중점을 두고 있다. 이러한 무장투쟁 중 상당 수는 미국 혁명만큼 흥미로운 사례들이나, 최근 몇 년 동안 마땅히 받아야 할 주목을 받지 못했다. 이 책에서는 그런 누락이 없도록 최선을 다했다.

제3부는 19세기 게릴라전의 또 다른 측면, 즉 제국의 통치에 대항해 일어난 '현지인'의 저항을 억압하기 위해 유럽인들이 실시한 게릴라전을 살펴본다. 초점은 북미 원주민 전쟁, 체첸Chechenya 및 다게스탄Dagestan 무슬 림 반군에 대한 러시아의 전쟁, 제1차 아프간 전쟁과 이후 인도 북서부 국경지대의 파슈툰족Pashtun에 대한 영국의 대반란전, 프랑스의 모로코 반 란 진압, 그리고 마지막으로 위태로운 유럽인 통치의 첫 징후를 드러낸 보어 전쟁Boer War이다.

제4부에서는 게릴라전 자체에서 벗어나 게릴라전과 밀접한 관련이 있 는 테러리즘의 성장을 다룬다. 먼저, 중세 중동의 아사신Assassin이 자행한 최초의 테러 행위 중 하나를 중점적으로 다루었다. 그런 다음 시간을 뛰 어넘어 19세기로 가서 미국에서 가장 성공적이었지만 게릴라전과 테러 라는 주제에 대한 논의에서 잘 주목받지 못했던 2개의 테러리스트 캠페 인campaign인 존 브라운John Brown의 흑인 노예 제도 옹호론자에 대한 테러와 재건을 방해하기 위한 KKK단Ku Klux Klan의 활동을 살펴본다. 그런 다음 유 럽으로 되돌아가서, 특히 차르주의 국가인 러시아에 대한 허무주의자들

Nihilists과 사회주의자들Socialists의 테러 공격과 아일랜드의 영국 통치에 대항한 IRA의 공격을 설명한다.

제5부에서는 전후 전 세계적으로 큰 족적을 남긴 비정규전의 걸출한 지도자인 T. E. 로렌스T.E. Lawrence, 오드 윈게이트Orde Wingate, 요시프 브로즈 티토Josip Broz Tito를 중심으로 제1차 세계대전과 제2차 세계대전에서 발생한 게릴라 활동을 살펴본다.

아시아와 아프리카 전역에 초점을 맞춘 제6부에서는 중국 혁명과 마오쩌둥의 사례에서 영감을 얻은 인도차이나, 알제리, 말레이 반도의 탈식민화 투쟁과 1945년 이후의 탈식민화 투쟁을 설명한다.

제7부에서 다룬 주제는 1950년대 이후 좌파leftist 게릴라와 테러 조직이다. 먼저, 필리핀의 후크발라합Hukbalahap 반군과 베트남의 베트콩을 집중적으로 살펴본다. 그 다음은 피델 카스트로Fidel Castro의 쿠바 반란, 쿠바 혁명을 다른 곳에 전파하려는 체 게바라Che Guevara의 실패한 시도들에 이어 바더-마인호프단Baader-Meinhof Gang 같은 1970년대 테러 조직, 그리고 마지막으로 야세르 아라파트Yasser Arafat와 그가 이끄는 조직인 팔레스타인해방기구PLO의 오랜 흥망성쇠를 다룬다.

마지막 제8부에서는 1979년경 게릴라와 테러리스트들의 주된 동기 부여 수단이었던 좌파 이데올로기를 대체하고 서방에서 가장 큰 공포를 불러일으킨 바 있는 이슬람 무장 세력의 투쟁을 다룬다. 아프가니스탄에서 붉은 군대Red Army를 몰아내기 위한 무자헤딘mujahideen의 노력, 헤즈볼라Hezbollah와 알카에다Al Qaeda의 출현, 그리고 이라크 알카에다의 흥망성쇠를 살펴볼 것이다.

이 5천년에 달하는 시간을 다루는 역사서에는 몇 가지 중요하고 도발적인 주제가 등장한다. 이 주제는 12개의 역사적 교훈을 살펴보는 '함의' 부분에서 더 자세히 살펴볼 것이다. 부록에는 보다 통계적인 접근 방식을 통해 과거로부터 학습한 내용을 제공하려 노력했고, 이 책을 위해 종합한 1775년 이후 발생한 반란 관련 데이터베이스를 실었다.

앞으로 나올 내용을 읽으면서 염두에 두어야 할 5가지 주요 사항은 다음과 같다.

첫째, 저강도 분쟁은 역사 전반에 걸쳐 항상 존재했고, 세계 질서를 형성하는 데 매우 중요한 역할을 했다.

둘째, 정치 조직화와 선전·선동은 지난 2세기 동안 저강도 전쟁^{low-intensity warfare}의 한 요소로서 그 중요성이 높아지고 있다. 현대 게릴라는 매우 강력한 이데올로기적 성향을 띠며 '여론전^{battle of narrative}'에서 승리하는 데 초점을 맞추는 반면, 고대 게릴라 선구자들은 대체로 정치적인 것과는 거리가 멀었고, 부족과 관련된 일에만 신경을 썼다. 결과적으로 현대 정부는 과거 정부보다 대중적 정당성을 확립하고 대중적 이미지를 관리하는 데 훨씬 더 많은 관심을 기울여야 한다.

셋째, 게릴라와 테러리스트는 전쟁의 비교적 새로운 요소인 여론을 이용할 수 있는 능력 때문에 1945년 이후로 더욱 성공적으로 성장해왔다. 하지만 대부분의 반란은 여전히 실패하고 있다.

넷째, 무기 공급, 근거지, 또는 게릴라와 함께 작전할 정규군의 제공 등 외부 지원은 반란 성공 여부에 있어 가장 중요한 요소 중 하나다. 외부의 지원이 없다고 해서 반드시 치명적인 것은 아니지만, 외부 지원이 존재한다는 사실 자체는 게릴라나 테러리스트 조직에 큰 도움이 된다.

다섯째, 마지막으로 '마음과 정신'을 사로잡는 것으로 더 널리(그리고 부정확하게) 알려져 있는 '주민 중심^{population-centric}'의 대반란전 수행은 가장 성공적인 대^對게릴라 작전의 필수적인 부분으로 자리를 잡아왔다.

청야전술^{淸野戰術, scorched-earth tactics}[12]과 탐색격멸^{探索擊滅 search and destroy} 임무는 특히 반란군이 외부 지원을 전혀 받지 못할 때나, 이따금 반란군이 너무 분개하여 스스로 실패를 자초할 때 효과가 있다. 주민 중심의 접근

---

12 청야전술: 방어군 측에서 자발적으로 모든 군수물자와 식량 등을 없애버려 적군이 보급의 한계를 느끼고 지치게 만드는 전술.

방식은 효과가 있지만, 일반적으로 생각하는 것만큼 감성적이지는 않다. 이 접근 방식은 주민의 사회적 · 정치적 요구를 해결하기 위해 노력하는 동안에 주로 정규전에서 상용되는 나팔총blunderbuss 접근 방식[13]보다는 더 정밀하게 초점을 맞추고 더 지능적으로 목표를 겨냥할 수 있기는 하지만 기본적으로 치안 확립에 중점을 두고 상당한 무력 수단을 필요로 한다.

◆ ◆ ◆

이 글의 대부분은 내가 수년간 몰두해온 출판물과 기록물 등을 바탕으로 쓴 것이다. 그러나 여기에는 게릴라전과 테러에 대한 나의 경험도 녹아 있다. 나는 1990년대 후반 이 주제에 처음 관심을 갖게 되었다. 당시는 감히 이름조차 붙일 수 없는 전쟁에 투입된 미군이 아이티, 보스니아 같은 곳에서 '평화 유지' 임무를 수행하던 시기였다. 내가 처음 이 주제에 관심을 갖고 쓴 결과물이 바로 『야만적인 평화의 전쟁: 소규모 전쟁과 미국 힘의 부상The Savage Wars of Peace : Small Wars and the Rise of American Power』(2002)이라는 책이다.

이 책을 발간하기 위해 최종 작업을 하고 있던 2001년 9월 11일 아침, 나는 월스트리트 저널Wall Street Journal에서 편집자로 일하고 있었다. 뉴욕시의 메트로 노스Metro-North 통근 열차 안에서 나는 비행기가 세계무역센터World Trade Center를 강타했다는 불길한 소문을 들었다. 나는 세스나Cessna 정도의 경비행기가 사고로 건물 중 하나에 부딪친 것으로 상상하고 있었다. 나는 더 많은 것을 알고 싶어서 마지막 지하철이 아직 운행 중인 것을 확인하고 시내로 향했다. 시청역에 내려 밖으로 나왔을 때 이 사건이 경

---

13 나팔총 접근 방식: 세심함이나 정밀함이 결여된 상태로 일을 해결하는 방식을 말한다. 나팔총은 군사적 · 방어적 용도로 채용된 산탄총의 초기 형태로, 발사 시 탄환이 퍼져나갔기 때문에 짧은 거리 안에서는 효과적이었지만, 멀리 떨어진 표적에 대해서는 정확도가 떨어졌다.

미한 단순 항공 사고가 아님을 분명히 알게 되었다. 사이렌이 울리는 것을 들으며 뽀얀 먼지구름을 뚫고 걷다가 쌍둥이 빌딩 중 하나를 발견했다. 건물 꼭대기에 치솟은 불길이 보였고 사람들은 죽을 것을 알면서도 뛰어내리고 있었다. 곧 건물이 무너졌고 좁은 길을 따라 천둥 같은 소리와 함께 뽀얀 먼지구름이 일어났다. 나는 보고도 믿을 수 없는 광경에 어안이 벙벙해진 수많은 다른 구경꾼들과 함께 공포에 질려 달아났다. 이후 미국은 테러와의 전쟁에 돌입했다.

머지않아 미군은 아프가니스탄과 이라크에서 군사작전을 개시했다. 나는 미군 사령관들의 보좌관이자 외교협회Council on Foreign Relations 선임 연구원 자격으로 종군했다.

내가 처음으로 이라크를 방문한 것은 2003년 8월이었다. 당시는 침공 이후의 환상이 사라지고 지루한 반란전이 막 시작되던 시점이었다. 바그다드 남쪽에서 내가 함께 타고 이동하던 해병대 정찰타격팀 차량이 급조폭발물 공격을 받았을 때 목전에 다다른 반란전의 실상을 조금 맛볼 수 있었다. 공격헬기gunship들이 머리 위에서 윙윙거리는 동안 폭탄을 설치한 자가 누구인지 색출하려던 해병대원들이 생생하게 기억난다. 한 이라크인 남성이 우리가 서 있는 경장갑차 옆에 다가와 한 해병과 내게 뭔가를 말하려고 했다. 그러나 그는 영어를 몰랐고 우리는 아랍어를 몰랐다. 당시 미군에는 통역사가 거의 없었다. 서로 통하지 않는 양측의 대화는 메소포타미아에서 미군이 얼마나 갈피를 못 잡고 있었는지를 보여주는 적절한 상징과도 같았다.

또 다른 불길한 문제가 해병대원들이 마침내 용의자로 추정되는 운동복을 입은 청년을 잡았을 때 발생했다. 용의자는 뒷짐 진 두 손에 플라스틱 수갑이 채워진 채 내 옆에 있는 장갑차에 끌려왔다. 해병대원들이 충분하지 않았기 때문에(이것은 나에게 국가 전체 차원에서 병력이 부족함을 이해시켜주는 지표였다) 한 상병이 나에게 보조화기를 건네주며 용의자를 다른 차량에 태우기 전까지 "봐달라"고 부탁했다. 약간 긴장되기는 했지만, 나는 상병의 말에 따랐다. 사실 나는 전투 탱크Battle tank보다 싱크 탱크Think tank에 익숙한 사람이다.

그 일이 있은 후 나는 정기적으로 이라크로 돌아와 한 번에 1~2주 동안 전국을 돌아다니면서 미군과 이라크 고위 지휘관들과 평범한 보병들을 만났다. 상황이 악화되어 완전히 유령도시로 변모한 동네를 돌아다닐 때 나는 잠수함을 닮은 '장갑강화형up-armored' 중장갑차량에 동승했다. 2008년에 모술Mosul의 한 지역에서 나는 군대 용어로 '매복공격Complex Ambush'을 당했다. 당시 내 앞에 있던 험비Humvee가 웅덩이에 설치된 IED(급조폭발물) 공격으로 폭발했고 전체 호송대가 자동화기 사격을 받았다. 다행히도 우리 부대원 중 어느 누구도 심각한 부상을 입지 않았지만, 험비가 파손되고 운 나쁘게도 날아오는 파편에 맞아 어느 구경꾼의 팔이 절단되었다.

모술은 이라크에 남아 있는 알카에다의 마지막 근거지였다. 그 무렵, '증파'의 예상치 못한 성공 덕분에 이 악명 높은 반란군은 내가 2007년 봄에 안바르Anbar 주의 주도 라마디Ramadi를 방문했을 때 라마디 등 기타 주요 안전한 은신처에서 이미 쫓겨난 상태였다.

라마디는 1945년의 베를린Berlin을 떠올리게 했다. 어디를 가나 깨진 건물 조각이 널려 있었고 건물 전체가 폭삭 주저앉아 있었다. 수많은 폭탄이 지하에서 폭발해서 수도관이 파괴되었기 때문에 거리가 침수되어 있었다. 그런데 총성이 갑자기 멎었다. 몇 달 전만 하더라도 미 육군과 해병대는 고작 정부 기관 하나를 확보하기 위해 사력을 다해 싸우고 있었다. 그런데 이제는 최근에 고대로부터 내려오는 대반란전의 원칙을 구현한 덕분에 총에 맞지 않고 돌아다닐 수 있었다. 내가 가는 곳마다 전쟁 영화에 나오는 엑스트라처럼 가슴에 탄띠를 차고 있는 꾀죄죄한 차림의 보안부대원들을 볼 수 있었다. 이들은 반란군에서 탈퇴하여 이라크에서 알카에다를 파멸시키는 데 결정적 역할을 한 수니파 민병대 '이라크의 아들들Sons of Iraq'이었다.

이라크 전쟁이 막바지에 다다른 2008년, 나는 아프가니스탄으로 관심을 돌리기 시작했고, 미군 지휘관들의 교대 시기에 맞춰 전황 평가를 위해 정기적으로 아프가니스탄을 찾았다. 예를 들면, 나는 퍼트레이어스David Petraeus 장군이 2010년 여름에 카불Kabul에서 처음으로 아프가니스탄 주둔군 사령관에 취임했을 때 정부에서 파견한 비선정보조직directed telescope의 일원이었다. 이외에도 나는 개인적으로 비정규 분쟁들을 연구할 목적으로 여행한 경험이 있다. 나의 분쟁지역 방문 경험은 다음과 같다. 이스라엘(1998년에는 야세르 아라파트Yasser Arafat[14]를 만났고, 2006년 헤즈볼라Hezbollah[15]와의 전쟁과 2009년 하마스HAMAS[16]와의 전쟁을 모두 목도했으며, 2011년에 다시 돌아와 일주일 동안 이스라엘 장교들을 인터뷰했다), 레바논(2009년 헤즈볼라가 태어난 베이루트Beirut와 베카 계곡Bekaa Valley을 방문했다), 필리핀(2009년, 2011년 이슬람 반군과의 싸움에서 필리핀 군대를 지원하는 미 특수작전부대와 함께 여행했다), 콜롬비아(2008년 FARC[17]와의 전투가 어떻게 진행되고 있는지 확인하러 갔다) 등이다.

나는 방문자로서 어떻게 처신해야 하는지 잘 알고 있었고, 내가 만난 군인들의 헌신과 전문성에 항상 경외심을 느꼈다. 그들은 대부분의 민간인이 상상할 수조차 없는 고난과 위험을 견뎌야 했다. 그럼에도 불구하고 내가 '사정권 내down range'에 들어간 대담한 시도는 정말로 가치가 있다고 생각한다. 나는 선례를 참고하는 것(역사가의 일반적인 관점)뿐만 아니라

---

14 야세르 아라파트: 팔레스타인의 독립운동가, 정치인. 팔레스타인 자치 정부의 초대 수반 (1996~2004년)이었고, 팔레스타인 해방 기구(PLO, Palestine Liberation Organization)의 의장 (1969~2004년)이었다. 1993년 오슬로 협정에서 결과를 가져온 성공적인 협상들로 이스라엘의 시몬 페레스(Shimon Peres)와 이츠하크 라빈(Yitzhak Rabin)과 더불어 1994년 노벨 평화상을 공동 수상했다.

15 헤즈볼라: 레바논의 이슬람교 시아파 교전단체이자 정당조직이다.

16 하마스: 1987년 이스라엘에 저항하는 팔레스타인 무장단체로 창설하여 저항활동을 전개해 오다가 2006년 팔레스타인 자치정부의 집권당이 되었다.

17 FARC: 'Fuerzas Armadas Revolucionaria de Colombia'의 약자로 '콜롬비아무장혁명군'을 의미한다.

책으로 둘러싸인 뉴욕의 사무실을 떠나 전투가 여전히 계속되고 있고 결과가 불확실하지만 분쟁지역을 직접 방문함으로써 반란전과 대반란전이 어떤 모습인지, 어떤 냄새가 나는지, 어떤 느낌인지 훨씬 더 잘 이해할 수 있게 되었다.

분쟁지역 방문은 나에게 엄청난 도움이 되었다. 하지만 많이 배우면 배울수록 그동안 내가 얼마나 몰랐었는지 더 많이 깨달았다. 수천 km 떨어진 곳에서 신념에 대한 확신을 주장하기는 쉬운 법이다. 내가 가까이 다가갈수록 더 많은 질문이 생겼다. 2006년부터 게릴라전과 테러의 역사를 연구하며 해답을 찾기 시작했다. 그 결과로 태어난 작품이 바로 이 책 『보이지 않는 군대Invisible Armies』다.

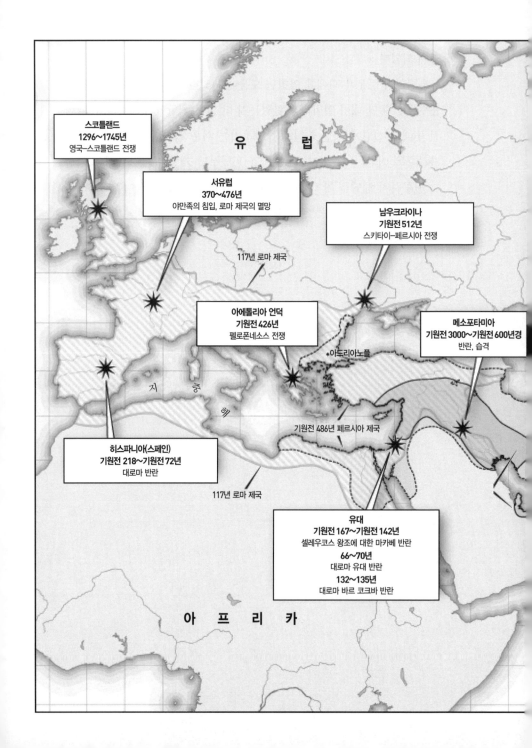

스코틀랜드
1296~1745년
영국–스코틀랜드 전쟁

서유럽
370~476년
야만족의 침입, 로마 제국의 멸망

남우크라이나
기원전 512년
스키타이–페르시아 전쟁

117년 로마 제국

아에톨리아 언덕
기원전 426년
펠로폰네소스 전쟁

•아드리아노플

메소포타미아
기원전 3000~기원전 600년경
반란, 습격

유   럽

기원전 486년 페르시아 제국

히스파니아(스페인)
기원전 218~기원전 72년
대로마 반란

지   중   해

117년 로마 제국

유대
기원전 167~기원전 142년
셀레우코스 왕조에 대한 마카베 반란
66~70년
대로마 유대 반란
132~135년
대로마 바르 코크바 반란

아 프 리 카

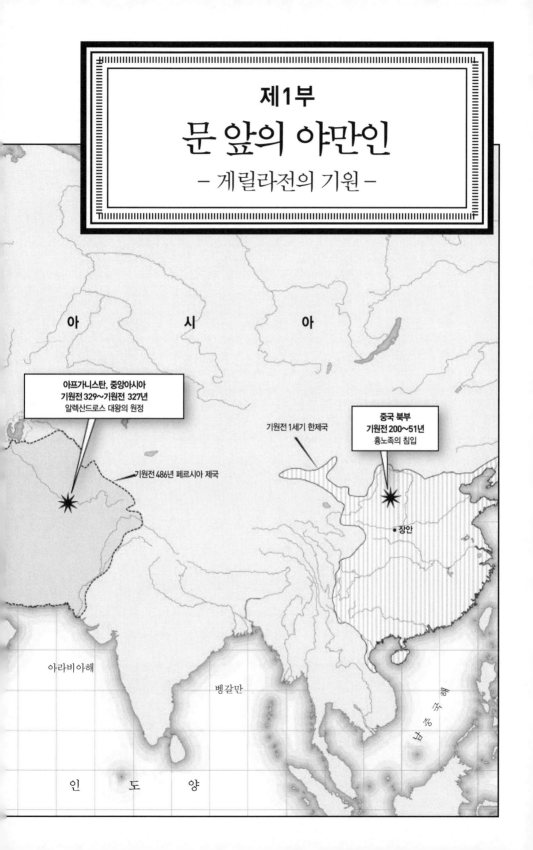

제1부
문 앞의 야만인
– 게릴라전의 기원 –

아 시 아

아프가니스탄, 중앙아시아
기원전 329~기원전 327년
알렉산드로스 대왕의 원정

기원전 1세기 한제국

중국 북부
기원전 200~51년
흉노족의 침입

기원전 486년 페르시아 제국

• 장안

아라비아해

벵갈만

인 도 양

1

벳호론 매복 전투

◆

66년.
로마군 대 유대 반란군 게릴라

66년 11월, 퇴각은 시작되었다. 총병력 3만 명이 넘는 로마군은 유대 지역[18]에서 발생한 초기 반란을 진압하기 위해 시리아에서 남진해왔다. 로마군은 진군하면서 유대인을 학살하고 도시를 불태웠다. 예루살렘Jerusalem에 당도한 로마 군단은 스코푸스 산Mount Scopus[19]에 숙영지를 설치하고, 반란을 일으킨 유대인들에게 무기를 버리고 투항하면 용서할 것이라는 말을 전하기 위해 반란군에게 사절단을 보냈다. 유대인은 사절 중 한 명을 죽이고, 한 명은 부상을 입혀 돌려보내는 것으로 그들의 뜻을 전했다. 로마군은 유대의 수도 예루살렘을 5일간 공격했다. 로마군은 교외를 점거하고 도시 내부로 돌입할 준비를 하고 있었는데, 로마군 총사령관이자 시리아 총독 케스티우스 갈루스Cestius Gallus는 알 수 없는 이유로 공격을 중단

---

18 유대 지역: 팔레스티나 남부에 있었던 고대 로마령.
19 스코푸스 산: 예루살렘 동북부에 있는 해발 826m의 산.

하기로 결정했다.

로마군에게 포로로 붙잡히기 전까지 유대 반란군의 일원이었고, 이 사건의 1차 사료가 되는 기록을 남긴 로마 시민권자인 유대인 사학자 플라비우스 요세푸스Flavius Josephus는 케스티우스가 조금만 더 포위를 유지하고 있었다면 도시를 함락했을 것이라고 확신했다. 하지만 케스티우스는 어쩌면 격렬해지는 전투에서 승리에 대한 확신이 없었을 수도 있고, 다가오는 겨울에 보급로가 끊길까 봐 걱정했는지도 모른다. 아니면 유대 반란군이 분노에 찬 로마군으로부터 따끔한 맛을 보고 정신을 차렸을 것이라고 생각했을 수도 있다. 만약 그렇다면 착각한 것이다. 아주 치명적인 실수를 저지른 것이다. 유대인들은 겁을 먹기는커녕 예상치 못한 로마군의 퇴각을 보고 대담해져서 후퇴하는 로마군 대열에 맹렬한 공격을 가했다.

로마 군단은 훈련, 사기, 단결력 면에서 고대 세계에서 가장 강력한 군대였다. 단, 탁 트인 전장에서 적을 만났을 때만 그랬다. 로마군 보병은 햇살에 반짝이는 갑옷과 투구를 착용하고 체스판과 같이 꽉 짜인 대형으로 조용히, 그리고 천천히 전진했다. 이들은 적의 대열 27.4m 이내로 접근하면 2.1m 길이의 투창 '필룸Pillum'을 투척했다. 그리고 로마 군단은 적에게 위압감을 주는 고함을 지르면서 무거운 창에 의해 이미 균형을 잃은 적진을 향해 돌격해 직사각형 모양의 방패 '스쿠툼Scutum'으로 적을 밀어붙이며 적의 가슴에 짧은 양날 검 '글라디우스Gladius'를 찔러넣었다. 보병으로 구성된 후방의 2개 예비부대, 측익의 기병부대, 활과 돌팔매 등의 투척 무기로 무장한 용병부대가 로마군의 1차 돌격을 지원했다. 이외에도 로마군은 투척기, 축성, 전술도로 건설, 측지, 야전가교 가설, 보급 등의 전문 부대도 보유하고 있었다. 로마군의 병사들은 필요하다면 죽음의 신 하데스Hades의 문에 갈 때까지 로마군의 독수리 군기를 따를 것을 맹세한 자들이었고, 만약 그들이 전투에서 패배할 경우 장교들에 의해 사형당할 수 있다는 것도 알고 있었다. 한 부대에서 부대의 명예를 손상시킨 병사 10명이 나올 때마다 이들은 죽을 때까지 태형을 받았다. 고대 세계에서 로마 군단만한 최정예 부대는 없었다.

하지만 이런 로마 군단의 장점은 군단이 애로隘路 지형[20]에 빠지거나, 결연한 의지로 무장한 노련한 게릴라들을 만났을 경우 발휘되지 못했다. 케스티우스 갈루스의 부대가 예루살렘에서 지중해 해안 인근 로마령 도시로 가는 좁고 구불구불한 산악지대를 통과할 때가 바로 그런 경우였다. 경무장한 유대인 게릴라 부대는 고지에서 돌팔매질을 하고, 투창을 던지거나 낙오자들을 칼과 검으로 공격하는 등 로마군과 현지 동맹군을 끊임없이 괴롭혔다. 로마군 병사는 1인당 평균 45kg의 중무장 갑옷과 장비를 휴대하고 있어서 민첩한 게릴라를 쫓아가는 것은 불가능했다. 전사자 가운데는 오늘날 미 육군 1개 여단 규모와 비슷한 5,000여 명의 병력으로 구성된 로마군 6군단을 이끈 군단장도 포함되어 있었다. 로마 군단은 치중대輜重隊[21] 물품 대부분을 포기해야만 했고, 군수품을 실어 나를 동물도 도살되었다.

출발한 지 사흘 만에 로마 군단은 현재 이스라엘 서안의 베이트 호론Beit Horon 인근 지역인 벳호론Beth-Horon 마을 일대의 협곡을 지나야만 했다. 벳호론은 이미 유대 게릴라들이 점령군을 상대로 주목할 만한 승리를 거둔 장소였고, 이로부터 정확히 200년 전인 기원전 166년 마카베오Maccabees[22] 군이 그리스-시리아 셀레우코스Seleucos 왕국[23] 군으로부터 괄목한 만한 승리를 거둔 전적이 있는 곳이었다. 이제 역사가 다시 한 번 반복될 참이었다. 요세푸스의 기록에 따르면, 유대 게릴라들은 로마군에 화살과 투창 세례를 퍼부었다. 지치고 포위된 로마군에게 탈출로는 없었다.

---

20 애로 지형: 애로(隘路)란 산과 산, 언덕과 언덕 사이에 만들어진 좁은 길과 같은 협곡을 말한다.

21 치중대: 군수지원을 제공하는 제반 전투근무지원 부대의 집단을 말한다.

22 마카베오: 기원전 2세기경 반유대주의 정책을 실시하던 수리아(시리아) 왕 안티오코스 4세 에피파네스 치하에서 독립전쟁을 일으켜 3대에 걸쳐 독립을 했던 고대 이스라엘의 마지막 독립 왕조의 이름이자, 그 일가의 이름이다.

23 셀레우코스 왕국: 기원전 312년부터 기원전 64년까지 시리아와 그 주변을 지배하던 왕국. 알렉산드로스 대왕의 부장(部將)인 셀레우코스 1세가 세워 헬레니즘 문화를 발전시켰으나 로마에 멸망당했다.

벳호론 정상의 모습. 66년. 이곳에서 중무장한 로마군은 유대 게릴라들의 매복에 걸려 거의 전멸당하고 군기를 빼앗기는 수모를 당했다. 〈출처: WIKIMEDIA COMMONS | Public Domain〉

로마 군단을 굽어보는 언덕 위에는 올리브 나무만큼이나 많은 적이 기다리고 있었다. 로마 군단 아래에는 급경사가 펼쳐져 있었는데 기병이 내려가려고 하면 말이 겁을 먹고 날뛰는 통에 기수들 대부분이 낙마했다. 요세푸스는 "로마군이 전투를 벌일 공간 자체가 없었고, 무슨 수를 쓰더라도 방어가 불가능했다"고 기록했다. 부대가 할 수 있는 것이라고는 방패 뒤에 숨어 신에게 기도하는 것뿐이었다. 요세푸스는 밤이 오지 않았다면 유대 게릴라들이 케스티우스의 부대원 전체를 포로로 잡았을 것이라고 생각했다.

케스티우스는 야음을 틈타 휘하에 남은 패잔병을 거느리고 간신히 탈출했다. 그는 가장 용감한 병사 400명을 남겨두고 이들에게 군기軍旗를 들게 하여 전군이 그대로 벳호론에 남아 있는 것처럼 가장했다. 동이 트자 유대 게릴라들은 로마군의 계략을 알아채고 남아 있는 로마군 400명을 즉각 섬멸한 뒤 케스티우스를 추격했다. 유대 게릴라들은 퇴각한 로마군을 추격하는 데는 실패했지만, 케스티우스는 치욕적인 패배를 맛보았다. 병력 5,700명 이상이 전사 또는 실종되었고, 군수품과 공성무기뿐만 아니라 군단의 독수리 군기까지 잃었다. 군기를 잃은 것은 로마군의 최대 수치였다.

2

고대 그리스·로마 시대의 분쟁들

◆

기원전 426~기원전 132년,
펠로폰네소스 전쟁, 알렉산드로스 대왕의 중앙아시아 원정,
마카베오 일족과 바르 코크바의 반란

로마 군단은 황태자 티투스 플라비우스 베스파시아누스^{Titus Flavius Vespasianus}의 지휘 아래 4년이 지난 70년 예루살렘 정복을 꿈꾸며 돌아왔다. 이들이 정복을 마쳤을 때 유대교 사원에는 건물 잔해만이 남았다. 시적 파격으로 볼 수도 있지만 요세푸스는 "시체가 거리에 산처럼 쌓여 땅을 볼 수 없었다. 도시 전체가 피바다였다"라고 기록했다. 포로로 잡힌 반란군은 십자가에 못 박혀 처형되거나 노예로 팔렸다.

성공하지는 못했지만, 유대인의 반란은 고대 제국들조차도 비정규 전술에 취약하다는 점을 보여주었다. 유대인은 고대 세계에서 게릴라전을 가장 성공적으로 수행했지만 게릴라전에서 승리를 거둔 것은 이들뿐만이 아니었다. 비록 게릴라 전술이라는 말이 수천 년이 지나고 나서야 정립되기는 했지만, 전해지는 이 당시의 문학작품들은 게릴라 전술의 위력을 잘 증언하고 있다. 지금까지 쓰여진 전쟁과 정치에 관한 가장 영향력 있는 이야기를 비롯해서 몇몇 유명한 사례들은 이를 뒷받침하고 있다.

70년 로마군에게 점령당해 파괴되고 있는 예루살렘의 모습. 4년 전 유대 반란군의 게릴라전에 참패했던 로마군은 황태자 베스파시아누스의 지휘 아래 예루살렘을 정복한 후 도시 전체를 파괴하고 불질렀다. 스코틀랜드의 화가 데이비드 로버츠(David Roberts, 1796~1864)가 그린 그림. 〈출처: WIKIMEDIA COMMONS | Public Domain〉

투키디데스Thucydides[24]가 쓴 『펠로폰네소스 전쟁사History of the Peloponnesian War』는 아테네와 스파르타 간의 정규전뿐만 아니라 수많은 비정규전에 관해 서술하고 있다. 거의 30년 넘게 지속된 전쟁 기간 중 주요 전투는 겨우 55회에 불과했지만, 전쟁 초기 몇 년 동안 아테네군이 수많은 지역에서 수행한 저강도 공세는 수백 회가 넘는다. 20세기 미국의 사학자 빅터 데이비스 핸슨Victor Davis Hanson에 따르면, "이는 약탈과 학살이었고 그리스인들이 그 전까지 전쟁이라고 정의했던 통상적인 전쟁의 모습이 아니었다." 결코 영웅적이라고 말할 수 없는 이러한 분쟁의 면모는 기원전 427년 코르푸Corfu섬[25]에서 스파르타를 지지하는 과두정부파와 아테네를 지지하는 민주파 사이에 일어난 내전을 묘사한 투키디데스의 기록에서

---

24 투키디데스: 고대 그리스의 역사가로, 그의 실증주의적 역사 기술과 현실주의적 정치 해석은 후대에 깊은 영향을 주었다.

25 코르푸섬: 그리스 서북부 해상에 위치한 섬.

아주 잘 나타난다. "사람들은 온갖 형태와 방법으로 살해되었으며, 그러한 상황에 처하면 종종 그렇듯 극단적으로 변했다. 아버지가 아들을 살해하기도 하고 사람들이 신전에서 질질 끌려 나오거나 신전 제단에서 도륙당하기도 했다. 일부는 디오니소스 신전 벽에 매달려 죽음을 맞이했다."

펠로폰네소스 전쟁에서 비정규전 사례는 이것뿐만이 아니다. 그 예로 기원전 426년 그리스 북서쪽 해안에 있는 산간지방인 아이톨리아^Aetolia의 날렵한 경무장 원주민들이 어떻게 아테네 중장보병^hoplite을 몰살했는지 투키디데스의 기록을 보자. 아테네군 총사령관 데모스테네스^Demosthenes는 아이톨리아 공략은 누워서 떡 먹기라고 생각하고 있었다. 평원에 있는 도시국가의 일반적인 장군들이 그런 것처럼 그는 청동 투구와 중장갑을 장비한 보병 50열로 구성된 밀집대형^Phalanx의 전투를 선호했다. 그러나 아이톨리아군의 '비대칭' 전술에는 통상적인 전술이 통하지 않았다. 아이톨리아군은 아테네군이 진출하면 퇴각하고, 아테네군이 물러나면 기다렸듯이 공격해왔다. 초기에 아테네군을 위기로부터 구해준 것은 동맹군 궁수들이 유일했지만, 그나마도 화살이 바닥나자 아테네군은 무너졌다. 아테네군은 퇴각하려 했지만 벳호론 전투에서 그랬던 것처럼 아이톨리아군은 수많은 아테네군을 섬멸했고 아테네군은 아이톨리아군의 투창에 쓰러져갔다. 나머지 아테네군 병사들은 통로 없는 도랑과 익숙하지 않은 장소로 몰려들어 결국 섬멸되었다. 남은 병사들은 숲으로 도망쳤지만 아이톨리아군은 숲에 불을 질렀다. 아테네 중장보병은 갑옷을 입은 채 산 채로 불타 죽거나, 투구와 갑옷을 필사적으로 더듬으며 벗으려다가 질식사했다. 투키디데스는 아테네군은 전투에서 발생할 수 있는 모든 방법으로 희생되었다고 기록하고 있다.

아테네 사람들이 그리스의 작은 도시국가 마케도니아의 위대한 정복자 알렉산드로스 대왕도 수적으로 열세한 부대와의 전투에서 유사한 경험을 했다는 사실을 알았더라면, 아이톨리아에서 불행을 겪은 그들에게 약간의 위로가 되었을지도 모른다. 아리안^Arrian이 쓴 『알렉산드로스 대

투키디데스는 그의 저서 『펠로폰네소스 전쟁사』에 아테네와 스파르타 간의 정규전뿐만 아니라 수많은 비정규전에 관해 썼다. 거의 30년 넘게 지속된 펠로폰네소스 전쟁 기간 중 주요 전투는 겨우 55회에 불과했지만, 전쟁 초기 몇 년 동안 아테네군이 수많은 지역에서 수행한 저강도 공세는 수백 회가 넘는다. 기원전 427년 코르푸섬에서 스파르타를 지지하는 과두정부파와 아테네를 지지하는 민주파 사이에 일어난 내전을 묘사한 투키디데스의 기록에 따르면, 당시 "사람들은 온갖 형태와 방법으로 살해되었으며, 그러한 상황에 처하면 종종 그렇듯 극단적으로 변했다. 아버지가 아들을 살해하기도 하고 사람들이 신전에서 질질 끌려 나오거나 신전 제단에서 도륙당하기도 했다. 일부는 디오니소스 신전 벽에 매달려 죽음을 맞이했다." 〈출처: WIKIMEDIA COMMONS | Public Domain〉

동·서양을 통합한 위대한 정복자 알렉산드로스 대왕도 정복 과정에서 수적으로 열세한 부족 집단들을 굴복시키는 데 애를 먹었다. 마케도니아 원정군 전체가 매복에 걸려 고전했고 알렉산드로스 자신도 두 번이나 부상을 입었다. 한 전투에서 알렉산드로스는 화살을 맞아 다리가 산산조각 났고, 다른 전투에서는 목과 머리에 돌을 맞아 시야가 좁아지고 거의 시력을 잃었다. 힌두쿠시 산맥의 고봉준령에서 시작하여 중앙아시아의 건조한 사막까지 수많은 애로지형으로 인해 마케도니아군의 고생은 극에 달했다. 나중에 플루타르코스는 당시 알렉산드로스의 수많은 소군벌 반란 진압을 "히드라의 목을 베어내면 베어낸 자리에 2개의 목이 다시 생기는 것"에 비유했다. 〈출처: WIKIMEDIA COMMONS | Public Domain〉

왕 원정기The Campaigns of Alexander』, 플루타르코스Ploutarchos가 쓴 『알렉산드로스 대왕 열전The Life of Alexander the Great』, 퀸투스 쿠르티우스 루푸스Quintus Curtius Rufus가 쓴 『알렉산드로스 대왕 전기The History of Alexander』 등의 원전에 따르면, 알렉산드로스 대왕은 박트리아Bactria[26], 소그디아나Sogdiana[27], 스키타이Scythai[28] 지역—현재 아프가니스탄과 중앙아시아 지역—에서 비슷한 경험을 했다. 알렉산드로스는 이미 대제국 페르시아를 굴복시킨 상태였지만 이 국경선 일대 지역의 난폭한 부족 집단을 굴복시키는 데에는 2년(기원전 329~기원전 327년)이 걸렸다. 마케도니아 원정군 전체가 매복에 걸려 고전했고 알렉산드로스 자신도 두 번이나 부상을 입었다. 한 전투에서 알렉산드로스는 화살을 맞아 다리가 산산조각 났고 다른 전투에서는 목과 머리에 돌을 맞아 시야가 좁아지고 거의 시력을 잃었다. 힌두쿠시Hindu Kush 산맥의 고봉준령에서 시작하여 중앙아시아의 건조한 사막까지 수많은 애로지형으로 인해 마케도니아군의 고생은 극에 달했다. 나중에 플루타르코스는 당시 알렉산드로스의 수많은 소군벌 반란 진압을 "히드라의 목을 베어내면 베어낸 자리에 2개의 목이 다시 생기는 것"에 비유했다.

알렉산드로스는 반란군들이 자리 잡고 있는 눈 덮인 험한 산골짜기에 병사를 보내 반란군을 토벌하게 하는 한편 군사적 조치를 지원하기 위해 외교적 조치도 병행했는데, 이 중 가장 성공적인 사례는 반란을 일으킨 제후 옥시아르테스Oxyartes의 아름다운 딸 록사네Roxane와 결혼한 것이었다. 고생 끝에 인도에 도착했을 때 알렉산드로스는 그간의 고초로 인해 탈진한 상태였고 곧 생을 마감했다.

알렉산드로스 사후 제국은 수많은 후계자들에 의해 분할되었다. 그중

---

26 박트리아: 힌두쿠시(Hindu Kush) 산맥과 아무다리야(Amu Dar'ya)강 사이에 고대 그리스인이 세운 나라.

27 소그디아나: 고대 페르시아인 계열의 유목민족인 스키타이인들을 부르는 단어인 소그드인들이 사는 도시라는 뜻으로 오늘날의 중앙아시아의 일부 지역을 포함한다.

28 스키타이: 기원전 8세기부터 기원전 3세기까지 흑해 동북 지방의 초원 지대에서 활약한 최초의 기마 유목 민족.

셀레우코스 왕국의 안티오코스 4세는 예루살렘 유대교 신전에 제우스 상을 세워 유대인들에게 돼지를 제물로 바칠 것과 유대교 숭배를 금지하는 명령을 내렸는데, 이 조치로 인해 기원전 167년 하스몬 일족이 이끈 유대 독립을 위한 반란이 촉발되었다. 유대 반란군은 위압감을 주는 장갑 전투 코끼리를 보유한 점령군을 괴롭히기 위해 주로 매복과 기습을 실시했다. 20년 이상 지속된 반란을 통해 그들은 드디어 기원전 142년 셀레우코스 왕조를 몰아내고 유대인의 독립 왕국을 건설했다. 위 그림은 셀레우코스 왕국의 니카노르 장군이 이끄는 반란진압군의 장갑 전투 코끼리들에 맞서 유대 반란군을 지휘하는 유다 마카베오의 모습이다. 〈출처: WIKIMEDIA COMMONS | Public Domain〉

가장 거대한 왕국은 셀레우코스 왕국으로 중동 대부분을 다스렸다. 왕 중 안티오코스 4세Antiochos IV는 도가 지나쳐 예루살렘 유대교 신전에 제우스 상을 세워 유대인들에게 돼지를 제물로 바칠 것과 유대교 숭배를 금지하는 명령을 내렸는데, 요세푸스의 『유대 고대사Jewish Antiquities』와 『마카베오서The Books of the Maccabees』 상·하권에는 기원전 167년 이 조치로 인해 촉발된 하스몬Hasmon 일족의 유대 독립을 위한 반란이 기록되어 있다. 반란은 처음에 유다 마카베오Judas Maccabeus가 이끌다가 그가 죽고 나서는 그의 형제들이 이끌었는데, 유대 반란군은 위압감을 주는 장갑 전투 코끼리를 보유한 점령군을 괴롭히기 위해 주로 매복과 기습을 실시했다. 기원전 142년, 20년 이상의 전투로 그들은 셀레우코스 왕조를 몰아내고 유대 고대사

시몬 바르 코크바는 로마 제국 하드리아누스(Hadrianus) 황제 때 로마에 대항하여 반란을 일으킨 유대
인 지도자다. 132년 메시아를 자칭한 시몬 바르 코크바가 주도한 반란으로 그의 추종자들은 유대 사막
의 동굴에서 나와 로마 요새를 교란하곤 했다. 바르 코크바 반란 이후 유대는 시리아 팔레스티나(Syria
Palaestina)로 개칭되었고 이는 '팔레스타인(Palestine)'이라는 이름의 기원이 되었다. 〈출처: WIKIMEDIA
COMMONS | CC BY-SA 4.0〉

중 가장 성공적인 반란을 통해 유대인의 독립 왕국을 건설했다.

마카베오 일가는 셀레우코스 왕조보다도 더 강력한 제국인 로마가 등
장하기 전까지 100년이 못 되는 세월 동안 독립을 유지했다. 앞에서 언
급했다시피 로마는 이후의 유대 반란을 성공적으로 진압한다. 66~70년
반란을 로마가 강력하게 진압했음에도 불구하고 유대인들의 독립에 대
한 갈망은 식지 않았다. 로마의 정치가이자 역사가인 카시우스 디오Cassius
Dio의 저서 『로마사History of Rome』에 따르면, 유대인들은 로마에 대항해 두
번 더 반란을 일으켰다. 115년 중동 내 유대인 디아스포라Diaspora의 반
란, 132년 성지 내 유대인 반란이 그것이다. 후자의 경우 메시아를 자칭
한 시몬 바르 코크바Simon Bar Kokhba('별의 아들'이라는 뜻)가 주도한 반란으

로 그의 추종자들은 유대 사막의 동굴에서 나와 로마 요새를 교란하곤 했다. 결론적으로 두 반란 모두 진압되었지만 이 두 반란을 진압하는 데 각각 수년이 걸렸고, 수천 명에 이르는 로마군을 파병해야 했다. 바르 코크바 반란 이후 유대는 시리아 팔레스티나 Syria Palaestina로 개칭되었고 이는 '팔레스타인 Palestine'이라는 이름의 기원이 되었다.

3

고대 원시 전쟁

◆

대량살육이 자행된 부족 간의 전쟁

현대 게릴라와 테러리스트의 전쟁 방식을 이해하기 위해서는 과거를 돌아보는 것이 필수적이다. 특히 고대, 중세 시대에는 성지 예루살렘의 유대인들부터 내륙 아시아 유목민, 스코틀랜드 고지대 원주민들에 이르기까지 여러 집단에서 게릴라 전술을 사용했기 때문에 고대, 중세 게릴라전의 원리를 파악하는 것이 필요하다. 동서를 막론하고 고대 역사상 위대한 제국은 모두 게릴라 집단과 같은 골칫거리를 상대하는 데 상당한 자원을 투입해야만 했으며 수많은 시도가 실패로 끝났다. 고대 게릴라들은 현대의 시각으로 보면 원시적이다. 이들은 AK-47과 같은 대량 살육을 가능케 하는 무기를 가지고 있었던 것도 아니고, 공산당 정치국의 조종을 받는 것도, 동조자들이 외국에서 보내주는 자금을 받는 것도 아니었으며, 그들의 존재를 정당화하기 위한 거창한 공식 성명을 발표하는 일은 거의 없었다. 그럼에도 불구하고 이들은 매우 효율적인 조직이었다. 이들은 메소포타미아 제국과 로마 제국을 붕괴시키고 중국 제국의 상당 부분을 전복시켰다. 전 세계 어떠한 통치 조직도 무섭고 무자비한 습격자의 약탈로 부터 무사하지 못했다. 제국에 대항한 반란은 정복지에서 흔한 일이었다. 고대 주권국가는 설령 민주주의 정치제도를 채택하지 않았더라도 반란을 예방하기 위해 정복지 주민에게 혜택을 줌으로써 민심을 달래는 방법을 배워야 했다. 그렇게 하여 오늘날의 대반란전counterinsurgency[29]이 태동하게 되었다.

18, 19세기에 고대 역사는 잘 알려져 있었으나, 저강도 분쟁의 위력과 편재성遍在性[30]에 대한 귀중한 교훈은 잊히거나 설사 기억되었다 하더라도 원시시대의 유물로 치부되어 현대 세계에 거의 적용되지 않은 채 폐기되었다. 클라우제비츠Carl von Clausewitz[31], 조미니Antoine-Henri Jomini[32]와 같은 석학들은 게릴라전은 실제보다 더 참신하다고 생각했다. 이들은 게릴라전을 접하고 나서 충격을 받고 경악했다. 심지어 오늘날에도 게릴라 전술에는 무엇인가 새로운 점이 있다고 생각하는 경향이 있는데, 이는 게릴라 전술이 국가 간의 분쟁을 일반적인 것으로 보는 기준에서 벗어나 있기 때문이다.

하지만 이는 사실과 거리가 있다. 저강도 분쟁은 고대부터 발전되어왔기 때문에 새로운 점이 다수 존재하지만, 우리가 이름을 아는 최초의 게릴라이자 기원전 1000년경 이스라엘 왕으로 등극한 다윗David의 시대에 이미 정립되었다. (다윗이 게릴라로서 명성을 얻게 된 것은 블레셋Philistine의 거인 골리앗Goliath과 싸운 전설적인 전투에서가 아니라, 그 이후 시기심으로 가득 찬 사울Saul 왕의 분노를 피해 유대 광야에서 야인 집단의 지도자가 되어 아말렉Amalekite과 블레셋 정착지를 공격하면서부터다.)

---

29 대반란전: 게릴라, 테러리스트 등의 분란세력을 진압하기 위한 작전 및 행동이다. 데테러 작전, 대게릴라 작전을 포괄하는 상위 개념이다.

30 편재성(遍在性): 편재란 널리 퍼져 있음을 말함.

31 클라우제비츠: 19세기 프로이센 육군의 건설 공로자, 『전쟁론(Von Kriege)』의 저자.

32 조미니: 19세기 프랑스의 군사상가.

기원전 1000년경 이스라엘 왕으로 등극한 다윗이 최초의 게릴라로서 인정받게 된 것은 블레셋의 거인 골리앗과 싸운 전설적인 전투에서가 아니라, 그 이후 시기심으로 가득 찬 사울 왕의 분노를 피해 유대 광야에서 야인 집단의 지도자가 되어 아말렉과 블레셋 정착지를 공격하면서부터. 위 그림은 다윗이 아말렉을 공격하는 모습이다. 〈출처: WIKIMEDIA COMMONS | Public Domain〉

　게릴라전은 인류의 역사만큼 오래된 반면, 정규전은 최근에 정립된 개념이다. 정규전은 수렵채집인이 지배하던 선사시대 이후 처음으로 농경사회로 발전하면서 등장하게 되었다. 농경사회가 등장하고 나서 충분한 잉여 자산과 인구로 인해 축성술과 무기가 개발되었고, 이를 운영하는 전문가들이 고용되었다. 이러한 과정은 기원전 1만 년 전 중동 지역에서 시작되었고, 수천년 후에는 미주, 유럽, 그리고 동아시아에서 나타났다. 진짜 군대라고 할 수 있는 최초의 군대들은 이집트와 메소포타미아에서 기원전 3100년경에 등장했다. 이 군대들은 엄격한 위계질서에 의해 통제되고 잘 훈련된 병사들로 구성되었으며, 처벌 위협으로 군기를 확립했고, 몇 개의 다른 병과들(창병, 궁병, 전차병, 공병)로 나누어져 있었으며, 전투대형을 이뤄 전개하고, 군수 지원도 받았다. 이러한 형태의 군대가 충돌한 최초의 전면전은 기원전 1468년 현재 이스라엘 하이파Haifa 남동쪽 30km 부근인 메기도Megido 인근 마을에서 발생했다. 이 전투에서 이집트

군 5,000명은 인근 도시국가 연합군과 격돌했다.

현생 인류 호모 사피엔스Homo sapiens가 15만 년 전 출현했고 인류의 조상이 그보다 수백만 년 전에 출현한 것을 고려하면, 정규전의 시대는 역사 전체에서 찰나의 순간에 지나지 않는다는 것을 알 수 있다. 게다가 세계의 다른 지역에서는 국가 형성 과정과 정규군 편성이 더 오래 걸렸다. 지리학자이자 역사가인 제레드 다이아몬드Jered Diamond[33]는 "일부 지역에서는 1492년에 이르러서야 비로소 국가가 형성되기 시작했고, 미주, 사하라 사막 이남 아프리카, 호주, 뉴기니, 태평양 군도, 중앙아메리카 및 남아메리카에는 국가조차 존재하지 않았다"고 주장한다. 이 중 일부 지역에서는 20세기에 들어와서야 비로소 기껏해야 군대를 근근이 유지하는 기초적인 기능만을 보유한 국가가 겨우 형성되었다. 이와 같은 가장 극단적인 국가 실패의 예로 오늘날 소말리아를 들 수 있지만, 대다수 지역은 그렇게 뒤처지지 않았다.

도시 문명 발전 이전, 그리고 발전 과정에서 발생한 현생 인류의 기나긴 피비린내 나는 악전고투의 기간 동안 전쟁은 주로 군기가 엉망이고, 결속력이 약하며, 전면전을 꺼린 경무장한 자원자들로 구성된 집단에 의해 수행되어왔다. 이들은 적을 교란하고 매복해 있다가 습격하고 학살하고 공포에 휩싸이게 만들기 위해 잠행, 기습, 신속기동을 선호했고, 전투력이 동등하거나 그 이상의 적을 만나면 신속히 퇴각하여 사상자를 최소화했다. 앞서 설명한 것들은 현대 게릴라전의 주요 특징이자 국가 발생 이전 원시시대 전쟁의 주요 특징이다. 국가 형성 이전의 전쟁의 기원은 확실치 않으나 아마조니아Amazonia[34]의 외딴 정글, 파푸아 뉴기니의 고원지대에서는 최근까지도 원시 전쟁의 형태를 발견할 수 있다. 따라서 게릴라는 가장 오래된 직업인 사냥과 정확히 동일한 능력이 필요하므로 역사상

---

33 제레드 다이아몬드: 미국의 과학자이자 『총, 균, 쇠(Guns, germs, and steel)』의 저자.

34 아마조니아: 남미 대부분의 국가에 걸쳐 펼쳐진 거대한 열대우림 지역으로, 아마존강 수계 거의 전부가 여기 포함되어 있다.

사냥 다음으로 오래된 직업이라고 볼 수 있다.

서양의 군 전문가와 학자들은 원시 전쟁과 게릴라전을 '비정상적', '비인간적', 심지어는 '비겁한' 행위로 간주하고 게릴라전을 수행하는 사람을 야만인 또는 범죄자로 보는 경향이 있었기 때문에 그리스·로마 시대 또는 최소한 그 이전부터 게릴라전은 존경받지 못했다. 일례로 1600년경 매사추세츠 미국 식민지인들은 인디언들이 "매복진지, 잡목, 늪지, 길가 등에 은밀하게 숨어 있다가 비열한 방법으로 사람을 살해한다"고 북미 원주민을 비난하곤 했다.

게릴라에 대한 편견이 널리 퍼져 있는 이유는 쉽게 찾아볼 수 있다. 원시 사회의 게릴라들을 묘사한 존 키건John Keegan[35]의 말을 빌리면, 이들은 "약자에게는 잔인하고 용감한 자 앞에서는 비굴하다." 이는 직업군인이 숭상하는 덕목과 정확하게 반대된다. 그리스인이 창안한 것은 아니지만 그들이 대대로 전수해온 전투 방식대로 강한 적과 정면으로 마주본 채 어느 한쪽이 전멸할 때까지 싸우는 것을 게릴라들은 꺼린다.

원시 사회에서 비국가행위자 간의 전투는 형형색색으로 치장한 양 진영의 전사들이 평행으로 마주보고 서서 욕설과 저속한 제스처를 서로 주고받다가 원거리에서 창, 투창, 화살을 던져 사상자가 거의 발생하지 않는다. 원시 사회에는 기본적인 자기보호본능을 무시하고 피해가 클지도 모르는 근접전투에 전투원들을 강제로 뛰어들게 만드는 강력한 조직이 없다. 일각에서는 이러한 이유로 원시 사회의 비국가행위자는 칸나에Cannae 전투[36], 아쟁쿠르Agincourt 전투[37] 또는 게티즈버그Gettysburg 전투[38]와 같

---

35 존 키건: 20세기 영국의 역사학자.

36 칸나에 전투: 기원전 216년 이탈리아의 칸나에 평원에서 로마 공화정군과 한니발(Hannibal)이 이끄는 카르타고군 사이에 벌어진 전투로 한니발이 대승을 거두었다.

37 아쟁쿠르 전투: 백년전쟁 중인 1415년 10월 25일 프랑스 북부의 아쟁쿠르에서 프랑스군이 영국군에게 대패한 전투.

38 게티즈버그 전투: 1863년 미국 남북전쟁 중에 벌어진 전투 가운데 하나로, 남군이 펜실베이니아주에 침입하여 북군과 교전을 벌이다가 패배하여 돌아가면서 전쟁의 전환점을 가져왔다. 이후 북군은 남부에 대한 공세를 강화했고, 남군은 방어에만 주력했다.

은 진정한 전투가 아니라 그것과는 거리가 먼 의례적인 부족 간의 '싸움'이나 '복수'를 수행할 뿐이라고 주장한다. 예를 들면, 17세기에 미국 매사추세츠로 건너온 한 영국 직업군인은 인디언을 경멸하며 다음과 같이 썼다. "인디언들은 7년 가까이 싸워도 7명 이상을 사살하지 못할 것이다. 왜냐하면 이 전쟁은 거의 오락이지 정복전쟁이나 적을 굴복시키기 위한 전쟁이 아니기 때문이다."

그러나 이와 같은 비평가들은 원시 전쟁에서 전투가 아주 작은 부분을 차지할 뿐이라는 것을 간과하고 있다. 대부분 사상자는 정밀하게 계획된 전투가 아니라 그 전과 후—적의 영토로 은밀하게 침투한 전사들이 습격할 때—에 발생한다. 인류학자 로렌스 킬리Lawrence Keeley에 따르면 "베링 해협 에스키모와 뉴기니 마에엥가Mae Enga족과 같이 다양한 부족 집단이 선호하는 습격 기술 중 한 가지 공통적인 것이 있는데, 그것은 동틀 무렵 은밀하게 적의 가옥을 포위하고 있다가 얇은 벽에 창을 던지고 출입구와 연기가 나오는 구멍으로 화살을 쏘거나 가옥에 불을 붙인 후 밖으로 뛰쳐나오는 적에게 화살을 쏘는 방법이다."

습격대는 이러한 습격에 이어 대규모 적이 도착하기 전에 흩어져야 한다. 그리고 다시 며칠 후 돌아와서 방심한 적의 또 다른 마을을 노린다. 성인 남성은 모두 이런 습격에 참가하는데, 붙잡혔을 때 살려달라고 빌거나 붙잡은 포로를 살려주는 일은 없다. 부족의 전사들은 절대로 항복하지 않으며, 만약 패배하게 되면 그 자리에서 죽거나 북미 북동부에 살던 이로쿼이Iroquois족 인디언들의 통상적인 방식대로 죽을 때까지 고문을 당하는데 고문 후 죽으면 사체 일부를 적이 먹기도 한다. 전투가 끝난 뒤 승자는 패자의 여성을 겁탈한 뒤 이들과 그 아이들을 노예로 삼고 시신을 불태우며 가축을 빼앗고 마을을 파괴한다.

원시 전쟁은 전체 전사자 수가 아니라(부족 사회의 경우 도시 문명과 비교하면 인구가 매우 작기 때문이다) 전사율 측면에서 문명 사회의 전쟁보다 더 치명적이다. 뉴기니의 다니Dani족, 북동아프리카의 딩카Dinka족, 캘리포

부족의 전사들은 절대로 항복하지 않는다. 만약 패배하게 되면 그 자리에서 죽거나 북미 북동부에 살던 이로쿼이족 인디언들의 통상적인 방식대로 죽을 때까지 고문을 당하는데, 고문 후 죽으면 사체 일부를 적이 먹기도 한다. 〈출처: WIKIMEDIA COMMONS | Public Domain〉

니아의 모도크Modoc족 인디언, 필리핀 칼링가Kalinga 식인종, 그 외 인류학자들이 2세기 넘게 연구한 기타 부족 사회의 경우 12세기 독일, 러시아와 같이 전란으로 황폐화된 유럽 국가들보다 연례적으로 발생하는 전투에서 전사율이 매우 높았고, 일부 전투에서는 500배 이상의 전사율을 보였다. 부족 사회는 매년 발생하는 전투에서 평균적으로 인구의 0.5%를 잃는다. 만약 오늘날 미국에서 이와 비슷한 비율로 인구를 잃으려면 매년 150만 명이 죽거나 9·11 테러와 같은 일이 1년에 500번 발생해야 한다. 고고학적 증거들도 이를 뒷받침한다. 기원전 1만 2000~기원전 1만

년의 것으로 추정되는 수단의 제벨 사하바Jebel Sahaba 무덤 유적[39]에서 발견된 유골의 40%에서 돌화살촉 흔적이 발견되었다. 대부분의 유골에서 다수의 상흔이 발견되었다. 이는 현대인의 눈으로 보았을 때 지적 능력에서 게릴라와 고릴라가 크게 차이가 없던 선사시대에 전투가 얼마나 널리 행해졌고 치명적이었는지를 보여준다.

선사시대나 심지어 최근까지도 부족의 전사들이 수행한 이와 같은 전쟁에서 이념이나 전략은 거의 찾아볼 수 없었다. 한 현대 학자의 말에 따르면, 이들은 다른 모든 대안을 고려한 다음 습격만이 적에게 피해를 줄 수 있는 가장 확실한 방법이라고 결정했기 때문에 그때그때 상황에 맞는 특별 조직을 조직해 급습하는 전략을 구사하지 않았다. 그들의 아버지와 할아버지가 그렇게 해왔기 때문에 관습적으로 그대로 따른 것이다. 그들은 이것 말고는 다른 방법을 알지 못했다. 그런 이유로 이와 같은 본능적인 게릴라 전법이 지금까지 내려오고 있는 것이다.

첫 번째 문명의 발생으로 인해 변화가 생긴 점은 부족의 전사들이 맞닥뜨리게 된 적이 달라졌다는 점이다. 기원전 3000년 이전 부족 사회의 게릴라 전투원의 주적은 다른 부족의 게릴라들이었다. 기원전 3000년 이후에도 이런 부족 대 부족의 전쟁은 계속되었지만, 이따금 부족과 반란군이 새롭게 등장하기 시작한 국가와 전투를 벌이기도 했다. 성경, 『일리아드Iliad』[40]에 묘사된 사건들이 일어나기 전 시대인 고대 메소포타미아의 역사에는 게릴라 전술을 구사하는 습격대와 세계 최초로 등장한 국가의 전투들이 자주 등장한다. 바로 이것들이 세계 역사상 최초의 반란전과 대반란전이다.

---

39 제벨 사하바 무덤 유적: 현존하는 가장 오래된 인류의 전투 유적으로, 수단 북부의 나일 계곡에서 1960년대에 발굴되었다. 총 61구의 유골이 발견되었는데, 유골 상당수에서 화살 같은 무기에 찔린 것으로 보이는 상흔들이 발견되었다.

40 『일리아드』: 고대 그리스의 시인인 호메로스(Homeros)가 트로이 전쟁을 주제로 쓴 서사시로, 영웅들의 활약상을 그리고 있다.

4

아카드와 반란전의 기원

◆

**기원전 2334~기원전 2005년,
메소포타미아**

역사상 최초로 제국을 건국하고 동시에 최초로 상비군을 창설한 사람은 사르곤Sargon이었다. 사르곤은 아카드Akkad를 수도로 정했는데, 아카드는 오늘날 이라크의 수도인 바그다드 부근에 있었던 것으로 알려져 있다. 전설에 따르면, 사르곤은 자수성가한 인물이라고 한다. 고아였던 그는 모세처럼 바구니에 담긴 채 강물에 떠다니다가 농부에게 발견되었다고 한다. 그는 도시국가 키시Kish의 왕 우르자바바의 시종으로 술 따르는 일을 하다가 그가 섬기던 나라의 왕이 되었다. 기원전 2334~기원전 2279년에 그는 현재 이라크 남부 지역에서 이란 서쪽, 시리아 북부, 터키 남부에 이르는 지역을 복속시켰다. 34회의 전투에서 승리한 그는 자신을 "세계의 왕"이라고 칭했다.

아카드군 연전연승의 비밀은 알려져 있지 않으나 아마도 청동 화살촉을 장착한 강력한 복합궁composite bow 덕분이었을 것으로 추정된다. 이 복합궁의 위력은 "그 당시로서는 가히 혁명적이었는데, … 수천 년 후에 발

기원전 2334~기원전 2279년에 오늘날의 이라크 남부 지역에서부터 이란 서쪽, 시리아 북부, 터키 남부에 이르는 지역을 정복해 복속시킨 아카드 제국의 사르곤 대왕은 34회의 전투에서 승리한 후 자신을 "세계의 왕"이라고 칭했다. 그는 복합궁과 같은 당시로서는 최첨단 무기를 가진 상비군을 편성해 영토를 획득하고 복속시킨 도시들의 반란을 대량 살육, 노예화, 추방, 도시 완전 파괴 등의 강압적 방법으로 진압했다. 사진은 1936년에 복원된 일명 '사르곤의 마스크'다. '사르곤의 마스크'로 불릴 뿐 이것이 사르곤의 것인지는 정확하지 않다. 바그다드 소재 이라크 국립박물관(National Museum of Iraq) 소장. 〈출처: WIKIMEDIA COMMONS | Public Domain〉

명된 화약과 비견될 정도였다. 이외에도 장창, 창, 투창, 철퇴, 전투도끼와 같은 무기들이 있었다. 아카드의 군대에 자금을 지원하고 군대를 지탱하기 위해 광범위한 관료조직을 유지하는 것만큼이나 중요한 것은 군인들에게 빵과 맥주를 제공하는 것이었다.

상비군은 새 영토를 획득하는 것뿐만 아니라 이미 복속한 지역을 통제하는 데도 필요했다. 복속된 도시가 계속 제국에 반기를 들곤 했기 때문이다. 현대 사학자들의 말에 따르면, 이러한 반기에 대응해 아카드군은 "대량 살육, 노예화, 추방, 도시 완전 파괴"로 이들을 진압했다. 자신을 "성난 사자"라고 칭한 사르곤은 자신이 믿는 여러 신神들 중에서 특히 엔릴

아카드군 연전연승의 비밀무기로 알려진 청동 화살촉을 장착한 강력한 복합궁의 위력은 화약에 비견될 정도로 가히 혁명적이었다. 위 그림은 수르메인(왼쪽)과 사르곤이 이끄는 아카드군의 전투 장면이다. 〈출처: WIKIMEDIA COMMONS | Public Domain〉

Enlil[41]의 "누구에게도 관대함을 보여주지 말라"는 명령을 충실히 따랐다. 고대 서판書版에 남은 기록에 따르면, 사르곤은 정복하는 도시마다 "폐허 더미"로 만들었다고 한다.

　사르곤은 정복민들, 특히 메소포타미아에 사는 수메르인들Sumerians을 회유하려는 노력도 게을리하지 않았다. 그는 아카드어를 보급하고 미술을 장려했다. 사르곤의 딸 엔헤두안나Enheduanna 공주는 시인이자 여사제로서 세계 최초의 작가로 알려진 인물로, 수메르 신과 아카드의 신의 통합을 찬미하는 설형문자cuneiform 시를 남겼다. 이는 셈족Semite인 사르곤이

41　엔릴: 메소포타미아 신 중 하늘·바람·폭풍우 등을 지배하고 인간의 운명을 관장하며 왕위를 승인하는 신으로, 그의 명령은 바꿀 수 없었다.

수메르족을 통치하는 것에 대한 정당성을 부여하기 위해서였다.

그러나 사르곤 사후 제국 전역에서 반란이 일어났다. 사르곤의 아들 리무쉬Rimush가 반란을 일으킨 도시국가들을 초토화하자 반란은 잠시 잠잠해졌을 뿐, 다시 계속되었다. 이후 리무쉬를 살해하고 왕위를 찬탈해 왕좌에 오른 리무쉬의 형 마니시투슈Manishtushu는 "나의 아버지 사르곤이 남긴 제국 전역이 원한을 품고 나에 맞서 반란을 일으키는구나"라며 탄식했다.

끊임없는 반란으로 인해 약해진 아카드는 기원전 2190년경 후르리족Hurrian, 루르비족Lullubi, 엘람족Elamite, 아모리족Amorite 등 근처 산악 부족에 의해 멸망했다. 가장 파괴적인 부족은 이란 남서쪽 자그로스Zagros 산악지대에서 온 "사나운 무법자 야만인" 구티족Gutian이었다. 메소포타미아 비문은 역사상 최초의 성공적인 게릴라라고 할 수 있는 산악 부족들을 후대 유럽인이나 중국인에게 친숙한 용어로 다음과 같이 묘사했다. 그들은 "산에 사는 독사와 같은 자들로, 신을 거역하고 난폭하게 행동하며 … 아내가 있는 사람에게서는 아내를 빼앗고, 아이가 있는 사람에게서는 아이를 빼앗고, 수메르 땅에서 사악한 못된 짓을 일삼는 자들이다." 떠돌이 야만인들은 정착 농민들을 이와 같이 괴롭혔다.

아카드 제국의 몰락 이후 유목민들은 걸어서(당시 말과 낙타의 가축화는 초기 단계였다) 메소포타미아, 시리아, 팔레스타인 전역을 200년 동안 떠돌아다녔다. 치안을 유지할 제국이 없어졌기 때문에 여행자를 노리는 산적, 해적도 출현했다. 수메르 도시에서 살던 사람들은 군사적으로는 뛰어나지만 문화적으로는 열등한 이방인들이 몰려드는 것을 겁에 질린 눈으로 바라보았다. 이들은 "늑대와 같은 야수의 본능을 지닌 야만인"으로 묘사되는가 하면, "물고기와 양파를 먹지 않으며, 낙타가시나무(아시아에 자생하는 유독 식물)와 오줌 냄새가 나는 사람들"로 폄하되기도 했다.

기원전 2059년 이라크 남쪽에 위치한 우르Ur 제국은 중앙 메소포타미아에 유목민들이 들어오지 못하도록 '산악지대를 향해 벽'을 세웠다. 그러나 이 대공사에는 막대한 시간과 예산이 들어갔는데 공사를 진행한 기술자들이 지속적으로 아모리족^{Amorite} 유목민(텐트에 사는 자들로서 고대로부터 도시라고는 알지 못하는 자들)으로부터 공격을 받았기 때문이다. 결국, 이 벽은 중국의 만리장성이나 1950년대 프랑스가 알제리에 구축한 모리스 라인$^{Morice\ Line}$처럼 항구적인 안보를 제공하지 못했다. 기원전 2005년 '산악지대에 사는 적' 엘람족이 우르 제국을 공격해 대도시를 폐허로 만들었다. 유프라테스^{Euphrate}강에는 엘람족이 살해한 수많은 시체가 떠다녔고, 메소포타미아 서판에 따르면 생존자들은 "개들에게 쫓겨 몰려다니는 염소떼처럼" 난민으로 전락했다.

5

잡을 수 있으면 잡아봐

◆

**기원전 512년,
페르시아군 대 스키타이족**

유목 생활을 하는 게릴라에 의해 처음으로 망국의 길을 걸은 나라는 고대 메소포타미아 도시국가들이다. 수많은 나라들이 메소포타미아 도시국가들의 전철을 밟았다. 유목민들은 역사상 가장 흔하고 성공적인 게릴라로 떠올랐다.

게릴라의 적이 맞닥뜨린 본질적인 문제는 간단히 말할 수는 있지만 해결하기는 어렵다. 습격자들을 어떻게 잡을 것인가? 습격자들은 거추장스러운 장비나 긴 치중대 행렬 같은 것이 없어 행동이 자유로웠기 때문에 항상 정규군보다 빠르게 움직였다. 그들의 모토motto는 요즘 말로 하면 "잡을 수 있으면 잡아봐"로 요약할 수 있을 것이다. 그들을 잡으려 했던 사람들 대부분이 실패했다. 잘 알려진 초기의 실패 사례로는 고대 페르시아 제국 아케네메스 왕조Achaemenid dynasty가 있다.

페르시아 제국은 고대 세계에서 가장 강력한 제국 중 하나로, 처음에는 수도를 파사르가대Pasargadae[42]로 정했다가 후대에 페르세폴리스Persepolis로 천도했다. 페르시아 제국의 중앙 관료들은 태수Satrap들이 다스리는 속주들로 분할된 거대한 제국을 웅장한 기둥으로 둘러싸인 거대한 석조 건축물에서 통할하고, 복잡한 법체계에 따라 다스렸으며, 효율적인 조세체계와 세계 최초의 은행들 중 일부를 통해 통치자금을 조달하고, 전천후 고속도로와 역마제도로 전 국토를 연결했으며, '불사부대Immortal'라 불리는 최정예부대로 제국을 지켰다.

페르시아의 전성기를 일궈낸 왕은 키루스 2세(대왕)Cyrus II로, 그리스 장군이자 당대의 석학 크세노폰Xenophon은 "그는 모든 사람을 공포에 떨게 만들었기 때문에 어느 누구도 그에게 감히 대적하지 못했다. 그는 사람들이 자발적으로 그의 비위를 맞추려는 마음을 강하게 불러일으켜서 모든 사람들이 항상 그의 뜻대로 따르려 했다"라고 기록했다. 하지만 불행하게도 키루스 2세의 마법은 초원 지대steppe의 유목민에게는 통하지 않았다. 그는 기원전 529년 중앙아시아에서 마사게타이Massagetae 부족[43] 정복 원정에서 최후를 맞이했다.

키루스의 뒤를 이은 왕은 젊은 기수 다리우스Darius였다. 다리우스는 키루스 왕의 아들로부터 왕위를 찬탈하고 왕위에 올랐다. 키루스처럼 "대왕"으로 불린 다리우스는 키루스보다는 운이 좋았지만, 마사게타이 부족과 밀접한 연관이 있는 초원 지대의 유목민족 스키타이Skythai족과의 전투에서 이렇다 할 승리를 거두지는 못했다. 스키타이족과 마사게타이족은 18세기까지 유라시아 평원을 공포에 떨게 한 훈Hun족, 아바르Avar족, 불가르Bulgar족, 마자르Magyar족, 셀주크Seljuk족, 몽골Mongol족, 타타르Tatar족, 만주Manchu족과 같은 부류에서 나온 기마 유목민 또는 반유목민 분파였다. 이

---

42 엔릴: 이란 남서부, 파르스주 중북부에 있는 고대 도시.

43 마사게타이 부족: 스키타이 민족의 일파로, 카스피해의 동북부와 트란스옥시아나의 서부에 살던 민족.

페르시아의 전성기를 일궈낸 키루스 대왕(키루스 2세)은 기원전 529년 중앙아시아에서 유목 생활을 하는 마사게타이 부족 정복 원정에서 최후를 맞이했다. 당시 페르시아군에게 포로로 잡힌 마사게타이족의 여왕 토미리스(Tomyris)의 아들 스파르가피세스(Spargapises)가 자살하자, 초원 위의 게릴라인 마사게타이족은 이를 복수하기 위해 전사한 키루스 대왕의 시신을 찾아 목을 베어 피가 든 항아리에 담갔다. 이렇게 유목민들은 역사상 가장 흔하고 성공적인 게릴라로 떠올랐다. 위 그림은 피가 든 항아리에 넣은 키루스 대왕의 머리를 들어올리고 있는 마사게타이족의 여왕 토미리브의 모습을 그린 것이다. 〈출처: WIKIMEDIA COMMONS | Public Domain〉

유목민족들은 19세기에 미시시피Mississippi강 서안 미국인 정착지를 공격하곤 했던 수우Sioux족, 샤이엔Cheyenne족, 아파치Apache족 등과 상당히 많은 공통점을 갖고 있었다. 모든 유라시아 부족은 적당한 목초지를 찾아 양, 염소, 말, 소, 낙타, 그리고 가끔 야크 떼를 몰고 아시아 초원을 누볐다. 이들은 가축에서 나오는 살코기와 젖을 먹었고, 가죽으로 옷을 해 입었으며, 분뇨를 연료로 사용했고, 유르트yurt라 불리는 천막에서 살았다. 이들은 혹독한 생활방식으로 인해 말타기와 활쏘기의 달인으로 성장했고, 이들이 맞닥뜨리는 대부분 정착민들에 비해 전투에 능했다. 부족민 전원이 전투원이었으며 전사 기질도 매우 뛰어났다. 최초의 역사가로 불리는 헤로도토스Herodotos는 기원전 5년 "스키타이 전사는 그가 전투에서 쓰러뜨린 첫 상대의 피를 마시고, 그의 두개골로 컵을 만든다. 일부 스키타이인들은 죽은 적의 오른팔 가죽을 벗기기도 하고, 죽은 적의 가죽을 벗겨 외투를 만들거나 화살통 덮개를 만들기도 한다"라고 기록했다.

다리우스는 영토에 난입한 스키타이인들에게 본때를 보여주기로 마음먹었다. 기원전 512년경, 그는 당시로서는 최첨단 공병 기술인 부교를 보스포루스Bosporus 해협[44]에 설치한 후 수십만 명의 병사를 거느리고 발칸반도를 통과하여 현재의 우크라이나 남부 지역에 상륙했다. 다리우스의 예상과 달리 스키타이인들은 페르시아군에 맞서 싸우려고 하지 않았다. 페르시아군을 전장에서 맞아 싸우기에 너무 약하다는 점을 잘 알고 있었던 스키타이인들은 철수하기로 결심했다. 헤로도토스는 그의 저서 『역사Histories』에서 "스키타이인들은 퇴각하면서 가축 떼를 몰아 미리 철수 지역으로 보내두고, 우물과 샘을 모두 막아버렸으며, 전 국토에 사료조차 남겨두지 않았다"라고 기록했다.

좌절한 다리우스는 스키타이의 왕 이단티르수스Idanthyrsus에게 애처로운 서신을 보내어 묻는다.

---

44 보스포루스 해협: 아시아와 유럽을 나누는 터키의 해협.

부교를 설치하고 보스포루스 해협을 건너는 다리우스. 페르시아의 영토에 난입한 스키타이인들을 정벌하기 위해 우크라이나 남부까지 추적한 다리우스의 페르시아군은 자신들이 너무 약하다는 점을 알고 전투를 회피하는 스키타이인의 전술에 말려들어 아무 소득 없이 철군했다. 이 사례는 정규군과 비정규군을 구분하는 명확한 차이점을 잘 보여준다. 위 그림은 미국의 화가 제이콥 에보트(Jacob Abbott, 1803–1879)의 작품이다. 〈출처: WIKIMEDIA COMMONS | Public Domain〉

"그대 괴이한 자여, 어째서 계속 도망치는가? … 돌아와 전투에 응하라."

이단티르수스는 경멸조의 답신을 보냈다.

"이것이 나의 방식이다, 페르시아인이여. … 우리 스키타이인에게는 함락되거나 파괴될 도시도, 경작지도 없다. 우리는 그대와 서둘러 싸워야 할 필요가 없다. … 우리는 우리에게 유리하지 않는 한 응전하지 않을 것이다."

양측의 서신은 '정규군'과 정규군의 적인 '비정규군'을 구분하는 명확한 차이점을 잘 보여준다. 이것은 고대나 중세시대의 거의 모든 문명화된 나라의 왕과 유목민 부족장, 또는 오늘날의 대통령 혹은 총리와 테러리스트 지도자 사이에 있을 법한 일이다. 최소한 다리우스는 그와 유사한 상황에 처해 있던 수많은 다른 군사 지도자들보다는 영리했다. 그는 패배를 직감하고 더 이상의 피해 없이 페르시아로 돌아갔다.

6

"초토화시켜놓고
이를 평화라 부른다"

♦

**기원전 1100~212년,
아시리아와 로마에서 찾은 대반란전의 기원**

대부분의 고대 제국은 외부 유목민이나 국내 반란군들이 일으킨 게릴라전의 위협에 똑같은 전략으로 대응했다. 이는 간단히 '공포'라는 한 단어로 요약할 수 있다. 고대 군주들은 무장 투쟁을 진압하고 예방하기 위해 최대한 잔인하게 진압했다. 아테네와 로마 공화국을 제외하고 고대 국가들은 입헌 공화국이라기보다는 군주국 또는 병영국가warrior states였기 때문에 도덕적 거리낌도, 민의를 반영해야 한다는 어떠한 필요성도 거의 느끼지 못했다. 국가는 '민의'나 '인권'에 대해 이해조차 하려 하지 않았다. (고대 그리스 시대부터 개념이 존재했음에도 불구하고 민의는 18세기 이전, 인권은 20세기 이전까지 논의조차 되지 않았다.)

기원전 1100년부터 페르시아에서 이집트에 이르는 수천 킬로미터에 달하는 강역彊域을 정복하기 시작한 아시리아인들은 공포를 조성하는 데 특별한 능력을 가지고 있었다. 아슈르나시르팔 2세Ashurnasirpal II(기원전 883~기원전 859년 추정)는 수르Suru 시에 반란이 일어났을 때 이를 진압하

고 나서 취한 행동을 궁정에 음각으로 기록해두었는데, 그 내용은 다음과
같다.

> 짐은 수르 시 성문을 향해 기둥 하나를 세우고 반란 주모자들의 가죽을 벗겨 그 가
> 죽으로 기둥을 둘렀다. 반란자 중 일부는 기둥에 매달고, 일부는 뾰족한 말뚝에 꿰
> 어 죽이고, 일부는 기둥 주변에 있는 말뚝에 묶었다. 짐은 영토 내에서 많은 사람들
> 의 가죽을 벗겨 벽에 걸었고, 짐에게 반기를 든 장교들과 왕실 관리들의 사지를 잘
> 라버렸노라.

이후 몽골족은 공포에 질린 적이 요구를 받아들이도록 이와 비슷한 잔
혹한 행위를 함으로써 유명세를 타게 된다. 하지만 인권운동 압력단체나
언론의 자유가 없는 시대에도 이 전략은 항상 성공하지만은 않았고, 오히
려 종종 더 많은 적을 만들어내는 역효과를 초래했다. 내전으로 인해 아
시리아는 결국 아시리아인들이 이전에 수탈한 바빌로니아인^{Babylonian}과
오늘날 이란 일대에 살던 메디아인^{Medes}이 일으킨 반란 진압에 실패했다.
그들은 공동의 적 아시리아에 대항하기 위해 자원을 총동원했다. 기원전
612년 반란군은 헤로도토스가 기록한 대로 "노예 상태의 멍에에서 벗어
나 자유민이 되기 위해" 제국의 수도를 가까스로 손에 넣었다.

◆ ◆ ◆

로마 제국은 건국 이전이나 이후 계승국보다 훨씬 더 많은 반란이 일어
났고 이를 진압하는 과정에서 대반란전에 대한 더욱 정교한 대응 방안
을 개발했다. 그러나 로마가 상대해야 할 반란군은 아카드가 상대한 원시
유목민과 같은 반란군뿐만 아니라 로마와의 전투 경험이 있거나 로마인
들과 같이 살아서 로마인의 약점을 어떻게 이용할 수 있는지 잘 알고 있
는 퀸투스 세르토리우스$^{Quintus Sertorius}$[45], 아르미니우스^{Arminius}[46], 유구르타

Jugurtha[47], 탁파리나스Tacfarinas[48], 스파르타쿠스Spartacus[49], 그리고 율리우스 시빌리스Julius Civilis[50]와 같은 사람들이 지휘하는 반란군과 같이 고도로 훈련된 반란군과도 상대해야만 했다. 퀸투스 세르토리우스는 로마 장군과 히스파니아Hispania[51] 속주 총독 경력을 가지고 있었다. 그는 기원전 87~기원전 86년에 로마에서 발생한 첫 번째 내전에서 패배하고 나서 히스파니아에서 로마의 통치에 반기를 들고 일어난 루시타니아Lusitania 반란군의 지도자가 되었다.

그 외의 반란군 지도자들은 로마군에서 복무함으로써 어느 정도 로마인화된 이방인이었다. 이들은 외국에서 태어났기 때문에 보통 로마 시민권자들에게 주어지는 특혜를 누리지 못했다. 이런 차별 대우는 스파르타쿠스의 경우 특히 더 심했다. 그는 발칸 반도에서 노예의 삶을 살다가 카푸아Capua 검투사 양성소를 탈출한 후, 탈출한 노예 9만 명으로 구성된 반란군을 이끌고 이탈리아 남부 대부분을 잠시 장악했다. 스파르타쿠스뿐만 아니라 반은 로마인화된 다른 이방인들도 평생 로마인에 대한 경멸과 적대감이 커져만 갔다. 이들은 로마인 지주들에게 착취당하는 그들의 동

---

45 퀸투스 세르토리우스: 고대 로마의 장군(기원전 123~기원전 72년). 가이우스 마리우스(Gaius Marius)의 부장으로 기원전 83년에 히스파니아의 속주 총독이 되었다. 권력 싸움에서 마리우스가 실각하자 기원전 81년에 해임되었고, 그 뒤에 원주민들과 제휴하여 반(反)로마 투쟁을 지휘했다. 기원전 76년에 폼페이우스의 군대에 패하고, 부하에게 암살당했다.

46 아르미니우스: 게르만의 케루스키족의 족장. 로마 세력을 엘베강 선에서 라인강 선으로 후퇴시켜 게르마니아 공략을 단념하게 했으나, 동족의 내분으로 살해되었다.

47 유구르타: 고대 북아프리카 누미디아(Numidia)의 왕(기원전 160~기원전 104년)으로, 누미디아의 독점 지배를 꾀했으나, 로마의 간섭을 받아 마리우스의 원정군에게 패하여 실패했다.

48 탁파리나스: 고대 로마군의 탈영병으로, 로마에 맞서다가 24년에 체포되어 사망했다.

49 스파르타쿠스: 고대 로마의 노예 반란 지도자(?~기원전 71년). 공화제 말기에 검투사들을 이끌고 반란을 일으켰으나 크라수스(Marcus Licinius Crassus)에게 패하여 죽었다.

50 율리우스 시빌리스: 군인 황제 비텔리우스(Vitellius)가 베스파시아누스(Vespasianus)와의 권력투쟁에서 실각하자, 반란을 일으켰다. 시빌리스는 한때 갈리아 제국을 공격하고 약탈과 대량학살을 벌이며 장악하는 등 승승장구했으나, 이내 내분과 로마군의 반격으로 그의 반란군은 와해되었다.

51 히스파니아: 고대 로마 제국에서 이베리아 반도(현재의 포르투갈, 스페인, 안도라, 지브롤터)를 통칭해 일컫는 말이다.

포 원주민들의 비참한 처지에 대해 동정심을 느끼고 있었다. 칼리드 시크 모하메드Khalid Sheikh Mohammed[52]와 같은 수많은 현대 테러리스트의 경우와 마찬가지로 이들의 서방 세계에 대한 친숙함은 열망, 질투, 분노가 뒤섞인 불안한 감정을 불러일으켰다.

그로 인해 고조된 긴장 상황이 폭발하면서 로마는 최악의 반란들에 직면하게 되었다. 이 반란들로 로마 군단 전체를 잃을 수도 있었다. 그중 가장 유명한 사례가 서기 9년에 일어난 반란인데, 1만 5,000명 병력과 지원부대로 구성된 3개 로마 군단이 토이토부르크Teutoburg[53] 숲에서 아르미니우스Arminius 족장이 이끄는 게르만족의 일파인 케루스키Cherusci 부족에게 전멸당한 사건이다. 아르미니우스는 이전에 로마 시민권을 획득해 귀족의 자리에까지 오른 자였다. 이 매복 전투에서 전멸된 로마 군단의 유해는 6년이 지나서야 겨우 다른 로마군에 의해 발견되었다. 고대 로마의 역사가 타키투스Tacitus에 따르면, 이들이 전투 지역에 도착했을 때 "백골이 여기저기 흩어진 채무더기로 쌓여 있는 평지를 발견했다. 그들은 죽을 당시 넘어지거나 도망치거나 완강히 버텼던 것처럼 보였다." 근처에는 부러진 창, 찢어진 말의 사지가 널려 있었으며, 참수된 병사들의 해골이 눈에 잘 띄게 나무 줄기에 못으로 고정되어 있었다."

또 다른 고대 로마의 역사가 플로루스Florus는 로마 포로들이 학대당한 것에 대해 다음과 기록했다. "포로들의 일부는 눈알이 뽑히고 일부는 손이 잘렸다. 야만족들은 이들 중 한 명의 혀를 뽑고 입을 꿰맨 다음 이 독사야, 이제 더 이상 쉿쉿 하는 소리를 못 내겠지" 하며 조롱하기도 했다. 로마군은 여러 번의 패배에도 불구하고 다시 일어나 반란을 토벌하러 왔었지만, 토이토부르크 숲 전투에서의 패배는 로마군에게 결정적이었다. 이후 로마는 영원히 라인강 동쪽으로 영향력을 발휘하지 못했다.

---

52 칼리드 시크 모하메드: 9·11 테러를 기획한 알카에다 작전사령관.
53 토이토부르크: 독일 중북부 노르트라인베스트팔렌(Nordrhein-Westfalen)주의 삼림으로 뒤덮인 산맥.

최정예로 꼽히는 3개 로마 군단은 토이토부르크 숲 전투에서 아르미니우스가 이끄는 케루스키 부족의 매복에 걸려 전멸했다. 병력의 수나 무장 면에서 우세했던 로마군이 아르미니우스가 이끄는 반란군에게 패한 이유는 무엇일까? 토이토부르크 숲에서 로마군은 중장비가 오히려 기동을 방해하고 그들의 장기인 대형과 전열을 짜기 어려웠던 반면, 병력이나 무장 면에서 약한 케루스키 부족은 경무장에 소부대 단위로 움직여서 기동이 자유로웠기 때문에 승리할 수 있었다. 이후 로마는 영원히 라인강 동쪽으로 영향력을 발휘하지 못했다. 위 그림은 독일의 화가 페터 얀센(Peter Jannsen, 1844~1908)의 작품이다. 〈출처: WIKIMEDIA COMMONS | Public Domain〉

   이러한 반란에 대해 로마인들은 아카드인이나 아시리아인들처럼 야만적이고 잔인하게 대응했다. 기원전 146년 카르타고Carthago 파괴, 기원전 70년 예루살렘 1차 파괴, 기원전 135년 예루살렘 2차 파괴가 그것이다. 고대 그리스 역사가 폴리비우스Polybius는 로마 군단이 점령한 도시들에 대해 이렇게 기록했다. "사람의 시체뿐만 아니라 토막난 개의 시체, 수많은 동물들의 찢어진 사지를 곳곳에서 볼 수 있었다. 내 생각에 이것은 두려움을 심어주기 위해서인 것 같다." 일어날지도 모를 반란의 싹을 잘라버리기 위해 로마는 전 세계에 그들의 무자비함을 알렸다. 예를 들면, 서기 70년 예루살렘 함락 후, 로마 제국에서 새 동전이 주조되었는데, 여기에는 "유대가 정복되다"라는 글귀와 함께 괴로워하는 유대인 위에 창을 든 로마 병사가 서 있는 모습이 새겨져 있었다. 결론적으로 당시 로마의 대반란전은 타키투스가 인용한 브리타니아^{Britannia}의 칼레도니아^{Caledonia} 족장 칼가쿠스^{Calgacus}의 다음과 같은 유명한 말로 요약할 수 있다.

"로마인들은 땅을 황무지로 만들어놓고 이를 평화라 부른다."

실제로 로마인들은 좀 더 교묘한 전술에 의존했다. 이를테면 최근 이스라엘이 하마스^{Hamas}[54]를, 그리고 미국이 알카에다^{Al Qaeda} 지도부를 선별적으로 암살한 것과 같은 교묘한 전술을 사용했다. 기원전 139년 로마는 금과 은이 풍부한 히스파니아(지금의 스페인)에서 가장 눈엣가시처럼 굴었던 반란군 지도자 비리아투스^{Viriathus}의 암살을 계획했다. 양치기 출신 게릴라군 지도자 비리아투스가 8년 동안 연이어 로마군에게 패배를 안겼기 때문이다. 비리아투스는 산속 요새에서 활동하면서 전 세계의 원시시대 전사들이 선호했던 전술을 완벽하게 구사했다. 그는 일부러 로마군 앞에서 퇴각하는 척하면서 로마군을 유인하여 매복공격을 실시했다. 기원전 146년 이 계략이 빛을 발해 창과 곡도曲刀로 무장한 루시타니아^{Lusitania} 부족이 로마군 1만 명과 싸워 그중 4,000명을 섬멸했다. 가이우스 베틸리우스^{Gaius Vetilius} 총독도 이 전투에서 전사했다. 베틸리우스의 후임자인 가이우스 플라우티우스^{Gaius Plautius}는 무모하게 비리아투스를 추격하다가 4,000명을 추가로 잃었다. 비리아투스를 잡는 것은 불가능했다. 고대 그리스의 역사가 아피안^{Appian}은 "비리아투스와 그의 부하들은 경무장을 한 채 아주 날쌘 말을 타고 민첩하게 기동한 반면, 로마군은 무거운 갑옷, 지형 미숙, 느린 말로 인해 추격하지 못했다"라고 기록했다.

끝없이 쫓기는 데 지친 비리아투스는 기원전 139년 동료 3명을 보내 퀸투스 세르빌리우스 카이피오^{Quintus Servilius Caepio} 집정관에게 협상을 제의했다. 하지만 카이피오는 비리아투스의 항복 조건에 합의하지 않고 상당

---

54 하마스: 팔레스타인 자치정부의 집권당 지도부.

고대 루시타니아의 게릴라군 지도자 비리아투스의 동상. 비리아투스는 루시타니아 전쟁(기원전 155~기원전 139년) 당시 로마에 맞서 용감히 싸운 명장으로, 로마가 그의 암살을 계획했을 정도였다. 그는 산악 지형을 이용한 게릴라 전술을 능수능란하게 구사했다. 이런 그의 지휘 하에 루시타니아인들은 수적 열세를 극복하고 로마군을 수차례 격퇴하며 끈질기게 저항할 수 있었다. 〈출처: WIKIMEDIA COMMONS | CC BY-SA 3.0〉

한 금액을 제시하면서 비리아투스를 살해하고 오라고 이들을 매수했다. 비리아투스는 경계심이 많아 잘 때도 갑옷을 입고 자는 습성이 있어서 이 배신자들은 갑옷이 덮여 있지 않은 목을 찔러 죽이고 로마군 숙영지로 도주했지만 약속했던 돈은 한 푼도 받지 못했다.

참수 전략은 자주 실패하곤 한다. 이라크 알카에다의 경우 2006년 리더인 아부 무사브 알-자르카위Abu Musab Al-Zarqawi가 제거되었어도 크게 흔들리지 않았다. 하지만 고대 히스파니아에서 로마의 전략은 최소한 일시적으로라도 위력을 발휘했다. 비리아투스가 암살되자 사기가 저하된 비리아투스의 부하들이 곧바로 항복한 것이다. 하지만 불행하게도 히스파니아에서 얼마 지나지 않아 또다시 반란이 일어났다.

로마는 표적 암살targeted assassination과 심리전을 병행했다. 예루살렘 포위를 예로 들면, 로마군 총사령관 티투스Titus는 최소 두 번 정도 공격을 중단했다. 그는 예루살렘 외성벽을 파괴한 후 유대인들 앞에서 로마군을 행진시켜 유대인들이 이에 압도되어 항복하기를 기대했다. 요세푸스의 기록에 따르면, "로마 병사들은 아껴두었던 무기 보관 상자를 열고 흉갑을 착용했으며 기병은 멋진 마구를 장착했다. 성벽 북쪽은 이를 보려는 사람들로 꽉 찼는데, 이 행진을 본 사람들은 군대의 규모뿐 아니라 로마군의 질 좋은 장비, 로마 병사의 잘 잡힌 군기를 보고 사기가 매우 저하되었다." 차후에 티투스는 요세푸스를 보내어 다른 유대인들이 요세푸스 자신처럼 로마군에 투항할 것을 권유했다. 요세푸스는 예루살렘 성벽을 따라 걸었다. 그가 남긴 기록을 보면, "투창의 사거리 밖에서 유대인들이 들을 수 있는 거리만큼 떨어져 걸으면서 유대인들에게 투항해서 목숨, 나라, 예루살렘 성전을 보전하라고 여러 번 말했다." 책략은 실패했다. 항복하겠다는 말 대신 야유와 투창이 요세푸스에게 날아왔다. 하지만 그것을 시도했다는 것은 로마군이 적의 전의를 꺾으려는 심리전을 중요하게 생각했음을 보여준다.

로마군이 반란을 잔혹하게 진압한 것을 높이 평가하는 사람들은 그것이 이 이야기의 일부분에 지나지 않는다는 것을 알아야 한다. 모든 적이 항상 학살당하기만 한 것은 아니고 일부는 항복을 택하기도 했다. 로마 황제들은 오랜 기간 '야만족'의 편의를 봐주면서 무역을 통해 국경지대의 안정을 유지했는데, 요즘 용어로 하면 '대외 원조foreign aid'라고 볼 수 있다. 이웃 나라 왕들은 로마의 고객이 되고 그들 백성 대부분은 로마 제국을 지키는 용병이 되거나 최소한 공격하지 않았다. 로마는 다른 유능한 제국 주의자들처럼 적 내부의 정치적 분열을 최대한 이용하고 금을 무기로 사용했다.

또한 로마의 통치계급은 제국 안팎으로 지방 통치계급과 밀접하게 연계된 복잡한 사회·경제적 네트워크를 구축했다. 헤롯Herod[55]의 경우가 대표적인 예다. 유대의 왕 헤롯(기원전 37~기원전 4년)은 그리스 문명에 동화된 유대인으로서 마르쿠스 안토니우스Marcus Antonius, 아우구스투스Augustus와 같은 거물들의 지원을 받고 있었고, 그 대가로 이들의 권력투쟁을 지원하고 있었으며, 상황에 따라서 충성해야 할 대상을 바꾸곤 했다. 병력 부족을 겪고 있던 로마는 헤롯의 도움으로 유대Judaea에 군단을 파견하지 않아도 되었다.

50만 명 미만의 군대와 GDPGross Domestic Product(국내총생산) 10% 미만(대부분의 현대 국가의 경우는 40% 이상)의 수입을 가진 로마는 오래가지 못할 것처럼 보였으나 이런 식의 관계를 통해 인구 6,000만~7,000만 명의 제국을 통제할 수 있었다.

만약 로마 제국이 피정복민들에게 죽음과 절망만을 가져다주었다면 로마 제국은 절대로 그렇게 오래가지 못했을 것이다. 로마는 서유럽, 발칸 반도, 아나톨리아 반도, 북아프리카 대부분을 450년 동안 다스렸다.

---

55 헤롯: 유대의 왕(기원전 73?~기원전 4년). 친로마 정책을 펴 유대 왕국을 발전하게 만들었으나, 예루살렘 성전과 극장을 건축하여 무거운 세금을 부과하고 포악한 정치를 일삼았다. 그리스도의 탄생을 두려워하여 베들레헴의 두 살 이하의 유아를 모조리 죽였다고 한다. 재위 기간은 기원전 37~기원전 4년이다.

로마 제국이 장수할 수 있었던 비결은 반란은 엄벌한 반면 통치는 관대하게 했다는 것이다. 어느 현대 사학자에 따르면, 심지어 유대도 반란이 일어나기 전까지는 "결코 경찰국가는 아니었다." 로마인들이 여러 가지 방법(유월절Passover[56] 기간에 로마 병사들이 유대인 군중에게 엉덩이를 드러내 보이면서 입으로 방귀 소리를 내는 등[57])으로 유대인들의 민감한 부분을 자극했을 수도 있지만, 유대인들은 종교행사를 치르는 데 제한사항이 없었고 로마인들이 일신교를 얼마나 괴상하게 생각하든 간에 유대교를 자유롭게 믿을 수도 있었다. 유대에는 오직 정규군 3만 명만이 주둔했다. (후에 티투스는 지난 수백 년 동안 로마가 보여준 '친절'과 '인도적인 통치'를 유대인들이 로마의 '약점'으로 착각하게 만든 수많은 황제들을 비난했다.)

　실제로 최근에 나온 어떤 책은 로마가 현대 미국처럼 피지배국가들의 암묵적 동의로 탄생하고 유지된 '신뢰의 제국'이었다고 주장한다. 또 다른 책은 로마의 제국주의는 "오직 또는 주로" 군사적인 일에 한정된 것이 아니라 주로 "외교적이며 심지어 사회적이기까지 한" 현상이었으며, 정복국가 로마와 피지배국가들 간의 '복잡한 협상'의 결과물이었다.… 그 협상에서 "피지배국가의 문제는 정복국가 로마의 문제만큼이나 중요했다"라고 주장한다. 심지어 로마 원로원은 가끔 피지배국가 국민들에게 너무 가혹하게 대한다는 죄목으로 로마 병사와 사절들을 처벌하곤 했다. 그리고 그렇게 할 수밖에 없었다. 왜냐하면 정복한 적국이 동맹국으로 변해서 인력과 보급품을 제공하지 않으면 로마 군단은 제 기능을 발휘할 수가 없었기 때문이다.

　동화가 가속화될수록 내부 반란이 완벽하게 멈춘 것은 아니지만 줄어들었다. 동맹시 전쟁Social War[58]으로 알려진 로마 동맹 사이의 봉기를 끝내

56　유월절: 이집트 탈출을 기념하는 유대인의 축제.

57　유대인은 엉덩이를 다른 사람에게 노출하는 것을 수치로 여긴다.

58　동맹시 전쟁: 기원전 91~기원전 88년에 일어난 이탈리아 동맹시의 로마에 대한 반란.

기 위해 기원전 90년에 모든 이탈리아 시민에게 로마 시민권이 주어졌다. 212년 제국 전역의 자유민에게 시민권이 발급되어 이론적으로는 최소한 법 앞에 평등하게 되었다. 시민권 발급은 로마가 지금까지 시행한 대반란전 전략 중 가장 효율적인 전략이었는데, 왜냐하면 이 시민권 발행을 통해 로마와 피지배국가들이 운명 공동체가 되었기 때문이다.

대부분 피지배국가들은 로마에 복속됨으로써 '로마에 의한 평화Pax Romana'로 얻는 이득이 독립함으로써 얻는 이득보다 훨씬 더 많았다. 그중 가장 큰 이득은 부족 게릴라와 산적, 외부로부터의 침입과 내전의 공포로부터 해방된 것이었다. 로마 제국의 등장 이전, 그리고 패망 이후에 유럽, 북아프리카에서는 이런 일들이 자주 발생했다. 안보가 보장되어야 국가 번영이 가능했다.

그리스-로마 문명이 등장하기 훨씬 이전부터 강한 정체성을 갖고 있었던 유대인들을 제외한 수많은 국가들의 국민은 로마 제국에 성공적으로 흡수되었다. 국가 통치계급은 그리스어와 라틴어를 배우고, 로마의 통화를 사용하며, 로마풍의 도시를 건설하고, 로마가 닦은 도로로 여행하며, 목욕과 서커스를 즐겼고, 토가toga[59]를 입고 와인을 마셨으며, 올리브 기름으로 요리하고, 로마 종교의식(나중에 기독교가 로마의 새 국교가 되었을 때는 기독교를 따랐다)에 참여했다. 그러나 지방에서는 대부분의 사람들이 계속해서 그들의 오래된 관습을 이어나갔다. 그럼에도 18세기 역사학자 에드워드 기번Edward Gibbon에 따르면, "법과 예절의 부드럽지만 강력한 영향은 각 지방을 점진적으로 굳건하게 동화시켜나갔다"라고 기록했다.

최근의 역사가인 에이드리언 골즈워디Adrian Goldsworthy는 지방에서 독립 운동의 시도가 없었던 점에 주목한다. "로마 시대에는 간디Mahatma Gandhi와 네루Jawaharlal Nehr, 워싱턴George Washington 또는 볼리바르Simon Bolivar[60], 케냐타

---

59 토가: 고대 로마 시민의 겉옷.
60 볼리바르: 19세기 남아메리카의 독립운동 지도자.

Jomo Kenyatta[61] 또는 무가베[Robert Mugabe][62] 같은 인물들이 없었다." 로마의 통치가 끝난 것은 내부 반란에 의해서가 아니라 외부의 침입 때문이었다.

이렇게 로마는 성공적인 대반란전의 음양, 즉 강경책과 유화책의 실례를 보여주었다. 따라서 로마는 최초의 전체주의[63] 국가가 아니었다.

---

61 케냐타: 20세기 케냐의 반식민지 운동가이자 정치가.

62 무가베: 20세기 짐바브웨의 정치가.

63 전체주의: 강력한 국가 권력이 국민 생활을 간섭·통제하는 체제.

7

로마 제국의 몰락

◆

**370~476년,
야만인의 침공**

아직도 로마 제국의 몰락이 부패, 내분, 조세 도피, 통화가치 하락, 또는 다른 형태의 내부 부패로 인한 것인지, 아닌지에 대한 논란이 분분하다. 기번의 『로마 제국 쇠망사The Decline and Fall of the Roman Empire』와 같은 고전에서는 로마 제국 후기에 나타난 약점, 도덕적 해이, 그리고 다른 것을 이유로 꼽는다. 기번은 3세기 시리아 태생 로마 황제에 대해 묘사하면서(황제는 메디아인Median과 페니키아인Phoenician처럼 헐렁한 금빛 비단 사제복을 입었고, 머리에는 커다란 관을 썼으며, 값비싼 목걸이와 팔찌를 차고 다녔다. 눈썹은 검은색으로 염색했고 뺨에는 흰색과 붉은색의 분을 발랐다), "동양적 전제주의에서나 볼 수 있는 여성과 같은 사치를 누림으로써 로마는 이미 망한 것이나 다름없었다"라고 신랄하게 비판했다.

그러나 그보다 더 최근의 학자들은 로마 제국이 연전연패에도 불구하고 이를 견딜 만큼의 저력은 있었다고 지적한다. 로마는 여러 "야만족"에게 패했는데, 맨발로 싸우고 농사를 지은 것으로 유명한 게르만족, 농사를 짓지 않고 유목생활을 하던 기마민족으로 유명한 훈족이 대표적이었다. 이들은 때때로 대규모 병력을 동원하여 대전을 벌이곤 했다. 로마는 378년에 지금의 터키 에디르네^{Edirne} 일대인 아드리아노플^{Adrianople}에서 뼈아픈 패배를 맛보았다.

바로 이곳에서 고트^{Goth}족[64]은 로마군을 섬멸하고 로마 황제 발렌스^{Valens}를 죽였는데, 여기에 투입된 양군의 병력은 약 1만 5,000명이었다. 하지만 이런 야지전은 예외적인 것이었지, 흔한 것이 아니었다. 야만인들은 주로 소규모 습격대를 구성해 게릴라처럼 싸웠다. 역사가 존 엘리스^{John Ellis}는 "이들의 전술은 게릴라 전술과 매우 유사했다"라고 최초로 기록했다.

고대 메소포타미아 제국처럼 로마 제국은 유목민 게릴라들이 주로 사용하는 치고 빠지기 전술의 희생양이 되었다. 로마 제국 대변동을 촉발한 사건 중 하나가 바로 중앙아시아에서 이주한 유목민이자 기마민족인 훈족의 침입이다. 이들은 서방 세계에서 로마의 지배력을 약화시킨 아드리아노플 전투[65] 직전인 370년경에 유럽에 나타났다. 훈족은 아드리아노플 전투 직후 서유럽 침공을 개시하여 로마에 큰 피해를 주었을 뿐 아니라 로마 변경에 살고 있던 다른 정착민들이 훈족을 피해 로마 영토로 유입되게 함으로써 연쇄적인 피해를 초래했다.

훈족에 대해 알려진 것은 많지 않다. 이들은 문맹이었기 때문에 기록을 남기지 않았다. 중국 북쪽 변경에서 이주해왔다는 이론이 있을 뿐, 아직도 훈족이 어떤 언어를 사용했는지, 어디에서 왔는지조차 알려진 것이 없다. 알려진 것은 이들이 다른 초목지역 유목민처럼 거칠고 사나운 민족으로 달리는 말에서 등자도 없이 복합궁을 사용하는 명사수였으며, 빠른 속

---

64 고트족: 동게르만계의 한 부족. 기원전 1세기 무렵에 게르만의 원주지인 스칸디나비아에서 나와 비슬라강 유역에 정착했고, 3세기 무렵에는 흑해 서북부 지역으로 이주했다가, 훈족의 압력으로 375년 무렵에 동고트와 서고트로 분열되었다.

65 아드리아노플 전투: 378년 8월 9일 동로마의 황제 발렌스와 고트족 연합군 사이에서 벌어진 전투다. 황제 발렌스는 이 전투에서 전사했고, 고트족은 로마군을 이겼다. 이 전투의 패배로 5세기 후반 서로마 제국의 붕괴가 시작되었다.

도로 엄청난 거리를 주파하고 고난에도 강한 민족이었다는 것뿐이다.

4세기 로마 역사학자 암미아누스 마르켈리누스Ammianus Marcellinus는 메소포타미아 점토판의 기록에 남아 있는, 수메르 지역을 공포에 빠뜨린 구티족Gutians[66], 엘람족Elamites[67], 그리고 다른 '유목민'과 같은 이 "사나운 짐승 같은 야만족"에 대해 놀라움과 공포가 뒤섞인 표현으로 묘사하면서 "사람들이 훈족이라 부르는 이들은 유사한 모든 종족을 훨씬 능가하는 흉악한 종족이다"라고 기록했다.

> 그들은 인간의 탈을 쓰고 있지만 상스럽고, 척박한 환경을 견뎌낼 정도로 강해서 불이나 감미로운 음식을 필요로 하지 않는다. 이들은 들판에서 풀뿌리를 캐 먹거나 동물의 생살을 잠시 그들의 허벅지와 말 등 사이에 끼워넣어 살짝 따뜻하게 한 뒤 날로 뜯어 먹고 산다. …
> 그들은 절대로 지붕이 있는 집에 살지 않는다. … 그들은 산이나 숲속을 떠돌아다니면서 살고, 요람에서부터 서리, 굶주림, 갈증을 견디며 사는 것이 습성화되어 있다.

암미아누스는 훈족이 게릴라 전술과 유사한 전술을 구사했음을 언급했다.

> 이들은 작전 시 엄청난 속도로 아주 빠르게 기동하면서 적을 기습하는 것을 좋아한다. 이를 위해 그들은 갑자기 흩어졌다가 다시 모이기를 반복하면서 적에게 큰 타격을 준 다음, 불규칙한 대형으로 광야로 뿔뿔이 흩어진다. 이때 요새나 참호는 무조건 피한다.

아마도 이런 이유로 6세기 고트족의 역사가 요르다네스Jordanes는 "훈족

---

66 구티족: 고대 메소포타미아 동방의 자그로스 산맥에 거주한 산악민족.

67 엘람족: 기원전 3세기에서 기원전 1세기 중엽 사이에 근동 지방, 이란 자그로스산 일대인 이란 고원 남부 지대와 티그리스강 유역 동북부에 살던 민족.

은 국가들 간의 승패 확률이 비슷한 전쟁을 통해 다른 국가들을 무너뜨린 것이 아니라, 기만 행위를 통해 그들을 괴롭힘으로써 더 큰 불안을 야기했다"라고 기록했다. 이는 호전적인 민족으로 악명이 높았던 훈족에 대한 흥미로운 언급이 아닐 수 없다. 당시 훈족의 교묘함은 거의 알려지지 않았다. 이는 "기만 행위"라는 말이 당시 존재하지도 않았던 용어인 "게릴라전"을 비난하기 위해 사용한 표현일 뿐이라고 가정할 경우에만 의미가 있다.

활동적이고 다루기 어려운 부족을 응집력 있는 부대로 만들어 지휘하

로마가 "신의 재앙"이라 불렸던 아틸라가 이끈 훈족의 전투 모습. 훈족은 달리는 말에서 등자도 없이 복합궁을 사용하는 명사수였으며, 빠른 속도로 엄청난 거리를 주파하고 기습에 능한 게릴라 전술을 구사했다. 그림은 스페인의 화가 울피아노 체카(Ulpiano Checa, 1860~1916)d의 작품이다. 〈출처: WIKIMEDIA COMMONS | Public Domain〉

는 것은 쉬운 일이 아니었다. 이는 훈족 아틸라^Attila 대왕의 비상한 능력이 있었기에 가능했다. 아틸라는 동생 블레다^Bleda와 함께 훈족 무리를 10년 동안 통치하다가 444년 또는 445년쯤 동생을 살해하고 단일통치체제를 확립했다. 로마가 "신의 재앙"이라 불렸던 아틸라는 그를 만났던 로마 사절에 따르면, 땅딸막하고 넓은 가슴에 작은 눈, 가늘고 희끗희끗한 턱수염, 낮은 코, 그리고 거무스름한 피부를 가졌다. 그는 훈족 언어, 라틴어, 고트족 언어를 섞어 썼고, 훈족의 중간지도자들이 사치품, 귀금속, 금으로 만든 잔을 좋아했던 것과 달리 간소한 옷을 입고 사치품을 멀리했다.

아틸라는 깨끗한 의복, 아무 장식 없는 검, 나무잔을 선호했다. 그는 허례 허식을 멀리했지만, 칭기즈칸Chingiz Khan처럼 그의 태도에서 훈족 왕다운 강력한 기운이 느껴졌다. "그는 눈을 부라리며 거만하게 걸었는데, 이런 그의 움직임에서 자신감을 엿볼 수 있었다."

440년경 아틸라는 서유럽으로 진출하기 전 동유럽을 휩쓸었다. 사람의 항문에 나무막대기를 꽂아 죽이는 형벌은 그가 가장 선호했던 처형 방식이자 눈요깃감이었다. 성서학자 성 예로니모Saint Jerome는 '야만인'의 침입으로 로마가 얼마나 공포에 떨었는지 다음과 같이 기록했다.

"훈족은 어디에서나 기습적으로 접근했고, 소문을 능가하는 빠른 속도로 진군했으며, 목적지에 도착하면 종교, 지위, 나이를 가리지 않고 살육했다. 그들은 우는 아기에게도 자비를 보이지 않았다. 태어난 지 얼마 되지 어린아이들도 훈족에게 살해당했다. 하느님을 믿는 기혼여성과 처녀, 정숙하고 고상한 여자들은 야만족들의 노리개가 되었다."

잘 훈련받은 과거의 로마 정규군이라면 탐욕스럽지만 조직적이지 못한 훈족쯤은 손쉽게 격퇴할 수 있었을 것이다. 그러나 5세기 당시 로마는 수백 년 동안 계속되는 내분으로 약해져 있는 상태였고, 제국의 권력을 찬탈하려는 자들이 서로 경쟁하고 로마군은 인근 부족과 동맹을 맺고 서로 싸우는 일이 잦았다. 근래 한 역사가가 주장하듯이 "217년 이후 로마 제국 내에서는 권력을 잡기 위한 내전이 끊임없이 벌어져 전쟁이 없었던 시기는 불과 몇십 년에 지나지 않았다." 과거에 막강했던 로마 군단은 너무 약해져서 451년에 오늘날의 프랑스 트루아Troyes 일대에서 로마, 프랑크족Frank, 색슨족Saxon, 서고트족Visigoth[68]의 혼성부대가 훈족을 겨우 격퇴하여 더 이상의 침공을 가까스로 막을 수 있었다. 이 전투가 끝나고 2년 후 아틸라는 게르만족 신부를 맞은 결혼식날 과음으로 인해 죽었다. 수많은

---

68 서고트족: 고대 게르만 민족의 한 부족. 처음에는 흑해 북쪽에서 살다가 4세기 말 무렵에 훈족에 밀려 남쪽으로 옮겨왔으며, 5세기 초에 로마를 멸망시키고 갈리아 남쪽에서부터 히스파니아에 걸친 서고트 왕국을 세웠다.

아내를 거느리고 있던 아틸라가 죽고 나서 몇 년도 지나지 않아 훈 제국 Hun Empire 은 멸망했다.

하지만 로마를 구하기에는 너무 늦은 시점이었다. 452년 브리튼Britain 섬 대부분, 히프파니아, 북아프리카, 갈리아Gallia[69] 지역 일대가 야만인들의 손에 떨어졌다. 로마는 부유한 속주들로부터 거두어들이는 세금 수입이 줄어들자 제국을 유지하는 것이 불가능해져 멸망의 소용돌이에 빠져들었다. 로마는 410년에 서고트족에게, 455년에는 반달Vandal족[70]에게 약탈당했다. 서로마 제국 최후의 황제는 476년에 폐위되었다.

최근 연구에 따르면, 당대 최고의 제국 로마는 11만~12만 명밖에 안 되는 침략군에게 허무하게 무너졌다. 375년 당시 로마 정규군의 수가 최소 30만 명 이상이었다는 것을 감안한다면, 이 정도의 침략군은 보잘것없는 것으로 보일 수도 있다. 하지만 당시 대부분의 로마군은 페르시아 제국과 맞서거나 로마 내전에 참가하거나 침입자나 게릴라에 대항해 수천 마일에 달하는 국경을 지키고 있었다. 서쪽 야만인과 맞닿은 국경에는 불과 9만 명의 정규군만이 배치되어 있었는데, 이들로 야만인의 침입에 대응하기에는 턱없이 부족했다. 따라서 게릴라 전술을 구사하는 습격대가 로마의 몰락에 결정적인 요인으로 작용했다고 볼 수 있다. 물론 로마의 몰락에는 내부 분열과 혼란 역시 중요한 요인으로 작용했다는 것을 간과하면 안 된다. 중국에서 장제스蔣介石가, 쿠바에서 바티스타Fulgencio Batista[71]가 그랬던 것처럼 내부 분열과 혼란은 망국의 주요 원인이다. 영국의 역사학자 에이드리언 골즈워디가 쓴 것처럼, "야만인은 로마를 침략할

---

69 갈리아: 켈트족이 기원전 6세기부터 살던 북이탈리아·프랑스·벨기에 일대 지역.

70 반달족: 민족대이동기의 게르만의 한 부족. 4세기 이후 동유럽으로부터 히스파니아를 거쳐 북아프리카로 건너가 429년에 카르타고를 중심으로 하여 반달 왕국을 세우고 서지중해에서 위세를 떨쳤으나 534년에 동로마 제국에게 망했다.

71 바티스타: 1901~1973. 쿠바의 군인으로 1933년 8월 '중사들의 반란'을 일으켜 헤라르도 마차도 이 모랄레스의 독재정권을 붕괴시키고 1940년에 유색인종으로서는 최초로 쿠바의 대통령이 되었다. 1959년에 쿠바 혁명의 주역 카스트로에 의해 실각했다.

때까지 마치 로마의 몸통을 찔러 약하게 만든 다음 서서히 찔린 부위가 부패하게 만듦으로써 로마를 '살해'했다."

로마의 통제력이 사라지자, 유럽의 통합과 안보 역시 약화되었을 것이다. 앞으로 수세기 동안 유럽 대륙의 운명은 게릴라 전술을 구사하는 잔인한 침략자들이 좌우하게 될 것이다. 북쪽에서는 바이킹Viking족[72]이, 남쪽에서는 아랍인이, 동쪽에서는 아바르Avar족[73], 불가르Bulgar족[74], 마자르Magyar족[75], 몽골족, 튀르크Türk족[76]이 쳐들어왔다. 이들의 침략은 훈족의 침략처럼 반복되었다. 여러 언어를 사용하는 약한 정치체政治體들이 모여 그들의 국경을 지킬 수 있을 만큼 강력한 국가들로 발전하는 데 천년이 걸릴 것이다. 동로마 제국은 좀 더 오래 명맥을 유지했다. 콘스탄티노플Constantinople(오늘날의 이스탄불Istanbul)에 도읍을 정한 동로마 제국은 천년을 더 통치했지만 수세기에 걸쳐 로마의 문화가 점점 사라졌다.

---

72 바이킹족: 8세기 말~11세기 초 해상으로부터 유럽·러시아 등에 침입한 노르만족(북게르만족).

73 아바르족: 5~9세기에 중앙아시아·동유럽·중앙유럽에서 활동한 몽골계 유목민족.

74 불가르족: 중앙아시아에서 기원한 튀르크계 반유목민족으로 캅카스 북쪽의 스텝 지방과 볼가강 연안에서 2세기경 유럽으로 이주한 민족.

75 마자르족: 중앙아시아 출신의 유목 기마민족으로, 9세기 말에 오늘날의 헝가리 지방으로 이주해 왔다.

76 튀르크족: 중앙아시아를 중심으로 시베리아에서 발칸 반도에 이르는 광대한 지역에 퍼져 거주하며 튀르크어족 언어를 모어로 하는 민족을 말한다.

8

동양의 전쟁 방식?

◆

손자 이후 고대 중국의 전쟁

로마군은 게릴라와 맞서 싸우기는 했지만, 전투에서 게릴라 전술을 적용하지는 않았다. 동양은 어떠했을까? 존 키건의 말대로 "동양" 혹은 "동방의 전쟁 방식"은 분명히 "회피, 지연, 간접접근"—게릴라들의 전술—에 특히 중점을 두었다는 믿음이 널리 퍼져 있다. 이는 고대 그리스 시대부터 정면으로 맞서서 한편이 죽을 때까지 싸우는 "서양식 전쟁"과 완전히 대비된다. 이러한 해석은 20세기 중국과 베트남 공산주의자들의 게릴라전이 성공함으로써 많은 주목을 받았다. 많은 학자들은 마오쩌둥毛澤東과 호찌민胡志明이 서양 전술과 달리 적의 주력을 회피하는 것에 더 중점을 둔 손자孫子와 고대 유교 전략가의 적통을 잇는 사람들이라는 결론을 내렸다. 키건은 "'20세기 중국식 전쟁 수행 방식은 서양 군대, 지휘관, 클라우제비츠의 가르침에 일침을 가하는 것과도 같았다"라고 주장했다.

키건의 이 주장은 『손자병법孫子兵法』 모공편謀攻篇에서 손자가 조언한 "백번 싸워 백 번 이기는 것이 최선책이 아니다. 싸우지 않고 굴복시키는 것이 최선책이다"라는 유명한 말에 근거해 피상적으로 해석한 것이다.

『손자병법』 구절 중 흔히 인용되는 다른 구절은 시계편始計篇에 있다. "전쟁이란 적을 속이는 것이다. 그러므로 잘할 수 있어도 할 수 없는 것처럼 거짓으로 기만하여 속이고, 용병을 하면서도 하지 않는 것처럼 속이며, 가까운 것은 먼 것처럼 보이게 하고, 먼 것은 가까운 것처럼 보이게 하는 것이다." 마오쩌둥은 이 구절 그대로 부대를 운영했다.

그러나 『손자병법』은 무경칠서武經七書[77] 중 하나에 불과하다. 오늘날 덜 인용되고 있는 다른 병법서들에는 보다 직접적 접근 방법이 기술되어 있다. 『손자병법』이 쓰여진 춘추전국시대(기원전 403~기원전 221년)에 울요尉繚가 쓴 『울요자尉繚子』를 예로 들면, 울요는 로마 군단의 훈련 교관처럼 사기, 군율, 진형을 중요시했다. 『울요자』에는 "'징, 북, 종, 기'의 능숙한 사용을 통해 5명으로 구성된 분대 단위까지 전투 시 진형을 유지할 수 있도록 해야 한다. 북소리가 들리면 전군이 진군하고, 다시 북소리가 들리면 공격하며, 징이 울리면 공격을 중지하고, 다시 울리면 퇴각한다. 종은 명령을 전달하는 데 사용한다. 깃발이 왼쪽을 가리키면 부대는 왼쪽으로, 오른쪽을 가리키면 오른쪽으로 방향을 전환한다"라고 기록되어 있다.

이런 정교한 지시사항을 따르지 않는 자는 로마 시대의 '데키마티오decimatio(10분의 1형)[78,]보다 더 훨씬 가혹한 형벌을 받았다. 만약 분대원이 "포로가 되거나 전사한 아군의 수만큼 적을 포획하거나 죽이지 않으면 병사와 가족은 죽음을 면치 못한다." 마찬가지로 "군기軍旗를 잃은 자는 참수된다." 고수鼓手, drummer 또한 자유롭지 못했다. "고수가 박자를 틀리면 참

77　무경칠서: 중국의 병법에 관한 일곱 가지 책. 『육도(六韜)』, 『손자(孫子)』, 『오자(吳子)』, 『사마법(司馬法)』, 『삼략(三略)』, 『울요자(尉繚子)』, 『이위공문대(李衛公問對)』를 이른다

78　데키마티오(10분의 1형): 로마군의 지휘관이 기강이 해이해지거나 전장에서 명예롭지 못한 행동을 한 병사들을 단속하는 무거운 형벌 중의 하나로, 십중지일형(十中之一刑)이라고도 한다. 소속 장병들을 10명씩 나누고 10명 중 한 명을 무작위로 뽑아서 나머지 9명이 뽑힌 한 명에게 짱돌을 던지거나 채찍 또는 막대기로 죽을 때까지 팬다. 처형 대상에서 제외된 나머지 군인들도 평상시 지급되는 식량인 밀 대신, 질이 낮은 보리를 지급받게 된다.

수된다."

앞에서 설명한 이러한 모든 명령은 클라우제비츠 방식으로 적 주력부대를 물리칠 수 있는 군대를 만들기 위해 고안되었을 것이다. 『울요자』는 간접접근방식 대신 "만약 적이 산에 있으면 추격하고, 적이 저지대에 있으면 같이 내려가라. 잃은 아이를 찾듯이 적을 찾아 접촉을 유지하라. 이렇게 하면 적을 격멸하고 그들의 운명을 좌지우지할 수 있다"라고 설파했다.

구체적인 증거는 없지만, 중국과 인도의 전투수행방식은 손자의 간접접근방식보다는 울요의 직접접근방식을 따른 것으로 보인다. 물론 중국, 인도에는 회피기동을 거의 사용하지 않은 수많은 부대들이 있었다. 중국이 고대 그리스처럼 수많은 국가로 나뉘어 있던 기원전 3세기경 최약체 국가라 하더라도 10만 명의 병력을 동원할 수가 있었다. 큰 국가에는 거의 100만 명의 군대가 있었을 것으로 추정된다. 후대의 기록자들이 과장했을 수 있다는 점을 감안하더라도 이는 충분히 많은 병력이다. 대부분은 갑옷을 입고 검, 창, 도끼, 석궁을 든 징집된 농부들이었다. 로마군과 마찬가지로 보병은 투석기, 공성무기 전문가의 지원을 받았다. 1974년에 진시황始皇帝(기원전 221~기원전 210년)릉 병마용갱兵馬俑坑에서 흙으로 빚은 6,000점의 도용(진나라 병사들)이 병과별로 정렬된 채 출토된 점은 특기할 만하다. 당시 중국에서는 이런 대규모 군대 간의 전투가 많았을 것으로 추정된다.

결론적으로 유럽인들은 본질적으로 야전에서 보병전을 선호하는 경향이 있는 반면, 동양인들은 게릴라전을 선호한다고 정의하는 것은 옳지 못한 일이다. 두 중국 군사사학자의 기록에 따르면, "중국과 서양의 전근대 전투수행방식의 차이는 사실 중국의 고전 병법서들처럼 우리를 믿게 만드는 권위 있는 문헌들에 나와 있는 내용만큼 그렇게 크지 않다. 여러 문헌에서 전투의 위험성을 경계하고 회피를 강조하지만 고대 지중해 지역이나 중세 유럽에서와 마찬가지로 제국주의 중국에서도 전투는 흔한 일이었다.

따라서 게릴라전은 "동양 문화"의 산물이 아니다. 아시아는 단일 문화권이 아니기 때문에 동양이라는 단어 자체가 부적절하다. 게릴라전은 시대와 문화를 막론하고 강적에 대항해 싸우기 위한 최후의 수단이다. 일반적으로 정규군으로 싸울 수 있을 만큼 강한 집단이라면 정규군으로 전투를 수행했을 것이다. 하지만 정규군으로 전투를 수행하는 것은 보통 부족 집단의 역량을 초과하는 것이어서 강력한 중앙집권국가가 아닌 이상 불가능한 일이었다.

9

유목민과 중국인

◆

**기원전 200~48년,
흉노 대 한나라**

게릴라전을 특별히 좋아한 집단이 있었다면 그것은 동양의 거대국가들이 아니라, 국가 없이 떠돌며 이들을 약탈한 유목민들이었다. 이들은 로마 제국, 로마 제국 이전 및 이후 국가들을 약탈해왔다. 기원전 135~134년, 한漢나라 조정에서는 가장 위험한 유목민 집단인 흉노匈奴[79]를 어떻게 처리할 것인지를 놓고 논쟁이 벌어졌다.

신과 같은 존재로서 천자天子[80]라고 불리던 한나라 황제들은 고등교육기관에서 교육을 받은 후 시험을 거쳐 선발된 12만 명의 관료들의 도움을 받아 5,000만 명의 백성을 다스렸다. 제국의 수도는 장안長安(현재의 산시

---

79 흉노(匈奴): 중국의 이민족인 오호(五胡) 가운데 진(秦)나라·한(漢)나라 때에 몽골 고원에서 활약하던 기마민족. 기원전 3세기 말에 묵돌 선우가 모든 부족을 통일하여 북아시아 최초의 유목 국가를 건설하고, 최성기를 맞이했으나, 한나라 무제의 잦은 침공으로 쇠약해져서 1세기경 남북으로 분열되었다.

80 천자(天子): '천제(天帝)의 아들', 즉 "하늘의 뜻을 받아 하늘을 대신하여 천하를 다스리는 사람"이라는 뜻으로, 군주 국가의 최고통치자를 이르는 말이다.

성陝西省 시안西安)이었다. 인구가 50만 명이 넘었던 장안은 당시 세계에서 가장 큰 도시 중 하나로 로마에 맞먹는 규모였다. 장안에는 황궁으로부터 현재 미국에 있는 쇼핑몰보다 더 컸다고 알려진 거대한 시장에 이르기까지 다양한 종류의 인상적인 건축물이 즐비했다. 부유한 자는 멋진 마차를 타고, 아름다운 비단옷을 입었다. 이들에게 즐거움을 주기 위해 악단의 연주와 광대 및 곡예단의 공연이 포함된 호화로운 연회가 열렸고, 연회에는 옻칠한 그릇에 맛있는 음식이 담겨 나왔다.

한나라 사람들에게 '산적떼Mountain Barbarians'로 알려진 목동이자 사냥꾼인 흉노는 매우 달랐다. 그들은 몽골, 현대 중국의 신샹新鄕[81]과 중앙아시아를 포함하는 내륙아시아에서 왔지만, 그들과 관련이 있을지 모르는 훈족과 마찬가지로 수수께끼 같은 존재로 남아 있다. 이들이 몽골계 부족이었다고 주장하는 이론이 있으나, 정확하게 알려진 것은 없다. 우리가 아는 이들에 대한 정보는 중국이 기록한 것으로 이들을 좋게 평가하고 있지는 않다. 한 유교학자는 이들을 "벌레, 파충류, 뱀, 도마뱀"에 비견했고, 한漢 무제武帝 재위 당시 태사령太史令 사마천司馬遷은 이들을 "인간이 아니라 초원에 방목해야 할 가축과 같다. 이들은 모자나 허리띠 따위는 알지 못하고 궁정 예법조차 알지 못한다"라고 기록했다.

흉노가 아는 것이라고는 전쟁뿐이었기 때문에, 이 분야에서 그들이 농경민인 중국인보다는 우위에 있었다는 것은 논란의 여지가 없었다. 그들은 주로 보병으로 구성된 한나라의 군대와는 달리 전차병들charioteers의 지원을 받으면서 보병 전투를 주로 수행하는 마상궁술의 명수였다. 흉노의 인구는 100만 ~ 350만 명밖에 되지 않았는데, 중국과 비교하면 1개 주의 인구 정도밖에 되지 않았다. 그런데도 흉노는 한군漢軍에게 계속해서 치욕적인 패배를 안겨주었다. 명明나라 말기의 문인 조좌趙左는 탄식하며 이렇게 기록했다. "흉노는 험로와 경사진 좁은 통로에서 말을 타고 화살

---

81 신샹(新鄕): 중국 허난성(河南省) 북부에 있는 도시.

을 쏘는데, 한군의 기병은 이를 따라갈 수조차 없다. 흉노는 바람, 배고픔, 갈증을 견디는 데 강하지만 한군은 그렇지 못하다."

한군이 접근하면 흉노는 곧 퇴각했고 때로는 고비 사막을 넘어 도주했다. 한군은 무거운 장비를 휴대했기 때문에 그들을 추격하지 못했다. 로마군과 사정이 비슷했다. 사마천은 "흉노는 만약 전투가 자신들에게 유리하게 풀리면 진군하지만, 불리하면 퇴각한다. 그들은 퇴각을 불명예스럽게 생각하지 않기 때문이다. 그들의 관심사는 오직 자기 이익뿐이며 예절과 의리에 대해서는 아무것도 모른다." (이 구절을 보면 중국 역시 그리스나 로마처럼 야전에서의 보병 전투를 숭상하고 전술적 후퇴를 경시했음을 알 수 있다.)

한나라의 첫 번째 황제였던 고조高祖는 흉노가 얼마나 위협적인지를 경험하게 되었다. 그는 기원전 200년 흉노 토벌에 나섰다가 낭패를 본 적이 있었다. 30만 명으로 추정되는 한군은 혹한을 만나 병력의 3분의 1이 동상에 걸려 손가락을 잃었다. 당시 한군은 상대적으로 약하다고 생각한 흉노의 소규모 정찰대와 조우했는데, 한군 기병이 이들을 추격하다가 오히려 매복에 걸리고 말았다. 유효성이 입증된 유목민의 '거짓 퇴각' 전술을 잘 알지 못했기 때문이다. 한군 전군이 포위되었고, 흉노의 선우單于[82]인 묵돌冒頓[83]은 '조공'을 바쳐야만 퇴각하겠다고 협박했다.

고조는 안 좋은 상황을 타개하기 위해 묵돌 선우와 대등한 위치에서 형제의 맹약을 맺었다. 평화의 대가로 한나라는 기원전 198년 흉노에 공주를 시집보내고, 유목민들이 항상 탐냈지만 스스로 만들 수 없었던 물품들인 곡물, 비단, 술을 매년 보냈다. 하지만 시간이 지남에 따라 조공의 양은 늘어나 술 20만 리터와 비단 9만 2,400m를 흉노에게 바쳐야 했다.

---

82 선우(單于): 흉노 왕의 칭호.

83 묵돌(冒頓): 중국 전한 시대 흉노의 제2대 선우(?~기원전 174). 내·외몽고를 정복하여 동아시아에서 처음으로 유목민의 대국가를 세웠으며 한(漢)나라 고조(高祖)를 격파하여 한나라로 하여금 굴욕적인 화친책을 쓰게 했다. 재위 기간은 기원전 209~기원전 174년이다.

흉노의 제2대 선우인 묵돌. 한나라 고조는 기원전 200년 흉노 토벌에 나섰다가 흉노의 거짓 퇴각 전술에 걸려들어 매복공격을 당하고 전군이 포위되었다. 흉노의 선우인 묵돌은 '조공'을 바쳐야 퇴각하겠다고 협박했다. 한 고조는 이러한 상황을 타개하기 위해 묵돌 선우와 대등한 위치에서 형제의 맹약을 맺고, 평화의 대가로 기원전 198년 흉노에 공주를 시집보내고, 곡물, 비단, 술을 매년 보냈다. 흉노는 250년 동안 초원지역을 지배했고, 500년 동안이나 남쪽지역에 위치한 이웃 나라들을 위협했다. 비교적 병력이 얼마 안 되는 흉노를 결정적으로 패퇴시키지 못한 한나라의 실패를 통해 게릴라 전술이 동서양을 막론하고 얼마나 상대하기 어려운지를 다시 한 번 알 수 있다. 〈출처: WIKIMEDIA COMMONS | Public Domain〉

한나라 궁정의 책사는 흉노의 난폭함을 잠재우기 위해 요즘 말로 대외원조라고 할 수 있는 '5가지 미끼' 정책의 일환으로 "그들의 눈을 더럽히기 위한 멋진 옷과 마차, 그들의 입을 타락시킬 고급 음식, 그들의 귀를 타락시킬 음악, 그들의 마음을 타락시킬 높은 건물, 곡물저장고 및 노예들, 투항한 흉노에겐는 선물과 호의를 미끼로 이용했다."

오늘날의 북한 사람들과 같이 흉노는 타락시키기 어려운 존재였다. 첫번째 조공은 더 많은 것에 대한 욕구를 자극했을 뿐이었다. 흉노는 약탈하면 원하는 것을 더 많이 빼앗거나 한나라에 공물을 더 요구할 수 있다는 것을 알았다. 묵돌 선우가 고조와의 조약을 지킨다고 하더라도 흉노족 내에 있는 개별 부족들까지 전부 통제할 수는 없었다. (초기 미국 대통령들이 북미 인디언 추장과 협상할 때와 비슷했다.) 결국 국경지대는 여전히 혼란스럽고 불안정했다. 한나라 사람들의 눈에는 "탐욕스럽기 짝이 없는" 민족으로 비춰졌던 흉노는 수많은 약탈을 자행했다.

이런 이유로 기원전 135년부터 기원전 134년 사이 젊은 황제 무제^{武帝}는 궁정에서 흉노를 어떻게 다스려야 할지를 놓고 신하들과 함께 토론했다. 화친정책을 유지할 것인가, 아니면 50년 만에 처음으로 칼을 들 것인가?

온건파는 흉노와 싸우는 것이 희망이 없다고 주장했다. 이들 중 한 관료는 무제의 증조부 고조 황제가 원정에 나섰다가 실패했다는 점을 들었다.

흉노는 새떼처럼 여기저기 이동하는 자들이라 붙잡아 통제하기 어렵나이다. … 우리가 흉노 영토를 정복한다고 하더라도 국가에 어떠한 이익도 없을 것이며, 흉노를 굴복시킬 수도 없을 것이고, 그들을 관리하거나 통제할 수도 없을 것입니다. … 따라서 흉노 토벌은 국력만 낭비하는 꼴이니 현명하지 못한 정책입니다.

하지만 강건파는 흉노는 믿을 수 없는 종족임을 스스로 보여주었기 때문에 그들과 협정을 맺는 것 자체가 쓸모없는 짓이라고 주장했다. 강건파 관료 중 한 명은 흉노를 "곪기 전에 강력한 석궁과 화살로 반드시 터뜨려야 하는 종기"에 비유했다. 다른 관료들은 한나라가 "불쌍하고 미개한 오랑캐들을 문명화시킬 수 있는 통일 제국"을 건설해야 할 의무가 있다고 주장했다.

무제는 고작 21세였고, 즉위한 지 5년밖에 되지 않았다. 그는 선황제의 열 번째 아들이었고, 그가 태어났을 때 어머니는 별 볼 일 없는 후궁에 지나지 않았다. 하지만 그의 어머니는 정실 황후의 자리를 찬탈하고 아들을 황태자의 자리에 오르게 했다. 무제는 즉위 초기 수렴청정을 받았다. 무제는 양성애자로서 남성 애인이 둘 있었는데, 그들 중 한 명은 무제의 반대에도 불구하고 그의 어머니가 처단했으며, 다른 한 명은 질투심에 사로잡혀 자살로 생을 마감했다. 불안과 음모 속에서 자란 무제는 잔인하고

한 무제(그림)는 한나라의 안보를 강화하고 증조부인 고조가 겪은 수모를 갚기 위해 흉노를 공격할 방안을 모색했다. 한군은 폭넓은 군사개혁을 통해 70만의 병력을 양성했다. 스탠포드 대학교 사학과 교수 마크 에드워드 루이스에 따르면, 한군 병사는 농부 대신 "직업군인, 유목민, 범죄자"로 구성되었다고 한다. 같은 시대, 같은 이유로 로마에서도 같은 군제개혁이 이뤄졌다. 제국을 평정하기 위해서는 농장에서 임시로 징집되는 시민군 제도에 의존하는 것이 비현실적이었기 때문이다. 이렇게 게릴라들의 위협에 대응하기 위해서 직업군인이 유럽과 아시아에서 등장하게 된 것이다. 〈출처: WIKIMEDIA COMMONS | Public Domain〉

공격적인 사람이 되었다. 무제는 역모를 꾀했다는 이유로 대신 7명 중 5명을 죽이고 그들의 가족까지 몰살했다. 무제는 제국과 신민을 위하여 한나라의 안보를 강화하고, 증조부인 고조가 겪은 수모를 갚기 위해 흉노를 공격할 방안을 모색하고 있었다.

무제는 공세를 취하기 위한 전제조건으로 흉노를 따라잡을 수 있는 좋은 말을 모아야 한다는 것을 알았다. 종마 목장을 국경지대에 설치하고, 양질의 말을 포획하기 위해 수많은 원정대를 현재의 우즈베키스탄 근처까지 파견했다. 한나라는 기병을 확대해 일부 병사들에게 중국의 긴 전통 복장 대신 오랑캐들처럼 바지와 짧은 상의를 입히기까지 했다.

무제는 흉노의 유목민 이웃 부족과 관계를 개선하고, 이들을 관례적으로 한군 기병대에 편입시키는 정책을 펼쳤다. 이이제이以夷制夷는 로마도 선호했던 방법이다.

한군은 이와 같은 폭넓은 군사개혁을 통해 70만의 병력을 양성했다. 농부를 1~2년 동안 징집하여 운용하는 징병제 체제로는 멀리 떨어진 국경지대로 장기간 부대를 파병하는 것이 불가능했을 뿐만 아니라, 1~2년이라는 짧은 시간 내에 기병 전술이나 궁술 숙달이 불가능했기 때문이다. 스탠포드 대학교 사학과 교수 마크 에드워드 루이스Mark Edward Lewis에 따르면, 한군 병사는 농부 대신 "직업군인, 유목민, 범죄자"로 구성되었다고 한다. 같은 시대, 같은 이유로 로마에서도 같은 군제개혁이 이뤄졌다. 제국을 평정하기 위해서는 농장에서 임시로 징집되는 시민군 제도에 의존하는 것이 비현실적이었기 때문이다. 이렇게 게릴라들의 위협에 대응하기 위해서 직업군인이 유럽과 아시아에서 등장하게 된 것이다.

무武를 숭상하는 황제라는 뜻의 '무제武帝' 유철劉撤이 기원전 129년 마침내 흉노의 땅으로 진격해 들어갔을 때, 한군은 여러 차례의 전투에서 이겨 다수의 유목민을 섬멸했다. 하지만 게릴라에 대항하여 오랜 기간 대규모 기동을 수행하는 대부분의 원정군처럼 한군은 빠르게 회복하고 다루기 힘든 흉노를 완전히 패망시키지는 못했다. 무제는 흉노를 섬멸하기 위해 국고를 탕진한 나머지 제국에 무리한 부담을 주게 되었다. 한 번의 원정에 1년 세수의 절반 이상이 들어갔다. 사마천의 기록에 따르면, "몇 년 지나지 않아 군을 운영할 자금이 바닥났고, 평민은 수탈에 시달려 세금을 포탈할 수 있는 교묘한 방법을 찾게 되었다." 화폐가치가 폭락하자 황제는 자신이 직접 키우던 흰 사슴을 죽여 가죽을 벗긴 뒤 0.092m²로 자른 가죽을 화폐 대신 사용했다.

이어서 진행된 두 번의 원정에서 패배하면서 무제의 권력이 약화되자 (무제는 3년 후 사망한다) 한나라 조정은 기원전 90년 결국 원정을 중단하고 오랑캐를 막으려는 장성을 건설하는 등 수세로 전환했다. 지난 40년 동안 흉노와 그 동맹군을 섬멸하기 위해 200만 명이 넘는 병력과 1,000

만 명의 지원 병력을 동원하여 21차례의 원정을 실시한 한나라는 영토는 크게 확장했으나, 실질적인 안보 효과는 얻지 못했다. 관계 개선은 그저 겉치레에 불과했다. 흉노는 한나라의 속국이 되기로 했지만, 그 대가로 한나라 황제는 흉노 선우에게 이전보다 더 많은 양의 '공물tributaries'을 매년 하사해야 했다. 이것은 한나라 사람들의 귀에 듣기 좋은 미사여구를 가미했을 뿐 기존 유화정책이나 다름없었다.

흉노는 외부 요인이 아닌 기원전 57년부터 48년 사이에 발생한 내전으로 인해 결국 멸망했다. 흉노족 다수는 남쪽으로 이동하여 한 제국에 흡수되었고, 일각에서는 이들 중 일부가 서쪽으로 이동한 후 훈족을 결성하여 로마 제국을 멸망시키는 데 일조했다고 주장한다.

흉노는 한 제국을 멸망시키지 못했다. 하지만 그것이 그들의 목적은 아니었다. 그들의 목적은 영토를 빼앗거나 한 왕조를 멸망시키는 것이 아니라, 한 제국을 약탈하는 것이었다. 흉노가 서양에 더 잘 알려진 몽골족이나 훈족을 비롯한 다른 유목민족들보다 더 오래 존속할 수 있었던 것은 어쩌면 이처럼 야망이 소박했기 때문인지도 모른다. 흉노는 250년 동안 초원지역을 지배했고, 500년 동안이나 남쪽지역에 위치한 이웃 나라들을 위협했다. 비교적 병력이 얼마 안 되는 '산적떼'를 결정적으로 패퇴시키지 못한 한나라의 실패를 통해 동서양을 막론하고 게릴라 전술이 얼마나 상대하기 어려운지를 다시 한 번 알 수 있다.

◆ ◆ ◆

흉노의 위협이 사라졌다고 해서 중국의 유목민 문제가 없어진 것은 아니었다. 중국 북쪽 변방을 괴롭히는 새로운 기마 침략자의 위협이 현실화되기 시작했다. 만주국이 화기와 군수체계의 발전으로 대량학살에 가까운 원정을 통해 1750년 최후의 유목민이었던 서몽골 지역의 준가르Dzungar족을 토벌하기 전까지 유목민의 위협은 계속되었다. 그동안 중국 내부에서 적미赤眉의 난[84], 황건적의 난[85], 태평천국의 난[86], 의화단의 난[87]과 같은 비밀조직에 의한 농민 반란이 자주 발생했기 때문에 많은 황제들이 제국 외부로부터 침입하는 오랑캐의 공격에 대처하기가 더욱 힘들었다. 이 반란군들 역시 게릴라 전술을 사용했고, 결국 반란이 실패로 끝났지만 이들로 인해 제국의 국력은 약화되었다.

중국의 모든 왕조는 국력이 성한 개국 초기에 주로 유목민 토벌 원정을 실시했다. 국운이 쇠해갈수록 이들은 유목민에게 돈을 주는 유화책을 사용하거나, 장벽을 쌓는 것으로 대응했다. 이 전략은 15세기와 16세기 명明나라 시대에 세계 역사상 위대한 건축물 중 하나인 만리장성의 건설로 절정에 달했다.

유목민 토벌 원정이나 장성 구축이 모두 효과적이었던 것은 아니다. 한족 왕조는 중국 남쪽 영토에서 계속 명맥을 유지하는 한편, '정복' 왕조 conquest dynasties[88]가 북쪽의 영토를 지배했다. 13세기 몽골, 17세기 만주족은 중국 전역을 다스렸다. 하지만 몽골이나 만주족이 순수한 게릴라였느냐는 따져볼 필요가 있다. 몽골군은 10명, 100명, 1,000명, 1만 명 단위 부대로 작전을 하도록 훈련을 받아 군기가 강한 군대였다. 전성기 몽골은 정규군 100만 명의 병력을 유지했을 가능성이 있다. 규모나 군기 면에서 몽골군은 다른 유목민과 차원이 달랐고, 게릴라전에서 벗어나 있었다.

---

84 적미의 난: 중국에서 왕망(王莽)이 세운 신(新)나라 말기인 18년에 일어난 농민의 대반란. 왕망의 정권이 무너진 뒤에도 화베이(華北) 등지에서 세력을 떨쳤으나, 후에 후한(後漢)의 광무제(光武帝)가 된 유수(劉秀)에게 평정되었다.s

85 황건적의 난: 중국 후한 말기인 2세기 말 호족 지주에 의한 토지겸병의 위기에 끊임없이 직면해 있던 농민이 황건적이 되어 일으킨 반란으로 30년간 항쟁을 벌였다.

86 태평천국의 난: 홍수전(洪秀全)이 일으킨 농민혁명으로 1850년에 시작되어 14년간 지속되었다.

87 의화단의 난: 중국 청나라 말기에 의화단(義和團)을 중심으로 일어난 외세 배척 운동.

88 정복 왕조: 한 민족이 무력으로 다른 민족을 정복하면서 자신의 고유 문화와 사회 제도를 유지하려는 왕조를 말한다. 거란족이 세운 요(遼)나라, 여진족이 세운 금(金)나라, 몽고족이 세운 원(元)나라, 만주족이 세운 청(淸)나라가 있다.

침입자들을 어떻게 분류하든 그들의 영향은 확실했다. 1911년 막을 내린 중국 제국 1,003년의 역사를 돌아보면, 초원지역 유목민 또는 반유목민seminomad[89]이 중국 전체 또는 일부를 다스린 것은 730년이다. 결과적으로 보면 한족은 그들을 정복한 정복자들에게 동화되기보다는 오히려 정복자들을 포용할 수 있는 능력이 있었기 때문에 한족의 고대 유산을 유지할 수 있었다. 유럽에서도 이와 비슷한 일이 일어났다. 당시 동·북·남쪽에서 침략자들이 쳐들어와도 기존에 살고 있던 사람들은 그들을 흡수하여 점점 동화시켰다. 일례로 노르만Norman족은 두려운 바이킹 침략자로서 8세기 프랑스에 처음 출현했지만, 결국 프랑스어와 기독교를 받아들였다. 하지만 중국이나 유럽 문화가 궁극적으로 승리했다고 하더라도 초원지역에서 온 기마궁수들에게 수천 년 동안 시달린 중국 농민들이나, 암흑시대 스칸디나비아 해적들에게 시달린 프랑스 농부들에게는 위안이 되지 않았을 것이다.

---

89 반유목민: 기지를 두고 계절적으로 이동하는 유목민.

10

게릴라의 역설

♦

약자가 강자를 이길 수 있는 이유

고대 로마부터 중세 중국에 이르기까지 여러 나라를 공격했던 수많은 침략자들의 성공을 가리켜 한 역사가는 '유목민의 역설'이라 부른다. 휴 케네디Hugh Kennedy는 "전쟁의 역사에서 군사적으로 우세한 국가들은 대체로 부유하고 가장 발전된 행정 체계를 갖춘 국가들이었다. 그러나 아카드Akkad 시대 당시 유목민들은 국가나 행정조직이 없고 찢어지게 가난했으며 문명 생활의 기술을 전혀 갖고 있지 않았는데도 훨씬 부강하고 진보된 제국을 무너뜨렸다"라고 주장했다.

케네디는 이러한 역설을 설명하면서 필자가 앞에서 언급한 많은 유목민들이 가진 군사적 이점들을 그 이유로 들었다. 첫 번째, 유목민들은 적보다 훨씬 기동력이 뛰어났고, 거친 환경에서도 치중대 없이 전투를 수행할 수 있었다. 두 번째, 유목 사회에서 모든 남성은 전사였기 때문에 유목민들은 정착 사회보다 더 높은 비율로 병력을 동원할 수 있었다. 세 번째, 훈족, 흉노족, 몽골족과 같은 유목민들 다수는 마상궁술과 같이 적에게 잘 알려지지도 않은 전투기술이 대단히 뛰어났다. 네 번째, 유목사회에서 "지도자는 전투와 사냥에 필요한 기술과 지혜가 뛰어난 자가 선발되었다." 이와 반대로, 많은 정착사회들은 군사적 식견보다는 정치적 고려에 기초하여 군사령관들을 임명했다. 마지막 다섯 번째 이점은 유목민들은 도시, 농작물, 또는 방어해야 할 고정 목표물을 보유하고 있지 않았기 때문에 적의 공격을 걱정할 필요가 없었다. 이로 인해 그들을 저지하기 어려웠다. 이런 이유로 유목민들이 수많은 전투에서 농경사회를 기반으로 한 적들을 능가했다는 것은 놀랄 일이 아니다.

그러나 유목민의 군사적 성공은 인상적이기는 했지만, 특별한 것은 아니었다. 유목민들의 승리를 오랫동안 지속되어온 게릴라전의 일부분으로 본다면 그것은 기이한 일이 아니라 설명 가능한 일이다. 고대 또는 중세 시대보다 훨씬 강력한 국가들이 존재했던 지난 2세기 동안에도 예상과 달리 게릴라들이 초강대국을 상대로 이긴 경우를 심심찮게 볼 수 있다. 베트남이 프랑스와 미국에 승리한 것과 아프가니스탄이 대영제국과 소련에 승리한 것을 보면 알 수 있다. 현대 게릴라를 그렇게 강력하게 만든 요인은 고대 유목민들의 승리 요인과 정확하게 같지는 않지만 많은 부분이 일치한다. 고대와 현대 게릴라들은 모두 뛰어난 기동성, 교묘한 계책, 사회의 많은 부분을 동원할 수 있는 능력, 적과 다른 전쟁수행방식의 숙달에 의존했다. 따라서 '유목민의 역설'은 곧 약자가 어떻게 강자를 이길 수 있는가라는 게릴라의 역설인 셈이다. 그 해답은 기동과 기습을 중요시하는 치고 빠지기 전술을 구사해 강국強國이 이로 인한 모든 피해를 감당하기 어렵게 만드는 것이다.

우리가 생각해보아야 할 역설이 하나 더 있다. 그것은 바로 성공한 게릴라라 하더라도 능력이 생기면 정규군 전술로 전환하려는 경향이 있다는 것이다. 우리는 칭기즈칸 휘하의 몽골군 역시 반半정규군으로 전환한 사례를 알고 있다. 아랍 역시 비슷한 전환을 경험했다. 아랍인은 632년 이슬람교의 창시자 무함마드Muhammad 사후 1세기 동안 중동에 이슬람을 전파할 때 전통적인 베두인Bedouin[90] 방식의 전술을 사용했다. 정복전쟁을 통해 중세 최대의 제국을 건설한 우마이야Umayya 왕조[91]와 아바스Abbās 왕조[92]는 대부분 노예이거나 또는 노예였던 이집트 맘루크Mamluk[93]와 같은 전문 외국 병사들로 구성된 정규군을 보유했다. 튀르크 역시 초원지대의 게릴라로 출발했지만, 부족 징집병 가지Ghazi[94]를 군기가 드높은 노예 병사 예니체리Janissary[95]로 구성된 강력한 정규군으로 대체했다. 새로운 오스만 튀르크군은 1453년 콘스탄티노플Constantinople을 포위공격했고, 그 후 100년도 안되어 빈Wien 성문까지 진출했다.

게릴라 전술에 익숙한 군이 정규군 전술로 전환하는 이유는 무엇일까? 우선, 보병, 포병, 기갑, 공병 및 기타 전문 병과로 구성된 부대는 기병 운영에 적합하지 않은 곳에서 싸울 수 있는 기술을 가지고 있었으며, 가장 중요한 성벽을 파괴할 수 있는 기술을 가지고 있었다. 유목민 궁사는 콘스탄티노플을 함락시킬 수 없었다. 성벽을 파괴하려면 8.2m 길이의 포신을 갖추고, 500kg 탄두를 발사하는 대포 2문을 포함한 대포 69문이 필요했다. 기동성이 빠른 유목민 전사는 방어 전투에 적합하지 못했고, 새로 정복한 영토의 행정과 정책 수립에도 적합하지 못했다. 이런 이유로 전문 병과로 구성된 상비군이 필요했다.

유목민이 정규군으로 변모해야 했던 다른 요인은 마상궁수의 전투방식이 너무 어려워서 어렸을 때부터 연습하지 않으면 실력을 발휘할 수가

---

90 베두인: 천막생활을 하는 아랍 유목민.

91 우마이야 왕조: 661년에 무아위야 1세가 다마스쿠스를 수도로 하여 수립한 이슬람 왕조. 중앙아시아로부터 에스파냐까지를 지배하고 서유럽에 이슬람 문화를 전하기도 했으나 750년에 아바스 왕조에게 멸망했다.

92 아바스 왕조: 750년에 아불 아바스(Abu'l Abbās)가 우마이야 왕조를 무너뜨리고 세운 이슬람 왕조. 이라크를 중심으로 서아시아를 지배했으며 동서 문화가 융합된 이슬람 문화의 황금기를 이룩했다. 1258년에 훌라구가 이끈 몽골군에 멸망했다.

93 맘루크: 9세기 중엽부터 이슬람 사회의 군인 엘리트층을 형성한 백인 노예.

94 가지: 오스만 제국의 튀르크계 무슬림 군인을 지칭하는 용어. 아랍어로 '급습자'를 의미한다.

95 예니체리: 오스만 튀르크의 상비 · 유급의 보병군단.

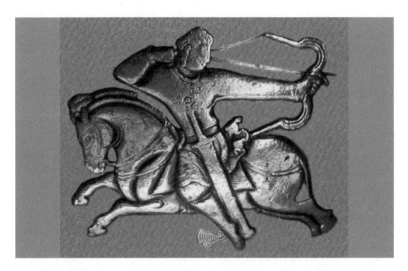

파르티아인들은 말을 최고 속도로 달리며 상체를 좌측으로 돌려 진행 방향의 직후방을 향해 화살을 쏘는 일명 '파르티안 샷'을 개발하여 로마 제국과의 전투에서 선전했다. 〈출처: WIKIMEDIA COMMONS | CC BY-SA 3.0〉

없다는 점이었다. 최고 속도로 말을 달리면서 안장에서 몸을 돌려 활을 쏘는 그 유명한 '파르티안 샷parthian shot'[96]은 연습 없이는 구사하기 어려운 기술이었다. 한 역사가는 유목민이 정착민들 속에서 살게 되면서 "유목민들은 뛰어난 개인의 재능과 조직의 결속력을 빠르게 잃어버렸다"라고 말한다. 이것은 대부분의 유목민, 적어도 그들의 자식 또는 손자들이 기꺼이 받아들인 일종의 트레이드-오프trade-off(맞교환)[97]였다. 정착 생활이 그 이전의 유목 생활보다 훨씬 더 안전하고 편했기 때문이다. 결국, 다른 대안이 있다면 그 어느 누구도 언제나 큰 고난을 겪어야 하는 게릴라로서 싸우기를 택하지는 않을 것이다.

---

96 파르티안 샷: 말을 타고 달리면서도 고삐를 놓고 상반신을 뒤로 돌려 활을 쏘는 사법이다. 파르티안 궁법으로도 불리며 배사법(背射法)이라고도 한다. 고대 파르티아 왕조의 궁기병이 로마군과 전투하며 구사한 기술이라는 의미에서 후대에 붙여진 이름이다.

97 트레이드-오프: 어느 것을 얻으려면 반드시 다른 것을 희생해야 하는 경제 관계.

11

스코틀랜드 반란군

◆

**1296~1746년,
스코틀랜드 대 잉글랜드**

로마 제국 몰락 이후 서양에서는 사실상 다른 선택의 여지가 없었다. 로마 제국 몰락 이후 유럽 대륙에 강대국이 출현하기까지 1000년이라는 시간이 걸렸기 때문이다. 그동안 유럽 대륙은 로마처럼 전문 상비군을 동원할 만한 자원이 부족한 소국과 영주의 봉토로 나뉘었다. 상비군을 육성하려면 당시에는 존재하지도 않았던 정교한 행정 기반 시설이 필수적이었다. 그래서 봉건시대 영주의 군대는 귀족, 가신, 용병이 몇 달 동안 모여서 한두 차례 전투를 실시한 후 해산하는 것이 보통이었다. 왕은 병력을 모으기 위해서는 강력한 거물들의 호의^{好意}에 의존해야 했다. 거물들이 더 이상 호의를 베풀지 않으면 병사들은 떠나갔다. 게릴라전이 약자의 전술이라면, 중세시대의 모든 유럽 국가들은 너무 약해서 게릴라전에 의존해야만 했을 것이다.

말을 탄 기사들의 격돌이 중세시대의 위대한 신화처럼 그려졌기 때문에, 이러한 기본 진리는 간과하기 쉽다. 기사들의 전투는 은밀한 저강도

흑태자 에드워드는 백년전쟁 초창기에 수없이 많은 전투에서 대승을 거두어 프랑스군에게 공포의 대상이 되었다. 그는 백년전쟁 중 최대 규모의 슈보시를 이끈 것으로 유명한데, 슈보시 작전은 전역 내의 모든 농지와 건물을 불태우고 사람들을 약탈하고 무차별 살해하는 초토화 작전으로, 아군의 군사력이 넓게 분산되고 보급이 사실상 불가능해 막대한 피해를 입을 수 있다는 단점이 있었지만, 그것보다 수십 배 더 큰 피해를 적에게 입힐 수 있다는 장점 때문에 백년전쟁 당시 잉글랜드 병사들이 전매특허처럼 실시했다. 〈출처: WIKIMEDIA COMMONS | Public Domain〉

분쟁과 정반대의 개념인 것처럼 보인다. 하지만 이들의 전투는 그 당시 문학작품에서 나오는 것만큼 실제로 자주 있는 일이 아니었다. 공성전攻城戰이나 프랑스어로 '슈보시chevauchée'라고 부르는 습격이 더 중요했다. 슈보시라는 말은 적의 영토를 돌아다니면서 방화, 약탈, 강간, 납치, 무차별 살해 등과 같은 만행을 저지르는 것을 뜻했다. 당시 슈보시 작전이 어떠했는지는 흑태자 에드워드Edward the Black Prince[98]로 더 잘 알려져 있는 우드스톡의 에드워드Edward of Woodstock의 시종 존 윙필드John Wingfield 경이 1355년 8주간의 슈보시 작전 동안 그를 수행하면서 영국에 보낸 편지를 통해

---

98 흑태자 에드워드: 백년전쟁 초기의 인물. 잉글랜드의 왕족으로 에드워드 3세의 아들이자, 리처드 2세의 아버지다.

엿볼 수 있다. 1355년 12월 23일 윈체스터Winchester 주교 앞으로 보낸 편지에서 윙필드는 "저의 주군께서 아르마냑Armagnac 지역을 습격하면서 수많은 도시를 공략·방화·파괴하셨다는 기쁜 소식을 전합니다. 주군께서는 우리 부대가 머물러야 할 마을은 일부 남기셨습니다. 우리는 리비에르 자작령viscounty of Rivière으로 이동해서 주도 플레정스Plaisance를 함락하고 주위 농지를 모두 불태워 파괴한 다음 아스타락Astarac 지역으로 이동했습니다…." 흑태자가 거기서 무엇을 했는지, 5,000명의 영국군이 그 다음 마을들에서 무엇을 했는지는 어렵지 않게 유추할 수 있다. 영국군은 보르도Bordeaux에서 툴루즈Toulouse로 260km를 이동하면서 풀 한 포기 남기지 않았다. 윙필드는 "이번 습격으로 파괴된 농지와 마을의 전후 복구에 프랑스 왕은 왕국의 세수 절반 이상을 썼을 것입니다"라는 과장을 덧붙였다.

종종 슈보시는 적의 부대를 전장으로 유인하기 위한 전술로 사용되기도 했다. 흑태자는 대개 우월한 적과의 전투를 회피하기 위해 슈보시를 사용했다. 슈보시는 유럽인이 처음 사용한 작전은 아니었고, 아라비아, 북아프리카, 중앙아시아 등 기타 등지에서는 다른 이름으로 불렸다. T. E. 로렌스Lawrence가 수백 년 후 뛰어난 게릴라라고 묘사한 아라비아 반도의 베두인족은 소위 '라치아razzia'[99]의 명수였다.

베두인족, 흉노족과 달리, 중세시대 유럽인들은 문화적으로 습격전에 친숙하지 않았다. 사실 유럽인들은 그 무엇보다도 근접전투를 중요시했다. 이들은 순수하게 실리적인 이유로 슈보시를 채택했다. 곳곳에 구축된 성채 때문에 세트피스set-piece와 같은 전투는 드물었고, 전투가 일어나면 패한 쪽은 보통 성채로 퇴각했기 때문에 결정적인 전투도 드물었다. 하지만 15세기 대포가 등장하기 전까지 성채는 돌파하기가 대단히 어려웠던 반면에, 성벽 안에 숨어드는 측의 성 인근 농지는 방어가 허술해서 적의 습격에 취약했다. 슈보시는 손쉽게 수행할 수 있고 수익성이 있다는 장점

---

99 라치아: 기습 공격과 함께 생필품 소각, 모든 장애물의 철저한 파괴를 병행하는 전술.

이 있었다. 따라서 슈보시로 얻은 전리품은 봉급이나 식량 보급을 기대할 수 없는 병사들에게는 생계 유지 수단이었다. 봉급을 받지 못한다거나 식량을 보급받지 못한다는 사실은 또한 불쌍한 농민을 노리는 산적과 탈영병의 좋은 구실이 되기도 했다. 그들은 오로지 제 주머니를 채우는 데만 관심이 있으면서 대의를 위해 싸우고 있다고 주장할 수 있었다.

슈보시는 주로 수십 명에서 수천 명 규모의 부대가 실시했고 게릴라전과 비슷한 양상을 띠었다. 대규모인 수만 명의 병력으로 실시할 경우는 정규전의 모습과 비슷했는데, 이 경우 공격부대는 전리품을 노리는 것이 아니라 영토 점령을 목표로 했다.

슈보시는 무엇보다도 적지의 주민에게 공포를 조장하고 저항의지를 꺾는 소모 전술에 가까웠다. 다른 저강도 분쟁 전술과 마찬가지로 슈보시를 수행한 자들은 빠른 결과를 기대할 수 없었다. 문제가 해결되려면 몇 년이 걸릴 수도 있었기 때문이다. 따라서 중세, 르네상스, 종교개혁 기간 동안 유럽에서 발생한 전쟁의 기간을 현대 역사가들이 딱 잘라 정의하기는 어렵다. 백년전쟁(프랑스 대 영국), 80년 전쟁(네덜란드 대 스페인), 30년 전쟁(독일 내 개신교 대 가톨릭)과 같은 전쟁이 전형적인 예다.

잉글랜드-스코틀랜드 분쟁은 더 오래 지속되었다. 1296년 잉글랜드 에드워드 1세Edward I의 스코틀랜드 첫 원정부터 1746년 마지막 스코틀랜드 반란 진압에 이르기까지 450년이 걸렸다. 타탄Tartan[100] 체크 옷을 입은 스코틀랜드 반란군은 왜 게릴라 전술이 중세시대에 유행했는지, 그리고 왜 결정적이지 못했는지를 여실히 보여주고 있다.

---

[100] 타탄: 선의 굵기가 서로 다른 서너 가지 색을 바둑판처럼 엇갈려놓은 무늬가 있는 직물로, 스코틀랜드에서 유래했다. 스코트랜드 귀족들은 자신의 가문을 상징하고 다른 가문과 구별하기 위해 타탄이라는 무늬를 사용했다.

스코틀랜드의 위대한 시인 존 바버John Barbour의 말을 빌리면, 용감무쌍한 800명의 병사들이 스코틀랜드 왕 로버트 브루스Robert Bruce(로버트 1세)의 뒤를 쫓고 있었다. 이들에게는 비밀 병기가 있었는데, 그것은 바로 냄새만으로 사람을 찾을 수 있는 뛰어난 후각을 가진 추적견이었다. 사람들은 그 개가 로버트 브루스가 직접 키운 개라서 그의 냄새에 익숙하니 실수 없이 그를 찾아낼 것이라고 했다. 추적자들은 스코틀랜드 귀족인 론의 존John of Lorne이 지휘했다. 그는 잉글랜드 왕 에드워드 1세를 섬기고 있었지만, 도망자와 그 반란군 추종자들을 찾아야 하는 개인적인 이유가 있었다. 그는 33세의 캐릭Carrick 백작 브루스Bruce가 스코틀랜드의 왕을 자칭하며 1년 전 살해한 "붉은" 존 코민John "the Red" Comyn 경의 친척이었다. 브루스는 실제로 코민이 죽고 나서 6주 후인 1306년 3월 25일 즉위했지만, 잉글랜드군과 스코틀랜드 동맹군들이 그를 쫓고 있었다. 브루스는 수적으로 우세한 영국군을 야전에서 맞아 메스번Methven에서 참패하고 달리Darly에서 격퇴당했다. 추종자들을 거의 다 잃었기 때문에 브루스는 현대 역사가들이 늑대와 야생 멧돼지가 출몰하고 길이며 다리도 없는 '드넓은 황무지와 습지'로 묘사한 시골 지역에 은신할 수밖에 없었다.

이 거친 땅에 사는 사람들은 가난하지만, 매우 거칠고 용감했다. 그들은 창, 러카버 액스lochaber axe[101], 길이가 1.5m가 넘는 두 손으로 휘두르는 브로드 소드broad sword[102]를 사용했다. 스코틀랜드 고지대 거주민은 킬트kilt[103]를 입었는데, 지금은 패션 아이템이 되었지만, 그 당시에는 상당히

---

101 러카버 액스: 16세기에 스코틀랜드에서 쓰였던 전투용 도끼, 길고 큰 네모진 모양의 날 끄트머리에 걸쇠 모양 고리가 달려 있었다.

102 브로드 소드: '광도검(廣刀劍)'이라고 불리는 것처럼 칼날이 넓은 검이다.

103 킬트: 스코틀랜드에서 남자가 전통적으로 입는 체크 무늬의 스커트. 허리에서 무릎까지 닿는데, 앞 중앙부에 조그만 가죽 주머니를 장식으로 달았다.

실용적인 옷이었다. 한 역사가의 기록에 따르면, "당시 사람들은 깊은 하천을 걸어서 건너기도 하고 며칠이고 비를 맞으며 긴 거리를 여행하는 일이 잦았다. 그래서 물에 젖었을 때 피부에 달라붙거나, 젖은 채로 살갗에 붙어 다리를 차게 만들어 류머티즘 등의 질병을 유발하는 짧은 바지를 입는 것보다 체크 무늬 천으로 만든 헐렁한 킬트를 입는 것이 더 합리적이었다. 그것은 쉽게 마르고 빨리 벗어서 물을 짤 수도 있었다." 몇 명되지 않는 브루스의 추종자들은 킬트를 입고 검을 휴대한 채 소량의 물과 오트밀 한 봉지 이외에 아무것도 소지하지 않았음에도 불구하고 장거리를 이동할 수 있었다.

브루스 자신도 많은 것을 갖고 있지 않았다. 당시 역사가인 포둔의 존 John of Fordun은 브루스가 "2주일 동안 식량이나 다른 먹을 것 없이 생 약초와 물만 가지고도 살아남았다"라고 기록했다. 브루스는 신발이 닳아 맨발로 걷기도 했고, 추적을 피해 동굴에서 자기도 했다. 그는 잉글랜드의 통치를 받아들인 귀족 대다수에게서 '버림받은' 사람이었다. 브루스 자신도 스스로 스코틀랜드 왕권에 도전하기 전 4년간은 귀족 대다수가 그랬던 것처럼 잉글랜드를 따른 적도 있었다. "그리고 결국 브루스는 가까운 사람이든 먼 사람이든 모든 사람들이 야유를 퍼붓는 비웃음거리가 되고 말았다"라고 존은 기록했다.

낙담한 브루스는 봉건 영주라면 쉽게 택할 수 없는 전쟁수행방법을 택할 수밖에 없었다. 그는 기병돌격을 전투의 정수로 배웠고, 전령의 깃발을 날리며 앞장서서 기병돌격을 지휘하는 것을 꿈꾸던 사람이었다. 그는 "야전에서 책략과 술수에 의존하지 않고 정정당당히 정면대결하려고 노력해야 한다"라는 조카의 말에 동의했던 사람이었지만, 그와 같은 방식으로는 적에게 이길 수 없다는 것을 알 만큼 영리했기 때문에 결국 게릴라 전술이라는 책략을 사용하기로 생각을 바꿨다.

브루스의 전기를 최초로 쓴 제프리 배로 Geoffrey Barrow는 이렇게 기록했다. "속도, 기습, 기동, 소규모 전투, 초토화, 요새 파괴, 이런 것들이 브루스가 취한 군사행동의 특징이다." 그는 이어서 "브루스는 게릴라전의 위력을 믿었고, 이러한 자신의 믿음에 근거해 움직였다. … 이것은 혁명적인 결정이 아니라 브루스의 천재성과 상상력의 증표였다"라고 덧붙였다. 하지만 그것이 가능했을까?

브루스가 미미한 역할만을 했던 초기 스코틀랜드의 반란 당시 반란군 지도자였던 윌리엄 월리스William Wallace도 이와 비슷한 군사행동을 취했는데, 월리스는 처음에는 몇 차례 성공하는가 싶더니 결국에는 실패하여 비참한 최후를 맞았다. 1305년에 월리스는 붙잡혀 런던으로 압송된 후 반역자에게 일반적으로 내려지는 형벌[104]에 처해졌다. 그는 잠시 교수형에 처해졌다가 목에 감은 줄이 끊기자 성기가 잘리고 내장이 발리고 사지가 잘린 뒤 참수당했다. 그의 목은 런던 브리지에 걸렸고, 네 조각 난 사지는 각각 네 곳의 도시로 보내졌다. 브루스는 자신이 월리스와 비슷한 운명에 처할 위험에 놓여 있다는 것을 알고 있었다. 그의 반란 행위로 가족이 이미 비싼 대가를 치렀기 때문이다. 브루스의 여동생과 딸은 우리에 갇혔고 세 남동생은 참수되었다. 하지만 '스코틀랜드 반역자'인 그를 찾아 교수형에 처하려면 그를 먼저 잡아야만 했다. 그러나 그것은 쉬운 일이 아니었다.

1307년 추적견인 블러드하운드bloodhound가 그의 행적을 찾아냈을 때 게릴라 왕 브루스는 글래스고Glasgow 남쪽 컴노크Cumnock 인근에 숨어 있었다. 그는 300명을 데리고 있었기 때문에 론의 존이 이끄는 부대와 전투를 벌일 위험을 감수할 생각이 없었다. 그는 부대를 셋으로 나누어 도주하려 했으나 블러드하운드의 추적을 따돌릴 수 없었다. 블러드하운드는 브루스를 추적해왔고 브루스는 다시 부대를 셋으로 나누었다. 블러드하운드는 전 주인 브루스의 뒤를 따라왔다. 브루스는 이제 의형제만 자신을 따

---

104 윌리엄 월리스가 받은 형벌은 교수철장분지형(絞首剔臟分肢刑)이라는 형벌로, 교수형을 시키기는 하나 그것으로 편안하게 빨리 죽이지 않고 죄인을 최대한 오래 살려두어 고통을 맛보게 하기 위해 죄수의 목을 대충 매달아 괴로워하며 발버둥치게 만든 다음 줄을 끊어 다시 숨을 쉬게 해준 뒤 배를 갈라 장기를 꺼내고 생식기와 샅점을 도려내 죄인의 눈으로 자신의 신체가 잘려나가는 것을 보게 한다. 그리고 팔다리를 잘라낸 뒤 마지막으로 목을 자르는 끔찍한 형벌이다.

르게 하고 다른 모든 사람들을 뿔뿔이 흩어지게 했다. 블러드하운드는 흔들리지 않고 브루스만 찾았다. 개가 가는 길을 보고 론의 존은 날랜 병사 5명을 골라 개를 추월해서 브루스와 그의 동행을 차단하라고 지시했다. 더 이상 도망칠 곳이 없다는 것을 안 브루스는 돌아서서 검을 손에 들었다. 존 바버는 1376년 쓴 서사시 『브루스The Bruce』에서 당시 상황을 이렇게 묘사했다.

곧 적군 5명이 큰 소리로 위협하며 아주 빠르게 다가왔다. 손에 검을 든 적군 5명 중 3명은 왕에게, 2명은 의형제에게 맹렬한 기세로 달려들었다. 왕은 적군 3명을 맞아 싸우면서 첫 번째 적군에게 귀, 볼, 목을 관통해 어깨를 벨 정도로 큰 타격을 가했다. 공격을 받은 적군은 쓰러졌고 나머지 2명은 동료가 갑작스럽게 쓰러지는 것을 보고 겁에 질려 주춤했다. 왕은 의형제에게 달려들고 있는 적군 2명을 보고 그들에게 날쌔게 달려들어 둘 중 하나의 목을 베었다. 그리고 다시 대담하게 오른쪽에서 달려드는 적군 2명을 맞아 싸웠다. 왕은 첫 번째로 다가온 적군의 팔을 그의 검으로 베었다. … 왕은 어려운 상황에서도 분투하여 적군 4명을 죽였다. 곧 왕의 의형제는 다섯 번째 적을 쓰러뜨렸다.

브루스는 땀으로 흠뻑 젖었으나 작은 승리에 도취될 시간이 없었다. 그는 론의 존의 부하들이 블러드하운드를 데리고 쫓아오고 있는 것을 보았다. 그와 의형제는 숲으로 숨었다. 1306년부터 1314년까지 그가 한 일의 대부분은 도망치는 것이었다. 그야말로 풍찬노숙風餐露宿을 하는 동안 그는 포둔의 존의 말을 빌리면, "불운, 전투, 위험, 고난, 피로, 굶주림과 갈증, 감시, 금식, 헐벗음, 추위, 함정, 추방, 측근의 체포, 투옥, 처형에도 굴하지 않았다." 이러한 모든 어려움에도 불구하고 브루스는 우위를 점했다. 그는 잉글랜드인들을 점령지에서 몰아내고 가끔은 잉글랜드 북부를 습격하기도 했다.

주요 장애물은 스코틀랜드 전원 지대에 산재해 있는 잉글랜드군의 요새였다. 스코틀랜드 반란군은 이렇다 할 공성무기가 없었기 때문에 소규모 습격대를 투입해 기습했다. 한 번은 브루스의 부하들이 검은 망토를 쓰고 어둠 속에서 소처럼 손과 발로 기어가 접근해서 밧줄 사다리를 걸고 올라가 요새를 점령하기도 했다.

◆ ◆ ◆

1314년 잉글랜드인에게 반기를 들 만큼 강해진 스코틀랜드인은 잉글랜드의 왕 에드워드 1세Edward I의 무능한 아들 에드워드 2세Edward II가 이끄는 잉글랜드군과 배넉번Bannockburn에서 격돌했다. 배넉번 전투Battle of Bannockburn는 스코틀랜드군에게는 빛나는 승리를 안겨준 전투였고, 중세 시대 기록에 따르면, "잉글랜드군에게는 최악의 재앙과도 같은 전투였다." 그러나 이전의 스털링교 전투Battle of Stirling Bridge나 폴커크 전투Battle of Falkirk만큼 결정적인 전투는 아니었다.

전쟁은 끊임없이 무자비하게 지속되었고, 가끔 아주 잠시 '휴전' 또는 '정전'이 이뤄지기도 했지만, 그마저도 당연히 깨지곤 했다.

브루스와 그의 후계자들은 영국 북부에서 슈보시 작전을 수행하며 "철저하게 파괴하고 방화했다." 이들은 약탈할 수 있는 모든 것을 약탈했고 거주민들에게 보호 명목으로 돈을 뜯어냈다. 잉글랜드군은 너무 느려서 이들을 막을 수가 없었지만, 드문드문 떨어져 있는 국경지대에 대한 공격으로는 잉글랜드군을 굴복시킬 수 없었다. 브루스는 잉글랜드군이 점령한 아일랜드Ireland를 침공하거나 요크York에 있는 잉글랜드 왕비를 납치하려고 하는 등 다른 전술을 시도했다. 이러한 시도들은 대담하고 창의적이었지만 실패했다.

로버트 1세(로버트 브루스)는 스코틀랜드에 대한 잉글랜드의 끊임없는 침략 위협에 직면한 상황에서 1329년에 눈을 감았다. 잉글랜드의 침략을 격퇴하기에는 스코틀랜드는 너무 작고 가난한 나라였다. 14세기 초

로버트 브루스(로버트 1세)는 기병돌격을 전투의 정수로 배웠고, 전령의 깃발을 날리며 앞장서서 기병돌격을 지휘하는 것을 꿈꾸던 사람이었다. 그는 "야전에서 책략과 술수에 의존하지 않고 정정당당히 정면대결하려고 노력해야 한다"라는 조카의 말에 동의했던 사람이었지만, 이와 같은 방식으로는 적에게 이길 수 없다는 것을 알 만큼 영리했기 때문에 결국 게릴라 전술을 사용하기로 생각을 바꿨다. 브루스는 게릴라전의 위력을 믿었고, 이러한 자신의 믿음에 근거해 움직였다. 위 그림은 1314년 배녁번 전투에서 에드워드 2세가 이끄는 잉글랜드군과 싸우기 위해 집결한 스코틀랜드군과 이를 지휘하는 로버트 브루스(로버트 1세)의 모습을 그린 것이다. 〈출처: WIKIMEDIA COMMONS | Public Domain〉

스코틀랜드 인구는 100만 명이 채 안 되었던 반면, 잉글랜드의 인구는 550만 명에 달했다. 따라서 스코틀랜드가 잉글랜드를 굴복시키기에 너무 힘들 수밖에 없었다.

 잉글랜드의 군주들은 드넓은 스코틀랜드 지방의 반란을 진압하기 위한 자원이나 의지가 부족했다. 잉글랜드군이 스코틀랜드를 침략하면 다음과 같은 일이 벌어졌다. 잉글랜드군은 첫 번째 또는 두 번째 전투에서 승리하고 나면 다시 잉글랜드로 돌아와야 했다. 스코틀랜드군의 초토화 전술로 야전에서 오랜 기간 버틸 수 없었기 때문이다. 1322년 원정에서 굶주린 잉글랜드군은 스코틀랜드 동남부 로디언Lothian 전역에서 절름발이 소 한 마리밖에 발견하지 못했다. 카슈미르Kashmir 분쟁이나 팔레스타인Palestine 분쟁 같은 장기 분쟁이 협상을 통해 신속하고 깔끔하게 해결될 수 있을 것으로 상상하는 현대인들은 잉글랜드-스코틀랜드 전쟁의 다음과 같은 교훈을 외면한다. 인도인과 파키스탄인 또는 이스라엘인과 팔레스타인인보다 종교, 외모 면에서 훨씬 더 유사한 사람들 사이에서도 게릴라와 정규군 간의 피 튀기는 소규모 전투로 점철된 전쟁이 수백 년간 벌어졌다는 사실을 말이다.

스코틀랜드와 잉글랜드 간의 전쟁은 16세기에 잠잠해졌지만, 스코틀랜드 반란군과 잉글랜드 정규군의 충돌은 가톨릭교도인 스튜어트Stuarts 왕가[105]를 대영제국의 군주로 복위시키기 위해 일어난 1745~1746년의 재커바이트 반란Jacobite rising[106] 때까지 계속되었다. 수백 년 동안 국경은 도적질을 국익을 위한 행동으로 가장한 국경지대 약탈자들reivers에 의해 몸살을 앓았다.

◆ ◆ ◆

20세기 영국의 역사학자 에릭 홉스봄Eric Hobsbawm은 주위 사람들로부터 영웅, 전사, 복수자, 정의의 투사, 심지어 해방의 지도자 등으로 추앙받으며 그들을 도와주고 지원해주는 "농민 무법자peasant outlaw"를 가리켜 "의적 social bandit"이라고 정의했다. 의적 신화의 원형은 로빈 후드Robin Hood였다. 스코틀랜드의 롭 로이 맥그레거Rob Roy MacGregor(1671~1734), 미국의 제시 제임스Jesse James(1847~1882), 호주의 네드 켈리Ned Kelly(1855~1880), 멕시

---

105 스튜어트 왕가: 스코틀랜드 출신의 스튜어트 왕가는 첫 통합 왕국 시대를 열었다. 스튜어트 왕가는 1603년 제임스 1세(James I)부터 1714년 앤(Anne) 여왕의 사망 시까지 110여 년간 잉글랜드와 스코틀랜드를 공동 통치했다.

106 재커바이트 반란: 재커바이트는 명예혁명 후 망명한 스튜어트 왕가의 제임스 2세(James II)와 그 자손을 정통의 영국 군주로서 지지한 영국의 정치세력이다. 제임스(James)의 라틴명(名) 야코부스(Jacobus)에서 유래했다. 이들은 스튜어트 왕조의 제임스 2세(James II)가 명예혁명으로 폐위되자 스튜어트 왕가 후계자 복권을 시도하며 반란을 일으켰다. 여러 차례에 걸쳐 일어난 이 반란은 발생한 연도를 따서 '1715년의 재커바이트 반란', '1745년의 재커바이트 반란'과 같이 불렸다.

코의 판초 비야Pancho Villa(1878~1923)가 실제 사례였다. 이들보다 덜 유명하기는 하지만 중요한 예로는 발칸 반도에서 500년 동안 오스만 튀르크 제국에 맞서 싸운 그리스의 산적 클렙트klepht나 발칸 반도의 의적 하이두크haiduk가 있다. 홉스봄은 이와 같은 사람들이 널리 퍼진 것은 "역사적으로 보편적인 사회적 현상"이라고 주장한다. 이들은 오늘날 남아메리카의 3개 국경이 만나는 지역과 같은 사회적 정의가 무너진 지역에서 많이 나타난다. 과거 스코틀랜드, 코르시카, 시칠리아, 스페인, 발칸 반도 같은 거친 황무지는 국가가 강력해져서 국가에 저항할 수 없을 때까지 의적들이 활동한 주무대였다.

로마의 몰락 이후 17세기 민족국가가 부상하기 전까지 유럽에서 일어난 전쟁 대부분에서 의적과 군인, 정규군과 비정규군을 구별하기는 어려운 일이었다. 모두 자신의 이익을 위해 똑같이 야만적인 방식으로 희생된 불운한 농민들이었다. 18세기 독일 시인이자 극작가이며 역사가인 프리드리히 실러Friedrich Schiller는 30년 전쟁[107] 동안 자신의 조국 독일이 "다양한 두목이 이끄는 도적떼에 의해 황폐화되고 지치고 피 흘리고 쇠약해지고 시름에 젖었다"라고 그의 책 『30년 전쟁 Thirty Years' War』에 썼다. 이것은 게릴라 방식의 총력전이자 만인에 대한 만인의 투쟁이고 로마 몰락 1000년 이후 발생한 민족국가와 정규군의 몰락이 가져온 자연스러운 결과였다.

최소한 서양에서만이라도 모든 것이 바뀌려 하고 있었다. 30년 전쟁을 종결한 베스트팔렌 조약Peace of Westfalen이 체결된 1648년 이후 강력하고 정교한 국가들이 출현하고 그 국가들의 권력에 도전하기 위해 더 강력하고 정교한 반란군이 출현했다. 국가의 방어능력이 강화되면 게릴라의 공격 능력도 함께 강화되는 현상은 전쟁의 역사에서 변하지 않는 역학관계 중 하나다.

---

107 30년 전쟁: 1618~1648년 유럽에서 로마 가톨릭교회를 지지하는 국가들과 프로테스탄트교회를 지지하는 국가들 사이에서 벌어진 종교전쟁이다. 유럽뿐만 아니라 인류의 전쟁사에서 가장 잔혹하고 사망자가 많은 전쟁 중 하나였으며, 사망자수는 800만 명에 달했다.

12

역사책 속의 대반란전

♦

대반란군의 이점

고대와 중세시대에서 찾아볼 수 있는 게릴라의 역설이 하나 더 있다. 바로 가장 원시적인 게릴라가 가장 성공한다는 것이다. 유다 마카베오와 로버트 브루스처럼 상당히 정교할 정도로 작전을 수행해 반란을 성공으로 이끈 몇몇 주목할 만한 반란군도 있었다. 그들은 정치적 기반 구축 및 적의 정치제도를 대체할 정치제도 설립의 필요성에 민감했다. 하지만 대다수의 고대 반란군은 적대적인 주민의 마음을 사로잡는 능력이 부족했을 뿐만 아니라, 대부분이 전제주의 정치체제였던 그 시기에 황제, 왕, 부족장의 결정을 거스를 사람은 거의 없었기 때문에 이런 성공 사례는 흔하지 않았다. 대부분의 반란군들은 비리아투스, 퀸투스 세르토리우스, 스파르타쿠스, 베르킨게토릭스Vercingetorix[108], 부디카Boudicca[109], 그리고 로마의 권력과 맞서 싸우다 죽은 다른 사람들과 같은 운명을 겪었다. 외부 지원을 요청할 능력도 없고, 반란군의 상황을 알릴 수 있는 대중매체라는 것 자체가 당시에는 존재하지 않았기 때문에 고대 반란군은 일반적으로 이교도 국가[110]의 무자비한 힘에 정면으로 맞서야 했다.

고대 세계에서 가장 성공한 게릴라는 로마 제국을 쓰러뜨리고 중국 제국과 기타 유라시아 국가들의 드넓은 지역을 점령한 유목민들이었다. 그들은 국가 내에서 수행하기 어려운 것으로 악명 높은 혁명을 일으키려하기보다는 국가 전체가 무너질 때까지 국가의 외곽 방어선을 조금씩 무너뜨렸고, 실제로 성공한 경우도 있었다. 유목민들의 성공은 대단한 것이었지만 거의 전적으로 부정되었다. 정착사회에 동화된 아랍민족, 튀르크족, 무굴족Moguls, 만주족을 제외하고 유목민들은 지속적인 정치제도를 수립하지 못했다. 유목민 제국은 일반적으로 한 세대 또는 두 세대 안에 무너졌다. 그러나 유목민들이 주변에 존재하는 한, 치고 빠지기 전술로 기존 국가들에게 막대한 피해를 입힐 수 있는 능력 면에서 그들과 어깨를 견줄 자는 거의 없었다. 알렉산드로스, 카이사르, 한니발, 스키피오Scipio와 같은 고대 유명한 장군들 모두 유목민 문제로 골치를 썩었다. 알렉산드로스 대왕이 기원전 329~기원전 327년에 실시했던 중앙아시아 원정에서 경험했듯이 고대 유명했던 많은 장군들은 재빠른 유목민들이 대규모 정규군보다 섬멸하기 어렵다는 사실을 체험했다.

유목민의 위협은 전 세계 강대국들에게 아주 중요한 실존적인 문제였고, 17세기에는 역사적 탐구대상이 되었다. 화약 제국들gunpowder empires[111](영국, 프랑스, 러시아, 프로이센, 튀르크, 인도, 중국)은 막대한 자원을 동원할 수 있는 강력한 행정력으로 새로운 세계 질서를 만들어갔다. 활과

---

108 베르킨게토릭스: 기원전 1세기 갈리아 아르베르니족의 부족장으로, 그의 부친은 독재를 시도했다는 죄명으로 골인들에 의해 사형을 당했다. 기원전 52년 로마 공화정의 율리우스 카이사르에 맞서 갈리아인의 총궐기를 주도했으나 알레시아 공방전에서 패배하고 스스로 로마의 포로가 되어 처형당했다.

109 부디카: 고대 브리튼인들의 전설적인 여왕으로 60년경 네로 황제가 로마 제국을 통치하고 있을 무렵, 영국의 동남부(지금의 노포크)에 거주하고 있던 이케니족을 이끌고 반란을 일으켰다.

110 여기에서 '이교도 국가'는 반란군의 나라를 침략한 강대국을 의미한다.

111 화약 제국들: 화약 무기를 내세워 주변 국가들을 정복한 제국들을 말한다.

화살을 잘 다루는 유목민은 소총으로 무장하고 엄청난 군수지원을 받는 대규모 부대의 적수가 되지 못했다. 또 다른 문제는 식량 자원의 부족으로 인해 유목민 사회의 규모가 작았다는 것 이다. (가축도 초지의 풀이 없어지면 다른 곳으로 몰고 이동시킬 수 있을 정도만 있었다.) 결국, 유목민들은 더 부유하고 자원이 많은 산업 사회에게 압도당할 수밖에 없었다.

하이두크Haiduks[112], 파슈툰족Pashtuns[113], 수족Sioux[114]과 같이 이질적인 집단이 구사한 원시적인 게릴라전은 20세기까지 서방 세계의 변방에서 번성했다. 이러한 형태의 게릴라전은 오늘날에도 변형된 형태이기는 하지만 소말리아와 파키스탄 국경 일대처럼 통제되지 않는 곳에서 볼 수 있다. 이 책 3부에서 우리는 미국 중서부 평원에서부터 캅카스 지역의 험준한 바위산에 이르는 곳에서 원시적 단계의 게릴라들이 서양 군대에게 패배한 분쟁들에 대해 살펴볼 것이다. 하지만 18·19세기에 이르러 서양의 정치적 이념과 전술에 완전히 적응하여 진화된 게릴라가 점차 등장하기 시작했다. 이들은 현대 정규군을 강력하게 만든 무기체계와 전투기술을 동일하게 사용했기 때문에 물리치기 쉽지 않았다.

고대나 중세시대와 달리, 현대에 들어와 생긴 게릴라들의 가장 큰 장점 중 하나는 과거 시대의 게릴라들로부터 배우는 능력을 갖추었다는 점이다. 20세기 전에는 문맹률이 높고, 책이 귀했으며, 장거리 여행이 어려웠다. 대부분의 사람들은 고립된 삶을 살았다. 이런 환경에서 반란군들은 서로에게서 배우기 힘들었고, 21세기 지하디스트들이 인터넷을 통해 배우는 것과 달리 협력하기도 어려웠다. 로마에 반기를 들고 일어난 유대인 반란 지도자 시몬 바르 기오라Simon bar Giora는 유대 초창기 게릴라 지도자였던 유다 마카베오, 다윗David 왕의 경험을 잘 알고 있었다. 그러나 그가

---

112 하이두크: 오스만 튀르크의 지배에 반항한 발칸 반도 슬라브인 거주 지역의 의적.

113 파슈툰족: 아프가니스탄 전역에서 파키스탄 북서부에 걸친 지역에 사는 아리안계 민족.

114 수족: 북아메리카의 평원 인디언으로서, 수어족(語族)에 속하는 언어를 사용하는 인디언들의 부족연합이다.

히스파니아에서 로마에 대항한 비리아투스에 대해 얼마나 많이 알고 있었는지는 알 수 없다. 글을 몰랐던 비리아투스가 알렉산드로스 대왕과 중앙아시아에서 싸운 스피타메네스Spitamenes[115]나 한 제국과 싸운 흉노의 묵돌 선우에 대해서는 더더욱 알지 못했을 것이다. 책과 인쇄물이 보급되고 나서 문자 해독율이 높아지자 반란군들은 앞선 게릴라들의 경험을 글을 통해 배울 수 있게 되었고, 강대국이 무릎을 꿇게 만들 수 있는 기발한 기술을 개발해낼 수 있게 되었다.

대반란군들은 훨씬 더 일찍 과거의 반란군들로부터 배울 수 있었다. 기원전 600년 비잔틴 제국의 플라비우스 마우리키우스 티베리우스Flavius Mauricius Tiberius 황제가 『스트라테기콘Strategikon』[116]을 쓴 이후로 대반란전 교본들은 흔해졌다. 『스트라테기콘』은 슬라브족Slavs, 아바르족Avars, 그리고 기타 "무장 병력이 아니라 기만, 기습공격, 보급 차단을 통해 승리하려는 훈련이 안 된 무질서한 자들"을 공격할 때 적용할 수 있는 조언을 담고 있었다. 마우리키우스는 탐색격멸search and destroy 작전을 하는 실수를 범하지 말라는 조언을 남겼는데, 그로부터 수백 년의 세월이 흐른 뒤 유고슬라비아에서 독일군이, 베트남에서 미군이, 아프가니스탄에서 소련군이 그와 같은 실수를 저지르게 된다. 마우리키우스는 "반란군을 격퇴하려면 특히 초기 단계에서 정규전으로 상대하려고 해서는 안 되고 매복, 기습공격, 계략을 써야 한다"라고 썼다. 아에네아스 탁티쿠스Aeneas Tacticus가 기원전 4세기경 저술한 초창기 그리스 로마 군사서적인 『포위공격에 대처하는 법How to Survive under Siege』에는 반란과 내란행위(내부의 적)에 대처하는 방법이 기술되어 있다. 야만족과의 전투는 헤로도토스의 『역사』, 카이사르

---

115 스피타메네스: 기원전 4세기 페르시아 제국 아케메네스 왕조 시대의 소그디아나, 박트리아의 호족이다. 다리우스 3세의 사후 베소스와 함께 알렉산드로스 대왕에게 적대했지만, 베소스를 배신하고 그를 알렉산드로스 대왕에게 인도하고 항복했다. 그 후 다시 알렉산드로스 대왕에게 반기를 들었지만 결국 암살되었다.

116 『스트라테기콘』: 플라비우스 마우리키우스 티베리우스 황제가 쓴 비잔틴 제국의 대표적인 군사교본으로, 스트라테기콘은 전략론이라는 뜻이다.

의 『갈리아 전기Gallic War』, 그리고 수많은 군사학 고전에 등장하고 있다.

하지만 반란군의 시각에서 기록된 저작물은 존재하지 않는다. 그 이유는 고대, 중세시대 게릴라들은 글을 몰랐기 때문이다. 반란 매뉴얼은 19세기까지는 보편화되지 않았다. 19세기 이후부터 출판물로 인해 게릴라들이 민중의 지지를 얻기가 쉬워졌고, 이로 인해 현대 게릴라전의 가장 중요한 특징인 선전과 심리전의 중요성이 주목받게 되었다. 현대에 들어서서 인쇄물은 반란군의 무기고에서 총과 폭탄만큼 중요한 무기가 되었다. 또한, 통신의 발달은 반란의 동기를 널리 알릴 수 있게 해주었다. 과거에는 근본적으로 부족과 관련된 이유나 종교적 이유로 게릴라 전술을 택했다면, 그 이후로는 이러한 이유 외에도 국가주의, 자유주의, 사회주의와 같은 이념 때문에 수많은 사람들이 반란군 대열에 뛰어들었다. 계몽주의는 서구의 역사뿐만 아니라 게릴라전의 역사에도 새로운 시대를 열었다. 이 주제는 제2부에서 살펴보겠다.

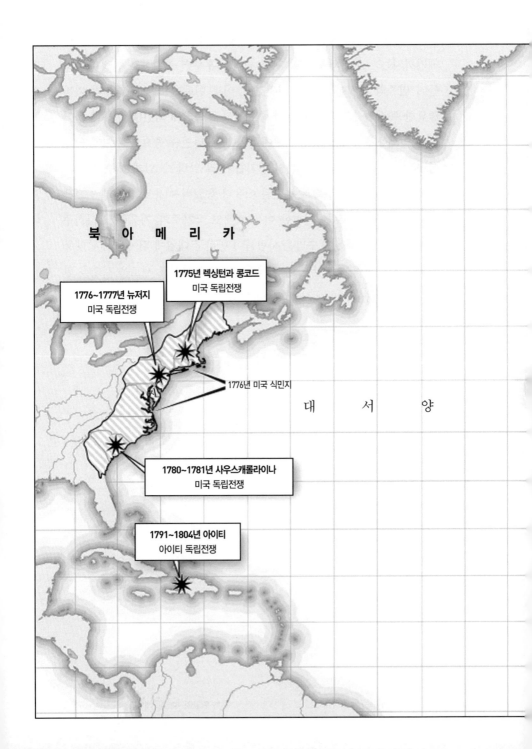

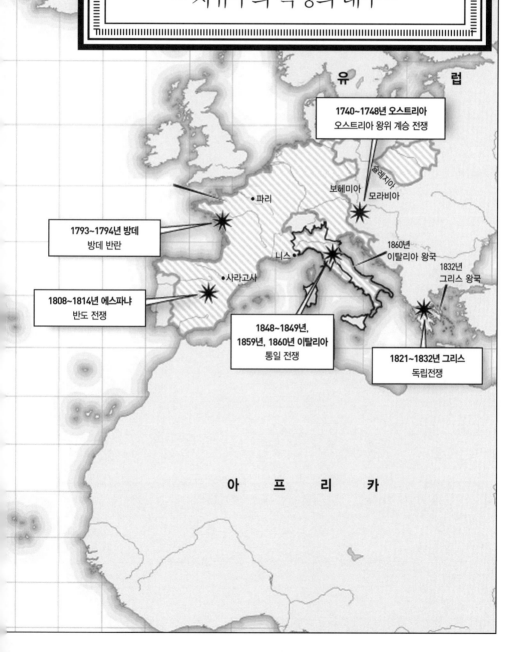

제2부
자유가 아니면 죽음을
- 자유주의 혁명의 대두 -

유　　　　럽

1740~1748년 오스트리아
오스트리아 왕위 계승 전쟁

슐레지엔

보헤미아　모라비아

• 파리

1793~1794년 방데
방데 반란

니스 •

1860년
이탈리아 왕국

1832년
그리스 왕국

• 사라고사

1808~1814년 에스파냐
반도 전쟁

1848~1849년,
1859년, 1860년 이탈리아
통일 전쟁

1821~1832년 그리스
독립전쟁

아　프　리　카

13

'이성의 시대'의 비정규군

◆

**1648~1775년,
후사르, 판두르, 그리고 유격대**

1775년 영국의 북미 식민지에서 일어난 혁명보다 더 강력하게 게릴라전의 이념, 선전, 그리고 비교적 새로운 요소들의 중요성을 보여준 것은 없었다. 미국 독립전쟁은 자유민주주의의 신호탄이었다. 1700년대 후반부터 1800년대 후반까지 한 세기 동안 유럽과 이주 식민지에서 들불처럼 번져나간 일련의 자유민주주의 대격변에는 상당히 많은 게릴라전이 포함되었다. 13장에서는 미국 역사 교과서에 소상히 소개된 미국 반군들의 소규모 전투뿐만 아니라 우리에게 생소한 프랑스군에 대항한 스페인 사람들과 아이티 사람들의 전투, 오스만 튀르크군과 그리스군의 전투, 그리고 합스부르크 Habsburgs 왕가와 부르봉 Bourbons 왕가에 대항한 이탈리아군의 전투도 다룰 것이다. 그런데 이 전투들을 다루기 전에 1648년 체결된 베스트팔렌 조약 Peace of Westfalen 이 유럽 전쟁의 판도를 어떻게 바꾸었는지를 이해해야 할 필요가 있다.

중세시대 동안 모호했던 정규전과 비정규전의 차이는 30년 전쟁 이후 상비군, 국민군의 확산으로 인해 뚜렷해졌다. 이러한 차이는 민족국가의 성장과 그 궤적을 같이하면서 변화하다가 17세기 후반에 이르러 정점에 다다랐다. 이때부터 병사들을 수용할 병영, 이들을 훈련시킬 교관, 이들을 지휘할 전문 직업군인, 이들에게 필요한 물품을 제공할 군수체계, 이들을 입히고 장비를 갖추게 할 공장, 그리고 전투에서 부상을 입었을 때 이들을 돌봐줄 병원과 참전용사 수용시설이 등장했다. 1700년경 프랑스만 하더라도 약 40만 명의 상비군을 보유하고 있었다.

서양에서는 18세기에 그 이전이나 이후에는 볼 수 없었던 독특한 전투방식이 절정에 달했다. 봉건국가의 군대는 거의 비슷한 방식으로 싸우고 거의 비슷한 행동규칙을 준수했다. (전투에 대한 이런 제한사항들은 정규군이 자신들의 전투방식과는 사뭇 다른 자유로운 방식으로 싸우는 비정규군과의 전투가 등장하는 이념분쟁의 시대에 이르러서야 사라졌다.) 고대 그리스에서와 마찬가지로 요새 포위부터 국토를 종단하는 행군에 이르기까지 전쟁의 모든 면을 규정하는 복잡한 절차가 정해져 있었기 때문에 전장은 과학의 영역, 좀 더 정확히 말하면 당대 철학자들 사이에서 유행하던 풍조인 사이비 과학의 영역에 포함되었다. 궁극적인 목적은 밝은색 군복을 입은 부대 대열을 어떤 은폐 시도도 없이 일정하게 느린 속도로 전장에 투입하는 것이었다. 병사들은 총알이 스치고 지나가도 꿈쩍하지 않도록 교육받았다. 몸을 움직여 총알을 피하는 것은 규율에 벗어난 행동으로 여겨졌다.

표준화된 제복의 도입은 당시 가장 상징적인 중요한 변화였다. 영국군은 진홍색, 프랑스군은 백색, 프로이센군은 짙은 푸른색, 오스트리아는 푸르스름한 회백색의 군복을 입었다. 제복의 등장으로 민간인과 전투원을 한눈에 구별할 수 있었다. 따라서 제복 없이 전투에 나서는 전투원은 구별하기가 더 쉬웠다. 머지않아 그들은 게릴라로 알려질 것이다. 그렇다고 이러한 정의가 꼭 들어맞는 것은 아니었다. 일부 게릴라들은 군복을 입기도 했고, 일부 정규군 부대는 게릴라 전술로 싸우기도 했기 때문이다. 군복이 닳아 해져도 "옷이 그 사람의 신분을 결정한다"라는 원칙은 대체로 적용되는 편이었다. 그 반대도 마찬가지였다. 제복을 입지 않으면 무기를 들고 있는 사람은 산적, 스파이, 게릴라로 치부되었고, 17세기부터 명문화되기 시작해서 유럽 전쟁에서 이따금씩 준수되곤 했던 전쟁법상 전투원으로 인정받지 못했다.

　게릴라전guerrilla war이라는 스페인 용어가 아직 정립되지 않았기 때문에 '작은 전쟁'을 의미하는 프랑스어 '프티 게르petite guerre' 또는 독일어 '클라이네 크리크kleine Krieg'로 불렸다. 이런 방식으로 전투하는 사람들은 파르티잔으로 불렸다. 한 세기 동안 잠시 중요도가 낮아졌지만 게릴라 부대의 중요성은 오스트리아 왕위 계승 전쟁(1740~1748년)[117] 동안 다시 부각되었다. 오스트리아 왕위 계승 전쟁은 오스트리아, 영국, 하노버Hanover, 헤센Hessen, 바이에른Bavaria과 대적한 네덜란드, 프랑스, 프로이센, 작센Saxony, 스페인이 얽힌 복잡한 전쟁이었다.

　오스트리아는 초기 전투에서 패배하는 바람에 외국군에게 상당 부분의 영토를 빼앗겼다. 오스트리아는 제국 변방에서 온 이른바 '야만인들'―헝가리와 크로아티아에서 온 후사르hussar[118], 판두르pandour[119], 그리고 수세기 동안 튀르크와 싸워온 발칸 반도 국가에서 온 기독교도들―이 선봉에 나서면서 재기할 수 있었다. 이 비정규군들은 오스트리아 영토인 슐레지엔Schlesien[120], 보헤미아Bohemia[121], 모라비아Moravia[122]에 주둔하고 있던 소

117　오스트리아 왕위 계승 전쟁: 여자의 왕위 계승을 금지하는 '살리카법(Salic Law)'에 따라 오스트리아의 마리아 테레지아(Maria Theresia)가 합스부르크 왕가를 계승하는 것은 부당하다는 구실을 내세우며 거의 모든 유럽의 강대국들이 개입함으로써 전쟁이 시작되었다.

118　후사르: 15세기부터 20세기까지 존재했던 기병 병과 중 하나이자 대표적인 경기병. 헝가리에서 유래되어 유럽 전역으로 퍼져나갔다.

119　판두르: 18세기 크로아티아에서 징집된 보병.

120　슐레지엔: 유럽 중북부 오데르(Oder)강 상·중류를 차지한 지역. 폴란드 남서부 지역으로 체코, 슬로바키아, 독일에 걸쳐 있음.

121　보헤미아: 체코의 서부 지역.

122　모라비아: 체코의 동부 지역.

오스트리아 왕위 계승 전쟁 당시 크로아티아에서 온 비정규군 판두르는 오스트라아군 선봉에 서서 적을 무자비하게 살육했다. 어느 19세기 작가는 "바이에른이 야만적인 판두르 떼와 터키 국경 일대 약탈자들 때문에 완전히 파괴되었다"라고 한탄하기도 했다. 〈출처: WIKIMEDIA COMMONS | Public Domain〉

규모 프랑스군이나 프로이센군을 무자비하게 공격해서 닥치는 대로 살육하고 때로는 머리를 자르기도 했다. 오스트리아군이 공세에 나서기만 하면 이들이 선봉에 서서 마을을 불태우고 농민을 살육했다. 어느 오스트리아 대공은 이들의 전투방식을 다음과 같이 묘사했다. "집에 불을 지르고, 교회를 약탈하며, 사람의 눈과 귀를 뽑아내고, 민간인을 살해하며, 여성을 겁탈한다." 어느 19세기 작가는 "바이에른이 야만적인 판두르 떼와 터키 국경 일대 약탈자들 때문에 완전히 파괴되었다"라고 한탄하기도 했다.

프리드리히 대왕Friedrich II과 다른 장군들은 이 습격대를 "야만인"으로 여기며 경멸했다. 하지만 이 비정규군의 활약상을 본 프리드리히 대왕을 포함한 다른 유럽의 왕들은 오스트리아의 비정규군을 모방했다. 프로이센 후사르나 러시아 코사크Cossack처럼 새로 모집한 비정규군은 유럽 변방의 무법지대 출신이었다. 헤센Hessian의 얘거jäger[123]나 프랑스의 샤쇠르chasseur[124]는 사격술이 뛰어난 사냥꾼이나 사냥터 관리인들로 구성되었다. 이들의 소총은 정규군이 사용하는 활강식 화승총보다 장전 시간이 길었지만, 정확도는 높았다. 점차 정규군은 행군을 방호하는 차장screening, 정찰, 또는 적 보급선 교란 등의 임무를 수행하는 경보병 임무를 부여받게 되었다. 1770년대까지 유럽 각국 군대에서 경보병이 차지하는 비중은 20% 정도였다.

북미에서 영국군은 유격대rangers로 알려진 새로운 종류의 경보병에 점점 더 의존하게 되었다. 유격대는 현대 특수전부대의 효시로서 게릴라 전술을 훈련받고 일반적인 보병보다 더 많은 자유재량권을 가졌으나, 무국적 전투원들stateless fighters보다는 규율이 엄격했다. 이들은 프랑스 식민지인 부대colonial troops[125]와 해병대Troupes de la Marine, 그리고 프랑스의 인디언 동맹군에 대항하여 "삼림 전투wood service"를 수행할 수 있도록 훈련되었다. 유격대 중 가장 유명한 부대는 로버트 로저스Robert Rogers 소령이 지휘하는 로저스 유격대Rogers Rangers였다. 로저스는 뉴햄프셔New Hampshire 출신의 다부진 스코틀랜드-아일랜드계 개척자로 과묵하고 굳센 사나이였다. 그의 뺨에는 전투에서 생긴 흉터가 곳곳에 나 있었다. 그는 당시 영국 식민지 변경의 작은 촌락에서 태어나 14세 때부터 아메리카 원주민인 인디언들과 싸워왔고, 때로는 협력하기도 했다.

1775년 24세가 되던 해에 식민지 육군 연대에 입대하자마자, 그는 부대의 정찰 및 이와 유사한 임무를 도맡았다. 로저스는 항상 성공적으로

---

123 얘거: 사냥꾼을 뜻하는 독일어. 근대 독일은 사냥꾼들을 데려다가 다양한 용도의 경보병으로 사용했다.

124 샤쇠르: 샤뢰르는 프랑스어로 사냥꾼을 뜻한다. 나폴레옹 전쟁 전후로 활약한 프랑스 엽병 부대로, 주로 도보 샤쇠르(경보병)와 승마 샤쇠르(경기병)로 나뉜다. 보병 샤쇠르는 전열 보병 앞에서 전초전과 척후, 정찰 임무를 주로 수행했고, 기병 샤쇠르는 후퇴하는 적을 추격, 섬멸하는 임무를 맡았다.

125 식민지인 부대: 식민지 사람들을 모아서 만든 군부대.

로버트 로저스는 로저스 유격대(Rogers Rangers)로 알려진 군대를 창설하고 이끌어 프랑스-인디언 전쟁(1754~1763년)에서 명성을 떨쳤다. 로저스 유격대는 게릴라 전술을 훈련받고 일반 보병보다 더 많은 자유재량권을 가졌으나 무국적 전투원들보다는 규율이 엄격했다. 로저스가 수행한 임무는 중세시대 슈보시와 흡사했다. 1759년 세인트 프랜시스 마을에서 로저스 유격대는 뉴잉글랜드 습격으로 악명 높은 아베나키 인디언을 여성과 아이를 가리지 않고 살육했다. 이런 포악한 행동으로 인해 로저스는 인디언들로부터 '백인 악마'라는 별명으로 불렸다. 〈출처: WIKIMEDIA COMMONS | Public Domain〉

임무를 수행했기 때문에 1년도 안 되어 그의 부대는 삼림 전투에 정통한 '독립 유격중대'로 승격했다. 한 영국군 장교는 이들을 가리켜 '인디언들처럼 입고 인디언들처럼 사는 사람들'이라고 불렀다.

로저스가 수행한 임무는 중세시대 슈보시와 흡사했다. 로저스는 다음과 같이 기록했다. "우리는 방어가 허술한 프랑스 마을을 우연히 발견하면 행동을 개시했다. 많은 양의 밀, 곡식을 불태우려고 집과 창고에 불을 질렀고, 소 50여 마리를 도살했으며, 마을 전체를 불태운 다음 퇴각했다." 로저스는 길을 막는 프랑스인의 가죽을 벗겼고, 부상으로 걸을 수 없는 포로를 죽이거나 인디언 마을 사람 전원을 학살했다. 1759년 세인트 프랜시스^{Saint Francis} 마을에서 로저스 유격대는 뉴잉글랜드 습격으로 악명 높은 아베나키^{Abenaki} 인디언을 여성과 아이를 가리지 않고 살육했다. 희생자는 최소 30명이었다. 이런 포악한 행동으로 인해 로저스는 인디언들로부터 '백인 악마'라는 별명으로 불렸다. 독립전쟁 당시 영국의 편에 섰기 때문에 나중에 동향 사람으로부터 비난을 듣기도 했다. 이후 얼마 지나지 않아 그는 미국인 영웅의 전당에 봉안되었다.

그가 남긴 가장 영구적인 유산은 부대원들을 훈련시키기 위해 만든 28개조의 유격대원 행동강령이다. 그중 일부는 다음과 같다.

만약 적 병력이 우세하여 포위될 위기에 처한다면 부대 전체를 산개시켜서 전원이 각자 다른 길로 빠져나가 그날 밤 특정 장소에 집결하라.

유격대원은 저녁이 오기 전까지는 절대 적을 공격해서는 안 된다. 저녁이 되면 적이 아군의 숫자를 파악할 수 없기 때문이다. 설사 공격이 실패한다 하더라도 야음을 틈타면 쉽게 퇴각할 수 있다.

적이 추격해오면 원을 그리며 돌다가 신속한 기동으로 적의 후미에 다다르면 적당한 곳에서 매복해 있다가 적에게 먼저 발포하라.

이 행동강령은 오랜 시간이 흘렀음에도 여전히 유효하다. 오늘날 미 육군 레인저^{US Army Rangers}는 이 행동강령의 일부를 변경하여 적용하고 있다.

하지만 로저스의 전기 작가 중 한 사람이 기록했듯이 이 행동강령의 '요체'는 적을 속이는 것이고, 이것은 숙달된 유격대원만이 수행할 수 있는 것이었다.

로저스가 수기에 기록한 유격대원 행동강령 외에도 경보병 전술이 모리스 드 삭스^{Maurice de Saxe}[126]의 『공상록^{Mes Rêveries}』과 같은 일반적인 군사교

---

126 모리스 드 삭스: 18세기 신성 로마 제국 출신의 프랑스 육군 원수.

범과 다양한 군사 전문 논문에도 등장했다. 프랑스 장교가 쓴 『게릴라전La petite guerre』(1756)이 대표적인데, 여기에는 "따라서 경보병 부대가 있는 부대와 싸울 때는 경보병 부대가 반드시 필요하다. … 경보병 부대를 많이 가지고 있는 부대는 그렇지 않은 부대보다 확실히 여러 가지 점에서 유리하다." 헤센 출신의 요한 폰 에발트Johann von Ewald가 1785년 출간한 『파르티잔 전투에 대한 논문Treatise on Partisan Warfare』에서 "나는 전혀 새로운 개념에 대해서 소개하는 것이 아니다"라고 밝혔다.

미국 역사상 가장 소중한 신화 중 하나는 소총을 든 용기 있는 '양키Yankee'가 유럽에서 분열分列하듯 전투를 벌이는 데 익숙했던 영국군을 섬멸함으로써 대영제국으로부터 독립한 것이다. 독립전쟁이 일어났을 당시 영국군은 오스트리아 판두르, 스코틀랜드 하이랜더Highlander 등 유럽뿐만 아니라 카리브 해에서 자메이카 마룬Maroon, 북아메리카 인디언과 유격대 등 비정규전 경험이 풍부했다. 영국군은 한 역사가가 말한 것처럼 "뻣뻣하게 서서 적탄에 노출된 채로" 있지 않고 가능하면 전열을 분리하여 은폐할 줄도 알았다.

그러나 미군이 베트남 전쟁 이후 얻은 대반란전 교훈을 잊어버리고 이라크 전쟁 초기에 쩔쩔맸던 것처럼 미국 독립전쟁이 일어났을 때 당시 영국군은 이전에 얻은 전훈들을 전투에 적용하지 못했다. 영국군은 비정규전에 대처하는 법을 잊어버린 대가를 크게 치렀다. 앞으로 다가올 미래의 전쟁에서 영국군은 전형적인 유목민의 치고 빠지기 전술뿐만 아니라 게릴라전의 새로운 요소인 여론의 힘에 맞서 싸워야 했기 때문이다. 여론의 힘이라는 신무기는 북미 원주민의 도끼인 토마호크Tomahawk가 등 뒤에서 날아오는 것보다 더 치명적이고 대처하기 어려운 것이었다.

14

미국 독립전쟁의 승패를 좌우한 민병대와 민심

◆

1775~1783년,
차세대 게릴라들이 학습하고 적용해야 할 교훈을 남긴 미국 독립전쟁

수세대에 걸쳐 수많은 치안군security forces은 반란 주모자로 추정되는 인물을 체포하고 무기를 압수하여 반란을 막거나 중단하려고 노력해왔다. 외국 점령군을 몰아내기 위한 독립운동이 끊임없이 벌어졌던 18·19세기 이탈리아, 아일랜드, 폴란드에서 점령군은 이런 방식으로 수많은 반란을 예방할 수 있었다. 1967년부터 1987년까지 요르단Jordan강 서안 지역과 가자 지구Gaza Strip에서 이스라엘 치안군은 이와 같은 방법을 사용하여 팔레스타인 민족주의자들에 대한 선제공격으로 많은 성공을 거두었다. 학계 권위자들은 "적이 크기 전에 떡잎부터 잘라내야 대응하기 쉽다"라고 평가했다.

이 말은 북미 영국군 최고사령관 토머스 게이지Thomas Gage가 1775년 3월 28일 독립전쟁 초기에 한 말이다. 급진파들이 차茶에 매긴 세금에 반발해 영국 차를 보스턴만에 던져버린 1773년 보스턴 차 사건Boston Tea Party과 같은 소요사태는 그것을 확실하게 보여준 사례다. 1774년 9월 1일,

보스턴 차 사건은 영국의 과도한 세금 징수에 반발한 북아메리카 식민지 주민들이 영국으로부터의 차 수입을 저지하기 위해 일으킨 사건으로, 미국 독립전쟁의 결정적인 도화선이 되었다. 〈출처: WIKIME-DIA COMMONS | Public Domain〉

게이지는 질서 유지라는 명목으로 선제적 군사작전을 실시했다. 그는 보스턴 10km 외곽에 주둔하고 있던 260명으로 구성된 부대를 파견해 화약 250배럴을 압수하고 총 한 발 쏘지 않고 기지로 귀환했다. 그렇지만 성공의 정도와 상관없이 이런 작전에서는 항상 상당한 위험 요소가 상존한다. 1993년 모가디슈Mogadishu에서 벌어진 '블랙 호크 다운Black Hawk Down' 전투에서 미 특수전부대가 맞닥뜨린 것처럼 작전이 완전히 잘못될 수도 있었다. 영국군은 1775년 4월 19일 보스턴 외곽에서 더 비싼 대가를 치르며 블랙 호크 다운 전투와 비슷한 경험을 하게 되었다. 그 과정에서 영국군은 그들이 가장 피하려고 했던 본격적인 독립전쟁을 촉발시키고 만다.

　게이지는 그날 자신의 첩자로부터 보스턴 북쪽 34km 지점에 위치한 콩코드Concord에 상당량의 탄약이 저장되어 있다는 정보를 입수하고 이를 압수할 계획을 세웠다. 또한, 렉싱턴Lexington 일대에 은신하고 있는 존 핸콕John Hancock, 새뮤얼 애덤스Samuel Adams와 같은 악질 선동자들을 체포하려고 했다. 800명이 넘는 경보병과 척탄병으로 구성된 최정예부대가 투입되었다. 그런데 부대가 출동하기도 전에 게이지의 미국 태생의 부인을 포함한 미국 정보원들을 통해 작전계획이 미국 독립운동가들의 귀에 흘러들어갔다. 전령 윌리엄 도스William Dawes와 폴 리비어Paul Revere는 4월 18일 화요일 달이 밝은 쌀쌀한 봄날 저녁, 저녁 공기를 뚫고 영국군이 공격해온다는 사실을 알리기 위해 달려갔다. 이들은 "영국군이 온다"라고 소리치면서 달려갔다고 하는데, 사실일 가능성은 낮다. 역사가 데이비드 해켓피셔David Hackett Fischer는 이들 역시 자신을 영국인이라고 생각했을 것이기 때문에 이들이 실제로 한 말은 "정규군이 쳐들어온다"였을 것이라고 주장한다.

새벽녘 어둠을 뚫고 공격하던 영국 정규군은 불길한 전조와도 같이 들려오는 교회의 종소리, 북소리, 총소리를 들었다. 영국군 선발대가 4월 19일 04:30경 렉싱턴 커먼Lexington Common에 도착했을 때 민병대 1개 중대가 이들을 기다리고 있었다. 붉은 코트와 흰 바지를 입은 240명의 영국군과 작업복을 입은 농부 60~70명이 동틀 녘에 손에 총을 들고 약 60m 거리에서 대치했다.

영국군 장교가 "저주받을 반란군 놈들아, 해산하라. 무기를 버리고 해산하라!"라고 외쳤다.

민병대장 존 파커John Parker는 도덕적 우위를 유지해야 할 필요성을 분명히 인식하고 있었기 때문에 영국군이 먼저 발포하기를 기다렸다. 그는 "상대가 쏘기 전까지는 절대로 사격하지 마라. 만약 이들이 전쟁을 원한다면 여기에서 시작하자"라는 명령을 하달했다. 그리고 민병대는 해산하기 시작했는데 어디선가 들린 오발임에 틀림없는 총소리에 놀란 영국군은 소총탄 세례를 퍼부었다. 렉싱턴 주민 17명이 쓰러졌다. 그중 8명은 죽거나 중상을 입었다.

영국군 본대가 오전 8시쯤 콩코드에 도착했을 때 민병대원 수백 명이 몰려들고 있었다. 곧 이 무리는 긴급공지가 나면 언제든 소집될 준비가 되어 있던 그 유명한 '긴급소집병Minutemen'을 포함해 수천 명으로 불어났다. 영국군은 이 '촌놈들'의 전투력을 대수롭지 않게 생각했다. 국왕 직속 4연대 소속 대위는 이들을 이 세상에서 제일 가는 겁쟁이들이라며 비웃었다. 하지만 영국군은 얼마 지나지 않아 깔봤던 적을 다시 보게 되었다. 직업군인은 아니었지만, 매사추세츠주 민병대는 인디언과 맞서 싸운 백전노장들이었고, 이날 인디언과의 전쟁에서 갈고닦은 실력을 보여줄 참이었다. 이 과정에서 민병대원들은 18세기에 영국이 그랬던 것처럼 언젠가 지구 곳곳에서 치안을 담당하게 될 그들의 후손인 미국인을 포함한 미래 세대의 군인들에게 자만심의 위험성을 일깨우는 교훈을 남겼다.

얼마 지나지 않아 민병대가 소나기같이 사격을 퍼부어 콩코드 노스 브리지North bridge 일대에서 100명이 넘는 정규군은 엄청난 무질서와 혼란에 빠졌다. 경보병과 척탄병은 사상자가 다수 발생했던 긴 아침을 보내고 정오부터 길고 좁은 길을 따라 보스턴으로 복귀했다. 민병대는 정규군의 유효 사거리에 가까이 접근하지 않고 '흩어져서 변칙적인 방법으로' 언덕, 가옥, 돌담, 과수원에 숨어 기동을 은폐하면서 영국군의 측면을 노렸다. 나중에 어느 영국군 병사는 "10명 이상 모여 있는 반란군을 보지 못했다"라고 말했다. '양키 악당들'은 아랫배를 미끄러져 내려가는 치명적인 독사처럼 밝은 진홍색 제복을 입고 목에 반짝이는 금속 목가리개를 착용해서 병사들과 뚜렷하게 구분되는 장교들을 저격했다. 어느 부상병은 "민병대는 우리 같은 정규군처럼 싸우지 않고 야만인들처럼 나무 뒤, 돌담 뒤, 숲이나 들판에서 불쑥 튀어나와 우리를 공격했다"라고 기록했고, 또 다른 부상병은 "민병대는 우리와 제대로 교전하지 않았다"고 불평했다.

보이지 않는 적으로부터 괴롭힘을 당해 분노한 영국군 병사들은 사격받은 집에 난입해서 닥치는 대로 불을 지르고 집 안에 있던 사람들을 모조리 죽였다. 그러나 이것은 고통을 끝내는 데 어떤 도움도 되지 않았다. 휴 퍼시Hugh Percy 경의 말에 따르면, 오후 2시쯤 렉싱턴에 그의 여단이 증원하러 오지 않았다면 최초 영국군 부대는 전멸을 면치 못했을 것이다.

부유한 농부 출신의 민병대 지휘관 윌리엄 히스는 유럽과 미주 지역에서 수행된 비정규전 관련 영어 논문을 구하는 대로 모조리 읽은 뒤 뉴잉글랜드 지형에 가장 알맞은 작전 형태는 비정규전이라고 확신하고 민병대원들을 훈련시켰다. 렉싱턴-콩코드 전투는 게릴라 전술로 싸우면 직업군인도 쓰러뜨릴 수 있다는 사실을 입증한 교과서적인 사례였다. 〈출처: WIKIMEDIA COMMONS | Public Domain〉

영국군은 야포 2문, 증원부대 2,000여 명이 아침에 공격했던 부대의 잔병을 규합해 공격했지만 보스턴으로 되돌아가기 쉽지 않았다. 영국군 장교 다수는 "아군(영국군) 주위에서 총격이 계속되었다"라고 회상했다. 이날 영국군은 65명이 전사하고 207명이 부상당하거나 실종된 반면, 미국인은 49명이 사망하고 44명이 부상 또는 실종되었다.

이 전투는 지휘권 인수를 위해 그날 이른 아침에 도착한 민병대 지휘관 '배불뚝이 대머리' 윌리엄 히스$^{\text{William Heath}}$ 준장이 계획한 것이었다. 쾌활하고 부유한 농부이자 아마추어 전략가인 그는 유럽과 미주 지역에서 수행된 비정규전 관련 영어 논문을 구하는 대로 모조리 읽었다. 뉴잉글랜드 지형에 가장 알맞은 작전 형태는 비정규전이라고 확신한 그는 그의 민병대 병력을 '식민지의 경기병'으로 훈련시키기로 결심했다.

1775년 4월 19일, 미국 독립전쟁이 발발하면서 대영제국이 무너지기 시작한 바로 이날, 히스의 전략은 완벽하게 들어맞았다. 렉싱턴-콩코드 전투는 민병대가 게릴라 전술로 싸우면 직업군인도 쓰러뜨릴 수 있다는 사실을 입증한 교과서적인 사례였다. 퍼시 경조차도 "반란군 내에는 유격대로서 북미 원주민과 캐나다인에 맞서 싸운 적이 있어 어떻게 싸워야 하는지 잘 아는 사람들이 많았고, 숲과 언덕이 많은 이 지역이 그들만의 방식으로 전투하기에 매우 유리했다"라고 인정하지 않을 수 없었다.

◆ ◆ ◆

조지 워싱턴George Washington은 랠프 왈도 에머슨Ralph Waldo Emerson이 쓴 것처럼 "세상에 울려퍼진 총"을 쏜 '교전 중인 농부들'로부터 별다른 인상을 받지 못했다. 프랑스-인디언 전쟁French and Indian War[127]에서 영국 정규군으로 참전한 바 있는 조지 워싱턴은 영국군의 전투방식을 모방하려고 마음 먹고 있었다. 1775년 7월 2일(당시 렉싱턴-콩코드 전투뿐만 아니라 매사추세츠 민병대에 의해 영국군 절반이 전사하거나 부상을 입은 벙커 힐 전투Battle of Bunker Hill까지 끝난 상태였다) 보스턴에 대륙회의Continental Congress의 명령을 받고 지휘권을 인수하러 온 장군은 "지휘, 군기, 질서가 거의 없는 촌뜨기들"을 보고 경악을 금치 못했다. 이 버지니아 출신 귀족은 민병대를 "아주 더럽고 형편없는 자들"이라고 폄하했으며, "이해할 수 없는 하층민의 무지함"에 혀를 찼다. 그는 "적절한 규율과 복종의 도입"을 자신의 최우선 목표로 두고 "민병대에 의지하는 것은 단언컨대 부러진 지팡이를 짚고

---

127 프랑스-인디언 전쟁: 1754년부터 1763년까지 오하이오강 주변의 인디언 영토를 둘러싸고 일어난 영국과 프랑스의 식민지 쟁탈 전쟁.

조지 워싱턴(왼쪽)은 무장 반란군 분견대가 정규전을 회피하고 영국군이 지칠 때까지 괴롭히는 게릴라 전술을 사용하자는 대륙군 서열 3위인 찰스 리 소장(오른쪽)의 제안을 거절했다. 리는 '방어, 습격, 지연' 만이 성공할 수 있다는 '유럽인들의 계획'으로 군을 운용하는 것은 잘못된 것이라고 주장했다. 반면, 워싱턴은 유리한 전장에서 영국군을 패배시킬 수 있는 정규군을 육성하기를 원했다. 역사가 존 샤이는 "워싱턴과 다른 대륙군 지휘관들이 정규군을 육성해야 한다고 강조한 것은 그들 자신이 황야에 사는 야만인들을 지휘하는 야만인이 아니라 교양 있고, 명예로우며, 고귀한 사람으로 보이고 싶었기 때문이다"라고 기록했다. 〈출처: WIKIMEDIA COMMONS | Public Domain〉

있는 것과 같다"라고 말했다.

워싱턴은 무장 반란군 분견대가 정규전을 회피하고 영국군이 지칠 때까지 괴롭히는 게릴라 전술을 사용하자는 대륙군 서열 3위인 찰스 리 Charles Lee 소장의 제안을 거절했다. 리는 전 영국군 장교이자 자칭 '괴짜'로, 오드 윈게이트 Orde Wingate, T. E. 로렌스 T. E. Lawrence와 같은 미래 비정규전의 선지자들과 많은 공통점이 있었다. 윈게이트나 로렌스와 같이 리는 동료 장교들의 놀림거리가 되거나, 동료들을 놀라게 하는 괴짜였다. 리는 '방어, 습격, 지연'만이 성공할 수 있다는 '유럽인들의 계획'으로 군을 운용하는 것은 잘못된 것이라고 주장했다. 반면, 워싱턴은 유리한 전장에서 영국군을 패배시킬 수 있는 정규군을 육성하기를 원했다. 역사가 존 샤이 John Shy는 "워싱턴과 다른 대륙군 지휘관들이 정규군을 육성해야 한다고 강조한 것은 그들 자신이 황야에 사는 야만인들을 지휘하는 야만인이 아니라 교양 있고, 명예로우며, 고귀한 사람으로 보이고 싶었기 때문이다"
라고 기록했다.

그러나 대륙군이 독립운동의 중심이 되었음에도 불구하고 주 민병대
는 왕당파 반란 진압, 정보 수집, 적 기동 지연 등의 필수적인 역할을 담
당했다. 때때로 민병대는 선도부대 임무도 수행했다. 워싱턴은 민병대에
대해 그다지 좋은 감정을 가지고 있었던 것은 아니지만, 실용적인 사람이
었기 때문에 민병대가 가치를 증명하면 그들을 이용하기로 마음먹었다.

민병대는 1776년 11월부터 12월까지 2개월 동안 뉴저지New Jersey를 점
령한 영국군을 몰아내는 데 핵심적인 역할을 했다. 뉴저지의 12만 주민
은 독립군 신문과 팸플릿을 통해 영국군이 망원경부터 프라이팬에 이르
기까지 모든 물건을 빼앗고, 과수원 나무를 베고, 집을 불태우고, 10세
부터 70세에 이르는 여성을 겁탈했다는 끔찍한 소식을 접하고 격분했
다. 민병대의 반격은 동시다발적으로 일어났다. 민병대는 사냥을 하거나
정찰을 나온 소규모 영국군 부대를 노렸다. 영국군 지휘관 윌리엄 하우
Wiliam Howe 경도 호위 기병 20명만을 데리고 이동하다가 매복공격을 당해
죽을 고비를 넘기기도 했다.

하우 경은 병사들에게 반드시 대규모로 무리를 지어 이동하라고 명령
하고 전투행위를 시도하는 민간인은 즉시 교수형에 처하겠다고 위협했
다. 이런 조치가 미친 결과는 독일 헤센 출신의 프리드리히 폰 뮌히하우
젠Friedrich von Muenchhausen 대위가 1776년 12월 14일 쓴 기록에서 찾아볼 수
있다. "지금 뉴저지에서 이동하는 것은 매우 위험하다. 사악한 농민들은
혼자 이동하거나 비무장으로 이동하는 소규모 부대만 공격한다. 이들은
총을 덤불이나 도랑에 숨기고 있다가 병사가 한 명, 또는 얼마 없을 때 확
실하게 성공할 수 있는 기회를 노렸다가 머리를 저격하고는 총을 재빨리
숨기고 아무것도 모르는 척한다."

뮌히하우젠은 고대부터 있어왔던 대반란전의 어려움을 토로하며 다음
과 같이 덧붙였다. "우리는 모두 반란군과 정규전에서 제대로 한번 붙어

보고 싶어 했다. 우리는 반란군을 이길 자신이 있었다." 하지만 영국군은 '정규전'에 대한 기대를 접어야 했다. 1776년 롱아일랜드 철수, 맨해튼 함락 이후 워싱턴은 대륙군이 전멸에 빠질 위험에 있는 전면전을 꺼렸기 때문이다. 영국군은 허공에 대고 주먹질을 할 뿐이었다. 영국 내각의 한 장관은 "워싱턴을 정규전으로 끌어들여 결정적인 승리를 거둬야 한다"라고 말했다. 워싱턴은 그의 군대를 저항군의 상징으로 존속시키고, 유리한 때를 제외하고는 전투를 회피하며, 소규모 정규군 부대의 지원을 받는 민병대에 의존하면서 영국군을 지치게 만드는 파비우스 전략Fabian strategy[128]을 추구했다. 예를 들면, 워싱턴은 뉴저지에 2,500명의 대륙군을 파견하면서 민병대와 협조하여 영국군을 괴롭히며 반복 공격하라고 명령했다.

민병대의 계속되는 습격과 매복으로 뉴저지를 점령한 영국군의 자체적인 보급이 불가능해졌다. 1777년 6월 말 영국군은 3,000명의 사상자가 발생하면서 뉴저지에서 철수할 수밖에 없었다. 이 피해의 일부는 워싱턴이 그 유명한 델라웨어Delaware강을 도하한 후 감행한 트렌턴Trenton(1776년 12월 25일)과 프린스턴Princeton(1777년 1월 3일)에서의 기습으로 발생한 것이었으나, 그보다 더 많은 피해는 민병대원 무리에 의해 발생한 것이었다. 어느 대륙군 장교는 영국군의 측익을 노리며 항상 선회하고 있는 민병대원에게 "아메리칸 호넷American Hornet"[129]이라는 별명을 붙였다. 영국군 지휘관 헨리 클린턴Henry Clinton 경은 나중에 부대가 잠시 뉴저지에 재진입하고 나서 다음과 같이 불평했다. "이제 식민지 전역이 무장하고 있다." 클린턴이 묘사한 대로 "이러한 최악의 불행한 사태로 인해 영국군은 보스턴에서 철수한 이후 근거지가 된 북부의 요새 도시인 뉴포트Newport, 뉴욕New York에서 소총 사거리 너머로 영국의 영향력을 넓히려는 시도 자체가 불가능해졌다.

---

128 파비우스 전략: 소모전에 빠질 수 있는 전면전이나 결정적인 전투를 회피하는 전략.
129 아메리칸 호넷: 미국 말벌.

◆ ◆ ◆

비정규군은 영국군이 1777년 새러토가 전투Battle of Saratoga에서 대패한 후 북부에서 연전연패하고 나서 전력을 집중하기로 결심한 남부에서 훨씬 더 중요한 역할을 했다. 영국군의 전략은 1778년 말 서배너Savannah[130]를 점령하면서 시작되었다. 서배너를 점령한 후 영국군의 목표는 캐롤라이나Carolina주로 변경되었다. 1780년 5월 12일, 남부에서 가장 부유한 대도시 찰스턴Charleston이 영국군에 항복했다. 독립전쟁 중 영국군의 가장 빛나는 승리였다. 기존에 필라델피아, 뉴욕 같은 대도시가 함락되었지만 수비대는 탈출했다. 하지만 찰스턴의 경우는 수비대 5,500명이 항복했다. 영국군 사령관 콘윌리스Cornwallis 공은 8월 16일 캠던 전투Battle of Camden에서 사우스캐롤라이나에 남아 있던 대륙군을 섬멸했다.

콘윌리스는 식민지인들과 그들의 후손들로부터 나쁜 평판을 받고 있었지만, 헨리 클린턴 경, 토머스 게이지, 윌리엄 하우 경과 그의 형 하우 제독(리처드 하우Richard Howe)을 포함한 대다수의 영국군 고위 지휘관들처럼 회유정책을 추구하는 진보적인 휘그당Whig Party 귀족이었다. 콘윌리스는 식민지인들의 불만을 어느 정도 이해하고 있었고, 대부분의 식민지인들이 영국 왕에게 충성하고 있다고 확신했다. 그렇기 때문에 그는 식민지인들을 위협하기보다는 달래서 회유하려고 마음먹고 있었다. 말라야Malaya, 아덴Aden, 사이프러스Cyprus, 이라크, 아프가니스탄, 그리고 20세기 후반부터 21세기 초반까지 세계 각국의 반란군과 싸우는 영국군 지휘관들이 주로 사용하게 될 전술을 예상하고 대반란전에서 적용할 수 있는 가장 온건한 방법을 사용하고자 했던 것이다. 직속 상관 클린턴 장군 역시 같은 생각이었다. 그는 완고한 영국 관료들과 '과도한 왕당파'들이 식민지인들의 정당한 불만을 '불화를 일으키는 악마'라고 부르며 무시하는

---

130 서배너: 미국 조지아주 남동부 서배너강 하구에 있는 항구도시.

콘월리스(왼쪽)는 회유정책을 추구하는 진보적인 휘그당 귀족이었다. 그는 식민지인들의 불만을 어느 정도 이해하고 있었고, 대부분의 식민지인들이 영국 왕에게 충성하고 있다고 확신했기 때문에 식민지인들을 위협하기보다는 달래서 회유하려고 했다. 직속 상관 헨리 클린턴 장군(오른쪽) 역시 같은 생각이었다. 클린턴 장군은 1776년 초에 쓴 편지에서 유명한 문구인 "사람들의 마음을 얻어 북미 식민지의 민심을 가라앉혀야" 할 필요가 있다는 것을 주장하며 대반란전에서 '민심'이라는 용어를 처음으로 사용했다. 〈출처: WIKIMEDIA COMMONS | Public Domain〉

행동들을 비판했다. 그는 1776년 초에 쓴 편지에서 유명한 문구인 "사람들의 마음을 얻어 북미 식민지의 민심을 가라앉혀야" 할 필요가 있다는 것을 주장하며 대반란전에서 '민심'이라는 용어를 처음으로 사용했다. 이 문구는 나중에 '주민을 중심으로 한' 대반란전 이론의 상징적인 문구가 되어 특히 영국, 미국과 같은 자유주의 국가들이 즐겨 사용하게 된다.

프랑스의 위베르 리요테Hubert Lyautey 원수부터 영국의 제럴드 템플러Gerald Templer 원수와 미국의 에드워드 랜스데일Edward Lansdale 고문에 이르기까지 나중에 이러한 온건한 방식을 옹호한 사람들처럼 클린턴 역시 '영국과 식민지의 미래 평화, 존엄성, 그리고 행복'은 억압이 아닌 '화해의 길'을 찾는 것에 달려 있다고 믿었다. 클린턴과 휘하 장군들은 영국군이 정복자가 아닌 '영국의 자유를 함께 누리는 축복'을 전파하는 해방자 역할을 하길 바랐다.

불행하게도 활동적이고 모험적인 부하들은 클린턴과 콘월리스의 '비정규전'에 대한 지시를 무시하기 일쑤였다. 부유한 리버풀 상인의 아들이자 한때 옥스퍼드 대학교 학생이었던 배내스터 탈턴Banastre Tarleton은 상속받은 재산을 런던에서 유흥비로 탕진하여 1775년에 영국군에 지원할 수밖에 없는 처지에 놓였던 탓이었다. 1776년 그는 뉴저지의 선술집에서 찰스 리 장군을 체포하여 유명세를 탔다. 찰스턴이 함락될 당시 26세에 불과했던 탈턴은 이미 초록 외투를 입은 500명의 보병과 최근 북부 식민지에서 모병한 스코틀랜드, 아일랜드 출신 이민자로 구성된 기병을 지휘하는 중령이었다. 그가 말을 타고 달리는 모습을 본 한 전령은 그를 이렇게 묘사했다. "키는 평균키보다 작고 … 여성스런 아름다운 얼굴에 … 균형이 잡혀 있었다." 하지만 탈턴은 전혀 부드러운 사람이 아니었다. 그는 '냉혹하고 대담한 행동'으로 상관들로부터 인정받았다.

그러나 탈턴은 2000년 멜 깁슨Mel Gibson 주연의 미국 독립전쟁 배경 영화 〈패트리어트The Patriot〉에 나오는 '윌리엄 태빙턴William Tavington' 대령처럼 남녀노소로 가득한 교회를 불태우는 괴물 같은 사람과는 거리가 멀었다. 그런 일은 일어난 적이 없었다. 하지만 실제로 탈턴은 "식민지 주민에게 공포심을 일으킬 필요가 있다"고 믿었던 '불과 검을 가진 사나이들fire and sword men'로 알려진 영국 장교 파벌의 일원이었다. 그의 생각은 의심할여지 없이 다음과 같은 글을 쓴 영국 육군 대위의 생각과 같았다. "식민지인들은 평균적으로 근본 없이 자란 교활한 사람들이다. … 나는 이들의목구멍에 수프 국자를 쳐넣어주고 싶은 충동에 자주 사로잡히곤 한다." 탈턴은 여자나 아이를 살해하지는 않았지만 그를 포함한 영국군 장병들은 농장에 불을 지르고, 가정집과 교회를 약탈하고, 가축을 죽이고, 자비를 구하는 대륙군을 죽였다. 아마도 그가 캐롤라이나 주민을 가장 격노케한 행동은 노예를 해방함으로써 노예가 주인들을 배신하도록 한 것일 것이다. 변경의 삼림지대에 살던 한 주민은 영국군이 '집, 소, 양, 옷가지, 돈,

백랍, 주석, 칼'을 훔쳐가는 바람에 아무것도 없는 벌거벗은 신세가 되었다고 한탄했다.

이런 방법은 초기 메소포타미아 문명이나 이후 나치^Nazi 시대에 비하면 심한 정도가 덜하지만, 당시 지배받는 것에 익숙하지 않은 자유를 사랑하는 사우스캐롤라이나 주민들로부터 반발을 불러일으켰다. 사우스캐롤라이나주에 남아 있는 대륙군 부대가 없었기 때문에 "싸움닭" 토머스 섬터^Thomas Sumter, "늪지 여우" 프랜시스 매리언^Francis Marion, (역사적으로 평판은 높지만 이렇다 할 별명은 없는) 앤드류 피켄스^Andrew Pickens와 같은 걸출한 인물들이 이끄는 느슨한 게릴라 부대가 독립운동을 이끌고 있었다. 이들은 모두 40대로 일부는 지역사회를 대표하는 사람들이었다. 섬터는 부유한 농장주이자 평화주의자였고, 매리언은 농장주로 지방의회 의원이었으며, 피켄스는 장로교 장로였다. 이들은 모두 사우스캐롤라이나 민병대가 사우스캐롤라이나 서부에서 대규모 인디언에 대항해 싸운 체로키 전쟁^Cherokee War(1759~1761년)에 참전했었다. 이들은 이 전쟁을 통해서 정규전뿐만 아니라 인디언이 구사하는 비정규전 형태의 전투를 습득했다. 이들은 이제 사우스캐롤라이나의 접근이 금지된 늪과 삼림지대에서 이 교훈을 적용할 참이었다.

매리언은 이 3명 중에서 가장 유명했다. 어느 대륙군 장교는 그가 "48세 정도의 나이에 키는 좀 작았지만 강한 인상에 건강하고 금욕적이며 과묵한 사람이었다"라고 회상했다. 그는 집에서 만든 소박한 옷을 입고 "자유가 아니면 죽음을"이라고 각인된 은빛 초승달 모양 장식이 달린 가죽 모자를 썼다. 매리언을 따랐던 한 부하는 "매리언은 게릴라라면 필요한 덕목인 굶주림, 생필품 부족쯤은 견딜 수 있는 사람이었다"라고 기록했다.

1732년 사우스캐롤라이나 저지대에서 프랑스 위그노^Huguenot[131] 출신

---

131 위그노: 프랑스 프로테스탄트 칼뱅파교도에 대한 호칭.

이민자의 아들로 태어난 그는 교육을 제대로 받지 못해 일생 동안 거의 글을 읽고 쓸 줄 몰랐다. 그는 25세에 민병대에서 군 경력을 시작했다. 그는 체로키 인디언과의 전투에서 두각을 나타냈는데, 당시 지휘관은 그에 대해 "활발하고 용기 있는 강인한 군인이며 뛰어난 게릴라 장교다"라고 평가했다. 농장주로 몇 년을 보낸 그는 1775년 사우스캐롤라이나에서 모집한 대륙군 연대에 지원하여 진급을 거듭해 대령으로 연대장이 되었다. 그의 연대는 찰스턴 함락 당시 섬멸되었지만, 매리언은 발목이 부러져 집에서 치료하고 있었기 때문에 가까스로 살아남았다. 그는 오지娛地에 숨어 찰스턴과 캠던 사이의 영국군 보급로를 공략하기 위해 게릴라 부대를 조직했다.

매리언 부대는 한때 부대원이 700명까지 불어났다가 부대원들이 농작물을 추수하러 집에 돌아가는 바람에 그 규모가 줄어들었다. 그러나 그는 5~20명의 대원과 대원 1명당 3~4발의 총알만 있어도 전면전을 피하면서 왕당파와 영국군 분견대를 한밤중에 지속적으로 습격했다. 매리언은 대륙군 직속 상관 호라시오 게이츠Horatio Gates 장군에게 1780년 10월 보낸 편지에 "저는 매우 지쳤지만 모든 난관을 극복해냈습니다"라고 쓰고는 이어서 다음과 같이 자랑스럽게 덧붙였다. "영국군은 저의 습격을 두려워하며 다수가 조지아로 퇴각했고, 일부는 늪지로 도망쳤습니다."

영국군은 매리언의 행방에 대한 정확한 정보를 얻는 것이 불가능하다는 것을 깨달았다. "산티Sentee강과 피디Peedee강 사이에 사는 주민 중 우리에게 우호적인 사람은 아무도 없다"라고 콘월리스가 후회하듯 기록한 것을 보면 그 이유를 알 수 있다. 매리언은 영국군으로부터 종적을 감추려고 노력했다. 그는 부하들에게 "어떤 집에서도 잠을 자거나 어떤 농장에서도 1시간 이상 머물러서는 안 된다"라고 지시했다. 탈턴은 수확 없는 추격 끝에 이렇게 외쳤다고 한다. "가자, 애들아. 돌아가자. 우리는 싸움닭(매리언)을 찾을 것이다. 하지만 이 저주받은 늙은 여우는 악마도 잡을 수 없을 것이다." 이 말은 나중에 조지 워싱턴의 벚나무 일화 등 수많은 신화를 만들어낸 파슨 윔스Parson Weems에 의해 '늪지의 여우Swamp Fox'로 각색되었다. 파슨 윔스는 나중에 매리언의 전기도 썼다.

매리언이 가장 좋아했던 은신처는 피디강과 린치 샛강Lynch's Creek 합류점에 있는 스노Snow 섬이었다. 스페인 이끼, 참나무, 소나무 관목이 우거진 곳에 매리언과 부하들은 비바람을 피하고 얼마 안 되는 식량을 저장할 수 있는 통나무집을 지었다. "그들은 야외에서 노숙했는데 가끔 담요도 없이 자기도 했다"라고 한 부대원은 기록했다. "식수를 빼고는 아무것도 없었다. 그들은 주로 고구마를 먹었는데, 가끔 쇠고기를 먹을 때도 있었다. 불평을 하는 사람은 아무도 없었지만, 인간에게 필수품인 소금은 모자랐다." 매리언은 소금을 얻으면 모두에게 나눠주는 것으로 부대원들의 마음을 얻었다. 영국군은 1781년 3월 스노 섬을 점령하려 했지만 하나마나였다. 당시 매리언과 부대원 대부분이 떠나고 없었기 때문이다. 이들은 항상 다른 곳으로 옮겨 다니며 숙영했다. 따라서 정규군과 달리 그들은 방어해야 할 기지나 보급소가 없었다.

워싱턴은 비정규군이 영국군에게 심대한 타격을 줄 수 있지만 그들만으로는 독립을 쟁취할 수 없음을 깨달았다. 그래서 그는 실책에 대한 책임을 물어 남부방면군 사령관 호라시오 게이츠 장군(당시 워싱턴의 자리를 넘보고 있다는 소문이 돌았음)을 해임하고, 그 자리에 로드아일랜드Rhode Island 출신의 전 퀘이커Quaker 교도 나대니얼 그린Nathanael Green(민병대 출신이지만 워싱턴이 총애하여 쾌속승진했음)을 임명했다. 그린 소장의 임무는 지리멸렬한 노스캐롤라이나의 대륙군을 재건하고 사우스캐롤라이나로 진출하는 것이었다. 그린의 기록에 따르면, "옷, 텐트, 기타 보급품이 없는 부대의 흔적만 있었다. 소규모 게릴라식 공격을 빼고는 … 우리가 우리의 힘으로 할 수 있는 것은 아무것도 없었다." 그는 정규군 부대를 나누어 민병대와 함께 '이전보다 약간 더 큰 규모로' 게릴라 작전을 수행하라고 명령했다. 당시 준장이었던 매리언은 나중에 남부연합군 사령관이 된 로버트 E. 리 장군의 아버지인 버지니아 출신의 헨리 "라이트-호스" 해리 리

1781년 10월 19일 워싱턴 등이 이끄는 미국–프랑스 연합군이 버지니아주의 요크타운에서 콘월리스가 이끄는 영국군을 크게 무찔러 미국 독립전쟁은 사실상 끝나게 되었다. 최후의 승리는 정규군이 일궈냈지만, 남부 일대에서 영국군의 승리가 확실했던 그때 영국군의 발을 묶어놓고 천천히 피를 흘리게 한 사우스캐롤라이나 비정규군들의 노력이 없었다면 대륙군의 승리는 불가능했을 것이다. 최근 미국 독립전쟁 역사책에서는 "사우스캐롤라이나의 비정규군이 실질적인 독립전쟁의 승리를 이끌었다"라고 결론짓고 있다. 위 그림은 요크타운 전투에서 영국군 사령관인 콘월리스가 항복하는 모습을 그린 것이다. 〈출처: WIKIMEDIA COMMONS | Public Domain〉

Henry "Light-Horse" Harry Lee 중령이 지휘하는 대륙군 기병연대와 함께 작전을 하게 되었다.

식민지인들은 영국군과의 정규전은 최대한 회피했다. 식민지인들은 킹스 마운틴 전투Battle of King's Mountain(1780년 10월 7일)와 카우펜스 전투Battle of Cowpens(1781년 1월 17일)에서 승리했지만, 길퍼드 코트하우스 전투Battle of Guilford Courthouse(1781년 3월 15일), 홉커크 전투Battle of Hopkirk(1781년 4월 25일), 유타 스프링스 전투Battle of Eutaw Springs(1781년 11월 8일)에서는 패배했다. 영국군은 전투 결과와 무관하게 큰 타격을 입었지만, 식민지인들은 살아남아 다음 날 전투를 벌였다. 신중한 전략가인 그린은 "우리는 싸우고, 얻어맞고, 다시 일어나 또 싸운다"라고 그의 전투 철학을 간략하게 요약해 말했다. 식민지인들은 영국군보다 더 쉽게 손실을 회복할 수 있었기 때문에(더 많은 캐롤라이나 주민들이 왕당파보다 반군을 위해 기꺼이 싸웠다) 소모전에서 훨씬 더 강했다.

1781년 봄, 콘월리스는 사우스캐롤라이나 점령을 포기했다. "사우스캐롤라이나 전역에서 동시다발적으로 일어나는 반란으로 … 전국이 지속적인 경계 상태를 유지해야 했다." 그는 부대 주력을 최초에는 노스캐롤라이나로 투입했다가 다시 버지니아로 이동해 체사피크Chesapeake 해안에 위치한 요크타운Yorktown에 요새를 구축했다. 프랑스 해군이 해상 보급을 차단하자, 요크타운 요새는 1781년 10월 19일 프랑스-미국 동맹군에게 항복했고, 이로써 미국 독립전쟁은 사실상 종료되었다.

최후의 승리는 정규군이 일궈냈지만, 남부 일대에서 영국군의 승리가 확실했던 그때 영국군의 발을 묶어놓고 천천히 피를 흘리게 한 사우스캐롤라이나 비정규군의 노력이 없었다면 대륙군의 승리는 불가능했을 것이다. 최근 미국 독립전쟁 역사책에서는 "사우스캐롤라이나의 비정규군이 실질적인 독립전쟁의 승리를 이끌었다"라고 결론짓고 있다.

◆ ◆ ◆

미국 독립전쟁을 설명하는 대부분의 글에서 간과되는 것은 요크타운 전투 이후에도 영국군은 계속 싸울 수 있었다는 것이다. 영국군은 요크타운에서 단지 8,000명의 병력을 잃었을 뿐이었다. 북미에 남아 있는 영국군은 3만 4,000명 이상으로 당시 미국-프랑스 연합군보다 많았으며, 1,200만 명의 영국 인구에서 모집된 정규군이나 이미 수많은 인적자원을 공급하고 있던 독일 용병의 증원이 가능했다. 만약 미국 식민지인들이 로마 제국과 싸우고 있는 것이라면 새로운 부대가 투입되어 조지 워싱턴을 포함한 대륙군 지휘관들이 십자가에 못 박혔을 것이라는 데는 의심할 여지가 없다. 하지만 영국의 '여론'─우연의 일치로 1776년 기번의 『로마 제국 쇠망사』 초판에 처음 등장한 말─을 고려했을 때 이런 대응은 생각할 수 없는 것이었다. 이것은 유구한 게릴라전의 역사에서 볼 수 없었던 새로운 중요한 변화가 아닐 수 없었다. 의원내각제 정부는 국민이 지지하지 않는 전쟁은 수행할 수 없었던 것이다. 적의 저항의지를 꺾기 위해 여론을 조작할 수 있는 반란군의 능력은 당시 정권이 누리고 있는 장점을 상쇄하고 반란군에게 훨씬 더 큰 성공 가능성을 열어주는 것이었다. 18세기에 여전히 선거권이 제한되어 있던 영국과 미국이 더 민주화되고 유사한 정치체제가 전 세계에 퍼지면서 여론은 미래 전쟁에 더 큰 역할을 하게 된다. 19세기 그리스부터 21세기 레바논에 이르기까지 미래 반란군들은 미국 독립운동가들이 처음 사용한 여론이라는 무한한 능력을 가진 신무기를 최대한 활용하려 했다.

영국 국민은 처음에는 미국 독립전쟁을 진압하려는 정부의 노력을 지지했다. 동시대의 어느 회고록 집필자는 "영국의 연보에 독립전쟁 개시 때보다 더 국민의 지지를 받은 전쟁 사례는 아마 단 하나도 없을 것이다"라고 썼다. 그러나 시작부터 이를 상당히 반대하는 사람들도 있었다. 에드먼드 버크Edmund Burke, 찰스 제임스 폭스Charles James Fox와 같은 달변가들이 있었던 휘그당은 무력에 의한 진압보다는 회유정책을 펼 것을 주장했다. 휘그당 다수는 미국 독립전쟁을 과도한 왕권을 제한하기 위한 식민지인들의 노력의 일환으로 보았다. 1775년 하원에서 연설한 어느 의원은 이 전쟁을 가리켜 "식민지 동포 학살이라고 부르며 양심이 있다면 이 결정에 동의해서는 안 된다"고 주장했다. 전쟁을 반대하는 인물 중에는 오거스터스 케펠Augustus Keppel 해군 중장, 제프리 암허스트Jeffrey Amherst 중장과 같이 '미국인 형제'와 싸워서는 안 된다는 의견을 분명히 밝힌 유명한 군 지휘관들도 있었다. 그들은 전쟁을 "비정상적이고, 비헌법적이며, 부당하고, 정의롭지 못하며, 위험하고 무익한" 것이라고 표현한《이브닝포스트 Evening Post》와 같은 유력 일간지 대부분의 지지를 받았다.

미국 독립운동가들은 이런 정서를 교묘하게 이용했다. 일찍이 1772년에 새뮤얼 애덤스Samuel Adams, 조지프 워렌Joseph Warren 같은 보스턴의 급진주의자들은 그들이 일으킨 사건들을 변호하기 위해 통신위원회Committee of Correspondence를 결성했는데, 이는 식민지 전역으로 퍼지게 되었다. 중요한 사건이 일어날 때마다 독립운동가들은 사건의 전모를 알리기 위해 경쟁했다. 어느 미국인은 렉싱턴-콩코드 전투의 전모를 알리는 서신을 "대영제국 국민"을 수신인으로 하여 보냈는데, 이 서신은 공식 문건이 도착하기 2주 전에 런던에 도착했다. "인류의 견해를 적절히 고려"하여 작성한 독립선언서는 이러한 선전전에서 아주 성공적인 무기였다. 모든 영국 신문들은 독립선언문을 그대로 옮겨 실었다. 독립선언문만큼 효과적인 무기였던 토머스 페인Thomas Paine의 베스트셀러 『상식Common Sense』은 미국뿐만 아니라 영국과 프랑스에서도 널리 읽혔다. 벤저민 프랭클린Benjamin Franklin 역시 탁월한 선전가였다. 1776년 12월부터 그가 파리에서 쓴 편지와 에세이는 프랑스 정부가 은밀하게 재정적으로 후원하는 신문《영국과 미국의 사건Affaires de l'Angleterre et de l'Amerique》에 실렸는데, 그 덕분에 미국 독립운동가들은 가장 중요한 외국과의 동맹을 결성할 수 있었다.

토리당Tory Party 총리 노스 경Lord North은 공식 정부 관보《런던 가제트London Gazette》를 통해 자신의 입장을 밝히려 했다. 그는 유명 스캔들 잡지《모닝 포스트Morning Post》에 비밀리에 자금을 제공해서 전쟁에 대해 비판적인 글을 쓰던 기조를 바꿔 전쟁에 긍정적인 글을 쓰게 했다. 처음에는 미국 독립운동가들이 불순한 의도로 그들의 국가와 주권에 대항해 무장봉기를 일으켰고 이것은 곧 진압될 것이라는 정부 측의 말을 영국과 미국의 대다수 사람들이 받아들였다.

하지만 전쟁이 지속되면서 승전보가 줄어들고 사상자가 늘어나자 지지층은 감소했다. 1777년 새러토가Saratoga에서의 패배로 런던의《가제티어Gazetteer》가 북미 식민지를 '영국인의 무덤'이라 지칭하고 계속되는 전쟁을 '국가적 자살'로 규정하면서 반전 여론이 번졌다. 요크타운 전투 이후 '전쟁 염증', '학살 염증'에 대한 여론으로 귀가 따가울 지경이었다. 어느 영국 의회 의원은 1781년 말 "모두가 전쟁을 계속하는 데 진짜 신물이

1783년에 파리 조약 체결로 마침내 미국의 독립이 승인되었다. 세계에서 가장 강력한 대영제국으로부터 독립을 쟁취한 미국의 성공은 민심을 얻기 위한 투쟁의 새로운 중요성을 강조한 것 외에도 게릴라전의 본질에 대한 많은 교훈을 제공한다. 위 그림은 1783년 파리 조약 체결 당시 미합중국 대표단의 모습을 그린 것이다. 왼쪽에서부터 존 제이(John Jay), 존 애덤스(John Adams), 벤저민 프랭클린(Benjamin Franklin), 헨리 로렌스(Henry Laurens), 윌리엄 템플 프랭클린(William Temple Franklin). 〈출처: WIKIME-DIA COMMONS | Public Domain〉

난 것 같다"라고 기록했다.

1782년 2월 28일, 영국 의회는 투표 결과 근소한 차인 234 대 215로 공세적 작전을 중단하기로 결정했다. 이 신랄한 질책 이후 노스 경은 총리직에서 사임할 수밖에 없었다. 이후 로킹엄Rockingham 경이 이끄는 휘그당 정부로 교체되었다. 로킹엄 경은 미국을 독립시키는 대가를 치러서라도 평화를 위해 헌신했다. 1783년에 파리 조약Treaty of Paris 체결로 마침내 미국의 독립이 승인되었다.

◆ ◆ ◆

"세계에서 가장 강력한 대영제국으로부터 독립을 쟁취한 미국의 성공은 민심을 얻기 위한 투쟁의 새로운 중요성을 강조한 것 외에도 게릴라전의 본질에 대한 많은 교훈을 제공한다."

무엇보다도 그것은 초강대국과의 대결에는 막대한 피해가 뒤따른다는 것을 보여주었다. 대륙군은 2만 5,674명이 전사했는데, 가장 큰 요인은 질병이었다. 반면, 영국군은 프랑스군과의 전투에서 입은 해군의 인명피해까지 포함해 4만 3,000명이 전사했지만, 전사자 대부분은 독일 용병이었다. 1776년 당시 13개 식민지주의 인구가 250만 명에 불과했다는 것을 감안하면, 미국 독립전쟁은 전체 인구의 1%가 희생되어 전체 인구의 1.6%가 전사한 남북전쟁Civil War에 이어 미국에서 역사상 두 번째로 인구당 전사자가 많았던 전쟁이었음을 알 수 있다. 미국 독립운동가들은 다른 성공한 반란군들과 마찬가지로 막대한 손실에도 불구하고 승리하기 위한 대단한 의지력이 필요했다.

하지만 이런 의지력에도 불구하고 1780년 초반만 하더라도 프랑스의 후원 없이 미국의 승리는 불가능했을지도 모른다. 미국 독립전쟁의 두 번째 중요한 교훈은 외부 지원의 중요성이다.

새러토가에서 일궈낸 대륙군의 승리는 전쟁의 전환점이 되었는데, 이 전투의 승리를 기회로 삼아 프랑스의 루이 16세Louis XVI를 이 전쟁에 참여하도록 설득할 수 있었기 때문이다. 루이 16세의 지원으로 상황은 완전히 달라졌다. 첫째로 프랑스 보급품이 대륙군을 강화시키는 데 큰 역할을 했다(대륙군 화약의 90%가 프랑스로부터 원조받은 것이었다). 둘째로 영국 본토와 다른 지역에 대한 프랑스의 공격 가능성으로 인해 영국이 북아메리카에 병력을 집중할 수 없게 되었고, 그 덕분에 버지니아 해안에서 프랑스 함대가 영국군 함대를 패퇴시킴으로써 요크타운에 있는 영국 야전군을 고립시켰다.

셋째로 미국 독립전쟁은 정규군과 긴밀하게 협동작전을 실시하는 게릴라의 중요성을 보여주었다. 만약 식민지인들이 정규군이 없었다면 1798년 봉기를 일으켰다가 콘월리스에 의해 진압된 아일랜드 출신 반란군들처럼 실패했을지도 모른다. 나대니얼 그린이 썼듯이 "성공을 이용할 수 있는 제대로 된 부대가 없으면 수백 번의 게릴라 공격을 해도 얻을 수 있는 것이 거의 없다." 하지만 대륙군에게 영국군을 지속적으로 괴롭히는 게릴라 부대가 없었다면, 영국군은 대륙군을 분쇄하는 데 모든 자원을 투입했었을 것이고, 그랬다면 미국인들은 1745년 일어난 스코틀랜드 반란처럼 성공하지 못했을 수도 있었다. 그러나 다행히도 게릴라 부대가 있었기 때문에 미국인들은 최후의 일격을 날릴 정규군을 모을 때까지 점령군을 약화시킬 수 있는 게릴라 부대로 원투펀치를 날렸다. 21세기 전략가들이 '하이브리드 전쟁hybrid warfare'이라고 부르게 될 이 전술은 보통 반란전의 성공으로 가는 가장 확실한 방법이었다.

네 번째 교훈은 대반란전을 수행하기 위해서는 적절한 전략과 이를 수행할 수 있는 지휘체계의 통일이 필요하다는 것이다. 말단에서 임무를 수행하는 영국군은 목적과 수단에 있어 자주 혼란을 겪었다. 런던에 있는 내각의 국무위원들과 북미 식민지에 있는 장군들이 서로 양립 불가능한 지시사항을 내렸기 때문이다. 영국군의 목표가 식민지인들을 공포에 빠뜨려 이전의 상태를 회복시키는 것인가? 아니면 자유민주적인 합의에 도달해 대도시와 식민지들 간의 가장 약한 연결고리만을 유지하는 것인가? 콘월리스 같은 온건파 장교들은 후자에 가까운 관대한 명령을 내렸지만, 탈턴 같은 강경 노선의 부하들은 전자와 같은 의견을 따랐기 때문에 이런 명령을 무시하기 일쑤였다. 결국, 이와 같은 상황은 역효과를 초래했다. 영국군은 식민지인들을 소원하게 만들 만큼 가혹했지만 그들을 제압할 만큼 공포스럽지는 않았다.

이러한 실패는 다음과 같은 또 다른 사실과 밀접한 관련이 있었다. 그럴 수 없었는지 아니면 그럴 의지가 없었는지는 모르지만, 영국군은 동부 해안 2,000km에 흩어져 있는 250만 명의 북미 식민지인들을 평정하는 데 필요한 충분한 병력을 보내지 않았다. 반란전을 진압하기 위해서는 적절한 자원이 필요하다는 것이 미국 독립전쟁의 다섯 번째 교훈이다. 영국군은 북미 식민지에 겨우 8,500명만을 투입하여 전쟁을 시작했는데, 1778년에는 그 수가 5만 명으로 불어났다가 그 이후로는 3만~3만 5,000명을 유지했다. 영국 지휘관들은 영국 해군을 통해 물자보급을 받을 수 있는 새배너, 찰스턴, 뉴욕, 뉴포트 같은 해안 요새를 지킬 수 있을 만큼의 병력만을 가지고 있었다. 드넓은 내륙 지역은 항상 이들의 영향력 밖에 있었다. 영국군은 북미 원주민인 인디언 동맹들이 식민지 미국인들을 꼼짝 못 하게 포위하기를 바랐지만, 인디언들은 이 야만적인 투쟁에서 패배했다. 야당인 토리당도 미국 동포들에 대한 군사행동을 지지하지 않았다. 영국군은 의심스러운 병력 배치로 인해 더욱 어려움을 겪었다. 예를 들면, 남부 전역에 부대를 투입하지 않고 뉴욕에 1만 5,000명의 병력을 남긴 것이었다. 영국군의 남부 전역을 연구한 미 해병 장교는 뉴욕은 5,000명만으로도 충분히 방어가 가능했기 때문에 나머지 병력으로 남부 전역에 8,500명을 증원했었어야만 했다고 주장했다.

하지만 영국 국민들이 어떤 대가를 치르더라도 계속 싸우려는 의지를 가지고 있었다면 이 실책들 중 어떤 것도 그렇게까지 치명적이지는 않았을 것이다. 오늘날 미국인들은 후방에서 대반란전의 가치를 폄하하게 만든 최초의 전쟁이 베트남 전쟁이라고 생각할 것이다. 프랑스인들은 알제리 독립전쟁이라고 말할 것이다. 그러나 이 두 전쟁보다 훨씬 오래전에 일어난 미국 독립전쟁이 최초다. 미국 독립전쟁의 승패는 수많은 역사가들이 지적한 요크타운이 아닌 영국 웨스트민스터^{Westminster}에서 결정되었다. 조지 워싱턴이 이끈 대륙군이 전장에서 거둔 승리가 관련이 없는 것은 아니지만, 그것이 결정적인 것은 아니었다. 영국의 민심이 전쟁 승리에 결정적인 역할을 했다. 바로 이 점이 차세대 게릴라들이 학습하고 적용해야 할 교훈이었다.

15

목숨을 건 사투

◆

1808∼1814년,
반도전쟁 당시 프랑스군 대 스페인 게릴라

미국 독립전쟁으로 이념 투쟁의 시대가 시작되면서 1648년 베스트팔렌 조약 이후 생겨났던 전쟁의 제한사항들은 사라졌다. 북미 식민지에서 영국군이 보여준 것과 같은 자제력을 보인 대반란전 부대는 거의 없었다. 영국군조차 1798년 아일랜드 반란과 1867년 인도 반란을 진압하면서 자제력을 잃은 모습을 보여주었다. 하지만 당시 아일랜드인과 인도인은 '영국인'은 아니었다.

이보다 훨씬 더 잔인했던 대반란전은 시민혁명으로 권력을 장악한 후 1793∼1794년에 무자비한 막시밀리앙 로베스피에르Maximillien Robespierre[132] 가 이끈 공안위원회Committees of Public Safety의 급진적인 자코뱅당Jacobins이 통치하던 프랑스 혁명정부가 자행했다. 이들의 공포정치에 대항해 보르도 Bordeux, 브르타뉴Britanny, 리옹Lyon, 마르세유Marseilles, 툴롱Toulon 등의 도시에

---

132 위그노: 프랑스 프로테스탄트 칼뱅파교도에 대한 호칭.

서 반란이 일어났다. 공화국 정권은 고대의 아카드와 아시리아, 현대의 나치와 이라크 바트당Baathist, 소련 등이 사용한 초토화 전술로 대응했다. 초토화 전술은 반란군이 외부 지원이 없거나, 대반란전 수행 주체가 어느 정도 정당성을 가지고 있거나, 정부가 자유주의 정권은 용인할 수 없는 수준의 대량학살을 할 용의가 있어야 성공할 수 있었다. 자코뱅당은 프랑스 혁명정부가 앞에서 설명한 모든 조건을 충족했기 때문에 반란을 진압할 수 있었다.

1793~1794년의 공포정치 기간에 1만 6,000명이 넘는 혁명의 적이 공식적으로 처형되었고, 그보다 많은 사람들이 어떠한 사법 절차도 없이 형장의 이슬로 사라졌다. 임시로 조직된 가톨릭 왕당 군대Armée catholique et royale가 혁명에 반대해 프랑스 서부 방데Vendée에서 일으킨 방데 반란 진압은 특히 더 잔인했다. 당시 반란을 진압한 어느 장군은 1793년에 이렇게 진술했다. "나는 아이들을 말발굽으로 짓밟아 죽이고 부녀자를 학살했다. … 산적은 더 이상 활동하지 않을 것이다. 나는 포로를 남기는 것을 수치로 생각하고 반란군 모두를 몰살했다." 방데 시 인구의 3분의 1인 25만여 명이 공화정의 '지옥의 종대infernal columns'에게 살해당했다. 이 부대는 최종적으로 1794년에 해체되었다. 가톨릭 왕당 군대가 영국이나 다른 강대국으로부터 무기와 기타 지원을 받았다면 반격에 성공했을지도 모른다. 하지만 그 누구도 도와주지 않았다.

이탈리아 최남단 지역 칼라브리아Calabria, 오스트리아 통치하에 있었던 알프스 티롤Tyrol 지방 등 프랑스가 점령한 유럽 일부 지역에서도 반란이 일어났다. 이 지역 반란군은 미국인이나 프랑스 혁명 운동가와 같이 급진적인 사람들은 아니었다. 이들은 방데 주민들처럼 보수적인 농부들로, 나폴레옹의 사회 개혁을 원하는 사람들이 전혀 아니었다. 이들이 지리적·인구학적으로 고립되어 있고, 북미 식민지에서 영국군이 직면한 반란에 비해 본국에서 훨씬 더 가까운 곳에서 반란이 일어났다는 사실은 이 반란들을 진압하는 과정에서 프랑스군에게 도움이 되었다. 게다가 미국인

방데 반란은 프랑스 혁명기인 1793년부터 1795년에 걸쳐 프랑스 서부 방데 지방을 중심으로 일어난 반혁명적 반란이다. 가톨릭 세력이 강한 이 지방 농민의 불만을 왕당파가 이용한 것으로, 자코뱅파가 혁명을 수호하려고 공포정치를 실시하는 계기가 되었다. 이들 반란 세력은 스스로를 '가톨릭 왕당 군대'라고 불렀다. '지옥의 종대'의 잔인한 진압으로 방데 시의 인구 3분의 1(25만여 명)이 학살당했다. 위 그림은 방데 반란이 시작된 1793년 3월 11일에 숄레 전투(Battle of Cholet)에서 방데 반란군을 이끈 라 로슈자클랭(La Rochejaquelein)의 모습을 그린 것이다. 〈출처: WIKIMEDIA COMMONS | Public Domain〉

들과 달리, 방데 주민들처럼 반란군을 도와주는 외부 지원도 없었다.

프랑스군은 스페인에서 그랬던 것처럼 반란을 잔인하게 진압할 생각이었지만, 반란 진압에 성공하려면 외부의 지원을 받는 대규모 반란을 진압할 때와 같이 많은 자원이 있어야 하는데 상황이 그렇지 못하다는 것을 알고 있었다. 게릴라전에서는 규모가 중요하다. 고립된 한 지역에서 통용되었던 것이 전 지역에서 똑같이 통용되지 않을 수도 있다는 의미다.

◆ ◆ ◆

프랑스군이 잔인하게 대반란전을 수행한 대표적인 사례로 스페인 북부의 도시 사라고사Zaragoza에 대한 공격을 들 수 있다. 포격은 1808년 7월 31일에서 8월 1일로 넘어가는 야간에 시작되었으며 날이 갈수록 심해졌다.

프랑스군의 야포 60문은 밤낮을 가리지 않고 포격했다. 당시 어느 스페인 역사가는 "지옥에서 포탄이 떨어지는 것 같았다. 이런 포격은 지금까지 본 적이 없다"라고 기록했다. 심각하게 파손된 건물들 중에는 신체질환자와 정신질환자가 수용된 병원도 있었다. 포격으로 벽돌과 파편이 날아다니는데도 환자 대부분은 자신의 병실에 갇혀 있었다. "환자들은 정신적 충격으로 인해 경련을 일으키며 헛소리를 하거나 노래를 불렀고, 일부는 이곳에서 벗어나게 해달라고 고래고래 소리를 지르기도 했다. 환자들이 내는 온갖 소리가 무시무시하게 들렸다." 일부 정신질환자들은 탈출해서 불타는 건물들 사이를 쏜살같이 내달렸고, 일부는 시체 옆에서 노래를 불렀으며, 웃거나 춤을 추기도 했다. 탈출을 시도한 다른 환자들은 말그대로 산산조각이 났다. 이들 신체 일부가 피범벅이 된 붕대, 목발과 함께 거리에 나뒹굴고 있었다. 어느 목격자는 "이날 지옥의 문이 열린 것 같았다"라고 진술했다.

8월 4일 오후, 포격으로 성벽에 지름 270m 정도의 구멍이 뚫렸고, 푸른 제복에 하얀 바지, 검은 샤코shako[133]를 쓴 프랑스군 보병 수천 명이 돌파할 준비를 했다. 이제 프랑스군 지휘관들은 드디어 성가신 장애물과 광기 어린 수비군을 쓸어버릴 수 있게 되었다.

사실 사라고사는 훨씬 이전에 함락되었어야만 했다. 인구 6만 명의 사

---

133 샤코: 깃털 장식이 앞에 달린 군모.

라고사에는 스페인군 1,500명만이 주둔하고 있었다. 어도비^{adobe}[134] 벽돌로 쌓은 성벽은 오래되어 낡았다. "문명 전쟁^{civilized warfare}"의 법칙에 따르면, 사라고사는 형식적으로 방어하다가 항복했어야만 했다. 그런데 1808년 6월 15일 프랑스군의 최초 공격을 스페인군이 아닌 스페인 시민이 혈투 끝에 격퇴했다. 분노로 똘똘 뭉친 사라고사 시민들은 칼, 막대기, 도끼, 가위, 나팔총 등 손에 잡히는 대로 들고 바리케이드로 달려 나갔다. 좁은 삼각 깃발을 들고 폴란드 창병 분대가 도시 안으로 들어왔다가 저격수의 사격과 지붕, 발코니로부터 돌 세례를 받고 도망쳤다. 시민들은 기수를 말에서 끌어내리고 곤봉으로 내리쳐 죽였다.

명목상 수비군 지휘관은 귀족 출신의 장교인 호세 드 팔라폭스^{José de Palafox}였다. 그는 완벽한 귀족이었지만 전투가 가장 치열할 때 이런저런 구실을 만들어 전투 현장을 떠나는 나쁜 버릇이 있었다. 그럼에도 노동자, 농민, 기술자, 성직자들은 그들이 추대한 지휘관의 지시에 따라 방어를 계속했다.

여성들도 합류하여 전사들에게 보급품을 날라주거나 부상병을 치료하는 역할을 했다. 7월 2일 흑발의 온화하고 여성적인 용모의 한 젊은 여성은 성문에 설치된 구식 대포를 운용하던 병사들이 프랑스군의 사격으로 전사하는 것을 보았다. 착검한 프랑스군이 막 도시로 물밀듯이 밀고 들어올 참이었다. 바로 직전에 아구스티나 사라고사^{Agustina Zaragoza}라는 이름의 이 여성은 포연과 화염을 뚫고 죽은 포수(일설에 의하면 그녀의 애인이었다고 한다)가 붙잡고 있던 연기 나는 화승간^{火繩桿}[135]을 집어 들어 지근거리에 있던 적을 향해 대포를 발사했다. 밀집대형으로 들어오던 프랑스군은 포도탄^{grapeshot}을 맞고 쓰러졌다. 이 '사라고사의 처녀'는 육군 소위가 되었고, 바이런^{Byron} 경에 의해 신화화되었다. 그녀의 용감한 행동에 고무된

---

134 어도비: 모래, 찰흙, 물, 짚과 같은 유기물질을 섞어 흙벽돌을 만들어 햇볕에 말린 것.

135 화승간: 구식 대포의 인화선에 연결된 막대.

사라고사의 주민들은 어느 프랑스군 장교가 묘사한 대로 "엄청난 분노"에 차서 맹렬히 싸웠다. 프랑스군은 3일간 더 야포사격을 실시했지만 이들의 저항의지는 꺾을 수 없었다.

8월 4일 프랑스군의 전면공세가 시작되었다. 이미 소총탄에 부상을 입은 프랑스군 사령관 장-앙투안 베르디에르Jean-Antoine Verdier는 휴전 깃발을 든 사자를 보내 '평화와 조건부 항복'을 종용했지만, "죽을 때까지 싸울 것이다"라는 날 선 대답만 돌아왔다.

사라고사에 대한 후속 공략에 참가한 나폴레옹군 소속 폴란드 출신 장교 중 한 명은 사라고사의 좁고 구불구불한 골목길에서 '사투死鬪'를 벌인 경험을 다음과 같이 생생하게 기록했다. 그가 겪은 경험은 1세기 예루살렘에서 로마군이, 20세기 바르샤바에서 독일군이, 21세기 팔루자Fallujah에서 미군이 겪은 것과 비슷했다.

우리가 앞으로 나아갈수록 저항은 더욱 거세졌다. 우리는 죽지 않기 위해 … 요새 안에 있는 가옥 하나하나를 전부 다 점령해야 했다. 가옥의 다락, 문 뒤, 덧문 할 것 없이 모든 곳에 죽음이 도사리고 있었다. … 우리가 한 층을 확보하면 마루청에 뚫린 구멍을 통해 총알이 날아왔다. 이 구식 가옥의 구석, 모퉁이마다 매복이 도사리고 있었다. 우리는 지붕 위로 경계병을 보내 계속 감시해야 했다. 가벼운 샌들을 신은 아라곤Aragon 사람들은 고양이처럼 조용히 날렵하게 이동할 수 있었고, 전선에서 멀리 떨어진 아군의 후방도 기습할 수 있었다. 전투는 거의 공중전을 방불케 했다. 우리는 며칠 동안 점령한 가옥 안에서 불을 피우고 평온하게 불가에 둘러앉아 있었는데, 마치 하늘에서 떨어진 것처럼 어딘가에서 쏜 총탄이 창문을 통해 날아 들어왔다. … 때때로 우리가 가옥에 난입하면 … 갑자기 폭발이 일어나 카드 짝처럼 모든 벽들이 무너져내렸다. … 적은 결국에 건물을 포기해야만 하는 상황이 되면 송진 다발을 곳곳에 놔두고 불을 질렀다. 불이 난다고 해서 석조건물이 파괴되는 것은 아니었지만, 이를 통해 적은 포위망을 뚫고 인근 가옥에서 방어를 준비할 수 있는 시간을 벌 수 있었다.

사라고사 방어에 앞장선 아구스티나 사라고사. 아우구스티나의 용감한 행동은 사라고사 시민들을 하나로 뭉치게 했다. 그녀의 용감한 행동에 고무된 사라고사의 주민들은 어느 프랑스군 장교가 묘사한 대로 "엄청난 분노"에 차서 맹렬히 싸웠다. 프랑스군은 3일간 더 야포사격을 실시했지만 이들의 저항의지는 꺾을 수 없었다. 위 그림은 19세기 영국 화가 데이비드 윌키(David Wilkie)의 작품이다. 〈출처: WIKIME-DIA COMMONS | Public Domain〉

1808년 8월 14일 아침 갑자기 사라고사가 무덤처럼 조용해졌다. 프랑스군은 총 병력 1만 5,000명 중 3,500명을 잃고 철수했다. 프랑스군은 1개 군단이 안달루시아^{Andalusia}에서 입은 참담한 패배 때문에 철수할 수밖에 없었다. 7월 19일 스페인 정규군과 싸운 바일렌 전투^{Battle of Bailén}에서 프랑스군 1만 7,000명이 포로로 잡히고 2,000명이 전사하거나 부상을 입었기 때문이다. 사라고사를 포위하고 있던 부대를 포함한 스페인 내 프랑스군은 스페인 최북단으로 이동해 방어태세로 전환했다.

◆ ◆ ◆

그때까지 프랑스의 초기 침공은 독일의 유고슬라비아 점령, 소련의 아프가니스탄 점령, 미국의 이라크 점령처럼 믿기 힘들 정도로 순조롭게 진행되었다. 하지만 이 점령지들은 모두 중요한 게릴라전이 벌어지는 전장戰場이 될 운명이었다. 1807년 10월 18일 나폴레옹과 스페인 총리가 포르투갈을 공격하기 위해 프랑스군이 자유롭게 통과할 수 있도록 하는 협정에 합의한 후 다음해 가을에 프랑스군은 스페인에 진입했다. 나폴레옹의 보좌관은 이를 가리켜 "전쟁이 아니고 무장행군이다"라고 주장했다. 나폴레옹이 부르봉 왕조를 추방하고 자신의 형 조제프Joseph을 스페인의 왕으로 즉위시키면서 일이 뒤틀리기 시작했다. 1808년 5월 2일, 마드리드Madrid에서 계획에 없던 반란이 일어났다. "프랑스인에게 죽음을!"이라고 외치며 곤봉, 가위, 나팔총으로 무장한 시민들이 점령군을 공격했다. 폭동은 프랑스군 3만 명이 거리에 야포를 배치하고 시민 400명을 죽이면서 몇 시간 만에 진압되었다.

궁정화가 프란시스코 데 고야Franciso de Goya에 의해 불후의 명성을 얻은 도스 데 마요Dos de Mayo[136]의 이야기들이 이베리아 반도 전역에 반향을 일으켜 사라고사의 성공적인 방어작전을 포함한 전국적 봉기를 촉발하게 되었다.

이베리아 반도에서 거의 축출되다시피 한 나폴레옹은 중부 유럽으로부터 서둘러서 재전개한 대육군grande armée에서 25만 명의 정병을 골라 일련의 기습공격을 실시해 주도권을 되찾으려고 했다. 나폴레옹은 친히 부대를 지휘해 4주일 만에 반도를 평정하고, 1808년 12월 4일 마드리드에 입성했다. 영웅적인 도시 사라고사마저 4만 5,000명이 투입된 2차 포위

---

136 도스 데 마요: 1808년 5월 2일, 마드리드를 점령한 프랑스군에 대해 저항을 시작한 사건이다. 이 저항을 야만적으로 진압한 프랑스 근위군에 대한 분노로 봉기는 널리 퍼져나갔고, 이 사건은 스페인 독립전쟁의 시발점이 되었다.

공격으로 1809년 12월 4일에 함락되고 말았다. 포르투갈이 영국의 도움으로 아직 버티고 있었지만, 이베리아 반도 대부분이 나폴레옹의 손아귀에 들어갔다. 나폴레옹은 형 조제프에게 성공을 자랑하며 이렇게 말했다. "나는 스페인에서 헤라클레스의 기둥은 봤지만 내 능력의 한계는 보지 못했어." (헤라클레스의 기둥은 지브롤터Gibraltar 해협 양쪽에 있는 2개의 곶을 말한다.)

그러나 스페인 사람들이 전투를 멈추지 않자, 나폴레옹은 점점 능력의 한계를 느꼈다. 스페인 정규군이 패배하자, 스페인 사람들은 민중저항으로 방향을 돌림으로써 '게릴라'라는 말을 탄생시켰다. '게릴라'라는 용어를 처음 사용한 1611년 기록에 따르면, 그것은 "일반 시민들 간의 작은 싸움으로… 시민들이 패로 나뉘어 서로 싸우는 것을 의미했다." 게릴라가 전쟁의 한 형태로 사용된 것은 18세기부터다. 최초에 '게릴라'라는 말은 ("그들은 게릴라에 참여했다"와 같이) 전쟁 자체를 지칭했다. 게릴라 대원은 스페인에서 게리예로guerrillero, 또는 파르티다스 데 게리야partidas de guerrilla로 알려졌으며, 1809년에 세상의 주목을 받게 되었다.

일부 스페인 사람들, 주로 상류층 사람들(프랑스 물이 든 사람이라는 뜻의 '아프란세사도스afrancesados'라고 불렸다)은 조제프 정권에 기꺼이 협력했지만, 대다수는 그렇지 않았다. 중앙평의회central junta라고 불린 혁명정부가 남서쪽 도시 세비야Seville로 도피했고, 지방평의회local junta가 각 주에서 결성되었다. 1810년 프랑스가 세비야를 함락하자, 평의회는 카디스 요새로 이동한 후 의회Cortes로 교체되었다. (프랑스에 억류된) 페르난도 7세Fernando VII의 이름으로 통치하던 이 정권은 "이 잔인한 동물들…, 저주받을 괴물들"에 맞서 민중봉기를 일으킬 것을 지시하는 칙령을 하달했다. 스페인 성직자들은 프랑스군을 "유대인, 이교도, 주술사"라고 비난하며 민중봉기를 이런 프랑스군에 맞선 성전聖戰으로 바꾸기 위해 최선을 다했다. 스페인 성직자들의 입장에서는 나폴레옹이 그리스도의 적이었고, 나폴레옹의 장군들은 '사탄의 사자使者'였으며, 그들의 부하들을 죽여야만 천국에

갈 수 있었다. 반란전에서 아주 중요한 요소인 국민이 인정하는 반란의 타당성은 반란군의 편이었다.

영국은 자금, 셔츠, 신발, 주전자 등 온갖 물품을 지원하면서 도왔다. 반란이 일어난 최초 6개월 동안 영국은 머스킷 소총 16만 정을 제공했으며 이후로도 더 보낼 예정이었다. 포르투갈과 지브롤터에 있는 영국군 기지는 스페인군을 재보급하고 프랑스군에 맞서 기습적인 상륙작전을 수행할 수 있는 교두보 역할을 했다.

거의 2000년 전에 로마에 대항해 비리아투스와 세르토리우스가 게릴라전을 수행할 때와 마찬가지로 이베리아 반도에는 산이나 협곡과 같은 애로지형이 많아 반란을 진압하기 어려웠다. 어느 프랑스군 장교는 "게릴라전을 하기에 스페인만큼 좋은 곳은 없다"라는 말을 남기기도 했다.

◆ ◆ ◆

게릴라 부대는 중앙집권적인 지휘체계에 의해서가 아니라, 엘 엠페시나도El Empecinado(소박한 사람), 엘 모조El Mojo(소년), 엘 카라콜El Caracol(달팽이)과 같은 가명을 쓰는 카리스마 있는 지도자들의 지휘 아래 각각 작전을 수행했다. 가장 활발하게 활동한 게릴라 지도자는 프랑스 국경지대이자 바스크Basque어를 쓰는 지방의 나바라Navarra 지역을 지배한 프란시스코 에스포스 이 미나Francisco Espoz y Mina였다.

처음에 그는 18세의 수도원 학생이던 조카 마르틴 하비에르 미나 이 라레아Martin Javier Mina y Larrea가 조직한 소규모 게릴라 부대의 일원으로 1809년 반란에 가담했다. 1810년 프랑스군은 하비에르 미나를 체포했다. 그의 부대는 흩어졌지만, 깃발은 체포된 조카의 뒤를 잇기 위해 프란시스코 에스포스 이 미나로 개명한 29세의 부농의 아들 프란시스코 에스포스 일룬다인Franciso Espoz Illundain이 집어 들었다. 그를 따르는 사람이 고작 6명에 불과했기 때문에, 이탈한 게릴라들을 모아 더 큰 게릴라 부대를 만

스페인 게릴라 지도자인 프란시스코 에스포스 이 미나의 초상화. 문맹이었던 에스포스 이 미나는 재치 용맹, 허세로 이 결점을 보완해 1만 3,000명의 게릴라 부대를 이끌고 프랑스 정규군을 위협함으로써 '게릴라 지도자의 대명사'가 되었다. 〈출처: WIKIMEDIA COMMONS | Public Domain〉

드는 것이 급선무였다. 몇 달도 채 안 되어 그는 조카가 지휘하던 부대보다 더 큰 부대를 지휘하게 되었다.

이것은 '보통 체구에 흰 피부, 체격이 좋고 154cm의 키에 과묵하지만 직설적인' 촌사람인 그의 놀라운 리더십을 보여주는 증거였다. 그는 스페인어를 읽고 쓸 줄 몰랐고, 자기 이름 철자조차도 몰랐다.

그는 재치, 용맹, 허세로 이 결점을 보완했다. 어느 날 혼자 있을 때 그는 프랑스 기병부대의 기습을 받았다. 프랑스군이 오두막 문을 부수고 들어오자 그는 대담하게 외쳤다. "창병은 후방으로! 기병 부사관! 왼쪽 첫 번째 부대를 공격해라!" 그가 많은 부대를 데리고 있는 것으로 오인한 프랑스군은 퇴각했고, 그는 탈출에 필요한 시간을 벌 수 있었다.

1812년 몇 번의 죽을 고비를 넘긴 에스포스 이 미나는 나바라 사단 1만 3,000명을 지휘하고 있었다. 그는 나바라 세관 건물을 점령하여 그의 사단이 스스로 재원을 조달할 수 있게 했다. 그는 비밀 공장을 만들어 제복과 무기를 생산하고 병원을 운영하는가 하면 심지어 자체적인 사법체계까지 마련했다. 에스포스 이 미나는 아라곤의 일부이자 아라곤의 이웃 나라인 나바라의 '작은 왕'이었다.

프랑스군은 나바라의 외곽으로부터 밀려들더니 22개월 동안 나바라의 주도인 팜플로나Pamplona에 갇히게 되었다. 그곳에서 그들은 에스포스 이 미나 휘하의 감시병이 지켜보는 가운데 천천히 굶어 죽었다. 에스포스 이 미나의 게릴라 부대는 봉쇄를 강화하기 위해 프랑스군을 대상으로 사업을 한 레몬 상인을 서슴없이 교수형에 처했다. 프랑스군은 보급품을 구하기 위해 모험을 시도했지만 큰 피해만 입었다. 1812년 한 해 동안 나바라 사단은 프랑스군 5,500명을 죽였다. 다음해 에스포스 이 미나는 영국군으로부터 야포를 지원받아 더 강력해졌다. 그는 이 야포로 남아 있는 프랑스군 요새들을 공격해 점령했다.

◆ ◆ ◆

1811년 무렵 프랑스군은 스페인 전역에 걸쳐 거의 5만 명에 달하는 '보이지 않는 군대invisible armies'를 상대하느라 발목이 잡혀 있어서 영국-포르투갈 정규군 8만 명을 격파하는 데 귀중한 병력을 투입할 만한 여력이 없었다. 프랑스는 1810년부터 1812년 사이에 이베리아 반도에 35만 명의 병력을 유지하고 있었다. 이들 중 대부분이 대게릴라 전투에 투입되었다. 마드리드와 프랑스 국경 사이의 통신을 유지하기 위해 7만 명의 병력이 필요했다. 따라서 프랑스군은 단일 전투에 6만 명 이상을 동원할 수 없었기 때문에 연합군 사령관 웰링턴 공duke of Wellington은 거의 비슷한 조건에서 싸울 수 있었다.

부대를 모든 곳에 배치할 수 없었기 때문에 프랑스 점령군은 몇몇 큰 주둔지에서 나와서 가끔 소득 없는 습격작전을 벌였지만, 반란군은 거의 붙잡히지 않았다.

루이-가브리엘 쉬셰Louis-Gabriel Suchet 원수는 "그들은 우리 부대가 가까이 오기만 해도 싸우지 않고 도망친다. 그들은 우리가 없는 곳에서만 나타나고 어디에서든지 우리가 결정적으로 타격을 줄 기회조차 주지 않는다"라고 불평했다. 그 결과, 어느 프랑스 위관장교는 "우리는 항상 적을 괴롭히려고 했지만 완벽하게 파괴하지는 못했다"라고 고백했다.

1,100만 명의 인구가 거주하는 국가에서 실시하는 대반란전은 본질적으로 어려울 수밖에 없었는데, 프랑스군의 비효율적인 지휘구조와 미국 독립전쟁 당시 영국군처럼 갈피를 못 잡는 전략으로 인해 어려움은 더욱 가중되었다. 조제프 보나파르트Joshep Bonaparte가 명목상으로는 스페인 왕이었지만 실질적 권한은 각 지방의 군사정권을 감독하고 나폴레옹에게 직접 보고하는 관료들에게 있었다. 북스페인의 주들은 거의 프랑스에 합병되어 마드리드와 그 일대를 둘러싸는 수도권을 제외하고는 조제프의 통치력이 미치지 못했다. 조제프의 동생 나폴레옹 황제는 농촌 반란진압작전을 총괄할 관료를 임명하지 않았다. 결과적으로 프랑스 부대 간에는 실질적인 협조가 거의 이루어지지 않았다. 상황은 더욱 악화되어 반란군은 옆 동네로 도망가서 추격을 따돌리는 일이 흔했다.

설상가상으로 나폴레옹은 민심을 잡기 위한 노력을 하지 않았다. 나폴레옹은 스페인 사람들이 프랑스의 편으로 돌아설 동기가 될 만한 일은 결코 하지 않았으며, 조제프가 실행한 자유주의 헌법 공표, 학교 및 병원 설립 등과 같은 민심을 확보하기 위한 시도들을 지속적으로 중단시켰다. 나폴레옹의 프랑스 제국군은 민간인이나 포로를 상습적으로 살해하고 약탈과 강간을 일삼아 수많은 잠재적 동조자들이 등을 돌리게 만들었다. 어느 프랑스 기병대원은 아시리아인부터 나치 대원에 이르는 다른 대반란전 수행 주체들이 느꼈던 것과 똑같이 비탄에 잠겨 이렇게 말했다. "폭력적인 방법으로는 주민들을 막을 수 없고, 오히려 프랑스군에 대한 증오만 키울 뿐이다. 애국심이 높은 농촌에서 폭력적인 방법을 쓴다면, 이들은 더 폭력적으로 대응할 뿐이다. 기병중대, 심지어 기병대대도 야간 행군 중에 농민들에게 전멸당했다."

1812년 프랑스군은 나폴레옹이 훗날 실패로 끝맺을 러시아 침공을 위해 투입할 부대를 스페인에서 차출하는 바람에 병력이 25만 명으로 감소했고, 더 많은 기반을 잃었다. 러시아에서도 나폴레옹은 정규군과 합동 공격하는 게릴라들과 교전했다.

프랑스군의 세력이 약화되자 웰링턴은 포르투갈에 위치한 본거지에서 나와 싸우는 족족 승리를 거두었고, 결국 1812년 8월 12일에 마드리드를 함락했다. 웰링턴의 공세는 1812년 가을 중단되었고 영국군은 일시적으로 후퇴했지만, 웰링턴은 1813년에 다시 스페인으로 더 깊숙이 들어갔다. 그는 스페인 비정규군의 도움을 받았다. 스페인 비정규군은 나날이 용맹해졌고 활동도 늘었을 뿐만 아니라 프랑스군에 대한 게릴라 작전의 중요성은 더욱 커졌다. 이들 덕분에 웰링턴은 1813년 6월 21일 비토리아Vitoria에서 프랑스군에게 괴멸적인 타격을 가할 수 있었다. 에스포스 이 미나 혼자 프랑스군 2만 8,000명을 고착시켰는데, 그가 없었다면 웰링턴은 이들 역시 상대했어야 했을 것이다. 그해 가을 영국군은 프랑스 남쪽 국경을 넘었고 오스트리아군, 프로이센군, 러시아군도 동쪽에서 프랑스로 공격해왔다. 나폴레옹은 1814년 4월 12일에 퇴위했다., 이로써 최소한 당분간은 세계가 지금까지 경험하지 못했던 가장 큰 전쟁이 끝났다.

◆ ◆ ◆

미국 독립전쟁보다 훨씬 더 큰 규모로 치러진 반도전쟁은 정규군과 비정규군이 합동작전을 실시하여 강력한 점령군이 어느 쪽 위협에도 대처할 수 없도록 하는 방법을 보여주었다. 북아메리카에서는 정규군이 대부분의 전투를 수행했다. 스페인에서는 비정규군이 대부분의 전투를 소화했다. 6년의 전쟁 기간 동안 프랑스군이 입은 피해 대부분은 비정규군 활동으로 인한 것이었다. (프랑스군 18만 명이 죽었다.) 나폴레옹의 가장 유능한 원수 중 한 명인 쉬셰가 "게릴라들이 정규군이 정규전으로 나라를 지키는 것보다 훨씬 더 효과적인 방법으로 나라를 지켰다"라고 말한 것에 이의를 제기할 사람은 거의 없을 것이다.

스페인 국민은 나폴레옹의 몰락에 일조한 것을 자랑스럽게 생각할 수도 있겠지만, 그 대가는 컸다. 웰링턴은 1813년에 "스페인의 모든 집권체계가 무너졌다"라고 기록했다. 전쟁이 끝나고 나서 프랑스와 수년간 싸웠던 전사들은 자발적으로 빈곤하고 권력 없는 삶으로 돌아가려 하지 않았다. 일부는 산적이 되었다. 에스포스 이 미나를 포함한 다른 일부 게릴라 전사들은 부르봉 전제주의 왕가에 대항해 싸웠다. 유명한 게릴라 지도자 엘 엠페시나도El Empecinado(후안 마르틴 디아스Juan Martin Diaz)는 페르난도 7세에 의해 교수형에 처해졌고, 에스포스 이 미나는 프랑스로 망명했다.

중심 권력이 사실상 존재하지 않는 상황에서 스페인은 수십 년간 도적떼와 정치적 혼란에 시달렸다. 1820년대부터 1870년대까지 스페인은 도시 자유주의자 대 농촌 보수주의자 간의 내전으로 분열되었다. 자유파는 마드리드를 거점으로 삼았고, 보수파[137]는 게릴라전을 펼쳤다. 이런 혼란은 100년 후 1936년부터 1939년까지 계속된 스페인 내전에서 정점에 달했다. 사회 구조의 분열은 장기간의 반란에서 자주 일어나는 현상

---

137 보수파: 돈 카를로스(Don Carlos)의 왕위 계승을 주장하는 파로서 카를로스파라고도 불린다.

이다. 조지 워싱턴 같은 지주계층이 조상 대대로 살아온 땅에서 게릴라 전 같은 방식의 저항운동을 꺼린 것은 바로 이러한 이유 때문이다. 남부의 지주였던 로버트 E. 리는 1865년 어퍼매톡스^{Appomattox}에서 남부연합군이 항복하고 난 후 게릴라 저항운동을 하자는 제안을 이런 이유로 거절했다.

◆ ◆ ◆

스위스 태생 프랑스 군사전략가 앙투안-앙리 드 조미니$^{Antoine-Henri de Jomini}$는 군사학 고전 『전쟁술$^{Precisde\ l'Art\ de\ la\ Guerre}$』(1838)에서 "장군과 그의 용맹한 부대원이 국민들이 항전을 불사하는 나라를 정복하거나 점령할 때 만나는 장애물에 대해 알아보기 위해 반도전쟁은 자세히 연구해야 할 필요가 있다"라고 주장했다. 스페인과 러시아에서 프랑스군으로 복무한 그는 침략군의 어려움에 대해 다음과 같이 썼다. "점령군은 숙영지 빼고는 어떠한 지역도 영향력을 미칠 수 없다. 숙영지 주변을 벗어나면 모든 것이 적대적인 환경에 놓이고, 걸을 때마다 어려움은 천 배로 불어난다." 그는 민중의 전쟁이 효과가 있다는 것을 확신하면서도 그것의 끔찍한 결과에 대해서는 경악했다. 그는 "군인으로서 계획된 암살보다는 차라리 정정당당한 전투가 낫다"라고 말했다.

조미니를 뛰어넘는 유일한 군사이론가인 클라우제비츠는 재래전을 다룬 그의 대작에서 일부 지면을 할애해 '국가 무장'의 결과를 설명한다. 프로이센 장군 칼 폰 클라우제비츠는 『전쟁론』(1832)에서 민중저항에 대해 "느리지만 지속적인 사격처럼 적군의 근간을 파괴한다"라고 설명했다. 조미니처럼 클라우제비츠 역시 '민중의 전쟁'은 18세기 '인위적' 전쟁에서 벗어난 것이기 때문에 실제보다 더 참신하다고 생각했다. 그러나 조미니와 달리 클라우제비츠는 자신이 잘못 분류한 '19세기의 현상'인 게릴라전을 받아들이는 것을 망설이지 않았다. "적에 비해 아무리 작고 약한 국가라도 최후의 노력을 포기한다면, 우리는 그 국가에 더 이상 어떤 정신도 남아 있지 않다고 말할 수 있다."

프랑스 혁명과 나폴레옹 전쟁 기간 동안 방데, 칼라브리아^{Calabria}, 티롤, 스페인에서 '정신'이 부족한 곳은 없었다. 하지만 프랑스 통치에 저항해 가장 거세게 '최후의 노력'을 한 곳은 단연 프랑스의 해외 식민지였다. 아이티 반란은 조미니가 개탄해 마지않았던 '섬멸전'의 딱 맞는 사례라고 볼 수 있다. 믿기 어렵겠지만 카리브해에 있는 섬에서 프랑스는 방데에서 보여준 야만적 행위에 필적하거나 그보다 더 끔찍한 일을 자행했다. 하지만 그만큼 성공하지는 못했다.

16

흑인 스파르타쿠스

◆

1791~1804년,
아이티 독립전쟁과 생도맹그 노예 반란

그것은 1791년 8월 22일 밤에 노에Noe 농장에서 시작되었다. 10여 명의 노예들이 설탕정제소로 가서 젊은 백인 견습공을 날이 휜 단검으로 난도질했다. 농장주 브라이언 에드워드Bryan Edward는 "그의 비명소리가 들렸고, 일꾼을 감독하는 사람이 뛰어나왔다가 사살되었다. 반란군은 정제소장의 집으로 가는 길을 알아내 침대에 누워 있는 그를 난자했다"라고 회상했다.

이와 비슷한 사건들이 생도맹그Saint-Domingue(오늘날의 아이티)의 북부 평원에 산재한 많은 농장에서 동시에 발생했다. 이러한 잔혹행위가 다반사로 벌어지는 공포의 현장 중에서 몇몇 피비린내나는 현장에 대한 아주 상세한 묘사는 식민지 주민들의 충격적인 설명에서 특히 더 눈에 띄었는데, 충격요법을 써서 그들의 동족이 그들을 구하러 오게끔 만들기 위해 과장한 측면도 없지 않았을 것이다. 한 목수가 널빤지 2개 사이에 묶인 채 톱으로 잘려 죽었다. 경찰관이 농장 정문에 산 채로 못박힌 다음 도끼로 사지가 잘렸다. 여성과 어린 여자아이들이 아직 온기가 남아 있는 남편, 남자 형제, 아버지의 시신 곁에서 집단성폭행을 당했다. 일부 반란군은 백인 영아를 꼬챙이에 꽂아 표식으로 사용한다는 소문도 있었다. "이제 횃불 대신 칼을 들 때다." 일부 식민지 주민들은 도움을 요청하면서 말했다. "사탕수수에 불을 질렀고, 건물들도 곧 화마에 휩싸일 것이다. 그것은 약속된 신호였다. 반란은 빛의 속도로 이웃 농장으로 번져나갔다."

진실 여부를 떠나 이런 이야기는 1950년대 케냐의 마우 마우Mau Mau 반란을 진압하는 데 필요한 지지를 얻기 위해 영국군이 각색한 이야기를 떠올리게 한다. 의심할 여지 없이 노예들의 반란은 백인 사회에 공포를 조성했다. 즉흥적인 반란이 아니라는 것도 의심의 여지가 없었다. 그것은 8일 전 악어숲이라고 불리는 부아 카이만Bois Caïman에서 비오는 날 열린 한밤중의 부두교voodoo[138] 의식에서 계획된 반란이었다. 이 의식에 참여한 사람들은 북쪽 농장에서 일하는 노예들을 대표하는 자들이었다. 그들은 동료 노예들에 대해 어느 정도 권한을 행사했고, 그들의 주인으로부터 받은 일부 자치권을 누렸다. 부두교 제사장을 겸하고 있던 부크만Boukman이라는 이름의 마부가 의식을 집행하고 있었는데, 그들은 흑돼지를 잡고 돼지의 피를 마시며 백인들에 대한 복수를 위한 엄숙한 의식이 다른 사람들에게 새어나가지 않도록 단속했다.

그들은 복수할 게 많았다. 생도맹그는 프랑스의 가장 부유한 식민지였다. 설탕, 커피, 목화, 인디고indigo, 코코아 농장은 프랑스 해외 수출의 3분의 1 이상을 차지했고, 유럽의 설탕 소비량 중 40%, 커피 소비량 중 60%를 생산하고 있었다. 4만 명의 유럽인 중 극히 소수인 백인 농장주 엘리트 계층은 외부인이 봤을 때 고압적이고 방탕한 삶을 살았다. 이들은 "모든 것을 자기가 하고 싶은 대로 했고", 많은 노예 시종들은 그들의 비위를 일일이 맞춰야 했다. 이들은 여성 노예를 성적으로 착취해서 3만 명의 물

---

138 부두교: 서인도 제도의 아이티에서 널리 믿고 있는 애니미즘적 민간신앙.

라토mulatto[139] 계층이 생겨났다. 물라토는 노예는 아니었지만, 백인처럼 완전한 자유민도 아니었다. 이들의 불만은 쌓여갔고, 죽을 때까지 농장에서 일만 하다가 죽는 흑인 노예들만큼 절실하게 반란을 꿈꾸고 있었다. 노예들 대부분은 아프리카에서 실려 와서 공손한 편이 아니었다. 이들을 고분고분하게 만들기 위해 주기적으로 채찍질을 했고, 상처에 매운 고추, 레몬, 소금을 뿌리기도 했다. 이보다 더 끔찍한 형벌도 있었다. 일부는 화약을 노예의 직장直腸에 넣어 터뜨리고, 또 다른 노예를 끓는 사탕수수 물에 빠뜨리기도 했다.

1791년 8월 23일 아침, 지평선 가득한 불기둥을 보고 겁먹은 섬 북쪽 대도시 카프프랑수아Cap-Français의 백인들은 그동안의 악행에 대한 큰 대가를 치르게 되었다. 브라이언 에드워즈Bryan Edwards의 기록에 따르면, "세상에서 가장 기름지고 아름다운 평원이… 대학살의 장場으로 변하여 황야로 바뀌고 말았다." 1,000개 이상의 농장이 잿더미가 되고 2,000명이 넘는 백인이 살해되었다.

"절망과 공포" 속에서 카프프랑수아라고 불린 르 카프Le Cap의 주민들은 반란군을 토벌할 군인들을 보냈다. 반란군은 사슬을 끊고 나온 호랑이 같았다. "일부는 벌거벗고, 일부는 누더기를 걸치고, 일부는 기괴하게 꾸미고 있었다." 한 식민지인은 "반란군은 백인의 옷장에서 꺼낸 비싼 옷을 입고 있었는데, 이들은 비명을 지르거나 솥을 두드리며 무서운 소리를 냈으며, 주로 총, 칼, 막대기, 날카로운 주방도구와 농기구로 무장하고 있어서 무장 상태는 좋지 않았다"라고 기록했다. 하지만 다수의 흑인 노예들은 아프리카 전쟁을 겪어본 적이 있었고, 유럽인들이 예상하는 것과는 다른 방법으로 싸웠다. 한 식민지 개척자는 잘 알려지지 않았지만 전형적인 게릴라전 경험담을 다음과 같이 말했다. "우리는 밤낮으로 적을 추격했는데, 적은 절대로 우리가 가까이 다가갈 때까지 기다리지 않았다. … 적은

---

139 물라토: 중남아메리카에 사는 백인과 흑인의 혼혈 인종.

우리 눈에 보이지 않는 모든 나무, 구멍, 돌에 비겁하게 숨어 있다가 암살을 시도했는데, 발각되지 않으면 다가와 창으로 우리 가슴을 찔렀다. 그러나 발각되면 자비를 구걸하거나 도망쳤다."

백인들이 반란군을 가까스로 잡으면 아주 잔인하게 죽였다. 에드워즈는 1791년 9월 28일 그가 르 카프에 살 때 백인들에게 잡힌 불쌍한 반란군 2명이 처형되는 장면을 창문 너머로 보게 되었고, 그것을 다음과 같이 기록했다. 처음에 처형당한 사람은 비교적 짧은 시간 안에 죽었기 때문에 그나마 자비로운 죽음을 맞은 편이었다. 하지만 그 다음 사람은 이미 사형 집행인이 팔과 다리를 부러뜨리고 가슴을 심하게 때려 죽기 일보 직전이었다. 그는 그만하라고 외쳤지만, 마차바퀴에 묶여 이 비참한 꼴을 보고 있던 어떤 영국 선원이 측은한 나머지 목을 졸라 죽일 때까지 40분 동안 고통을 견뎌야 했다. 또 다른 백인 목격자는 '죄 없는 여자 흑인 노예'와 '병원에서 사슬에 묶인 흑인 노예들'의 처형 장면을 기록했다.

최초 전투에서 약 1만 명의 노예가 사망한 것으로 추정된다. 백인들은 일련의 전초기지를 세워서 반란 지역을 에워싸는 데 성공했고, 반란 지역으로 진입하는 길 가로수에 반란군 시체를 매달았다. 노예주奴隷主들은 걸출한 인물이 반란군 지도자로 등장하지 않았다면 수많은 이전 카리브 노예 반란 후 그랬던 것처럼 다시 통제권을 되찾았을 것이다. 그는 1793년에 다음과 같은 인상적인 외침과 함께 나타났다. "나는 투생 루베르튀르Toussaint Louverture다. 나는 자유와 평등이 생도맹그에 뿌리내리기를 원한다."

◆ ◆ ◆

그의 원래 이름은 투생 브레다Toussaint Bréda였다. 그는 자유의 부사로 활동하기 시작하면서 루베르튀르Louverture(개방)라는 이름을 사용하기 시작했다. 그는 반란 초기에는 두각을 나타내지는 않았지만 비교적 좋은 그의 배경 덕분에 곧 최고지도자의 자리에 올랐다. 루베르튀르는 미래의 반군 지휘자 피델 카스트로Fidel Castro, 체 게바라Che Guevara를 연상케 했다. 그를 만난 식민지인의 말을 빌리면, 서아프리카 다호메이Dahomey 왕족이었던 투생은 "건방질 정도로 과묵했다". 그는 1740년대 중반에 브레다Bréda 일족이 경영하는 노예로 태어나 자애로운 주인 밑에서 성장했다. 다른 흑인들과 달리 그는 농장 육체노동에 투입되지 않았다. 그는 마구간 조수로 시작해서 마부로 승진했는데, 이는 역사학자 데이비드 패트릭 게거스David Patrick Geggus의 기록에 따르면 "주인과 백인 사회와의 빈번한 접촉이 있는" 비교적 좋은 보직이었다.

투생은 1760년 중반 아이티에서 예수회 선교사들이 추방되기 전까지 교육을 받았다. 그는 어려움이 있기는 했지만, 프랑스어를 말하고 쓸 줄 알았다. 반면, 다른 대다수의 노예들은 교육을 받지 못했고, 크레올Creole[140] 이나 아프리카 부족 언어만 할 줄 알았다. 그가 유난히 특이한 사람이었음을 보여주는 사실 하나가 1970년대에 밝혀졌다. 반란이 일어났던 시기에 그가 노예가 아니라 노예주였다는 사실이 밝혀진 것이다. 25세 되던 해에 투생은 자유를 얻었고, 소수의 노예가 일하는 농장의 주인이 되었다. 그는 브레다 농장에서 계속 살았고 그의 아내와 아이들이 자유의 몸이 아니었기 때문에 이 중요한 사실이 알려지지 않았던 것이다.

얼마 동안 투생은 다른 흑인 병사들과 함께 현재 도미니카 공화국인 이웃 나라 산토도밍고Santo Domingo에 주둔하고 있던 스페인군에 가담하여 프랑스군에 맞서 싸웠다. 1794년 봄, 프랑스의 노예제 철폐 이후 그는 4,000명의 동료들과 함께 프랑스 편에 가담했다. 그는 백인, 물라토 장교들의 도움으로 그의 옛 노예들을 섬 최고의 전사로 변모시켰다. "탄띠, 검, 소총만 가지고 벌거벗은 저 아프리카 원주민이 가장 높은 군기의 표상을 보여주었다는 것은 놀라운 일이었다"라고 프랑스 장군 팜필 라크루아Pamphile Lacroix가 기록했다. "이런 야만인들에게 군기를 심는 것은 투생

---

140 크레올: 서인도 제도에 사는, 유럽인과 흑인의 혼혈인.

아이티의 독립운동가이자 흑인해방 지도자인 투생 루베르튀르. 1794년 봄, 프랑스의 노예제 철폐 전까지는 프랑스군에 맞서 싸우다가 프랑스의 노예제 철폐 이후로는 4,000명의 동료들과 함께 프랑스 편에 가담해 그의 옛 노예들을 섬 최고의 전사로 변모시켰다. 2년 후 섬 내 프랑스군의 최고 서열자가 된 그는 영국과의 전쟁에서 매복공격 위주의 게릴라 전술을 구사하며 영국군을 물리쳤고, 1801년 7월 제정한 헌법에 따라 종신통령이 되었다. 〈출처: WIKIMEDIA COMMONS | Public Domain〉

루베르튀르의 엄청난 승리다. … 그는 범상한 인물이 아니다."

이 강력한 적에 대항할 수 없었던 스페인은 1795년 7월 강화를 요청하며 프랑스에 섬 전체에 대한 통치권을 양도했다. 2년 후 투생은 섬 내 프랑스군의 최고 서열자가 되었다. 그의 주적은 영국군이었다. 영국군은 프랑스를 상대로 한 광범위한 세계 전쟁의 일환으로 북쪽의 몰생니콜라 Môle Saint Nicolas에서부터 남쪽의 제레미Jérémie에 이르는 좁은 해안지대를 점령하고 있었다. 투생의 '산적떼'들은 영국군을 교묘하게 괴롭혔다. 요크 후사르York Hussars 부대의 토머스 핍스 하워드Thomas Phipps Howard 중위는 "영국군이 만난 적 중 가장 강력한 적"이라고 기록했다. "이 나라의 애로지형을 이용한 매복 작전이 이들의 주된 전투방식이다. … 전장에서 만나면 이들 5,000명 정도는 500명의 기병으로 처리할 수 있지만, 이들이 산과 숲 안에 숨으면 상황은 반대가 된다." 높은 기온도 영국군을 괴롭혔다. "병사들은 누워서 혀를 빼물고 갈증으로 죽어갔다." 질병은 상황을 지옥으로 만들었다. "병사들은 피가 몸의 모든 구멍으로 터져나왔다. 일부는 미쳐 죽었다."

조지 3세George III의 영국군은 1798년에 결국 철수했다. 그 대신 흑인들은 영국의 카리브해 일대 식민지들에서 반란을 일으키지 않기로 약속하자 영국군은 전부 섬에서 철수했다. (투생은 자메이카에서 반란을 일으키자는 계획에 반대함으로써 이 약속을 지켰다.) 수많은 지역 경쟁자들을 해치운 투생은 1801년 7월에 제정한 헌법에 의거해 종신통령이 되었다.

투생이 치른 대가로 얻은 어려운 승리였다. 그는 몸에 17군데나 흉터가 있었다. 이 중에는 영국군 포탄 파편으로 인해 머리에 입은 상처도 있었다(포탄으로 인해 치아 다수가 빠졌고 나머지는 흔들렸다). 이런 흉터들은 전기작가이자 소설가 매디슨 스마트 벨Madison Smartt Bell이 묘사한 대로 "괴상하게 생긴" 그의 외모를 더 기이하게 보이도록 만들었다. 그는 "키가 작고 마르고" 몸에 비해 머리가 커서 "기수에게나 적합한 체형"을 가지고 있었다.

그의 성격에 대해서는 평이 갈린다. 투생을 여러 번 만났고, 1805년 그의 전기를 쓴 영국군 장교는 "온화하나 적에게는 무자비한" 사람이지만 그의 친구나 사랑하는 사람들에게는 너그러웠다고 평했다. 투생은 필요시에는 예의 바르게 행동했지만, 평상시에는 격의 없이 행동하고 친근한 사람이었다. 영국 장교의 전기보다 앞서 투생의 전기를 출간한 어느 프랑스 작가는 "그의 성격은 이상할 뿐만 아니라 편집증과 지나친 열정이 뒤섞여 무섭기까지 했다. 그는 아무런 죄의식 없이 대학살을 계획하고 배반도 서슴지 않았다"라고 기록했다.

권력을 쥐게 되면서 그가 보여준 행동은 전과 달랐다. 그는 기존의 농장을 무너뜨리거나 옛 주인을 쫓아내지 못하게 했다. 대신 그는 이전 노예들에게 임금을 받기 위해 예전의 농장으로 돌아가도록 명령했다. 이를 거부한 노예들은 채찍으로 때리거나 죽였다. 투생은 흑인 노동자들의 골칫거리가 된 한편, 그가 교제하고 있던 부유한 백인 토지소유자를 보호하려 했고, 그들의 배우자들과 수많은 염문을 뿌렸다. 그는 '멋진' 궁전을 세우고 '호화로운' 여행을 즐겼다. 식민지인들의 기록에 따르면, "그는 반대하는 자나 그를 존경하지 않는 자는 채찍으로 때렸다." 얼마 지나지 않아 일부 흑인들은 예전 프랑스인 주인들보다는 덜했지만 그들의 '해방자'에게 염증을 느꼈다.

투생은 완전한 독립을 선포하지 않으려고 조심했지만 생도맹그의 자치권이 커지자 프랑스의 제1통령인 나폴레옹은 심기가 불편했다. 나폴레옹은 전쟁을 수행하기 위해 생도맹그에서 발생하는 수입이 필요했다. 그래서 그는 다시 통제력을 회복하기 위해 군대를 보냈다. 사령관은 나폴레옹의 여동생과 결혼한 29세의 장군 빅투아르 에마뉘엘 르클레르Victoire Emmanuel Leclerc였는데, 그는 처남인 나폴레옹을 모방하려 했기 때문에 '금발의 보나파르트'라고 불렸다. 그는 불륜으로 유명한 아름다운 아내 '폴린Pauline'과 4살 난 아들을 데리고 도착했다. 폴린은 백인 내연남이 좋은지 흑인 내연남이 좋은지 시험했다고 전해진다. 르클레르는 살아 있는 모든 흑인 노예들은 추방하거나 죽이라는 잔인한 명령을 내리기 시작했다. 나폴레옹은 그에게 "상류층 흑인들을 없애버려라. 우리는 더 이상 이들이 필요 없다"라고 말했다.

르클레르가 보낸 6만 명이 넘는 원정군 1제대는 1802년 2월 2일 르 카프에 상륙했다. 투생은 정규전으로는 승산이 없다는 것을 알고 있었다. 그는 원정군이 열병으로 쓰러지기를 기다리면서 "파괴하고 불 지르는" 전략으로 시간을 끌기로 했다. 그는 추종자들에게 "포탄을 쏴서 길을 파괴해라. 샘물에 시체와 말을 처넣어라. 모든 걸 태워버려라. 그래야 노예제를 부활시키려는 자들에게 그들이 마땅히 가야 할 지옥을 맛보게 해 줄 수 있다."

투생의 부하들은 카프프랑수아, 고나이브Gonaïves, 생 마크Saint Marc 등의 마을에 불을 지르고 산으로 숨어들었다. 3개월간의 처절한 전투 후 투생의 장군들은 사기가 떨어져 프랑스군에 투항하기 시작했다. 프랑스군은 그들을 사면해주고 그들에게 걸맞은 자리를 보장해주기로 했다. 투생은 1802년 5월 6일 르클레르에게 투항하고 프랑스에 충성을 맹세했다. 아마도 그는 나중에 다시 싸우려고 했던 것 같다. 만약 그랬다면 그에게 그럴 수 있는 기회는 결코 주어지지 않았다. 살려주겠다는 르클레르의 약속에도 불구하고 투생은 "포위되고 붙잡혀 꽁꽁 묶인 채로 호위함 크레올Créole 함에 실려" 프랑스로 압송되었다. 전 세계에서 가장 유명한 흑인은 프랑스의 악명 높은 지하 감옥에서 다음해 생을 마감했다.

◆ ◆ ◆

반란군의 수뇌부를 제거하는 데 성공했음에도 불구하고 프랑스군은 여전히 반란군을 상대로 전투를 계속하고 있었다. 이는 뿌리 깊은 반란을 토벌할 때 '참수 전략'[141]의 한계를 보여준다. 수백 년이 지난 후 하마스,

---

141 참수 전략: 적의 핵심 수뇌를 사살하는 전략을 말한다.

헤즈볼라와 전투한 이스라엘에서 이 교훈은 다시 한 번 확인될 것이다. 프랑스군은 하루에 열병으로 130명씩 죽어나갔다. 르클레르는 더욱더 흑인부대에 의존하게 되었다. 하지만 흑인 병사들은 프랑스군은 믿을 수 없으며 노예제를 부활시키려고 하고 있다는 것을 알게 되어 반란군에 가담하고 있었다. 가장 위험한 변절자는 '대담하고 난폭하며 거친' 장자크 데살린Jean-Jacques Dessalines으로, 곧 반란군의 최고지도자가 되었다. 아프리카 태생의 '비인간적인 데살린'은 백인과 물라토(백인과 흑인의 혼혈)를 학살하는 것을 즐겼다. 들리는 바에 따르면, 그는 "마치 굶주린 호랑이처럼 살기 띤 눈으로 백인들을 봤다"고 한다. 백인들은 그가 나타났다는 소문만 돌아도 공포에 떨었다.

나폴레옹의 보좌관으로부터 '육군에서 가장 젊고 무능한 장군'이라는 조롱을 받던 르클레르는 남은 흑인 병사들을 무장해제하고 체포함으로써 상황을 더욱 안 좋게 만들고 말았다. 르 카프에서 배에 태워진 1,000명의 흑인 병사들은 무거운 밀가루 부대가 목에 묶인 채 바다에 수장되었다. 르클레르는 대량학살을 자행했다. 1802년 10월 7일 나폴레옹에게 쓴 편지에서 "저희는 남녀 구분 없이 12세 이하 어린이만 남겨두고 산에 사는 모든 흑인을 말살해야 합니다. 평원 절반은 파괴하고 식민지에 군인을 남겨두지 않겠습니다."

섬뜩한 편지를 쓰고 나서 한 달도 되지 않아 르클레르는 부하들의 목숨을 앗아간 병에 걸려 사망했다. 르클레르의 후임자는 '땅딸보' 도나시앙 로샹보Donatien Rochambeau 장군으로 미국 독립전쟁에서 프랑스군을 지휘한 장군의 아들이었다. 그 역시 마찬가지로 가학적이었다. 그는 쿠바에서 피를 먹고 자란 사냥개를 수입해 흑인 재소자들을 갈기갈기 찢었다. 농장에 방화하다가 붙잡힌 흑인들은 산 채로 화형에 처했다. 힘없는 흑인들은 선박 감옥에 임시로 만든 가스실에서 유황 가스를 마시고 중독되어 죽었다. 어느 영국군 장교는 르 카프 주변의 공기가 "시체의 부패로 오염되었다"라고 기록했다. 하지만 스페인에서처럼 이런 잔혹행위는 더 많은 주민

장자크 데살린은 아이티 노예 반란군 지도자 투생 루베르튀르가 죽은 뒤 반란군의 최고지도자가 되었
다. 흑인노예로 태어나 문맹이었으나 무용(武勇)에 뛰어나 1791년 아이티 독립전쟁에 참가하여 군인
지도자로서 활약했다. 영국의 원조를 받아 1803년 프랑스 본국의 세력을 추방하고, 1804년 원주민을
일컫는 '아이티'를 국명으로 하여 아이티의 독립을 선언하고 나폴레옹을 모방하여 황제가 되었다. 그러
나 수많은 혼혈 농원주(混血農園主)를 추방한 탓으로 반란이 일어나, 1806년 반란군에게 살해되었다.
〈출처: WIKIMEDIA COMMONS | Public Domain〉

들이 등을 돌리고 프랑스 포로들을 똑같이 비인간적으로 대우하도록 부추겼다.

반란군은 다수가 머스킷 소총을 갖고 있었지만, 프랑스군이 지나갈 만한 길목에 나뭇잎 밑에 못을 박은 널빤지를 숨겨놓는 등 간단한 부비트랩도 자주 사용했다. 프랑스군과 함께 행군한 어느 소년은 "만약 운이 없는 병사가 지쳐 낙오하면 곧바로 선인장 뒤에서 무서운 눈을 가진 흑인들이 손에 칼을 쥐고 나와 조용히 병사를 해치운다"라고 기록했다.

프랑스군은 열병으로 수가 줄어들고 있었고 위협에 대처할 수 없다는 사실을 깨달았다. "적은 어떤 곳도 장악하고 있지 않지만, 나라를 되찾으려는 노력은 멈추지 않고 있다"라고 어느 프랑스 장교는 불만을 터뜨렸다.

프랑스군이 최후까지 항전한 곳은 르 카프였다. 하지만 이 요새마저도 영국과 프랑스 간의 전쟁으로 인해 더 이상 지킬 수 없게 되었다. 영국 해군은 증원과 재보급을 차단했다. 1803년 11월 30일, 로샹보는 남은 부대를 수습해 섬에서 철수해 본국으로 돌아갔다. 나폴레옹의 보좌관은 "그의 가혹한 처사로 인해 섬에서 돌이킬 수 없는 손실을 입었다"라고 평가했다.

◆ ◆ ◆

1804년 1월 1일, '아이티'는 독립을 선언했다. 아이티라는 이름은 옛 아라와크Arawak 인디언이 섬을 부를 때 쓰던 이름이었다. 이로써 아이티는 세계 최초의 흑인 공화국이자 서반구 전체에서 둘밖에 없는 공화국이 되었다.

아이티의 독립은 고금을 막론하고 역사상 최초로 성공한 노예 혁명이라는 큰 의미가 있다. '마룬maroons'으로 알려진 미주 대륙의 다른 노예들은 농장에서 탈출하여 만든 도망자 공동체를 성공적으로 방어하는 데 성공했다. 어느 역사학자의 기록에 따르면, 자메이카의 마룬은 비범한 게릴라전 기술을 발전시켰고 수십 년간 영국군의 반격을 여러 번 격퇴했지만 결국 항복했다. 유일하게 아이티의 마룬만이 식민지 정권을 무너뜨리는 데 성공했다.

아이티의 성공에는 모기가 창궐하는 아이티의 열대기후가 한몫했다. 당시만 하더라도 모기가 말라리아와 황열병을 옮긴다는 것이 알려지지 않은 때였다. 어느 잡지에 따르면, "이 해충 전사들이 모든 적 중에서 가장 큰 골칫거리였다". 유럽에서 온 부대 사망자의 대부분이 열병으로 인한 비전투손실이었다. 또한, 아이티의 지정학적 위치(아이티는 프랑스의 지구 반대편에 있는 나라다), 반란 시기(나폴레옹 전쟁이 한창 진행 중일 때였다), 노예와 노예주의 인구 차이(노예는 50만 명, 백인은 4만 명)도 중요한 이유였다. 하지만 가장 중요한 요인은 결의에 가득 찬 노예들과 그들을 이끈 걸출한 지도자 흑인 스파르타쿠스였다.

독립의 대가는 컸다. 일부 추산에 따르면, 13년 동안 아이티를 유린한 독립전쟁에서 흑인과 혼혈 20만 명, 백인(식민지인) 2만 5,000명, 프랑스군 5만 명, 영국군 1만 5,000명이 목숨을 잃었다. 어느 학자의 기록에 따르면, 아이티 인구가 북미 식민지 인구의 4분의 1밖에 되지 않았지만, 미국 독립전쟁에서 사망한 사람보다 아이티 독립전쟁에서 사망한 사람이 여섯 배나 많았다고 한다. 독립운동으로 이렇게 큰 대가를 치른 국민은 없었다. 프랑스가 무자비한 살육을 서슴없이 자행했음에도 불구하고 식민지에 대한 지배권을 회복할 수 없었다는 점은 심지어 아무런 제한이 없는 대반란전 전략조차도 실패할 수 있다는 것을 보여준다. 이 교훈은 200년이 지난 후 프랑스가 알제리와 인도차이나에서 다시 한 번 깨닫게 된다.

17

그리스인과
그리스 독립 지원자들

♦

**1821~1832년,
그리스 독립전쟁**

미국 독립전쟁과 프랑스 혁명으로 시작된 혁명의 충격은 1815년 나폴레
옹의 몰락에도 불구하고 쉽게 가시지 않았다. 자유주의적·애국적 저항
운동이 계속되었지만, 대부분은 실패했다.

1798년 영국에 대한 아일랜드의 반란이 전형적인 예다. 월프 톤^{Wolfe}
Tone, 내퍼 탠디^{Napper Tandy}, 에드워드 피츠제럴드^{Edward Fitzgerald} 경 및 기타 부
유한 개신교도들이 결성한 지하운동 조직인 아일랜드인 연합회^{Society of}
United Irishmen가 이 반란을 주도했다. 불행하게도 조직 내에 첩자가 숨어 있
어서 시작해보기도 전에 지도자들이 체포됨으로써 반란은 허망하게 끝
났다. 영국 정부는 고문으로 공모자들을 실토하게 만들어 지도자 대부
분을 체포할 수 있었다. 용의자 대부분은 나무로 만든 삼각대 위에 엎드
린 채 태형을 받았다. 살점이 무자비하게 뜯겨나갔고, 가끔 상처에 소금
을 뿌려 고통을 더하기도 했다. 기껏해야 창으로 무장한 반란군은 훨씬
잘 무장한 조직적인 민병대와 영국군에게 진압되었다. 체포된 반란군 대

부분은 교수형이나 총살을 당했다. 나머지는 새로 개척 중인 호주로 유배되었다. (월프 톤은 교수형을 당하지 않으려고 스스로 목을 찔러 자결했다.) 반란은 5만 명의 인명 피해를 남겼지만, 6주도 안 되어 진압되었다. 프랑스 혁명정부는 아일랜드인 연합회를 돕기로 약속했지만, 프랑스군이 아일랜드에 너무 늦게 상륙하여 결과에 아무런 영향을 미치지 못했다. 국민 대부분은 영국 왕에게 충성을 맹세하고 있었다.

반란을 진압한 부대 대부분은 천주교 신자인 아일랜드인들이었다. 1803년·1848년·1867년·1916년 반란도 마찬가지로 실패로 끝났다. 유럽 다른 한쪽 끝에서 폴란드인들 역시 아일랜드인들만큼 반란에 실패하고 있었다. 폴란드인들은 1794년·1863년·1905년 반란을 일으켰지만, 그때마다 오스트리아, 프로이센, 러시아에게 모두 진압되었다. 나중에 이 세 나라는 폴란드를 셋으로 분할하여 통치했다. 이 반란들 모두 조직적이지 못하고 불행한 결말을 맞았다는 점에서 비슷하기 때문에 유혈과 폭력이 난무하는 이 반란들을 자세히 파고드는 것은 별로 의미가 없다.

그러나 성공한 소수의 반란과 그것이 왜 예외적으로 성공할 수 있었는지 살펴보는 것은 훨씬 더 흥미롭다. 이를테면 1810년부터 1825년까지 스페인에 반기를 든 라틴아메리카 국가들은 어떻게 성공했는가? 아마도 일부는 호세 데 산 마르틴José de San Martín, 시몬 볼리바르Simon Bolivar 같은 '해방자'로 불린 걸출한 지도자들 덕분이었을 가능성이 있다. 이들은 혁명가이지 본래 게릴라는 아니었다. 그들은 때때로 치고 빠지기 전술을 구사했지만, 그들이 승리할 수 있었던 것은 소규모 정규군을 규합해 신속히 기동하여 너무 신중한 스페인 수비군의 허를 찔렀기 때문이다. 이들의 결정적 승리는 이외에도 다음의 세 가지 요인들을 알아야 훨씬 더 설명이 가능하다. 첫째는 라틴아메리카의 식민지가 스페인 대도시보다 50%나 인구가 많았다는 것이고, 둘째는 라틴아메리카의 식민지가 스페인과 약 5,600km나 떨어져 있었다는 것이며, 셋째는 스페인이 나폴레옹 전쟁과 그 이후 혼란스러운 내전에 빠져 식민지를 살필 겨를이 없었다는 것이다.

♦ ♦ ♦

오랜 역사 동안 도시국가로 나뉘어 통일된 적이 없고, 오스만 제국의 소수민족으로 살아가던 그리스가 어떻게 오스만 제국으로부터 독립을 쟁취했는지 언뜻 이해하기 어렵다. 오스만 제국은 쇠락의 길을 걷고 있었지만 500년 이상 지속되었으며 중동과 발칸 반도 대부분을 통치하고 있었다. 오랜 기간 동안 오스만 제국은 로마를 계승한 비잔틴 제국을 포함하여 그리스보다 훨씬 더 강한 적을 제압했다. 그리스의 게릴라 전술은 뛰어났지만, 이것으로 전세를 뒤집을 정도는 아니었다. 그리스 망명자들이 결성한 비밀결사인 헤타이리아 필리케Hetairia Philike(우호형제단)가 1821년에 일으킨 반란은 게릴라전의 결과를 결정하는 데 있어서 인도주의적 개입의 중요성을 처음으로 보여준 사건이었다.

그리스에서는 전통적인 기독교인 산적 클레프티스kléftis[142]와 오스만 제국이 클레프티스를 견제하기 위해 과거 무법자들 중에서 모집한 아르마톨로이armatoloi에 의한 저강도 분쟁이 오래 계속되었다. 클레프티스와 아르마톨로이 무리는 모두 수십 명에서 수백 명으로 구성되어 있었다. 대부분이 친족인 이들은 포악하고 카리스마 있는 지도자가 이끌었다. 이들이 수행한 비정규전은 서양 문명이 태동한 땅 그리스에서 싸우기 위해 모인 미국, 유럽의 필헬레네philhellene(그리스 독립 지원자, 그리스 문화 애호가, 친그리스주의자)들을 포함해 현대 전술로 훈련받은 군인들의 입장에서 볼 때 아쉬운 점이 많았다. 그리스에서 그리스군과 함께 복무한 보스턴 출신의 젊은 의사 새뮤얼 그리들리 하우Samuel Gridley Howe는 이들의 강약점을 다음과 같이 생생하게 묘사하고 있다.

그리스 병사들은 지적이고 활동적이며 강건하고 검소하다. 그들은 암석지대를 하루

---

142 클레프티스: 오스만 제국 통치기에 산악지대에서 활동한 그리스 산적.

위 사진은 오스만 제국 통치기에 산악지대에서 활동한 그리스 산적 클레프티스의 두목 디미트리오스 마크리스(Dimitrios Makris)(왼쪽)와 오스만 제국이 클레프티스를 견제하기 위해 과거 무법자들 중에서 모집한 그리스 아르마톨로이(오른쪽)의 모습. 오스만 제국의 학정과 수탈로 그리스의 산악지대에서 산적인 클레프티스가 등장하자, 오스만 제국은 이를 견제하기 위해 과거 무법자들 중에서 아르마톨로이를 모집했다. 적의 수가 많고 장비가 형편없는 상태에서 산악지형에서 싸우려면 유럽인들이 선호한 잘 훈련된 부대로 선형 전투를 벌이는 방식보다 클레프티스의 게릴라 전투수행방식이 훨씬 더 나았다. 이후 클레프티스와 아르마톨로이는 그리스 독립전쟁의 중요한 무력 기반이 된다. 〈출처: WIKIMEDIA COMMONS | Public Domain〉

종일 행군하거나 뛰어다닌다. 이들에게는 작은 빵, 올리브 몇 개, 생양파 외에 다른 식량은 거의 필요 없다. 밤에는 돌을 베개 삼고, 덮고 잘 것은 모자가 달린 망토뿐인데도 땅에 누워서도 잘 잔다. 겨울과 여름을 지낼 때도 짐을 실어 나를 마차나 텐트는 필요 없다. 하지만 수치스러운 일은 하지 않고, 어떤 규율에도 복종하지 않는데 규율에 복종하면 노예가 되는 것이라고 생각하기 때문이다. 그들은 본인이 생각했을 때 납득이 안 되면 절대 명령을 따르지 않는다. 그들은 이 문제에 있어서 자신이 자문받을 권리가 있다고 생각하기 때문이다.

하우는 이런 그리스 병사들이 유럽의 다른 나라 군대에 있었다면 겁쟁이라고 불렸을 것이라고 기록했다. "이들은 적이 굳건히 버티고 있거나 사격에 노출된 상태에서는 돌파나 돌격을 하려 하지 않는다. 대신 대부분의 비정규전 부대가 그렇듯 그들의 특기는 벽, 바위 뒤에 은폐하거나 사격으로부터 엄폐하는 것이다." 그럼에도 하우는 "그리스군은 북미 원주민처럼 그들 방식으로 싸우게 내버려두면 용감하게 싸운다"라고 기록했다.

그리스군을 정규군과 같이 훈련시키려고 했던 시도는 성공하지 못했다. 테오도로스 콜로코트로니스Theódoros Kolokotrónis, 오디세아스 안드로우트소스Odysseas Androutsos와 같은 클레프티스 두목들은 정규군 장교들에게 지휘권을 양도하려고 하지 않았는데, 그 이유는 중앙정부의 권력이 커질 것으로 생각했기 때문이다. 클레프티스들은 유럽에서 온 자원 병력에 보급품을 주지도 않고 굶주리도록 내버려두었다.

서구화하는 그리스 지도자들은 소규모 정규군을 창설하기는 했지만, 그것은 외국인이나 그리스 망명자로 구성된 부대였다. 500명으로 구성된 이 정규군은 1822년 7월 16일 오스만 제국군 수천 명을 맞아 산골 마을 페타Péta 방어작전으로 처음이자 마지막 전투를 치렀다. 그리스 독립 지원자들의 관점에서 이 전투는 만족스러웠다. 그들은 정규군처럼 아주 멋지게 사격해 오스만 제국군 수백 명을 쓰러뜨렸다. 그들 중 한 사람의 기록에 따르면, "갑자기 무시무시한 소리가 뒤에서 들려왔다." 정규군의 후방은 고골Gogol이라는 이름의 그리스 두목이 이끄는 비정규군 1,000명이 지키고 있었는데, 고골은 이 순간에 휘하 부하들을 이끌고 떠나기로 결정했다. 나중에 그리스 독립 지원자들은 고골이 터키군에게 매수되었다고 비난했지만, 그는 단순히 자기 뜻에 따른 것일 수도 있다. 동기가 어땠든 간에 고골은 정규군만 남긴 채 휘하 비정규군을 데리고 퇴각했고 측면은 노출되었다. "순간 오스만 제국군이 폭풍처럼 몰아쳐 와서… 진지를 포기할 수밖에 없었다"라고 어느 그리스 독립 지원자는 썼다. 이들 중 3분의 1만이 퇴각에 성공했다. 이 전투 이후 이 부대는 해체되었다.

그리스군에게 다행인 것은 클레프티스들이 선호하는 전투방식이 더 효과적인 것으로 판명되었다는 것이다. 적의 수가 많고 장비가 형편없는 상태에서 산악지형에서 싸우려면 예의 바르지만 거만한 유럽인들이 선호한 방식인 잘 훈련된 부대로 선형 전투를 벌이는 것보다 클레프티스의 전투수행방식이 훨씬 더 나았다. 1821년부터 1822년까지 오스만 제국의 요새가 차례로 반란군의 수중에 떨어졌고, 북쪽에서 증원된 오스만 제국군은 전통적인 치고 빠지기 전술로 인해 큰 피해를 입고 물러났다. 마케도니아, 북부 그리스 지역은 오스만 제국의 통치하에 있었지만 중앙 및 남부 그리스 지역은 해방되었고, 유럽화된 그리스인들이 이끄는 국회에서 인정받은 헌법과 정부가 들어섰다.

그리스인들은 전쟁을 육지로 제한하지 않았다. 바다에서 그들의 주무기는 해상의 차량폭탄이라고 할 수 있는 화선火船이었다. 화선의 승무원은 화약과 인화물질을 가득 실은 작은 배를 목표에 충돌시켜 불을 붙인 다음 작은 배로 도망쳤다.

모든 게 계획대로 진행될 때, 화선 공격은 파괴적인 전술이 될 수 있었다. 1822년 6월 18일, 오스만 제국 함대는 에게해의 섬 히오스Chios에 닻을 내리고 라마단이 끝난 것을 축하하고 있었다. 자정이 조금 지났을 때 그리스 화선이 기함에 충돌해 폭발했다. 불은 빠르게 화약저장고로 옮겨붙었고 배는 폭발했다. 승선한 2,300명의 승조원 중 200명도 안 되는 인원만이 겨우 살아남았다. 전사자 중에는 구명정에 탑승하려다 무너진 돛대에 머리를 맞아 사망한 오스만 제국 해군 제독도 있었다.

오스만 제국은 영국이 미국 독립운동가들을 대할 때와 같은 자제력을 보여주지 못했다. 기함을 폭파한 테러 행위에 대한 보복으로 오스만 제국군은 그리스인 2만 5,000명을 죽이고, 히오스 주민 4만 1,000명을 노예로 삼았다. 죽은 사람 다수의 시신에서 코, 머리, 귀를 자르는 등 신체를 훼손하여 부대에 담은 뒤 소름끼치는 기념품으로 콘스탄티노플로 보냈다. 이는 오스만 제국이 그리스 민간인들을 대상으로 자행한 잔혹행위의 일부에 지나지 않았다. 심지어 콘스탄티노플의 그리스 정교회 대주교가 반란에 반대했는데도 그를 교수형에 처했다. 오스만 제국 함대가 콘스탄티노플로 돌아오자, 항구에 있던 사람들은 제1사장[bowsprit][143]부터 활대 [yardarm][144] 끝까지 목이 매달려 고통을 느끼면서 발버둥치는 그리스인들을 볼 수 있었다.

그리스인들도 21세기에는 펠로폰네소스 반도에서 모든 무슬림들에게 새로울 것도 없는 대량학살을 자행했기 때문에 죄가 없는 것은 아니었다. 그리스인들의 무슬림에 대한 대량학살은 민족주의적 분쟁이었을 뿐만 아니라 종교전쟁의 이름으로 기독교도들이 무슬림을 상대로 잔인하게 싸운 성전聖戰이었다. 부유한 오스만 제국 도시 트리폴리차[Tripolitza]가 1821년 함락되고 나서 이탈리아 출신 그리스 독립 지원자는 이렇게 회상했다. "어디를 봐도 시체뿐이었고, 시체는 개의 밥으로 던져졌다. 모두를 깜짝 놀라게 한 것은 아이와 여자들의 벌거벗겨진 시체들이었다."

하지만 유럽에서는 그리스인들의 잔학행위가 잘 알려지지 않았던 것과 달리, 튀르크인들의 잔학행위는 실제 있었던 일이든, 아니면 지어낸 일이든 간에 무섭게 퍼졌다. 서양 사람들은 튀르크인과 이슬람교도의 야만성을 묘사하는 '동방(오리엔트)'에서 온 끔찍한(대부분 잘못된) 전설들을 수백 년 동안 들어온 반면, 그리스인의 페리클레스[Pericles], 아리스토텔레스[Aristotle]의 미덕은 칭송하곤 했다. 오스만 제국 역시 서양 국가들의 이런 의견에 별다른 관심이 없었고, 그들의 구미를 맞추려는 생각도 없었기 때문에 이런 잔학행위는 점차 확대되었다.

그리스 망명자들은 오늘날 정보전의 영역으로 알려진 분야에 매우 뛰어났다. 이들은 서양 지식인들이 예부터 그리스인들에 대한 지지를 보내고 있었다는 점과 서양 사람들이 고대 그리스와 페르시아 간의 전쟁으로 거슬러 올라가는 고대 전쟁으로 인한 튀르크인과 중동인들에 대한 증오심을 이용했다. 그들에 대한 증오심은 1453년 비잔티움 함락 이후 1529

---

143 제1사장: 배의 선수에 앞으로 길게 나온 원형의 나무 막대.
144 활대: 돛대 중간에 가로로 나뭇가지처럼 뻗어 있는 막대.

그리스의 독립을 열렬히 지지했던 바이런은 1823년 여름 그리스에 도착하고 나서 여단을 창설했으나 이듬해 병사했다. 바이런의 죽음은 당시 영국인에게 다이애너(Diana) 왕세자비의 죽음과 비슷한 반향을 불러일으켰으며, 그가 생을 바친 그리스 독립이라는 대의에 대한 지지를 더욱 부채질했다. 위 그림은 그리스에서 사망한 바이런 경의 모습이다. 〈출처: WIKIMEDIA COMMONS | Public Domain〉

년과 1683년의 비엔나Vienna 포위, 17세기부터 19세기까지 오스만 제국의 하수인인 북아프리카 출신의 '야만적인 해적'에게 지중해와 대서양에서 나포된 수만 명의 서양 선원들로 인해 더욱 커지고 있었다.

그리스 독립을 지지하는 사람들 중 유명인으로는 영국 철학자 제러미 벤담Jeremy Bentham[145], 미국 교수이자 후에 국무장관이 된 에드워드 에버렛 Edward Everett, 프랑스 화가 외젠 들라크루아Eugène Delacroix 같은 사람들이 있었다. 그중 가장 유명한 사람은 영국 시인 바이런Byron 경이었다. 부유하고 가는 곳마다 염문을 뿌리고 다녔던 그는 1823년 여름 개인 소유의 요트인 헤라클레스Hercules 호를 타고 그리스에 도착했다. 이 요트에는 수많은 시종과 식객을 포함해 곤돌라 사공, 말, 의약품, 대포 2문과 엄청난 현금

---

145 제러미 벤담: 19세기 영국의 공리주의 철학자.

이 실려 있었다. 동행자에 따르면, 그리스로 가는 뱃길에서 그는 주 활대 양 끝에 생닭을 넣은 바구니를 매달아 그것을 쏘는 것으로 권총 사격술을 연마했다고 한다. 바이런 경은 그리스에 도착하고 나서 여단을 창설했는데, 그 여단은 실제로 아무것도 한 것이 없었고, 1824년 4월 19일 미솔롱기Missolonghi 항에서 바이런 경이 병사하자 해체되었다. 그는 죽기 몇 달 전 36번째 생일에 쓴 시에서 그의 운명을 예언했는데, 이 시는 다음과 같다.

"찾으라, 이미 발견된 것보다 적을지라도. 병사의 무덤을, 최선을 다하여 찾으라 / 그리고 둘러보라, 그대의 자리를 잡고 / 안식을 취하라."

생전에 죽기를 희망하던 곳에서 생을 마감한 바이런의 죽음은 당시 영국인에게 다이애너Diana 왕세자비의 죽음과 비슷한 반향을 불러일으켰으며, 그가 생을 바친 그리스 독립이라는 대의에 대한 지지를 더욱 부채질했다.

바이런 이외에도 1,200명의 그리스 독립을 지지하는 사람들이 그리스에 도착했다. 그들의 군사적 영향력은 크지 않았다. 하지만 훨씬 더 중요한 이들의 역할은 1824년 오스만 제국이 효과적으로 그리스에 반격을 가한 후 그리스에 대한 서방국가의 지원을 결집시킨 것이었다. 알바니아에서 태어나 이집트 총독이 된 메흐멧 알리Mehmet Ali와 아들 이브라힘 파샤Ibrahim Pasha가 이끄는 튀르크군은 유럽인 군사고문의 도움으로 오스만 제국의 예니체리janissary 부대보다 훨씬 더 강력한 유럽식 정규군을 양성했다.

이집트인은 대열을 유지하고 전상자가 발생해도 흔들리지 않았으며 착검돌격에 능했는데, 이런 능력 덕분에 오스만 제국은 비정규군 공격을 격퇴하고 그리스가 1821년부터 1822년까지 쟁취한 땅을 다시 탈환할 수 있게 되었다. 어느 영국군 외교관은 1825년에 "그리스의 대의가 빠르게 흔들리고 있다"라고 평했다.

영국, 프랑스, 러시아의 개입이 그리스의 대의를 되살렸다. 이 세 강대국은 오스만 제국을 지역의 안정을 유지하기 위한 세력으로 생각한 웰링턴 공과 같은 보수 세력의 불안을 극복하면서 한 목소리로 오스만 제국이 그리스의 자치를 허가해야 한다고 외쳤다. 술탄은 이 요구를 거부한 대가를 크게 치렀다. 1827년 10월 20일, 영국, 프랑스, 러시아 전함 24척이 펠로폰네소스 반도 남서부에 있는 나바리노만Bay of Navarino에서 활동 중인 대규모 오스만 제국 함대에게 큰 피해를 입혔다. 4시간에 걸친 근접 포격전에서 오스만 제국 함대는 89척 중 60척을 잃었으나 연합군은 단한 척도 잃지 않았다. 오스만 제국은 이제 해상을 통한 보급이 불가능해졌기 때문에 나바리노 해전Battle of Navarino으로 그리스의 독립은 기정사실화되었다. 4년 후 그리스는 유구한 역사상 처음으로 독립국가로서 공식적으로 인정받았다.

외부 세력이 반란을 도왔다는 이야기는 전혀 새롭지 않았다. 프랑스는 미국, 스코틀랜드, 아일랜드를 도와 영국에 대항했다. 영국은 이에 대응해서 프랑스와 싸우던 스페인 게릴라를 돕고 그 이전에는 스페인 합스부르크 왕가(1568~1648년)에 대항한 네덜란드 반란군을 지원했다. 하지만 모두 전략적인 이유에서 지원한 것이었다. 반면, 영국과 프랑스, 그리고 러시아도 어느 정도는 일말의 인도주의적 차원에서 그리스에 개입했다. 물론, 이 세 국가들이 도덕적 만족 이외에 자신들의 동맹인 오스만 제국을 약화시켜 얻은 것은 거의 없었다. 현대 인권운동가들을 대변하는 영국 해군 중장 에드워드 코드링턴Edward Codrington 경은 나바리노에서 연합 함대를 지휘했는데, 그의 목표는 이브라힘 파샤Ibrahim Pasha가 지금까지 계속해온 끔찍한 전쟁을 중단하도록 만드는 것이었다.

설사 경제적·전략적 고려 하에 프랑스가 그들의 본심을 숨기고 은밀하게 오스만 제국의 이집트 총독인 무함마드 알리Muhammad Ali[146]를 군사적으로 지원했다 하더라도, 연합국의 그리스 독립전쟁 개입은 역사학자 개

---

146 무함마드 알리: 오스만 제국의 이집트 총독(1769~1849). 이집트 마지막 왕조인 무함마드 알리조(朝)의 창시자로 부국강병과 농업 개발 정책을 실시하여 이집트의 근대화를 꾀했다. 재위 기간은 1805~1848년이다.

리 배스Gary Bass가 주장한 대로 이후 연합국이 1990년대 보스니아 및 코소보 분쟁(그리고 2011년 리비아 내전)에 개입하는 효시가 되었으며, 당시 바이런과 들라크루아는 이후 TV 방송사나 인권단체가 한 것과 같은 역할을 수행했다. 그리스인들은 자신들의 고통을 공론화함으로써 다른 나라들을 설득하여 자유를 얻게 되었다. '지는 것으로 이기는winning by losing' 전략은 미래에 수많은 반란군이 모방했는데, 1898년 쿠바가 이런 방법으로 미국을 설득하여 스페인 압제자들에 대한 선전포고를 하게 만든 것이 가장 대표적인 사례다.

시어도어 루스벨트Theodore Roosevelt는 그리스 독립 지원자들이 그랬던 것처럼 1897년에 "나는 과격한 쿠바 독립 옹호자이며 스페인과의 전쟁은 인권 및 미국의 이익 차원에서 타당하다고 생각한다"라고 과격한 글을 남겼다. 러프 라이더Rough Rider[147]는 그리스에서 그리스 독립 지원자들이 이긴 것보다 훨씬 더 많이 승리했지만, 미국-스페인 전쟁의 승리는 미 해군이 마닐라만 해전Battle of Manira Bay과 산티아고 데 쿠바Santiago de Cuba에서 스페인 함대를 침몰시킴으로써 그리스 독립전쟁 당시에도 그랬던 것처럼 해군력에 의해 결정되었다.

---

147 러프 라이더: 미국-스페인 전쟁 당시 시어도어 루스벨트가 조직한 민병대 제1의용기병대의 별명.

18

두 대륙의 영웅

◆

1833~1872년,
'20세기 게릴라들의 선구자' 주세페 가리발디와 이탈리아 통일 전쟁

자유와 통일을 이룩한 또 다른 국가는 이탈리아였다. 이탈리아는 1860년대 이전에는 오스트리아의 지배를 받던 8개의 왕국으로 분할되어 있었다. 게릴라전이 이탈리아의 통일에 미친 영향은 부분적이지만, 이탈리아 통일 전쟁으로 19세기 가장 유명한 게릴라 지도자가 탄생하게 되는데 그는 오늘날까지 자칭 자유 투사의 표상으로 남아 있다.

역사상 가장 열정적인 민족주의자들 중 본국 영토에서 태어난 사람이 드물다는 것은 기이한 일이다. 나폴레옹은 프랑스가 아닌 코르시카^{Corsica}, 대★몰트케^{Helmuth von Moltke the Elder}[148]는 프로이센이 아닌 메클렌부르크-슈베린^{Mecklenburg-Schwerin} 공국, 스탈린^{Iosif Vissarionovich Stalin}은 러시아가 아닌 조지아^{Georgia}, 히틀러는 독일이 아닌 오스트리아에서 태어났다. 나중에 이탈리아의 걸출한 민족주의자가 된 주세페 가리발디^{Giuseppe Garibaldi}도 마찬가

---

[148] 대몰트케: 19세기 프로이센 및 독일의 육군 원수로 근대적 참모제도의 창시자다.

지로 니스^{Nice}에서 태어났다. 그가 태어났을 당시(1807년) 니스는 프랑스의 영토였다. 가리발디가 여덟 살 때 나폴레옹이 몰락하면서 니스는 피에몬테-사르데냐^{Piemonte-Sardinia} 왕국에 반환되었지만, 1860년 다시 프랑스 영토가 된 이후로 지금까지 프랑스의 영토로 남아 있다. 가난한 선원의 집안에서 태어난 가리발디는 프랑스어와 이탈리아어에 능통했지만, 자신은 이탈리아인이라고 생각했다.

그는 16세 되던 해 사환으로 배를 타기 시작해 10년 동안 지중해를 항해했다. 26세가 되던 1833년, 그는 "조국에 대한 뜨거운 사랑과… (나중에 가리발디가 쓴 바에 따르면) 이탈리아를 억압하는 자들에 대한 분노로" 두 살 많은 변호사이자 선동가인 주세페 마치니^{Giuseppe Mazzini}가 이끄는 비밀결사인 '청년이탈리아당^{Young Italy}'에 가입했다. 제노바^{Genova} 출신인 주세페 마치니는 이탈리아 역사상 최초로 이탈리아 반도를 하나의 민족국가로 통일하겠다고 결심했다.

오스트리아의 메테르니히^{Metternich} 공작이 "유럽에서 가장 위험한 인물"이라고 지칭한 마치니는 훗날 마르크스^{Karl Heinrich Marx}와 엥겔스^{Friedrich Engels}가 공산주의자들에게 영감을 준 것처럼 유럽 전역의 자유주의 혁명가들을 고무시켰다. 청년이탈리아당은 청년유럽당이 총괄한 청년프랑스당, 청년오스트리아당, 그리고 다른 공화당 조직과 합류했다. 마치니는 "게릴라 부대를 통한 반란은 외세의 속박에서 벗어나 자유를 꿈꾸는 모든 나라를 위한 진정한 전법^{戰法}이다. 그것은 무적이며 절대로 무너지지 않는다"고 믿었다. 그는 1832년 『게릴라 부대 행동 규범^{Rules for the Conduct of Guerrilla Bands}』이라는 제목의 게릴라전 매뉴얼을 펴냈다. 이 책은 훗날 마오쩌둥^{毛澤東}의 사상에 영향을 미친다. 그는 이 책에 "게릴라전은 분별력 있는 대담함과 배짱, 기동성, 첩보활동의 싸움이다. … 정규군 지휘관의 가장 큰 장점은 언제 싸우고 정복해야 하는지를 아는 것인 반면, 게릴라 부대장의 가장 큰 장점은 계속 공격하고 괴롭히다가 사라지는 것이다"라고 썼다.

이탈리아 제노바 출신 변호사이자 혁명가였던 주세페 마치니(1805~1872)는 이탈리아 역사상 최초로 이탈리아 반도를 하나의 민족국가로 통일하려 했다. 그는 1831년 청년이탈리아당을 결성하고 자유, 독립, 통일을 표방했다. 그는 "게릴라 부대를 통한 반란은 외세의 속박에서 벗어나 자유를 꿈꾸는 모든 나라를 위한 진정한 전법(戰法)이다. 그것은 무적이며 절대로 무너지지 않는다"고 믿었다. 그가 1832년에 출간한 『게릴라 부대 행동 규범』이라는 게릴라전 매뉴얼은 훗날 마오쩌둥의 사상에도 영향을 미쳤다. 〈출처: WIKIMEDIA COMMONS | Public Domain〉

그의 조언이 아무리 일리가 있다 하더라도 마치니는 총보다는 펜이 더 어울리는 사람이었다. 유혈이 낭자한 전장보다는 책에 둘러싸여 공부하는 것이 적성에 맞는 사람이었다. 마치니가 직접 실행한 계획들은 실패하거나 조롱거리가 되곤 했다. 가리발디는 1834년에 사르데냐Sardinia[149] 왕립해군에 침투해 반란을 일으키라는 임무를 부여받았을 때 그것을 몸소 경험했다. 마치니와 다른 망명자들은 스위스에서 피에몬테Piemonte[150]를 공격하여 수병 반란을 일으키기로 되어 있었는데, 마치니가 길을 잃어버리

---

149 사르데냐: 이탈리아 반도 서쪽 해상에 있는 지중해에서 두 번째로 큰 섬.
150 피에몬테: 이탈리아 북서부의 주.

는 바람에 이 계획은 물거품이 되었다. 사형 선고를 받은 가리발디는 남아메리카로 망명하는 수밖에 없었다.

마카로니 판매 등 사업에서 실패한 후 가리발디는 '보다 큰일을 할 운명'이라는 것을 깨달았다. 1837년 그는 브라질에서 독립을 꿈꾸는 히우그란지두술Rio Grande do Sul 주[151]의 병사로 입대하고 나서 군인으로서의 진정한 소명을 발견했다. 1842년 그는 이웃 나라 우루과이와의 분쟁에 참전했다. 그는 그 후 6년간 아르헨티나 독재자와 그 추종자에 대항한 자유주의 정부를 위해 싸웠다.

선원 경력이 있었기 때문에 가리발디는 처음에는 적 상선을 노리는 바다의 게릴라들이 운용하는 사략선[152]에 배치되었다. 하지만 지상군을 지휘하기도 했다. 라틴아메리카는 국토는 넓고 병력은 적었기 때문에 가리발디는 주로 야생의 환경에서 얼마 안 되는 병사로 작전을 수행했다. 종종 우수한 부대의 추격을 받기도 했지만, 수적 열세에도 불구하고 공격하는 것을 주저하지 않았고 이 용맹성 덕분에 승리하곤 했다. 질병, 상처, 보급품 부족에도 불구하고 그는 오랫동안 행군하고 말을 타고 다니며 초자연적인 회복력을 보였다. 한때 그를 붙잡아 고문했던 무자비한 적들과의 전투에서도 그는 항상 기사도 정신을 발휘했다. 포로를 붙잡아도 수용시설이 부족하면 포로들이 위치를 누설할 것을 알면서도 죽이지 않고 석방했다. 또한, 병사들에게 민간인을 괴롭히지 말라고 항상 주의를 주곤했다.

그의 가장 주목할 만한 업적은 그가 우루과이에 있는 이탈리아 이민자들 중에서 800명을 뽑아 만든 이탈리아 군단Italian Legion을 진두지휘하여 치고 빠지기 기습 작전을 감행한 것이었다. 평상시 화려한 미사여구를 즐겨 사용하던 대로 그는 이들을 부를 때 "콜럼버스의 용감한 아들들"이라

---

151 히우그란지두술 주: 브라질 남단에 있는 주.

152 사략선: 국가에서 허가를 받아 주로 적국의 선박을 나포해도 처벌받지 않는 대신 그 노획물을 국가와 배분하는 선박들을 말한다.

주세페 가리발디(1807~1882)는 19세기 이탈리아 통일에 기여한 이탈리아 통일의 영웅이자 혁명가, 군인, 정치가로, 1834년에 사르데냐 왕립해군에 침투해 반란을 일으키려다 실패해 사형 선고를 받고 남아메리카로 탈출해 그곳에서 14년간 망명 생활을 하면서 브라질 반군에 가담해 공화국 설립을 돕고 우루과이 내전에 참전해 독립을 돕는다. 이때 그는 우루과이에 있는 이탈리아 이민자들 중에서 800명을 뽑아 만든 이탈리아 군단을 진두지휘하여 치고 빠지기 기습 작전을 감행하는 등 게릴라 전술로 큰 명성을 얻게 된다. 〈출처: WIKIMEDIA COMMONS | Public Domain〉

고 불렀다. 부대의 유니폼은 붉은 셔츠였는데, 우루과이 정부가 도살장에서 사용하려고 제작한 붉은 셔츠 더미를 발견하여 가리발디의 부대에게 제공한 것이었다. 도살장에서 붉은 셔츠를 입은 이유는 피가 튄 자국이 덜 눈에 띄기 때문이었다. 다부진 체격에 턱수염과 머리를 기르고 진중한 말투를 사용하고, 사람을 꿰뚫어보는 듯한 눈에 붉은 튜닉tunic[153]을 입고

---

153 튜닉: 고대로부터 서양의 남녀가 입었던 소매가 없는 헐렁한 옷.

검은 펠트felt154 모자를 썼으며, 화려한 손수건을 목에 두르고 허리에 기병도와 쌍권총을 찬 모습이 가리발디의 모습이었다. 어느 영국 해군 장교의 말을 빌리면, '그의 모습은 비정규군 두목의 전형적인 모습'이었다.

그에게 매료된 사람들 중에는 젊은 브라질 여성인 안나 마리아 리베이로 다 실바Anna Maria Ribeiro da Silva(일명 아니타Anita)가 있었다. 그녀는 당시 구두수선공 남편이 군 복무로 집을 떠나 있는 상태였다. 안나 마리아는 가리발디의 함정이 기항하고 있던 라구나Laguna라는 마을에 살고 있었다. 1839년 당시 가리발디는 33세, 안나 마리아는 18세였다. 가리발디의 말에 따르면, 그는 선미 갑판에서 망원경을 보다가 언덕 위의 집에 나와 있는 안나 마리아를 발견했다고 한다. 그는 상륙하자마자 안나 마리아를 찾아갔다. 처음 만나자마자 그가 안나 마리아에게 한 말은 "그대는 나의 것이 되어야만 한다"였다. 뺨을 때리는 대신 안나 마리아는 "무례했지만 … 자석과도 같이 끌어당기는" 힘을 느꼈다. 가리발디는 예쁜 얼굴 때문에 반한 것이라는 비난은 받지 않았을 것이다. 가정적인 아니타Anita는 미인은 아니었다. 가리발디의 전기 작가들에 따르면, 아니타는 "가슴이 풍만한 시골 처녀였다"고 한다. 예쁘든 평범하든 가리발디는 그녀에게 홀딱 반했고, 아니타 역시 마찬가지였다. 이들은 사실혼 관계를 유지하다가 전기 작가에 따르면 첫 아이가 태어나 두 살이 된 1842년에 결혼했다.

아니타는 가리발디 옆에서 싸우며 10여 년 동안 군인의 불편함과 위험을 공유했고 아이도 넷이나 낳았다. 사회적 관습에 맞선 이들의 사랑은 가리발디가 반란군으로 명성을 쌓는 데 일조했다.

◆ ◆ ◆

마치니의 열성적인 선전 덕분에 가리발디의 위업은 유럽 신문들에 대서

---

154 펠트: 모직이나 털을 압축해서 만든 부드럽고 두꺼운 천.

특필되었고, 그로 인해 신문 발행 부수가 급증했다. 1848년 6월 63명의 부하와 함께 이탈리아로 귀국한 가리발디는 이미 국민 영웅이 되어 있었다. 자유주의, 민족주의 혁명이 이탈리아를 포함한 유럽 곳곳으로 확산되고 있었다. 혁명으로 인해 오스트리아군은 밀라노와 베니스에서 퇴각할 수밖에 없었다. 피에몬테-사르데냐 왕국은 이 기회를 노려 반도 전체를 통합하기 위해 오스트리아에 선전포고를 했다. 리소르지멘토Risorgimento[155]가 본격화되었다. 가리발디는 "우리는 이미 다른 나라에서 억압받은 사람들을 위해 싸웠다. 이제 우리의 조국을 위해 칼을 들고 일어날 때다"라고 기록했다.

그는 처음에 피에몬테에 자신의 군 복무를 요청했지만, 왕립군은 국가 반란혐의로 기소되었던 모험가 가리발디의 요청을 받아들이지 않았다. 가리발디는 오스트리아의 점령하에 있던 롬바르디아Lombardia[156]의 마조레Maggiore 호수 주변에서 밀라노 혁명위원회를 대신해 1,500명의 부하를 이끌고 싸웠다. 훗날 그의 기록에 따르면, 그는 정규군이 없었기 때문에 그의 '동료'인 농민들을 게릴라전에 끌어들여 이탈리아 해방을 이끌려고 했다고 밝혔다. 하지만 의용군은 잘 모이지 않았고 대중 사이에는 배신자와 스파이가 헤아릴 수 없이 많았다. 오스트리아는 잔인한 전술로 사람들 사이에 효과적으로 공포를 조장했다. 가리발디는 "오스트리아가 마을을 파괴할 때는 인근 가옥 전부 다 무자비하게 불을 지르고 무차별적으로 포격했다"라고 회상했다. 가리발디와 그를 따르는 소규모 부대는 계속해서 도망쳐야 했다. "거의 매일 밤 추격을 따돌리기 위해 숙영지를 바꿔야 했다." 결국 3주간의 교전 후 그는 스위스 국경으로 도망쳐야 했고 처음이자 마지막으로 게릴라들에게 외국의 은신처가 얼마나 중요한지 몸소 깨닫게 되었다. 오스트리아는 가리발디뿐만 아니라 피에몬테 정규군에게

---

155 리소르지멘토: 19세기에 일어난 이탈리아의 국가통일과 독립운동을 뜻하는 말로, '이탈리아 통일운동', '이탈리아 통일'라고도 한다.

156 롬바르디아: 이탈리아 북부의 주. 주도는 밀라노다.

도 승리를 거두었고, 피에몬테군은 흩어져 퇴각했다.

가리발디는 또 다른 싸울 기회를 맞았다. 교황의 통치를 회복하고자 하는 가톨릭 국가들인 오스트리아, 스페인, 나폴리, 프랑스의 군대에 대항해 새로 선포된 로마 공화국을 방어하기 위해 1849년 4월 27일 그의 이탈리아 군단 소속 1,300명의 선두에서 백마를 탄 채 로마에 도착했다. 가리발디는 아펜니노^Appennino 산맥[157]에 위치한 본거지에서 게릴라전을 벌이기를 바라고 있었다. 하지만 그의 의견과 달리 로마 공화국의 실질적인 지도자인 마치니의 설득으로 승산이 별로 없는 정규전과 유사한 방어전을 전개하게 되었다. 시민이 동원되고 바리케이드가 세워졌다. 로마 시민들은 프랑스와 나폴리 연합군의 최초 공격을 사자처럼 싸우며 막아냈다. 하지만 오래지 않아 로마 혁명은 유럽의 다른 혁명들과 마찬가지로 실패했다.

가리발디는 전투 중에 복부에 상처를 입고 전신에 타박상을 입어 회복이 필요했지만, 미국 전함으로 후송하겠다는 미국 외교관의 제안을 거절했다. 그는 로마로 돌아가 전투를 계속하기로 결심했다. 의용군을 모집하기 위한 가리발디의 다음과 같은 감동적인 외침은 훗날 제2차 세계대전의 암흑기의 윈스턴 처칠^Winston Churchill에게도 영향을 미치게 된다. "나를 따르기를 원하는 사람들에게 줄 수 있는 것은 이것뿐이다. 굶주림, 추위, 태양의 열기를 견뎌야 하고, 급료도 병영도 탄약도 없다. 거듭되는 전투, 행군, 착검돌격만 있을 뿐이다. 조국을 사랑하고 조국의 영광을 바라는 자들이여, 나를 따르라!"

4,000명이 넘는 사람들이 그의 부름에 응답했다. 여기에는 가리발디가 후방에 남으라고 간청했는데도 불구하고 따라나선 다섯째 아이를 임신하고 있던 가리발디의 아내도 포함되어 있었다. 이들은 1849년 7월 2일 로마를 떠났다. 4개국의 연합군 수만 명이 그들을 추격하고 있었다. 고난의 행군이 계속되면서 가리발디의 부하 다수가 탈영했고 그의 대의에 동

---

[157] 아펜니노 산맥: 이탈리아 반도의 등뼈를 이루면서 북서에서 남동 방향으로 뻗은 산맥.

참하는 농민은 없었다. 가리발디는 "하루 세 끼 식사를 하지 못하고 야전에서 지내는 것을 참지 못하는 나의 동료 이탈리아인들의 소심함과 유약함"을 저주했다. 하지만 보수적인 가톨릭 농민들이 교황을 "적그리스도"로, 그리고 사제들을 "병적인 인간쓰레기", "이 세상에서 가장 부패하고 횡포를 일삼는 모든 악의 축"으로 비방하는 급진적인 공화주의자를 지지하지 않는 것도 놀랄 만한 일은 아니었다.

대부분의 사람들은 가리발디와 아무런 관련이 없기를 바랐지만, 가리발디는 일부 공화주의자들의 도움으로 급할 때 추격자들로부터 몸을 피할 수 있는 은신처를 제공받았다. 한번은 그가 덤불숲 한쪽에 몸을 숨기고 있었는데, 오스트리아군이 그를 발견하지 못하고 반대쪽으로 지나갔다.

그는 탈출에 성공했지만 아니타는 그렇지 못했다. 아니타는 말라리아로 추정되는 열병에 걸렸고 몹시 아픈 상태였지만 되돌아가기를 거부하다가 라벤나Ravenna[158] 인근에서 1849년 8월 4일에 숨을 거두었다. 아니타의 죽음은 아내를 끔찍이 사랑한 가리발디에게는 큰 충격이었지만, 마오쩌둥의 대장정을 미리 보여주기라도 하듯 추격을 피해 고난의 행군을 하며 피신하는 데 성공한 가리발디의 피신 이야기는 그의 명성을 더해주었을 뿐이다.

◆ ◆ ◆

1848년에 시작되어 이듬해 혁명이 끝난 후 가리발디는 다시 한 번 고난의 유랑생활을 해야 했다. 그는 뉴욕, 리마, 광저우廣州, 런던을 떠돌았다. 그는 양초제작사, 비료 운반 화물선 선장 등 다양한 직업에 종사하면서 살아남았다. 1856년 그는 사르데냐 인근의 작은 섬 카프레라Caprera로 이주해서 형에게 물려받은 작은 유산으로 대부분 화강암 지대인 이 섬의

---

158 라벤나: 이탈리아 북동부 에밀리아로마냐 주의 도시.

절반을 사들였다. 그는 카프레라 섬에 방 네 칸의 오두막을 지어 죽을 때까지 살았다. 죽은 아내의 머리카락 한 단을 흑단나무로 짠 액자에 넣어 그의 머리맡에 두었지만, 아내에 대한 기억이 그가 자신의 극복 대상 중 하나가 "여성 편력"이라고 말했듯이 그의 왕성한 성욕을 충족하는 삶을 가로막지는 못했다.

그는 52세 되던 해인 1860년에 첫 아내보다 훨씬 더 아름다운 18세 이탈리아 귀족 처녀와 재혼할 수 있었다. 결혼식 피로연에서 그의 동료 이탈리아 민족주의자 주세페 베르디Giuseppe Verdi가 쓴 오페라의 한 장면처럼 가리발디에게 한 남자가 다가와 신부가 전날 밤을 자신과 함께 보냈으며 자신의 아이를 임신했고 가리발디를 사랑하지 않는다는 내용의 쪽지를 전달했다. 가리발디는 신부에게 즉시 이것이 사실이냐고 물었다. 신부가 그렇다고 대답하자 그는 큰 소리로 신부를 매춘부라고 부르며 신부가 자신의 진짜 아내가 아님을 선언하고 다시는 말도 걸지 않았다. 그는 공식적으로 이혼하지 않고 죽을 때까지 다시는 공식적인 결혼을 하지 않았다. 1880년에 그는 아이들의 유모인 똑똑하지도, 아름답지도 않은 평범한 농촌 출신 여자와 결혼했는데, 이미 1866년부터 계속된 관계로 인해 이미 세 아이를 낳은 상태였다. 그리고 그 전인 1859년에는 '작고 못생긴'(아니면 가리발디의 질투 많은 다른 애인에게는 그렇게 보일 수도 있었다) 가정부 사이에서 아이를 하나 낳은 적이 있었다.

가리발디는 급속히 성장하는 도시에서 발행되는 값싼 책, 신문, 잡지 등 초기 대중매체가 어떻게 게릴라를 대중의 우상, 심지어는 섹스 심벌로 만들 수 있었는지를 보여주는 사례다. 요시프 티토Josip Tito[159], 마오쩌둥, 야세르 아라파트Yasser Arafa, 하산 나스랄라Hassan Nasrallah[160], 오사마 빈 라덴Osama

---

159 요시프 티토: 유고슬라비아의 초대 대통령.
160 하산 나스랄라: 레바논의 정치적 준군사조직 헤즈볼라의 세 번째 사무총장.

bin Laden[161] 등 미래의 반란군 지도자들은 가리발디처럼 미디어가 만들어낸 유명인 숭배 현상으로 이득을 본 사람들이다.

◆ ◆ ◆

가리발디가 카프레라에서 지내는 동안 그의 애인 중 한 명이 남긴 기록에 따르면, 그는 카프레라에서 지내는 동안 우리에 갇힌 사자와 같이 조바심을 내며 이탈리아 재건에 그가 부름을 받는 "그날"이 오기를 기다렸다. 1858년에 드디어 그날이 왔다. '카프레라의 사자Lion of Caprera' 가리발디는 피에몬테-사르데냐의 총리인 계산적인 귀족 카밀로 디 카보우르Camillo di Cavour 백작에 의해 비정규군으로 선발되었다. 프로이센의 오토 폰 비스마르크Otto von Bismarck처럼 카보우르 역시 민족주의 감정을 끌어들임으로써 자유주의 혁명을 일으켜 비토리오 에마누엘레 2세Victor Emmanuel II 통치하의 보수적인 민족국가를 건설하고자 했다. 이 전략의 일환으로 카보우르는 프랑스 황제 루이 나폴레옹과 동맹을 맺고 이탈리아 영토를 되찾기 위해 오스트리아에 선전포고를 했다. 카보우르는 가리발디를 불러들여 대중의 열광을 이끌어내고자 했다. 그렇지 않고서는 마키아벨리적인 두 왕국의 영토 확장 야욕으로만 비춰질 수 있었다. 마치니의 반대에도 불구하고 가리발디는 카보우르를 돕기로 했다. 그는 거래의 일부 조건으로 피에몬테가 그의 고향 니스를 프랑스에 반환하는 데 동의했다는 말은 듣지 못했다.

전쟁은 1859년에 정식으로 시작되었다. 피에몬테 왕실군 소장少將으로 임명된 가리발디는 옛날부터 입고 다니던 낡은 판초를 입고, 축 처진 모자를 썼으며, 알프스의 사냥꾼으로 구성된 "무장은 궁색했지만 사기는 높은" 3,000명의 부하들과 함께 게릴라전을 수행하기 위해 마조레 호수 근

---

161 오사마 빈 라덴: 2001년 9·11 테러를 주도한 알카에다 지도자로, 2011년 미국 특수작전부대의 공격을 받고 사망했다.

주세페 가리발디가 이끈 '붉은셔츠단' 의용군의 모습. 우루과이 내전 당시 우루과이에서 결성된 가리발디의 의용군인 '이탈리아 군단'이 도살장 노동자들이 피 얼룩을 감추기 위해 입은 붉은 셔츠를 군복 대신 입기 시작했고, 이 '이탈리아 군단'을 모태로 가리발디가 이탈리아에서 모집한 의용군 1,000여 명도 붉은 셔츠를 입게 되었다. '붉은셔츠단'이라는 이름은 여기에서 비롯되었다. 가리발디에 대한 그들의 믿음은 거의 종교와도 같았다. 〈출처: WIKIMEDIA COMMONS | Public Domain〉

1860년 5월 15일 칼라타피미 전투(Battle of Calatafimi) 장면. 이 전투에서 가리발디의 지휘하에 붉은 셔츠단은 양시칠리아 왕국군을 격파하는 데 성공한다. 가리발디의 붉은셔츠단은 양시칠리아 왕국군을 붕괴시키고, 양시칠리아의 수도 나폴리와 시칠리아 지역을 점령한다. 〈출처: WIKIMEDIA COMMONS | Public Domain〉

처로 갔다. 그는 프랑스군과 피에몬테군 좌익에서 작전을 수행했는데, 약 60년 후에 T. E. 로렌스^{T. E. Lawrence} [162]가 이스라엘 인근에서 영국군의 우익에서 아랍의 비정규군을 지휘한 것과 비슷한 모습이었다. 가리발디의 목표는 오스트리아군을 와해시키고 다리를 파괴하고 통신선 절단하고 창고에 불을 질러 보급선을 교란하는 것이었다. 그는 산악지형의 이점을 잘 살려 적이 예상하지 못한 곳에서 나타나거나 밤에 기습하거나 착검돌격하는 방법으로 수가 훨씬 많고 잘 장비된 오스트리아군에게 여러 번 승리를 거두었다. 하지만 가리발디의 작전은 오스트리아군과 프랑스-피에몬테 연합군 간의 결전에 비하면 성과가 미미했다. 연합군은 승리를 거두

---

162 T. E. 로렌스: 우리에게 '아라비아의 로렌스'로 잘 알려진 영국의 고고학자, 작가, 군인.

었고, 평화협정으로 롬바르디아는 피에몬테에, 니스와 사보이Savoy163는 프랑스에 할양되었다.

◆ ◆ ◆

가리발디는 1860년 4월 4일 나폴리의 부르봉 왕가에 대항하여 시칠리아에서 일어난 혁명으로 촉발된 이탈리아 통일 운동의 다음 단계에서 중심 역할을 할 운명이었다. 카보우르는 가리발디가 성공하면 지원하고 실패하면 해임할 준비를 하고 두고 보자는 식의 입장을 취하고 있었고, 가리발디는 1,089명의 자원병으로 구성된 부대를 이끌고 시칠리아를 지원하러 갔다. 이 부대는 대부분 이탈리아 북부 도시에서 온 전문직 종사자, 노동자, 학생, 지식인들로 구성되었고, '천인대千人隊' 또는 '붉은셔츠단'으로 알려지게 된다. 일설에 의하면, "가리발디에 대한 그들의 믿음은 거의 종교와도 같았다.

1860년 5월 5일 소부대가 제노바 인근의 작은 항구에서 2척의 증기선에 승선하여 출발한 지 6일 후 시칠리아의 마르살라Marsala 항에 도착했다. 아주 운 좋게도 나폴리군의 전투순양함 2척이 막 출항한 상태였다. 전투순양함이 돌아와 증기선에 포격을 가했을 때 이미 붉은셔츠단은 상륙한 뒤였다. 붉은셔츠단원 중 한 사람이 묘사한 바에 따르면, "우리 모두는 찬란한 하늘에서 비추는 따뜻한 햇살과 계곡에서 불어오는 향긋한 바람에 도취되었다." 나흘이 지난 후 붉은셔츠단은 칼라타피미Calatafimi 마을 외곽 언덕에서 3,000명으로 구성된 부르봉 왕가의 군대와 마주쳤다. 붉은셔츠단은 구식 소총만 가지고 있었기 때문에 가리발디는 최대한 사격을 삼가라고 지시했다. 그들은 소나기처럼 쏟아지는 총탄을 뚫고 착검한 채 언덕을 향해 돌격해나갔다. 훗날 가리발디는 "이 전투로 인해 국민들의 사기

---

163 사보이: 프랑스 남동부 지방.

는 하늘을 찌를 정도로 치솟았고, 적의 사기는 떨어졌다"라고 회상했다.

현지 게릴라 부대의 지원을 받은 붉은셔츠단은 2만 명의 수비대가 지키는, 인구 16만 명의 도시 팔레르모Palermo로 진격했다. 수천 명의 적이 그들을 공격했지만, 가리발디의 소부대는 이들과의 전투를 회피하면서 언덕으로 숨어들었다. 그는 "밤낮을 가리지 않고 회피기동"을 하면서 정규전을 피했다. 가리발디의 부하들조차 가리발디가 무슨 생각을 하고 있는지 궁금해할 정도였다. 어느 붉은셔츠단원은 5월 23일, "불빛 주위를 맴도는 나방처럼 팔레르모 근처를 맴돌면서 뭘 하는지 모르겠다"라고 기록했다. 가리발디는 회피기동을 통해서 그가 원하는 시간에 기습 효과를 달성할 수 있었다.

붉은셔츠단은 수비대가 눈치채지 못하게 1860년 5월 27일 새벽 2시경 팔레르모에 조용히 입성했다. 전투를 목격한 사람이 "소름끼치는 살육"이라고 묘사한 나폴리군의 야포 사격을 받아가면서 3일 동안의 시가전을 치렀다. 나폴리군의 10인치 포탄은 집을 한 방에 무너뜨려 집 안에 있는 사람들이 파괴된 집 잔해물에 깔려 죽게 만들 정도의 위력을 지니고 있었다. 시민들은 야만적인 부르봉 왕가의 보병을 두려워하기는커녕 격분하며 그들의 기동을 방해하기 위해 장애물을 세웠다. "수많은 시민이 우리를 따랐다. 소총이 없었기 때문에 그들은 단검, 칼, 바비큐 꼬치 등 온갖 철물을 들었고… 건물 발코니와 로지아loggia[164]는 방어를 위해 매트리스로 덮여 있었고 온갖 종류의 돌과 던질 수 있는 무기가 수북이 쌓여 있었다"라고 가리발디는 기록했다. 시민들의 단체 행동과 보급품 부족을 겪고 있던 부르봉 왕가의 군 지휘관은 부대가 퇴각할 시간을 벌기 위해 휴전에 동의했다. 영국 해군 장교는 이를 가리켜 "독학한 군인 가리발디가 전혀 알지 못했던 전쟁의 규칙을 무시하고 얻은 승리"라고 언급했다.

---

164 로지아: 한쪽 또는 그 이상의 면이 트여 있는 방이나 복도. 특히 주택에서 거실 등의 한쪽 면이 정원으로 연결되도록 트여 있는 형태.

붉은셔츠단은 기적 같은 승리를 이어가면서 시칠리아의 부르봉 왕가의 군대를 토벌해나갔고, 8월 19일에는 메시나Messina 해협을 건너 이탈리아 장화의 끝 칼라브리아Calabria에 상륙했다. 붉은셔츠단이 처음 만난 나폴리군에게 승리를 거두자 나머지 대부분은 항복하거나 탈영했다. 가리발디가 이탈리아의 최대 도시 나폴리에 입성하던 날 만세 소리가 끝없이 울려 퍼졌다. 부르봉 왕가 군대의 잔병 5만 명은 나폴리 북쪽 볼투르노Volturno강 일대에서 반격을 위해 집결했다. 10월 1일과 2일 가리발디는 3만 명의 병력으로 이들과 싸워 승리를 거두었다. 볼투르노강 전투Battle of the Volturno는 그가 수행한 전투 중 유일한 대규모 전투였다. 어느 기자는 가리발디가 총알이 빗발치는 전장에서 리볼버 권총을 쥐고 종횡무진 활약했다고 기록했다.

그 후 가리발디는 이탈리아 남부를 "독재관dictator"으로서 잠시 통치하다가 비토리오 에마누엘레 2세Victor Emmanuel II에게 자발적으로 권력을 넘겨주었다. 시칠리아와 나폴리 주민들은 국민투표를 통해 비토리오 에마누엘레 2세를 군주로 받아들였다. 가리발디는 비토리오 에마누엘레 2세가 통치하던 것보다 두 배 더 넓은 지역을 통치했지만, 그는 큰 보상을 거절하고 은퇴하여 카프레라에서 검소하게 살고자 했다. 이런 이타심이 그의 인기의 비결이었다. 그를 알고 지냈던 영국 해군 장교는 "만인의 마음을 사로잡을 수 있는 그의 거부할 수 없는 마력은 … 그의 정직함에서 비롯된 것이다"라고 말했다.

가리발디가 평생의 목표였던 통일 이탈리아 왕국은 1861년에 현실화되었다. 베네치아는 1866년에 프로이센과 이탈리아가 오스트리아에 맞서 싸운 전쟁 이후 이탈리아 왕국의 일부가 되었다. 이 전쟁에서 가리발디는 다시 한 번 북이탈리아에서 게릴라전에 나섰다가 부상을 입었지만 정규군보다도 많은 큰 승리를 거두었다. "로마가 아니면 죽음을!"이라고 외친 가리발디는 1862년과 1867년 교황령을 침공했다. 두 번에 걸친 공세는 실패했고, 가리발디는 첫 번째 공세에서 심한 부상을 입었다. 로마는 1870년에 가리발디의 비정규군이 아니라 이탈리아 정규군에 의해 합병되었다.

◆ ◆ ◆

전 세계적인 명성을 얻은(1864년 런던 거리에 그를 맞기 위해 약 50만 명이 운집했다) 가리발디는 여러 전쟁에 참가할 것을 요청받았다. 1861년에 그는 미국 남북전쟁U. S. Civil War에 참전해달라는 에이브러햄 링컨Abraham Lincoln 대통령의 제안을 거절했는데, 그 이유는 북부가 노예제 철폐를 하지 않았고, 북부 연방군 최고 지휘관의 직책을 요청받은 것이 아니었기 때문이다. 가리발디는 이상주의자이기도 했지만, 자존심도 대단했다.

1870년 11월 노쇠하여 류머티즘과 예전에 입은 부상으로 고통받고 있었음에도 가리발디는 프로이센-프랑스 전쟁에서 이전의 적이었던 프랑스를 방어하기 위해 열정적으로 나섰다. 루이 나폴레옹 황제가 이끄는 프랑스 정규군은 포위되어 항복할 수밖에 없었다. 그 후 공화국 정부가 정권을 잡고 저항을 계속할 것을 맹세했다. 이제 폭군 나폴레옹은 권좌에서 내려왔지만, 가리발디는 "억압받은 민중이 독재자에 저항해 일어날 때, 노예와 같은 삶을 살던 사람들이 자유를 위해 싸울 때, 나는 그들 가운데에 있을 것이다"라고 말하며 참전을 자원했다.

보수적인 가톨릭교도들이 이 악명 높은 자유사상가 가리발디에 대해 적대감을 품고 있었음에도 불구하고 임시 정부는 가리발디에게 참전을 허가하고 프랑스 동부 보주Vosges 지역의 비정규군 지휘를 맡겼다. 이 비정규군은 "적 부대를 쉬지 못하게 괴롭히자"는 공화주의자 레옹 강베타Léon Gambetta의 외침에 프랑스 점령지(전체 영토의 약 3분의 1)에서 들고일어난 수많은 프랑-티뢰르francs-tireurs('자유로운 사수'라는 뜻)[165] 부대 중 하나

---

165 프랑-티뢰르: 프랑스-프로이센 전쟁 당시 매복, 철도 파괴, 정찰대 습격 활동 등을 한 비정규군을 가리켰으나, 점차 일반적인 비정규군이나 반란군을 뜻하는 것으로 그 의미가 확대되었다.

였다. 이들은 독일 병사를 저격하고, 다리, 철도, 전신주를 파괴했다.

1만 6,000명 이상으로 불어난 가리발디의 비정규군은 프랑스인뿐만 아니라 그의 두 아들을 포함한 이탈리아인, 폴란드인, 헝가리인, 자유 수호에 헌신한 다른 외국인들로 구성되었다. 프랑-티뢰르 중 한 사람은 "가리발디는 다시 한 번 자신이 익히 아는 방식으로 싸웠다. 타격·기만·퇴각·재타격하는 이 전술은 비정규전 전술의 정수와도 같다"라는 기록을 남겼다. 가리발디의 아들 리치오티Ricciotti는 1870년 11월 18일 샤티옹쉬르센Châtillon-sur-Seine 마을 습격에서 프로이센 기지에 주둔 중이던 800명 중 300명을 사살 또는 생포하는 괄목할 만한 성공을 거두었다. 가리발디는 나중에 디종Dijon을 함락하고 강력한 역습에 대항해 상당 기간 도시를 지키기도 했다.

프로이센군 지휘관은 이러한 실패에 격분했다. 프로이센군 지휘관은 병사들에게 포로로 잡힌 게릴라는 사살하고 게릴라를 도와주는 것으로 추정되는 마을에 잔인한 보복을 할 것을 명령했다. "게릴라는 병사들이 아니다. 우리는 이들을 살인자로 간주한다." 프로이센 총리 오토 폰 비스마르크는 이렇게 선언했다.

이것은 독일 출신 미국인 법학교수 프랜시스 리버Francis Lieber가 작성하고 1863년 미국 남북전쟁 시 남부 게릴라들에 대처하기 위해 북군이 일반명령 100호로 공포한 리버 규칙Lieber Code에 명문화된 게릴라에 대한 접근법과 맥락을 같이하는 것이었다. 리버가 기여한 가장 중요한 것은 다음과 같이 파르티잔과 게릴라를 구분한 것이다. 파르티잔은 "군복을 입고 본대에서 분리되어 임무를 수행하는 부대에 소속된 병사들"을 말한다. 만약 파르티잔이 포로가 되면 "전쟁포로의 지위를 가질 수 있다". 하지만 "정규군의 일원이 아니면서 … 적대행위를 하는 사람이나 일련의 집단은 … 노상강도나 해적"으로 간주해야 할 것이다.

이 규정은 포로가 된 게릴라들을 대량학살하기 위한 근거 조항인 것처럼 들린다. 그러나 프랑스에서 프로이센군이 적용한 비인간적 전투행위와 달리, 링컨의 북군은 이 규정을 미국 남부에서 훨씬 더 일관성 없이 자비롭게 적용했다. 북군과 프로이센군은 프랑스군이 방데, 스페인, 아이티에서 한 것보다 훨씬 더 잔혹행위를 자제했다. 포로가 된 가리발디의 부대원은 제복을 입고 일반적으로 전쟁법을 준수했기 때문에 특히 좋은 대우를 받았다. 독일인들은 도량이 넓었다. 프랑-티뢰르들은 1871년 1월 파리의 함락으로 종결되는 프로이센-프랑스 전쟁의 전쟁 결과를 뒤집을 만큼 위협적이지는 못했다.

가리발디는 프랑스 보수파들의 야유를 받으며 귀국했다. 베테랑 혁명가인 가리발디가 모두가 그에게 바라고 있었던 기적을 일으키지 못했다는 점을 고려하면 그들의 비판은 이해할 만했다. 프랑-티뢰르들은 프로이센군에게 겨우 1,000명도 안 되는 인명피해만 입혔고, 10만 명이 넘는 프로이센군의 발을 묶어둠으로써 전쟁을 겨우 한 달 정도 더 연장시켰을 뿐이었다. 그들은 프랑스가 2개 주[166]를 빼앗기고 치욕적인 패배를 당하는 것을 막지 못했다. 하지만 전쟁 기간이 6개월로 너무 짧았기 때문에 70년 전에 스페인이 프랑스 침입자를 괴롭혔던 것처럼 게릴라들이 독일군을 괴롭히지는 못했다.

◆ ◆ ◆

말년에 참전한 프로이센-프랑스 전쟁의 패배에도 불구하고 가리발디는 1882년 74세를 일기로 숨을 거둘 당시 '두 대륙의 영웅'으로 기억되었다. 영국 역사학자 A. J. P. 테일러A. J. P. Taylor는 가리발디를 가리켜 "근대사에서 유일하게 존경할 만한 인물"이라고 칭송했다. 가리발디는 훗날 국제적인 유명인사가 될 20세기 게릴라들의 선구자였다. 그는 전투를 수행하면서 일관되게 인간성과 자제력을 보여주었고 결코 자신을 위해 권력이

---

166 여기서 2개 주는 알자스, 로렌을 말한다.

나 부를 추구하지 않았다는 점에서 대부분의 게릴라 지도자들보다 더 칭찬받을 만했다. 그는 훌륭한 행동과 놀라운 업적으로 전무후무한 게릴라 지도자의 모범이 되었다.

19

자유주의 혁명의 결과

◆

"이상은 실현시키는 것보다 그것을 위해 투쟁하는 것이 더 쉽다"

마치니가 죽고 10년 뒤에 가리발디가 사망(1882년)함으로써 100여 년 전 매사추세츠의 민병대가 개시를 알린 자유주의 혁명의 시대는 끝이 났다. 미래의 혁명은 대부분 좌우익을 막론하고 방법과 신념에 있어서 훨씬 더 극단적일 것이다. 그러나 그들이 지향한 것이 무엇이든 간에 이후 반란군 세대들은 자유주의자들이 선전을 강력한 전쟁무기로 사용하는 것을 배울 것이다. 오사마 빈 라덴이 '미디어 전쟁'이 자신의 전체 전투의 90%를 차지했다고 선언했듯이 선전의 중요성은 이후로 차츰 커졌다. 19세기에 선전이 전쟁에서 차지한 비중은 오늘날만큼은 아니었지만 19세기 이전에 발생했던 비정치적인 게릴라전의 경우보다는 훨씬 더 높았다.

자유주의 반란 세력은 몇 가지 작은 예외를 제외하고 1825년 유럽 식민주의자들의 영장이 더 이상 효력을 발휘하지 못한 신세계에서 가장 인상적인 승리를 거두었다. 루이 나폴레옹은 1860년에 멕시코에 꼭두각시

정권을 세우려고 시도했지만, 그가 옹립한 오스트리아 대공 막시밀리안 Maximilian은 살해당했고, 정부는 베니토 후아레스Benito Juárez가 이끄는 게릴라 부대를 포함한 자유주의 반란군에 의해 전복되었다. 유럽에서 가장 성공한 반란은 그리스와 이탈리아에서 일어났다. 1830년 벨기에와 프랑스에도 입헌군주국이 세워졌지만, 이는 1789년 프랑스 혁명과 마찬가지로 게릴라전의 결과라기보다는 거리에서 민초들의 힘으로 달성한 것이었다.

영국의 차티스트Chartist[167]부터 러시아의 데카브리스트Decembrist[168]에 이르기까지 더 많은 실패한 혁명이 있었다. 하지만 성공하지 못한 반란이라 하더라도 그들의 지지자들을 달래기 위해 반란 세력의 요구 중 일부를 받아들이도록 통치자를 설득함으로써 강력한 영향력을 행사할 수 있었다. 따라서 유럽의 대부분은 더 자유주의적인 방향으로 나아가고 있었다. 심지어 러시아, 독일, 오스트리아와 같은 절대군주국가로 남아 있던 국가들에서도 마찬가지였다.

아이러니한 점은 자유주의 혁명이 성공한 것처럼 보였던 나라들에서 어떤 면에서는 그 결과가 전혀 만족스럽지 못했다는 것이다. 프랑스 혁명은 프랑스 인권 선언으로 시작해서 전쟁과 공포정치로 끝이 났다. 그리스 독립전쟁은 영국 시인 셸리Percy Bysshe Shelley 같은 그리스 독립 지지자가 상상한 "위대한 시대Great Age"나 "또 다른 아테네another Athens"로 안내한 것이 아니라 바이에른 왕국의 왕자 오토가 그리스 왕으로 옹립된 후 1862년에 쿠데타에 의해 퇴위되는 결과를 가져왔다. 아이티 독립 후에 남은 백인들이 대학살되었고 오늘날까지도 불안정은 계속되고 있다. 스페인은 프랑스를 몰아내고 불경기와 내전을 겪었다. 스페인은 1970년대 중반이 되어서야 민주주의 체제로 탈바꿈했다. 이탈리아는 전보다 평화로워졌지만, 늙어가면서 사회주의적이고 평화주의적인 성향을 띠게 된

---

167 차티스트: 19세기 중·후반에 영국에서 참정권 운동을 주도한 남성 노동자들을 의미한다.

168 데카브리스트: 1825년 12월 26일, 니콜라이 1세의 황제 즉위에 반대하며 무장봉기를 일으킨 러시아 혁명가들을 통틀어 일컫는 말이다.

가리발디는 '조국의 비참함'에 깊은 불만을 표시하면서 이것이 정부와 성직자의 비열한 기만행위 때문이라고 했다. 그리스, 아이티, 이탈리아, 스페인보다 효율적인 정부체계의 모델이 된 미국도 영국으로부터의 독립을 위해 싸운 독립투사들은 인권이 박탈된 아프리카계 미국인들에게 자유를 주기를 거부했다.

라틴아메리카의 해방자 호세 데 산 마르틴José de San Martín과 시몬 볼리바르Simón Bolívar는 그들의 투쟁의 결과에 가리발디보다 훨씬 더 큰 환멸을 느꼈다. 그들은 자유주의 헌법에 기초해 강력한 중앙정부가 보장하는 '평화, 과학, 예술, 상업, 농업의 시대'가 시작되기를 희망했다. 하지만 반대로 군사독재자, 부패, 내전이 등장했다. 이는 볼리바르가 말년에 "소름끼치는 독재정치"라고 비판한 것들이다. 정권을 전복하는 것은 대체로 힘들지만, 정권을 무너뜨리고 안정된 차기 정권을 수립하는 것은 더 힘든 일이다. 산 호세, 볼리바르를 포함한 수많은 혁명가들의 사례는 이상은 실현시키는 것보다 그것을 위해 투쟁하는 것이 더 쉽다는 것을 보여준다.

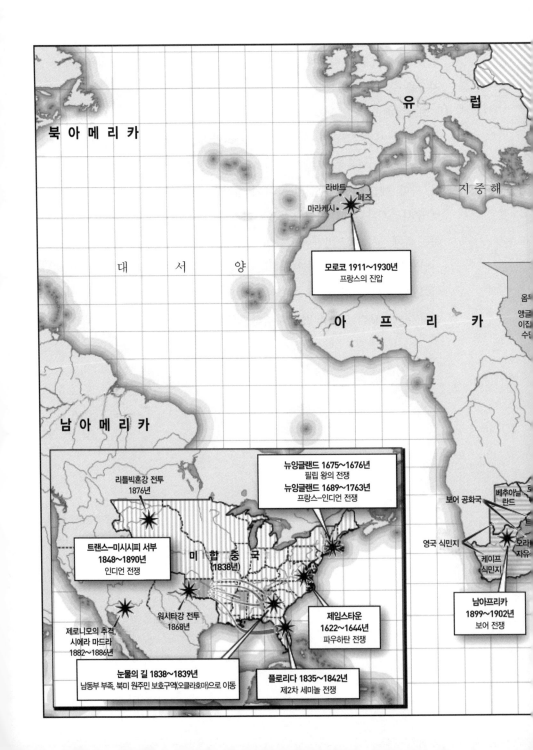

유 럽

북 아 메 리 카

지 중 해

라바트
페즈
마라케시

모로코 1911~1930년
프랑스의 진압

아 프 리 카

옴드
앵글
이집
수단

대 서 양

남 아 메 리 카

보어 공화국

베추아날
란드

영국 식민지

**남아프리카
1899~1902년**
보어 전쟁

케이프
식민지

오라
자유

리틀빅혼강 전투
1876년

뉴잉글랜드 1675~1676년
필립 왕의 전쟁
뉴잉글랜드 1689~1763년
프랑스-인디언 전쟁

**트랜스-미시시피 서부
1848~1890년**
인디언 전쟁

미 합 중 국
(1838년)

제로니모의 추격,
시에라 마드라
1882~1886년

워시타강 전투
1868년

제임스타운
1622~1644년
파우하탄 전쟁

눈물의 길 1838~1839년
남동부 부족, 북미 원주민 보호구역(오클라호마)으로 이동

플로리다 1835~1842년
제2차 세미놀 전쟁

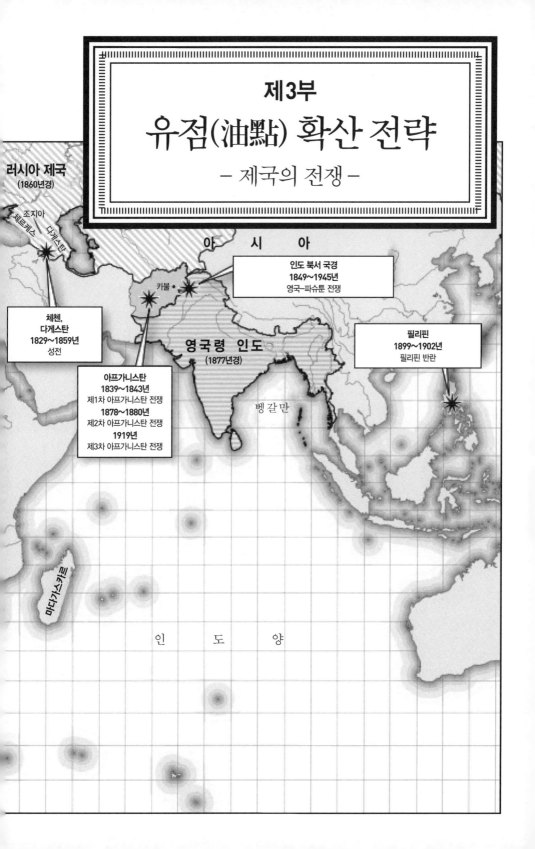

제3부
유점(油點) 확산 전략
- 제국의 전쟁 -

러시아 제국
(1860년경)

조지아
체르케스
다게스탄

아 시 아

카불

인도 북서 국경
1849~1945년
영국-파슈툰 전쟁

체첸,
다게스탄
1829~1859년
성전

영국령 인도
(1877년경)

필리핀
1899~1902년
필리핀 반란

아프가니스탄
1839~1843년
제1차 아프가니스탄 전쟁
1878~1880년
제2차 아프가니스탄 전쟁
1919년
제3차 아프가니스탄 전쟁

벵갈만

마다가스카르

인 도 양

20

전쟁이라고 할 수 없는 전쟁

◆

유럽인 정복자에 비해 군사 및 전투 기술 면에서 뒤처졌던 비유럽인은 왜 게릴라전이 아니라 정규전을 선택했는가?

유럽 국가들은 자국에서는 점점 자유민주주의를 실현시켜나가면서 대부분의 비유럽 세계에서는 총으로 위협하며 완전히 자유를 억압하는 통치를 확대해나가고 있었다. 식민지화 과정과 저항은 21세기에 우리가 아는 것과 비슷한 현대의 국경선을 확정하는 데 큰 역할을 했다. 이로 인해 고금을 막론하고 가장 영향력 있는 대반란전 교리인 '유점 확산the spreading oil spot' 전략이 등장했다. 21세기에 이라크와 아프가니스탄에서 미군이 적용한 '주민 중심' 교리의 전신과도 같은 것이었다. '유점 확산' 전략은 부대 전초기지를 천천히 늘려가면서 토착민의 저항을 붕괴시키는 것을 의미한다. 이 말은 오래전 프랑스 군인 위베르 리요테Hubert Lyautey가 19세기 말에 처음 사용했으며, 유럽인들은 이 전략을 사용해 큰 성공을 거두었다.

아시아, 아프리카, 아메리카 대륙 원주민들은 백인의 침공에 최대한 저항하고 있었다. 가끔은 원주민이 기대 이상의 반격을 한 전투도 있었다. 유명한 사례로 1842년 영국군의 카불 퇴각과 1876년 리틀빅혼강 전투

Battle of the Little Bighorn가 있다. 하지만 이 두 전투의 성공은 일시적이었을 뿐 거대한 서구화의 조류는 막지 못했다. 20장에서 다루고 있는 전쟁들—북미 원주민, 파슈툰족Pashtuns, 체첸인Chechens, 모로코인Moroccans, 보어인Boer(남아프리카 공화국에 정착한 유럽의 다양한 백인 민족)을 상대로 한 전쟁들—대부분은 유럽인들의 승리로 끝이 났다. 1914년 유럽인은 세계 영토의 84%를 손에 넣은 상태였다. 하지만 산업혁명 초기인 1800년대에는 35%, 대항해시대 초기인 1450년에는 15%에 불과했다.

비유럽인들은 유럽의 발전하는 군사기술과 전투기술로 인해 격차가 벌어지고 있었기 때문에 독립을 유지하기가 점점 더 어려워졌다. 하지만 비유럽인들이 한정된 자원을 최대한 이용할 수 있는 전략을 채택하지 않은 탓도 있었다. 아이티인들처럼 싸운 민족은 드물었다. 비유럽인 대부분은 성공하지 못하더라도 수십 년이 아니면 수년 동안이라도 결정적 패배를 피하고 침략자들에게 엄청난 피해를 줄 수 있는 게릴라전을 펴는 대신 유럽인들이 원하는 방식대로 싸우다가 패배했다. 특별히 효과적이지 않다면 통상적으로 정규전을 택하는 것이 관행이었다.

서양 사람들은 정복한 대부분의 지역을 '미개한 곳' 또는 '시대에 뒤떨어진 곳'으로 여겼지만, 어떤 면에서는 너무 앞서가는 것이 문제였다. 19세기 전환기에 아프리카와 아시아는 대부분 상비군이 있는 토착 정권이 통치하고 있었고, 통치자들은 상비군으로 국민을 보호해야 한다는 생각을 하고 있었다. 사하라 사막 이남 아프리카는 유럽인들의 눈에 가장 미개한 지역으로 보였지만, 최근 연구에 따르면, 이 지역에도 국가 구조가 존재했으며, 간혹 모든 군사조직을 정교하게 만든 나라들도 있었다. 따라서 유럽인의 일방적인 학살로 끝난 전투에서도 아프리카인들은 그들의 조상들이 주로 사용했던 게릴라전의 초기 형태인 부족 전술로 대항하기를 꺼렸다.

일례로 줄루Zulu족[171]은 마티니-헨리Martini-Henry 소총[172]이 아닌 아세가이 assegai(투창)를 주무기로 사용했지만, 줄루족 군대는 영국군처럼 전장에서 비정규전 전술을 구사하지 않고 정규전 전술을 구사하는 '임피impi'라고 불리는 잘 훈련된 연대로 구성되어 있었다. 줄루족의 목표는 치고 빠지기 전술로 싸우는 것이 아니라 적을 섬멸하는 것이었다. 줄루족이 주로 사용한 대형은 '황소뿔' 대형이었다. 임피 연대의 중앙 또는 가슴 부분은 적을 고착시키고 양 뿔 부분은 적의 측익을 쳐서 포위하는 전술이었다. 1879년 1월 22일, 2만 명의 임피 연대는 이산들와나Isandlwana[173]에서 1,329명의 영국군과 아프리카군을 살상함으로써 영국군 1개 종대를 섬멸했다. 하지만 로크스 드리프트Rorke's Drift 인근 영국군 요새 정면공격은 120명의 영국군에 의해 격퇴되었고, 3월 29일에는 줄루족 군대 전 부대가 캄불라Kambula에서 패배했다.

유명하지는 않지만, 결정적이었던 이 전투에서 영국군은 고작 18명만 전사한 반면, 줄루군은 2,000명이 전사했다. 몇 달이 지나지 않아 영국군은 수도를 불태우고 세츠와요Cetshwayo 왕을 포로로 붙잡았다.

영국군은 이산들와나 전투Battle of Isandlwana에서처럼 상당한 피해를 입지 않았다. 하지만 소규모 반격 후 결정적 승리를 거두는 패턴은 다른 많은 영국 식민지에서도 반복되었다. 미국, 프랑스, 독일, 러시아, 기타 제국주의 국가들 역시 비슷한 일을 겪었다. 서양인의 앞길에 가장 큰 장애물로 등장했던 것은 원주민 부대가 아니라 애로지형과 치명적인 풍토병이었다. 결국, 의료기술과 수송기술, 키니네kinine[172], 철도, 증기선의 발전으로 19세기 '아프리카 분할Scramble for Africa'이 가능했다.

왜 토착 정권들은 게릴라 전술을 사용하지 않았을까? 비서양 국가들이 게릴라 전술을 사용하지 않은 이유 중 하나는 서양 국가들의 전투력을

---

169 줄루족: 남동 아프리카의 반투어족 가운데서 은구니계에 속하는 부족이다. 현재 남아프리카 공화국의 나탈주를 중심으로 약 350만 명이 살고 있다.

170 마티니-헨리 소총: 19세기 후반에 영국에서 생산된 단발식 소총.

171 이산들와나: 남아프리카 더반(Durban) 북서쪽의 평원.

172 키니네: 기나나무 껍질에서 얻은 알칼로이드. 말라리아 치료의 특효약으로, 해열제, 건위제, 강장제 따위로도 쓴다.

너무 늦게 알아차렸다는 것이다. 개발도상국의 많은 제국 설계자들은 현지 부족들에게 먹혔던 전술이 백인 부족들에게도 먹힐 것이라고 생각했다. 그들은 치명적인 실수를 저질렀지만, 라디오, TV, 비행기, 인터넷은 말할 것도 없고 전신, 해저 케이블, 증기선, 철도가 보급되기 전 소식이 전달되는 속도가 느렸던 것을 생각해보면 그들의 무지도 이해할 만하다. 빅토리아 시대에는 줄루족이 수족Sioux의 교훈을 배우고 그 교훈을 적용할 가능성은 전혀 없었다. 반대로 선진국 군대는 다른 나라의 전투를 보고 배울 수 있었다. 서양인들이 '작은 전쟁small wars'에서 이길 수 있는 방법을 설명한 군사교범이 19세기부터 21세기 초까지 봇물처럼 출간되었다.

원주민 통치자들이 과거의 실수로부터 교훈을 배우려고 할 때 그들은 유럽인 군사고문을 고용하고 유럽의 무기를 구입하여 군대를 주로 비정규군이 아닌 정규군으로 육성하려 했다. 일본을 제외하고 유럽인의 방식을 그대로 모방한 개발도상국들은 유럽인만큼 좋은 결과를 얻지 못했고, 그들의 약점은 전투에서 아주 잘 노출되었다. 개발도상국 사람들이 비정규전을 사용했다면 훨씬 나은 결과를 얻었을 것이다. 예를 들면, 인도의 마라타Maratha [173]는 오랜 역사를 자랑하는 최고의 기마습격대였지만, 18세기 말에 인도인들은 유럽식 연대를 창설하기로 했다. 아서 웰즐리Arthur Wellesley [174]나 제럴드 레이크Gerald Lake와 같은 유능한 장군들이 이끄는 잘 훈련된 영국 정규군을 당할 수 없다는 것이 입증되었기 때문이다.

인도인들은 당시 유럽 군사학파에서 주류로 통용되던 정규군 전술에 대한 믿음과 게릴라 저항이 비효율적이라는 막연한 주장을 그대로 받아들임으로써 자멸한 것이다.

이런 역효과를 낳는 행동은 전통적인 통치자들이 싸워보지도 않고 궁전과 재산을 포기하거나 덤불 속에 숨어서 반항하는 자들을 계속 통제하

---

173 마라타: 인도아리안계의 하위 종족으로, 17세기 후반~18세기까지 마라타 왕국을 건설했다.
174 아서 웰즐리: 제1대 웰링턴 공작.

기 어렵다는 것을 이해하지 못하면 설명하기 어렵다. 여러 원주민 군대도 서양 군대처럼 비정규전 전술로 전투하는 데 부담을 느꼈다. 비정규전 전술을 비신사적인 전술로 여겼기 때문이다. 많은 사람들은 용감하게 싸우다가 영광스럽게 죽고자 했다. 유럽인들을 새로운 주인으로 받아들이는 것은 사실 전혀 어려운 일이 아니었다. 새로 봉건영주가 옹립되면 보통 지방 지도계층을 통제하기 위해 '간접 통치'를 실시하는 경향이 있었기 때문이다.

비정규전을 수행할 만한 의지가 있었다 하더라도 원주민들에게는 이념적 동기가 결여되어 있었다. 대부분의 사람들은 자신이 태어나고 자란 고향에 애착을 갖고 있었지만, 그 애정의 주된 대상은 가족, 씨족, 부족이었지 국가가 아니었다. 원주민 국가의 지도자들은 종종 유럽인들에게 분개한 만큼 다른 부족이나 분파에 속한 사람들에게도 분노를 느꼈다. 민족주의는 18세기에 유럽인들이 확립한 개념으로, 19세기까지 미주 대륙의 유럽인 정착 식민지들을 넘어서까지 널리 퍼지지 않았다. 그것은 왜 대부분의 식민지들이 독립을 쟁취했는지를 설명하는 데 도움이 된다. 세계의 여러 나라들은 현대식 무기가 없어서 나라를 빼앗기기도 했지만, 민족의식이 없어서 나라를 빼앗기기도 했다. 제3세계라 알려진 결속력이 약한 왕국들은 전장에서 그들의 군대가 패배하면 곧바로 붕괴되곤 했다. 나폴레옹이 초기에 승리를 거두고 나서 스페인에서 발생한 장기간의 반란은 드물었다.

물론, 부족만큼 종교적 유대감으로 사람들이 뭉쳐 있는 이슬람 국가들에서 부분적인 예외는 있었다. 일부 이슬람 국가 역시 유럽인들과 정면 대결을 하는 실수를 저질렀다. 가장 큰 실패 사례 중 하나인 1898년 옴두르만 전투Battle of Omdurman에서 수단의 데르비시dervish(수도사) 수천 명은 밝은 대낮에 영국군 전열에 정면으로 돌격해 기관총, 야포, 소총 사격을 받아 갈대처럼 쓰러졌다. 하지만 다른 지하디스트들은 영리하게 막강한 서양 화력을 회피했다.

체첸인, 파슈툰인, 모로코인 등은 19세기 유럽인 정복자들에 맞서 끝없는 반란전을 수행했다. 필리핀인, 보어인 등 일부 비이슬람교도 역시 식민국에 심대한 타격을 주었다. 미국과 영국에는 골치 아픈 일이었지만, 20세기 초 필리핀과 남아프리카의 반란은 비교적 짧은 기간에 일어난 일이었다. 그러나 북아메리카 원주민들과의 전쟁은 그렇지 않았다. 이러한 예들은 거의 300년 동안 지속된 백인의 지배에 대한 저항에 사용된 게릴라 전술의 잠재력과 한계를 모두 보여주고 있다.

21

게릴라 전술의 정수, 매복공격

◆

1622~1842년, 정착 초기 북미 동부의 '인디언 전쟁'

게릴라 전술의 정수는 이상한 낌새를 전혀 알아채지 못한 적에게 갑자기 매복공격을 가하는 것이다. 이것은 북미 원주민들이 아주 즐겨 사용하던 전술이었다. 매복공격으로 가장 유명한 전투는 1755년 7월 9일 프랑스-인디언 연합군이 영국군과 식민지인 병사들을 상대로 오늘날의 피츠버그^{Pittsburgh}인 뒤케인^{Duquesne} 요새 인근 숲에서 벌인 전투다. 이 뒤케인 요새 전투^{Battle of Fort Duquesne}에서 1,469명 중 영국군 지휘관 에드워드 브래독^{Edward Braddock} 장군을 포함해 600여 명이 전사했다. 전속부관 조지 워싱턴은 겨우 살아서 탈출했다. 머낭거힐러^{Monongahela}강 대학살은 특히 더 유명한데, 인디언의 적인 영국인이 당연히 전투준비태세가 되어 있어야 있어야 했는데도 불구하고 그렇지 않았기 때문이다. 대규모 부대의 기동조차 눈치채지 못할 정도였다면, 국경지대 농촌 마을이 주기적으로 기습당했다는 것은 크게 놀랄 일도 아니었다. 제임스타운^{Jamestown} 인근에서 일어난 기습 중 가장 큰 피해를 입었던 초기 전투 중 하나는 현재 윌리엄스버그

Williamsburg 인근에 위치한 최초의 북미 영국인 영구 개척지에서 일어났다.

1622년 3월 22일 금요일 아침이었다. 영국인 식민지인들은 무슨 일이 일어나게 될지 아무것도 모르고 있었다. 수많은 파우하탄Powhatan[175] 북미 원주민이 제임스타운 근처 128km 반경에 산재한 농장에 나타나기 시작했다. 이 농장들은 돈이 되는 새로운 작물인 담배를 재배하고 있었고, 최근 몇 년 동안 그 수가 크게 증가했다. 이런 일은 종종 일어나던 일이었다. 북미 원주민들은 사슴, 칠면조, 생선, 과일, 모피를 가지고 와서 그들이 탐내는 구슬, 기타 장신구로 물물교환을 했다. 이것은 치렁치렁한 모직옷과 가죽신발을 신은 영국인들과 로인클로스loincloth[176]와 뒷굽이 없는 부드러운 모카신moccasin을 신고 밝은색으로 얼굴을 칠한 데다가 머리는 반삭발에 귀에 귀걸이를 주렁주렁 달고 있는 북미 원주민들 간의 문화 충돌이었다. 하지만 양측은 서로 친하게 지냈다. 북미 원주민들은 비무장이었기 때문에 영국인들은 어떠한 의심도 하지 않았다.

버지니아 회사Virginia Company[177]의 첫 상선이 100여 명의 개척자를 싣고 15년 전에 도착하여 북아메리카에 최초의 영구적인 영국 식민지를 건설하기 시작했을 때 개척자들과 북미 원주민들 사이에는 긴장감이 감돌았다. 무력 충돌은 잦았고 정착 초기에 영국인들은 1622년처럼 원주민들이 식민지 일대를 배회하도록 절대 놔두지 않았다. 하지만 1614년부터 평화의 분위기가 우세했다. 이듬해 영국인들은 제임스타운 일대에 1만 명의 부족민을 거느린 인디언 제국을 세운 족장 파우하탄Powhatan 의 딸 포카혼타스Pocahontas를 납치했다. 포카혼타스는 기독교로 개종하고 정착민과 결혼했으며 포우하탄은 새로운 사돈들과 어느 정도 좋은 관계를 유지

---

175 파우하탄: 미국 버지니아주 인디언 부족의 이름이다.

176 로인클로스: 한 장의 천을 스커트 모양으로 하거나 또는 샅을 싸서 허리에 감아 고정시키는 원시적인 옷.

177 버지니아 회사: 1606년 4월 런던·플리머스 상인들이 영국 왕으로부터 특허를 얻어 조직한 2개의 식민지 건설회사.

했다.

1618년 파우하탄은 세상을 떠났고 뒤를 이은 이복동생 오페찬카누
Opechancanough도 좋은 관계를 유지하기로 약속했다. 그는 식민지인들에게
"하늘이 무너지기 전까지 평화를 지킬 것이다"라고 약속했다. 대다수의
영국인은 원주민들과 평화우호동맹을 맺었으니 서로를 죽일 위험은 사
라졌다고 믿고 있었다. 그들이 감쪽같이 속았다는 것을 깨달았을 때는 이
미 때늦은 뒤였다. 약삭빠른 추장은 원주민들을 새로운 종교로 개종시키
고 고향 땅을 잠식해 들어오는 개척자들에 대한 뿌리 깊은 증오를 품고
있었다. 오페찬카누는 영국에서 배가 와서 원주민보다 개척자들이 많아
지기 전에 이 침입자들을 일거에 섬멸해버릴 교묘한 계획을 수립했다.

1622년 3월 22일 아침, 북미 원주민인 인디언들은 전부 우호적인 것
처럼 보였다. 일부 인디언들은 그들의 주인인 영국인 개척자들과 함께 아
침을 먹기도 했다. 식민지인들은 옥수수와 담배를 파종하고, 정원일, 집
짓기, 톱질을 하는 등 평소대로 행동했다. 식민지 최초 개척자 존 스미스
John Smith가 쓴 글에 따르면, 어떠한 경고도 없이 "잔인한 야수들이… 야만
적으로 돌변해 남녀노소를 가리지 않고 살육을 개시했다. 너무 갑작스러
운 일이라 아무도 제대로 무기를 들거나 그들에게 대항하지 못했다. …
대부분이 그들의 무기로 최후를 맞았다." 그들의 무기는 검, 도끼, 칼, 망
치, 톱 등 다양했다. 이 조잡한 도구들을 든 원주민들은 광포하게 약탈을
시작했고 여성, 아이를 포함해 유럽인을 찾아내는 족족 살해했다. 공식
기록에 따르면, "그들은 살인만으로는 성에 차지 않아 시체에 올라타 시
체를 훼손하고, 끌고 다니고, 짓이겼다."

미리 기독교로 개종한 북미 원주민으로부터 귀띔을 받았던 제임스타
운은 경계 중이었다. 하지만 원주민들이 농장과 농장 사이를 너무 빨리
이동해 방어군을 조직할 시간이 없었다. 어느 영국인은 이들을 '독사의
무리', 또 다른 영국인은 '지옥에서 온 개'라고 불렀다. 이 공격으로 식민
지 전체 인구의 4분의 1 이상—1,240명 중 347명—이 목숨을 잃었고, 전

1622년 인디언의 제임스타운 대학살 장면. 제임스타운 대학살 이후 거의 300년 동안 버지니아 회사 임원들이 이름 붙인 "평화나 휴전 없는 무한 전쟁"이 정형화되었다. 전쟁은 끝이 없었지만, 유럽의 전장에서 벌어지는 전쟁과는 달랐다. 이 식민개척지의 전쟁은 배신, 기습, 양측의 대학살이 주를 이룬 게릴라전이었다. 〈출처: WIKIMEDIA COMMONS | Public Domain〉

식민지가 파멸의 위기에 놓이게 되었다.

하지만 오랫동안 원주민에 대해 강경 노선을 취할 것을 주장해온 스미스 대위는 이 재난과도 같은 대학살을 자신들이 끔찍한 일을 벌일 좋은 구실로 여겼다. "일부 사람들은 이 대학살이 농장에는 도움이 될지 모른다고 말한다. 왜냐하면, 이제 우리는 필요한 모든 수단을 동원해 원주민들을 학살할 구실이 생겼기 때문이다." 제임스타운 총독 프랜시스 와이어트Francis Wyatt 경은 "북미 원주민의 축출"이 필요하다는 데 동의했다. 하지만 그는 정면공격으로는 승산이 없으리라는 것을 알고 있었다. 그는 이에 대해 이렇게 썼다. "적은 검으로 한순간에 섬멸할 수 없다. 적은 재빠르고 우리의 공격을 물리칠 수 있는 숲이라는 지형적 이점을 가지고 있기 때문이다."

그 대신 와이어트는 굶주림과 다른 수단을 통해 원주민을 섬멸할 것을 제안했다. 파우하탄 북미 원주민 마을을 불태우고 원주민의 주식인 옥수수를 빼앗거나 없애버리기 위한 토벌작전이 실시되었다. 이로 인해 원주민들은 다음 겨울에 굶주림에 시달리게 될 터였다. 최초 공격 후 2개월이 지난 1623년 5월 22일, 영국인들은 전쟁에 지친 원주민들을 평화회담으로 꾀어내어 독을 탄 와인을 마시게 했다. 평화회담에 참석한 영국인들은 갑자기 꼼짝달싹하지 못하는 파우하탄 원주민들에게 총알 세례를 퍼부어 이들 중 200명을 사살했다. 식민지로 돌아오는 길에 영국인들은 원주민 50명을 추가로 죽이고 머리 일부를 가지고 귀환했다.

제임스타운 반란 후 거의 300년 동안 버지니아 회사 임원들이 이름 붙인 "평화나 휴전 없는 무한 전쟁"이 정형화되었다. 전쟁은 끝이 없었지만, 유럽의 전장에서 벌어지는 전쟁과는 달랐다. 이 식민개척지의 전쟁은 배신, 기습, 양측의 대학살이 주를 이룬, 다른 말로 하면 17세기, 18세기 식민지 역사와는 어울리지 않는 게릴라전이었다.

◆ ◆ ◆

북미 원주민인 인디언들이 '매복전투'에 능숙하다는 것을 처음으로 알게 된 사람들은 제임스타운 정착민들이었다. 북미 동부 인디언들은 중앙아시아 부족들처럼 유목민도 아니고 대평원에서 살아온 부족도 아니었다. 그들은 일 년의 대부분을 자작나무 껍질로 만든 원형 천막들이 있는 정착촌에서 살았다. 정착촌들 중에는 원형 천막들 주변에 나무 울타리를 친 정착촌도 있었다. 이들은 직접 옥수수, 호박 등의 작물을 길러서 먹고 살았다. 하지만 농사는 여자의 일로 간주되었고, 남자는 사냥, 낚시, 전쟁을 담당했다. 다른 지역의 국가 출현 전의 사람들처럼 이들 역시 사냥 기술로 인해 네 발 또는 두 발 달린 짐승을 사냥하는 것에 매우 능숙했다. 젊었을 때 버지니아 개척지에서 북미 인디언과 싸웠던 조지 워싱턴은 "볼품없어 보이기는 하지만 인디언 500명이 정규군 5,000명보다 더 강한 전투력을 발휘할 수 있다는 것은 사실이다"라고 기록했다.

하지만 이 말은 북미 인디언이 게릴라 전법으로 싸울 때만 해당하는 말이었다. 1492년 유럽인들이 신세계에 처음 상륙했을 때 북미 인디언들은 말, 바퀴, 강철, 소형 화기 등을 갖고 있지 않았다. 인디언들은 목검, 창, 돌팔매, 곤봉, 도끼, 활과 화살(화살촉은 흑요석으로 제작), 부싯돌, 뼈를 들고 싸웠다. 따라서 인디언들은 '천둥 막대기'[178]를 갖고 있는 유럽인을 전장에서 만나면 버틸 수가 없었다.

탐험가 사뮈엘 드 샹플렝Samuel de Champlain[179]을 포함한 3명의 프랑스 군인들은 모호크Mohawk족[180] 200명을 쓰러뜨릴 만한 화력을 갖고 있었다. 1609년 7월 30일 새벽녘, 현재의 뉴욕주 챔플레인Champlain[181] 호숫가에서 샹플렝은 동맹 부족인 알곤킨Algonquin족[182], 휴런Huron족[183] 무리 앞에서 차분히 걷고 있었다. 알곤킨족과 휴론족은 모하크족과 전쟁 중이었다. 그들은 나무 갑옷을 입고 방패를 들고 밀집대형을 이루고 있었다. 샹플렝은 탄환 4발이 장전된 원시적 화승총인 아퀴버스arquebus[184]를 들어 그 자리에서 3명을 쓰러뜨렸다. 쓰러진 3명 중 2명은 족장들이었는데, 머리에 깃

---

178 천둥 막대기: 소총을 말함.

179 사뮈엘 드 샹플렝: 프랑스의 아메리카 대륙 탐험가, 퀘벡의 건설자, 캐나다의 초대 프랑스 식민지 총독.

180 모호크족: 이로쿼이어를 쓰는 북아메리카 원주민.

181 샴플레인: 미국 뉴욕주와 버몬트주 사이에 있는 호수.

182 알곤킨족: 미국과 캐나다에 거주하는 원주민으로 알곤킨 어족의 언어를 모어로 하는 민족의 총칭이다.

183 휴런족: 와이언도트(Wyandot)족 또는 웬다트(Wendat)족으로도 불리는 북미 원주민이다. 그들은 전통적으로 와이언도트어를 구사했다. 조지아 만 지역으로 이주하기 전에 오늘날의 온타리오 호수 북쪽 해안가 지역에서 15세기에 형성되었다.

184 아퀴버스: 심지에 불을 붙임으로써 격발하는 구형 전장식 총기인 화승총의 일종이다. 화승총에는 아퀴버스와 머스킷이 있는데, 머스킷은 아퀴버스의 개량형이다.

털 장식을 보고 신분을 알 수 있었다. "나는 탄약을 재장전하고 있었는데, 우리 일행 중 한 명이 숲에서 한 발을 쏘았더니 이런 소리를 처음 들어본 인디언들이… 겁을 먹고… 숲으로 도망쳤다. 우리는 그들을 추격해서 몇 명을 더 사살했다"라고 샹플렝은 회상했다.

모든 북미 인디언 부족이 이런 궤멸적인 최초 접촉에서 살아남은 것은 아니었다. 미국 역사가 에드먼드 모건Edmund Morgan이 언급한 어느 '끔찍한 이야기'에 따르면, 서인도 제도의 카리브Carib족[185], 아라와크Arawak족[186]은 유럽에서 들여온 무기와 미생물 때문에 절멸되었다. (모건은 "스페인 사람들이 심지어 아라와크족을 노예로 만든 후에도 분노에 차서 아라와크족을 공격했다"라고 설명하면서 스페인 사람들은 유럽에서 온 세속적인 물건들을 요구하거나 탐하지 않는 북미 인디언들의 순수성과 검소함을 유럽의 문명화된 기독교인들의 우월성에 대한 벌거벗은 이교도 야만족의 모욕으로 받아들였다고 주장했다.) 아이러니하게도 당시 남아메리카에서 가장 발전한 나라들—아즈텍Aztec과 잉카Inca —이 가장 극심한 손해를 입었는데, 이들은 줄루족과 남아시아인들처럼 사회구성원이 밀접하게 연관되어 있고 계층구조의 분화가 확실하여 전장에서 싸울 수 있는 전사 수천 명을 동원할 수 있었지만 탁 트인 전장에서는 유럽인들의 역량이 원주민들을 훨씬 능가했기 때문이다. 게다가 인구밀도도 높아서 홍역이나 기타 전염병이 "화장지에 잉크가 퍼져나가듯" 전파되었다. 또한, 국가가 완전히 중앙집권화되어 있어서 소수의 핵심 지도자가 죽으면 사회 나머지는 동력을 잃어버렸다. 오히려 중앙집권화율이 낮고 인구가 적으며 발전도가 낮은 나라가 유럽 국가들에 더 잘 대응할 수 있었다. 왜냐하면 이런 나라들은 잘 무장된 침략자들에 맞서 싸우려면 간계奸計와 속임수에 의존하는 것 외에는 별다른 도리가 없었기 때문이다. 이런 나라들은 오페찬카누가

---

185 카리브족: 남아메리카 동해안의 부족. 호전적이고 식인 풍속을 가진 인디오.

186 아라와크족: 대앤틸리스 제도와 남아메리카에 거주하는 최대 규모의 부족. 한 마을에 모여 사는 농경민들로, 화전에 의해 카사바와 옥수수를 재배했다.

계획한 제임스타운 습격 같은 게릴라 전술을 사용했다.

인디언의 매복은 인디언 전사들이 유럽인들의 소개로 알게 된 총, 말, 철을 도입하면서 훨씬 강력한 피해를 줄 수 있게 되었다. 식민지 총독부에서 북미 인디언들이 총기를 손에 넣지 못하도록 막으려 했음에도 불구하고 북미 인디언들은 무역이나 도둑질을 통해서 무기를 원하는 만큼 얻었다. 인디언들이 완전히 활과 화살을 버린 것은 아니었지만, 얼마 지나지 않아 북미 인디언들의 소총 사격술은 이내 정착민들의 소총 사격술을 능가했다. 당시 정착민은 사냥꾼이나 군인보다는 농부와 기술자가 주를 이루었지만 말이다. 북미 대륙의 동부 삼림 지역은 북미 인디언들에게 매우 유리했던 반면, 분열대형으로 일제사격을 주로 하는 유럽인들에게는 불리했다. 또한, 정착민들은 새로운 환경에 유연하게 대처하지 못하고 부적절한 전술 교리를 그대로 적용한 반면, 북미 인디언들은 영민하고 유연하게 환경에 적합한 전투방식을 고안해냈다. 북미 인디언들은 식민지인들에게는 낯선 환경인 숲속에서 나무 사이를 누비며 습격하고 매복공격을 가하기도 하며 숲이 주는 이점을 최대한 활용했다.

북미 인디언들은 도토리, 견과류, 동물의 뼈, 심지어는 나무 껍질로 연명하며 생존할 수 있었기 때문에 거창한 치중대가 필요 없었다. 따라서 이들은 식민지 민병대보다 훨씬 더 빨리 작전을 펼 수 있었다.

고대 메소포타미아 시대 선조 개척자들처럼 뉴잉글랜드 농부들은 고도로 숙련된 부족 게릴라들로부터 자신을 방어하는 데 어려움을 겪었다. "매사추세츠와 뉴햄프셔 국경 일대의 소규모 촌락들 중 민첩한 북미 인디언들로부터 습격을 피한 곳은 드물었다." 19세기 역사학자 프랜시스 파크맨Francis Parkman이 1689~1759년간 벌어진 프랑스-인디언 전쟁에 대해 남긴 기록이다. "인디언들은 주로 소규모로 몰려다니며 마을 외곽에 매복해 있다가 잔적을 덮치거나 밭에서 일하는 사람들을 총으로 쏘고는 타격에 성공하면 순식간에 사라졌다.

＊ ＊ ＊

북미 인디언들은 뛰어난 매복 전술에도 불구하고 17세기와 18세기 동부 해안을 따라 벌어진 '삼림 전쟁'에서 최악의 상황을 맞았다. 지금에 와서 돌이켜보면 그 결과는 피할 수 없는 것으로 보일지 모르지만, 그 당시에는 그렇게 보이지 않았다. 1622년 제임스타운에서 전멸의 위기에 놓인 것은 북미 인디언이 아닌 식민지인들이었다. 하지만 왜 북미 인디언들은 결국 패배했을까? 그것은 두 가지 치명적인 부족 때문이었다. 하나는 인구의 부족이고, 다른 하나는 단합의 부족이었다.

처음에 북미 인디언들은 북미 개척자들보다 압도적으로 인구가 많았다. (북미 정복 이전의 실제 인디언 인구에 대해서는 아직도 논란이 계속되고 있다.) 하지만 엄청난 수의 이주민들이 계속 들어온 반면 북미 인디언의 인구가 계속 감소하기 시작한 18세기경부터 정착민의 인구가 북미 인디언의 인구를 추월하기 시작했다. 1616년의 전염병(선페스트bubonic plague로 추정)과 1633년의 전염병(천연두) 유행으로 뉴잉글랜드 지역의 북미 인디언 95%가 사망했다. 플리머스Plymouth 농장의 윌리엄 브래드포드William Bradford 총독은 천연두가 얼마나 비참한 결과를 초래했는지에 대해 다음과 같은 글을 남겼다. "그들은 병든 양처럼 죽어갔다." 이런 재앙과도 같은 전염병으로 죽은 사망자들—히로시마 원폭 투하나 제1차 세계대전 참호전보다 사망자율이 훨씬 더 높았다— 앞에서 생존자들은 어느 역사가가 기록한 대로 "충격, 슬픔, 공황에 휩싸였다." 이렇게 인구가 줄어 약해진 북미 인디언들은 무자비하게 전쟁을 일으키는 탐욕스러운 유럽인들에게는 손쉬운 먹잇감이었다.

영국인들에게 필립Philip 왕으로 알려진 족장 메타컴Metacom의 지휘 아래 싸웠던 왐파노아그Wampanoag족과 다른 부족들은 비극적인 운명을 맞았다. 필립 왕의 전쟁[190](1675~1676년)은 17세기 최악의 식민지 전쟁이었다. 이 전쟁으로 뉴잉글랜드 도시 절반이 파괴되었고 600~800명의 정착민이 사망했다. 북미 인디언의 피해는 더 컸다. 한 추정치에 따르면, 반란군 진영에 있던 1만 1,600명 중 5,000명이 전사·병사·아사했다. 여기에는 노예로 팔린 메타컴의 9살 난 아들도 있었고, 2,000명은 난민으로 전락했다. 왐파노아그족 중 살아남은 사람은 거의 없었고, 메타컴 사후 253년이 지난 1929년까지 파우와우Powwow[188]를 열지 못했다.

18세기 말 동북부 인디언 부족 대부분이 비슷하게 전멸했다. 병력의 수와 화력의 열세를 보완하기 위해 게릴라 전술이 고안되었지만 여러 해 동안 가장 민첩한 게릴라조차도 압도적인 자원으로 무자비하게 끊임없이 밀어붙이는 데는 당할 수가 없었다.

북미 인디언의 인구 감소세는 내분으로 인해 더욱 심화되었다. 사료에 따르면, 유럽인들이 상륙했을 때 북미 대륙 인디언들은 600여 개의 '자치구'로 분산되어 있었으며 이들의 언어는 차이가 뚜렷한 완전히 독립적인 12종의 어족이 존재했다. 이 중 영어와 중국어만큼 현저하게 다른 차이를 보이는 언어도 존재했다고 한다. 각 자치구는 많은 부족, 씨족, 혈족, 마을들로 나뉘었고, 이것들은 또다시 백인에 호의적인 파벌과 백인을 증오하는 파벌로 세분화되어 대립했다. 북미 인디언의 문화는 너무 평등주의를 지향하여 개인이나 단체는 일반적으로 동의하지 않는 정책은 실행하지 않을 자유가 있었다. 만약 북미 인디언 부족들이 집단으로 전선을 구성했다면 미국 역사는 완전히 바뀌었을지도 모른다. 하지만 그런 일은 일어나지 않았다.

파우하탄 같은 일부 카리스마 있는 지도자들이 '국가' 또는 '연합체'를 만들기 위해 노력했지만, 일반적으로 그들은 자신의 바람을 따르도록 강요할 권한이 없었다. 이런 면에서 그들은 군주의 명령을 수행할 만한 관

---

187 필립 왕의 전쟁: 1675년에, 북아메리카 뉴잉글랜드에서 토지 문제를 둘러싸고 인디언 왐파노아그족과 영국계 이주민들이 벌인 전쟁. 전쟁이 일 년간 지속되면서 서로 막대한 피해를 입혔고, 1676년 8월에 영어식 이름이 필립인 왐파노아그족의 추장 메타콤이 살해되면서 끝났다.
188 파우와우: 모임이나 잔치를 뜻하는 인디언 말로, 북아메리카 인디언의 연례 축제 행사다.

료가 없어서 전쟁과 같은 주요 국책 사업을 귀족들의 호의에 의존해야 했던 중세시대의 유럽 군주들과 비슷했다. 그리고 유럽의 중세시대 농부가 자신을 프랑스 사람이 아닌 '노르만 사람', '부르고뉴 사람'으로 인식했던 것과 같이 북미 인디언들도 자신을 국가에 속한 사람이 아닌 부족이나 씨족에 속한 사람으로 인식했다. 각기 다른 부족의 전사들을 하나로 통합하여 지휘할 수 있을 만큼 북미 인디언을 아우르는 정체성 자체가 희박했던 것이다.

북미 최고 달변가들 중 한 명이자 예언자라고 알려진 신비한 설교자의 형[189]이었던 유능한 쇼니Shawnee족[190] 추장 테쿰세Tecumseh는 유럽인들에게 항거하기 위해 사분오열된 부족들을 하나로 결집시키는 데 거의 성공할 뻔했던 최초의 인물이었다. 하지만 그는 1813년 미래에 대통령이 되는 윌리엄 헨리 해리슨William Henry Harrison이 지휘하는 미국군에 대항해 영국군 동맹과 싸우다가 전사했다. 북미 인디언 통합의 꿈도 그가 전사하면서 함께 사라졌다.

따라서 매번 북미 인디언들과 전투를 벌일 때마다 백인들은 정찰병이나 용병이 되고자 하는 인디언 개인뿐 아니라 경쟁자들보다 유리한 위치를 점하기를 원하는 인디언 부족 혹은 파벌들과 같은 수많은 자발적 협력자들을 찾을 수 있었다. 필립 왕의 전쟁은 피쿼트Pequot족[191], 모호크족, 모히건Mohegan족[192], '기도하는 인디언'으로 알려진 기독교로 개종한 북미 원주민들이 뉴잉글랜드 주민과 함께 왐파노아그족과 동맹 부족에 대항에 싸웠기 때문에 막대한 인명피해가 발생하는 결과를 낳았다.) 메타컴은 결국 플리머스 식민지의 벤자민 처치Benjamin Church 대위가 양성한 백인

---

189 테쿰세의 동생인 텐스콰타와(Tenskwatawa)는 인디언 고유의 삶의 방식으로의 회귀를 주창했던 종교적 지도자였다.

190 쇼니족: 미국 동부 삼림지대를 근거지로 알공킨어를 사용하는 북미 원주민의 한 종족.

191 피쿼트족: 코네티컷주 남동부에 기반을 둔 북미 인디언.

192 모히건족: 코네티컷주 중남부에 기반을 둔 북미 인디언.

50명과 인디언 150명으로 구성된 혼성부대의 추적 끝에 살해되었다. 그 후로 50년 동안 프랑스인들은 알곤킨족과 동맹을 맺어 영국 식민지를 공격했고 영국 정착민들은 알곤킨족의 숙적 이로쿼이족과 동맹을 맺고 싸웠다. 유럽군은 아프리카와 아시아에서도 이런 분열을 잘 이용했다. 그렇지 않고서는 소수인 유럽인의 식민지주의는 불가능했을 것이다.

　북미 인디언들은 하나가 되어 전쟁에 나서지 못했기 때문에 평화를 맺는 데도 의견의 일치를 볼 수 없었다. 그러므로 백인들은 족장과 화친을 맺고 나서도 족장이 고집불통의 혈기 왕성한 젊은이들을 막지 못하는 데 불만을 털어놓곤 했다. 미국인들 역시 비슷한 문제를 안고 있었다. 주와 연방 정부는 멀리 떨어진 곳에서 북미 인디언의 땅을 차지하기 위해 혈안이 된 정착민들을 통제할 의지도, 능력도 없었다. 이에 비해 캐나다는 그곳 원주민인 인디언들과 충돌이 적었다. 정치적으로 정착민들에게 신세를 덜 지고 있던 영국 정부가 조약을 유지하는 데 더 많은 성공을 거두었기 때문이다.

　19세기 초 인디언 정책의 대혁신은 아시리아 전략Assyrian strategy으로 회귀한 것이었다. 300년 동안 아시리아인들은 400~500만 명의 피정복민들을 추방했는데, 이들의 대부분을 차지했던 유명한 이스라엘 10개 부족은 기원전 721년 메소포타미아로 추방됨으로써 자신들의 독특한 정체성을 잃게 되었다. 테네시 출신이자 한때 북미 인디언 토벌대에서 근무한 앤드류 잭슨Andrew Jackson 대통령은 백인들이 탐내는 동부지역 땅에 남은 북미 인디언 모두를 추방할 계획으로 아시리아인들이 썼던 것과 비슷한 전략을 구상했다. 잭슨은 그 어떤 백인도 살고 싶어하지 않을 것이라고 생각한 오늘날의 오클라호마주에 있는 미시시피강 너머의 척박한 영토로 이들을 추방하기로 했다.

　1830년 하원에서 결의한 인디언 이주법Indian Removal Act에 따라 북미 인디언 7만 명이 체로키Cherokee족이 이름을 붙인 눈물의 길Trail of Tears(1838~1839년)을 따라 서쪽으로 이동해야 했다. 60년 후 보어 전쟁에서 영국인

세미놀족에게 학살당하는 백인 정착민들. 1835년부터 7년간 지속된 제2차 세미놀 전쟁은 미국 독립전쟁부터 베트남 전쟁까지 미국이 개입했던 전쟁 중 가장 오랫동안 계속된 전쟁이었다. 〈출처: WIKIMEDIA COMMONS | Public Domain〉

들이 운영한 악명 높은 집단수용소에서 생겼던 것과 같은 여러 가지 문제들이 허름한 수용소에서 발생하면서 힘든 여정길에 오른 수많은 사람들이 죽었다. 여기에 더해 특히 어린이와 노약자들이 눈물의 길 중간에 매서운 겨울의 강추위와 보급품, 의복, 수송, 의료 서비스, 숙소 부족으로 목숨을 잃었다. 어느 선교사는 맨땅에 누워 노숙해야 하는 "야수와 매우 흡사한" 취급을 받았다고 불평했다. 약 1만 5,000명의 사람들이 이 끔찍한 이주로 인해 목숨을 잃었다.

평화롭고 매우 '미국인화'된 농경 부족인 체로키족은 체로키어로 작성한 서면 자료를 제출하여 소송을 통해 이주를 저지하려 했지만 역부족이었다. 일리노이주의 소크Sauk족, 폭스Fox족, 플로리다주의 세미놀Seminole족과 같은 호전적인 부족들은 무력으로 저항했다. 미국 정부에 심대한 손실을 입혔지만, 이들 역시 실패했다. 7년간(1835~1842년) 일어난 제2차 세미놀 전쟁The Second Seminole War[193]은 1,500명(플로리다 일대 주둔 중이던 부대의 15%) 전사, 3,000만 달러 예산 지출(1년 연방 예산보다 많은 지출)로 특히 더 피해가 컸다. 4,000명 정도의 세미놀족이 포로로 잡히거나 전사해서 완전히 전멸하기 전까지 싸움은 끝나지 않았다.

세미놀족과 마찬가지로 다른 동부지역 인디언들은 결국에는 항복하게 되었고, 이후 서쪽으로 추방되었다. 이것은 원주민을 학대한 유럽인과 미국인의 길고 부끄러운 역사에서 가장 어두운 장면 중 하나였다. 하지만 이것으로 인디언 전쟁이 끝난 것은 아니었다. 미시시피강 너머 서부에서 미국인과 북미 인디언 간의 중요한 투쟁의 역사가 기록되려 하고 있었다.

---

193 세미놀 전쟁: 세미놀 전쟁 또는 플로리다 전쟁으로 알려져 있으며, 세미놀로 총칭되는 북미 인디언 부족과 미국과 플로리다주 간의 세 차례에 걸친 분쟁이다. 제1차 세미놀 전쟁은 1817~1818년, 제2차 세미놀 전쟁은 1835~1842년, 제3차 세미놀 전쟁은 1855~1858년에 일어났다. 보통 세미놀 전쟁은 제2차 세미놀 전쟁을 가리키는 말로, 미국 독립전쟁에서 베트남 전쟁까지 미국이 개입했던 전쟁 중 가장 오랫동안 계속된 전쟁이었다. 북미 인디언들은 이것을 "인디언의 베트남 전쟁"이라고 불렀다.

22

서부에서의 승리

◆

**1848~1890년,
북미 인디어 전사 대 미군의 전투**

샤이엔Cheyenne족[194]은 '버팔로 흔적'을 추적했다. 1868년 11월 26일, 텍사스 국경 근처에서 오세이지Osage족[195] 정찰대가 개천을 따라 눈 위로 난 길을 찾아냈다. 버팔로는 언제나 물을 향해 직진한 다음 풀을 뜯기 위해 흩어졌다. 따라서 이 길은 사람들이 걸어간 길이 확실했다.

지난 3일 동안 눈발과 짙은 안개를 뚫고 미 제7기병연대는 캔사스의 정착촌을 습격해 남성을 살해하고 여성을 성폭행하고 가옥을 불태운 적대적인 인디언들의 뒤를 쫓고 있었다. 오늘날의 오클라호마에 해당하는 '인디언의 영역' 깊숙한 곳에서 그들은 첫 번째 확실한 단서를 찾아냈다. 기병대는 계속 이 길을 따라가면서 어제 오후에 마을을 습격했던 100~200명 정도의 북미 인디언 전사들이 지나간 것이 틀림없는 흔적을 발견했다.

---

194 샤이엔족: 알공킨 어족에 속하고 17세기에는 미네소타 중부에 거주하면서 수렵·채집을 생업으로 했으나 유럽인에게 쫓겨 18세기에는 서부의 대평원으로 이주한 북아메리카 인디언.

195 오세이지족: 수어족에 속하는 데기하어를 쓰는 북미 인디언.

기병대는 스프링필드Springfield 카빈 소총을 장전하고 얼지 않았는지 시험사격을 했다. 오후에 이들은 한 시간쯤 휴식을 취하고 말에게 먹이를 먹이면서 식사를 한 후 커피를 마셨다. 그리고 다시 말에 올라타 추격을 계속했다. 11월 27일 금요일 아침 1시 30분경 오세이지족 정찰대는 먼 곳에서 불 피우는 냄새를 맡았고 희미한 소리를 들었다고 보고했다. "저기 인디언 다수가 있다"라고 오세이지족 추장 리틀 비버Little Beaver가 보고했다. 연대장 조지 암스트롱 커스터George Armstrong Custer 중령은 행동 방침을 결정하기 위해 참모들과 함께 산 정상으로 기어서 올라갔다. 그는 얼마나 많은 인디언이 와시타Washita강 곡류 인근 마을에 있는지 알지 못했고, 상관하지도 않았다. 로버트 로저스Robert Rogers[196]와 배내스터 탈턴Banastre Tarleton[197]과 비슷한 생각을 했던 용맹한 기병 장교 커스터에게는 단 한 가지 방책밖에 없었다. 그는 새벽에 공격할 작정이었다.

29세밖에 안 된 커스터는 이미 전쟁 영웅으로 알려져 있었고 허영(그는 자신이 디자인한 유니폼을 자랑스럽게 입고, 긴 금발과 위엄 있는 바다코끼리 콧수염을 길렀다)과 만용, 야망으로 유명했다. 이로 인해 사람들 사이에서는 그에 대해 호불호가 갈렸다. 그는 웨스트포인트West Point에서 최소 한 번 이상 퇴교당할 뻔했고 1861년 기수에서 꼴찌로 졸업했다. 하지만 북군 기병 장교로 용맹을 날렸고 2년 후 소위에서 23세 되던 해 임시 준장으로 진급했다. 남북 전쟁이 끝났을 때 그는 임시 소장이었으며, 전선에서 부하들을 지휘하는 사단장으로 칭송을 받았고, 동시에 수많은 부하들을 전상자로 만들어 부하들을 사지로 내몰았던 장군으로 비판을 받았다.

평시가 되자 언론에 알려진 '소년 장군'은 원래 계급으로 복귀했지만,

---

196 로버트 로저스: 18세기 미국의 식민지 개척자로, 프랑스-인디언 전쟁과 미국 혁명 기간 동안 영국 군대에서 복무했다. 프랑스-인디언 전쟁 동안 로저스는 유명한 로저스 유격대를 키우고 지휘했다.

197 배내스터 탈턴: 미국 독립전쟁 당시 영국의 장군, 정치가.

그는 서쪽 국경으로 전출되었다. 하지만 커스터는 가는 곳마다 논란을 불러일으켰다. 1867년 그는 멀리 떨어진 요새에 있는 아내 리비^{Libbie}를 만나기 위해 지휘를 포기한 죄목으로 군사법정에 기소되었다. 이듬해 샤이엔족, 아라파호^{Arapaho}족[198], 그리고 기타 부족에 대한 원정이 막 시작되자 미주리 방면군 사령관 필 셰리던^{Phil Sheridan} 장군은 커스터의 선고(1년간 무급 정직)를 유예하고 그를 불러들였다. 셰리던은 영웅적인 커스터가 남군에게 했던 것처럼 인디언들을 상대로 성공적으로 전쟁을 수행할 것으로 기대했던 것이다. 셰리던은 와시타강 전투^{Battle of the Washita}와 그 이후 전투에서 커스터에 대한 신뢰의 대가를 톡톡히 치르게 된다.

커스터는 장교와 병사들로 구성된 700명의 부대를 넷으로 나누고 담화, 흡연, 취사를 금지하며 "눈치채지 못하게 마을에 최대한 접근하라"는 명령을 내렸다. 그는 기습을 망치지 않도록 부대를 따라온 개들의 목을 졸라 죽이거나 칼로 신속하게 죽이라는 지시도 내렸다. 대위 한 명은 이렇게 썼다. "속보로 걷던 말들조차 너무 긴장해서 침묵 속에서 흥분된 상태였다." "부대원들은 그날 불편한 밤을 보냈다. 가끔 이 침묵은 추위로 인한 경련과 무의식적으로 찾아오는 몸의 떨림으로 깨졌다"라고 어느 소위는 회상했다.

태양의 따뜻한 햇빛이 지평선 너머에서 밝아오자, 병사들은 "울창한 미루나무들 사이에 군집해 있는 티피^{tepee}(북미 인디언의 원뿔형 천막)들"을 볼 수 있었다. 한 정찰병은 "그때까지만 해도 조용했다. 너무 조용해서 시계가 똑딱거리는 소리까지 들렸다"라고 회상했다. 갑자기 어딘가에서 총성이 울렸고 군악대가 커스터가 제일 좋아하는 군가 〈개리 오웬^{Garry Owen}〉을 연주했다. 하지만 악기가 얼어붙는 바람에 몇 마디 연주도 해보지 못했다. 기병대는 그들 앞에 집결한 인디언 500명에게 우레와 같은 함성을 지르

---

198 아라파호족: 19세기에 플랫강과 아칸소강 유역에 살았던, 알공킨어를 사용하는 북미 인디언의 한 종족.

며 돌격했다. 기병대가 얼어붙은 눈을 헤치며 나아갈 때 "비현실적인 함성, 화기의 사격, 시끄러운 개 짖는 소리, 아이들과 여자들의 울음소리"가 인디언 마을에 울려 퍼졌다.

이 마을은 블랙 케틀Black Kettle 족장이 이끄는 샤이엔족의 마을이었다. 족장은 평화를 주장했지만, 부족 내 젊고 용맹한 젊은이들의 약탈을 통제할 수 있는 능력은 없는 인물이었다. 이 샤이엔족은 이미 백인들로부터 잔인무도한 행위를 당한 적이 있었다. 4년 전 블랙 케틀의 무리가 콜로라도 샌드크리크Sand Creek에서 백기를 올리고 숙영 중일 때 호전적인 존 M. 치빙턴 John M. Chivington 대령이 지휘하는 700명의 자원병으로부터 선전 포고도 없이 공격받은 적이 있었기 때문이다. 훗날 어느 백인 목격자는 "온갖 잔학 행위가 자행되었다. 인디언들은 머리 가죽이 벗겨지고 머리를 맞기도 했다. 병사들은 여성들의 배를 가르고, 어린아이들을 곤봉이나 소총으로 머리를 때려 뇌수가 흘러나와 죽게 만들고, 말로 표현할 수 없을 정도로 잔인하게 시체를 난자했다"라는 기록을 남겼다. 사상자는 200명 가까이 되었고, 그중 3분의 2가 여자와 어린이였다.

블랙 케틀은 샌드크리크 대학살에서 살아남았다. 하지만 이후 와시타 강 전투에서는 살아남지 못했다. 그가 도망치려 할 때 말이 총에 맞았다. 아내 2명과 딸 역시 살해되었다. 많은 사람들이 눈을 떠보지도 못하고 자다가 최후를 맞았다. 하지만 커스터의 기록에 따르면, 북미 인디언들은 1차 기습을 막아내고 "소총, 활, 화살을 잡고 가까운 나무 뒤, 허리 깊이의 시냇물 안에 숨거나 강둑을 화점으로 삼고 결연하게 방어하기 시작했다." 장교 중 한 사람도 "인디언 소년들과 여자들도 황소처럼 열심히 싸웠다"라고 기록했다. 이는 예전에 백인의 잔인한 토벌행위에 일방적으로 당했던 것을 고려한다면 작은 기적이었다.

몇 시간 만에 기병대가 마지막 저항을 진압하고 나자 인근 산등성이에서 조랑말을 타고 독수리 깃으로 꾸민 전투모를 쓰고 얼굴에는 위장칠을 한 수백 명의 인디언들이 그들의 시야에 들어왔다. 일부는 총으로 무장했고, 일부는 활과 화살, 조악한 방패를 들고 있었다. 어느 기병 장교는 "언덕 전체가 말을 탄 인디언 전사들로 살아 움직였다"라고 기록했다. 인디언 토벌 작전을 처음으로 수행하는 커스터는 몸이 달았다. 그리고 몇 km 떨어진 강 하류에서 숙영하던 아파치Apache족, 아라파호족, 샤이엔족, 코만치Comanche족, 카이오와Kiowa족 수천 명을 공격하던 때를 떠올렸다. 그 전투에서 커스터는 도망치는 샤이엔족을 추격하다가 본대와 떨어진 조엘 엘리엇Joel Elilot 소령과 기병대원 17명을 잃은 적이 있었다. 한 달이 지난 후 전장을 찾은 종군기자가 총알과 화살 자국이 수없이 난 벌거벗겨진 이들의 시체를 발견했다. 이들 중 일부는 머리가 없었고 일부는 목이 잘렸다. "끔찍한 난도질을 당하지 않은 시체가 없었다"라고 종군기자는 회고했다. 전 연대는 이들과 비슷한 운명을 가까스로 피한 것이었다.

다수의 적과 싸우는 부담을 피하고자 커스터는 처음으로 신중한 태도를 보이기로 했다. 샤이엔족의 숙영지를 파괴하고 말들을 죽인 후 퇴각하기로 한 것이다. 물소 가죽으로 만든 티피 75동과 기타 물건들을 한데 모아 불을 질렀다. 조랑말 650마리는 처치하기 힘들었다. 처음에 이들은 조랑말들을 묶고 목을 베려고 시도했지만, 조랑말이 날뛰는 통에 이 계획은 물거품이 되었다. 기병대원들은 2시간에 걸쳐 힝힝거리고 신음하며 피를 흘리는 조랑말들을 향해 일제사격을 실시했다. 눈으로 덮인 산봉우리 뒤로 해가 떨어지자, 기병대는 인근 인디언 마을을 공격하는 척했다. 이 기만작전 덕분에 기병대는 인디언 전사들의 주위를 딴데로 돌리고 군악대가 연주하는 〈야생에서 빠져나오니 즐겁지 아니한가Ain't I Glad to Get out of the Wilderness〉라는 군가를 들으며 숙영지로 돌아갈 수 있었다.

어느 장교가 이름 붙인 이 "신중한 작은 전투"로 인해 커스터는 일생일대의 논란에 휩싸이게 되었다. 일부 장교들은 커스터가 엘리엇 소령과 그의 부하들을 구하러 가지 않아 그들이 비참한 최후를 맞았다고 주장했다. 인디언들은 커스터가 인디언들이 입은 피해를 부풀렸다고 주장했다. 커스터는 103명을 처치했다고 주장했지만, 샤이엔족은 전사 20명, 그리고 여자와 아이들 20명 정도를 잃었다고 주장했다. 일부 '스쿼squaw'[199]와 그들의 '패푸스papoose'[200]가 혼전 과정에서 총에 맞았다는 사실은 의심할 여지가 없었다. 커스터는 남은 부녀자를 구하려고 공격을 중단시켰다고 했지만, 일부 부녀자들이 학살당했다는 사실은 부정할 수가 없었다. 그리고 커스터가 포로로 잡은 여성 인디언 53명 중 한 명을 성노예로 삼았다는 이야기도 들렸다. 커스터의 생전 및 사후에도 그가 생전에 저지른 일에 대해 비난하는 의견과 그를 옹호하는 의견이 엇갈렸다. 하지만 습격에 관해서만은 의심할 여지가 없었다. 마을, 식량, 이동 수단을 제거함으로써 커스터는 인디언들에게 심대한 타격을 주었다. 아직 토벌이 끝난 것은 아니었지만 이런 전술을 사용함으로써 커스터는 샤이엔족과 다른 호전적인 인디언 부족의 무릎을 꿇게 만들었다.

◆ ◆ ◆

이전 장에서 우리가 살펴본 전쟁들—주로 동부지역 숲에서 일어난 전투들과 농경생활에 익숙해진 북미 인디언 부족들을 상대로 한 보병 전투들—은 인디언 전쟁의 일반적인 개념과 일치하지 않는다. 미군과 말을 탄 북미 인디언에 대한 일반적인 고정관념은 와시타강 전투처럼 1848년과 1890년 사이에 미시시피강 서부 너머에서 발생한 전투들로 인해 형성되었다. 보수적인 추정에 따르면, 이 전투들로 인해 미군 1,109명, 민간인 461명과 인디언 5,500명이 죽었다.

대규모 전투들은 아라파호족, 샤이엔족, 코만치족, 수족을 상대로 대평원에서 일어났다. 이들은 중앙아시아 유목민처럼 남북전쟁 이후 버팔로 떼를 쫓아다니고 이웃 부족들과 싸움을 벌이는 등 초원을 누비고 다니는

---

199 스쿼: 북미 인디언 여성, 특히 강간 대상으로 북미 인디언 여성을 지칭할 때 사용하는 별칭이다.

200 패푸스: 아기를 업는 자루.

수족을 포함한 대평원에 거주하는 다른 인디언 부족들은 버팔로, 사슴, 기타 동물들을 사냥해서 음식을 얻고 적대적인 부족들로부터 말과 같은 자산을 강탈하는 데 탁월한 전사공동체를 운영했다. 용맹성은 태어날 때부터 주입되었다. 11세가 되면 남자아이들은 전투부대에 편성되었다. "늙어 죽는 것보다 전장에서 죽는 게 낫다"는 것이 이들의 철학이었다. 위 사진은 수족 라코타(Lakota) 일파의 추장 '붉은 구름(Red Cloud)'과 지도자들의 모습. 〈출처: WIKIMEDIA COMMONS | Public Domain〉

말타기의 고수였다. 이들은 이동식 버팔로 가죽 티피에서 살고 농경은 하지 않았다. 이들은 버팔로, 사슴, 기타 동물들을 사냥해서 음식을 얻고 적대적인 부족들로부터 말과 같은 자산을 강탈하는 데 탁월한 전사공동체를 운영했다. 용맹성은 태어날 때부터 주입되었다. 11세가 되면 남자아이들은 전투부대에 편성되었다. "늙어 죽는 것보다 전장에서 죽는 게 낫다"는 것이 수족을 포함한 대평원에 거주하는 다른 인디언 부족의 철학이었다. 가장 유명한 수족 연구가 로열 해스릭Royal Hassrick의 기록에 따르면, "그들의 관점에서 죽음을 찬미하는 것은 승리하는 것만큼 중요한 전쟁의 일부였다." 인디언 전사들에게 가장 높은 명예는 독수리 깃으로 꾸민 전투모를 쓰는 것이었는데, 이 전투모는 적의 부상 여부에 관계 없이 쿠 막대coup stick로 적을 가장 먼저 타격한 전사, 즉 '무훈을 세운 전사'들에게만 수여되는 것이었다. 왜냐하면 적을 가장 먼저 타격하는 행위가 가장 위험하다고 생각했기 때문이다. 참을성은 전사의 또 다른 기본적인 덕목이었다. 수족 연구가인 해스릭에 따르면, "인디언 전사나 사냥꾼들은 상처의 고통에 굴하지 않고 장기간의 굶주림과 노숙을 견딜 수 있는 것으로 유명했다." 대평원의 북미 인디언들은 전투에서 자비를 보여주지도 않았고, 원하지도 않았다. 남자들에게 전투에서의 패배는 곧 죽음을 의미했다. 반면 부녀자들은 살아남아 보통은 전투에서 승리한 부족의 일원이 되었다.

개개인을 놓고 보면 평균적인 미군 병사보다 북미 인디언이 훨씬 더 강하고 용감하고 대담한 전사였다는 데는 이견이 없다. 하지만 19세기경 서부에는 27만 명의 원주민만이 남아 있었고, 이들 다수는 이미 백인들과 평화협정을 맺고 있었다. 백인에 '적대적인' 부족들은 10만 명 이하였다. 게다가 1848년 캘리포니아 금광 개발 이후 이 지역에 40년간 미국인 800만 명이 몰려들었다. 인디언 부족들 중 가장 강성한 수족도 1866년경에는 3만 명 이하였는데, 이는 기껏해야 전사 7,000명을 동원할 수 있다는 것을 의미했다. 따라서 동부와 마찬가지로 백인들은 증원병력이 무한대인 반면, 북미 인디언들은 사상자가 생기면 보충할 수가 없었다.

정착민 민병대는 종종 샌드크리크 학살Sand Creek Massacre[201]처럼 북미 원주민들에 대한 대량학살 정책을 추구했지만, 미군은 달랐다. 미군 병사들은 잔인하게 토벌할 수 있는 능력이 있었지만, 그렇게 하지 않았다. 미군의 작전 목적은 인디언 토벌이 아니라 보호구역으로 이동시키는 것이었기 때문이다. 집단 수용이라고 알려진 이 전략은 앞으로 다루겠지만 보어 전쟁에서 영국군이 사용하는 등 다른 대반란전에도 사용되었다. 서부의 두 역사가는 다음과 같이 기록했다. "집단 수용은 백인들에게 사리사욕을 충족하고 숭고한 자선사업을 펴는 기회를 제공했다. 사리사욕 충족이란 백

---

201 샌드크리크 학살: 1864년 11월 29일 콜로라도 의용기병대가 콜로라도 준주 남동부의 샤이엔족과 아라파호족 부락을 공격해 부락을 파괴하고 주민들을 학살한 사건이다.

인들이 원하는 땅에서 인디언들을 몰아내어 1873년에 내무부 장관이 언급한 '빈번한 잔학행위, 일탈행위, 만민의 평화를 깨뜨리는 행위'를 예방하는 것이었다. 자선사업(인류애와 박애를 위한 위대한 업적)이란 "인디언들에게 농경술과 문명화에 필요한 부수적인 일들을 가르치는 것"이었다. 하지만 실제로 인디언들은 약속한 땅을 빼앗기고 부도덕한 인디언 중개상들로부터 사기를 당했다. 이 혈기 넘치는 인디언 사냥꾼들 중 얌전한 농부로 정착한 것에 만족한 이는 드물었다. 따라서 인디언들을 보호구역에 가둬두려면, "가혹하게 굴 수밖에 없었다"라고 내무부 장관이 말한 것처럼 계속 무력을 사용해야 했다.

인디언들을 통제하는 것은 당시 오합지졸이었던 미 육군의 몫이었다. 1874년 당시 미 육군은 겨우 7만 2,000명에 불과했다. 오늘날 뉴욕 경찰청New York Police Department 수준의 규모였다. 병사들은 한 신문이 "실망스러운 자들, 한량들, 외국 출신 극빈자들"이라고 말한 것처럼 산전수전 다 겪은 술고래들이었다. 미 육군의 임무는 서부로 이동한 개척자들이 개척한 길을 따라 형성된 일련의 요새들을 지키는 것이었다. 19세기 3류 소설과 20세기 영화가 만든 대중적 이미지와 달리, 요새들은 인디언들에 의해 포위되는 경우는 드물었다. 대부분의 요새들은 방책이나 다른 방어시설물조차 없었다. 프랑스군이 북아프리카에서, 영국군이 북서쪽 변경에서 그랬던 것처럼 요새들은 적대적인 인디언들을 쫓아내기 위한 수색기지였다. 영국군, 프랑스군과 마찬가지로 미군의 가장 효율적인 전술은 커스터가 1868년 실시한 것처럼 인디언들의 식량창고, 말, 티피를 목표로 삼아 부족들이 덜 활동적인 겨울에 이것들을 집중적으로 파괴하는 것이었다. 북미 인디언의 자급자족 수준의 경제를 고려할 때 이들을 기아의 위기에 빠뜨려 보호구역으로 들어가는 것 외에 다른 선택이 없게 만드는 데는 그리 오래 걸리지 않았다. 17세기 제임스타운 정착민들과 파우하탄족 사이에 일어났던 전투로부터 전술의 핵심은 크게 달라진 것이 없었다.

◆ ◆ ◆

남북전쟁 이후 가장 혁신적이고 존경할 만한 인물은 인디언 토벌대를 이끈 '대쪽 같은' 조지 크룩George Crook 소장이었다. 어깨가 넓은 그는 앤티텀 전투Battle of Antietam[202], 치카모가강 전투Battle of Chickamauga[203]에서 싸운 웨스트 포인트 출신 장군이었다. 사냥꾼이자 명사수였던 그는 남북전쟁 이후 군기 빠진 미 육군에서 술과 담배를 멀리하고, 비속어를 사용하지 않았으며, 도박을 하지 않는 사람으로 유명했다. 그의 일기에는 작고 깔끔한 글씨체로 온갖 일탈행위가 못마땅하다고 기록되어 있었다. 그가 좋아하는 음료는 우유였고, 그가 좋아하는 카드놀이를 취미로만 했으며, 돈을 걸고 도박을 하는 경우는 절대로 없었다.

'걸출한 전략가'였던 크룩은 인디언의 전투방식을 심도 깊게 연구했다. 훗날 크룩의 부관은 크룩이 내린 결론을 다음과 같이 기록했다. "야만스러운 자들은 야만적인 방법이 아니고서는 진압하기 어렵다. 그런 방법을 사용하지 않으면 백인은 인디언의 계략에 빠지거나, 공격에 시달려 피로하거나, 측면을 공격당하거나, 아니면 매복에 걸려 섬멸당하는 결말을 맞을 것이다."

크룩은 육군이 좋아하는 거추장스러운 치중대를 데리고는 미꾸라지 같은 인디언들을 잡기 어렵다는 것을 알고 있었다. 따라서 그는 치중대를 버리고 군사적 용도로 도입되기 시작한 기동성이 좋은 노새를 쓰기 시작했다. 그는 노새를 수송 수단으로 부리는 것은 초기 군무원의 형태인 민간인 기술자, 즉 '자유 고용인'들만이 할 수 있는 특수 기술이라고 생각했다. 크룩의 모토는 "길은 반드시 지켜야 하고 절대 잃어서는 안 된다"였다.

---

202 앤티텀 전투: 메릴랜드주에서 남군과 북군 사이에 벌어진 전투. 북군의 승리로 링컨이 노예해방을 선언하는 계기를 만들었다.

203 치카모가강 전투: 미국 남북전쟁 중이었던 1863년에, 남군과 북군이 조지아주의 치카모가강에서 벌인 전투. 채터누가로 이어지는 주요 철도 거점을 두고 치열하게 전개되었으며, 남군이 맹공을 펼쳐 북군의 주력을 물리쳤다.

인디언을 상대로 싸운 투사이자 중재자였던 '대쪽 같은' 조지 크룩 소장은 남북전쟁 이후 가장 혁신적이고 존경할 만한 인물로, 인디언의 전투방식을 심도 깊게 연구했다. 그는 인디언들을 끈질기게 추적하면서도 그들을 공평하게 대우하려고 노력했다. 그는 일기에 다음과 같은 개인적인 신념을 기록해두었다. "세상에서 가장 큰 행복을 누리는 사람은 주변 사람들에게 관용을 베풀 줄 아는 사람이다." 대부분의 동시대인과 달리, 그는 인디언 정책을 성공적으로 적용하려면 당근과 채찍을 잘 사용해야 한다고 생각했다. 〈출처: WIKIMEDIA COMMONS | Public Domain〉

크룩은 인디언들을 끈질기게 추적하면서도 그들을 공평하게 대우하려고 노력했다. 그는 부하들에게 누군가를 처벌해야 할 때 백인과 인디언에게 동일한 기준을 적용하라고 지시하고 억압의 수단으로 비화될 수 있는 권한 남용 행위를 금지했다. 그는 일기에 다음과 같은 개인적인 신념을 기록해두었다. "세상에서 가장 큰 행복을 누리는 사람은 주변 사람들에게 관용을 베풀 줄 아는 사람이다." 그 당시 대부분의 동시대인과 달리, 그는 인디언 정책을 성공적으로 적용하려면 당근과 채찍을 잘 사용해야 한다고 생각했다. 하지만 불행하게도 강경책을 좋아했던 상급자들을 설득하지는 못했다. 그들은 더 가혹한 접근 방식을 선호했다.

크룩은 1876년에 북부 대평원에서 수족을 상대로 싸웠지만 내세울 만한 성공을 거두지는 못했다. 대규모 부대로 작전을 수행하는 것은 그의 특기가 아니었다. 그는 1866~1868년 태평양 북서부 파이우트Paiute족 토벌전과 1872~1873년·1882~1884년·1885~1886년 남서부 아파치족 토벌전에서 소규모 기동부대로 성공을 거두었다. 가장 성공적인 작전은 유명한 아파치족 추장 제로니모Geronimo를 1883년 금단의 멕시코 북부 시에라 마드레Sierra Madre에서 생포한 것이었다. 이 작전에는 아파치족을 잘 아는 병력 327명과 노새 266마리가 투입되었다. 제로니모는 북미 인디언 부족들 중에서 가장 뛰어나고 약삭빠르며 무자비한 습격자 중의 한 명이었다. 그는 몇십 년 동안 멕시코 북부와 미국 남서부 개척자들을 공포에 떨게 만든 존재였다. 하지만 이런 제로니모조차도 수많은 부족민이 백인 영토에 있는 탓에 사기가 저하되어 잠시 투항한 적도 있었다. 1885년에 또다시 보호구역을 탈주한 그는 이듬해 크룩의 가차없는 추격을 받자 탈주를 포기했다. 하지만 메스칼mescal[204]에 취한 제로니모와 그 일당(남자 20명, 여자 13명)은 또 한 번 투항하겠다는 약속을 어겼다. 이 결과로 크룩은 명성이 땅에 떨어져 스스로 보직을 내려놓게 되었다.

---

204 메스칼: 멕시코의 화주.

인디언 부족 중에서 가장 뛰어나고 약삭빠르며 무자비한 습격자였던 제로니모는 몇십 년 동안 멕시코 북부와 미국 남서부 백인 개척자들을 공포에 떨게 만든 존재였다. 미 육군 역사상 가장 힘든 작전을 수행한 끝에 넬슨 마일스 준장에게 체포된 제로니모는 다시는 살아서 고향 땅을 밟지 못했다. 〈출처: WIKIMEDIA COMMONS | Public Domain〉

최종적으로 제로니모를 사로잡는 영광은 크룩의 경쟁자인 넬슨 A. 마일스Nelson A. Miles 준장에게 돌아갔다. 마일스는 병사 55명, 노새 30마리 및 아파치 정찰병 29명으로 부대를 꾸렸다. 그들은 제로니모와 그를 따르는 소규모 무리를 쫓아 미 육군 역사상 가장 힘든 작전을 수행했다. 현대에 파키스탄, 예멘 정부가 미군의 대테러 작전을 영토에서 수행할 수 있도록 허가해준 것처럼 당시 멕시코 정부의 허가를 받아 멕시코 북부 산악지대 4,023km 산길을 추격한 것이었다.

다른 인디언들이 추가로 이탈하는 것을 방지하기 위해 제로니모, 웜스 프링스Warm Springs족 잔당, 치리카와 아파치Chiricahua Apache족, 그리고 크룩의 정찰대로 활동한 아파치 인디언들까지 모두 플로리다로 압송되었다. 이들은 플로리다에 잠시 머문 뒤 애리조나로 돌아갈 수 있게 해주겠다는 약속을 받았으나, 이 약속은 지켜지지 않았다. 크룩은 1890년에 죽기 전까지 남은 여생을 아파치족에 대한 부당한 대우에 반대하는 운동을 하며 보냈다. 제로니모는 다시는 살아서 고향 땅을 밟지 못했다. 가장 가까이 갔던 곳이 오클라호마 포트 실Fort Sill이었다. 그는 1894년에 포트 실로 이송되어 1909년에 세상을 떠났다. 특이하게도 말년에 그는 이전에 적이었던 백인들이 주최한 1904년 세인트루이스 세계박람회 및 기타 이벤트에 나타나 유명인사가 되었고 직접 사인한 사진을 장당 2달러에 팔아 부자가 되었다.

◆ ◆ ◆

19세기 말 미군에서 가장 걸출한 장군으로 꼽혔던 크룩과 마일스는 오늘날 사람들의 기억 속에서 잊힌 지 오래다. 다른 인디언 토벌대원과는 달리 크룩은 술, 담배, 비속어를 혐오했던 것으로 기억되고 있다. 다정하고 겸손한 성품의 크룩은 소규모 행사나 퍼레이드조차도 아주 싫어했다. 그의 휘하에 있었던 노새 수송대원의 말에 따르면, "크룩을 알지 못하는 사람이 전장에서 그를 만나면, 그는 아마도 몬태나 지방 광부로 오해받았을지도 모른다. 그가 입은 유일한 군복은 낡은 외투뿐이었다." 반대로 조지 암스트롱 커스터는 화려하게 치장하고 종군기자단을 데리고 다녔기 때문에 어떤 사람이라도 커스터가 누구인지 한눈에 알아볼 수 있었다. 이후 그는 부대를 사지에 몰아넣어 전멸시킨 전설적인 인물이 되었다.

1876년 6월 25일 무더운 여름날 오후 커스터가 제7기병연대 597명을 이끌고 몬태나주 남동쪽 리틀빅혼Little Bighorn강 인근의 대규모 인디언 숙영지를 공격했다가 전멸한 사건은 역사를 공부하기 시작한 풋내기 역사학도에게도 잘 알려진 사실이다. 예상한 것보다 많은 인디언들―총 6,000~7,000명의 인디언이 있었고 그중 1,000~2,000명은 전사들이었다―이 숙영하고 있었고, 모든 훌륭한 인디언 지도자들 중에서 가장 위대한 지도자인 크레이지 호스Crazy Horse가 이들을 이끌고 있었다. 어느 장교는 크레이지 호스를 보고 느낀 경외감을 다음과 같이 기록으로 남겼다. "크레이지 호스의 얼굴과 용모는 그리스 신의 청동상처럼 매끈했다. 그의 행동은 표범처럼 유연하고 우아했으며, 출정을 나서면 사자처럼 대담했고 벵갈 호랑이처럼 잔인하고 피에 굶주려 있었다."

인디언들은 전투기술뿐만 아니라 사격술에도 능했다. 인디언 대다수가 윈체스터Winchester 연발 소총과 활을 동시에 휴대하고 있었던 반면, 제7기병연대는 성능이 떨어지는 45구경 콜트Colt 리볼버와 스프링필드Springfield 카빈 소총을 휴대하고 있었다. 자만심이 넘친 커스터는 행군이 느려진다는 이유로 초기 기관총인 개틀링건Gatling Gun을 가져오지 않았다. 커스터는 와시타강 전투 때와 마찬가지로 이번 공격도 성공할 것이라는 확신에 차서 와시타강 전투 때처럼 공격 전에 부대를 나누었다. 그는 와시타강 전투 때는 거의 도망치듯 퇴각했었다는 사실을 잊은 듯했다. 그는 "그곳에는 제7기병연대를 쓸어버릴 수 있을 만큼 많은 인디언이 있지 않다"라고 단언한 적이 있었다. 이날 그는 그가 얼마나 잘못된 생각을 했는지 알게 되었다. '장발' 커스터를 포함한 병사, 정찰병, 민간인을 포함한 262명이 그날 밤 혈전으로 목숨을 잃었다.

600명의 전사자가 발생한 1755년 에드워드 브래독Edward Braddock 장군의 머낭거힐러 전투Battle of Monongahela나, 1791년 오하이오에서 600명 이상의 인명피해를 본 아서 생클레어Arthur St. Clair 장군의 사례처럼 다른 인디언 전쟁에서 이보다 큰 인명피해를 입은 패전 사례가 있었음에도 불구하고 그때나 지금이나 커스터의 패전보다 유명한 사례는 없다. 이러한 참사 대부분은 인디언 전쟁뿐 아니라 다른 게릴라전에서도 지휘관들이 맞닥뜨렸던 어려운 딜레마인 기동성과 부대 규모 중 하나를 선택해야 하는 문제 때문에 발생했다. 부대의 규모가 클수록 안전했지만 큰 규모의 부대로는 미꾸라지같이 빠져나가는 적을 잡기 어려웠다. 커스터는 기동성 대신 규모를 선택하는 잘못된 판단을 내렸고, 결국에는 그로 인해 대가를 치르게 되었다. 하지만 커스터를 포함한 수많은 다른 장교들이 8년 전 와시타강 전투에서처럼 훨씬 더 많은 인디언을 상대로 싸운 전투들에서 거둔 성공 사례들을 고려하면, 커스터의 선택이 보이는 것만큼 그렇게 비합리적이었다고만 할 수는 없다.

게다가 '커스터의 최후 항전'은 그 명성에도 불구하고 군사적 차원에서 무시해도 될 정도로 그 영향력이 미미했다. 이 때문에 실제로 많은 역사서들이 그것을 소홀히 다루는 경향이 있다. 커스터의 최후 항전이 미친 영향은 워싱턴에 있는 '미국 대통령'이 인디언의 사냥터에 병력을 추가 파병하여 수족과 샤이엔족의 독립 기간을 단축시킨 것뿐이었다. 인디언 전쟁 전반이 아닌 리틀빅혼강 전투에 초점을 맞춰 쓴 수많은 책들은 독자에게 편견을 심어줄 수 있다. 리틀빅혼강 전투와 같은 사례는 흔하지 않았다. 다른 뛰어난 게릴라처럼 인디언들도 통상적으로 대규모 전투를 피하는 편이었다. 미군에게 문제는 페르시아 다리우스 왕이 스키타이족과의 전쟁에서 직면한 것과 비슷했다. 습격자들을 물리치는 것이 아니라 잡는 것이었다.

'베어 코트Bear Coat'로 불리는 제5보병연대장 넬슨 A. 마일스 대령이 리틀빅혼강 전투 이후 인디언 토벌의 유망주로 떠올랐다. 마일스는 남북전쟁 후 육군 내 조지 크룩의 맞수이기도 했다. 1861년 보스턴의 한 상점의 점원이었던 그는 남북전쟁 말 임시 소장으로 진급했고, 전투 중 네 번이나 부상을 입으며 싸운 공훈으로 명예훈장을 받았다(하지만 10년이 지나서야 겨우 받을 수 있었다). 프레더릭스버그 전투Battle of Fredericksburg와 챈슬러스빌 전투Battle of Chancellorsville 이후 그의 군단장은 마일스를 "타고난 군인이자 육군에서 가장 용감한 사람"이라고 평가했다. 전쟁이 끝난 후 노골적으로 야망을 드러낸 마일스(크룩만큼 유능했지만, 그보다 출세욕이 강했다)는 육군에 남았고, 윌리엄 테쿰세 셔먼William Tecumseh Sherman 장군의 조카와 결혼했다. 그가 존경해 마지않은 셔먼 장군의 말에 따르면, 그는 "자지 않아도 지치지 않는 에너지를 가진 사람"이었다. 마일스는 보병 500명을 이끌고 1876년 10월부터 1877년 1월까지 커스터의 원수 크레이지 호스를 추격했다.

기온이 가끔 영상 15도에서 영하 15도까지 떨어지기도 했다. 너무 추워서 "전투가 한창일 때 장전 손잡이가 당겨지지 않아 전투를 중단하고 언 손가락을 녹이기 위해 불을 피워야 했다." 마일스와 부하들은 이런 혹한에 인디언보다 전투준비가 더 잘 되어 있는 상태였다. 미군은 털가죽을 덧댄 두꺼운 코트를 겹겹이 껴입었고 장갑, 물소 가죽신, 양털 마스크를 써서 '에스키모 부대'처럼 보였다. (상관이 남긴 기록에 따르면) "냉철함과 침착함", 비범한 전투감각을 겸비한 마일스는 지휘부가 완전히 포위되었을 때도 야포를 교묘하게 배치하여 인디언의 주공을 난타했다. 그날 백인 우월주의적 시각에서 쓴 어느 종군기자의 기사에 따르면, "그는 야만인들을 한시도 쉬지 못하게 했다." 제7기병연대를 전멸시킨 수족과 샤이엔족은 끈질긴 추격으로 사기가 저하되어 투항하거나 캐나다로 도망쳤다.

마일스는 1895년에 미 육군 총사령관에 오르는 등 승승장구했다. 하지만 역사상 가장 위대한 인디언 지도자였던 그의 적 크레이지 호스와 시팅 불Sitting Bull은 보호구역에서 체포에 저항하다가 슬픈 최후를 맞았다. 시팅 불은 1890년 최후를 맞았고, 그해 인디언 전쟁은 사우스다코타South Dakota주의 운디드니Wounded Knee 계곡에서 벌어진 일방적인 총격전을 끝으로 종결되었다. 이 전투에서 미군의 인명피해는 25명이 전사한 것에 불과했지만 수족은 부녀자를 포함해 153명이 사망했다. 이는 거의 300년 동안 끝없이 벌어진 대량학살과 악행, 그리고 양측의 영웅적 행위와 자기 희생에 걸맞은 결말이었다.

◆ ◆ ◆

오늘날 인디언 전쟁이라고 하면 함성을 지르는 인디언들과 이들을 향해 돌격하는 백인 기병들의 영화 이미지가 떠오른다. 이러한 정형화된 이미지들이 틀린 것은 아니지만 그렇다고 완전한 것은 아니다. 버펄로를 사냥하는 사냥꾼의 총소리, 증원군을 요청하는 전신 소리, 대평원을 가로지르는 개척자들의 끊임없는 마차 행렬, 1869년 완성된 대륙횡단철도를 가로지르는 열차의 기적소리도 인디언 전쟁의 최종 결과만큼이나 중요했다. 백인 개척자들이 인디언들의 사냥터를 점령함으로써 인디언들이 설 땅이 없어졌다는 것은 틀림없는 사실이었다. 무력 사용은 사실 역효과를 초래했고 인디언들이 오랫동안 저항하는 결과를 낳았다. 유화정책을 썼더라면 결과는 달라졌을지 모른다.

그러나 그렇다고 해서 조지 암스트롱 커스터, 조지 크룩, 넬슨 마일스 및 기타 주목할 만한 인디언 전사들이 보여준 전술이나 무자비함을 폄훼해서는 안 된다. 미군은 항상 인디언 토벌을 별로 중요하게 생각하지 않았고, 이런 임무에 특별히 적용할 군사교리를 발전시키지 않았으며, 병사들은 "태양이 떠오른 이래 제일 가는 전사들"이라고 불린 그들의 적을 이기기 위한 가장 효과적인 전술을 찾기 위해 시행착오를 겪었다. 그들이 사용한 방법들—특히 원주민 정찰대 운용, 원주민 식량창고 공격, 반란자 소탕—은 21세기에 성공적인 대반란전 대부분에서 큰 역할을 하게 된다. 이에 대항해 인디언들은 병력이 우세한 추격자들로부터 추격을 피하고 방해하기 위해 기동성을 효율적으로 사용했으며 유리하지 않은 상황에서는 결연한 의지로 싸우는 모습을 보여주었다.

황량한 미국 서부뿐만 아니라 그보다 훨씬 더 황량한 동방에서도 다른 부족민들이 또 다른 동방의 제국에 맞서 싸우면서 이와 같은 결연한 의지를 보여주었다.

23

동방에서의 승리

◆

1829~1859년,
체첸과 다게스탄에서 러시아 제국을 상대로 벌어진 성전

반란군은 일반적으로 요새를 구축하지 않는다. 반란군의 힘은 군사공학 military engineering[205]이 아닌 기동성과 은밀성에 있다. 아주 드문 일이기는 하지만, 접근하기 어려운 곳에 있는 반란군의 요새는 공격하기가 정말 힘들다. 이러한 요새의 최초이자 가장 유명한 사례로는 헤롯Herod 대왕이 사해Dead Sea로부터 해발 426m 높이에 있는 유대 사막에 우뚝 솟은 가파른 산악지대 꼭대기에 지은 마사다Masada[206]를 들 수 있다. 1,000명도 안 되는 열심당 종파Zealot sect가 이곳에서 예루살렘 함락 후 3년 이상을 버텼으며, 73년 1만 5,000명 병력의 로마군에게 포로로 잡히는 대신 집단자살을 택했다. 1000년 후 아사신Assassin[207]이라 불리는 중세 무슬림은 페르시아

---

205 군사공학: 군사시설의 설계와 폭발물의 사용 등에 관해 과학적으로 연구하는 학문.

206 마사다: 히브리어로 요새를 뜻한다.

207 아사신: 이슬람교 시아파를 원류로 하는 이스마일파 가운데서 특히 니자르파라고 불리는 교단. 1090년 하산에 사바흐가 창시했으며, 이란 북부 산악지대의 알라무트 성세(城塞)를 근거

북부 엘부르즈^{Elburz} 산악지대의 알라무트^{Alamut}로 알려진 난공불락 요새에서 활동했다. 오늘날 잘 알려지지는 않았지만 포위 공격자들에게 만만치 않았던 19세기 김리^{Gimri}의 성채는 다게스탄^{Dagestan}의 산악지대에 돌과 흙 벽돌로 구축된 아울^{aoul}(요새화된 마을)이었다.

어느 여행자의 기록에 따르면, "석회암 계곡에 암벽이 우뚝 솟아 있었다. 나무도 없고 발 디딜 곳조차 없었다." 입구로 가는 길은 2개뿐이었는데 둘 다 한 사람이 겨우 통과할 수 있는 정도였다. 1개 연대가 공격해와도 저격수 몇 명만 있으면 충분히 방어가 가능했다." 1832년 가을, 러시아군이 공격했던 때처럼 눈이 쌓이면 김리 요새로 가는 길은 더욱 험해졌다. 그러나 러시아인들은 포기하지 않았다. 공격을 지휘한 알렉산드르 벨리아미노프^{Alexander Veliaminov} 장군은 "개는 이 길을 지나갈 수 있는가? 그러면 충분하다. 개가 지나갈 수 있는 길이라면 러시아 병사 역시 지나갈 수 있다"라고 말했다. 그는 짙은 안개를 뚫고 공격하라고 지시했다.

1832년 10월 17일, 러시아군 1만여 명은 김리 요새를 포위하고 공격할 준비를 하고 있었다. 그들은 3년 전 러시아에 성스러운 투쟁^{gazavat}을 선포한 가지 무함마드^{Ghazi Muhammad}가 김리 요새 안에 있다는 것을 알고 있었다. 가지 무함마드는 다게스탄의 초대 이맘^{Imam}²⁰⁸으로 알려져 있으며, 그의 추종자는 무리드^{murid}(아랍어로 구하는 자)라고 불렸다. 그들은 수피스트^{Sufist}²⁰⁹ 전통의 영향을 받았지만, 그들의 과도한 금욕주의적 운동은 많은 면에서 아라비아의 근대 와하브 운동^{Wahabi movement}²¹⁰과 비교될 수 있었다. 가지 무함마드는 체첸의 이웃 지역을 공격함으로써 러시아인들

지로 일종의 비밀조직을 만들어 정치적 활동을 했으나 1256년에 몽골군에 의해 멸망했다.

208　이맘: 이슬람 예배를 인도하는 성직자.

209　수피스트: 신비주의적인 분파로서 정통 이슬람 세력으로부터 오랫동안 탄압을 받았던 이슬람의 종파 중의 하나인 수피즘을 믿는 사람.

210　와하브 운동: 18세기 중엽 사우디 가의 중심 인물인 압둘 와하브가 중심이 되어 시작된 이슬람교의 부흥 운동. 이슬람 경전인 코란의 가르침대로 생활하고 술과 담배를 금지하는 등 이슬람 복고주의적 성격을 가진 사회 운동이다. 와하브 운동은 나중에 사우디아라비아 건국의 밑바탕이 되었다.

다게스탄의 초대 이맘인 가지 무함마드. 러시아에 성스러운 투쟁을 선포한 가지 무함마드는 체첸의 이웃 지역을 공격해 러시아인의 삶을 불편하게 만드는가 하면, 1832년 8월에는 숲에서 코사크 병력 500명을 매복공격해 100명 이상을 죽였다. 그가 김리 요새 안에 있다는 것을 알고 무리드를 일망타진하기 위해 출동한 러시아군은 항상 보이지 않는 적의 공격을 받는 경우가 많았다. 〈출처: WIKIMEDIA COM-MONS | Public Domain〉

의 삶을 불편하게 만들었다. 1832년 8월 가지 무함마드는 숲에서 코사크Cossack 병력 500명을 매복공격해 100명 이상을 죽였다.

무리드를 일망타진하기 위해 출동한 러시아군은 인디언을 추격하기 위해 출동한 미군이나 아이티인, 스페인 반란군을 찾기 위해 출동한 프랑스군이 그랬던 것처럼 좌절을 경험해야 했다. 표도르 표도로비치 토르나우Fedor Fedorovich Tornau 장군은 이 "거칠고 지칠 줄 모르는" 적에 대한 작전을 수행하며 생생한 기록을 남겼다. 매일 거의 똑같은 날이 반복되었다. 게릴라들과의 직접 충돌은 거의 드물었고 "작전이 끔찍할 정도로 단조로웠다." 한 주둔지에서 다른 주둔지로 이동하는 러시아군은 항상 보이지 않는 적의 공격을 받는 경우가 많았다. "행군 시작부터 끝날 때까지 전투가 계속되었다. 머스킷 소총의 총성과 총알이 날아드는 소리가 계속 들리고 병사들이 쓰러졌다. 하지만 적은 보이지 않았다." 본대에서 떨어져 짝을 이루어 작전하는 저격수들처럼 러시아 병사들은 아이티에서 프랑스군이 겪은 것을 연상시키는 끔찍한 운명에 처하게 된다. "체첸인들이 땅에서 솟아난 것처럼 갑자기 나타나더니 따로 떨어져 있는 분견대에 돌진해 그들의 전우들이 구원하러 달려오기 전에 그들을 칼로 베었다." 심지어 요새화된 야영지에서도 안심할 수가 없었다. "체첸인들이 거의 매일 밤 총알 세례를 퍼부었고, 아무리 경계를 강화해도 야영지 코앞까지 몰래 접근해왔다."

러시아군은 미군이 인디언들에게 했던 것처럼 반응했다. 적의 논밭과 거주지를 파괴하기 위해 각지에 소규모 분견대를 파견했다. 요새는 불탔고 작물은 쓰러졌으며 소총과 대포가 불을 내뿜었다. 부상자들은 살해되었다. 흔치 않은 일이었지만 무리드는 벼랑 끝에 몰렸다. 이들은 목숨을 아끼지 않고 싸웠다. 1832년 러시아군은 600호가 넘는 체첸에서 가장 크고 부유한 게멘추크Germentchug 요새를 습격했다. 최초 공격 이후 남은 집은 단 세 채에 불과했다. 러시아군은 집에 불을 지르고 수류탄을 굴뚝에 던졌다. 토나우 장군은 "이제 적에게 남은 선택권은 투항하거나 불타

김리 요새를 공격하는 러시아군. 김리 요새 공격 당시 특사가 항복을 요구하자 연기로 검게 그을리고 반쯤 벌거벗은 체첸인이 나타나더니 "우리는 자비 따윈 필요 없다. 우리가 러시아인에게 요구하는 것은 우리가 어떠한 외국의 멍에에 복종하기를 거부하고 싸우다 죽었다는 사실을 우리의 가족들에게 알리는 것이다"라고 외쳤다. 가지 무함마드가 이끄는 무리드의 거센 저항에도 불구하고 1만여 명의 러시아군은 감리를 함락했다. 〈출처: WIKIMEDIA COMMONS | Public Domain〉

죽는 것이다"라고 기록했다. 하지만 특사가 항복을 요구하자 연기로 검게 그을리고 반쯤 벌거벗은 체첸인이 나타나더니 "우리는 자비 따윈 필요 없다. 우리가 러시아인에게 요구하는 것은 우리가 어떠한 외국의 멍에에 복종하기를 거부하고 싸우다 죽었다는 사실을 우리의 가족들에게 알리는 것이다"라고 외쳤다. 갑자기 불타는 집의 문이 열리더니 또 다른 체첸인이 손에 검을 들고 돌격해왔다. 그는 즉시 사살되었다. 5분 후 같은 일이 반복되었다. 불이 꺼져갈 때쯤 72명의 무리드가 죽었다. 이 전투에서 살아남은 무리드는 없었다.

19세기 제국주의 전역에서 쉽게 찾아볼 수 없는 광적인 저항이었던 점을 고려하면, 러시아는 1832년 가지 무함마드를 궁지에 몰아넣은 것을 기쁘게 생각했다. 그들은 가지 무함마드를 제거하면 그가 이끄는 운동이 무너질 것이라고 생각했다. 여느 때와 같이 무리드는 죽을 때까지 싸웠지만, 러시아군은 요새를 함락했다. 김리 정복을 마칠 때쯤 한 무리의 병사들이 요새 바로 앞에 있는 집 문 앞에 서 있는 한 사람을 발견했다. 키가 매우 크고 탄탄한 체격의 그 남자는 높은 언덕에 서 있었다. 그는 검을 뽑은 뒤 걸치고 있던 옷을 걷어붙이더니 문을 향해 돌격했다. 한 장교는 그 이후에 어떤 일이 벌어졌는지 다음과 같이 묘사했다.

> 그때 갑자기 그가 야수처럼 도약하더니 그에게 총을 쏘려는 병사들의 머리를 뛰어넘어 그들 뒤에 내려앉았다. 왼손에 잡은 검을 휘둘러 병사 3명을 베고 네 번째 병사는 찔렀다. 검은 그 병사의 가슴 깊이 박혔다. 병사의 표정에는 어떠한 변화도 없었다. 그는 죽어가는 병사의 가슴에서 검을 뽑아 병사를 벤 다음 다시 한 번 초인적인 도약으로 벽을 넘어 어둠 속으로 사라졌다.

> 러시아군은 이 장면을 보고 너무 놀라 할 말을 잃었지만 더 이상 그것에 대해 생각하지 않았다. 그들은 '가지 무함마드를 포함한 나머지 무리드가 모두 죽었는데 한 명 정도 탈출했다고 대수냐?'라고 생각했다. 이제 그들은 이 무지한 산골 사람들이 차르의 계몽적인 통치에 자발적으로 복종하리라고 생각했을 것이다. 러시아인들은 탈출한 그 사람(그의 이름은 샤밀Shamil이었다)이 러시아에 대해 앞으로 25년 동안 끊임없이 전투를 벌이고 전설적인 세기의 게릴라 지휘관이 되리라는 것을 전혀 예상하지 못했다.

◆ ◆ ◆

북미의 영국 정착민들처럼 러시아인들도 대륙(그들의 경우는 아시아) 주변부에서 시작해 수세기에 걸쳐 태평양을 향해 남쪽과 북쪽으로 영토를 넓혀갔다. 미국과 러시아 양국은 결국 알래스카Alaska에서 충돌했는데, 당시 미국은 '명백한 사명설Manifest destiny'[211]을, 러시아는 '정교회Orthodox Christianity 옹호'를 이유로 내세우며 자국의 영토 확장을 정당화했다.

우리의 관점에서 볼 때 가장 눈에 띄는 양국의 유사점은 그들이 만난 적에게 있었다. 미국, 러시아 양국 모두 비교적 선진화된 국가들과 충돌했다. 미국은 영국, 멕시코, 스페인과 충돌했고, 러시아는 폴란드, 스웨덴, 페르시아, 터키, 중국과 충돌했다. 그러나 아메리카 대륙과 아시아 대륙에서 격돌한 대부분의 세력들은 국가가 형성되기 이전의 부족민이었다. 러시아인들이 대초원지대 변경邊境이라고 불렀던 '야생 지역Wild Field'은 미국 서부보다 훨씬 더 불안정하고 위험했다. 왜냐하면 미국 인디언보다 훨씬 더 많은 아시아 유목민들이 존재했기 때문이다. 몽골 부족과 튀르크 부족과의 관계를 규제하려는 러시아의 시도는 세미놀족과 수족에 대한 미국의 대응만큼이나 만족스럽지 못한 것으로 판명되었다. 미국과 러시아가 상대한 부족들은 분권화되어 있어서 어떤 족장도 전사들을 결속시키거나 공인된 국경선을 통제할 수 없었다. 이런 이유로 미국과 러시아 정부는 노련한 원시 게릴라들과 수많은 소규모 전투를 치러야 했다.

러시아는 1550년대부터 1600년대까지 시베리아를 정복했고, 1860년대부터 1880년대까지 중앙아시아를 정복하는 데 상대적으로 어려움을 겪지 않았다. 두 지역의 지형이 비교적 평평하고 접근이 용이했기 때문이었다. 흑해Black Sea와 카스피해Caspian Sea 사이에 쐐기처럼 박힌 캅카스[212] 지역의 정복은 이보다는 쉽지 않았다. 캅카스는 유럽에서 가장 높은 산이 있는 데다가 수세기에 걸쳐 이웃 정착민들을 약탈해온 난폭한 부족(대부분 무슬림)들의 본거지였다. 19세기 후반 이 지역을 여행한 영국 작가 존 F. 배들리John F. Baddeley는 "전 부족민이 타고난 기수이자 칼잡이에 명사수였다"라는 글을 남겼다. 20세기에 이 지역을 여행한 다른 영국 여행가 레

---

211 명백한 사명설: 미국이 북미 전체를 지배할 운명을 갖고 있다는 주장.
212 캅카스: 러시아 남부, 카스피해와 흑해 사이에 있는 산계·지역의 총칭.

슬리 블랜치Lesley Blanch는 그들의 폭력적인 행동 규범에 대해 다음과 같이 설명했다. "3·4세대에 걸친 피의 복수는 온 가족을 죽음으로 내몰고 아무도 남지 않을 때까지 계속되었다." 부족끼리 끝없는 전쟁을 벌이던 이 산악 민족은 외부 침략자를 격퇴하기 위해 연합하기도 했다.

나폴레옹 전쟁의 영웅인 알렉세이 예르몰로프Alexei Yermolov 장군은 1816년에 행정관으로 임명되자마자 미국이 미시시피강 너머 서부에서 그랬던 것처럼 이 통제되지 않는 지역에 질서를 확립하려 했다. 그는 그로즈니Grozny('위협적인 존재'라는 뜻) 시에 요새를 구축하면서 활동을 시작했다. 건설노동자를 저격하는 체첸인을 상대하기 위해 그는 성벽에서 멀지 않은 곳에 미리 대포의 위치를 정해두었다. 체첸인은 겉으로 보기에 버려진 것 같은 대포를 확보하기 위해 은신처에서 몸을 드러내는 순간 포도탄과 산탄 사격을 받았다. 이는 예르몰로프가 주민 중심이 아닌 잔인한 방법으로 반란을 진압했음을 보여준다. "나는 사슬이나 요새보다 나의 이름이 주는 공포가 더 강력하게 우리의 국경을 지켜주길 바란다…." 그는 아시리아, 나치 독일 및 기타 여러 독재국가들이 여러 시대에 걸쳐 시행한 '초토화' 접근방식을 고전적인 표현으로 선언했다. "아시아인들의 눈에 비친 겸손은 나약함의 표시이며 순수한 인간성에서 볼 때 나는 가혹할 정도로 엄격하다. 한 번의 처형으로 수십만 명의 러시아인을 파괴로부터 구할 수 있고 이슬람교도 수천 명의 반역행위를 예방할 수 있다."

예르몰로프는 표면적으로는 일시적인 진압에 성공했다. 하지만 결국 그의 정책은 그가 진압한 반란보다 더 많은 반란을 일으켰다. 캅카스에서 위관 장교로 복무한 레프 톨스토이Lev Tolstoy는 러시아인에 대한 주민들의 감정이 "증오 그 이상이었다. 쥐나 독거미, 늑대를 퇴치하려는 욕구와 마찬가지로 원주민들을 완전히 절멸시키려는 러시아인의 무분별한 잔인함에 대한 원주민들의 반발감, 혐오감, 당혹감이 너무 컸기 때문에 그들을 박멸하려는 욕구는 자기 보존만큼이나 자연스러운 본능이었다. 이러한 러시아인들의 혐오감은 1829년에 약 20만 명의 주민이 살고 있는 체첸과 다게스탄에서 성전gazavat이 일어나자, 겉으로 표출되었다.

초대 이맘인 가지 무함마드나 후계자 함자 베크Hamzat Bek 모두 고지대 부족을 결집하는 데 큰 행운이 따르지 않았다. 부족 장로들은 춤, 음악 및 담배를 금지하는 금욕주의적인 샤리아sharia²¹³를 강요하는 권위를 인정하지 않았다. 1834년 함자 베크는 부족 내 정적에 의해 암살당했다. 2년 전 러시아의 김리 요새 전투에서 탈출한 샤밀은 세 번째이자 마지막 이맘이 되었다. 그는 21세기까지 러시아의 통치에 반대하는 체첸 반군이 계속 수행할 '이교도'에 대한 장기적이고 광범위한 반란을 조성하는 데 큰 성공을 거두었다.

♦ ♦ ♦

귀족 혈통의 자유 투사 투생 루베르튀르와 마찬가지로 샤밀은 1796년경 김리의 귀족 집안에서 태어났다. 샤밀은 몇 살 더 많은 가지 무함마드의 어렸을 적 친구였다. 가지 무함마드는 샤밀이 아랍어를 배울 수 있도록 도왔고, 샤밀에게 이슬람교를 가르쳤다. 숙련된 기병, 감투사이자 체조선수인 샤밀은 인상적인 체격의 사내로 190cm 키에 두꺼운 양가죽 모자papakh를 쓰고 있어서 키가 더욱 커 보였다. 긴 수염은 주황색으로 염색했고, 톨스토이에 따르면 그의 얼굴은 "돌로 깎은 것처럼 무표정했다." 그의 추종자 중 한 명은 그의 인상에 대해 "눈에서 불꽃이 튀고 꽃이 입술에 떨어진 것 같았다"라고 말했다. 그는 김리 요새 탈출로 초인이라는 이미지를 얻게 되었다. 1839년 그와 몇몇 추종자들이 반대방향으로 가는 동안 밀집인형들을 실은 뗏목을 강 아래로 떠내려 보내 다른 아울에 대한 러시아의 또 다른 공격을 피한 일이 알려지자 샤밀의 명망은 더욱 높아졌다.

---

213 샤리아: 이슬람의 종교 율법.

압도적인 러시아군에 맞서 필사적으로 저항을 계속하기 위해서는 희망을 불어넣고 공포를 조장하는 능력이 필요했는데, 샤밀은 이 두 가지 능력을 모두 보유하고 있었다. 김리 요새 탈출로 초인이라는 이미지를 얻게 된 샤밀은 회교도 광신주의와 지배의 원칙을 바탕으로 캅카스에 새로운 제국을 건설하려 했으나 시간이 지남에 따라 무자비함 때문에 대중의 지지를 잃어 결국 러시아 토벌군에게 항복했다. 오늘날 체첸 반군은 체첸 산악지대에서 반군을 이끌며 러시아에 맞서 투쟁한 샤밀로부터 지속적으로 영감을 받을 정도로 그를 영웅으로 추앙하고 있다. 〈출처: WIKIMEDIA COMMONS | Public Domain〉

  압도적인 적에 맞서 필사적으로 저항을 계속하기 위해서는 희망을 불어넣고 공포를 조장하는 능력이 필요했는데, 샤밀은 이 두 가지 능력을 모두 보유하고 있었다. 그는 알라^Allah와 그의 겸손한 종이자 캅카스의 신앙심 깊은 사령관의 지시를 어긴 자들의 머리와 손을 자르는 개인 사형 집행자를 어디에나 데리고 다녔다. 그는 지시에 복종하지 않는 아울 주민들을 주저하지 않고 처형했다.

  러시아인의 강력한 압박을 받은 일부 체첸인들이 샤밀에게 투항을 건의하려 했을 때, 샤밀의 분노가 너무 두려운 나머지 그나마 부드러운 방법으로 그의 어머니를 통해 의견을 전달하려 했다. 어머니로부터 말을 전해들은 샤밀은 알라에게 대답을 구하겠다고 선언하고 모스크에서 금식기도를 하며 3일 밤낮을 보냈다. 그는 충혈된 눈으로 나타나 "체첸인의 수치스러운 의도를 처음으로 나에게 전달한 사람은 태형 100대의 형벌을 받아야 한다. 그 사람은 내 어머니다!"라고 선언했다. 군중이 깜짝 놀라 탄식하는 동안 그의 추종자들은 샤밀의 어머니를 붙잡아 묶고 태형을 집행했다. 어머니가 다섯 번째 매질에 기절하자 샤밀은 나머지 형벌을 대신 받겠다고 선언하고 부하들에게 무거운 채찍으로 자신을 때리라고 지시하며 주저하는 사람은 죽이겠다고 공언했다. 그는 고통스런 표정을 조금도 드러내지 않고 95대의 매질을 견뎌냈다. 하지만 이 사건의 진위 여부는 불분명하다.

이 사건(이 이야기는 소문이고 이야기의 일부가 과장되었음은 의심의 여지가 없다)을 계기로 샤밀의 추종자들은 적극적인 저항을 계속해나갔다. 실제로 350명 이상이 목숨을 잃었던 2004년 베슬란^{Beslan} 초등학교 인질 사건[214]의 주모자로 알려진 샤밀 바사예프^{Shamil Basayev}[215] 같은 현대 체첸 반군은 샤밀의 군사적 성공에 비견할 바가 못 되지만, 이러한 샤밀의 과장된 폭력행위에서 지속적으로 영감을 받고 있다. 샤밀은 체첸과 다게스탄의 대부분을 정복하기 위해 1만 명 이상의 무리드를 동원하여 그들을 쫓는 러시아 추격자들을 상대로 수천 명의 인명피해를 입혔다. 그러나 대반란군이 지나치게 잔인하면 역효과가 생길 수 있는 것처럼 반란군도 마찬가지다. 최근의 체첸 반군이 그랬던 것처럼 샤밀은 시간이 흐름에

---

214 베슬란 초등학교 인질 사건: 2004년 러시아 북오세티야 공화국 베슬란 초등학교에서 체첸 반군과 러시아군의 총격전으로 어린이들을 포함한 334명이 희생된 러시아 역사상 최악의 인질 사건.

215 샤밀 바사예프: 체첸 반군 지도자로서 1994~1996년 체첸 전쟁 당시 신출귀몰한 게릴라전으로 유명한 인물로, 2006년 7월 9일 러시아 특수작전부대의 제거작전으로 잉구세티야에서 사살되었다.

따라 자신의 무자비함 때문에 대중의 지지를 잃어갔다. 종교를 통한 선동가 샤밀의 권위를 인정하려 하지 않는 부족 족장들은 러시아에 지원을 요청했다. 수확의 12%를 매년 세금으로 납부하라는 요구를 따르고 싶지 않았던 많은 평범한 농부들도 마찬가지였다. 하지 무라드Hadji Murad를 포함한 샤밀의 고위급 부하 중 일부도 1851년에 이교도에게 투항했다. 이듬해 그는 무리드로 다시 돌아오려 했지만, 러시아군에게 죽임을 당했다. 이 비극적인 이야기는 훗날 톨스토이의 소설 『하지 무라드Hadji Murad』의 토대가 된다.

크림 전쟁으로 인해 러시아가 오스만 제국의 침공에 대비하기 위해 캅카스 지역의 병력을 3만 명에서 20만 명으로 늘리자, 샤밀은 더욱 곤경에 빠졌다. 러시아의 적인 영국, 프랑스, 오스만 제국은 무리드를 지원해줄 것이라고 했지만 실제로 도움은 되지 못했다. 1855년 캅카스를 방문한 영국 특사는 샤밀과 그의 추종자들이 "회교도 광신주의와 지배의 원칙에 기초하여 캅카스에 새로운 제국"을 건설하려 하고 있다는 사실에 놀랐다.

2007년과 2008년 사이에 이라크에서 실시된 미국의 '증파surge' 전략의 성공은 이라크에서 알카에다에 대한 지원이 줄어들고 병력이 추가 투입되면서 가능하게 되었지만, 난관에 부딪힌 대반란전에 종지부를 찍을 새로운 대반란전의 개념을 제시한 장군이 없었다면 불가능했을지도 모른다. 1850년대 체첸과 다게스탄에서도 이와 같은 일이 일어났다. 데이비드 퍼트레이어스David Petraeus[216] 장군에 앞서 이러한 새로운 대반란전 개념을 제시한 인물이 바로 러시아의 알렉산드르 바리아틴스키Alexandr Bariatinsky 공작이다. 그는 어린 시절 친구인 알렉산드르 2세Alexandr II가 차르Tsar로 즉위한 다음해인 1856년에 캅카스 총독으로 취임했다. 반동적인 부왕 니

---

216 데이비드 퍼트레이어스: 이라크 전쟁 당시 공수부대 지휘를 맡아 이라크를 함락하는 데 일조했으며, 중부군 사령관으로 이라크 치안 상황을 개선시키는 데 중요한 역할을 했다.

콜라스 1세Nicholas I와 달리 새로운 차르는 현대화를 추구하는 자유주의자였다. 그는 바리아틴스키에게 보다 유화적인 접근을 시도하도록 격려했다. 샤밀이 사형집행자와 함께 다녔던 반면, 바리아틴스키는 재무담당자와 함께 다니며 부족 지도자들에게 뇌물을 제공했다. 또한 이 부족 지도자들은 제국 체제 내에서 더 많은 자치권을 얻었고 광신적인 무리드로부터 보호를 받았다. 바리아틴스키는 "나는 신정주의神政主義 원칙에 반하는 칸khan들을 복권시켰다"라고 설명했다. 또한, 그는 이슬람교 성직자들에게 샤밀을 배교자背敎者라고 비난하고 비폭력 교리를 전파하도록 독려했다. 지역의 고충을 해결하기 위해 그는 단순히 모든 사람을 죽이는 대신 여성과 어린이는 포위된 요새에서 탈출할 수 있도록 명령을 내렸다. 그는 심지어 여성에게 더 많은 교육의 기회를 주기 위해 후원했다. 그는 "나는 정부에 대한 부족민들의 지지를 최대한 확보하고 각 부족을 애정을 갖고 다스리며 그들이 소중히 여기는 관습과 전통을 있는 그대로 존중하는 것이 중요하다고 믿는다"라고 기록했다.

모든 위대한 반란 진압자들, 심지어 가장 자유민주적인 사람들과 마찬가지로 바리아틴스키는 그러한 '감성과 지성'의 호소에 최선을 다했다. 그의 전임자 미하일 보론초프Mikhail Vorontsov가 일궈놓은 업적을 바탕으로 그는 대규모 숲을 개간하여 무리드를 추방하고 산에 있는 무리드의 요새에 이르는 다리를 건설했다. 또한, 그는 과거에 사용하던 구식 소총보다 훨씬 더 효과적인 소총을 병사들에게 지급했다. 그는 무익한 징벌적 원정을 수행하기보다는 다게스탄의 모든 반군 거점을 체계적으로 축소했다.

최후의 공격은 1858년에 3개 부대가 무리드의 요새를 포위함으로써 시작되었다. 샤밀의 산채는 차례로 함락되었고, 마침내 샤밀은 구닙Gunib 요새에서 단 400명의 추종자와 함께 4만 명의 토벌군과 결전을 벌이게 되었다. 상황이 절망적임을 깨달은 샤밀은 1859년 8월 25일에 항복했다. 그는 차르에게 충성을 맹세하고 추종자들에게 무기를 내려놓도록 촉구했다. 이로써 30년간의 무리드 전쟁이 끝났다.

♦ ♦ ♦

이슬람 반군이 이교도 국가를 상대로 벌인 문명 투쟁은 새로운 것이 아니었지만 수세기 동안 그 투쟁의 양상은 바뀌어왔다. 서아프리카의 사모리 투레Samory Touré[217]와 알제리의 압델 카데르Abd el-Kader[218]와 같은 다른 19세기 이슬람 반군 지도자들은 샤밀처럼 그래도 투항할 마음이 있었다. 이러한 점은 21세기 이슬람 반군 지도자들과 상당히 다른 점이다. 19세기 반란군은 현대 지하디스트만큼 광신적이지 않았다. 19세기 많은 반란군은 헤즈볼라나 알카에다의 경우보다 무고한 생명, 심지어 기독교인과 유대인의 생명에도 관심을 보였다. 압델 카데르는 다마스쿠스에서 망명 중일 때 1860년 이슬람 폭도들로부터 기독교인을 보호하기 위해 중재에 나섬으로써 샤밀의 감사 편지를 포함해 전 세계적인 찬사를 받았다. 알카에다 지도자가 '십자군'에 대해 비슷한 관심을 보이는 것은 상상하기 어렵다. 반대로 알카에다 포로가 샤밀이나 압델 카데르와 같은 대우를 받을수 있을지는 의문이다. 샤밀은 관타나모 같은 구금시설로 보내지기는커녕 러시아의 시골집에 살면서 차르의 수당을 받았으며, 15년(1832~1837년) 동안 알제리에서 프랑스 통치에 대한 저항을 주도한 압델 카데르는 이후 프랑스 정부로부터 연금과 편안한 망명 생활을 보장받았다.

시간이 지나도 변하지 않은 것은 이러한 전쟁은 비용이 많이 든다는 것이다. 영국의 여행가이자 역사가인 존 배들리John Baddeley는 평화가 찾아온 캅카스를 다음과 같이 요약했다. "가족이 몰살되고 마을 전체가 파괴되었으며 공동체 전체가 사라졌다." 심지어 승리자에게도 대가는 컸다. 최근 역사 연구에 따르면, "1801년 동부 조지아 합병부터 1864년 체

---

217 사모리 투레: 19세기말, 서아프리카 내륙에 광대한 이슬람 제국을 건설하고 프랑스의 침략에 집요한 저항을 반복한 신민지화 초기의 민족적 영웅.

218 압델 카데르: 19세기말, 서아프리카 내륙에 광대한 이슬람 제국을 건설하고 프랑스의 침략에 집요한 저항을 반복한 신민지화 초기의 민족적 영웅.

르케스 전역Circassian campaign이 끝날 때까지 2만 4,000명의 러시아 병사와 800명의 장교가 캅카스에서 전사했으며, 이보다 3배 더 많은 장병들이 부상당하고 포로로 잡혔다."

간단히 말해, 캅카스의 평화 회복에는 미시시피강 너머 서부 지역의 평화를 얻기 위해 들어간 돈의 21배가 더 들었다. 캅카스에서 복무한 경험이 있는 톨스토이, 레르몬토프Lermontov[219]와 같은 러시아 작가들이 러시아의 업적을 연대순으로 다루면서 상반된 감정이 공존하는 의미심장한 서사시적 문학작품을 남긴 것은 놀랄 일이 아니다.

20세기 영국 소설가 러디어드 키플링Rudyard Kiplin을 제외하고 영국은 그에 필적하는 제국의 문학작품을 내놓지 못했다. 하지만 소재는 확실히 있었다. 예를 들어, 1842년 일어난 유명한 카불Kabul 후퇴전보다 더 감동적이거나 비극적인 사건을 상상하기는 어렵다. 카불 후퇴전은 캅카스 전쟁처럼 유럽인들이 아시아 사람들에 비해 아직 뛰어난 기술을 보유하지 못한 1875년 이전에 일어났다. 서양인은 우수한 군함과 야포는 갖추었지만, 무전기, 장갑차, 항공기는 말할 것도 없었고 아직 기관총이나 연발 소총은 개발하지 못한 상태였다. 유럽인의 적인 아시아인은 유럽인의 것과 성능이 비슷하거나 다소 떨어지는, 자체 개발한 라이플과 머스킷 소총을 장비하고 있었다. 또한 아시아인은 그들의 홈그라운드에서 싸웠기 때문에 유럽인들이 대량 화력을 투사하기에는 거의 부적합한 환경이었다. 커스터의 최후의 저항보다 더 잔인한 제1차 아프가니스탄 전쟁은 그러한 상황에서 서양인의 오만함과 부주의가 어떻게 그들을 재앙으로 이끄는지를 보여주었다.

---

219 레르몬토프: 19세기 러시아의 시인·작가.

24

어둠의 골짜기

◆

1838~1842년,
제1차 영국-아프가니스탄 전쟁

그들은 1842년 1월 6일 오전 9시에 행군을 시작했다. 카불 밖에는 눈이 이미 발목 깊이까지 쌓여 있었다. 행군 시작부터 패배의 악취가 4,500명의 영국-인도 연합군과 많은 여성 및 어린이를 포함한 1만 2,000명의 종군 민간인들 사이에 퍼졌다. 행군은 무질서했고, 종군 민간인, 짐을 싣는 동물들(다수의 낙타 포함), 수하물이 뒤섞였다. 빈센트 에어Vincent Eyre 중위는 다음과 같이 기록했다. "저하된 사기와 음울하고 불길한 예감으로 인해 그 광경은 참으로 암울해 보였다. 우리는 원치 않는 발걸음을 옮겨야 했다."

아직 카불에 잔류하고 있는 영국인들은 성난 아프가니스탄 습격대의 끊임없는 공격으로 인해 주둔지에 갇혀 있었고 식량은 소진된 상태였다. 그들은 인도로 돌아갈 수밖에 없다고 결정했다. 아프가니스탄 지도자들은 그들을 놓아주겠다고 약속했지만, 얼마 지나지 않아 약속을 지킬 의사가 없었음이 드러났다. 후방 척후병이 1월 6일 황혼 무렵 카불을 떠났을 때 아프가니스탄인들은 영국군 주둔지에 불을 질렀다. "대화재로 주변 수

km까지 환해서 끔찍한 광경을 볼 수 있었다"라고 에어는 기록했다. 한편 다른 아프가니스탄인들은 제자일jezail[220]로 행군 종대를 저격하여 수많은 사람을 쓰러뜨렸다. 이러한 공격과 무질서로 인해 행군 속도는 느려졌고, 행군 종대는 대부분 짐을 잃고 말았다. 10km를 겨우 이동한 난민들은 오후 4시에 숙영지를 세우기 위해 행군을 중단했다. 텐트나 식량은 거의 없었다. 군인과 민간인 모두 지쳐서 눈 속에 주저앉았고 다수가 그 자리에서 죽었으며 일부는 밤을 지새우다가 동상에 걸렸다. 동상에 걸린 그들의 다리는 "불에 탄 통나무처럼 보였다."

다음 날에도 안심할 수 없었다. 여단장의 아내 플로렌시아 세일Florentia Sale은 일기에 이렇게 적었다. "부대는 완전히 질서를 잃었고 거의 모든 사람이 추위로 마비되어 소총을 잡거나 움직일 수 없었다. 동사한 시체가 곳곳에 널려 있었다. … 땅에는 탄약상자, 나무판자 및 온갖 종류의 물건이 흩어져 있었다. … 적은 엄청나게 불어났다. 만약 적이 돌격해왔다면 우리는 아무런 저항도 못 하고 모두 학살되었을 것이다."

돌격은 부족의 전투방식이 아니었다. 낙오자만 한 명씩 공격해 처치하면 되는데 왜 굳이 아직까지 충분히 싸울 여력이 있는 군대와 전면전을 할 필요가 있겠는가. 아프가니스탄인들은 다른 모든 게릴라와 마찬가지로 수 km 떨어진 곳에서도 약점을 감지할 수 있었다. 그들은 페린지feringee(외국인)를 분산시키려면 시간이 걸린다는 것을 알고 있었다. 반면 영국인들은 생존을 위해 필사적으로 고군분투하면서 어떻게 이런 혼란에 빠졌는지 의아해했다.

◆ ◆ ◆

러시아가 캅카스와 중앙아시아로 걱정스러울 만큼 가까이 진출하면서

---

220 제자일: 아프가니스탄 부족들이 만든 홈메이드 화승총.

아프가니스탄에 대한 영국의 관심이 촉발되었다. 1838년 인도 총독 오클랜드 경Lord Auckland은 아프가니스탄 왕 도스트 무함마드 칸Dost Muhammad Khan이 러시아인들에게 지나치게 우호적인 태도를 취하는 것을 두려워했다. 그래서 그는 도스트 대신 30년 전 아프가니스탄 왕좌에서 쫓겨나 인도에서 망명 생활을 해온 친영국 성향의 샤 슈자 울물크Shah Shuja ul-Mulkh를 옹립하기 위한 원정대를 파견했다.

『올리버 트위스트Oliver Twist』(1838년 출간)와 같은 작품에서 드러난 영국 사회의 명백한 결함에도 불구하고 영국 관료들은 그들이 정부를 위한 특별한 재능을 가진 우월한 인종의 대표자라고 확신했고, 이를 근거로 키플링Kipling이 이후에 쓴 것처럼 "우리를 인도하는 빛이 부족한" 먼 나라의 군주를 징벌하거나 심지어는 교체할 권리도 갖고 있다고 생각했다. 영국은 아프가니스탄을 침공하는 것과 거의 동시에 아시아의 반대편에서 발발한 또 다른 전쟁인 제1차 아편전쟁(1839~1842년)에 휘말리게 되었다. 아편전쟁은 아편을 포함한 영국의 수출품에 대한 중국 시장 개방을 둘러싸고 청나라와 영국 사이에 일어난 전쟁이다. 영국의 시각에서 보면 아편전쟁은 아프가니스탄 전쟁보다 더 행복한 결말을 맞았다. 그러나 영국의 아프가니스탄 침공이 처음에는 그렇게 끝날 것이라고는 그 누구도 생각지 못했다. 아편전쟁이 발발하고 거의 150년이 지난 후 일어난 러시아의 아프가니스탄 침공과 그로부터 20년 후에 발발한 미국의 아프가니스탄 침공 초기에 전쟁이 잘 진행되는 것처럼 보였던 것과 마찬가지로, 영국이 아프가니스탄을 침공했을 때도 출발은 순조로웠기 때문이다.

이름도 거창한 인더스군Army of the Indus은 영국군 및 인도 병사(세포이 sepoys[221]) 1만 5,100명과 샤 슈자의 용병 6,000명으로 구성되어 있었다. 그들은 종군 민간인(하인, 상점주인, 매춘부 등) 3만 8,000명과 낙타 3만 마리와 함께 리넨linen, 와인wine, 시가cigar 및 기타 "외딴 나라와 미개한 사

---

221 세포이: 영국인이나 유럽인 장교 밑에 있던 인도 병사.

람들에게는 없는 사치품을 포함한 막대한 양의 군수품을 운반했다. 1838
년 말에 출발한 이 통제하기 힘든 원정대는 칸다하르^{Candahar}를 거쳐 카불
로 거침없이 행군했다. 영국군은 예상했던 대로 동양의 열등한 적을 두려
워할 필요가 없다고 확신했다. 영국군은 도스트 무함마드가 1839년 8월
2일에 퇴위한 직후 수도에 입성했다. 도스트는 이듬해인 1840년에 영국
군을 계속 괴롭히다가 항복한 뒤 인도로 망명하게 된다. 유일하게 불길한
징조는 새로 옹립된 왕인 샤 슈자에 대해 아무도 관심을 갖지 않는다는 것
이었다. 어느 영국 장교의 기록에 따르면, 아프가니스탄인들은 샤 슈자의
귀환에 "무관심으로 일관했고, 이는 샤 슈자에게는 아주 굴욕적"이었다.

영국군 대부분은 곧 인도로 되돌아갔다. 나머지는 "영국군의 총검으로
새로 옹립한 왕을 보호하기 위해" 남았다. 위험이 거의 없어 보였기 때문
에 기혼 장교들은 가족을 불러들였고 크리켓, 낚시, 사냥, 스케이팅 같은
여가활동에 몰두했다. 하지만 이 와중에 현지 여성들과 연애를 하고 그들
의 사회적 관습을 무시하고 인기 없는 왕을 강제로 옹립한 영국인에 대
해 아프가니스탄인들은 감사하는 마음은커녕 오히려 분노가 쌓여가고
있었다.

영국인들은 현지인의 이런 마음을 전혀 헤아리지 못하고 무심코 화약
고와 같은 그들의 마음에 불씨를 제공해 불이 붙게 만들었다. 아프가니스
탄 통치자들은 관례상 힌두쿠시^{Hindu Kush} 산맥 통행의 대가로 파슈툰^{Pashtun}
족에 통행료를 후하게 지불해왔었다. 그러나 1841년 10월 영국 선임 외
교관 윌리엄 맥나튼^{William Macnaghten}은 예산 절감을 위해 길자이^{Ghilzai}족 연
맹에 지급되는 연간 통행료의 절반을 삭감하기로 결정했다. 아울러 재정
긴축을 위해 영국군 여단을 추가로 인도로 귀환시키기로 결정했다. 길자
이족은 즉시 카이베르 고개^{Khyber Pass}[222]를 폐쇄하고 인도-아프가니스탄의

---

222 카이베르 고개: 세계에서 가장 유명한 고갯길의 하나로, 힌두쿠시 산맥을 가로지르며 파키
스탄과 아프가니스탄을 연결한다.

통행로를 차단했다.

'싸움꾼 밥Fighting Bob'이라는 별명을 가진 로버트 세일Robert Sale 소장이 지휘하는 여단 병력 2,000명은 귀환 길에 '매복과 약탈자'와 끊임없이 전투를 벌였다. 300명이 넘는 사상자가 발생한 세일의 여단은 1841년 11월 15일 그나마 안전한 잘랄라바드Jalalabad에 도달했다. 부상자에 세일도 포함되어 있었다. 그는 발목에 제자일 탄환을 맞아 부상당했다. 잘랄라바드에 입성하자마자 세일의 여단은 (세일의 말에 따르면) "광적으로 분노한 주민들"에게 포위당했다. 세일은 카불에 반란의 기운이 감돌고 있다는 암울한 정보를 받았음에도 불구하고 아프가니스탄에서 빠져나오거나 나머지 영국군을 구원할 수 없었다.

한편 카불에서는 1841년 11월 2일 폭도들이 영국 외교관 서열 2위이자 유명한 탐험가인 알렉산더 번스Alexander Burnes 경의 숙소 앞에 집결했다. 그는 분노한 아프가니스탄인들을 설득한 다음 뇌물을 주려고 했지만 둘 다 실패했다. 그와 그의 동생, 수행원 전부가 난도질당했다. 당시 도시 외곽에는 여전히 4,500명의 영국-인도 군대가 있었고 즉각적인 조치로 소요를 진압할 수도 있었다. 하지만 그들의 지휘관은 결코 열성적이지 않았다. 윌리엄 엘핀스톤William Elphinstone 경은 워털루 전투 이후 어떠한 군사행동도 취하지 않았다. 그는 카불의 상황도 그저 지켜보기만 했다. 59세의 엘핀스톤은 통풍으로 지체가 부자유한 상태였고 매우 쇠약했다. 세일 여사는 "엘핀스톤은 매사에 우물쭈물했다"라고 불평했다. 갑작스런 발병으로 엘핀스톤이 마비되었기 때문에 소요는 무서울 정도로 빠르게 퍼졌다.

번스가 살해된 그 다음 날, 영국사무소가 포위당했고 증원부대는 저격수에 의해 격퇴되었다. 다음 날 부대원들은 지휘관의 무능력함에 분통을 터뜨렸다. 영국 주둔지를 에워싼 포위망은 점점 더 옥죄어왔다. 11월 말, 환자와 부상병이 늘어나고 보급품이 고갈됨에 따라 영국군은 안전한 탈출을 보장하면 기꺼이 후한 대가를 지불할 용의가 있다고 선언했다. 12월 23일, 도스트의 아들 무함마드 악바르 칸Muhammad Akbar Khan은 영국의 선임 외교관 윌리엄 맥나튼을 체포하려 했다. 저항하던 맥나튼은 그가 무함마드에게 선물한 의식용 권총 탄환에 맞았다. 곧 나머지 영국군도 이와 비슷한 운명에 처하게 될 것이었다.

카불 요새를 떠나 행군을 개시하자마자 지독한 추위, 보급품 부족, 적의 공격, 무질서 등 온갖 문제가 이후 며칠 동안 더욱 악화되었다. 1842년 1월 9일까지 병력의 절반 이상이 동상에 걸렸거나 부상을 입었다. 그날 악바르Akbar 칸은 기혼 장교와 그들의 아내를 보호해주겠다고 제의했다. 다수가 이 제안에 기꺼이 동의했다. 엘핀스톤 장군을 포함한 다른 수많은 장교들도 악바르 칸과 협상을 시도한 후 포로가 되었다. 세일 여사와 결혼한 딸을 포함해 100명 이상의 영국인들이 인질이 되었다. 그들이 포로로 잡혔다는 소식에 본토의 영국 국민들은 격분했다. "문명화된" 여성들이 "야만인들"의 손에 고통받는 운명에 처할까 봐 염려가 되었기 때문이다. 역사가 린다 콜리Linda Colley가 우리에게 상기시켜주듯이, 비유럽인(특히 북아프리카, 인도, 북미)이 유럽인을 포로로 잡은 이야기를 다룬 문학작품이 대중 사이에서 유행하고 있던 이 시기에 '백인 노예'와 하렘harem[223] 이야기는 당시 유럽인들에게 결코 먼나라 이야기가 아니었다. 그러나 사실 포로들은 운이 좋은 사람들이었다. 그들 대부분은 살아남았다. 에어 중위의 기록에 따르면, "너무 커서 주체하기 힘든 헌 물건들은 남겨두고 떠나는 것 외에는 다른 방법이 없었다."

그들은 힌두쿠시 산맥의 어둡고 가파른 좁은 길에서 최후를 맞았다. 가는 곳마다 아프가니스탄 소총수가 배치되어 있었다. 어느 영국 장교는 "우리 행군 종대를 향해 끊임없이 총알이 날아왔다"라고 기록했다. 쿠르드-카불Khurd-Kabul 고개에서만 3,000명이 사망했다고 한다. 주그둘룩Jugdulluk 고개에서 다시 한 번 "소름끼치는 학살"이 이어졌다. 부족민들은

---

223 하렘: 이슬람 세계에서 가까운 친척 이외의 일반 남자들의 출입이 금지된 장소. 보통 궁궐 내의 후궁이나 가정의 내실을 가리킨다.

행군에서 유일하게 살아남은 영국인인 외과 보조의 윌리엄 브라이든이 부상당한 채 조랑말을 타고 잘
랄라바드에 도착하고 있다. 이때 카불을 탈출한 1만 6,000명의 병력은 전멸당했는데, 이는 19세기
에 단일 대게릴라 전투에서 입은 가장 큰 피해로 알려져 있다. 위 그림은 엘리자베스 톰슨(Elizabeth
Thompson, 1846~1933)이 그린 〈패잔병(The Remnants of an Army)〉. 〈출처: WIKIMEDIA COMMONS |
Public Domain〉

유일한 출구를 막고 칼과 제자일로 정확하게 영국군을 공격했다.

행군에서 살아남은 유일한 영국인은 외과 보조의 윌리엄 브라이든
William Brydon 박사였다. 부상을 입은 그는 죽어가는 조랑말을 타고 1842
년 1월 13일 오후 잘랄라바드에 도착했다. 빅토리아 시대의 유명한 그
림 〈패잔병The Remnants of an Army〉은 이 장면을 그린 것이다. 이후 인도 병사
몇 명과 종군 민간인들이 도착했고, 영국군 포로 105명은 결국 구조되었
다. 하지만 7일 전 카불을 출발한 나머지 병력 대부분(유럽인 700명 이상
을 포함한 1만 6,000명)은 전멸당했다. 한 19세기 작가가 "엄청나게 어리
석은 행동"이라고 부른 이 군사행동은 19세기에 단일 대게릴라 전투에서
입은 가장 큰 피해로 알려져 있다.

영국군의 참패로 아프가니스탄은 '제국의 무덤'이라는 명성을 얻었다. 하지만 아프가니스탄은 정복할 수 없는 곳은 아니었다. 기원전 4세기 알렉산드로스 대왕, 13세기 칭기즈 칸, 16세기의 바부르^{Babur}(무굴 제국의 창시자)는 아프가니스탄을 정복했다.

1842년 여전히 칸다하르와 잘랄라바드를 확보하고 있던 영국은 아시아에서 당한 가장 큰 불명예를 설욕하기 위해 소위 징벌군^{Army of Retribution} 1만 4,000명을 파병하여 카이베르 고개로 나아갔다. 부대장 조지 폴록^{George Pollock} 경은 적의 저격수가 감제고지를 사용하지 못하도록 행군로를 따라 언덕에 초병을 배치하는 것이 중요하다는 것을 깨달았다. 1842년 9월 13일 영국군은 악바르 칸의 부대와 싸워 결정적으로 승리하고 이틀 후 카불을 탈환했다. 아프가니스탄인들은 세일 여사와 다른 영국인 인질들을 무사히 석방했다.

인질 중 적어도 12명—그들 중 누군가가 썼듯이 이들은 "광적으로 기록에 집착했다"—은 이후 그들의 포로 생활에 대한 기록을 책으로 출판했는데, 그중 세일 여사의 베스트셀러 『아프가니스탄에서 겪은 참사 일기^{A Journal of the Disasters in Afghanistan}』가 가장 유명했다. 이렇게 '인질 위기'가 종결되었다. 20세기 영국의 역사학자 린다 콜리가 주장한 것처럼 이 사건은 1979~1980년에 이란 인질 위기가 미국인들을 경악하게 만든 것과 같이 영국인의 관심을 사로잡았다. 두 사건 모두 초강대국의 예상하지 못한 취약점이 무엇인지를 노출시켰을 뿐 아니라 임박한 초강대국의 쇠퇴에 대한 두려움을 불러일으켰다. 하지만 이 둘 사이의 중요한 차이는 영국인은 아프가니스탄에서 보복행위를 통해 카타르시스를 느낀 반면, 미국 국민은 그렇지 않았다는 것이다.

아프가니스탄인들에게 본보기를 보여주기 위한 영국군의 잔학행위는… 제지되지 않았다. 폴록은 카불의 대시장^{Great Bazaar}을 폭파하라는 명령을 내렸다. 한편 격분한 영국군과 종군 민간인들은 미친 듯이 불을 질 렀고 거리를 미쳐 날뛰며 방화, 상점 약탈, 살인을 저질렀다. 도착한 지 한 달도 채 되지 않아 폴록은 영국 무기가 무적임을 만족스럽게 증명하 고 인도로 귀환했다. 인도 총독은 영국이 아프가니스탄을 관리할 능력 이 없다는 것을 최대한 드러내지 않으려고 태연한 척하면서 "무정부 상 태에서 정부를 구성하는 것은 아프가니스탄인들 스스로에게 맡길 것이 다. 이러한 결과는 그들이 범죄를 저지름으로써 자초한 것이다"라고 선 언했다.

이 무렵 샤 슈자가 암살되었기 때문에 도스트 무함마드는 왕위를 되 찾을 수 있었다. 1863년 도스트 무함마드 사후, 그의 아들 셰어 알리Sher Ali가 러시아 특사를 환대한 반면, 영국 대표단의 면담은 거부함으로써 1838년과 같은 위기가 다시 반복되었다. 1878년 또 다른 영국군 부대가 아프가니스탄으로 진군했는데, 이 부대는 마티니-헨리Martini-Henry 후장식 後裝式 소총과 개틀링 기관총Gatling gun 2정으로 무장하는 등 이전 원정대보 다 훨씬 더 강력한 화력을 보유했다. 셰어 알리가 퇴위한 뒤 그의 아들은 후계자로서 아프가니스탄의 외교정책에 대한 통제권을 영국에 양도하는 조약에 서명했다. 1879년에 어느 영국인 "거주자"가 이러한 합의 사항을 감독하기 위해 도착했지만 1841년에 그의 전임자처럼 아프가니스탄 폭 도들에게 살해당했다. 그래서 작고 붉은 얼굴의 프레더릭 로버츠Frederick Roberts 중장(일반적으로 '밥스Bobs'로 불림)의 지휘하에 이 영국군 부대가 카불을 점령했고, 점령 시 큰 희생을 피하기 위해 1880년에 다시 한 번 진군하기 전에 아프가니스탄 왕을 폐위시켰다. 원정은 성공적이었지만 영국군은 거의 1만 명에 달하는 전사자가 발생했는데, 원인은 대부분 질 병 때문이었다. 영국군은 칸다하르 외곽에서 벌어진 마이완드 전투Battle of Maiwand에서 다시 한 번 끔찍한 패배를 당했다. 이 전투에서 근대 야포를 장비한 대규모 아프가니스탄 부대에 의해 약 2,500명의 영국군 병력 중 거의 1,000명이 전사했다.

아프가니스탄은 명목상 독립을 유지했지만, 사실상 인도 제국^{British Raj}[224] 과 더불어 외교정책을 통제받는 영국의 보호령이었다. 그해에 제3차 아프가니스탄 전쟁으로 알려진 한 달간의 봉기는 쉽게 진압되었지만, 이 사건으로 인해 영국은 아프가니스탄의 자치를 허용했다. 이후 반세기 동안 영국은 아프가니스탄에서 러시아의 영향력을 막겠다는 본질적 목표를 달성했다. 벳호론 전투 이후의 로마처럼 영국은 난관을 극복할 수 있는 놀라운 능력을 보여주었다. 이러한 회복력은 길고 혹독할 수밖에 없는 대반란전에 개입한 국가라면 필수적으로 갖추어야 할 중요한 요소다.

영국은 이러한 유형의 갈등에 대처하는 데 필요한 또 다른 중요한 요소를 보여주었다. 최대 목표보다는 최소 목표를 지향하려는 의지가 바로 그것이다. 그리스 독립운동 시의 오스만 제국이든, 미국 독립전쟁 기간의 영국이든, 점점 커지는 민족주의 반란에 직면한 대반란전 수행 주체들은 타협하지 않으려다가 모든 것을 잃는 경우가 많았다. 오스만 제국이 초기에 더 많은 지역 자치권을 기꺼이 허용했다면, 북미 식민지에서 영국이 그랬던 것처럼 그리스에 대한 통치권을 어느 정도 유지했을 수도 있었다. 이후 피해가 커지고 전쟁이 양쪽 모두에게 감정적인 것으로 변하면서 그러한 타협은 생각하기가 더욱 어려워졌다. 반면, 아프가니스탄에서 영국은 또 다른 대규모 봉기를 촉발할 수 있는 큰 통제권은 생각지 않고 러시아 개입의 위험을 최소화할 수 있는 정도의 통제권만을 얻었다. 이는 뉴질랜드와 캐나다와 같은 정착민 식민지를 대영제국과의 관계를 유지하는 자치국가로 전환하기 위해 대영제국이 법적 조치와 비공식적인 방법을 동시에 사용했던 것과 유사했다. 다른 제국주의 국가들—심지어 이와 다른 상황에서 영국도— 중에서 독립주의자들의 요구에 직면하여 이렇게 신중하고 실용주의적인 접근을 한 나라는 드물었다. 그리고 1842년에 실시된 카불 철수작전에서 볼 수 있듯이, 제국의 자만심의 대가는 엄청날 수 있다.

---

224 인도 제국: 1858년부터 1947년까지 89년간 존속한 인도의 제국이자 영국의 식민지다.

25

북서쪽 국경

◆

**1897~1947년,
영국과 파슈툰족**

아프가니스탄인들보다 영국인들에게 더 골치 아픈 문제는 1896년에 아프가니스탄과 인도의 국경을 표시하기 위해 그어진 듀랜드 선^{Durand Line}을 기준으로 인도 제국 쪽에 살고 있는 파슈툰족이었을 것이다. 영국은 1849년에 펀자브^{Punjab} **225**를 합병한 후 이 지역을 통제했지만, 다음 세기 동안 매우 독립적이고 호전적이기로 유명한 이 부족을 완전히 제압할 수는 없었다. 엘핀스톤 장군의 사촌이자 영국 식민지 관리 몬스튜어트 엘핀스톤^{Monstuart Elphinstone}은 1815년에 출간되어 오늘날까지도 여전히 인용되는 그의 책에서 파슈툰족에 대해 다음과 같이 썼다. "그들의 단점은 복수, 시기, 탐욕, 욕심, 고집이다. 반면에 그들은 자유를 좋아하고, 친구에게 충실하고, 부양가족에게 다정하고, 친절하고, 용감하고, 강인하고, 검소하고, 근면하고, 신중하다." 캅카스 일대에 살던 부족들과 유사한 점이 있는

---

225 펀자브: 인도 북서부에서 파키스탄 북부에 걸친 인더스강 상류 지방.

것은 우연이 아니다. 이슬람 산악 부족들끼리는 서로 닮는 경향이 있기 때문이다.

영국은 통제할 수 있는 저지대인과 통제할 수 없는 고지대인을 구분했다. 전자는 노스웨스트 프론티어Northwest Frontier 주에 통합되었고, 후자는 여전히 파키스탄에 남아 있는 '부족 지역'에 남았다. 북미 인디언 보호 구역과 다소 유사한 부족 '단체들'은 전통적인 불문 관습법인 파슈툰왈리Pashtunwali를 따르는 지르가jirga(장로 협의회)가 운영했다. 일상적인 치안유지 활동은 부족 경찰 조직인 카사다르Khassadar가 수행했다.

부족들이 정착 지역을 습격하면, 로마 제국의 국경을 경비하는 임무를 수행하던 아욱실리아auxilia(아우구스투스가 기원전 30년부터 로마 제국 군대를 재편성한 후 만든, 자원봉사자로 구성된 비시민 군대로 시민 군단에 배속되었다)처럼 인도군에서 파견된 영국 장교가 지휘하는 치트랄 정찰대Chitral Scouts, 카이베르Khyber 소총 연대 같은 현지에서 모집한 민병대가 즉각 개입했다. 정찰대에 문제가 발생하면 인도군과 영국 공군의 도움을 요청하기 위해 전서구(傳書鳩)[226]를 보냈다. 가장 위급한 상황일 때만 영국 정규군이 출동했다. 정치가들은 로마의 선구자처럼 그러한 비상사태를 피하기 위해 열심히 이들을 설득하고 보조금을 주는 등 노력했다.

가장 두각을 나타낸 정치가는 '카이베르Khyber의 왕'으로 알려진 로버트 워버튼Robert Warburton 대령이었다. 그는 조지 크룩처럼 자신이 관리하고 때로는 싸워야 하는 부족민들에게 상당한 동정심을 보였다. 하지만 그의 경우는 미 육군에서는 찾아볼 수 없는 아프가니스탄 부족민의 피가 흐르고 있었다. 수세기에 걸쳐 북미 인디언과 전쟁을 치르고 교류했음에도 불구하고 19세기에는 어떠한 육군 장교도 북미 인디언의 후손인 경우는 없었다. (윌리엄 테쿰세 셔먼의 아버지는 유명한 북미 인디언 추장을 존경한 나머지 아들의 중간 이름에 추장의 이름을 따서 붙여주었지만, 친족

---

226 전서구: 군용 통신에 이용하기 위해 훈련된 비둘기.

'카이베르의 왕'으로 알려진 로버트 워버튼 대령. 워버튼은 제1차 영국-아프가니스탄 전쟁 당시 영국
군 장교와 도스트 무함마드의 조카딸로 알려진 아프가니스탄 여성 사이에서 태어난 혼혈아였다. 그는
조지 크룩처럼 자신이 관리하고 때로는 싸워야 하는 부족민들에게 상당한 동정심을 보였다. 그는 18년
동안 카이베르의 정치가로 활동하면서 모든 외부인을 의심하는 부족과 협상함으로써 뿌리 깊은 불신
을 극복하고 철천지원수로 지냈던 카이베르 산악지대 주민들과 평화롭게 지냈다. 그가 은퇴한 뒤 몇 달
후 국경에서는 또다시 대규모 반란이 이어졌다. 〈출처: WIKIMEDIA COMMONS | Public Domain〉

관계는 아니었다) 하지만 워버튼은 제1차 영국-아프가니스탄 전쟁 당시 영국군 장교와 도스트 무함마드의 조카딸로 알려진 아프가니스탄 여성과의 결혼으로 태어난 혼혈아였다. 그는 아버지가 악바르 칸의 인질로 생활할 때 아프가니스탄 요새에서 태어났다. 영국에서 교육을 받은 그는 1870년 페샤와르Peshawar 식민지 행정관으로 처음 부임한 후 모든 현지 언어에 능통하게 되었다.

그는 거의 30년 동안 아프가니스탄에 머물렀고, 마지막 18년 동안에는 카이베르의 정치가로 활동하면서 모든 외부인을 의심하는 부족민과 협상했다. 그는 자신의 회고록에 다음과 같이 썼다. "뿌리 깊은 불신을 극복하는 데 몇 년이 걸렸지만, 그 결과는 어떠했는가? 15년 이상 나는 그들 사이에서 무장하지 않은 채 생활했다. 내 캠프는 어디에서든 항상 그들의 보호를 받았다. 오랫동안 철천지원수로 지냈던 카이베르 산악지대 부족민들이 내 캠프에 있을 때에는 잠시 반목을 멈추었다."

워버튼은 1897년 5월에 은퇴했다. 몇 달 후 국경에서 대규모 반란이 일어났다. 그를 포함한 다수의 사람들은 그가 은퇴하지 않았다면 그 반란을 피할 수 있었을 것이라고 확신했다. 영국인이 "미치광이 물라mad mullah"라고 불렀던 스와트Swat의 사드훌라Sadhullah 같은 종교 지도자들은 지하드(성전)를 부르짖었다. (영국인들은 영국에 반하는 자는 누구든 틀림없이 미치광이라고 불렀을 것이다.) 수많은 요새가 공격을 받고 카이베르 고개가 폐쇄되었다. 그러나 영국인들에게는 다행스럽게도 파슈툰 부족들은 북미 인디언 부족들처럼 분열되어 있어서 서로 힘을 합쳐 공격하지 않았기 때문에 반란 진압이 용이했다.

부족민들을 완전히 소탕하기 위해 파견된 원정대 중 하나는 말라칸드 부대Malakand Field Force였다. 이 부대의 이름은 스와트 계곡 입구인 말라칸드 고개Malakand Pass의 이름에서 따왔다. 소장인 빈든 블러드 경Sir Bindon Blood이 지휘하는 이 부대에는 신문특파원을 겸하고 있는 젊은 기병 장교 윈스턴 처칠Winston Churchill이 근무하고 있었다. 처칠은 그의 첫 번째 책에서 부대원들이 "도로도 없고 험하고 개발되지 않은 나라, 전략거점의 부재, 그리고 뛰어난 기동성과 현대적인 소총으로 무장하고 게릴라 전술로 싸우는 적"을 맞닥뜨리면서 그들이 겪은 어려움을 회상했다. 그는 "부대는 적을 잡는 것을 제외하고 어디든 진군할 수 있고 무엇이든 할 수 있다. 그리고 기동하면 무조건 손실을 감수해야 한다"라고 생각했다.

영국인이 찾은 해결책은 미국인이 북미 인디언을 상대로 하고, 러시아인이 체첸인을 상대로 택했던 해결책과 동일했다. 처칠은 티라^{Tirah} 계곡에서 부대가 어떻게 계곡 중앙에 있는 모든 마을(12~14개로 추정)을 파괴했는지, 어떻게 30개의 탑과 요새를 다이너마이트로 폭파했는지 기록했다. "계곡 전체가 연기로 자욱했다. 수많은 짙은 연기 기둥이 하늘 위로 올라가 파괴의 현장 위에 구름처럼 드리워져 있었다."

영국군은 전장에서 부족민들을 추격할 때마다 리-메트포드^{Lee-Metford} 소총과 폭발탄으로 파괴했다. 처칠은 이렇게 썼다. "자비를 구하지도, 베풀지도 않았다. 붙잡힌 적은 모두 창에 찔리거나 참수되었다. 적의 시체가 들판에 흩어져 있었다. … 그것은 스와트^{Swat}와 바자우르^{Bajaur} 주민들에게 결코 잊을 수 없는 끔찍한 교훈이었다."

그것은 처칠에게도 잊을 수 없는 교훈이었다. 수십만 명의 민간인의 목숨을 앗아간 독일과 일본의 도시들에 대한 폭격을 비롯해 제2차 세계대전에서 총력전을 펼치겠다는 그의 의지는 적어도 일부분은 유럽의 전투를 지배했던 기사도 정신과는 거리가 먼 이 가혹한 제국 전쟁 방식을 경험한 데서 비롯된 것이라 할 수 있었다. 그가 묘사한 스와트 계곡의 화염과 파괴는 미래의 함부르크나 도쿄 폭격을 떠올리게 한다. 그러나 영·미군의 폭격이 독일이나 일본의 사기를 꺾지 못했던 것처럼 북서부 국경지대에 대한 영국의 보복도 의도한 효과를 얻지 못했다. 영국군의 '잔인한 행동'은 원수 로버츠 경이 묘사한 대로 "더 큰 증오심과 복수심을 불러일으키는 결과만을 낳아서" 이후 반란이 이어졌다.

1930년대 후반까지 인도 육군 장교이자 미래의 소설가인 존 매스터스

John Masters는 말라칸드 부대 이후 영국군이 군사력을 엄청나게 투사했는데도 불구하고 계속되는 파슈툰족의 성가신 치고 빠지기 전술에 대처해야 하는 어려움을 이렇게 표현했다. "우리는 경기관총, 야포, 장갑차, 전차, 항공기가 있었다. 파슈툰족은 이것들 중 어떠한 것도 갖고 있지 않았다." 마스터스는 수작으로 꼽히는 그의 회고록 『나팔과 호랑이Bugles and a Tiger』에 다음과 썼다. "그리고 적이 어딘가에 머무르며 야포 또는 마을을 방어하면 우리는 적을 가두고 완전히 처부쉈다. 하지만 적이 동에 번쩍 서에 번쩍 하면서 저격하고 돌격했다가 도망가버리면 우리는 말벌을 잡으려고 쇠지렛대를 허공에 휘두르고 있는 듯한 기분이 들었다."

양측의 무자비함은 수년 동안 줄어들지 않았다. 매스터스의 기록에 따르면, "파슈툰족이 포로를 잡으면 일반적으로 거세하고 참수하곤 했다. 반면, 영국군은 포로를 거의 잡지 못했는데, 그나마도 정치적 협조자가 없었다면 아예 잡지 못했을 것이다." 키플링은 이 전쟁에 대한 다음과 같은 시를 썼다. "아프가니스탄 평야에 부상을 입어 전장에 누워 있을 때 / 여자들이 그대의 숨통을 끊으러 오고 있다면 / 소총을 들어 머리에 겨누고 방아쇠를 당기라 / 그리고 군인답게 하느님을 만나라." 대부분의 다른 제국 전쟁에서와 마찬가지로 북서부 국경지대에서도 부족 전사들은 서양에서 도입된 '전쟁법'에 대한 지식이 없었고, 서양인들은 그런 법을 '야만인'에게 적용할 의도가 없었다.

영국이 파슈툰족을 상대로 싸운 전쟁은 1947년에 인도가 독립할 때까지 100년 동안 지속되었다. 이후 파키스탄 정부가 (매스터스의 표현을 그대로 옮기면) "이 난폭한 자들"을 처리해야 하는 내키지 않는 일을 떠맡게 되었다. 일설에 의하면, 반란군은 지지 않으면 이길 수 있다고 한다. 그러나 이런 교착상태는 정부에게 유리하다. 영국은 인도의 통치권을 유지하는 한편 소수의 영국 지원병들로 하여금 주로 인도인으로 구성된 군대를 감독하게 함으로써 파슈툰족을 처리 가능한 사소한 골칫거리 정도로 만들었다. 부족민의 신뢰를 얻은 워버튼과 같은 지식이 풍부한 관료들도 문제를 관리 가능한 상태로 유지하는 데 도움을 주었다.

　최근 몇 년 전부터 기술의 발전으로 이 고립된 국경 지역이 전 세계 테러 네트워크의 중심이 되면서 파슈툰족의 위협은 더욱 심각해졌고 서방의 정책 입안자들은 전부는 아니더라도 대부분은 봉쇄전략containment strategy이 부적절하다고 판단하게 되었다. 이로 인해 2001년 9월 11일 이후 미국과 영국을 비롯한 미국의 동맹국들은 파키스탄에서 드론 공격, 특수작전 및 아프가니스탄의 정규 군사작전을 조합하여 알카에다와 탈레반을 물리치려는 야심 찬 노력을 기울였다. 나토군이 과거에 영국이 전투를 벌인 두 곳인 아프가니스탄 남부의 마이완드Maiwand 지역에서 동쪽 힌두쿠시의 산길까지 순찰하는 지금 이 순간에도 역사의 메아리는 폭발하는 급조폭발물IED처럼 명확하게 반복되고 있다.

26

문명화 사명

◆

**1912~1925년,
모로코의 리요테**

서구 제국주의의 확산이 서양 무기의 힘에 의해 강화되고 가속화되었다
는 것은 논란의 여지가 없지만, 소수의 유럽인이 무력만으로 엄청나게 많
은 아프리카인과 아시아인을 통제할 수는 없었다. 1899년, 인구가 2억
5,000만 명이었던 인도에는 영국군이 겨우 6만 8,000명이 주둔해 있었
고, 인구가 4,100만 명인 아프리카를 포함한 나머지 대영제국 식민지에
는 영국군 5만 1,000명이 주둔해 있었다. 19세기 유럽인들은 고대 로마
인과 마찬가지로 원주민의 반란에 대해서는 가혹하게 대응하면서 그들
의 통치는 묵인해주는 호의적인 조치를 취했다. '민심' 또는 '인본주의'에
기반한 대반란전 학파로 불리게 된 이 정책의 위대한 이론가는 프랑스
원수 루이 위베르 곤잘브 리요테Louis Hubert Gonzalve Lyautey였다.

1854년 귀족 가문에서 태어난 리요테는 생후 18개월 때 발생한 사고
로 인생이 완전히 바뀌었다. 그는 고향 낭시Nancy에 있는 집 2층 창문에서
추락하는 사고를 당했다. 가까스로 죽음은 면했지만, 그는 병상에서 2년

을 보내야 했다. 그는 열두 살이 될 때까지 정상적으로 걸을 수 없었기 때문에 대부분의 시간을 책을 읽고 상상하며 보냈다. 이처럼 어린 시절 병약했던 그는 동시대인인 시어도어 루스벨트가 그랬던 것처럼 자신의 남성성을 증명해 보일 수 있는 모험가이자 지식인이 되기를 열망했다.

활달하고, 창의적이며, 과장되고, 이기적이며, 예민하고, 조급하며, 결단력 있고, 이상주의적인 사람이었던 리요테는 규율에 얽매인 19세기 말 프랑스군에는 적합하지 않은 인물이었다. 그의 반동적 기질은 드레퓌스 사건Dreyfus Affair[227] 기간 동안 적나라하게 드러났다. 그는 생시르Saint Cyr 프랑스 육군사관학교에서 보낸 시간을 경멸했고 임관한 후에는 동료 장교들이 아니라 마르셀 프루스트Marcel Proust와 같은 작가들과 어울리는 것을 좋아했다. 그는 1894년—같은 해 또 다른 부적응자인 유대인 대위 알프레드 드레퓌스Alfred Dreyfus가 독일에 비밀을 팔았다는 반역죄로 무고하게 유죄 판결을 받았다—에 당연히 받아야 할 벌을 받게 되었다. 힘든 주둔지로 여겨지던 프랑스령 인도차이나로 파견되었던 것이다.

당시 프랑스는 서구 열강의 깃발이 꽂혀 있지 않은 아프리카, 오세아니아, 아시아의 나머지 부분을 차지하려고 다른 유럽 강대국들, 특히 영국 및 독일과 경쟁하고 있었다. 탐욕의 열풍이 이 모든 지역에서 최고조에 달해 긴장이 고조되면서 1914년 8월에 비극적인 사건이 발생했다. 하지만 제국 군대는 주로 대게릴라전을 수행하는 대륙군을 여전히 못마땅하게 여겼다. 대게릴라전은 같은 유럽인들을 상대로 싸우는 '진정한' 전투와 거리가 먼 것으로 보였기 때문이다. 독일에서와(인도군이 그 자체로 하나의 군으로서 존재하는 영국에서는 그나마 덜했지만) 프랑스에서도 대도시에 근무하는 부대와 식민지군 간에는 현격한 차이가 있었다. 독

---

227 드레퓌스 사건: 1894년 프랑스에서 일어난 간첩 의옥(疑獄) 사건. 군 법정이 유대인 사관(士官) 드레퓌스에게 독일의 간첩 혐의를 씌워 종신형을 선고하자, 군의 부정을 탄핵하는 작가 졸라를 비롯한 인권 옹호파·공화파와 군부·우익이 심하게 대립하여 프랑스 제3공화제는 심각한 정치적 위기에 빠졌다. 드레퓌스는 1906년 무죄가 확정되어 군에 복직했다.

일군은 징집병으로 구성되었으며 독실한 가톨릭 신자이며 융통성이 없고 경직된 귀족 출신 장교들이 지휘했다. 이와 대조적으로 프랑스군은 본국과 타국의 자원입대자들(가장 유명한 예로 외인부대)로 구성되었고 중산층 출신 장교들이 지휘했다. 몇 년 후 어느 프랑스 기자의 말에 따르면, "식민지군 장교들은 술을 많이 마시고 세속적이며 유쾌한 집단이었다. 그들은 프랑스에 주둔하고 있는 귀족 장교단과 공통점이 거의 없었다." 본국에서 근무하는 군인들의 눈에는 식민지에서 근무하는 군인들이 바보, 멍청이로 보였다. 본국에서 근무하는 군인들에게는 군대의 특징이라 할 수 있는 명령에 대한 절대복종만 요구되었지만 식민지에서 근무하는 군인들에게는 그것 외에도 유연한 사고, 주도성, 창의성까지 요구되었기 때문이다. 리요테처럼 식민지군에서 본국군으로 또는 본국군에서 식민지군으로 경력을 쌓아 성공한 장교는 아주 드물었다.

20세기 미국의 역사가 더글러스 포치Douglas Porch는 리요테가 식민지 인도차이나로 전출된 이유를 동성애자였기 때문이라고 주장하지만, 이 주장에 대한 어떠한 증거도 제시하지 않았다. 포치는 이전에도 충분한 증거를 제시하지 않은 채 원수 키치너Kitchener 경이나 소설가 헨리 제임스Henry James 같은 다른 유명한 동시대 사람들이 동성애자였다고 주장한 적이 있었다. 리요테가 55세에 (젊은 미망인과) 결혼하기 전까지 미혼으로 지냈고 동성애 성향이 있었을 가능성도 있지만, 키치너나 제임스와 마찬가지로 그가 동성애자로서 행동한 증거는 없다. 어쨌든 그의 성적 취향은 그가 상관들의 눈 밖에 난 이유와는 관련이 거의 없다. 그는 대중잡지에 징집병을 교육하고 사기를 고취하는 역할을 다하지 못한 군을 비난하는 괴짜 말썽꾼이었다. 그는 심지어 "사회주의자 대위"로도 알려져 있었다.

중년에 소령으로 인도차이나에서 근무한 경험은 리요테의 인생에서 중대한 사건이었다. 그곳에서 그는 문학에 대한 사랑과 "판에 박힌 일정을 따르는 미라 같은" 본국 주둔 부대에 대한 혐오감을 공유한 경험이 풍부한 선임 장교 조제프 갈리에니Joseph Gallieni 대령(리요테의 묘사에 따르면

루이 리요테(왼쪽)는 징집병을 교육하고 사기를 고취하는 역할을 다하지 못한 프랑스군을 비난하는 괴짜 말썽꾼이었다. 이런 행동으로 프랑스군 내에서 상관들의 눈 밖에 나 인도차이나로 전출당한 그는 이곳에서 경험 많은 선임 장교 조제프 갈리에니 대령(오른쪽)을 만난다. 갈리에니는 리요테에게 지금까지 따른 모든 규정은 집어치우고 그 대신 "현장에서 일"을 배우라고 말한다. 리요테는 갈리에니의 '사도'가 되어 '평화적 침투'와 '간접 통치'라는 영향력 있는 교리를 전파한다. 〈출처: WIKIMEDIA COMMONS | Public Domain〉

"완벽한 인간의 훌륭한 표본")을 만났다. 신참 리요테를 만난 갈리에니는 리요테에게 지금까지 따른 모든 규정은 집어치우고 그 대신 "현장에서 일"을 배우라고 말했다. 리요테는 갈리에니의 '사도'가 되어 '평화적 침투 peaceful penetration'와 '간접 통치indirect rule'라는 영향력 있는 교리를 전파했다. 이 두 가지 교리를 모두 따랐다면 제1차 세계대전 당시 1914~1918년 참호전에서 수많은 프랑스 병사들을 사지로 몰아넣은 정면공격은 없었을지도 모른다.

　미국 남서부의 조지 크룩과 마찬가지로 갈리에니는 인도차이나 북부를 공포에 떨게 한 '흑기군黑旗軍'[228]으로 알려진 중국 도적을 잡기 위해 경

---

228 흑기군: 19세기 말 청나라의 무장세력으로, 흑기군이라는 이름은 태평천국 시기에 양광 지역에서 활약하던 류융푸(劉永福)가 이끄는 천지회(天地會) 계통 잔당 중 일부가 칠성흑기(七星黑旗)를 세우고 활동하여 얻은 이름이다.

무장 신속기동부대를 운용했다. 이러한 공격 작전과 함께 그는 지역 민심을 얻기 위해 요새를 설치하고 지휘관이 민정권과 군권을 동시에 갖도록 했다. 그는 마을 주민들의 자위권 보장 차원에서 1만 정이 넘는 소총을 보급하기도 했다. 그는 군사작전 못지않게 경제 발전에도 관심을 가졌다. 리요테는 본국에 보낸 편지에서 다음과 같이 설명했다. 갈리에니는 "도로, 전신체계, 시장을 건설했다. … 그래서 평화와 함께 거대한 문명이 유점油點, Oil-Spot이 주변으로 번지듯이 계속 퍼져나가고 있다." 이로부터 오늘날까지도 군에서 널리 사용되는 유명한 대반란전 전략인 유점 전략Oil-Spot Strategy이라는 말이 탄생했다.

리요테는 마다가스카르Madagascar를 안정화하려는 갈리에니를 보좌하는 동안 1900년에 기고한 영향력 있는 기사에서 더 많은 사람들에게 그의 멘토 갈리에니의 '방법'을 제시했다. 그가 쓴 기사에 따르면, "군사 점령military occupation은 군사작전이 아니라 행군하는 점령군에 의해 이루어진다." 점령군은 "파괴를 최후의 수단으로만 사용"하고 그 대신 시장과 학교를 건설하고 "주민의 자발적인 항복"을 받아내기 위한 다른 프로젝트들을 계획하는 데 주력하는 장교들로 구성되어야 한다. 그는 이 임무가 본국의 부대가 적에 대해 수행하는 일반적인 전투보다 훨씬 더 어렵다고 주장했다. 그는 다음과 같이 물었다. "반란이 일어나면 발포로 그것을 진압하려 할 때보다 흥분상태에 있는 적대적인 점령지 주민들을 총 한 발쏘지 않고 복종시키려 할 때가 지휘권, 침착함, 판단력, 결단력 등이 더 필요하다고 생각하지 않는가?" 당시 '평화적 점령'에 대한 교범은 없었다. 그는 평화적으로 점령지를 안정화하려면 적임자를 적재적소에 보내야 한다고 주장했는데, 여기서 말한 적임자란 군사작전뿐 아니라 민정에도 유능하고 현지 정서를 이해하고, 현지어를 할 수 있으며, 현지 주민들과 공감할 수 있는 사람, 즉 갈리에니나 리요테 같은 사람을 의미했다.

이는 21세기에 미국과 그 동맹국이 이라크와 아프가니스탄에서 게릴라 섬멸에 초점을 맞춘 '적 중심' 전략에서 탈피하여 '주민 중심' 전략을 수행하려고 노력했던 대반란전 교리와 본질적으로 같다. 지방재건팀 Provincial Reconstruction Teams은 군사조직service des affaires indigènes과 민간조직contrôleurs civil에서 차출한 인원으로 구성한 리요테의 '레퀴프l'equipe(팀)'에서 비롯되었다. 주민 중심 전략을 꾸준히 시행한 이유는 안정화에 도움이 되었기 때문이다. 리요테는 아이티나 방데에서 초기 프랑스 장군들이 시행한 가혹한 정책이 아닌 자유민주주의적 통치방식을 옹호하는 입장이었다. 더글러스 포치는 리요테의 교리는 냉담한 프랑스 유권자들에게 '문명화 사명mission civilisatrice'을 적은 예산으로 추진할 수 있다는 것을 설득하기 위한 '공보 활동'에 불과하다고 주장한다. 하지만 포치의 주장은 부당하다. 리요테가 마음속 깊이 품고 있던 자신의 생각에 대해 부정적이었다는 증거는 없다. 그러나 그의 그림과도 같은 멋진 말들보다 현실이 녹록치 않았다는 것은 사실이다. 리요테의 접근방식은 현지 지도층이 기꺼이 협력할 때 가장 큰 효과를 발휘했다. 인도차이나의 경우가 바로 그런 경우였다. 인도차이나에서 프랑스 통치에 가장 큰 걸림돌이 되었던 것은 베트남인만큼 이질적이고 베트남인보다 더 파괴적인 중국인 도적들이었다. 아랍인과 베르베르인Berber 540만 명이 거주하는 모로코Morocco에서는 '간접 통치'가 더욱 어려웠다.

◆ ◆ ◆

인도차이나 이후 리요테는 갈리에니와 함께 다른 프랑스 식민지 마다가스카르Madagascar로 전보되었다. 1903년에 준장으로 진급한 그는 당시 독립한 모로코와 국경이 인접한 알제리의 문제가 있는 지역 관리를 위해 파견되었다. 그는 거기서부터 프랑스 통치를 위한 '유점油點'을 남쪽 사하라 사막과 서쪽 모로코 방향으로 서서히 확산시켜나갔다. 모로코 술탄의 힘이 점점 약해지자, 결국 1912년에 프랑스 정부는 모로코를 보호령으로 선포했다. 리요테는 초대 총독에 임명되었고 1917년에 육군장관이 되어 어쩔 수 없이 잠시 모로코를 떠나 있었던 기간을 제외하면 모로코에서 13년간 근무했다. (유능한 식민지 군인이었던 그는 유럽의 산업혁명 시대의 대규모 전쟁에는 전혀 어울리지 않았다.)

어느 역사가가 묘사한 대로 그는 "평균 이상의 키에 훤칠한 이마, 크고 창백한 파란 눈과 검은 눈썹, 그리고 당시에 유행하던 큰 콧수염에 가려진 아주 관능적인 입을 가지고 있었다." 리요테는 중동의 실력자로서 자신의 역할을 잘 소화했다. 그는 시골 지역을 시찰할 때 보라색 버누스 burnoose[229]를 입고 호랑이 가죽 안장이 있는 말을 타고 비단이 깔린 텐트에 머물며 토호들과 협상했다. 그는 권력에 대한 열정을 굳이 숨기려고 하지 않았다.

그러나 그는 '보호령'이 평판이 나쁘고 술탄이 비협조적이라는 것을 알게 되었다. 그는 1912년에 압델하피드Abd el-Hafid 술탄을 퇴위시키고 그보다 융통성 있는 동생 물레이 유세프Moulay Youssef의 즉위를 도왔다. 새로운 술탄은 꼭두각시나 마찬가지였다. 모든 중요한 사안은 프랑스가 결정했고, 리요테가 사실상 총리 역할을 했다. 모로코에서 프랑스의 통치는 완전히 합병된 이웃 나라 알제리에서보다 조금 더 '간접적'으로 이루어졌다.

리요테의 기록에 따르면, 그는 모로코에 부족한 항구, 법원, 병원, 상수도, 학교, 철도, 도로, 전력선 및 기타 인프라를 건설하는 데 상당한 노력을 기울였다. 어느 영국 신문 특파원에 따르면, 이러한 프로젝트들은 "국민의 복지를 엄청나게… 증진"했을 뿐 아니라 청년들에게 일자리를 제공했다. 만약 그렇지 않았다면 모로코 젊은이들이 프랑스인을 저격하느라 자신의 시간을 허비했을 수도 있었다. 리요테는 "작업장 하나는 1개 보병대대와 맞먹는 가치를 가진다"라고 주장했다. 그러나 그는 또한 난폭한 부족의 반란을 진압하기 위해 상당한 노력을 기울여야 했는데, 이때 그가 선택한 방법은 유화책과는 거리가 멀었다.

---

229 버누스: 아랍인이 입는 두건 달린 겉옷.

커스터를 연상시키는(하지만 커스터보다는 운이 좋았던) 샤를 망갱 Charles Mangin 대령은 스스로 술탄이라고 주장하는 아흐메드 알-히바Ahmed al-Hiba가 이끄는 성전을 진압하는 데 효과적이기는 했지만 아주 잔인한 방법을 사용했다. 망갱은 병사 5,000명, 노새 1,500마리, 낙타 2,000마리와 함께 1912년 9월 6일에 마라케시Marrakech 외곽의 시디 부 오트만 Sidi Bou Othman 평원에서 알-히바의 군대harka를 추격했다. 알-히바는 최소 1만 명의 병력이 있었지만 4년 전 수단에서 영국군과 싸웠던 마흐디스트Mahdist(자칭 이슬람 메시아 마흐디의 추종자들)처럼 개활지를 가로질러 프랑스군을 정면공격하는 실수를 저질렀다. 75mm 대포, 기관총, 소총으로 무장한 망갱에 의해 모로코인들은 일방적으로 학살되었다. 망갱의 피해는 겨우 2명에 불과했던 반면, 알-히바는 적어도 2,000명을 잃었다. 이 전투 결과는 1898년 수단에서 마흐디스트 반란의 종지부를 찍었던 키치너의 옴두르만 전투 승리를 다룬 특파원의 기사 중 다음과 같은 글을 연상시켰다. "이건 전투가 아니라 일방적인 학살이었다."

망갱은 아마도 외교적 감언이설로는 알-히바와 그의 추종자들을 프랑스 통치를 지지하도록 설득할 수 없다고 믿었던 것 같다. 그래서 그들은 보호령을 안정시키기 위해 알-히바 일당을 무력으로 진압해야 했던 것이다. 그러나 리요테는 개발 프로젝트를 시행하고, 지역의 숙원사업에 관심을 가졌으며(전기작가에 따르면, 그는 페즈Fez230와 라바트Rabat의 거리를 시찰하며 상인과 행인들에게 그들이 필요한 것과 희망하는 것들에 대해 물었다고 한다), 진압한 반군을 관대하게 처리하고, 종교지도자(마라브marabout)와 부족 원로(카이드caïd)들을 지원하는 등 친군화 활동을 펼쳤는데, 그의 이러한 모든 행동은 단순한 겉치레가 아니었다. 그의 노력은 저항을 중단하도록 모로코인들을 설득하는 데 도움이 되었다.

이 정책이 매우 효과적이어서 1914년 제1차 세계대전이 발발했을 때

---

230 페즈: 수도 라바트의 동쪽 약 160km에 있는 모로코에서 가장 오래된 이슬람 도시의 하나.

LE GÉNÉRAL LYAUTEY S'EST RENDU A MARRAKECH EN AUTO-MITRAILLEUSE

1912년 10월 12일 《르 프티 저널(Le Petit Journal)》 표지에 실린 마라케시에 도착한 리요테의 모습. 리요테는 모로코에서 개발 프로젝트를 시행하고, 지역의 숙원사업에 관심을 가졌으며, 진압한 반군을 관대하게 처리하고, 종교지도자와 부족 원로들을 지원하는 등 친군화 활동을 펼쳤다. 그는 복잡하고 다양한 상황에서 "유연성과 탄력성, 그리고 시간 및 장소, 상황에 맞는 대응"의 필요성을 강조했으며, 원하는 장교들을 양성하기 위해 부하들에게 상위 학위 과정을 공부하도록 장려했다. "오직 군인일 뿐인 사람은 나쁜 군인이다. 좋은 군인은 모든 것에 열린 마음을 가진 '완벽한 인간'이어야 한다"라는 그의 말에서 그가 생각한 참군인상을 엿볼 수 있다. 〈출처: WIKIMEDIA COMMONS | Public Domain〉

리요테는 그의 병력 6만 명 중 거의 대부분을 본국으로 보낼 수 있었다. 이후 서부 전선에서 근무하기에 부적합한 나이 많은 예비역들이 이들을 대체했다. 독일은 모로코에 분란을 일으키려고 노력했지만, 모로코는 동요하지 않았고, 모로코 군대는 제1·2차 세계대전에서 프랑스를 위해 용감하게 싸웠다.

리요테는 임기 말인 1921년에 모로코 북부의 리프Rif 산맥에서 압델크림Abd el-Krim이 일으킨 이슬람 반란으로 어려움을 겪었다. 리프는 스페인이 통치하고 있었지만, 반란은 프랑스 지역으로 확대되어 늙고 병든 리요테를 당황하게 만들었다. 파리에 수립된 좌파 정부는 그를 신뢰하지 못하고 제1차 세계대전의 영웅 필립 페탱Philippe Pétain 원수를 파견해 리프 문제를 처리하도록 했다. 압델크림은 1926년에 50만 명이 넘는 프랑스-스페인 연합군에 의해 진압되었다. 1930년대 초, 모로코에서 마지막까지 안정화되지 않은 채로 남아 있었던 아틀라스Atlas 산맥[231] 일대가 안정되었다. 모로코는 1956년까지 비교적 평화로운 상태를 유지하고 있었으나, 프랑스 내에서 알제리에 모든 노력을 집중하자는 반대 의견이 힘을 얻어 결국 1956년에 프랑스 보호령은 종료되었다.

유럽인들이 (영국 총독 프레더릭 루가드Frederick Lugard가 만든 용어인) '간접통치'를 시도한 이집트, 나이지리아, 그리고 그 밖의 다른 국가에서도 이와 동일한 패턴이 나타났다. 항상 간접적이지는 않았지만, 간접 통치는 일반적으로 성공적이었다. 물론 이것은 유럽 행정가들의 탁월함보다는 현지의 저항이 약했음을 보여주는 증거일 가능성이 크다. 그러나 리요테와 갈리에니가 시간을 초월한 대단한 가치를 지닌 가르침을 전해주고 있다는 것은 의심할 여지가 없다.

성공적인 대반란전을 위해서는 '민정활동Civil action'이 필수적이다. 하지만 민정활동이 군사행동을 대신할 수 있다는 의미는 아니다. 위베르 리

---

231 아틀라스 산맥: 아프리카 북서부에 동서로 뻗어 있는 2,000km 길이의 습곡산맥.

요테를 포함한 수많은 군인들이 체득한 사실은 대반란전을 위해서는 정치적·군사적 행동을 정교하게 혼합해 실시할 필요가 있으며 구체적으로 그것들을 어떻게 실시할 것인가는 '적임자'가 현장에서 결정해야 한다는 것이다. 리요테의 가장 귀중한 공헌은 복잡하고 다양한 상황에서 학교에서 배운 일반적인 해결책을 적용하는 것보다 "유연성과 탄력성, 그리고 시간 및 장소, 상황에 맞는 대응"의 필요성을 강조했다는 것이다. 리요테는 원하는 장교들을 양성하기 위해 부하들에게 상위 학위과정을 공부하도록 장려했다. 이는 대부분의 현대 군대에서처럼 일반적으로 공부를 많이 한 사람을 경멸하는 분위기와는 다른 새로운 시각이었다. "오직 군인일 뿐인 사람은 나쁜 군인이다. 좋은 군인은 모든 것에 열린 마음을 가진 '완벽한 인간'이어야 한다"라고 리요테는 말했다.

리요테 자신은 모범적인 군인이자 행정관이었다. 그러나 그가 매우 성공적으로 관리한 식민지는 소수의 유럽 군인과 민간 행정관이 다수의 '현지인'을 감독하고 있었기 때문에 오래 지속되지 못했다. 이러한 문제는 리요테처럼 아프리카 반대편에서 식민지를 관리하던 영국인들도 직면하게 된다. 당시 영국은 미국 혁명 이후 아프리카 일대 식민지 반란을 가장 큰 골칫거리로 생각하고 있었다. 보어인들 역시 미국 독립운동가들처럼 유럽 출신이었지만 이들이 사용한 방법과 이를 통해 거둔 성공은 대영제국의 심장부에 가까이 위치한 아일랜드의 혁명가들은 물론이고 전 세계의 비유럽인들에게 많은 영향을 끼쳤다.

27

보어인 코만도

◆

1899~1902년,
제2차 보어 전쟁 당시 보어인 게릴라와 영국군

"영국은 첫 패전 소식을 침착하게 받아들였다. … 그것이 영국의 방식이 었다." 당시 《타임스The Times》 특파원이었던 레오 아메리Leo Amery(나중에 내 각에 각료로 입각하게 된다)는 기사에 이렇게 썼다. (영국 1위이자 세계 제일 의 신문에는 다른 수식은 필요하지 않았다.) "그러나 점차 전장에 대한 구체 적인 소식이… 영국에 도착하기 시작하자… 불안감이 싹트기 시작했다."

전형적인 영국식의 절제된 표현이었다. 1899년 말, 안개가 자욱하게 낀 추운 '암흑의 일주일Black Week'[232] 동안 영국 국민은 남아프리카의 "심각 한 소식"을 전해 듣고 두려움에 사로잡혔다. 머리기사에 "심각한 전세 역 전"과 "영국의 심대한 손실"이라는 단어가 등장했다. 그 주에 영국군은 12월 10일 일요일에 스톰버그Stormberg에서, 12월 11일 월요일에 마거스

---

232 암흑의 일주일: 1899년 제2차 보어 전쟁 당시 영국군이 보어군에게 스톰버그 전투(Battle of Stormberg), 마거스폰테인 전투(Battle of Magersfontein), 콜렌소 전투(Battle of Colenso)에서 전부 다 참패를 당한 12월 10~17일 기간을 말한다.

폰테인Magersfontein에서, 그리고 최악의 날이었던 12월 15일 금요일에 콜
렌소Colenso에서 보어군을 공격했지만, 세 번 다 격퇴당했다. 보어군으로
부터 '세 차례 심대한 타격'을 받은 영국군은 3,000명의 사상자가 발생했
고 야포 12문을 잃었다. 이로 인해 영국군은 포위된 킴벌리Kimberley, 레이
디스미스Ladysmith, 매페킹Mafeking 마을을 탈환하려는 시도를 포기할 수밖에
없었다.

사상자가 1842년 영국-아프가니스탄 전쟁 때보다 훨씬 더 적었지만,
전사자의 상당수가 영국인이었다. 이 암흑의 일주일에 발생한 세 번의 연
패는 "19세기 영국군 전사상 가장 참담한 패배"로 기록되었다. 아메리의
말에 따르면, "영국은 트라팔가르 해전Trafalgar 개시 전날 이후로 그 어느
때보다도 더 바짝 긴장하고 동요된 상태"였다.

어느 법정 변호사barrister는 "그 당시 영국에 있던 사람들은 12월의 '암
흑의 일주일'을 결코 잊지 못할 것이다"라고 기록했다. 어느 대학생도 거
의 같은 어조로 "런던에 깊은 어둠이 내려앉아 극장, 음악당, 식당 및 오
락시설에 사람이 하나도 없었다"라고 기록했다. 영국 국민의 감정을 항상
정확하게 파악하고 있던 빅토리아Victoria 여왕은 "여왕이 사랑해 마지않는
용감한 군인들"에게 닥친 "슬픈 사건들"에 대해 "깊은 염려와 함께 비통
함과 괴로움을 느낀다"라고 기록했다.

자존심 강하고 독선적인 영국인들을 더욱 소름끼치게 만든 것은 이런
상황에서 다른 많은 국가들이 공공연하게 샤덴프로이데schadenfreude[233]—작
가 아서 코난 도일Arthur Conan Doyle은 이것을 타인의 고통을 보면서 느끼는
"기쁨과 어리석은 환희"라고 불렀다—를 느끼고 있다는 사실이었다. 『셜
록 홈즈Sherlock Holmes』를 쓴 아서 코난 도일은 프랑스가 그렇게 행복해했던
것은 "우리의 역사가 대부분 프랑스와의 패권 다툼으로 점철되어 있기
때문"이라고 이해했다. 하지만 "우리와 수세기 동안 동맹관계였던 독일의

---

233 샤덴프로이데: '타인의 불행이나 고통을 보면서 느끼는 기쁨'을 뜻하는 독일어.

비정함은 어떤가? 영국의 도움이 없었다면 나폴레옹에 의해 지도에서 사라져갔을 오스트리아 역시 영국의 불행에 기뻐하기는 마찬가지였다"라며 "나는 이런 동맹국을 위해 다시는 영국 기니guinea[234]를 쓰거나 영국 군인이나 수병이 피를 흘리는 일은 없을 것이라고 믿는다"라며 불만을 표시했다.

그는 "우리의 동족인 미국인"조차도 모국의 불행에 대해 고소해하고 있다는 데 분명히 충격을 받았다. 하지만 그것은 사실이었다. 적지 않은 미국인이 보어인의 "용기"와 "아름다운 전쟁"에 대해 "무한한 감탄"을 표현한 미국인 화가 제임스 맥닐 휘슬러James McNeill Whistler에 공감하고 있었다. 휘슬러는 어느 강사가 "영국군의 최정예 부대가 남아프리카로 갔다the cream of the British army had gone to South Africa"라고 청중에게 말하자 누군가 끼여들며 "휘프트 크림Whipped cream[235]이네"라고 외쳤다는 이야기처럼 '섬사람'(영국인을 의미함)을 조롱하는 "재치 있고 재미있는' 발언을 하곤 했다.

이 농담에는 진실 이상의 것이 담겨 있었다. 영국인들은 블랙 워치Black Watch 연대[236] 등 최정예 부대를 파견했다. 하지만 이제 영국군의 최정예 부대는 패배했을 뿐 아니라 죽도록 얻어맞았다고 할 만큼 호되게 당했고, 지휘관들은 완전히 무능하다는 것이 드러났다. 빅토리아 시대의 영국군은 '소규모 전투'을 수행하도록 설계되었지만, 남아프리카 농부들이 들고 일어난 반란을 완전히 진압하지 못했으며 이제는 분명히 준비가 안 된

---

234 기니: 영국의 화폐 단위.

235 '휘프트 크림(whipped cream)'은 우리가 익히 '휘핑 크림'으로 알고 있는 "거품기로 치대서 거품을 낸 크림"을 뜻하는데, 여기에서 사용된 whipped는 "죽도록 얻어맞은"이라는 뜻이고, cream은 "최정예 부대"를 의미한다. 따라서 '휘프트 크림(whipped cream)'은 영국군의 "최정예 부대가 (휘프트 크림처럼) 죽도록 얻어맞았다"라는 것을 나타내는 중의적 표현이다.

236 블랙 워치 연대: 제42스코틀랜드연대로 최정예 부대로 매우 유명한 연대임.

대규모 전쟁에 직면하게 되었다. 이것은 1899년 10월 11일 전쟁이 발발했을 때 주님의 은총에 확신을 가진 몇몇 보어인을 제외하고는 세상의 그 누구도 예상하지 못했던 일이었다.

영국군과 보어군의 전쟁은 외견상 완전히 일방적으로 보였다. 이 전쟁은 아프리칸스어Afrikaans를 사용하는 2개 공화국—오라녜 자유국Oranje Vrijstaat 및 트란스발 공화국Transvaal Republic—이 이웃한 케이프 콜로니Cape Colony와 나탈Natal(오늘날 앞서 말한 모든 지역은 남아프리카의 영토 일부가 되었다)을 포함한 전 세계에 식민지들을 둔 대영제국을 상대로 싸운 전쟁이었다. 당시 영국은 인구 3,800만 명을 보유한 세계에서 가장 고도로 산업화된 경제대국이었던 반면, 보어('농부'라는 뜻)인은 인구가 겨우 21만 9,000명밖에 되지 않았고 대부분 농업 경제에 의존했다. 그래서 영국은 빠른 시일 내에 전쟁에서 승리할 것이라고 예상했다. 그렇지 않았다면 분쟁을 촉발시키지 않았을 것이다. 하지만 보어인들은 그들이 "카키Khaki"라고 부른 영국군을 저지할 수 있는 숨겨진 강점을 지니고 있었다.

트란스발 공화국은 금과 다이아몬드가 발견되면서 영국인들에게 매력적인 식민지 대상국이 되었지만, 금과 다이아몬드로 부를 축적한 보어인들은 19세기 말 당시 최신 무기로 무장하고 있었다. 마우저Mauser 소총과 크루프Krupp 및 크뢰조Creusot 야포는 영국의 동급 무기보다 우수했다. 이 무기를 다루는 남자들은 어릴 때부터 승마와 사격을 연마해온 강인한 개척자들이었다. 그들은 유럽 출신, 주로 네덜란드인이었지만, 보어인들의 평등주의적이고 비전문적인 군사체제는 어떤 면에서는 수족, 체첸인, 파슈툰족, 그리고 19세기에 서양 군대와 싸웠던 다른 비정규군과 매우 유사했다. 어느 시민은 "우리의 전투체계는… '레드 인디언Red Indian'[237]의 전투체계와 비슷하다"라고 말했다. 소규모 포병 부대를 제외하고 보어인들은 직업군인이 부족했다. 그들은 제복도 없고 훈련 부사관은 물론 장군

---

237 레드 인디언: 북미 인디언을 가리키는 대단히 모욕적인 말.

참모단도 없었다. 그들은 거의 성인 남성으로 구성된 민병대에 의존했는데, 민병대는 수백에서 수천 명 규모의 '코만도commando'[238]들로 느슨하게 조직되어 있었다. 동원령이 선포되면 이들은 일요일에 입는 가장 좋은 옷을 입고 자신의 말을 타고 자신이 선출한 장교에게 모여들었다. 보어인들은 언제 어디서나 그들이 좋아하는 곳에서 싸웠고 마음에 들지 않는 명령은 무시했다. 어느 젊은 시민은 "보어인은 각자가 사실상 지휘관이다"라고 썼다.

이런 보어인의 특성 때문에 군사작전을 위해 보어인을 동원하기가 참으로 어려웠다. 보어군 지도부는 전쟁 개시 후 처음 몇 달 동안은 이들을 동원하기 위해 노력했고, 거의 5만 명을 소집하는 데 성공하여 우리가 본 것처럼 영국군에게 일련의 타격을 가했다. 하지만 그들의 행운이 무한정 계속될 리 없었고, 실제로도 그랬다. 암흑의 일주일 이후, 더 많은 부대가 남아프리카에 파병되었고 신임을 잃은 레드버스 불러Redvers Buller 경은 새로운 사령관으로 교체되었다. 새로운 부임한 사령관은 노련한 원수 로버츠 경이었다. 역사가 토머스 파켄엄Thomas Pakenham의 말에 따르면, 로버츠 경은 "유연한 회색 테리어terrier[239] 같은 남자"였다. 《타임스》의 기사에 따르면, 그는 "아프가니스탄의 산과 눈 속에서 실시한 성공적인 군사작전을 통해 지휘관이 유능하면 영국군이 무엇을 할 수 있는지를 만방에 보여준 이후로 나는 새도 떨어뜨릴 만한 힘이 있었다." 물론 제2차 아프가니스탄 전쟁은 20년 전의 일이었다. 또한 그가 인도 반란 기간에 보여준 용맹한 활약으로 빅토리아 십자훈장Victoria Cross을 받은 것은 그보다 훨씬 오래전인 35년 전의 일이었다. 인도에서 41년을 보내고 1893년에 본국으로 돌아온 이후 로버츠는 한직인 아일랜드의 영국군 사령관으로 전속되었다.

---

238 코만도: 남아프리카 보어인들로 조직된 민병대의 게릴라 부대.

239 테리어: 개의 한 품종. 테리어(terrier)라는 이름이 라틴어의 "땅을 파다"라는 의미에서 유래되었듯이, 본래는 땅속이나 바위굴에 살고 있는 여우, 담비, 들쥐 등과 같은 작은 해로운 짐승의 사냥이나 수달 사냥에 이용했던 영국의 작은 사냥개를 말한다.

제2차 보어 전쟁 당시 보어인들로 조직된 소규모 게릴라 부대인 '코만도'의 모습. 동원령이 선포되면 이들은 일요일에 입는 가장 좋은 옷을 입고 자신의 말을 타고 자신이 선출한 장교에게 모여들었다. 보어인들은 언제 어디서나 그들이 좋아하는 곳에서 싸웠고 마음에 들지 않는 명령은 무시했다. "보어인은 각자가 사실상 지휘관이나 다름없었다." 쉽게 발끈하는 보어인의 독립적 성향은 제2차 보어 전쟁 동안 지속된 게릴라 작전에서 가장 큰 자산이었다. 〈출처: WIKIMEDIA COMMONS | Public Domain〉

그러나 나이가 많고 최근 전투 경험이 부족했음에도 불구하고 '밥'(혹은 키플링이 부른 것처럼 "우리의 밥Our Bob")은 곧 그를 향한 대중의 끝없는 믿음에 보답했다.

1900년 봄, 영국군은 2만 명에서 25만 명으로 증가했으며 보어군은 전 지역에서 후퇴했다. 오라네 자유국Oranje-Vrijstaat[240]의 수도 블룸폰테인Bloemfontein은 3월 13일에 함락되었고 5월 31일에는 요하네스버그Johannesburg가, 6월 5일에는 트란스발 공화국의 수도인 프리토리아Pretoria가 뒤이어 함락되었다. 영국군이 결의가 부족한 적과 싸우고 있었다면 전쟁은 끝났을 것이다. 하지만 보어군은 이제 막 전투를 시작할 참이었고, 전통적인 군사작전을 수행할 때 그렇게 불리하게 작용했던 쉽게 발끈하는 보어인의 독립적 성향은 향후 2년 동안 지속될 게릴라 작전에서 가장 큰 자산이 된다.

◆ ◆ ◆

1900년 여름, 무능하고 의욕 없는 보어인들은 전사하거나 포로로 잡히거나 탈영했다. 남아 있는 사람들은 약 3만 명에 불과했지만, 그들은 루이 보타Louis Botha, 야코부스 헤르쿨레스 "쿠스" 드 라 레이Jacobus Hercules "Koos" de la Rey, 제임스 배리 허초그James Barry Herzog 판사와 같은 일류 지휘관들이 이끄는 최정예 전투원이었다. 그들 중 특히 더 뛰어난 지휘관은 흐리스티안 루돌프 데 베트Christiaan Rudolf De Wet였는데, 전기작가의 말에 따르면, 그의 이름은 "기동 및 게릴라 전술의 대명사"가 되었다. 45세의 농부였던 그는 정식 군사 교육은 받지 못했지만, 젊었을 때 바수토Basuto족[241]과 싸웠

---

240 오라네 자유국: 네덜란드어로는 Oranje-Vrijstaat, 영어로는 Orange Free State로 표기한다. 현 남아프리카 공화국 지역의 오라네(Oranje)강과 발(Vaal)강 사이에 위치했다. 발강 너머에는 트란스발 공화국이 존재했다. 1854년 설립되었으나 보어 전쟁 후 1902년에 영국의 식민지가 되었다.
241 바수토족: 아프리카 남서부에서 북부 일대에 거주하는 남동 반투족의 부족.

고, 영국군을 상대로 반짝 승리를 거둔 1880~1881년의 전쟁에 참전한 경험이 있었다. 여기서 그는 인디언과 싸우다가 영국군과 싸운 프랜시스 매리언Francis Marion이나 토머스 섬터Thomas Sumter 같은 미국의 비정규군처럼 현장훈련OJT, On-the-Job Training을 받았다. 1899년, 그는 16명의 자녀 중 3명과 함께 민병대원으로 입대해서 이듬해 초에 그는 자유국 사령관으로 진급했다.

데 베트는 서양인들이 일반적으로 생각하는 높은 계급의 장군처럼 보이지도, 행세하지도 않았다. 어느 영국인 수감자는 그를 "뾰족한 검은 수염이 난 평범한 남자"라고 묘사했다. 그의 동료 중 한 명의 말에 따르면, "그의 몰골은 말이 아니었다. 그의 행동은 거칠고 그의 옷차림은 누추할 정도였다." 이외에도 그는 "재치가 없고 말투는 퉁명스러우며 모든 음절을 발음할 때 구개음으로 발음하는 습관"이 있었고, 성격은 불같았다. 데 베트는 변함없이 샘복sjambok(길고 딱딱한 가죽 채찍)을 들고 다니며 '카피르kaffir'(흑인을 경멸조로 부르는 말. 데 베트는 골수 인종차별주의자였음)나 자신을 불쾌하게 만드는 사람들에게 망설이지 않고 휘둘렀다. 한번은 보어인 무리가 제때 나타나지 않자, 데 베트는 화를 내며 "영국놈들이 이놈들을 전부 잡아가 거세해서 할머니로 만들어줬으면 좋겠다"라고 말했다.

화를 잘 내는 성격에도 불구하고(아니면 급한 성격 때문일 수도 있다) 데 베트는 게릴라전에 대한 천부적인 재능을 가지고 있었다. 그는 부하들이 무거운 짐마차를 포기해야 한다고 고집했다. 사실 보어군은 미국 서부의 개척자처럼 덮개를 씌운 마차에 애착이 있어서 이는 채택하기 어려운 결정이었다. 그러나 그는 이 전쟁에서는 "무엇보다도 신속한 행동이 요구된다. 우리는 신속하게 싸우고 신속하게 정찰하고 (필요하다면) 퇴각도 신속하게 해야 한다!"라고 부하들을 설득했다. 그는 자신이 이렇게 설정한 모든 목표를 달성했다.

데 베트가 첫 번째로 거둔 큰 성공은 1900년 3월 31일 새벽에 실시된 블룸폰테인 상수도 시설이 있는 사나Sanna 요새의 영국 수비대에 대한 공

제2차 보어 전쟁 당시 최정예 보어인 전투원들을 이끌었던 많은 일류 지휘관들 중에서 특히 더 뛰어났던 크리스찬 루돌프 데 베트 장군은 정식 군사 교육을 받지 못했지만, 젊었을 때 바수토족과 싸우고 영국군을 상대로 반짝 승리를 거둔 1880~1881년의 전쟁에 참전한 경험이 있다. 제2차 보어 전쟁 당시 그는 영국군의 보급선을 교란하고 영국군을 급습함으로써 영국군에게 큰 골칫거리였다. 게릴라전에 대한 천부적인 재능을 가지고 있었던 그는 "기동 및 게릴라 전술의 대가"로 통했다. 〈출처: WIKIMEDIA COMMONS | Public Domain〉

격이었다. 데 베트는 거의 비슷한 수의 영국군을 공격하기 위해 은밀하게 2,000명의 병력을 동원했다. 그의 신호에 따라 부대 일부가 전초기지를 포격하기 시작했다. 영국군 부대장은 블룸폰테인으로 후퇴하기로 결정했고, 데 베트의 함정에 빠졌다. "손들어!" 데 베트의 부하들이 외치자 영국군 모두는 손을 들고 항복했다. 데 베트는 영국군 350명을 죽이거나 부상을 입히고 야포 7문, 마차 17대, 480명 이상을 포로로 잡았다. 게다가 그는 영국군 3만 명이 34km 이내에 주둔하고 있었음에도 유유히 퇴각했다.

데 베트는 보급선(철도가 가장 좋은 표적이었다)을 교란하는 약탈행위와 부주의한 영국군을 습격하는 행동을 일삼아 영국군에게 큰 골칫거리였다. 실제로 그가 실패한 유일한 작전은 25만 명의 네덜란드 출신 아프리카너Afrikaner[242]가 사는 케이프 콜로니에서 반란을 일으킬 목적으로 케이프 콜로니에 침투하려 시도한 작전이었다. 얀 흐리스티안 스뮈츠Jan Christian Smuts가 이끄는 또 다른 코만도는 적어도 케이프 콜로니를 뚫고 들어갔다는 점에서는 성공적이었다고 할 수 있었다. 하지만 스뮈츠도, 그 이외의 다른 누구도 케이프 콜로니의 아프리카너 대다수를 자극해 그 지역에 대한 영국의 통제력을 심각하게 뒤흔들어놓을 만한 반란은 촉발시키지는 못했다.

◆ ◆ ◆

당시 그나마 반란 촉발을 성공시킬 수 있는 사람이 있었다면, 영국 속령인 케이프 콜로니에서 태어나 영국 케임브리지Cambridge에서 눈부신 경력을 쌓은 후 다시 케이프 콜로니로 돌아와 처음에는 법조인으로 활동하던

---

242 아프리카너: 남아프리카 공화국에서 아프리칸스(Afrikaans)어를 제1언어로 쓰는 네덜란드계 백인.

세련된 영어를 구사하는 스뮈츠였을 것이다. 원래 대영제국 영토 확장의 선봉에 섰던 세실 로즈Cecil Rhodes[243]의 팬이었던 그는 보어인의 독립을 막으려는 로즈의 계획에 환멸을 느껴 1898년에 트란스발로 이주해 28세에 주 변호사로서 내각에 참여했다. 프리토리아 함락 후 더 이상 변호사가 필요 없게 되자, 스뮈츠는 코만도 지휘관이 되어 조지 워싱턴과 밸리 포지Valley Forge 이야기로 부하들을 규합하는 한편 말안장에 항상 크세노폰Xenophone의 『소아시아 원정기Anabasis』(그리스 장갑보병의 서사시적 행군에 관한 이야기가 담겨 있다) 그리스어 판본을 가지고 다니면서 개인적으로 영감을 얻곤 했다.

1901년 9월 3일 밤, 스뮈츠는 초원을 가로질러 서쪽으로 흘러 오라네 자유국과 영국령 케이프 콜로니 사이의 경계를 이루는, 네덜란드 왕실의 이름을 따서 명명한 오라네Oranje강을 전 오라네 자유국 대통령의 18세 아들 데니스 리츠Denys Ritz를 포함한 250명의 코만도와 함께 건넜다. 며칠 후 코만도는 케이프 콜로니 동부의 스톰버그Stormburg 산맥에 갇혔다. 2년 전 암흑의 일주일에 있었던 스톰버그 전투 당시 영국군이 1,524~2,438m 높이의 봉우리 사이에서 패배한 적이 있던 곳이었다. 리츠는 이렇게 기록했다. "계곡이든 길이든 가는 곳마다… 우리의 진출을 막으려는… 영국군 병사들이 나타났다." 그들은 수면과 휴식 부족을 견디며 40시간 동안 강행군하면서 저지선을 돌파하려고 시도했다. 그들은 계속 운이 없다가, 어느 날 밤 꼽추 동조자가 나타나더니 가파른 절벽 아래 탈출로로 그들을 안내해주었다. 코만도 전원은 어둠을 뚫고 내려갔다. 리츠는 "사람이고 말이고 할 것 없이 내려오는 내내 엉덩방아를 찧었지만 운 좋게도 표면에는 바위 없이 충격을 완화해주는 풀들로 덮여 있어서 우리는 처절한 사투 끝에 별 피해 없이 절벽 아래 탈출로로 내려올 수 있

---

243 세실 로즈: 영국의 정치인. 케이프 콜로니의 총리로 영국 정부가 추진한 아프리카 종단 정책에 가담한 것으로 유명한 제국주의자다.

1901년경 제2차 보어 전쟁 당시 스뮈츠(가운데)와 그의 코만도(소규모 게릴라 부대) 대원들의 모습. 〈출처: WIKIMEDIA COMMONS | Public Domain〉

었다."

영국군보다 더 큰 골칫거리는 병력과 보급품 부족이었다. 리츠의 기록에 따르면, "낮에는 땀에 젖어 추웠으며 밤은 악몽과도 같았다." 그의 옷은 갈가리 찢겨 있었다. "외투는 너덜너덜하고, 낡은 바지에는 구멍이 잔뜩 나 있었으며, 셔츠나 속옷은 없었다. 양말 없이 맨발에 8개월 동안 생가죽을 덧댄 곳에 또 덧댄 낡은 샌들을 신었으며, 밤에 잘 때는 닳아빠진 담요 하나뿐이었다." 리츠는 머리와 팔 부분에 구멍을 뚫은 양곡부대를 옷처럼 입었지만, 추운 밤에는 양곡부대가 단단하게 얼어버렸다. 음식은 옷만큼 구하기가 어려웠다. 코만도는 옥수수와 육포인 빌통biltong[244]으

---

244 빌통: 남아프리카의 전통식품으로 길게 자른 고기를 소금물 혹은 보존료와 향신료를 함께 섞은 소금물에 담갔다가 말린 육포.

로 연명했다. 케이프 콜로니로 가는 산길에서 버터 바른 빵 한 조각과 1
년 만에 처음으로 커피 한 모금을 맛본 리츠는 그것을 제공한 농가 아낙
에게 감사의 마음을 영원히 간직하겠다고 말했다. 그들이 발견한 식량이
항상 먹을 수 있는 것은 아니었다. 스뮈츠의 기록에 따르면, 10월 1일 그
와 부하 몇 명은 "달콤하고 맛있어 보이는 열매가 열린 야생 나무를 발견
했다. 그런데 그 열매에는 치명적인 독이 있어서 그것을 먹은 대원들은
이튿날 아침까지 죽음의 문턱을 오갔다."

　스뮈츠의 부하들은 외따로 떨어진 영국군 숙영지를 습격하여 일시적
으로 보급 문제를 해결했다. "우리는 그날 아침 젖 먹던 힘을 다해 작전
을 수행했고 머리부터 발끝까지 재정비했다"라고 리츠는 회상했다. "우리
모두 건강한 말, 새 소총, 마구, 장화 및 우리가 운반할 수 있는 것보다 더
많은 탄약을 손에 넣었다." 하지만 이것은 스뮈츠 부대가 외따로 떨어진
영국군을 기습공격한 수많은 사례 중 한 사례에 불과했다. 스뮈츠는 스톰
버그 인근 주르버그^{Zuurberg} 산맥에서 10월 3일에 벌어진 전투에 대해 이
렇게 썼다. 적은 "심각한 피해"를 입고 "보기에도 끔찍한 후퇴"를 할 수밖
에 없었다. 그러나 훨씬 더 많은 영국군이 계속 몰려와서 스뮈츠는 도망
갈 수밖에 없었다.

　3,200km의 산악 장정을 마치고 습격자들은 1902년 초에 아프리카 대
륙의 가장자리에 있는 케이프 콜로니 북서쪽 외딴 시골 지역으로 진출하
여 그곳에 영국군이 결코 침투하지 못할 요새를 구축했다. 그들은 이곳을
근거지로 하여 영국이 점령한 마을들을 약탈했고, 스뮈츠가 말한 "정의가
힘을 이기는 날"이 올 때까지 오래 버틸 수 있기를 바랐다.

　흑인 아프리카인들에게 비인간적인 것으로 악명 높던 보어인들이 진
짜 '정의'의 편이었는지의 여부는 제쳐두더라도 그것은 헛된 희망이었다.
스뮈츠와 다른 코만도 지휘관들의 대담한 활약은 보어인들의 사기를 고
무하고 영국인들을 놀라게 만들었을지는 모르지만, 전쟁의 판세를 바꾸
지는 못했다. 보어인들의 저항에 대응하여 영국군 사령관들은 주로 민간

인을 대상으로 가혹하지만 성공적인 조치들을 취했다. 보어인들은 유럽인의 후손이었다. 영국군은 유럽 출신의 보어인들을 대할 때 유색인에게 했던 것과 같은 수준의 비인간적인 처우를 하지는 않았지만, 그렇다고 해서 보어인이 영국인은 아니었기 때문에 보어 전쟁 발발 100년 전 일어났던 미국 독립전쟁 시 영국인이 미국인에게 했던 것과 같은 대우는 받지 못했을 것이다.

◆ ◆ ◆

1900년 초 로버츠 경은 전형적인 북서부 국경지대 전술[245]을 도입해 인근에서 영국군이 사격을 받거나 파괴 행위가 발생한 경우 보어인들의 농장을 불태우고 가축을 도살하라고 명령을 내렸다. 로버츠 경의 후임자로 부임한 성격이 급하고 냉혈한인 키치너 경은 1900년 11월에 부대를 인수받은 후 이 전략을 확대했다. "K의 K[K of K]—하르툼[246]의 키치너[Kitchener of Khartoum]—는 공병 교육을 받았고 1896~1898년 수단 정복에서 기계와 같은 효율성으로 명성을 날렸다. 그의 차갑고 푸른 눈, 굳게 다문 입술, 잔인한 말을 내뱉는 입, 긴 콧수염은 전설이 될 것이었다. 동료 총독은 키치너를 "엄청난 에너지와 불타는 야망으로 똘똘 뭉친 사람"이라고 묘사했다.

키치너는 어떠한 희생을 치르더라도 목적을 달성하는 것으로 유명했다. 미국인들이 북미 인디언들에게 했던 것처럼, 그리고 영국군이 당시 파슈툰족에게 했던 것처럼 그는 남아프리카에서 보어인의 독립운동을 떠받치는 경제 기반을 체계적으로 파괴하도록 함으로써 악명을 더해갔다. 전쟁이 끝나기 전에 3만 개의 농장이 불타고 360만 마리의 양이 도

---

245 제2차 보어 전쟁 당시 영국군이 보어인 게릴라들이 발붙일 곳을 없애기 위해 실시한 초토화 전술을 말한다.
246 하르툼: 수단의 수도로, 청나일과 백나일이 합류하여 나일강 본류가 되는 곳에 형성된 도시다.

살될 것이었다. 어느 영국 장교는 이렇게 기록했다. "우리는 아무 생각 없이 농장을 불태웠다. 우리가 지나는 곳마다 선사시대에 그랬던 것처럼 낮에는 연기 기둥이, 밤에는 불기둥이 솟아오른다. 우리는 보통 하루에 6~12개의 농장을 불태운다. … 나는 농장을 불사른 이유나 원인을 특별히 묻지 않는다. … 우리는 이유 없이 많은 농장을 불살랐다."

보어인 코만도는 훨씬 작은 규모이기는 했지만 보어인들의 농장에 불을 지르기도 했다. 그들은 영국의 편에 선 보어인 변절자들의 농장을 불태웠다. 영국의 편에 선 보어인 변절자들은 미국 독립전쟁 당시 '독립운동가들'에게 이와 유사한 박해를 받았던 왕당파와 비슷했다. 영국인들은 영국 협조자들의 가족들에게 거처를 제공하기 위해 난민 캠프인 "관영 라거laager [247]"를 세웠다. 얼마 지나지 않아 이곳은 거기에 머물기를 원하는 사람들뿐만 아니라 원하지 않은 사람들도 수용하는 시설로 사용되었다. 코만도의 처와 아이들이 이 "강제수용소"에 감금되었던 것이다.

이 용어는 1901년 자유당 의원 존 엘리스John Ellis가 처음 사용했지만 새로운 개념은 아니었다. 북미 인디언 보호 구역은 본질적으로 강제수용소였다. 스페인 장군 발레리아노 웨일러Valeriano Weyler가 1896~1897년에 쿠바에 세운 집단수용소도 마찬가지였다. 쿠바인 50만 명이 수감되었고 10만 명 이상이 기아 또는 질병으로 사망했다. "어느 누구도 봉봉 캔디bonbon [248]로 전쟁을 치르는 사람은 없다"라고 뻔뻔스럽게 설명했던 와일러는 "도살자"라는 별명으로 불렸다.

키치너는 이런 끔찍한 전례를 알고 있었다 하더라도 전혀 개의치 않았을 것이다. 그의 병사들은 보어인 부녀자, 그리고 그들의 흑인 하인과 농장 일꾼 15만 명 이상을 강제수용소에 몰아넣었다. 그렇게 많은 사람들을 수용하기 위한 적절한 보급은 이루어지지 않았다. 음식, 우유, 깨끗한

---

247 라거: 사람들을 보호하기 위해 마차를 빙 둘러 세워놓은 일종의 마차 요새를 말한다.
248 봉봉 캔디: 속에 부드러운 잼 같은 것이 든 사탕.

물, 침구, 의약품, 욕실 시설, 비누 등 모든 것이 부족했다. 파리와 오물이 도처에 있었다. "텐트에는 8명, 10명 또는 12명이 수용되어 꽉 찼고… 움직일 수조차 없었다. 덮개를 충분히 들어올려도 공기는 말할 수 없을 만큼 탁했다." 남아프리카 여성 및 아동 조난 기금South African Women and Children's Distress Fund을 대표해 1901년 초에 캠프를 돌아본 의지가 강한 영국인이자 평화주의자인 에밀리 홉하우스Emily Hobhouse의 말에 따르면, 그녀가 강제수용소 책임자들에게 개선을 요구하자 그들은 "비누는 사치다"라고 대답했다. 얼마 지나지 않아 전염병(홍역, 이질, 디프테리아, 장티푸스)이 강제수용소 전역에 퍼져 최소 2만 5,000명이 사망했다.

이것은 사실 고의적인 정책 때문이 아니라 방치해서 생긴 일이었다. 독일인은 헤레로Herero족[249], 마지-마지Maji-Maji 반란[250]을 진압하기 위해 아프리카 전역에서 대량학살을 했지만, 영국인은 그렇게까지 하지는 않았다. 부하들로부터 "자신의 군대에 대해 개인적으로 관심이 부족하다"는 말을 들었던 키치너는 보어인 부녀자들에 대해서는 더더욱 관심이 없었기 때문에 군이 수고스럽게 수용소를 방문하려 하지 않았다.

키치너의 보어인 수용자 관리 정책 개선은 1901년 6월에 키치너가 "지독한 여자"라고 부른 홉하우스가 1901년 6월 수용소의 실태를 공론화한 이후에야 시작되었다. 데이비드 로이드 조지David Lloyd George, 헨리 캠벨-배너맨Henry Campbell-Bannerman 같은 자유당 지도자들은 이런 '야만적인 방법'을 맹렬히 비난했다. 1902년 초 수용소의 상태가 개선되었고 사망률도 영국의 많은 도시보다 낮아졌지만, 그 당시 영국은 전 세계로부터 쏟아지는 비난 여론에 시달려야 했다.

부정적인 여론은 영국인들을 당혹스럽게 만들기는 했지만 이것만으로 영국의 전쟁 노력을 저지하기에는 충분하지 않았다. 야당인 자유당 의원

---

249 헤레로족: 아프리카 남서부의 반투족.

250 마지-마지 반란: 동아프리카 식민통치에 대한 이슬람계 주민들의 무장반란.

들은 강제수용소를 노골적으로 비난했지만, 전쟁의 근본적인 문제에 대해서는 의견이 분분했고, 여당 토리당은 당연히 주전론을 폈다. 1900년 솔즈베리Salisbury 경의 보수당 내각은 영국의 승리를 선거에 유리하게 활용하기 위해 '정략 선거Khaki election'²⁵¹를 외치며 야당을 '친보어주의자'라고 낙인 찍음으로써 상당수 의석을 차지했다.("자유당에 투표하는 것은 보어인에게 투표하는 것"이라고 주장하는 포스터도 있었다.) 보어인들은 영국 국민의 대다수가 전쟁에 반대하기를 바랐지만, 그런 일은 일어나지 않았다. 외국이 개입해 보어인들을 도와주지도 않았다. 여러 나라, 특히 독일과 네덜란드는 곤경에 처한 보어인들을 동정했지만, 그 어느 나라도 그들을 위해 싸울 의사는 없었다. 외국 의용군도 겨우 2,000명만이 보어군에 합류했을 뿐이었다. 이런 상황을 잘 이용한 영국은 압도적인 자원을 동원하여 비터에인더bittereinder²⁵²(비터엔더bitter-ender)를 진압했다.

다른 많은 노련한 게릴라와 마찬가지로 보어인은 기동의 대가였다. 종종 영국군은 보어군을 잡으려다가 허공에 헛주먹질만 날리곤 했다. 답은 보어군이 자유롭게 휘젓고 다니는 능력을 제한하는 것이었다. 이는 반란을 진압하는 모든 부대가 추구해야 할 목표였다. 방법은 국내 통행권 발급(러시아 차르와 구소련 인민위원회가 모두 선호한 방법)부터 (인디언 전쟁에서 미군이 자주 했던) 조랑말 무리 학살에 이르기까지 매우 다양했다. 최근의 예로는 이라크와 아프가니스탄에서 미군이 생체 인식 데이터베이스에 의존했던 방법을 들 수 있다.

---

251 정략 선거: 전쟁 중이나 직후에 애국심을 고양시켜 치르는 선거.
252 비터에인더: 제2차 보어 전쟁 후반기에 영국군에 저항한 보어인 게릴라 전사들의 한 파벌.

처음에 영국이 남아프리카에서 시도한 방법은 블록하우스^{blockhouse}[253]를 설치하는 것이었는데, 이 블록하우스는 회전초^{tumbleweed}[254]처럼 초원 곳곳에 건설되었다. 블록하우스는 총 8,000개가 건설되었는데, 처음에는 돌과 콘크리트로 지었다가 나중에는 시공 기간을 단축하기 위해 골함석으로 지었다. 블록하우스에는 10명 내외의 병사가 배치되었고, 업무는 매우 따분했으며(영국군 위관장교의 말에 따르면, "할 일이 전혀 없었다."), 블록하우스 간의 거리는 2km도 되지 않았다. 심지어 일부 블록하우스는 이동이 가능하도록 우마차 위에 지어졌다. 블록하우스들 사이의 간격은 당시 최신 발명품인 가시철조망으로 메웠다. 한편 맥심 기관총^{Maxim gun}, 야포, 탐조등을 장비한 무시무시한 장갑열차는 바다의 전함처럼 증기를 내뿜으며 초원을 가로질렀다. 이후 수천 명의 병력이 이 거대한 장갑열차에서 내리더니 마치 들꿩 사냥을 하는 것처럼 블록하우스와 철도 사이에 양팔이 묶인 보어군을 몰아넣었다.

보어군의 게릴라 지도자인 데 베트는 의연했다. 그는 블록하우스를 "돌대가리 정책"이라고 불렀다. 그는 "우리가 싸워야 할 필요가 있을 때마다 우리는 대체로 성공했다"라고 기록했다. 따분해서 주위에 전혀 신경을 쓰지 않는 경계병을 우회하는 데는 전선 절단기 2개와 야음을 이용하기만 하면 되었다. 그는 또한 농장 방화와 강제수용소에도 흔들리지 않았고, 이는 보어인의 항전의지만 강화할 뿐이라고 주장했다.

그러나 데 베트는 영국의 다른 전략은 효과적이라는 점을 인정해야 했다. "야간 공격은 우리가 상대해야 하는 적의 전술 중 가장 대처하기 어려웠다." 그는 또한 영국인들이 흑인들과 국가정찰대^{national scout}에 입대한 데 베트의 동생 피에트^{Piet}를 포함한 변절자들을 동원한 것도 마지못해 그 효과를 인정했다. "이 탈영병들이 패전의 원인이었다. … 국가정찰대나 카

253　블록하우스: 전시에 콘크리트로 만든 요새.
254　회전초: 가을이 되면 줄기 밑동에서 떨어져 공 모양으로 바람에 날리는 잡초.

피르인^{Kaffir}²⁵⁵이 없었다면 상황은 완전히 달라졌을 수도 있다."

흑인과 보어군 탈영병은 영국의 대반란전 수행 부대가 가장 필요로 하는 것, 즉 적의 위치를 즉시 파악할 수 있는 정보를 제공했기 때문에 중요한 역할을 담당했다. 개전 초기 영국의 군사 정보 수집 능력은 빈약했다. 전쟁 중에 야전 정보부대는 280명에서 2,400명 이상으로 확대되었으며, 오브리 울스-샘슨^{Aubrey Woolls-Sampson} 대령 같은 뛰어난 능력을 가진 장교들도 합류했다.

영국계 케이프 콜로니 토박이로 전직 금광 광부였던 성격 급한 울스-샘슨은 그의 형제의 말에 따르면 보어인에 대한 광적인 증오심을 품고 있었다. 보어인이 승리한 제1차 보어 전쟁 기간(1880~1881년) 동안 그는 한 전투에서 세 군데 총상을 입었는데, 그중 한 발이 경정맥을 관통하는 바람에 거의 죽었다가 살아났다. 그 후 1896년에 그는 트란스발을 합병하려는 세실 로즈에게 협력한 외국인들^{Uitlanders}의 음모에 가담했다는 죄목으로 보어인들에게 잡혀 수감되었다. 이듬해 그는 출감했다. 제2차 보어 전쟁이 발발하기 전부터 그는 경기병 전술의 대가인 보어군과 싸우기 위해 새로운 대영제국 경기병연대^{Imperial Light Horse}를 창설했다. 경기병연대를 지휘하던 그는 다시 부상을 입어 이번에는 다리를 거의 잃을 뻔했으며, 부상당한 채로 4개월 동안 레이디스미스^{Ladysmith}의 포위 공격을 버텨냈다. 그의 지휘관의 기록에 따르면, 전쟁 기간 내내 그는 "적과 싸우는 데 미쳐 있었다."

그는 연대장이 되기에는 적합하지 않았지만(애국심이 과도해서 군수나 숙영지 편성 같은 일상적인 문제에는 관심도 갖지 않았다), 이제 정보장교가 자신의 적성에 맞는다는 것을 알게 되었다. 어떤 측면에서 T. E. 로렌스를 닮은 울스-샘슨은 동료들에게 약간 이상한 사람으로 여겨졌다. 그는 동료 장교들과는 어울리지 않고 해질녘 이후 보어인 코만도를 추적하기

---

255 카피르인: 남아프리카의 반투족(Bantu) 혈통의 흑색 인종을 말한다.

위해 사비를 털어 모집한 아프리카인 '소년들'과 이야기하는 데 시간을 보냈다. 보어인에 대한 증오심을 공유한 흑인들은(영국인과 달리 보어인은 이들에게 잡히면 죽을 위험이 있었다) 새벽녘에 영국군이 보어군 야영지를 급습할 수 있는 귀중한 정보를 제공했다.

20년 전 시에라 마드레Sierra Madre 산맥을 뚫고 제로니모를 추격할 때 거추장스런 치중대 없이 작전하는 소규모 분견대의 유용성은 이미 입증된 바 있었다. 이 교훈은 수십 년 뒤 남베트남의 장거리 정찰Long Range Reconnaissance Patrols 경험으로 또다시 입증된다. 또한, 보어 전쟁에서 가장 성공한 영국군 지휘관들(울스-샘슨뿐만 아니라 롤린슨Rawlinson 대령, 해리 스코벨Harry Scobell 대령, 조지 엘리엇 벤슨Geoge Elliot Benson 중령)도 '보어 형제Brother Boer'256처럼 성가신 치중대 없이 초원을 누비는 경기병 부대를 이끌고 싸웠다. 그들은 대부대보다 훨씬 더 많은 포로를 잡았다.

◆ ◆ ◆

1902년 5월, 보어군은 상당한 피해를 입었다. 그들은 키치너의 끈질긴 소모 정책에 격렬하게 저항했지만, 그 효과를 인정할 수밖에 없었다. 데니스 리츠Deneys Reitz는 다음과 같이 썼다. "무차별 파괴가… 나라를 휩쓸었다. 모든 농가가 불에 타고 모든 농작물이 파괴되고 가축이 죽임을 당하자 굴복할 수밖에 없었다." 2만 명이 넘는 보어군 전투원들이 야전에 남아 있었지만, 그들 모두 "굶주림, 탄약·말·의복 부족, 전쟁을 수행하는 보어인의 목을 조르는 거대한 블록하우스 시스템과 같은 처참한 상황을 보고했다."

그럼에도 불구하고 보어인들은 무조건 항복에 동의하지 않았다. 그들은 독립을 포기하는 대가로 영국이 반역자로 간주하는 케이프 콜로니 및

---

256 보어 형제: 보어군의 별명이다.

나탈 아프리카너를 제외한 보어인의 반란에 대해서는 보복하지 않겠다는 서약을 받아냈다. 영국은 보어인을 처벌하기는커녕 그들의 재건을 돕고 "상황이 허락하는 대로 자치정부가 탄생할 수 있도록 대의제도를 도입하겠다"고 약속했다. 이것은 이후 말레이 반도, 북아일랜드 및 기타 분쟁 지역에서 영국군이 수행할 대반란전 관행을 예고하는 것이었다. 로마인들이 그랬듯이 전쟁으로 얻은 이익을 공고히 하고 미래의 반란을 막기 위해서는 정치적·사회적 이익을 제공하는 것이 필수적이었다.

남아프리카 전쟁 직후 몇 년 동안 영국의 고등 판무관 알프레드 밀너 Alfred Milner 경의 감독 하에 야심 찬 재건 프로그램이 시행되었다. 이전에는 전쟁광이었다가 평화주의자로 바뀐 알프레드 밀너는 원치 않게 영국의 식민지인이 된 보어인들을 달래기 위해 학교를 세우고, 철도와 전화선을 건설했으며, 종자와 가축을 수입했다. 1906년 자유당은 의회에서 과반 이상의 의석을 차지했고, 즉시 남아프리카 백인들에게 권력을 이양하기 시작했다. 영국 이민은 결코 일어나지 않았기 때문에 보어인은 다수를 유지했다. 오래지 않아 보어인들은 오래된 오라네 자유국, 트란스발 공화국뿐만 아니라 케이프 콜로니와 나탈도 그들의 영향력 안에 편입시켜 1910년에 남아프리카 연합을 결성했다.

한때 보어인들이 흑인과 유색 인종을 학대하는 것을 비난했던 영국인들은 백인이 아닌 사람들이 2류 시민으로 전락하는 것을 외면했다. 유화정책은 아주 성공적이어서 1914년 데 베트와 몇몇 강경파들의 반란에도 불구하고 남아프리카는 제1·2차 세계대전에서 영국과 함께 싸웠다. 얀 스뮈츠는 원수로서 영국군을 지휘했고 대영제국 전쟁 내각의 일원이 되었다.

양측의 잔학행위에도 불구하고 많은 참전 용사들은 나중에 보어 전쟁이 "마지막 신사 전쟁"이었다고 회상했다. 특히 기관총, 겨자 가스 등과 같은 비인간적인 수단으로 싸우게 되는 세계대전의 관점에서 보면, 이렇게 생각하는 것도 무리는 아니었다. 남아프리카에서는 양측은 서로 상대측 부상자 치료를 지원했으며, 정보를 얻기 위해 고문을 하지도 않았고,

포로는 일반적으로 합당한 대우를 받았다. 3만 명의 보어군 포로가 버뮤다Bermuda, 실론Ceylon, 인도 같은 곳에서 운영되는 수용소로 보내졌고, 반대로 보어군은 적어도 게릴라전 단계에서는 영국군 포로들을 무사히 석방하는 경향이 있었다. 키치너는 심지어 포로 살해 혐의로 유죄 판결을 받은 2명의 호주 장교 해리 "브레이커" 모란트Harry "Breaker" Morant와 피터 핸콕Peter Hancock을 총살형에 처했다. 7,000명의 보어군과 2만 2,000명의 영국군이 전사했고 비전투원 2만 5,000명이 강제수용소에서 사망했지만, 전사자 수는 남아프리카에서 젊은 위관장교로서 싸운 군사전략가 J. F. C. 풀러J. F. C. Fuller가 미래에 "대규모 프롤레타리아 분쟁"이라고 부른 전쟁들에서 발생한 전사자 수보다 현저히 적었다. 당연히 이후 미래의 분쟁들에서는 때때로 발생하는 비전투원 처리, 의료 서비스 제공 및 "전쟁의 규칙 및 관습"과 관련된 기타 문제들을 논의하기 위한 영국군과 보어군 지휘관 간의 정기 서한 교환 및 많은 회담에서 예의나 '매우 우호적인 대화' 같은 것은 상상하기 힘들었을 것이다.

28

제국주의의 전성기

◆

제국주의는 왜 자기파괴의 씨앗을 퍼뜨렸는가?

보어 전쟁은 게릴라전에서 우위는 여전히 유럽 제국주의자들에게 있음을 확인시켜주었다. 하지만 그들의 적들은 그 격차를 빠르게 좁히고 있었다. 거의 동시에 미국에서 벌어진 이와 비슷한 끔찍한 전쟁에서도 같은 메시지를 확인할 수 있었다.

1898년 미국-스페인 전쟁Spanish-American War[257]의 결과로 미국은 필리핀을 합병했다. 많은 필리핀인들은 미국의 지배를 받아들일 마음이 없었다. 이로 인해 1899년 필리핀 반란으로 알려진 폭력적 저항[258]이 시작되었다.

---

[257] 미국-스페인 전쟁: 1898년에 스페인의 식민지였던 쿠바에서 미국과 스페인 군대가 벌인 전쟁. 쿠바에서는 식민지 통치에 항거하는 세력과 스페인의 혁명 탄압 세력이 부딪치는 가운데 수많은 양민이 생명을 잃게 되자, 미국이 인도주의를 표방하면서 식민지 쿠바의 내정에 간섭하여 일어난 전쟁으로, 미군이 마닐라만, 산티아고 등 여러 곳에서 승리를 거두어 전쟁은 불과 수개월 만에 끝이 났다. 전쟁 결과, 파리 조약이 체결되어 쿠바는 독립하고 푸에르토리코, 괌, 필리핀은 미국의 영토가 되었다. 미국은 이를 계기로 제국주의 국가로서의 입지가 강화되었다.

[258] 1899년 필리핀 반란으로 알려진 폭력적 저항으로부터 필리핀-미국 전쟁(1899~1902년)이 시작되었다.

보어인들처럼 필리핀인들도 처음에는 재래식 전투를 수행하다가 큰 손실을 입고 게릴라전으로 방향을 선회했다. 미군도 영국군처럼 '보호구역'이라고 불린 강제수용소를 운용했을 뿐만 아니라 스페인에게서 배운 '물고문'을 자행하는 등 인권 유린 행위를 일삼았다. 이런 인권 유린 행위는 보어 전쟁 동안 영국에서도 동시에 일어났던 것처럼 마크 트웨인과 앤드류 카네기Andrew Carnegie와 같은 사람들이 본국에서 규탄을 주도했다. 그러나 영국과 마찬가지로 1900년에 미국에서 전쟁옹호론자인 시어도어 루스벨트가 대선에서 압도적인 승리를 거두었다. 루스벨트는 1902년 여단장 프레더릭 펀스턴Frederick Funston이 이끄는 대담한 기습으로 반란군 지도자 에밀리오 아기날도Emilio Aguinaldo를 체포하면서 반란을 성공적으로 진압했다.

아서 맥아더Arthur McArthur 장군(더글러스 맥아더Douglas McArthur의 아버지)의 지휘 하에 게릴라와 그 지도자를 제거하는 군사작전이 성공했을 뿐만 아니라 민간인 총독 윌리엄 하워드 태프트William Howard Taft(훗날 대통령이 됨)의 총괄 하에 모로코에서처럼 학교, 병원, 법원 개원을 포함한 인도적인 재건 활동도 동시에 수행되었다. 남아프리카에서처럼 평화선언에 이어 필리핀인들이 미국의 통치를 받아들이게 하기 위해 자치 정부로 신속하게 권력을 이양했다.

필리핀인은 보어인보다 더 큰 성공을 거둘 수도 있었다. 인구가 훨씬 더 많았고(700만 명), 산악 및 정글 지대에서 살고 있어서 남아프리카의 대초원과 비교했을 때 군사작전을 펴기가 훨씬 더 어려웠다. 그럼에도 불구하고 미군이 필리핀에서 입은 피해는 남아프리카에서 영국군이 입은 피해보다 훨씬 적었다. 미군 4,234명은 대부분 질병으로 사망했다. 반대로 필리핀은 전사자 1만 6,000명, 민간인 사망자 20만 명(대부분 질병)으로 피해가 훨씬 더 컸다. 보어인들은 우수한 무기와 이를 활용하는 데 어느 정도 능숙했기 때문에 더 성공적이었다. 모든 보어인은 소총을 가지고 있었던 반면, 필리핀 반란군은 칼밖에 없었다. 그러나 보어인의 가장 큰 장점은 우월한 민족주의적 정서였다. 아프리카너는 자신을 단일민족으로 생각하고 독립을 열망한 반면, 필리핀인은 아메리카 원주민처럼 수많은 인종으로 나뉘어 있었다. 또한, 보어인나 북미 인디언과 달리 필리핀인은 자유를 경험한 적이 없었다. 결과적으로 그들은 미국의 점령에 반대하기 위해 결집하기가 어려웠다.

보어 전쟁과 필리핀 전쟁에서 반란군은 모두 패배했지만, 두 전쟁으로 인해 제국주의는 기세가 완전히 꺾였다. 과거의 소규모 분쟁과 비교해 전사자가 늘었고, 얼마 되지 않던 직업군인의 수마저 줄었을 뿐 아니라 중산층과 상류층의 전시 자원입대자의 수도 급격히 줄었다. 레오 아메리Leo Amery가 『타임스 남아프리카 역사The Times History of the South Africa』에서 쓴 것처럼 보어인들이 입힌 손실은 "야만적인 전쟁의 값싼 영광에 익숙한 세대에게 충격으로 다가왔다."

과거에 '원주민'의 저항을 경멸했을지도 모르는 군인들이 게릴라들의 전투력을 높이 평가하기 시작했다. 1896~1906년에 3판까지 출간된 영국의 인기 핸드북 『소규모 전쟁: 그 이론과 실제Small Wars : their Principles & Practice』가 대표적인 사례로, 이 책에서 영감을 받은 미국 해병대가 1940년에 『소규모 전쟁 매뉴얼Small Wars Manual』을 출간하기도 했다. 『소규모 전쟁: 그 이론과 실제』의 저자는 T. E. 로렌스가 등장하기까지 대반란전의 최고 권위자로 널리 알려져 있었던 찰스 에드워드 콜웰Charles Edward Callwell 대령(이후 소장까지 진급)으로, 그는 보어군을 진압하기 위한 기동부대를 지휘했던 정보장교였다. 그는 "게릴라전은 최우선적으로 피해야 하는 작전 형태다. 게릴라들은 소규모 전쟁에서 정규군과의 결정적인 교전을 피하기 위해 최대한 노력하기 때문이다"라고 주장했다.

콜웰은 주로 전술적 조언을 제공하면서 "적을 끊임없이 괴롭히고… 적부대를 쉬지 못하게 하며", "전체 작전 영역을 나누어 일정 부대에게 책임지역으로 할당하고", "적이 유용하게 사용할 수도 있는 보급품을 제거하고", "안전이 보장되는 최소한의 규모로 부대를 편성해 가능한 한 병력을 기동부대로 활용"할 것을 강조했다. 그는 또한 부하들의 재량권 허용이나 군사정보부서 조직 구성과 활용을 아무리 강조해도 지나침이 없다고 강조했다. 그는 정규군은 "적대세력의 자산에 대해 징벌적 조치를 취해야 하지만, 적당한 선에서 마무리해야 하고 적을 절망에 빠뜨리는 일은 없어야 한다. 적의 자산을 완전히 파괴하는 행위는 전술적으로 유리한 것이 아니라 오히려 해가 될 수 있다"라고 경고했다.

이것은 콜웰이 대반란전의 정치적 측면의 중요성을 인정하는 데까지 이르렀음을 보여준다. 그의 영향을 받아 그의 영국군 후임자들도 대반란전의 정치적 측면을 중요하게 여기게 된다. 그러나 그는 언론 보도에 대해서는 일절 언급하지 않았다. 이후 일어나는 반란에서는 언론 보도가 큰 부분을 차지하게 된다. 캅카스에서 바리아틴스키[Bariatinsky]가, 모로코에서 리요테가 지역 유지에 대한 친화정책을 폈던 사례가 있었지만, 19세기에는 정치와 오늘날 우리에게 익숙한 정보작전 같은 것은 존재하지 않았다. 따라서 그 당시에는 이러한 요소들이 오늘날만큼 중요하지 않았다. 유럽 제국주의의 전성기에는 지역 주민의 아픔을 달래거나 회의적인 언론의 태도를 변화시키려고 노력하기보다는 맥심 기관총과 연발 소총으로 무장한 소수의 서양인이 파슈툰족부터 북미 인디언에 이르는 수많은 적을 꺾기 위해 대담하고 단호한 행동을 취했다.

이는 또한 이러한 전쟁의 대부분이 제국의 주변에서 서양인들이 "미개하다"고 여긴 적을 상대로 일어났기 때문에 서양인들이 그들의 행동 강령에 따라 거리낌 없이 잔인하게 싸우도록 부추겼다. 그러나 이처럼 제국 군대가 무차별 진압을 통해 성공을 거두었다는 것은 미래에 제국의 영토 안에서 전투가 일어나면, 어느 역사가가 말했듯이 사람들이 그것을 "전쟁이라기보다는 사회 불안으로 받아들이게 되리라는 것"을 의미했다. 따라서 미래의 군대는 19세기에는 없었던 민법과 여론에 의해 그들의 행동이 제약받을 수 있다는 것을 깨닫게 될 것이다.

제국주의는 다른 방식으로 자기파괴의 씨앗을 퍼뜨렸다. 서구 행정가들은 민족주의와 마르크스주의와 같은 서구 교리를 널리 퍼뜨리는 학교를 설립하고 신문을 발행함으로써 본래 의도와는 다르게 1920년대부터 그들의 통치에 대한 광범위한 저항을 자극했다. 서양인들은 사상뿐 아니라 무기도 전파했다. 유럽인들은 TNT부터 AK-47에 이르기까지 무수히 많은 무기를 만들어 전 세계에 배포함으로써 20세기에 유럽인의 지배에 저항하는 반란세력이 이전의 반란세력들보다 훨씬 더 잘 무장할 수 있도록 도운 셈이었다.

　제국주의의 전성기였던 20세기 초에도 통찰력 있는 사람들은 유럽인의 지배가 무한정 지속될 수 없다는 것을 알고 있었다. 사건의 정확한 윤곽을 반세기 전에 미리 예측할 수 없었지만, 일찍이 1897년에 러디어드 키플링은 현실에 안주하고 있는 영국 국민("야자수와 소나무를 지배할 수 있는 권한"을 획득한 후 "권력에 취해 있는")에게 다음과 같은 오싹한 예언을 통해 경고했다. "어제의 모든 영광이 머지않아 니네베[259]와 티레[260]가 과거에 누렸던 영광이 될 수도 있다는 것을 잊지 말고 기억하자!" 물론 니네베와 티레는 유목민 게릴라에 의해 파괴된 고대 수메르의 도시였다. 키플링은 게릴라의 위협을 거의 염두에 두지 않았던 것이 확실하다. 그는 단지 모든 위대한 문명의 피할 수 없는 쇠퇴와 멸망을 언급한 것이다. 그러나 탈식민 시대의 관점에서 볼 때 그의 시적 표현은 그가 생각했던 것보다 훨씬 더 정확하게 들어맞았다.

---

259 니네베: 고대 아시리아의 수도.

260 티레: 베이루트에서 남쪽으로 약 80km 떨어진 수르 지역에 있는, 지중해에서 가장 오래된 고대 도시.

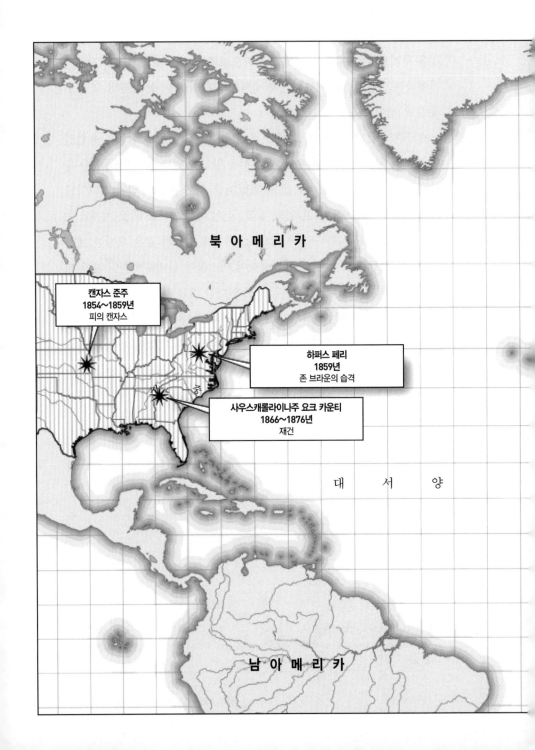

북아메리카

캔자스 준주
1854~1859년
피의 캔자스

하퍼스 페리
1859년
존 브라운의 습격

사우스캐롤라이나주 요크 카운티
1866~1876년
재건

대　서　양

남 아 메 리 카

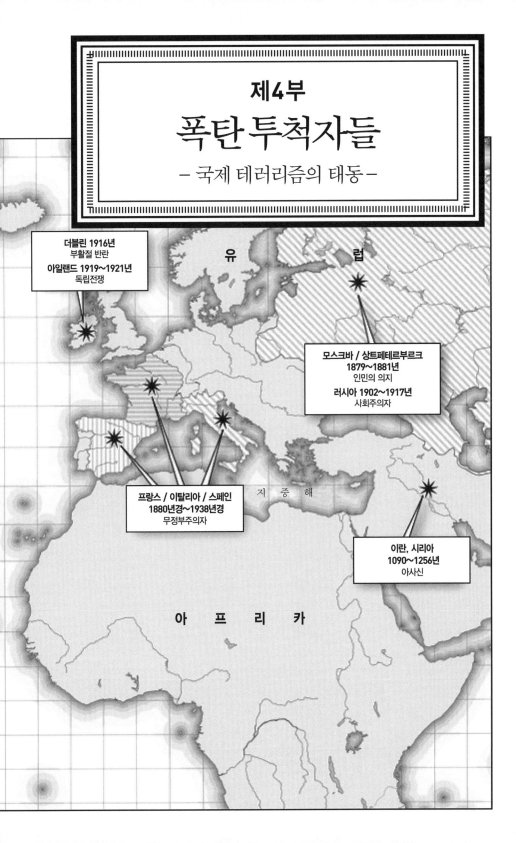

제4부
폭탄 투척자들
- 국제 테러리즘의 태동-

더블린 1916년
부활절 반란
아일랜드 1919~1921년
독립전쟁

유   럽

모스크바 / 상트페테르부르크
1879~1881년
인민의 의지
러시아 1902~1917년
사회주의자

프랑스 / 이탈리아 / 스페인
1880년경~1938년경
무정부주의자

지 중 해

이란, 시리아
1090~1256년
아사신

아 프 리 카

29

암살 자객

♦

1090~1256년,
근대 이전 가장 성공적인 테러 집단 아사신

지금까지 이 책에서 테러리스트들에 대해서는 언급하지 않았다. 그것은 부분적으로 용어의 문제 때문이다. 북미의 유럽인 정착민과 그들의 적인 인디언은 공포를 심어주기 위해 서로 민간인을 공격했지만, 어느 쪽도 비국가단체nonstate group (유럽인에게는 식민정부, 북미 인디언에게는 자신의 부족과 부족연맹이 이에 해당)를 대표하지 않았기 때문에 아이티, 스페인, 방데의 반란을 진압하기 위해 대량학살을 벌인 프랑스 지도자들이 테러리스트가 아니었던 것처럼 그들도 '테러리스트'는 아니었다. 여기에서 정의된 바와 같이 테러리즘Terrorism은 준국가 집단substate groups에 의해 수행되어야 한다. 게다가 지금까지 설명한 모든 게릴라 집단이 일부 민간인—대부분의 경우 상당히 많은 민간인—을 살해하기는 했지만, 그것이 테러리즘의 주요 요건은 아니다. 지금까지 설명한 게릴라 집단은 대부분 군대를 집중 공격했고, 단순히 선전이 아니라 적을 물리적으로 격퇴하는 데 집중했다. 따라서 이러한 모든 게릴라 집단은 '테러리스트'(프롤로그 참조)라는 제한적인 정의에서 벗어나 있다. 하지만 이 용어가 너무 자주 무분별하게 사용되어서 그것의 진정한 의미를 잃게 되었다.

그러나 이 시점까지 테러리스트가 존재하지 않았다는 사실은 의미론적인 이유 때문이라기보다는 19세기 이전에는 테러리스트 집단이 거의 없었다는 무시할 수 없는 사실 때문이다. 물론 역사를 통틀어 암살자assassin들이 적지는 않았지만, 주로 테러 행위를 통해 정치적·종교적 목표를 추구하는 집단으로 조직된 예는 거의 없었다. 율리우스 카이사르Julius Caesar는 테러 행위의 희생자라고 할 수 있지만, 카이사르를 암살한 사람들은 전문 테러리스트가 아니었고, 그들의 목표 또한 테러를 퍼뜨리는 것과는 거리가 멀었다. 그들은 단순히 그들이 싫어하는 군주를 로마에서 제거하려는 의도를 가지고 있었을 뿐이었다. 국왕 시해(영국의 찰스 1세, 프랑스의 루이 16세, 러시아의 니콜라스 2세)는 테러리즘 자체가 아닌 더 광범위한 혁명의 부산물이었다. 다른 암살 사건의 경우—존 F. 케네디John F. Kennedy를 죽인 리 하비 오스왈드Lee Harvey Oswald나 로버트 F. 케네디Robert F. Kennedy를 죽인 시르한 시르한Sirhan Sirhan—도 우리가 아는 범위 내에서는 정치적 메시지를 보내려고 했던 비정상적인 개인들의 행동이었지 어떤 광범위한 운동을 대표하는 것은 아니었다.

근대 이전 시대에 조직적인 테러를 가장 성공적으로 수행한 집단이 현대 테러리즘의 중심지인 중동에서 나타났다. 아사신Assassin[261]으로 널리 알려져 있는 그들은 이슬람 세계의 주류로부터 박해를 받았던 11세기 시아파의 한 분파인 니자리 이스마일파Nizari Ismailis다. 첫 번째 위대한 지도자 하산 에 사바흐Hassan-i Sabbah는 그들의 종교를 실천하고 전도할 공간을 마련하기 위해 적을 암살했다.

천재적 혁명가인 하산 에 사바흐는 1090년에 북부 페르시아의 엘부

---

261 아사신: 중세 시아파의 극단주의 암살조직. 이후 이 말이 영어에 유입되어 '암살자(assassin)'를 뜻하게 되었다.

이스마일파의 소수 계파인 아사신파의 창시자 하산 에 사바흐는 1090년에 북부 페르시아의 엘부르즈 산맥에 알라무트 요새를 세우고 교세 확장을 위해 비폭력적인 수단만을 사용하는 데 만족하지 않고 단검으로 무장한 페다인을 파견하여 그의 교세를 탄압하는 이슬람 고위공직자들을 암살했다. 그가 육성한 암살집단인 페다인은 흔히 '아사신'으로 불리었다. 이들은 근대 이전 시대에 조직적인 테러를 가장 성공적으로 수행한 집단이었다. 〈출처: WIKIMEDIA COMMONS | CC BY-SA 4.0〉

르즈Elburz 산맥에 알라무트Alamut로 알려진 요새를 세웠다. 좁은 길로만 접근할 수 있는 이 외딴곳에서 그는 사람들을 이스마일파로 전도하기 위해 선교사da'is를 파견했다. 그러나 그는 교세 확장을 위해 비폭력적인 수단만을 사용하는 데 만족하지 않았다. 그는 또한 단검으로 무장한 페다인fedayeen[262](자기를 희생하는 자)을 파견하여 그의 교세를 탄압하는 이슬람

262　페다인: 아랍 무장 게릴라 조직의 하나.

고위공직자들(성직자, 판사, 교사, 행정가, 군인)을 암살했다. 사후 천국에서 한 자리를 얻으려는 열의로 가득 찬 페다인은 대개 탈출을 거의 시도하지 않았기 때문에 사실상 자살 자객이 되었다. '아사신assassin'이라는 말은 '해시시를 하는 사람hashish-eater'을 뜻하는 페르시아어 하사신Hashashin에서 유래했는데[263], 강력한 마약만이 적을 제거하기 위해 자신의 목숨을 희생하도록 유도할 수 있다고 (잘못) 생각한 적들이 페다인에 붙인 별칭이다. 사실 페다인은 종교적 믿음이 주요 동기였던 것으로 보인다. 마약 중독자는 상당한 속임수와 연기를 필요로 하는 음모를 수행하는 데 참을성 있고 영리하게 행동하기 어려웠을 것이기 때문이다.

하산 에 사바흐의 30년 통치 기간 동안 페다인이 처리한 적은 50명에 불과했으나 모두 어느 정도 지위가 있는 사람들이었다. 몽골족의 공포 정치든 프랑스 혁명기의 공포 정치든 대부분의 '공포 정치'에 비하면 그 수가 미미하기는 했지만 적을 공포에 떨게 하는 데는 충분했다. 당시 아랍 연대기 작가에 따르면, "어떤 지휘관이나 장교도 감히 호위병 없이 외출하지 않았고 옷 속에 갑옷을 입었다."

하산 에 사바흐는 이 테러 활동을 지휘한 기간 내내 알라무트 요새 밖으로 나가지 않았으며, 심지어는 자신의 방을 거의 벗어나지 않았다. 그는 이후의 많은 테러리스트 지도자들과 마찬가지로 지식인이었으며 도서관에서 많은 시간을 보내며 깊이 연구했다. 그는 기하학, 천문학, 산술을 특히 열성적으로 연구했다. 그를 만난 어느 비잔틴 사절은 그에게서 감명을 받았다. "그의 타고난 품위, 뛰어난 매너, 예의 바르고 유쾌하나 결코 친숙하거나 평범하지 않은 그의 미소와 태도의 우아함, 놀랄 만큼 단호한 결단력, 이 모든 것이 어우러져 그의 부인할 수 없는 우월함을 자아냈다."

---

263 대마초로 만든 마약을 해시시라고 하는데, 아사신이 마약을 복용한 상태에서 임무를 수행하기도 해 이로부터 하사신이라는 말이 나왔다는 설이 있다.

그러나 이러한 그의 세련된 겉모습은 깊은 종교적 광신주의를 감추고 있었다. 그는 방해가 되지 않도록 일찍이 아내와 딸들을 먼 곳으로 보냈다. 그는 남은 인생을 그들과 떨어져 보냈다. 그는 아들 중 하나가 포도주를 마시는 것을 보고 사형을 명령했다. 또 허락 없이 사람을 죽인 혐의로 또 다른 아들을 처형했지만 나중에 그 혐의가 거짓임을 알게 되었다. 자신의 자녀도 기꺼이 희생하려는 하산 에 사바흐의 의지는 그의 인간성을 의심하게 만들었는지는 모르지만, 그의 추종자들을 고무하는 데 도움이 되었다. 헌신적인 추종자들을 기반으로 그는 한 국가 안의 국가를 만드는 데 성공했다. 셀주크 왕조는 너무 약해서 페르시아 시골 주변에 산재한 일련의 이스마일파 요새에 신경 쓸 겨를이 없었다.

하산 에 사바흐는 1124년에 노환으로 사망했다. 그의 후계자들은 그와 달랐다. 페르시아 내에서 이스마일파의 활동은 동력을 잃고 내분으로 약화되면서 암살의 빈도도 줄어들었다. 시간이 지나면서 시리아의 전초기지는 더욱 역동적으로 변했다. 여기에서도 이스마일파는 죽음을 무릅쓴 암살자들이 방어하는 요새 네트워크를 구축했다. 시리아 아사신은 라시드 아드-딘 시난Rashid ad-Din Sinan이 이끌었는데, 라시드 아드-딘 시난은 오늘날의 이라크에 해당하는 지역 출신으로, 십자군은 그를 "산속의 노인"으로 불렀다. 시난은 1187년 십자군으로부터 예루살렘을 탈환하기 위해 성전을 치르는 군대를 이끈 위대한 이슬람 영웅 살라딘Saladin을 죽이려고 시도했지만 실패했다. 그는 아사신을 파견해 예루살렘 십자군 왕국의 왕인 몬페라트의 콘라드Conrad of Montferrat를 암살하는 데 성공했다.

1192년, 티레Tyre²⁶⁴에서 콘라드는 지난 6개월 동안 친구가 된 2명의 젊은 기독교 수도사를 접견하고 있었다. 그들은 프랑크어를 완벽하게 구사했으며 분명히 학식이 있는 사람들이었다. 잠시 정중하게 대화를 나눈 후, 그들은 옷에서 숨겨둔 단검을 뽑았다. 아랍 연대기에 따르면, 이들은

---

264 티레: 레바논 베이루트에서 남쪽으로 약 80km 떨어진 수르 지역에 있는 고대 도시.

"두 마리의 더러운 늑대처럼 그에게 달려들었다." 부상당한 왕은 비틀거리며 교회로 들어갔는데 그곳에서 그는 아사신 중 한 명에게 죽임을 당했다. 그가 죽기 전에 살인자는 시난이 파견했다고 고백했다. 이 암살의 이유는 여전히 불분명하다. 그러나 이것이 유럽인들의 마음에 미친 영향은 엄청났다. 독일의 한 신부는 차후 십자군 원정을 고민하던 프랑스 왕에게 보낸 편지에 이렇게 썼다. 아사신은 "저주를 받고 달아날 것입니다. 그들은 스스로를 팔고 인간의 피에 목마른 자들로서, 돈을 받으면 무고한 자를 죽이고, 생명이나 구원에는 전혀 관심이 없습니다."

13세기에 아사신은 마침내 암살의 위협으로 제지할 수 없는 적들과 맞서게 되었다. 그들의 페르시아 요새는 이스마일파뿐만 아니라 다른 무수한 사람들을 학살한 몽골군에 의해 점령되었다. 이와 거의 동시에 시리아 요새도 이집트와 시리아를 통치하는 왕조를 세울 맘루크mamluk[265]로 알려진 노예 군인들에게 함락되었다. 오늘날에도 아가 칸Aga Khan이 이끄는 수백만 명의 이스마일파가 존재하지만, 그들은 13세기의 재앙적인 사건 이후로 중요한 정치적 세력에서 밀려나게 되었다. 그 사건 이후로 이스마일파는 테러 행위를 중단했다.

2세기 동안 지속된 이스마일파의 공포 정치는 역사상 가장 성공적인 테러리스트 집단 중 하나로 명성을 쌓기에 충분했다. 음울한 천재 하산 에 사바흐 덕분에 그들은 조직 내의 추종자들을 강력한 이념으로 무장시키고 대의를 위해 목숨을 희생하도록 철저하게 세뇌시킴으로써 매우 효과적인 조직을 만들어낼 수 있었다. 이러한 방법들은 오늘날까지도 테러리스트의 성공을 위한 필수 요소로 전해져 내려오고 있다. 그러나 아사신은 대부분의 후대 테러리스트와 결정적인 면에서 달랐다. 버나드 루이스Bernard Lewis가 지적했듯이, "현대 테러리스트와 달리 아사신은 거물이나 강

265　맘루크: 9세기 중엽 이슬람 사회의 엘리트 군인 계층을 형성했던 백인 노예. 아바스 왕조의 8대 칼리프였던 알무타심(al-Mu'tasim)이 중앙아시아 출신 튀르크 노예들을 호위병으로 키우면서 시작되었다. 점차 중요 관직을 장악하고 세력이 커지면서 '맘루크 왕조'를 세우게 되었다.

자만을 공격했으며, 일을 하는 평범한 사람들은 결코 해치지 않았다."

◆ ◆ ◆

1세기경 유대를 떠돌며 로마의 앞잡이들을 살해한 '자객' 시카리^{Sicarii},
1605년 화약음모사건으로 영국 의회를 폭파하려 했다가 실패한 가이 포
크스^{Guy Fawkes}와 12명의 가톨릭 공모자들을 테러리즘의 선조로 볼 수 있
다. 시카리는 로마에 대한 유대인 반란을 촉발하는 데 도움이 되었으며,
포크스는 성공했다면 영국의 전체 지배 계급을 한 번의 타격으로 전멸시
켰을 수도 있었다. 그들의 활동을 보면 이슬람교도들만이 테러를 독점적
으로 사용한 것은 아니라는 것을 알 수 있다. 하지만 이런 추세는 곧 사라
지게 된다. 폭력을 습관적으로 사용하는 대부분의 비국가 단체는 여행객
을 골라 터는 인도의 암살단원들처럼 정치적·신학적 목표 달성이 아닌
재물 강탈에 주로 관심이 있었다.

◆ ◆ ◆

가장 오래된 전쟁 형태인 게릴라전과는 달리 테러리즘은 놀라울 만큼 현
대적이다. 테러리즘은 파괴적이며 휴대 가능한 무기, 대중매체, 글을 읽
고 쓸 줄 아는 능력, 세속적인 이데올로기, 이 네 가지 현상의 확산으로
가능하게 되었다.

테러리스트들이 주로 찾는 무기인 다이너마이트는 1866년에서야 비
로소 발명되었다. 또 다른 인기 있는 테러리스트의 무기인 후장식 권총
breach-loading pistol[266]은 거의 같은 시기에 보급되기 시작했다. 물론 테러리스

---

266 후장식 권총: 총구의 윗부분에서 아래로 밀어 점화하는 전장식의 단점을 개선해 만든 총구
아래 부분에서 총알을 장전하는 방식의 권총.

트는 다른 무기를 사용할 수도 있었고 실제로 사용하기도 했지만, 적을 폭파하는 데 다이너마이트 스틱은 화약통보다 20배 더 강력한 효과를 발휘했으며, 권총은 칼보다 더 치명적이었다.

19세기 후반 대중매체의 확산으로 테러리스트는 불과 몇 번의 폭력행위로 엄청나게 큰 정치적 영향력을 행사할 수 있게 되었다. 주로 입소문을 통해 뉴스가 전파되던 시대에는 도저히 달성하기 어려운 효과였다. 전보를 통해 받은 소식에 사진을 붙여 라이노타이프linotype(자동 주조 식자기 自動鑄造植字機)로 발간된 신문과 잡지가 노동 계급에게 싸게 팔리기 시작한 시기가 바로 이 시기다. 현대 테러리즘이 동시대에 탄생한 것은 우연이 아니다.

이와 관련된 발전, 즉 학교와 대학의 확산은 테러리리트들이 신입 단원들을 모집하고, 독재국가로 남아 있는 러시아 같은 나라에서도 영향력을 행사할 수 있는 더 많은 교육을 받은 사람들의 수를 늘리는 데 도움이 되었다. 전 세계 대학은 보수, 진보를 막론하고 무정부주의, 민족주의, 파시즘, 사회주의 및 공산주의 등 극단적인 이데올로기의 페트리 접시petri dish[267] 역할을 했다.

이처럼 귀를 솔깃하게 만드는 이데올로기의 확산은 기꺼이 폭력을 사용해 자신의 믿음을 실천하려는 지지자들을 매료시켰다. 이들의 대부분은 대학에 다니지 않았거나 책을 거의 읽지 않았지만, 급진적인 교리를 선전하는 연설, 토론, 기사 또는 팸플릿의 영향을 받았다.

일반적으로 테러리즘은 거의 효과가 없다고 생각하는데, 이는 테러리즘이 목적을 달성하기 어렵다는 것을 의미한다. 이러한 단순한 결론이 바스크 무장단체ETA, Euskadi Ta Askatasuna(바스크 조국과 자유)[268]부터 독일의 바

---

267 페트리 접시: 세균 배양 따위에 쓰이는, 둥글넓적한 작은 접시.

268 바스크 무장단체(ETA): 바스크 민족 독립을 주장하는 단체로 지금은 해체되었다. 분리주의 세력 대부분이 그렇듯 분쟁 당사자인 스페인, 미국 등 여러 나라에서는 테러리스트로 취급되어 왔다. 반면 현지 분리주의 성향 주민들에게는 스페인과 프랑스로부터 독립을 위해 투쟁하는 투사로 대접받았다.

더-마인호프단Baader-Meinhof Gang[269]에 이르는 수많은 현대 테러 단체의 실패 사례가 존재하는 현대 테러리즘의 연대기에서 도출한 것이라면 근거가 없는 말은 아니다. 19세기는 기존 국가를 전복하고 이상적인 공동체로 대체하지 못한 무정부주의자들의 활동에서 테러리스트의 무익함에 대한 훨씬 더 많은 증거를 제공한다. 그러나 역사의 흐름에 중대한 영향을 미친 테러리스트의 사례도 있으며, 심지어 그들이 추구한 방향으로 영향을 미친 사례들도 있다. 비교적 성공적인 19세기, 20세기 초반의 테러 단체로는 쿠 클럭스 클랜Ku Klux Klan(KKK단)부터 아일랜드공화국군IRA, 제1·2차 세계대전 사이에 독일과 일본에서 나타난 군국주의자에 이르기까지 다양하다. 심지어 러시아 혁명도 암살과 '몰수expropriation'로 로마노프Romanov 왕조를 무너뜨리지는 못했지만 정권에 심대한 타격을 줌으로써 궁극적으로 국가 전복에 기여했다.

그렇다면 왜 일부 테러리스트들은 다른 테러리스트들이 실패한 곳에서 성공했을까? 이 질문에 답하기 위해서는 미국 남북전쟁 직전부터 제1차 세계대전 직후(국제 테러리즘의 첫 번째 위대한 시대)에 이르는 시기의 주요 테러 활동에 대한 연구가 필요하다. 당시 가장 유명하고 영향력 있는 테러 집단으로는 미국의 노예제 폐지론자와 인종차별주의자, 러시아의 허무주의자Nihilist와 사회주의자, 유럽과 북미의 무정부주의자, 아일랜드의 민족주의자가 있었다. 그들 모두가 자신의 목표를 달성한 것은 아니었지만, 좋은 쪽으로든 나쁜 쪽으로든 역사에 영향을 미쳤다. 가장 비효율적인 무정부주의자들도 인터폴의 결성으로 상징되는 국제 경찰 협력을 강화시킴으로써 본의 아니게 그들의 흔적을 남겼다. 그러나 모든 악명에도 불구하고 무정부주의자들의 영향력은 미국 역사상 가장 피비린내 나는 갈등을 촉발한 광신자狂信者(또는 보는 사람의 관점에 따라 이상주

---

269 바더-마인호프단: 1960년대 후반과 1970년대 초반에 납치, 살인, 방화를 일삼은 독일의 극단적인 정치 테러 집단.

자라고도 볼 수 있지만)의 영향력에 비하면 미미했다. 광신적 테러리리트들은 우리가 훨씬 더 나쁜 잔학행위에 익숙해진 21세기의 기준과는 달리 남북전쟁 발발 전 미국의 온건한 기준에 충격을 주는 폭력행위로 정치무대에 등장했다.

30

존 브라운,
'흑인 노예들의 모세'

◆

1856~1859년,
미국 남북전쟁을 일으킨 테러리스트

1856년 5월 24일 토요일 밤 11시, 초원은 칠흑처럼 어두웠고, 캔자스 준주淮州[270]의 작은 농장 정착촌인 포타와토미Pottawatomie에는 습한 바람이 불고 있었다. 갑자기 밤의 정적을 깨는 문 두드리는 소리가 들렸다. 오두막 안에는 제임스 도일James Dolye과 마할라 도일Mahala Dolye 내외와 다섯 자녀가 있었는데, 이들은 최근 테네시에서 이주한 가난한 문맹 농부들이었다. 대부분의 백인 남부인과 마찬가지로 이들은 노예를 소유하지 않았는데도 노예제도를 지지했다. 문 앞에 선 남자는 이웃집으로 가는 길을 물었다. 잠에서 깬 제임스가 문을 열자, 군복을 입지는 않았지만 군인이라고 주장하는 리볼버 권총과 칼로 무장한 남자들이 문을 밀고 들어왔다. 도일의 막내아들의 기억으로는 이들의 우두머리는 어두운 안색에 얼굴이 야윈

---

270 캔자스 준주: 연방을 이루는 주체가 아니라 연방에 딸린 영토이기 때문에 주에 비해 자치권 등에 제약이 있으며 연방 하원의원과 상원의원이 선출되지 않으며 준주 주민은 대통령 선거권이 없다.

노인이었다. 그는 제임스 도일에게 그와 아들들—노예제 옹호론자들—이 항복해야 한다고 말했다. 그들은 이제 노인의 포로가 되었다.

마할라 도일은 어떠한 정치 활동에도 전혀 관여하지 않은 16세 아들 존을 살려달라고 눈물을 흘리며 애원했다. 노인은 동의했다. 그런 다음 노인은 제임스, 22세 드루리Drury, 20세 윌리엄William과 함께 어둠 속으로 걸어갔다. 곧 마할라는 권총소리, 숨이 끊어질 것같이 고통스러운 신음소리와 거칠게 울부짖는 소리를 들었다. 그녀는 훗날 "남편과 두 아들은 이후 돌아오지 않았다"라고 말했다.

다음 날 아침, 존은 아버지와 형들을 찾아 헤매다가 집에서 수백 미터 떨어진 곳에 있는 그들의 시체를 발견했다. "드루리 형은 손가락과 팔이 잘렸고, 두개골이 잘려 뇌가 노출되어 있었으며, 가슴에는 총상 흔적이 있었다. 윌리엄 형 역시 두개골이 잘려 뇌가 노출되어 있었고, 턱과 옆구리에 칼에 찔린 자상이 있었다. 아버지는 이마에 총을 맞았고 칼에 가슴을 찔렸다."

그날 밤 노예제 옹호론자 2명이 추가로 집에서 끌려나와 비슷한 운명을 맞았다. 이들은 양날의 검에 베이고 총에 맞았다. 살인 소식이 퍼지자, 얼마 지나지 않아 캔자스의 노예제 옹호론자들 사이에는 공포가 확산되었다. 노예제를 옹호하는 신문인 《보더 타임스Border Times》 헤드라인에는 "전쟁이다! 전쟁!"이라는 문구가 등장했다. 이 신문은 희생자 수를 과장해 보도했다. "켄터키주 프랭클린 카운티Franklin County에서 노예제 폐지론자들에게 노예제 옹호론자 8명이 살해되다. 이제 전쟁이다."

야윈 얼굴의 노인 존 브라운John Brown은 말을 타고 캠프로 돌아가면서 만족해하며 한숨을 내쉬었을 것이다. 그는 악마의 무리[271] 5명을 처치하고, 나머지에게는 잔뜩 겁을 주었다. 그는 "자유라는 대의"를 위해 일격을

---

271 노예제 옹호론자들을 말한다.

가했던 것이다. 그는 몇 주 후에 "결과적으로 노예제 폐지 자유주Free State[272] 남자들의 자신감이 크게 회복된 것 같았다"라고 기록했다. 그는 공포감을 조성하는 자신의 테러 행위가 혐오스런 노예제 옹호 세력을 영원히 파괴할 수 있는 전쟁을 일으키는 데 도움이 될 것이라는 사실을 알았더라면 훨씬 더 만족했을지도 모른다.

◆ ◆ ◆

미국 남북전쟁의 비정규전에 대해 언급할 때 가장 먼저 떠오르는 이름은 존 싱글턴 모스비John Singleton Mosby와 윌리엄 클라크 콴트릴William Clarke Quantrill이다. 이들은 서로 아주 판이하게 다른 남부연맹 게릴라들이었다. 남부 기병의 표상 모스비는 상대적으로 잘 훈련된 게릴라 부대인 모스비 유격대Mosby's Rangers를 지휘한 장교로, 버지니아에서 활동하는 북군을 괴롭혔다. 이와 반대로 평판이 좋지 않은 콴트릴은 미주리와 주변 지역에서 반사회적인 게릴라 부대 부시왜커bushwhackers를 지휘하면서 무법자처럼 행동했다. 그들은 북군 병사들뿐만 아니라 북군에 동조하는 사람들도 공격했다. 그들이 저지른 악명 높은 악행으로는 1863년 캔자스 준주 로렌스Lawrence를 습격해 노예제 폐지론자들의 요새를 파괴하고 최소 150명을 죽인 것이다. 콴트릴이 오늘날 사람들에게 더 잘 알려져 있는 이유는 그의 조직에 전쟁 이후 악명 높은 무법자가 된 제시 제임스Jesse James 같은 악당들이 포함되어 있었기 때문이다.

그러나 부시왜커는 악명이 높은 것에 비해 전략적 효과는 미미했다. 그들은 기껏해야 일부 북군을 다른 임무로 전환시키고 남부의 항복을 다소 지연시킨 것뿐이었다. 남부연맹이 게릴라전에 더욱 중점을 두었더라면 더 나았을지도 모르지만, 그들은 그렇게 하지 않았다. 그것은 남부 농

---

272 자유주: 미국 남북전쟁 전에 노예제도를 금지하고 있던 북부의 주(州).

장주 계급의 기사도적인 전쟁 관념과 사회질서 유지 욕구에 반하는 행동이었기 때문이다. 비정규전의 관점에서 볼 때 훨씬 더 중요한 것은 남북전쟁 이전과 이후에 노예제 폐지론자들(전쟁 전)과 분리주의자들(이후)이 수행한 효과적인 테러 사례들이다.

1850년대에 들어 노예제도에 반대하는 단체인 제이호커Jayhawker와 노예제도를 옹호하는 단체인 보더 러피언Border Ruffians 간의 충돌로 전쟁터가 된 캔자스 준주의 폭력 사태로 남북전쟁은 이미 예고되고 있었다. 전자는 캔자스를 자유주로, 후자는 노예주slave state[273]로 연방에 가입시키려고 했다. 양측은 그 결과로 하원의 미묘한 권력 균형이 깨질 수도 있다는 것을 알고 있었다. 이로 인해 "피의 캔자스Bloody Kansas"라는 말이 탄생하게 되었다. "피의 캔자스"라는 명칭은 이제 역사 사전에 나올 정도로 확고하게 굳어졌지만, 과장된 이미지를 전달하기도 한다. 어느 학자는 1854년과 1861년 사이에 캔자스에서 발생한 폭력 사건으로 인해 157건의 사망 사고가 발생했으며, 그중 56건만이 본질적으로 정치적 죽음이었다고 추정하고 있다. 이는 다른 비정규전과 비교해볼 때 엄청나게 큰 피해는 아니다. (2003년 이후 이라크에서 단일 전투로 훨씬 더 많은 사람이 사망했다.) 그러나 이것은 메이슨-딕슨 라인Mason-Dixon Line[274]의 양쪽에 분쟁의 불씨를 지폈고, 남부와 북부 모두 의견 차이는 총으로만 해결할 수 있다고 확신했다. 1861년 1월 말 캔자스가 결국 자유주로 연방에 가입할 무렵, 마침내 양측의 전면전은 불과 몇 달 앞으로 다가왔다. 그동안 존 브라운은 갈등을 촉발하는 데 누구 못지않게 많은 일을 했다.

존 브라운은 1855년 아들 한 명과 사위와 함께 마차에 식량과 숨겨진 무기를 가득 싣고 캔자스에 도착했다. 그의 아들 중 셋은 이미 캔자스에 정착해 있었다. 그는 2명의 다른 아내에게서 총 20명의 자녀를 낳았다.

---

273 노예주: 미국 남북전쟁 이전에 노예제도가 합법화되었던 남부의 주(州).

274 메이슨-딕슨 라인: 미국의 독립 이전 펜실베이니아주와 메릴랜드주의 경계 분쟁을 해결하기 위해 만든 선.

여위고 흰머리가 나고 자세가 구부정했지만 여전히 정력적이었던 그는 평생 실패를 경험했다. 그는 측량, 농업, 무두질, 말 사육, 가축 거래, 목재 거래, 양모 배급에 손을 댔지만 모두 파산했다. 그는 사업수완이 전혀 없는 사람이었다. 그에게 있는 것이라고는 회중교회주의자Congregationalist[275]로서 깊은 신앙과 아프리카계 미국인의 권리를 위해 헌신하려는 열정뿐이었다. 그가 처음으로 노예들의 딱한 처지에 눈을 뜨게 된 것은 12세 때였는데, 당시 그는 아버지와 함께 자신과 같은 또래의 어린 노예가 사는 집에 머물렀다. 집주인은 브라운을 마치 '큰 애완동물'처럼 귀여워했으나, 흑인 소년(브라운과 같은 또래)에게는 남루한 옷을 입히고 밥도 잘 주지 않았으며, 추운 날씨에 밖에서 재우고 브라운이 보는 앞에서 철삽 또는 기타 기구로 체벌을 가했다. 그는 노예제를 "모든 악행의 총합"이라고 부르면서 노예제도 폐지에 자신의 삶을 바쳤다.

초기에 그의 활동은 비폭력적이었다. 그는 노예들이 언더그라운드 레일로드Underground Railroad[276]를 통해 탈출할 수 있도록 도왔고, 뉴욕 북부에서 백인과 흑인이 "평등한 형제"로 살 수 있는 실험적인 공동체를 운영했다. 하지만 점차 그는 흑인이 속박을 벗어나게 하기 위해서는 무력을 사용해야 한다고 생각하게 되었다. 그는 1856년 5월 21일 노예제도를 옹호하는 민병대가 노예제도를 반대하는 로렌스 읍내를 약탈하는 사건이 발생한 후 "난폭하고 광란적"으로 변했다. 바로 그 이튿날 미국 상원의회에서 노예제도를 옹호하는 사우스캐롤라이나의 프레스톤 S. 브룩스Preston S. Brooks 의원이 매사추세츠의 찰스 섬너Charles Sumner 의원을 끝이 금속으로

---

275 회중교회는 신학적으로 급진적 개혁주의로 보수적 성향의 교회로 조합교회라고도 한다. 장로교회는 당회의 권한이 강하지만, 회중교회는 전체 회중들의 의견에 따라서 교회의 결정과 정치가 실행된다.

276 19세기 초에 미국에서 흑인 노예들의 탈출을 돕기 위해 결성된 비밀조직. 남부에서 도주한 노예들을 북부로 탈출시키는 것이 목적이었다. 이들은 이동 경로를 '노선'이라 불렀고, 안전한 집은 '정거장', 길잡이는 '차장', 도주 노예들은 '짐' 또는 '화물'이라고 불렀다. 1850년 무렵 이 조직을 통해 탈출한 흑인 노예는 대략 10만 명으로 추산된다.

된 지팡이로 야만적으로 구타하는 사건이 일어났다. 브라운은 "공포를 조장해서 그런 행위를 종식할 수 있다는 본보기를 보여줄 필요가 있다. 우리도 그런 권리를 가지고 있다는 것을 이 야만인들에게 보여주자"라고 말했다. 5월 24일 브라운과 그의 아들 넷, 그리고 사위를 포함한 그를 따르는 7명의 추종자들은 포타와토미 크리크^{Pottawatomie Creek}의 노예 정착촌으로 출발하여 그곳에서 5건의 살인을 저질러 전국적으로 큰 화제를 불러일으켰다.

일주일 후 브라운은 가난하고 남루한 자원자 26명(그중 한 명의 기록에 따르면, "우리가 한때 코트, 바지, 모자 같은 것들을 착용했었다는 생각과 느낌, 기억조차 가물가물해졌다.")을 모아 노예제도를 옹호하는 민병대 캠프를 습격했다. 민병대원 4명이 살해당했고 나머지 24명은 이후 블랙잭 전투^{Battle of Black Jack}라는 거창한 이름의 전투에서 항복했다. 보더 러피안은 1856년 8월에 이에 대한 보복으로 캔자스 자유주 오사와토미^{Osawatomie} 정착지를 파괴해 존 브라운의 아들 중 한 명과 수비대원 4명을 죽였다. 브라운과 그의 조직은 수적으로 불리하여 퇴각할 수밖에 없었다. 그럼에도 불구하고 "오사와토미의 늙은 브라운"은 그의 부하들에게 다음과 같이 지시를 통해 싸우겠다는 의지를 밝힘으로써 더 유명해졌다. "오래 사는 것보다 인생을 잘 마무리하는 데 더 신경을 써야 한다."

대부분의 노예제도 폐지론자는 평화주의자들이었다. 그들은 살인을 용납하지 않았고 포타와토미 살인사건이 그들의 대의를 크게 훼손했다고 여겼다. 존 브라운의 조직원조차 '끔찍한 피를 부르는 복수였다'라고 생각했다. 그러나 그는 살인이 미치는 영향을 보고 마음을 바꿨다. "노예제 옹호론자들은 대단히 겁에 질렸고, 얼마 지나지 않아 대다수가 그 지역을 떠났다." 이 살인과 이후의 살인이 캔자스의 결과를 결정하지는 않았지만, 테러의 균형이 이전처럼 일방적으로 한쪽으로 기울어지지는 않았다. 이러한 행위는 캔자스 경계 너머로까지 영향을 미쳐서 남부에서 "악명 높은 암살자" 존 브라운이 북부의 정서를 대변하고 있고, 그들의 '이상한 제도'를 보호하기 위해서는 극단적인 방법이 필요하다는 잘못된 생각을 심어주게 되었다. 사실 브라운은 매우 이례적인 사람이었지만, 그의 활동과 북부의 입장을 강력하게 옹호하는 모습을 보고 깊은 인상을 받은 북부 사람들은 그를 점점 더 많이 지지하게 되었다. (브라운은 자신이 말했듯이 "언변이 뛰어났다.")

비밀의 6인Secret Six으로 알려진 부유하고 영향력 있는 그의 저명한 후원 그룹 중에는 그리스 반군과 함께 활동했던 이상주의자이자 보스턴의 의사인 새뮤얼 그리들리 하우Samuel Gridley Howe도 있었다. 그들은 브라운이 20년 동안 준비해온 대담한 계획을 수행할 자금과 수단을 제공했다. 브라운은 "그가 구할 수 있는 반란전에 관한 모든 책"을 읽고 있었다. 그는 로마 통치에 저항한 스페인 부족장과 체르케스Circassia 부족장 샤밀, 아이티의 투생 루베르튀르에게서 깊은 감명을 받았다. 그들의 선례에 영감을 받은 브라운은 25~50명의 조직원과 함께 남부로 침입하면 노예 반란을 일으킬 수 있다고 믿었다. 반란군이 (게릴라전을 수행하기에 안성맞춤인) 버지니아의 블루리지Blue Ridge 산맥에 거점을 마련하면 평야 지대에 있는 농장들을 공격할 수 있었다. 가리발디Garibaldi와 함께 이탈리아 통일전쟁에 참전한 경험이 있는 한 용병 출신 영국인은 노예들에게 반란 동참에 호응해달라는 어떠한 '사전 통지'가 없었다면서 그를 만류하려 했다. 그러나 "굳은 의지와 확고한 목적의식"을 가지고 있었던 브라운은 아프리카계 미국인들—그리고 그들의 모세로서 자신에게 주어진 소임—에 대한 확신에 차서 뜻을 굽히지 않았다.

브라운은 곧 해방될 노예들에게 무기를 제공하기 위해 지금의 웨스트버지니아에 있는 하퍼스 페리Harpers Ferry의 연방 무기고를 점령하여 반란을 일으키기로 결심했다. 그는 금광 채굴자인 척하면서 근처의 집을 빌렸다. 그의 부하들은 무기와 보급품을 가지고 그곳에 모였다.

무기고는 1859년 10월 16일 일요일 밤, 흑인 5명을 포함한 22명의 침입자들의 손에 넘어갔다. 브라운과 그의 부하들은 조지 워싱턴의 먼 후손

미국의 노예제도 폐지 운동가였던 존 브라운은 급진적이고 무력을 동원한 활동으로 전국적인 명성을 얻었으나, 미국 남북전쟁 전 하퍼스 페리에서의 노예 반란 선동 작전이 실패하면서 붙잡혀 사형당했다. 그는 게릴라라고는 할 수 없었지만, 자신이 의도한 대로 자신의 위업과 발언이 신문 전면에 실리게 만든 최초의 테러리스트였다. 그는 사후에 더 큰 명성을 얻어 전설적인 인물이 되었다. 철학자 헨리 데이비드 소로는 그를 예수에 비견했고, 북군은 〈존 브라운의 유해〉라는 행군가를 만들어 부를 정도였다. 〈출처: WIKIMEDIA COMMONS | Public Domain〉

을 포함한 무기고 노동자들과 인근 농부들 35명을 인질로 잡았다. 그러나 영국인 용병이 경고했듯이 노예들은 그들의 대의에 호응하지 않았다. 대신 당시 기자의 말에 따르면, 모든 연령대의 각계각층 남성들이 온갖 종류의 무기와 장비를 들고 각자 다른 옷을 입은 채 무기고를 에워싸 저지선을 만들었다. 이슬비가 내리는 월요일 밤, 남루한 행색의 민병대원들은 워싱턴에서 달려온 진청색 전투복을 입은 육군 대령 로버트 E. 리Robert E. Lee가 지휘하는 미 해병대 90명에게 항복했다.

브라운은 도망갈 시도조차 하지 않았다. 그는 가망이 없더라도 끝까지 저항해 영웅적인 최후를 맞으려고 했다. 그와 부하들은 소방서 석조 건물에서 인질로 방어벽을 치고 피할 수 없는 종말을 준비했다. 10월 18일 화요일 아침, 리의 부관 J. E. B. 스튜어트J. E. B. Stuart 중위가 나타나 브라운에게 항복을 요구했지만, 브라운은 거절했다. 해병대원 12명이 사다리를 파성퇴破城槌로 사용해 현관문을 박살내고 호랑이처럼 뛰어들었다. 공격을 지휘한 해병대 중위 이스라엘 그린Israel Green은 이렇게 기록했다. "진격 작전은 휴일에 취미로 하는 스포츠가 아니다. 그들은 소방차 아래 숨어 있는 한 명을 총검으로 찔렀고, 다른 한 명을 벽에 밀어붙인 후 칼로 찔렀다. 2명 모두 그 자리에서 즉사했다." 그린은 기병도saber로 "젖 먹던 힘을 다해" 브라운을 두 번 내리쳤다. 그것으로 단 3분 만에 위험한 인질극은 종료되었다.

존 브라운의 두 아들을 포함해 10명의 침입자가 사망했고, 브라운은 중상을 입었다. 그린이 평소 사용하던 튼튼한 검이 아니라 가느다란 예도禮刀로 공격했기 때문에 브라운은 죽음을 피할 수 있었다. 브라운은 옆구리에 심각한 자상을 입고 얼굴과 머리카락에도 피가 묻어 피투성이였지만, 그런 상황에서도 구름처럼 모여든 취재진과 정치인들의 질문에 3시간 동안 침착하고 유창하게 대답했다.

브라운은 1859년 12월 2일에 자랑스럽게 교수형을 당할 만큼 오래 살아남았지만(그는 결과에 대해 "상당히 만족스럽다"라고 말했다), 자신에 대한 형식적인 재판을 국가적 차원으로 공론화하려는 생각—이 전략은 이후 수많은 정치범들이 그대로 따라해 대중매체를 통해 법정 밖으로 자신의 메시지를 전달했다—을 실현시키지는 못했다.

성경 속의 선지자처럼 수염을 길게 기른 브라운의 감동적인 법정 연설로 북부에서는 수많은 찬사가 쏟아졌다. 그는 다음과 같은 화려한 표현으로 법정 연설을 마무리했다. "자, 정의의 종말을 앞당기기 위해 나의 목숨을 빼앗고, 내 피를 내 아이들의 피와 사악하고 잔인하며 불공정한 법률로 인권이 무시되고 있는 이 노예국가에서 살아가는 수백만 명의 피와 더 섞어야 한다고 판단한다면, 그렇게 하라고 말하겠소." 당시 아직 노예제도 폐지론자가 아니었던 사람들조차도 정당한 명분만이 그러한 자기희생을 불러일으킬 수 있다고 생각하기 시작했다.

존 브라운은 게릴라라고는 할 수 없었다. 그는 남부에 군사적 위협을 조금이라도 가할 수 있을 만한 병력을 보유한 적이 없었다. 그러나 그는 자신이 의도한 대로 자신의 위업과 발언이 신문 전면에 실리게 만든 최초의 테러리스트였다. 그는 사후에 더 큰 명성을 얻어 전설적인 인물이 되었다. 철학자 헨리 데이비드 소로Henry David Thoreau는 그를 예수에 비견했고, 북군은 〈존 브라운의 유해John Brown's Body〉라는 행군가를 만들어 불렀다. 이 노래는 새뮤얼 그리들리 하우의 아내 줄리아 워드 하우Julia Ward Howe가 〈공화국 전투찬가The Battle Hymn of the Republic〉[277]를 작곡하는 데 영감을 주었다. 아프리카계 미국인 지식인 프레더릭 더글러스Frederick Douglass는 브라운의 영향력을 다음과 같이 요약했다. "존 브라운이 노예제를 종식시킨 전쟁을 끝낸 것이 아니었다면, 그는 적어도 노예제를 종식시킨 전쟁을 시작했던 것이었다." 만약 그렇다면 이 신앙심 깊은 청교도는 역사상 제1차 세계대전을 일으킨 보스니아 학생들만큼이나 중요한 테러리스트다.

하지만 불행하게도 아프리카계 미국인을 위한 이러한 대의에 맞서 인

---

277 공화국 전투찬가: 미국 남북전쟁 당시 북군의 애국가.

종차별주의자들은 곧 그들이 북부 사람들보다 테러에 훨씬 더 능숙하다는 것을 보여주게 된다.

31

재건의 파괴

◆

**1866~1876년,
해방노예의 인권을 유린한 테러 집단 KKK단과의 전쟁**

일라이어스 힐Elias Hill은 1871년 5월 5일 자정이 지난 시각에 잠에서 깨어났다. 사우스캐롤라이나주 요크 카운티York County에 있는 작은 오두막에 누워 있던 그는 개들이 짖는 소리와 어둠 속에서 빠르게 움직이는 남자들의 소리를 들을 수 있었다. 그들은 먼저 옆집에 있는 동생의 집에 와서 동생의 아내를 채찍질했다. "일라이어스는 어디 있지?" 그들은 계속 캐물었다. 그녀가 그들에게 대답하자, 그들은 일라이어스의 집으로 뛰어들어갔다. "여기 있다! 여기 있어!" 그들 중 한 명이 의기양양하게 외쳤다. 그들은 그의 이불을 내팽개치며 그를 마당으로 끌고 갔다.

당시 50세인 일라이어스 힐은 7세 이후로 불구였기 때문에 저항할 수 없었다. 근이영양증으로 추정되는 끔찍한 질병으로 인해 그의 다리는 성인 남자 손목만한 크기로 쪼그라들어 있었다. 팔도 말랐고 턱은 이상하게 기형이었다. 신체적 한계를 극복한 힐은 '유색인종 공동체'에서 뜻밖에 지도자로 부상했다. 그의 아버지는 30년 전 자신과 처자식을 위해 돈을 주고 자유민이 되었으며, 일라이어스는 백인 아이들로부터 책을 읽는 법을 배웠다. 성인이 된 그는 학교 교사이자 존경받는 침례교 설교자가 되었고, 가외로 문맹인 자유민을 대신해 편지를 써주고 약간의 돈을 벌었다. 그는 또한 공화당과 밀접하게 연계된 자매단체인 유니온 리그Union League의 지회장이었다.

공화당은 과거에 노예였던 자들에게 시민권을 부여하는 새로 제정된 제13 · 14 · 15조 수정 법안 시행을 지지하고 있었다. '우월한 인종'(백인들 자신)이 '열등한 인종'에게 기회를 주는 것을 상상조차 할 수 없었던 이전의 노예 소유자들은 이를 받아들이기 힘들었다.

남부는 비록 남북전쟁에서 패배했지만, 그렇다고 그것이 백인들이 흑인이나 흑인을 옹호하는 자들에게 권력을 양도할 준비가 되어 있었다는 뜻은 아니었다. 그들은 흑인을 옹호하는 사람들이 북부 출신이면 '카펫배거Carpetbagger', 남부 출신이면 '스캘러왜그Scalawag'라고 비방했다. 대부분의 백인들은 그들이 오랫동안 억압해왔던 사람들이 권력을 잡으면 자신들에게 끔찍한 일이 일어날까 봐 두려워했다. (잔인한 폭력행위가 난무했던 아이티 혁명이 자주 예로 인용되었다.) 지나치게 흥분한 어조로 독자들에게 싸우라고 촉구한 어느 사우스캐롤라이나 신문 내용을 통해 그 당시 백인들의 정서가 어떠했는지를 엿볼 수 있다.

이는 가장 아름답고 고귀한 우리 미합중국을 불경한 아프리카 야만인과 어깨에 계급장을 단 도적떼(미 육군 장교)의 발에 짓밟히게 내버려두는 지옥에서 태어난 정책—자유롭게 태어난 고귀한 영혼을 가진 수백만 명의 형제자매를 저버리는 정책—이며, 다호메이Dahomey(서아프리카)의 정글에서 온 횡설수설하고 게걸스럽고 악마를 숭배하는 야만인과 코드곶Cape Cod[278], 멤프리메이고그Memphremagog호[279], 지옥,

---

278 코드곶: 미국 매사추세츠주 남동부에 있는 반도.

279 멤프리메이고그호: 미국 버몬트주에 있는 호수 이름.

그리고 보스턴에서 온 뜨내기 해적들의 지배하에 두는 정책이다.

쿠 클럭스 클랜Ku Klux Klan, KKK은 인종 평등을 주장하는 "지옥에서 태어
난 정책"에 맞서 싸울 준비가 되어 있었다. 1866년 테네시주 풀라스키
Pulaski에서 '사교와 오락'을 위해 6명의 남군 참전용사들이 창립한 이 단
체는 원래 "아무 의미 없는 이해하기 힘든" 입문 의식과 비밀 표지로 완
성되는 대학 남학생 사교 클럽과 유사했다. (이 단체의 이름은 원 또는 무
리를 의미하는 '쿠클로스kuklos'라는 그리스어에서 유래했다.) 그러나 얼마 지
나지 않아 이 단체는 회개를 모르는 남부에서 칡넝쿨처럼 퍼져 본격적
인 테러 조직으로 성장했다. 전 남부연합 장군 네이선 베드포드 포레스
트Nathan Bedford Forrest가 대마법사grand wizard로서 이 조직을 명목상 대표했다.
하지만 이 "보이지 않는 제국Invisible Empire"은 중앙의 명령이 거의 또는 전
혀 없이 활동했다. 역사가 스티븐 한Steven Hahn이 지적했듯이 "KKK단은 다
양한 비밀자경단과 준군사조직을 거느리고 규정대로 움직이는 공식적인
조직이 아니었다." KKK '소굴'(즉 테러리스트 조직)은 백동기사단Knights of
the White Camellia, 백면단Pale Faces, 백인형제단White Brotherhood 같은 유사 조직과
마찬가지로 자생적으로 생겨났다.

KKK는 공화당원을 정부에서 쫓아내고 백인우월주의 정책을 수립할
민주당원으로 대체하는 것을 목표로 하는 준군사조직의 대명사가 되었
다. 사실상 KKK는 아일랜드공화국군Irish Republican Army, IRA이 신페인당Sinn
Féin[280]의 군대가 된 것처럼 민주당의 군대가 되었다. 많은 지역 사회에서
거의 모든 백인 남성이 남북전쟁 이전에 노예 반란을 예방하기 위해 설
립된 민병대와 순찰대에 등록했던 것처럼 KKK에 가입했다. 남부연합 11
개 주에 걸쳐 KKK 및 유사 단체의 총 회원 수는 50만 명에 달한 것으로

---

280 신페인당: 1919년부터 1922년에 걸쳐 아일랜드의 완전한 독립을 목적으로 조직한 급진적
정당이자 아일랜드공화국군(IRA)의 정치조직이다. 정치적으로는 강경민족주의 노선을 표방하
면서 북아일랜드의 영국 독립과 아일랜드 통일을 주장하고 있다.

KKK는 백인우월주의를 내세우는 미국의 극우비밀결사로, 1866년에 미국 테네시주 풀라스키에서 '사교와 오락'을 위해 6명의 남군 참전용사들이 만들었다. 얼마 지나지 않아 KKK는 남부에서 칡넝쿨처럼 퍼져 본격적인 테러 조직으로 성장했다. 이들은 게릴라 집단과 달리, 군인이 아니라 민간인만을 목표로 테러를 일삼았다. 〈출처: WIKIMEDIA COMMONS | Public Domain〉

알려져 있다. 스티븐 한은 회원의 대부분이 남군 참전용사들로 구성되었기 때문에 이들의 활동을 "남군의 공식 항복에 대한 복수와 저항을 계속하려는 게릴라 운동으로 간주할 수 있었다"라고 주장한다. 그러나 진정한 게릴라 집단과 달리, KKK는 군인이 아니라 일라이어스 힐과 같은 민간인만을 목표로 테러를 일삼았다.

그들의 목표와 노이로제는 일반적인 KKK단원을 일컫는 '악귀ghoul' 6명이 가면을 쓰고 행한 힐의 심문을 통해 드러났다. KKK단의 대표 이미지는 흰색 옷이지만 실제 변장은 다양했다. 힐은 "어떤 단원은 머리에 체크무늬 두건을 썼고, 어떤 단원은 머리에 검은 방수천을 뒤집어쓰고 손과 손목을 덮는 장갑 같은 것을 끼고 있었다." 그들은 무지하고 미신을 믿는 흑인들에게 공포를 조장하기 위해 마치 유령이나 마귀인 척했으며, 자신들의 목소리를 감추려고 변조해 목소리가 기묘하고 부자연스럽게 들렸다. 하지만 그러한 가장무도회 같은 복장으로는 일라이어스 힐처럼 교육 수준이 높은 목사는 물론이고 어린 아이들조차도 속이기 어려웠을 것이다.

그들이 힐에게 했던 첫 번째 질문은 "백인들의 집에 불을 지른 자가 누구냐?"였다. 흑인들은 백인우월주의자들을 두려워해 공개적으로 대응하지 못했기 때문에 항의의 한 형태로 방화를 저지른다고 의심받고 있었다.

"나는 그들에게 내가 아니라고 말했다. 나는 방화를 저지를 능력이 없었다. 나에게 그런 질문을 하는 것 자체가 불합리했다"라고 힐은 회상했다.

복면을 쓴 자들은 그의 답변에 만족하지 않았다. 그들은 주먹으로 그를 때리고 거짓 자백을 받아냈다. 그런 다음 그들은 힐이 "흑인 남자들에게 모든 백인 여성을 겁탈하라"고 지시했는지 물었다.

그가 아니라고 말하자, 그들은 또다시 그를 폭행했다. 그들은 해방 노예를 조직해 KKK단에 맞서려고 한 KKK단의 골칫거리 유니온 리그의 회장이 그인지 물었다. 그가 인정하자, 그들은 계속해서 그를 폭행했다.

"KKK단에 반대하는 설교를 하지 않았는가?" 그들이 물었다.

그가 아니라고 대답하자 그들은 그의 목에 줄을 매달아 마당 근처로 끌고 갔다. 그런 다음 말채찍으로 볼기뼈(관골)를 여덟 번 때렸다. "내 다리가 너무 짧았기 때문에 신체 부위 중 때릴 수 있는 유일한 곳이었다"라고 그는 증언했다.

마침내 그들은 차가운 밤공기 속에서 1시간 이상 고문을 한 후 떠났다. 그러나 그들은 떠나기 전에 그에게 많은 것들을 요구했다. 그들은 그에게 설교를 중단하고, 찰스턴Charleston에서 발행되는 공화당 신문 구독을 중단하고, 지역 신문에 '공화당 지지'를 철회하고 절대로 투표하지 않겠다고 약속하는 광고를 게재하라고 했다. 그가 이 모든 요구를 들어주면 살려주고, 그렇지 않으면 다음 주에 죽일 것이라고 했다.

같은 날 밤, 사우스캐롤라이나주의 같은 마을에서 KKK단은 다른 여러 흑인 가정에 침입했다. 힐이 나중에 하원에서 증언했듯이, "그들이 우리 집에 왔었던 같은 날 밤 그들은 J. P. 힐J. P. Hill의 아내를 채찍질했다. … 마일스 배런Miles Barron의 아내인 줄리아Julia의 경우 소문에 의하면 그들이 그녀를 강간했다고 한다. … 새뮤얼 심렐Samuel Simrell의 집은 그날 밤 불에 탔다."

많은 이들이 목숨을 잃었지만, 최소한 그들은 살아남았다. 짐 윌리엄스Jim Williams는 요크 카운티에서 노예로 태어났지만 탈출하여 북군에 입대했다. 전쟁 후 그는 흑인 민병대 중대장으로 고향에 돌아왔다. 1871년 3월 7일, 일라이어스 힐 가택 침입 사건이 있기 두 달 전에 복면을 쓴 40~50명이 새벽 2시에 침입했다. 그는 마룻바닥 아래 숨어 있었지만, 동네 외과의사 J. 루푸스 브래튼J. Rufus Braton이 이끄는 KKK단은 그의 은신처를 찾아냈다. 그들은 그를 밖으로 끌고 나와 나무에 묶고 목을 매달았다. 선출직 공무원들도 안전하지 못했다. 백인 공화당원 솔로몬 워싱턴 딜Solomon Washington Dill 연방 상원의원, 흑인 공화당원 벤자민 프랭클린 랜돌프Benjamin Franklin Randolph 상원위원은 총을 맞고 숨졌다. 백인들에게 흑인들과 같이 줄을 서서 투표하라는 말로 신경을 긁은 전력이 있었던 백인 선거관리위원 역시 상원의원들과 같은 최후를 맞았다.

◆ ◆ ◆

심지어 공화당의 지배 아래 있던 남부 정부도 "보이지 않는 제국"과 싸우기에는 사실상 무력했다. 백인 법집행관들은 KKK단과 싸울 리 없었고 백인 배심원들 역시 그들에게 유죄 판결을 내릴 수 없었다. 아칸소, 텍사스 등 일부 지역에서 흑인 민병대의 활동이 그나마 효과가 있었으나, 전반적으로 이들은 제대로 훈련을 받지 못했고 무장도 잘 갖추지 못했다. 역사가 에릭 포너Eric Foner의 말에 따르면, "백인들은 대부분 무기를 어떻게 다루는지 훈련을 받았지만, 흑인들의 경우는 군 경력이 있는 사람을 손에 꼽을 정도였다."

게다가 대부분의 지역에서 백인 공화당 의원들은 온건한 백인을 소외시키고 재선에서 패배할 수도 있다는 것을 우려해 흑인 민병대를 고용하려 하지 않았다. 포너는 이렇게 기록했다. "공화당 지역에서도… 법은 제대로 작동하지 않았다."

정부는 임무에 매우 부적합한 점령군에게 재건을 시행하는 일을 맡겼다. 남부에 주둔한 연방군의 수는 1866년에 8만 7,000명이었던 것이 1867년에는 2만 명으로, 1876년에는 6,000명으로 감소했다. 전쟁부 예하 해방노예국Freedmen's Bureau[281]은 과거에 노예 신분이었던 자유민을 지원하기로 되어 있었지만, 해방노예국의 직원 수는 가장 많을 때도 900명에 불과했으며 그마저도 남부 전역에 흩어져 있었다. 요컨대, 남부 백인들이 이미 과거 노예였던 자들에게 어떠한 사회적·정치적 권리도 부여하지 않겠다고 분명히 결의한 후 1867년에 착수된 급진적 재건으로 알려진 사회 개혁을 940만 명의 남부인(그중 550만 명은 백인)에게 강요하기에는 연방 대표들이 턱없이 부족했다.

◆ ◆ ◆

루이스 M. 메릴Louis M. Merrill 소령보다 재건의 이상을 실현하고 KKK단이 저지른 악행을 폭로하려고 열심히 노력한 육군 장교는 없었다. 하지만 그의 경험은 투쟁이 얼마나 헛된 일인지 보여주었다. 그는 1871년 3월, 제7기병대 예하 3개 중대와 함께 사우스캐롤라이나에 도착했다. 부대 임무가 일시적으로 북미 인디언과의 전투에서 KKK와의 전투로 전환된 참

---

281 해방노예국: 1865년에 설립된 국가 차원의 최초의 연방 복지기관으로 주된 목적은 노예에서 자유인으로 신분이 변한 사람들에게 먹을 것을 나누어주고, 일자리를 찾아주며, 교육시설과 의료시설을 개방하고, 법적 원조를 제공하는 것이 설립의 주된 목적이었다.

이었다. 유입된 부대의 수가 증가했음에도 불구하고 전체 인구가 70만 5,606명(백인 28만 9,667명 포함)인 주에서 군인은 1,000명 미만이었다.

웨스트포인트 출신 장교 메릴은 "그의 머리와 얼굴, 안경 쓴 모습이 독일 교수처럼 보였고, 운동선수 같은 체격"을 갖고 있었다. 비범한 재능을 가진 장교인 그는 1850년대에 '피의 캔자스'에서 보더 러피안과 1860년대에 미주리에서 부시왜커와 싸웠기 때문에 대반란전을 수행하는 방법을 알고 있었다. 변호사는 아니었지만, 법조인 집안 출신으로 한때 법무장교로 일한 적이 있었기 때문에 그는 자신의 목표를 달성하기 위해 법을 활용하는 방법을 잘 알고 있었다. 법무장관 아모스 T. 애커맨Amos T. Akerman의 말에 따르면, 그는 "단호하고, 아주 침착하고, 대담하고, 신중하고, 법률 지식이 풍부했으며, 사리 분별력이 있고, 불의를 보면 분노했지만 분노를 통제할 줄 아는 사람이었다. 한마디로 그 일에 꼭 맞는 적임자였다."

메릴은 요크 카운티의 요크빌Yorkville(인구 1,500명)에 있는 로즈 호텔Rose's Hotel에 본부를 설치하고 뉴욕에서 온 손님의 말을 빌리면, "전체적으로 아주 음울한 분위기"에서 정보 수집에 착수했다. 그가 처음 도착했을 때 "마을 유지들은 통상적인 남부 관습대로 그들을 친절하고 정중하게 맞았다." 그는 "이따금 발생하는 폭도들의 폭력"만 처리하면 될 것이라고 생각했다. 그러나 얼마 지나지 않아 그는 KKK단이 아주 체계적인 대규모 조직일 뿐만 아니라 매우 위험한 조직이라고 확신하게 되었다. 그는 훗날 하원에서 다음과 같이 증언했다. "나는 현재 요크 카운티만큼 사회적으로 무질서한 문명 사회는 없다고 생각합니다. … 법 집행하기에는 민심이 병든 상태로 보입니다."

정보제공자(현지 용어로 '푸커puker')를 고용한 메릴은 수많은 사소한 위협, 협박, 학대, 권총과 소총으로 때려눕히는 행위와 같은 아주 작은 개인 폭력 사례를 제외하고 11건의 살인사건과 600건의 채찍질, 구타 및 개인 폭력 사건에 대한 증거를 수집했다. 그런데 그에게는 수사권은 있었지만, 기소권이 없었다. 정직하지 않거나 협박당한 배심원과 위증 때문에 그는 "나는 지방정부 당국이 설령 의지가 있다 하더라도 KKK단의 음모에 대처할 힘이 없다는 것을 알았고, 그들이 그것을 시도하려는 마음이 아예 없다고 믿게 되었다." 그 음모가 실질적으로 전체 백인 공동체와 관련되어 있다고 진술될 수도 있다는 점을 고려하면 그런 수동적인 태도는 놀랄 만한 일이 아니었다.

메릴 소령과 다른 수사관들이 수집한 증거에 놀란 하원은 1871년 4월 쿠 클럭스 클랜 법안Ku Klux Klan Act을 통과시켰다. 이 법안은 "헌법이 보장하는 모든 권리, 특권 및 면책특권을 침해하는" 새로운 연방 범죄를 규정하고 대통령이 이를 집행하기 위해 인신 보호 영장을 유예하도록 했다. 6개월 후 율리시스 S. 그랜트Ulysess S. Grant 대통령은 이 조항을 처음이자 마지막으로 발동하여 요크 카운티를 포함한 9개 사우스캐롤라이나 카운티에서 인신 보호를 해제했다. 이틀 만에 메릴의 기병대원들은 반란 혐의로 82명의 용의자를 체포했다. 추가로 수백 명이 자수하여 요크빌 교도소에는 입추의 여지가 없었다. 메릴의 말에 따르면, KKK단원들은 "당황하고 사기가 저하되어 게임이 끝났음을 인정했다"라고 말했다.

사실, 게임은 이제 시작에 불과했다. KKK 법안에는 군사 법정에 대한 조항이 없었기 때문에 용의자들은 사우스캐롤라이나주 컬럼비아Columbia에 있는 연방 법원으로 이송되었다. KKK단 지도자들은 1만 달러를 모아 미국 최고의 변호사 2명을 고용했다. 둘 다 전직 미국 법무장관이었다. 1,355건의 KKK단 기소 중 102건만이 유죄 판결을 받았으며 가장 긴 형기는 겨우 5년에 불과했다. 즉시 석방된 용의자 중에는 메릴에게서 용케 도망친, 짐 윌리엄스Jim Wiiliams를 린치한 KKK단의 지도자 J. 루퍼스 브래튼J. Rufus Bratton 박사도 포함되어 있었다. 그는 캐나다의 비밀요원들이 납치한 후 클로로포름chloroform으로 마취시켜 오늘날 용의자 인도rendition라고 불리는 방법으로 미국 영토로 몰래 돌려보냈다.

1873년 봄, 법무장관은 모든 계류 중인 사건의 기소를 중지했다. 그랜트 대통령은 "남부에서 매년 가을에 발생하는 이런 사건들로 인해 전 국민이 지쳐 있어서, 대다수 국민이 툭하면 정부의 간섭을 비난하는 것이다"라고 인정했다. 연방 정부는 재건을 시행하며 온갖 노력을 기울였지만 1874년 선거에서 남북전쟁 이후 처음으로 민주당이 과반 의석을 확보했다. 육군도 내키지 않는 임무를 끝내고 북미 인디언과 싸우는 진정한 군인으로 돌아가기를 원했다. 많은 장교들은 1872년 9월 23일 메릴 소령이 제출한 보고서를 포함한 여러 보고서들을 보고 깜짝 놀랐다. 메릴 소령은 이 보고서에서 임무 환경 때문에 "그의 부하들의 기마술이 최소한의 기준에도 못 미치고 있다"고 지적했다. 제7기병대의 마지막 부대는 1873년 3월에 사우스캐롤라이나주에서 철수했다.

◆ ◆ ◆

메릴 소령은 이 무렵 "KKK단은 요크 카운티에서 조직이 완전히 무너졌다"라고 믿었다. 1873년 당시 KKK단은 세력이 약화되어 향후 반세기 동안 부활하지 못했다. 그러나 당시 KKK단은 해방된 노예의 권리 박탈이라는 목표를 향해 순조롭게 다가가고 있었다. 법률상의 평등을 보장하기 위해 만든 새로운 헌법 개정안은 명목상으로만 존재했다. KKK단 설립자들조차도 KKK단이 "과오를 저질렀다"고 느꼈고, KKK단을 계속 유지하면 연방 정부의 반발을 불러일으키는 역효과를 낳을 위험이 있다고 생각했다. 그러나 그렇다고 해서 이것이 흑인의 권리에 대해서 KKK단원들이 최소한의 양보를 할 준비가 되었음을 의미하는 것은 아니었다. 한때 KKK단원이었던 사람들이 가리발디에게는 모욕적인 찬사로 들릴 수 있는 '붉은 셔츠단'이라는 일부 조직을 포함해 남부 전역에 우후죽순처럼 생겨난 소총 클럽 및 검술 클럽과 같은 새로운 준군사조직에 가입했다. 당시 남부 실지회복주의자irredentist 세력이 너무 강했기 때문에 이들은 변장할 필요조차도 없었다. 그들은 아무도 그들을 막지 않을 것이라고 확신하면서 대중 앞에서 거리낌 없이 분노를 표출할 수 있었다.

1877년, 남부에는 연방군이 없었고 공화당 관리도 거의 남아 있지 않았다. 공화당 후보 러더포드 B. 헤이즈Rutherford B. Hayes를 민주당원 새뮤얼 J. 틸든Samuel J. Tilden 대신 1876년 대선의 승자로 앉히기 위한 저열한 정치적 거래의 일환으로 군대가 남부에서 철수했다. 새로운 민주당 주정부는 짐 크로Jim Crow라는 인종차별법안을 입안하기 시작했다.

11년 동안의 테러로 약 3,000명의 해방노예가 희생되었고, 남부의 백인들은 4년간의 전쟁에서 65~85만 명의 전사자를 남긴 군대보다 더 많은 것을 성취했다. 테러는 일반적으로 도시에서 발생하는 현상으로 간주되었지만, KKK는 지방 단체였으며 역사상 가장 크고 성공적인 테러 조직 중 하나였다. 무자비한 살인과 협박 때문에 재건의 약속은 다음 세기에도 실현될 것 같지 않았다.

인종차별주의자들은 후대가 "서사전 battle of the narrative"이라고 부르는 전투에서 승리를 거둠으로써 재건을 방해하는 데 적지 않은 성공을 거두었다. 그들은 남북전쟁 이후의 진정한 희생자는 해방노예가 아니라 전 노예 소유주라는 근거 없는 믿음을 퍼뜨림으로써 서사전에서 성공했다. 재건에 대한 비방은 『국가의 탄생Birth of a Nation』(토머스 딕슨 주니어Thomas Dixon Jr의 1905년 소설인 『KKK단원: 쿠 클럭스 클랜에 관한 역사소설 The Clansman : An Historical Romance of the Ku Klux Klan』을 바탕으로 쓴 작품), 『바람과 함께 사라지다Gone with the Wind』와 같은 유명한 책과 영화에서 구체화되었는데, 이미 1870년대에는 남부뿐만 아니라 북부에서도 같은 의견이 지배적이었다.

만약 KKK나 이후에 나타난 조직들이 연방 정부를 전복하거나 심지어 연방에서 탈퇴하기로 결정했다면, 결코 성공할 수 없었을 것이다. 그러나 그들은 훨씬 더 작은 목표를 달성하기 위해 노력하고 연방군과의 싸움을 피하기 위해 신중하게 행동했다. 그것은 결국 백인이 이끄는 연방 정부가 그들의 요구를 쉽게 인정하도록 만들었다. 북부인들은 연방 탈퇴에 대해서는 죽을 때까지 맞서 싸울 용의가 있었지만, 인종차별에 대해서는 그렇지 않았다.

KKK만큼 성공한 테러 단체는 드물었다. 폭력 행위를 일삼다가 실패한 전형적인 예로 무정부주의자들을 들 수 있다.

32

행위를 통한 선전

♦

1880년경~1939년경,
무정부주의자들의 테러

가난한 지식인의 전형적인 옷차림인 낡은 검은색 바지, 조끼, 부츠를 착용하고 흰 셔츠에 검은색 넥타이를 맨 창백한 얼굴의 약간 마른 청년이 세기말fin de siècle 파리의 추운 밤거리를 방황하는 모습은 그 누구의 관심도 끌지 못했을 것이다. 그의 외투를 자세히 살펴보고 그의 외투 주머니 안에 무엇이 들어 있어서 저렇게 불룩한지 궁금해하는 사람이 없는 한, 아마 그랬을 것이다.

새로 완공된 에펠탑이 보이는 노동자 계급 거주지인 벨빌Belleville의 초라한 셋방에서 나온 그는 멋진 오페라 거리Avenue de l'Opéra를 걸었다. 그는 세련된 레스토랑인 비뇽Bignon, 카페 드 라 페Café de la Paix에 들렀지만, 그의 목적을 달성하기에는 손님이 너무 적었다. 오후 8시, 그는 번화한 기차역 옆에 있는 테르미뉘스 호텔Hotel Terminus에 도착했다. 카페에 손님이 꽤 많았고 더 많은 손님이 계속 도착했기 때문에 그는 테이블에 앉아 맥주를 주문하고 시가를 피웠다. 밤 9시까지 350명이 넘는 사람들이 마치 푸치니Puccini의 오페라 〈라 보엠La Bohème〉의 한 장면처럼 "무관심한 오케스트라"가 연주하는 동안 식전주를 마시고 담배를 피우며 대화를 나누고 있었다.

그러나 푸치니의 오페라에서 나올 법한 장면은 여기까지였다. 검은색 옷을 입은 남자는 침착하게 문을 열고 주머니에서 꾸러미를 꺼내 시가로 불을 붙인 다음, 보도에 발을 내딛자마자 안으로 던져넣었다. 사제 폭탄의 무게는 4파운드(약 1.8kg) 정도에 불과했다.

이 사제 폭탄은 뇌산수은 기폭제를 장착한 다이너마이트와 산탄이 가득 찬 금속 도시락 형태로 단순했지만 파괴적인 폭탄이었다. 1894년 2월 12일의 폭발로 인해 대리석 테이블과 금속 의자가 산산조각이 나고 유리창과 거울은 가루가 되었으며 바닥과 천장에 구멍이 생겼다. 20명이 다쳤고, 그중 5명은 중상을 입었다. 나중에 중상자 중 한 명은 사망했다. 이 테러 사건은 우리가 "벨 에포크Belle Époque"[282]로 알고 있는 시기에 일어난 퇴폐적 장면과는 완전히 거리가 멀었다.

카페에서 연기와 비명이 뿜어져 나오자 테러범은 달아내려 했다. 그러나 그는 "저자를 잡아라!"라고 외치는 웨이터에게 발각되었다. 지나가던 군중이 어둠 속에서 추격에 합류했다. 그는 도망치면서 권총을 꺼내 추격하던 사람들에게 몇 발을 발사했지만, 경찰이 마침내 그를 체포했다. 테러범은 경찰도 쏘려고 했지만 짧은 몸싸움 끝에 체포되었다. 그는 체포되면서도 계속해서 "돼지 같은 놈들! 나는 너희 모두를 죽일 것이다!"라고 외쳤다.

처음에 그는 자신의 이름을 레옹 브레통Leon Breton으로 말했다가, 나중에는 레옹 마르탱Leon Martin이라고 밝혔다. 며칠 후 그의 진짜 이름이 에밀 앙리Émile Henry이며 이 사건 역시 그의 첫 번째 테러 행위가 아니라는 것이

---

282 벨 에포크: "좋은 시대"라는 의미로, 프랑스의 정치적 격동기가 끝나고 제1차 세계대전이 시작되기 전까지의 19세기 말~20세기 초의 기간을 이르는 말이다.

1894년 2월 12일, 프랑스 파리 테르미뉘스 호텔의 카페에 사제 폭탄을 투척한 후 체포된 무정부주의자 에밀 앙리(가운데)의 모습. 에밀 앙리가 재판에서 진술했듯이, "공장주는 노동자들의 노동력으로 막대한 재산을 축적하고 있었다. … 장관, 차관은 뇌물을 받기 위해 끊임없이 손을 내밀고 있다. … 내가 볼 수 있는 모든 것이 내 속을 뒤틀리게 했고 내 마음은 사회 조직에 대한 비판으로 굳어갔다. … 나는 범죄자로 규정된 사회의 적으로 변해갔다."

<출처: WIKIMEDIA COMMONS | Public Domain>

밝혀졌다. 2년도 더 전인 1892년 11월 8일, 그는 직원들의 파업을 막은 채광회사의 파리 사무실 밖에 폭탄을 두고왔다. 경찰은 이 폭탄을 발견하고 역사로 가져갔는데 그곳에서 폭발해 경찰관 5명이 사망했다. 재판에서 앙리는 더 많은 사람을 죽이지 못한 것에 대해서만 유감을 표했다. 그는 적어도 15명이 테르미뉴스 카페에서 죽기를 바랐다.

21세의 청년은 이미 열렬한 무정부주의자—사유 재산이 존재하지 않고 사람들이 완전히 자유롭고 조화롭게 사는 지상 낙원을 구현하기 위해서 국가는 파괴되어야 한다고 믿는 사람—였기 때문에 그의 뻔뻔한 태도는 사태를 지켜보던 군중에게 전혀 놀라운 일이 아니었다. 유일하게 놀라운 것은 그가 가난한 노동자나, 런던의 한 잡지가 표현한 것처럼 "한량이나 저급한 범죄자'—상류사회가 무정부주의자에 대해 가졌던 고정관념—가 아니라는 것이었다. 검찰은 그가 "프티 부르주아petty bourgeois[283]"라고 말했다. 그의 아버지는 책을 출판한 경력이 있는 저자였고 삼촌은 후작이었다. 앙리는 토목기술자인 다른 삼촌을 위해 일하기도 했던 훌륭한 학생이었다. 그러나 그는 자신의 무정부주의적 신념을 추구하기 위해 직업을 포기했다. 그가 1871년 72일 동안 파리를 점령한 코뮌Commune[284]의 지도층이었던 아버지로부터 영감을 받았다는 것은 의심할 여지가 없다. 1871년 5월 한 주간의 유혈사태로 2만 명이 살해되고 4만 명이 체포되었다. 앙리의 아버지는 스페인으로 강제 추방당했다. 파리의 무정부주의 단체와 교류하고 있던 앙리와 그의 형 포튀네Fortuné 같은 무정부주의자들

---

283 프티 부르주아: 봉건사회에서 근대사회로 이행하는 시기에 일정한 사회층으로서 성장한 자유롭고 독립된 수공업자와 독립 자영농민을 가리킨다.

284 코뮌: 1871년 프로이센과의 전쟁에서 패한 후 임시정부의 수반인 왕당파 아돌프 티에르 (Adolphe Thiers)가 국민방위군의 무장 해제를 명령하고 3월 18일 수비대가 보유하고 있던 대포를 철거하고자 했다. 이에 노동자가 중심이 된 민중들은 저항했고, 3월 26일 그들이 중심이 되어 치른 선거에서 혁명파가 승리를 거두고 정부를 구성했는데 이것이 바로 파리 코뮌(Paris Commune)이다. 파리 코뮌의 성공에 힘입어 프랑스 곳곳에서 민중들이 베르사유 정부에 저항했으나 모두 실패로 돌아가고 말았다. 파리 코뮌은 고작 두 달여 동안 지속되고 종료되었지만, 노동자 계급이 정치의 중심으로 등장했다는 역사적 의미를 갖고 있다.

은 이에 대해 지속적으로 불만을 표출했다.

그들은 또한 부유한 파리 사람들은 호화로운 레스토랑과 음악당에서 흥청거리는 반면에 가난한 프롤레타리아proletariat는 비참한 빈민가에 살고 있는 끔찍한 현실에 몹시 괴로워했다. 에밀 앙리가 재판에서 진술했듯이, "공장주는 노동자들의 노동력으로 막대한 재산을 축적하고 있었다. … 장관, 차관은 뇌물을 받기 위해 끊임없이 손을 내밀었다. … 내가 본 이 모든 것들로 인해 나는 사회 조직에 대한 비판의식에 사로잡히게 되었다. … 나는 범죄자로 규정된 사회의 적으로 변해갔다."

이리하여 앙리는 KKK나 존 브라운이 감행한 지방 테러와 겹치는 부분이 있기는 했지만 지방 테러와는 다른 도시 테러의 선구자가 되고자 했다. 앙리와 다른 무정부주의자들은 자신들의 테러가 이제 막 등장하기 시작한 대중 신문과 잡지들에 실려 즉시 널리 알려질 수 있는 파리처럼 인구밀도가 높은 도시 지역을 타격함으로써 아무리 작은 테러 조직(앙리의 경우 1인 조직)이라도 여론에 큰 영향을 미칠 수 있다는 것을 보여주었다.

◆ ◆ ◆

앙리는 스스로 인정했듯이 "내가 너무 자주 말해서 반복할 필요가 없는" 자신의 사회 비판을 공식화하기까지 그 누구보다도 철학자이면서 무정부주의자인 세 사람으로부터 가장 큰 영향을 받았다.

가장 먼저 영향을 받은 인물은 "소유는 도둑질이다", "신은 악하다"라고 주장한 천부적인 슬로건slogan 고안자인 프랑스인 피에르-조제프 프루동Pierre-Joseph Proudhon(1809~1865년)이었다. 그 다음으로 영향을 받은 인물은 차르 교도소에서 10년을 보낸 후 스위스에서 망명생활로 생을 마감한 털북숭이 나무꾼이었던 러시아 귀족 미하일 바쿠닌Mikhail Bakunin(1814~1876년)이었다. 바쿠닌은 공산주의와 무정부주의가 혁명계에 영향을 미치기 위해 경쟁할 당시 국제노동자협회International Working Men's Association[285](제1인터
내셔널First International)에서 칼 마르크스Karl Marx의 최대 라이벌이었다. 바쿠
닌은 러시아의 허무주의자 세르게이 네차예프Sergei Nechaev와 함께 그 유명
한 소논문『혁명의 원칙Principles of Revolution』을 집필했다.『혁명의 원칙』은
다음과 같이 주장한다. "우리는 세상을 완전 파괴하는 것 외에 다른 어떤
행동도 인정하지 않는다. 하지만 파괴 행동의 형태는 독, 칼, 밧줄 등 아
주 다양한 형태로 나타날 수 있다는 것을 인정한다.

바쿠닌과 네차예프는『혁명가의 교리문답Catechism of Revolutionary』도 공동
집필했는데, 이 책에서 "혁명의 승리에 기여하는 모든 것은 도덕적이며,
혁명을 방해하는 모든 것은 비도덕적이며 범죄다"라고 주장했다. 그 뒤에
바쿠닌은 러시아에서 젊은 혁명가를 살해한 사건으로 악명을 얻게 된 네
차예프와 결별했지만(훗날 도스토예프스키의 소설『악령Demons』의 소재가 된
사건), 폭력에 대한 지지를 결코 부인하지 않았다.

앙리가 영향을 받은 세 번째 위대한 무정부주의자인 표트르 알렉세예
비치 크로포트킨Pyotr Alekseyevich Kropotkin(1842~1921년)은 덜 선동적이고 살
인과 폭력에 관한 선언에 덜 집착했다. 러시아 대공이었던 그는 구정권에
반기를 든 혐의로 체포되어 수형생활을 하다가 마르크스처럼 영국으로
망명했다. 그는 "행위에 의한 선전propaganda by the deed"(1877년 프랑스인 폴 브
루스Paul Brousse가 처음으로 사용한 테러를 완곡하게 표현한 말)이라는 교리가
자신과 관련이 없음을 분명히 하고자 했지만, 마하트마 간디Mahatma Gandhi
나 마틴 루터 킹 주니어Martin Luther King Jr. 목사가 나중에 했던 것처럼 폭력
을 거부하지는 않았다. 크로포트킨은 수세기 동안 수많은 테러 행위 옹호
자들이 공감했던 성명서에서 "나는 개인적으로는 폭탄 테러를 혐오하지
만 절망에 빠진 사람들을 마치 판사처럼 비난하는 행위는 참을 수 없다"

---

285 국제노동자협회: 1864년 9월 28일 영국 런던에서 결성된 최초의 국제적인 노동운동조직
이다. 제1인터내셔널이라고도 한다. 이 협회의 활동을 통해 마르크스주의가 각국에 보급되는 등
국제 사회주의 운동에 큰 영향을 미쳤다.

① Émile Henry   ② Pierre–Joseph Proudhon
③ Mikhail Bakunin   ④ Pyotr Alekseyevich Kropotkin

프랑스 무정부주의자 에밀 앙리(사진 ❶)는 "소유는 도둑질이다", "신은 악하다"라고 주장한 프랑스인 무정부주의자 피에르-조제프 프루동(사진 ❷), 차르 교도소에서 10년을 보낸 후 스위스로 망명해 그곳에서 생을 마감한 털북숭이 나무꾼이었던 러시아 귀족 미하일 바쿠닌(사진 ❸), 구정권에 반기를 든 혐의로 체포되어 수형생활을 하다가 마르크스처럼 영국으로 망명한 위대한 무정부주의자 표트르 알렉세예비치 크로포트킨(사진 ❹)로부터 큰 영향을 받았다. 이들은 정도의 차이는 있었지만, 파괴 행동이나 폭력(테러)을 어느 정도 인정했다. 〈출처: WIKIMEDIA COMMONS | Public Domain〉

라고 말했다. 프루동, 바쿠닌, 크로포트킨의 지지자들 대부분은 폭력적이지 않았지만, 일부는 그렇지 않았다. 경찰이 파악한 프랑스 내 무정부주의자는 5,000명이었고, 이들 중 1,000명은 과격분자들로 추정되었다. 무정부주의자들은 이탈리아, 러시아, 스페인에도 집중되어 있었고, 그들 중 일부가 멀리 떨어진 북미와 남미로 이민을 가서 그들의 교리를 전파했다. 19세기 후반 철도, 증기선, 전신의 보급, 그리고 100년 후 인터넷, 항공사, 위성 TV, 휴대전화 확산과 함께 "세계화globalization"로 세상은 변했고, 테러리스트들은 이러한 현상을 이용했다.

그때도 지금처럼 런던은 에밀 앙리를 포함한 급진주의자들에게 안전한 피난처를 제공했다. 각국에서 망명해온 이들은 런던에서 고국에 배포할 책과 소논문을 인쇄했다. 그들은 토트넘 코트 로드 자치 클럽Tottenham Court Road Autonomie Club으로 불리는 클럽하우스clubhouse에서 만나기도 했다. 스코틀랜드 야드Scotland Yard(영국 런던 경찰국의 별칭)와 특히 아일랜드 신페인당원의 폭탄 테러에 대응하기 위해 1883년에 창설된 특수수사반은 외국인 급진주의자를 예의주시하고 있었지만, 영국을 표적으로 한 음모를 꾸미지 않는 한 별로 관여하지 않았다. 드물지만 전례가 없었던 것은 아니었다. 1894년, 앙리가 파리에서 테러 공격을 한 지 3일 만에 마르샬 부르댕Martial Bourdin이라는 프랑스 재단사가 그리니치Greenwich 왕립 천문대를 폭파하려고 했으나, "어설픈 실수"로 인해 천문대가 아닌 본인 자폭에 그쳤다. 이 사건은 조지프 콘래드의 소설 『비밀요원The Secret Agent』에 영감을 주었다.

무정부주의자들은 영국 밖에서 더 많은 성공을 거두었다. 프랑스의 사디 카르노Sadi Carnot 대통령, 스페인의 안토니오 카노바스 델 카스티요 Antonio Cánovas del Castillo 총리, 오스트리아-헝가리의 엘리자베스Elizabeth 황후, 미국의 윌리엄 맥킨리William McKinley 대통령, 이탈리아의 움베르토 1세 Umberto I는 모두 1894년부터 1901년 사이에 자칭 무정부주의자들에게 암살당했다. 독일 황제 빌헬름 1세Wilhelm I와 페르시아의 황제(샤Shah)를 포함한 다른 군주들은 같은 운명을 간신히 피했다. 테러 단체가 이렇게 많은 국가 원수를 암살한 것은 이전에도, 그 이후에도 없었다.

이탈리아의 왕 움베르토 1세가 지적한 대로 테러로 인한 암살은 통치자들에게 '직업상 위험'이 되었다. 더욱 충격적인 것은 에밀 앙리의 테러 행위처럼 평범한 사람들인 "부르주아"를 대상으로 무차별적 공격이 이루어졌다는 것이다. 앙리가 테르미뉘스 카페를 공격하기 3개월 전, 스페인 무정부주의자 산티아고 살바도르Santiago Salvador는 로시니Rossini의 오페라 〈윌리엄 텔William Tell〉의 공연이 한창이던 만석의 바르셀로나 극장 발코니에서 2개의 폭탄을 투척했다. 아이러니하게도 〈윌리엄 텔〉의 내용은 독재 권력에 대항한 초기 반란군의 이야기를 담고 있다. 이 사건으로 22명이 숨지고 5명이 다쳤다. 몇 년 후 1920년 뉴욕 월스트리트Wall Street에서 폭발물을 가득 실은 마차가 폭발해 38명이 사망하고 수백 명이 부상을 입는 사건이 발생했는데, 이는 1995년 오클라호마시티Oklahoma City 폭발 사고 전까지 미국에서 일어난 가장 치명적인 테러였다. 범인들은 체포되지 않았지만, 유력한 용의자로 이탈리아계 무정부주의자 마리오 부다Mario Buda가 지목되면서 이탈리아계 미국인과 다른 이민자들에 대한 공포 분위기가 조성되었고, 그 공포는 10여 년간 더욱 심화되었다.

대부분의 유혈사태는 이전에 일어난 테러에 대한 처벌을 복수하기 위한 행위로 정당화되었다. 복수에 대한 열망은 항상 테러리스트의 가장 강력한 동기였다. 수많은 20세기 급진주의자들은 니콜라 사코Nicola Sacco와 바르톨로메오 반제티Bartolomeo Vanzetti의 사건에 대해 불만을 품었다고 주장할 것이다. 이 이탈리아계 미국인 무정부주의자 2명은 1927년 매사추세츠주에서 일어난 무장 강도 사건 중에 두 사람을 죽인 혐의로 유죄 판결을 받아 사형이 집행되었다. 에밀 앙리는 프랑스 국민회의Chamber of Deputies에 폭탄을 던져 다수의 사람에게 부상을 입힌 혐의(테러가 발생한 와중에도 국회의장은 "회기를 속행합니다"라고 선언한 것으로 유명해졌다)로 처형된 오귀스트 발랑Auguste Vaillant을 대신해 복수하기 위해 테러를 저질렀다고 주장했다. 앙리의 체포에 앙심을 품은 앙리의 친구 벨기에 무정부주의자 필리베르 파웰Philibert Pauwels은 파리에 있는 허름한 두 호텔에 작은 폭탄을 설치하여 그중 하나로 연로한 호텔 여주인 한 명을 살해했다. 파웰은 마들렌 성당Church of the Madeleine을 폭파하려고 했지만, 폭탄이 생각보다 빨리 터지는 바람에 본인만 폭사했다.

◆ ◆ ◆

당시 황색 신문yellow press[286]에 실린 무정부주의자의 분노에 대한 과장된 뉴스는 국가지도층 사이에 공포를 불러일으켰다. 1892~1894년 사이에 파리에서는 11건의 폭탄 테러로 9명이 사망했다. 그 결과, 어느 신문 기자는 "1894년 파리 시민들은… 매일 새로운 폭탄 테러가 일어날까 봐 걱정하며 살고 있다. … 전차에서 사소한 사고가 발생해도 사람들은 전선에 폭발물이 설치된 것으로 상상했다."(9·11 테러 이후 뉴욕에 있었던 사람이라면 이런 반응에 공감할 것이다.) 자신들의 범죄 행위에 대해 정치적 동기를 주장하는 많은 평범한 범죄자들에게 무정부주의자의 신념은 좋은 핑계거리가 되었다. 어느 프랑스 강도는 1887년에 체포하려는 경찰관을 찔러 죽이고 "경찰관은 법의 이름으로 나를 체포했지만 나는 자유의 이름으로 그를 찔렀다"라고 주장했다. 흉악한 블랙 인터내셔널Black International[287](검은색은 무정부주의자들의 색이었다)이 서구 문명을 무너뜨리려는 음모를 계획하고 있다는 추측이 널리 퍼졌다. 바쿠닌은 세계혁명동맹World Revolutionary Alliance과 같은 이름을 가진 존재하지도 않는 거대한 조직을 창설하여 이러한 인상을 증폭시켰다. 그의 광신적인 무정부주의자 동지 세르게이 네차예프는 "2771호 공인 대표"로 지정되었는데, 이는 그외

---

286 황색 신문: 내용이 선정적이고 흥미 위주의 신문을 말한다.

287 블랙 인터내셔널: 1881년 영국 런던에서 개최된 전당대회에서 설립된 국제 무정부주의자 정치 단체.

에도 또 다른 2,770명의 대표가 있다는 것을 암시하기 위한 거짓 직함이었다.

무정부주의자들이 때때로 국경을 넘어서 테러 행위를 저질렀다는 것은 사실이었다. 어느 무정부주의자의 말대로 "당시 유럽에는 여권이 없었고 국경은 거의 존재하지 않았기 때문에" 그렇게 하기가 쉬웠다. 예를 들면 오스트리아 엘리자베스 황후는 스위스에서 한 이탈리아 무정부주의자에게 칼에 찔려 죽었고, 이탈리아 움베르토 1세는 뉴저지에 사는 이탈리아계 미국인 무정부주의자에게 살해되었다. 그러나 무정부주의자들은 국제 네트워크는 물론이고 개별 국가 안에서 통일된 지휘 구조가 있었던 것도 아니었다. 합동 훈련소도 없었다. 이러한 것들은 1970년대에 테러리즘이 확산되면서 나온 혁신적인 개념들이었다.

무정부주의자 조직anarchist organization이라는 개념 자체가 모순이었다. 무정부주의자들은 마르크스주의 지도자들이 그들의 정당에 요구한 일종의 연대의식에 격렬하게 저항하는 개인주의자들이었다. 이 사실은 왜 무정부주의자들이 마르크스주의자들에 비해 덜 성공적인지를 설명하는 데 도움이 된다. 에밀 앙리가 지적했듯이, 무정부주의는 "이슬람교도가 코란을 숭배하는 것처럼 무정부주의자들이 숭상하는 신념dogma이나 반박이 불가능하며 논란의 여지가 없는 교리"가 아니었다. 무정부주의자들은 가끔 회의(예를 들면, '행위에 의한 선전'을 채택한 1881년 런던 평의회)를 열었지만 응집력이 그리 크지 않았고 잘 모이지도 않았다. 비공식 회의나 앙리가 잠시 편집장으로 있었던 파리 주간 신문 《랑드호르L'Endehors》 발간 등의 형태로 가끔 비정기적 모임을 가졌다. 대부분의 무정부주의자 테러리스트들은 독일 출신 망명자 요한 모스트Johann Most가 쓴 역사상 최초의 테러리스트 매뉴얼 중 하나로 꼽히는 『혁명전쟁의 과학The Science of Revolutionary Warfare』(1885년)의 조언에 주의를 기울였다. "혁명적인 행동을 하고 싶다면 먼저 다른 사람에게 그런 이야기를 하지 말고 당장 실행하라!"

무정부주의자들은 분열되어 있었지만 외견상 매우 강력해 보였기 때문에 많은 나라가 제임스 가필드James Garfield 대통령과 러시아 차르 알렉산드르 2세Aleksandr II가 암살된 해인 1881년《뉴욕 타임스New York Times》가 "테러와의 전쟁"이라고 묘사한 것과 같은 억압적인 조치로 대응했다. 러시아, 오스트리아 같은 전제주의 국가에서 예상대로 가장 강력한 처벌이 적용되었다. 심지어 민주국가 프랑스에서도 무정부주의를 선전하거나 교리를 옹호하는 범죄자를 단속하기 위한 법이 통과되었다. 미국 하원은 정부를 인정하지 않거나 반대하는 외국인의 입국을 금지하는 법을 통과시켰다. 우드로 윌슨Woodrow Wilson 정권의 법무장관 A. 미첼 팔머A. Mitchell Palmer를 공격한 '팔머 습격' 이후 엠마 골드만Emma Goldman, 알렉산더 버크만Alexander Berkman을 포함한 수많은 급진주의자들이 추방되거나 투옥된 1919~1920년의 적색 공포Red Scare 기간에 물샐 틈 없는 단속이 시행되었다. 시어도어 루스벨트는 1908년에 "무정부주의의 진압에 비하면 다른 모든 문제는 하찮다"라고 선언함으로써 당시의 강경한 분위기를 나타냈다.

9·11 테러에 대한 전 세계의 대응이 완전히 새롭다고 믿는 오늘날의 사람들은 한 세기 전의 무정부주의자의 위협이 로마(1898년)와 상트페테르부르크(1904년)에서 열린 반무정부주의 회의anti-anarchist conferences와 같은 국제경찰의 공조 시도를 증가시켰다는 것을 인식해야 한다.

러시아 비밀경찰은 프랑스 정부의 동의를 얻어 파리에서 대규모 작전을 수립했고, 이탈리아는 전 세계의 이탈리아 출신 무정부주의자들을 추적하기 위해 형사들을 파견했다. 이러한 조치는 1923년 국제형사경찰기구International Criminal Police Commission인 인터폴Interpol의 설립을 위한 토대를 마련했다. 무정부주의자 단체는 여러 나라의 경찰에 테러 계획을 소상히 보고하는 정보제공자와 선동가들로 가득찼고, 때로는 단순히 그들이 밝혀낸 것에 대한 더 큰 보상을 받기 위해 새로운 음모를 조작하기도 했다.

여느 때와 마찬가지로 기술은 양날의 검이었다. 카메라 덕분에 대중매체는 테러리스트의 테러 사진을 게재할 수 있게 되었고, 이를 통해 가해자인 테러리스트는 자신의 목적을 세상에 널리 알릴 수 있게 되었으며,

경찰은 용의자를 촬영해 신원을 확인할 수 있게 되었다. 이 시대에 '머그 샷mug shot', 지문감식, 법의학 연구소가 등장하기 시작했으며, 이로 인해 테러리스트들은 임무를 수행하기가 더욱 어려워졌다.

◆ ◆ ◆

무정부주의자들은 자신들을 억압하려는 시도가 대중의 반발을 불러일으킬 것이라고 확신했다. 단두대에 오르기 직전에 열린 재판에서 에밀 앙리는 다음과 같이 선언했다. "우리 무정부주의자 다수는 시카고에서는 교수형, 독일에서는 참수형, 스페인 헤레스Xerez에서는 교살형, 바르셀로나Barcelona에서는 총살형을 당했으며, 몽브리종Montbrison과 파리에서는 단두대의 이슬로 사라졌다. 하지만 너희들은 무정부주의를 파괴할 수 없다. 무정부주의는 그 뿌리가 깊어서 이미 쇠락의 길을 걷고 있는 이 사악한 사회 속에서 자라고 있다. … 무정부주의는 어디에나 있다. … 그리고 무정부주의는 너희들을 타도하고 죽이는 것으로 끝날 것이다."

앙리의 주장은 틀렸다. 무정부주의자들은 누구도 패배시키지 못했다. 1930년대 후반에 이르러 무정부주의는 거의 소멸되었다. 민주국가에서는 보다 나은 경찰력으로 테러리스트를 체포할 수 있었으며, 보다 자유로운 노동법은 노동자들이 노동조합을 통해 그들의 불만을 평화롭게 해결하는 것을 가능하게 했다. 소련, 파시스트 이탈리아, 나치 독일에서 무정부주의자들은 무자비한 폭력으로 억압당했다. 러시아 내전 기간 우크라이나에서 활동한 네스토르 마흐노Nestor Makhno가 이끄는 1만 5,000명에 달하는 무정부주의자 게릴라들이 최대 규모의 무정부주의자 세력이었지만, 1921년에 붉은 군대에게 제거되었다. 조지 오웰George Orwell이 『카탈루냐 찬가Homage to Catalonia』에서 탁월하고 격렬하게 묘사했듯이 스페인 무정부주의자들은 1936~1939년에 걸친 스페인 내전 기간 동안 프랑코Franco의 파시스트와 마르크스주의자 '동지들'의 표적이 되었다. 공산주의를 좌파의 지배적 교리로 확립하려는 소련 정부의 계획이 성공하자, 무정부주의자들은 무관심의 영역으로 밀려났다.

무정부주의자들이 더 많은 것을 성취하지 못했다는 것은 놀라운 일이 아니다. 왜냐하면 최근에 나온 책의 말을 인용하면, 무정부주의자들이 "불가능한 것을 요구했기 때문이다." 그들은 어떤 면에서는 제한된 목표를 달성하기 위해 광범위한 테러 활동을 추구한 KKK단과는 정반대였다. 무정부주의자들은 KKK단과는 대조적으로 유토피아적인 목표를 추구하기 위해 오랜 세월에 걸쳐 여러 나라에서 고립된 폭력 행위를 저질렀다. 한 추산에 따르면, 오스트리아 공직자가 "국적 없는 야수"라는 별명을 붙인 무정부주의자들은 1880~1914년에 16개국에서 테러 행위로 160명을 죽이고, 최소 500명에게 부상을 입혔다. 러시아와 스페인 내전은 제외하고 제1차 세계대전 후 무정부주의자들의 테러 공격으로 93명이 더 사망했다. 하지만 무정부주의자들은 그 어디에서도 큰 추진력을 얻지 못했다.

사회주의자들 역시 자신들의 많은 결함으로 인해 고통을 겪었지만, 적어도 차르의 땅 러시아에서는 테러로 바라는 결과를 얻어 결국 구체제를 붕괴시키게 된다.

33

차르 암살 시도

♦

1879~1881년경,
'인민의 의지파' 허무주의자들의 알렉산드르 2세 암살

차르^{Tsar}[288]는 1879년 8월 26일 사형을 선고받았다. 판결은 어울리지 않게도 부자들의 다차^{dacha}(여름 별장)가 많은 상트페테르부르크$^{St. Petersburg}$ 교외의 멋진 소나무 숲에서 내려졌다. 마른 솔잎 사이에 러시아에서 혁명을 일으키기 위해 평생을 바친 25명의 남녀로 구성된 '인민의 의지파$^{Narodnaya Volya}$'[289] 집행위원회 위원들이 모였다.

그들은 모두 30세 미만의 지식인으로, 주로 중산층이나 하급 귀족 출신이었다. 문맹률이 높았던 당시 사회에서 이례적으로 이들 대부분은 대

---

288 차르: 제정 러시아 때 황제(皇帝)의 칭호.

289 인민의 의지파: 19세기 러시아의 나로드니키(Narodniki: 인민주의자라는 뜻으로, 19세기 후반 러시아에서 사회주의혁명운동을 실천한 세력)의 비밀조직. 사회혁명을 추구하며 테러활동을 벌였다. 1879년 혁명조직 '토지와 자유파'가 '인민의 의지파'와 '흑토(黑土) 재분할파(Chyornyi peredel)'로 분열되면서 결성되었다. '인민의 의지파'는 '토지와 자유파'의 중앙집권적 비밀 결사의 원칙을 계속 지키면서 테러 중심의 전술을 썼다. 이들은 사회혁명의 실현을 위해서는 정치혁명이 선행되어야 한다고 믿고 테러리즘을 가장 중요한 투쟁수단으로 삼았다.

학에 다니고 있었다. 재력과 교육 수준 면에서 미국 독립운동 지도자나 KKK단원과 비슷했지만 동시대의 다른 반군과들과 달랐던 그들은 피델 카스트로Fidel Castro, 체 게바라Che Guevara,, 야세르 아라파트Yasser Arafat와 같은 20세기 현대 반란군 지도자들을 연상케 했다. 그들은 이반 투르게네프 Ivan Turgenev가 1862년에 쓴 소설『아버지와 아들Fathers and Sons』에서 대중화 된 용어인 허무주의자Nihilist로 알려졌지만, 좀 더 정확하게 말하면 그들의 행동강령agenda에 언급되어 있듯이 '포퓰리스트—사회주의자populist-socialist'였 다. 국가를 파괴하고자 했던 무정부주의자와 달리 그들은 국가의 통제권 을 장악하고자 했다. 그들은 이전에 '토지와 자유파Land and Freedom'라는 단 체에 속해 있었지만 일부 구성원이 폭력 사용에 반대했기 때문에 탈퇴했 다. 그들의 집행위원회는 폭력을 사용하는 것에 대해 양심의 가책을 전혀 느끼지 않았다.

집행위원회의 일원인 베라 피그네르Vera Figner는 27세의 부유한 귀족 출 신으로 "활기차고, 유쾌하고, 장난기 많은 여자"였다. 한때 사교계에 진출 한 상류층 여성이었던 그녀는 이제 막 시작한 의사로서의 경력과 남편을 포기하고 거의 알지도 못하는 농부가 주창한 대의에 헌신할 것을 결심했 다. (어느 역사가는 허무주의자들이 "사람들이 동물을 좋아하는 것처럼 농민을 사랑하는 사람들"이라고 정확하면서도 신랄하게 썼다. 그녀와 다른 모든 사람 들은 "사람들 사이에 너무 많은 인화물질이 축적되어 있어서 작은 불꽃으로도 쉽게 타올라 결국에는 거대한 화재로 이어질 것"이라고 믿었다.

그렇다면 러시아의 황제이자 독재자인 차르 암살보다 더 좋은 불꽃은 없었다. 알렉산드르 2세Aleksandr II는 즉위 후 개혁가의 면모를 보였다. 그 는 1861년에 농노를 해방했지만, 그 후 헌법이나 선출된 의회를 승인하 길 거부하는 등 보수적으로 변했다. 이것은 즉위 초기 높았던 국민들의 기대치를 떨어뜨렸으며 곧 격렬한 반발을 불러일으켰다. 1878년 허무주 의자들은 차르 비밀경찰 제3부장 니콜라이 메젠초프Nikolai Mezentsov 장군 을 암살했다. 이듬해에는 유명한 무정부주의자의 사촌이자 지방 주지사

알렉산드르 2세는 즉위 후 농노를 해방하는 등 개혁가의 면모를 보였지만, 이후 헌법이나 선출된 의회를 승인하길 거부하는 등 보수적으로 변했다. 이것은 즉위 초기 높았던 국민들의 기대치를 떨어뜨렸으며 곧 격렬한 반발을 불러일으켰다. 이런 와중에 러시아 내부에서는 모든 권위를 부정하는 허무주의 운동이 퍼지기 시작했다. 그중 정치적 혁명을 꿈꾸며 러시아 황제 차르에 대한 암살을 계획하던 인민의 의지파는 실제로 차르 암살을 시도하기에 이른다. 〈출처: WIKIMEDIA COMMONS | Public Domain〉

인 드미트리 크로포트킨Dimitry Kropotkin 공작의 차례였다. 또 다른 테러리스트가 상트페테르부르크 주지사를 저격하여 부상을 입혔지만 동정심 많은 배심원단에 의해 무죄 선고를 받았다. 이 사건들은 율리우스 카이사르Julius Caesar나 에이브러햄 링컨Abraham Lincoln 암살 사건처럼 한 명의 암살범이 단독으로 행한 정치적 살인 사건이 아니라 국가 전체를 무너뜨리기 위한 협조된 테러리즘이었다. 차르를 표적으로 삼는 것이 이 테러의 궁극적 목표였다.

'인민의 의지파'는 1879년 11월 크림 반도에서 휴가를 마치고 돌아오는 차르의 기차를 폭파하려고 했다. 베라 피그네르는 다이너마이트를 잔뜩 싣고 오데사Odessa로 이동했다. 그녀는 "상류층 인형"(그녀의 말을 그대로 인용한 것임)처럼 차려입고 하인같이 보이지만 실제로는 공범인 남자가 철도회사에서 일자리를 얻을 수 있도록 신청서를 작성했다. 그는 일자리를 얻었지만, 차르는 다른 경로로 귀국하기로 결정했기 때문에 노력은 헛수고가 되었다. 무두질(가죽을 피혁으로 가공하는 과정 – 옮긴이) 공장을 세우려는 상인으로 가장한 다른 테러리스트는 선로에 다이너마이트를 묻었다. 차르는 11월 18일 이 경로를 통해 귀국했지만, 도폭선이 제대로 연결되어 있지 않아서 폭탄이 폭발하지 않았다.

모스크바 근교에서 세 번째 매복이 기다리고 있었는데, 부부로 가장한 2명의 허무주의자가 선로에서 약 150m 떨어진 집을 빌려 '차갑고 축축한 진흙'을 파서 철로를 향해 터널을 뚫었다. 그들은 차르의 열차가 지나가기로 되어 있던 11월 19일까지 준비를 마쳤다. 그들의 정보에 따르면, 차르 일행은 전용 열차 3대를 이용할 것이고, 알렉산드르 황제는 그중 두 번째 열차의 네 번째 객차에 탑승할 예정이었다. 그들은 열차를 완벽하게 폭파했지만, 황제가 마지막 순간에 첫 번째 열차로 여행하기로 결정한 것을 나중에 알게 되었다. 차르는 시종이 "수행원이 탑승한 열차의 네 번째 객차가 잼으로 변했습니다. 그 안에는 크림 반도에서 가져온 과일밖에 없었습니다"라고 말하기 전까지 그 폭발에 대해 전혀 알지 못했다.

알렉산드르 미하일로프
(Aleksandr Mikhailov)

안드레이 젤랴보프
(Andrei Zhelyabov)

소피아 페로프스카야
(Sophia Perovskaya)

니콜라이 리사코프
(Nikolai Rysakov)

이그나치 흐리니예비츠키
(Ignacy Hryniewiecki)

이반 예멜랴노프
(Ivan Yemelyanov)

니콜라이 키발치히
(Nikolai Kibalchich)

티모페이 미하일로프
(Timofey Mikhailov)

헤샤 헬프만
(Hesya Helfman)

니콜라이 사블린
(Nikolai Sablin)

베라 피그네르
(Vera Figner)

전제의 상징인 러시아 황제 알렉산드르 2세 암살을 주도한 '인민의 의지파' 지도부. 인민의 의지파는 사회혁명의 실현을 위해서는 정치혁명이 선행되어야 한다고 믿고 테러리즘을 가장 중요한 투쟁수단으로 삼았다. 이들의 궁극적 목표는 전제의 상징인 러시아 황제 알렉산드르 2세를 암살하는 것이었다.
〈출처: WIKIMEDIA COMMONS | Public Domain〉

차르는 국내에서도 안전하지 않았다. 급진파 목수 스테판 칼투린Stepan Khalturin은 방 1,050개, 문 1,886개, 창문 1,945개로 늘 수리가 필요한 차르의 겨울궁전Winter Palace에 일자리를 얻었다. 그는 경찰 경장이 미래의 사윗감으로 그에게 접근할 정도로 믿을 수 있는 근면한 일꾼으로 인정받았다. 칼투린은 '인민의 의지파'가 제공한 작은 다이너마이트를 식당 2층 아래에 있는 그의 방으로 서서히 밀반입했다. 1880년 2월 5일 오후, 칼투린은 도폭선을 연결하고 건물을 빠져나왔다. 15분 후 천둥 같은 폭발이 궁전을 뒤흔들었다. 11명이 사망하고 56명이 부상을 입었지만, 차르는 무사했다. 식당은 일부만 손상되었고, 차르는 당시 그 안에 없었다. 사상자 대부분은 지하실과 식당 사이의 1층 방에 있던 그의 경호원들이었다.

1880년 8월 '인민의 의지파' 회원 중 한 명이 늦잠을 잔 탓에 차르가 다리를 지날 때 폭탄을 터뜨리지 못하여 암살 시도는 다시 한 번 실패했다. 그러나 테러리스트들은 포기하지 않았다.

1880년 12월에 코보체프Kobozev 내외로 위장한 2명의 암살단원은 상트페테르부르크에 치즈 상점을 차렸는데, 사실 이 상점은 차르가 부대를 사열하기 위해 매주 일요일 외출할 때 지나가는 것으로 알려진 거리 아래에 폭탄을 설치할 목적으로 터널 작업을 하기 위한 위장 거점이었다. 실패에 대비해 휴대용 폭탄을 든 4명의 암살자가 거리에 배치되었다. 터널 작업은 1881년 1월 말에 시작되어 2월 말에 완료되었다.

암살계획이 진행되는 동안 비밀경찰이 뒤를 바싹 쫓고 있었다. '인민의 의지파'는 경찰 제3과에서 서기로 근무하고 있는 스파이의 도움으로 작전을 계속할 수 있었다. 그러나 1880년 비밀경찰 오흐라나Okhrana(공안질서수호국)를 새로운 경찰부서로 옮기는 조직 개편 이후 테러리스트들의 운명이 바뀌기 시작했다.

1881년 2월 말, 사실상의 지도자 알렉산드르 미하일로프Aleksandr Mikhailov와 2인자인 안드레이 젤랴보프Andrei Zhelyabov를 포함한 집행위원회 위원들 다수가 체포되었다. 그들은 차르 암살에 밀접하게 관련되어 있었는데 2명 모두 삼엄한 페트로파블롭스크 요새^{Petropavlovskaya Fortress, Peter and Paul} Fortress[290] 독방에 갇혀 있었다.

젤랴보프가 체포된 다음 날인 1881년 2월 28일 토요일에 '위생검사관'(실제로는 경찰 간부)이 치즈 가게에 나타났다. 그는 통 안에 무엇이 있는지 알고 싶어했다. '코보제프'는 치즈라고 대답했다. 그가 그것을 열었다면 굴착 작업으로 파낸 흙을 발견했을 수도 있었겠지만, 그는 이것을 대수롭지 않게 여겼다. 어느 역사가는 당시 경찰이 너무 관대해서 차르의 암살을 고의적으로 묵인해준 것은 아니었는지 의심을 하기도 했다.

바로 그날 밤 집행위원회의 나머지 구성원들은 암살을 포기할 것인지를 결정하기 위해 베라 피그네르의 아파트에 모였다. 그들은 젤랴보프의 귀족 여자친구인 소피아 페로프스카야^{Sophia Perovskaya}의 지휘 아래 암살계획을 계속 진행하기로 결정했다. 소피아는 파란 눈, 아름다운 금발, 섬세한 작은 코, 그리고 미소 지을 때 가지런한 하얀 치아가 드러나는 매력적인 입을 갖고 있었다. 친절하고 다정다감한 성격임에도 불구하고 그녀는 동료 허무주의자의 말에 따르면 "테러 조직에서 가장 두려운 회원 중 한 명"이었다. 그녀가 지휘하는 거사 일자는 다음 날인 3월 1일 일요일로 결정되었다.

오후 1시 '어둡고 음울한' 일요일 오후에 63세의 차르는 빨간 모자와 비버 모피 깃이 달린 붉은 안감의 외투를 입고 금으로 된 견장을 달고 부대 사열을 위해 출발했다. 코사크 기병 6명이 마차를 호위했고, 경찰관으로 가득 찬 썰매 2대가 그의 뒤를 따라 눈 덮인 자갈길을 지나갔다. 오후 2시 15분, 사촌을 방문한 후 차르는 겨울궁전으로 돌아갈 채비를 했다. 그가 선책한 길은 치즈 가게 앞을 지나가는 길이 아니었기 때문에 이제

---

290 페트로파블롭스크 요새: 18세기 초 표트르 대제가 스웨덴으로부터 국경을 방어하고, 요새를 중심으로 서구화된 도시를 건설하여 러시아 제국의 새로운 수도로 삼기 위해 상트페테르부르크의 네바 강변에 건설한 요새다. 그 후 1920년대 초까지 군사 주둔지이자 정치범 수용소로 이용되었다.

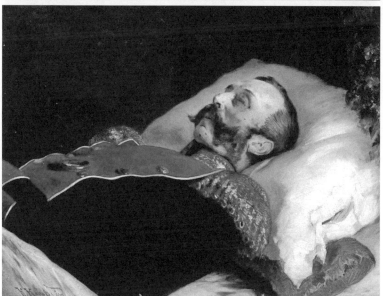

암살당하는 알렉산드르 황제. 1881년 3월 1일 예카테리나 운하 제방에서 일어난 폭발 사고의 피해를 살피기 위해 마차에서 내린 러시아 황제 알렉산드르 2세는 두 번째 폭발로 사망했다. 다리가 산산조각 난 차르는 사건 직후 겨울궁전에서 숨을 거두었다. '인민의 의지파'는 일곱 번째 암살 시도 만에 차르를 암살하는 데 성공했던 것이다. 〈출처: WIKIMEDIA COMMONS | Public Domain〉

거사는 폭탄 테러범들에게 달려 있었다. 페로프스카야가 비단 손수건에 코를 대고 신호를 보내자, 3명의 암살자가 예카테리나 운하 제방^{Catherine Canal Embankment}을 따라 행동을 개시했다. (그중 한 명은 최후의 순간에 겁을 먹었다.)

달리고 있는 차르의 마차에 작은 소포를 든 젊은 금발의 남자가 접근했다. 그가 팔을 휘두르자 귀청이 터질 듯한 폭발이 일어났다. 여러 명이 죽고 다쳤지만, 차르는 무사했다. 차르는 계속해서 가야 한다는 마부의 간청을 무시하고 피해를 살펴보기 위해 마차에서 내렸다. 차르가 코사크 기병에 둘러싸여 주위를 둘러보며 걷고 있을 때, 또 다른 청년이 다가와 그의 발에 무언가를 던졌다.

알렉산드르 황제와 그 주변에 있던 모든 사람들이 볼링 핀처럼 쓰러졌다. 암살자 이그나티아 그리네비츠키^{Ignat Hryniewicki}를 포함한 20명은 총에 맞아 몇 시간 후 사망했다. 한 장교는 "눈, 파편, 핏자국 사이사이에 옷조각, 견장, 기병도, 피 묻은 살점이 널려 있었다"고 회상했다.

다리가 산산조각 난 차르는 사건 직후 겨울궁전에서 숨을 거두었다. 일곱 번째 암살 시도 만에 차르를 암살하는 데 성공했던 것이다.

34

"통제 불가능한 폭발"

◆

1902~1917년,
러시아 사회주의 혁명

황제 암살이 성공했다는 소식을 들은 베라 피그네르는 폭군이 죽었다는 것에 기쁨과 안도의 눈물을 흘렸다. 하지만 그녀는 곧이어 다른 종류의 눈물을 흘리게 된다. 차르의 죽음은 전제군주제tsarism의 몰락이 아니라 알렉산드르 2세의 반동적인 아들 알렉산드르 3세Aleksandr III의 대관식으로 이어졌다. 1881년 4월 3일 소피아 페로프스카야를 포함한 5명의 테러리스트가 교수형에 처해졌다. 다른 3명은 종신형을 선고받았다. 피그네르는 20년 동안 독방에 갇혔다. '인민의 의지파'는 와해되었다. 1883년에는 비밀경찰의 이중간첩 세르게이 데가예프Sergei Degaev가 잔당을 이끌다가 결국 경찰조력자를 살해하고 미국으로 망명했다.

'인민의 의지파'는 붕괴된 후에도 미래의 혁명가들에게 영감을 주었다. 일례로 레닌Vladimir Lenin은 그의 추종자들에게 '인민의 의지파'의 당 규약과 테러 관행을 따르도록 촉구했고, 그의 형 알렉산드르 울리야노프Aleksandr Ulyanov는 후계 조직인 '인민의 의지 테러리스트 지회Terrorist Faction of the People's Will'에 합류했다. 후에 그는 1887년 젊은 레닌이 급진노선을 채택하게 된 사건인 알렉산드르 3세 암살 모의 혐의로 처형되었다. 그 후 테러리즘은 러시아에서 잠시 사라졌다가 세기 전환기에 그 어느 때보다 더 크게 다시 나타났다.

차르 정권에 반기를 들게 만드는 근본적인 환경이 변하지 않았다는 점을 감안하면 테러리즘이 재등장한 것은 놀랄 일이 아니었다. 경제가 산업화의 진통을 겪는 가운데 열악한 환경에서 살아가는 도시 프롤레타리아 계급과 증가하는 부에 상응하는 권력을 갖지 못한 신생 중산층이 생겨났다. 교육 또한 확대되어 대학생 수는 1860~1914년에 13배 증가했고, 정기간행물 수는 1860~1900년에 3배 이상 증가했으며, 문자해독률은 1897~1914년에 21%에서 40%로 증가했다. 그러나 사회가 현대화되고 국민의 정치적 인식이 성숙하는 동안 정권은 평화적인 변화에 영향을 미칠 방법이 없었던 독재적 과거에 여전히 사로잡혀 있었다. 이것이 문제의 본질이었다. 진보적인 전 총리 세르게이 비테Sergei Witte 백작은 1911년에 이렇게 기록했다. "20세기 초에 중세의 정책을 추진하고도 처벌받지 않는 것은 불가능하다. … 정부의 권력과 위신이 약화되기 시작하면, [혁명]은 통제할 수 없는 폭발처럼 분출할 것이다."

폭발의 최전선에는 '사회혁명당Socialist Revolutionary Party'과 사회혁명당의 테러 전담 '전투조직Combat Organization'이 있었다. 그들의 존재는 1902년 사회혁명당 조직원 한 명이 내무부 장관 집무실로 들어와 근거리에서 총으로 2발을 쏴 내무부 장관을 암살하면서 널리 알려졌다. 후임 내무부 장관은 1904년에 그가 탄 마차에 또 다른 사회혁명당 테러리스트가 폭탄을 던져 암살당했다. 이듬해인 1905년에는 차르의 삼촌이자 모스크바 총독인 세르게이 알렉산드로비치Sergei Aleksandrovich 대공의 차례였다. 그도 폭탄 투척으로 암살되었다. 그의 후임자는 1906년에 폭탄 테러로 보좌관을 잃고 경미한 부상을 입는 것으로 간신히 같은 운명을 피했다.

폭탄 투척을 '거룩한 행위'라고 불렀던 사회혁명당원들은 21세기 테러

새로 총리로 취임한 보수파 개혁가 표트르 스톨리핀(왼쪽 사진)은 당시 교수대의 올가미가 '스톨리핀의 넥타이'로 불릴 정도로 혁명가들을 교수형에 처한 것으로 악명이 높았다. 급진적 사회주의혁명당 분파의 과격주의자들은 이런 그를 암살하려고 시도했으나 번번이 실패했다. 그러다가 1911년에 드미트리 보그로프(오른쪽 사진)가 니콜라이 2세 황제와 함께 키예프에서 오페라를 보던 스톨리핀을 총으로 쏴 암살하는 데 성공했다. 암살자 드미트리 보그로프는 비밀경찰의 정보원이었는데, 자신의 신분이 동지들에게 탄로가 나자 속죄의 의미로 총리를 살해할 것을 강요당해 스톨리핀을 암살하게 되었다. 암살 후 보그로프는 공연장 앞에서 붙잡혀 교수형을 당했다. 〈출처: WIKIMEDIA COMMONS | Public Domain〉

의 관행이 된 많은 선례들을 남겼다. 그들은 새로 발명된 비행기를 사용하여 겨울궁전을 폭파하는 것을 논의할 만큼 상상력이 풍부했고 자살폭탄 테러범을 고용할 만큼 무자비했다. 1906년 초 급진적 사회혁명당 분파의 과격주의자 3명은 새로 취임한 총리 표트르 스톨리핀Pyotr Stolypin을 암살하려고 했다. 보수파 개혁가였던 스톨리핀은 당시 교수대의 올가미가 '스톨리핀의 넥타이'로 불릴 정도로 혁명가들을 교수형에 처한 것으로 악명이 높았다. 테러리스트들은 스톨리핀의 다차(여름 별장)에 들어가지 못하게 되자 대기실에서 "자유 만세!"라고 외치며 여행가방 폭탄을 터뜨렸다. 스톨리핀은 탈출했지만 2명의 자녀를 포함하여 27명이 사망하고

70명이 부상당했다.

스톨리핀은 1911년 니콜라이 2세 황제와 함께 키예프^{Kiev}에서 오페라를 보는 도중 또 다른 사회혁명당원의 테러 공격으로 사망했다(열여덟 번째 암살 시도). 암살자 드미트리 보그로프^{Dmitri Bogrov}는 비밀경찰의 정보원이었는데, 자신의 신분이 동지들에게 탄로가 나자 속죄의 의미로 총리를 살해할 것을 강요당했다. 그는 대담하게도 스톨리핀 암살 계획에 가담한 다른 사회혁명당 테러리스트 2명을 지목하겠다고 약속하며 비밀경찰을 속여 림스키-코르사코프^{Rimsky-Korsakov}의 〈술탄 황제의 이야기^{Tale of Tsar Saltan}〉라는 오페라 표를 제공받았다.

좌파 사회혁명당의 주요 경쟁자였던 사회민주노동당^{Social Democratic Labour Party}은 프롤레타리아 계급의 반란을 조장하기 위해 표면적으로는 테러 사용을 피했다. 레온 트로츠키^{Leon Trotsky}는 그들의 신조를 다음과 같이 요약했다. "단 한 명의 고립된 영웅은 대중을 대체할 수 없다." 그러나 실제로는 사회민주당의 양 파벌인 볼셰비키^{Bolsheviks}와 멘셰비키^{Mensheviks}는 사회혁명당보다 덜하기는 했지만 때때로 테러를 자행했다. 망명 중인 볼셰비키 지도자 레닌^{Vladimir Il'ich Lenin}은 1905년 차르 정권 붕괴 직전의 혼란 속에서 테러 사용을 지지했다. 노동자들의 파업이 확산되고 노동자 평의회(소비에트)가 생겨나자, 그는 추종자들에게 "총궐기 때까지 공격을 미루지 말고 모든 기회를 적극적으로 활용할 것"을 촉구했다.

레닌을 가장 헌신적으로 따르던 제자들 중 한 명이 그 지령을 열렬히 환영했다. 나중에 스탈린으로 알려지게 된 이오시프 주가시빌리^{Iosif Dzhugashvili}는 얼굴에 마마 자국이 있는 조지아 태생의 전직 신학교 학생 출신으로, 캅카스 전역에서 테러 캠페인을 벌인 볼셰비키 전투단^{Bolshevik Battle Squad}을 지휘했다. 1905년 내내 그의 '살인자들'은 코사크 기병[291]과 검은백인단

---

291 코사크 기병: 제정 러시아 때 데모, 노동 쟁의 등이 발생했을 때 출동했다.

사회민주당의 양 파벌인 볼셰비키와 멘셰비키는 사회혁명당보다 덜하기는 했지만 때때로 테러를 자행했다. 망명 중인 볼셰비키 지도자 레닌(사진)은 1905년 차르 정권 붕괴 직전의 혼란 속에서 테러 사용을 지지했다. 노동자들의 파업이 확산되고 노동자 평의회(소비에트)가 생겨나자, 그는 추종자들에게 "총궐기 때까지 공격을 미루지 말고 모든 기회를 적극적으로 활용할 것"을 촉구했다. 〈출처: WIKIMEDIA COMMONS | Public Domain〉

Black Hundreds vigilant[292]에 맞서 치열한 전투를 벌였다. 1906년에 차르는 가혹한 탄압을 통해 통제권을 되찾았고, 스탈린은 다시 지하로 숨어들었다. 숨어 있던 그는 멘셰비키와 협력하여 캅카스 반혁명 지도자인 표도르 그리야자노프General Fyodor Griyazanov 장군을 암살했다.

이후 스탈린은 '몰수expropriation'에 관심을 돌림으로써 정치적 은행강도로 알려지게 되었다. 1905년과 1906년 사이에 러시아에서 은행강도 사

---

292 검은백인단: 20세기 초 러시아의 초국민주의 운동이다. 이 운동의 지지자를 체르노소텐치라고 했다. 체르노소텐치는 로마노프가 황실을 철저히 지지했으며, 제정 러시아의 전제군주제로부터 조금의 변화도 용납하지 않으려 했다.

스탈린의 범인 식별용 머그샷(mugshot). 차르 비밀경찰의 파일에서 나온 이 사진은 1902년에서 1910년 사이에 찍은 것으로 추정된다. 그는 얼굴에 마마 자국이 있는 조지아 태생의 전직 신학교 학생 출신으로, 캅카스 전역에서 테러 캠페인을 벌인 볼셰비키 전투단을 지휘했다. 그는 멘셰비키와 협력하여 캅카스 반혁명 지도자인 표도르 그리야자노프 장군을 암살했고, 볼셰비키 혁명 자금을 조달하기 위해 은행, 역마차, 기차, 증기선 등을 터는 강도 행각으로 일급 수배자가 되기도 했다. 〈출처: WIKIMEDIA COMMONS | Public Domain〉

건이 거의 2,000건에 달해 전체 은행 시스템에 대한 신뢰가 흔들릴 정도였다. 스탈린은 진정한 제시 제임스Jesse James[293]가 되어 자신의 '전문금고털이기술팀'을 이끌고 역마차, 기차, 심지어 증기선까지 털었다. 그중 가장 악명 높은 강도사건은 1907년 6월 12일 당시 조지아의 수도 티플리스Tiflis의 주요 광장 중 한곳에서 강도 60명이 삼엄한 경계 속에 수송되던 현금을 탈취한 사건이다. 그들은 폭탄을 던지고 권총을 쏘면서 수많은 무

---

293 제시 제임스: 영국계 미국인이며 제임스 영거 갱단(James Younger Gang)의 두목. 와일드 번치(Wild Bunch)를 이끌었던 부치 캐시디(Butch Cassidy), 빌리 더 키드(Billy The Kid)와 함께 서부 개척시대를 대표하던 무법자들 중 한 명이다.

고한 구경꾼들, 코사크 기병과 경찰을 쓰러뜨리고 레닌의 작전 자금으로 사용될 최소 25만 루블(340만 달러)을 탈취해 도망쳤다. 스탈린은 기업가들을 죽이거나 시설을 폭파하지 않겠다는 약속에 대한 대가로 기업가들을 갈취하기도 했다. 다른 '사회적 강도' 행위와 마찬가지로 그의 강도 행위는 어디까지가 정치적 동기를 가지고 한 것이고 어디까지가 순전히 탐욕에 사로잡혀 한 것인지 항상 명확하지 않았다. 스탈린은 분명히 갈취한 돈을 착복하지 않았지만, 다른 혁명가들은 확실히 그랬다.

사회주의자 외에도 흑기단Black Banner Group과 같은 러시아 무정부주의자들도 암살과 공갈, 협박에 적극적으로 참여했다. 에밀 앙리Emile Henry처럼 그들은 때때로 '동기 없는 테러' 정책의 일환으로 단순히 부르주아 후원자들을 살상하기 위해 카페에 폭탄을 던졌다. 그 밖에 러시아 제국 내의 불만을 품은 소수를 대표한다고 주장하는 혁명 정당들이 그와 같은 테러 행위에 참여했다. 아르메니아 다슈나크Dashnak(혁명연맹)와 폴란드 사회당이 특히 적극적이었다.

테러 공격 횟수는 엄청났다. 구체제(1897~1917년) 하의 20년 동안 러시아 제국 전역에서 1만 7,000명이 테러리스트에 의해 살해되거나 부상을 당했다고 추정되며, 대부분의 테러 공격은 1905~1910년에 발생했다. 차르의 처남은 "수많은 총독들이 혁명가들에게 암살되었다. 총독으로 임명되는 것은 곧 사형선고나 마찬가지였다"라고 썼다.

◆ ◆ ◆

유럽에서 가장 엄격한 경찰국가였을 것으로 추정되는 러시아에서 어떻게 이렇게 많은 폭력이 가능했을까? 차르는 비밀경찰 오흐라나뿐만 아니라 정치적 탄압에 전담하는 국가헌병대Gendarme를 운영했다. 그들은 출판물을 검열하고 우편물을 공개하고 개인을 구금할 수 있는 사실상 무제한의 권한을 부여받았다. 포괄법 중 하나는 '정부 조례 및 행위와 관련해 인가되지 않은 판결이 포함된 문서'를 작성하는 것을 최소 16개월의 징역형에 처할 수 있는 범죄로 규정했다.

이러한 규칙들은 엄격하게 들리지만, 비테Witte 백작의 말처럼 "책임자 및 행정 관료 사이에 만연한 무기력, 무능 및 소심함" 때문에 실제로는 법 적용이 완화되었다. 1895년 당시 오흐라나에는 상근직 161명이 있었고, 국가헌병대의 병력은 1만 명 미만이었으며, 이들은 11개 시간대에 퍼져 있는 1억 3,600만 명 이상의 국민을 감시하느라 대부분은 비정치적인 치안활동을 했다. 한 역사가의 판단에 따르면, 러시아는 1인당 경찰 비율이 프랑스의 100분의 1도 되지 않아 로마노프 왕조는 경찰력이 "대단히 부족했다". 1867과 1894년 사이의 금서는 158권에 불과했는데, 마르크스Karl Heinrich Marx의 『자본론Das Kapital』은 금서에 포함되지 않았다. 같은 해 44명이 정치 범죄로 처형되었는데 모두 암살자이거나 암살자로 추정되는 용의자들이었다. 1905년 혁명 기간에 사형 집행은 크게 증가했는데, 1905~1906년에 3,000~5,000명이 형장의 이슬로 사라졌다. 하지만 이 수치는 파리 코뮌Paris Commune에서 살해된 사람수의 4분의 1에도 못 미치는 수치였다. 많은 수의 혁명가들이 투옥되었지만, 그들 대부분은 '상류층'이었기 때문에 일반 범죄자들보다 나은 대우를 받았다. 많은 급진주의자들에게 교도소는 '혁명의 탄탄한 기초 교육'을 받을 수 있는 사회주의 학교였다.

또 다른 일반적인 형벌은 시베리아 유형이었다. 1880년에는 1,200명의 정치범이 있었는데, 1901년에는 4,113명으로 증가했다. 1905년 러시아 혁명 이후 더 많은 사람들이 유형되었지만(1906년에 거의 8,000명), 차르 시대의 시베리아 유형은) 볼셰비키가 나중에 운영하게 될 지옥 같은 굴라크gulag[294]와는 판이하게 달랐다. 시베리아 유형자들은 시베리아 마

---

294 굴라크: 1930~1955년 소련에 있던 강제수용소. 소련의 강제수용소는 러시아 혁명 이후 내전 시기에 설치되었고, 1929~1930년 이후의 농업집단화와 1930년대 후반의 대숙청 이후 대규모화되었다.

을에서 합법적으로 편하게 살았다. 그들은 심지어 정부로부터 봉급을 받았는데, 이는 국내 기부금으로 충당할 수 있었다. 시베리아에 유배된 레닌은 시베리아 유형지로 어머니와 장모를 데려와 그들의 보살핌 속에서 유명한 경제 논문을 썼다. 경찰의 감시가 너무 느슨했기 때문에 탈출도 쉬웠다. 미국 여행자 조지 케넌George Kennan(그의 먼 친척이자 이름이 같은, 냉전 시절 소련의 팽창주의 노선에 맞서 '봉쇄정책'을 창안한 사람과 혼동하지 말 것!)은 1891년에 시베리아는 "문자 그대로… 탈출한 유형자들과 도착한 바로 다음 날 떠나는 수천 명의 사람들이 무리를 지어 다닌다"라고 기록했다. 스탈린은 1903년 11월 말 시베리아의 노바야 우다Novaya Uda 마을에 도착해 1904년 1월 초에 3년 형기 중 한 달만 복역하고 떠났다.

도덕적으로 문제가 많았지만, 가장 효과적인 옥라나의 전술은 테러 집단으로의 침투였다. 이것은 제보자들이 충격적인 암살을 저지른 데가예프Degaev와 보그로프Bogrov 사건에서 역효과를 냈지만, 지난 15년 동안 옥라나로부터 많은 보수를 받던 에브노 아제프Evno Azef가 1907년에 인수한 사회혁명당 전투조직의 경우에는 매우 효과적이었다. 1908년 그의 이중생활이 공개되자 사회혁명당의 신뢰와 사기는 땅에 떨어졌다. 이후 그것을 다시 회복하는 데 몇 년이 걸리게 된다.

일반적으로 경찰의 조치는 상당수 국민을 멀어지게 만들 만큼 강력했지만, 혁명가들을 진압할 정도는 아니었다. 1905년 10월 니콜라스 2세가 헌법을 승인하고 의회인 두마Duma를 창설하여 일부 자유주의적 요구를 기꺼이 수용한 것은 어느 정도 안정을 되찾는 데 강압적 조치만큼 중요한 일이었다. 어느 볼셰비키 조직가는 "1905년 혁명 이후 우리가 잠시 숨을 쉴 수 있었던 허울 좋은 자유마저도 앗아가는 권력"에 대해 탄식했다. 대규모 체포 및 처형과 결합된 이 제한적인 자유화는 심각한 위협이었던 테러를 제1차 세계대전 전날에 종식시켰다. 그러나 그 피해는 이미 발생한 뒤였다.

러시아 테러리스트를 연구하는 안나 가이프만Anna Geifman은 "테러리스트들이 차르 정권의 몰락을 초래했다"라고 결론지었다. 그녀는 "대다수 혁명가들은 러시아 관료제의 중추를 망가뜨리는 데 성공하여 육체적·정신적으로 상처를 입혔으며, 이런 식으로 1917년 3월 러시아 제국 정권의 마지막 위기 동안 국가를 전반적으로 마비시키는 데 기여했다"라고 말했다. 그러나 제1차 세계대전의 패배라는 트라우마가 없었다면, 그 상처가 치명적일 만큼 강력했는지는 의문이다. 테러리즘은 차르 정권의 붕괴 원인 중 하나에 불과했다.

마침내 차르(니콜라이 2세)가 퇴위하자 임시정부가 정치 공백을 메우기 위해 들어섰고, 이후 차르 정권은 혁명적 지하 문화와 전술에 깊이 빠져 있던 볼셰비키 독재 정권으로 교체되었다. 스탈린은 젊었을 때 캅카스에서 도적으로 활동하며 배운 방법을 훨씬 더 큰 규모로 적용하여 소련 전체를 공포에 떨게 만들었다. 그리고 개인적인 경험을 통해 "차르 정권이 권력을 잃어가고 있을 때 '마지막 처리를 하는 사람들'을 어떻게 상대했는지" 알고 있었기 때문에 그는 소수의 폭탄 투척자들이 무너뜨릴 수 없는 더욱 강력한 경찰국가를 만들었다. 이처럼 반_反차르 테러리스트들은 국가 전복이라는 목표를 즉시 달성하지는 못했지만, 러시아와 세계의 역사에 깊은 흔적을 남겼다.

그 밖에 다른 나라에서는 테러리스트가 이처럼 효과적이지 않았다. 하지만 아일랜드는 예외였다.

35

신페인당원과 필러스

◆

**1919~1921년,
아일랜드 독립전쟁**

그들은 토끼풀이 가득한 들판 한가운데 있는 매복 현장에서 길고 긴 5일을 보냈다. 한 정보원이 그들에게 1919년 1월 16일 엄청난 양의 젤리그나이트gelignite(다이너마이트보다 더 강력한 폭약)가 아일랜드 남부의 솔로헤드베그Soloheadbeg 채석장으로 운반될 것이라고 말했다. 그들은 "젤리그나이트 탈취가 목표였지만 호송대를 쓰러뜨리겠다는 생각도 하고 있었다"라고 티퍼러리Tipperary 카운티 매복 현장에 엎드려 있던 가면을 쓴 약탈자 9명 중 한 명인 댄 브린Dan Breen이 기록했다. 지명수배 포스터에 기록된 표현을 빌리자면, "무뚝뚝한 불독"을 닮은 이 24세의 철도 선로 직원은 채석장에서 아주 가까운 곳에서 태어나고 자라서 근방 구석구석까지 다 알고 있었다.

　대부분의 아일랜드인과 마찬가지로 그는 절대빈곤에서 겨우 벗어난 가난한 농가에서 태어났다. "감자와 우유가 우리의 주식이었다"라고 그는 회상했다. "특별한 날에는 소금에 절인 돼지고기를 먹을 수 있었지만,

신선한 고기를 먹는 사치는 생각조차 할 수 없었다." 그는 열네 살 때 학교에서 퇴학당하고 철도회사에 취직했다. 또한 그는 1858년부터 영국 통치에 맞서 싸우는 신페인Sinn Féin당으로 더 잘 알려진 비밀조직 아일랜드 공화주의자 형제단Irish Republican Brotherhood[295] 2,000명의 회원 중 한 명으로 비밀 임무를 수행했다. 신페인당은 아일랜드계 미국인 동조자들의 도움으로 아일랜드 장관과 차관을 더블린Dublin의 피닉스 파크Phoenix Park에서 암살하고(1882년) 회원 중 한 명을 탈옥시키기 위해 감옥을 폭파하려다가 12명의 런던 시민을 살해했다(1867년). 이런 단독 테러 행위는 동시대의 무정부주의자들의 공격만큼이나 효과가 없었다. 이미 700년이 넘은 영국의 아일랜드 점령은 흔들리지 않았다.

20세기 초에 새로운 공화주의자 조직들이 출현했다. 1902년 신페인 Sinn Féin('우리 스스로'라는 뜻)이라는 정당이 생겨났고, 1913년에는 아일랜드공화국군IRA, Irish Republican Army이 될 아일랜드 의용군Irish Volunteers이라는 부대가 뒤이어 창설되었다. 영국인들은 공화주의자인 신페인당원들을 '시너스Shinners'(Sinn Féin은 영어로 shin fane로 발음됨)라고 불렀다.

1916년 4월 24일 월요일, 부활절 주간에 아일랜드 신페인당원 1,500명은 무차별 폭력을 사용하여 더블린에서 권력을 장악하려고 했다. 이와 유사한 1917년 11월 러시아 볼셰비키의 폭력 행위는 거의 저항에 직면하지 않았으며 "세계를 뒤흔든 10일" 동안 이미 흔들리고 있던 임시정부의 전복으로 이어졌다. 그러나 영국의 통치는 그렇게 쉽게 흔들리지 않았다. 5일 만에 신페인당원들은 포병의 지원을 받은 영국군(대부분 아일랜드인)에 의해 화려한 중앙우체국에 구축된 요새에서 쫓겨났다. 이 과정에서 400명 이상이 사망했고, 그 후 부활절 반란 주모자 16명이 처형되어 새로운 독립운동의 순교자들이 탄생했다. 신페인당원들은 중세시대로

---

295 아일랜드 공화주의자 형제단: 19세기 중반부터 20세기 초반까지 아일랜드에서 활동한 비밀결사. 영국으로부터 독립하여 민주공화국을 세우는 것을 목표로 활동했다.

돌아간 것 같아 불만이 이만저만이 아니었다.

"영국의 이중성, 위선, 속임수라면 이제 진절머리가 나서 죽을 것 같다. … 나는 아일랜드 공화주의자 형제단에 가입하기로 했다"라고 댄 브린Dan Breen은 기록했다. 그 후 그는 아일랜드 의용군에도 합류하여 남티퍼래리 여단South Tipperary Brigade의 군수 장교가 되었다. 1918년까지 영국 교도소에서 두 번 복역한 이웃 친구 숀 트리시Sean Treacy가 부여단장으로 있는 부대였다. 1913년부터 1919년까지 그들은 C. E. 콜웰Callwell의 '작은 전쟁들Small Wars'을 포함한 영국군 야전교범의 '군인을 양성하는 방법'을 배우기 위해 최선을 다했다. 무장 수준은 보잘것없었다. 한 신페인당원은 "45구경 리볼버 권총과 오래된 고장 난 소총 몇 자루뿐이었다. 한 푼의 가치도 없었다"라고 회상했다. 그들은 "강력한 무기가 아니라 결의안을 선호했던 지역 신페인당들의 반대에 좌절했다." 그래서 1919년 1월에 브린, 트리시, 그리고 몇몇 다른 지원병들은 문제를 스스로 해결하기로 결정했다. 지도부의 승인 없이 그들은 "아일랜드의 자유를 위한 긴 싸움에서 또 다른 단계를 시작할" 총격을 개시했다.

5일간의 기다림 끝에 1월 21일, 정찰병이 매복호로 달려가 "그들이 오고 있다, 오고 있다!"라고 외쳤다. 인부 2명이 젤리그나이트 45kg을 실은 마차를 끌고 오고 있었다. 옆에는 영국 왕립 아일랜드 경찰대의 짙은 녹색 제복을 입은 경찰관 2명이 어깨에 소총을 메고 걸어왔다. 둘 다 이웃 주민이었고 브린, 트리시와 같은 아일랜드 가톨릭 신자였으며, 그중 한 명은 네 자녀를 둔 홀아비였다. 신페인당원들은 '필러스Peelers'(경찰을 뜻하는 속어)를 정치적 탄압의 도구—브린은 경찰을 조롱조로 변절자, 스파이, 앞잡이라고 불렀다—로 여겼지만, 그들의 임무 대부분은 정치와 무관한 범죄와 싸우는 것이었다. 이 2명의 경찰관 제임스 맥도넬James McDonnell 과 패트릭 오코넬Patrick O'Connell은 주민들로부터 사랑을 받았으며 공격자들에게도 잘 알려져 있었다.

브린은 "그들이 점점 더 가까이 왔다. 맑은 공기 속에서 말발굽 소리와 무거운 수레가 덜컹거리는 소리가 들렸다. 신경이 곤두섰다"라고 기록했다. 매복자들이 "손들어!"라고 외치자 경찰관들이 소총을 들고 "항복하느니 차라리 죽겠다"라고 분명히 말하는 것을 들었다고 브린은 말했다. 나중에 경찰관 2명의 친척들은 그들에게는 항복할 기회도 주어지지 않았다고 주장했다. 이는 몇 년 후 브린이 "그들을 죽일 수밖에 없었고 누구도 살려둘 수 없었다"고 말한 것을 뒤엎는 불리한 진술이었다. 경찰관 2명은 소나기 같은 총격을 받고 쓰러졌다. 경찰관들을 처치한 신페인당원들은 폭발물을 가지고 떠났다. 브린은 젤리그나이트를 호송하는 경찰이 더 많지 않았던 것을 아쉬워했다. "경찰이 죽어야 한다면 2명보다는 6명이 나았을 텐데."

바로 그날 매복 현장에서 북쪽으로 170km 떨어진 곳에서 아일랜드 최초의 국민의회인 다일 에이렌Dáil Eireann[296]이 아주 특이한 장소에서 회의를 가졌다. 의원들은 더블린 시장의 으리으리한 저택 '맨션 하우스Mansion House'의 라운드 룸Round Room에 모였다. 라운드 룸의 "벽감niche[297]에는 동상이 서 있었고, 중앙에는 푹신한 의자와 소파들을 모아 놓아서 쾌적하고 편안한 분위기를 연출했는데, 소파는 앉아 있던 의원들이 발언을 하기 위해 일어나기 힘들 정도로 너무 깊었다. "모든 의원들은 12월 영국 의회 의원으로 선출되었지만 웨스트민스터Westminster[298]의 의석에 앉기를 거부한 신페인당원이었다. 76명의 의원 중 26명만이 참석했음에도 불구하고 뜻깊은 자리였다. 공화주의자 운동의 지도자인 에이먼 데 벌레라Éamon de Valera[299]는 영국에 투옥되어 있었다. 또 다른 거물 신페인당원 마이클 콜

---

296 다일 에이렌: 아일랜드 독립운동을 주도한 신페인당이 1919년 1월에 더블린에서 창설한 아일랜드 국민의회.

297 벽감: 장식을 위하여 벽면을 오목하게 파서 만든 공간.

298 웨스트민스터: 영국 의회를 말함.

299 에이먼 데 벌레라: 마이클 콜린스와 더불어 아일랜드의 독립을 위하여 헌신했으며, 아일랜드 자유국과 독립국 아일랜드의 총리 및 대통령을 역임했다. 아일랜드 현대사의 거물이자 국부라고도 부를 수 있는 인물이다.

린스^{Michael Collins}**300**는 데 벌레라를 탈옥시킬 계획을 준비하느라 참석하지 못했다. (진위 여부는 알 수 없지만 케이크에 복사한 열쇠를 숨겨 넣었다고 한다.) 영어를 사용하는 의원들이 그들 중 일부는 거의 알지도 못하는 게일 ^{Gael}어의 사용을 고집했기 때문에 회의가 중단되기도 하고 때로는 우스운 장면이 연출되기도 했다.

그럼에도 불구하고 1919년 1월 21일에 소집된 다일 에이렌은 몇 가지 중요한 결정을 내렸다. 의원들은 독립선언문을 채택하고 파리 평화회의에서 "아일랜드의 국가적 지위"를 인정하고 "7세기에 걸친 외국의 억압"을 종식시키기 위해 "전 세계의 자유국가 만방"에 아일랜드의 독립을 호소하기로 했다. 그들은 또한 데 벌레라를 대통령으로, 콜린스를 내무성 장관으로 추대했다(곧 재무성 장관이 됨). 그 뒤 아일랜드 정부가 독립국으로서 국제적인 인정을 받기까지 19개월이 걸렸고, 이날 독립선언문을 채택한 것은 상징적인 것이기는 했지만 아일랜드 독립전쟁**301**에 정치적 정당성을 부여하는 중요한 조치였다. 같은 날 운명적인 우연의 일치로 티퍼래리에서 아일랜드 독립전쟁의 발단이 된 첫 번째 총격 사건이 발생했다.

◆ ◆ ◆

AP통신^{The Associated Press}은 솔로헤드베그^{Soloheadbeg} 총격 사건에 대해 "테러리즘의 새로운 시대가 시작되었다!"라고 선언했다. 그러나 아일랜드 테러리즘은 전혀 새로운 것이 아니었다. 영국이 과거처럼 쉽게 이 반란을 진

---

300 마이클 콜린스: 아일랜드 민족주의자로서 비밀무장단체인 아일랜드공화국군을 창설하여 도시 게릴라전을 이끌었고 영국군 합참의장 윌리엄을 암살했다. '영국-아일랜드 조약'을 성사시키고 자유아일랜드의 초대 총리를 지냈다.

301 아일랜드 독립전쟁: 아일랜드를 지배하고 있던 영국 정부에 대항해 1918년에 만들어진 아일랜드 공화국군(IRA)이 일으킨 게릴라전으로, 영국에서는 영국-아일랜드 전쟁(The Anglo-Irish War)으로 불린다. 이 전쟁은 1919년 1월 21일부터 2년 반 동안 계속되었고, 1921년 7월 11일에 휴전했다. 이 전쟁으로 아일랜드는 아일랜드 자유국과 북아일랜드가 각각 분리되었다.

압할 수 없었던 것은 단 한 사람, 마이클 콜린스의 천재성 때문이었다. 그의 공식 직함—재무성 장관—이 그의 중요성을 전부 전달해주지는 못했다. 그는 재무성 장관으로서 채권 발행을 통해 혁명에 필요한 수십만 파운드를 모금하기 위해 열심히 일해 모금에 성공했지만, 그보다 더 중요한 직책은 아일랜드공화국군$^{IRA, Irish Republican Army}$(이하 IRA로 표기) 정보국장이자 아일랜드 공화주의 형제단 단장이었다. 그러나 이 직함조차도 그의 중요성을 온전히 전달해주지는 못했다. IRA 장교의 말에 따르면, 그는 "명목상이 아니라 사실상 최고사령관"이었다.

1919년 29세가 된 청년 콜린스는 이미 부활절 반란에 참여한 후 웨일즈의 교도소에서 수형생활을 한 베테랑 혁명가였다. 그는 부유한 농민의 8명의 자녀 중 막내로 코크 카운티$^{county Cork}$에서 자랐는데, 그의 아버지는 그가 어렸을 때 죽었다. 그는 전통적인 아일랜드 독립 투쟁 영웅인 "용감한 페인당원들$^{Bold Fenian Men}$"뿐만 아니라 데 베트$^{De Wet}$ 장군과 영국인에게 창피를 준 다른 보어인들의 영향을 받았다. (몇 년 후 그는 데 베트 장군에게 "혁명 초기에 영감을 준 것에 대해 감사"하는 편지를 썼다.) 그는 "아일랜드 독립은 헌법적 수단으로는 결코 달성되지 않을 것이다. 억압에 저항하려면 우리를 괴롭히는 사람의 배를 걷어차야 한다"라고 주장했다. 그렇게 하기 위해 그는 1909년에는 아일랜드 공화주의 형제단에 가입하고 런던에서 살던 1914년에는 아일랜드 의용군에 가입했다. 그는 런던에서 처음에는 영국 공무원으로 일하다가 이직해 2개의 금융회사에서 일했다.

IRA 장교의 말에 의하면, '믹(마이클 콜린스)'은 키가 크고 어깨가 넓었으며 운동신경이 발달했고 사각턱에 "머리가 번개같이 돌아갔고, 무한한 에너지와 부인할 수 없는 카리스마를 가지고 있었다. 어떤 때는 다정하고, 어떤 때는 거칠었으며, 어떤 때는 조용했다." 그는 위스키, 담배, 욕설, 여자들을 좋아했다. 그를 아는 한 여성은 그가 '진정한 바람둥이'라고 생각했다. 아일랜드의 가리발디 같았지만, 가리발디의 신성한 분위기는 없었다. 콜린스의 친구들은 그를 유머가 넘치고 재치 있는 익살꾼으로 묘사

마이클 콜린스(1890~1922년)는 아일랜드에서 '독립의 아버지'로 불리는 아일랜드 독립운동가다. 재정성 장관, 내무성 장관을 역임했으며, 아일랜드 공화국군(IRA)을 창설하고 정보국장, 군사조직 및 무기 조달 담당자 등의 중책을 맡으며 IRA를 이끈 지도자였고, 1920년부터 죽을 때까지 아일랜드 공화주의 형제단 단장이었다. 영국–아일랜드 조약 당시 조약 찬성파에 섰으며, 임시정부 주석이자 아일랜드 국군 총사령관이 되었다. 영국은 그의 천재성 때문에 쉽게 아일랜드의 반란을 진압할 수 없었다. 그는 "아일랜드 독립은 헌법적 수단으로는 결코 달성되지 않을 것이다. 억압에 저항하려면 우리를 괴롭히는 사람의 배를 걷어차야 한다"라고 주장했다. 〈출처: WIKIMEDIA COMMONS | Public Domain〉

했지만, 다른 한편으로 성질이 더럽고 지배적 기질도 갖고 있었다. 그는 자신의 높은 기준을 충족하지 못하는 사람들을 가혹하게 대하고 조롱했다. 나중에 영국 정보요원이 'IRA의 보육원'이라고 불렀던 영국의 교도소에서 그는 리더십을 처음으로 보여주어 동료 수감자들이 그를 '큰형님'이라고 부르며 따랐다. 6개월 복역 후 1916년 12월 석방된 그는 아일랜드 공화주의 형제단, 아일랜드 의용군, 신페인당 등 3개의 주요 민족주의 조직 모두에서 리더 역할을 했다.

절반은 회계사이고 절반은 사기꾼인 콜린스는 엄청난 개인적 위험을 감수하면서 세심한 서류 작업을 수행할 능력이 있는 사람이었다. 전쟁 기간 동안 그에게 엄청난 현상금이 걸렸음에도 불구하고 그는 더블린(당시 인구 23만 명)을 거의 떠나지 않았다. 그는 다양한 집과 상점에서 일했으며 자주 숙소를 바꿨다. 그는 정기적으로 술집이나 호텔에 나타나 하루에 17~18시간을 보내면서 스트레스를 해소했다. 가끔 그는 사전 통보 없이 IRA의 은신처에 나타나서 농담을 주고받으며 "자네들, 잘 지내고 있나?"라고 묻기도 했다. 그의 방문은 부하들의 사기를 북돋아주었고, 그들 중 한 명은 "그를 사랑하고 존경했다"라고 회상했다.

부하들 중 한 명의 기록에 따르면, 그는 경호원이나 변장을 하지 않은 채 "중세 유령처럼 덜덜거리는 체인 소리가 나는 고물 자전거"를 타고 거리를 질주했다. 그는 여러 번 제지당했지만 혁명가가 아닌 증권 중개인처럼 보이는 깔끔한 회색 양복을 입고 항상 허세를 부리며 통과하거나 경찰을 설득력 있게 협박해서 경찰이 그를 체포하는 데 목숨을 걸고 싶지 않게 만들었다.

영국군이 그를 몇 번이나 잡으려고 했을 때마다 그는 채광창이나 뒷문을 통해 건물 밖으로 탈출했다. 그를 추격했던 사람 중 한 명은 "로빈 후드Robin Hood와 미꾸라지 같은 스칼렛 핌퍼넬Scarlet Pimpernel을 합쳐놓은 것 같은 사람이다"라고 기록했다.

콜린스의 성공 비결 중 하나는 철저한 비밀유지였다. 그는 "한쪽 마음이 무엇을 하는지 다른 쪽 마음이 모르게 하라"고 지시했다. 그의 최고의 비밀은 그가 영국 행정부에 취업시킨 요원들이었다. 더블린 메트로폴리탄 경찰 형사과 G부 직원 4명 이상이 비밀리에 '큰형님'에게 보고하고 있었다. 적어도 12명의 제복을 입은 경찰관도 마찬가지였다. 더블린 성 Dublin Castle에서 비서로 일하거나 우체국에서 서기로 일하는 다른 스파이들은 중요한 영국 서신과 암호를 넘겨주었다. 1919년 4월에 그의 정보원 중 한 명은 자정에 G부를 5시간 동안 둘러보며 가장 민감한 정보를 수집했다. 그런 다음 그는 부하들을 보내 'G부 직원'에게 IRA를 그만 괴롭히라고 경고했다.

경고를 무시한 사람들은 처음에 '12사도'(12명의 회원으로 시작)로 알려진 콜린스의 개인 살인 청부 조직의 표적이 되었고, 12사도는 이후 '스쿼드Squad'로 성장했다. IRA 대원 대부분은 비정규 자원자였지만, 스쿼드는 정규직의 유급 총잡이들로 구성되었다. 강력한 웨블리Webley 455구경 리볼버 권총으로 무장한 최소 6명의 대원이 항상 본부에서 대기했다. 본부는 처음에는 집, 이후에는 캐비닛 제작소로 바뀌었다. 그들은 '극단적인 행동'에 대한 요청을 기다리는 동안 카드놀이를 하거나 목재를 만지작거리면서 시간을 보내곤 했다.

1920년 봄, 한 분대원의 말에 따르면 "아주 불쾌한" 12명의 더블린 경찰이 총에 맞았으며 그중 8명은 치명상을 입었다. 사망자 중에는 G부의 부장도 포함되어 있었다. 영국이 IRA에 잠입시키려던 소수의 무능한 스파이들에게도 비슷한 운명이 기다리고 있었다. 콜린스는 "우리는 교도소가 없기 때문에 모든 스파이, 정보원, 이중첩자를 죽여야 했다"며 살인을 정당화했다.

'G부 직원'이 살해당했다는 것이 알려진 후, 영국은 종종 비밀 작전을 수행해온 '허시허시맨hush-hush men'으로 알려진 영국 육군에서 전역한 정보 전문가들을 데려왔다.

콜린스는 이들을 한 번에 없애기로 결심했다. "나는 이들이… 우리 중

다수를 현장에서 잡으려고 했다는 것을 알게 되었기 때문에 먼저 행동을 취하기로 했다"고 나중에 설명했다. 1920년 11월 21일 일요일 아침으로 예정된 작전은 스쿼드와 긴밀히 협력하는 IRA의 더블린 여단에 배정되었다. 거사 전날 밤, 영국의 급습으로 여단장 딕 맥키Dick McKee는 부여단장과 함께 체포되었다. 그러나 콜린스는 강심장을 과시하면서 러시아의 허무주의자들이 그들의 지도자들이 체포되었음에도 불구하고 알렉산드르 2세에 대한 암살 계획을 진행했던 것처럼 거사를 진행하기로 결정했다.

후에 총리가 된 숀 레마스Sean Lémass를 포함한 수십 명의 무장 괴한들이 "고요하고 멋진 잿빛 겨울날"인 11월 21일 오전 9시 직전 더블린의 지정된 집결지에 모였다. 그들은 8개의 호텔과 하숙집에서 20개의 목표물을 공격하기로 했으며, 문제 발생 시 예비 대원 일부를 투입할 계획이었다.

오전 9시, 스쿼드 대원 빈센트 번Vincent Byrne은 10명의 요원 중 한 명을 이끌고 2명의 영국 장교 베넷Bennet 중위와 아메스Ames 중위가 머물고 있는 어퍼 마운트Upper Mount 28가에 위치한 집으로 향했다. 하녀가 문을 열어준 뒤 장교들의 침실이 어디에 있는지, 뒷문으로 어떻게 들어가는지를 설명해주었다. 바이런과 다른 총잡이는 침실로 돌진해 사로잡은 장교에게 손을 들라고 명령했다. 그는 자신에게 무슨 일이 일어날지 물었다. 바이런은 "아무 일도 일어나지 않을 것이다"라고 대답한 다음 다른 장교가 있는 방으로 가라고 명령했다. 바이런은 나중에 이렇게 회상했다. "그는 침대에 서서 벽을 보고 있었다. 나는 데려온 장교에게도 그렇게 하라고 명령했다. 두 사람이 함께 섰을 때 나는 '주여 이들의 영혼을 불쌍히 여기소서!'라고 마음속으로 말했다. 그 후 나는 나의 피터Peter(마우저Mauser C96 권총의 별명)를 쐈다. 둘은 사망했다." 바이런은 집을 떠날 때 하녀를 지나쳤다. 그녀는 울고 있었다.

그날 아침 총 14명이 사망하고 5명이 부상당했다. 대부분은 어퍼 마운트 스트리트의 장교 2명처럼 항복한 후 총에 맞아 죽었고, 일부는 겁에 질려 히스테리 상태에 빠진 아내 또는 여자 친구 앞에서 총에 맞아 죽었다. 그들 모두가 정보요원은 아니었다. 일부는 정규군 장교였다. 사망자 중에는 암살반 중 한 명을 우연히 발견한 경찰관 2명도 포함되어 있었다. 어느 영국 관료는 그날 일기에 "암울한 살인의 날이었다"라고 기록했다.

반응은 즉각적이고 폭력적이었다. 그날 오후 더블린의 크로크 파크Croke Park에서 아일랜드 축구 경기가 예정되어 있었다. '보조사단Auxiliary Division' 과 '블랙 앤 탠스Black and Tans' 부대가 나타나 경기장을 포위하고 군중을 수색했다. 보조사단은 왕립 아일랜드 경찰대RIC, Royal Irish Constabulary를 보조하기 위해 영국군 전역 장교 1,500명으로 조직된 대테러 조직(경찰특공대)이었다. 블랙 앤 탠스는 부족한 경찰력을 증원하기 위해 영국이 모집해 파견한 7,000명으로 구성된 전투경찰대였다. 아일랜드 출신자 징병은 중단되었다. 군복이 부족해 많은 사람들이 거의 검은색에 가까운 짙은 녹색의 경찰 제복과 카키색 전투복을 섞어 입었다. 이런 제복 때문에 이들은 사냥개의 일종인 블랙 앤 탠Black and Tan의 이름을 따서 블랙 앤 탠스라는 별명으로 불렸다. 보조사단과 블랙 앤 탠스 모두 잔인한 진압으로 유명했는데, 이들이 일요일 오후 크로크 파크에서 군중에게 발포해 12명의 민간인이 사망하고 60명이 부상을 입었다. 경찰은 자신들이 먼저 총에 맞았다고 주장했지만, 심지어 보조사단 장교도 "나는 발포의 필요성을 느끼지 못했다"라고 시인했다. IRA는 그것은 그날 아침에 있었던 암살에 대한 영국의 복수라고 믿었다.

더블린 여단장 딕 맥키, 부여단장 피다 클랜시Peadar Clancy, 그리고 그들과 함께 붙잡힌 한 남자의 죽음 역시 비슷한 논란을 불러일으켰다. 같은 날 일요일, 3명의 수감자는 더블린 성에서 보조사단 부대원에게 살해되었다. 영국은 그들이 탈출을 시도했다고 주장했다. IRA는 어느 스쿼드 대원이 말한 것처럼 그들은 "냉혹하게 총살당했다. … (그것은) 하느님과 인간의 모든 법에 반하는 일"이라고 믿었다.

♦ ♦ ♦

피의 일요일Bloody Sunday[302]에 대한 모든 사실은 결코 정확하게 알려지지 않을 것이지만, 그 영향은 분명했다. 1968년 구정 공세Tết Offensive[303] 때와 마찬가지로 사건 경위에 대한 공허한 공식 발표만 나왔고(데이비드 로이드 조지David Lloyd George 영국 총리는 12일 전에 교살 행위가 있었다는 거짓 주장을 했다), 영국 정부는 협상을 통한 해결책만을 찾으려 했다. 전쟁은 1921년 7월 휴전이 선포될 때까지 8개월 더 계속되었지만, 영국은 허우적거리는 눈먼 투사처럼 민첩하고 찾기 힘든 적을 공격하지 못했다.

안전을 이유로 많은 관리들과 경찰관들이 더블린 성으로 이주해야 했는데, 그곳에서 군사령관 네빌 맥크레디Nevil Macready 경은 "부하들이 긴장한 탓에 보기에 안타까울 정도로 위축되었다"라고 탄식했다. 소규모 독립 파출소들이 폐쇄되고, 요새화된 대규모 경찰서에 경찰이 집중 배치되었다. 시골 마을에서도 비슷한 일이 일어났다. 더블린에 주둔한 어느 병사는 "피의 일요일 이전에는 가끔 저녁 식사를 하기 위해 마을에 들렀지만, 이제 그런 일은 포기해야 했다"고 회상했다. 어느 보조사단 부대원은 더블린 성을 떠날 때마다 "쫓기는 듯한 느낌"(끔찍한 느낌)을 받았다고 기록했다. 맥크레디 장군조차도 안전장치가 풀린 자동 권총을 항상 주머니에 휴대했고, 운전할 때는 무릎에 두었다. 정부 관료들에게 두려움을 심어주는 것(대중으로부터 단절시켜서 추가 지원이 필요한 비생산적인 방식으로 공격하게 만드는 것을 의미)은 모든 반란군의 핵심 목표가 되어

---

302 피의 일요일: 1920년 11월 21일 더블린과 티퍼래리의 게일(아일랜드식 축구) 경기가 벌어지는 도중 영국군의 발포로 선수와 관중 14명이 숨지는 사건이 발생했다. 당시 영국군은 아일랜드공화국군(IRA)이 영국 정보요원을 암살한 데 대한 보복으로 민간인을 상대로 총격을 가했다. 이 학살 사건은 일요일에 벌어져 아일랜드에서는 '피의 일요일(Bloody Sunday)'로 불린다.

303 구정 공세: 베트남 전쟁 당시 벌어졌던 대규모 군사 공세 중 하나로 북베트남 인민군과 남베트남 민족해방전선이 베트남 공화국, 미국과 그 동맹국 군대에 맞서 1968년 1월 30일 개시한 작전이다. 현지 명절의 이름을 빌려 '땟(tết) 공세'라고도 알려져있다.

야 한다. IRA는 1920년까지 그 목표를 달성했다.

'반란의 온상' 코크 카운티에 주둔한 보조사단의 부대원 빌 먼로Bill Munro는 나중에 35명 단위로 작전하는 상근 게릴라 전투원 IRA 별동대에 대한 불충분한 정보로 인해 작전할 때 어려움을 겪었다고 회상했다. 보조사단은 "여기저기에서 매복 준비 중"이라는 소문을 듣고 이를 추적하기 위해 크로슬리Crossley 트럭이나 롤스로이스Rolls-Royce 장갑차를 타고 출동했지만 그것이 거짓임을 알게 되거나 그들이 도착했을 때 IRA 병사들은 "우리가 가까이 가기 훨씬 전에 이미 출동 소식을 듣고" 흩어진 뒤였다. 어떤 경우 보조사단은 조금 전까지 사용된 회의장을 우연히 발견하기도 했지만 IRA처럼 길을 잘 알지 못했기 때문에 회의 참석자들을 추적하는 것은 불가능했다.

심지어 도로도 위험했다. IRA는 지뢰를 매설하고 다리를 파괴하고 참호를 파서 부대의 기동을 방해했다. 그들은 정기적으로 매복공격을 실시했고 종종 효과를 거두었다. 1921년 6월 17일의 경우 코크 카운티의 밴티어Banteer 마을 근처에서 IRA 부대는 지뢰를 이용하여 보조사단 호송차량 4대 중 3대를 폭파한 다음 감제고지에서 승무원들에게 집중사격을 가했다. 차량에서 거의 튕겨져 나가다시피 한 영국군 호송대장은 "그 지뢰들은 아주 정확하게 폭발했다"고 기록했다.

IRA를 추적하면서 좌절한 영국군과 경찰은 마을을 휩쓸고 다니면서 가옥과 사업체에 불을 지르고 상점 창문을 깨뜨렸으며 구타와 살인을 저질렀다. IRA 장교는 "화마가 휩쓸고 간 마을은 부러진 치아의 남은 부분처럼 들쑥날쑥해 보였다. 습격자들은 재산을 박살내고 약탈했다"고 기록했다. 이 서투른 보복, 즉 "테러리스트를 공포에 떨게 하려던 시도"는 독립전쟁 초기에 대체로 무관심했던 사람들 사이에서 오히려 IRA에 대한 더 큰 지지를 불러일으키는 결과를 초래했다. 영국 정보부는 "1921년 초부터… 인구의 대부분이 공개적인 반란 상태에 있거나 그러한 반란에 동조하고 있었다"고 추정했다. 많은 지역에서 신페인당은 심지어 자체 경찰력과 법원을 갖춘 그림자 정부를 운영하여 영국 정부보다 정의를 실현하는 데 더 효과적이었다. 사실상 영국의 공식적인 통치가 끝나기 전부터 IRA는 이미 7세기가 넘게 유지되고 있던 영국의 주도권을 빼앗아올 수 있었다.

◆ ◆ ◆

영국은 5,000명의 의용군과 싸우기 위해 5만 명의 병력과 1만 4,000명의 경찰관을 배치했지만 그것으로는 충분하지 않았다. 영국 장군들은 인구 300만 명도 안 되는 아일랜드를 안정화하기 위해서는 오랜 기간 수만 명, 아마도 수십만 명 이상을 파병해야 할 것이라고 추정했다. 그것은 "전쟁으로 죽을 만큼 지친" 영국이 감당할 수 없는 수치였다.

　자유당 총리 데이비드 로이드 조지는 여러 카운티에 계엄령을 선포하여 용의자가 군사법정에서 재판받을 수 있도록 했다. 반면, 그는 블랙 앤 탠스 부대의 난동, 강제 심문, 이따금 벌어지는 탈출 용의자에 대한 사살에는 눈을 감았다. 로이드 조지는 경찰에 대한 IRA의 공격을 언급하면서 "이런 종류의 일은 보복을 통해서만 대처할 수 있다"고 말했다. 그러나 로이드 조지 총리의 이러한 의지에는 분명히 한계가 있었다. 한때 보어 전쟁에서 키치너의 정책을 비판했던 그는 아일랜드 마을을 포격하거나, 체포된 테러리스트를 한꺼번에 처형하거나, 수만 명의 민간인을 강제수용소에 구금하는 것을 원하지 않았다. 요컨대 그는 1920년에 영국이 9,000여 명의 영국군을 희생하면서 대규모 반란을 잔인하게 진압했던 이라크 대규모 반란의 경우나 1919년에 영국군이 암리차르^{Amritsar}[304]의 비무장 시위대 370명 이상을 살해한 인도 반란의 경우처럼 그렇게 아일랜드의 반란을 처리할 의사가 없었다.

---

304 암리차르: 인도 펀자브주 서부에 있는 도시.

영국 정부의 이러한 정치적 한계에 좌절감을 느낀 많은 영국 병사들은 "우리 병사들이 신페인당과 평화롭게 지내는 동안에도 신페인당은 우리 병사들과 전투 중이다"라는 대영제국 참모총장이자 열광적인 통합론주의자였던 육군 원수 헨리 윌슨Henry Willson 경의 말을 언급하며 불만을 토로했다. 주 아일랜드 영국군 사령관 맥크레디Macready 장군은 "이 나라가 메소포타미아나 이집트라면 나는 기꺼이 세상에서 가장 극단적인 형태의 계엄령을 내려 그 일을 단번에 끝마쳤을 것이다"라고 주장했다.

그러나 로이드 조지와 다른 각료들은 윈스턴 처칠 전쟁성 장관이 (살인에는 살인, 테러에는 테러로 되갚는) '철권 탄압'이라고 명명한 정책을 영국 국민이 받아들이지 않을 것임을 잘 알고 있었다. 벨기에를 해방시키기 위한 전쟁을 막 시작한 영국인은 독립하겠다는 의사를 표명하지도 않은 작은 이웃 나라를 복속시키기 위해 무기한으로 전쟁할 의사가 없었다. 처칠조차도 '대영제국의 완전성'을 옹호하면서 IRA의 '살인 음모'를 비난하고 블랙 앤 탠스 부대의 난동을 비난하지 않았지만 '프로이센이 벨기에에서 채택한 방법'과 '영국이 아시아와 아프리카에서 적용한 방법'은 배제했다.

영국 정부가 방어하기로 결정한 곳은 개신교도가 많은 북부 카운티였다. 이것은 1921년 7월 11일 휴전이 발효된 후 시작된 협상의 걸림돌 중 하나였다. 결국 마이클 콜린스를 포함한 아일랜드 협상팀은 최선의 결과를 얻었다. 1921년 12월 6일에 체결된 영국-아일랜드 조약Anglo-Irish Treaty에 따라 26개 남부 카운티는 캐나다처럼 대영제국의 자치령인 아일랜드 자유국Irish Free State이 되었고 북아일랜드의 6개 카운티는 영국의 일부로 남게 되었다. 북아일랜드가 배제된 것도 실망스러운 일이었지만, 다수의 공화주의자들에게 더 큰 실망을 가져다준 것은 아일랜드 의원들이 '조지 5세George V 폐하'에 충성 서약을 해야 한다는 것이었다. 과반수를 겨우 넘겨 조약은 승인되었지만, IRA의 절반은 결과에 승복하지 않고 무기를 들었다.

마이클 콜린스의 사망 소식을 알리는 1922년 8월 23일자 《보스턴 포스트》의 1면 기사. 마이클 콜린스를 포함한 아일랜드 협상팀은 최선의 결과를 얻어 1921년 12월 6일에 체결된 영국-아일랜드 조약에 따라 26개 남부 카운티는 캐나다처럼 대영제국의 자치령인 아일랜드 자유국이 되었고 북아일랜드의 6개 카운티는 영국의 일부로 남게 되었다. 조약 찬성파였던 마이클 콜린스는 이후 한때 동지였던 조약 반대파 IRA의 매복공격으로 사망했다. 〈출처: WIKIMEDIA COMMONS | Public Domain〉

아일랜드 자유국군Free State Army 사령관으로서 콜린스는 몹시 고통스러웠지만 이전 동지들을 상대로 싸움을 이끌어야 했다. 그는 1922년 8월 22일, 고향 코크 카운티 일대의 치안 세부사항을 확인하는 도중 조약을 반대하는 IRA(조약 반대파)의 매복공격으로 사망했다. 수많은 영국인의 추격을 피했던 큰형님 콜린스는 서른두 번째 생일을 앞두고 동포이자 전 동료의 손에 죽음을 맞이했다. 그는 죽기 불과 몇 주 전에 더욱더 조심하라는 약혼자의 간청을 거절하는 편지를 썼다. "어쩔 수 없소. 만약 내가 다른 일을 한다면 그것은 내가 아닐 것이오. 그렇다면 진짜 견딜 수 없을 것이오." 아일랜드 자유국 교도소에 있던 1,000명의 조약 반대파 공화주의자 재소자들은 그가 죽었다는 뉴스가 전해지자, 자발적으로 무릎을 꿇고 적이 되기 전 지도자였던 콜린스에게 경의를 표하기 위해 묵주기도를 바쳤다.

콜린스의 사망에도 불구하고 1923년 5월 조약 찬성파가 대승을 거두면서 내전은 끝이 났다. 그들은 영국이 제공한 무기를 포함하여 더 많은 자원을 보유하고 있었고, 여론이 그들의 편이었으며(1923년 선거에서 유권자 중 27.4%만이 조약 반대파 후보를 지지했음), 영국인보다 더 가혹했기 때문에 승리했다. 어느 역사가는 다음과 같이 말했다. "아일랜드 자유국 신생 정부는 6개월 만에 공화주의자 77명을 총살형에 처했는데, 이는 영국 정부가 영국-아일랜드 전쟁이 벌어진 2년 6개월간 총살형에 처한 수보다 세 배 이상 많은 수치다." 여기서 방데Vendée의 교훈을 확인할 수 있다. 즉, 대중의 지지를 얻은 국내 정권은 거센 저항에 맞닥뜨린 외국 군대보다 저항 세력을 다루는 데 더 가혹할 수 있다는 것이다. 외국군이 변덕스러운 국제 여론 및 지역 여론에 민감한 선출된 정부의 통제를 따르고 있다면 더욱 그러하다.

북아일랜드는 수십 년간의 IRA의 끈질긴 테러에도 불구하고 오늘날까지 영국의 일부로 남아 있다. 최근 IRA의 활동은 영국이 1919~1921년에 잃어버린 정보 우위를 되찾았기 때문에 별다른 진전이 없었다. 1919~1921년 당시는 영국의 고위 정보장교가 "영국인은 아일랜드 반군의 심리를 완전히 이해할 수 없다"라고 탄식했던 시절이었다. 그러나 1980년대에는 정반대였다. 급진파 IRA가 리비아 지도자 무아마르 카다피Muammar Qaddafi가 공급한 무기를 사용하여 구정 공세 방식의 공세를 계획했을 때 고위 정보원은 왕립 얼스터 경찰대Royal Ulster Constabulary의 특별수사반에 제보했다. 아일랜드 기자 에드 몰로니Ed Moloney는 "영국인은 IRA가 오고 있다는 것을 알고 있었고 준비가 되어 있었다"고 기록했다.

1920년대의 IRA 전쟁과 1970년대~1990년대 전쟁의 이러한 결과 차이는 반군과 대반란전 수행 부대 모두에게 좋은 정보를 확보하는 것이 무엇보다 중요하다는 것을 보여준다. 대규모 적 진영을 파괴하기 위해 화력만을 사용할 수 있는 재래식 분쟁에서 적의 기동이나 전투력에 대한 세부 정보를 모른다 하더라도 유리한 정보를 확보하는 것은 무엇보다도 중요하다. 이와 대조적으로 '보이지 않는 군대'와의 전쟁에서는 적을 보이는 곳으로 끌어내기 위해서는 정확한 정보가 필요하다. 영국은 아일랜드 독립전쟁에서, 남북전쟁 후 미군은 KKK단과의 전투에서 정확한 정보를 확보하는 데 실패했지만, 각국 경찰은 무정부주의자들과의 투쟁에서 정확한 정보를 점차 획득해나가고 있었다.

◆ ◆ ◆

'탠 전쟁Tan War'(아일랜드 독립전쟁)으로 아일랜드 전체의 독립을 달성하지는 못했지만, 미국 독립전쟁 이후 영국 식민지에서 반란에 성공한 것은 괄목할 만한 성과였다. 영국은 전쟁의 대가로 950명의 영국 군경을 포함하여 4,000명이 죽거나 부상을 입었다. 어느 블랙 앤 탠스 부대원은 "언제나 그렇듯이 이 동족상잔의 전투에서 진정한 희생자는 비전투원이었다"라고 말했는데, 민간인은 양측의 표적이었다.

　전통적인 의미의 전투는 거의 없었다. 대체로 시골에서 IRA의 작전은 경찰 파출소와 경찰 순찰대를 겨냥한 게릴라전이었고, 도시에서는 더 많은 테러 작전으로 비번인 경찰이나 공무원을 살해했다. IRA가 소수의 작전을 수행한 영국 본토에서 특히 더 강력한 테러가 발생했다. 가장 유명한 사례로는 1920년 11월 리버풀 창고 17개를 방화한 사건과 평화조약이 체결되고 꽤 시간이 흐른 뒤 1922년 6월에 발생한 대영제국 참모총장에서 물러난 지 얼마 되지 않은 헨리 윌슨Henry Wilson 경 암살 사건이 있다. 다른 테러 작전들─1919년 12월 영국 총독 프렌치French 경 암살 미수 사건 등─은 실패했다. 마이클 콜린스는 하원 폭파, 하원의원 납치, 내각 국무위원 사살 등 야심 찬 계획을 세웠지만, 실행에 옮기지는 않았다. 이것은 후세대의 IRA 테러리스트가 영국 본토를 과도하게 공격하여 역효과가 난 것에 비추어보면 현명한 결정이었다. 1979년에 급진파 IRA는 인도의 마지막 총독 마운트배튼^{Mountbatten} 경을 살해했으며, 5년 후 마거릿 대처$^{Margaret\ Thatcher}$ 총리와 영국 내각 전체가 브라이튼^{Brighton}에 머물고 있을 때 호텔을 폭파하려고 했다. 이러한 행동은 IRA를 뿌리 뽑겠다는 대처의 결의를 배가시켰을 뿐이었다. 마이클 콜린스는 그러한 과잉대응을 피할 만큼 충분히 영리했다. 합리성과 자제력은 그의 강점이었다. 대부분의 다른 테러리스트나 게릴라 지도자들과는 달리, 그는 자신의 목표를 모두 달성하지 못했더라도 싸움을 멈출 때를 알았다.

그의 경험에 의하면, 가장 성공적인 게릴라가 정규군의 지원을 받는 것처럼 가장 성공적인 테러리스트는 대중 사이에서 널리 수용되고 정당과 정규군 또는 비정규군의 지원을 받는 민족주의적 대의명분을 위해 테러를 수행한다. 이와는 반대로 무정부주의자뿐만 아니라 적군파$^{Red\ Army}$ $^{Faction\ 305}$와 웨더맨$^{Weathermen\ 306}$ 같은 많은 후속 테러리스트들의 예에서 확인할 수 있는 것처럼 급진적인 의제를 실행하기 위해 단독으로 행동하는 소수의 테러리스트는 성공할 가능성이 희박하다.

더욱이 테러리스트들은 공식적인 대응을 억제하면서 테러 공격을 확대하는 데 도움이 되는 언론기관과 함께 민주국가에 대항해 싸우면 성공할 가능성이 더욱 커진다. 전체주의 국가에서는 비밀경찰이 테러 활동을 사전에 적발해 가차 없이 원천차단하기 때문에 테러 행위가 많지 않다. 반면에 영국 정부는 선전포고 없이는 아일랜드에서 언론을 검열할 수 없었다. 어느 보조사단 부대원은 "우리는 언론으로부터 혹평을 받았다"라고

---

305 적군파: 냉전 당시 서독에 존재했던 극좌 테러리스트 단체. 직업운동가인 안드레아스 바더 (Andreas Baader)와 울리케 마인호프(Ulrike Meinhof)가 1968년 결성한 '바더-마인호프단'에서 출발한 적군파는 1970~1980년대 기존 좌파와 달리 정치인, 사업가, 법조인 등 기득권층과 독일 주둔 미군 간부들에 대한 암살 테러로 악명을 떨쳤다. 이들은 "마르크스주의 혁명을 달성하려면 자본주의를 무너뜨리고 미국을 제거해야 한다"며 수십 명을 무자비하게 살해했다. 하지만 이들의 행동은 독일 국민으로부터 외면당했고, 1992년 4월 급기야 무장테러 중단을 선언했다.

306 웨더맨: 1970년대에 활동한 미국의 극좌 테러 조직이다.

불평하면서 이는 당연히 동료가 잘못된 행동을 해서가 아니라 "자유주의 언론이 홍수처럼 쏟아내는 나약한 감상주의 때문이다"라고 비난했다. 하지만 런던의 국수주의적 신문《타임스The Times》조차도 1920년 기사에서 "육군은 이미 위험할 만큼 훈련되지 않았고 통제를 벗어난 경찰은 극악한 행동으로 영국의 명성을 더럽혔다"라고 보도하면서 '린치법Lynch Law'[307]을 통렬하게 비판했다.

이후의 많은 대반란전 부대와 마찬가지로 아일랜드 주둔 영국군도 아일랜드 반란군의 비행에 대한 보도를 최소화하면서 영국군의 잘못은 과장하거나 왜곡하는 편파 보도에 깊은 내상을 입었다. 영국 정부가 보도에 대응할 의지가 없었거나 대응할 능력이 없었기 때문이다. 맥크레디 장군은 '망나니 언론'과 현장에 나가보지도 않고 더블린 성에 틀어박혀 일하는 영국 행정부 관료가 백해무익한 방식으로 운영하는 '보도 선전'에 대해 분노했다. 그가 아무리 항의해도 아무런 변화가 없었다. '언론 전투'에서 패배한 영국군이 수적 열세의 적을 상대로 승리하는 것은 불가능했다.

---

307 린치법: 린치란 정당한 법적 수속에 의하지 아니하고 개인이 멋대로 누군가를 죽이거나 잔인한 폭력을 가하는 것을 말한다. 미국 독립혁명 당시 반혁명 분자를 즉결 재판으로 처형한 버지니아주의 치안 판사 린치(C. W. Lynch)의 이름에서 유래했다. 그는 당시 혼란스런 사회를 제압하기 위해 사적 재판권이 부여된 린치법을 만들어 흑인을 비록한 죄인들을 정식 재판 없이 교수형에 처하는 등 잔혹하게 다스린 것으로 알려져 있다.

36

테러리스트의 마음

◆

죄인인가, 성자인가?

우리는 연대순으로는 중세 아사신부터 20세기 초반의 IRA까지, 그리고 규모 면으로는 수십만 명의 회원을 보유한 KKK단부터 공교롭게도 인민의 의지파 집행위원회와 거의 같은 규모였던 존 브라운과 20명의 동료에 이르는 다양한 테러 조직을 살펴보았다. 일부 테러 조직(아사신, KKK단, IRA)은 성공적이었고, 다른 테러 조직, 특히 무정부주의자들은 그렇지 못했다. 러시아 혁명가들은 궁극적으로 승리했지만 그들의 테러리즘은 그 자체로 차르 체제를 전복시키지 못했다. 기껏해야 1917년 군사적 패배로 붕괴된 정권을 약화시키는 데 도움이 되었을 뿐이다.

그럼에도 러시아 테러리스트의 사례는 1906년부터 1917년까지, 그리고 1930년부터 1934년까지 반영국 테러리즘이 폭발한 벵골의 사례만큼이나 영향력이 있었음이 입증되었다. 또한 발칸 반도의 많은 테러리스트들은 러시아의 극단주의자들을 모방했는데, 이후 러시아는 이들의 테러 작전의 주요 무대로 부상했다.

발칸 반도의 테러 조직 중 가장 오래 지속된 테러 조직은 마케도니아 내 혁명기구IMRO, Internal Macedonian Revolutionary Organization였다. 마케도니아의 독립과 자치권을 추구하기 위해 1893년에 결성된 이 테러 조직은 처음에는 오스만 제국에, 나중에는 유고슬라비아와 그리스에 대항해 거의 반세기 동안 싸웠다. 이 조직은 유고슬라비아 왕, 불가리아 총리, 프랑스 외무부 장관을 암살했지만, 목표를 달성하지는 못했다.

마찬가지로 실패한 조직으로는 아르메니아 혁명 연맹Armenian Revolutionary Federation(Dashnak Party)이 있다. 그들은 오스만 제국과 러시아에서 독립해 아르메니아를 세우고자 했다. 조직원들은 1896년 이스탄불Istanbul에서 오스만 중앙은행을 극적으로 장악하는 사건을 일으켰으나 이스탄불에 거주하는 수천 명의 아르메니아인을 죽이는 집단학살을 촉발시켰을 뿐이고, 이것은 이후 1915~1923년 아르메니아인 대학살로 이어졌다. 아르메니아는 1991년에 이르러서야 비로소 독립을 달성했는데, 테러리즘 때문이 아니라 단순히 소련의 해체 때문이었다.

앞으로 설명하겠지만, 세르비아의 흑수단The Serbian Black Hand group은 유고슬라비아에서 남슬라브 통합을 달성하는 데는 성공했지만, 1914년 프란츠 페르디난트Franz Ferdinand 대공을 암살한 세르비아계 보스니아 청년들과의 미약한 관계를 통해 의도치 않게, 그리고 아주 간접적으로 오스트리아-헝가리 제국을 무너뜨린 전쟁을 촉발시켰을 뿐이다. 한편, 이탈리아의 후원을 받은 테러리스트 단체 우스타샤Ustaša는 1941년 독일의 유고슬라비아 침공으로 크로아티아 독립이라는 목표를 달성했다. 하지만 독일군이 철수하자 크로아티아는 다시 유고슬라비아에 편입되어 40년 동안 유고 연방으로 존속했다.

과거의 테러리스트들은 자동차 폭탄 테러부터 자살폭탄 테러에 이르기까지 오늘날 극단주의자들이 사용하는 대부분의 테러 기술을 개척했다. 특히 존 브라운John Brown의 하퍼스 페리Harpers Ferry 사건과 같은 대량 인질 사건의 몇몇 선례들은 1970년대에 발생한 항공기 납치와 대사관 점거를 예고한 사건들이었다.

◆ ◆ ◆

대부분의 학술 문헌에서는 '테러리스트의 사고방식'이나 '전형적인 테러리스트' 같은 것은 존재하지 않는다고 강조한다. 월터 래커Walter Laqueur는 "그들의 구성원이 젊다는 것이 모든 테러리스트 운동의 공통적인 유일한 특징"이라고 주장한다. 그러나 이것이 분석가, 참가자, 그리고 무엇보다도 예술가들이 테러리스트의 사고방식을 묘사하려는 시도를 막지는 못했다. 테러리즘의 '황금기'에는 찬반양론을 불문하고 테러리스트들에 대한 인상적인 묘사들이 쏟아져 나왔다.

테러리즘을 지지하는 입장에서 테러리스트를 가장 열광적으로 묘사한 사람은 1878년 차르의 비밀경찰국장을 암살하고 스위스와 영국으로 도피한 러시아 허무주의자 세르게이 크라브친스키Sergei Kravchinski(일명 스텝니악Stepniak)다. 그는 회고록『언더그라운드 러시아Underground Russia』에서 '테러리스트'에게 초인적 속성이 있다고 주장했는데, 그는 테러리스트라는 꼬리표를 후대의 실행자들과는 달리 다음과 같이 받아들였다. "테러리스트는 고귀하고 끔찍하며 저항할 수 없을 정도로 매력적이다. 그는 순교자이자 영웅이라는 위대한 인간의 고귀한 가치를 동시에 지니고 있기 때문이다. … 그는 혐오스러운 전제주의를 전복시키고, 모든 문명국가들이 향유하는 정치적 자유를 조국에 바치는 것 외에 다른 목적이 없다."

이 이상적인 묘사를 2명의 보수적인 소설가 표도르 도스토예프스키Fyodor Dostoevsky와 조셉 콘라드Joseph Conrad가 그린 악랄한 묘사와 대조해보자. 도스토예프스키의 『악령Demons』(1872)에는 세르게이 네차예프Sergei Nachaev를 모델로 한 표트르 스테파노비치 베르호벤스키Pyotr Stepanovich Verkhovensky라는 허무주의자가 등장한다. 그는 자신의 추종자 중 한 명을 살해하고 다른 추종자의 자살을 방조하는 '괴물', '사기꾼'이자 '사악한 인간쓰레기'

1878년 차르의 비밀경찰국장을 암살하고 스위스와 영국으로 도피한 러시아 허무주의자 세르게이 크라브친스키는 자신의 회고록 『러시아의 지하세계』에서 '테러리스트'에게 초인적 속성이 있다고 주장하면서 테러리스트에 대해 다음과 같이 묘사하고 있다. "테러리스트는 고귀하고 끔찍하며 저항할 수 없을 정도로 매력적이다. 그는 순교자이자 영웅이라는 위대한 인간의 고귀한 가치를 동시에 지니고 있기 때문이다. … 그는 혐오스러운 전제주의를 전복시키고, 모든 문명국가들이 향유하는 정치적 자유를 조국에 바치는 것 외에 다른 목적이 없다." 〈출처: WIKIMEDIA COMMONS | Public Domain〉

다. 동료 혁명가에게 털어놓은 그의 목표는 "국가와 국가의 도덕성 모두를 파괴하는 것이다. 권력을 장악하기로 미리 예정되어 있던 우리만이 남을 것이다. 우리는 현명한 사람들을 우리에게로 집결시키고 어리석은 자들의 등에 올라타게 될 것이다."

『비밀요원In The Secret Agent』(1907)에서 콘라드는 경찰관이 체포를 시도하기만 하면 반경 50m 안에 있는 모든 것을 산산조각 낼 준비가 되어 있는 폭탄을 주머니에 넣고 런던 거리를 배회하는 무정부주의자 '교수'를 호의적이지 않게 그리고 있다. 그 교수는 "약자가 제거되어 완전히 절멸된 세상을 꿈꾼다. … 절멸, 절멸! 그것이 진보의 유일한 방법이다. … 가장 먼저 눈먼 자, 그 다음 귀머거리와 벙어리, 그 다음 불구자와 절름발이 등등."

테러리스트에 대한 이 묘사들—성자로서의 테러리스트와 죄인으로서의 테러리스트— 중에서 어느 것이 더 정확한 묘사일까? 물론 둘 다 희화한 것에 불과하다. 실제 인간이 그렇게 고결하거나 사악한 경우는 드물다. 그러나 콘라드와 도스토옙스키의 묘사가 스텝니악(세르게이 크라브친스키)의 묘사보다 진실에 더 가까울 것이다.

테러리스트들은 당국에게 쫓기는 외톨이들이다. 그들은 목표 달성에 성공할 확률보다 죽거나 지하감옥에 들어갈 확률이 더 높다. 이런 삶에 끌리는 사람들은 대부분 광신에 가까운 이념적 강박관념에 사로잡혀 있는 게 분명하다. 이것은 다양한 배경의 조직원을 끌어들이고, 좋든 나쁘든 광범위한 사회적 제재를 받는 KKK단이나 IRA와 같은 대규모 민족주의 조직들에게는 해당되지 않는 얘기다. 이와 같은 조직들의 조직원들은 보통 군인과 비슷한 정신 구조를 갖고 있다. 다수의 KKK 단원이 그랬고 많은 신페인당원이 그렇게 될 것이다. 무정부주의 운동이나 과격파 러시아 지하혁명 조직 등 완전 비주류 조직들은 조직원이 적었고, 조직원 대부분은 범죄자이거나 인성에 문제가 있는 사람들이었다. 이들은 캅카스에서 스탈린의 공포 통치 기간 동안 스탈린의 행동대장 역할을 한 시몬 테르-페트로시안Simon Ter-Petrossian(일명 카모Kamo) 같은 부류의 사람들이었다. 카모는 결국 독일에서 체포되었고, 러시아 송환을 막으려 했다. 스탈린의 전기 작가 시몬 시백 몬테피오리Simon Sebag Montefiore는 다음과 같이 썼다.

카모는 맛이 간 미치광이처럼 행동하기 시작했다. … 그는 머리에서 머리카락을 모두 뽑았고, 목을 매어 죽으려고 시도했지만 줄이 끊어졌다. 손목을 그었지만 다시 살아났다. … 의사들은 여전히 그를 의심하고는 다른 사람이었다면 견디기 힘들었을 일련의 고통을 그에게 가하기로 결정했다. 그는 빨갛게 달아오른 쇠에 화상을 입었고 손톱 아래에 바늘이 박혔지만 이 모든 것을 견뎌냈다.

또는 라바콜Ravachol이라는 가명으로 활동한 프랑스 무정부주의자 프랑수아 클로디우스 쾨닉스타인François Claudius Koenigstein은 1892년에 돈을 훔치기 위해 늙은 은둔자를 살해했으며, 파리 주변에 여러 개의 폭탄을 설치하기 전에 더 많은 전리품을 찾기 위해 최근에 사망한 백작 부인의 무덤을 도굴했다. 그의 이름은 무의미한 정치적 폭력의 대명사가 되었다.

어떤 조직이든 평판이 안 좋은 사람들은 있기 마련이다. 테러와 싸우는 보안군에는 수감자를 고문하고 처형하면서 쾌감을 느끼는 새디스트Sadist도 상당수 있다. 아일랜드 독립전쟁에서 조슬린 하디Jocelyn Hardy 대위는 악명을 얻었다. 그는 서부 전선에서 다리를 잃고 절뚝거리며 걸었기 때문에 "깡총이" 하디"Hoppy" Hardy라는 별명으로 불린 보조사단 부대원이었다. 어느 IRA 장교는 하디가 심문 중에 자신을 피 묻은 펄프로 때리고 목을 졸라 거의 죽을 뻔했으며, 자신의 눈앞에 빨갛게 달아오른 부지깽이를 들이대는가 하면, 머리에 권총을 겨누고 처형하겠다고 위협했다고 회상했다.

그러나 영국군처럼 비교적 진보적인 군대는 약간의 잔학행위 정도는 용인할 수도 있지만, 아일랜드에서 범죄행위를 저지른 수백 명의 보조사단이나 블랙 앤 탠스의 조직원을 처벌한 것처럼 아주 나쁜 짓을 하는 부대원들은 군사법정에 회부하거나 파면한다. ('깡총이 하디'는 살인 혐의로 재판을 받았지만 무죄 판결을 받았다. 어느 역사가는 "판결이 알려진 사실과 심각하게 차이가 있는 것 같았다"라고 기록했다. 그는 또한 그를 제거하기 위해 '매우 특별한 노력'을 기울인 마이클 콜린스의 스쿼드의 암살도 피했다.) 반면, 대부분의 테러 조직은 더 큰 투쟁이라는 미명 하에 모든 악행을 정당화하기 위해 라바콜이나 카모와 같은 자들을 눈감아줬다.

테러리스트, 또는 기타 다른 다양한 테러 집단에 대해 일반화하는 것은 위험하지만, 현대 테러리즘 연구자들이 내놓은 연구 결과가 1세기 전에 출현했던 극단주의자들과 얼마나 합치하는지 보면 놀라지 않을 수 없다. 예를 들어, 경제학자 앨런 크루거Alan Krueger는 "테러리스트는 교육을 잘 받은 중산층 또는 고소득 가정에서 나오는 경향이 있다"라고 결론지었다. 빈곤이 아니라면 무엇이 테러리즘을 유발하는가? 그는 '시민의 자유와 정치적 권리의 억압'을 지적하면서 "비폭력적 항의 수단이 축소되면 불만이 테러 전술로 변질될 가능성이 높아 보인다"라고 주장했다. 이 주장은 확실히 러시아 차르 시대와 심지어 식민지 아일랜드에서 테러리즘이 만연한 이유를 설명해주고 있다. 영국은 민주주의 국가였지만 역사적으로 개신교가 지배적 위치에 있던 아일랜드 사람들은 투표권이 축소되어 독립을 위해 투표할 수조차 없었다. 크루거의 연구 결과에 따르면, 테러와의 전쟁 또는 반란과의 전쟁에서 정치 개혁이 때로는 가장 중요한 무기가 될 수 있다. 실제로 진보적인 복지 및 노동법은 프랑스와 미국과 같은 민주주의 국가에서 테러를 진압하는 데 도움이 되었으나, 그런 것이 없었던 러시아에서는 훨씬 많은 반란이 일어났다.

정신과 의사 제럴드 포스트Jerrold Post의 연구 결과도 그럴 듯하게 들린다. 그는 "테러리스트들에게서 눈에 띄는 정신병적 증상은 보이지 않는다"라고 썼지만, 수많은 "개인들이 폭력 행위를 저지르기 위해 테러리즘의 길로 들어선다"고 주장했다. 그는 많은 경우 '대의(大義)' 때문이라고 하는 것은 그저 핑계에 불과할 뿐이고, 사실은 좌절하고 실패한 젊은이가 화려한 유명인사가 되어 쉽게 포기할 수 없는 역할과 지위를 획득하기 위해 "권력 기구와의 투쟁에서 생사의 기로에 놓이고 지명수배 전단에 올라 특정 단체에서 영웅으로 추앙받는 테러리스트"의 생활양식을 따를 뿐이라고 믿었다. 20세기 후반 테러리스트들에 대한 이러한 일반화는 19세기 초기 테러리스트들과 중세의 암살자들에게까지 똑같이 적용된다.

하지만 항상 예외는 있으며, 종종 두드러진 예외도 있다는 점을 명심해야 한다. 마이클 콜린스는 광신자도 외톨이도 아니었다. 그는 무자비한 면도 있었지만, 심지어 적들마저도 존경해 마지않을 정도로 영리하고 평판이 좋으며 분별력 있는 지도자였다. (로이드 조지는 마이클 콜린스가 "매혹적이고 매력이 넘쳤을 뿐만 아니라 위험할 정도로 열정이 넘쳤다"라고 말했다.) 마이클 콜린스는 잘 짜인 전략이 아니라 심리적 충동에 따라 행동하

아일랜드 독립운동가 마이클 콜린스가 1922년 더블린에서 대중연설을 하고 있다. 마이클 콜린스는 무자비한 면도 있었지만, 심지어 적들마저도 존경해 마지않을 정도로 영리하고 평판이 좋으며 분별력 있는 지도자였다. 그는 '야수' 같은 악명 높은 당시 무정부주의자나 사회주의 테러리스트와는 거리가 멀었고, 역사상 가장 유능하고 존경받는 장군의 모습에 가까웠다. 역사상 호감 가는 영웅적인 테러리스트가 있었다면 그가 바로 '큰형님' 마이클 콜린스일 것이다. 〈출처: WIKIMEDIA COMMONS | Public Domain〉

Michael Collins

는 '야수' 같은 악명 높은 당시 무정부주의자나 사회주의 테러리스트와는 거리가 멀었고, 역사상 가장 유능하고 존경받는 장군의 모습에 가까웠다. 역사상 호감 가는 영웅적인 테러리스트가 있었다면 그가 바로 '큰형님' 마이클 콜린스일 것이다.

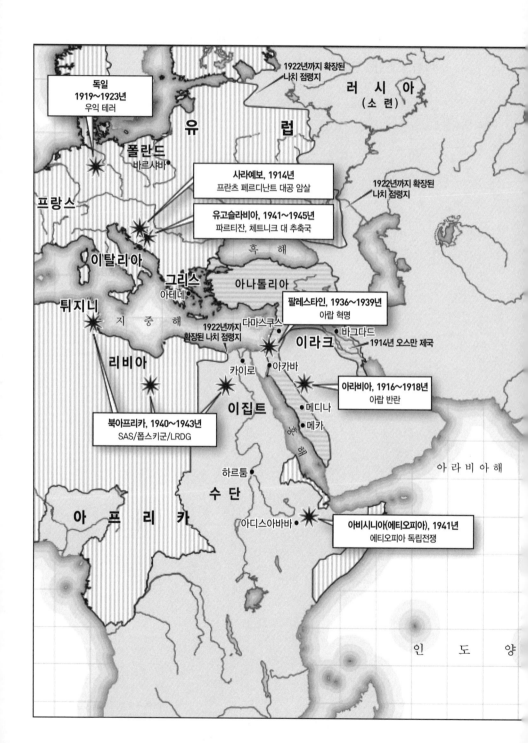

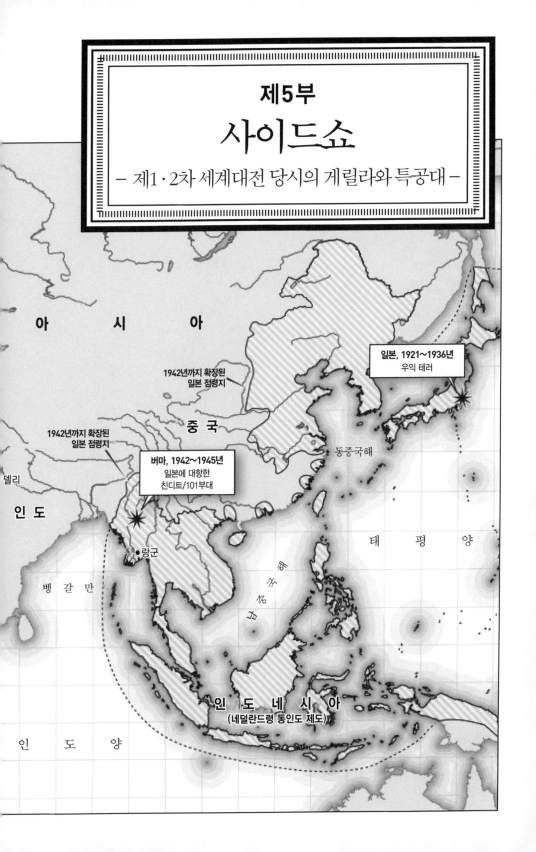

제5부
사이드쇼
- 제1·2차 세계대전 당시의 게릴라와 특공대 -

아 시 아

1942년까지 확장된
일본 점령지

일본, 1921~1936년
우익 테러

중 국

동중국해

1942년까지 확장된
일본 점령지

버마, 1942~1945년
일본에 대항한
친디트/101부대

델리

인 도

랑군

태 평 양

벵 갈 만

인 도 네 시 아
(네덜란드령 동인도 제도)

인 도 양

37

30년 전쟁

◆

1914~1945년,
'젊은 보스니아', 돌격대, 그리고 혈맹단

그 사건은 역사의 진로를 가장 잘못된 방향으로 나아가게 만드는 결과를 초래했다. 프란츠 페르디난트Franz Ferdinand 대공은 육군의 기동훈련을 참관하기 위해 오스트리아-헝가리Austro-Hungary 제국의 보스니아-헤르체고비나Bosnia-Herzegovina를 잠시 방문 중이었다. 합스부르크 왕가의 황태자인 그는 1914년 6월 28일 일요일 사라예보Sarajevo에서 부대를 사열하고, 몇몇 유명 인사를 만나고, 박물관 개관식에 참석하고, 카펫 공장을 시찰하는 단 몇 시간 만의 일정만을 소화하기로 되어 있었다. 그러나 그날 아침부터 계획대로 진행되지 않았다. 대공과 그의 아내 조피Sophie는 기차역에서 시내로 가는 길을 따라 달리던 호화로운 오픈카 뒷좌석에 앉아 있었는데, 오전 10시경 네델코 차브리노비치Nedeljko Čabrinović라는 보스니아 인쇄공이 수류탄을 던졌다. 열아홉 살 난 '네조Nedjo'는 너무 흥분한 나머지 조악한 수류탄을 준비한 뒤 열까지 세는 것을 잊고 던졌다. 수류탄은 황태자 내외가 탄 차량이 지나고 난 다음에 터져 황태자 내외는 무사했고 뒤 따르던 차량에 탑승한 경찰관 2명과 일부 관중들이 부상을 입었다.

네조는 청산가리^{cyanide} 캡슐로 자살하려고 했지만 실패했다. 그는 경찰서로 이송되어 심문을 받았으나 5명의 다른 암살자들이 여전히 프란츠 페르디난트 황태자를 쫓고 있다는 사실을 밝히기를 거부했다. 만용인지 상식이 부족해서인지 대공은 다음 일정인 시청으로 가서 지역 고위 인사들의 인사를 받은 후 짧은 연설을 했다. 그 후 그는 그날 있었던 폭탄 테러로 부상당한 경찰관 중 한 명을 위문하기 위해 병원을 방문하기로 결정했다. 그의 수행원은 사전에 대중에게 공개된 도심의 좁고 구불구불한 원래의 경로보다 넓은 아펠 부두$^{Appel\ Quay}$ 길로 가는 것이 더 안전할 것이라고 생각했다.

그러나 잘못된 의사소통으로 인해 6대 차량 행렬은 원래 계획대로 프란츠 요세프 가$^{Franz\ Josef\ Street}$를 우회했고, 황실의 상징물을 달고 프란츠 페르디난트와 조피를 태운 고급스러운 그래프 운트 슈티프트$^{Graef\ und\ Stift}$ 사의 컨버터블이 그 뒤를 따랐다. 순간 무슨 일이 일어났는지를 깨달은 왕실 운전사는 방향을 바꾸기 위해 차를 세웠다.

정말 불운하게도 대공의 차는 눈부신 여름 햇살 아래 모리츠 쉴러^{Moritz} ^{Schiller}의 유대인 식료잡화점 앞에서 멈췄다. 그 앞에는 폭탄과 브라우닝 권총으로 무장한 네조의 절친한 친구이자 보스니아 과격파인 가브릴로 프린치프$^{Gavrilo\ Princip}$가 서 있었다. 스무 살 생일을 앞둔 10대 테러리스트는 목표물을 불과 몇 미터 떨어진 곳에서 발견한 행운에 어리둥절했을 것이다. 그는 눈부신 푸른 장군 제복에 녹색 공작 깃털 모자를 쓴 대공과 하얀 실크 드레스를 입고 타조 깃털이 높이 달린 챙이 넓은 모자를 쓴 황태자비를 놓치지 않았다. '가브로^{Gavro}'는 리볼버를 꺼내 두 번 발사했다. 점심 무렵, 대공과 공작부인 모두 현장에서 사망했다.

여러 면에서 프란츠 페르디난트의 죽음은 젊은 슬라브 과격파들이 행한 또 다른 암살 사건인 차르 알렉산드르 2세의 죽음과 비슷했다. 그러나 그 파급 효과는 훨씬 더 심각하고 오래 지속되었다. 오스트리아 정부는 황

네델코 차브리노비치가 시도한 첫 번째 암살을 모면한 페르디난트 황태자 부부가 시청 행사에 참석하기 위해 차에서 내리고 있다(위 사진). 황태자 부부는 이 행사가 끝나고 부상당한 경찰관을 위문하기 위해 병원으로 가던 중 '젊은 보스니아' 소속 테러리스트 가브릴로 프린치프에게 암살당했다(아래 그림). 이 대담한 테러 행위는 전 세계가 지금까지 보지 못한 가장 끔찍한 전쟁인 제1차 세계대전을 일으키는 도화선에 불을 붙였다. 〈출처: WIKIMEDIA COMMONS | Public Domain〉

맨 먼저 프란츠 페르디난트 황태자 부부를 암살하려 시도했다가 실패한 네델코 차브리노비치(위 왼쪽 사진)와 황태자 부부를 리볼버로 직접 저격해 암살하는 데 성공한 가브릴로 프린치프(위 오른쪽 사진). 〈출처: WIKIMEDIA COMMONS | Public Domain〉

1914년 프란츠 페르디난트 황태자 부부를 암살한 혐의로 흑수단이 지원한 '젊은 보스니아' 소속 테러리스트들이 재판을 받고 있다. (앞줄 왼쪽부터) 트리프코 그라베츠(Trifko Grabež), 네델코 차브리노비치(Nedeljko Čabrinović), 가브릴로 프린치프(Gavrilo Princip), 다닐로 일리치(Danilo Ilić), 미슈코 요바노비치(Miško Jovanović)는 징역 16년에서 교수형에 이르는 형을 받았다. 황태자 부부를 직접 저격해 암살한 가브릴로 프린치프는 20세가 넘지 않은 미성년이어서 교수형을 면하고 20년형을 선고받았으나 1918년 감옥에서 폐결핵으로 사망했다. 〈출처: WIKIMEDIA COMMONS | Public Domain〉

태자 부부 암살 사건에 대한 책임을 세르비아 정부에게 묻기로 결정했다.

사실 이 암살 사건과 세르비아 정부의 연관성은 아주 미미했다. 네조(네델코 차브리노비치)와 가브로(가브릴로 프린치프)는 보스니아인, 크로아티아인, 세르비아인 및 기타 국적인 남슬라브인을 통합할 국가 유고슬라비아를 만드는 것을 목표로 하는 소수 급진파 단체 '젊은 보스니아Young Bosina'의 일원이었다. 그들은 무기(리볼버 4정, 폭탄 6개)를 제공받았으며, 아피스Apis라는 가명을 사용한 드라구틴 드미트리예비치Dragutin Dimitrijević 대령의 측근인 세르비아 장교들의 안내를 받아 보스니아로 밀입국했다. 아피스는 세르비아 총참모부의 정보 책임자였을 뿐만 아니라, 대세르비아Greater Serbia를 만들기 위해 오스트리아를 보스니아–헤르체고비나에서 몰아내고자 결성된 '흑수단Black Hand'으로 알려진 '연합 아니면 죽음Union or Death'이라는 비밀조직의 수장이었다. 나중에 아피스는 공모자 가브리엘 프린치프가 암살에 성공하리라고 생각하지 못하고 최후의 순간에 그들을 소환하려고 했다고 증언했다. 세르비아 정부의 고위층이 이 암살 음모를 승인했다는 확실한 증거는 없었다. 그러나 그러한 사실이 오스트리아 정부가 세르비아 정부에게 감당할 수 없는 요구를 하는 것을 막지는 못했다. 독일은 동맹국 오스트리아를 지지했고, 러시아는 세르비아를 지원했다.

그리하여 이 대담한 테러 행위는 전 세계가 이제까지 보지 못한 가장 끔찍한 전쟁인 제1차 세계대전을 일으키는 도화선에 불을 붙였다. 제1차 세계대전이 이것이 아닌 다른 이유로 인해 어차피 일어났을 것이라고 하더라도 이 테러 행위가 지닌 엄청난 의미나 그것의 중요성이 줄어들지는 않는다.

◆ ◆ ◆

제1차 세계대전은 1914년에 발발해 1918년까지 계속되었다. 그 후 불안정한 휴전이 이어졌고, 1931년 중국과 1939년 폴란드에서 분쟁이 발

돌격대(SA)는 나치당의 준군사조직으로, 무솔리니가 인솔하는 국가 파시스트당의 검은셔츠단을 본떠 창설되어 연설회 등 나치당이 주최하는 정치 활동의 경비와 반대 정당에 대항하는 것 외에 당 간부의 신변 경호를 맡는가 하면, 정적과 유대인을 위협하고, 폭행하고, 죽이는 테러 행위를 일삼았다. 돌격대 원들이 입은 갈색 제복 때문에 돌격대는 '갈색셔츠단'으로도 불리었다. 사진은 1932년 돌격대의 사열을 받고 있는 히틀러의 모습. 〈출처: WIKIMEDIA COMMONS | Bundesarchiv, Bild 102-13378 / CC-BY-SA 3.0〉

생했다. 이 두 분쟁이 합쳐져 제2차 세계대전이 일어났다. 제2차 세계대전 역시 테러리즘에 뿌리를 두고 있었는데, 구체적으로 말하면 1920년대와 1930년대에 독일, 일본 군국주의자들은 온건한 정권으로부터 권력을 탈취하기 위해 테러를 자행했다.

제1차 세계대전에서 독일의 패배로 1919년에 수립된 취약한 바이마르 공화국Weimar Republic은 1922년 우파 광신자가 저지른 발터 라테나우Walter Rathenau 외무장관 암살을 비롯한 폭발적인 초기 좌우익 단체의 폭력에 직면했으나 살아남았다. 초기 혼란은 1923년 아돌프 히틀러Adolf Hitler의 맥주 홀 폭동Beer Hall Putsch이 실패하면서 사라졌다. 그 후 나치는 폭력적인 돌격대SA, Sturmabteilung의 지원을 받는 정치 조직을 통해 권력을 추구했다. 돌격대는 검은셔츠단Blackshirts(무솔리니Benito Mussolini의 준군사조직. 아마 이것을 알았다면 자유주의자 주세페 가리발디와 붉은셔츠단이 무덤에서 뛰쳐

나왔을 것이다)처럼 갈색 셔츠를 입어 갈색셔츠단으로도 알려져 있었다. 돌격대는 정적과 유대인을 위협하고, 폭행하고, 죽였다. 공산당 역시 이에 맞서 '적색전선전사동맹Roter Frontkämpferbund'이라는 강력한 준군사조직을 결성하여 거리 폭력에 가담했지만, 1933년 1월 30일 히틀러가 총리가 되었을 때 50만 명의 회원을 거느린 돌격대의 적수가 되지 못했다.

히틀러의 최대 매력은 그가 질서를 회복할 수 있는 사람이라는 것이었다. 물론 그의 당은 그 누구보다 당의 권위를 훼손하는 일을 많이 저질렀다. 마치 방화범이 소방관이 되겠다고 나선 격이었다. 히틀러가 1933년 2월 27일 네덜란드 출신 공산주의자이자 무정부주의자인 마리누스 반데르 루베Marinus van der Lubbe가 독일 의회를 불태운 덕분에 자신의 통치를 강화할 수 있었다는 점을 고려하면 이 비유는 딱 들어맞는다. 히틀러는 이 단독 테러 행위를 핑계로 반대파의 우세를 뒤집고 입헌주의의 마지막 흔적까지 파괴했다. 이때부터 나치 독일에서는 국가 차원에서 테러가 자행되었다.

이와 같은 시기에 1920년대부터 본격적으로 시작된 일본의 의회 민주주의 실험은 끝나가고 있었다. 일본 의회 민주주의의 종말은 광신적인 군 장교들과 극단적 민족주의 운동가들이 주축이 되어 결성된 혈맹단血盟團의 테러와 직접적으로 관련이 있었다. 혈맹단의 구호는 "일인일살一人一殺"이었다. 그들의 희생자들로는 1921년에 암살된 하라 다카시原敬 총리, 1930년에 암살 공격을 받고 부상을 입은 뒤 사망한 하마구치 오사치濱口雄幸 총리가 있었다. 1932년에는 특히 많은 인사들이 암살되었는데, 여기에는 이누카이 쓰요시犬養毅 총리, 이노우에 준노스케井上準之助 전 재무장관, 미쓰이三井사 이사 단 다쿠마團琢磨 남작 등이 포함되어 있었다. 1932년 테러 공범 배후의 공모자들은 미국의 희극배우 찰리 채플린Charlie Chaplin의 일본 방문이 '미국과의 전쟁을 일으킬 것'이라고 생각했기 때문에 찰리 채플린 암살도 고려했다.

1924년 이후 일본 정부는 의회에서 과반수를 차지한 정당이 집권해왔

우익사상가 이노우에 닛쇼(井上日召)는 1931년에 "기원절 전후를 목표로 우선 정재계 지도자를 암살하고 행동을 시작하면 해군 내부 동조자가 쿠데타 결행을 단행하여 천황중심주의에 기초한 국가혁신이 이루어질 것"이라는 구상에 따라 자신의 사상에 동조하는 청년들로 암살조직인 혈맹단을 결성하고, 정당 정치인, 재벌 중진 등 20여 명을 "사리사욕에만 몰두하여 국방을 경시하고 국리민복을 생각지 않는 극악인"으로 선정하여 혈맹단원들에게 "일인일살(一人一殺)"을 지령하여 암살하게 했다. 사진은 재판을 받고 있는 혈맹단원들의 모습이다. 〈출처: WIKIMEDIA COMMONS | Public Domain〉

다. 1932년 일어난 '사건'들이 알려지자 군부의 영향력이 우세해졌다. 그러나 급진주의자들은 여전히 만족하지 않고 너무 온건하다고 판단되는 장교들을 협박하고 암살했는데, 여기에는 전 총리이자 옥새관玉璽官을 지낸 사이토 마코토斎藤実 예비역 제독도 포함되어 있었다. 그는 1936년 하급 장교들의 쿠데타로 인해 재무장관, 군사 교육 책임자와 함께 살해당했다. 총리인 오카다 게이스케岡田啓介 제독은 1936년 반란에서 간신히 살아남았다. 그는 반란군이 집에 난입해 그의 처남을 그로 오인해서 살해할 때 옷장에 숨어 있었다. 그들의 의도를 파악하자마자 그는 즉시 사임했다. 그의 후계자 중 어느 누구도 제국주의 극렬분자들의 욕망에 더 이상 성공적으로 저항하지 못했다.

테러리스트들이 군대의 상당 부분을 포함하여 중요하고 영향력 있는 선거구를 대표했기 때문에 테러리즘은 일본에서 통했다. 당시 테러리즘은 군국주의자들이 집권세력으로 떠오른 데에도 부분적으로 책임이 있었다. 실패한 테러리스트 단체는 무정부주의자들처럼 지지자가 거의 없었고 이들은 사회에서 비주류, 아웃사이더들이었다.

◆ ◆ ◆

독일과 일본의 정치적 혼란은 20세기 전반기에 세계를 분열시킨 광범위한 투쟁의 일부였다. 좌파와 우파 전체주의자들이 항상 서로 으르렁대기는 했지만 본질적으로 그것은 전체주의와 자유주의 사이의 싸움이었다. 이데올로기의 충돌은 두 번의 세계대전뿐만 아니라 중국, 멕시코, 러시아 및 스페인 내전을 포함한 소규모 분쟁도 초래했다. 1914~1945년 사이의 기간을 1946년에 독일 출신 미국인 학자 지그문트 노이만Sigmund Neumann이 명명한 '제2차 30년 전쟁'이라고 부르기도 한다. (현재의 관점에서 볼 때 1989년 베를린 장벽이 무너지기 전까지 75년 전쟁이 지속되었다고 할 수 있다.)

이 기간 동안 벌어진 대부분의 전투는 심지어 내전에서조차 정규군이 다른 정규군을 상대로 싸웠기 때문에 우리의 관점에서는 별 관심이 없다. 그러나 소규모 게릴라전과 테러리즘은 대규모 함대, 육군, 공군의 충돌 속에서도 사라지지 않았다. 실제로 이 시기에 가장 주목할 만한 20세기 저강도 분쟁 신봉자들과 실제 적용을 통해서 영향력을 얻은 유명한 교리들이 탄생했다. 우리는 특히 T. E. 로렌스Lawrence, 오드 윈게이트Orde Wingate 및 요시프 브로즈 티토Josip Broz Tito의 영향을 중점적으로 살펴볼 것이다. 그들의 활동은 상당수가 대규모 전쟁의 궁극적인 결과에 미미한 영향을 미친 '사이드쇼sideshow'[308]였다. 그러나 이러한 사이드쇼들은 불멸의

---

308 사이드쇼: 서커스 등에서 손님을 끌기 위해 따로 보여주는 소규모 공연을 뜻하는 말로, 여기에서는 '지엽적인 활동'이라는 의미로 쓰였다.

유산을 남겼다. 그들은 모든 현대 군대의 중요한 한 축인 '특수작전부대'(즉, 국가를 위해 복무하는 게릴라)를 남겼다. 그들은 외부 지원을 받는 반란을 진압하는 데 있어 가장 가혹한 대반란 정책도 한계가 있음을 보여주었다. 그리고 더욱 중요한 것은 그들이 상당수의 '원주민'을 동원하고 무장시켜 유럽의 아시아 및 아프리카 식민지의 독립을 불가피하게 만들었다는 것이다. 유럽의 강대국들을 숨이 가빠 헐떡이게 만든 근대 30년 전쟁의 결말은 수십 년 동안 게릴라들의 대중적 명성을 새로운 정점으로 치솟게 할 탈식민화 전쟁을 촉발시켰다.

우리는 이 격동의 시대에 관한 이야기를 역사상 가장 유명한 비정규 전사 중 한 명으로 꼽히는 영국 옥스퍼드 출신의 가냘프고 감수성 높은 고고학자의 이야기로부터 시작할 것이다.

38

사막 게릴라전 전문가로
변신한 고고학자

◆

1916~1935년,
'아라비아의 로렌스'

팔레스타인Palestine에서 출발해서 여기까지는 "…사막의 가시나무 덤불 외에는 아무것도 자라지 않으며 물이 부족하고 물이 나오더라도 염분이 섞인, 거친 무인지대를 관통하는 … 거친 길을 따라 8일간 낙타를 타고 달려야 도착할 수 있었다." 마침내 1918년 4월 9일, 100명의 병력으로 구성된 이집트 낙타부대Egyptian Camel Corps는 아랍의 공격으로 튀르크인들로부터 최근에 해방된 홍해의 도시 아카바Aqaba에 도착했다.

부대 지휘관 프레더릭 W. 피케Frederick W. Peake 중령은 어느 병사가 "몇 개의 진흙 오두막과 파괴된 성"으로 표현한 "활기 없는 작은 항구"를 발견했다. 병사들의 유입으로 400명 남짓한 사람들이 살던 항구가 다소 활기를 띠었다. 항구에는 적재품을 하역 중인 배들이 보였다. 마을 서쪽에는 여러 대의 항공기가 새로 건설된 비행장에 주기되어 있었다. 해안을 따라 영국군이 선호하는 흰색 캔버스 천으로 된 텐트들이 늘어서 있었다. 에미르 파이살Emir Feisal 휘하의 아랍 장교들이 설치한 '화려한 동양식 텐트',

'흑염소 털로 만든 베두인Bedouin족[309]의 텐트 베이트beyt'도 보였다.

중동의 패자霸者로 군림하고 있는 독일의 동맹국 오스만 제국과 싸워야 한다는 공동의 이해관계로 인해 북유럽의 기독교인과 아라비아 사막의 무슬림인은 어울리지 않는 동맹을 맺게 되었다. 아랍의 반란이 성공하려면 적뿐만 아니라 이 이질적인 전사들 사이의 상호 불신도 극복해야 했다. 어느 영국 병사는 "우리는 아랍인을 싫어한다"고 인정했고, 아랍인도 영국인이 싫기는 마찬가지였다.

부사관이 피케를 만나려는 아랍인 무리에 대해 보고했을 때, 그는 "가장 어처구니없는 일"을 처음으로 경험했다. 대표단의 우두머리는 키가 165cm에 불과했지만 근육질의 마른 체형에 값비싼 최고급 베두인족 옷을 입은 파란 눈의 남자였다. 텐트에 들어갈 때 샌들을 벗는 아랍 풍습에 따라 그의 발은 맨발이었고 벨트에 아름다운 황금 단검을 차고 있었다. 그의 손에는 "모든 베두인 낙타 기수가 사용하는 일반적인 아몬드 나무 지팡이"가 들려 있었고 카피예kaffiyeh[310]가 얼굴의 일부를 가리고 있었다. 피케는 '왕처럼 보이는 이 사람은… 에미르 파이살이 틀림없다'고 생각했다. 그는 서둘러 그를 맞으면서 "아랍어로 상투적인 환영 인사"를 건넸다. 이 광경을 본 그 '아랍인'이 당혹스러웠던지 완벽한 영어로 그의 말을 끊자, 피케는 다시 한 번 충격을 받았다. "음, 피케, 마침내 도착했구려. 우리는 그대와 그대의 용감한 부하들이 오기만을 기다렸소. 그대들이 할 일이 많소."

그제서야 피케는 그가 자신이 대화를 나누고 있는 사람이 바로 파이살의 연락장교 겸 군사고문인 T. E. 로렌스Lawrence 중령이라는 것을 알아차렸다. 그러나 로렌스는 아직 유명하지 않았기 때문에 그 사실을 알아차

---

309 베두인족: 옛날부터 중동의 사막에서 유목생활을 하는 아랍인이다.

310 카피예: 아랍인이나 베두인이 머리에 두르는 천(두건). 일반적으로 사각형의 큰 천을 대각선으로 접은 후 후두부를 덮고 아래로 길게 내려 착용하며, 아갈(agal)이라는 둥근 띠 모양의 머리띠로 고정한다. 사막의 강한 태양광과 모래, 먼지로부터 피부를 보호하기 위한 목적으로 사용한다.

렸다는 것이 피케에게는 큰 의미가 없었을 것이다. '아라비아의 로렌스 Lawrence of Arabia'—시카고 신문 기자가 만든 별명—라는 전설은 제1차 세계대전 종전 후에 나타난 현상이었다. 1918년 당시 로렌스는 성지 예루살렘 일대에서 튀르크인들의 작전을 방해하기 위해 적 후방에서 비밀작전을 수행한 장교 중 한 명에 불과했다. 그러나 로렌스를 전설로 만들 소재는 이미 준비되어 있었다.

◆ ◆ ◆

로렌스는 빅토리아 시대와 에드워드 시대의 동시대인들이 그를 '사생아'라고 불렀기 때문에 태어날 때부터 사회부적응자였다. 그의 아버지 토머스 채프먼Thomas Chapman은 부유한 영국계 아일랜드 귀족으로, 자신보다 훨씬 어린 가정교사 사라 로렌스Sarah Lawrence와 눈이 맞아서 아내와 네 딸을 버렸다. 채프먼은 공식적으로 아내와 이혼한 적이 없었기 때문에 '로렌스 내외'로 불린 그와 사라는 1888년에 태어난 토머스 에드워드Thomas Edward를 포함한 아들 넷을 키우면서 은둔 생활을 했다. 네드Ned(그의 가족은 그를 '네드'라고 불렀고, 나중에 친구들은 그를 그냥 'T. E.'라고 불렀다)는 어렸을 때 가족의 비밀을 알고는 이것이 드러나면 사람들로부터 따돌림을 받고 사회적으로 매장당할까 봐 두려워했다. 그래서 그는 자신이 영국 사회의 아웃사이더라고 느끼며 자랐고, 그럼에도 불구하고 옥스퍼드 대학교 사학과에 진학하여 수석으로 졸업했다.

크리켓이나 축구와 같은 스포츠에는 관심이 전혀 없었기 때문에 그가 느낀 소외감은 더 심해졌다. 그는 에벌린 워Evelyn Waugh가 쓴 『다시 찾은 브라이즈헤드Brideshead Revisited』에서 엄청나게 호화로운 것으로 묘사된, 1920년대에 정점에 달했던 영국 옥스퍼드 대학교 사교모임에 참여하지 않았다. 로렌스는 사진, 자전거 타기, 고고학 유물 수집과 같은 혼자 하는 취미활동을 선호했다. 그는 밤새도록 라틴어, 그리스어, 또는 프랑스어로 된 난해한 책을 읽곤 했다. 그는 극심한 궁핍을 견디도록 자신을 단련했는데, 한 번은 "지구력을 시험하기 위해" 먹거나 자지 않고 45시간을 버텼다. 그가 그런 시험을 통과할 수 있었다는 것은 그의 의지뿐만 아니라 체력도 강하다는 증거였다. 10대 때 그는 프랑스를 여행하면서 하루에 100마일을 자전거로 달리곤 했다.

1909년 4학년이 되기 전 여름, 로렌스는 십자군 성에 관한 연구논문을 쓰기 위해 처음으로 중동을 방문했다. 그리고 1910년 졸업 후 다시 중동으로 가서 1914년까지 시리아의 고고학 유적지에서 일하면서 계속 그곳에서 지냈다. 이곳에서 그는 아랍어를 배우고 아랍 노동자들을 관리하는 방법을 배웠다.

1914년 8월 전쟁이 발발하자, 그는 런던에 있는 총참모부의 지리 관련 부서에 민간인으로 들어간 후 곧 신임 소위로 임관했다. 연말까지 그는 카이로의 육군 정보부에서 일했다. 그는 아랍 반란[311]이 발발한 1916년까지 참모 장교로 근무하면서 "병을 닦고, 연필을 깎고, 펜 자국 지우는 일이나 했다"고 회상했다. 로렌스는 페르시아만에서 지중해에 이르는 그들만의 국가를 세우고자 하는 아랍인들의 열망을 지지했으며, 사무직이 지루하고 따분해서 안절부절못하고 있었다. 카이로에서 안전하게 지내고 있던 그는 1915년 서부 전선에서 형제 둘이 전사한 이후 죄책감마저 느끼고 있었다. 그래서 1916년 10월 그는 반란이 시작된 아라비아 서부 해안 지역 헤자즈Hejaz의 상황을 평가하는 임무를 수행하는 영국 외교관과 동행하기 위해 10일간의 휴가를 신청했다.

그들은 아랍인들이 성지 메카Mecca에서 튀르크인들을 몰아내고 영국 해군의 도움으로 제다Jeddah를 포함한 홍해의 여러 항구를 점령하는 데 성공했다는 것을 알게 되었다. 하지만 아직 1만 5,000명 이상의 튀르크군

---

311 아랍 반란: 1916년 당시 나라 없이 오스만 제국의 지배를 받던 아랍인들이 영국 육군의 후원으로 오스만 제국 육군에 맞서 싸운 사건으로, 육군 중령 토머스 에드워드 로렌스와 파이살 왕자가 이들을 이끌었다. 결과는 아랍군 및 영국군의 승리로 끝이 났다.

이 메디나Medina 주변에 배치되어 있었다. 반란은 "중단된 상태"였으며 "비정규전은 재앙의 시초였다"고 로렌스는 언급했다. 그는 문제가 바로 리더십—'사막에 불을 지르는' 데 필요한 리더십—의 결여라고 믿었다. 명목상 반란군의 수장은 아랍의 왕을 꿈꾸는 메카의 에미르Emir[312]인 샤리프 후세인Sharif Hussein이었지만 군사작전에 참여하기에는 너무 늙었다. 그의 아들 압둘라Abdullah, 알리Ali, 사이드Zeid는 로렌스에게 강렬한 인상을 주지는 못했다. 로렌스는 유럽인들이 거의 없는, 멀리 떨어진 바다에서 작전을 수행하고 있는 또 다른 아들 파이살에게 희망을 걸었다.

파이살을 만나기 위해 로렌스는 가이드 2명과 함께 낙타를 타고 출발했다. 이 여행은 그가 앞으로 2년 동안 수행할 많은 여행 중 첫 번째 여행이었다. 그는 "어둠 속에서 내가 탄 낙타에게 익숙한 그림자를 보여줄 요량으로" 전쟁 중 처음으로 아랍 의상을 입었다. 로렌스는 지루하고 단조로운 낙타 여행에 익숙하지 않아 근육피로를 느꼈다. "아라비아의 작렬하는 태양" 때문에 피부에 물집이 생기고 눈도 아팠다. (당시는 선글라스가 아직 널리 보급되지 않았다.) 여행 도중 먹을 것—반란 기간 동안 그가 늘 먹던 식량—이라고는 누룩 없이 구운 빵을 액체 상태의 버터에 적셔 젖은 톱밥처럼 손가락으로 뭉친 것이 전부였다.

1916년 10월 23일 파이살이 있는 곳에 도착했을 때 로렌스는 지쳐 있었지만, 파이살이 "내가 아라비아에서 찾고 싶은 바로 그 사람, 아랍 반란을 완전한 영광으로 이끌 지도자"라는 사실을 알고 고무되었다. 수줍어하는 지적인 28세의 영국 고고학자 로렌스는 "성격이 급하고 자존심이 세고 참을성이 없지만 형들보다 훨씬 나아 보이는" 31세의, 예언자 마호메트의 직계 후손과 평생 우정을 쌓았다. 로렌스의 말을 빌리면, 파이살은 "인기 있는 우상이고 야심 찼으며 꿈과 그것을 실현할 수 있는 능력이 충분했다." 둘의 개인적인 유대감이 너무나 확고해서 파이살은 로렌스가 카이로

토머스 에드워드 로렌스(1888~1935)는 영국의 고고학자이자 군인으로, 제1차 세계대전 때 정보 장교로 참전하여 당시 오스만 제국으로부터 독립하려는 아랍 반란군을 이끌고 아랍 독립전쟁을 승리로 이끌었다. 이런 그를 아랍인들은 '아라비아의 로렌스'라고 불렀다. 사진 ❶은 1917년에 아카바에서 아랍 전통복을 입고 낙타를 탄 로렌스의 모습이고, 사진 ❷는 1918년 당시 영국 육군 중령 토머스 에드워드 로렌스의 모습이고, 사진 ❸은 1918년 영국을 방문한 파이살(앞줄 왼쪽에서 세 번째)과 로렌스(앞줄 왼쪽에서 두 번째)의 모습. 1916년에 파이살을 처음 만난 로렌스는 그가 아랍인의 꿈을 실현할 능력을 가진 사람이라고 확신했다. 〈출처: WIKIMEDIA COMMONS | Public Domain〉

에서 잠시 머문 뒤 돌아와 그의 군사고문으로 일할 수 있게 해달라고 영국 당국을 설득했다. 그렇게 하여 그는 이후 전쟁 기간 내내 머물 수 있었다.

◆ ◆ ◆

로렌스의 도전은 최대 5만 명의 베두인 부족민을 효과적으로 활용하는 것이었다. 베두인족은 "탄띠를 움켜쥐고 그들이 할 수 있는 한 소총을 쏴대는 강한 사람들"이었다. 로렌스는 "신체적 조건에 있어서 베두인족보다 더 강한 사람들이 있을지 의심스럽다"라고 썼다. 그러나 아카드^{Akkad} 시대로 돌아간 유목민 습격자들처럼 그들은 규율이나 결속력이 없었다. "개활지에 참호를 파고 자리 잡은 튀르크군 1개 중대 병력으로도 베두인족의 전 군대를 물리칠 수 있을 것이다. 전세가 기울고 사상자가 생기면 베두인족은 공포에 사로잡혀 전쟁을 포기할 것이다"라고 로렌스는 썼다.

다른 영국 장교들도 비슷한 생각을 했고, 아랍인들이 전투원으로 쓸모가 없다고 결론지었다. 많은 사람들이 아라비아에서 튀르크인들을 축출하기 위해 영국 정규군을 파견하기를 원했다. 로렌스는 많은 수의 기독교도 군대가 주둔하면 아랍인들이 사기를 잃을 것으로 생각했기 때문에 단호하게 반대했다. 그는 다른 동료 군사고문 어느 누구보다도 아랍인을 잘 이해하고 있었고 아랍인들에게서 동질감을 느꼈다. 그는 영국이 무기를 공여하고 군사고문단을 파견하는 데는 찬성했지만, 베두인족의 전통적 방법으로 대부분의 전투가 수행되기를 원했다. "아랍인들은 저격 전문가들이다. 그들이 진가를 발휘할 수 있는 영역은 게릴라전이다." 그는 "그들은 집단으로 전투하면 단체정신도, 규율도, 상호 신뢰도 없기 때문에 강력하지 않다. 부대가 작을수록 그들의 전투효율은 향상된다. 잘 훈련된 튀르크군에게 아랍인 병사 1,000명은 무능한 폭도에 불과하지만, 언덕 위에 서 있는 서너 명의 아랍인은 튀르크군 수십 명을 능히 저지할 수 있다"라고 설명했다.

로렌스는 아랍인들을 잘 이해하고 아랍인들에게서 동질감을 느꼈다. 오스만 제국과의 전쟁에서 로렌스는 5만 명의 베두인족이 전쟁의 주역이 되기를 원했다. 그는 베두인족의 특성을 살려 전면전이 아닌 소규모 전투, 즉 게릴라전을 수행하기로 결정했다. 〈출처: WIKIMEDIA COMMONS | Public Domain〉

그는 오스만 제국의 주요 취약점인 아나톨리아Anatolia에서 아라비아 반도까지 이어지는 헤자즈 철도에 초점을 맞춘 '분리전'에 찬성하여 '접촉전'을 피하기로 결정했다. 이 철도는 이 지역에서 튀르크군의 보급로로 사용되고 있었다. 로렌스는 아랍인들은 "기체처럼 자유롭게 이동하는 앞뒤 없는 무형無形의 무적無敵"이 될 것이며, "나이프로 수프를 떠먹는 것"만큼이나 패배시키기 어려울 것이라고 장담했다.

로렌스는 정식 군사훈련을 받은 적이 없었음에도 불구하고 철도에 대한 공격에 적극적으로 가담했다. 그는 "군사이론에 관해서는 관련 책들을 읽어서 웬만큼 알고 있었다"고 말했다. 옥스퍼드에서 그는 클라우제비츠Clausewitz, 조미니Jomini 같은 군사이론가에 대해 공부한 적이 있었지만, 그의 관심사는 전쟁의 이론 및 철학과 같은 추상적인 것이었다. 이제 아라비아에서 그는 즉석에서, 좀 더 정확히 말하면 낙타를 탄 채로 소부대 전술을 배워야 했다.

◆ ◆ ◆

그의 수업 중 하나는 1917년 3월 26일 월요일 오전 7시 50분에 시작되었다. 그는 메디나Medina 외곽의 기차역을 공격하기 위해 사막 캠프에서 아랍인 기수 30명과 함께 낙타를 타고 출발했다. 그들은 오전 중에 가시나무와 풀이 무성한 오아시스에서 잠시 휴식을 취한 뒤, 숙영지까지 몇 시간 더 이동했다. 다음날 오전 5시 35분에 이들은 다시 이동을 개시했다. 3월 28일 수요일 오후, 그들은 마침내 목표인 아부 엘 나암Abu el Naam 기차역에 도착했다.

적을 정찰하기 위해 그들은 역을 둘러싸고 있는, "햇빛을 받아 노랗게 빛나는" 언덕 꼭대기의 "긴 풀밭에 도마뱀처럼" 누워 있었다. 그들이 본 튀르크군 수비대는 보병 390명과 염소 25마리로 구성되어 있었다. 3월 29일 목요일, 그들은 '병력 300명, 기관총 2정, 산포mountain gun 1문, 산악

곡사포^{mountain howitzer} 1문' 규모의 아랍 지원군으로 보강되었다. 로렌스는 아랍군의 규모가 튀르크군과 거의 같다고 생각했지만, 요새화된 기지를 점령할 수 없다고 판단하고 철도와 전신선을 파괴하기로 결정했다.

그는 자정이 되기 직전에 선로에 지뢰를 깔기 위해 소규모 별동대와 함께 출발했다. "베두인족이 전신주를 타고 올라가지 못하자", 로렌스가 직접 전신주를 타고 올라가야 했다. 그는 최근 이질과 말라리아로 인해 몸이 너무 약해진 터라 손을 놓쳐 4.8m 높이에서 떨어져 자상과 타박상을 입었다. 그는 1시간 동안 잠을 잔 후 새벽에 캠프로 돌아와서 검붉게 멍든 눈 주위를 모래로 문지르며 아랍 포병이 기지를 포격하는 것을 관측했다. 그의 기록에 따르면, "포탄 한 발이 운 좋게 철도의 측선에 정차된 열차의 앞 차량에 맞아 큰불이 났다. 화재로 인해 놀란 기관사는 차량 연결을 끊고 남쪽으로 이동했다. 우리는 기관차가 우리가 매설한 지뢰에 다급히 다가가는 것을 뚫어지게 쳐다보았다. 지뢰를 밟자마자 부드러운 먼지구름과 함께 기관차가 멈추었다는 보고가 들어왔다."

기차는 탈선했지만 "심하게 털털거리면서 기를 쓰고 앞으로 가려고 했다". 로렌스는 기관차를 향해 기관총을 발사하기를 원했으나, 아랍인 기관총 사수들이 곧 취소될 기차역 공격에 합류하기 위해 지정된 매복지역을 이탈했다. 로렌스는 다음과 같이 결과를 요약했다. "우리는 포로 30명, 암말 1마리, 낙타 2마리, 양 몇 마리를 노획했다. 수비대는 70명이 전사, 또는 부상을 입었으며, 우리의 피해는 경상 1명뿐이었다."

정규전의 시각에서 보면 그것은 대단한 전투도 아니었다. 로렌스가 말하려 했던 것은 바로 "우리가 완전히 실패한 것은 아니었다"는 것이다. 그러나 그러한 군사행동들의 누적 효과는 그들의 개별적인 군사행동의 효과보다 더 컸다. 습격이 계속될 때마다 튀르크군은 강화된 요새에 부대를 집중해야 해서 아랍인들에게 시골지역을 빼앗길 수밖에 없었다. 머지 않아 로렌스에게 "우리가 헤자즈 전투에서 승리했다"는 소식이 전해졌다. "헤자즈 1,000제곱마일 중 999제곱마일은 이제 해방되었다." 메디나가 튀르크군의 통제 하에 있기는 했지만 그것은 큰 문제가 되지 않았다. 튀르크군 수비대는 갇혀 있었고, 이집트의 포로수용소보다 메디나에서 계속 이렇게 하는 것이 훨씬 더 쉬웠다. 로렌스는 파이살에게 더 이상 메디나를 점령하려 하지 말고 초점을 레반트Levant로 돌려야 이집트에서 팔레스타인으로 진출하는 영국군과 연결할 수 있을 것이라고 조언했다.

◆ ◆ ◆

북쪽으로 이동하는 열쇠는 홍해에 있는 마지막 튀르크군 점령 항구이자 수에즈 운하에서 가장 가까운 항구인 아카바를 점령하는 것이었다. 파이살의 군대는 아카바에서 시리아로 이동하면서 보급이 가능했다. 평범한 장교라면 상륙작전을 계획했겠지만, 로렌스는 영국군이 "해변을 점령할 수는 있겠지만 갈리폴리Gallipoli 해변에서처럼 해안 언덕의 감제瞰制와 사격에 노출될 것이고 수천 피트 높이의 화강암 언덕은 중장비를 휴대한 부대가 접근하기가 불가능하기 때문에 불리하다는 이유를 들어 상륙작전을 거절했다. 로렌스는 아카바는 "해군의 지원 없이 내륙에서 내려오는 아랍 비정규군이 가장 잘 함락시킬 수 있을 것"이라고 판단했다. 후방에서 튀르크군 수비대를 기습하려면 "길고 어려운 이동"—극단적인 예로 우회기동—을 해야 한다. 영국 함정의 사거리 내에 있는 요새를 점령하기 위해서는 사막을 1,000km 우회해야 했기 때문이다.

로렌스는 1917년 5월 9일 웨지Wejh 항구에서 출발하기 전에 상관과 군이 상의하지 않았다. 동료 장교는 로렌스를 "제멋대로 행동하는 사람"이라고 평했다. 로렌스는 50명도 채 안 되는 아랍인 전투원과 동행했다. 로렌스와 그의 일행은 그들의 임무 수행에 필요한 기본적인 물품만을 가져갔다. 부족민의 충성을 사는 데 사용할 금 400파운드와 철도 선로와 다리를 파괴하는 데 사용할 폭발물을 실은 낙타 6마리가 전부였다. 두 달 후인 7월 6일, 로렌스는 2,000명의 아랍인과 함께 "거센 모래폭풍을 뚫고" 아카바로 들어갔다. 다른 영국군 군사고문은 나중에 다음과 같이 말했다. "금이 없었더라면 로렌스가 그 일을 해내지 못했을 것이 확실했지만, 다른 누구도 그가 사용한 금의 10배를 주더라도 그 일을 해낼 수 없었을 것이다." 그는 "순수한 인격의 힘으로 타고난 지도자로서 자리매김했고, 그를 따르는 어느 누구보다도 훨씬 더 대담한 사람"임을 보여주었으며, "더 똑바로 쏘고, 더 열심히 타고, 덜 먹고 덜 마셨기" 때문에 그렇게 성공할 수 있었다.

로렌스는 원정 내내 끊임없이 아프거나 부상을 입었다. 아카바 원정이 끝날 무렵 그는 피부가 진홍색으로 탔을 뿐 아니라 몸무게가 45kg도 채 되지 않을 정도로 수척해졌다. 그의 머리에 2만 파운드의 현상금이 걸려 있었으나, 그는 "전혀 두렵지 않았다". 때로는 죽음을 긍정적으로 생각하면서 1917년 6월 "나는 도중에 죽임을 당하기를 바라면서 혼자 다마스쿠스Damascus로 가기로 결정했다"고 기록했다. 나중에 그의 회고록 초판에서 그는 "(그때) 몸에 상처라도 났었더라면 그 김에 나의 내적 혼란을 분출했었을 텐데"라고 썼다.

그는 전투 요구를 받고 있을 뿐 아니라 뜻이 다른 두 주인 사이에서 자신이 갈팡질팡하고 있는 것을 느꼈기 때문에 상당한 스트레스를 받고 있었다(신경이 쇠약해지고 성질이 점점 까칠해졌다). 아랍인들은 독립을 원했지만, 로렌스는 영국과 프랑스가 1916년 사이크스-피코 협정Sykes-Picot Agreement이라는 비밀조약을 체결하여 중동의 대부분을 둘로 분할하려 한다는 것을 알고 있었다. 로렌스는 "우리는 그들에게 거짓말로 우리를 위해 싸우라고 하는데, 나는 더 이상 참을 수 없다"고 불평했다.

더욱 괴로웠던 것은 1917년 11월 20~21일 밤에 발생한 사건이었다. 로렌스는 평소처럼 흰색 아랍 옷을 입고 시리아 다라Daraa를 단독으로 정찰하다가 튀르크군에게 포로로 잡혀 현지 튀르크군 사령관 하짐 베이Hajim Bey 앞에 끌려갔다. "열렬한 동성애자인" 베이는 차르의 군대에 의해 중동으로 이주하도록 강요받은 캅카스 원주민 중 한 갈래인 피부가 밝은 체르케스인Circassian으로, 가장한 포로를 보고 반색했다. 로렌스가 자신의 구애를 거부하자, 그는 그의 부하들을 시켜 그를 잔인하게 때리고 "차마 입에 담을 수 없는" 행위를 요구했다. 아마도 그를 계간鷄姦한 것으로 보인다. 베이의 침대에서 '피투성이에 만신창이가 된' 로렌스는 임시 감옥에 던져졌다(그의 자리는 '의기소침한' 상등병이 차지했다). 그는 보이는 것보다는 상처를 덜 입었기 때문에 탈옥에 성공했지만, 그가 겪은 일의 트라우마에서 결코 벗어날 수 없었는데, 특히 그가 "아마도 성적인 흥분으로 추정되는 달콤하고 따뜻한 기운이 내 안에 차올랐다"며 금지된 흥분으로 전율을 느꼈다고 훗날 인정했기 때문이다. 남은 생애 동안 그는 "내 완전무결했던 본래의 모습을 돌이킬 수 없을 정도로 잃어버렸다"며 수치심을 표현했다. 그는 신체적 접촉을 거부하고 누구와도 친밀한 관계를 발전시킬 수 없다는 것을 알게 되었다.

한동안 로렌스는 그가 겪은 고초에 대해 침묵을 지키며 튀르크군과의 전투에 매진했다. 그러나 그는 영국 병사의 말에 따르면 "로렌스를 위해 목숨을 바칠 준비가 되어 있는 수려한 외모의 강인한 전사"들로 구성된 20여 명의 아랍 경호원을 대동하고 다닐 정도로 조심했다.

1917년 말 에드먼드 앨런비Edmund Allenby 경의 영국-이집트 연합군 부대는 튀르크군 방어선을 돌파했다. 예루살렘은 12월 9일에 함락되었다. 다음 11개월 동안 아랍군은 진격하는 연합군의 우익에서 파르티잔 부대로 활동하면서 레반트 일대 나머지 지역에서 튀르크군을 몰아내는 데 일조했다. 이 작전은 1918년 10월 1일 연합군이 기쁨과 열정으로 불타오르는 다마스쿠스 거리에 진입했을 때 절정에 달했다.

로렌스의 지휘 하에 아랍인들은 튀르크군의 통신을 교란하고 튀르크군을 고착시켜 오스만 제국 사령관이 알렌비가 이끄는 6만 9,000명의 병력에 맞서 팔레스타인과 시리아에 있는 10만 명의 병력을 모두 집결시키는 것을 불가능하게 함으로써 승리에 기여했다. 결국 베두인족 비정규군은 영국의 장갑차와 항공기뿐만 아니라 대부분이 이전에 오스만 제국 병사였던 8,000명의 아랍 정규군의 지원을 받았지만, 여전히 주로 적의 약점만을 노리는 잔인한 비정규전을 수행했다. 튀르크군의 잔혹 행위에 분노한 아랍인들은 여러 차례 튀르크군 포로들을 학살했는데, 로렌스는 그들을 막을 의지가 없었거나 막을 수 없었다.

◆ ◆ ◆

종전 후 로렌스는 아랍과 영국 대표단의 자문위원으로 파리평화회의Paris Peace Conference에 참석했다. 그는 대령 제복을 입고 아랍식으로 머리를 장식하여 큰 화제를 불러일으켰다. 어느 미국인 참석자는 그를 "살아 있는 가장 흥미로운 영국인이다. … 셸리Shelley[313] 같은 사람이지만 시인이 되기에는 너무 남성미가 넘치는 사람이다"라고 평했다.

로렌스는 프랑스군이 시리아와 레바논을, 영국군이 팔레스타인, 이라크, 트랜스요르단Transjordan을 점령한 후 깊은 환멸을 느꼈다. 그러나 그는 1921년 식민성Colonial Office에서 윈스턴 처칠의 고문으로 중동 지도를 재구성하는 데 중요한 역할을 했다. 그는 처칠의 고문으로 일할 당시, 그리고 당시 수정 작업 중이었던 자신의 회고록 『지혜의 일곱 기둥Seven Pillars of Wisdom』에서 전쟁 중 친구 파이살이 했던 역할을 과장하면서 아랍군의 약점과 그들이 받은 영국군의 지원 규모에 대해서는 얼버무리고 넘어갔다. 그는 영국이 아랍인들, 특히 하심가Hashemites[314]에게 갚아야 할 큰 빚을 지고 있다는 주장을 전달하고자 했다. 부분적으로 그의 교묘한 책략 덕분에 파이살은 과거 오스만 제국의 세 주를 병합한 이라크의 첫 번째 왕이 되었고, 파이살의 형 압둘라Abdullah는 또 다른 새로운 국가인 트랜스요르단 Transjordan의 왕이 되었다. 이들의 아버지 후세인은 1924년 사우디아라비

---

313 셸리: 19세기 영국의 낭만파를 대표하는 시인.

314 하심가: 아라비아의 성시(聖市) 메카의 지배계급인 크라이슈족(族)의 한 가계(家系).

아를 개국한 이븐 사우드Ibn Saud에게 나라를 빼앗길 때까지 헤자즈를 통치했다. 아랍 민족주의자들과 시온주의자Zionist들의 의제가 양립할 수 없다고 믿지 않았던 로렌스는 파이살에게 영향력을 행사하여 팔레스타인에 대한 하심가의 영유권 주장을 포기하도록 설득하기까지 했다. 이로 인해 팔레스타인은 1922년에 승인된 국제연맹League of Nations의 결의안에 따라 "유대인의 고향"으로 만들려는 의도를 가진 영국이 관리하는 영국의 '위임통치령'이 되었다.

파이살의 손자는 1958년 바그다드에서 왕위를 잃고 살해되었지만, 이라크는 여전히 존재하고 있으며 하심가도 요르단을 통치하고 있다. 물론 팔레스타인은 이스라엘, 서안 지구, 가자 지구로 분할될 예정이었다. 따라서 로렌스는 현대 중동을 만드는 데 중요한 역할을 했다고 말할 수 있다. 실제로 그의 삶이 거의 끝나갈 무렵 그는 "모든 면에서 여전히 유효한(다른 평화조약들이 이와 같다면 얼마나 좋을까!)" 전후 합의[315]에 이르는 과정에서 자신이 한 역할에 대해 언급하면서 이것은 자신이 "전쟁 중에 아라비아에서 한 것"보다 훨씬 더 중요했다고 말했다. 그러나 전후 합의의 결과는 로렌스가 예상했던 것보다 훨씬 더 문제가 많은 것으로 드러났다. 미국의 저명한 역사가 데이비드 프롬킨David Fromkin이 쓴 권위 있는 역사서 『모든 평화를 끝낼 평화A Peace to End All Peace』에서 지적했듯이, 로렌스가 식민성에서 일을 마친 직후인 1922년에 "중동은 끝없는 전쟁에 빠져들었으며(이스라엘과 이웃 나라 간의 전쟁, 그리고 레바논 민병대들 간의 내전), 1970년대와 1980년대에 국제 사회의 특징이 된 테러 행위(납치, 암살, 무작위 학살)는 계속 늘고 있다." 이는 1990년대와 2000년대, 2010년대에도 마찬가지다.

---

315 전후 합의: 전쟁 결과의 처리에 관한 전쟁 당사국들 간의 일치된 의견. 대개 전쟁 후 영토, 포로, 배상금, 전범자 처벌 따위에 관하여 전쟁 당사국들이 수차례 회담을 거쳐 합의에 이르게 된다.

◆ ◆ ◆

식민성 장관 고문 임기가 끝나자마자 로렌스는 대중으로부터 숨으려 했지만, 로웰 토머스Lowell Thomas라는 기획력이 뛰어난 흥행사 때문에 이를 이루기가 점점 더 어려워졌다. 전 시카고 신문기자였던 토머스는 1918년 아카바에서 로렌스와 며칠을 보냈다. 그는 이 빈약한 자료로 『아라비아의 로렌스Lawrence of Arabia』라는 인기 서적을 출간하고 슬라이드쇼를 보여주며 공개 강연을 했다. 실제 주인공인 로렌스는 토머스의 강연이 "터무니없고 부정확하다"는 사실을 알았지만, 매월 뉴욕부터 런던에 이르기까지 강연장은 인산인해를 이뤘다. 전 세계에서 400만 명이 참호전으로 인한 대량학살 이야기로부터 잠시 벗어나 한숨 돌릴 수 있는 로렌스의 대담한 행동을 다룬 낭만적인 이야기에 매료되어 이 강연을 본 것으로 전해진다. 토머스가 붙여준 별명인 '왕관 없는 아라비아의 왕'은 대중의 관심에서 벗어나 자신의 말대로 "기계의 톱니바퀴cog of the machine"로 복무하기 위해 가명으로 영국 공군에 병사로 입대했다. 나중에 그는 법적으로 그의 이름을 T. E. 쇼Shaw로 개명했다. 그는 "빌어먹을 언론"이라고 분노하면서 언론의 사생활 침해에 대해 맹렬히 비난했다.

사실 명성에 대한 로렌스의 태도는 양면적이었다. 그는 대중에게 알려지는 것을 좋아하지 않는다고 공공연히 말하면서 다른 한편으로 조지 버나드 쇼George Bernard Shaw, 토머스 하디Thomas Hardy 같은 문학계의 거두와 교우관계를 맺고 회고록을 출판했으며 주요 예술가들의 수많은 초상화 모델이 되어주기도 했다. 그의 이런 가식적인 행동이 1925년에 언론에 알려지자, 그는 잠시 영국 공군을 떠나 왕립전차군단Royal Tank Corps에 입대해야만 했다. 하지만 영국 공군 참모총장과의 우정 덕분에 공군에 재입대할 수 있었다. 그는 친구였던 시인 로버트 그레이브스Robert Graves에게 "이건 마치 현대판 중세시대 수도원에 들어간 것 같았다"라고 설명했다. 여기서 그는 "수도승"과 같은 동료 공군 엔지니어들과 함께하며 동료애를 느졌다. 영국 공군에서 제대한 후 도싯Dorset316의 작은 오두막에 정착해 살던 그는 1935년에 그가 좋아하던 대로 오토바이를 타고 시골길을 최고속력으로 달리다가 교통사고로 사망했다. 윈스턴 처칠은 47세의 나이로 타계한 그의 죽음이 대영제국이 몇 년 동안 겪은 일들 중에서 가장 충격적인 일이라고 고 말했다. 그는 기자들에게 "우리는 우리 시대의 가장 위대한 존재 중 한 명인 로렌스를 잃었다"고 말했다.

얼마 지나지 않아 그의 말년에 대한 끔찍한 일화 중 하나가 공개되었다. 1923~1935년에 그는 자신이 약간 성도착증이 있다는 것을 알고 가끔 젊은 병사를 고용해서 자신을 채찍질하게 했다. 분명히 다라에서 겪은 시련에 대한 속죄행위로 추정된다. 정신과 의사들은 이것을 '채찍질성 적도착자flagellation disorder'라고 부른다. 로렌스의 친구들과 가족은 이런 그의 사적인 행동에 대해서는 전혀 몰랐다. 이 사실은 채찍질을 한 군인이 1968년에 신문사에 자신의 이야기를 팔아 넘기면서 세상에 알려지게 되었다. 그러나 널리 알려진 것과는 달리 로렌스가 동성애자라는 증거는 없다. 그는 지속적으로 자신이 무성애자317임을 밝혔고, 아마 남성이든 여성이든 그 누구와도 성관계를 맺지 않았던 것으로 보인다.

◆ ◆ ◆

"광기에 가까웠다"고 인정한 이 '이상한 인물'에 대한 평가는 세월이 흐르면서 첨예하게 갈렸다. 일부 사람들은 "강박적으로 거짓말을 한 불행한 사기꾼"이라고 그를 조롱한 반면, 지지자들은 터무니없이 그를 나폴레옹, 말버러Marlborough318, 그리고 역사적으로 '위대한 다른 지도자'에 비견했다.

---

316 도싯: 영국 잉글랜드 남서부의 카운티.

317 무성애자: 누구에게도 성적 끌림 혹은 성적 행위를 느끼지 못하는 성적 경향을 가진 사람.

318 말버러: 18세기 초 스페인 왕위계승을 둘러싸고 벌어진 전쟁에서 영국, 오스트리아, 네덜란드로 구성된 연합군을 승리로 이끈 영국의 명장.

로렌스는 자신이 한 일이 "아주 하찮은 일"이었기 때문에 자신이 중요한 역할을 했다고 주장한 적이 없다. "내 역할은 사소한 것이었다"라고 그는 지나치게 겸손하게 기록했다.

위관장교 시절 튀르크군의 군사고문이었고 나중에 독일 총리와 이스탄불 주재 대사가 된 프란츠 폰 파펜Franz von Papen은 보다 객관적인 평가를 내렸다. "영국인은 이슬람 세계에 대한 이해와 애정을 가진 군인을 가진 것에 대해 정말 행운이라고 생각해야 한다. 군사적 관점에서 그의 업적은 그다지 중요하지 않을 수 있지만, 정치·경제적인 측면에서 그것의 가치는 값을 따질 수 없다." ('경제적'이라는 말은 아마 파펜이 영국이 확보한 석유를 언급한 것으로 보인다.

로렌스가 가장 오랫동안 끼친 영향력은 매력적인 게릴라전 전문가로서 수많은 모방자들에게 영감을 불어넣었다는 것이다. 일류 작가이자 장난꾸러기 같은 유머 감각을 지닌, 재치 있고 계몽적인 달변가인 그는 미래의 로렌스들에게 수많은 지침을 남겼다. 그가 "나의 끔찍한 책"이라고 불렀던 『지혜의 일곱 기둥』은 그가 죽기 전까지 널리 출판되지는 않았지만 위대한 문학작품으로 칭송받았다. 축약판인 『사막에서 일어난 반란 Revolt in the Desert』은 로렌스 생전에 베스트셀러가 되었다. 그의 논문 두 편은 일반 대중이 아니라 군인들에게 큰 영향을 미쳤다.

그는 자신의 경험을 빌려 비정규전이라는 주제를 설명하기 위해 1920년 육군 계간지에 "반란의 진화The Evolution of a Revolt"라는 글을 게재했다. "반란의 진화"는 이후 군사전략가였던 친구 바실 리델하트Basil Liddell-Hart가 편집하고 T. E. LA이라는 이니셜로 1929년 브리태니커 백과사전에 게재한 "게릴라전의 과학Science of Guerrilla Warfare"이라는 글의 기초가 된다. 이 글에서 로렌스는 여전히 많이 인용되는 수많은 격언을 남겼다. "인쇄기는 현대 지휘관의 무기고에서 가장 위대한 무기다." "비정규전은 착검 돌격보다 훨씬 더 지적이다." "반란군은 2%의 활발하게 활동하는 타격부대와 98%의 수동적으로 동조하는 사람들로 구성된다." 그의 결론은 기존의 군사적 사고방식에 대한 직접적인 도전이었다. (그것을) "짧게 요약하면 다음과 같다. 기동성, 보안(적에게 표적을 누설하지 않는 방식으로), 시간, 그리고 교리(모든 대상을 우리 편으로 바꿔놓으려는 생각)가 주어진다면, 승리는 반란군에게 달려 있다. 왜냐하면 대수적代數的 요인들이 결국에는 결정적인 역할을 할 것이고, 이것을 거스르면 아무리 수단이 완벽하고 사기가 높다 하더라도 헛일이 되고 말 것이기 때문이다.

이 주장은 이후 수많은 게릴라들과 추종세력들이 수없이 인용한 문구가 되었으나 눈길을 끄는 이론이라는 것 이상으로 그렇게 널리 영향을 미치지는 못했다. 그러나 다음과 같은 모든 제한사항에 주목할 필요는 있다. 게릴라는 '기동성', '보안', '시간' 및 '교리'를 가지고 있을 때만 확실하게 성공할 수 있다. 이러한 모든 이점을 가진 반란군은 거의 없었다. 얼마나 많은 반란군이 왕립 공군·육군·해군의 도움을 요청할 수 있었는가? 아랍을 지원했던 로렌스의 동료 군사고문 중 한 명이 언급했듯이 "행동이 자유롭거나 보안이 잘 유지된 부대는 거의 없었다." 이러한 이점들을 가지지 못한 대부분의 게릴라들은 목표를 달성하지 못한다. 아랍 반란의 경우도 아랍의 유럽 동맹국들이 오스만 제국의 영토 대부분을 점령하는 것을 막을 수 있을 만큼 반란군이 충분히 강하지 못했다는 점에서 완전한 승리를 거두었다고 할 수 없었다.

아카바를 점령한 지 한 달 후인 1917년 8월 20일에 작성된 로렌스의 다른 불멸의 논문 "27개 조항Twenty-Seven Articles"을 읽을 때도 이러한 제한사항들을 염두에 두어야 한다. 논문에서 로렌스는 효과적인 군사고문이 되기 위한 비법을 몇 가지 제시했다. 그의 현명한 조언은 다음과 같다.

부하들을 다루는 데 있어 (효율성의) 유혹이 아무리 크더라도… 절대 아무에게나 명령을 내리지 말고, 지시나 지휘관에 대한 조언을 삼가라. 조언을 하기 위해 공식적으로 방문하는 것보다는 일상적인 대화에서 끊임없이 아이디어를 제시하는 것이 낫다. … 간섭이 덜 할수록 군사고문의 영향력은 커진다. … 자신의 손으로 너무 많은 일을 하려고 나서지 마라. 당신이 그것을 완벽하게 하는 것보다 아랍인들이 그것을 어느 정도 잘 하는 것이 더 낫다. 이 전쟁은 아랍인들의 전쟁이니, 당신이 해야 할 일은 그들을 돕는 것이지 그들을 위해 싸워 이기는 것이 아니다.

이 모든 격언은 이후 자문 업무에 종사하는 서양 군인들 사이에서 인용되고 있다. "너무 많은 일을 하려고 나서지 마라"라는 제안은 2003년부터 2007년까지 이라크에 주둔한 미군과 영국군에게 특히 인기가 있었는데, 이로 인해 적용된 파괴적인 '불간섭주의 정책hands-off policy'으로 전쟁은 통제 불능 상태에 빠지고 말았다. 데이비드 퍼트레이어스David Petraeus 장군이 민심을 얻기 위해 더 많은 일을 하기로 결정하고 나서야 비로소 분위기가 바뀌기 시작했다. 독단적으로 로렌스를 인용하고 싶은 유혹을 느끼는 사람들은 "'27개 조항'은 베두인족에게만 적용되며 도시 주민이나 시리아인은 완전히 다른 방법으로 다뤄야 한다"는 로렌스의 충고를 명심해야 한다. 그는 자신의 조언이 (이라크에서처럼) 대반란전 부대가 아니라 반란군을 위한 것이라는 것을 덧붙였을 수도 있지만 그렇게 하지 않았다.

로렌스의 가장 중요한 업적은 상황을 막론하고 적용할 수 있는 게릴라전의 선례나 군사 조언을 제시하는 것이 아니었다. 오히려 그는 자신의 예를 통해 비정규전을 수행하는 군인이 현지 상황을 이해하고 적응하기 위해 얼마나 열심히 노력해야 하는지를 보여주었다. 그는 적과 동맹의 행동을 이해하려고 노력하면서 공감능력을 강력한 전쟁무기로 규정했다. 또한 튀르크인에 대해 "나는 그들에게서 배우기 위해 그들 한가운데 뛰어드는 위험을 수백 번이나 감수했다"라고 썼다. 그는 나중에 자신의 성공을 열심히 연구하고 머리를 써서 집중한 결과로 보았다. 그는 자신의 선례가 "몸은 너무 많은데 머리는 너무 적은" 다수의 동료 장교들의 근본적인 무관심과는 상충하는 것이었다고 주장했다.

로렌스는 보기 드물게 몸과 머리가 조화를 이룬 "활동적이고 사색적인"

사람이었다. 어떤 면에서 그는 게릴라에 대항한 전사로서 반대편에서 이 주제에 접근했지만 우리가 보았듯이 '적응'과 '유연성'의 필요성에 대해 유사한 결론에 도달한 또 다른 비범한 영웅 리요테^{Lyautey} 원수와 닮았다

39

비정규전 임무를 수행하는
특수작전부대의 등장

♦

제2차 세계대전 때 탄생한 특수작전부대

제1차 세계대전 중 로렌스의 성공과 그보다는 덜 하지만 동아프리카에
서 영국군을 상대로 치고 빠지기hit-and-run 전술을 사용했던 독일 장교 파
울 폰 레토브–포어베크Paul von Lettow-Vorbeck의 성공을 감안한다면, 제2차 세
계대전에서 비정규작전이 기하급수적으로 증가한 것은 놀라운 일이 아
니다. 독일군의 유럽 진격은 적의 복장으로 위장하고 여러 나라의 말을
구사하는 브란덴부르크 특공대Brandenburg commandos의 선도로 이루어졌다.
이 부대는 레토브–포어베크의 휘하에서 복무했고 로렌스의 작전을 연구
했던 테오도레 폰 힙펠Theodore von Hippel 대위의 주도로 창설되었다. 1940
년 5월 네덜란드군으로 위장한 브란덴부르크 특공대는 뫼즈Meuse강을 건
너 네덜란드로 가는 주요 다리를 점령하기도 하고, 글라이더를 타고 벨기
에 에방 에마엘Eben Emael 요새를 강습하기도 했다. 1943년 SSSchutzstaffel(친
위대) 오토 슈코르체니Otto Skorzeny 소령은 이탈리아 산 정상에 있는 산장
에 연금된 무솔리니Mussolini를 구출한 유명한 작전에서 글라이더를 사용

제2차 세계대전 당시 아프리카 전선에서 패배하고 민중의 지지를 잃은 무솔리니가 내각의 불신임 결의 이후 국왕의 명령으로 전범 혐의로 체포되어 애인 클라라와 함께 아펜니노 산맥의 그란 사소(Gran Sasso)에 위치한 휴양지 '캄포 임포라토레(Campo Imperatore)' 산장에 연금되자, 1943년 9월 12일 독일 오토 슈코르체니가 지휘하는 SS와 독일 공군 공수부대인 팔슈름얘거의 합동 특공대가 '오크 작전(Operation Oak)'이라는 작전명으로 무솔리니가 연금된 산장에 글라이더를 타고 돌입해 무솔리니를 구출하는 데 성공했다. 위 사진은 구출된 무솔리니(가운데 모자 쓴 사람)가 슈코르체니(무솔리니 오른쪽 옆 목에 망원경을 건 키큰 사람)와 함께 산장에서 나오는 모습이고, 아래 사진은 구출된 무솔리니가 특공대 지휘관 슈코르체니와 함께 타고 탈출한 피젤러(Fieseler)사의 단거리이착륙 경비행기 Fi 156 슈토르히(Storch)의 모습이다. 〈출처: WIKIMEDIA COMMONS | CC-BY-SA 3.0〉

했다. (1940년대 글라이더는 현재 헬리콥터의 역할을 수행했다.) 이탈리아군은 오늘날 실SEAL 부대의 전신인, 뛰어난 능력을 갖춘 해군 특수작전부대인 '데치마 플로틸리아 마스Decima Flottiglia MAS'[319]를 창설했다.

그러나 정작 제2차 세계대전에서 비정규군을 더 많이 운용한 것은 연합군이었다. 그들은 추축국을 무찌르는 데 필요한 대규모 부대를 소집하는 데 몇 년이 걸릴 것을 알고 있었다. 그들은 그동안에 아무것도 하지 않는 것보다는 성가시게 하는 공격이라도 시도해보는 것이 낫다고 판단했다. 남아프리카에서 위관장교 시절 보어인 코만도의 위력을 직접 목격했던 윈스턴 처칠도 같은 생각이었다.

프랑스가 함락되던 1940년 5월 총리직을 맡은 처칠은 즉시 육군 코만도를 설립해 적 해안에서 공포를 심어주고 영국 정부 산하 비밀조직인 특수작전집행부SOE, Special Operations Executive[320]를 창설해 점령지 내에서의 "전복과 방해 공작"을 수행하거나 그의 말에 따르면 "유럽을 불타오르게" 했다. 코만도 편성이 발의된 지 3일 만에 승인되었고, 프랑스 해안에 대한 첫 번째 공격이 15일 후에 이루어진 것을 보면 상황이 얼마나 긴박했는지 알 수 있다. 얼마 지나지 않아 수많은 다른 영국 특수작전부대들이 적 후방지역 작전을 준비했다. 영국은 북아프리카 전선에서 장거리사막정찰대Long Range Desert Group, 육군 공수특전단SAS, Special Air Service, 팝스키 별동대Popski's Private Army를 운영했는데, 이들은 트럭과 지프를 타고 길이 없는 모래바다를 가로지르며 독일군과 이탈리아군이 예상하지 못한 곳을 공격했

---

319 데치마 플로틸리아 마스: 이탈리아 해군 소속 특수작전부대로, 그 뜻을 번역하면 제10강습부대(Mezzi d'Assalto). X-MAS로 줄여서 표기하기도 하는데 이는 숫자 10을 로마 숫자인 X로 표기한 것이다. 1918년 어뢰정과 유인어뢰로 전과를 얻자, 이탈리아가 이 작전을 응용하여 만든 특수작전부대로 1940년에 창설되었다. 영국 코만도가 육군 특전부대의 시조로 꼽힌다면, 데치마 플로틸리아 마스는 해군 특전부대의 시조로 꼽힐 만큼 특수전 역사상 중요한 부대다.

320 특수작전집행부(SOE): 특수작전집행부(SOE)는 1940년에 설립된 영국 정부 산하 비밀조직으로 요인 암살, 후방 교란, 주요 시설 폭파, 저항세력 지원 등 보다 포괄적인 업무를 맡아 비밀작전을 수행했다. 게슈타포 국장 라인하르트 하이드리히 암살, 루르 댐 폭파, 노르망디 상륙작전 및 시칠리아 상륙작전 상륙지점 기만, 중립국 및 적국 영토에서 시행된 폭파작전 등이 모두 특수작전집행부의 작품으로 특수작전사에 있어 한 획을 그었다.

1940년 제2차 세계 대전 중 윈스턴 처칠 영국 총리의 요구로 설립된 영국 코만도는 영국 육·해·공군 전군의 지원자들과 독일 점령국 출신의 외국인 지원자들로 구성되었다. 영국 육군이 창설한 세계 최초의 현대식 특수작전부대로서 특수작전부대의 원조인 만큼 전 세계 특수작전부대에 많은 영감과 영향을 주어 '코만도'라는 단어는 보편적으로 특수작전부대를 뜻하는 일반 보통명사가 되었다. 사진은 1942년 8월 디에프 기습(Dieppe raid) 후 뉴헤이븐(Newhaven)으로 돌아온 코만도 대원들의 모습이다. 〈출처: WIKIMEDIA COMMONS | Public Domain〉

특수작전집행부(SOE)는 1940년에 설립된 영국 정부 산하 비밀조직으로 요인 암살, 후방 교란, 주요 시설 폭파, 저항세력 지원 등 보다 포괄적인 업무를 맡아 비밀작전을 수행했다. 사진은 특수작전집행부 요원들이 1944년경 밀턴 홀(Milton Hall)에서 폭파 수업을 듣고 있는 모습이다. 〈출처: WIKIMEDIA COMMONS | Public Domain〉

제2차 세계대전 당시 영국은 북아프리카 전선에서 장거리사막정찰대, 공수특전단(SAS), 팝스키 별동대
를 운영했는데, 이들은 트럭과 지프를 타고 길이 없는 모래바다를 가로지르며 독일군과 이탈리아군이
예상하지 못한 곳을 공격했다. 위 사진은 1941년 3월 27일에 쉐보레 30cwt WB 트럭을 타고 사막을 정
찰하고 있는 영국 장거리사막정찰대의 모습이고, 아래 사진은 1943년 북아프리카 전선에서 순찰 중인
영국 육군 공수특전단(SAS)의 모습이다. 〈출처: WIKIMEDIA COMMONS | Public Domain〉

다. 이에 뒤지지 않기 위해 영국 해병대, 공군 및 해군은 그들만의 특공대 형태의 분견대를 구성했다.

모든 특수작전부대는 비행기나 무전기와 같은 현대 발명품들이 없어서는 안 될 정도로 필수적이었다. 하지만 그들은 시대를 초월한 역사의 교훈으로부터도 영감을 받았다. 특수작전집행부^{SOE}의 초기 육군 장교 J. C. F. 홀랜드^{Holland}와 콜린 거빈스^{Colin Gubbins}는 아일랜드공화국군^{IRA}과 싸웠다. 홀랜드는 제1차 세계대전에서 아랍 비정규군과 함께 복무한 경험이 있었고 보어 전술을 연구했다. 이제 그들은 T. E. 로렌스, 마이클 콜린스, 흐리스티안 데 베트^{Christiaan de Wet}가 마스터한 것과 같은 종류의 비정규전 전술을 적용하기로 했다.

모든 특수작전부대를 일컫는 일반적인 용어가 된 '코만도'는 보어군에게서 영감을 받아 만든 것이었다. 그러나 모든 코만도 작전이 그 자체로 게릴라전이나 오늘날 알려진 것처럼 '비정규전'인 것은 아니었다. 많은 코만도 작전 사례들은 아군 지역에 있는 기지에서 적을 단기간에 급습하는, 현대 군사용어로 '직접타격^{direct action}'이라고 부르는 것들이었다. 이와 대조적으로 게릴라 작전들은 대체로 고정 기지가 없거나 적 통제 지역에 근거지를 둔 게릴라 전사들이 수행한다. 어떤 경우이든 게릴라 전사들은 코만도나 브란덴부르크 특공대보다 지상에서 더 오랜 시간을 보낸다. 게릴라 부대에 더 가까웠던 특수작전집행부^{SOE}는 요원들을 추축국 점령지에 침투시켜 토착 저항운동세력과 함께 작전을 수행했다. 그러나 특수작전집행부와 공수특전단^{SAS}은 1944년 독일군병참선 교란을 위해 프랑스에 낙하산으로 요원들을 투입하면서 차이가 모호해졌다.

◆ ◆ ◆

1941년 12월 미국이 참전했을 때, 미국 정부는 영국의 선례에 따라 "와일드 빌^{Wild Bill}" 도노반^{Donovan} 장군이 지휘하는 전략정보국^{OSS, Office of Special}

Services을 창설해서 정보 수집부터 선전에 이르는 임무를 맡겼다. 전략정보
국은 삽화를 넣은 교육자료에 "방화 매뉴얼Arson: An Instruction Manual" 등 장난
스러운 제목을 붙여 배포하는 방법으로 군사적 조언을 제공하며 사보타
주 작전을 수행했다. 전략정보국은 또한 폭탄이 떨어져 폭발하는 소리를
내는 공포 제조기 '헤디Hedy', 밀가루같이 보이지만 TNT보다 폭발력이 큰
'언트 제미마Aunt Jemima' 같은 비밀 무기를 개발했다.

미 육군은 1942년에 특공대와 유사한 레인저Rangers를 창설했다. 그들
은 1940년 선풍적인 인기를 끈 영화 〈북서로 가는 길Northwest Passage〉에서
나온 로버트 로저스Robert Rogers가 지휘한 부대의 이름을 따서 명명되었다.
특공대처럼 레인저는 종종 재래식 공격에서 선봉대 역할을 했다. 가장 유
명한 사례는 노르망디 상륙작전Invasion of Normandy 디데이D-Day에 푸앵트 뒤
옥Pointe du Hoc에 있는 약 30m 높이의 절벽을 기어올라 확보한 것이다. 미
해병대는 이와 유사한 레이더Raider 대대를 창설했고, 호주, 벨기에, 캐나
다, 프랑스를 포함한 연합국은 영국 및 미국과 협력하기 위해 자체 특수
전 기구를 만들었다. 소련 역시 독일 전선 후방을 공격할 많은 파르티잔
과 스페츠나츠Spetsnaz[321]를 조직해 비정규전을 수행하게 했다.

◆ ◆ ◆

이전에도 '특수작전'—소규모 군대가 수행하는 위험한 비정규적인 공격
형태—은 존재했는데, 그것의 기원은 트로이 목마 시대로 거슬러 올라간
다. 이 개념을 제도화하여 기습작전(유격전)을 위해 군인들을 훈련시키고
장비를 갖추려는 첫 시도는 18세기의 경보병과 레인저가 착수했다. 하
지만 1940년대 이전에 비정규전에 참전한 대부분의 병사들은 패배한 후

---

321 스페츠나츠: 소련의 특수작전부대로 냉전 시기 큰 활약을 했으나, 1991년 소련 붕괴 후 그
전투력이 크게 약화된 것으로 알려져 있다.

즉흥적으로 작전을 수행해야 했다. 미국 독립전쟁의 영웅 프랜시스 매리언Francis Marion[322]이나 반도전쟁 당시의 수많은 스페인 병사들을 떠올려보라. 그들의 경험은 제2차 세계대전 당시 소련에 있는 소련군부터 필리핀에 있는 미군에 이르기까지 패배에 승복하느니 게릴라가 되어 싸우기를 선택한 병사들에게 귀감이 되었다. 또한 제2차 세계대전 당시에 특수 임무를 위한 특수작전부대를 훈련시키고 장비를 갖추게 하려는, 지금까지 볼 수 없었던 가장 야심 찬 시도가 이루어졌다.

이러한 혁신은 '정예'부대가 필요 없다고 생각한 대다수의 일반 군인들에게는 적합하지 않았다. 그런 임무를 위해 일반적으로 지원병을 모집했는데, W. E. D. 앨런Allen 영국 육군 대위의 말에 따르면 이들은 "젊고 예리"하든지, 아니면 "고리타분하고 불안한" 경향이 있었다. "유능하고 임무를 잘 수행하는 군인은 일반적으로 지시를 무시했다." 지원병 중 상당수가 상류층 모험가였고 앨런 자신도 이튼 칼리지Eton College를 졸업한 전직 국회의원이었다. 영국 특수작전부대 요원에는 배우 데이비드 니븐David Niven, 스코틀랜드 귀족이자 훗날 장관에 오른 로버트 경Lord Lovat, 소설가 에블린 워Evelyn Waugh, 총리의 아들 랜돌프 처칠Randolf Churchil도 포함되어 있었다. 루스벨트Franklin Delano Roosevelt 대통령의 아들 제임스James Roosevelt도 미국 해병대의 칼슨 레이더스Carlson Raiders에서 특수작전을 수행했다. 전략정보국OSS은 월스트리트Wall Street와 아이비리그Ivy League에서 너무 많은 신병을 모집하여 이니셜이 'Oh So Social'이라는 농담도 있었고, 영국 육군 공수특전단SAS에는 옥스퍼드Oxford와 케임브리지Cambridge 출신이 많았다.

이들 중 일부는 사립학교 넥타이를 맨 상류층 속물주의자였을지 모르지만, 평범한 병사들이 유능하다 해서 반드시 훌륭한 특수작전부대원이 되는 것은 아니라는 인식 또한 존재했다. 근심 걱정 없는 귀족이 특수작전부대원으로 더 적합할 수도 있었다. 사회적 스펙트럼의 반대편 끝에 있

---

322 프랜시스 매리언: 미국 독립전쟁 당시 활약한 '늪 속의 여우'로 불린 민병대 대장.

는 범죄자들의 지하세계는 위조범과 금고털이범을 모집할 때나 쓸모가 있었다. 1940년 당시 중령으로 영국 코만도를 창설한 여단장 더들리 클라크Dudley Clarke는 다음과 같이 썼다. 우리는 최정예 정규군의 전문적 효율성과 규율 표준을 충족할 수 있는 엘리자베스 1세 시대의 해적, 시카고 조직폭력배 및 변방지역 부족민을 찾았다. 코만도는 전우들과 나란히 서서 대형을 유지하는 군기 이상의 무언가가 필요했다. 그는 자신의 오른쪽과 왼쪽에 있는 사람들에게 무슨 일이 일어나더라도 임무를 달성할 수 있는 개인적이고 독립적인 사람이어야 했다." 이는 "코만도가 정규군에 뿌리내린 '단체정신'을 버리는 법을 단번에 배워야 한다"는 것을 의미한다고 그는 결론지었다.

40

윈게이트의 전쟁

◆

1936~1944년
팔레스타인·아비시니아·버마에서 활약한 '다루기 힘든 군사천재'

팔레스타인, 아비시니아^{Abyssinia}[323], 버마에서 비정규 작전으로 명성을 얻어 먼 친척인 T. E. 로렌스처럼 제2차 세계대전 비정규전의 영웅으로 떠오른, 클라크^{Clarke}의 동료인 육군 장교 오드 찰스 윈게이트^{Orde Charles Wingate}만큼 열렬하다 못해 너무 지나칠 정도로 이 충고를 받아들인 사람은 거의 없었다. 정규군의 전술에 게릴라 전술을 가미하려는 윈게이트의 선구적인 노력은 재래식 전쟁밖에 모르는 장교들의 경멸과 불신에 자주 부딪혔다. 그러나 그는 개의치 않았다. 그는 "인기는 나약함의 표시"라고 믿었다. 동료들로부터 "군사천재 또는 사기꾼"(의견이 분분했음)이라는 소리를 들었던 그는 군 생활 초기부터 상관과 끊임없이 전쟁을 치렀다.

그의 가장 친한 친구는 그가 울위치 왕립군사학교^{Royal Military Academy} ^{Woolwich} 생도 시절에도 "권위에 반항함으로써 자신에 대한 격렬한 적대감

---

323 아비시니아: 에티오피아의 옛 이름.

을 불러일으킬 정도로 위력을 지녔다"라고 회상했다. 위관장교였을 때는 알람시계를 탁자 위에 올려놓고 장군들과 회의를 시작한 것으로 유명했다. 그는 시계가 울리면 "자, 여러분. 한 시간 동안 이야기를 했지만 소득이 없었습니다. 더 이상 여러분들과 낭비할 시간이 없습니다!"라고 말하며 자리를 떴다.

윈게이트의 첫 번째 반항은 그가 자란 숨 막히는 종교적 집안 분위기에 반항한 것이었다. 예비역 인도 육군 대령인 그의 아버지는 플리머스 형제단Plymouth Brethren이라는 근본주의 개신교 교파의 독실한 신자였다. 그의 부모는 '오디Ordey'(가족이 부른 윈게이트의 별명)를 포함해 일곱 자녀를 두었는데, 그들은 그의 형제 중 한 명이 "암울한 신전"이라고 할 정도로 기도는 필수이고 경박한 행동은 해서는 안 되며 "영벌永罰(지옥에서 받는 영원한 벌)을 받을 것이라는 두려움"이 상존하는 집안 분위기에서 자랐다. 윈게이트는 포병장교가 되기 위해 울위치에 도착했을 때 플리머스 형제단을 떠났지만 종교적 신앙심마저 완전히 버린 것은 아니었다. 남은 생애 동안 그는 성서에서 깊은 영향을 받고 자양분을 공급받았는데, 한 친구는 성서는 "모든 면에서 윈게이트의 지침서"였다고 말했다. 어린 시절의 또 다른 영향으로 그는 엄격한 통제를 받는 것에 대해 강한 반감을 갖게 되었다. 그는 울위치에서 끊임없이 말썽을 부렸고, 그를 훈육하려고 드는 "군인인 척하는 인간들"을 업신여겼다.

졸업 후 그는 아랍어를 배웠고 1928년에 영국이 운영하는 수단 방위군Sudan Defense Force에 보직되어 현지 병사들을 감독했다. 이곳에서 그는 수단 내 노예상인들과 포착하기 어려운 밀렵꾼들과 싸웠고, 그가 군 생활 내내 사용하게 될 치고 빠지기 전술을 배웠다. 그는 또한 지저분한 옷을 입고(훗날 그의 부하는 "그의 양말은 고린내가 났고 구멍이 숭숭 뚫려 있었다"라고 말했다), 큰 위험과 불편함을 감수하고, 방문객을 나체로 맞이하는 것과 같은 기행을 일삼았다.(윈게이트는 "호텔 방에서 헤어브러쉬로 자신의 아랫니용 틀니를 칫솔질하듯 하면서 기자에게 브리핑을 하는 것으로

영국 육군 장교 오드 찰스 윈게이트는 팔레스타인, 아비시니아, 버마에서 비정규 작전으로 명성을 얻은 먼 친척인 T. E. 로렌스처럼 게릴라전의 대가가 된 인물이다. 그는 정규군의 전술적 선택지에 게릴라 전술을 추가하려다가 재래식 전쟁밖에 모르는 장교들의 경멸과 불신에 부딪혔다. 그러나 그는 개의치 않았다. 그는 "인기는 나약함의 표시"라고 믿었다. 동료들로부터 "군사천재 또는 사기꾼"이라는 소리를 들었던 그는 군 생활 초기부터 상관과 끊임없이 전쟁을 치렀다. 19세기 탐험가처럼 착용하던 피스 헬멧, 항상 갖고 다니던 알람시계, 건강에 좋다고 생각해서 사과처럼 씹어 먹던 생양파, 콧수염만을 허용한 왕의 규정을 위반하고 기른 턱수염은 그의 트레이드마크였다. 이처럼 그는 기행을 일삼은 괴짜이기도 했다. 〈출처: WIKIMEDIA COMMONS | Public Domain〉

악명이 높았다.) 19세기 탐험가처럼 착용하던 피스 헬멧^{pith helmet}[324], 항상 갖고 다니던 알람시계(그는 "손목시계는 정말 탐탁지 않다"고 말했다), 건강에 좋다고 생각해서 사과처럼 씹어 먹던 생양파, 콧수염만을 허용한 왕의 규정을 위반하며 때때로 기른 턱수염은 그의 트레이드마크였다.

그는 1933년 수단에서 귀국하는 길에 탑승한 증기선에서 영국인 여성 아이비 패터슨^{Ivy Paterson}과 그녀의 16살 난 딸 로나^{Lorna}를 만났다. 아이비는 특별히 윈게이트의 평범한 키(167cm), "앞으로 튀어나온 이마"와 "아름다운 손"에 대해 언급했다. 그러나 가장 인상적이었던 것은 그의 눈이

---

324 피스 헬멧: 더운 나라에서 쓰는 가볍고 단단한 소재로 된 흰색 모자.

었다. "밝은 청자색 눈동자를 지닌 깊은 눈은 예언자이자 환상가의 눈이었다. … 불같이 강렬한 눈빛에서 그의 독특한 성격을 느낄 수 있었다." 아이비와 함께 윈게이트의 말을 듣던 다른 사람이 묘사한 대로 윈게이트가 "사포를 문지를 때 나는 소리(돌을 서로 문지르는 것 같은 소리)"와 같은 거친 목소리로 자신이 베토벤을 좋아한다는 말과 그 당시 와이어리스wireless라고 불리던 라디오를 싫어한다는 말을 비롯해 이 세상의 거의 모든 것에 대해 장황하게 말을 늘어놓자, 이런 그에 대한 인상은 더욱 강해졌다. "그는 말을 잘했다. 하지만 한동안 침묵한 상태로 아주 조용하게 있기도 했다."

아이비의 딸 로나는 첫눈에 반했다. 오드는 31세였고 약혼한 상태였지만, 이 사랑스러운 여학생과 사랑에 빠졌다. 둘은 로나가 고등학교를 졸업한 지 2년 후 곧 결혼했다. 그의 전 약혼녀는 다른 남자와 비교할 수 없을 정도로 오드를 좋아했기 때문에 절망에 빠져 평생 독신으로 살았다. 이 이야기는 윈게이트가 종종 반감을 불러일으키기도 했지만, 그러한 반감을 상쇄할 수 있는 강한 매력도 지니고 있었음을 보여주는 증거라고 할 수 있다.

1936년, 대위였던 윈게이트는 영국군 소속 정보장교로서 아랍 반란 진압을 위해 당시 영국 통치 하에 있던 팔레스타인에 파견되었다. 그가 아랍 지지자임에도 불구하고 헌신적인 시오니스트조차 그를 '광신자'라고 묘사할 정도로 그는 시오니즘Zionism[325]에 매료되었다. 윈게이트는 사막을 "개척한" 유대인들을 존경했고, 아랍인보다 그들이 영국에 더 가치 있

---

[325] 시오니즘: 고대 유대인들이 고국 팔레스타인에 유대 민족국가를 건설하는 것을 목표로 한 유대민족주의 운동.

는 동맹이 될 것이라고 생각했다. 이러한 그의 견해를 식민행정부colonial administration가 공감하지 않자, 윈게이트는 식민행정부가 "반유대 친아랍"이라는 것을 알았다. 그는 "모든 사람이 유대인을 반대하기 때문에 나는 그들을 옹호한다"라고 말했다.

당시 유대인들은 1980년대 제1차 인티파다Intifada[326]가 있기 전까지 가장 큰 팔레스타인 봉기에 직면해 있었다. 제2차 인티파다와 마찬가지로 이 반란은 영국 당국과 유대인 민간인 모두를 대상으로 폭격과 총격이 자행된 도시 테러리즘이었다. 영국군은 2만 명의 병력을 투입해 용의자의 집을 폭파하는 등 징벌적 조치를 취하여 도시를 다시 장악할 수 있었다. 이로 인해 반란군은 시골에서 고립된 유대인 정착지와 경찰서뿐만 아니라 온건한 아랍인에 대한 공격에 집중해야만 했다.

처음에 유대인들은 하블라가havlaga(자제)로 대응했지만, 폭력이 계속됨에 따라 반격을 시작했다. 윈게이트는 반격의 최전선에 있었다. 그는 "어둠이 내리면 국가의 실질적 통제권이 반란군에게 넘어간다"는 것을 알게 되었다. 1938년 그는 영국과 시오니스트 지도자들에게 밤을 되찾아주기 위해 야간작전 전담 특수작전부대SNS, Special Night Squads를 조직하도록 설득했다. 요새화된 키부츠kibbut에서 은밀히 모험을 감행할 영국 병사들과 유대인 '보조요원들'로 구성될 이 부대는 "총검과 폭탄으로" 팔레스타인 반란군을 맹공격하여 테러리즘을 종식시키는 것이 목적이었다.

이 야간작전 전담 특수작전부대는 40명의 영 국인과 100명의 유대인으로 구성되었으며, 보통 10명으로 구성된 분대 단위로 작전을 수행했다. 그들은 밤에 기동하여 새벽에 공격하는 것이 관례였다. 베테랑 대원들은 카키색 반바지와 밑창이 고무로 된 전투화를 신고 "일반적으로 언덕이 많고 가파르며 건조한 돌투성이 땅"에서 한 줄로 걷는 데 오랜 시간을 보냈으며 의도적으로 "익숙한 길"을 피하고 "갈지자 또는 뱀처럼 구불

---

[326] 인티파다: 팔레스타인 사람들의 반이스라엘 저항운동.

1939년 야간작전 전담 특수작전부대(SNS) 대원들과 함께한 윈게이트(오른쪽에서 두 번째). 1936년, 영국군 소속 정보장교로서 아랍 반란 진압을 위해 당시 영국 통치 하에 있던 팔레스타인에 파견된 윈게이트는 아랍 지지자임에도 불구하고 시오니즘에 매료되어 아랍 반란에 맞선 유대인의 반격 최전선에 섰다. 그는 "어둠이 내리면 국가의 실질적 통제권이 반란군에게 넘어간다"는 것을 알고는 1938년 영국과 시오니스트 지도자들에게 밤을 되찾아주기 위해 야간작전 전담 특수작전부대를 창설했다. 이 야간작전 전담 특수작전부대는 "총검과 폭탄으로" 팔레스타인 반란군을 맹공격하여 테러리즘을 종식시키는 것이 목적이었다. 〈출처: WIKIMEDIA COMMONS | Public Domain〉

구불한 길"을 따라갔다고 회상했다. "어떤 경우든 침묵하는 것이 규칙이다. 기침이 나오기 때문에 흡연을 줄이려고 노력해야 한다"고 윈게이트는 부대원들에게 지시했다. "완벽한 기습"을 달성하는 것이 그들의 목표였고, 그들은 종종 성공했다. 예상치 못한 그들의 습격은 윈게이트가 "나약하고", "무식하고 원시적"이라고 무시한 팔레스타인 반란군을 "공황상태"에 빠뜨렸다.

야간작전 전담 특수작전부대의 습격작전에서 윈게이트는 어둠 속에서 방향을 탐지하는 능력, "강철 같은 체력", 그리고 위험을 감수하는 대담함을 보여주었다. 한 전투에서 오발 사고로 5발의 총상을 입어 "백지장처럼 창백하고 피투성이"가 된 상태에서도 그는 계속해서 "아주 침착하게 영어와 히브리어로 명령을 내렸다".

그는 부대원들에게 "테러리스트와는 달리 예의와 존경심으로" 아랍 민간인을 대하라고 지시했지만, 한번은 살해당한 유대인 친구의 죽음에 대한 복수로 자신이 부대를 직접 이끌고 아랍 마을을 완전히 초토화했다. 나중에 윈게이트는 야간작전 전담 특수작전부대가 적어도 140명의 반란군을 죽이고 300명 이상에게 부상을 입혔으며, 이는 비슷한 규모의 어떤 영국 부대도 따라올 수 없는 타의 추종을 불허하는 기록이었다고 주장했다.

1939년 윈게이트가 팔레스타인을 떠날 무렵, 그는 평생 받은 3개의 수훈장Distinguished Service Order 중 첫 번째 수훈장(영국에서 두 번째로 높은 훈장)을 받았으며, 그를 하예디드Hayedid(친구)라고 불렀던 팔레스타인 유대인들로부터 무한한 찬사를 받았다. 모세 다얀Moshe Dayan과 이가엘 야딘Yigael Yadin을 비롯한 그의 야간작전 전담 특수작전부대 베테랑들은 훗날 이스라엘군을 이끄는 장군이 되었다. 윈게이트는 그들에게 관행을 파괴하고, 장교들이 앞장서서 신속하게 기동하면서 공격작전을 지휘하고, 테러 공격을 미연에 방지할 것을 주입시켰다. 다얀은 훗날 "지배적 성향이 강한 그는 우리 모두에게 광신에 가까운 자신의 믿음을 전염시켰다"고 썼다.

영국군 내에서 윈게이트는 성미 고약한 야만인으로 간주되었다. 그는 "공정한 전투로 유명한 영국군의 명성을 실추시켰다"는 비난을 받았고, "유대인의 이익을 자국의 이익보다 우선시하는" 잠재적인 "안보 위험"으로 간주되었다. (윈게이트는 시오니스트 지도자들과 기밀문서를 공유했다.) 팔레스타인에 주둔한 영국군 사령관 로버트 하이닝Robert Haining 장군은 윈게이트는 "자기편을 위해서가 아니라 개인의 목적과 취향을 위해서만 움직였다"라고 생각했으며, 그의 군 복무를 "부끄럽고 창피한" 일로 치부했다.

그러나 그를 비방했던 사람들조차도 그가 똑같이 키가 작았던 먼 친척 T. E. 로렌스를 연상시키는 비정규전에 대한 천부적 재능을 가졌다는 것을 인정할 수밖에 없었다. 이 둘을 모두 아는 시오니스트 지도자 하임 바이츠만Chaim Weizmann은 윈게이트의 '강렬함', '변덕스러움', '독창성'이 모두 로렌스를 떠올리게 한다고 말했다. "윈게이트가 맞은편에 앉아 격렬하게 자기주장을 늘어놓으며 나를 뚫어지게 쳐다보고 있을 때 나는 로렌스가 여러 번 생각났다." 친시오니스트였던 윈게이트는 자신이 친아랍파였던 로렌스와 비교당하는 것에 굴욕감을 느꼈다. 그는 로렌스의 명성이 "엄청나게 많은 낭만적 티끌"로 과장되었다고 생각했다. 그러나 그 비교는 윈게이트가 당시 에티오피아로 불렸던 아비시니아 탈환에 참여한 후에 더 심해졌다.

◆ ◆ ◆

베니토 무솔리니는 정당한 이유 없이 1935년 아비시니아를 침공함으로써 서방 세계를 놀라게 했다. 영국은 하일레 셀라시에Haile Selassie 황제에게 피난처를 제공했지만, 이탈리아가 1940년 6월 영국에 전쟁을 선포할 때까지 실질적인 도움을 제공하지 않았다. 하일레 셀라시에 황제가 곧바로 수단의 수도 하르툼Khartoum으로 거처를 옮기자, 그를 복위시키는 임무가 특수작전집행부SOE에게 부여되었다. 이 임무의 적임자는 오드 윈게이트였다. 윈게이트는 북아프리카에서 연합군과 싸우는 유대인 부대를 지휘하기를 원했을 것이다. 그는 스스로를 "유다의 사자"로 칭하며 솔로몬 왕King Solomon과 시바 여왕Queen of Sheba의 후손이라고 주장한 콥트 기독교도 Coptic Christian[327] 하일레 셀라시에 황제의 대의명분에 그의 "끝없는 에너지"를 쏟아부었다. 특수작전집행부에 파견된 임시 중령 윈게이트는 고대 이스라엘 전사의 이름을 따서 기드온 부대Gideon Force라고 명명한 비정규부대를 지휘하게 되었다.

1941년 1월 20일, 윈게이트는 하일레 셀라시에 황제와 수단 및 아비시니아 전사 1,600명, 영국인 70명, 낙타 2만 마리와 함께 수단 서부에서 아비시니아로 건너갔다. 인도인과 아프리카인을 중심으로 구성된 총 6만 명의 병력을 보유한 2개 정규군 부대가 거의 동시에 하나는 수단 북부에서, 다른 하나는 케냐에서 남쪽으로 행군했다. 기드온 부대가 전진함에

---

327 콥트 기독교도: 이집트 그리스도교의 일파.

따라 낙타들은 점점 죽어갔다. 따뜻한 기후 지역의 단봉낙타는 아비시니아의 추운 고원지대에는 적합하지 않았기 때문이다. 낙타의 수는 줄어든 반면, 부족민들이 "애국"이라는 대의 아래 집결하면서 병력은 오히려 증가했다. 이 게릴라들은 영국 장교 1명과 부사관 4명으로 구성된 특수작전집행부 '작전센터'가 지휘했다. 나중에 윈게이트는 아비시니아 전역은 "애국자의 지원 없이는 성공할 수 없었다"라고 말했다.

이탈리아 점령군은 30만 명에 달했다. 그들 중 3만 5,000명이 기드온 부대에 대항해 배치되었는데, 그들은 윈게이트에게 없는 장갑차, 포병, 항공기를 보유하고 있었다. 윈게이트는 적절한 군수지원조차 받지 못해 "노획한 이탈리아 전투식량이나 현지 식품"에 의존해야 했다. 그는 소규모 부대의 장점을 최대한 살려 주로 밤에 이탈리아 요새를 많이 공격했고 부하들에게 신속하게 이동하라고 지시하면서 "초인적인 노력을 하도록 부대원 전원을 자극했다". 이탈리아군이 반격하려고 집결하면 이들은 이미 사라진 뒤였다. 그뿐만 아니라, 윈게이트는 능숙하게 허세를 부릴 줄도 알았다. 한번은 그가 새로 점령한 이탈리아 요새 안으로 들어갔을 때 전화벨이 울렸다. 다른 요새의 이탈리아군 장교가 영국군이 어디에 있는지 물어보려고 전화를 한 것이었다. 윈게이트는 이탈리아어를 할 줄 아는 미국인 종군기자에게 "1만 명의 영국군 사단이 기동 중"이라고 말하게 하고 "그들에게 철수할 것을 조언하라"고 지시했다. 이 이야기를 듣고 당황한 이탈리아군은 곧바로 철수했다.

이탈리아군이 이미 버리고 떠난 아디스아바바Addis Ababa는 어느 잡지에서 묘사한 대로 "안개비와 붉은 진흙 수렁"을 뚫고 온 남아공 군대가 1941년 4월 5일에 점령했다. 한 달 후 윈게이트는 하일레 셀라시에 황제의 환도遷都를 앞에서 이끄는 특권을 누렸다. 하일레 셀라시에 황제는 편안한 차를 선호해서 행사를 위해 조달한 백마를 타지 않으려고 했기 때문에 윈게이트가 승리 퍼레이드의 선두에 섰다. 하일레 셀라시에 황제는 "짐의 신민이 우리 중 누가 황제인지 구분할 수 있으면 좋겠소"라고 비꼬

1941년 4월 15일 아비시니아의 담바차 요새를 함락한 후 하일레 셀라시에 황제(중앙), 샌드포드 장군(왼쪽)과 함께한 윈게이트(오른쪽). 윈게이트는 1,600명의 병력으로 3만 5,000명의 이탈리아군을 격파하고 담바차 요새를 점령했다. 이와 같은 놀라운 업적에도 불구하고 윈게이트는 카이로로 송환되어 원래의 계급인 소령으로 강등되었는데, 그 이유는 늘 그랬듯 "무례하고 군림하려 들며 집요하게 상관을 모욕하는 그의 행동" 때문이었다. 〈출처: WIKIMEDIA COMMONS | Public Domain〉

듯 말했다. 공인받지 못한 '황제'는 혼자의 힘으로 전역에서 승리하지는 못했지만 중요한 역할을 했다. 그의 소부대는 1만 5,000명 이상의 적을 포로로 잡고 1,500명 이상을 죽였다.

　윈게이트는 아비시니아 전역이 "진실하고 덕망 있는 사람들이 일깨워 주기만 하면 어디든지 애국자가 있다"는 것을 다른 점령지들에 보여주는 좋은 모델이 될 수 있다고 생각했다. 윈게이트는 현지 지도자들에게 전쟁물자와 현금을 제공했던 로렌스의 방식이 낭비적이고 비효율적이라고 부당하게 폄하하면서 그가 지금까지 그래왔던 것처럼 정예부대에게 장거리 침투 임무를 부여하여 적 부대를 교란하도록 하는 것이 훨씬 더 효과적이라고 생각했다. 그는 "침투에 능한 인원이 주어지기만 하면, 불굴의 의지를 가진 무장 병력 1,000명이 적 10만 명의 작전을 무기한으로 마비시킬 수 있다"고 주장했다.

그러나 영국의 공식 전사학자가 "놀라운 업적"이라고 호평했음에도 불구하고 윈게이트는 카이로로 송환되어 원래의 계급인 소령으로 강등되었는데, 그 이유는 늘 그랬듯 "무례하며 군림하려 들고 집요하게 상관을 모욕하는 그의 행동" 때문이었다. 한 고위급 장군은 "이 전쟁의 저주를 받아야 할 사람은 결국 로렌스야"라고 투덜대는 소리를 들었다. 하지만 사실 로렌스는 엘런비 장군과 참모단을 상대하는 데 있어서 윈게이트보다 훨씬 능수능란했다.

◆ ◆ ◆

윈게이트는 오랫동안 우울증과 싸워왔다. 그는 아주 겸손하게 말했다. "나는 행복하지 않다. 하지만 어떤 위대한 사람도 언제나 행복한 것은 아니라고 생각한다." 아비시니아 전역에서 그는 뇌성 말라리아에 걸렸다. 또 다른 임무가 없다는 사실에 낙담한 그는 카이로 호텔 방에 홀로 있는 동안 녹슨 칼로 목을 찔렀다. 옆방에 있던 기민한 경찰관이 그가 쓰러지는 소리를 듣고 그를 급히 병원으로 후송해 그의 생명을 구했다. 아비시니아의 전우 중 한 명은 윈게이트의 끊임없는 자해에 화가 나서 입원 중인 그를 찾아가 "바보 같은 놈, 왜 권총으로 쏘지 않았지?"라고 물었다.

자살 시도로 윈게이트의 경력이 끝날 뻔했지만, 전에 팔레스타인과 아비시니아에 있을 때 상관이었던 아치볼드 웨이블Archibald Wavell 경이 아직 그를 신임하고 있다는 점은 다행이었다. 인도군 사령관으로 임명된 웨이블은 윈게이트를 불러 버마 전역을 휩쓸고 있는 일본군을 괴롭힐 방법을 찾아보라고 지시했다.

윈게이트는 랑군^{Rangoon}이 함락된 지 몇 주 후인 1942년 3월 인도에 도착했다. 일본군이 확실히 통제하고 있어서 단기간에 재래식 전력으로 반격해도 성공할 가능성이 없었다. 팔레스타인과 아비시니아에서 그랬던 것처럼 원주민군을 활용할 가망도 없었다. 일부 고산 부족은 영국인에게 호의적이었지만(윈게이트는 그들을 길잡이와 게릴라로 운용했다), 대부분의 버마인들은 과거 자신들을 식민통치한 영국을 위해 싸울 마음이 없었다. 그럼에도 불구하고 윈게이트는 일본군이 기드온 부대와 같은 '장거리 침투'부대의 공격에 취약할 것이라고 믿었다. 그는 "적 후방에는 신장, 횡격막, 목에 해당하는 무방비상태의 지점과 다른 취약한 부분들이 있다. 그러므로 적진 깊숙이 침투하는 부대의 목표는 적의 해부학적 구조상 가장 중요하고 부드러운 지점이다"라고 기록했다. 그러한 군사행동의 핵심은 "공중으로 전력을 투사하고 무선으로 지휘하는 것"이었다. 이는 오늘날에는 일반적인 전술이지만 당시에는 참신한 아이디어였다.

준장으로 진급한 윈게이트는 이 아이디어 실행을 위해 제77인도보병여단—이후 친디트^{Chindits328}(버마 사원을 지키는 사자처럼 생긴 상상의 동물인 '친테Chinthe'를 잘못 발음한 것)로 불림—의 지휘관에 임명되었다. 친디트는 평범한 군사작전보다 훨씬 더 힘든 임무를 수행해야 했지만, 정예병들은 아니었다. 친디트는 주로 주둔지 경계임무를 수행한 30대 기혼 남성으로 구성된 영국군 1개 대대와 복숭앗빛 얼굴의 청년 신병으로 구성된 구르카^{Gurkha329} 1개 대대로 구성되어 있었다. 윈게이트가 언급했듯이, 그들은 "특수작전부대가 될 줄은 꿈에도 몰랐다." 윈게이트는 이 '평

---

328 친디트: 1943~1944년 제2차 세계대전 당시 버마 전역에서 활동한 영국군 및 인도군 특수작전부대였다.

329 구르카: 영국군에 소속되어 활동하던 외인부대 가운데 네팔과 인도 북부 출신의 군인들을 가리키던 말이다.

친디트는 1943~1944년 제2차 세계대전 당시 버마 전역에서 활동한 영국군 및 인도군으로 구성된 특수 작전부대였다. 스스로를 "윈게이트의 서커스단"으로 불렀던 친디트 부대원들이 1943년 버마에서 강을 건너고 있다. 윈게이트는 '평범한' 병사들을 '타잔처럼' 만들기 위해 특별히 고안한 힘든 훈련을 시킨 뒤 이들을 각각 약 400명으로 구성된 7개 부대로 나누었다. 그리고 말 15마리, 노새 100마리를 수송용으로 사용했다. 각 부대에는 항공 지원을 위해 고성능 무전기를 장비한 2인조 영국 공군 1개 팀이 동행했는 데, 이것은 향후 수십 년간 관행으로 굳어졌다. 〈출처: WIKIMEDIA COMMONS | Public Domain〉

범한' 병사들을 '타잔처럼' 만들기 위해 특별히 고안한 힘든 훈련을 시킨 뒤 이들을 각각 약 400명으로 구성된 7개 부대로 나누었다. 그리고 말 15마리, 노새 100마리를 수송용으로 사용했다. 각 부대에는 항공 지원을 위해 고성능 무전기를 장비한 2인조 영국 공군 1개 팀이 동행했는데, 이 것은 향후 수십 년간 관행으로 굳어졌다.

일명 롱클로스Longcloth로 알려진 원정은 북부 버마에 대한 대공세와 동 시에 이루어지기로 되어 있었지만, 웨이블은 공세가 취소된 후에도 친디 트의 독자적인 공격을 결정했다. 관련자 모두 일본군이 친디트에게만 공 격을 집중할 것이기 때문에 위험을 감수해야 한다는 것을 잘 알고 있었다.

1943년 2월 13일, 스스로를 "윈게이트의 서커스단Wingate's Circus"으로 불 렀던 친디트 부대원 3,000명은 고무보트와 뗏목으로 버마와 인도를 가 르는 "이상하게 아름다운" 친드윈Chindwin강을 건너기 시작했다. 2개 부대는 강한 저항에 부딪혀 후방으로 우회했지만, 나머지 부대는 계속 전진하여 다리와 철도를 폭파하고 일본 순찰대를 매복공격했다. 공중재보급은 일부 부대원이 이따금 "떨어진 보급품에 맞아 부상을 입는 것"을 말하는 "떨어진 과일에 맞아 죽는 것"을 제외하고는 훌륭했다. 영국 왕립공군RAF, Royal Air Force은 필요에 따라 여분의 킬트kilt[330], 틀니 및 단안경까지도 공중으로 재보급했다. 그 후 2,000명 이상의 친디트가 1.6km 폭의 이라와디Irrawaddy강의 급류를 건넜다. 버마 내부로 최소 340km 이상 침투한 그들은 적의 공격, 맹렬한 더위, 다양한 열대 질병으로 인해 피해를 입었다. 윈게이트의 부관 중 한 명이 말했듯이 "말라리아, 발진티푸스, 이질, 심지어 콜레라도 만연했다."

윈게이트는 1943년 3월 26일에 복귀하기로 결정했다. 친디트가 분산된 일본군 3개 사단에 포위되어 있었기 때문에 그는 부하들에게 소부대로 나누어 복귀하는 길을 찾으라고 지시했다. (그는 이 '분산'이 로버트 더 브루스Robert the Bruce[331]의 전술에서 영감을 받았다고 주장했다.) 이때 원정대는 진짜 "끔찍하게" 변했다. 친디트는 주로 20~40명 규모로 적에게 쫓기는 상태로 수백 km의 "엄청나게 빽빽한" 정글과 "아주 가파르고 바위가 많은" 언덕을 횡단한 다음 큰 강 2개를 건너야만 했다. 식량 배급은 처음부터 "매우 불충분"했다. 보급은 공수병이 전장에서 딱 며칠간 버틸 수 있도록 계획되어 있었다. 이제 공중재보급 빈도가 줄어들면서 식량 문제가 심각해졌다. "초콜릿 에클레어éclair[332]와 생일케이크의 환상"에 시달린 지역대장 버나드 퍼거슨Bernard Fergusson 소령은 "부대원 전원이 식량 부족으로 쇠약해졌다. 사기는 다른 어떤 것보다도 식량에 달려 있다"라고 기록했다.

친디트 부대원 3,000명 중 2,182명의 "쇠약해진" 생존자들만이 귀환했

---

330 킬트: 스코클랜드 남성들이 입는 짧은 치마.

331 로버트 더 브루스: 14세기 독립을 위해 싸웠던 스코틀랜드의 영웅.

332 초콜릿 에클레어: 속은 크림으로 채우고, 겉은 초콜릿이나 설탕을 입힌 슈 패스트리.

는데, 마지막으로 1943년 6월 6일에 귀환한 부대원들은 "배가 홀쭉하고 갈비뼈가 튀어나오고 근육은 소실되어 길고 가는 힘줄만 앙상하게 남은 모습이었다". 대부분은 차후 복무에 부적합했다. 일부는 처음에는 적어도 32kg가 넘는 장비를 들고 2,400km 이상을 행군했던 사람들이었다.

퍼거슨은 나중에 첫 번째 친디트 원정에서 "실질적인" 성과를 거의 거두지 못했다고 인정했다. "우리는 철도의 일부를 폭파했지만, 얼마 후 그것은 복구되었다. 우리는 유용한 정보를 몇 건 수집했다. 우리는 몇몇 소규모 작전과 그것보다 더 큰 작전들로부터 일본군의 주의를 분산시켰다. 우리는 8,000만 명의 적 중 수백 명에게 피해를 입혔다. 우리는 공중재보급만으로 부대를 유지할 수 있다는 것을 증명했다."

롱클로스 작전의 가장 큰 영향은 전쟁 후 일본군 장군들이 심문을 받는 과정에서 분명하게 드러났다. 일본군 장군들은 윈게이트의 습격을 방어하기 어려워 차후 침입을 방지하기 위해 1944년에 인도에 대한 공격을 시작했다고 말했다. 인도 공격은 실패했고, 일본군은 이듬해 영국의 버마 탈환을 막기에는 너무 약해졌다. 이러한 간접적인 영향 뒤에는 원정대의 엄청난 희생이 있었음을 헤아려야 한다.

버마를 탈환한 제14야전군 사령관 윌리엄 슬림^{William Slim} 장군은 윈게이트의 습격작전은 순전히 군사적 차원에서는 "값비싼 실패"로 끝났지만, 홍보 차원에서는 "승리했다"고 평가했다. "연합국의 언론이 이 이야기를 교묘하게 보도하면서 우리가 일본인들을 그들의 앞마당에서 패배시켰다는 이야기가 어디에서든 들려왔다." 이 심리적 충격은 일본이 아직 아시아에서 군사적 우위를 점하고 있던 시기에 군인과 민간인 모두에게 상당한 영향을 미쳤다.:

◆ ◆ ◆

친디트의 업적에 깊은 인상을 받은 사람들 중에는 윈스턴 처칠도 있었는데, 처칠은 윈게이트가 "또 다른 아라비아의 로렌스인지" 궁금해하기 시작했다. 그는 1943년 8월 루스벨트 대통령도 참석한 퀘벡 합동참모본부 회의에 당시 국가적 영웅이었던 윈게이트를 데려갔다. 윈게이트는 하급 장군에 불과했지만 깊은 인상을 주어 고위급 장군들은 장거리 침투 병력을 대폭 확대하고 그에게 항공 전력을 제공해주기로 합의했다. 이렇게 하여 미 육군 항공대가 제공하는 거의 400대의 수송기, 글라이더, 경비행기, 전투기 및 폭격기로 구성된 제1특수항공대1st Air Commando가 탄생했다. 그들의 모토는 "어떤 장소든, 언제, 어디서든"이었는데, 그들은 모토대로 공중재보급을 실시하고 "날아다니는 포병"처럼 화력을 지원하는가 하면 부상자를 후송하는 임무를 통해 자신들의 유용성을 입증했다.

고위급 장성들의 지원을 얻은 윈게이트는 인도로 돌아왔지만 뉴델리 영국군 본부의 끊임없는 적대감과 마주해야 했다. "전쟁에 대한 새로운 접근"을 받아들이려고 하지 않았던 기존 장교들의 자연스러운 회의론이 그 이유 중 하나였다. 그러나 윈게이트는 변명하지 않았다. 한 참모장교는 윈게이트가 도전을 받았을 때 "거의 모든 사람의 어리석음, 무지, 방해, 그리고 그 밖에 많은 것들을 비난하는 장광설로 맞받아쳤다"고 회상했다. 이 장교는 윈게이트가 "아주 고약한 사람"이라며 말을 끝맺었다. 윈게이트는 늘 그렇듯 뉘우치지 않았다. "나를 비난하는 사람들에게는 내가 전투에서 이기는 것이 불쾌하겠지만, 누가 뭐래도 나는 나니까"라고 반박했다.

윈게이트는 처음에는 건강이 너무 안 좋아서 전투에 집중할 수 없었다. 인도로 가는 도중 연료 재보급 중에 (목이 말랐는데 식당 문이 닫혀 있어서) 어리석게 꽃병의 물을 마신 뒤 발진티푸스에 걸렸기 때문이다. 그러나 그는 건강을 회복하면서 본부 내에서 주도권을 쥐게 되었다. 그는 소장으로 승진하여 약 2만 명, 즉 2개 사단에 해당하는 특수작전부대를 지휘하게 되었다. 첫 번째 원정대에는 1개 여단이 할당되었다. 당시 그는 6개 여단을 보유하고 있었다.

두 번째 친디트 원정대의 새로운 임무는 적의 영토 안에 강화된 요새를 건설하는 것이었다. 윈게이트는 이 요새를 "여단의 부대들이 순환하는 궤도", "방어된 비행장", "군수품 저장고", 이보다 화려한 비유적 표현을 사용해 "일본 호랑이를 유인하기 위해 묶어놓은 아이를 감시하는 마찬machan[333]"으로 정의했다. 즉, 이 요새는 일본군을 자극해서 값비싼 헛된 공격을 하게 만들도록 설계되었다. 그러나 그 과정에서 친디트는 속도와 기동성이라는 게릴라의 장점을 희생해야 했다.

'목요일 작전Operation Thursday'으로 불리는 제2차 친디트 원정은 1944년 2월 말, 1개 여단의 육로 행진으로 시작되었다. 대부분의 부대는 3월 5일 일요일 오후 4시 30분에 비행을 시작했다. 작전 개시 당일 인도의 활주로에서 첫 번째 C-47 수송기가 이륙하기 30분 전, 미국 정찰기가 코드명 피커딜리Piccadilly인 정글의 착륙지점 중 하나를 막고 있는 티크teak 나무들을 발견했다. 착륙지점이 폭파된 것인지, 아니면 정상적인 벌목 작업으로 티크 나무들이 거기에 놓여 있는 것인지는 알 수 없었다. 나중에 후자로 밝혀졌지만, 활주로에 모인 지휘관들에게는 불안한 순간이 몇 번 더 있었다. 결국 피커딜리에 착륙하기로 예정되어 있던 항공기를 버마 내륙 240km에 위치한 또 다른 착륙지점인 브로드웨이Broadway에 착륙시키기로 결정했다.

첫 번째 C-47 항공기가 3월 5일 오후 6시 12분에 굉음을 울리며 이륙했다. 30초 간격으로 많은 항공기들이 그 뒤를 따랐다. 각 비행기는 보급품과 병사들을 가득 실은 글라이더 2대를 견인했다. 모든 글라이더가 2,100m 높이의 산을 넘는 데 성공한 것은 아니었다. 그들 중 10대는 인도에 추락했다. 나머지 6대는 길을 잃어 점령된 버마의 다른 지역으로 떨어졌다. 브로드웨이에 도착한 37대의 글라이더에게는 이제부터 고난이 시작되었다.

---

333 마찬: 호랑이를 감시하기 위해 만든 누각.

착륙지점 근처에서 견인줄이 풀린 후 글라이더들이 어둠을 뚫고 땅으로 향하는 동안 "갑자기 적막"이 흘렀다. 장병들은 충돌에 대비해 안전벨트를 착용하지 않았다. 정찰비행에서 코끼리들이 목재를 강으로 끌고 가면서 생긴 2개의 깊은 도랑이 있다는 사실을 미처 발견하지 못하는 바람에 선두 글라이더들 중 일부가 이착륙장치가 파괴되어 임시 활주로를 막는 사태가 벌어졌다. 그들 바로 뒤에 있던 글라이더들은 파괴된 글라이더들의 잔해를 피하기 위해 급기동해야 했다. 많은 글라이더가 급기동에 실패하면서 더 많은 장애물이 생기게 되었다. 잔해를 치우고 부상자를 도우려고 시도했지만 더 많은 글라이더들이 폭탄과도 같은 엄청난 속도로 도착하면서 상황은 더욱더 복잡해졌다. 제1여단장 "미치광이 마이크" 콜버트"Mad Mike" Calvert는 다음과 같이 회상했다. "이따금 날개가 휘고, 찢기고, 박살 나는 소리와 동체가 찢어지는 굉음이 들렸다. 잠시 적막이 흐르는가 싶더니 이내 부서진 글라이더로부터 부상자들의 비명이 들렸다. 부상자들의 가련한 도움 요청 소리는 난장판을 정리하기 위해 다른 사람들과 함께 애쓰는 내내 충격받은 나의 마음을 파고들었다."

콜버트는 착륙이 성공하면 "돼지 소시지", 실패하면 "소야 링크Soya link"(인도 사람들이 혐오하는 돼지고기 대체품)라는 암호를 보내야 했다. 그가 3월 6일 월요일 오전 2시 30분에 "소야 링크"를 발송하면서 모든 추가 비행이 중단되었다. 멀리 떨어진 인도에서 지휘관들은 "일본군들"이 선도부대를 매복공격했다고 생각했다. 그러나 사실 일본군은 어디에도 없었다. 그들은 수백 km 떨어진 곳에서 착륙에 실패한 글라이더들의 소식에 당황했다. 브로드웨이에서는 친디트 부대원 30명이 전사하고 20명은 부상당했지만, 350명 이상이 무사히 착륙했다. 글라이더 잔해에서 고장 없이 나온 불도저 덕분에 그들은 활주로를 청소하고 보수할 수 있었다. 오전 6시 30분 콜버트는 "돼지 소시지"를 보낼 수 있었다. 그날 밤 C-47 항공기가 증원부대를 싣고 브로드웨이에 착륙하기 시작했다. 그곳으로부터 멀지 않은 곳에 캘커타Calcutta의 번화가 이름을 딴 '차우링히Chowringhee'

코드명 브로드웨이 착륙지점에서 야간에 보급품을 실은 글라이더의 착륙을 기다리고 있는 윈게이트 장군(중앙)과 친디트 부대원들. '장거리 침투작전' 개념을 개척한 윈게이트는 1944년 3월 24일 인도에 있는 기지 순시 중에 그가 탄 B-25 폭격기가 추락하는 바람에 41세의 나이로 숨을 거두었다. 처칠은 그에게 "운명을 지배하는 사람이 되었을 수도 있는 천재적인 사람"이라며 경의를 표했다. 〈출처: WIKIMEDIA COMMONS | Public Domain〉

요새가 세워졌다.

첫 전개 8일 후인 1944년 3월 13일까지 9,000명이 넘는 병력과 1,350마리가 넘는 동물(대부분 시끄럽게 우는 것을 방지하기 위해 성대가 제거된 노새)이 250톤의 군수품, 야포, 대공포와 함께 버마에 도착했다. 윈게이트는 "우리 부대 전부가 적의 창자 안에 있다. … 역사에 길이 남을 순간이다"라고 선언했다.

그러나 그는 나머지 역사가 펼쳐지는 것을 살아서 보지 못했다. 3월 24일, B-25 폭격기를 타고 인도 내 기지들을 순시하던 중 여전히 수수께끼로 남아 있는 이유로 그가 탄 B-25 폭격기가 언덕에 추락했다. '장거리 침투작전' 개념을 개척한 윈게이트는 T. E. 로렌스가 사망했을 때보다 더 젊은 불과 41세의 나이로 숨을 거두었다.

예하 여단장 중 한 명인 조 렌테인Joe Lentaigne이 친디트의 지휘권을 승계했지만, 그는 윈게이트 같은 "불굴의 의지를 가진 천재"는 아니었다. 윈게이트 같은 사람은 아무도 없었다. 친디트는 곧 모든 '라이미Limey334'를 공공연하게 경멸한 까칠한 성격의 미군 "비니거 조" 스틸웰"Vinegar Joe" Stilwell 장군 휘하 부대로 예속 변경되었다. 스틸웰은 우기 기간의 작전에서 친디트가 고난을 겪는 것을 보고만 있었다. 우기 기간에는 도로가 무릎 깊이 진흙으로 바뀌고 공중재보급도 어려워서 보급품은 계속 일본군 머리 위로 떨어졌다.

1944년 6월 말, 지구 반대편에서 새로운 연합군이 프랑스를 해방시키는 동안 처음에 3,000명의 병력이 투입된 제77여단에 남은 병력은 300명뿐이었다. 그들 중 한 명은 스스로를 "흙투성이에 수염이 덥수룩한 노란 허수아비"라고 말했다. 제111여단에는 훨씬 적은 119명의 병력만이 전투력을 발휘할 수 있었다. 여단장들은 윈게이트가 3개월 이상 적진에 남겨둘 계획이 아니었다면서 철수를 요구했다. 앞뒤가 꽉 막힌 스틸웰은 거부했다. 최초 착륙 후 거의 6개월이 지난 1944년 8월 27일이 되어서야 마지막 친디트 부대가 비행기로 철수했다.

친디트는 전사자, 부상자, 실종자가 3,628명(병력의 18%)에 달했고, 사상자의 90%가 스틸웰이 지휘관으로 있을 때 발생했다. 전투불능상태였던 친디트는 1945년에 결국 해체되었다. 윈게이트가 훈련시킨 미군 장거리 침투 여단 "메릴의 습격자들Merrill's Marauders"도 스틸웰의 잔인한 지시로 버마에서 전멸에 가까운 비슷한 운명을 맞았다. 두 부대의 생존자들은 수십 년 동안 스틸웰을 원망했다.

친디트의 작전에 대해서 일부 역사가들이 주장하는 것처럼 그들은 버마에 대한 일본의 장악력을 실제로 약화시켰는가, 아니면 공식 기록대로 인도 정규군에 의한 버마 북부 해방을 '몇 달' 앞당겼을 뿐이었는가? 이

---

334 라이미: 미국인이 영국인을 낮추어 부르는 말.

는 동시대인뿐만 아니라 역사가들 사이에서도 여전히 논란거리다. 유일하게 확실한 것은 친디트가 인간 인내의 한계를 뛰어넘어 밀어붙이면서 놀라운 용기와 회복력을 보여주었다는 것이다.

◆ ◆ ◆

강한 신념을 불러일으키는 윈게이트의 능력은 그의 죽음으로 끝나지 않았다. 처칠은 그에게 "운명을 지배하는 사람^{man of destiny}335이 되었을 수도 있는 천재적인 사람"이라며 경의를 표했다. 대부분의 그의 부하들도 같은 생각이었다. 한 친디트 부대원은 이렇게 썼다. "처음 그를 만났을 때 미치광이라고 생각했지만, 일주일이 지나면서 그를 위해 목숨도 내놓을 수 있게 되었다." 그러나 그의 부하들 모두가 그를 경외한 것은 아니었다. 한 구르카 장교는 "우리는 그를 좋아하지 않았다. … 우리는 그를 두려워했다." 또 다른 장교는 그의 동료들과 "미친 사람 아니야?"라며 논쟁을 벌였던 일을 회상했다. 윈게이트가 거칠게 대했던 참모장교들 사이에서 반감은 훨씬 더 강했다. 그들 중 한 명은 공식 영국 전쟁사에서 그를 신랄하게 평가하면서 "윈게이트가 숨을 거둔 순간이 그에게는 행운이었을 수도 있다"고 넌지시 말했다. 이것은 공식 사료에서 고위 장교의 죽음을 축하한 최초이자 마지막 사례였다.

친디트 장교 출신으로 유명한 소설가가 된 잭 마스터스^{Jack Masters}는 그의 지휘관인 윈게이트가 사망한 지 16년이 지난 후 그가 쓴 글에서 윈게이트에 대해 가장 공정한 평가를 내렸다.

윈게이트는 때로는 옳았고 때로는 틀렸다. 이것은 사실 중요하지 않다. 중요한 것은 그가 최근 역사 속 인물들 중에서 가장 특이한 성격의 소유자 중 한 명이었다는 것

---

335 운명을 지배하는 사람: 초기 나폴레옹을 소재로 한 버너드 쇼의 희곡.

이다. 그는 엄청난 추진력을 갖고 있었다. 그는 신비주의, 분노, 사랑, 열정, 사악한 증오, 지나친 자신감과 깊은 우울증이 혼재된 사람이었다. 그는 모든 부류의 사람들이 그를 믿게 만들 수도 있고, 또 모든 부류의 사람들이 그를 불신하게 만들 수도 있는 사람이었다.

다른 성공한 게릴라 지도자 대부분에 대해서도 아마 이와 같은 평가를 내릴 수 있을 것이다. 게릴라전의 성공은 지나치게 상냥하고 호의적인 사람들에게 주어지는 보상은 아니기 때문이다.

41

저항과 협력

◆

**1941~1945년,
유고슬라비아 그리고 대게릴라전의 한계**

친디트와 '메릴의 습격자들'의 종말이 버마에서 비정규전의 종식을 의미하는 것은 아니었다. 1943년 전략정보국^{OSS}은 일본군과 싸울 카친^{Kachin}[336] 부족민을 훈련시키기 위해 암호명 제101분견대라는 부대를 침투시켰다. 전략정보국은 1945년까지 1만 명이 넘는 게릴라를 무장시켰고, 특수작전집행부^{SOE}는 처음에는 일본군을 지지했던 아웅산^{Aung San}—1991년 노벨 평화상 수상자인 아웅산 수치^{Aung San Suu Kyi}의 아버지—이 지휘하는 버마 국군의 마음을 연합군 측으로 돌리는 데 성공했다. 준비 없이 창설된 신생 조직이 그렇듯이 전쟁 초기 경험한 실패로 어려움을 겪었던 특수작전집행부와 전략정보국은 이제 경험을 통해 훈련과 스파이 활동에 대한 훨씬 더 전문적인 접근방법을 알게 되었다. 어느 역사가의 말대로 그들은 버마에서 배운 것을 "전쟁에서 가장 성공적인 비정규 군사작전"으로 만

---

336 카친: 미얀마 북부 카친 주를 중심으로 분포하는 티베트 버마계 민족.

들었다.

버마에서의 경험은 대동아공영권大東亞共榮圈 흥망성쇠의 축소판이었다. 자유민주적인 유럽은 제국주의가 소멸되기 전까지 수세기 동안 존속했지만, 유럽의 선례를 모방해 제국을 건설한 야만적인 일본 제국의 태양은 훨씬 더 빨리 뜨고 빨리 졌다. 물론 이것은 연합군과 맞서 싸운 추축군의 힘 덕분이었지만, 해 돋는 나라 일본 제국의 군대가 사용한 가혹한 방법은 도움이 되지 않았다. 유럽이나 중동의 나치와는 달리 일본은 처음에는 "아시아인을 위한 아시아"라는 슬로건으로 민족주의적 정서를 이용해 어느 정도 성공했다. 그들은 버마의 아웅산, 네덜란드령 동인도제도(인도네시아)의 수카르노Sukarno, 인도의 수바스 찬드라 보스Subhas Chandra Bose와 같은 협력자들을 끌어들였다. 그러나 중국에서 "모두 죽이고, 모두 불태우고, 모두 파괴하라"는 '세 가지 전략'을 추구했던 일본군의 "어리석고 야비한 행동"은 전쟁이 끝날 때까지 그들의 신민 대부분의 지지를 받지 못했다. 인도차이나에 관한 1947년 CIA 보고서에는 "일본군의 테러 행위는 … 전체 국민에게 반제국주의적 감정을 불러일으켰다"라고 적혀 있었다. 그것은 아시아 전역에서도 마찬가지였다. 버마, 중국, 말라야, 필리핀에서 상당한 저항운동이 일었다. 필리핀에만 약 22만 5,000명의 게릴라가 있었다. 1944년 맥아더Douglas MacArthur가 필리핀에 상륙할 무렵 게릴라들은 1,000개 자치단체 중 800개를 장악했다고 주장했다. 필리핀 게릴라들은 연합군의 도움이 없었다면 승리할 수 없었겠지만, 일본 점령군을 더 힘들게 만드는 데 일조했다.

서유럽에서 게릴라의 저항 기록은 그다지 인상적이지 않았다. 유럽 대륙이 전쟁의 불길로 덮였지만 반나치의 불길은 보이지 않았다. 특수작전집행부는 1942년 체코 요원 2명을 파견해 프라하Praha 외곽에서 "금발의 짐승" SS 친위대의 라인하르트 하이드리히Reinhard Heydrich 중장을 암살하는 등 가끔 작전에 성공했다. 그러나 그 대가는 비쌌다. 하이드리히 암살에 대한 보복으로 나치는 리디체Lidice, 레자키Lezaky 두 마을 전체를 완전히 파

1942년 5월 27일 특수작전집행부가 파견한 체코 요원 요제프 갑치크(Jozef Gabčík)(사진 ❶)와 얀 쿠비시(Jan Kubiš)(사진 ❷)가 프라하 외곽에서 SS 친위대의 라인하르트 하이드리히 중장(사진 ❹)이 탄 차량에 수류탄을 투척했다(사진 ❸). 부상을 입은 하이드리히는 일주일 뒤에 사망했다. 하이드리히 암살에 대한 보복으로 나치는 리디체, 레자키 두 마을 전체를 완전히 파괴하고 5,000명이 넘는 사람을 죽였다. 〈출처: WIKIMEDIA COMMONS | Public Domain〉

피하고 5,000명이 넘는 사람을 죽였다. 이러한 과잉 대응은 미래에 나치를 괴롭힐 증오의 씨앗을 뿌렸지만, 한 역사학자는 특수작전집행부의 활동에 대해서 "항상 그랬던 것처럼 테러는 단기적으로는 효과가 있었다"라고 언급했다.

적어도 지형적으로 게릴라 작전에 적합하지 않은 서유럽과 중유럽에서는 그랬다. 무고한 이웃들에게 끔찍한 운명을 안겨주는 것을 피하기 위해 대부분 유럽의 저항운동은 은밀한 노르웨이 밀로크Milorg(군사조직)가 자주 쓰던 말인 "남의 눈에 띄지 않도록 하라. 준법투쟁하라Lie low, go slow"와 같은 방식을 채택했다. 나치는 유대인과 슬라브인을 하위인간Untermenschen이라고 규정한 것과는 달리, 벨기에인이나 프랑스인에 대해서는 병리학적 반감을 가지고 있지 않았기 때문에 서유럽은 더 쉽게 나치를 받아들였다. 덴마크인, 네덜란드인, 노르웨이인은 동료 아리아인으로 간주되었지만, 침략을 피할 수 없었다. 파르티잔 공격에 대한 나치의 보복 기준을 보면 독일군 1명의 목숨은 100명의 폴란드인, 5명의 덴마크인만큼의 가치가 있었다. 서유럽에 대한 독일의 점령은 동유럽에서보다 훨씬 유화적이었기 때문에 반발이 적었다.

그러나 동유럽에서는 이야기가 달랐다. 대반란군, 특히 비자유주의 국가에서 파견한 세력은 무장한 민간인의 저항을 근절하기 위해 상상할 수 있는 가장 끔찍한 수단을 사용하려는 유혹에 끊임없이 직면한다. 이로 인한 단기적인 영향이 무엇이든 간에 그런 나팔총 전술blunderbuss tactics337은 일반적으로 저항을 진압하기보다는 더 많은 반발을 불러일으켜 결국에는 실패하게 된다. 그것은 고대 메소포타미아의 아카드인과 1790년대 아이티에서 프랑스인이 배운 교훈이었다. 나중에 일본, 이탈리아, 독일도 알게 되겠지만, 그러한 방법은 희생자가 된 특정 지역이나 국가의 대중이

---

337 나팔총 전술: 짧은 거리에 있는 표적에 대해서는 명중률이 높지만 멀리 떨어져 있는 표적에 대해서는 정확도가 떨어지는 나팔총의 단점에 빗댄 근시안적 전술을 뜻함.

반격을 도와줄 외부 동맹을 찾을 수 있다면 훨씬 더 비생산적이다.

나치는 히틀러가 존경해마지 않았던 더 진보적인 대영제국의 교훈을 무시했고, 그로 인해 스스로 해를 자초했다. 히틀러는 영국인들이 자신들이 인종적으로 우월하다고 굳게 믿었음에도 불구하고 지역 통치자들과 지역 관습에 대해 관대했고 항상 대영제국의 신민에게 미래의 어느 시점에 자치를 할 수 있게 될 것이라는 일말의 희망이라도 품게 했었다는 사실을 잘 알지 못했던 것 같다. 나치 점령지의 사람들에게는 그런 희망이란 있을 수 없었다. 역사가 마크 마조워Mark Mazower는 "나치의 접근방식이 통치 철학으로서 독특할 뿐만 아니라 완전히 역효과를 초래한 것은 극도로 편협한 민족주의를 고집하여 독일이 점령한 땅에 사는 대부분의 다른 민족들을 배제했기 때문이다"라고 주장한다. 그렇게 함으로써 히틀러는 대영제국뿐만 아니라 제국 전체에 시민권을 부여한 로마 제국의 교훈도 무시했다.

돌이켜보면 믿기 어렵지만, 나치 통치로 인해 극도의 혐오감을 느끼지 않은 사람은 아무도 없었다. 독일군이 소련에 진입했을 때 스탈린주의의 억압으로부터 해방되었다고 생각한 소수 민족뿐만 아니라 많은 사람들이 그들을 환영할 준비가 되어 있었다. 안드레이 블라소프Andrei Vlasov와 포로가 된 다른 붉은 군대 장군들과 함께 싸우기 위해 자원했던 많은 전쟁 포로들을 포함해 적어도 65만 명의 소련 시민들이 독일 국방군 제복을 입었다. 또한 발트해 연안 국가, 우크라이나, 헝가리, 그리고 동유럽의 다른 지역에서는 거의 50만 명에 가까운 사람들이 SS 친위대에 자원입대하고자 했다. 그러나 히틀러의 가혹한 법령과 무차별적인 폭력은 대부분의 동유럽인을 멀어지게 만들었고, 소련군 및 정보기관의 엄청난 지원을 받아 18만 명 이상이 참여한 대규모 효과적인 파르티잔 운동이 소련에서 일어났다.

미국 독립전쟁 당시의 영국군, 반도전쟁 당시의 나폴레옹군, 남북전쟁 이후의 연방군, 또는 중국을 침공한 일본군과 마찬가지로 나치는 후방지역을 효율적으로 통제할 수 있는 충분한 병력을 배치하지 않음으로써 동부전선을 위협에 빠뜨렸기 때문에 민간인에 대한 대반란군의 비율을 충분히 확보해야 한다는 원칙을 지키지 못했다. 적절한 비율에 대해서는 논란의 여지가 있지만 상대적으로 평화로운 상황에서는 민간인 357명당 대반란군 1명, 보다 치열한 환경에서는 민간인 40명당 대반란군 1명에 이른다는 추정치가 있는데, 소련 중부에서는 3제곱마일당 평균 2명의 독일군이 배치되어 있어 대반란군이 매우 약했다. 파르티잔에게 공격당한 후 독일군은 마을을 돌며 눈에 보이는 모든 사람을 학살했지만, 독일군이 마을을 떠나면 파르티잔은 다시 돌아왔다. 따라서 독일군은 많은 증오를 불러일으켰을 뿐 거의 통제권을 행사하지 못했다. 상황은 더 이상 나쁠 수 없을 정도로 최악이었다. 독일 점령군의 힘이 약해지면서 1939년 폴란드 저항군 한 명이 제시한 계획에 따라 게릴라 공격은 증가했다. 그는 "독일이 패배 직전에 또는 적어도 한쪽 다리의 힘이 풀릴 때 지하 저항운동세력이 본모습을 보여줘야 한다. 그러면 다른 쪽 다리의 정맥과 힘줄을 잘라내고 독일이라는 거인을 무너뜨릴 수 있을 것이다"라고 조언했다.

1944년 6월 6일 연합군이 프랑스에 상륙한 후 독일군의 다리 힘이 풀리기 시작했다. 그때까지 비교적 잠잠했던 프랑스의 레지스탕스^{Résistance}[338] 마키^{maquis}[339]는 그 틈을 노려 활동을 강화했다. 연합군과 레지스탕스 간의 협력은 노르망디 상륙작전 개시일 며칠 전 프랑스로 강하한 제드버러^{Jedburgh}팀들에 의해 촉진되었다. 제드버러팀은 특수작전집행부 또는 전략정보국 장교, 자유프랑스군 장교 및 통신병으로 구성되었다. 훗날 드와이트 아이젠하워^{Dwight Eisenhower} 장군은 역사가 줄리안 잭슨^{Julian Jackson}이 "지나치게 후한 평가"라고 할 정도로 "레지스탕스의 활동이 15개 사단과 맞

---

338 레지스탕스: 저항을 뜻하는 프랑스어 단어로, 제2차 대전 당시 비시 프랑스 및 나치 독일 점령 하의 프랑스에서의 저항운동을 가리킨다. 제2차 세계대전 프랑스의 레지스탕스 이후에도 저항운동 및 그 단체를 지칭하기도 하며, 특히 제2차 세계대전기 점령국에 맞선 여러 국가들의 저항운동까지 포괄하는 의미로 확장해 사용하기도 한다.

339 마키: 제2차 세계대전 중 독일에 저항한 프랑스의 무장게릴라 단체.

먹는 가치가 있었다"고 주장하기도 했다. 1943년 무솔리니 정권이 전복된 후 이탈리아 게릴라는 이탈리아 반도를 탈환하는 데 연합군의 귀중한 보조부대 역할을 했다. 게릴라들이 알아서 일 두체^Il Duce(무솔리니)와 그의 내연녀를 체포했던 것이다.

정규군과 함께 작전활동을 하지 못한 비정규군은 그와 달리 어려움을 겪었다. 1943년 바르샤바 게토^Warsaw Ghetto [340] 봉기 이후 나치는 게토 전체를 파괴했다. 뒤이어 발생한 1944년 바르샤바 봉기 이후 그들은 도시의 나머지 부분을 파괴했다. 1944년 반란의 배후에 있었던 폴란드 국내군 일원은 바르샤바 가시권 내에 있던 붉은 군대가 그들을 도와줄 것이라고 믿고 있었다. 그러나 스탈린은 소련 공산주의자들의 통치에 저항할 가능성이 있는 폴란드 애국자들이 학살되는 동안 냉혹하게 그의 군대를 투입하지 않기로 결정했다. 1943년, 4일간 나치에 대항한 나폴리^Naples 봉기 이후 나폴리 역시 이와 비슷한 운명에 처하면서 파리 코뮌^Paris Commune과 유대인 반란 때 이미 입증된 사실—도시는 대규모 반란을 위한 죽음의 덫이라는 사실—을 다시 한 번 입증해 보였다.

◆ ◆ ◆

소련 밖에서 게릴라는 발칸 반도에 가장 큰 영향을 미쳤다. 산과 숲으로 뒤덮인 험준한 지형이 수세기 동안 오스만 제국의 지배에 맞서 싸웠던 비정규군 전사들의 본거지였기 때문에 이것은 놀라운 일이 아니었다. 유고슬라비아와 그 남쪽 이웃나라 알바니아와 그리스는 270개가 넘는 독일 사단 중 24개 사단과 31개가 넘는 이탈리아 사단, 불가리아와 헝가리 그리고 현지에서 모집한 100만 명이 넘는 추축군을 묶어놓는 매우 효과적인 저항운동을 수행했다.

---

340 바르샤바 게토: 제2차 세계대전 때 나치 독일이 폴란드 바르샤바에 설치한 유대인 격리 구역.

제2차 세계대전을 통틀어 가장 유명한 저항군 지도자 요시프 브로즈 티토는 발칸 화약고에서 탄생했다. 티토는 파란 눈, 잘생긴 얼굴, 뛰어난 패션 감각을 가진, 교육을 거의 받지 못한 육체 노동자였다. 노동운동가이자 러시아가 운영한 공산주의 인터내셔널Communist International, 약칭 코민테른Comintern[341]의 정보원이었던 그는 정부 전복운동으로 유고슬라비아 감옥에 수년간 갇혀 있었다. 그의 원래 이름은 요시프 브로즈Josip Broz였다. '티토'라는 이름은 가명으로, 제2차 세계대전 초기에 연합군에게 많은 혼란을 안겨주었다. 서방에서는 처음에 그를 아는 사람이 거의 없었기 때문에 일부 사람들은 티토라는 이름이 개인이 아니라 비밀 국제 테러 조직을 의미하는 세르보-크로아티아어의 약어略語일 것으로 의심했다.

1941년 독일군이 침공했을 때 티토는 유고슬라비아 공산당 서기장이었다. 그의 전임자는 스탈린주의자의 숙청으로 제거되었다. 공산주의자들은 나머지 유고슬라비아인들처럼 독일 국방군의 맹공격에 무기력하게 무너졌다. 그러나 오스트리아-헝가리군에서 훈장을 받은 원사이자 제1차 세계대전 당시 야간에 정기적으로 러시아 전선을 뚫고 활동한 소대를 지휘한 경험(오늘날 '특수작전'이라고 불리는 작전을 지휘한 경험)을 바탕으로 외부 지원 없이 자신의 저항군인 파르티잔을 조직했다. 파르티잔은 왕실주의자 드라골류브 "드라자" 미하일로비치Dragoljub "Draža" Mihailović가 이끄는 유고슬라비아의 또 다른 주요 게릴라 부대인 체트니크Chetnik를 능가했다. 미하일로비치는 학자 같은 용모에 수염을 기른 육군 대령으로 "세련된 매너"에 항상 파이프를 들고 다녔으며, "두꺼운 안경 렌즈 너머로 애잔하게 응시하는 부드러운 눈"의 소유자였다. 직업군인이었던 그는 유고슬라비아 망명 정부와 런던의 후원자들의 전폭적인 지원을 받았다. 그러나 미하일로비치는 정치적으로 순진했으며 유고슬라비아의 다른 민족들에

---

341 코민테른: 제3인터내셔널이라고도 한다. 제1차 세계대전으로 제2인터내셔널이 와해된 후, 레닌의 지도 하에 1919년 모스크바에서 창립되었다. 마르크스·레닌주의에 기초하여 각국의 공산당에 그 지부를 두고 각국 혁명운동을 지도·지원하다가 1943년에 해산되었다.

티토는 제2차 세계대전 때 반독(反獨) 저항운동을 지휘하여 유고슬라비아를 독일로부터 해방시키고 독자적인 사회주의 노선을 추진한 인물이다. 그는 제1차 세계대전 당시 야간에 정기적으로 러시아 전선을 뚫고 활동한 소대를 지휘한 경험을 바탕으로 외부 지원 없이 자신의 저항군인 파르티잔을 조직했다. 파르티잔은 드라골류브 "드라자" 미하일로비치가 이끄는 유고슬라비아의 또 다른 주요 게릴라 부대인 체트니크를 능가했다. 때때로 독일군과 이탈리아군에 협력한 체트니크와 달리, 파르티잔은 근처 마을 사람들이 가혹한 보복을 받을 게 뻔한데도 아무런 거리낌 없이 점령군을 가차 없이 공격했다. 사진은 1944년 5월 14일 티토(맨 오른쪽 인물)와 파르티잔 최고사령부의 모습이다. 〈출처: WIKIMEDIA COMMONS | Public Domain〉

게는 별로 설득력이 없는 세르비아 출신의 광신적 애국주의자였다.

반면 크로아티아, 슬로베니아 혼혈로 태어나 뼛속까지 정치인이었던 티토는 국내의 뿌리 깊은 파벌 간의 갈등을 극복하고 1941년 가을과 1944년 여름 사이에 독일군이 감행한 7회에 걸친 대규모 공격인 "무자비한 전멸"(파르티잔에 파견된 특수작전집행부 군사고문이 붙인 이름이다)에서 살아남은 진정한 국군을 조직할 수 있었다. (특수작전집행부 요원과 옥스포드 돈 윌리엄 디킨Oxford don William Deakin의 말을 재인용하면) "전선도, 막사도 없는" 이 전쟁에서 티토의 본부는 몇 번에 걸쳐 함락되었지만, 매번 탈출에 성공했고, 가끔은 불과 몇 초 차이로 간신히 몸만 빠져나오기도 했다. 1만 2,000명의 당원으로 시작한 티토는 1943년 가을까지 30만 명이 넘는 전투원을 지휘했다. 그리고 때때로 독일군과 이탈리아군에 협력한 체트니크와 달리, 파르티잔은 근처 마을 사람들이 가혹한 보복을 받을 게 뻔한데도 아무런 거리낌 없이 점령군을 가차 없이 공격했다. 그들은 독일의 잔학 행위가 더 많은 사람들을 그들의 진영으로 몰아넣을 뿐이라는 것을 잘 알고 있었다. 말 그대로 독일군이 파르티잔으로부터 공격을 받으면 그 보복으로 인근 마을을 완전히 파괴해서 마을 사람들이 게릴라들이 있는 곳으로 피신했기 때문이다.

티토는 물리적인 전쟁뿐만 아니라 정치적인 전쟁의 필요성을 절실히 의식하여 어느 전략사무국OSS 요원의 말에 따르면, "해방 지역의 모든 단체, 심지어 어린이까지도 교육시키기 위해 〈티토는 우리 어버이〉 같은 노래를 부르게 하게 했다." 또한 모든 주요 파르티잔 부대는 공산주의 선전물을 찍어내기 위해 인쇄기를 가지고 있었는데, 이를 본 또 다른 전략사무국 연락장교는 "이제 공산주의 교육은 전투만큼이나 중요한 파르티잔 활동의 일부가 되었다"라고 분명히 말했다. 마오쩌둥毛澤東과 상당히 비슷하게 티토는 미하일로비치나 장제스蔣介石처럼 군사적인 시각만을 가진 사람들보다 자신이 현대 반란이 요구하는 바를 훨씬 더 잘 알고 있음을 보여주었다.

전쟁은 1944년 영국 및 미국 정부가 반공 성향임에도 불구하고 비효율적인 체트니크에 대한 지원을 중단하고 그 대신 더 잘 조직된 파르티잔을 지원하기로 결정하면서 전환점을 맞았다. 그 후 티토의 병사들은 공중 수송을 통해 프랑스나 이탈리아 저항군이 받은 것보다 더 많은 보급품을 지급받았다. 티토는 심지어 제임스 본드James Bond 영화에 나오는 몇몇 악당들이 섬에 은신처를 둔 것처럼 1944년에 그의 본부를 아드리아

해 비스^{Vis}섬으로 옮기기도 했는데, 이곳에서 그는 영·미 항공 및 해상 전력의 보호 아래 나머지 전쟁 기간을 보냈다. 이와 대조적으로 붉은 군대가 1944년 9월에 유고슬라비아에 입성할 때까지 소련의 기여는 무시할수 있는 수준이었다. 붉은 군대는 베오그라드^{Belgrade} 해방에 중요한 역할을 했지만, 그 후 유고슬라비아 최후의 전투 승리의 주역은 유고슬라비아 정규군이 된 티토의 부대였다.

마크 마조워는 "유고슬라비아는 유럽에서 파르티잔이 통제권을 장악한 유일한 곳이었다"라고 말한다. 티토는 1980년 사망할 때까지 권력을 포기하지 않았다. 그는 전쟁 당시 정적(미하일로비치는 1946년에 체포되어 처형됨)뿐만 아니라 다른 모든 정적을 가혹하게 탄압했다. 그의 철권통치만이 인공 국가 유고슬라비아를 유지시켰다. 유고슬라비아는 그의 사망후 10년 만에 계속된 유혈 내전으로 인해 결국 해체된다.

아무리 티토가 교활하고 무자비하며 끈질겼다 하더라도 나치 최고사령부가 유고슬라비아에 자원을 장기간 집중할 수 있는 여유가 있었다면 파르티잔은 아마 무너졌을 것이다. (제1차 세계대전의 아랍 반란 역시 오스만 제국이 앨런비 장군의 정규군과 동시에 싸우지 않았다면 같은 운명을 겪었을 것이다.) 사실 유고슬라비아는 해방 투쟁으로 큰 피해를 입었다. 전쟁전 인구 1,600만 명 가운데 100만~150만 명이 사망했다. 반란의 성공여부와 무관하게 유고슬라비아가 치러야 했던 대가다.

발칸 반도 이외에 다른 곳에서 이루어진 대부분의 저항운동들은 그저 방해 효과만 있었을 뿐이다. 이러한 자유 투사들에 대한 찬사는 연합군을 돕는 그들의 역할이 결정적인 것이 아니었거나 필수적인 것이 아니었다는 사실을 호도해서는 안 된다.

42

특수작전부대에 대한 평가

◆

특수작전부대는 효과가 있었는가?

주로 현지 저항군과 함께 작전을 수행하고 동시대와 후대 모두로부터 많은 관심을 얻은 서방의 특수작전부대, '최정예 부대'는 무엇이고, 그들은 어떤 영향을 미쳤는가?

특수작전부대의 극적인 기여는 부정할 수 없는 사실이다. 제2차 세계대전 중 실시한 영웅적인 특수작전은 영국 작가 알리스테어 맥클린Alistair MacLean의 소설을 영화화 한 〈나바론 요새The Guns of Navarone〉(1957), ABC 드라마 〈사하라 특공대The Rat Patrol〉(1966~1968)에서 햄프턴 사이즈Hampton Sides의 책 『유령 군인Ghost Soldiers』(2001), 쿠엔틴 타란티노Quentin Tarantino 감독의 영화 〈바스터즈: 거친 녀석들Inglourious Basterds〉(2009)에 이르기까지 책, 영화 및 TV 쇼에 풍부한 영감을 제공했다. 1944년 독일 군복을 입은 두 젊은 특수작전집행부SOE 요원이 크레타Creta섬에서 독일 장군을 참모차량으로 납치하여 22개 검문소를 통과해 은신처에 도착한 후 해로로 카이로Cairo로 호송한 특수작전을 수행하려면 돌처럼 대담한 심장이 있어야 한다. 그러나 이 임무는 가치가 있었을까? 장군 한 명을 잃었다고 해서 크레타에 대한 독일군의 장악력은 흔들리지 않았다. 뛰어난 야전 사령관 에르빈 롬멜Erwin Rommel의 손실은 더 중요했을지 모르지만, 1941년에 북아프리카에서 그를 납치 또는 살해하려는 영국 특공대의 시도는 30명의 귀중한 목숨을 앗아가면서 '완전히 실패'로 끝났다.

마찬가지로 다른 많은 과감한 특수작전부대의 시도들에 대해서도 비용 대 효과 면에서 비슷한 질문을 제기할 수 있다. 도덕성 문제도 마찬가지다. 점령지에서의 작전은 필연적으로 현지 주민들에 대한 독일군이나 일본군의 야만적인 보복을 불러일으켰다. 또한 적들이 이 작전을 "테러"라며 영국과 미국을 맹렬하게 비난했다. 그렇다면, 특수작전은 그럴 만한 가치가 있었을까?

제2차 세계대전에서 가장 존경받는 사령관 중 한 명인 윌리엄 조지프 슬림William Joseph Slim 원수는 다음과 같이 기록했다. "특수작전부대는 … 투입한 인적·물적 자원, 시간에 비해 군사적으로 가치 있는 효과를 거두지 못했다." 슬림은 특수작전부대가 일반 부대에서 최정예 전투원을 차출해 "나머지 부대의 자질"을 떨어뜨렸기 때문에 확실히 무익하다고 생각했다. 그는 "군대는 전쟁에서 소수의 최정예 전투원 부대가 아니라 평균적인 일반 부대로 이기는 것이다"라는 유명한 결론을 내렸다. 또 다른 영국 군인은 특수작전부대 최정예 전투원들이 "연합군의 승리에 전혀 기여한 바 없고 전쟁 내내 일반 전투원들이 참호에서 총검에 찔리거나 전차에서 산 채로 불에 타 죽는 동안 개인적인 만족을 추구한 무책임한 반사회적 개인주의자들"이라며 비난했다.

전쟁이 끝날 무렵 모든 연합군 지휘부에도 비슷한 생각이 퍼졌다. 스탈린은 당연히 자신의 정권에 위협이 될 수 있는, 자신의 통제 밖에 있는 파르티잔 부대를 신속히 해체했다. 붉은 군대와 내무인민위원회NKVD, Naródnyy komissariát vnútrennikh del[345] 비밀경찰은 수년에 걸쳐 제2차 세계대전 후 우크라이나, 발트해 공화국, 폴란드 및 기타 소비에트 제국의 민족주의 게릴라들을 진압했다. 영국에서는 전쟁 중에 만들어진 특수작전부대가 모두 해체되어 잠시 공백기를 가진 후 육군 공수특전단^{SAS}, 해군 특전단 SBS, Special Boat Service 및 왕립 해병대 코만도^{Royal Marine Commando}만 살아남았다. (공수특전단은 1945년에 해체되었다가 1947년에 재창설되었다.) 평등주의 가 강한 미 해병대는 전쟁이 끝나기 전 레이더스^{Raiders}를 해체했으며, 60 년 동안 별도의 특수작전부대를 창설하지 않았다. 미 육군 역시 레인저 ^{Ranger} 부대를 해체했다. 레인저는 6·25전쟁 중에 잠시 부활했다가 다시 해체된 후 1969년 베트남전에서 다시 활성화되었다. 전략정보국 역시 전쟁 후 해체되었지만 1947년에 중앙정보국^{CIA}으로 환골탈태했다. '비정 규전', 즉 게릴라전 임무—제2차 세계대전 이전에는 민병대와 정규군이 필요에 따라 즉흥적으로 연합하여 수행했으며 제2차 세계대전 중에는 주로 전략정보국에 의해 수행되었다—는 제2차 세계대전 이후에는 CIA 와 1953년에 창설된 육군 특수작전부대가 나누어 맡아 수행했다.

따라서 1945년 이후의 기록을 보면, 처음에는 특수작전부대의 유용성 에 대해 회의적이었다가 이어서 마지못해 특수작전부대를 수용하게 되 고 결국 2001년 9·11 테러 이후에는 열광적으로 환영하는 분위기가 된 것을 알 수 있다. 이러한 양면성을 설명하기는 그리 어렵지 않다. 제1차 세계대전 때는 T. E. 로렌스와 같은 특수작전 요원을 제한적으로 운용하 는 것에 대해서는 대체로 긍정적이었지만, 제2차 세계대전 때는 그 범위 가 더 넓어지고 구성도 복잡해졌다. 적진 후방에서의 임무를 통해 귀중한 정보를 수집할 수 있었고 적을 후방 작전 임무에 묶어둘 수 있었다. 그러 나 막대한 손실을 입기도 했고 민간인들을 보복에 취약하게 만들기도 했 다. 후방 타격이 성공해도 전체 전역에 영향을 미치는 예는 드물었다. 전

---

342 내무인민위원회(NKVD): 1934년부터 1946년까지 존재했던 소련의 내무부, 정보기관, 경 찰을 통합한 장관급 부서다. 소련 대숙청 기간의 정치경찰이었다. 1934년 소련 인민위원회의 소 속 통합국가정치부(OGPU)에서 인민위원급 부서로 격상되었다. 1946년 정보기관 기능을 국가 보안부(MGB)에 넘기고 소련 내무부(MVD)로 개편되었다.

쟁 후 프랑스 저항군이 독일 전쟁 체계에 미친 영향에 대해 물었을 때, 알베르트 슈페어Albert Speer 군수장관은 "뭐, 프랑스 저항군이라고?"라며 비웃었다.

실질적으로 독일군을 교란하는 파괴 작전도 일부 있었다. 1942년에는 특수작전집행부의 지원을 받은 그리스 파르티잔들이 롬멜의 아프리카 군단Afrika Korps에 보급품을 운반하는 아테네-살로니카Athens-Salonika 철도 노선의 일부를 폭파하여 엘 알라메인 전투Battle of El Alamein 후 독일군의 퇴각을 방해했다. 1943년에는 휴가철에 스키를 타러 온 학생으로 위장한 특수작전집행부 팀이 독일의 원자폭탄 프로그램에 필요한 노르웨이 중수 생산 시설을 폭파하기도 했다. 1944년에는 특수작전집행부 요원들이 프랑스에서 독일 전차들을 수송하는 데 사용되는 차축유를 대신 연마용 윤활유를 기차에 넣어 기차가 멈추게 만들었다. 이것은 연합군 침공 개시일에 SS 친위대 기갑사단의 노르망디 도착을 17일 동안이나 지연시키는 데 도움이 되었다. 이러한 작전을 포함한 일부 작전들은 실제로 전략적으로 중요했지만, 이와 같은 사례들은 드물었다.

이러한 성공에 반해 1942년 프랑스 디에프Dieppe 항에 대한 악명 높은 특수작전부대 기습 실패나, 이에 비해 규모는 작지만 같은 해에 리비아 벵가지Benghazi 항에 대한 영국 공수특전단SAS의 공격 실패 등 수많은 실패들을 감안해야 한다. 군인이 된 영국 귀족 외교관 피츠로이 맥클린Fitzroy McLean은 자신의 회고록에서 본인과 랜돌프 처칠Randolph Churchill을 포함한 영국 육군 공수특전단 요원 몇 명을 장거리사막정찰대가 특별히 개조한 포드 스테이션 왜건Ford Station Wagon에 태워 약 1,300km나 되는 사막을 가로질러 벵가지까지 얼마나 성공적으로 호송했는지 묘사했다. 이들은 사막을 가로질러 벵가지까지 가는 데는 성공했지만, 도착해보니 사전에 경고를 받은 이탈리아 수비대가 경계를 강화하고 있다는 사실을 알고는 몰래 벵가지에서 철수할 수밖에 없었다. 복귀 도중에 그들이 탄 차량이 전복되었고 마취에서 깨어난 맥클린은 자신이 "쇄골, 팔, 두개골 골절" 부상을 입은 것을 알게 되었다. 회복 후 그는 벵가지에 대한 또 다른 대규모 공격에 다시 참여했지만, 추축국에는 거의 피해를 입히지 못하고 공수특전단과 지원군만 상당한 피해를 입었다. 그래도 맥클린은 운이 좋았다. 작전에 참가한 다른 대원이 완벽하게 실패했다고 평한 그 작전에서 간신히 탈출할 수 있었기 때문이다. 다음 임무에서 영국 공수특전단^{SAS}의 창립자 데이비드 스털링David Stirling은 독일군에게 체포되어 전쟁의 나머지 기간을 포로로 보냈다. 영국 공수특전단은 약 400대에 달하는 독일군 및 이탈리아군 항공기를 지상에서 파괴했다. 심각한 피해였지만 아프리카 군단을 패배시킬 수 있을 정도로 치명적이지는 않았다.

전쟁 초기의 문제 중 하나는 특수작전을 위한 훈련과 교리, 협조 및 계획이 아직 초기 단계였다는 것이었다. 초기 작전은 종종 아마추어적이었다. 그러나 전쟁이 끝날 무렵에도 전문적인 부대조차 실패할 확률은 여전히 높았다. 태평양 전역의 일본군 후방에서 정찰 임무를 수행한 미군 소부대 알라모 정찰대Alamo Scouts는 특이하게도 전사자가 없었다. 대부분의 특수작전부대는 수많은 고초를 겪었다. 예를 들어, 영국 코만도는 거의 10%가 전사했다. 이는 정규군에 비해 훨씬 높은 전사율이다. 비정규군이 작전했던 지역의 민간인들은 특히 혹독한 대가를 치렀다. 필리핀에서 활동한 미국 출신 게릴라 부대 지휘관 레이 헌트Ray Hunt는 자신의 노력이 "전쟁 후반기에 미군에게 큰 가치가 있었다"고 결론지었지만, 그럼에도 불구하고 "많은 사람들이 죽고, 불구가 되고, 빼앗기고, 잔인하게 학대를 당했기 때문에 필리핀 사람들에게는 게릴라 공격이 없었다면 더 좋았을 것이다"라고 썼다. 물론 헌트는 무기를 든 게릴라가 단 한 명도 없었다 하더라도 결국 필리핀은 미군에 의해 해방되었을 것이라는 사실을 알고 있었다.

적 후방지역에서 실시되는 특수작전의 가장 중요한 영향은 아마 심리적 충격이었을 것이다. 선전가들에게 특수작전은 그야말로 신나는 이야기들이 무궁무진한 노다지와도 같았다. 그들은 사실이 어떻든 간에 모든 특수작전이 엄청난 역경을 딛고 승리했다고 묘사했다. (피츠로이 맥클린은 영국 공수특전단이 벵가지에 진출한 후 다음과 같이 썼다. "우리는 대중매체가 지금까지 들어본 적 없는 화려한 수사로 우리 공수특전단과 우리의 작전을 극찬했다는 것을 알고 기뻤다.") 그로 인해 암울한 시대에 서양 대중의 전의戰意는 고양되었고, 자신들의 해방을 도왔다고 믿게 된 점령지 사람들의 자부심 또한 마찬가지였다.

서양의 관점에서 후자의 결과는 은총이자 저주였다. 대리전을 수행하는 군대는 지원 세력이 항상 통제하기가 어려웠고, 때때로 통제 불가능했다. 연합군 특수작전 요원들은 현지 저항세력을 무장시키고 지원했는데 (특수작전집행부 홀로 전 세계에 100만 대의 스텐Sten 기관단총을 보급했다), 이들 중 대부분은 곧 총을 쥐어준 사람들에게 등을 돌리게 된다. 다음 장에서는 이로 인해 일어난 '민족해방전쟁'을 살펴볼 것이다.

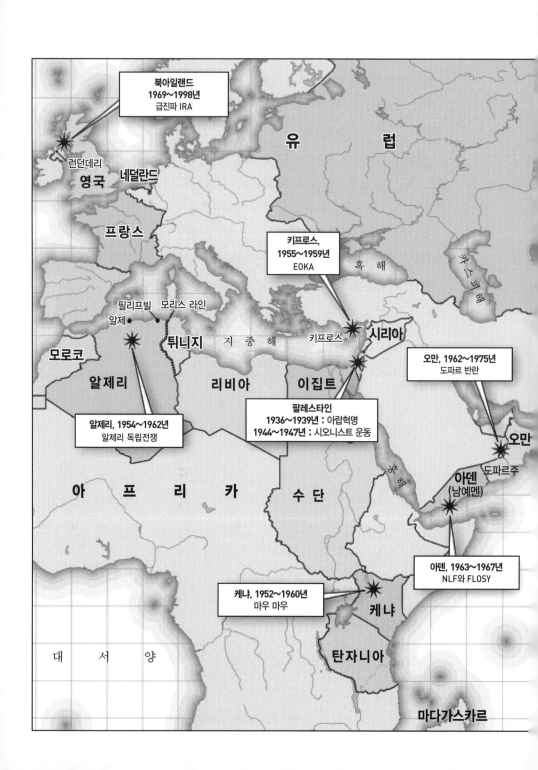

제6부
제국의 종말
– '민족해방전쟁' –

소 련

아 시 아

몽골

만 주

중국, 1921~1949년
공산당 창당 및 사회주의국가 수립

• 베이징   평양 • 북한

중 국

• 옌안
산시성

한국

• 루딩
쓰촨성

창사 • 난창
후난성 장시성

일본

동중국해

구이저우성

인 도

버 마

북베트남 비엣박주 광시성
투레 • 까오방
디엔 비엔 푸 • • 하노이
라오스 • 하이퐁

광둥성
• 광둥

대만
(포르모사)

태 평 양

인도차이나, 1946~1954년
프랑스-인도차이나 전쟁

태 국

아 라 비 아 해

벵 갈 만

캄보디아

남베트남 남중국해

• 사이공

메콩강 삼각주

실론
(스리랑카)

말라야 연방
탄중 말림
쿠알라룸푸르

말라야, 1948~1960년
말라야 비상 사태

인 도 네 시 아
(네덜란드령 동인도 제도)

인 도 양

43

제2차 세계대전 종전 후의 세계

♦

축소되어가는 유럽의 영향력

리버풀Liverpool과 런던London에 대한 독일군의 폭탄과 로켓 투하는 중단되었지만, 영국인의 삶은 제2차 세계대전이 끝난 후에도 크게 개선되지 않았다. 어느 뉴욕 특파원은 일본이 항복한 직후 "영국 국민들은 이제 막 시작된 엄청난 경제 불황으로 야기된 문제가 최근에 겪은 전쟁만큼이나 심각할 수 있다는 것을 불현듯 깨닫기 시작했다"라고 썼다. 약 75만 채의 주택이 파괴되거나 파손되었고 공공 부채는 기록적인 수준에 이르렀으며 파운드화는 평가절하되었고 실업률은 증가했다. 새로 출범한 노동당 정부가 비용이 많이 드는 의료, 교육, 실업보험 및 노령연금에 대한 예산 확대 계획에 착수했지만 미국의 차관에 의존해야 했다.

고기, 계란, 버터부터 옷, 비누, 휘발유에 이르는 모든 품목이 배급되었다. 어느 주부가 말한 대로 "웨지힐 구두, 돼지고기 파이, 생선, 빵, 케이크, 토마토 및 비상 배급 카드를 받기 위해 곳곳에서 사람들이 줄을 서서 기다렸다." 심지어 하원의원 식당에서 제공되는 유일한 고기는 고래 또는 바다표범 스테이크였다. 상황은 1947~1948년의 혹독한 겨울에 더욱 악화되었다. 석탄, 가스, 전기 모두 부족했다. 모든 사람이 추위에 떨며 당시 대학생이었던 킹슬리 에이미스Kingsley Amis가 말한 대로 "젠장, 더럽게 춥네"라며 불평했다.

크리스토퍼 아이셔우드Chistopher Isherwood라는 국외 거주 작가가 종전 후 처음으로 런던에 돌아왔을 때 황폐하고 쇠퇴한 느낌을 받았는데, 추운 날씨 때문에 그런 느낌이 더 들었다. 그는 "최신식 광장과 아치 모양으로 늘어선 주택 건물 벽에서 석고가 벗겨지고 있었고 새로 도색한 건물은 드물었다. 한때 화려했던 레스토랑이 칙칙하고 심지어는 누추하기까지 했다"라고 썼다. 그는 "승리의 성과는 없었던 것인지" 의아했다.

1944년 말, 점령의 후유증을 극복하고 있던 프랑스에서는 60만 명이 넘는 국민이 사망하는 등 상황이 더욱 심각하게 악화되고 있었다. 독일군에 부역했다는 혐의로 기소된 1만 명이 넘는 여성들이 삭발당했고 다수가 구타당했으며 심지어 몸에 슈바스티카Swastika[343]를 그린 채 알몸으로 거리를 달리도록 강요당했다.

어린이의 평균 신장이 급격히 떨어지는 등 영양실조는 심각한 문제였다. 제과점에서 패닉 바잉이 일어나 바게트를 너무 많이 산 손님들은 사지 못한 사람들의 공격을 받았다. 프랑스인의 필수품인 와인조차 구하기 어려웠으며, 다른 상품도 마찬가지로 공급이 부족했다. 공급이 부족한 것은 와인뿐만이 아니었다. 근대 사료에 따르면, 샤를 드골Charles de Gaulle이 수립한 새 정부에서 "종이가 너무 부족해서 '비시 정부État Français'라고 표기된 종이 묶음을 써야만 했는데, 이때 상단에 표기된 '비시 정부' 글씨를 지우고 그 위에 '자유 프랑스 정부République Française'라고 고쳐 썼다."

---

343 슈바스티카: 독일 나치당의 상징인 갈고리십자(卐) 문양.

◆ ◆ ◆

왜 향후 몇 년 동안 탈식민지화가 세계를 휩쓸었는지, 그리고 왜 반서방 게릴라와 테러리스트들이 우세한 것처럼 보였는지 이해하기 위해서는 1945년까지 최대 식민지 열강 2개국의 세력이 얼마나 약했는지 이해하는 것이 중요하다. 이 장에서는 중국에서 마오쩌둥의 승리, 인도차이나에서 프랑스에 대한 호찌민의 승리, 알제리에서 알제리 민족해방전선FLN, Front de Liberation Nationale에 대한 프랑스의 승리(대반란부대가 거둔 유일한 승리), 영국의 말라야Malaya 공산주의자 반란 진압을 살펴볼 것이다. 그러나 개별 전쟁에 초점을 맞추면 단순히 무장 반군들이 옛 식민지 지배자들을 물리쳤다는 의미로 받아들일 수도 있다. 그보다는 제국들이 내부에서부터 붕괴했다고 말하는 것이 좀 더 정확한 표현일 것이다. 민족주의자들의 봉기가 제국 시대의 종말에 기여한 것은 사실이지만 결정적인 요인은 아니었다.

1945년 이후 영국과 프랑스가 해외 식민지 전부를 그대로 유지하기로 결심했더라도 그렇게 하기란 쉽지 않았을 것이다. 둘 다 본질적으로 파산상태였기 때문이다. 둘 중 어느 나라도 장기간 대반란전을 수행할 여력이 없었다. 특히 세계 무대에서 이들의 자리를 빼앗은 신흥 초강대국의 적대감을 무시하기도 어려웠다. 소련, 그리고 나중에 중국은 마르크스주의 성향의 '민족해방운동'에 무기와 훈련, 자금을 제공할 준비가 되어 있었다. 미국은 서유럽의 재건을 지원했음에도 불구하고 유럽의 해외 식민지 지배 연장 시도에 거의 동조하지 않았다. 《라이프Life》지의 편집자들이 1942년에 영국 국민들에게 "우리는 대영제국을 하나로 묶기 위해 싸우는 것이 아니다"라고 '직설적으로' 언급했듯이 실제로 미국은 영국에게 인도부터 팔레스타인에 이르는 일련의 식민지들에 대한 통치를 끝내도록 압력을 가했다. 나중에 냉전이 치열해지면서 미국 정부는 입장을 수정했다. 예를 들면, 미국은 인도차이나에서 전쟁이 일어나자 프랑스에 자금을 지원하려는 의지를 보였다. 그러나 일반적으로 미국인들은 식민지 통치 연장이 체제를 전복하려는 공산주의자들에게는 선물과도 같다고 보았다.

1948~1949년에 트루먼Harry S. Truman 행정부는 인도네시아에서 민족주의자들의 반란을 진압하려는 노력을 멈추지 않는다면 네덜란드에 대한 마셜 플랜Marshall Plan의 자금 지원을 중단하겠다고 위협했다. 7년 후, 아이젠하워Dwight D. Eisenhower 정부는 영국과 동맹국인 프랑스와 이스라엘이 수에즈 운하를 점령하고 이집트의 독재자 가말 압델 나세르Gamal Abdel Nasser를 전복하기 위한 군사작전을 중단하지 않는다면 파운드화가 붕괴되는 것을 그대로 보고만 있겠다고 위협했다. 국가 재정 파탄 위기에 처한 영국과 프랑스는 이에 굴복할 수밖에 없었다. 이는 종전 후 그들이 얼마나 약해졌는지를 보여준다.

영국 사회 지도층 인사들은 그 전에 이미 제국의 옛 영광을 거의 포기했다. 한때 아시아 및 아프리카에 대한 백인 통치를 이론적으로 뒷받침했던 인종적 우월성에 관한 이론들은 나치와 일본인에 의해 여러 가지 면에서 맞지 않은 것으로 판명되었다. 어느 영국군 장교는 1945년에 인도 캘커타Calcutta를 산책하면서 자신이 "마치 파리의 대로를 따라 걷는 나치 장교인 것처럼 느껴졌다"라고 썼다.

유럽 사상의 확산으로 민족주의가 수십 년에 걸쳐 제3세계에 스며들었다. 독립에 대한 열망은 결과에 대한 두려움 때문에 불안한 상태로 억제되었지만, 1942년 싱가포르 함락 당시 8만 5,000명의 영국군이 자신들 병력의 3분의 1밖에 안 되는 일본군에 항복하면서 유럽의 무적에 대한 모든 환상은 단번에 산산조각이 났다. 전쟁이 끝날 무렵 식민지 지도층 인사들은 더 이상 유럽의 통치를 받아들이려 하지 않았고, 대부분의 경우 유럽인들은 이에 대해 총구를 들이대고 강요하지 않았다.

1946년 영국 정부 공식 간행물은 "영국의 '제국주의'는 죽었다"고 선언했다. 확실한 것은 1945년부터 1951년까지 집권한 클레멘트 애틀리

Clement Attlee의 노동당 정부조차도 하룻밤 사이에 제국을 해체할 생각이 없었다. 애틀리는 처음에 "식민지 영토를 점진적으로 영연방 내의 책임 있는 자치정부에게 격식을 갖춰 인계하는" 절차를 거치기를 희망했다. 그러나 그렇게 미루는 것이 불가능해졌다. "졸속행정"이 "수치스런 오명과 오점"을 가져온다고 야당 대표 윈스턴 처칠이 간곡하게 경고했음에도 불구하고 인도, 팔레스타인 및 기타 식민지에 대한 독립이 서둘러 추진되는 바람에 피비린내 나는 내전이 벌어졌다. 1948년에 어느 노동부 장관이 말한 대로 "만약 당신이 원하지 않는 곳에 있고, 당신을 원하지 않는 사람들을 진압할 힘이나 의지가 없는 곳에 있다면 당신이 할 수 있는 유일한 일은 거기서 나오는 것뿐이다."

영국은 1947년에 인도를 시작으로 1948년에 버마, 실론(스리랑카), 팔레스타인에 권력을 이양한 후 1956년에 수단, 1957년에 골드 코스트(가나)와 말라야를 포기했다. 나머지 아프리카 식민지들은 몇 년 후 자유를 얻었다. 해럴드 윌슨Harold Wilson 총리가 '수에즈 동부' 포기를 발표한 1967년까지 거의 모든 제국이 사라졌다. 1982년 포클랜드 제도 전쟁Falkland Islands War과 같은 몇몇 후방지역 작전에서 승리했음에도 불구하고 제국주의 시대는 사실상 끝났다.

대부분의 과정은 비교적 평화적이었다. 자와할랄 네루Jawaharlal Nehru와 마하트마 간디Mahatma Ghandhi는 인도에서 시민 불복종, 파업, 시위(오웰Orwell은 이를 일종의 비폭력 전쟁이라고 불렀다)가 어떻게 자유주의 제국을 수치스럽게 만들어 철수시킬 수 있는지를 보여주었다. (오웰은 이 방법들이 "정권의 반대자들이 한밤중에 사라진 뒤 다시는 그들에 대한 소식조차 들을 수 없는 나라에서는 적용할 수 없는 방법"이라고 언급했다.) "순전히 영적인 힘만으로 제국을 흔들어놓은"(오웰을 재인용) 사례를 가나의 콰메 은크루마Kwame Nkrumah, 탄자니아의 줄리어스 니에레레Julius Nyerere, 케냐의 조모 케냐타Jomo Kenyatta 등 아프리카의 다른 독립운동 지도자들이 모방했다. 이들 모두는 제국주의에 반대하는 국제적 여론을 모을 수 있는 유엔의 도움을 받았다.

영국은 격렬한 반대에 부딪힌 곳에서는 얼마 버티지 못하고 떠나야 했다. 1947년 영국 내각은 3년 동안 우익 무장단체 이르군Irgun[344]과 레히Lehi[345](일명 "스턴 갱Stern Gang") 소속 유대인 테러리스트들의 공격을 받아 338명의 영국인이 사망하는 피해—이는 1842년 카불에서 후퇴할 당시 1일 사망자 수보다는 적었다—를 입자 팔레스타인을 포기하기로 결정했다. 이것은 지금까지 행해진 가장 성공적인 테러 중 하나였다. 처칠은 이것을 "지옥과도 같은 재앙"이라고 불렀다. 그러나 1946년 킹 데이비드 호텔King David Hotel에 있는 영국 본부를 폭파한 폭탄(91명을 죽인 이르군의 테러)만큼 중요한 것은 엑소더스Exodus 호 사건의 예에서 잘 볼 수 있는 도덕적 설득의 힘이었다. 1947년 영국 해군은 유럽에서 출항한 엑소더스 호를 나포했는데, 이 선박에는 성지 예루살렘으로 향하는 유대인 난민들로 가득 차 있었다. 선박을 나포하는 과정에서 영국 해병대는 많은 승객을 죽이고 부상을 입혔다. 영국인들은 뱃머리를 독일로 돌렸고, 독일에 도착한 유대인 승객들은 '전멸의 땅the land of their annihilation'에 하선해야 했다. 이스라엘 역사가 베니 모리스Benny Morris가 지적했듯이, 이 사건은 "중요한 선전 기회"였다. "시오니스트의 대의명분을 이보다 더 잘 알릴 수 있는 기회는 없었던 것이다."

영국은 일반적으로 키프로스Cyprus와 아덴Aden처럼 전략적으로 중요한 기지 몇 개를 확보하거나 말레야와 케냐에서처럼 공산주의자나 다른 극단주의자들의 점령을 막기 위해 싸웠다. 영국은 싸우기로 작정하면 능숙하게 싸워 임무를 성공적으로 수행하곤 했다. 영국의 대반란전 결과는 동시대의 프랑스보다 더 나았고, 말레야에서의 일부 작전은 지금도 여전히

---

344 이르군: 1931년부터 1948년까지 영국 위임통치령 팔레스타인 지역에서 활동한 이스라엘의 시온주의 무장단체다.

345 레히: 영국 위임통치령 팔레스타인에서 아브라함 슈테른이 설립한 시온주의 준군사조직이다. 1940년 8월 설립 당시 원래 이름은 이스라엘 국민군사기구(National Military Organization in Israel)였는데 1개월 뒤 개칭했다.

1947년 영국 내각은 3년 동안 우익 무장단체 이르군과 레히 소속 유대인 테러리스트들의 공격을 받아 338명의 영국인이 사망하는 피해를 입자 팔레스타인을 포기하기로 결정했다. 이것은 지금까지 행해진 가장 성공적인 테러 중 하나였다. 처칠은 이것을 "지옥과도 같은 재앙"이라고 불렀다. 사진은 1931년부터 1948년까지 영국 위임통치령 팔레스타인 지역에서 활동한 이스라엘의 시온주의 무장단체인 이르군이 훈련을 하는 장면이다. 〈출처: WIKIMEDIA COMMONS | Public Domain〉

군사전략가들이 연구하고 있을 정도다. 그러나 영국이 성공할 수 있었던 주요한 이유는 민족자결주의가 태동하는 시대에 인기 없는 식민지 통치를 영원히 유지하려다가 승산 없는 전쟁의 늪에 빠져들지 않도록 주의했기 때문이다. 이와 마찬가지로 벨기에 역시 1960년에 싸움이 일어나지 않았는데도 유일한 식민지인 콩고를 포기했다.

프랑스는 전쟁 전에는 지나칠 정도로 관대한 태도를 보였던 것과는 반대로 가혹한 태도를 유지했다. 프랑스는 잃어버린 영광을 되찾고 패전의 굴욕을 씻기 위해 제국을 유지해야 할 필요성을 절감했다. 1945~1946년에 프랑스는 통치를 재확립하기 위해 수천 명의 알제리인과 베트남인, 수백 명의 시리아인을 학살했다. 1947~1948년에 프랑스는 마다가스카르Madagascar에서 반란을 진압하기 위해 최소 1만 1,200명을 살해했다. 그러나 영국과 마찬가지로 프랑스는 유혈 사태 없이 대부분의 아프리카 식민지에 기꺼이 독립을 허용했다. (마다가스카르조차도 1960년에 영연방British Commonwealth의 프랑스 버전인 프랑스 공동체French Community의 독립회원이 되었다.) 차후에 설명하겠지만 인도차이나와 알제리에서 전쟁을 일으키려던 프랑스의 의지는 상당히 꺾였다.

1947~1948년에 사람들의 지지를 얻지 못한 '경찰 투입' 이후 인도네시아를 포기한 네덜란드도 마찬가지였다.

파시스트 독재자 안토니우 살라자르António de Oliveira Salazar 치하의 포르투갈이 가장 오래 버텼다. 그들은 1974부터 1975년까지 리스본Lisbon에서 쿠데타가 일어나기 전까지 아프리카 식민지인 기니비사우Guinea-Bissau, 앙골라Angola, 모잠비크Mozambique를 포기하지 않았다. 의미심장하게도, 거의 20년 후 러시아 제국이 그랬던 것과 마찬가지로 포르투갈 제국 역시 먼 전쟁터가 아니라 국내에서 벌어진 혁명으로 종말을 맞았다.

♦ ♦ ♦

이 중 어느 것도 민족주의 반군의 업적을 폄하하려는 의도는 없다. 단지 그들을 올바른 시각에서 평가하기 위한 것뿐이다. 무적의 게릴라 신화가 탄생한 제2차 세계대전 직후에는 그런 시각이 부족했다. 1970년대 중반 미국이 베트남에서 패배한 후, 그것을 지켜본 사람들은 정규군이 적의 비정규전 부대와 싸워 이기는 것은 사실상 불가능하다고 쉽게 믿었다. 그러나 그것은 사실과 거리가 멀다. 이 책에서 이미 확인했듯이, 게릴라나 테러 전술을 채택한 사람들이 불리할 가능성은 여전히 높다. 게릴라가 승리하기 위해서는 일반적으로 게릴라의 공격을 받고 있는 정부의 통찰력과 의지가 부족해야 함은 물론이고 외부 지원도 필요하다. 중국에는 이러한 모든 요소들이 존재했기 때문에, 중국의 내전은 전후 반란군의 좋은 본보기가 되었다.

중국 공산주의자들이 외국에서 온 식민 정부가 아니라 자국에서 자생적으로 수립된 정권에 승리를 거두었기 때문에 "제국의 종말"이라는 제목의 이번 장에 포함된 것이 이상하게 보일 수도 있을 것이다. 그러나 중국의 혁명 투쟁은 제국주의(처음에는 서구, 그 다음에는 일본)에 대한 반발로 인해 오랫동안 계속되어왔다. 공산주의자들의 승리 전략의 일부는 적을 "제국주의자들의 개" 또는 "종"이라고 규정하고 스스로를 중국 독립의 진정한 옹호자로 묘사하는 것이었다. 게다가 마오쩌둥의 승리는 서방국가나 친서방국가가 통치하는 정권을 전복하려는 수많은 제3세계의 모방자들에게 영감을 주었다. 1940년대에 세계에서 가장 인구가 많은 중국에서 공산주의자들이 어떻게 권력을 잡았는지를 이해하지 않고 공산주의와 민족주의 반란의 전성기인 1950년대와 1960년대에 일어난 사건을 이해하는 것은 불가능하다.

44

붉은 황제의 부상

♦

1921~1949년,
권력을 향한 마오쩌둥의 대장정

이야기는 중국 공산당이 탄생한 상하이^{上海}에서 시작된다. 공산주의는 서구에서 전파된 사상이었고 상하이는 예전에도 그랬듯이 중국 본토의 도시들 중에서 가장 서구화된 도시였기 때문에 공산당이 탄생하기에 적합한 곳이었다. 1920년대 중국 대도시의 대부분은 "외국인 악마"가 장악하고 있었다. 당시 중국에는 영국과 미국의 공공 조계^{租界}[346], 프랑스 조계, 일본의 비공식 조계가 존재했다. 제국주의 열강은 상하이를 "동양의 파리" 또는 "동방의 매춘부"로 만들었다. 상하이는 호화로운 호텔과 백화점, 회원제 클럽, 천박한 아편굴, 퇴폐적인 캬바레 및 무엇이든 허용되는 홍등가, 자동차와 카트, 인력거와 트램으로 가득찬 대로^{大路}가 있는 현대적이

---

346 조계: 19세기 후반에 영국, 미국, 일본 등 8개국이 중국을 침략하는 근거지로 삼았던, 개항 도시의 외국인 거주지로, 이곳에 거주하는 외국인들은 자유로이 통상하면서 치외법권을 누렸다. 조계에서 외국이 행정권과 경찰권을 행사했으며, 한때는 28개소에 이르렀으나 제2차 세계대전 이후에 폐지되었다.

고 번화한 도시였다. 또한 상업, 저널리즘, 예술의 주요 중심지이자 중국 전역과 전 세계에서 온 보따리상인, 무역상, 은행가, 매춘부, 조직폭력배, 지식인, 선교사와 난민이 모여드는 곳이었다.

이 서구화된 도시는 질병이 만연하고 발전 기회가 거의 없는 빈민가에 사는 수많은 중국 노동자들에게 의존했다. 그런데 이런 노동자들의 삶조차도 푸른 들판에서 힘들게 일해도 가뭄이나 홍수로 인해 기근을 겪는 등 수천 년 동안 거의 변함 없는 농민들의 삶에 비하면 사치스러웠다. 중국 4억 6,000만 명의 평균 소득은 연간 12달러에 불과했고 인구의 10%가 국토의 50% 이상을 소유하고 있었다. 돌이켜보면 역사가들이 이 기간 동안 생활 수준의 향상, 활기찬 지적 활동, 그리고 처음으로 접한 의회 민주주의와 법치주의의 자극으로 인해 긍정적인 변화가 이뤄졌다는 많은 증거를 찾아볼 수 있다. 하지만 그때는 그렇게 보이지 않았다. 마오쩌둥은 당시 중국은 "반식민지이자 반봉건국가"였다는 말로 동시대 사람들의 공통된 생각을 적절히 요약해 말했다.

이런 굴욕적인 후진성으로 인해 이미 두 차례 봉기―1850~1864년의 태평천국 운동[347]과 1900년의 의화단의 난[348]―가 일어났으나 제국의 기반만 약화시키고 실패로 끝났다. 청나라는 마침내 1911년 군사 반란으로 무너졌지만, 마지막 황제의 퇴위 후에 수립된 정부는 오래가지 못했다. 중국은 군벌들에 의해 분열되어 있었고, 군벌 대부분은 부패하고 약탈을 일삼았다. 떠오르는 젊은 세대는 모두를 위해 삶을 개선하고 천조天朝[349]의 유구한 위대함을 회복할 다른 정권을 갈망했다.

---

347 태평천국 운동: 1851년에 청나라에서 홍수전(洪秀全)이 일으킨 농민 운동. 남녀평등, 토지 균분, 청나라 타도를 주장하며 그 세력을 키워나갔으나 1864년에 평정되었다.

348 의화단의 난: 중국 청나라 말기에 일어난 외세 배척 운동. 1900년 6월, 베이징에서 교회를 습격하고 외국인을 박해하는 따위의 일을 한 의화단을 청나라 정부가 지지하고 대외 선전 포고를 했기 때문에, 미국을 비롯한 8개국의 연합군이 베이징을 점령·진압한 사건이다.

349 천조: 중국을 가리키는 별칭들 가운데 하나다. 중화사상의 영향에 따른 동양의 조공 체제에서 중국의 지배자는 곧 하늘의 아들인 천자(天子)로 칭해졌으며 정통성 있는 천자의 왕조를 천조(天朝)라고 한다.

이러한 상황에서 1921년 7월 상하이 프랑스 조계지의 부르제Bourgeat 가에 13명의 대표단이 여름방학으로 문을 걸어 잠근 여학교에 모였다. 회의를 소집한 것은 러시아가 주도하는 공산주의 인터내셔널, 코민테른 Comintern이었고, 유럽 대표로 회의에 2명이 참가했다. 중국 공산당 제1차 대회는 며칠 후 경찰의 급습으로 대표단이 도주함으로써 불명예스럽게 끝났다. 당시 공산당원은 총 57명에 불과했다.

당시 27세의 마오쩌둥은 제1차 대회에 참석했지만, 지도자는 아니었 다. 초대 서기장은 베이징 출신의 저명한 대학교수였다. 그와 대조적으로 마오쩌둥은 함께 참석했던 사람의 말에 따르면 "후난성湖南省 촌뜨기 냄새 가 물씬 나는 창백한 얼굴의 청년으로, [그는] 긴 전통옷을 입고 나타나 어느 시골 마을에서 온 도사道士처럼 보였다."

마오쩌둥은 촌티를 숨기려고 애쓰기는커녕 와자지껄 떠들면서 "불쾌 한" 행동을 해 다른 나라에서 온 동료 공산주의자들에게 충격을 주었다. 몇 년 후, 그가 이미 권력의 정점에 있을 때 한 방문자는 "그가 무심코 혁 대를 내리고 또 다른 손님—몸에 있는 이—을 잡는 것을 보았다"고 회상 했다. 많은 농부들이 그랬던 것처럼 그는 양치질을 하지 않고 차로 입을 헹구었으며 치과 진료를 거부했다.

그가 중국의 주석이 되었을 때 평생 줄담배를 피워온 그의 치아는 두 꺼운 녹색 치석으로 덮여 있었는데, 이 치석은 나중에 검게 변해서 치아 에서 떨어져나갔다. 그는 또한 목욕을 하지 않고 뜨거운 젖은 수건으로 몸을 문지르기만 했으며, 서양 수세식 화장실을 사용하지 않고 쪼그려 앉 아 볼일을 보는 요강을 가지고 다녔다. 그는 고향 후난성의 기름지고 매 운 요리를 좋아했으며, 진정한 혁명가가 되려면 "고추를 사랑해야 한다" 는 농담을 자주 했다.

하지만 두말할 필요 없이 마오쩌둥은 평범한 농민은 아니었다. 그의 집 안은 누구보다도 부유했다. 그의 아버지는 나중에 그가 "타도의 대상"으 로 삼은 "부농"으로 불릴 만한 자격이 충분했다. 마오쩌둥이 아버지를 혐

20세 때 마오쩌둥의 모습. 1893년에 부농의 아들로 태어난 마오쩌둥은 다른 많은 게릴라 지도자처럼 어렸을 때부터 반항아였으며 공공장소에서 엄격한 아버지와 논쟁하고 가출하고 원하는 대로 하지 못하면 자살하겠다고 위협하기도 했다. 그는 농부가 되라는 아버지의 강요에 단호하게 저항했다. 그는 "그의 집안에서 유일하게 항상 책을 읽고 꿈꾸는 책벌레"였다. 그는 창사(長沙)에서 공부하면서 정치의식이 싹트게 되었다. 그는 "자유주의, 민주주의적 개혁, 유토피아 사회주의"에 매료되어 조국의 '무지몽매(無知蒙昧)'를 한탄했다. 〈출처: WIKIMEDIA COMMONS | Public Domain〉

오한 것은 우연이 아닐 것이다. 1893년에 태어난 그는 다른 많은 게릴라 지도자처럼 어렸을 때부터 반항아였으며 공공장소에서 엄격한 아버지와 논쟁하고 가출하고 원하는 대로 하지 못하면 자살하겠다고 위협하기도 했다. 그는 농부가 되라는 아버지의 강요에 단호하게 저항했다. 그는 "그의 집안에서 유일하게 항상 책을 읽고 꿈꾸는 책벌레"였다. 그는 산적과 농민 반군(중국판 로빈 후드)에 관한 책을 가장 좋아했고, 중국 제국의 역사를 공부했다. 나중에 마오의 지인 한 명은 "마오쩌둥은 가장 무자비하고 잔인한 중국 황제들을 가장 존경하고 스스로를 그들과 동일시했다"고 기록했다. 그도 그럴 것이 마오쩌둥 유년기의 중국은 강력한 지도자가 없었기 때문이다. 그의 나이 18세(1911년)부터 35세(1928년)까지 중국은 훌륭한 대학이 설립되고 의회 정치의 조짐이 보이고 경제 및 지식이 빠르게 성장했음에도 불구하고 군벌이 지배하는 무질서한 나라였다.

아버지를 미워했지만 마오쩌둥은 자식 교육에 돈을 아끼지 않은 아버지 덕분에 대부분의 동시대 사람들이 논에서 일하는 나이에 수업료가 비싼 학교에 다녔다. 마오쩌둥은 후난성의 성도인 창사長沙에서 공부하면서 정치의식이 싹트게 되었다. 그는 "자유주의, 민주주의적 개혁, 유토피아 사회주의"에 매료되어 조국의 '무지몽매無知蒙昧'를 한탄했다. 1911년에 마오쩌둥과 동지들은 흔들리는 청나라 왕조에 반발하는 의미로 변발을 잘랐다. 18세의 급진파 마오쩌둥은 심지어 친구들을 폭행하고 강제로 변발을 자르는 등 일찍부터 독재자 성향을 보이기도 했다.

그해 마오쩌둥은 이등병으로 혁명군에 입대했지만 전투는 구경해보지도 못했다. 그는 훈련병 시절에 이미 오만해서 다른 병사들처럼 우물에서 물을 길어 오기에는 자신이 너무 뛰어나다고 생각했다. 그는 군 생활에 매력을 느끼지 못하고 6개월 만에 군을 떠났다. 그는 그 후 5년 동안 교원 양성소에서 보냈다. 1918년, 그는 졸업하자마자 선생님 중 한 명을 따라 베이징으로 가서 베이징 대학교 도서관 주임의 조교로 일했다. 이때가 그의 일생에서 고등교육을 가장 가까이에서 접한 시기였다. 여기서 마오쩌둥은 중국을 대표하는 많은 지식인들을 만났는데, 훗날 그는 "내 직급이 너무 낮았기 때문에 대부분의 사람들은 나를 인간 이하로 취급했다"라고 회상했다. 수십 년 후 그는 수백만 명의 지식인을 사형, 투옥 및 강제노역에 처함으로써 이때 자신이 느꼈던 모멸감을 고스란히 되갚는다.

1919년 창사로 돌아온 그는 정치에 더욱 활발하게 참여했다. 그는 급진적인 학생신문사와 서점을 설립했는데, 선전과 조직에 재능을 보여 수익을 냈다. 현대 반란에 매우 필수적인 이 두 재능은 그가 신생 공산당에 후난성 지부 서기장으로 합류해 처음으로 부여받은 노동조합 조직 임무에 도움이 되었다.

◆ ◆ ◆

당시 공산당 세력은 너무 약해서 러시아 후원자들은 1912년 쑨원孫文이 세운, 10만 명이 넘는 당원을 가진 국민당과 정략적으로 연대할 것을 강요했다. 1925년 쑨원이 사망한 후, 당권은 일본과 러시아에서 유학하고 사회주의 성향과 감리교 신앙을 가진 이상주의적 젊은 육군 장교인 그의 처남 장제스蔣介石가 장악했다. 그는 마오쩌둥과 공통점이 많았다. 어느 전기 작가에 따르면 "그는 내성적이었지만 약자를 괴롭히고 오만하고 독선적인 면도 있었다." 마오쩌둥도 이와 똑같았다.

장제스의 초기 권력 기반은 광저우廣州 근처의 황푸군관학교黃埔軍官學校[350]였다. 장제스가 교장이었던 황푸군관학교의 정치부 주임은 이미 투철한 공산주의자이자 나중에 마오쩌둥의 오른팔이 된 저우언라이周恩來였다. 마오쩌둥 역시 1923~1927년에는 국민당원이었으며 한때 선전부장이었다. 공산당은 군벌을 무찌르고 국가를 통일하려는 장제스의 1926년 북벌[351]—반쪽 성공에 불과했다—에 열렬히 협력했다.

그러나 공산당과 국민당은 모두 때가 되면 상대방을 배신할 준비가 되어 있었다. 장제스가 선수를 쳤다. 1927년 4월 12일, 그의 부하들은 비밀

---

350 황푸군관학교: 중국 국민당 지도자 쑨원(孫文)이 세운 군사학교. 제1차 국공합작의 한 성과로 설립된 당군(黨軍)을 조직하기 위해 설립한 간부양성기관이다. 1924년 1월의 중국 국민당 제1차 전국대표회의에서의 결의에 따라 소련 볼셰비키 공산당 정부의 원조를 받아 동년 6월에 광저우 교외에 있는 황푸(黃埔)에서 개교, 교장에 장제스(蔣介石)가 취임했다. 소련에서 지원한 무기로 훈련했으며 이를 기반으로 광저우 인근 군벌을 토벌하여 세력권으로 흡수했다.

351 장제스의 1926년 북벌: 1926년부터 1928년까지 중국 국민당이 중국 공산당과 협력하여 중국에 있던 군벌을 타도하기 위한 군사작전을 말한다. 이는 신해혁명 이후 지지부진하던 중국 혁명을 가속화하고 전제군주제, 봉건제를 타도하기 위해 이루어졌고 결국 북양군벌(북양 정부)을 몰아내고 국민당(국민정부)이 중국을 재통일하게 되었다.

1927년 3월 10일 열린 국민당 중앙위원회 제3차 전체회의에 참석한 마오쩌둥(가운뎃줄 오른쪽에서 세 번째). 마오쩌둥은 1923년부터 4년간 국민당원이었으며 선전부장을 지내기도 했다. 마오쩌둥은 1926년 장제스의 숙청으로 상하이에 갔다가 1927년 우한(武漢)으로 가서 중국 공산당 중앙 농민부장이 되었고 국공분열 뒤 홍군 3,000명을 조직하여 징강산에 들어가 근거지로 삼고 주더의 군대와 합류했다. 이 무렵 그는 이미 중국의 소수 프롤레타리아 대신 수많은 농민을 혁명의 선동자로 이용하는 데 상당한 관심을 보였다. 그는 1927년 초에 "모든 제국주의자, 군벌, 부패한 관리, 악덕 지주는 농민의 손에 의해 파멸을 맞이할 것이다"라고 썼다. 〈출처: WIKIMEDIA COMMONS | Public Domain〉

폭력조직을 동원해 상하이에서 공산당원들을 살해하고 투옥하기 시작했다. 이로 인해 22년 동안 지속될 국공내전國共內戰이 시작되었다. 공산당은 기습을 당해 큰 손실을 입었다. 공산당 반격의 중추적 역할을 한 사람은 마마 자국에 불도그bulldog를 닮은 장시성江西省 성도 난창南昌의 국민당 보안 책임자였던 군벌 출신 주더朱德였다. 주더는 1927년 8월 1일 국민당에 대한 무장봉기에서 2만 명의 군대를 이끌었던 변절한 장교들 중 한 명이었다. 무장봉기는 빠르게 진압되었지만 이날은 인민해방군 건군일이 되었다. 주더가 지휘하는 패잔병 일부는 장시성 시골에서 마오쩌둥이 조직한 게릴라 부대에 합류했다.

이 무렵 마오쩌둥은 이미 중국의 소수 프롤레타리아 대신 수많은 농민을 혁명의 선동자로 이용하는 데 상당한 관심을 보였다. 마오쩌둥은

1927년 초에 "모든 제국주의자, 군벌, 부패한 관리, 악덕 지주는 농민의 손에 의해 파멸을 맞이할 것이다"라고 썼다. 마오쩌둥은 시골 사람들이 "폭풍 같은 분노와 함께" 일어날 것이라고 예측했다. 마오쩌둥은 정확히 얼마나 오래 걸릴지 몰랐지만(마르크스주의자는 예언가가 아니다) 러시아에서 볼셰비키를 집권세력으로 등장시킨 도시 반란처럼 농민 혁명이 빨리 수행될 수 없다는 것은 알고 있었다. 마오쩌둥은 "정치적 권력은 총구에서 나온다"고 보았기 때문에 그 과정에서 농민 군대를 조직하는 것은 필수적이었다. 이것은 도시 노동자들의 정치조직 결성을 장려하는 정통 마르크스주의에 반하는 것이었고, 마오쩌둥은 수년 동안 러시아가 지배하는 공산당 조직체에 불만을 품고 있었다. 그는 심지어 '우파rightism'라는 이유로 한때 중앙위원회Politburo에서 추방당하기도 했다.

국민당 탈당자, 농민, 광부들로 구성된 마오쩌둥의 노농홍군勞農紅軍이 1927년 9월 '추수 봉기'로 알려진 창사 습격에서 비참하게 실패하자 마오쩌둥을 의심하던 사람들은 자신들의 정당성을 주장할 구실을 찾게 되었다. 이 추수 봉기에서 마오쩌둥도 체포되었지만 간신히 탈출했다. 오사마 빈 라덴Osama bin Laden이 2001년 가을 힌두쿠시 산맥을 건너 파키스탄으로 탈출하여 미국의 추적을 피할 때 했던 것처럼, 그는 패잔병과 함께 후난성과 장시성 경계에 있는 험준한 징강산井岡山으로 후퇴했다. 접근이 불가능한 이곳에서 그는 "늑대, 멧돼지, 심지어 표범과 호랑이"가 사는 소나무와 대나무 숲에 숨어 살고 있던 현지 도적을 모집해 병력을 보충했다. 이들은 1929년 1월 국민당의 공격을 받아 장시성과 푸젠성福建省 경계에 있는 새로운 기지로 이동했다. 중국 전역에 몇 개의 다른 홍군紅軍 기지가 흩어져 있었지만, 이곳이 중앙 소비에트 지구352가 되었다. 부대는 마오쩌둥과 주더가 공동으로 지휘했는데, 주더는 나이가 많고 마오쩌둥에게 부

---

352 중앙 소비에트 지구: 1930년 11월에 중국 공산당은 혁명 근거지를 '소비에트 지구'로 분리하고 이 지구들을 통치하기 위해 '중앙 소비에트 지구'를 설정했다.

족한 군사 경험이 있었기 때문이다.

많은 농민들이 두 사람을 '주마오朱毛'라는 한 사람으로 착각할 정도로 둘은 아주 긴밀히 합작하면서 게릴라전 전략을 수립하기 시작했다. 이 게릴라전 전략은 마오쩌둥의 우상화로 인해 마오쩌둥이 혼자 수립한 것이 되고 말았다. 이 게릴라전 전략의 핵심은 손자孫子를 연상시키는 16자 전법으로 요약되었다. "적이 전진하면 우리는 후퇴한다. 적이 야영을 하면 우리는 적을 교란한다. 적이 피로를 느끼면 우리는 공격한다. 적이 후퇴하면 우리는 추격한다." 공산당은 이러한 고전적인 게릴라전 계율을 따르면서 농민의 지지를 얻을 필요가 있다고 항상 의식하고 있었다. 마오쩌둥의 유명한 "인민은 물과 같고 군대는 물고기와 같다"는 말이 있다. 규율이 안 잡힌 군대가 흔히 저지르는 "물을 말려 없애는 짓"을 하지 않도록 하기 위해 홍군은 머물렀던 민가를 떠날 때 "모든 문을 원상태로 되돌려 놓고"(문을 분리해서 침대로 사용하곤 했다), "정중하고 예의 바르게 행동하고", "모든 물건은 비용을 지불하고 인민의 집과 적당히 떨어진 곳에서 용변을 해결하라"는 지시를 받았다. 마오쩌둥은 항상 "인민과 최대한 밀접한 관계를 유지"해야 할 필요성을 강조했다.

공산당은 지지 기반을 넓히기 위해 대규모 토지 재분배 운동에 착수하여 "악랄한 상류층", "법을 지키지 않는 지주", "부농"으로부터 재산을 빼앗아 가난한 사람들에게 분배했다. 비록 그를 믿는 외국인 지지자들은 마오쩌둥을 "전 세계 어디에도 없는 독특한 공산주의자"가 아니라 "온건한 농업 개혁 프로그램을 수행한 사람"으로 보겠지만, 마오쩌둥은 본인의 말대로 "지주와 악랄한 상류층, 그리고 그들의 개를 숙청한 데 대해서 양심의 가책을 전혀 느끼지 않았다. 마오쩌둥은 스탈린처럼 실제로 그렇든 그의 상상이든 간에 공산당 내에서 적이라고 생각되는 자들을 무자비하게 공격했는데, 이는 1950년대와 1960년대 중국을 휩쓸게 될 무서운 숙청의 전주곡이었다.

마오쩌둥의 전략에 의문을 제기한 사람은 누구나 AB^Anti-Bolshevik(반볼셰비키)단이라고 불리는 국민당의 음모에 가담했다는 혐의를 받았다. 마오쩌둥은 '반혁명분자색출위원회'를 결성하고 그들에게 '가장 무자비한 고문'을 통해 AB단원으로 추정되는 사람들을 색출하라고 지시했다. 그는 1790년대 프랑스 혁명가의 열변을 인용하면서 "적에 대한 관용은 혁명에 대한 범죄다"라고 선언했다. 기소된 어느 당 간부는 그의 심문관이 "향을 피워 몸을 지지고 두 엄지손가락을 부러뜨렸다. 손가락은 피부에 간신히 붙어 있었다"라고 회상했다. 그들은 고문으로 거짓 자백을 받고 더 많은 변절자를 색출해냈다. 어느 보안 담당자는 고문 기술을 설명했다. "자백하라고 고문을 해서 자백하면 그 자백을 믿고 죽이면 된다. 자백하지 않으면 그 또한 죽이면 된다."

1930~1931년에 수천 명의 간부와 군인이 이 내부 유혈사태로 사망했으며, 이로 인해 홍군의 반란이 촉발되었다. 국민당은 자신들 역시 수많은 학살을 저질렀음에도 불구하고 나중에 장시성 소비에트 지구에서 총 18만 6,000명이 살해당했다고 주장했다. 아무리 과장된 수치라고 하더라도 실제 상황은 그만큼 안 좋았다. 마오쩌둥은 조금도 괴로워하지 않았다. 나중에 어느 동료가 썼듯이 그는 "사랑, 우정, 따뜻함 같은 인간적인 감정이 없는" 사람이었다. 다른 동료는 그에게 유일하게 중요한 것은 "인민을 움직여서 그의 대계획을 실행하는 것"이라고 말했다. 마오쩌둥은 그 과정에서 죽은 자들에 대해 "혁명을 위해 인명은 희생될 수밖에 없다"라고 주장했다.

◆ ◆ ◆

장제스의 국민당원들은 수십만 명의 부대로 장시성 소비에트 지구에 대한 4회에 걸친 초공전剿共戰[353]을 실시했지만 실패했다. "깊은 곳으로 적을

---

353 초공전: 혁명을 목표로 하는 공산당의 근거지를 궤멸시키려 장제스의 포위작전.

유인"하는 마오쩌둥과 주더의 전략은 성공을 거듭했다. 홍군은 더 좋은 무기로 무장한 국민당 부대의 보급선이 과도하게 신장되게 만든 뒤 반격해 격파했다. 그러나 장제스는 포기하지 않고 1933년 8월에 시작된 다섯 번째이자 최후의 초공전을 위해 50만 명 이상의 군대를 소집했다.

5차 초공전에서 국민당군은 독일 군사고문이 제시한 새로운 전략을 채택했다. 그들은 홍군 지역 깊숙한 곳까지 들어가지 않고 천천히 전진하여 새로운 도로, 전화 및 전신선으로 연결된 수천 개의 요새("거북이 등껍데기")를 건설했다. 보어 전쟁에서 영국이 사용했던 이 전술은 소비에트 지구 기지를 압박해서 수비대를 기아 상태로 몰아넣었다. 확고하게 자리 잡은 국민당군에 대한 반격은 무의미했다. 또한 공산당 홍군은 장시성에서 자행한 테러로 민중의 반발을 샀다. "방법론적·기술적 오류"로 빚어진 이 사건을 이유로 중앙위원회는 마오쩌둥의 당직 대부분을 일시적으로 박탈했다.

◆ ◆ ◆

1934년 10월, 말라리아에 걸린 마오쩌둥을 제외한 공산당 고위 지도부는 장시성을 떠나 방어와 보급이 용이한 새로운 기지를 찾기로 결정했다. 대장정이 시작된 것이었다. 국민당군 후방에서 게릴라전을 계속할 후위대 1만~1만 5,000명만 남기고 8만 6,000명의 홍군과 공산당 간부는 문서, 인쇄기, 군자금, 무전기, 심지어 엑스레이 촬영기까지 짊어지고 중국 남동부의 장시성에서 출발했다. 서쪽에서 북쪽으로 빙 돌아가는 긴 길을 따라 12개월 동안 1만 km를 걸어서 이동한 끝에 1935년 10월에 남루한 옷을 걸친 생존자 4,000명만이 대장정 도중에 추가로 모집한 수천 명과 함께 소련이 통제하는 몽골 국경에 접한 중국 북서부 산시성陝西省에 도착했다. 그 과정에서 이들은 대부분의 장비를 버려야 했고 국민당군과 군벌의 추격뿐만 아니라 산, 늪과 같은 수많은 자연 장애물로 인해 상상할 수 없는 시련과 고난을 겪었다.

대장정은 전설이 되다시피 했기 때문에 실제로 무슨 일이 일어났는지 확인하기 어렵다. 공산주의 역사는 마르크스와 마오쩌둥에 대한 사랑으로 기꺼이 죽음도 불사하는 '영웅들의 군대'라고 칭송했다. 반면 최근 마오쩌둥의 베스트셀러 전기를 쓴 창융張戎과 존 할리데이Jon Halliday는 심지어 대장정에서 가장 유명한 전투인 루딩교瀘定橋 전투는 "완벽한 허구"이며 대장정이 성공할 수 있었던 것은 장제스가 그것을 원했기 때문이라고 주장한다. (공산당 간부와 홍군을 놓아준 것은 소련에서 그의 아들을 되찾기 위해 장제스가 지불해야 하는 대가였을 것이다.)

이 주장을 뒷받침할 만한 증거는 거의 없다. 의심할 여지가 없이 장제스는 자신의 통치를 위협하는 공산당을 근절하고 싶어 했다. 사실 그는 아들이 소련에서 유학하고 있을 때도 공산당원을 많이 학살했다. 그러나 대장정에서 공산당 간부들과 홍군이 생존할 수 있었던 이유 중 하나는 많은 추격자들—국민당과 느슨한 연대를 맺은 군벌 부대들—이 자진해서 그들을 놓아주려고 했기 때문이다. 군벌은 공산당이 패배하면 장제스가 그 다음에 자신들을 토벌할 것이라고 우려했던 것이다. 저우언라이가 광둥성廣東省의 군벌과 그들을 놓아달라고 협상하지 않았다면 대장정은 시작하지도 못했을 것이다. 기자이자 역사가인 해리슨 솔즈베리Harrison Salisbury는 "홍군은 마치 산책하는 관광객처럼 광둥성과 그 인접 지역을 지나갔다"라고 기록했다.

쓰촨성의 소용돌이치는 다두강大渡河을 가로지르는 약 90m 길이의 좁은 현수교인 루딩교을 지키는 수비대의 감투정신 부족도 그 이유 중 하나였다. 공산당 선견대가 1935년 5월 29일 루딩교에 도착했을 때 수비대는 9개의 무거운 사슬(각각의 사슬 고리는 밥그릇처럼 두꺼웠다) 위에 놓인 다리 널판 대부분을 제거한 상태였다. 다리는 급류 위에 약 9m 높이(나중에 주더가 주장한 150m가 아니라)로 걸려 있었다. 중국 공산당의 설화에 따르면, 수비대가 남은 다리 널판에 불을 붙이고 홍군을 사격하는 동안 22명의 홍군 병사는 귀가 들리지 않을 정도로 포효하는 급류 위에 위태롭게 뻗어 있는 사슬을 따라 약 90m를 기어갔고 이들 중 18명이 도강에 성공해서 마우저Mauser 소총과 수류탄으로 후속부대가 따라갈 수 있는 길을 뚫었다고 한다.

이 칭송 일색의 전기에서 누락된 것은 수비대의 총이 너무 구식이었고 탄약에 곰팡이가 많아서 총알 대부분이 강 건너까지 도달할 수 없었다는 것이다. 이는 우연이 아니었다. 어느 쓰촨성 군벌은 "홍군이 크게 싸우지 않고 통과할 수 있도록" 거래를 했다. 또한 몇 년 후 어느 증인의 말에 따르면, 공산당이 현지 농민들(전투 중 모두 사망)에게 루딩교를 먼저 건너도록 강요하지 않았다면 홍군의 사상자는 더 많았을 것이라고 주장했다. 창융과 할리데이가 기술한 것과 달리 루딩교 전투는 실제로 일어났지만, 후대에 공산당이 주장한 것처럼 영웅적이지는 않았다.

대장정의 다른 부분 역시 중국 공산당 신화와 거의 일치하지 않는다. 강제징집은 봉건시대 군대에서나 볼 수 있는 것으로 여겨졌기 때문에 마오쩌둥은 홍군이 "인민을 강제로 징집했다"는 사실을 계속 부인했다. 하지만 실제로 아들의 징집을 거부한 가족은 "반동분자"로, 징집 대상자는 "탈영자"로 비난받았을 뿐만 아니라 토지, 식량, 심지어 목숨까지 잃었다. 대장정에 참가했던 어느 노병은 "우리 마을의 당 비서가 모든 남자들에게 가입을 강요했다"라고 회상했다. 강제징집자 중 상당수가 탈영할 기회만 엿보았다. 1934년 10월 16일부터 12월 1일까지 처음 46일 동안 홍군은 병력 3분의 2를 잃었다. 그 기간 동안 일어난 주요 전투는 단 1회뿐이었다. 장제스의 항공기와 부대는 샹강湘江을 건너는 일부 부대를 섬멸했다. 그러나 이곳에서는 1만 5,000명만 전사한 것으로 추정되고 나머지 3만 명 중 대부분은 탈영했을 것이다.

홍군은 탈영과 패배뿐만 아니라 악천후와 보급품 부족으로 고통을 겪었다. 대장정 기간에 홍군은 24개의 강과 18개의 산맥을 넘었다. 특히 1935년 6월 12일 홍군이 맞닥뜨린 4,267m 높이의 봉우리들이 있는 중국 서부 고산지대가 난제였다. 고산지대의 희박한 공기는 부상자와 병자들에게 최악의 조건이었다. 많은 사람들이 대장정 도중 사망했다.

홍군이 대장정 3개월 만인 1935년 8월 22일에 도착한 쓰촨성 북부의 해발 2,743m에 위치한 광활한 습지 툰드라 초원도 열악하기는 마찬가지였다. 초원에 사는 소수 민족 티베트^{Tibet}인은 자신들에게도 부족한 식량을 탈취하려는 한족^{漢族} 침입자들에게 적대적이었다. 고유의 게릴라 전술을 사용하는 티베트인들은 본대와 떨어진 공산당 부대를 "시체를 뜯어 먹는 독수리처럼" 공격했다. (중국 공산당은 그것에 대한 복수로 1950년대와 1960년대에 티베트인들을 학살하고 그 적대감은 현재까지도 계속되고 있다.) 땅 자체가 너무 습해서 사람이나 동물이 잘못 밟으면 빠져나올 수 없었다. 생존자들은 배가 너무 고파서 삶은 동물가죽, 가죽 벨트, 심지어 말고삐까지 먹었다. 또 많은 사람들이 물을 끓이는 데 사용할 나무가 없어서 검은 습지의 물을 그대로 마시는 바람에 이질과 발진티푸스가 만연했다. 홍군은 처절한 한 주를 보낸 후 마침내 초원에서 탈출해 옥수수밭을 발견하고는 아직 제대로 여물지 않은 옥수수를 허겁지겁 먹어치웠다. 몇 분 후 그들은 고통으로 비명을 지르며 배를 부여잡고 쓰러졌다. "너무 오랫동안 굶어서 급히 먹은 음식물을 소화할 수 없었기 때문이었다."

4,000명밖에 남지 않은 홍군이 다른 공산당 조직이 미리 피난처를 설치해둔 중국 북서부 산시성에 도착한 것은 그나마 운이 좋은 편이었다. 마오쩌둥이 재앙적인 패배를 홍보를 통해 승리로 바꿀 수 있는 기지^{奇智}를 가졌다는 것은 홍군에게 큰 행운이었다. 마오쩌둥과 그의 선전팀은 홍군의 대장정을 "일본에 저항하기 위해 북쪽으로 가고자 했던 용감한 영웅들이 군대 행군의 세계 신기록을 세운 정신의 승리"로 둔갑시킴으로써 '대장정 신화' 만들어냈다('대장정'이라는 말은 아이러니하게도 장제스가 만들었다). 마오쩌둥은 심지어 "홍군은 이미 무적의 부대가 되었다"고 주장할 정도였다.

사실 마오쩌둥은 일본인이 아닌 국민당과 싸우는 데 전념했는데, 1935

마오쩌둥이 재앙적인 패배를 홍보를 통해 승리로 바꿀 수 있는 기지를 가졌다는 것은 홍군에게 큰 행운이었다. 마오쩌둥과 그의 선전팀은 홍군의 대장정을 "일본에 저항하기 위해 북쪽으로 가고자 했던 용감한 영웅들이 군대 행군의 세계 신기록을 세운 정신의 승리"로 둔갑시킴으로써 '대장정 신화' 만들어 냈다. 또한 그는 현명한 게릴라 지도자나 반란군은 자신들의 목적을 위해 언론을 활용해야 한다는 것을 알고 일찌기 26세의 나이에 선동가로서 급진적인 신문사와 서점을 설립하기도 했고, 미국의 모험심 넘치는 젊은 기자이자 작가인 에드거 스노우를 국민당 정권을 상대로 한 선전전에 강력한 신무기로 활용하기도 했다. 사진은 대장정(1934 10월 16일~1935년 10월 22일) 중에 함께한 저우언라이(맨 왼쪽), 마오쩌둥(가운데), 주더(맨 오른쪽)의 모습을 찍은 것이다. 〈출처: WIKIMEDIA COMMONS | Public Domain〉

년 당시 홍군은 여전히 세력이 약했다. 대장정으로 공산당은 중국 본토를 손에 넣지 못했지만, 마오쩌둥은 공산당을 손에 넣었다.

대장정 중에 마오쩌둥은 "군대를 잘못 이끌어서" 장시성을 잃게 만든 자신의 정적인 모스크바 유학파 당 간부들을 "기회주의자", "비겁자", "변절자"라고 부르며 맹비난했다. 1935년 6월에는 마오쩌둥의 라이벌 중한 명이 지휘하는 공산당 부대인 제4전선군과 연결작전을 실시하던 마오쩌둥의 제1전선군 간에 총격전이 발생할 뻔했다. 그러나 1935년 9월에 마오쩌둥은 당시 당 서열상 자신보다 위에 있던 잘생기고 강단 있는 저우언라이의 도움으로 추종자들과 함께 탈출하여 자신의 손으로 권력을 강화할 수 있었다.

산시성에서 그는 또 다른 공포 통치(옌안정풍운동延安整風運動)를 통해 '올바른 마르크스-레닌주의 노선', 일명 '마오쩌둥 사상'을 강요하고 '스파이'와 '주관론자subjectivist'[354]를 척결했다. 즉, 가능한 모든 반대파를 숙청한 것이다. 마오쩌둥은 붉은 황제가 되기 위한 계획을 실행해나가고 있었다.

◆ ◆ ◆

미국 독립전쟁부터 아일랜드 독립전쟁에 이르기까지 여론은 게릴라전의 중요한 요인으로 그 중요성이 커지고 있었다. 20세기 반란군은 옛 유목민처럼 정치와 무관한 습격을 감행할 수도 없었고, 설사 감행해도 성공을 기대할 수 없었다. 현명한 게릴라 지도자나 반란군은 이제 자신들의 목적을 위해 언론을 활용해야 했다. 마오쩌둥은 일찍이 26세의 나이에 선동가로서 그러한 교훈을 알고 급진적인 신문사와 서점을 설립하기도 했다. 이제 확실한 중국 공산당 지도자로 부상한 그는 국민당 정권을 상대로 한 선전전에서 강력한 신무기를 선보였다. 미국 중서부 출신의 모험심 넘치는 젊은 기자 에드거 스노우Edgar Snow였다.

스노우는 1928년부터 중국에 거주했으며 공산당원은 아니었지만 중국 공산당에 호의적인 것으로 알려져 있었다. 그는 '부르주아' 작가이기는 했지만 공산주의자들이 원하는 대로 공산당의 이야기를 써줄 수 있는 '신뢰할 수 있는' 인물이었다. 그래서 1936년에 스노우는 공산당 지하조직의 도움으로 국민당의 봉쇄를 뚫고 홍군이 점령하고 있는 산시성에 잠입할 수 있었다. 스노우는 그의 아내의 말을 빌리면 "침낭, 카멜Camel 담배, 질레트Gillette 면도날, 맥스웰 하우스Maxwell House 커피 캔과 같은 서방 문명 세계의 필수품"을 항상 지참하고 골수 공산주의자 레바논계 미국인 의사 조지 하템George Hatem과 함께 여행했다. 4개월 후, 사실상 거의 모든 계층

---

354 주관론자: 인식이나 판단의 기준이 주관에 있다고 보는 사상을 따르는 사람.

의 공산당원들을 만난 후, 스노우는 놀라운 특종을 가지고 베이징으로 돌아왔다. 이 책은 1937년에 처음 출판되어 영국과 미국뿐만 아니라 중국에서도 그 번역본이 출간되어 널리 주목을 받았다.

사실 『중국의 붉은 별Red Star over China』은 펄 벅Pearl Buck의 『대지The Good Earth』를 제외한 다른 어떤 책보다 중국에 대한 서양의 인식을 형성하는 데 많은 영향을 끼쳤다. 이 책은 대부분의 서양인과 중국인들에게 대장정과 그 막후에 있는 사람들에 대한 이야기를 최초로 전해주었다. 스노우와 평생 우정을 쌓은 마오쩌둥은 이 책에서 "링컨처럼 여위고… 길게 자란 짙은 검은 머리와… 아주 지적인 얼굴, 그리고 재기 넘치는 유머 감각을 가진" 영웅적인 인물로 묘사되었다. 스노우는 실제로 역사상 최악의 대학살자 중 한 명이 될 마오쩌둥이 "생사가 걸려 있는 공산당 운동에 온건한 영향을 미친 인물"이라고 생각했다. 『중국의 붉은 별』이 한몫한 덕분에 새로운 공산당원들이 중국의 각 도시에서 산시성 옌안延安에 있는 공산당 본부로 몰려들었다.

새로 온 공산당원 중에는 란핑藍蘋이라는 예명을 가진 상하이 출신의 24세 여배우 장칭江靑도 있었다. 그는 옌안에 있는 대부분의 다른 여성들보다 "훨씬 더 멋지고 세련된" 인물이었다. 마오쩌둥은 이미 세 번 결혼한 적이 있었다. 첫 번째 아내는 그가 열네 살 때 부모가 점찍어준 사람이었는데, 마오쩌둥은 그녀를 거부했다. 두 번째 아내는 그를 가르친 교수의 딸이었는데, 그는 대장정을 떠나면서 창사에서 그녀를 버렸고, 그녀는 1930년에 국민당군에 의해 처형당했다. 세 번째 아내 허쯔전賀子珍은 임신한 상태에서 갓난아기를 남겨두고 대장정에 동행했다. (그 후로 이 갓난아기에 관한 소식은 들을 수 없었다.) 그녀는 도중에 부상을 입었고 또 다른 아기를 낳았다. 이 아기는 현지 농가에 맡겨졌지만 사망했다. 마오쩌둥은 대장정 후 허쯔전에게 흥미를 잃었고, 허쯔전은 치료를 받기 위해 소련으로 떠났다. 그녀가 소련에 있는 동안 마오쩌둥은 그녀와 이혼하고 매력적인 장칭과 결혼했다. 이후 장칭은 악명 높은 '마담 마오Madame Mao'로 불리

1938년 무렵의 마오쩌둥과 장칭. 상하이 출신 미모의 여배우인 장칭은 마오쩌둥의 네 번째 아내가 되어 1966년 문화대혁명을 도우면서 4인방이라 불린 권력자들 중 한 명이 되었다. '마담 마오'로 불리며 악명이 높았던 그녀는 1976년에 마오쩌둥이 사망한 후 권력을 잡으려고 했다. 그러나 장칭 역시 마오쩌둥의 관심을 오래 받지는 못했다. 〈출처: WIKIMEDIA COMMONS | Public Domain〉

게 된다. 그녀는 마오쩌둥을 도와 1966년 문화대혁명을 이끌었고 1976년에 마오쩌둥이 사망한 후 권력을 잡으려고 시도하기도 했다. 그러나 장칭도 마오쩌둥의 관심을 오래 받지는 못했다.

마오쩌둥은 중국의 주석으로 아내와 별거하면서 공산당 기관이 소개한 젊은 여성(때로는 한 번에 여러 명씩)과 돌아가며 섹스를 즐겼다. 그의 의심스러운 위생 상태에 개의치 않은 소녀들은 "위대한 조타수"[355]를 모시는 것을 자랑스럽게 생각해서 그에게서 성병이 옮은 것조차 영광으로 여

---

355 위대한 조타수: 문화대혁형 절정기 때 마오쩌둥에 대한 개인숭배가 극심해지면서 마오쩌둥을 부르던 호칭.

겠다. 스탈린과 그의 동료들이 최상류층의 삶을 영유했던 소련이나 다른 공산주의 국가들과 마찬가지로 중국에서도 공산당이 설교한 철저한 금욕주의는 사회지도층에 전혀 적용되지 않았다. 중국 공산당의 마약에 대한 비난 역시 위선적이었다. 옌안에서 공산당은 탈레반이 나중에 그랬던 것처럼 아편 생산을 통해 자금의 일부를 확보했다. 그러나 마오쩌둥이 자신의 진가를 발휘한 부분은 성性의 영역이었다. 가리발디나 티토 같은 다른 호색한 게릴라 지도자들조차도 마오쩌둥의 성 착취 행위에 비하면 오히려 순결한 것처럼 보였다.

◆ ◆ ◆

옌안에서 10년간(1937~1947) 체류하는 동안 마오쩌둥은 계집질을 하고 철학적인 이야기를 나누며 느긋하게 지냈다. 이 기간 동안 그는 전쟁과 계급투쟁에 관한 그의 주요 이론을 확립했다. 이 시기에 그가 쓴 가장 유명한 책은 1938년에 9일 동안 쓴 『논지구전論持久戰』이다. 이 책은 마오쩌둥이 동굴 안 촛불 아래서 거의 자지도 먹지도 않고 발에 화상을 입을 때까지 신발에 불이 붙은 것도 모르고 집중해서 쓴 책이다. 중국어 원본이 발견되지 않아 유사본을 가지고 미 해병대 장교 새뮤얼 B. 그리피스 2세 Samuel B. Griffith II가 『게릴라전On Guerrilla Warfare』으로 번역했다. 그는 1942년에 마오쩌둥의 가르침에 영감을 받아 미 해병 레이더Raider 대대를 창설했다.

마오쩌둥의 이름은 '인민전쟁people's war'과 밀접한 관련이 있지만, 그는 경무장 전투원의 치고 빠지기 전술로 강적을 물리칠 수 있다는 '게릴라이론'의 가정을 부인했다. 『논지구전』에서 그는 "전쟁의 결과는 주로 정규전에 달려 있다. 게릴라전으로는 중요한 임무는 수행할 수 없다. 그렇다고 해서 게릴라전의 역할이 중요하지 않다는 것은 아니다"라고 주장했다.

그는 3단계 반란 모델을 제시했다. 첫 번째 단계는 적의 전략적 공세와 아군의 전략적 방어 단계다. 두 번째 단계는 적의 전략적 강화와 아군의 반격 준비 단계다. 세 번째 단계는 아군의 전략적 반격과 적의 전략적 후퇴 단계다. 그의 설명에 따르면, 첫 번째 단계에서 "아군이 채택해야 하는 전투의 형태는 주로 운동전運動戰[356]이고, 게릴라전과 진지전陣地戰으로 이를 보완해야 한다." 두 번째 단계에서 "아군의 전투 형태는 주로 게릴라전이고, 운동전으로 이를 보완해야 한다." 세 번째 최종 단계에서는 "운동전이 주요 전투 형태가 되고 이와 동시에 '진지전'이 중요해진다." 처음 두 단계에서 마오쩌둥은 무엇보다도 정치적 고려사항들, 즉 기지 구축·정치권력의 체계적 수립·농업혁명 심화·인민의 군대 확대 정책이 중요하고 보았다. 그는 '인민 계급의 적들'을 제거한 안전한 기지 없이는 게릴라가 이길 수 없다고 경고했다. "'반란을 일으킨 농민들이 이동해 다니면서' 농민전쟁을 치른 예는 역사에서 많이 찾아볼 수 있지만, 이 중 어느 것도 성공하지 못했다."

이 혁명적 투쟁에서 마오쩌둥은 민병대부터 시작해서 "마을 단위 홍위병, 구 단위 홍위병, 군 단위 홍위병, 지역 홍군 부대, 최종적으로 정규 홍군 부대까지 올라가는" 전투 수준이 다른 부대들의 필요성을 역설했다. 최고 수준의 부대만이 운동전을 수행할 수 있었다. 낮은 수준의 홍위병은 게릴라 공격이나 정보 및 군수지원에만 한정되어 임무를 수행해야 했다. "홍군의 원칙은 집중이고, 홍위병의 원칙은 분산이다." 그는 세 번째 최종 단계에서 대부분의 전투를 "원래는 게릴라였다가 운동전을 수행할 수 있을 정도로 발전한 부대들이 수행할 것"이라고 덧붙였다.

마오쩌둥의 저작물에 가장 큰 영향을 준 사람은 고대 군사전략가 손자였지만, 가리발디와 다른 많은 혁명가들에게 영감을 준 19세기 이탈리아 민족주의자 주세페 마치니Giuseppe Mazzini도 상당 부분 영향을 끼친 것으로 보인다. 『게릴라 조직의 행동 수칙Rules for the Conduct of Guerrilla Bands』(1832년)에서 마치니는 마오쩌둥처럼 치고 빠지기 습격으로 시작하여 "국가의

---

356 운동전: 부대의 기동력, 화력, 지형 따위를 이용하여 진지를 옮겨 가면서 벌이는 전투.

정규군화"에 이르는 단계까지 다단계 투쟁을 주장했다. 마오쩌둥과 마찬가지로 마치니는 중심─당시 아직 존재하지 않았던 용어인 '중앙위원회politburo'가 아니라 의심스러울 정도로 유사하게 들리는 '행동의 중심Centre of Action'─으로부터 멀리 떨어져 나와 투쟁할 것을 요구했다. 마치니 역시 마오쩌둥처럼 게릴라들은 지원을 받고자 하는 사람들을 세심하게 대해야 한다고 주장했다. "모든 부대는 당의 도덕성을 준수해야 한다. 엄격한 규율을 유지하는 것은 부대원의 의무이자 필수이다. … 여성·재산·개인의 권리·농작물에 대한 존중이 부대의 모토여야 한다." 심지어 마치니의 전술조차도 마오쩌둥의 전술과 유사하다. "게릴라 대원들은 적이 그들이 퇴각할 것이라고 믿을 때 공격할 준비가 되어 있어야 한다. 그리고 적이 그들의 공격에 저항할 준비가 되면 퇴각할 준비가 되어 있어야 한다."

이전에 거의 언급되지 않았던 이러한 유사점들을 보면 마오쩌둥이 마치니나 이전에 출현한 전술가들보다 자신의 이론을 훨씬 더 정교하게 발전시키기는 했지만 그의 중요한 이론들이 독창적인 것은 아니었다는 사실을 확실히 알 수 있다. 하지만 마오쩌둥의 이론은 이론가이기만 했던 마치니와는 달리 이론가인 동시에 현장에서 이를 실천했던 T. E. 로렌스처럼 그 역시 실제로 전설적인 게릴라 부대를 지휘했다는 사실 때문에 신뢰를 얻었다. 몇 년 후 마오쩌둥은 자신의 저서를 널리 전파하는 데 유리한 위치에 서게 된다. 세계에서 가장 인구가 많은 국가의 정부를 확실하게 장악하게 된 것이다. 마오쩌둥은 대부분의 다른 저자들은 하고 싶어도 할 수 없는 방법으로 책을 강매했다. 잠재적인 독자들에게 자신의 책을 사지 않으면 고문하거나 투옥하겠다고 위협했던 것이다. 마오쩌둥은 미안한 기색 없이 이기적으로 권력을 이용하여 '마오쩌둥 어록'의 일부인 '혁명전쟁의 법칙'을 지금까지 출판된 반란전 매뉴얼 중 가장 널리 배포된 책으로 만들었다. 심지어 알카에다Al Qaeda는 마오쩌둥의 무신론에 대해서는 거부반응을 보이면서도 나중에 그의 군사적 금언은 긍정적으로 인용하기도 했다.

거의 모든 현대 반란 이론은 『논지구전』에서 비롯된 것이라고 한다. 마오쩌둥의 글은 태초부터 원시시대 반란군이 사용해온 단순한 치고 빠지기 전술이 아니라 정치의 중요성을 강조했다는 점에서 특히 중요하다. 그러나 마오쩌둥이 규정한 혁명의 3단계를 모두 거친 혁명은 거의 없을 것이다. 대부분의 반란군 지침서와 마찬가지로 『논지구전』은 여러 곳에 보편적으로 적용할 수 있는 게릴라전의 법칙을 설명했다기보다는 어느 한 곳에서 어떤 일이 발생했는지를 설명한 것에 불과했다. 중국에서도 소련 '동지들'의 의도적인 지원과 '왜적倭賊'—중국인들이 일본인을 무례하게 얕잡아 부르던 호칭—의 의도치 않은 지원이 없었다면 중국 공산당은 결코 성공하지 못했을 것이다.

실제로 중국에서 공산당이 궁극적으로 승리한 사례는 마오쩌둥의 이론이 옳다는 것을 입증하는 것이라기보다는 반란을 성공시키기 위해서는 외부 지원이 중요하다는 것을 보여준다. 저강도 분쟁의 성패를 결정하는 요인 중 외부 지원보다 중요한 요인은 없다. 아이티의 투생 루베르튀르, 아일랜드의 마이클 콜린스, 이후 쿠바의 피델 카스트로와 같은 일부 저항세력은 실질적인 외부 지원 없이 승리했지만, 이들은 예외적이었지 성공한 반란군의 일반적인 예시는 아니었다. 미국 독립운동가, 스페인 게리예로guérillero, 그리스 클레프트Klepht, 쿠바와 필리핀 인수렉토insurrecto, 제1차 세계대전의 아랍 비정규군, 유고슬라비아 파르티잔, 프랑스 마키maquis, 그리고 중국 공산당처럼 엄청난 외부 원조를 받은 반란군의 경우가 더 많았다.

◆ ◆ ◆

역설적이게도 일본은 지도자들이 중국 공산당에 대한 동정심이 없었음에도 불구하고 중국 공산당의 승리를 지원하기 위해 전력을 다했다. (1922년에 창당된 일본 공산당은 불법으로 규정되어 1945년까지 지하에서 활동했다.) 일본의 중국 침공은 1931년 만주 점령으로 시작되어 1937년 해안선 대부분의 주요 도시를 점령하면서 가속화되었고, 국민당 정권 내 마오쩌둥의 정적들에게 거의 치명적인 타격을 가했다. 이에 대처하기 위해 마오쩌둥 주석과 장제스 총통은 불안한 휴전을 해야만 했다. 마오쩌둥의 경우에는 파시스트들과 맞서기 위해 단결된 전선을 원했던 스탈린이 압력을 가했고, 장제스의 경우에는 애국적 군벌인 장쉐량張學良이 시안西安에서 그를 납치하여 제2차 국공합작 동의를 받아낸 뒤 석방하는 일이 벌어졌다. 끔찍한 '난징대학살'이 벌어진 해인 1937년, 대부분의 홍군은 팔로군八路軍으로 이름이 바뀌었고 표면상으로는 국민당군의 작전통제를 받게 되었다.

제2차 국공합작으로 공산당은 한숨을 돌린 반면, 장제스는 대부분의 군대를 일본군과 싸우는 데 전용轉用해야 했다. 1931~1945년에 적어도 300만 명의 중국군이 1,800만 명의 민간인과 함께 일본군과 싸우다 사망했다. 전사자의 90% 이상이 국민당군이었다. 공산당군이 모든 전투를 거부한 것은 아니었지만—마오쩌둥의 승인 없이 수행해 막대한 피해를 입은 1940년 동계 공세작전은 예외였다— 그들은 일반적으로 장비를 잘 갖추고 훈련이 잘 된 일본 제국군에 대한 대규모 공격을 회피했다. 공산당군은 일본군의 세력이 약한 시골에 자신의 근거지를 만든 후 아주 가끔 일본 전선을 습격하는 것을 선호했다. 국민당군은 약화된 반면, 공산당군은 세력이 커졌다.

그동안 마오쩌둥은 장제스가 '항일전쟁'을 소홀히 하고 국공내전 준비를 위해 국민당군 병력을 투입하지 않고 있다고 신랄하게 비난했다. 이 말을 특히 서양에서 그대로 믿는 바람에 장제스에게 제공되던 상당한 지원이 중단되었다. 역설적이게도 마오쩌둥의 비난은 어느 역사가의 지적대로 "항일전보다 공산당의 생존과 확장을 우선시"하는 그의 전략에 더 가까웠다.

공산당은 중일전쟁 이후 그 어느 때보다 강해졌다. 1937년에 4만 명에 불과했던 홍군은 1947년 인민해방군으로 이름을 바꿀 당시 거의 100만 명에 달했다. 그러나 350만 명의 병력과 미국이 지원한 전차와 비행기를 보유한 국민당에 비해서는 여전히 수적으로 열세였다. 국민당군은 일본 군 점령 지역을 장악하기 위해 미군의 도움을 받으면서 이동했다. 국공내전이 재개된 1946년까지 그들은 중국 영토의 80%와 거의 모든 주요 도시를 장악했다. 심지어 중국 공산당의 거점인 옌안조차도 1947년에 함락되었다. 마오쩌둥과 다른 고위 지도자들은 국민당의 진격을 피해 달아나야 했다.

국민당군의 세력이 미치지 않은 주요 지역은 소련군의 침공을 받은 만주였다. 1946년에 소련군은 떠나면서 자신들이 노획한 무기를 중국 공산당 동지들에게 넘겨주었다. 더 많은 보급품이 소련에서 기차로 도착하면서 중국 공산당군은 미국의 원조를 받는 장제스의 국민당군과 균형을 맞출 수 있게 되었고 대포와 장갑차를 갖춘 재래식 작전으로 전환하는 데 속도를 낼 수 있게 되었다.

1946년에 장제스는 만주를 정복하기 위해 50만 명의 최정예 부대를 보냈다. 그들의 기갑 전격전은 처음에는 놀라운 성과를 거두었지만, 국민당과 공산당의 연립정부 수립을 희망했던 미국 특사 조지 마셜George Marshall이 장제스에게 휴전을 강요한 것이 일부 원인으로 작용하여 공산당의 본거지인 하얼빈哈尔滨 바로 앞에서 중단되었다. 초기 공세에서 국민당군은 보급선이 과도하게 신장되는 바람에 뛰어난 린뱌오林彪 장군이 이끄는 공산당군에게 치명적인 반격의 기회를 주고 말았다. 린뱌오는 1947년 황푸군관학교를 졸업하고 북벌과 대장정에 모두 참전한 베테랑이었다. 중국의 다른 지역에서도 마오쩌둥은 농촌의 '인민전쟁' 전략을 추구했고, 공산당 오열五列[357]에 의해 내분이 일어난 국민당 통제 하의 도시

---

357 오열: 내부에 있으면서도 외부의 반대세력에 호응하여 활동하고 있는 집단. 에스파냐 내란 때 4개 부대를 이끌고 마드리드를 공격한 프랑코 장군이 시내에도 자기들에게 호응하는 또 다른 1개 부대가 있다는 말을 퍼뜨린 데서 유래한다.

를 포위하기 위해 서서히 군대를 모았다. 그러나 마오쩌둥의 기대와는 달리 게릴라전이 아니라 고강도 재래식 군사작전이 결정적으로 작용했다.

국민당의 실정과 특히 중일전쟁으로 인한 참상은 반란군의 활동을 더쉽게 만들어주었다. 실업 증가, 세금 인상, 심각한 인플레이션은 모두 장제스의 인기를 떨어뜨렸다. 월급으로 생계를 유지할 수 없었던 많은 국민당 관리들은 뇌물을 받았고, 그로 인해 인기가 떨어졌다. 이는 나중에 베트남, 이라크, 아프가니스탄에서도 흔히 볼 수 있는 문제로, 미국이 주도하는 대반란 작전을 심각하게 약화시키는 데 큰 역할을 했다. 장제스는 문제를 인식하고 있었지만 그것을 해결할 힘이 없는 듯 보였다. 장제스는 마오쩌둥처럼 군대를 절대적으로 통제하지 못했다. 장제스도 독재자이기는 했지만, 그는 자신의 군대에조차 완전한 복종을 강요하지 못할 정도로 악랄하지도 못하고 조직적이지도 못한 독재자였다. 장제스는 휘하 지휘관들이 명령에 불복종하거나 서로 협조하지 않는다고 불평했다. 그는 자신의 정권이 "쇠퇴하고 타락했다"는 것을 인정했다.

중국 본토의 중화민국, 대만에서 부활한 중화민국, 1979년 이후의 중화인민공화국처럼 개방된 사회가 경제성장을 더 잘 할 수 있음이 입증되었지만, 마오쩌둥 치하의 중국과 같은 절대 독재 정권은 명령에 복종하지 않은 사람에게 가혹한 보복을 했기 때문에 전쟁에서 승리하는 데 필요한 동원이나 동기화에 더 능숙했다. 장제스는 미래에 자신의 정권에 엄청난 결과를 가져올 그러한 규율을 자신의 군대에 강제로 주입할 수 없었다.

1947~1948년 국민당군이 만주에서 패배한 후 국민당 세력은 마오쩌둥까지도 놀랄 만큼 무서운 속도로 무너져내렸다. 일부 국민당군은 끝까지 열심히 싸웠지만, 대다수는 항복하거나 탈영했다. 홍군이 승리할 가능성이 커짐에 따라 갈팡질팡하던 무리들이 공산당에 합류했다. 1949년 공산당군은 베이징으로 진군했고, 장제스는 대만으로 피신했다.

전쟁은 끝났지만 중국의 고통은 시작에 불과했다. 마오쩌둥의 혼란스러운 정책으로 인해 이후 25년 동안 최소 5,000만 명이 사망하게 된다.

1949년 12월 모스크바에서 열린 스탈린의 71세 생일 행사에 참석한 마오쩌둥. 1949년 국민당과의 내전에서 승리해 집권한 마오쩌둥은 혼란스러운 정책을 남발해 이후 25년 동안 최소 5,000만 명이 사망하게 된다. 마오주의에 대한 악의적인 비방에도 불구하고 중공의 '위대한 조타수' 마오쩌둥은 다른 혁명가들, 특히 아시아의 혁명가들에게 영감과 지지의 원천으로서 강한 영향력을 발휘했다. 〈출처: WIKIMEDIA COMMONS | Public Domain〉

이는 국민당과 일본의 전쟁으로 사망한 사람의 수보다 훨씬 더 많은 수치였다.

◆ ◆ ◆

마오주의에 대한 악의적인 비방에도 불구하고 중공의 자칭 '위대한 조타수'는 다른 혁명가들, 특히 아시아의 혁명가들에게 영감과 지지의 원천으로서 강한 영향력을 발휘했다.

북한의 김일성은 마오쩌둥과 스탈린으로부터 간신히 지지를 얻어 1950년에 남한에 대한 재래식 공격을 감행했지만, 6·25전쟁은 이전에 북한이 남한에 대한 게릴라전을 시도했던 것과 마찬가지로 역효과를 가져왔다. 그로 인해 북한 정권을 구하기 위해 100만 명 규모의 인민지원군을 포함한 중국의 직접적인 개입이 필요하게 되었다.

베트남 동지들은 약삭빨랐지만 세력은 미약했다. 그들은 프랑스를 약화시키기 위해 게릴라전 스타일의 전술을 사용하기로 결정했다. 그러나 그들은 마오쩌둥의 가르침에 따라 언젠가는 정규군을 투입해 "인민의 전쟁"에서 승리할 것이라고 굳게 믿었다. 그날은 누구도 예상할 수 없을 만큼 빨리 도래했다.

45

잘 있거라, 디엔비엔푸여!

◆

**1945~1954년,
인도차이나 전쟁과
디엔비엔푸 전투를 승리로 이끈 게릴라전 전략가 보응우옌잡**

1953년 11월 2일 오전 10시 30분 아침 안개가 걷히자, 라오스 국경 인근 베트남 북서부에 있는 무옹탄Muong Thanh 마을의 모습이 드러났다. 무옹탄 마을은 남응움Nam Ngum강으로 양분된 길이 18km, 폭 8km의 계곡에 위치해 있었다. 마을 어디에서나 해발 1,829m의 "녹음이 무성한 산"을 볼 수 있었다. 산 경사면에는 양귀비를 수확해 아편을 만드는 묘苗족이 살고 있었다. 계곡 바닥에는 소박한 농부들인 태국계 베트남인들이 "두꺼운 대나무와 짚을 엮어 뾰족한 지붕의 초가집"을 짓고 살았다. 그들은 "닭이 꼬꼬댁 하고 우는 소리와 작은 흑돼지가 꿀꿀거리는 소리"를 들으며 짧은 낫으로 쌀을 수확하는 틀에 박힌 삶을 살고 있었다. 그곳에 주둔한 베트민Vietminh군에게 이날은 현장 훈련을 하는 날이었다. 그들은 하늘에서 쌍발 엔진 항공기를 발견하고는 비상활주로 주변에 박격포와 기관총을 설치했다. 나중에 어느 농민은 이렇게 회상했다. "항공기로부터 목화씨 같은 흰 점들이 흩어져 떨어졌다. 곧이어 그것들이 하나하나 펴지자,

우리는 병사들이 낙하산에 매달려 있는 것을 보았다."

9년 전 버마의 정글에 친디트 부대를 공수했던 것과 동일한 기종인 미국산 수송기 C-47 내부에서 강하조장은 "강하! 강하! 강하!"를 외치고 있었다. 프랑스 2개 정예 공수대대는 신속하게 항공기 문 밖으로 뛰어내렸다. 1개 대대는 너무 남쪽으로 떨어졌다. 그로 인해 마을 주변 지역을 확보하는 임무는 제6식민지공수대대Sixth Colonial Parachute Battalion가 수행하게 되었다. 제6식민지공수대대원 621명—대부분이 프랑스인이었지만 베트남인 200명도 포함되어 있었다—은 마르셀 비제아Marcel Bigeard 소령이 지휘했다. 불과 37세에 이미 전설이 된 그는 두려움을 모르고 전투에 대한 사랑으로 샤밀Shamil, 조지 암스트롱 커스터George Armstrong Custer, 오드 윈게이트와 같은 괴짜 같은 전사를 연상시키는 현대판 기사였다. 인도차이나에 있는 사람들에게 그의 "넓은 이마, 짧게 자른 단정한 머리, 맹금류 같은 옆모습, 지시받기 싫어하는 독립적인 성향"은 잘 알려져 있었다. 비록 생시르Saint Cyr 육군사관학교나 육군대학 정규과정을 졸업한 것은 아니었지만, 경이로운 전투 기록으로 언젠가 4성 장군의 반열에 오르게 될 것으로 보였다.

마르셀 비제아는 1916년 철도 노동자의 아들로 태어나 14세 때 학교를 그만두고 은행에서 일하다가 1936년에 병사로 입대했다. 1940년 마지노선Marginot Line에서 포로가 되었을 때 그는 아직 하급 준사관이었다. 이듬해 두 번의 탈출 시도 실패 끝에 독일군 포로수용소 슈탈락Stalag358 12A에서 탈출하여 자유프랑스군에 합류하기 위해 프랑스령 서아프리카로 향했다. 1944년에는 그의 평생 별명이 될 브루노Bruno라는 호출부호를 사용하며 프랑스에 낙하산으로 침투해 레지스탕스와 함께 작전하며 연합군을 도왔다. 이 공적으로 그는 프랑스 최고 훈장인 레지옹 도뇌르 국가훈장Ordre national de la Légion d'honneur과 영국 수훈장Distinguished Service Order을 받았다.

---

358 슈탈락: 제2차 세계대전 때 독일이 운영한 사병용 포로수용소.

1945년 당시 대위로 진급한 그는 처음으로 인도차이나에 왔다. 1953년에 그는 수차례 본국 소환 위기를 간신히 모면하고 세 번째 파병 근무 중이었다. 전년도인 1954년에는 그에게 최악의 상황이 발생했다. 그와 그가 이끄는 제6식민지공수대대가 베트민의 공세를 막고 그 지역에 있는 프랑스 수비대를 철수시키기 위해 북부 고원의 투레$^{Tu-Lê}$ 마을에 강하했다가 적 1개 사단 병력에 포위되었던 것이다. 그들은 부상자들을 나르며 정글을 가로질러 며칠 동안 쉬지 않고 걸어 탈출해야 했다. 그의 제6식민지공수대대는 거의 전멸하다시피 했지만, 비제아와 소수의 생존자는 10배나 많은 적을 간신히 따돌릴 수 있었다.

이러한 좌절도 비제아의 전투에 대한 갈증을 잠재우지는 못했다. 위풍당당한 공수부대원의 화신인 그는 개인화기도 없이 전투에 참가해서 항상 최전방에서 그의 공수대대를 지휘하면서 "가능한 일이라면 이미 끝냈겠지. 불가능한 일이라면? 그것 역시 끝내면 돼"라고 말했다.

무옹탄$^{Muong Thanh}$ 인근 지역에 실시한 강하는 예상보다 더 많은 베트민 군대가 강하 지역 주변에 존재한다는 점을 제외하고는 확실히 가능한 거의 일상적인 일이었다. 공수대대 군의관은 강하 중에 머리에 오발탄을 맞고 전사했다. 많은 공수대대원이 흩어졌고 대부분의 무전기가 박살났다. 그러나 비제아는 임기응변으로 잘 대처했다. 그는 울창한 코끼리풀^{elephant} ^{grass}[359] 숲에서 총알이 머리 위로 스쳐 지나가는 것도 아랑곳하지 않고 공수대대원들을 모아 분투 끝에 연대 참모의 퇴각을 보호하기 위해 치열하게 싸우는 베트민을 공격했다. 결국 그는 머리 위를 선회하고 있는 B-26 폭격기와의 무전 교신에 성공했다. B-26의 폭격과 오후에 투입된 또 다른 공수대대의 도움으로 비제아는 해질녘까지 전장을 장악할 수 있었다. 공수대대원 중 프랑스인 15명, 베트남인 100명 이상이 전사했다.

이 전투는 프랑스군이 이 계곡에서 거둔 몇 안 되는 승리 중 하나였으

---

[359] 코끼리풀: 동물 사료나 종이 재료로 쓰이는 아프리카산 풀.

며, 프랑스는 곧 그 계곡의 이름을 저주하게 된다. 이 계곡의 이름은 '디엔비엔푸Dien Bien Phu'다.

◆ ◆ ◆

1953년까지 프랑스 극동원정군은 베트남독립동맹Viet Nam Doc Lap Dong Minh Hoi(베트민)으로부터 인도차이나의 지배권을 되찾기 위해 7년 이상 싸웠다. 표면상 민족주의 동맹인 베트민은 사실 공산당과 그들의 카리스마 넘치는 지도자 호찌민胡志明이 이끌고 있었다. 마오쩌둥의 집권에 일본이 결과적으로 도움을 주었던 것처럼 호찌민의 경우도 마찬가지였다. 일본은 1940년 인도차이나를 점령했다. 프랑스 비시Vichy 정권은 1945년까지 존속했지만 1941년 무렵 식민지 통치가 약화되어 호찌민과 몇몇 동지들은 중국 국경을 넘어 베트남 북부로 잠입할 수 있었다. 그가 고국에서 살게 된 것은 30년 만에 처음이었다.

응우옌땃탄Nguyen Tat Thanh(호찌민의 아명)은 1890년 베트남 중부의 가난한 유학자의 아들로 태어났다. 호찌민('깨달은 자'라는 뜻)이라는 이름은 그가 사용한 많은 가명 중 가장 오래 사용한 이름이었다. 반프랑스 활동으로 퇴학당한 그는 1911년 증기선 선내 식당 요리사의 하급 조수가 되어 조국을 떠났다. 전 세계를 항해한 후 그는 프랑스에 정착해 하찮은 일을 하며 생계를 유지하다가 반식민지 선동에 가담하게 되었다. 1920년에 그는 프랑스 공산당 창당에 참여했다. 3년 후 그는 모스크바로 가서 "그들의 명목상의 식민지 주민their token colonial"으로서 코민테른의 극동 사무국에서 일했다. 그는 향후 20년 동안 코민테른 요원으로 일했다. 코민테른 요원으로 일하는 동안 그는 1930년 홍콩에서 인도차이나 공산당을 조직하는 데 도움을 주었고, 이로 인해 영국 감옥에 1년 반 동안 수감되었다.

그의 전기 작가 중 한 사람의 말에 따르면, "교양 있는 스탈린주의자"

1946년 무렵의 호찌민. 교양 있는 공산주의자이자 열렬한 민족주의자였던 그는 20대 초반부터 유럽과 인도차이나의 공산주의 운동에 참여했다. 그는 사람들에게 솔직하고 겸손하고 선하고 소박한 인상을 주어 "박 호(호 아저씨)"로 불리며 사랑을 받았다. 그는 절대 마오쩌둥과 같은 과대망상형 쾌락주의자는 되지 않았다. 염소수염을 기른 그는 학자 이미지를 풍겼지만 고난으로 단련되어 있었다. 〈출처: WIKIMEDIA COMMONS | Public Domain〉

인 호찌민은 사람들에게 "솔직하고… 겸손하고, 선하고 소박한" 인상을 주어 "박 호$^{Bac\ Ho}$(호 아저씨)"로 불리며 사랑을 받았다. 그는 절대 마오쩌둥과 같은 과대망상형 쾌락주의자는 되지 않았다. 베트남 최고 지도자인 그는 대통령궁이 그의 취향에 맞지 않게 너무 화려했기 때문에 대통령궁 부지에 있는 오두막에서 살았다. 그는 고급 호텔에 머물러야 할 때면 바닥에서 잠을 자곤 했다. (방부 처리된 호찌민의 시신이 전시되어 있는 웅장한 영묘^{陵墓} 옆에 위치한 마오쩌둥의 소박한 별장은 오늘날 인기 있는 관광 명소가 되었는데, 생전의 호찌민이 이것을 봤다면 싫어했을 것이다.) 그에게는 이마저도 1941년에 베트남에 귀국했을 때 살았던 팍 보$^{Pac\ Bo}$의 춥고 습한 동굴에 비하면 분에 넘치는 것이었다. 어느 방문자의 말에 따르면, 호찌민은 말라깽이에 수척하고 심지어는 연약해 보이기까지 했다. 성긴 염소수염을 기른 그는 학자 이미지를 풍겼지만 고난으로 단련되어 있었다.

중국 국경에서 불과 1.6km 떨어진 팍 보에서 호찌민과 그의 소수 추종자들은 게릴라 기지를 건설하고 훗날 베트남 인민군People's Army이 될 부대를 조직하기 시작했다. 1942년에 그는 더 많은 지원을 받기 위해 중국으로 돌아갔다가 국민당 정권에 의해 18개월 동안 투옥되었다. 그는 석방되자마자 미국의 전략정보국OSS과 연락을 취했고, 전략정보국은 반일 작전을 수월하게 수행하기 위해 소규모 팀을 호찌민의 본부에 보내기로 했다. 미국인들은 무기와 훈련을 지원했고, 결정적으로 호찌민이 말라리아와 이질에 걸렸을 때 그를 치료해주었다. 훗날 적이 될 사람의 생명을 구해준 것이었다.

이러한 전시 협력은 훗날 냉전 편집증에 사로잡힌 미국이 호찌민을 내치지만 않았다면 그가 미국의 협력자가 될 수도 있었을 것이라는 근거 없는 믿음을 불러일으키게 된다. 전략정보국은 특히 그에게 매료되었다. 보고서 중 하나는 호찌민을 "베트남의 경제 발전을 위해 미국의 방식을 확실히 옹호하는 투철한 민주주의자"라고 설명했다. 사실, 에드가 스노우 같은 사람들이 이와 비슷한 희망을 가졌던 마오쩌둥처럼 호찌민은 열렬한 민족주의자인 동시에 열렬한 공산주의자였다. 그는 그저 미국과의 접촉을 이용하여 "자본주의 진영"을 분열시키고 "사회주의권"에 부합하는 일당제一黨制 국가를 만들고자 했다. 실제로 그는 1945년 9월 2일 일본의 패전으로 개방된 식민지 수도 하노이Hanoi 하늘에 장엄하게 펄럭이는 붉은 깃발의 물결 속에서 베트남 민주공화국 수립을 발표할 때 마오쩌둥 스타일의 재킷을 입고 고무 샌들을 신고 미국 독립 선언문을 인용했다.

이후 선거가 실시되고 연립정부가 수립되었다. 그러나 공산주의자들이 모든 주요 직책을 맡았고 호찌민은 대통령 겸 외교부 장관이 되었다. 얼마 지나지 않아 CIA 보고서가 "공포가 만연한" 분위기라고 묘사한 가운데 비공산주의 정치인들이 비밀경찰에 의해 살해되고 투옥되었다.

연합군이 일본의 항복을 받기 위해 도착하면서 권력을 강화하려는 베

1945년 9월 2일 일본의 패배로 신생 독립국이 된 베트남 민주공화국의 호찌민 대통령이 독립선언문을 낭독하고 있다. 그러나 식민지를 재건하려는 프랑스군이 도시 지역을 장악하자 호찌민은 산악 정글로 피신해 프랑스에 대한 투쟁에 나서게 된다. 그는 프랑스군의 화력이 더 강하다는 것을 잘 알고 있었지만 "우리는 가장 현대적인 대포만큼이나 강력한 무기를 가지고 있다. 그것은 바로 민족주의다!"라고 말했다. 〈출처: WIKIMEDIA COMMONS | Public Domain〉

트민의 시도는 큰 차질이 생겼다. 연합국의 의결에 따라 북부에는 중국군이, 남부에는 영국군이 진주했다. 그리고 이에 뒤처질세라 프랑스는 그들의 식민지를 재건하려고 했다. 1945년 영국군과 프랑스군은 사이공에서 베트민을 몰아냈다. 1946년 11월 23일, 프랑스군 사령관은 모든 베트민에게 옛 식민지 항구도시 하이퐁Haiphong에서 철수할 것을 요구한 후 전함, 항공기, 대포를 투입해 도시에 발포 명령을 내려 수천 명의 민간인 사상자를 냈다. 12월 19일, 베트민은 하노이에서 반란을 일으켰지만 프랑스군이 진압했다. 프랑스군은 베트남의 주요 도시 중심지에 대한 통제권을 장악했지만, 2,400만 인구의 대부분이 거주하는 시골 지역은 프랑스군의 통제권 밖에 있었다. 베트민 지도자들은 먼 북쪽에 있는 외부인은 접근조차 할 수 없는 은신처(베트박Viet Bac이라고 알려진 지역)로 후퇴했다. 이들은 베트박 산악 정글에서 훈련 캠프, 막사, 학교, 심지어는 무기공장까지 세웠다.

1947년 10월 7일이 되어서야 프랑스군은 베트박에 대한 대규모 공세를 개시했다. 레아 작전Operation Lea이 개시되자 맨 먼저 1,137명의 공수부대원이 베트민 본부로 강하한 후 이어서 반군을 포위하기 위해 차량화부대가 기동했다. 호찌민은 가까스로 탈출에 성공했다. 그러나 베트민이 좁고 구불구불한 길을 따라 나무를 베고, 지뢰를 매설하고, 다리를 건설하고, 참호를 파고 저항하면서 기갑부대는 수렁에 빠졌다. 한 달 안에 공세가 취소되고 프랑스군은 투입한 노력에 대한 성과를 얻지 못하고 후퇴할 수밖에 없었다. 이 패턴은 다음 해에도 여러 번 반복되었다.

호찌민은 1946년 미국 기자에게 자신의 전략을 설명했다. 그는 프랑스군의 화력이 더 강하다는 것을 잘 알고 있었지만 "우리는 가장 현대적인 대포만큼이나 강력한 무기를 가지고 있다. 그것은 바로 민족주의다!"라고 말했다. 그는 다가오는 전쟁을 "호랑이와 코끼리 간의 싸움"에 비유했다.

"호랑이가 가만히 있으면 코끼리는 강력한 상아로 호랑이를 박살 낼 것이다. 그러나 호랑이는 가만히 있지 않는다. 낮에는 정글에 숨어 있다가 밤에 나타나서 코끼리 등에 뛰어올라 가죽을 뚫고 거대한 살점을 물어뜯은 다음 어두운 정글로 다시 도망칠 것이다. 그러면 코끼리는 천천히 피를 흘리며 죽을 것이다."

그의 예측은 완전히 적중했다.

호찌민의 코끼리 사냥꾼은 일류 군사전략가로 기억될 운명의 보응우옌잡Vo Nguyen Giap이었다. 1911년에 태어난 보응우옌잡은 호찌민보다 20년 연하였지만, 두 사람은 공통점이 많았기 때문에 1940년 중국에서 만난 후 서로 의기투합했다. 마오쩌둥이나 티토와는 달리 두 사람은 모두 농민이 아니라 가난하지만 훌륭한 관료계급 출신이었다. 둘은 심지어 미래의 적수인 응오딘지엠Ngo Dinh Diem의 모교이기도 한 같은 고등학교에서 반프랑스 활동을 하다가 호찌민은 1908년에, 보응우옌잡은 1927년에 퇴학당했다. 그러나 호찌민과 달리 보응우옌잡은 베트남에 머물면서 2년의 징역형을 마치고 학교를 졸업할 수 있었다.

보응우옌잡은 1937년에 법학 학위를 취득했고 같은 해에 공산당에 가입한 후 반프랑스 신문을 발행하면서 역사 교사로 일했다. 그는 1940년에 체포를 피하기 위해 중국으로 탈출했다. 남아 있던 아내와 처제, 동료 공산주의자들은 프랑스군에게 체포되어 고문을 받다가 사망했다. 1947년에 보응우옌잡의 아버지에게도 같은 운명이 기다리고 있었다. 호찌민의 전처도 프랑스 교도소에서 사망했다. 두 사람은 프랑스어를 사용하는 엘리트였지만, 이 일로 인해 개인적으로 식민 통치를 극도로 혐오하게 되었다.

호찌민은 젊은 추종자인 보응우옌잡의 지성과 결단력에 감명을 받아 정식 훈련을 받은 경험이 전혀 없었음에도 보응우옌잡에게 군사업무를 총괄하도록 지시했다. 훗날 보응우옌잡은 "내가 다닌 유일한 군사학교는 덤불숲이었다"라고 회상했다. T. E. 로렌스가 자신의 저작물들을 "투쟁의 복음서"라고 말했듯이 보응우옌잡은 독학으로 배운 군사적 천재였다. 보응우옌잡에게 영향을 준 첫 번째 인물은 나폴레옹이었는데, 그는 나폴레옹의 전역을 외우고 있을 정도였다. 그는 또한 먼 과거 베트남 영웅들이 중국과 몽골 침략자들을 상대로 벌인 게릴라전에 대해서도 잘 알고 있었다.

1944년 카오 박 랑 근처 숲에서 베트민군에게 훈시하는 보응우옌잡. 호찌민은 젊은 추종자인 보응우옌잡의 지성과 결단력에 감명을 받아 정식 훈련을 받은 경험이 전혀 없는데도 보응우옌잡에게 군사업무를 총괄하도록 지시했다. 훗날 보응우옌잡은 "내가 다닌 유일한 군사학교는 덤불숲이었다"라고 회상할 정도로 독학으로 배운 천재 군인이었다. 호찌민과 동시대 인물로서 평생을 국가 독립을 위해 바친 그는 프랑스군에 맞서 디엔비앤푸 전투를 승리로 이끈 주인공이었다. 그는 중국의 마오쩌둥, 중남미의 체 게바라와 함께 게릴라전의 3대 전략가 중 한 명으로 꼽힌다. 〈출처: WIKIMEDIA COMMONS | Public Domain〉

그러나 그에게 가장 큰 영향을 미친 사람은 아마도 마오쩌둥이었을 것이다. 마오쩌둥의 전략은 국내의 적을 물리치기 위해서 개발되었는데, 보응우옌잡은 마오쩌둥의 전략을 맹목적으로 모방하여 외국의 적을 하나하나 상대하는 데 이용했다. 마오쩌둥이 맞닥뜨린 국민당 정권은 베트남 내에 있는 프랑스인이나 미국인보다 더 많은 합법성과 권력을 가지고 있었지만, 보응우옌잡의 적은 더 많은 자원과 군사적 능력을 투사할 수 있었다. 따라서 그는 마오쩌둥과 그의 동료들이 국공내전 기간 동안 맞선 것만큼이나 벅찬 도전에 직면했다.

마오쩌둥과 마찬가지로 보응우옌잡은 세 단계 투쟁을 계획했다. 1단계는 '현지 게릴라전', 2단계는 '운동전', 마지막 3단계는 '총궐기'였다. 마지막 총궐기는 정규군과 상근 전투원들로 구성된 지역군, 그리고 때때로 사보타주 행위를 수행하고 가장 중요한 정보 및 군수 지원 역할을 하는 마을 민병대, 이 3개 계층의 부대가 수행하기로 되어 있었다. 호찌민과 보응우옌잡은 또한 마오쩌둥의 전술을 차용하여 주민을 동원하기 위해 간부를 보낼 때 "거만하게 행동하지 말라"고 지시했으며, 심지어 추수를 돕기도 했다. 일단 마을 사람들 대다수의 지지를 얻으면 간부들은 '협조자'와 '지주들'을 제거했다. 그 후 그들의 땅은 가장 가난한 농부들에게 분배하고, 이들은 차례로 베트민의 과세와 징병의 대상이 되었다.

◆ ◆ ◆

이러한 전술은 인구의 10%를 차지하는 로마 가톨릭 신자가 거주하는 마을이나 토착 신앙 까오다이Cao Dai, 호아하오Hoa Hao 신자들이 거주하는 지역을 제외하고는 매우 효과적이었다. 타이족과 묘족과 같은 산악지역에 사는 소수 민족들도 베트민 조직에 저항하는 것으로 나타났다. 산악지역에 사는 몬타나르드Montagnard족 중 약 1만 5,000명은 나중에 영향력 있는 반란이론가가 되는 로제 트랑퀴에Roger Trinquier 소령 같은 진취적인 프랑스 정보장교가 조직한 비정규전 부대에 합류하여 베트민에 대항하는 게릴라전을 펼쳤다. 또한 프랑스는 사이공Saigon의 지하세계를 장악한 빈 쑤옌Binh Xuyen 폭력배들과도 협력했다.

그러나 대부분의 베트남인들은 식민주의의 대의명분에 공감하지 못했는데, 이것은 프랑스의 전쟁 수행에 치명적인 약점으로 작용했다. 1949년 프랑스는 베트남, 캄보디아, 라오스를 프랑스 연합French Union의 '연방국'으로 명목상의 독립을 허용했지만, 프랑스 대표들이 계속해서 권력을 쥐고 있었다. 프랑스는 미국의 상당한 원조를 받아들였다. 1954년까지 폭격기, 폭탄, 헬멧, 방탄조끼에 이르는 모든 것을 포함하여, 한 달에 3만 톤 이상의 물자가 도착했다. 그러나 프랑스는 완전 독립을 허용하라는 미국의 조언—이는 비공산주의 베트남인들의 지지를 얻을 수 있는 유일한 길—을 계속 거절했다.

프랑스군의 전술은 전혀 도움이 되지 않았다. 어느 영국 출신 외인부대원은 "무고한 농민과 마을에서 자행되는 강간, 구타, 방화, 고문은 흔한 일이었다"라고 기록했다. 너무 어려서 제2차 세계대전에 참전하지 못했던 그의 동료 외인부대원들—대다수가 독일인—은 종종 "자신들이 저지른 살인이나 강간의 횟수, 고문 수단 또는 그들이 훔친 현금, 보석 또는 재물을 자랑하기 했다." 현지에서 고용한 조력자(보통 깡패나 베트민 탈영병)는 더 나빴다. "그들이 도둑질, 협박, 폭행을 일삼는 바람에 현지 주민들은 그들을 두려워하고 증오했다."

공격에 대한 프랑스군의 반응은 특히 더 잔인했다. 전 프랑스 공수부대원은 1946년 베트남 남부의 주요 쌀 생산지인 메콩강 삼각주에서 부대가 사격을 받았을 때 일어난 일을 보고했다. "우리가 행군을 속행하기 전에 병사들은 마을에 불을 질렀다. 초가지붕에 불을 붙이는 데는 성냥 하나만 있으면 충분했다. 농민들이 버리고 간 물소들은 총으로 쏴 죽였다." 어느 베트남 작가는 농민들에게 "물소를 잃는 것은 곧 생계 수단을 잃는 것이나 마찬가지"라고 지적했다.

존경받는 인도차이나 전문가인 프랑스계 미국인 작가 버나드 B. 폴Bernard B. Fall은 그의 저서 『즐거움이 사라진 거리Street without Joy』에서 1953년에 C-119 대형 수송기에 탑승해 지상 사격을 받던 일을 떠올렸다. 그는 호위 중이던 전투기 2대가 멀리 아래 보이는 마을을 공격하는 동안 다음과 같은 대화를 기내 통신을 통해 들었다.

"젠장, 아무것도 안 보인다. 무엇이 보이는가?"
"아무것도 안 보이지만 놈들에게 그냥 덤으로 한 방 먹여주자."
전투기 2대가 급강하하자 갑자기 뒤에서 큰 검은 연기가 피어올랐다. 그것은 휘발유 등을 섞어 만든 젤리 상태의 네이팜탄으로, 제2차 세계대전 때 개발된 무서운 무기 중 하나였다. 네이팜탄은 접촉하는 모든 물질에 훨씬 더 잘 들러붙어서 기존 인

화물질과는 비교도 되지 않았다.

"어이, 놈들이 지금 도망가는 거 보이나?"

이제 마을은 맹렬하게 불타고 있었다. 전투기 2대가 다시 급강하해서 기총소사를 가했다. 방향을 바꾸자 검은 구름이 우리 전투기의 고도까지 피어올랐다. 라오스 마을 하나를 불태웠지만 그 마을이 친공산주의 마을인지 아닌지조차 알 수 없었다.

정당성이 없는 이 공격을 하기 전에 이 마을이 친공산주의 마을이 아니었다면 공격을 받은 이후에는 친공산주의 마을이 되었을 것이다.

베트콩도 거칠게 나왔다. 그들은 포로로 잡은 프랑스 병사들의 "입에 그들의 고환을 쑤셔넣은 채 대나무 말뚝에 꽂아 죽였다." 그러나 베트콩의 폭력은 대개 적을 대상으로 한 것이었지만, 프랑스군은 분노를 무차별적으로 표출했다. 어느 공산당 전략가는 "프랑스군에게 감사한다. 프랑스군의 언행으로 인해 베트남 국민은 베트민화되었다"라고 썼다.

그 결과, 베트민은 "어떤 사소한 정보라도… 기꺼이 전달하려는 정보원과 그 정보에 따라 행동할 의지를 가진 전투원을 찾는 데 아무런 문제가 없었다." 그러나 중국에서 공산당이 승리할 때까지 그들을 훈련시키고 무장시키는 것은 어려웠다. 1949년 이후 베트민은 마오쩌둥의 가장 유능한 장군을 포함하여 중국 훈련 캠프, 무기 및 고문단을 지원받았다. 이로 인해 베트민의 오합지졸 게릴라 부대는 항공기나 전차는 없었지만 자체 포병을 갖춘 군대로의 전환—마오쩌둥의 군대도 소련의 도움으로 불과 몇 년 전에 이와 같은 전환이 이루어졌다—이 가속화되었다.

◆ ◆ ◆

1950년 가을 보응우옌잡은 이 새로운 부대를 이용해 식민지 4번 도로를 따라 중국 국경 근처에 위태롭게 흩어져 있는 프랑스군 전초기지에 대한 공세를 시작했다. 프랑스군은 카오방Caobang 요새에서 철수하려 했지만 후퇴하려던 부대와 구원군 4,500명 이상의 병력이 모두 전멸했고, 베트민 군 1개 사단을 무장시키기에 충분한 장비를 잃었다.

하노이 북부 지역이 전적으로 자신의 통제 하에 놓이면서 보응우엔잡은 과신했다. 그는 강대국과 초강대국에 결연히 맞선 20세기의 가장 성공적인 반란군 사령관 중 한 명이었지만, 비참한 결과를 가져온 잘못된 판단을 내린 적도 있었다. 그중 가장 유명한 것이 1968년의 구정공세였는데, 구정공세는 군사적으로는 실패했지만 정치적으로는 성공을 거두었다. 1951년 초에 보응우엔잡은 전쟁을 빨리 끝내기 위해 공세를 취하기로 결정했지만, 그러한 성공을 거둘 가망은 없었다. 목표는 북부의 경제 및 인구 중심지인 홍강紅江 삼각주였다.

보응우엔잡을 막는 임무는 한때 모로코에서 리요테Lyautey 휘하에서 복무했으며 미국 언론이 "프랑스의 맥아더"라고 불렀던 고압적이고 까다로운 성격의 신임 프랑스 사령관 장 드 라트르 드 타시니Jean de Lattre de Tassigny 장군에게 맡겨졌다. "우리는 1인치의 땅도 내줄 수 없다"고 선언한 그는 사기가 꺾인 원정군을 규합해 베트민의 공격을 격퇴했다. 평평하고 개방된 삼각주에 갇힌 베트민 공격부대는 화씨 1,800도(섭씨 982도)에서 타는, 미국에서 막 도착한 네이팜에 의해 말 그대로 산 채로 타 죽었다. 미국이 1960년대 베트남에서 널리 사용하게 될 이 끔찍한 화학 무기는 이 전투에서 처음으로 사용되었다. 어느 베트민 장교는 이렇게 회상했다. "달걀 모양의 커다란 용기들이 떨어지면서 지옥이 시작되었다. … 사방으로 빠르게 번지면서 주변에 있는 모든 것을 태워버리는 사나운 불길 속에서는 버틸 방법이 없었다."

1951년 여름 보응우엔잡이 공세를 중단할 때까지 사상자는 2만 명이 넘었다. 베트민은 이제 구정공세 이후 그랬던 것처럼 다시 게릴라 중심의 전략으로 돌아갔다. 프랑스군은 종심이 얇게 전개되어 있었기 때문에 이에 대처할 준비가 되어 있지 않았다.

1953년 원정군은 22만 8,000명의 병사 및 보조병력을 보유하고 있었는데, 그중 프랑스인은 5만 2,000명에 불과했다. 베트남인이 7만 명으로 가장 많았고, 4만 8,000명의 북아프리카인 및 서아프리카인과 1만 9,000명의 외인부대원이 뒤를 이었는데, 이들 중 60%는 독일인이었다. (소문과 달리, 대부분은 나치 출신이 아니었다. 당시 프랑스는 공식적 정책으로 전직 친위대 병사를 배제했다.) 바오다이Bao Dai 황제 치하의 베트남 국군은 16만 명의 병력과 보조병력을 추가로 제공했지만, 대부분은 훈련 수준이 낮았고 프랑스를 위해 싸울 의사가 없었다. 프랑스군과 베트남군은 200만 명의 현지 민병대와 함께 25만 명의 정규군과 현지 부대를 보유한 베트민군보다는 여전히 수적으로 많았지만, 프랑스 병력의 대부분은 기지에 주둔하고 있었다. 약 8만 2,000명의 병력이 홍강 삼각주를 둘러싸고 있는 900개가 넘는 요새로 이루어진 드라트르선De Lattre Line에 배치되었다. 이로 인해 반란군의 요새를 노리거나 베트민군 지휘관이 시골을 장악하는 것을 막을 수 있는 부대는 거의 없었다. 프랑스군의 자체 추정에 의하면, 1953년에 프랑스군은 베트남의 25%만을 통제하고 있었다. 어두워진 후에는 사이공 외곽에서 몇 km를 여행하는 것조차 안전하지 않았다.

보응우옌잡은 "우리 게릴라와 정부가 그들의 주요 거점을 사정거리 안에서 장악하고 있었다"라고 자랑했는데, 이는 과장이 아니었다. 《뉴스위크Newsweek》 특파원은 1953년 초에 홍강 삼각주에서 프랑스군 요새가 거의 매일 밤 공격당했다고 보도했다. 프랑스군은 아침에 지뢰를 탐지하면서 길을 샅샅이 훑었는데, 이 과정에서 사상자의 60%가 발생했다. 기사는 "낮에는 프랑스군이 지배하고 밤에는 공산군이 지배한다"라고 언급하며 "수비병들은 공격자들의 위치를 종잡을 수 없었다. 공격자들은 터널 속으로 숨어 있다가 프랑스군이 철수하면 30분 후에 다시 나타난다"라고 덧붙였다.

게릴라들을 마을에서 쫓아내지 못하는 자신의 무능을 너무 의식한 프랑스군 사령관은 프랑스군이 보유한 강력한 화력으로 적을 이길 수 있는 재래식 전투로 베트민을 유인하려고 했다. 이것은 1953년에 하노이에서 약 300km나 떨어져 있는 오지인 데다가 비행기로만 접근이 가능한 디엔비엔푸Dien Bien Phu에 기지를 건설하는 카스토르 작전Operation Castor을 개시하기로 결정하는 발단이 되었다. 프랑스군 선임 사령관 앙리-외젠 나바르Henri-Eugène Navarre 중장은 친디트가 세운 것과 유사한 이 '항공 지상' 전초기지가 라오스에 침투하는 공산주의자들과 라오스와 베트남의 자금줄이 되는 아편을 수확하는 것을 막는 데 유용할 것으로 기대했다.

나바르의 예상에 따르면, 보응우옌잡이 이 '고슴도치'를 공격한다면 베트민은 계곡 바닥에서 학살을 당할 수밖에 없었다. 나바르가 간과한 것은 베트민이 통과하기 어려운 수백 km의 정글을 통해 야포를 수송할 수 있었기 때문에 실제로 화력 면에서 유리할 수 있다는 것이었다. 그런데 실제로 그런 일이 일어났다.

◆ ◆ ◆

1953년 11월 말 프랑스가 디엔비엔푸를 요새화하고 있다는 정보를 얻자마자 보응우옌잡은 병력을 동원하기 시작했다. 그는 6개 정규 사단 중 4개 사단, 총 5만 명의 전투병력과 5만 명의 지원병력을 디엔비엔푸 인근 경사면에 집결시켰다. 장비와 보급품을 운반하는 것은 수십만 명의 농민을 동원해야 하는 현대 군사 역사상 유례를 찾아보기 힘든 영웅적인 작업이었다. 러시아제 몰로토바Molotova 트럭이 중장비를 운반할 수 있도록 정글에 도로를 건설해야 했다. 그러나 대부분의 보급품은 보응우옌잡이 말한 "끝없이 연결된 인간 사슬", "손수레" 또는 어깨에 짊어진 대나무 멍에에 실려 운반되었다.

야포는 분해해서 디엔비엔푸 주변의 산 위로 몇 날 밤에 걸쳐 운반한 뒤 조심스럽게 위장한 포상에 배치했다. 어느 베트민 병사는 이렇게 회상했다. "비탈길을 오르기 위해 수백 명의 병사들이 야포 앞에 엎드려 긴 밧줄을 잡아당기면서 조금씩 끌어당겼다. … 횃불을 들고 밤새도록 애써서 야포를 500m, 1,000m 끌어올렸다." 야포가 협곡으로 미끄러져 떨어질 위험에 처하자, 어느 병사가 바퀴 아래로 자신의 몸을 던졌다. 그러한 영웅적인 노력을 통해 베트민은 105mm 곡사포와 37mm 대공포를 포함하여 206문의 야포와 박격포로 디엔비엔푸를 포위했다.

프랑스군 역시 베트민이 포위하는 동안 부지런히 준비했다. 그들은 곧 직면하게 될 위협의 규모에 대해 거의 알지 못했지만, 항상 납작한 빨간 케피kepi[360]를 쓰고 손에는 승마채찍을 들고 다녔던 크리스티앙 드 카스트리Christian de Castries 대령(곧 준장으로 진급)의 지휘 아래 요새를 강화하기 위해 필사적으로 노력했다. 기병이자 높이뛰기 세계 챔피언[361]인 그는 "승마를 위한 말, 죽여야 할 적, 침대에 누워 있는 여자" 외에는 필요한 것이 없다고 말한 적이 있었는데, 자신의 현재 정부情婦와 과거 정부들의 이름을 따서 디엔비엔푸 주변의 낮은 언덕에 위치한 지형지물에 이름을 붙였다고 한다. 아마도 알파벳순으로 여성의 이름을 사용했을 가능성이 크다.

활주로와 사령부 벙커 주변에는 도미니크Dominique, 일레인Eliane, 위게트Huguette, 클로딩Claudine이 밀집해 있었고, 저 멀리 북쪽에는 베아트리스Beatrice, 안-마리Anne-Marie, 가브리엘Gabrielle이 있었다. 각 '방어거점center of resistance' 전방에는 소규모 전초기지들(일레인 1, 2, 3, 4)이 설치되어 있었고, 그 주변은 교차된 사계射界, 철조망, 지뢰지대로 방호되어 있다. 남쪽으로 5km 이상 떨어진 곳에 이사벨이 보호하는 활주로가 있었는데 다른 지역과 너무 멀어 방어에 많은 병력을 투입할 수 없었다. 프랑스군은 강제노동에 동원된 재소자들의 도움을 받아 참호를 파고 벙커를 건설하기 위해 최선을 다했지만 가용한 공병이나 자재가 부족하여 모든 참호가 거센 포격을 견딜 수는 없었다.

프랑스군의 주요 화력은 105mm 포 24문과 155mm 곡사포 4문으로

---

360 케피: 프랑스군이 쓰는 납작한 원형 전투모

361 크리스티앙 드 카스트리는 1933년에 높이뛰기 2m 83cm를 성공해 세계신기록을 기록했다.

구성되었으며, 155mm 곡사포는 43kg의 포탄을 16km 이상 투발할 수 있었다. 베트민은 155mm 곡사포에 필적할 만한 것이 없었지만 총 야포 문수는 프랑스군보다 2 혹은 3 대 1의 비율로 많았다.

수비 병력은 총 1만 813명이었는데, 포위 공격이 시작되고 많은 지원 병력이 낙하산으로 투입된 후 1만 5,090명으로 증가했다. 전투에서 프랑스군은 와인과 치즈를 포함해 하루에 180톤의 보급품을 소비했다. 프랑스군은 심지어 베트남 및 아프리카 매춘부들이 있는 "아주 중요한 시설"인 2개의 야전매춘소까지 공수했다. 이와는 대조적으로 보응우옌잡은 북쪽으로 20km 떨어진 전방지휘소에서 풀을 매트 삼아 잠을 자고 쌀과 고기 또는 생선 몇 덩어리로 식사를 해결하면서 스파르타 전사처럼 금욕적인 생활을 했다.

프랑스군 장교들 사이에서 유일하게 체력단련 애호가인 브루노 비제아만 보응우옌잡처럼 금욕적인 생활을 했다. 그의 취사장을 방문한 방문객들은 대부분의 프랑스군 식당에서 흔히 볼 수 있었던 다량의 와인과 브랜디를 곁들인 코스 요리가 아니라 "얇은 햄 한 조각과 작은 삶은 감자 한 개"를 차에 곁들여 먹어야 했다.

◆ ◆ ◆

프랑스군이 디엔비엔푸에 처음 도착한 이후로 간헐적으로 전투가 계속되었다. 위험을 무릅쓰고 방어선 밖으로 나간 부대는 큰 피해를 입었다. 간헐적인 포격으로 방어선 안에 있는 병력에서도 사상자가 발생했다. 예비 전투에서 수비대의 10%인 1,000명이 사망하거나 부상을 입었다. 포위 공격은 1954년 3월 13일 오후에 본격적으로 시작되었다. 외인부대 부사관의 회상에 따르면, "가을 저녁의 우박처럼 포탄이 쉴 새 없이 쏟아져 내렸다. 벙커와 참호가 차례로 무너져 병사들과 무기가 매몰되었다."

특히 437명의 외인부대가 주둔한 베아트리스 주변에서 전투가 치열했다. 대대장은 1940년부터 인도차이나에서 복무한 외인부대의 전설 쥘 고셰Jules Gaucher 중령이었다. 오후 7시 30분경 포탄이 그의 지휘소를 관통하는 바람에 그는 팔다리가 날아가고 가슴이 찢어져 이내 전사했다. 같은 운명이 그의 많은 장교들에게도 닥쳤다. 베트민군은 은밀하게 구축된 '접근'참호를 통해 파도처럼 공격해왔고, 지휘관을 잃은 진지 방어는 부사관과 위관장교의 손에 맡겨졌다. 베트민군 선봉대는 파괴통Bangalore torpedo[362]으로 철조망과 지뢰밭에 돌파구를 뚫었다. 그런 다음 나머지 베트민군 부대가 수비군의 화력에도 아랑곳하지 않고 미친 듯이 돌격했다. 어느 베트민군 분대장은 벙커의 구멍 앞에 몸을 던져 일시적으로 기관총을 막아 동지들이 전진할 수 있게 해 전설이 되었다. 외인부대원들은 용감하게 싸웠지만, 자정이 지나자 중대장이 무전기를 통해 다음과 같이 말했다. "모두 끝났다. 베트민 놈들이 여기까지 들이닥쳤다. 진내 사격[363]을 요청한다. 이상."

며칠 만에 베트민군은 야포 사격으로 노출된 활주로를 폐쇄시켰다. 그때부터 증원군과 보급품은 낙하산으로만 투하되었으며, 이것조차도 점점 위험해졌다. 48대의 비행기가 격추되었기 때문이다. 안전한 활주로가 없다는 것은 부상자를 대피시킬 수 없다는 것을 의미했다. 신체가 훼손된 사람들이 구호소에 넘쳐났고 열기, 악취, 흙, 비, 진흙, 심지어 구더기로 인해 부상자들의 고통은 가중되었다. 어느 군의관은 "그들의 느리고 가는 신음소리가 한없이 슬픈 노래처럼 들렸다"고 묘사했다. 밖에는 절단된 사지들—"오그라든 다리, 팔, 손, 기괴한 발들이 마녀의 가마솥 안에 있는 것처럼 마구 뒤섞여" 쌓여 있었다.

많은 베트남, 태국 및 아프리카 출신 병사들이 탈영하여 남응움 강둑을 따라 도망쳤다. 그러나 정예부대, 공수부대와 외인부대의 사기는 여전히

---

362 파괴통: 소규모 철조망 및 지뢰지대를 신속히 돌파하기 위해 사용하는 폭약.

363 진내 사격: 적이 아군 진지로 진입할 때, 아군이 진지 내에서 실시하는 방어 사격.

높았다. 포위 공격이 시작된 후 두 번째로 디엔비엔푸에 도착한 비제아와 그의 대대는 4월 10일 일레인 1을 탈환하기 위해 특별히 영웅적인 노력을 기울였다. 인대가 늘어나서 다리를 절룩거렸던 비제아는 무전기 8대를 장비하고 일레인 4에 있는 참호에서 오케스트라 지휘자처럼 작전을 지휘했다.

공격은 오전 6시에 적의 진지에 1,800개의 포탄을 투하하는 10분간의 포격으로 시작되었다. 포격이 끝나자마자 공수부대는 다음 제파 공격으로 소탕될 저항거점을 우회하여 소규모 팀으로 가능한 한 빠르게 언덕을 올라갔다. 화염방사기가 마지막 요새를 거센 화염으로 휩쓸어버리자 "불에 탄 인간의 살 냄새"가 진동했다. 오후 2시경 공격 부대원들은 160명 중 77명이 전사하거나 부상을 당해 대원의 거의 절반을 잃은 채 정상에 도착했다. 비제아는 "베트민군을 최후의 한 명까지 전멸시켜야 했다. 아무도 뒤로 물러나지 않았다. 보응우옌잡에게 훈련받은 이들은 대단한 병사들임에 틀림없었다"라고 회상했다.

"대단한 병사" 2,000명이 추가로 몇 시간 후 반격해왔다. 비제아는 자신의 유일한 예비대인 수백 명의 외인부대원과 베트남 공수부대를 투입했다. 외인부대는 독일 군가를, 공수병은 〈라 마르세예즈La Marseillaise〉(프랑스 국가)를 불렀다. 오전 2시경 베트민군은 "시체가 썩어 악취가 진동하는" 참호에서 "먼지 때문에 앞이 보이지 않고 포탄 소리에 귀가 먹먹한 상태로" 몇 시간 동안 백병전을 벌이고 난 후, 전사자 400명을 남기고 퇴각해야 했다. 일레인 1은 잔인한 제1차 세계대전 방식의 무자비한 공격에 맞서 20일 동안이나 더 버텼다.

비제아가 힘들게 얻은 승리는 방어군의 몰살을 잠시 지연시켰을 뿐이었다. 여성의 이름을 가진 요새는 마치 야만적인 애인에게 굴복하는 처녀처럼 하나씩 무너졌다. 베트민군은 조금씩 진출해서 야포를 주방어선에 더 가까이 접근시켰다. 역사가 마틴 윈드로Martin Windrow의 말에 따르면, 5월 초에는 "다리를 잃은 프랑스군 병사들이 요새에 기관총을 배치하

프랑스군의 요새 디엔비엔푸를 점령한 베트민군이 깃발을 흔들고 있다. 현대 서구 제국이 겪은 최악의 패배 중 하나인 디엔비엔푸 전투 패배로 인도차이나 식민지 시대가 끝이 났다. 〈출처: WIKIMEDIA COMMONS | Public Domain〉

고 눈을 잃은 전우들이 탄약을 보급했다." 전투가 끝나가고 있었다. 프랑스군의 마지막 희망은 미 공군이 구원하러 오는 것이었지만(원자폭탄 사용에 대한 이야기도 있었다) 아이젠하워 대통령은 이를 거부했다. 1954년 5월 7일 보응우옌잡의 부대가 지휘소에 접근하자 카스트리는 전투 중단 승인을 받았다. 오후 5시 50분에 본부의 마지막 메시지가 송출되었다. "우리는 모든 것을 폭파하고 있다. 교신 끝."

◆ ◆ ◆

55일간의 포위 공격 이후 1만 5,090명의 수비대원 중 총 1만 261명이 살아남아 항복했다. 그들 중 상당수는 몇 주간의 배급량 감소와 끊임없는 전투로 건강상태가 악화되었다. 절반 이상이 지옥 같은 포로 생활을 하는 동안 800km 행군과 정치적 세뇌에 시달리고 서구 표준에 따른 적절한 식량과 의료 서비스를 제공받지 못해 살아남지 못했다. 베트민군 병사들도 이들과 별반 다르지 않았다. 8년에 걸친 전쟁에서 프랑스군은 9만

2,000명이 전사했고 서아프리카 등 식민지 출신 부대원 2만 7,000명이 전사했다. 베트민군은 훨씬 더 심각한 피해를 입었고, 디엔비엔푸에서 약 2만 5,000명의 정규군이 전사하거나 부상을 입었으며, 전쟁 기간 중 총 25만 명의 병력이 전사한 것으로 추정된다.

이론적으로 프랑스군은 디엔비엔푸 전투 패배로 인도차이나에 있는 프랑스 연합군 총병력의 3%만을 잃었기 때문에 전투를 계속할 수는 있었지만 그렇게 하지 않았다. 이와 마찬가지로 영국 역시 1781년 요크타운 전투 이후 북미에서나 1921년에 마이클 콜린스가 영국의 정보기관을 눈멀게 하는 데 성공했음에도 불구하고 북아일랜드에서 계속 싸우지 않았다. 하지만 유권자의 표심에 의존하는 의회 정부 하에서 국민의 지지 없는 전쟁을 지속하는 것은 정치적으로 불가능했다. 심지어 디엔비엔푸 전투 참패 이전인 1953년 5월 프랑스에서 실시된 여론조사에 따르면, 여론조사 참여자 중 15%만이 인도차이나 주둔에 찬성했다. 전쟁이 인기를 얻지 못한 이유 중 하나는 재정적 비용 때문이었다. 프랑스의 전체 국방 예산 3분의 1이 소모되었다. 전쟁으로 지친 가난한 프랑스인들에게 디엔비엔푸 전투의 손실은 한계 상황을 의미했다. 그것은 동남아시아를 넘어 프랑스인들에게 심각한 심리적 타격을 안겨주었다. 디엔비엔푸 전투 참패는 식민지 전쟁에서 현대 서구 제국이 겪은 최악의 패배(커스터 최후의 항전 당시 피해의 57배에 해당)로, "자신들이 우월한 인종"이라는 가정 하에 식민지인들을 지배했던 백인들에 대해 '유색인종' 전투원이 열등하지 않음을 보여줌으로써 싱가포르 함락의 교훈을 재확인시켜주었다. 허세와 엄포 전략으로 값싸게(국내 여론이 용인하는 유일한 방법) 제국을 유지할 수 있었던 유럽의 민낯이 단번에 드러났다. 프랑스령 인도차이나를 시작으로 식민 지배는 더 이상 지속될 수 없었다. 15세기에 시작된 서구 제국의 시대가 거의 끝나가고 있었다.

1946년 프랑스 외교관에게 호찌민이 "프랑스가 내 부하를 10명 죽이는 동안 우리는 당신의 부하 1명만을 죽일 수 있을 테지만 결국 지치는 것은 프랑스다"라고 예언한 것이 이제 현실이 되었다. 1781년 요크타운 전투 이후 휘그당이 의회를 장악한 것처럼 새로운 프랑스 총리 피에르 멘데스-프랑스Pierre Mendès-France가 1954년 6월에 취임하여 굴욕의 국가를 새로운 평화의 시대로 이끌겠다고 약속했다. 다음 달 체결된 제네바 협정에 의거해 베트남은 잠정적으로 북위 17도선을 따라 분할되어 북쪽은 베트민이 통치하고, 남쪽은 응오딘지엠Ngo Dinh Diem이 이끄는 새로운 비공산주의 정부가 통치하게 되었다.

프랑스군이 베트민보다 훨씬 더 많은 자원을 가지고 있었음에도 불구하고 패배했다는 것은 놀랄 만한 일이 아니다. 10년 후 베트남과 싸운 미국과 마찬가지로 프랑스의 전쟁 노선은 베트민을 함정에 빠뜨리지 못하고 사람들이 등을 돌리게 만드는 재래식 대규모 화력 집중 전략만을 채택함으로써 민간인 중심 대반란전 교리로 알려지게 된 모든 수칙을 위반했다. 게다가 프랑스군은 반란 성패에 대한 가장 신뢰할 수 있는 지표인 반란을 지원하는 외부 지원을 차단하지 못했다. 외부 지원의 중요성은 1948년 스탈린과의 결별 이후 티토가 유고슬라비아 영토를 그리스 공산주의자들에게 폐쇄하자마자 그리스 공산당이 패배한 것을 보면 잘 알 수 있다.[364] 반대로 마오쩌둥은 이듬해 베트민에 대한 지지를 강화했고, 베트민은 승리했다.

제네바 협정의 일환으로 베트민은 디엔비엔푸에서 포로가 된 3,900명의 포로를 송환했다. 포로 생활 4개월 만에 그들은 이미 강제수용소 생존자들과 닮아 있었다. 그러나 대부분은 비제아가 말했듯이 "투쟁을 계속하고" 다음 기회에는 "더 잘하자"고 다짐하며 여전히 결연한 의지를 보였다. 그 기회는 1830년부터 프랑스령으로 편입된 알제리에서 생각했던 것보다 빨리 다가왔다.

---

364 1940년부터 벌어진 그리스 정부군과 공산당의 내전에서 티토가 그리스 공산당에 대한 지원을 중단하고 미국이 개입하면서 1949년 그리스 공산당이 패배했다.

46

설득이냐, 강요냐

◆

**1954∼1962년,
알제리 독립전쟁**

고문의 사용은 문명보다 오래되었지만 그 형태는 수세기에 걸쳐 바뀌었다. 중세는 팔다리를 뽑아내는 데 사용되는 롤러와 톱니바퀴가 달린 나무로 만든 고문대, 고문자가 고문 대상자를 못이나 칼이 박힌 여성 형태의 철제 관 안에 세워두고 자백하지 않으면 관 뚜껑을 닫아 고문하는 아이언 메이든iron maiden, 두개골을 부수는 데 사용된 철제 바이스vise인 헤드 크러셔head crusher 같은 고통을 주는 정교한 고문 기계들이 발명된 전성기였다. 19세기 후반에는 전기가 이용되었고, 특히 마그네토magneto라는 장비의 개발은 무자비한 보안군에게 새로운 고문 기술을 제공해주었다.

마그네토는 고전압 스파크를 생성할 수 있는 소형 발전기였다. 20세기 초에는 자동차, 영사기, 비행기 프로펠러 및 기타 장치의 시동을 걸기 위해 수동 발전기가 사용되었다. 마그네토는 또한 전 세계 군대에서 널리 쓰이게 된 야전 전화에 전원을 공급하는 데도 유용했다. 1930년대 프랑스 경시청Sûreté, 일본 비밀경찰 헌병대Kempeitai는 인도차이나와 한국에서 용의자를 심문하기 위해 야전전화에 부착된 악어 클립^{alligator clip365}을 사용했다. 크랭크를 돌릴 때마다 전기 충격이 발생되고, 빨리 돌릴수록 더 높은 전압이 나왔다. 1950년대 중반에 '제젠^{gégène}'이라는 별명이 붙은 이 전기고문기가 알제리에 전파되자, 프랑스군은 14세기부터 사용된 '튀요^{tuyau}'(급수관)라고 불린 전통적인 물고문보다 전기고문을 더 선호하게 되었다. 물론 구타, 음식물을 주지 않거나 더위와 추위에 그대로 노출시키는 것 같은 덜 정교한 강압적인 심문 방법도 널리 사용되었다. 전기고문의 장점은 신속하고 흔적이 남지 않았으며 우연히 심장질환이 발생하지 않는 한 고문 대상이 빨리 죽을 가능성이 없다는 것이다.

앙리 알레그^{Henri Alleg}는 1957년 6월 12일 체포된 후 전기고문을 포함한 악명 높은 고문 기구를 몸소 체험했다. 알제리 민족해방전선^{FLN, Front de Libération Nationale366}의 테러가 시작된 후 수도 알제^{Algiers}의 치안은 제10공수사단이 담당했다. 제10공수사단 병력이 알레그를 인수하러 올 때까지 매우 신경질적인 형사가 총을 겨누며 알레그를 감시했다. 스텐^{Sten} 기관단총이 그의 갈비뼈를 겨눈 상태로 알레그는 지역 '갱생소'로 이동했고, 그곳에서 '월척'으로 환호를 받았다. 프랑스계 유대인이자 공산당원인 알레그는 프랑스 통치에 반대하는 투쟁을 지지하다가 폐간된《알제리 공화국^{Alger Républicain}》신문의 편집장이었다.

"야! 네놈이 그 손님이냐? 따라와!"

알레그는 공수부대 중위를 따라 작은 방으로 들어갔다. 그는 옷을 벗으라는 지시를 받았고 가죽끈으로 나무판자에 묶였다. 또 다른 공수부대원이 물었다. "두려운가? 자백하고 싶나?" 그들은 알레그가 도피하는 동안 누가 그를 숨겨주었는지 알고자 했다. 그는 진술을 거부했다. "아직도 영웅놀이를 하고 있는 건가?" 공수부대원이 말했다. "얼마 못 갈 거다. 15분

---

365 악어 클립: 배터리 또는 기타 구성 요소에 임시로 연결하기 위해 전기 케이블에 부착하는 데 사용하는 긴 톱니 모양의 턱이 있는 스프링형 금속 클립.

366 알제리 민족해방전선: 프랑스로부터 독립하기 위해 1954년 출범한 알제리의 통일전선조직.

후에는 다 얘기하게 될 거다."

그러자 전기고문기에 연결된 전선을 든 부사관이 나타났다. "반짝이는 강철 클립"이 알레그의 한쪽 귀와 손가락에 부착되었다. 알레그는 이렇게 회상했다. "전원을 켜자마자 내 귀 옆에서 전기 불꽃이 번쩍이자 심장이 마구 뛰는 것을 느꼈다. 나는 가죽끈이 살을 파고들 때까지 몸부림 쳤고 비명을 지르며 저항했다." 그러나 그는 여전히 진술을 거부했다. 그러자 이번에는 그의 성기에 전기 클립을 부착했다. "신경 쇼크로 몸 전체가 흔들렸고, 그 강도는 점점 더 세졌다."

그 다음에 가죽끈을 풀어서 개의 목줄처럼 그의 목에 매고는 그를 질질 끌며 또 다른 방으로 데려갔다. 거기서 공수부대원은 처음에는 주먹으로, 다음에는 각목으로 그를 무자비하게 때리며 조롱했다. "잘 들어, 이 쓰레기야! 넌 죽었어! 너는 말하게 되어 있어! … 여기 들어오면 누구나 자백하게 되어 있어!"

그래도 알레그가 여전히 진술을 거부하자, 이번에는 더 큰 마그네토를 사용한 전기고문이 시작되었다. 그는 "이전의 고문과는 질적인 면에서 차이가 많이 날 정도로 엄청난 고통을 느꼈다"라고 썼다. "내 몸을 둘로 찢는 것 같은 날카로운 짧은 경련이 아니라 더 긴 경련이 일면서 모든 근육을 조이는 훨씬 더 큰 고통이 이어졌다."

다음은 물고문 차례였다. 그는 머리에 헝겊을 두르고, 입은 나뭇조각으로 벌려진 채 널빤지에 실려 부엌으로 옮겨졌다. 그의 머리는 수도꼭지에 부착된 고무관의 물에 젖어 있는 상태였다. "물이 내 입, 코, 얼굴 전체로 흘렀다. … 나는 익사할 것 같은 느낌을 받았고, 죽음 그 자체와도 같은 끔찍한 고통이 나를 엄습해왔다."

그러나 물고문도 알레그를 무너뜨리지는 못했다. 분노한 공수부대원들은 그가 의식을 잃을 때까지 다시 때렸다. 그들은 의식을 잃은 그를 "주먹질과 발길질"로 깨운 후 불고문을 하기로 결정하고 종이횃불에 불을 붙였다. 알레그는 "내 성기와 다리에 불이 닿는 것을 느꼈고, 머리카락에 불이 붙자 타닥거리는 소리가 났다"라고 회상했다.

마침내 감방에 던져진 그는 "추위와 극도의 신경쇠약으로 몸을 떨었다." 그는 누우려고 했지만 매트리스가 가시철사로 채워져 있어 눕지 못했다. 그는 화장실에 가고 싶었지만 "거기에서 그냥 해결해"라는 대답을 들었다. 음식이나 물은 제공되지 않았다.

고문이 해질 무렵부터 시작되어 때로는 새벽까지 계속되는 나날이 지속되었다. 알레그는 그 건물의 다른 곳으로부터 "고함과 울부짖음, 재갈에 물려 우물거리는 알아듣기 어려운 소리, 욕설과 구타 소리를 들을 수 있었다." 그는 "곧 그것이 그 밤에만 일어난 예외적인 일이 아니라 이 건물 내에서 일상적으로 자행되는 일임을 알게 되었다."

알레그는 대부분의 다른 "손님들"보다 더 운이 좋았다. 고문이 끝났을 때 그는 수천 명의 다른 "손님들"처럼 "사라지거나 탈출하려다가 붙잡혀 죽임을 당하지는 않았다." 한 달 후 알레그는 감옥으로 옮겨져 그곳에서 자신이 겪은 시련을 기록할 수 있었다. 그 기록을 바탕으로 집필한 그의 회고록 『문제La Question』는 금서로 지정되기 전까지 프랑스에서 6만 부가 단기간에 판매되었다.

얼마 전 독일 게슈타포Gestapo에게 비슷한 일을 당한 프랑스 국민들은 알레그의 설명과 광범위하게 자행되는 고문에 불복한 일부 병사들의 진술을 접하고는 울분을 토하며 항의했다. '문명화된' 군인들이 어떻게 그러한 야만적인 관행에 너무 쉽게 의존할 수 있는가? 인도차이나 전쟁과 마찬가지로 알제리 전쟁은 시작부터 양측 모두 야만적인 양상을 띠었다.

반란은 1954년 11월 1일 만성절萬聖節[367]에 시작되었고, 전국적으로 70건

---

[367] 만성절: 기독교에서 모든 성인을 기리는 날.

에 달하는 산발적 공격이 있었다. 반군은 무기가 거의 없었으며 전술도
아마추어적이었다. 반군은 한 광산에서 680kg의 다이너마이트를 탈취
하려 했으나, 무슬림 경비원 한 명에게 쫓겨났다. 이러한 초기 노력이 너
무나 비효율적이어서 알제리 민족해방전선ᶠᴸᴺ은 프랑스 보안군에 대한
게릴라식 공격에서 프랑스 주민과 무슬림 '협력자'에 대한 테러 공격으로
전환하기로 결정했다.

알제리는 850만 명의 무슬림 사이에 거의 100만 명의 피에 누아르ᵖⁱᵉᵈˢ
ⁿᵒⁱʳ[368](프랑스어로 '검은 발'이라는 뜻)가 살고 있었다는 점에서 인도차이나
와는 달랐다. 1957년에 동료 반군의 손에 죽지 않았다면 알제리의 마오
쩌둥 또는 호찌민이 될 가능성이 있었던 알제리 민족해방전선 지도자 중
최고 지식인 아반 람단ᴬᵇᵃⁿᵉ ᴿᵃᵐᵈᵃⁿᵉ은 피에 누아르와 온건한 무슬림이 알
제리인들의 삶을 견딜 수 없게 만든다고 생각했다. 그는 냉담한 무슬림이
알제리 민족해방전선을 지지할 수 있도록 보안군의 보복을 이용하려고
했다. 다음은 아반 람단이 한 섬뜩한 말들이다. "세상에 알리기 위해 신문
헤드라인에 피가 필요하다." "재킷을 입은 시체 하나는 항상 제복을 입은
시체 20구 이상의 가치가 있다."

거의 같은 시기에 케냐에서 마우 마우ᴹᵃᵘ ᴹᵃᵘ 반란군은 훨씬 적은 수의
유럽 정착민을 표적으로 삼아 총 2만 9,000명 중에서 겨우 32명만을 죽
였다. 그러나 이 적은 수의 사망자조차도 영국인의 강경대응을 불러일으
켰다. 실제로 역사가 데이비드 앤더슨ᴰᵃᵛⁱᵈ ᴬⁿᵈᵉʳˢᵒⁿ이 주장하듯이, 케냐와
알제리뿐만 아니라 앙골라, 모잠비크, 짐바브웨, 남아프리카 등 아프리
카의 모든 유럽 정착민 식민지는 탈식민지 시대에 잔인한 폭력을 경험했
다. 1950년대에 식민지가 아니었던 남아프리카 공화국 다음으로 아프리
카 대륙에서 백인 인구가 가장 많았던 알제리는 폭력의 규모가 특히 더
컸다.

---

368 피에 누아르: 프랑스 식민지였던 알제리로 이주하여 살던 프랑스인과 그 2세들을 일컫는 말.

1955년 8월 20일 알제리의 필립빌Philippeville 항구 주변에 살고 있던 유럽인들을 대상으로 광적인 공격이 자행되었다. 130명의 유럽인이 2,000명의 무슬림 속에서 살고 있던 인근 광산 마을에서 알제리 민족해방전선 펠라가fellagha(산적)는 시에스타siesta에 집집마다 돌아다니며 집에 있던 모든 사람들을 학살했다. 얼마 지나지 않아 도착한 프랑스 공수부대원들은 공포의 현장을 목격했다.

폴 오사레스Paul Aussaresses 소령은 "목이 베여 죽거나 압사당한 아이들의 훼손된 시신과 배가 갈려 내장이 밖으로 나오거나 목이 잘린 여성들의 시신을 본 순간, 무슬림에 대한 일말의 동정심조차 완전히 사라져버린 것 같았다. 가장 믿기 힘든 것은 이 사람들이 그때까지 평화롭게 함께 살았던 알제리 무슬림 이웃들에게 학살당했다는 것이다"라고 기록했다.

군대는 거리에서 민간인과 섞여 있는 반란군을 발견하고 "그들 전체에 대해 무차별 발포했다." "기관단총 사수는 2시간 동안 사격을 멈추지 않았다." 어느 공수부대원은 이렇게 회상했다. "내 P.M.(기관단총)의 총열이 너무 뜨거워서 만질 수가 없었다." 결국 포로를 잡으라는 명령이 내려졌다. 수백 명의 아랍인들이 체포되었다. 다음 날 아침 그들은 "연대의 자동소총과 기관총"에 학살당했다. 프랑스인은 사망한 무슬림을 1,273명으로 집계했다. 어느 공수부대원은 "너무 많아서 불도저로 매장해야 했다"고 말했다. "나는 완전히 무관심했다. 우리는 그들을 죽이는 것이 임무였고 임무는 완수되었다. 그게 전부였다"라고 오사레스 소령은 기록했다.

이렇게 하여 테러와 그에 대한 보복의 패턴이 굳어지게 되었다. 알제리 민족해방전선과 프랑스 중 누가 더 비난받았는지 묻는 것은 적절하지 않다. 양측 모두 '악순환'을 반복하고 있었다.

물론 프랑스는 리요테의 정신에 따라 현지 주민들의 지지를 얻기 위해 몇 가지 지원 프로그램을 시도하기도 했다. 여기에는 무슬림에게 더 많은 투표권을 부여하고 학교와 사회 서비스에 더 많은 비용을 지출하는 것이 포함되었다. 몇십 년 전 모로코에 설치되었던 현지인 지원부Service des Affaires

Indigènes를 계승한 특별행정부Section Administrative Spécialisée 팀은 무슬림의 삶을 개선하기 위해 시골 전역에 퍼져 있었지만 너무 적고 너무 늦었다. 프랑스 지도자들, 심지어 내무부 장관 프랑수아 미테랑François Mitterrand 같은 사회주의자들조차도 알제리인들이 진정으로 원했던 독립을 거부했다. 그들의 관점에서 알제리는 부르고뉴Bourgogne나 프로방스Provence 같은 프랑스의 일부였다. 이런 시각은 강력한 피에 누아르의 로비로 더욱 강화되었는데, 당시 피에 누아르는 무슬림이 정권을 장악할 경우 유권자가 "여행가방과 관" 중에서 암울한 선택을 해야 하는 상황에 직면하게 될 것을 우려하여 로비를 통해 분열된 프랑스 의회에 막강한 영향력을 행사했다.

과거 식민지 분쟁에서 가족이 전장으로부터 멀리 떨어져 있는 군인들로 구성된 서방 군대는 대개 지역 정착민들에 비해 절제력이 있었다. 예를 들어, 미 정규군은 1864년에 샌드크리크 학살Sand Creek Massacre[369]을 자행한 콜로라도 자원병 같은 지역 민병대와 달리 북미 원주민에 대한 무력 사용에 신중한 입장을 취했다. 하지만 최근 인도차이나에서 겪은 패배에 대한 복수를 위해 무슨 짓이든 할 마음을 먹은 프랑스군이 주둔하고 있던 알제리에서는 그렇지 않았다. 노병들은 심지어 새로운 적을 "베트남 놈들"이라고 불렀다. 기독교도이고 보수적인 장교단은 아무 증거도 없이 알제리 민족해방전선이 베트민과 똑같이 자신들의 모든 도를 넘는 행위를 타도라는 이름으로 정당화하는 전 세계 공산주의자들의 음모의 일부라고 확신했다. 실제로 프랑스 혁명전쟁 이론가들이 인도차이나에서 도출한 주요 교훈은, 널리 인용되고 있는 1961년작 『현대전Modern Warfare』에서 저자인 로제 트랑퀴에Roger Trinquier 대령이 밝혔듯이 "현대 전쟁은 대중의 무조건적인 지지를 필요로 한다. 대중의 지지는 어떤 대가를 지불하더라도 반드시 유지되어야 한다."

---

369 샌드크리크 학살: 1864년 11월 29일 미국 남북전쟁 때 북군이 콜로라도주의 샌드크리크에 있는 인디언 촌락을 공격한 사건.

실패로 끝나기는 했지만 대중의 구호 외치기, 〈베트남으로^{á la Viet}〉와 같은 노래 부르기로 지지를 얻어 프랑스에 우호적인 사상을 주입하자는 시도가 있었지만, 이런 연극 같은 행위는 알제리에서 복무한 저명한 반란전 이론가 다비드 골라^{David Galula}의 말에 따르면 프랑스 병사들로부터는 비웃음을 사고 회의론을 불러일으켰으며, 무슬림 주민들로부터는 "완전히 무시당했다." 대부분의 프랑스 장교들은 단순히 알제리 민족해방전선을 공포에 떨게 함으로써 대중을 더 효과적으로 지배하기로 했다. 그들의 슬로건은 "설득이냐 강요냐^{Convince or Coerce}"가 되었다.

◆ ◆ ◆

프랑스가 취한 이런 태도는 프랑스 스타일의 웅장한 대로^{大路}, 세련된 상점, 인기 있는 해변이 있는 햇볕이 내리쬐는 백색의 도시 알제에서 전투가 벌어졌을 때 운명적인 결과를 가져왔다. 알제 인구 90만 명 중 3분의 2가 유럽인이었다. 1956년 9월 30일, 피에 누아르가 자주 찾는 두 곳의 명소인 밀크 바^{Milk Bar}와 카페에서 폭탄이 터졌다. 에어프랑스^{Air France}사 터미널에 세 번째 폭탄이 설치되었지만 폭발하지는 않았다. 이 테러로 여성과 어린이를 포함하여 3명이 사망하고 50명이 부상당했다.

폭탄은 유럽인처럼 보이는 매력적인 젊은 무슬림 여성 3명이 설치했다. 그들은 1,200명의 전투원과 4,500명의 보조조직원으로 구성된 네트워크를 책임지고 있는 알제에 있는 민족해방전선 작전 책임자 야세프 사디^{Yacef Saadi}가 모집한 사람이었다. 그는 전직 포주였다가 교도소에서 급진적으로 변한 알리 라 포앙^{Ali la Pointe}으로 더 잘 알려진 알리 아마라^{Ali Amara}의 도움을 받았다. 그는 알제리 시장 연맹^{Algerian Federation of Mayors} 회장을 암살함으로써 혼란을 더 부추겼다. 1956년 말 알제에 거주하는 어느 주민은 크리스마스 주간에만 30건에 달하는 테러가 발생해 "도시 테러가 전례 없는 수준에 이르렀다"고 썼다.

알제리 민족해방전선의 공격을 막을 수 없었던 시 당국은 얼굴이 "낡은 도마"를 닮은 "늠름하고 활기가 넘치는" 군인 자크 마수^{Jacques Massu} 준장 휘하의 제10공수사단을 불러들였다. 알제에 거주하는 미국 외교관의 말에 따르면 그는 "힘든 일에 적격인 거친 사람"이었다. 그는 군사적으로는 성공했지만 정치적으로는 실망스러운 수에즈 운하 공격을 지휘한 적이 있었다. 이 작전은 미국의 압력에 의해 목표를 달성하지 못하고 중단되었다. 당시 그는 독특한 '표범' 위장 무늬 전투복과 방탄모 대신 밝은 빨강이나 녹색 베레모를 착용하는 4개 공수연대 총 4,600명의 병력을 지휘했다. 제3식민지낙하산연대는 유일하게 예외적으로 "홍보를 좋아하는" 마르셀 비제아 중령이 디자인한 높은 "도마뱀" 포리지 캡^{forage cap}[370]을 착용했다.

1년 전인 1956년 6월 16일, 내륙에서 작전 중이던 비제아는 심장 바로 윗부분에 총을 맞았다. 그는 헬리콥터와 비행기로 긴급 후송되어 목숨을 건질 수 있었다. 몇 달 후인 1956년 9월 5일, 해변 마을에서 비무장 상태로 혼자 조깅하던 비제아는 젊은 아랍인 3명이 근거리에서 총을 쏴서 또다시 2발을 맞았다. 지나가던 피에 누아르는 자신의 자동차 좌석을 피로 더럽히고 싶지 않아 그를 병원에 데려가기를 거부했다. 비제아는 겨우 목숨을 건졌다. 이제 전투 현장으로 돌아온 그는 배은망덕한 피에 누아르를 아랍의 적들로부터 보호하기 위한 최전선에 있었다.

그의 연대("매우 정확한 전쟁기계")는 가장 중요한 임무인 카스바^{Casbah}[371]를 맡았다. 그것은 문자 그대로 '성채^{城砦}'를 의미했다. 이 '성채'라는 말은 유럽인들에게 금지된 위협적인 원주민 지구를 나타내는 용어로 사용되었다. 이곳에는 어둡고 좁고 구불구불한 길을 따라 10만 명의 무슬림이 살고 있었다. 그들 속에 야세프 사디^{Yacef Saadi}, 알리 라 포앙^{Ali la Pointe}, 그리

---

370 포리지 캡: 보병이 썼던 원통형 약식 군모.
371 카스바: 알제리의 수도 알제의 원주민 거주 지구.

고 그들의 공모자들이 숨어 있었다. 그런데 어떻게 이들을 뿌리 뽑을 수 있을 것인가?

공수부대의 방법은 야세프 사디가 제작한 1966년 영화 〈알제리 전투 The Battle of Algiers〉에서 상당히 자세하게 묘사되어 있다. 공수부대는 1957년 1월 28일에 알제리 민족해방전선이 일으킨 총파업도 해결해야 했다. 총파업은 무슬림을 총으로 위협해 그들을 일터로 보내는 간단한 방법으로 해결되었다. 문 닫은 가게는 장갑차가 셔터를 뜯어냈다. 도시 전체가 군대 캠프처럼 보일 정도로 "포위 상태"에 놓였다.

"갈색 피부를 가진 사람"을 검문하기 위해 이동검문소가 설치되었다. 한편 '표범' 무늬 전투복을 입은 공수부대원은 가시철조망으로 카스바를 봉쇄했다. 통행금지령이 내려졌고 밖에서 잡힌 사람은 그가 누구든지 발포하라는 명령이 내려졌다. 주민들에게 "민족해방전선보다 훨씬 더 무서운" 군대가 왔다는 인상을 강하게 심어주기 위해 시신은 다음 날 아침까지 거리에 방치했다.

공수부대는 "모래색 건물이 거미처럼 얽혀 있는" 카스바의 상황을 파악하기 위해 인구조사를 실시하고 누가 어느 집에 사는지 한눈에 볼 수 있는 지도를 만들었다. 책임자는 인도차이나에서 산전수전을 겪은 로제 트랑퀴에 대령이었다. 그 다음은 경찰 기록을 바탕으로 예비 표적 목록을 작성하는 것이었다. "여러분의 임무는 알제의 민족해방전선으로부터 밤을 되찾는 것이다"라고 마수 장군은 그의 부하들에게 말했다. 1957년 1월 8일 이른 아침, 첫 번째 공격팀은 카스바로 흩어져 문을 부수고 심문을 위해 수백 명의 용의자를 연행했다. 각 연대에는 자체 심문실이 있었지만, 가장 유력한 용의자들은 폴 오사레스 소령에게 넘겨졌다. 오사레스는 제2차 세계대전 당시에는 제드버러Jedburgh팀의 일원으로, 그리고 인도차이나 전쟁 당시에는 비밀요원으로 활약한 베테랑이었다. 그는 고문을 "잔인하지만 필요하다"고 여긴 마수 장군에게 직접 보고했다.

오사레스는 마을 외곽에 있는 2층 건물 비야 데 투렐Villa des Tourelles에서 작업을 시작했다. 매일 밤 그와 그의 부하들은 '손님들'에게 앙리 알레그가 다른 감옥에서 받은 것과 똑같이 대우했다. 차이점이 있다면, 오사레스가 언급했듯이 "그들은 비야 데 투렐에 있다는 사실만으로도 너무 위험했기 때문에 살아서 나올 수 없었다는 점이다." 오사레스는 용의자들이 "자백하면 대부분 내 부하들이 알제에서 약 20km 떨어진 '외딴곳'으로 데리고 가서 그들을 기관단총으로 사살하고 매장했다"라고 회상했다. 다른 부대는 자체적으로 수감자를 처리하는 방법이 따로 있었다. 제3식민지공수연대는 지중해 상공의 비행기에서 용의자를 던졌다는 소문이 있었다. 희생자들은 "크레베트^{dcrevettes}(새우) 비제아^{Bigeard}"라고 불렸다. 알제 전투^{Battle of Algiers}에서 총 2만 4,000명의 무슬림이 체포되었고 4,000명이 흔적도 없이 실종되었다. 이 수치를 합하면 카스바 인구의 3분의 1에 해당했다.

최근에 용의자들이 심문관이 듣고 싶어하는 것을 그냥 말해버리는 바람에 고문이 효과가 없다는 낭설이 널리 퍼지기도 했은데, 만약 그렇다면 역사상 반군과 대반란군이 모두 사용한 가혹한 심문 방법인 고문이 널리 자행되어온 이유를 설명할 수 없을 것이다. 실제로 앙리 알레그처럼 버틸 수 있는 수감자는 거의 없다. 고문은 도덕적으로 비난받을 수 있지만, 적어도 알제리에서는 전술적으로 효과적이었다는 데는 의심의 여지가 없다. 체포된 테러리스트들에게 공모자가 누구인지 말하도록 강요하고 수감자들을 정보원으로 전향하도록 전기고문으로 협박함으로써 공수부대는 몇 달 만에 알제 내부의 민족해방전선 조직을 해체할 수 있었다. 1957년 10월, 야세프 사디의 체포와 알리 라 포앙의 죽음으로 알제 전투는 끝났다.

◆ ◆ ◆

프랑스는 알제뿐만 아니라 다른 나라에서도 전쟁에서 승리하고 있었다.

알제리와 튀니지 국경에 설치된 전기철조망을 넘으려다 사살된 민족해방전선 전투원. 프랑스군은 국경을 따라 320km의 장벽을 설치하고 8만 명의 병력을 배치했다. 모리스 라인으로 명명된 이 장벽은 전기철조망, 지뢰밭, 탐조등 및 전자 경고 시스템으로 구성되었다. 〈출처: WIKIMEDIA COMMONS | Public Domain〉

그들은 약 5만 명의 병력으로 시작했는데 1956년에는 40만 명으로 늘어나 무슬림 21명당 1명의 비율을 유지했다. 이는 민병대로 복무한 최소 12만 명의 무슬림 하키harki, 보조부대는 포함하지 않은 수치로, 반란군 토벌을 위한 최소 비율로 알려진 반란군 50명당 대반란군 1명을 초과했다. 무제한 '비상' 권한 하에서 활동하는 보안군은 5만 명이 넘는 무슬림을 구금하고 더 많은 사람들을 살해했다.

알제리 내에서 민족해방전선 전투 조직이 거의 궤멸되자 민족해방전선은 이웃 튀니지의 안전한 피난처에서 전투원을 침투시키려고 필사적으로 노력했다. 이러한 상황을 막기 위해 프랑스군은 국경을 따라 320km의 장벽을 설치하고 8만 명의 병력을 배치했다. 국방부 장관의 이름을 딴 모리스 라인은 전기철조망, 지뢰밭, 탐조등 및 전자 경고 시스템

으로 구성되었다. 그것은 이전 국방부 장관인 앙드레 마지노^{André Maginot}의
이름을 딴 더 잘 알려진 요새보다 훨씬 더 효과적인 것으로 판명되었다.
민족해방전선 펠라가들의 모리스 라인 돌파가 감지되면 그 즉시 그들은
미리 배치된 105mm 곡사포의 표적이 될 뿐만 아니라 지프나 헬리콥터
를 탄 부대의 추격을 받았다. 이것은 전쟁에서 처음으로 헬리콥터를 집중
적으로 사용한 사례였다. 200대 이상 배치된 헬리콥터 덕분에 공수부대
는 적의 이동을 차단하고 격멸할 수 있었다. 어느 프랑스 저널리스트가
쓴 대로 "돌파 시도는 사실상 모두 실패할 운명이었다."

　한편 프랑스는 민족해방전선 내에서 이중첩자를 모집했다. 프랑스 정
보부는 알제에서 야세프 사디가 후계자로 지명한 자를 포섭했다. 이러한
쿠데타는 민족해방전선 내에서 의심을 불러일으켜 자멸을 초래했다. 알
제리 밖에서 프랑스군은 민족해방전선의 무기 공급 라인을 방해했다. 지
중해에서 배가 요격되었고 유럽에서 무기상인이 암살되었다. 또한 망명
중인 알제리 민족해방전선 최고 지도자들도 표적이 되었다. 1956년 아
흐메드 벤 벨라^{Ahmed Ben Bella}가 이끄는 알제리 민족해방전선 대표단이 모
로코 DC-3를 타고 튀니지로 향하고 있었는데, 이때 프랑스군 최고사령
부가 프랑스 예비군 조종사에게 무전을 보내 튀니지 대신 알제리에 착륙
시키라고 명령했다. 튀니지에 도착했다고 말한 영리한 스튜어디스에 속
은 이들은 일행 전체가 지상에서 기습적으로 체포되었다.

　프랑스의 계속된 압박은 베트남 및 중국 공산당이 마오쩌둥주의자의
가르침에 따라 행했던 것처럼 알제리 민족해방전선이 재래식 전쟁으로
전환하는 것을 막았다. 보응우옌잡은 중포로 무장한 사단 전체를 동원할
수 있었던 반면, 알제리 민족해방전선은 경무장 중대급 이상 작전을 수행
하는 경우는 거의 없었다. 반란군은 1956년에 프랑스의 '보호령'에서 벗
어난 이웃 국가 튀니지와 모로코를 안전한 피난처로 계속 이용하고 있었
지만, 알제리에는 디엔비엔푸와 같은 곳이 없었고 중요한 '해방 지구'도
없었다. 1959년, 알제리 민족해방전선의 공격이 급격히 감소하면서 프랑

스군은 군사적으로 전쟁에서 거의 이긴 것이나 다름없었다. 그러나 그들은 압도적인 정치적 패배를 당할 운명이었다.

◆ ◆ ◆

프랑스군의 실패 원인 제공자는 프랑스의 영웅 샤를 드골Charles de Gaulle이었다. 피에 누아르와 프랑스군은 적에게 나라를 팔아먹을 것 같은, 지조라곤 찾아볼 수 없는 정치인들이 운영하는 허약한 제4공화국에 혐오감을 느꼈다. 1958년 5월, 알제에서 시민 폭동이 발생하여 마수 장군의 지휘 아래 피에 누아르와 육군 장교로 구성된 공공 안전위원회가 구성되었다. 마수의 공수부대는 실제로 코르시카Corsica에서 권력을 장악하고는 드골이 재집권하지 않으면 파리로 가겠다고 위협했다.

그들의 소원은 이루어졌다. 그러나 드골은 그들이 기대했던 프랑스령 알제리 옹호자는 아니었다. 실용주의자였던 드골 대통령은 국민 대부분의 희망에 반하여 알제리 반란을 영구적으로 진압하는 것은 생각보다 비용이 많이 든다는 것을 깨달았다. 프랑스가 전쟁 폐허에서 벗어나 다시 한 번 국제 무대에서 주요국으로 떠오르기 위해 고군분투하던 시기에 전쟁은 귀중한 외교적 자본을 침식시키고 있었다. 알제리 독립은 유엔뿐만 아니라 심지어 미국에서도 큰 지지를 얻고 있었다. 1957년에 존 F. 케네디John F. Kennedy 미국 상원 의원은 프랑스 통치의 종식을 촉구하기도 했다. 프랑스 정부는 홍보회사 매디슨 애비뉴Madison Avenue에 의뢰하여 전쟁의 정당성을 홍보하려고 했지만, 알제리 민족해방전선은 그들보다 선전전에 더 능숙했다. 알제리 민족해방전선은 전장에서는 승리하지 못했지만, 이를 통해 국제적인 인정을 받는 데는 성공했다. 이러한 알제리 민족해방전선의 성공에 고무된 아프리카 국민의회, 팔레스타인 해방기구PLO, Palestine Liberation Organization, 그리고 다른 '민족해방운동'들은 전통적인 군사 수단 대신 홍보력을 이용하게 되었다. 프랑스 본국에서도 전쟁은 지지 기반을 잃어가고 있었다. 프랑스 국민은 그들의 이름으로 취해진 행동에 놀랐다. 이번에는 군대가 피에 누아르의 명분에 공감함으로써 위험할 정도로 정치화되고 있었다.

이러한 상황에서 드골은 알제리에서 벗어나는 것이 그의 일생의 목표인 프랑스의 위엄을 드높이는 일이 될 것이라고 계산했다. 1959년에 드골은 그만의 독특한 문체로 "프랑스는 나를 통해 알제리의 운명을 알제리인들의 손에 맡기겠다는 의사를 발표했다"라고 썼다. 극우 성향의 군인과 피에 누아르는 필연적인 알제리의 독립을 막아보려고 필사적으로 싸웠다. 1960년에 격노한 유럽인들은 알제에 있는 방어벽을 뚫고 들어가 앞길을 막는 국가헌병대원들을 학살했다. 군대의 적극적인 지원이 없었기 때문에 반란은 일주일 만에 끝났다. 이듬해에 알제리의 전 사령관 라울 살란Raoul Salan과 모리스 샬Maurice Challe 장군을 포함한 일부 장군이 쿠데타를 시도했다. 그들은 잠시 알제를 장악했지만 병사들에게 국가에 대한 충성을 호소한 드골의 라디오 연설을 듣고 자진 해산했다.

비록 그들이 '트랜지스터 전투'에서 패배했지만, 일부 반란군은 투쟁을 계속하기로 결정했다. 그들은 육군비밀조직OAS, Organisation armée secrète을 구성하고 몇 차례 실패한 드골 암살 시도를 포함해 악의적인 테러 행위를 벌였다. 이 사건은 소설과 영화 〈자칼의 날The Day of the Jackal〉의 소재가 되기도 했다. 본토에서 실패한 또 다른 음모에는 에펠 탑과 장 폴 사르트르Jean-Paul Sartre의 아파트 폭파 시도가 있었다. 그러나 육군비밀조직의 주요 타깃은 알제리에 있었다. 아이러니하게도 그들은 알제리에서 알제리 민족해방전선이 자행했던 특유의 작전 상당수를 그대로 똑같이 따라했다.

육군비밀조직 성채는 카스바 옆 알제에 있는 가난한 유럽인 동네인 밥-엘-웨드Bab-el-Oued였다. 육군비밀조직 타격대는 디엔비엔푸에서 부상당한 "억세고 강한" 외인부대 장교 출신 로제 드젤드르Roger Degueldre가 이끄는 수백 명의 무자비한 총잡이 델타 특공대Delta Commando였다. 어느 프랑스 저널리스트의 기사에 따르면, "델타 특공대는《알제리 프랑세Algérie française》지의 선전과 아니세트^{anisette}[372]에 취해 있었다고 전해지며" 살인을 저지르는 것에 대해 아무런 죄책감도 느끼지 않았다. 1962년 알제리에서 하루 평균 30~40명이 살해되었다. 이는 이전의 알제리 민족해방전선과의 전투 때 1일 평균 죽은 사람의 수보다 훨씬 더 많았고 이라크 전쟁 초기 바그다드에서 1일 평균 죽은 사람의 수와 비슷했다. 육군비밀조직에 의해 살해된 어느 유명한 무슬림 소설가의 기록에 따르면, "그들은 자동차, 오토바이, 수류탄, 자동소총, 칼로 사람들을 살해한다." "알제에는 테러가 만연해 있다."

프랑스군은 마침내 전차, 대포, 항공기의 지원을 받는 2만 명의 병력을 투입해 밥-엘-웨드에 대한 전면공격을 개시했다. 동시에 당국은 정보원의 운용과 억류자들에 대한 잔인한 심문을 통해 육군비밀조직 지도자를 조직적으로 추적했다. 드겔드르는 1962년 4월 7일에 체포되어 두 달 후처형되었다. 살란 장군은 같은 달에 체포되어 투옥되었다. 1962년 말 육군비밀조직은 해산되었다. 어떤 면에서 그것은 미국 남북전쟁 이후의 또다른 백인 우월주의 테러 집단 KKK와 닮았지만 결정적인 차이가 있다. KKK는 남부의 대다수(백인 59%)가 암묵적으로 지지했지만 육군비밀조직은 거의 9 대 1 비율을 차지하는 소수 유럽인을 위해 행동했다.

1962년 7월 3일 알제리가 공식적으로 독립하던 날 대부분의 유럽인이 떠났거나 떠나려 했다. 알제리 민족해방전선은 식민주의자들을 위해 싸운 무슬림들에게 잔인한 보복을 가했다. 적어도 3만 명의 하르키^{harki}[373]가 가족과 함께 고문을 받은 후 살해당했다. 이것은 마우 마우족이 유럽인보다 아프리카인을 더 많이 죽인 케냐에서처럼(1,800 대 32) 알제리 전쟁 역시 친프랑스 무슬림과 반프랑스 무슬림 간의 내전이었다. 전쟁으로인해 프랑스군은 총 1만 7,456명이 사망하고, 6만 4,985명이 부상당했

---

372 아니세트: 지중해 지방산 미나리과 식물인 아니스(Anie) 향을 착향시킨 무색 리큐어(혼성주).
373 하르키: (북아프리카 주둔 프랑스군의) 원주민 보충병.

으며 1,000명이 실종된 것으로 알려졌다. 유럽 민간인 사상자는 1만 명에 달했다. 무슬림 측 전사자에 대한 공식 수치는 없으나 30만~100만명으로 추정된다. 독립을 위해 큰 대가를 치렀음에도 불구하고 알제리 민족해방전선의 승리는 아프리카 전역의 수많은 해방운동에 영감을 주어몇 년 내로 유럽 식민 지배 하에 있던 마지막 요새들이 무너지게 된다.

◆ ◆ ◆

이 패배 이후 프랑스군이 느낀 비통함은 아무리 강조해도 지나치지 않다. 당시 군인들이 느낀 감정은 공수부대원 출신 장 라르테기Jean Lartéguy가 쓴 두 편의 소설 『백인대장The Centurions』(1962)과 『근위병The Praetorians』(1963)에 잘 나타나 있다. 인도차이나 반도의 상황은 그만큼 아주 안 좋았다. 라르테기의 공수부대원 중 한 명은 "프랑스군은 지휘관의 무능함과타성 때문에 소수의 난쟁이 황인종에게 패배했다." 이제 알제리에서 "이만하면 충분하다. 더 이상의 패배는 용납할 수 없다." 그러나 이미 벌어진일이다. 비제아를 모델로 한 '라스페기Raspeguy 대령'은 비통해하며 생각한다. "승자는 피와 땀의 악취가 나더라도 불쾌하지 않다. 하지만 패배자는디올Dior의 오드콜롱eau-de-Cologne(향수)에 몸을 흠뻑 적시더라도 여전히 똥냄새가 진동할 것이다."

병사들은 이 치욕적인 항복의 책임을 당연히 멀리 떨어져 있는 본국의지도층에게 돌렸다. 그들은 "고급 공무원, 신뢰할 수 없는 장군, 뒤가 구린 정치인 등… 파리에 있는 사람들에 대한 증오와 혐오감을 느꼈다." 아무도 자신의 전술이 이 비참한 결과를 초래했다는 사실을 인정하려 하지않았다. 고문의 사용은 새로운 것이 아니었고 이미 인도차이나에 만연해있었다. 새로운 것은 알제리 도시 중 가장 유럽적인 알제에서 고문이 자행되었을 때 다수의 외국 언론인 등이 참가한 공개 조사의 수준이 높았다는 것뿐이었다. 군대는 고문이 공론화됨으로써 생긴 역효과에 대처할 준비가 되어 있지 않았다. 로제 트랑퀴에는 알제 전투에 앞서 "미국인이나 언론의 의견에 거의 관심이 없다"라고 군의 공통된 견해를 표명했다. 그는 미국인이나 언론의 의견에 더 많은 관심을 가졌어야 했다.

알제리 전쟁은 1820년대 그리스 혁명 이후로 전장에서 패한 게릴라 조직이 '홍보전'에서 승리함으로써 어떻게 전쟁에서 이길 수 있는지를 보여준 가장 극적인 사례였다. (아일랜드공화국군IRA과 미국 혁명가들도 여론을 잘 활용했지만 알제리인이나 그리스인들처럼 군사적으로 패배하지는 않았다.) 보어 전쟁과 필리핀 전쟁에서도 비슷한 결과가 도출되었다. 이제부터 서양 군인들은 과거 수세기 동안 식민지 분쟁에 맞서 싸운 전임자들을 과도하게 괴롭히지 않았던 전쟁의 한 측면—정보작전—에 점점 더 많은 관심을 기울일 필요가 있게 되었다. 언론의 중요성이 증가함에 따라 더 친절하고 부드러운 대반란 작전을 펼 필요가 있게 되었다. 그 전형적인 사례 중 하나가 바로 다음 장에서 살펴볼 말라야에서 영국이 편 전략이다.

47

사람과 계획

◆

**1948~1960년,
브릭스, 템플러, 그리고 말라야 비상사태**

1952년 2월 7일 열대지역의 전형적인 무더운 오후에 "창백하고, 강인하며, 강렬한" 인상의 남자가 쿠알라룸푸르Kuala Lumpur의 임시 활주로에 착륙한 영국 공군기에서 내렸다. 제럴드 템플러Gerald Templer 장군은 가슴 주머니에서 커다란 손수건이 튀어나온 멋진 열대 정장tropical suit을 입고 있었다. 가느다란 콧수염과 매끈한 머리카락의 소유자인 그는 샌드허스트Sandhurst 영국 육군사관학교 동문이자 제2차 세계대전 참전용사인 배우 데이비드 니븐David Niven과 매우 닮아 보였다. 니븐은 빛나는 전공을 세우기 위해 할리우드를 떠났지만, 그의 군사적 업적은 제1차 세계대전에도 참전했던 그의 고참과 비교하면 초라했다. 템플러는 솜Somme, 됭케르크Dunkirk, 안치오Anzio에서 작전에 참가한 경험이 있었다. 제1·2차 세계대전 사이에 그는 허들 선수로 올림픽에 출전했으며 영국군 최고의 총검 전투원 경연대회에서 우승한 경험이 있었다.

1944년 이탈리아에서 사단장으로 있을 때 템플러의 군 경력은 그의 삶과 함께 거의 끝날 뻔했다. 지프를 운전하던 템플러는 군용 트럭이 지뢰를 밟은 바로 그 순간 그 군용 트럭을 지나쳤다. 나중에 그는 지뢰가 폭발하면서 군용 트럭 뒤에서 피아노가 날아와 거의 죽을 뻔했다고 한다. 그는 목숨은 건졌지만 허리가 부러졌다. "나는 피아노에 맞아 죽을 뻔한 유일한 장군"이라고 농담을 하곤 했지만 실제로 그의 허리를 부러뜨린 것은 트럭의 바퀴 중 하나로 추정된다.

템플러는 이 끔찍한 사고로 전장의 지휘권을 포기해야 했지만, 이것은 오히려 그에게 전화위복이 되었다. 그는 처음에는 런던의 특수작전집행부SOE에서 일한 다음 독일 내 영국 점령지에서 민정 및 군정 책임자로 일하면서 미래에 서독 총리에 오를 콘라드 아데나워Konrad Adenauer를 쾰른Köln 시장에서 파면한 것으로 악명을 얻었다. (그는 아데나워가 너무 늙고 게으르다고 생각했다.) 이후 그는 런던에서 군사정보 책임자로 일하게 되었다.

팔레스타인에서 아랍 반란에 맞서 싸우며 얻은 '게릴라의 심리와 전술', 전복, 정보 및 민사 행정 경험은 이후 그에게 주어진 임무 수행을 위해 평범한 군대 경력보다 더 많은 도움이 될 터였다. 템플러는 리요테가 모로코에서 그랬던 것처럼 말라야에서 최고 민사 및 군사 사무소를 운영하는 고등판무관 겸 작전책임자로 임명되었다. 윈스턴 처칠 총리가 그에게 특별한 권한을 부여한 이유는 말라야의 끔찍한 상황 때문이었다.

일본에 점령당했던 다른 나라들과 마찬가지로 말라야는 연합군의 은밀한 지원을 받아 게릴라 부대를 운용했는데, 말라야는 특수작전집행부의 부대가 지원했다. 전쟁이 끝난 후 공산주의자들이 지휘하는 말라야 항일인민군MPAJA, Malayan People's Anti-Japanese Army은 말라야 민족해방군MRLA, Malayan Races Liberation Army으로 다시 태어났다. 말라야 민족해방군은 돌아온 영국인들을 대상으로 싸웠고, 대부분의 경우 일본에 대항할 때 사용했던 것과 동일한 정글 캠프와 무기를 사용했다. 1948년 영국 농장주 3명이 살해되자, 영국 정부는 기본권을 제한하고 경찰과 군대에 광범위한 수색,

체포 및 구금 권한을 부여하는 비상사태를 선포했다. (용의자는 재판 없이 2년까지 구금할 수 있었다.) 증가하는 압박에도 불구하고 게릴라들은 1947년 당의 자금을 들고 도망친 일본 및 영국의 첩자였던 전 사무총장의 뒤를 이어 말라야 민족해방군를 인수한 화교 자전거 가게 주인의 26세 아들 친펭Chin Peng의 지휘 아래 세력이 점점 커지고 있는 것처럼 보였다. 친펭은 그와 함께 일했던 어느 특수작전집행부 요원의 견해에 따르면 "명석한 두뇌와 비범한 능력을 가진 조용한 사람"이었다. 마이클 콜린스나 주세페 가리발디처럼 외향적이고 다른 사람의 이목을 끄는 요란한 게릴라 지도자들과는 대조적이었다. 그는 영국인들로부터 게릴라전을 배웠고, 전시 공로로 대영제국 훈장Order of the British Empire을 받았다. 대부분의 아시아 공산주의자들과 마찬가지로 그는 마오쩌둥을 세심하게 연구했지만 실제로 전략가로서 마오쩌둥에 필적할 만한 인물은 아니었다.

영국이 공산주의 테러리스트들로 규정한 이들은 민위엔Min Yuen('인민조직')에 가입한 조력자들의 지원으로 곧 5,000명 이상으로 불어났다. 반란군은 주로 말라야의 200만 화교로부터 많은 지지를 얻었는데, 이를 제외한 말레이인 250만 명, 인도인 50만 명, 유럽인 1만 명 등으로 구성된 나머지 510만 인구 중에는 지지자가 거의 없었다. 베트남의 공산당 저항세력이 프랑스 농장과 프랑스 보안군을 표적으로 삼았던 것처럼 말라야의 저항세력도 정글에서 나타나 영국 보안군뿐만 아니라 유럽인이 경영하고 중국인과 인도인이 일하는 고무 농장과 주석 광산 등 국가의 경제적 기반에 대한 테러를 자행했다. 영국 농장주들은 매일 밤 방갈로가 불타는 데 익숙해졌다. 기차가 탈선했으며 고무나무가 베어지고 공장이 불에 탔다. 테러의 목적은 유럽인을 나라 밖으로 몰아내고 반란군에게 자유를 주기 위해서였다. 1952년까지 공산당은 3,000명을 죽이고 3만 명의 영연방군과 6만 명의 경찰의 발을 묶었다.

그들은 1951년 10월 5일 36명의 게릴라가 쿠알라룸푸르에서 북쪽으로 약 100km 떨어진 가파른 도로를 따라 매복공격을 실시하여 가장 큰 승리를 거두었다. 그날 오후 1시 15분, 그들은 6명의 경찰관을 태운 랜드로버와 그 뒤를 따르는 영국 국기를 단 롤스로이스 리무진을 발견했다. 공산주의자들은 소총과 기관총으로 일제사격을 가해서 랜드로버 탑승자 대부분을 사살하고 롤스로이스의 운전자에게 부상을 입혔다. 리무진 뒷문이 열리고 영국인이 나왔다. 그는 몇 미터 못 가서 쓰러져 사망했다. 게릴라들은 말라야에서 영국 정부의 고위대표 헨리 거니Henry Gurney 경을 우연히 살해한 것이었다.

나중에 밝혀진 바에 따르면, 이것이 반란의 정점이었고, 이를 기점으로 반란이 잦아들기 시작했다. 그러나 이 사건이 있은 지 4개월 후 도착한 제럴드 템플러가 공항에서 전임자의 목숨을 앗아간 매복공격으로 총탄 자국이 선명한 차를 타고 고등판무관 공관 킹스 하우스King's House로 갈 때까지 전혀 그렇게 생각되지 않았다. 쿠알라룸푸르의 분위기는 암울했다. 영국 식민부 장관British colonial secretary 올리버 리틀턴Oliver Lyttelton은 "우리는 말라야의 통제권을 잃어가는 중이었다"라고 썼고, 어느 영국 고문은 "일반적인 절망감"에 대해 말했다. 영국이 말라야를 잃으면 경제적 타격(말라야는 세계 최대의 천연고무 수출국임)뿐만 아니라 심리적 타격을 입을 것이며, 이는 국제 공산주의의 승리이자 자유세계의 패배로 간주될 게 분명했다.

◆ ◆ ◆

템플러의 멘토이자 동향 얼스터Ulster 출신인 버나드 로 몽고메리Bernard Law Montgomery 원수는 리틀턴에게 말라야에서 승리하려면 두 가지가 필요하다고 조언하는 짧은 편지를 썼다. "우리는 계획을 세워야 하고, 그 다음으로 사람이 있어야 하오. 계획과 사람이 있을 때 비로소 우리는 성공할 수 있고, 그렇지 않으면 성공할 수 없을 것이오."("지나친 자만심에서 하는 말일지 모르지만, 나는 이미 그 두 가지를 가지고 있습니다"라고 리틀턴은 무미건조하게 말했다.) 숙고 끝에 그의 첫 번째 후보자를 철회한 몽고메리는 템플러를 "확실한 일처리를 보장할 수 있는 사람"으로 추천했다. 하지만 몽고메리는 말라야에 필요한 계획을 템플러가 미리 세우고 있었다는 것을 아마도 몰랐던 것 같다.

그 계획의 기안자는 제2차 세계대전 동안 버마 전역에서 뛰어난 경력을 쌓은 인도 육군 중장 해럴드 브릭스Harold Briggs 경이었다. 그는 국토의 5분의 4가 정글인 말라야에서 특히 더 중요한 풍부한 정글 전투 유경험자였다. 브릭스는 은퇴 후 950년 말라야에서 군사 및 경찰 활동을 조정하는 작전 책임자로 공직의 부름을 받았다. 그 직책을 수행하면서 그는 브릭스 계획Briggs Plan으로 알려진 승리의 청사진을 만들었다. 여기에는 특별지부 감사관의 확대 운용, 치안활동과 군사작전 조정부터 외딴지역에 대한 도로 청소, 체포된 반란군의 중국 추방까지 여러 단계가 포함되어 있었다. 그 핵심은 북미 원주민 전쟁, 쿠바 및 필리핀 반란, 보어 전쟁 등 다양한 분쟁에서 사용되었던 '강제이주reconcentration' 정책의 업데이트 버전인 중국인 불법체류자의 재정착이었다. 앞으로 10년간 이 정책은 케냐, 알제리, 남베트남에서도 적용될 것이다.

40만~60만 명의 불법거주자(정확한 숫자는 파악되지 않았음)는 정글 외곽 판자촌 마을에 살면서 농사나 다른 직업에 종사하면서 근근이 살아갔다. 그들은 자신이 일구는 땅의 소유권을 주장하지 못했고 말레이 사회의 주류에서 소외되어 있었다. 이런 이유로 이 지역이 반란의 주 무대가 된 것이었다. 브릭스 계획은 무장경비원, 경계 조명 및 철조망으로 보호되는 500개의 새로운 마을을 건설함으로써 불법거주자들을 게릴라들로부터 분리했다. 처음에는 화교 경비원 5만 명이 마을을 지켰다. 누구도 신분증 없이 '신정착촌'에 출입할 수 없었으며, 통행금지가 엄격하게 시행되었다. 노동자들은 아침에 일하러 마을을 떠날 때 공산주의자들에게 줄 쌀을 밀반출하지 않는지 확인하는 수색 과정을 거쳤다. 브릭스 계획은 게릴라들을 돕는 모든 사람을 엄격하게 처벌하기 위해 "게릴라에게 식량을 제공하는 자와 돈을 주는 자에게 사형을 의무화했다."

재정착 계획은 화교에게 토지, 전기, 깨끗한 식수, 학교 및 병원에 대한 소유권을 제공했기 때문에 실제로 인기가 높았다. 이는 프랑스가 알제리에서 유사한 정책을 시행하려 했던 불운한 시도와는 극명한 대조를 이룬다. 1959년까지 100만 명이 넘는 무슬림 마을 사람들이 요새화된 '재편성 수용소'로 옮겨졌는데, 이 수용소는 60년 전 남아공의 영국 강제수용소처럼 음식, 위생시설, 의약품 등 기본적인 편의시설이 부족하여 질병과 불만의 원천이 되었다. '신정착촌'은 더 잘 운영되었지만 주민들 중에 자진해서 온 사람은 거의 없었고 강요에 의해서 이주한 사람들이 대부분이었다.

브릭스는 재정착에 초점을 맞추면서 전쟁 초기에 군대가 귀중한 자원을 낭비한 쓸모없는 '정글 공격'에는 관심도 두지 않았다. 유럽에서 갓 부임한 여단장이 너무 많았고, 어느 장교의 말에 따르면 "제2차 세계대전의 향수에 젖은" 지휘관들은 빽빽한 정글에 병력을 보내 텅 빈 게릴라 주둔지만 발견하는 헛수고를 하곤 했다. 브릭스는 "모기를 한 마리씩 잡는 것으로는 모기떼에 대처할 수 없다. 모기 번식지를 찾아 소독하면 모기를 박멸할 수 있다"라고 주장했다.

정글 보루에서 게릴라들을 소탕하기 위한 작전은 장거리 침투를 위해 특별히 훈련되고 영국이 길잡이로 보르네오Borneo에서 데리고 온 디약Dyak 족 인간사냥꾼의 지원을 받는 친디트 부대 출신 '미치광이 마이크' 콜버트가 지휘한 영국 육군 공수특전단SAS 같은 특수작전부대들이 여전히 수행하고 있었다. 그러나 브릭스는 그의 자원 대부분을 성공적인 대반란 전략의 토대인 '대중의 반란 지원 차단'으로 전환했다. 말라야 공무원이자 친디트 부대원 출신 로버트 톰슨Robert Thompson은 다음과 같이 말했다. "가장 중요한 것은… '탐색격멸작전search and clear operation (또는 정밀수색)'이 아닌 '소탕 및 유지 작전clear-and-hold operation'이어야 한다."

이것은 이후 매우 효과적인 전략이라는 것이 입증되지만, 브릭스는 그

전에 부임 18개월 만인 1951년 말에 병든 채로 쓰라린 환멸을 느끼며 말라야를 떠났다. 그는 자신이 말라야 연맹을 구성하는 9개 주 현지 통치자들을 위해 일하는 민간 공무원과 보안군에 대한 제한된 권한을 가진 조정자 역할에 불과하다는 사실에 좌절했다.

◆ ◆ ◆

템플러는 브릭스에게 부족했던 권력을 확보해야 했고 그 권력을 최대한 활용할 생각이었다. 그는 사고뭉치에 장난을 좋아하는 사람이었지만 보통은 이런 성격을 드러내지 않고 있었다. 그는 오만하고, 까다롭고, 추진력이 있으며 어리석은 짓을 용납 못 하는 사람처럼 보였다. 그는 사단장 시절 처절했던 1944년 안치오 전투에서 (마구 돌진해서) "화상 입은 고양이"라는 별명을 얻었다. 많은 관료와 농장주의 나태한 태도—어느 특파원은 관료와 농장주를 "책상머리에만 앉아 있는… 바보"라고 불렀고, 식민부 장관은 이들이 "포트와인port wine[374]과 진gin에 푹 절은" 상태였다고 언급했다—를 보고 놀라움을 금치 못한 그는 말라야에 엄청난 충격을 안겨주었다.

템플러는 쿠알라룸푸르의 회원제 클럽에서 연설을 해달라는 요청을 받고는 특권층이 대부분이었던 청중들에게 "공산주의자들은 경마장, 저녁 파티, 칵테일 파티에 거의 가지 않고 골프도 치지 않습니다!"라고 쏘아붙였다. 그는 '원주민'을 받아들일 때까지 다른 클럽을 폐쇄하겠다고 위협했다.

템플러가 "거친 목소리로 또박또박 당돌하게" 지시하고 비판하고 질문하자, 일부 사람들은 불쾌해했다. 그는 그의 화를 돋운 어느 관료에게 "고약한 놈" 또는 "쓸모없는 놈"이라고 거침없이 말했다. 그러나 대부분은 그

---

374 포트와인: 보통 식사 후에 마시는 단맛이 나는 포르투갈산 적포도주.

1948년 6월 27일 영국령 말라야에서 공산주의자들이 독립을 쟁취하기 위해 게릴라 전쟁을 일으키자, 영국은 말라야에 비상사태를 선포한다. 말라야 고등판무관 겸 작전책임자로 임명된 템플러는 동적 전쟁보다는 정치적 전쟁에 치중함으로써 대반란전의 역사에 한 획을 그었다. 그는 "무력으로 해결이 가능한 것은 문제의 25%에 불과하다. 나머지 75%는 이 나라 사람들을 우리 편으로 만드는 것으로 해결할 수 있다"라고 말하면서 "해답은 정글에 더 많은 병력을 투입하는 것이 아니라 그곳 사람들의 마음과 정신을 사로잡기 위해 더 많은 병력을 투입하는 데 있다"라고 했다. 이처럼 그는 위베르 리요테, 윌리엄 하워드 태프트, 데이비드 퍼트레이어스 및 '주민 중심' 대반란전의 다른 모범 사례들처럼 민사활동의 중요성을 믿었다. 사진은 현지 방위군을 사열하고 있는 템플러(왼쪽 맨 앞)의 모습이다. 〈출처: WIKIME-DIA COMMONS | Public Domain〉

의 "역동적이고 때로는 거친 성격"에 깊은 인상을 받았다. 어느 지역 공무원은 회의에서 "새 배터리를 교체한 손전등 같은 느낌"을 받았다고 말했다.

식민부 장관에게 보낸 편지에서 설명했듯이 템플러는 관료들을 사무실 밖으로 몰아내 궁극적인 해결책을 가지고 있는 현장 사람들과 비상사태에 대해 의견을 나누게 만들기 위해 최선을 다했다. 그는 관료들에게 조언한 대로 자신도 정기적으로 장갑차를 타고 이곳저곳을 돌아다녔는데, 부대나 마을에 도착한다는 것을 사전에 알려주지 않아서 현지 관료들은 현장을 정리할 수 없었다. 수정이 필요한 부분이 보이면, 늘 그랬듯이 그는 조치 기한을 타이핑한 빨간 쪽지를 발부했다. 전령들이 전달한 이

'빨간 쪽지'는 "오늘의 할 일Action this day"이라는 이름이 붙은 윈스턴 처칠의 전시 메모를 차용한 것으로, 복지부동의 관료제에 활력을 불어넣는 데에 효과적이었다.

템플러는 동적 전쟁보다는 정치적 전쟁에 치중함으로써 대반란전의 역사에서 한 획을 그었다. 그는 종종 "무력으로 해결이 가능한 것은 문제의 25%에 불과하다. 나머지 75%는 이 나라 사람들을 우리 편으로 만드는 것으로 해결할 수 있다"라고 말했다. 그는 "해답은 정글에 더 많은 병력을 투입하는 것이 아니라 그곳 사람들의 마음과 정신을 사로잡기 위해 더 많은 병력을 투입하는 데 있다"라고 선언한 것으로 더 유명하다. 이말은 의심할 여지 없이 영국 장군 헨리 클린턴Henry Clinton 경이 1776년에 쓴 문장("미국의 마음을 얻고 미국의 마음을 다스려라.")과 존 애덤스John Adams가 1818년에 쓴 문장("혁명은 사람들의 마음과 정신에 달려 있다") 을 반영한 것이다. 템플러가 '마음과 정신'이라는 말을 사용한 이후로 '마음과 정신'은 상투적인 문구가 되다시피 하다가 나중에는 진부한 문구로 변질되었다. (1968년에 템플러가 "구토를 유발하는 문구"라고 불렀던 이 문구는 린든 존슨Lyndon Johnson이 특히 좋아하는 문구였다.)

이는 종종 주민들의 지지를 얻기 위해 단순히 사회적·정치적·경제적 노력에만 초점을 맞추는 것을 의미하는 명령으로 종종 오해되어왔다. 위베르 리요테, 윌리엄 하워드 태프트William Howard Taft[375], 데이비드 퍼트레이어스 및 '주민 중심' 대반란전의 다른 모범 사례들처럼 템플러는 민사활동의 중요성을 믿었다. 그는 군대를 격려해 학교를 개조하고, 민간인에게 병원을 열고, 민중을 돕도록 했다. 더 중요한 것은 공산주의에 맞서기 위해 말레이 사람들에게 "적절한 방법으로" 독립이 허용될 것이라고 반복해서 강조했다는 것이다. 그리고 고대 로마의 사례를 따라 100만 명 이상의 인도인과 화교에게 말레이 시민권을 확대하여 나라의 지분을 가질

---

375 윌리엄 하워드 태프트: 미국의 정치가이자 법률가. 제27대 대통령(재임 1909~1913년).

수 있도록 추진했다.

그러나 사람들의 '마음과 정신'을 얻기 위해서는 불법거주자를 재정착시키는 것과 같은 강압적인 조치(브릭스가 시작해서 템플러가 완료한 과정)도 실시해야 했는데, 이는 21세기 영국이나 미국의 대반란군에게는 생각할 수 없는 일이다. 브릭스, 템플러와 긴밀히 협력했던 친디트 부대 출신 로버트 톰슨은 전쟁은 인기 경쟁이 아니라고 언급했다. "농민이 알고 싶어 하는 것은 '정부가 전쟁에서 진정 승리하고자 하는가?'이다. 그렇지 않으면 반군을 지원해야 하기 때문이다." 그는 "정부는 결단력이 있을 뿐만 아니라 무자비할 각오가 되어 있음을 보여줘야 한다"라고 덧붙였다.

◆ ◆ ◆

템플러는 필요한 경우 무자비함도 보여주었다. 1952년 4월 매복공격으로 영국군 12명이 사망하자, 그는 탄종 말림Tanjong Malim 인근에 도착하여 "사납게 화를 내며" 마을 주민들에게 공격자들의 이름을 밝힐 것을 요구했다. 그들이 거절하자, 그는 22시간의 통행금지를 명령하고 쌀 배급량을 반으로 줄였다. 그런 다음 익명으로 게릴라에 대한 정보를 알릴 수 있는 서류를 배포했다. 그 덕분에 38명이 체포되었고 모든 제한은 13일 후 해제되었다. 그러나 템플러는 "집단 처벌"의 냄새를 풍기며 의회의 분노를 불러일으킨 그러한 강경한 조치들을 좋아하지 않았다. 결국 그는 이런 정책을 폐지했다.

그는 또한 비상사태 초기에 영국군(대부분은 생소하고 겁에 질린 징집병)이 공격에 대한 보복으로 마을 전체를 불태우고 용의자를 무차별적으로 감금·학대하는 행위를 철저히 조사했다. 한 달 만에 20만 명에 달하는 용의자가 체포되었고 다시 한 달 후 2만 5,000명이 추가로 붙잡혔다. 1948년에 한번은 영국군 병사가 24명의 화교 민간인을 학살하기도 했다. 템플러는 이런 나팔총 전술은 더 많은 신병들을 공산당 진영으로 결집시킬 뿐이라는 것을 잘 알고 있었다. 그는 작은 단위의 부대가 정확한 정보를 바탕으로 행동하는 보다 세밀한 접근방식을 취했다. 그는 부임 직후 "나의 절대적인 최우선 과제는 정확한 정보를 수집하는 것"이라고 선언했다. 연방 경찰 특별부서는 정보 수집에 대한 주도적 책임을 맡으면서 경관 2명에서 200명 이상으로 확대되었다. 수사관들은 항복한 적을 심문하고 친펭이 부대와 소통하는 주요 연락수단이었던 공산주의 연락책을 사로잡는 등 괄목할 만한 성공을 거두었다. 템플러는 "반란군으로부터 정보를 얻을 수 있으니" 반란군을 죽이지 말고 체포하도록 군을 압박했다. 인도차이나와 알제리에서는 고문이 일상이었던 반면, 말라야에서는 고위층 용의자조차도 고문을 받지 않았다. 군은 "유인, 위협 또는 약속으로 자백을 받아서는 안 된다"는 경고를 받았다.

그렇다고 템플러가 공격적인 행동의 필요성을 간과한 것은 아니었다. 그는 종종 보안요원에게 "공산주의 테러리스트 놈들을 죽여라"라고 말하기도 했다. 그리고 임무를 완수하기 위해 부대를 정글 전쟁 학교에 보냈고 처음으로 합동작전 개념을 도입한 『말라야 대테러 작전 지침서The Conduct of Anti-Terrorist Operations in Malaya』라는 전술 핸드북을 발간하기도 했다.

그가 가진 무기 중 가장 중요한 것은 공산주의 조직 내에서 "전반적인 사기 저하를 유발하기 위해" 사용한 심리전이었다. 영국 항공기는 게릴라들에게 "항복하면 신변 보호를 제공하겠다"는 수백만 장의 전단지를 투하했다. 다른 항공기는 "포기하라"는 메시지를 방송하며 정글을 저공비행했다. 이 '음성 항공기'는 지상에 있는 게릴라들의 이름을 하나하나 부를 때 특히 효과적(듣는 사람을 오싹하게 만들기도 했다)이었다. 반란군을 "사살하거나 포로로 잡으면" 보상이 제공되었는데, 포로로 잡는 경우 더 높은 보상을 받을 수 있었다.

게릴라들이 항복한 가장 큰 이유는 정글에서 계속 버틸 수 없다는 것이었다. 일부 신정착촌에서는 마을 차원에서 모든 음식이 아주 안전한 부엌에서 공동으로 요리되었으며, 귀중한 곡물의 개인 소유가 금지되었다.

공산주의자들은 자급자족하기 위해 정글에 텃밭을 일구기 시작했는데 텃밭이 발견될 때마다 항공기로 제초제를 뿌리거나 부대를 파견하여 농작물을 뿌리째 뽑고 태워버렸다. 친펭은 이렇게 회상했다. "상황이 너무 안 좋아서 언젠가 우리는 고무나무 씨를 식용으로 만들 수 있는지 검토한 적이 있었다." 그러나 그것은 실패했다. 고무나무 씨에는 제거 불가능한 독소가 포함되어 있기 때문이었다. 이렇게 하여 템플러는 자신이 필요하다고 느낄 때마다 무자비하게 행동할 수 있었고, 미 육군이 북미 원주민에게 그랬던 것처럼 말 그대로 공산주의자들을 굶주리게 해 항복시켰다. 영국군 여단장의 말에 따르면, 반란군은 항복할 무렵 대부분이 장발에 앙상한 얼굴, 너덜너덜한 카키색 제복, 고양이에게 쫓기는 쥐와 같은 비참한 몰골이었다.

더 많은 공산주의자들이 잡혀 들어오자(결국 3,982명이 항복하거나 포로로 잡혔음), 템플러는 특정 지역을 평화를 의미하는 '백색지대'로 지정하기로 했다. 이외에도 통행금지 및 식량통제를 비롯한 비상규제를 해제함으로써 '흑색지대'를 백색지대화하려고 유도했다. 템플러가 1954년 5월 31일에 말라야를 떠날 무렵, 말라야의 약 3분의 1이 '백색지대'였고 반란군 지원세력은 종적을 감추었다. 의미심장하게도 템플러와 그의 아내는 오픈카를 타고 공항으로 갔다.

◆ ◆ ◆

템플러는 원수로 진급해 대영제국 참모총장에 임명되었다. 그가 떠난 후, 결국 나라의 이름은 말레이시아로 바뀌었고, 1957년 툰쿠 압둘 라만Tunku Abdul Rahman이 이끄는 친서방 정부가 수립되어 독립을 향해 가고 있었다. 영국 장교는 템플러의 업적을 이렇게 요약한다. "2년 동안 게릴라의 3분의 2가 제거되었고, 테러 발생률은 한 달에 500회에서 100회 미만으로 떨어졌으며, 사상자는 200명에서 40명 미만으로 떨어졌다." 제2차 세계대전 이후에 서방 세력이 해외에서 벌인 대반란전 전역 중에서 이보다 더 성공적이었던 적은 없다.

자만을 경계하고 대반란전에서 성공을 측정하기 어렵다는 것을 염두에 둔 템플러는 1953년에 "이 비상사태가 끝났다고 말하는 놈을 쏘겠다"라고 말했다. 반란군에 의한 사상자가 완전히 사라진 1960년에야 비로소 공식적으로 비상사태가 해제되었다. 1989년 평화조약이 체결될 때까지 친펭의 열렬한 추종자 수백 명이 이웃 태국의 정글에서 버텼지만, 다시는 말레이시아의 안정을 심각하게 위협하지는 못했다.

◆ ◆ ◆

영국이 말라야에서 성공한 반면 프랑스가 인근 인도차이나에서 실패한 이유를 살펴볼 때는 말라야가 우호국인 태국과 접한 반도국이었고 베트남은 확실히 비우호적인 중화인민공화국과 긴 지상 국경선을 맞대고 있었다는 점에 주목해야 한다. 반란군을 외부 지원으로부터 격리시키는 것은 모든 대반란전에서 아주 중요한 요인이며, 인도차이나보다 말라야에서 달성하기가 훨씬 더 쉬웠다. 친펭은 중국이나 소련으로부터 별다른 도움을 받지 못했고 부하들은 중화기도 없었으며 심지어 소화기 탄약조차도 부족했다.

또한 반란이 항상 인구의 40%를 차지하는 화교들에게만 국한되어 일어났다는 사실이 영국에게는 행운으로 작용했다. 공산주의자들이 말레이 국민 대다수의 감정에 호소하는 데 더 집중했다면 영국의 승리는 쉽지 않았을 것이다. 그러나 대부분 보수적인 무슬림 농부인 말레이인은 영국과 동맹을 맺은 세습 술탄에게 대대로 충성했다.

또한 영국의 전쟁 노력은 뜻밖의 행운으로 이득을 보게 되었다. 1950년에 한국전쟁이 발발하면서 말라야에서 생산되는 주석과 고무를 포함한 상품의 가격이 전 세계적으로 상승했고, 그로 인해 경제가 활기를 띠면서 사회 서비스에 대한 지출이 증가해 높은 임금을 받을 수 있는 일자리가 많이 생겼다. 이는 결과적으로 게릴라들의 유혹을 물리치는 데 도움이 되었다.

마지막으로 영국은 인도차이나와 알제리의 프랑스군 사령관이 사용한, 결국에는 자멸을 부르는 강경한 전술을 거부하고 적절한 수준의 무력을 사용했던 해럴드 브릭스와 제럴드 템플러라는 선각자들이 있어 다행이었다.

이러한 모든 이유 때문에, 영국의 말라야 전쟁은 프랑스와 미국의 베트남 전쟁보다 비용이 훨씬 적게 들었고 훨씬 더 성공적이었다. 말라야 비상사태로 12년 동안 민간인 3,283명, 보안요원 1,865명, 공산당원 6,698명이 목숨을 잃었다.

48
영국의 독특한 대반란전 접근방식

◆

영국이 대반란전에서 성공한 이유

말라야 비상사태가 끝난 이후로 그 교훈이 1960년에 등장한 '대반란전'에 적용될 수 있는지 여부와 어느 정도까지 적용될 수 있는지 대해 논쟁이 계속되고 있다. 로버트 톰슨Robert Thompson, 리처드 클러터벅Richard Clutterbuck, 프랭크 킷슨Frank Kitson 같은 말라야 전역 참전용사들은 그들이 사용한 민사활동과 징벌적 조치의 조합을 다른 반란을 진압하는 데도 사용할 수 있다고 제안했다. 회의론자들은 말라야 반란 진압군이 누린 인구학적·지리적 이점이 다른 곳에 반드시 존재하는 것은 아니라고 지적했다.

그러나 그러한 자연적인 이점은 잘못된 정책을 선택함으로써 반전될 수 있다. 아일랜드는 섬이기 때문에 말라야보다 외부 세계로부터 더 단절되어 있다. 또한 영국과 훨씬 더 가깝지만 영국은 1921년에 아일랜드에서 패배했다. 쿠바도 섬이지만 말라야 비상사태가 끝나자마자 성공적인 반란의 현장이 되었다. 1950년대 초에 영국 정부는 말라야에서조차도 성공할 가능성이 거의 없어 보였다. 브릭스와 템플러의 성공적인 대반란

정책의 실행만이 영국군을 패배에서 구해냈고, 말라야가 군의 보호 속에서 상징적인 지위를 계속 누릴 수 있게 해주었다.

말라야에서 효과가 있었던 영국의 전략은 긴밀한 민군 협력, 정치적 해결책 모색, 정확한 정보와 최소한의 화력을 활용한 반란군 은신처 습격과 함께 주민통제를 위한 '소탕 및 유지clear and hold' 작전에 도움이 되도록 대규모 탐색격멸 임무 회피를 전제로 했다.

이것들은 역사가 토머스 R. 모카이티스Thomas R. Mockaitis가 말한 "영국의 독특한 대반란전 접근방식"의 특징으로 여겨지게 되었다. 영국은 아일랜드에서 블랙 앤 탠스가 자행한 것과 같은 강력한 억압이 역효과를 낸 것을 목격한 전간기의 시행착오 과정을 거쳐 이 전략에 도달했다. 19세기에 용인될 수 있었던 관행은 20세기에 기준이 진화하면서 자유민주주의에서는 금지되었다.

역사가 데이비드 프렌치David French가 모카이티스의 연구를 비판하며 지적한 것처럼 영국의 접근방식이 폭력이나 인권 침해로부터 결코 자유롭지 않았다는 점은 주목할 만하다. 프렌치의 기록에 따르면 "통금 및 통제, 유례 없이 폭력적인 수색 작전, 집단 벌금과 재판 없는 대규모 구금, 강제주민 이주, 자유사격지대 설치 등" 영국군이 수행한 모든 전쟁에서 인권침해가 발생했으며, 영국군은 항상 강압적인 방법에 의존했다. 프렌치는 영국군이 주민들에게 얼마나 친근하게 다가갔는지를 과장한 자신들의 역사에 대한 왜곡된 기억이 21세기 아프가니스탄과 이라크에서 영국군을 잘못된 길로 인도했다고 지적하면서 그곳에서 영국군은 갈등을 피하려는 의도가 너무 강해서 작전 지역을 안정시킬 수 없었다고 말한다. 그의 요점은 잘 받아들여졌지만, 그럼에도 불구하고 영국과 프랑스의 접근방식 사이에는 질적인 차이가 있었다. 물론 영국의 접근법과 나치 독일이나 중국 국민당 정권의 자유를 제한하는 대반란 접근법 사이에는 두말할 필요 없이 더 큰 차이가 있었다. 프렌치가 인정한 것처럼 "영국은 프랑스가 알제리에서 했던 것과 같은 조직적인 방식과 규모로 '더러운' 전쟁을 벌이지 않았다. "(영국) 보안군 대부분은 치안을 유지하기 위해 그들에게 상당한 권한을 부여한 법의 테두리 안에서 작전을 수행했다."

영국의 접근방식은 그다지 독특할 것도 없었지만(예를 들면, 모로코와 필리핀에서도 유사한 방법이 사용되었다) 효과적이었다. 영국군은 말라야에서뿐만 아니라 1952~1960년에 케냐의 마우 마우 운동Mau Mau movement 과 1955~1959년에 키프로스의 EOKA(그리스-키프로스 병합운동을 추구하는 테러리스트 그룹)에 대항하고, 1962~1975년에 오만Oman 도파르Dhofar 지방의 독립을 위해 싸우는 분리주의자들과 맞서고, 1969~1998년에 북아일랜드의 급진적인 아일랜드공화국군IRA을 진압하는 과정에서 어느 정도 성공을 거두었다. 그런데 영국이 최소 무력 투입 전략을 중단하기만 하면 사건이 터져서 다시 기존의 전략으로 회귀하는 일이 자주 발생했다.

대표적인 사례는 1972년 1월 30일에 공수연대가 런던데리Londonderry[376]에서 비무장 가톨릭 시위대 13명을 살해한 제2차 피의 일요일Bloody Sunday 이다. 이 사건으로 북아일랜드의 '문제'는 훨씬 더 심각해졌다. 한 가지 예외는 케냐였다. 케냐에서 영국군은 평소보다 더 잔인하게 진압했지만(용의자 7만 명을 억류하고 최소 1만 2,000명을 살해), 아무 일도 일어나지 않았다. 마우 마우 반군은 소수 부족인 키쿠유Kikuyu족이 주도했고 아프리카인 다수의 관심을 끌 만큼 "명확하게 정의된 민족주의 이데올로기"가 없었기 때문이다. 가장 저명한 키쿠유족 정치가 조모 케냐타Jomo Kenyatta조차도 반란에 반대했지만, 영국군은 그를 8년 동안 구금했다.

말할 필요도 없이 영국은 모든 곳에서 승리하지는 못했다. 대영제국은 결국 해체의 길을 걷고 있었다. 우리는 이미 영국이 팔레스타인에서 유대인 테러를 진압하지 못한 것을 살펴봤다. 영국군은 아덴Aden[377] 및 주변 영

---

376 런던데리: 북아일랜드에서 두 번째로 큰 성곽도시.

377 아덴: 예멘 남부의 항구도시.

토에서도 마찬가지로 성공하지 못했을 뿐만 아니라 마르크스주의 민족 해방전선이 나중에 남예멘으로 알려지게 될 곳을 점령하는 것을 막지 못하고 1967년에 철수했다. 그러나 영국을 쫓아낸 것은 아랍 테러리즘이 아니었다. 아덴의 거의 모든 폭력 사태는 영국이 '수에즈 운하 동쪽'에서 전반적으로 부대를 감축하면서 1966년에 철수하기로 결정한 이후에 발생했다. 기껏해야 반란은 철수 일정을 약간 앞당겼을 뿐이다.

한편 키프로스에서 영국은 무조건적인 승리를 달성하지는 못했지만 EOKA 역시 그리스와의 통합이라는 목표를 달성하지 못했다. 많은 대반란전과 마찬가지로 이 일로 키프로스는 독립을 얻었지만 그리스와의 통합은 이루지 못했고, 영국은 두 군데의 군사 기지를 그대로 유지하기로 타협하는 것에 만족해야 했다.

또한 아일랜드 문제는 1998년 성 금요일 협정Good Friday Agreement이라는 협상 타결로 끝났다. 이 협정으로 연합주의자와 아일랜드공화국군IRA의 신페인당 사이에 권력이 배분되었으나 북아일랜드는 영국의 영토로 남았다. 아일랜드공화국군이 궁극적 목표를 달성하지 못한 이유는 말라야 민족해방군, 마우 마우, 도파르 분리주의자들이 실패한 것과 근본적으로 같다. 시위대는 불만을 품은 소수를 대변해 싸우고 있었던 반면, 대다수는 정부를 지지했다. (주민 중 개신교도는 북아일랜드 인구의 53%, 가톨릭교도는 44%였다.) 알제리와 인도차이나에서와 같이 대부분의 인구가 반란군을 지지하면 대반란군은 승리하기가 훨씬 더 어렵다.

알제리와 인도차이나 전쟁은 영국의 어떤 분쟁보다도 규모가 훨씬 컸다. 프랑스군은 수만에서 수십만 명에 달하는 적과 대치한 반면, 영국군이 직면한 게릴라나 테러리스트 그룹의 대부분은 수백 명에 불과했다. 이로 인해 프랑스군은 알제리에서 1만 7,000명 이상, 인도차이나에서 9만 2,000명 이상이 전사했지만, 영국군은 말라야에서 2,000명 미만의 군인과 경찰이 사망했고, 케냐에서는 62명, 키프로스에서는 156명, 오만에서는 35명, 아덴 및 북아일랜드에서는 729명이 전사했다. 1959년 냐살란드Nyasaland(오늘날의 말라위Malawi) 비상사태 당시, 영국은 단 한 명의 보안군도 잃지 않았다. 물론 상대적으로 적은 손실을 입은 이유는 영국군이 맞닥뜨린 반대파의 저항이 상대적으로 약했기 때문이었다. 그럼에도 불구하고 영국군은 최소 병력 투입 접근방법으로 프랑스군이 최대 병력을 동원해 이룬 것보다 더 큰 성공을 거두었다.

이것은 영국군이 대반란전의 정치적 측면에 더 많은 관심을 기울였기 때문이다. 20세기 이전과 고대 메소포타미아 시대까지 거슬러 올라가면 식민국들은 일반적으로 두둑한 금전적 보상을 받아야 협력하는 소수 사회지도층을 제외한 '현지 주민'은 거의 세심하게 고려하지 않고 독자적으로 반란을 진압할 수 있는 충분한 정당성을 가지고 있었다. 영국인들은 새로운 이데올로기(자유주의, 민족주의, 사회주의)와 새로운 형태의 언론 매체(신문, 라디오, 텔레비전)의 확산으로 더 이상 그럴 수 없다는 것을 인식했다. 현대 사회에서 정권이 합법적인 것으로 인정받으려면 자생적이고 가급적 민주적이어야 했다. 알제에서 미국 총영사로 근무했던 루이스 클라크Lewis Clark는 1955년에 이렇게 썼다. "오늘날의 정치 공동체에서 영구적으로 부차적 지위secondary status를 받아들일 사람은 아무도 없을 것이다."

프랑스인들은 이를 깨닫는 데 오랜 시간이 걸렸다. 클라크가 "꿈의 세계"라고 정의한 곳에서 너무 오래 살았기 때문이다. 프랑스가 정치적 양보를 위해 내린 용단, 이를테면 영국이 말라야에서 했던 것처럼 식민 지배를 중단하겠다는 약속을 좀 더 일찍 했더라면 베트남과 민족해방전선은 그처럼 강력하게 성장하지 못했을 것이다. 군사적 차원뿐만 아니라 정치적 차원에서 동시에 대반란전을 벌여야 한다는 점은 탈식민화 시대의 영원한 교훈 중 하나이며, 초기 제국주의의 '소규모 전쟁' 시대와는 극명한 대조를 이룬다.

반란군에게도 동일한 원칙이 적용되었다. 마오쩌둥과 그 뒤를 이은 호찌민은 선사시대부터 일반적이었던 비정치적 습격 전술이 아니라, 군사적 조치와 결합된 정치적 행동의 필요성을 강조했다. 이들이 20세기의 가장 성공적인 반란 지도자 2인으로 기억되는 것은 우연이 아니다. 시온주의자들과 그들 자신의 민족국가를 위해 고군분투한 다른 단체도 비슷한 교훈을 습득했다. 그들의 승리는 1950년대에 대반란군이 여전히 우위를 점하고 있었지만 널리 지지를 받는 반란, 특히 민족주의적 정서를 활용할 수 있는 반란의 성공 확률이 19세기 말과 20세기 초 이후로 급격하게 증가했음을 보여주었다. 미국 서부에서 콜트 리볼버Colt revolver[378]는 육체적으로 약한 사람도 이것만 있으면 강자를 죽일 수 있었기 때문에 '이퀄라이저Equalizer'[379]라고도 불렸다. 마찬가지로 제2차 세계대전 이후, 국내외 여론은 그 영향력이 커지면서 군사적으로 약한 사람들이 강자를 이길 수 있게 하는 '위대한 이퀄라이저'가 되었다. 군사적·정치적 힘이라는 이 원투 펀치의 잠재력은 제2차 베트남 전쟁뿐만 아니라 쿠바와 이스라엘과 같이 멀리 떨어진 국가에서도 새롭게 입증될 것이다.

---

378 콜트 리볼버: 콜트사가 개발한 연발이 가능한 권총.

379 이퀄라이저: 콜트 리볼버는 민간에서 '이퀄라이저' 혹은 '피스메이커(Peacemaker)'로 불렸는데, "신이 인간을 만들었지만 사람을 평등하게 하는 것은 콜트"라는 말과 평화를 위해 믿을 것은 총뿐이라는 신념이 들어간 이 별칭들은 19세기 후반 불안정했던 미국 서부의 사회상이 반영되어 있다.

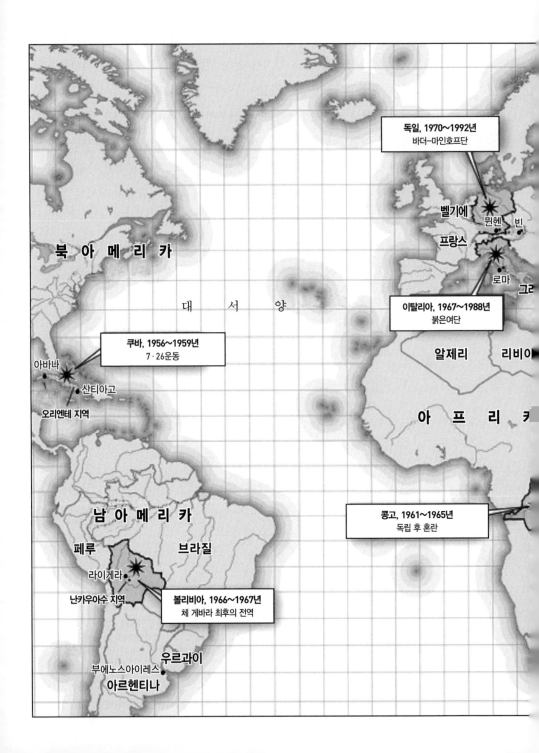

독일, 1970~1992년
바더-마인호프단

벨기에

뮌헨   빈

프랑스

로마

그ᄅ

이탈리아, 1967~1988년
붉은여단

북 아 메 리 카

대   서   양

쿠바, 1956~1959년
7·26운동

아바나

산티아고

오리엔테 지역

알제리   리비아

아 프 리 카

콩고, 1961~1965년
독립 후 혼란

남 아 메 리 카

페루   브라질

라이게라

난카우아수 지역

볼리비아, 1966~1967년
체 게바라 최후의 전역

우르과이

부에노스아이레스

아르헨티나

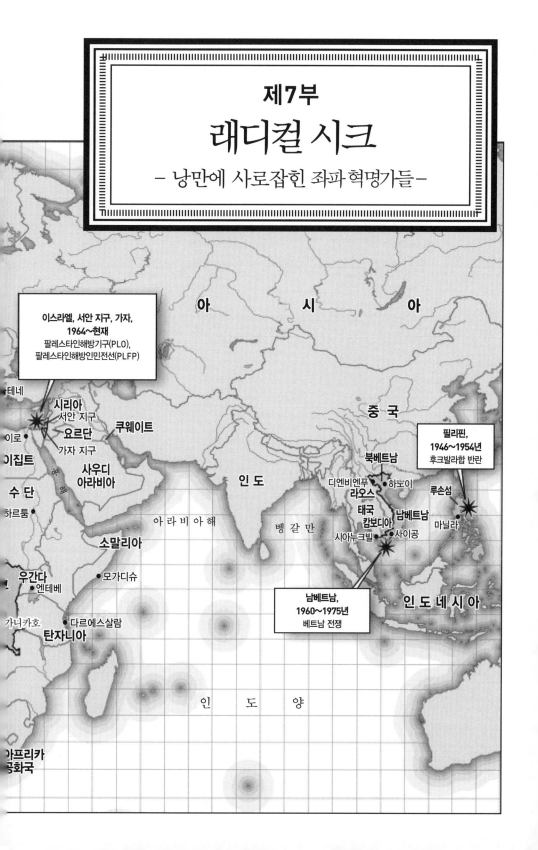

제7부
래디컬 시크
- 낭만에 사로잡힌 좌파 혁명가들-

아　　시　　아

이스라엘, 서안 지구, 가자,
1964~현재
팔레스타인해방기구(PLO),
팔레스타인해방인민전선(PLFP)

중　국

필리핀,
1946~1954년
후크발라합 반란

테네

시리아
서안 지구

요르단

쿠웨이트

북베트남

디엔비엔푸
라오스

하노이

루손섬

이로

가자 지구

사우디
아라비아

인　도

태국
캄보디아

남베트남

이집트

시아누크빌

사이공

마닐라

수　단

아 라 비 아 해

벵 갈 만

하르툼

소말리아

남베트남,
1960~1975년
베트남 전쟁

인 도 네 시 아

우간다

엔테베

모가디슈

가니카호

다르에스살람

탄자니아

인　도　양

아프리카
공화국

49

동전의 양면

♦

1960~1970년대 게릴라 신비주의

게릴라전과 테러의 발생률은 유럽 제국의 붕괴와 함께 감소하지 않았다. 오히려 정반대였다. 쿠바의 카스트로^{Fidel Castro}가 집권한 1959년부터 니카라과의 산디니스타^{Sandinista}가 집권한 1979년까지는 좌파 반란의 황금기였다. 오만^{Oman}, 아덴^{Aden}, 모잠비크^{Mozambique}, 앙골라^{Angola}, 기니비사우^{Guinea Bissau}에서 몇 차례의 식민 전쟁이 발생했고, 식민지 이후 국가 형태를 결정하는 내전이 벌어졌던 콩고^{Congo}, 동티모르^{East Timor}, 나이지리아^{Nigeria}의 비아프라^{Biafra} 지역과 같은 곳에서 수많은 민족 전쟁이 있었다. 그러나 충돌의 주 요인은 사회주의 이념이었으며, 바스크^{Basque} ETA(바스크 조국과 자유)[380], 쿠르드 PKK^{Partiya Karkerên Kurdistan}(쿠르드 노동자당)[381], 팔레스

---

[380] 바스크 ETA: 스페인 북부 바스크 지방의 분리독립을 요구하는 민족주의 단체.

[381] 쿠르드 PKK: 1978년 11월 27일 튀르키예 쿠르디스탄의 상징적인 수도인 디야르바크르에서 설립된 쿠르드 민족의 독립운동 단체로, 1984년부터 본격적인 무력투쟁을 시작했다.

타인해방인민전선Popular Front for the Liberation of Palestine[382], 아일랜드공화국군IRA, 심지어는 미국 흑표범당Black Panthers[383]과 같이 강한 사회주위와 민족주의적 분리주의가 혼합된 경우가 많았다. 자신을 제2의 마오쩌둥, 호찌민, 피델 카스트로 또는 체 게바라Che Guevara로 자처한 급진파들은 AK-47을 들고 시골에서 게릴라전을 벌이거나 도시에서 테러를 수행하거나 또는 대부분의 경우 이 두 가지를 전부 수행했다.

이 장에서는 먼저 필리핀의 후크발라합Hukbalahap 반란과 베트남에서 미국이 벌인 전쟁을 살펴본 다음 피델 카스트로의 쿠바 집권과 쿠바 혁명을 해외로 전파하려 했던 체 게바라의 시도, 그리고 마지막으로 야세르 아라파트Yasser Arafat가 상징이자 지도자로 있는 팔레스타인 단체가 주도한 1970년대 국제 테러리즘의 새로운 시대를 살펴볼 것이다. 후크발라합 반란을 제외한 이 모든 분쟁들은 국제 언론매체가 집중적으로 보도함으로써 게릴라전과 테러리즘이 대중의 관심의 중심에 서는 데 한몫했다. 그 이후로 게릴라전과 테러리즘은 1960~1970년대처럼 영웅적인 색채를 띠지는 않았지만 여전히 언론과 대중의 이목을 끌었다.

비정규 전투원의 화려함과 명성이 이때만큼 높았던 적은 그 이전에도, 그 이후에도 없었다. 톰 울프Tom Wolfe는 그의 유명한 기고문 "래디컬 시크 Radical Chic[384]"(1970년)에서 작곡가 레너드 번스타인Leonard Bernstein[385]이 자신의 호화로운 뉴욕 아파트에서 주최한 흑표범당—불확실한 목표를 달성할 수 있는 자신들의 능력에 비해 과분한 명성을 얻은 당대의 무수히 많

---

382 팔레스타인해방인민전선: 팔레스타인해방기구(PLO, Palestine Liberation Organization) 내에서 두 번째로 강력한 세력을 가진 급진파 조직.

383 흑표범당: 1965년에 흑인 인권을 위해 결성된 미국의 급진적인 흑인사회운동단체.

384 래디컬 시크: 톰 울프가 작곡가 레너드 번스타인과 그의 친구들이 자신들이 속한 상류층과는 거리가 먼 흑표범당을 위한 모금 파티를 주최한 부조리를 자세하게 묘사한 기고문에서 사용한 '래디컬 시크'라는 개념은, 진정한 정치적 신념이 아니라 세속적인 의도에서 단지 백인의 죄책감을 달래거나 명망 등을 얻기 위해 급진좌파를 지지하는 개인들(특히 사회 엘리트 계층)을 풍자하기 위한 것으로, "겉멋만 든 급진주의자"를 의미하기도 한다.

385 레너드 번스타인: 미국 작곡자이자 20세기를 대표하는 지휘자.

은 테러리스트 집단 중 하나— 을 위한 모금 파티를 풍자적으로 자세히 묘사함으로써 당시 시대상에 대한 기록을 남겼다.

미국 언론인 로버트 테이버Robert Taber는 울프가 조롱한 게릴라 광팬의 좋은 예였다. 테이버는 쿠바 혁명 기간 동안 피델 카스트로를 인터뷰했고 나중에 '쿠바를 위한 친카스트로 페어플레이 위원회pro-Castro Fair Play for Cuba Committee' 설립에 기여한 인물이다. 그는 수많은 게릴라와 테러리스트들에게 널리 읽히는 게릴라 찬가 『벼룩의 전쟁The War of the Flea』(1965년)에서 테러리스트를 "물고, 뛰고, 다시 물고, 짓밟으려는 발을 민첩하게 피하는" 벼룩에 비유했다. 테이버는 1960년대의 벼룩이 "세계의 빈곤층과 억압받고 착취당하는 자들"을 대신하여 전쟁을 벌이는 사심 없는 이상주의자이며 "대중 저항운동을 무력으로 억압하려는 시도는 헛된 일"이라고 믿었다.

그러나 일부 국가는 '저항운동'을 진압하는 데 상당한 성공을 거두었다. 가장 성공적인 대반란전 기획자들은 대통령과 총리에게 조언해주는가 하면, 인기 잡지에 소개되면서 단시간에 유명인사가 되었다. 1965년에 케네디의 보좌관 아서 M. 슐레진저 2세Arthur M. Schlesinger Jr.가 쓴 것처럼 대반란전은 "유행"이었다. 1960년대에는 알제리 독립전쟁 참전 경험과 국방 무관으로서 그리스와 중국의 내전을 목격한 경험이 있는 프랑스 장교 다비드 갈룰라David Galula가 『대반란전: 이론과 실전Counterinsurgency Warfare: Theory and Practice』(1964년)이라는 영향력 있는 매뉴얼을 출판했다. 그 당시 더 널리 읽힌 것은 영국의 친디트 부대 참전용사이자 말라야 비상사태의 경험자 로버트 톰슨Robert Thompson 경이 쓴 『공산 반군 토벌기: 말라야와 베트남의 교훈Defeating Communist Insurgency: The Lessons of Malaya and Vietnam』(1966년)이다.

갈룰라와 톰슨 같은 전문가들은 서로 다른 경험을 했음에도 불구하고 놀랍게도 반군과는 재래식 전쟁을 하듯 싸워서는 안 된다는 같은 의견을 제시했다. 대반란전을 구분하는 기본 원칙은 "최소한의 무력 사용"(갈룰라)이었으며, 최우선 과제는 "게릴라들이 아니라 정치적 전복을 좌절시키는 것"(톰슨)이었다. 그들의 주장에 따르면, 찾아내기 힘든 적을 상대로 대규모 보병부대나 기갑부대로 공격하는 것은 오히려 역효과를 낳을 것이라고 주장했다. 진정으로 반란을 진압하려면 템플러가 말라야에서 했던 것처럼 이에 즉각 대응할 수 있는 합법적인 정부를 수립해야 하며 적시에 정확한 정보를 제공해야 한다. 주민 중심의 반란 이론의 대부代父 위베르 리요테 원수의 뒤를 잇는 갈룰라는 "군인은 선전가, 사회복지사, 토목기술자, 교사, 간호사, 보이스카우트가 될 준비가 되어 있어야 한다"라고 썼다.

그렇게 힘들게 얻은 교훈을 깨닫게 하는 것 역시 어렵기는 마찬가지였다. 여전히 기갑부대의 전격전을 이상적인 것으로 생각하고 제대로 된 지휘참모대학에 가본 적도 없는 경무장한 오합지졸과 같은 전투원들을 경멸하는 장교들에게 이 교훈을 받아들이게 하는 것은 더 어려웠다. 전통적으로 오랜 기간 제국의 치안유지 임무를 수행해온 영국군조차도 무의미하다는 것을 깨닫지 못하고 처음에는 말라야에서 재래식 전술을 사용하려고 했다. 이 문제는 미군에서 훨씬 더 심각했다. 미군 역시 북미 원주민부터 필리핀 인수렉토insurrecto, 아이티 카코스cacos에 이르기까지 게릴라와 싸운 경험이 있었다. 미 해병대는 1935년에 소규모 전쟁 매뉴얼을 제작하기도 했지만, 대반란전은 명예롭지 못한 것으로 군내에서 간주되었고, 전혀 인기가 없었으며, 제2차 세계대전이라는 불안정하고 위험한 상황에서 형성된 군 조직 문화와는 거리가 있었다. 미군은 소련군이나 북한군처럼 자신들보다 규모가 작은 적 정규군과 싸우는 데 전적으로 집중했다.

소수의 대반란전 전문가들은 기존의 적과 다른 유형의 적과 싸우기 위해 미군이 아주 다른 전술을 사용하도록 만들려고 시도했다. 그중에서 가장 혁신적이고 유명하며 큰 좌절을 겪은 사람이 바로 "조용한 미국인"에드워드 기어리 랜스데일Edward Geary Lansdale이다.

50

조용한 미국인

♦

**1945~1954년,
대반란전 해결사 에드워드 랜스데일과
필리핀 후크발라합 반란**

1950년대 초 사이공을 방문한 영국의 소설가 그레이엄 그린^{Graham Greene}은 1955년 『조용한 미국인^{The Quiet American}』이라는 소설을 발표했다. 이 소설은 방탕하고 염세적인 영국의 언론인 토머스 파울러^{Thomas Fowler}와, 랜스데일에게서 영감을 받았다고 널리 알려진 순진한 젊은 미국인 앨든 파일^{Alden Pyle}의 대결을 그린 작품이다. 파일은 공산주의자와 프랑스 식민주의자들로부터 베트남을 구할 제3세력의 창설을 지속적으로 주장한다. 파울러는 파일이 "험한 세상을 살아가기에는 너무 순진하다"고 생각한다. 그러나 그의 "무지하고 어리석은" 견해는 역사에 의해 입증되었다. 21세기의 시점에서 볼 때 제3세력(자유민주주의)은 공산주의나 식민주의보다 훨씬 더 오래 지속된다는 것이 입증되었다. 그것은 그의 문학적 천재성에도 불구하고 그레이엄 그린이 결코 이해하지 못한 교훈이었다.

랜스데일을 더 우호적으로 그리고 있는 책은 그를 실제로 아는 미 해군 대령 윌리엄 레더러^{William Lederer}와 정치학 교수 유진 버딕^{Eugene Burdick}이 쓴 베스트셀러 『추악한 미국인The Ugly American』(1958년)이다. 이 책은 오토 바이를 타고 하모니카를 불었던 랜스데일 대령을 모델로 하여 에드윈 B. 힐랜데일Edwin B. Hillandale 대령을 주인공으로 그리고 있는데, 그는 고루한 대사관 동료들에게는 "미친놈"으로 더 잘 알려져 있었다. 힐랜데일은 "필리핀의 작은 식당에서 엄청난 양의 아도보adobo[386], 팬시트pancit[387], 쌀 요리에 1파인트pint(0.473리터)에 2페소짜리 필리핀 럼주를 먹고 마셨다." 그는 주말에 주로 현지인들과 어울리며 "필리핀인들의 모든 것을 포용"했다. 그는 작가들에게 동남아시아의 미국 대표들이 실천하기 쉽지 않지만 현지인들과 어떻게 어울려야 하는지를 보여주었다. 실제로 그가 필리핀에 발을 들여놓은 순간부터 인기와 영향력을 얻게 된 것은 잘난 체하지 않는 겸손함 때문이었다.

1945년에 처음으로 필리핀에 도착한 그는 언제나처럼 색다른 길을 추구했다. UCLA의 ROTC 후보생이었던 그는 1931년에 졸업하지 않고 대학을 떠나 바로 육군 예비군에 입대했다. 얼마 후 군을 떠난 그는 샌프란시스코 광고 산업계의 스타가 되었다. 그의 업적 중 하나로 지역 청바지 제조업체 리바이 스트라우스Levi Strauss의 동부 진출을 도운 것을 꼽을 수 있다. 진주만 공격 후 그는 군으로 돌아와 전략사무국OSS 등 정보부대에서 일하고 신병 훈련과 정보 수집을 주로 맡았다. 전쟁이 끝날 무렵, 정보 부서에서 소령으로 근무하고 있던 37세의 그는 마닐라로 배치된 즉시 필리핀 문화에 빠져들기 시작했다.

랜스데일은 1946년에 필리핀에 새로 들어선 독립 정부에 대항해 일어난 공산주의 운동 후크발라합Hukbalahap(원래는 항일인민군을 뜻하는 Hukbong Bayan Laban sa Hapon의 약어. 나중에 인민해방군을 뜻하는 Hukbong Mapagpalaya ng Bayan으로 개명) 운동에 특히 관심이 있었다. 그는 마

---

386 아도보: 돼지고기나 닭고기에다 식초, 마늘, 간장, 설탕 등의 양념을 가미해서 끓인 음식.

387 팬시트: 양념한 필리핀 생선 요리, 필리핀 면 요리.

닐라의 "겉만 번드르르한" 칵테일 파티를 뒤로하고 지프차를 타고 분덕 boondock이라고 불리는 시골로 갔다. 그곳에서 그는 "매일 해가 지면 공포 가 시작되었다"라고 일기에 기록했다. 개미와 모기떼가 우글거리는 분덕 의 니파nipa[388] 오두막과 필리핀 물소가 다니는 길에서 "뜨거운 태양으로 인한 지독한 무더위로 땀에 젖거나 집중호우로 흠뻑 젖은 채" 그는 "이 전쟁의 양측 당사자"와 오랜 시간을 대화하며 보냈다.

그 과정에서 그는 "자신들이 하고 있는 일의 정당성을 믿고 개혁이 필 요한 나쁜 상황을 해결하기 위해 무력으로 투쟁하려는" "20세 미만의 청 소년"이 대부분인 평범한 후크발라합 반군에 대해 점점 동정심을 품게 되었다. 그는 심지어 미 공군의 클라크 기지 Clark Air Base 근처에 비밀본부 를 둔 후크발라합 반군 지도자 루이스 타루크Luis Taruc를 만나려다 실패하 기도 했다. 랜스데일은 이 과정에서 총에 맞을 뻔했다.

그는 대부분 혼자 활동했지만 가끔 필리핀 친구와 동행하기도 했다. 특 히 가장 좋아하는 사람은 랜스데일의 두 번째 아내가 될 패트로시니오 (팻) 켈리Patrocinio (Pat) Kelly라는 이름의 사랑스럽고 재치 있는 젊은 여성이 었다. 랜스데일의 첫 번째 아내 헬렌Helen은 랜스데일처럼 필리핀 현지인 들과 원만한 관계를 유지하지 못해 그와 사이가 점점 멀어졌지만, 랜스데 일은 수십 년 후 그녀가 사망할 때까지 기다렸다가 재혼했다.

소설 속 허구 인물인 힐랜데일은 타갈로그어Tagalog어[389]를 유창하게 구사 했지만, 실제 랜스데일은 외국어를 배운 적이 전혀 없었다. 그러나 이것 이 필리핀인, 베트남인 및 다른 외국인들과 밀접한 유대관계를 맺는 데 장애가 되지는 않았다. 나중에 그의 부하 중 한 명이 한 말에 따르면, "그 는 통역을 통해 원활하게 의사소통을 할 수 있는 놀라운 능력을 가지고 있었다." 물론 대부분의 필리핀 사람들이 영어로 말할 줄 알았다는 사실

---

388 니파: 야자나무의 한 갈래.

389 타갈로그어: 필리핀 마닐라시를 중심으로 거주하고 있는 종족의 언어.

대반란전 해결사인 에드워드 기어리 랜스데일은 미국 육군 및 공군 장교로 근무했으며, 전략정보국 (OSS)과 중앙정보국(CIA) 요원으로서 여러 가지 비밀작전을 수행했다. 비밀작전과 심리전의 선구자였던 그는 1950년대 초 필리핀에서 후크발라합 반란을 진압하는 데 중요한 역할을 했으며, 1954년에 사이공으로 이동하여 북베트남에 불화의 씨를 뿌리기 위한 비밀정보작전 임무를 수행했다. 그는 미국이 게릴라전에서 승리하려면 적의 심리를 연구해야 한다고 믿었다. 그는 주말에 주로 현지인들과 어울리며 "필리핀인들의 모든 것을 포용"했다. 그는 작가들에게 동남아시아의 미국 대표들이 실천하기 쉽지 않지만 현지인들과 어떻게 어울려야 하는지를 보여주었다. 실제로 그가 필리핀에 발을 들여놓은 순간부터 인기와 영향력을 얻게 된 것은 잘난 체하지 않는 겸손함 때문이었다. 〈출처: WIKIMEDIA COMMONS | Public Domain〉

이 그에게 도움이 되었지만, 그는 고유 부족 언어만 사용하는 원주민인 네그리토Negrito족 사람들과도 손짓과 몇 가지 문구로 의사소통을 할 수 있었다. 마닐라에서 함께했던 그의 동료는 "그는 악마를 제외한 모든 사람과 친구가 될 수 있었다. 그 비결은 다른 사람의 말을 잘 경청해주는 것이었다"라고 말했다. 어느 필리핀 친구는 이렇게 회상했다. "랜스데일은 항상 친절하고 상대방이 마음을 열게끔 다정하게 말을 했다. 그는 지시하지 않고 '이렇게 하면 어떨까요?' 또는 '이렇게 하면 문제가 해결되지 않을까요?'라고 물었다."

랜스데일의 부드러운 말투와 겸손한 태도는 수많은 다른 서양인들이 제3세계 사람들을 대할 때 사용한 과격하고 위협적인 접근방식과 상당히 대조적이었다. 그는 사람을 만났을 때 그 사람이 즉시 마음을 열지 않으면 자신의 비밀무기인 하모니카를 꺼내 불었다. 그는 짧은 머리에 콧수염을 기른 미군 장교를 보고 처음에 의심했던 사람들과 자신 사이에 놓인 사회적 장벽을 음악으로 허물 수 있었다. 랜스데일은 항상 그 나라의 민요를 통해 그 나라에 대한 많은 것을 배웠다고 말했다.

랜스데일이 필리핀에서 만난 가장 중요한 친구는 라몬 막사이사이Ramón Magsaysay였는데, 1950년에 두 사람이 만났을 때 막사이사이는 하원 의원이었다. 이 무렵 랜스데일은 육군에서 공군으로 전보되었다가(그는 공군에서 새로운 아이디어를 얻을 여지가 더 많을 것으로 기대했다) 신생 조직 중앙정보국CIA을 위해 일하게 되면서 막사이사이와 은밀한 관계를 맺게 되었고, 두 사람의 관계는 1950년부터 1956년까지 지속되었다. 랜스데일은 건장한 막사이사이에게서 유대감을 느꼈다. 그와 동년배였던 막사이사이는 정치에 입문하기 전 일본에 대항해 게릴라로 싸운 전력이 있었다.

랜스데일은 막사이사이의 가장 가까운 친구이자 한동안 룸메이트로

랜스데일이 필리핀에서 만난 가장 친한 친구인 라몬 막사이사이. 1950년에 두 사람이 만났을 때 막사이사이는 하원 의원이었다. 랜스데일은 신생 조직인 중앙정보국(CIA) 요원으로 일하면서 막사이사이와 은밀한 관계를 맺게 되었고, 두 사람의 관계는 1950년부터 1956년까지 지속되었다. 랜스데일은 자신과 동년배이자 정치에 입문하기 전 항일 게릴라로 싸운 전력이 있는 막사이사이에게서 유대감을 느꼈다. 두 사람은 후크발라합 반군을 진압하는 방식에 있어서 의견이 일치했다. 막사이사이는 필리핀 정부가 국민의 신뢰를 얻어야 한다고 믿었다. 랜스데일도 마찬가지였다. 이를 위해 랜스데일은 로비를 통해 미국 정부가 영향력을 행사하여 1950년에 필리핀 정부가 막사이사이를 국방장관에 임명하게 만드는가 하면, 부패한 현직 필리핀 대통령을 물리치고 막사이사이가 필리핀 7대 대통령에 당선되게 하는 데 큰 역할을 했다. 〈출처: WIKIMEDIA COMMONS | Public Domain〉

지내기도 했다. 두 사람은 후크발라합 반군을 진압하는 방식에 있어서 의견이 일치했는데, 그들의 방식은 필리핀 보안군의 진압 방식과는 달랐다.

군대는 대포와 폭탄으로 거주자를 공격했으며 용의자를 무차별 감금하고 고문했다. 어느 게릴라 지도자는 "민주적 자유는 완전히 파괴되었다. 농민들과 시민들은 공격을 받고, 체포되고, 총에 맞고, 투옥되고, 심지어 살해당했다"라고 기록했다. 이 진압 작전은 제2차 세계대전 당시 일본군이나 나치의 반군 진압 작전만큼 잔인하지는 않았지만, 랜스데일이 "부패로 썩었다"고 비난한 정부—제국주의 일본과 나치 정부가 온갖 악행을 지지르기는 했지만 이 정도로 부패하지는 않았다—가 감독했기 때문에 오히려 역효과만 낳았을 뿐 거의 아무런 효과도 거둘 수 없다. 2,000만 명 인구 중에서 적극적으로 활동하는 1만~1만 5,000명의 전사와 최소 10만 명에 이르는 동조자를 보유한 후크발라합 반군은 정부의 잘못된 진압 작전으로 인해 더욱 세력이 강해졌다.

막사이사이는 필리핀 정부가 국민의 신뢰를 얻어야 한다고 믿었다. 랜스데일도 마찬가지였다. 이를 위해 랜스데일은 로비를 통해 미국 정부가 영향력을 행사하여 1950년에 필리핀 정부가 막사이사이를 국방장관에 임명하게 만들었다. 새로운 국방장관의 모토는 "완전히 우호적이게 만들든지, 그렇지 않으면 최대한 물리적인 힘을 행사하라"였다. 본질적으로 이것은 "우호적인 국민들에게는 빵과 서커스"를 제공하고 포로로 잡힌 반란군을 십자가에 못 박아 처형한 로마 제국의 정책과 같았다. 당근과 채찍을 결합한 이러한 접근방식의 이면에 있는 현대 이론은 반세기 전에 리요테 원수가 제시했으며 10년 후 로버트 톰슨과 다비드 갈룰라가 더욱 발전시켰다. 이러한 전략은 이미 필리핀에서 미국의 지배에 저항한 초기 반란군을 상대로 성공적이라는 것이 입증되었으며, 이제는 말라야에서 동시에 시행되고 있었다. 차이점은 필리핀 반란이나 말레이 비상사태와는 달리 후크발라합 반란 진압은 외국 세력이 아니라 필리핀인들로만 구성된 필리핀 보안군이 직접 수행했다는 것이다. 그 덕분에 보안군은 게릴라나 테러리스트와의 전투에서 가장 중요한 자산 중 하나인 일정 수준의 정당성을 자연스럽게 확보할 수 있게 되었고, 현지 군 부대의 최악의 성과를 향상시키는 데 역점을 두게 되었다. 필리핀에서는 현지인의 잘못이 외국 군대에 의해 가려질 수는 없었다.

필리핀의 어느 작가의 말에 따르면, 막사이사이는 랜스데일의 조언에 따라 "군대를 완전히 재창설해야 했다." "거주 지역에 들어가는 부대는 주민의 친구처럼 행동하라"는 지시를 받았으며 아이들에게 나눠줄 사탕과 껌을 지급받았고 "농부에게서 닭을 훔친 군인은 농부의 보호자라고 주장할 수 없다"는 경고를 받았다. 막사이사이는 여기에서 더 나아가 부유한 부재지주들과의 법정 소송에서 가난한 농부들을 대변할 군 변호사를 지원함으로써 군대의 이미지를 향상시켰다.

부대원들이 지시받은 대로 하고 있는지 확인하기 위해 랜스데일과 막사이사이는 템플러가 말라야에서 그랬던 것처럼 함께 불시에 야전 시찰을 실시했다. 막사이사이의 부하 필리핀 장교와 랜스데일 밑에서 일한 미국 장교의 기록에 따르면, "어떤 지휘관도 심지어 가장 외딴 곳에 위치한 전초기지 부대장도 졸다가 국방장관에게 발각될까 봐 두려워해 잠을 잘 수 없었다." 막사이사이는 또한 국민들에게 "정부군이 잘 하고 있는 점과 잘못하고 있는 점을" 돈이 얼마 들지 않는 전보로 그에게 알려줄 것을 독려했다.

병사들은 '친선대사'로 바뀌는 동시에 전투력을 강화시키기 위한 훈련을 받았다. 막사이사이는 군대 규모를 두 배인 5만 1,000명으로 늘렸고 장비를 잘 갖춘 전투단을 먼저 마닐라로 보낸 다음 분덕으로 파견해 '허클란디아Huklandia'라고 불렸던 루손Luzon 요새에서 급진파 반군을 토벌했다. 1950년에 시행된 동시다발적 토벌로 후크발라합 중앙위원회 대부분이 수도에서 체포되었고 후크발라합 반군 지도자 루이스 타루크는 "불행은 불행을 몰고 온다"라며 한탄했다.

가장 효과적인 부대는 'X부대Force X'였다. X부대원들은 후크발라합 반군으로 가장했는데, 이러한 수법은 케냐에서 마우 마우 반란군을 매복공격하기 위해 파견된 '준범죄집단'이나 로디지아Rhodisia에서 아프리카 반군을 토벌한 셀루스 스카우트Selous Scout가 사용한 수법과 비슷했다. 랜스데일의 조언을 받은 막사이사이는 후크발라합 반군을 부비트랩에 빠지게 만드는 등 '더러운 술수'를 쓰기도 했다.

말라야에서와 마찬가지로 그들은 야포나 공군력을 거의 사용하지 않고 심리전에 크게 의존했다. 템플러가 말라야에서 그랬듯이 랜스데일과 막사이사이는 후크발라합 반군 지역 상공에 항공기를 보내 반군의 이름을 부르면서 투항을 권유하는 한편, 후크발라합 반군을 붙잡거나 사살할 수 있도록 정보를 제공하는 자에게 후하게 보상했다.

후크발라합 반군 두목 루이스 타루크의 어머니도 설득당해 아들의 항복을 요구하는 방송 제작에 참여했다. 타루크는 국영 라디오 방송을 통해서 "거의 매시간" 어머니의 목소리를 들었다. 투항자들은 경우에 따라 도시 정주定住 장려 정책의 일환으로 무료 토지 제공을 포함한 관대한 대우를 받았다.

민사작전의 핵심은 자유롭고 공정한 투표였다. 막사이사이와 랜스데일은 후크발라합 반군이 1949년 대통령 선거에서 발생한 부정투표로 실망한 대중으로부터 반사이익을 얻었다는 것을 알고 있었다. 부정투표의 재발 방지를 위해 그들은 1951년 의회 선거와 1953년 대통령 선거에 필리핀군을 투입했다. 대선의 승자는 랜스데일의 지원을 받은 라몬 막사이사이였다. 친구가 부패한 현직 대통령을 물리친 후 랜스데일은 "랜드슬라이드Landslide[390] 대령"이라는 새로운 별명을 얻었다.

랜스데일은 자신의 광고 전문 지식과 CIA의 은밀한 자금을 사용하여 막사이사이의 대중적 명성을 구축했다. 그는 심지어 "막사이사이는 내 친구"라는 선거 슬로건도 만들어냈다. 그러나 근본적으로 정직하고 겸손하며 근면한 국방장관 막사이사이는 홍보 기술 때문이 아니라 후크발라합 반군 진압에 참가한 두 베테랑이 말한 것처럼 "그의 헌신적이고 적극적인 리더십" 때문에 승리했다. "평화적이고 깨끗한" 선거는 사람들이 "무장투쟁의 즉각적인 필요성"을 더 이상 느끼지 않게 되었다는 현실을 인정해야 했던 후크발라합 반군에게는 최후의 일격과도 같았다.

---

390 랜드슬라이드: 압도적인 승리라는 뜻.

랜스데일의 말에 따르면, "후크발라합 반군은 물에서 나온 물고기 신세가 되어버렸다." 반군은 지리적 요건 때문에 외부 지원으로부터 격리된 상황이었고(필리핀 주변의 해역은 미 해군과 필리핀 해군이 순찰했다), 이제 루손 중심부의 내부 지원도 차단되었다. 루이스 타루크는 산과 늪으로 피신해야 했다. 1954년에 정부군의 토벌과 굶주림으로 수천 명이 먼저 항복한 사람들을 따라서 항복하기로 결정했다.

안타깝게도 막사이사이와 랜스데일이 이룩한 민주적 개혁은 지속되지 않았다. 막사이사이가 1957년 비행기 추락으로 사망함으로써 민주개혁을 완전히 구현할 만큼 오래 살지 못했기 때문이다. 그 후 페르디난드 마르코스Ferdinand Marcos가 권력을 장악해 1966년부터 1986년까지 독재정치를 일삼았는데, 이는 공산주의자와 무슬림 반군에게 행동 개시의 빌미를 제공했다. 마르코스 정부가 전복된 후 필리핀은 민주화되었지만 정부는 만연한 비효율성과 부패에 시달렸다. 랜스데일과 막사이사이는 필리핀에 낙원을 만들지는 못했지만 대규모 반란을 진압했다.

그리스, 말라야 반란의 실패와 함께 필리핀의 경험을 통해 우리는 공산주의 또는 기타 반군이 최고의 지지를 받고 있던 시기인 제2차 세계대전 이후에도 외부의 지원을 차단하고 정부의 정당성과 지지를 강화하며 보안군의 효율성과 인간적인 면을 제고하면 반군을 토벌할 수 있다는 공식을 확인할 수 있었다.

51

남베트남 건국

◆

1954~1956년,
랜스데일과 응오딘지엠

후크발라합 반군을 성공적으로 진압한 랜스데일은 미 정부가 대반란전 해결사로서 그를 찾고 있다는 사실을 알게 되었다. 그의 다음 파견지는 사이공이었는데, 사이공에서 그는 소설가 그레이엄 그린 작품에서와는 반대되는 역할을 맡게 되었다.

그는 프랑스 통치의 종식을 알린 디엔비엔푸 함락이 채 한 달도 지나지 않은 1954년 6월 1일에 사이공에 도착했다. 제네바 협정에 따라 남베트남에는 방탕한 황제 바오다이Bao Dai가 통치하는 새로운 정부가 들어섰고, 북베트남은 공산주의자들이 점령했다. 바오다이는 프랑스와 공산주의자들 모두에 반대했던 열렬한 가톨릭 신자이자 노련한 민족주의 정치인 응오딘지엠Ngo Dinh Diem을 총리로 지명했다.

응오딘지엠이 오래 버틸 수 있을 것이라고 생각한 사람은 거의 없었다. 그는 공산당뿐만 아니라 자신의 군대를 거느린 여러 군벌들—불교에서 파생된 호아하오Hoa Hao와 까오다이Cao Dai(까오다이는 예수, 부처 및 빅토르 위고를 숭배했다) 종교군벌부터 사이공 지하세계를 지배하는 악명 높은 폭력조직 빈쑤옌Binh Xuyên에 이르기까지 다양한 군벌들—로부터 압력을 받고 있었다. 응오딘지엠이 당면한 문제는 이처럼 사방에서 압력을 받고 있는 가운데에서도 새로운 국가를 건설하는 것이었다. 설사가상으로 프랑스인에게 군사교육을 받은 군의 충성심도 믿을 수 없는 데다가 참모총장은 쿠데타를 계획하고 있었다.

CIA의 사이공 군사 업무 책임자인 랜스데일 대령의 임무는 '자유베트남'의 존속을 돕는 것이었다. 존 포스터 덜레스Foster Dulles 국무장관은 "필리핀에서 했던 대로 하라"고 지시했다. 어느 미국 외교관이 언급했듯이 "랜스데일과 힘들고 때로는 위험한 임무에 헌신"할 준비가 되어 있는 10여 명의 요원들이 그를 돕고 있었다. 그들은 랜스데일의 거처보다 2배나 큰, 미치가Rue Miche의 방 4개짜리 방갈로에 마련된 CIA 근거지와는 분리된 공간에서 일하고 있었으며, 공격에 대비해 항상 근처에 수류탄을 충분히 준비해두었다.

필리핀에서와 마찬가지로 랜스데일은 전국을 돌아다니며 지도자를 양성하는 길고 고생스러운 시간을 보냈다. 그는 프랑스어나 베트남어를 할수 없었음에도 불구하고 주목할 만한 성공을 거두었다. 랜스데일과 응오딘지엠은 통역을 통해 의사소통을 해야 했지만, 대통령궁에서 "거의 매일 만나면서" 하루에 몇 시간씩 줄담배를 피우고 차를 마시며 이야기를 나눴다. 랜스데일은 "우리는 점점 깊이 신뢰하고 서로에게 솔직한 친구 사이로 발전했다"라고 썼다. 하지만 나중에 그는 "응오딘지엠이 나의 베트남 친구들을 투옥하거나 추방했기 때문에 우리의 우정이 '맹목적인 우정'은 아니었다"라고 덧붙였다. CIA요원으로서 랜스데일은 남베트남 정치인 응오딘지엠에게 미국 혁명의 원리에 대해 가르치려고 노력했으며, 이 백상어 가죽 더블브레스트 정장을 입은 오뚝이 같은 응오딘지엠에게 조지 워싱턴을 본받아 베트남의 국부가 되도록 조언했다.

랜스데일은 나중에 '랜스데일주의Lansdalism'라고 불리는 자신의 대반란 철학을 드러내지 않고 새로운 친구와 공유했다. '랜스데일주의'는 영국의 로버트 톰슨Robert Thompson, 프랑스의 다비드 갈룰라David Galula, 그리고 동시대의 다른 대반란 전략가들이 옹호한 철학들과 유사한 그만의 독특한 미국식 대반란 철학이었다. 하지만 랜스데일은 그들과 달리 자신의 가르침을 설명하는 이론적 저작물을 결코 출판하지 않았다.(그가 쓴 유일한 책은 1972년에 출판된 회고록뿐이었다.) 그의 '랜스데일주의'의 본질은 미국독립선언문과 권리장전에 명시된 '기본 정치사상'을 구현하는 것이었다. 그는 미국독립선언문과 권리장전이 처음 구상되었을 때처럼 오늘날에도 살아 숨 쉬고 전 세계 선의를 가진 사람들의 가슴에 와닿는 역동적인 보편성의 이념을 형성한다고 믿었다. 그는 '우리의 이념'이 아시아에서 공산주의자들이 내세울 수 있는 그 어떤 것보다 훨씬 더 매력적이라고 확신했다. 이것은 그레이엄 그린 같은 현실주의자들에게는 허황된 것처럼 들렸지만, 랜스데일은 모호한 '사회개량주의do-goodism' 지지자는 결코 아니었다. 그는 강력한 군사행동을 거부한 것도 아니었다. 그는 "전투원은 전투할 준비가 되어 있어야 한다"고 말하곤 했다. 그러나 갈룰라와 톰슨처럼 게릴라들을 죽이는 것만으로는 충분하지 않다는 것을 알고 있었다. "공산주의자들에게 기억에 남을 만한 참패"를 안겨주기 위해서는 "군인과 민간인 간에 형제애와 같은 유대감"을 형성할 수 있는 민사작전을 실행할 필요가 있었다. 그는 미 특수전사령부 예하 장병들에게 다음과 같이 교육했다. "만약 제군들이 주민을 우리 편으로 만들면 공산당 게릴라들은 숨을 곳이 없다. 숨을 곳이 없으면 그들을 찾을 수 있다. 그런 다음 군인으로서 그들의 위치를 알아내라. … 그리고 그들을 토벌하라!"

제네바 협정에 따라 남쪽의 공산주의 동조자들은 북쪽으로, 북쪽의 반공주의자는 남쪽으로 이동할 수 있었다. 랜스데일은 대사관 지휘부의 반대를 무릅쓰고 미국 군함과 항공기를 투입하여 난민들을 남부로 이송하기 위한 대규모 활동을 조직했다. 베트남인들이 점성술사의 말을 존중한다는 것을 알게 된 그는 유명한 역술가들이 남베트남의 행운, 북부의 '어두운 미래'를 예언한 인기 있는 연감의 출판을 준비했다. 또한 너무 많은 남부 사람들이 북쪽으로 이동하는 것을 막기 위해 북쪽으로 떠날 사람들은 중국 철도 건설 자원 봉사자들과 합류하러 갈 때 유용할 방한복을 많이 준비해야 한다고 경고하는 내용이 담긴 베트민이 발행한 것으로 추정되는 선전물을 배포하기도 했다. 랜스데일의 공작 때문만은 아니었지만, 거의 100만 명이 북쪽에서 남쪽으로 이동한 반면, 그것에 훨씬 못 미치는 10만 명 미만이 남쪽에서 북쪽으로 이동했다.

랜스데일이 제2차 세계대전 당시 영국 특수작전집행부SOE와 미국 전략사무국OSS의 작전에서 영감을 얻어 반공 게릴라를 북쪽으로 침투시키려 했던 시도는 그다지 성공적이지 못했다. 그의 부하들은 하노이 버스의 석유 공급을 방해하는 데는 성공했지만 거기까지가 한계였다. 토착 독재 정권 하에서는 비밀첩보활동이 성공하기 어려웠다. 제2차 세계대전 당시 연합군은 독일군과 일본군이 정보적으로 불리한 점령지에서 사보타주 작전을 실행해 제한적인 성공만을 거두었을 뿐이다. 연합군이 독일과 일본 본토에서 성공을 거두지 못한 것처럼 랜스데일도 마찬가지로 북베트남에서 성공을 거두지 못했다.

그들보다 운이 좋게도 그는 오늘날 '국가 건설'이라고 부르는 프로그램을 통해 사이공 정부의 영향력을 남베트남 전역으로 확장할 수 있었다. '국가 건설'은 대반란 작전의 성공을 위해 중요한데, 반군의 영향을 축소하기 위해서는 국민을 보호하고 국민의 우려를 불식시킬 수 있는 정부 기관을 설립하는 것이 필수적이기 때문이다. 랜스데일의 민사작전 기구들에는 베트남 농민들에게 무료 의료 서비스를 제공하는 '오퍼레이션 브라더후드Operation Brotherhood'라는 NGO(비정부기구)의 일부로서 CIA와 개인 기부금으로 지원하는 필리핀 의사 및 간호사 자원봉사 단체가 포함되어 있었다. 또한 랜스데일은 베트남 관료들에게 수도에서 벗어나 프랑스 정장을 벗고 농민들이 입는 잠옷처럼 생긴 검은 옷으로 갈아입고 시골에서 "자치, 자기개발, 자기방어를 촉진하라"고 권했다.

남베트남의 많은 지역에서 새로운 정권의 유일한 대표자들은 군인들이었다. 공산당은 이 "부패한 프랑스 꼭두각시들"이 사람들을 강탈할 것이라고 경고했다. 이러한 우려에 대응하기 위해 랜스데일의 요원들은 마오쩌둥이 공표한 것을 모델로 하여 행동강령을 배포했다. 그것의 골자는 다음과 같다. "모든 군인은 민사작전 요원이다." 랜스데일은 "군용 차량이 마을 도로를 마구 질주하여 주민, 닭, 돼지를 흩어지게 만들 때마다 협력하려는 민간인의 의지는 꺾인다"는 사실을 잘 알고 있었다. 그래서 그는 병사들에게 "길에서 예의를 갖추도록" 교육하고 각 부대에서 우수운전병 경연대회를 열어 가장 안전하게 운전하는 운전병에게 메달과 상을 수여했다.

일단 지방이 진정되자, 랜스데일은 응오딘지엠에게 사람들과 개인적인 관계를 구축하기 위해 지방을 여행하도록 조언했다. 총리가 현지 방문하는 곳마다 "대단히 열광적인" 군중이 몰려들었다. 응오딘지엠 같은 토착 지도자는 제럴드 템플러와 같은 비교적 인기 있는 외국인 대반란전 전문가보다 훨씬 더 큰 대중적인 지지를 받을 수 있었기 때문에, 비록 짧긴 했지만 그의 인기는 그의 정부에 매우 귀중한 자산이 되었다.

◆ ◆ ◆

당시는 전 세계에 새로운 국가들이 생겨나고 있던 시기였다. 1945년 창립 당시 유엔 가입국은 51개국에 불과했지만 1970년까지 탈식민지화의 물결로 회원국은 127개국으로 늘어났다. 국가 수립 과정이 순조롭고 쉬운 사례는 거의 없었다. 응오딘지엠이 시골뿐만 아니라 수도까지 통제하는 데 어려움을 겪고 있던 남베트남 역시 마찬가지였다. 호아하오, 까오다이, 빈쑤옌과 같은 군벌들은 응오딘지엠을 타도하기 위해 바오다이 황제의 지원 하에 '연합 전선'을 결성했다. 그들은 사이공 주변에 집중된 거의 4만 명의 병력을 보유하고 있었던 반면, 응오딘지엠은 15만 명의 병력을 보유하고 있었으나 신뢰할 수 있는 수준이 아니었고 전국에 분산되어 있었다.

1955년 3월 29일 그리고 4월 28일에 다시 빈쑤옌이 대통령궁에 박격포 공격을 가했다. 반란군은 응오딘지엠에 반대하고 정권을 무너뜨리려고 여전히 남베트남에 9만 4,000명의 병력을 유지하고 있는 프랑스군으로부터 은밀한 지원을 받았다. 심지어 프랑스 하급 장교들은 응오딘지엠을 돕고 있는 랜스데일과 다른 저명한 미국인들을 죽이려다가 붙잡혔다. 프랑스군은 "우리의 배짱을 싫어하고 프랑스가 실패한 곳에서 미국도 실패하는 것을 보고 싶어한다"라고 랜스데일은 썼다.

랜스데일은 응오딘지엠에게 정권을 공고히 하기 위해 '연합 전선'에 맞설 것을 촉구했다. 그는 일부 군벌 지도자들을 매수하기 위해 CIA의 자금을 투입해 응오딘지엠을 도왔다. 미국 대사인 J. 로튼 "번개 조" 콜린스 Lawton "Lightning Joe" Collins 예비역 장군은 다른 견해를 가지고 있었다. 응오딘지엠에 대해 '심각한 의구심'을 품었던 그는 워싱턴으로 날아가 그의 오랜 친구인 아이젠하워 대통령에게 남베트남 총리인 응오딘지엠을 버리라고 설득했다. 랜스데일은 이 문제를 포함해 다른 어떠한 문제에 대해서도 대사에게 쓴소리하는 것을 두려워하지 않았다. 첫 번째 외교 업무 지원팀 회의에서 대사는 자신의 우선순위 과제들에 대해 의문을 갖는다는 이유로 랜스데일을 배제했다. 랜스데일은 대사가 대통령의 대리인이라는 사실을 몰랐을까? 랜스데일은 "여기에는 미국 국민을 대표하는 사람이 아무도 없는 것 같습니다. 미국 국민은 우리가 이러한 우선순위 과제들에 대해 논의하기를 원할 것입니다. 따라서 저는 이 자리에서 저 자신을 그들의 대표자로 지명하는 바이며, 저희는 이 회의장을 나가겠습니다"라고 말한 다음 회의장을 박차고 나왔다.

1955년 1월 펜타곤을 방문한 랜스데일. 왼쪽부터 앨런 덜레스 CIA 국장, 랜스데일, 미국 공군 참모총장 네이선 F. 트위닝(Nathan F. Twining), CIA 부국장 찰스 P. 카벨(Charles P. Cabell). J. 로튼 "번개조" 콜린스 주 베트남 대사는 응오딘지엠을 버려야 한다고 아이젠하워 대통령에게 조언했으나 랜스데일은 덜레스 CIA 국장을 비롯한 아이젠하워 행정부를 설득해 그의 해임을 막았다. 〈출처: WIKIMEDIA COMMONS | CC BY-SA 4.0〉

　"번개 조"가 '위대한 애국자이자 아마도 모든 민족주의자 중 최고'라고 생각했던 응오딘지엠을 끌어내리려 한다는 소식을 들었을 때 랜스데일은 분노하여 앨런 덜레스 CIA 국장에게 다음과 같은 장문의 전신을 보냈다. "프랑스가 받아들일 수 있는 응오딘지엠의 후임 정부는 베트남이 공산주의자들에게 넘어가지 않도록 하는 데 필수적인 개혁을 수행할 수 없을 것입니다." 몇 년 후 그는 응오딘지엠의 후계자들은 "아주 이기적이고 그저그런 평범한 사람들로, 공산주의자들에게 넘어간 나라에서 권력을 놓고 다툴 것이다"라고 예언했다. 응오딘지엠이 1963년 미국의 묵인하에 축출되어 살해된 후 남베트남에 발생한 '정치 및 안보 공백'을 돌이켜볼 때 이는 앞을 내다본 정확한 예측이었다. 훗날 CIA 국장 윌리엄 콜

1957년 워싱턴을 방문한 응오딘지엠이 아이젠하워 대통령과 존 포스터 덜레스(John Foster Dulles) 외무장관의 환영을 받고 있다. 랜스데일이 베트남을 떠난 후 응오딘지엠은 지주층과 군부·경찰 세력을 기반으로 강력한 반공정치를 폈으나 독재와 주위의 부패 때문에 민심을 잃고, 1963년 미국의 지원을 받은 즈엉반민 등 부하 장군들이 일으킨 군부 쿠데타로 살해당했다. 〈출처: WIKIMEDIA COMMONS | Public Domain〉

비]William Colby는 응오딘지엠의 실각을 "베트남에서 미국이 저지른 가장 큰 (아마도 최악의) 실수"라고 보았다.

응오딘지엠은 1955년에 랜스데일이 미국이 그를 지원하도록 아이젠하워 행정부를 설득하지 않았다면 살아남지 못했을 것이다. 얼마 지나지 않아 랜스데일이 예측한 대로 응오딘지엠의 군대는 여러 분파를 척결했다. 랜스데일은 '잔인한 유혈사태'를 직접 확인하기 위해 사이공을 돌아다녔다. 하지만 '응오딘지엠이 무력으로 이기는 것은 불가능하다'고 생각한 프랑스 및 미국 관리들은 책상에만 앉아 이를 의심하고 있었다.

랜스데일은 응오딘지엠에게 이러한 군사적 성공의 기세를 몰아서 자신 또는 바오다이 중에서 국가원수를 결정하는 국민투표를 실시하라고 권유했다. 선거를 공정하게 치러야 한다는 랜스데일의 경고에도 불구하고 응오딘지엠의 동생 응오딘뉴Ngo Dinh Nhu는 형이 98.2%의 득표율을 얻도록 투표를 조작했다. '완전히 믿을 수 없는' 득표 차에도 불구하고 응오딘지엠이 정말로 인기가 있었다는 것은 의심의 여지가 없다. 랜스데일의 팀원 중 한 명은 공정한 선거였다면 80%의 득표율을 얻었을 것이라고 믿었다.

랜스데일이 1956년 말 사이공을 떠나자 남베트남은 국가로서 제 기능을 하지 못했다.《뉴욕 타임스》가자인 닐 시한Neil Sheehan은 나중에 "남베트남은 실제로 에드워드 랜스데일이 건국한 나라라고 할 수 있다"라고 과장된 글을 남기기도 했다.

문제는 그가 창조한 남베트남이 공산주의자들의 반란에서 살아남을 수 있느냐 하는 것이었다. 1957년까지 공산주의자 간부들은 가장 정직하고 유능한 지역 공무원들에게 "미국 제국주의자들의 스파이, 도둑, 고용인"이라고 비난하며 테러를 자행하기 시작했다. 반란군은 이제 베트민이 아니라 베트콩(베트남 공산당)으로 불리기 시작했다.

52

또 다른 전쟁

◆

**1960~1973년,
베트남 전쟁에서 화력 투입만이 능사가 아니었던 이유**

2차 베트남 전쟁에서 랜스데일은 미 국방부 특수작전실Office of Special Operations 의 새로운 사무실에서 간접적으로만 영향을 미칠 수 있었다. 그의 임무는 국방부의 정보 프로그램을 감독하는 것을 돕는 일이었다. 랜스데일이 베트남에 완전히 돌아오기를 희망하는 응오딘지엠의 바람에도 불구하고 가끔씩 사이공을 방문하는 일정만 가능했다. 랜스데일은 베트남에 왔을 때 "나는 목소리를 거의 낼 수 없었다"라고 회상했다.

랜스데일은 1960년 준장으로 진급했으나 자신의 성공의 희생자가 되었다. 『조용한 미국인The Quiet American』과 『추악한 미국인The Ugly American』이 출판된 후, 그는 T. E. 로렌스 이후 가장 유명한 군사고문이 되었다. 그는 로렌스와 마찬가지로 정부 고위층으로부터는 신임을 받은 반면, 관료들에게는 노여움을 샀다.

새로 취임한 대통령 존 F. 케네디는 마오쩌둥과 체 게바라의 책을 읽고 이른바 '지하 전쟁'에 맞서 싸울 수 있는 미국의 역량을 강화하기 위해 노력했다. 취임 며칠 후 케네디는 랜스데일을 대통령 사무실에 불러 그를 베트남 대사로 임명하는 문제에 대해 이야기했다. 랜스데일은 '팀 플레이어'가 아니라 '고독한 늑대'라는 평이 자자했기 때문에 딘 러스크^{Dean} ^{Rusk} 국무장관은 그를 베트남 대사에 임명하는 것을 반대했다. CIA의 윌리엄 콜비는 다음과 같이 말했다. "랜스데일은 명령이 잘못된 것 같으면 그것을 무시하고 자신이 옳다고 생각하는 일을 계속했다.(그것도 자주 그랬다.)" 콜비의 기록에 따르면, 랜스데일은 이런 독불장군식 태도 때문에 "전통적인 관료들 사이에서 친구가 거의 없었고, 심하게는 미국 외교 정책에 큰 영향을 미칠 수 있는 고위직에 임명되기 어려웠다."

그래서 그는 피그스만 침공 작전^{Bay of Pigs operation}[391] 계획의 수립에 관여하지 못했다. 랜스데일은 겨우 1,500명도 안 되는 쿠바 망명자들이 노르망디 상륙작전 방식의 상륙작전을 수행하는 것은 자살행위라고 생각했다. 그는 "작은 게릴라 부대로 시작해서 점차적으로 진정한 믿음을 쌓아가는 것"을 선호했다. 그는 이후에 암호명 몽구스^{Mongoose}라는 기관 간 연합작전의 운영 책임자로 카스트로 정권을 전복하기 위한 작전에 참여했다. 그러나 그는 자신의 상관, 특히 로버트 F. 케네디^{Robert F. Kennedy} 법무장관이 쿠바 내에서 "국민으로부터 따뜻하고 이해심 있고 호의적인 지지"를 얻을 수 있는 혁명 조직을 만들겠다는 희망을 품고 조바심을 내고 있다는 것을 알게 되었다. 미 행정부는 "신속한 행동^{fast action}을 원했다". 그것은 카스트로를 암살하기 위한 특공대의 급습과 음모를 의미했다. 어느 작가가 적절하게 말했듯이 실행을 고려했었던 '비정상적인 계획' 중에는 피델 카스트로와 니키타 흐루시초프^{Nikita Khrushchev}의 사진이 인쇄된 화장지를 공중에서 투하하여 공산당을 모욕하려는 계획도 포함되어 있었다. 그러한 제안들이 실제로 실행되지는 않았지만, 이후 이런 계획이 세상에 알

---

[391] 피그스만 침공 작전: 1961년 4월 피델 카스트로의 쿠바 혁명정부를 전복하기 위해 미국이 훈련시킨 1,400여 명의 쿠바 망명자들이 미군과 쿠바 남부를 공격하다 실패한 작전이다.

려지면서 이미 은퇴한 랜스데일을 포함한 모든 관계자들은 상당히 당혹스러워했고, 1975년에는 상원의 처치 위원회Church Committee에서 증언하기 위해 소환되기까지 했다. 북베트남과 마찬가지로 쿠바에서도 공산주의 독재 정권을 와해시키려던 랜스데일의 시도는 불명예스러운 실패로 끝났다.

그의 노력에 대한 케네디 대통령의 지지에도 불구하고 미군이 대반란전을 전적으로 수용하게 만들려는 랜스데일의 노력은 실패로 끝났다. 1962년에 케네디 대통령은 "이전까지 경험해보지 못한 강력한 힘을 지닌 기원이 오래된 전쟁 유형, 즉 게릴라·전복 세력·반란군·암살자에 의한 전쟁, 전투가 아닌 매복에 의한 전쟁"에 대비할 것을 군대에 촉구했다. 이런 문제에 대처하기 위해 케네디 대통령은 대반란전 특수 조직을 구성했다. 이 특수 조직은 케네디 대통령의 적극적인 지지를 받았다. 그러나 이 특수 조직은 전통적인 방식을 고수하려는 맥스웰 테일러Maxwell Taylor 장군―미래에 합참의장과 차기 베트남 대사에 임명된다―이 지휘하게 되었다. 그는 정규군 간의 제한전을 준비하고자 했다. 따라서 군대는 대통령에게 립서비스만 했을 뿐이었다. 1961년에 케네디 대통령이 노스캐롤라이나의 포트 브래그Ft. Bragg를 방문했을 때 육군 특수작전부대는 정규군이 선호하는 관행에서 벗어나 대통령이 그들에게 착용을 허가한 새 녹색 베레모를 착용하고 자랑스럽게 행진했다. (녹색 베레모는 1942년에 미군 레인저가 훈련시킨 영국 코만도가 처음 착용했다.) 어느 특수작전부대원의 회상에 따르면, 눈부시게 빛나는 녹색 베레모를 쓴 육군 특수작전부대원들은 대통령을 위해 영화감독 "세실 B. 드밀Cecil B. De Mille이 기획한 화려한 공연"을 상연했다. 로켓 장치를 타고 호수를 가로질러 날아가 대통령 앞에 착륙하는 것이었다. 교과 과정에 게릴라전을 포함시키라는 명령을 받은 군은 타자수에게 '타자기를 폭발시키는 방법'과 제빵사에게 '수류탄을 넣은 사과 파이를 만드는 방법'을 가르쳤다.

이러한 기법은 게릴라전을 치르는 것과 일부 관련이 있을지 모르지만, 1960년대 육군의 주된 임무가 될 게릴라전 대응과는 아무런 관련이 없었다. 랜스데일이 지적했듯이 케네디 대통령의 촉구로 많은 노력을 했으나 대부분은 원하는 수준을 충족하지 못했다. 고위 간부들은 이 임무를 수행하는 데 기존의 교육, 교리, 조직만으로도 충분할 것이라고 생각했다. 그들의 관점은 1960년부터 1962년까지 육군 참모총장이었던 조지 데커George Decker 장군이 "제대로 된 군인이라면 누구나 게릴라를 처리할 수 있다"라고 주장한 것과 일맥상통했다.

고대 마카베인에서부터 19세기 스페인 게리예로, 20세기 아일랜드 공화당원에 이르는 반군에 의해 그들의 환상이 깨지기 전까지 수세기 동안 다른 많은 군인들도 틀림없이 이와 비슷한 생각을 했을 것이다. 사실, 전술적 수준의 게릴라전은 경보병 작전과 동일한 기술을 많이 활용하지만, 사람들 사이에서 벌어진 전쟁의 전략은 사막, 황무지, 바다 또는 하늘에서 벌어지는 두 정규군 간의 충돌과는 완전히 다르다. 저강도 분쟁은 주민을 통제하고 치안을 유지하는 데 중점을 두어야 한다. 무분별한 화력의 적용은 불필요한 민간인 사상자를 낳아 더 많은 민간인을 반란군 진영에 가담하게 함으로써 역효과를 낳을 수 있다. 따라서 게릴라와의 전쟁은 일반적인 재래식 분쟁에서 운용하는 정도와는 달리 화력을 어느 정도 자제할 필요가 있다.

◆ ◆ ◆

이것은 미군이 베트남에서 비싼 대가를 치르고 배운 교훈이었다. 그러나 이런 일이 처음도 아니고 마지막도 아니었다. 1960년 북베트남이 남베트남에서 전쟁을 수행하기 위해 민족해방전선을 결성하기로 결정했기 때문에 랜스데일이 떠난 후 상황은 크게 악화되었다. 1961년 베트남을 잠시 방문한 랜스데일은 공산주의자들이 남베트남의 가장 생산적인 지역에 침투하여 거의 모든 지역을 장악할 수 있다는 사실을 알고 충격을 받았다. 그는 베트남군의 포격이 마을을 향하는 것을 보고 더욱 경악했다. "그것은 게릴라전에서 절대 일어나서는 안 되는 일이었다. 자국민을 상대로 전쟁을 해서는 결코 안 된다."

랜스데일의 기록에 따르면, 응오딘지엠은 관저 경비원에게 눈이 가려진 상태로 대통령궁에서 더욱 고립되어 있었다. 랜스데일이 떠난 후 응오딘지엠에게는 민주적 개혁을 촉구할 수 있는 신뢰할 만한 대화 상대가 없었다. 그 대신 그는 동생 응오딘뉴에게 의존했다. 어느 남베트남 관료의 표현에 따르면, 응오딘뉴는 "진정한 마키아벨리주의자"였다. 그는 인격주의personalism라는 독특한 유사 마르크스주의 독트린을 전파하고 반대파를 억압하고 승려의 반대를 불러일으키는 강경책을 주도했다.

랜스데일은 1961년에 다음과 같이 기록했다. "차기 미국 관리가 응오딘지엠 대통령과 대화를 나눠보기만 하면 이 사람이 우리가 무릎을 꿇게 만들어야 할 적이 아니고 수년 동안 수많은 지옥 같은 일을 겪어온 한 인간이라는 것을 알게 될 것이다. 우리는 건전한 방법으로 그에게 다시 영향을 미치기 시작할 것이다. 만약 동생 응오딘뉴가 마음에 들지 않으면 우리 측 사람 중 누군가를 응오딘지엠의 측근으로 만들면 된다." 하지만 랜스데일이 떠난 후 어떠한 미국 대표도 까다로운 응오딘지엠 대통령과 그런 친밀한 관계를 맺을 수 없었다. 엘살바도르의 호세 나폴레옹 두아르테José Napoleón Duarte, 아프가니스탄의 하미드 카르자이Hamid Karzai, 이라크의 누리 알 말리키Nouri al-Maliki를 상대해야 하는 미래 세대의 미국 관료들도 이와 비슷한 문제를 겪게 될 것이다. 그것은 실제로 표면상으로만 주권을 가진 동맹국을 외부 세력이 통제하지 않고 지원하는 대반란전에서 흔히 겪는 일반적인 문제이다. 말라야에서 영국, 알제리에서 프랑스, 혹은 자국의 식민지에서 싸우는 다른 제국주의자들은 이런 문제에 직면하지는 않았지만, 이들의 경우 독립된 현지 정부가 없어 대중의 지지를 얻지 못하는 문제가 있었다.

랜스데일이 남베트남을 떠난 이후 남베트남에서 수행된 대반란 계획 중 가장 유망했던 것은 영국 자문단의 '친절한' 수장 로버트 톰슨 경Sir Robert

1963년 11월 2일 총격을 받고 사망한 응오딘지엠. 미국 정부의 지원을 받은 쿠데타 세력에 의해 응오딘지엠이 제거된 후 베트남은 혼란으로 빠져들었다. 이는 베트남에서 저지른 미국의 가장 큰 실수로 평가받고 있다. 〈출처: WIKIMEDIA COMMONS | Public Domain〉

Thompson의 건의로 수립된 전략촌 프로그램Strategic Hamlets program이었다. 톰슨 경은 랜스데일과 마찬가지로 공군 출신의 유망한 대반란 전문가 중 한 사람이었다. (그는 친디트 부대의 영국 공군 연락장교로 일한 경험도 있었다.) 이 주민 재정착 및 마을 치안유지 계획은 말라야의 신정착촌과 이스라엘의 키부츠를 모델로 했지만, 응오딘뉴의 잘못된 지시에 따라 프로그램이 너무 빠르게 확장되었다. 톰슨이 언급했듯이, "말라야에 500개의 화교 정착촌을 세우는 데 3년 이상이 걸렸다. 베트남에서 2년 이내에 8,000개가 넘는 전략촌이 만들어졌고 그중 대부분은 1963년 첫 9개월 동안 만들어졌다." 신생 남베트남 군대가 보호하기에는 그 수가 너무 많았기 때문에 적이 새로운 촌락에 침투할 수 있었다. 케네디가 암살되기 한 달 전 미국의 지원을 받은 쿠데타로 응오딘지엠이 사망한 후, 이 프로그램을 보호하려는 노력이 계속되었지만 공식적인 지지를 받지 못했다.

사이공 정부가 불확실한 시기에 돌입하고 베트콩의 세력이 커져가면

1965년 12월 북베트남 목표물로 향하는 도중 보잉 KC-135A 스트래토탱커로부터 연료를 공급받고 있는 미 공군 F-105D. 통킹만에서 정보 수집 임무를 수행 중이던 미국 구축함 2척에 대한 북베트남의 공격에 대응하여 미국 린든 존슨 대통령은 협상에 박차를 가하려는 의도로 롤링 썬더 작전을 개시해 북베트남을 폭격했다. 그러나 미국의 린든 존슨 행정부는 확전을 우려해서 북베트남을 폭격하면서도 중국과 소련의 비위를 건드리지 않기 위해서 여러 가지 정치적 제한을 두었고, 이러한 규제들이 작전의 실효성을 떨어뜨려 결국 롤링 썬더 작전은 미국의 전략적 실패로 끝나고 만다. 〈출처: 미 공군〉

서 새 대통령 린든 존슨Lyndon Johnson은 힘들기만 하고 인정은 받지 못한 선택에 직면했다. 그것은 더 강력한 군사력을 투입하느냐, 아니면 동맹이 무너질 수도 있는 위협을 감수하느냐 하는 선택이었다. 1965년에 통킹만Gulf of Tonkin에서 정보 수집 임무를 수행 중이던 미국 구축함 2척에 대한 북베트남의 공격에 대응하여, 그는 협상에 박차를 가하려는 의도로 롤링 썬더 작전Operation Rolling Thunder을 개시했다. 최초의 미국 지상군은 공군 기지를 보호하기 위해 파견되었지만, 곧 적극적인 전투 임무를 수행했다. 1965년 말까지 남베트남에는 18만 4,000명의 미군이 있었는데, 그 수가 꾸준히 증가하여 1969년에는 54만 명에 달했다. 이에 대응하기 위해 북베트남은 베트콩과 함께 싸울 정규 병력을 남부로 파견했다. 이로 인해 안보 상황은 더욱 악화되었다. 미국의 국내 상황도 안 좋기는 마찬가지였다. 인기 없는 전쟁과 징병으로 인해 대학 캠퍼스에서 시위와 폭동이 일어났다. 존슨 행정부는 주로 징집병들에 의존함으로써 로마, 중국, 영국, 프랑스 제국이 배운 교훈을 무시하고 있었다. 본국에서 멀리 떨어진 반란 진압작전은 일반적으로 국민의 지지를 받기 어려우며 비용이 많이 들고 오래 지속되므로 집으로 돌아가 사회 불안을 일으킬 것이 확실한 열성적이지 않은 징집병들을 작전에 투입하는 것보다는 매력적이지 못한 임무에 자원한 직업군인들에게 맡기는 편이 더 나았다.

미군이 배우지 못한 과거 게릴라전 교훈은 이것뿐만이 아니었다. 베트남 군사지원사령부U.S. Military Assistance Command, Vietnam 사령관 윌리엄 차일즈 웨스트모어랜드William Childs Westmoreland 장군은 반백발에 짙은 눈썹, 화강암 조각상 같은 예의 바른 남부 출신 장군이었다. 제2차 세계대전과 6·25 전쟁 참전용사인 그는 정규전 작전에 대한 교육은 잘 받았지만, 독일 국방군이나 조선인민해방군과는 다르게 공개적으로 싸우지 않는 적과 맞서 싸운 경력이 없고 그런 적과 맞서 싸울 수 있는 교육도 받은 적이 없기 때문에 그들을 상대할 준비가 전혀 되어 있지 않았다. 1964년에 웨스트모어랜드가 베트남에서 사령관으로 처음 고려되었을 때 어느 준장은 "그를 임명하는 것은 중대한 실수가 될 것"이라고 경고했다. "그는 때 빼고 광내는 법만 안다. 하지만 이 전쟁은 대반란전이며 아마 장군은 어떻게 대처해야 할지 모를 것이다." 이 예측은 안타깝게도 맞아떨어졌다.

제한된 경험을 바탕으로 웨스트모어랜드는 반란에 대한 해결책으로 '화력'이라는 한 단어를 제시했다. 미국 항공기는 제2차 세계대전보다 베트남 전쟁 중에 더 많은 폭탄을 떨어뜨렸으나 대부분 남베트남 영토에 떨어졌다. 그러나 시끄러운 항공기, 헬리콥터, 트럭 및 전차의 운용과 결합한 자유로운 화력 운용은 미군이 공격할 때마다 베트콩에게 사전에 경고하는 수단이 되어 일반적으로 적은 이를 예측하고 미리 빠져나갔다. 예를 들어, 책과 영화 〈위 워 솔저스We Were Soldiers〉의 주제가 된 유명한 1965년의 이아 드랑Ia Drang 계곡 전투처럼 공산군은 때때로 미군과 결판이 날 때까지 싸웠다. 그러나 북베트남군이나 베트콩 부대가 함정에 빠져 전멸당하는 경우는 드물었다. 막대한 화력을 쏟아부어도 돌아온 것은 많은 사상자와 난민뿐이었기 때문에 이로 인해 남부의 주민이 이반하는 결과가 발생했다. 훗날 어느 미국 장교는 "우리는 정말 많은 민간인을 날려버렸다"라고 시인했다.

보어 전쟁의 키치너와 마찬가지로 웨스트모어랜드는 민간인의 고통에 관심이 없었다. 그는 시신의 수를 집계하여 작전의 진행 상황을 측정했는데, 죽은 농부를 베트콩 전투원으로 계산하는 것은 너무나 쉬웠다. 미군이나 남베트남군이 지역을 떠나면 베트콩은 통제권을 되찾기 위해 다시돌아왔다. 미군은 주민이 거의 살지 않는 고지대 주변의 공산주의자 조직을 쫓아다니느라 바빴기 때문에 1,600만 명 주민의 보호를 소홀히 했다. 이들의 90%는 메콩강 삼각주와 좁은 해안평원에 거주하고 있었다.

웨스트모어랜드는 북베트남, 라오스, 캄보디아를 거쳐 남베트남으로이어지는 도로망인 호찌민 루트Ho Chi Minh Trail를 차단해 저항세력을 차단하려고 했지만 성공하지 못했다. 왜냐하면 게릴라는 작전을 수행하기 위해 트럭으로 받을 만큼 많은 양의 보급품이 필요하지 않았기 때문이다. 게다가 그들은 캄보디아의 시아누크빌Sihanoukville 항구에서 곧바로 연결되는 또 다른 보급로를 가지고 있었다. 호찌민 루트는 병력 증원을 위한 침투 경로로서 더 중요한 의미가 있었지만(1966년까지 1년에 5만 명 이상의 전투원이 남쪽으로 이동했다), 정글에 숨어 있는 게릴라 전투원들은 공중에서 공격하기 어려운 것으로 악명이 높았다.

종합적으로 보면, 미국은 재래식 작전 이상의 노력을 투입했다. 남베트남과 연합으로 수행한 대반란 프로그램들 중에서 성공 가능성이 높은 것들도 있었다. 해병대 분대 일부를 베트남 마을에 파견하여 민병대와 협력하여 마을을 보호하는 연합작전 프로그램, 미국이 오기 전 프랑스가 운용했던 것처럼 CIA 요원과 특수작전부대원을 파견해 산악지대 소수민족을 교육하여 만든 민간인 비정규 방어부대, 정보를 수집하고 적을 매복공격하기 위해 미국-남베트남 연합특수작전부대로 구성된 소규모 헌터킬러 팀을 파견하는 장거리정찰부대, 그리고 미국과 남베트남 정보요원들을 보내 베트콩 간부들을 근절하기 위해 보낸 피닉스 프로그램^{Phoenix Program} 등이 대표적인 것들이었다. 이 프로그램들은 전통적인 작전보다 미군과 베트남 민간인 사이에서 더 많은 적을 죽이고 사상자를 줄였다. 어느 베트콩 지도자는 나중에 "우리는 1개 사단을 두려워한 적은 없었지만, 우리 조직에 침투한 피닉스 대원 몇 명은 우리에게 엄청난 어려움을 안겨주었다"라고 말했다.

그러나 이러한 프로그램들은 랜스데일이 "지름길" 또는 "마법의 공식"이라고 조롱한 것을 찾고 있던 미군 지휘부가 만족할 만큼 효과가 빠르거나 결정적이지는 않았다. 대반란전은 "또 다른 전쟁"으로 불리게 되었고 미국 자원의 95%를 소비하는 탐색격멸작전의 부차적인 보조 수단에 지나지 않았다. 이것은 미국이 베트남에서 실패하고 영국이 말라야에서, 그리고 필리핀이 후크발라합 반란에서 성공하게 된 중요한 차이였다. 성공한 분쟁에서도 남베트남에서 운용한 것과 표면적으로 여러 면에서 유사한 많은 대반란 프로그램들을 운용했지만, 그것들은 부차적인 것이 아니라 주력 프로그램들이었다. 남베트남에서는 무분별하게 진행된 파괴적인 탐색격멸 임무로 인해 상당한 노력을 투입하여 얻은 반군 캠페인의 이득을 상쇄하는 역효과가 발생했다.

운용할 수 있는 부대가 꾸준하게 증가하고 있는데도 웨스트모어랜드는 북베트남 정부가 충원하는 것보다 더 많은 공산주의자들을 죽이는 '교차점'에 도달한다는 그의 소중한 목표를 결코 달성하지 못했다. 미군 사령관들이 종종 과장된 '시신 수'에 대한 공로를 주장했지만, 남쪽에 있는 적의 수는 꾸준히 증가했다. 공식적인 미군 추정치에 따르면, 1965년 말에는 남쪽에 13만 4,000명의 공산당 정규군과 게릴라가 있었고, 1967년에는 28만 명이 있었다. CIA는 실제 수치는 그보다 훨씬 더 많아서 1968년에 50만 명 이상이었을 것이라고 믿었다.

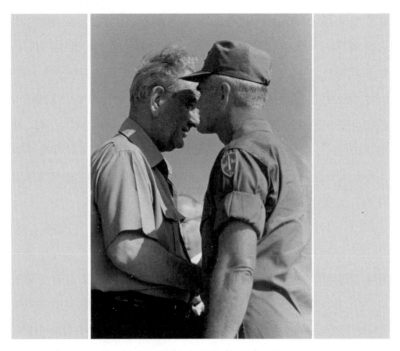

베트남 남부 캄란만(Cam Ranh Bay)에서 미국 존슨 대통령(왼쪽)과 함께한 웨스트모어랜드(오른쪽). 게 릴라전을 이해하지 못한 웨스트모어랜드는 제2차 세계대전 때보다 더 많은 폭탄을 베트남에 쏟아붓 는 화력전을 전개해 베트남인뿐만 아니라 미국인들의 마음도 돌아서게 만들었다. 〈출처: WIKIMEDIA COMMONS | Public Domain〉

　공산군은 엄청나게 많은 사상자가 발생했다. 전쟁 후 북베트남 정부는 110만 명의 병력을 잃었다고 인정했는데, 이는 실제 사상자 수와 큰 차 이가 없었다. 북베트남은 여론에 영향을 받지 않는 독재국가였다. 반면, 미국인들은 사상자를 더 의식했고, 많은 미국인들이 희생되었음에도 불 구하고 진전이 거의 없자 반전 여론이 고개를 들기 시작했다. 최종 사망 자가 5만 8,000명에 도달하기 훨씬 전에 수백만 명의 미국인이 지속되 는 전쟁에 항의하기 위해 거리로 나갔고, 이는 남북전쟁 이후 미국 사회 를 분열시키는 갈등을 초래했다. 북베트남 정부는 의도적으로 미국의 여 론을 이용했다. 그들은 선전을 통해 반전운동가들을 부추겼는데, 반전운 동가 중 가장 유명한 배우 제인 폰다Jayne Fonda는 1972년에 실제로 북베트남을 방문하기도 했다. 북베트남 정부는 베트콩이 북부에서 독립노선을 걷고 있으며 호찌민과 다른 북부 지도자들은 실제로 공산주의자가 아니라고 주장했다. 서방의 많은 사람들이 이러한 거짓 선전을 믿었다. 이와 대조적으로 북베트남 주민들의 반공활동은 정부 검열에 의해 차단되었다.

몇 년 후 웨스트모어랜드는 수치스러운 패배로 베트남을 떠나게 되었고, 그 후 그와 그의 군 동료들은 잘못 선택한 전략에 대한 책임을 정치지도자, 특히 린든 존슨 대통령과 로버트 맥나마라Robert McNamara 국방장관에게 전가하려 했다. 그러나 존슨 대통령은 북베트남 정부의 동맹국인 중국과 소련이 전쟁에 참여할까 봐 두려워 북베트남 폭격은 소소한 것까지 일일이 간섭한 반면, 남베트남에서 실시하는 작전에 대해서는 거의 손을 놓고 있었다. 역사가 루이스 솔리Lewis Sorley는 "남베트남 내에서 미군 사령관의 전쟁 수행 방식 결정권은 매우 컸다"라고 기록했다. "웨스트모어랜드뿐 아니라 그의 후임자도 마찬가지였다." 간단히 말해서 웨스트모어랜드는 인도차이나 전역 초기 프랑스 사령관들의 결정과 섬뜩할 정도로 유사하게도 공산군에게 유리한 '소모전'을 벌이기로 결정했고, 이에 대한 책임은 전적으로 자신에게 있었던 것이다.

◆ ◆ ◆

1965년 8월 랜스데일이 남베트남에서 두 번째 근무를 위해 부임했을 때, 정규전 중심의 (별 효과가 없는) 전쟁 수행 노선은 이미 확립되어 있었다. 행정부 내 그의 적들은 소장으로 승진한 지 불과 몇 달 되지 않은 그에게 1963년 말에 공군에서 전역할 것을 강요했으나 허버트 험프리Hubert Humphrey 부통령은 여전히 랜스데일을 지지했고 그가 유용하다고 생각했다. CIA 사이공 지국장은 이 "무뚝뚝한 성격이 별난" 침입자가 신설된 사이공연락사무소Saigon Liaison Office를 이끌 민간인으로 임명되어 헨리 캐벗 로지Henry Cabot Lodge 대사에게 직접 보고했다는 소식을 듣고 "마티니를 떨어뜨릴 뻔했다"고 말했다.

랜스데일은 1971년 베트남전 기밀문서인 펜타곤 페이퍼$^{Pentagon\ Paper}$의 유출자로 악명을 떨쳤던 전 국방보좌관 다니엘 엘스버그$^{Daniel\ Ellsberg}$를 포함하여 일부 새로운 사람들과 함께 1950년대 당시 활동했던 많은 옛 갱단을 부활시켰다. 꽁리가$^{Cong\ Ly\ Street}$에 위치한 2층 빌라에서 랜스데일과 그의 보좌관은 베트남 방문객을 끊임없이 맞으며 인삼주를 마시고 이야기를 나누고 민요를 불렀다.

당시 랜스데일은 언론이 '기적'을 행할 것으로 기대하는 '살아 있는 전설'이었다. 그러나 막사이사이나 응오딘지엠과 같이 일할 만한 현지 지도자가 없었다. 랜스데일이 예상했던 것처럼 랜스데일의 동료 CIA 요원 뤼시앵 코냉$^{Lucien\ Conein}$이 설계한 응오딘지엠 실각 이후 정당성이 결여된 제복을 입은 독재자들이 연이어 등장했다.

그러나 랜스데일이 직면한 가장 큰 장애물은 사이공에 위치한 미국의 비대하고 비효율적인 조직인 '펜타곤 이스트$^{Pentagon\ East}$'[392]였다. 그가 1954년 남베트남에 처음 도착했을 때 전국에 미군은 348명에 불과했다. 1968년 두 번째 보직이 끝날 무렵, 그 숫자는 50만 명 이상으로 증가해 있는 상태였다. 랜스데일의 팀원은 11명에 불과했다. 그는 독립적인 권한이 없었고, 자신의 서툰 사무실 정치, 워싱턴 고위층의 지원 부족, 관료들의 만성적 의심으로 인해 자신이 행사할 수 있는 영향력이 제한되었다. 어느 관계자는 "우리는 아시아의 로렌스를 원하지 않는다"고 자신들의 입장을 밝혔다.

그러한 반감의 원인을 식별하는 것은 어렵지 않았다. '조용한 미국인' 랜스데일은 1960년대 초부터 발전해온 미국의 정책에 반대했다. 그는 남베트남에 그렇게 많은 미군이 주둔하는 것을 원하지 않았다. "군으로

---

392 펜타곤 이스트: 베트남군사원조사령부(U.S. Military Assistance Command, Vietnam, MAC-V)의 별명.

공산주의 세력을 억제할 수는 있습니다. 하지만 대량학살이 아니고는 공산주의자를 물리칠 수는 없습니다." 그는 수천 년에 걸친 게릴라 분쟁의 교훈을 정확하게 요약하여 로지 대사에게 전달하며 경고했다. 그는 '식민지주의의 병폐'를 연장시킬 베트남의 많은 미국인들 사이에서 찾아볼 수 있었던 '과도한 온정주의'보다는 베트남 문화를 잘 이해하고 있는 보좌관들이 제시한 '실현 가능한 민주주의'를 발전시키기 위한 '풀뿌리' 차원의 정치적 행동을 선호했다. 그는 군사행동의 필요성을 인식하고 있었지만 미군과 남베트남군의 대규모 부대 투입, 화력 집약적 전술을 신랄하게 비난했다. 그는 1964년 《포린 어페어스Foreign Affairs》지에 기고한 글에서 다음과 같이 경고했다. "베트콩이 밀집되어 있다고 보고된 촌락이나 민간인으로 가득한 마을에 보병화기, 화포, 항공기로 원거리에서 사격을 가하라고 부대에 명령을 내리는 남베트남군 장교들과 그것을 보고만 있는 미 군사고문은 자유라는 대의를 무너뜨리는 데 일조하는 것이다."

나중에 랜스데일은 자신이 반란 진압에 대한 대안적인 접근 방법을 진행하려고 할 때, "미국 관리들에 의해 자신의 아이디어가 수시로 방해받았다"고 쓸쓸하게 인정했다. 랜스데일의 예지력과 로버트 톰슨, 존 폴 밴John Paul Vann, 로저 힐스먼Roger Hilsman 같은 경험이 많은 대반란전 전문가의 선견지명은 미국이 베트남을 영원히 떠나기 몇 달 전에 발생한 구정 공세 이후에야 비로소 널리 인정받았다.

◆ ◆ ◆

1968년 1월 30일 밤, 강경파 공산당 지도자들의 압력을 받은 보응우옌잡은 8만 4,000명의 전투원을 투입하여 사이공과 남베트남 대부분의 주요 도시에 대한 기습 공격을 시작했다. 랜스데일은 1월 31일 새벽 3시에 사이공의 다른 많은 주민들처럼 "근처에서 들리는 쾅 하는 굉음에 이어 자동화기 발사 소리"를 듣고 잠에서 깨어났다.

얼마 지나지 않아 총소리가 사방에서 들렸다. 베트콩 자살공격부대는 전멸당하기 전에 강력한 방어망을 구축한 미국 대사관 부지에 침투하기까지 했다. 1951년에 홍강 삼각주에 대한 초기 공격과 마찬가지로 '결정적인 타격'을 가하려는 보응우옌잡의 시도는 값비싼 패배로 끝났다. 약 3만 7,000명의 공산군이 전사하고 5,800명이 포로로 잡혔으며, 미군 1,001명과 남베트남군 2,082명이 전사했다. 북베트남 정부가 희망했던 대중봉기는 결코 일어나지 않았다. 대신 도시를 장악한 3주 동안 2,800명의 민간인을 처형한 후에^{Hue} 대학살[393]은 남베트남에서 대중의 반발을 불러일으켰다.

구정 공세는 군사적으로는 성공하지는 못했지만 웨스트모어랜드가 1967년 11월에 주장한 종전이 임박했다는 공식 선언에 의문을 제기하게 함으로써 선전전에서 북베트남 정부에게 소중한 뜻밖의 횡재를 안겨 주었다. 1968년 3월 마지막 날 오후 9시, 감색 정장과 얇은 빨간색 넥타이를 착용하고 깊게 주름진 얼굴에 암울한 표정을 지은 존슨 대통령이 대통령 집무실에서 "긴장을 완화하기 위한 부분적 폭격 중단"을 발표했다. 그는 40분간의 연설을 끝낸 뒤 놀랍게도 "평화를 바라는 미국의 희망과 세계의 희망을 달성하는 데 저의 모든 에너지를 집중하기 위해 차기 대선에서 당의 지명을 요구하거나 받아들이지 않을 것"이라고 덧붙여 말했다. 이처럼 베트남 전쟁은 국가 최고지도자인 존슨 미 대통령의 희생을 요구했다. 존슨 대통령은 9일 전에 이미 웨스트모어랜드를 베트남 군사지원사령부 사령관직에서 해임한 뒤 육군 참모총장에 임명했다. 병력 증파를 요구하는 웨스트모어랜드의 요청은 거부되었다. 이것은 전쟁이 순조롭게 진행되지 않는다는 것을 암묵적으로 인정하는 것이었으며, 대중도 이미 이것을 알고 있었다. 그의 연설 직전에 갤럽이 조사한 응답자 중

---

393 후에 대학살: 구정 공세를 통해 후에(Hue)의 점령과 함락, 후퇴 과정에서 베트콩과 베트남 인민군에 의해 자행된 즉결 처형과 대량학살에 붙여진 이름이다. 베트남 전쟁 중 가장 길고, 피를 많이 본 사건 중 하나로 간주되고 있다.

26%만이 존슨의 베트남 전쟁 정책을 지지했다.

차기 대통령 리처드 M. 닉슨Richard M. Nixon과 국가안보보좌관 헨리 키신 저Henry Kissinger는 '명예로운' 분쟁 종식을 위해 미군의 점진적인 철수를 포함하는 '베트남화Vietnamization' 정책[394]을 시작할 수밖에 없었다. 그러나 베트콩은 구정 공세로 입은 피해 때문에 미국의 철수를 즉시 이용할 수 있는 위치에 있지 않았다. 웨스트모어랜드의 부사령관이자 후임자인 크레이튼 "에이브" 에이브럼스Creighton "Abe" Abrams 장군은 "남베트남의 마을과 촌락 사람들을 위한 치안"을 제공하는 데 더 중점을 두면서 기존 작전을 점차 축소하면서 압박을 계속 유지했다.

에이브럼은 "또 다른 전쟁"이라는 구호를 없애고 "하나의 전쟁"으로 대체했다. 그는 예하 사령부인 민사작전 및 혁신개발지원 사령부CORDS, Civil Operations and Revolutionary Development Support를 효과적인 대반란전 기구로 변모시킨 전략사무국OSS 및 CIA 출신 윌리엄 콜비에게 큰 도움을 받았다. 실제로 미군의 수가 감소했는데도 남베트남의 안보 상황은 개선되었다. 1971년에 콜비와 그의 무모한 부하 존 폴 밴John Paul Vann은 경호원 없이도 아무런 문제 없이 메콩강 삼각주를 오토바이로 횡단할 수 있었다.

이듬해 보응우옌잡은 남베트남에 대한 재래식 공격을 개시함으로써 1951년과 1968년에 이어 세 번째로 똑같은 실수를 반복했다. 비정규전을 조기에 끝내려는 시도는 반란군이나 대반란 진압군에게 큰 실수가 될 수 있다. 이런 유형의 전쟁에서는 승리로 가는 지름길이 없다. 보응우옌잡은 인내심이 강한 편이었고, 그가 싸웠던 프랑스군 장군이나 미군 장군들보다 훨씬 더 장기적인 전망을 가지고 있었다. 그러나 그는 전멸 위기에 빠뜨릴 수 있는 성급한 공세에 주사위를 던지는 경향이 있었으며, 그로 인해 역대 가장 성공적인 게릴라 전략가 중 한 명이라는 그의 명성은

---

394 베트남화 정책: "남베트남 군대를 확장하고, 장비를 갖추게 하고, 훈련시키고, 지속적으로 증가하는 전투 역할을 그들에게 부여하고, 동시에 미국 전투 병력의 수를 꾸준히 감소시키는" 프로그램을 통해 베트남 전쟁에 대한 미국의 개입을 끝내려는 리처드 닉슨 행정부의 정책이다.

손상되었다. 남아 있는 미군 지상군은 거의 없었지만, 1972년 부활절 공세는 미 공군의 도움을 받은 남베트남군에 의해 격퇴되었다. 1973년 1월, 하노이 폭격과 하이퐁 항 기뢰부설 이후 북베트남 정부는 적어도 일시적인 휴전을 위한 파리평화협정에 서명할 준비가 되어 있었다.

'명예로운 평화'를 달성했다는 닉슨의 주장에도 불구하고 15만 명 이상의 공산군이 남부에 남아 곧바로 협정을 위반하기 시작했다. 그렇다 하더라도 미국이 6·25전쟁 이후에 그랬던 것처럼 군대를 배치하고 이를 유지하고자 했다면 남베트남은 살아남았을지도 모른다. 그러나 압도적인 승리로 재선에 성공한 이후 전쟁에 대한 대중의 반대와 닉슨의 인기를 훼손한 워터게이트Watergate 스캔들로 인해 그렇게 하는 것은 불가능했다. 1974년 중국과 소련이 북베트남에 대한 지원을 계속했음에도 불구하고 미국의 남베트남 지원은 완전히 중단되었다. 1975년에 북베트남의 침공으로 남베트남은 급속히 붕괴되었다. 20년간 지속된 베트남 전쟁의 종식은 파자마 차림의 게릴라들이 아니라 소련제 T-54 전차를 탄 북베트남 정규군에 의해 이루어졌지만, 전쟁을 계속 하려는 미국 국민의 의지를 무너뜨려 공산주의자들이 결국 승리할 수 있게 만든 것은 게릴라들이었다.

◆ ◆ ◆

1969년에 호찌민은 '제국주의와 봉건주의 세력'에 대한 오랜 투쟁의 끝을 보지 못하고 사망했다. 그는 죽기 오래전부터 늙고 병들어서 명목상 대통령이었을 뿐이었고, 실제 권력은 강경파 당 지도자인 레주언Le Duan이 막후에서 행사했다. 1965년 미국과 직접 대결하는 것을 두려워하여 "겁쟁이 토끼"라고 조롱당했던 보응우옌잡과 달리, 레주언은 지금까지 초강대국 미국이 겪은 가장 굴욕적인 패배 중 하나를 설계한 주요 설계자였다. 승리를 향한 그의 외골수적인 헌신의 대가는 그 어떤 민주국가가 용인할 수 있는 것보다 훨씬 더 컸다. 북베트남 정부는 20년간 지속된 전쟁으로 360만 명의 베트남인이 희생된 것으로 추정했다.

해리 서머스Harry Summers 대령같이 정규전을 중심으로 생각하는 미군 장교들은 훗날 "남부에서 벌어진 게릴라전"에 너무 치중한 나머지 전쟁에서 졌다고 주장했지만, 근시안적인 정치인들은 군이 "문제의 발생지에서 문제의 근원을 해결하는 것"을 막았다. 이 전쟁에서 승리하기 위해서는 라오스를 정규군으로 공격하여 호찌민 루트를 끊거나, 이보다 더 확실한 방법으로 북베트남을 침공해서 공산주의 정권을 무너뜨렸어야 했다는 주장도 있었는데, 이러한 주장은 미군이 북위 17도선을 넘을 경우 1967년에 북부에 17만 명의 병력이 대기 중이던 중국의 전쟁 개입 가능성을 무시한 것일 뿐만 아니라 인도차이나 전쟁에서 프랑스가 얻는 교훈도 무시한 것이었다. 프랑스는 전국을 점령했었지만 중국으로 뻗어 있는 보급선을 가진 의연한 게릴라들에게 패배했다.

변덕스런 정치 지도부가 미국 역사상 최악의 군사적 패배의 원인 중 하나라는 것은 의심할 여지가 없었다. 또 정규전 전략을 비정규전에 적용하려는 군 지휘부의 둔감함도 그 원인 중 하나였다. 에드워드 랜스데일 같은 대반란전 전문가들의 조언에 더 많은 주의를 기울였다면 결과는 달랐을 수도 있었다. 에드워드 랜스데일은 일찌기 1964년에 공산주의자들이 베트남에 혁명적 사상을 전파했기 때문에 우리에게 무시당하거나, 폭격당하거나, 질식당해 죽지 않을 것이라고 경고한 바 있었다. 랜스데일은 올바른 방법을 적용한다면 전쟁에서 이길 수 있을 것이라고 믿었다. 그러나 그런 일은 일어나지 않았고, 전쟁 노력에 대한 미국 국민의 지지는 이미 미국에서 무너진 뒤였다.

베트남은 '래디컬 시크'가 판치는 시대에 게릴라들이 미국의 동맹국을 이긴 유일한 곳은 아니었다. '인민전쟁'의 또 다른 주목할 만한 성공은 1898년 쿠바 반란군이 스페인 세력을 축출하는 것을 돕기 위해 미국이 군대를 파견한 이래 미국이 지배해온 양키의 뒤뜰에서 발생했기 때문에 어떤 면에서는 훨씬 더 참담했다.

53

7 · 26운동

◆

**1952~1959년,
카스트로의 게릴라 혁명군**

"상륙이 아니라 난파였다." 1956년 12월 2일 새벽녘 마침내 쿠바 땅에 도착한 그랜마^{Granma} 호에 승선했던 82명의 혁명가 중 한 명이 이렇게 말했다.

이 망명자들은 멕시코에서 훈련을 마치고 배를 타고 쿠바로 왔다. 항해는 악몽과도 같았다. 외국에 거주하는 미국인으로부터 2만 달러에 구입한 약 11m 길이의 요트는 최대 25명의 승객을 수용할 수 있도록 설계되었다. 그랜마 호는 과적 상태로 거친 바다와 최악의 기상조건을 극복하고 반침몰 상태로 간신히 도착했다. 나중에 공산당 중앙위원회 위원이 된 파우스티노 페레즈^{Faustino Pérez}는 "일렁이는 산처럼 거대한 파도가 이 작지만 생명력이 강한 배를 어떻게 뒤흔들어놨는지"를 회상했다. 또 다른 승객인 에르네스토 "체" 게바라^{Ernesto "Che" Guevara}라는 28세의 의사는 "다른 동승자들은 뱃멀미 때문에 항히스타민제를 간절히 원했지만 배 안에서 찾을 수 없었다. 얼마 지나지 않아 배 이곳저곳에서 우스꽝스럽고 비극적인 모습—배를 움켜쥔 사람, 얼굴을 잔뜩 찌푸린 사람, 양동이에 머리를 처박고 있는 사람, 옷이 토사물로 범벅이 된 채 갑판에 이상한 자세로 죽은 듯이 움직이지 않는 사람의 모습—이 보였다. 2, 3명의 선원과 82명의 승객 중 4, 5명을 제외한 전원이 뱃멀미를 했던 것이다"라고 회상했다.

그랜마 호는 12월 2일 어두워질 때쯤 마침내 쿠바 동부 해안의 오리엔테Oriente 주에 도착해 해안에서 약 90m 떨어진 곳에서 좌초했다. 대부분의 보급품과 장비를 보트에 남겨둔 채 대원들은 물에 뛰어들어 해변을 향해 걸어갔다. 파우스티노 페레즈는 다음과 같이 회상했다. "가는 길이 험난했다. 긴 시간 동안 거대한 늪에서 진흙과 맹그로브 숲과 물을 헤치고 나아가 마침내 단단한 땅에 닿았다. 배고프고 지치고 진흙을 잔뜩 뒤집어쓴 채 풀밭 위에 눕자 마침내 우리가 쿠바 땅에 도착했다는 사실을 실감했다."

이름도 거창한 반란군 지도자, 30세의 변호사 피델 카스트로Fidel Castro는 1895년에 호세 마르티José Martí 등 다른 쿠바 혁명가들이 스페인에 대한 독립운동을 시작하기 위해 실시한 상륙을 모방하여 상륙 계획을 세웠다. 이와 동시에 인근 도시 산티아고Santiago 도시 혁명가들의 반란도 계획했다. 그러나 예상보다 길어진 항해로 계획이 틀어졌다. 그랜마 호가 도착했을 때 독재자 풀헨시오 바티스타Fulgencio Batista의 군대 외에는 그들을 맞이할 사람이 아무도 없었다. 몇 시간 내로 해안경비대 선박과 군용 항공기가 도착하여 그랜마 호가 갇혀 있던 맹그로브 늪을 폭격했다. 반란군은 간신히 탈출했다. 바티스타의 부패한 정권에 애착이라고는 전혀 없는 지역 농민들의 도움을 받은 카스트로와 그의 부하들은 공습을 피하기 위해 밤에 이동하면서 사탕수수밭을 가로질러 동쪽으로 행군했다. 그들은 평균 1,371m가 넘는 봉우리들 사이에서는 안전할 것이라고 생각하고 시에라 마에스트라Sierra Maestra로 향하고 있었다.

체 게바라의 말에 따르면, 12월 5일 아침, '전멸 직전'에 있던 그들은 밤새도록 고된 행군을 한 후 알레그리아 데 피오Alegría de Pío의 낮은 언덕에 숙영지를 마련했다. 그들이 모르는 사이에 어느 농민 안내원이 촌락 경비대에 그들의 위치를 알려주었는데, 그것이 아니더라도 반란군이 사탕수수를 먹으면서 행군해 블러드하운드 추적견이 필요 없을 정도로 많은 흔적을 남겼기 때문에 그들의 위치를 찾는 것은 그리 어렵지 않았다. 오후 4시 반란군은 하늘에서 비행기를 보았고, 몇 초도 안 되어 총탄이 우박처럼 쏟아져 내렸다. 체 게바라는 나중에 이렇게 썼다. "우리에게는 그것이 마치 불세례처럼 보였다."

초기 혼란 속에서 체 게바라와 다른 몇몇 대원들이 총상을 입었다. "나는 가슴에 총상을 입어 찢어지는 듯한 통증을 느꼈고 목에 부상을 입었다. 나는 거의 죽을 것 같았다. … 그 순간 모든 것을 다 잃은 것 같았기 때문에 나는 즉시 죽는 최선의 방법에 대해 생각하기 시작했다." 훈련도 제대로 받지 못한 대원들은 공황상태에 빠져 혼자 또는 삼삼오오로 장비를 버리고 '토끼처럼' 뿔뿔이 흩어졌다. 많은 대원들이 포로로 붙잡혀 처형되었다. 나머지는 도망쳤다. 알레그리아 데 피오 전투 후, 남은 전투원은 20명 미만이었다.

올리브색 유니폼을 입고 무거운 뿔테 안경을 쓴 피델 카스트로는 2명의 동지와 함께 사탕수수밭에 숨어 다가오는 병사들의 소리를 초조하게 들으며 닷새를 보냈다. 카스트로는 잠깐 눈을 붙일 때면 소총의 총신을 목에 대고 "발각되면 방아쇠를 당기고 죽을 것"이라고 다짐했다.

그의 상황은 1802년 빅토르 에마뉘엘 르클레르^{Victor Emmanuel Leclerc}의 원정대가 아이티에 도착한 후에 투생 루베르튀르가 처한 상황이나, 1927년 추수봉기가 실패한 후 마오쩌둥이 처한 상황, 또는 일본 제국군이 인도차이나를 점령한 후 팍 보^{Pac Bo} 요새에 고립된 호찌민이 처한 상황만큼 절망적이었다. 그러나 희망이 없는 것처럼 보이는 상황에서도 카스트로는 다른 혁명적 아이콘처럼 절대로 믿음을 잃지 않았다. 사방이 포위되어 있었지만 말하고 싶어 안달이 난 젊은 반란가는 말하고 꿈꾸는 것을 자제할 수 없었다. 밤낮으로 그는 '낮은 귓속말'로 2명의 동지에게 어떻게 농민을 동원할 것인지, 사회주의 혁명을 어떻게 일으킬 것인지, 양키를 어떻게 몰아낼 것인지 등 미래 계획을 설명했다.

그의 두 동료는 그가 환각에 빠져 있다고 생각했다. 그들은 언제라도 금방 붙잡혀 죽을 수도 있었다. 설사 살아서 탈출하더라도 소수의 무장 반란군이 어떻게 장비를 잘 갖춘 4만 명의 군대가 보호하는 확고한 정권을 전복시킬 수 있을까? 카스트로의 동지 한 명은 "젠장, 카스트로는 미쳤어. 이렇게 얼마 되지도 않는 사람들로 어떻게 바티스타를 이기려고 하지?"라며 혼잣말로 중얼거렸다.

그 답은 25개월 후에 알게 된다.

◆ ◆ ◆

티토는 가난한 농민, 마오쩌둥은 부농, 호찌민과 보응우옌잡은 몰락한 관료계급이었고, 피델 카스트로는 엄청난 부자였다. 그는 1926년에 오리엔테^{Oriente} 주에서 2만 5,000에이커가 넘는 땅을 관리하고 은색 손잡이가 달린 채찍을 들고 농장을 감독하는 지주의 아들로 태어났다. 카스트로의 아버지 앙헬^{Angel}은 날품팔이로 시작하여 성인이 되어 비로소 글을 깨우친 자수성가한 스페인 이민자였다. 카스트로는 귀족 혈통이 아니라는 이유로 아바나의 명문 예수회 고등학교에 다닐 때 따돌림을 당했다. 다른 학생들은 그가 농구팀 주장이었는데도 그를 촌뜨기에 교양이 없다며 무시했다. 목욕을 자주 하지 않고 식사예절이 나빴던 것도 무시당하는 이유 중 하나였다. 어느 동창의 회상에 따르면, 난폭한 성격의 외톨이 카스트로는 "상류사회 사람들과 돈만 아는 사람들에 대한 증오"로 가득 차 있었다. 그는 또한 부모와 교사들에게 대들었다. 훗날 그는 "6, 7세 시절부터 나는 반항아가 되기 시작했다"라고 말했다.

이러한 점에서 그는 젊은 시절의 마오쩌둥, 티토, 스탈린과 비슷했다. 이후 공산주의 반군에서 독재자로 변모하는 이들은 어릴 때부터 부모, 사회와 갈등을 겪었었다. 그들 모두는 '상위계층'으로 여겨지는 사람들과, 자신들이 권력을 갖는 것이 정당한데도 갖지 못하게 막는 정치체제에 원한을 품었으며, 그들이 원하는 권력을 장악하기 위해 폭력을 사용할 준비가 되어 있었다. 마오쩌둥, 티토, 스탈린과는 달리, 카스트로는 보응우옌잡만큼은 아니지만 대학 교육의 혜택을 받았다. 20세기에 세력이 확대되던 급진주의자들과 19세기 러시아의 허무주의자들처럼 그는 1945년에 아바나 대학교Havana University 법대에 입학한 후 정치적으로 활발히 활동했다. 쿠바에서 심약한 사람들은 정치에 발을 들여놓을 수 없었다. 카스트로는 총을 들고 다니며 다른 학생들이나 경찰과 종종 폭력적인 언쟁을 벌이기도 했다. 그는 학업을 소홀히 했고 살인 혐의로 두 번 기소되었으며 "젊은 정치깡패"라는 별명을 얻었다. 학교 친구들이 "미치광이 카스트로"라고 부르던 대학 시절, 그는 한 가지 생각밖에 없었다. 그의 친구는 "여자와 함께 있어도 정치 이야기만 했다"고 회상했다. 몇 년 후, 집권하고 나서 그는 마오쩌둥이나 티토처럼 수많은 여성과 염문을 뿌리게 되지만, 정치적 음모에 대한 절대적인 관심을 결코 잃지 않았다.

1950년 법대를 졸업한 후 카스트로는 법률가로서 사회에 첫발을 내디뎠지만 법률 업무는 거의 하지 않았다. 그는 권력의 정점에 오를 때까지 아버지로부터 용돈을 받았는데도 늘 돈이 부족했다. 그는 친바티스타 가문의, 아름다운 금발의 아내 미르타 디아스발라르트Mirta Díaz-Balart와 로스쿨 재학 시절 결혼했으나 갓 태어난 아들 '피델리토Fidelito'에게 먹일 우유가 없는 경우도 종종 있었다. 그러나 피델리토의 아버지인 카스트로는 그의 정치동지들을 돌보느라 너무 바빠서 신경을 쓸 겨를이 없었다. 그는 1952년에 하원 의원 후보로 출마할 준비를 하고 있었는데 선거가 중단되었다. 1933년부터 1944년까지 대통령을 지냈던 육군 부사관 출신 풀헨시오 바티스타가 두 번째로 권력을 장악했다. 첫 임기 동안 그는 노동조합과 공산당의 지지를 얻은 진보적이고 대중적인 지도자였다. 그러나 상류층 쿠바인들은 한때 평범한 노동자로 일했던 하류층 출신 물라토Mulato(혼혈)

인 바티스타를 좋아하지 않았다. 바티스타는 두 번째 집권 기간 동안 잔인함과 부패로 인해 모든 계층에서 인기를 잃었다. 카스트로는 다른 많은 급진주의자가 그랬던 것처럼 즉시 혁명을 계획하기 시작했다. 투표함으로 권력을 장악할 수 없다면 무력으로 권력을 장악할 생각이었다.

당시 182cm의 키에 약간 살찐 카스트로는 이후 그의 트레이드마크가 된 제멋대로 난 턱수염과 올리브색 군복은 없었지만 이미 그의 신체에서 위풍당당한 면모가 느껴졌다. 그 당시 그는 검은 양복, 가는 콧수염, 브릴크림Brylcreem[395]을 바른 머리를 선호했다. 그는 초보 정치인일 때부터 이미 일평생 그의 독특한 특징이 되어버린 몇 시간 동안 혼자서 장광설을 늘어놓는 버릇이 있었다. 카스트로는 티토나 가리발디처럼 '거친 매력'이 있는 사람이었다.

그는 좌파였지만 아직 공산당원은 아니었다. 그는 당에 명령을 내릴 수 있는 위치인 쿠바 대통령이 된 뒤에야 비로소 공산당에 가입했다. 그는 누구에게도 지배당하고 싶지 않았다. 초기에 그가 정치적으로 몸담았던 당은 그가 평생 존경한 영웅 중 한 명인 호세 마르티José Martí의 이상 구현을 주장하는 온건 야당인 정통당Partido Ortodoxo이었다. 그러나 카스트로의 주된 관심은 항상 자신의 야망을 추구하는 데 있었다. 그의 여자 친구는 카스트로에게는 "인정, 박수, 숭배"가 무한히 필요했다고 밝히면서 "카스트로는 신이 되고 싶어 했다"는 말로 이야기를 끝맺었다.

스스로를 '정치 문맹자'라고 고백한 카스트로는 몇 년 후 마르크스주의를 열렬히 받아들이기 전까지는 마르크스주의에 대해 무지했다. 카스트로는 반란을 일으키기 전에 레닌, 마오쩌둥, 그리고 기타 유명한 반군에 관한 책을 읽은 적이 없었다. 그는 쿠바의 독립 투쟁과 스페인 내전 당시 공화당 게릴라의 모험을 다룬 어니스트 헤밍웨이Ernist Hemingway의 『누구를 위하여 종은 울리나For Whom the Bell Tolls』와 같은 자신이 가장 좋아하는 소설

---

395 브릴크림: 당시 유행하던 헤어스타일링 크림.

로부터 더 많은 영향을 받았다. 훗날 카스트로는 "'그 책'은 우리 식의 비정규전을 계획하는 데 도움이 되었다"라고 말했다. 마오쩌둥과 달리 그는 군사행동을 취하기 전 정치적 조직화를 그다지 중요하게 생각하지 않았다. 그는 이상주의적인 대담한 게릴라 무리가 몇 번의 과감한 공격으로 반란을 촉발할 수 있다고 믿었다. 이것은 나중에 게릴라 거점이론foco theory으로 알려지게 되지만, 이 이론은 쿠바에서조차 거의 효과를 보지 못했다.

◆ ◆ ◆

1952년에 게릴라전을 펼치기 위해 고향으로 돌아가기 전 카스트로에게는 감옥에 갇히고 유배당하게 될 길고 험난한 여정이 기다리고 있었다. 그는 베이지색 쉐보레Chevrolet를 타고 쿠바 전역을 여행하며 민주주의의 회복을 약속하는 추종자들을 모았다.

얼마 지나지 않아 1,200명의 추종자가 모여들었다. 첫 번째 목표로 그는 산티아고에 위치한 경계가 삼엄한 몬카다Moncada 육군 기지를 선택했다. 몬카다 기지는 견고한 성벽으로 둘러싸여 있고 400명 이상의 병력이 지키고 있었다. 그는 반란군을 무장하는 데 사용할 무기를 탈취하고자 했지만 1953년 7월 26일의 공격은 참담한 실패로 끝났다. 카스트로의 부대원 대부분은 붙잡히거나 전사했다. 카스트로는 몇 명과 함께 산으로 탈출하려 했지만 준군사조직인 농촌경비대에게 붙잡혔다. 그를 추격하던 위관장교가 "포로를 잡지 말고 모두 사살하라"는 상급자의 지시를 무시할 만큼 인간적이었다는 것은 그에게 행운이었다.

혁명가들이 전통적으로 그랬듯이 카스트로는 재판을 자신의 견해를 공개적으로 선포하는 포럼으로 바꿨다. 판사는 스스로를 변호하는 카스트로가 정부를 상대로 '암살과 고문' 혐의를 제기할 수 있도록 허용했다. 카스트로는 동생 라울Raúl을 포함한 동료 25명과 함께 15년 징역형을 선고받았다. 그러나 카스트로는 하퍼스 페리Harpers Ferry 이후 존 브라운John

1953년 몬카다 육군 기지에 대한 공격이 실패로 끝난 후 체포된 카스트로. 카스트로는 수용소가 있는 열대지역 파인 섬에서 수형생활을 했다는 사실로 인해 혁명가의 자격을 인정받았다. 그는 수형생활 동안 독서를 통해 이데올로기 여정을 시작했고 결국 공산주의자가 되었다. 〈출처: WIKIMEDIA COMMONS | Public Domain〉

brown의 잊지 못할 연설을 연상시키는 최후변론을 2시간 동안 이어갔다. 그의 연설에 대한 정확한 기록은 없지만 감옥에서 비밀리에 출판된 『역사가 나를 용서할 것이다History Will Absolve Me』에서 그는 자신의 발언을 재구성하고 윤색했다. "본인은 동지 70명의 목숨을 앗아간 폭군의 분노를 두려워하지 않습니다. 저를 비난하십시오, 그것은 중요하지 않습니다. 역사가 저를 용서할 것입니다!"

몬카다 기지 공격으로 얻은 악명과 자기변론에서 보여준 고결한 모습 덕분에 카스트로는 반바티스타 세력의 지도자 위치에 올라섰다. 서적, 음식, 시가cigar를 자유롭게 받을 수 있는 특권을 가진 죄수였음에도 불구하고 수용소가 있는 열대지역 파인 섬Isle of Pines에서 수형생활을 했다는 사실로 인해 그는 혁명가의 자격을 인정받았다. 그는 수형생활 동안 독서를 통해 이데올로기 여정을 시작했고 결국 공산주의자가 되었다. 감옥에 있는 동안 그는 아내와 이혼했는데, 그가 내연녀에게 쓴 편지를 잘못 보내 그의 아내가 받은 것이 이유였던 것 같다. 그는 그 후 몇 년 동안 수많은 여성과 맘껏 즐겼지만(그의 경호원이 하룻밤을 같이 보낼 여성들을 데려오곤 했다), 그의 여자 친구 중 한 명이 언급했듯이 "그의 진정한 애인은 혁명이었다."

1955년 수감자들의 어머니들로부터 압력을 받은 바티스타는 카스트로와 그의 추종자들에게도 사면을 확대했다. 이것은 바티스타가 전국적 반대를 불러일으킬 만큼 충분히 독재적이었다는 것을 보여주는 사례이기는 하지만, 그렇다고 해서 그것을 완전히 진압할 만큼 그가 철저하게 독재적이었던 것은 아니었다. 그는 가장 위험한 적 카스트로를 사형에 처하거나 적어도 종신형에 처할 수 있는 완벽한 기회가 있었지만 그렇게 하지 않았다. 카스트로는 집권 후 그와 같은 실수는 하지 않았다.

◆ ◆ ◆

파인 섬에서 나온 카스트로는 자발적으로 멕시코로 망명했다. 여기에서 그는 '7·26운동' 또는 스페인어 머리글자를 딴 'M-26-7'로 알려진 그의 군대를 훈련시켰다. 그리고 여기에서 그는 가리발디 이후 가장 낭만적이고 유명한 게릴라 전사가 될 운명이었던 엘 아르젠티노El Argentino[396]로 알려진 의사 출신의 새로운 동지 체 게바라를 만났다.

가리발디와 달리 체 게바라는 카스트로처럼 노동자 계급의 아들이 아니었다. 체 게바라의 집안은 카스트로의 집안만큼 부유하지는 않았지만 귀족 혈통을 이어받은 집안이었다. 그는 아르헨티나에서 가장 부유한 사람 중 한 명의 후손이었다. 1928년 에르네스토 "체" 게바라Ernesto "Che" Guevara가 태어났을 때 가족 재산의 대부분이 탕진된 상태였지만 그의 부모는 여전히 부유층에 속했다. 그의 부모는 자유분방한 생활을 했으며, 진보적인 성향을 띠었다. 그의 어머니는 바지를 입고 담배를 피웠는데 당

---

396 엘 아르젠티노: 아르헨티나인이라는 뜻의 스페인어.

시로서는 대담하다고 여겨졌다. 에르네스토의 아버지는 여성 편력으로 악명이 높았다. 결국 에르네스토의 부모는 이혼했다. 에르네스토는 아버지보다 어머니와 더 가까웠다. 어머니는 어린 시절 천식으로 고생하는 에르네스토를 간호했다. 천식은 평생 동안 육체적으로 그를 괴롭혔다. 위베르 리요테, 시어도어 루스벨트처럼 체 게바라는 자기자신이 더 이상 병약한 소년이 아니라는 것을 자신과 타인에게 증명하기 위해 스스로를 고난의 길로 몰아넣었다. 그는 리요테나 루스벨트처럼 지식인이자 행동가로 성장했다. 그는 부모의 영향을 받아 운동과 독서를 좋아했다. 그는 럭비와 골프를 하고 사르트르Sartre와 프로이트Freud, 레닌과 마르크스의 저작을 즐겨 읽었다. 그는 사회적 관습을 무시했는데, 이러한 성향 역시 부모로부터 물려받은 것이었다.

체 게바라는 반항적이고 순종적이지 않으며 겁 없는 고집 센 젊은이로 성장했다. 예를 들어, 그는 반년 동안 셔츠를 세탁하지 않았다는 것을 자랑하며 깔끔하지 못한 자신의 외모로 부르주아에게 충격을 주는 것을 즐겼다. 첫 번째 아내의 말에 따르면, 여자아이들은 "목소리는 위엄 있는데 외모는 연약한 이 유쾌한" 청년에게 끌렸다. 그는 "창백한 얼굴을 감싸는 짙은 갈색 머리와 검은 눈이 두드러져 보이는 멋진 이목구비"를 가지고 있었다. 체 게바라는 여성 편력이 심할 뿐 아니라 여성들도 반할 수밖에 없었던 가리발디와 같은 게릴라 지도자들의 반열에 마지막으로 합류하게 된다.

체 게바라는 부에노스아이레스 대학교Buenos Aires University에서 의학을 전공했지만, 의사가 될 생각은 없었다. 그는 여행과 글쓰기에 빠져 있었다. 그의 가족은 그가 어렸을 때부터 성인이 될 때까지 자주 이사를 했고, 성인이 된 이후 한동안 방랑생활을 하여 라틴아메리카의 잭 케루악Jack Kerouac[397]이라는 소리를 듣기도 했다. 1950년에 그는 모터사이클을 타

---

397 잭 케루악: 『길 위에서(On the Road)』를 발표하여 무명작가에서 일약 비트 제너레이션(beat generation)의 주도적 작가로서 주목을 받은 20세기 미국의 작가.

1952년 6월 친구 알베르토 그라나도(Alberto Granado)와 함께 아마존강에서 뗏목을 타고 있는 체 게 바라(오른쪽). 반항적이고 순종적이지 않으며 겁 없는 고집스러운 젊은이로 성장한 게바라는 의학을 전공했지만 의사가 될 생각은 없었다. 그는 여행과 글쓰기에 빠져 있었다. 그는 여행을 하면서 엄청난 부와 특권과 대비되는 사회 곳곳에 만연한 빈곤, 문맹, 치료받지 못한 사람들을 보았다. 〈출처: WIKI-MEDIA COMMONS | Public Domain〉

고 혼자 아르헨티나를 횡단했다. 2년 후 그는 "라 포데로사La Poderosa"(힘 있는 자, 권력자라는 뜻)라는 별명을 가진 오토바이를 타고 친구와 함께 남미 전역을 여행한 7개월간의 여정을 『모터사이클 다이어리The Motorcycle Diaries』에 남겼다. 1953년 의과대학을 졸업한 후 그는 다른 친구와 함께 또 다른 대륙 횡단을 시작했다.

1917년 동료 학생과 후난성 도보 여행에서 마주한 상황에 경악했던 마오쩌둥과 마찬가지로 체 게바라는 여행을 하면서 엄청난 부와 특권과 대비되는 사회 곳곳에 만연한 빈곤, 문맹, 치료받지 못한 사람들을 보았다. 예를 들어, 그는 1952년 파업으로 투옥되었다가 "덮고 잘 낡아빠진 담요 한 장이 없어서 사막의 추운 밤 동안 아내와 함께 동사한" 칠레 구리광산에서 일하는 광부를 보고 놀랐다. 마오쩌둥이 자신이 본 불평등을 농업 경제에서 산업 경제로 이행하는 과정에 내재된 어려움이 아니라 자본주의 자체 때문이라고 비난한 것처럼("돈은 비열한 영혼의 아버지이자 할아버지"라고 젊은 마오쩌둥은 말했다) 체 게바라 역시 자본가들, 즉 라틴아메리카 독과점 회사들과 이를 후원하는 미국인들에 대해 분노했다. 그는 특히 코스타리카의 유나이티드 프루트 컴퍼니United Fruit Company 농장에 분통을 터뜨렸다. 그는 집에 보내는 편지에 "나는 스탈린 동지의 사진 앞에서 이 자본주의 문어가 파멸하는 것을 볼 때까지 쉬지 않겠다고 맹세했다"라고 썼다.

체 게바라는 1954년 좌파 대통령 자코보 아르벤스Jacobo Árbenz를 전복시킨 CIA가 설계한 쿠데타를 목격하고 어쩔 수 없이 과테말라의 정치에 깊숙이 빠져들었다. 그는 전투를 완전히 즐겼고 전투에 목마른 상태였다. 그는 "총격, 폭탄 테러, 연설 및 기타 단조로움을 깨뜨리는 다른 행동으로 이곳에서 정말 즐겁게 지냈다"라고 썼다. 1954년 가을 과테말라를 떠날 무렵 그는 열렬한 마르크스주의자이자 이제 막 전쟁에 눈을 뜬 전쟁 애호가로 변모해 있었다.

그의 다음 목적지는 멕시코 혁명(1910~1920년)의 전쟁터였다가 오랫동안 복구되고 있었던 멕시코시티Mexico City였다. 멕시코시티는 소설가 카를로스 푸엔테스Carlos Fuentes[398]가 "저개발의 수도"라고 불렀듯이 급속한 확장세를 타고 있어서 지저분하고 복잡하지만 활기 있는 메갈로폴리스Megalopolis[399]로 거듭나는 중이었다. 좌파 성향의 제도혁명당PRI, Partido Revolucionario Institucional이 집권한 이래 멕시코시티는 1940년에 암살된 레온 트로츠키Leon Trotsky 같은 망명자들, 1940~1950년대에 정기적으로 방문한 잭 케루악 같은 반란 문학가들, 1949년부터 1952년까지 그곳에 살았

---

398 카를로스 푸엔테스: 멕시코의 소설가. 『아르테미오 크루스의 죽음(La muerte de Artemio Cruz)』을 발표하여 남아메리카의 대표적인 작가가 되었다.
399 메갈로폴리스: 인접해 있는 몇 개의 도시가 서로 접촉·연결되어 이루어진 큰 도시권을 말한다.

던 윌리엄 S. 버로스^{William S. Burroughs}[400] 같은 사람들이 모이는 도시였다.

멕시코시티에 있는 동안 체 게바라는 1955년 7월 일기에 "쿠바 혁명가 피델 카스트로를 만났다"라고 기록했다. 체 게바라는 감명을 받았다. "카스트로는 젊고 지적인 사람으로 자신감이 넘쳤고 매우 대담했다." 그는 "우리는 잘 맞는 것 같다"라고 덧붙였다. 그는 즉시 7·26운동^{M-26-7}에 가입했다.

이 운동의 가장 큰 매력은 체 게바라가 말한 "참담한 부부관계"로부터 탈출구를 제공했다는 것이다. 그는 과테말라에서 만난 통통하고 평범한, 나이 많은 인도 출신 힐다 가데아^{Hilda Gadea}가 임신한 직후 그녀와 결혼했다. 그는 갓 태어난 딸을 사랑했지만 아빠이자 남편으로서의 삶에 정착할 수 없었고 지루함을 느꼈다. 이제는 그럴 필요가 없었다. 혁명의 와중에 그는 혁명운동가 알레이다 마치^{Aleida March}라는 젊고 예쁜 애인이 생겼고, 그녀는 그의 두 번째 아내가 된다. (끝까지 훌륭한 사회주의자로 남았던 힐다는 체 게바라가 "남미 해방을 위한 투쟁"에 전력을 다할 수 있도록 기꺼이 이혼을 허락했다고 주장했다.)

처음에 체 게바라는 군의관으로만 복무할 예정이었다. 그러나 그는 군사훈련과 군사작전에서 탁월한 재능을 보였다. 천식에도 불구하고 그는 가리발디와 윈게이트가 그랬던 것처럼 스스로를 채찍질한 결과 일부 쿠바인 동지들이 이 외국인에 대해 느낀 적의에도 불구하고 사령관^{commandante}이 되었다. (그의 까다로운 동지들은 특히 목욕을 거부하는 체 게바라를 보고 놀라움을 금치 못했다.) 체 게바라가 부상할 수 있었던 비결은 카스트로보다 더 지적이고 자제력도 강하기는 했지만 카스트로의 아성에 도전하지 않았다는 것이다. 최고 지도자는 카스트로 단 한 명뿐이었다.

---

400 윌리엄 S. 버로스: 1950년대 중반 샌프란시스코와 뉴욕을 중심으로 대두된 보헤미안적인 문학, 예술가 그룹인 비트 세대의 대표주자.

알레그리아 데 피오^{Alegría de Pío}에서 일방적 매복공격을 당해 카스트로 병력의 대부분이 잡히거나 사망하자, 바티스타는 7·26운동이 끝났다고 확신해 대부분의 병력을 시에라 마에스트라^{Sierra Maestra}에서 철수시켰다. 그덕분에 소수의 생존자들은 우호적인 농민의 도움으로 전열을 재정비할수 있었다. 마오쩌둥과 마찬가지로 카스트로는 그의 부하들에게 가난한사람들을 존중하라고 명령했다. 그들은 항상 자신의 식대와 숙박비를 지불하고 주민들을 학대한 반군을 처벌했다. 이는 일상적으로 농민으로부터 물건을 훔치고 학대하는 바티스타의 군대와는 대조적이었다. 동시에카스트로는 '밀고자'와 '수탈자'를 처벌하기 위한 인민재판을 열었다. 그범주는 아주 탄력적이어서 카스트로를 방해하는 모든 사람이 여기에 포함될 정도였다. 반란에서 성공한 모든 저항 세력이 그랬던 것처럼 카스트로는 대중의 마음을 얻기 위해 사랑과 두려움, 당근과 채찍을 병행하는방법을 알고 있었다.

밀고자들이 가장 큰 문제였다. 1957년 1월 30일, 어느 농부가 농촌경비대에게 반군의 숙영지를 밀고해 바티스타의 항공기가 그들을 폭격하고 기총을 발사하는 일이 벌어졌다. 아무도 용기를 내지 못할 때 체 게바라는 배신자를 직접 처형했다. 알레그리아 데 피오에서와 마찬가지로 반란군은 소부대로 뿔뿔이 흩어져야 했다. 그들은 간신히 탈출했고 다시 돌아왔다.

그들의 부활은 1957년 2월 17일 반란군의 외딴 은신처에 도착한 어느《뉴욕타임스》특파원 때문에 가능했다. 카스트로는 1895년 오리엔테 상륙 직후 《뉴욕 헤럴드^{New York Herald}》와의 인터뷰를 주선한 호세 마르티^{José Martí}를 의식적으로 따라하고 있었고 에드거 스노우를 슬기롭게 이용했던마오쩌둥을 무의식적으로 모방했다. 그의 대필자는 사설 기자 허버트 L.매튜스^{Herbert L. Matthews}였다. 허버트 L. 매튜스는 아비시니아를 침공한 이탈리아 파시스트든 스페인 남북전쟁의 공화당원이든 상관없이 그가 인터 뷰한 사람들과 자신을 동일시하는 경향이 있었다. 소문에 따르면, 카스트 로가 자신의 부하들에게 원을 그리며 행군하게 하여 특파원이 반란군의 규모가 얼마나 작은지 알아차리지 못하게 했다고 한다. 하지만 이것은 출 처가 불분명하다. 그러나 카스트로가 부관을 통해 존재하지도 않는 '후속 부대'에 가상의 전문을 보내기도 했고 그의 군대의 전 병력이 채 40명도 안 되었는데 자신의 군대가 "10~40명으로 구성된 여러 개 집단"으로 나 뉘어 작전했다고 떠벌린 것은 사실이다.

순진한 매튜스는 카스트로의 이야기를 《뉴욕타임스》 1면에 그대로 옮 겼다. 매튜스는 "쿠바 젊은이들의 영웅"은 "급진적이고 민주적이며 반공주 의적인 새 시대의 쿠바를 위해 살아남아 열심히 싸우고 있다"라고 썼다. 바티스타가 일시적으로 검열을 해제한 틈을 타서 카스트로의 이야기는 쿠바 신문에 그대로 실려 큰 화제를 불러일으켰다. 쿠바인들은 카스트로 가 살해되었다는 소식을 한 번 이상 들었다. 이제 그들은 "이상, 용기, 뛰어 난 리더십의 화신 '미스터 카스트로'가 이미 시에라 마에스트라를 장악했 으며 바티스타 장군이 카스트로의 반란을 진압하지 못할 수도 있다"는 것 을 알게 되었다. 매튜스의 주장은 과장되었지만, 결국 자기충족적 예언[401] 이 되었다. 이는 현대 게릴라전에서 '정보작전'이 아주 중요하며 그 영향력 이 점점 커지고 있다는 것을 보여주는 가장 최근의 사례라고 할 수 있다.

◆ ◆ ◆

매튜스가 남긴 무용담에서 거의 주목받지 못한 것은 쿠바 도시에서 혁명 적인 지하조직이 수행한 역할이었다. 뉴욕에 있던 매튜스는 아바나에 있

---

401 자기충족적 예언: 미래에 대한 기대와 예측에 부합하기 위해 행동하여 실제로 기대한 바를 현실화하는 현상을 말한다.

는 카스트로의 연락책으로부터 연락을 받았다. 다른 도시 급진주의자들은 1936년 중국 공산주의자들이 에드가 스노우에게 했던 것과 거의 같은 방식으로 매튜스를 접선 장소로 안내한 후 바티스타 부대의 검문소를 슬쩍 지나가게 한 다음 다시 접선 장소로 오게 했다. 쿠바 혁명가들은 1957년 5월 "시에라 마에스트라의 반란군: 쿠바 정글의 전사 이야기Rebels of the Sierra Maestra: The Story of Cuba's Jungle Fighters"라는 제목으로 카스트로에 대한 인기 프로그램을 방송한 CBS의 밥 테이버Bob Taber 같은 다른 기자들과도 동일한 방식으로 접선했다.

이것은 카스트로를 대신하여 선전을 확산시키고 병력, 자금, 약품, 무기, 탄약, 식량, 옷 등을 지원한 도시 지원 조직이 제공한 많은 서비스 중 하나에 불과했다. 평지에는 산보다 훨씬 많은 1만 명의 혁명가가 있었는데, 1958년 이전에는 산이 평지보다 훨씬 더 중요했다. 마르크스주의자들은 거의 없었고, 대다수가 카스트로의 경쟁자였다. 이들 중에는 카리스마 넘치는 학생 지도자 호세 안토니오 에체바리아José Antonio Echevarría 같은 사람들이 있었다. 매튜스의 기사가 공개된 후 에체바리아는 카스트로를 물리치기 위해 필사적으로 대통령궁에 대한 공격을 지휘했지만 실패로 끝났다. 그의 죽음으로 주요 경쟁자 중 한 명이 제거되었는데 이는 카스트로에게는 횡재나 다름없었다.

그러나 다른 도시 급진주의자들은 투쟁을 계속했고 아바나 외곽에서 40만 갤런의 항공기 연료에 불을 지르고, 중앙은행을 일시 점거하고, 쿠바를 방문한 아르헨티나 경주용 자동차 선수를 납치하는 등 파업과 반란을 조직하고 수많은 파괴 행위와 테러 행위를 수행했다. 그들의 활동은 설사 성공하지 못한 경우에도 시에라 마에스트라의 게릴라들에 대한 정부의 관심을 딴곳으로 돌려놓았을 뿐만 아니라 독재자에게 압력을 지속적으로 가했다.

쿠바 국민들 사이에서 바티스타 지지층의 광범위한 이탈이 없었다면 카스트로의 성공은 불가능했을 것이다. 부유한 사업가들조차도 카스트로를 지지했는데, 분명히 일부는 냉소적으로 정치적 격변에 대비해 보험을 드는 것이라고 생각했고, 또 다른 일부는 정말로 바티스타를 혐오해서 온건한 개혁을 약속한 카스트로에게 속아 넘어간 것이었다. 1958년 3월, 46개 시민 단체가 20만 명의 시민을 대표하여 바티스타의 사임을 촉구했다. 그러나 정권에 불만을 품은 다른 사람들의 노력에도 불구하고 결정적 타격을 날릴 수 있는 사람들은 "수염을 기른 사람들barbudos"이라고 불린 카스트로 세력이었고, 그것에 대한 보상을 받게 될 사람은 이들을 이끈 카스트로였다.

◆ ◆ ◆

1958년 여름, 게릴라들이 산속의 '자유 영토'에 대한 전면적인 침공을 격퇴할 수 있는 전환점이 찾아왔다. 바티스타는 항공기와 포병을 포함해 1만 명의 병력을 동원했다. 카스트로에게는 300명 정도의 전투원밖에 없었다. 하지만 지형이 그의 편이었다. 부대는 지프는 말할 것도 없고 말도 통과할 수 없는 "가파르고 위험한 길"을 따라 기동해야 했다. "교묘하게 위장된 카스트로의 오두막"은 "쐐기풀 나무 사이를 뚫고 끝없는 경사면을 기어올라가는" 사람만이 도달할 수 있었다. 지형 덕분에 상대적으로 적은 병력의 방어군이 대규모 공격군을 막는 것이 가능했던 것이다. 76일 후 엄청난 양의 비축 무기를 잃고, 1,500명이 죽거나 부상당하고 포로가 되자, 바티스타는 공격을 중단해야 했다.

1958년 8월 말 카스트로는 공격을 시작했다. 마오쩌둥과 마찬가지로 그는 시골에서 도시를 포위할 계획을 세웠지만, 쿠바가 중국보다 훨씬 작은 나라라는 사실을 감안하더라도 마오쩌둥의 부대에 비해 그의 군대의 규모는 형편없이 작았다. 카밀로 시엔푸에고스Camilo Cienfuegos가 82명의 대원을 이끌고 산에서 나왔다. 체 게바라는 150명으로 구성된 다른 부대를 지휘했다. 그들은 도보로 800km 떨어진 아바나로 향했다. 카스트로는 9

월에 산티아고를 확보하기 위해 230명으로 구성된 세 번째 부대를 지휘했다. 이것이 정규전이었다면 이 소부대들은 성공하지 못했을 것이다. 그러나 쿠바군은 사기가 저하되고 바티스타에 대한 믿음을 잃었다. 바티스타는 "군사 상황이 악화되면서 공황이 커지고 있다"는 것을 인정했다.

1958년 12월 29일 현재 340명의 체 게바라 부대는 인구 15만 명이 거주하고 병사 3,500명이 주둔하고 있는 쿠바 중부의 교통의 요지 산타클라라Santa Clara를 공격했다. 1860년 붉은셔츠단의 팔레르모 공격을 떠올리게 하는 3일간의 피비린내 나는 시가전이 이어졌다. 가리발디와 마찬가지로 체 게바라는 거리를 봉쇄하고 정규군에 화염병을 던진 민간인의 도움으로 승리했다. 산타클라라 함락 후 수도 아바나까지 반란군의 앞을 막는 것은 아무것도 없었다.

이 무렵에는 미국도 바티스타를 거의 포기한 상태였다. 바티스타 주위에는 대중의 지지를 얻을 수 있고 일련의 개혁을 시작하도록 조언할 에드워드 랜스데일 같은 영향력 있는 고문이 없었다. 이 고집 센 동맹에 분노한 아이젠하워 행정부는 1958년 3월 쿠바행 무기 선적을 중단했고, CIA는 이를 은폐하기 위해 7·26운동에 은밀히 자금을 제공했다.

바티스타는 섣달 그믐날에 나라를 떠나는 것 외에는 선택의 여지가 없었다. 그는 탄식하며 "정장, 드레스, 애들 장난감, 장남이 승마 경연대회에서 받은 트로피, 아이들 생일 때 준 값비싼 선물, 그림과 예술 작품, 부인의 보석과 장신구, 1930년대 이후 받았던 나의 개인 소유물 등을 남기고 떠나야 했다"라고 썼다. 도미니카 공화국에 도착한 바티스타에게 어떻게 그렇게 소규모 부대에게 졌는지 묻는 기자들을 향해 그는 "군이 반군의 게릴라 전술에 맞설 준비가 되어 있지 않았다"라고 대답했다.

반란군은 1959년 1월 12일 밤에 대중의 환호 속에 수도에 입성했다. 한때 금지되었던 7·26운동의 검붉은 깃발이 폭풍우 이후 갑자기 피어난 꽃처럼 곳곳에서 휘날렸다. 자동차들은 경적을 울리며 기쁨에 찬 군중을 지나 거리를 질주했고, 군중은 이것이 새해에 총체적 난관에 빠져 있

환호하는 카스트로와 체 게바라. 카스트로와 체 게바라는 소규모 부대를 이끌고 대중의 지지를 잃은 바스티타 정권을 몰아내고 대중의 환호 속에 수도에 입성했다. 이는 135명이 4만 명의 군대를 격파하고 600만 인구의 국가를 장악한 유례 없는 승리로 기록되었다. 〈출처: WIKIMEDIA COMMONS | Public Domain〉

는 섬 쿠바에 새로운 새벽을 알리는 신호라고 확신했다. 그날 카스트로는 1953년에 그의 혁명이 시작된 산티아고로 행군했다. 이번엔 총성 없이 몬카다 육군 기지를 접수했다. 이제 카스트로에게 남은 것은 권력을 강화하는 것뿐이었다.

54

비현실적인
혁명거점이론(FOCO)

◆

**1965~1967년,
체 게바라의 돈키호테적인 모험**

한 번도 병력이 수백 명 이상을 넘었던 적이 없는 7·26운동은 135명이 4만 명의 군대를 격파하고 600만 인구의 국가를 장악함으로써 사상 유례없는 게릴라의 승리로 기록되었다. 공산주의 혁명이 성공한 중국, 베트남 등에서도 반란군이 집권할 때는 쿠바 혁명군보다는 규모가 훨씬 컸다. 그리스에서 필리핀에 이르기까지 심지어 반란에 성공하지 못한 많은 반란군의 전투원도 이보다는 많았다. 마오쩌둥주의의 교리와는 달리 카스트로는 정규군을 동원하려고 하지도 않았다. 그리고 마오쩌둥이나 호찌민과는 달리 쿠바 혁명은 쿠바 출신 재외 국민의 기부 외에는 외부의 도움 없이 승리했다. (소련의 지원은 미래에 이뤄지게 된다.)

모든 것이 소규모 공격과 대규모 홍보 노력을 통해 반란이 성공할 수밖에 없는 분위기를 조성한 카스트로의 천재성 덕분이었다. 몬카다 기지 공격으로 투옥된 이후, 그는 군사적 실패를 선전의 승리로 바꾸는 놀라운 재능을 보여주었다. 그러나 그는 바티스타의 약점이 아니었다면 결코 이

기지 못했을 것이다. 장제스조차도 바티스타에 비하면 강한 사람이었다. 부패가 만연한 바티스타의 정부에 이미 국민은 완전히 등을 돌린 상태였다. 군대는 서류상으로는 막강해 보였지만, 지휘관은 실력보다는 개인적인 충성심에 근거하여 임명되었고, 대부분의 병사들은 싸울 의지가 없는 징집병이었다. 이것이 2년간 전쟁을 했음에도 전사자가 300명도 안 되었던 이유다. 바티스타의 군대가 카스트로의 반란군에 상대가 되지 않았던 것처럼, 바티스타도 교활한 반란군 지휘관 카스트로의 전술적 기동에 속수무책으로 당했다. 카스트로는 특히 자신의 이데올로기적 성향을 숨기고 편의상 비마르크스주의 반정부파와 동맹을 맺는 데 능숙했다. 그는 공산주의자들의 7·26운동 침투나 반미주의를 단호하게 부인했다.

온건한 척하는 그의 가면이 벗겨지는 데는 그리 오랜 시간이 걸리지 않았다. 수백명에 이르는 정적 숙청, 선거 거부, 대규모 토지 압수, 물가 통제, 소련과의 동맹 체결, 언론의 자유와 정당 탄압, 경찰국가 수립 등을 통해 1960년대 초 카스트로는 쿠바를 공산주의 국가로 변모시켰다. 이 일로 그의 동지 중 상당수가 떨어져나갔고, 미국 정부는 큰 충격을 받았다. 미국 정부는 카스트로 정부를 전복시키기 위해 에드워드 랜스데일의 감독 하에 일부 작전을 지원하는 등 엄청난 노력을 기울였다. 자신의 정권에 대한 위협에 직면한 카스트로는 처음에 그를 공산주의로 인도한 동생 라울과 체 게바라의 확고한 충성심을 믿고 의지했다.

체 게바라는 강경한 마르크스주의자였기 때문에 몇 년 후에 너무 유약하다는 이유로 소련과 거리를 두고 마오쩌둥주의 중국을 자신의 모델로 받아들이게 된다. 그는 마오쩌둥 같은 대량학살자는 아니었지만 피를 흘리는 것에 대해 양심의 가책을 느끼지 않았다. 그는 한때 "나는 매캐한 화약, 피, 적의 죽음의 냄새를 음미할 때 콧구멍이 확장되는 것을 느낀다"라고 썼다. 카스트로는 1959년 초에 체 게바라를 오랫동안 아바나의 항구를 지켰던 석조 요새 '라 카바냐La Cabaña' 교도소장에 임명하여 형식적인 재판 후 '반혁명분자' 수백 명의 처형을 감독하게 함으로써 체 게바라의 피에 굶주린 마음을 이용했다. 더러운 일을 마치고 난 뒤 체 게바라는 순회대사, 산업부 장관 및 중앙은행장을 역임했다.

체 게바라는 자신이 중앙은행장이었을 당시 카스트로가 회의석상에서 이 방 안에 공산주의자가 있느냐라고 물어본 줄 알고 자신이 손을 들었는데, 나중에 알고 보니 카스트로가 이 방 안에 경제학자가 있느냐고 물어본 것이었다는 일화를 농담 삼아 즐겨 말하곤 했다. 경제 문외한을 자처한 사람을 경제의 큰 부문을 책임지는 곳에 임명한 것은 옳은 선택이 아니었다. 강제적 산업화와 토지 몰수에 대한 열정, 그리고 임금노동자에 대한 적대감(그는 사회주의자라면 사회의 이익을 위해 일해야 한다고 생각했다)이 뇌리에 박힌 체 게바라는 설탕 생산이 참담할 정도로 감소하고 라틴아메리카에서 가장 부유한 국가 중 하나였던 쿠바를 가난한 나라로 만드는 데 일조한 인물이었다. 이로 인해 쿠바는 향후 수십 년 동안 소련의 보조금에 의존하게 되었다.

얼마 지나지 않아 자신의 일에 싫증이 난 체 게바라는 새로운 도전을 꾀하고 있었다. 그는 스스로를 '모험가'이자 '20세기의 용병대장condottiere'으로 자처했다. 맛있는 음식과 술을 좋아하고 거물 노릇을 하는 카스트로와는 달리 체 게바라는 지나치게 금욕적이어서 권력이나 특권에는 관심이 없었다. 그의 아내가 아픈 아이를 병원에 데려가기 위해 그의 관용 차량의 사용을 요청했을 때, 그는 다른 사람들처럼 버스를 타라고 대답했다. 휘발유는 인민의 소유였고 사적으로 사용할 수 없었기 때문이다. 체 게바라는 이상주의자였거나 '성 칼Saint Karl'[402]을 숭배하고 자신을 "북아메리카 방식으로 로마제국과 싸우는" 초기 기독교인들에 비유한 광신자였다. 가리발디처럼 그는 통치자가 되고 싶은 욕심이 전혀 없었다. 그는 영원한 혁명가였다. 널리 인용된 그의 표현인 "제2, 제3, 또는 더 많은 베트남"을 만들기 위해 그는 '제국주의, 식민주의, 신식민주의'에 새로운 타격

---

402 성 칼: 칼 마르크스를 말함.

을 가하고 싶어했다.

1960년에 그는 좌파 혁명가들을 위한 교범인 『게릴라전La guerra de guerrillas』을 펴냈다. 이 책의 내용은 보이스카우트 핸드북에 써도 부적절하다고 할 만한 "속옷과 기타 물품은 필요 없고, 갈아입을 바지 한 벌 외에 여벌의 바지를 갖고 다니면 안 된다"와 같은 시시콜콜한 조언들이 대부분이다. 체 게바라의 중요한 공헌은 게릴라 전투원의 변혁적 능력, 즉 혁명의 거점이론foco theory[403]을 강조한 것이다. "혁명을 위한 모든 조건이 충족될 때까지 기다릴 필요가 없다"라고 그는 주장했다. "반란으로 조건을 충족시킬 수 있다." 그의 추종자 프랑스 지식인 레지스 드브레Régis Debray는 자신의 선언문인 "혁명 속의 혁명?Revolution in the Revolution?"에서 이 아이디어를 확장시켜 "정치적 '거점'이 아닌 군사적 '거점'을 설정하는 것이 미래를 위해 중요하다"라고 썼다.

거점이론은 낭만적이고 영감을 주는 것이었지만, 어느 전문가가 지적했듯이 도시 지하조직과 바티스타에 대한 일반인들의 반대가 중요한 역할을 했음을 무시한 '상당히 왜곡된 쿠바 사례'에 기반을 두고 있었다. 거점이론이 그것의 발상지인 쿠바에서조차 효과가 없었다면, 다른 곳에서 어떤 효과가 있었겠는가? 거점이론은 결국 최고의 혁명투사를 묘비 없는 무덤으로 이끄는 신기루나 마찬가지였다.

◆ ◆ ◆

체 게바라는 당시 냉전의 최전선으로 여겨졌던 격변하는 신생독립국 콩고에서 자신의 아이디어를 시험하기로 했다. 1961년 콩고 독립 이후 초대 총리 파트리스 루뭄바Patrice Lumumba 정권이 전복되고 루뭄바가 암살된

---

403 거점이론: 1960년대 라틴아메리카를 풍미했던 시골 게릴라 전략. 피델 카스트로가 1959년 쿠바 혁명 때 사용한 전략을 발전시킨 것으로 주민들과의 친목, 자원봉사 등을 통해 거점을 만든다는 전략이다.

후 수많은 반란 세력이 서방의 지원을 받는 약한 정권에 맞서 소련과 중국의 지원 하에 권력을 놓고 경쟁하고 있었다. 조제프 모부투Joseph Mobutu 장군이 지휘하는 콩고군은 "미치광이 마이크" 호어"Mad Mike" Hoare 대령이 이끄는 남아프리카 용병 수천 명의 도움을 받아 반란군을 진압하고 있었다. 체 게바라는 공산권의 지원을 받는 반군을 돕기 위해 130명의 쿠바 부대와 함께 출발했다.

콩고 반군은 1858년 위대한 탐험가 리처드 프랜시스 버튼Richard Francis Burton 경과 존 스페케John Speke가 '발견'한 기름야자나무가 늘어선 내륙의 바다 같은 탕가니카Tanganika 호수의 서쪽 해안을 따라 형성된 일부 '해방된 영토'에만 겨우 영향력을 미치고 있었다. 식민지 시대에 탕가니카 호수는 벨기에령 콩고와 독일령 동아프리카를 분리하는 경계선이었으나, 이제는 콩고, 부룬디, 탄자니아를 나누는 국경선이나 다름없었다. 체 게바라는 1965년 봄 콩고 반란군을 관찰하고 나서 깜짝 놀랐다. 그는 일기에 "인민해방군은 기본적으로 주민에 기생하는 군대라는 특징이 있었다. 일하지도, 훈련하지도, 전투도 하지 않으면서 때로는 주민에게 매우 가혹한 방법으로 식량과 노동을 요구하기도 했다"라고 썼다.

체 게바라는 훈련과 군기 수준을 개선하기 위해 열심히 노력했지만, 성공하지 못했다. 그의 새로운 동지들은 카스트로의 의용군에 대한 헌신이 부족했기 때문이었다. 장교들은 최전선에서 찾아볼 수 없었고 수도 다르에스살람Dar es Salaam에서 호화로운 생활을 하거나 "몸을 가눌 수 없을 때까지 술을 마시며 하루를 보냈다." 간헐적으로 전투에 투입되면 장교들은 "앞다퉈 도주했다." 병사들은 "소총, 군복, 때로는 신발이나 그 지역에 대한 어느 정도의 권한을 가지고 있는" 것에 만족했다. 그들은 '혁명의식'이 완전히 결여되어 있었다. 실제로 그들은 "부족 영토의 전통적인 지평을 넘어서는 미래 지향적인 관점"이 부족했다. 그들은 마르크스-레닌주의보다 주술을 훨씬 더 믿고 있었다. 그들은 주술사가 주문을 걸면 적 총알에도 상처를 입지 않을 수 있다고 확신했다. 병사들은 "나는 트럭이 아니다"

라고 화를 냈고 나중에는 "나는 쿠바인이 아니다"라고 말하며 보급품 운반을 거부했다. 체 게바라는 그들이 "게으르고 훈련 수준은 형편없으며 감투정신이나 자기희생 정신이 없는, 내가 본 병사들 중 가장 형편없는 전투원이다"라고 결론지었다.

가망 없는 동료들과 일하는 것은 실망스러웠다. 쿠바인들은 말라리아와 기타 열대성 질병에 끊임없이 걸렸다. 체 게바라는 한번은 "24시간 동안 30번 이상 회진했다"라고 말했다. 결국 열성적인 낙관주의자였던 체 게바라조차도 상황이 절망적이라는 것을 인정해야 했다.

도착한 지 7개월 만인 1965년 11월, 체 게바라와 부하들은 콩고를 영원히 떠났다. 그로부터 며칠 안 되어 무자비하고 야심 찬 모부투는 권력을 장악하고 나라 이름을 자이르Zaire로 개칭하여 32년 동안 지속될 부패한 독재정권을 세웠다. 모부투는 1997년에 체 게바라가 지원하려고 했던 반군 지도자 로랑 카빌라Laurent Kabila에 의해 결국 축출되었지만 카빌라 역시 부패하고 폭력적인 것은 모부투와 마찬가지였다.

◆ ◆ ◆

체 게바라는 아프리카에서 얻은 경험을 긍정적으로 평가하려고 하지 않았다. 사망 후 오랜 시간이 지나서야 출판된 그의 책의 첫 문장은 "이것은 실패의 역사다"였다. 그러나 이렇게 큰 실패조차도 그의 혁명에 대한 열정을 식히지는 못했다. 그는 1966년에 다른 혁명을 준비하기 위해 잠시 쿠바로 돌아왔다. 그는 남미의 한가운데 있다는 이유로 볼리비아를 다음 목표로 선택했다. 그는 볼리비아를 자신의 고향 아르헨티나를 포함한 주변국에 혁명의 불꽃을 전파하기 위한 기지로 사용하고자 했다.

가난하고, 원주민 인구가 많고, 도시화가 덜 진행된 산악지역이라는 사실 때문에 볼리비아가 이상적인 '거점'이 될 것이라고 보았던 것이다. 그러나 볼리비아의 다른 상황들을 감안하면 그럴 가능성은 적었다. 볼리비아는 이미 1952년에 혁명을 일으켜 국가 최대 석유회사를 국유화하고 농민들에게 토지를 재분배하여 농민을 보수 세력으로 만들었다. 르네 바리엔토스René Barrientos 장군은 1964년에 집권한 지 2년 후 60% 이상의 득표율로 선거에서 승리했다. 그는 인디언 언어인 케추아Quechua어[404]를 사용하고 소작농 육성에 힘쓴 포퓰리스트populist였다. 그는 또한 라틴아메리카 전역에 퍼져나가는 카스트로주의의 위험을 인식하고 있는 미국으로부터 상당한 원조를 받고 있었다.

체 게바라는 1966년 11월 우루과이 출신 대머리 농업 전문가로 위장하고 볼리비아에 도착했다. 그는 남동부 볼리비아의 외딴 황야 낭카우아수Nancahuazú 지역에 캠프를 세우고 즉시 자신의 게릴라 매뉴얼에 명시된 모든 계율을 위반하기 시작했다. 그는 "게릴라 투사는 사회개혁자"라고 썼지만, 볼리비아에서는 매력적인 사회 개혁 프로그램 같은 것은 가지고 있지 않았다. 그는 또한 "정부가 어떤 형태로든 국민투표를 통해 권력을 잡은 곳에서는… 평화적 투쟁의 가능성이 아직 전부 사라진 것이 아니기 때문에 게릴라 발생이 촉진될 수 없다"라고 썼지만, 볼리비아에서는 국민투표로 선출된 대통령이 통치하고 있었다.

체 게바라는 이어서 "게릴라 전투원은 주변 시골에 대해 잘 알고 있어야 한다"라고 썼지만, 볼리비아의 시골은 그와 부하들에게 완전히 낯설었다. 그는 24명의 전투원과 함께 시작했는데 그중 9명만이 볼리비아 사람이었고 그나마도 대부분이 도시 출신이었다. 그는 "게릴라 전투원은 지역 사람들의 완전한 지지가 필요하다"라고 썼지만 그의 조직에 합류한 농부는 단 한 명도 없었다. 1967년 4월 그는 일기에서 "정보원을 제외하고 농민을 동원하는 것은 실패했다"라고 인정했다. 그는 도시 지하조직의 도움을 받은 것도 아니었다. 볼리비아 공산당은 그에게 오라고 요청한 적이

---

404 케추아어: 페루, 에콰도르, 볼리비아, 아르헨티나, 콜롬비아에서 쓰는 남아메리카 인디언 최대의 언어. 잉카 제국의 이름과 함께 세계에 널리 알려져 있다.

1967년 죽기 전에 볼리비아에서 찍은 체 게바라의 모습. 쿠바 내전에 의용군으로 갔다고 실패한 후 쿠바로 돌아온 그는 자신의 고향 아르헨티나를 포함한 주변국에 혁명의 불꽃을 전파하기 위한 거점으로 사용하기 위해 볼리비아를 다음 목표로 선택했다. 〈출처: WIKIMEDIA COMMONS | Public Domain〉

없었으며 무장투쟁을 벌이기에 적절한 시기라고 생각하지도 않았다. 체 게바라는 완전히 외톨이였다.

체 게바라가 위반한 또 다른 수칙은 "적의 손에 정보가 들어가지 않도록 완벽하게 비밀을 유지해야 한다"는 것이었다. 그의 혁명 운동의 비밀은 1967년 3월 탈영병 2명이 쿠바가 배후에 있다고 폭로함으로써 드러나게 되었고, 이 일로 바리엔토스 대통령은 외국 침략자들에 대한 민족주의적 정서를 결집시킬 수 있었다. 체 게바라의 작전에 대한 자세한 내용은 반란군으로 몇 주 활동하다가 1967년 4월에 체포된 레지스 드브레의 심문을 통해 밝혀졌다. 얼마 지나지 않아 6·25전쟁과 라오스의 비밀 작전에 참전한 랄프 "패피" 셸튼Ralph "Pappy" Shelton 소령과 스페인어를 구사하는 17명의 대원으로 구성된 그린베레 부대가 체 게바라를 막기 위한 볼리비아 레인저 대대의 훈련을 위해 도착했다. CIA 요원들이 이 작전을 위해 정보를 제공했다.

가장 병력이 많았을 때 50명에 불과했던 전투원을 2개 부대로 나눈 반란군은 일부 보안요원들을 매복공격하는 데 성공했지만, 그 대가로 추격을 받기 시작했다. 기온은 높았고, 정글은 험악했으며, 폭우가 그치지 않았다. 상황이 악화됨에 따라 체 게바라의 성격도 나빠졌다. 그는 베테랑 혁명가들조차 눈물을 흘리게 할 정도로 신랄하게 꾸짖었다. 그는 천식약을 잃어버렸기 때문에 자주 아프고 심지어 쇠약해지기까지 했다. 반란군은 식량도 부족했다. 식량을 구할 수 있는 유일한 방법은 농민들을 인질로 잡는 것뿐이었다. 이런 관행으로 자연스럽게 그들은 지지자들을 잃었고 진압군은 수월하게 추격할 수 있었다.

체 게바라가 어쩔 수 없이 인정했듯이 "더 효율적으로 작전하는 진압부대"로 인해 그가 이끄는 소부대는 연속적으로 좌절을 맛보았다. 1967년 8월 31일, 그는 매복공격을 받아 전투원 10명을 잃었다. 한 달 후 그는 또 다른 게릴라 순찰대를 추가로 잃었는데, 이때 3명이 죽고 2명이 탈영했다. 결국 그에게는 17명의 전투원만 남았다. 1967년 10월 8일 아침, 농민으로부터 체 게바라의 부대 기동에 대한 정보를 입수한 100명의 볼리비아 레인저 부대는 좁은 협곡 바닥에서 그들을 발견했다. 이른 오후에 시작된 총격전에서 체 게바라는 다리에 부상을 입었고, M2 카빈 개인화기는 기관총 총알에 맞아 고장 난 상태였다. 그는 탈출을 시도했지만 다리를 절고 무장도 없는 상태여서 멀리 가지 못했다.

해질 무렵 체 게바라는 다른 포로들과 함께 인근 마을 라 이게라[a] Higuera에 도착했다. 그는 진흙벽으로 둘러싸인 학교에 구금되었다. 다음날 헬리콥터로 날아온 쿠바 태생의 볼리비아 군사고문인 CIA 요원 펠릭스 로드리게스[Felix Rodriguez]는 그곳에서 그를 발견했다. "그의 옷은 다 찢어져 너덜너덜했다." 훗날 로드리게스는 다음과 같이 기록했다. "그는 썩어가는 가죽으로 발을 대충 감싸고 머리카락은 떡이 져서 엉겨붙어 있었다. 농민혁명을 일으키려는 그의 꿈은 완전히 실패로 끝났다." 로드리게스는 체 게바라의 생명을 구하려고 했지만 소용이 없었다고 주장했다. 볼리비아군 최고사령부는 "체 게바라를 제거하라"는 명령을 하달했다. 전투에서

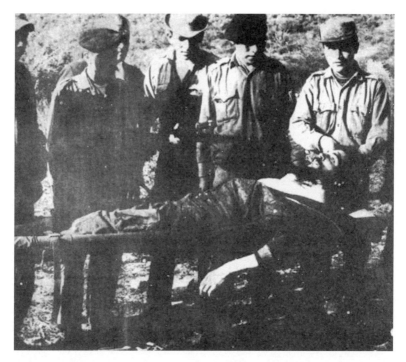

헬리콥터로 운구되는 체 게바라의 시신. 1967년 10월 8일 협곡에서 고립된 체 게바라는 총격전에서 다리에 부상을 입고 라 이게라의 학교에 구금되었다. 볼리비아군 최고사령부의 명령으로 체 게바라는 총살당했다. 체 게바라의 시신은 한동안 행방이 묘연하다가 1997년에야 비로소 그의 유해가 수습되었다. 수습된 그의 유해는 쿠바로 송환되어 영웅 체 게바라를 기리기 위한 산타클라라 기념관에 안장되었다. 〈출처: WIKIMEDIA COM-MONS | Public Domain〉

3명의 전우를 잃은 부사관이 자원하여 처리를 맡았다. 로드리게스는 체 게바라가 "용감하게 죽었다"는 것을 인정했다. 들리는 말에 따르면, 그의 마지막 말은 "네가 나를 죽이러 온 것을 안다. 어서 쏴라, 비겁자여, 너는 사나이를 죽이기만 하면 된다."

순교자의 기념비가 만들어지는 것을 막기 위해 그의 시신(신원 확인을 못 하게 손은 절단되어 있었다)을 공동묘지에 매장하고 그 위에 활주로를 깔았다. 체 게바라의 시신은 한동안 행방이 묘현하다가 1997년에야 비로소 그의 유해가 수습되었다. 수습된 그의 유해는 영웅의 장례식을 위해 쿠바로 송환되었다.

◆ ◆ ◆

쿠바에서 영웅으로서 장례가 치러지기 훨씬 이전에 체 게바라는 이미 신화적 존재가 되어 있었다. 알베르토 코르다$^{Alberto\ Korda}$가 1960년 베레모를 쓴 게바라를 찍은 유명한 사진은 지구상에서 가장 잘 알려진 사진 중 하나가 되었다. 그의 엄청난 명성은 또 다른 영웅적 급진주의자 존 브라운의 명성과 비슷하다. 체 게바라와 마찬가지로 존 브라운은 당시 노예제를 반대하는 진보적 견해를 열렬히 옹호한 동시에 거점이론이라는 말이 등장하기 전에 그것을 실천한 사람이었다. 버지니아에서 노예 반란을 일으키려는 그의 시도는 볼리비아에서 공산주의 반란을 일으키려던 체 게바라의 노력처럼 실패했다. 하퍼스 페리에서 브라운을 따랐던 추종자의 수(22명)마저도 볼리비아에서 체 게바라를 따랐던 마지막 전투원 수와 거의 비슷했다. 차이점은 브라운이 교수형당한 지 몇 년 후 그가 목숨을 바쳐 반대했던 노예제는 폐지된 반면, 체 게바라가 옹호했던 혁명 세력은 실패를 거듭했다는 것이다.

엘살바도르의 콜롬비아 무장혁명군$^{FARC,\ Fuerzas\ Armadas\ Revolucionarias\ de\ Colombia}$과 파라분도 마르티 민족해방전선$^{FMLN,\ Farabundo\ Martí\ National\ Liberation\ Front}$부터 우루과이의 투파마로스^{Tupamaros}와 아르헨티나의 몬토네로스^{Montoneros}에 이르기까지 1960년대, 1970년대 라틴아메리카에는 트로츠키파, 마오쩌둥주의자, 친소련 공산주의자들 간에 격렬하게 자멸적인 분열이 이루어졌음에도 불구하고 유사한 이름, 유사한 폭력 성향, 그리고 자신들의 행동을 정당화하기 위한 유사한 이념을 가진 게릴라와 테러리스트 집단이 우후죽순 생겨났다. 이러한 운동의 대부분은 '찬란한 쿠바 혁명'의 영향을 받은 것들이었다. 일부는 "개발이 덜 된 아메리카 대륙에서 시골은 무장투쟁의 근거지다"라는 체 게바라의 조언에 따라 시골에 기반을 두고 있었다. 다른 국가들, 특히 아르헨티나, 브라질, 칠레, 우루과이와 같이 도시화가 진행된 국가들은 브라질의 마르크스주의자 카를로

1960년 3월 5일 프랑스 화물선 라 쿠브르(La Coubre) 호 폭발 사건 희생자의 장례식장에서 찍은 체 게바라의 모습. 쿠바 혁명 성공의 영향으로 1960년대, 1970년대 라틴아메리카에는 트로츠키파, 마오 쩌둥주의자, 친소련 공산주의자들 간에 격렬하게 자멸적인 분열이 이루어졌음에도 불구하고 유사한 이름, 유사한 폭력 성향, 그리고 자신들의 행동을 정당화하기 위한 유사한 이념을 가진 게릴라와 테러리스트 집단이 우후죽순 생겨났다. 게릴라전의 귀재 마오쩌둥, 호찌민, 체 게바라의 사례에서 영감을 받은 모든 급진주의자들은 '기득권층'에 대한 폭력적 공격을 감행했다. 그들 중 다수는 쿠바, 소련, 동독 및 기타 공산주의 국가 또는 급진적인 국가들로부터 직접적인 지원을 받았다. 그 과정에서 그들은 순전히 야만적인 방법으로 쉽게 이전 무정부주의 시대를 무색하게 만든 제2의 국제 테러리즘 시대를 열었다.
〈출처: WIKIMEDIA COMMONS | Public Domain〉

스 마리겔라Carlos Marighella가 쓴 『도시 게릴라 미니매뉴얼Minimanual of the Urban Guerrilla』(1970년)의 영향을 더 많이 받았는데, 이 책은 시골 거점 대신 도시 거점을 설명한 매뉴얼이었다.

마리겔라는 1967년에 결성된 브라질 테러 단체 민족해방행동National Liberation Action의 수장이었다. 민족해방행동은 미국 대사를 포함한 여러 외국 외교관, 브라질 여객기를 납치했을 뿐만 아니라 수많은 은행을 털었다. 마리겔라는 체 게바라와는 다른 목표에 초점을 맞췄지만 폭력이 가지는 구원의 힘과 혁명가의 영웅적 자질에 대한 견해는 비슷했다. 그는 "오늘날 '폭력적'이거나 '테러리스트'가 된다는 것은 명예로운 사람을 고귀하게 만드는 자질이다. 왜냐하면 그것은 수치스러운 군사독재와 그 잔혹함에 맞서 무장투쟁을 수행하는 혁명가의 가치 있는 행동이기 때문"이라고 썼다.

이외에도 또 다른 유사점이 있었다. 마리겔라는 체 게바라만큼 성공하지 못했다. 1969년 그는 브라질 경찰의 매복공격으로 사살되었다. 그의 도시 거점은 볼리비아에서의 체 게바라의 시골 거점처럼 빠르게 사라졌다.

라틴아메리카의 거의 모든 반란군은 시골이든 도시이든 같은 운명을 겪었다. 한 가지 예외는 바티스타만큼 약하고 부패하고 무능한 아나스타시오 소모사Anastasio Somoza의 니카라과 정부를 1979년 전복한 산디니스타Sandinista 운동이었다. 그러나 산디니스타는 고립된 거점과는 거리가 멀었다. 산디니스타 운동은 1961년에 조직되어 활동해왔으며 가톨릭교회, 상공회의소 및 상류층의 상당 부분을 포함하는 광범위한 반체제 운동의 일부였다. 이는 쿠바 이외의 라틴아메리카 다른 나라에서는 찾아볼 수 없는 것이었다. 그리고 쿠바에서와 마찬가지로 니카라과에서 혁명가들의 승리는 구정권에 대한 미국의 마지막 원조가 중단되면서 촉진되었다.

◆ ◆ ◆

궁극적으로 성공하지 못했지만 대부분의 라틴아메리카 혁명 단체는 상당 기간 대량학살을 자행했다. 특히 시골 게릴라 운동들은 수십 년 동안 살아남을 수 있는 능력이 있었다. 그러나 이로 인한 사회적 변화는 의도하지 못한 군사정권의 출현을 촉진함으로써 대부분 부정적이었다. 라틴아메리카의 독재 군사정권은 종종 준군사조직인 '암살단death squads'이 지원하는 보안군을 동원해 반란군과 동조자로 의심되는 사람들까지 학살했는데, 좌파 대부분이 포함될 만큼 학살 범위가 광범위했다. 아르헨티나의 '더러운 전쟁Dirty War'에서만 3만 명이 사망했다고 전해진다. 더러운 전쟁이란 부에노스아이레스의 군부가 1976년부터 1983년까지 좌파로 의심되는 사람들을 대상으로 벌인 전쟁에 붙여진 이름이다. 과테말라의 피해는 훨씬 더 컸다. 치열한 내전으로 1960년에서 1996년 사이에 약 20만 명이 목숨을 잃었다.

대반란군의 가혹한 진압은 알제리와 인도차이나에서 역효과를 낳았다. 그곳에서 대반란군은 대중의 지지를 받지 못한 외국인들이었기 때문이다. 바티스타와 소모사는 국내 정권이 대반란전을 주도한 경우에 진압이 어떻게 역효과를 낼 수 있는지 보여주었다. 그러나 1970년대 초반까지 다수의 라틴아메리카인, 아마도 대부분은 증가하는 폭력 및 혼란, 그리고 공산주의자의 정권 장악 가능성 때문에 불안해했다. 이로 인해 군사정권이 법과 질서를 회복하기 위해 취한 가혹한 조치에 대한 암묵적 지지가 확산되었다. 위기가 지나가자 국민은 군사정권에 등을 돌리고 민주화를 요구했다. 2000년대에 들어서 대부분의 라틴아메리카 반군은 진압되었고, 우연이 아니라 대부분의 라틴아메리카 국가들은 민주화되었다.

이러한 모든 공산주의자들의 운동은 도미니카 공화국과 그레나다의 경우를 제외하고 미국이 직접적인 군사 개입을 할 필요는 없었지만, 특히 1980년대 엘살바도르와 2000년대 콜롬비아에서는 미국의 군사 지원이 상당한 역할을 했다. 두 경우 모두 바티스타나 소모사가 받은 것보다 훨씬 더 많은 미국의 지원을 받은 민주 정부는 자국 군대의 과잉 진압을 자제하고 말라야의 템플러와 필리핀의 막사이사이가 사용했던 일종의 주민 중심의 대반란전 방법을 수용했다. 엘살바도르의 파라분도 마르티 민족해방전선FMLN은 무장투쟁을 포기하고 1992년에 정당이 되었다. 콜롬비아 무장혁명군FARC은 알바로 우리베Alvarro Uribe 대통령의 2002~2010년 공세에서 살아남았지만 세력이 약화되어 혁명보다는 범죄행위에 더 관심이 있는 것처럼 보였다. 한때 정권을 위기로 몰아넣은 반란을 성공적으로 진압한 우리베는 제럴드 템플러와 라몬 막사이사이와 함께 제2차 세계대전 이후 가장 효과적인 대반란전을 수행한 사람 중 한 명으로 기억될 만하다. 이러한 갈등에서 에드워드 랜스데일의 위상에 비견할 만한 미국 고문이 나타나지는 않았지만, 자칭 '조용한 전문가'라고 부르는 그린베레가 현지 대반란군의 능력을 강화하는 데 있어 막후에서 중요한 역할을 했다.

물론 1960년대와 1970년대에 라틴아메리카에서만 혁명적 폭력이 만연했던 것은 아니다. 이것은 자유민주주의가 자리를 잡은 서유럽과 북미의 국가들까지도 괴롭히는 세계적인 현상이었다. 게릴라전의 귀재 마오쩌둥, 호찌민, 체 게바라의 사례에서 영감을 받은 모든 급진주의자들은 '기득권층'에 대한 폭력적 공격을 감행했다. 그들 중 다수는 쿠바, 소련, 동독 및 기타 공산주의 국가 또는 급진적인 국가들로부터 직접적인 지원을 받았다. 그 과정에서 그들은 순전히 야만적인 방법으로 쉽게 이전 무정부주의 시대를 무색하게 만든 제2의 국제 테러리즘 시대를 열었다.

55

1970년대 국제 테러 사건

◆

엔테베 특공작전과 1970년대 테러 단체

1976년 6월 27일 일요일 오후 12시 20분, 에어프랑스 139편은 텔아비브Tel Aviv에서 파리로 가는 도중 중간 기착지인 아테네 공항Athens Airport을 순조롭게 이륙했다. 일등석에서 비명소리가 들렸을 때 객실 승무원들은 246명의 승객을 위해 점심을 준비하느라 분주했다. 항공기관사flight engineer가 무슨 소리인지 파악하기 위해 조종실 문을 연 순간 권총과 수류탄을 흔들고 있는 금발의 젊은 남자와 마주쳤다. 그는 세뇨르 가르시아Senor Garcia라는 이름의 페루 여권을 가지고 있었지만, 그의 실명은 빌프레트 뵈제Wilfred Böse였고, 창립자 2명의 이름을 딴 바더-마인호프단Baader-Meinhof Gang으로 널리 알려진 독일 좌파 단체인 적군파RAF, Red Army Faction[405]의 한 분

---

[405] 적군파: 1970년에 안드레아스 바더(Andreas Baader), 구드룬 엔슬린(Gudrun Ensslin), 호르스트 말러(Horst Mahler), 울리케 마인호프(Ulrike Meinhof) 등이 결성한 서독의 극좌파 무장단체로, 초기에는 바더-마인호프단이라고도 불리었다. 독일의 68학생운동의 혁명적 사상에 뿌리를 둔 적군파는 자신들을 무장투쟁운동조직으로 소개했지만, 서독 정부는 적군파를 테러리스트 집단으로 규정했다.

파인 혁명분파RZ, Die Revolutionären Zellen 일원이었다. 포니테일ponytail 스타일로 긴 머리를 뒷머리 위쪽으로 묶고 안경을 착용한 그의 여자친구이자 혁명 분파 동지인 브리기테 쿨만Brigitte Kuhlmann 역시 탑승해 있었다. 그녀는 총 과 수류탄을 손에 들고 1등석을 장악했다. 이와 동시에 이코노미석에서 는 2명의 아랍인이 일어나더니 허술하기로 유명한 그리스 공항 보안을 통과해 금속 사탕상자에 숨겨 기내로 반입한 수류탄을 꺼내 들었다. 쿨만 은 그들을 "39번 동지"와 "55번 동지"라고 불렀다. 파예즈 압둘-라힘 자 베르Fayez Abdul-Rahim Jaber와 자옐 나지 알-아르잠Jayel Naji al-Arjam은 둘 다 이스 라엘의 이익을 표적으로 삼는 수많은 팔레스타인 분파 중 하나인 팔레스 타인해방인민전선PFLP, Popular Front for the Liberation of Palestine 특수작전사령부Special Operations Command의 고위 간부였다.

뵈제가 에어버스 A300의 인터컴intercom으로 겁에 질린 승객들에게 그 들이 '체 게바라 부대Che Guevara Force'와 팔레스타인해방인민전선의 가자 특 공대Gaza Commando'의 통제 하에 있다는 사실을 알리자, 그때서야 모두들 납치범들의 이상한 조합—나라를 빼앗긴 팔레스타인인과 서방의 '백인 범죄자들'—을 이해하게 되었다. 납치범들이 이스라엘, 프랑스, 서독, 스 위스, 케냐 등에 분산 수감 중인 53명의 테러리스트를 석방할 것을 요구 하면서 멀리 떨어진 두 테러 조직 사이의 연관성도 분명해졌다. 수감된 테러리스트들 중에는 1972년 팔레스타인해방인민전선의 명령으로 이스 라엘의 로드 공항Lod Airport(오늘날 벤구리온 공항Ben Gurion Airport)에서 26명 의 여행자를 사살한 일본 적군파 요원 한 사람도 포함되어 있었다. 이러 한 요구는 139편이 급유를 위해 잠시 리비아에 착륙했다가 6월 28일 월 요일 오전 3시 15분에 우간다의 엔테베 공항Entebbe Airport에 착륙하고 나서 알려졌고, 전 세계 텔레비전 화면을 통해 즉시 보도되었다.

출처는 알 수 없지만 레닌은 "테러리즘의 목적은 테러를 일으키는 것" 이라고 말한 것으로 유명하다. 벨 에포크Belle Époque 시대의 무정부주의자 들은 그 목적을 위해 신문과 잡지를 어떻게 이용할 수 있는지 보여주었지만, 텔레비전의 보급으로 20세기 후반에 출현한 그들의 후계자 테러리스트들은 전달하고자 하는 메시지를 더 크게 증폭시킬 수 있었다. 이 '인질 사건'은 1970~1980년대의 다른 많은 테러 사례들과 마찬가지로 숨가쁘게 보도되었는데, 이 보도는 적어도 놀라운 결말에 이르기 전까지 납치범들이 자신들의 목표인 이스라엘과 그 지지자들을 공포에 떨게 만드는 데 상당히 기여했다.

겁에 질린 인질들은 우간다군이 비행기를 포위했을 때 상황이 어떻게 전개될지 예측할 수 없었다. 그들은 구출될 것인가? 그러나 곧 우간다의 광적인 독재자 이디 아민 다다Idi Amin Dada가 테러리스트들과 협력하고 있다는 것이 드러났다. 우간다는 이전에 이스라엘과 좋은 관계였지만, 무슬림인 이디 아민이 1971년 군사 쿠데타로 권력을 장악한 후 팔레스타인을 지지했다. 그는 우간다에서 가장 성공적인 기업체들을 많이 소유한 남아시아인들을 추방하고 자산을 몰수하기로 한 자신의 결정으로 인해 경제가 심한 타격을 입자, 리비아 및 사우디아라비아와 긴밀한 관계를 맺어 재정적 지원을 받아 보조금으로 사용했다. 1972년에 이디 아민이 "600만 명 이상의 유대인을 죽이고 화장한" 히틀러가 옳았다고 공개적으로 말한 적이 있었기 때문에, 승객들은 총을 든 우간다 병사들의 감시 하에 공항의 구 터미널로 이동하면서 공포에 휩싸였다. 비행기를 납치한 4명의 테러리스트는 엔테베에서 6명의 다른 동지들과 합류했다.

그들은 소말리아 모가디슈Mogadishu에 설치된 임시 본부를 운영하던 와디아 하다드Wadia Haddad 박사의 지휘 하에 있었다. 치과의사인 하다드는 베이루트에서 만난 동료 팔레스타인 의대생 조지 하바쉬George Habash와 함께 1967년에 마르크스주의를 지향하는 팔레스타인해방인민전선을 설립했다. 그들의 주특기는 대규모 테러였고, 가장 좋아하는 표적은 여객기였다.

항공기 납치는 민간항공 사업만큼이나 그 역사가 오래되었다. 최초로 기록된 사례는 1931년 페루에서 선전 전단지를 투하하려던 지역 혁명가들이 팬암Pan Am 여객기를 납치한 사건이다. 불과 2년 후 클리블랜드

Cleveland에서 이륙한 시카고Chicago행 유나이티드 여객기가 폭파되어 탑승자 7명이 전원 사망한 첫 번째 항공기 폭파사건이 발생했다. 그러나 하바쉬와 하다드는 항공기 테러 공격을 새로운 차원으로 끌어올려 휴대용 폭탄이 무정부주의 시대의 대표 무기가 되고 차량 폭탄이 2000년대의 대표 무기가 된 것처럼 항공기 테러 공격을 1970년대의 대표적인 테러 전술의 반열에 올려놓았다. 1968년에 팔레스타인해방인민전선 대원들은 처음으로 이스라엘 항공사인 엘 알El Al 사 항공기를 납치했고, 1970년 2월에는 스위스에어Swissair 제트기를 공중 폭파했으며, 1970년 9월에는 맹렬한 공격으로 서방 여객기 4대를 동시에 납치했다. 이에 대응하여 이스라엘은 1968년에 특공대를 파견하여 베이루트 공항Beirut airport 지상에 계류된 빈 항공기 14대를 폭파했으며, 더 중요한 조치로 엘 알 사에 기내 무장 보안요원과 비용이 많이 드는 삼엄한 보안 조치를 도입하게 했다. 이로 인해 팔레스타인해방인민전선은 보안이 허술한 다른 나라 항공기를 목표로 삼게 되었다. 1976년에 하바쉬조차도 비이스라엘 목표물과 비군사 목표물에 대한 공격은 도를 넘어선 것이었다고 인정했다. 하다드는 조직을 떠나 독자적으로 초급진적 파벌인 팔레스타인해방인민전선 특수작전단을 결성했다. 팔레스타인해방인민전선 특수작전단은 KGB로부터 은밀하게 많은 지원을 받았는데, 이는 반란군에 대한 외부 지원의 중요성을 보여준 사례로, 이와 같은 사례는 그 이전에도 이후에도 있었다.

139편을 장악한 팔레스타인해방인민전선 특수작전단 요원들은 프랑스를 포함한 기타 국가들이 '시온주의 범죄'에 가담했다고 주장했지만, 그들은 이스라엘인과 유대인에 대해 적대감을 품고 있었다. 6월 29일 화요일 저녁, 뵈제는 승객 중 일부가 구 터미널에 있는 별도의 공간으로 이동하게 될 것이라고 발표했다. 그가 여권을 보고 호명하기 시작했다. 호명된 사람들은 모두 유대인이었다. 홀로코스트 생존자들이 포함되어 있던 유대인 승객들에게 독일어 억양으로 호명하는 것은 요제프 멩겔레Josef

Mengele[406] 박사가 누가 즉시 죽고 누가 좀 더 오래 살지를 결정했던 아우슈비츠Auschwitz를 소름 끼칠 정도로 연상시켰다. 그 후 이틀에 걸쳐 148명의 비유대인이 석방되어 프랑스로 갔다. 용감하게 뒤에 남겠다고 자원한 에어프랑스Air France 승무원 12명이 96명의 유대인과 함께 남았다.

납치범의 관점에서 볼 때 비유대인의 석방은 치명적인 실수였다. 그들은 파리에 도착하자마자 엔테베의 배치에 대한 중요한 세부사항을 이스라엘 요원에게 상세하게 알려주었다. 우간다에 대한 군사 지원 임무를 수행했던 이스라엘 장교와 소형 비행기를 대여해 상공에서 공항 사진을 찍은 2명의 모사드Mossad 요원이 추가 정보를 제공했다. 이들의 정보 제공으로 구출 작전 계획 수립이 가능하게 되었다.

납치가 시작된 이후로 이스라엘 이츠하크 라빈Yitzhak Rabin 총리와 시몬 페레스Simon Peres 국방장관, 그리고 각료들은 구출 작전을 수행할 것인지, 아니면 이스라엘이 과거 여러 번 그랬던 것처럼 테러리스트의 요구에 응할 것인지에 대해 논쟁을 벌이고 있었다. 과거의 구출 작전 임무 결과를 보니 자신감이 생기지는 않았던 것이다. 최악의 작전 실패는 1972년 뮌헨 공항Flughafen München에서 발생한 납치된 이스라엘 올림픽 선수 구출 작전으로, 독일의 서투른 시도로 인해 인질 9명, 경찰 1명, 그리고 테러리스트 8명 중 5명이 사망했다. 이스라엘 보안군은 어려운 작전에 대비가 더 잘 되어 있었지만 더 이상 성공하지 못했다. 1974년에는 레바논에서 온 팔레스타인 침입자 3명이 이스라엘 북부의 말롯Ma'alot에 있는 학교를 점거하고 인질극을 벌였다. 육군 특수작전부대가 돌입했지만 테러리스트들에게 신속하게 접근하지 못해 어린이 21명이 사망하고 수십 명이 부상을 입었다. 이듬해 조디악Zodiac[407] 보트로 상륙한 8명의 팔레스타인해방기구PLO 요원들이 텔아비브의 사보이 호텔Savoy Hotel을 점거한 사건에도 다

---

406 요제프 멩겔레: 제2차 세계대전 중 자행한 각종 인체 실험으로 어마어마한 악명을 떨친 나치 독일의 내과의사이자 SS 장교.

407 조디악: 프랑스 보트 회사 이름.

시 육군 특수작전부대가 투입되었다. 이번에는 인질 5명이 석방되었지만 군인 3명과 함께 인질 8명이 사망했다.

이 두 작전은 모두 영국 육군 공수특전단SAS을 모델로 창설한, 흔히 "그 부대the Unit"라고 알려진 육군 특수작전부대 사이렛 매트칼Sayeret Matkal이 수행했다. 1972년 4명의 팔레스타인인이 납치한 사베나Sabena 항공 여객기를 로드 공항에 착륙시켰을 때는 그래도 운이 좋았다. 흰색 작업복을 입고 공항 기술자로 위장한 16명의 특전부대장 에후드 바락Ehud Barak 중령과 훗날 총리가 되는 벤야민 네타냐후Benjamin Netanyahu의 형인 요나단 요니 네타냐후Jonathan "Yoni" Netanyahu 중령은 승객 1명만을 잃고 비행기를 구출할 수 있었다. 그러나 인질 구출은 사이렛 매트칼의 전문 분야가 아니었고, 그들은 지금까지 이스라엘에서 멀리 떨어진 곳에서 작전을 수행한 경험이 없었다. 엔테베로 이동하라는 명령이 내려질 것이라고 믿은 부대원은 거의 없었다. 그러나 그들은 성공적인 작전을 계획하기 위해 최선을 다했다.

인질들이 처한 곤경에 전 세계의 이목이 집중되고 다시는 집으로 돌아가지 못할지도 모른다는 인질들의 우려가 커지고 있는 상황에서 이스라엘의 고위 군사 지도자와 민간 지도자들은 수용 가능한 인명피해 범위 내에서 '썬더볼 작전Operation Thunderball'을 수행할 수 있다는 자신감을 갖게 되었다. 라빈은 테러범의 협박에 굴복하는 것보다는 인질과 구출작전 요원이 15~20명 사망하는 정도라면 작전을 수행할 가치가 있다고 판단했다.

1976년 7월 3일 토요일 오후 2시, 병력과 화물을 가득 실은 C-130 수송기 4대가 시나이 반도에서 거의 4,250km 떨어진 엔테베를 향해 이륙했다. 항공기에는 인질구출작전 부대 공격팀 34명뿐만 아니라 작전이 진행되는 동안 우간다군의 접근을 차단할 임무를 띤 130명이 넘는 정규군과 경장갑 차량 4대가 적재되어 있었다.

1976년 7월 3일 자정이 지나 4일로 막 넘어간 시각에 첫 번째 C-130이 엔테베에 착륙했다. 우간다 군복을 입은 사이렛 매트칼 대원들은 순식간에 검은색 벤츠와 가짜 우간다 번호판이 달린 랜드로버 2대를 타

1976년 7월 4일 썬더볼 작전을 수행하는 사이렛 매트칼 대원들. 우간다군을 속이기 위해 벤츠 승용차를 사용했다. 대원들은 항공기가 착륙한 지 불과 4분 만에 테러리스트들을 제압하고 인질들을 구출했다. 〈출처: WIKIMEDIA COMMONS | CC BY-SA 3.0〉

고 어두운 활주로를 달렸다. 그들은 항공기 착륙지점에서 구 터미널까지 1.6km를 달려야 했고, 경계병들이 이 계략에 말려들어 이디 아민이나 다른 거물급 인물이 리무진에 타고 있을 거라고 생각하기를 바랐다. 그러나 목적지에서 약 270m 떨어진 곳에서 경비병 2명이 이들을 제지하더니 경비병 중 한 명이 소총을 들었다. 부대장 요나단 "요니" 네타냐후 중령과 벤츠에 타고 있던 다른 병사는 소음기가 부착된 22구경 베레타Beretta 권총을 발사했다. 그들의 소구경 탄환으로는 경비병을 저지하지 못하자, 랜드로버에 타고 있던 다른 대원이 소음기가 부착되지 않은 AK-47로 사격할 수밖에 없었다. 총성은 테러리스트들에게 그들이 도착하기 전에 인질을 처치할 수 있는 시간적 여유를 주어 파멸적인 결과를 불러올 수도 있었다. "나는 모든 기습 효과가 사라지는 것을 보았다"라고 부대 장교 중 한 사람은 기록했다. 그러나 운 좋게도 납치범들은 우간다 군복에 속아 넘어갔다. 그들은 인질 구출작전이 아니라 이디 아민에 대한 쿠데타 시도를 목격하고 있다고 생각했다.

벤츠와 랜드로버는 "계속된 총성이 밤의 적막을 깼기 때문에" 계획했던 곳보다 터미널에서 더 떨어진 곳에서 멈췄다. 목표를 향해 달려가던 이스라엘군은 그들이 사용하려고 계획했던 입구 중 하나가 막힌 것을 보고 당황했다. 그들의 정보가 잘못된 것이었다. 네타냐후가 전방으로 달려가 부하들에게 전진하라고 하지 않았다면 구출작전 전체가 지연될 위험이 있었다. 바로 그 순간 터미널 안에 있던 테러리스트가 총을 쏘아 그를 명중시켰다. 그는 치명상을 입었지만, 부대원들은 부상자 처리를 위해 멈추지 말라는 그의 명령에 따라 계속 움직였다. 그들은 인질들이 갇혀 있는 홀에 침입해 빌프리트 뵈제와 브리기테 쿨만을 포함한 7명의 테러리스트들을 재빨리 사살했다. 혼란 속에서 인질 3명이 사망했지만, 나머지는 안전했다. 첫 번째 C-130 항공기가 착륙한 지 불과 4분 만에 벌어진 일이었다.

한편 이스라엘 지원군은 관제탑에서 격렬하게 저항하는 수비 병력으로부터 정확하지는 않지만 연속적으로 사격을 받으면서도 공항의 나머지 지역을 확보하고 있었다. 이스라엘군은 우간다 병사 50명을 사살하고 지상에 계류된 미그MiG 전투기 7대를 폭파해 추격을 불가능하게 했다. 오전 1시 40분 마지막 C-130 항공기가 이스라엘로 돌아가기 전 중간 급유지인 케냐를 향해 이륙했다. 구출하지 못한 인질은 건강상태가 나빠져 캄팔라 병원Kampala hospital으로 이송된 지 며칠 후 이디 아민의 부하들에게 살해된 75세의 도라 블로흐Dora Bloch뿐이었다.

인질과 구출대원들은 1973년 욤 키푸르 전쟁Yom Kippur War에서 거의 파국을 초래할 뻔했던 불충분한 군사적 대비태세에 대한 아픈 기억을 지우고 싶어하는 이스라엘 국민들로부터 열렬한 환영을 받았다. 사이렛 매트칼 대원들만이 기뻐하지 않았다. 그들은 썬더볼 작전에서 목숨을 잃은 유일한 대원 요니 네타냐후 부대장의 전사를 애도하고 있었다. (또 다른 대원은 평생 불구가 되었다.) 훗날 총리가 된 동생 베냐민을 포함한 요니의 가족은 요니를 초인적인 영웅으로 기억할 것이다. 이 작전은 그날의 뉴스

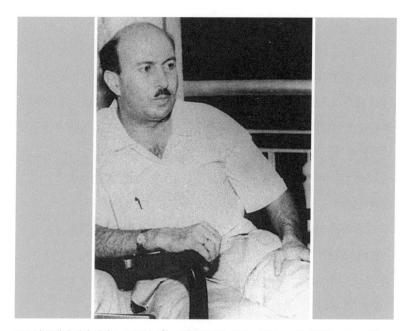

1970년 무렵의 와디 하디드. 1976년 6월 27일에 발생한 엔테베 항공기 납치 사건의 주도자였던 그는 1967년에 마르크스주의를 지향하는 팔레스타인해방인민전선을 설립한 인물이었다. 팔레스타인해방인민전선의 주특기는 대규모 테러였고 가장 좋아하는 표적은 여객기였다. 1978년 와디 하다드는 면역체계를 공격하는 알 수 없는 병으로 동독 병원에서 사망했는데, 거의 30년이 지난 뒤에야 이스라엘 정보기관 모사드가 그를 독살했다는 사실이 밝혀졌다. 〈출처: WIKIMEDIA COMMONS | Public Domain〉

를 장식하고 책으로 출판되었을 뿐만 아니라 찰스 브론슨Charles Bronson, 피터 핀치Peter Finch 및 다른 미국 배우들이 이스라엘의 주요 인물들을 연기한 〈엔테베 특공작전Raid on Entebbe〉(1977년)으로 영화화되었다.

엔테베 작전의 명성에도 불구하고 그 후에 있었던 일들은 오랫동안 비밀로 가려져 있었다. 2년 후인 1978년 와디 하다드는 면역체계를 공격하는 알 수 없는 병으로 동독 병원에서 사망했다. 거의 30년이 지난 뒤에야 이스라엘 정보기관인 모사드가 그를 독살했다는 사실이 밝혀졌는데, 모사드는 와디 하다드가 단 것을 좋아한다는 첩보를 입수하고 팔레스타인 요원을 시켜 그가 독이 든 벨기에 초콜릿을 먹게 만들었던 것이다.

‹‹‹

엔테베 항공기 납치 사건은 1970년대 팔레스타인과 그들의 동조자 및 서방 테러리스트 단체의 협력자들이 수행한 수많은 테러 행위 중 하나일 뿐이었다. 이전에도 테러 단체는 존재했으며 거의 1세기 전에 무정부주의자들이 최초로 시도한 초국가적 테러 역시 새로운 것이 아니었다. 그러나 국제 테러리즘의 두 번째 전성기라고 볼 수 있는 1970년대에는 테러리스트들이 동독부터 리비아에 이르는 각국의 훈련 캠프에 참석하고 심지어 공격에 협력하면서 이러한 경향은 새로운 정점에 이르렀다.

팔레스타인 사람들의 동기는 분명했다. 그들은 나라를 빼앗겼다고 느꼈고 이스라엘이 점령한 땅을 되찾고자 했다. 그렇다면 서양 테러 단체의 동기는 무엇이었는가?

악시옹 디렉트Action Directe(프랑스), 바더-마인호프단(독일), 붉은여단Red Brigade(이탈리아), 공산주의전투조직Communist Combatant Cell(벨기에), 일본 적군파, 급진파 IRA, 바스크 ETA, 그리스 혁명조직 11월 17일Greek Revolutionary Organization 17 November, 퀘벡해방전선Quebec Liberation Front, 흑표범당Black Panthers, 웨더맨Weathermen, 공생해방군Symbionese Liberation Army 등은 동시대 라틴아메리카 테러 조직이나 러시아 허무주의 테러 조직과 마찬가지로 대부분 대학생이나 대학중퇴자로 구성되어 있었다. 1960년대의 가장 급진적인 단원들은 평화적인 시위, 건물 점거, 징집 영장 소각에 만족하지 않았다. 이들은 '국가 체계'에 대한 분노로(사실대로 말하자면 모험과 반란에 대한 호기심으로) 진압 경찰에 대한 공격, 유리창 깨기, 그리고 일부의 경우에는 은행강도, 살인, 인질극을 저질렀다. 유럽의 많은 테러 조직을 지원한 동독의 비밀경찰 슈타지STASI 고위인사 마르쿠스 볼프Markus Wolf[408]는 이들을 "주로 중상류층 출신의 버릇없고 제정신이 아닌 아이들"이라고 표현했다.

---

408 마르쿠스 볼프: 1953년부터 30여 년간 슈타지의 대외 정보부장직을 수행했다.

1960년대 급진주의자들은 자신들의 행동에 대한 정당성의 근거를 마련해준 헤르베르트 마르쿠제Herbert Marcuse[409], 레지스 드브레, 프란츠 파농Frantz Fanon[410] 같은 급진적인 철학자들로부터 영향을 받고 고무되어 그들이 살고 있는 사회와 응오딘지엠의 남베트남, 바티스타의 쿠바, 장제스의 중국이 상당히 다르다는 것을 충분히 고려하지 않아도 자신들이 베트콩, 7·26운동 또는 중국 홍군을 따라하면 성공할 수 있다고 생각했을 수도 있다. 아니면 앞서 말한 독재정권들과 그들이 살았던 자유민주주의 정권 사이에 실질적인 차이가 없다는 착각에 빠졌을 수도 있다. 급진주의자들은 그들의 주장에 반대되는 모든 증거(1960년대는 시민권 운동의 시대이기도 했다)에도 불구하고 폭력적인 혁명이 '아메리카Amerikkka' 같은 부패한 사회에 변화를 가져올 유일한 방법이라고 규정했다.

'민주사회를 위한 학생연합Students for a Democratic Society'의 분파인 웨더맨[411] 정도가 폭력행위를 자제했다. 그들은 "피그 시티pig city[412]를 박살내고" 미 본토에서 전쟁을 수행하겠다는 오싹한 주장에도 불구하고 1970년 파이프 폭탄을 제조하던 웨더맨 3명이 그리니치 빌리지Greenwich Village 주택단지에서 폭발사고로 사망한 후 살인 공격을 거의 중단했다. 그들은 폭탄 공격을 계속했지만 보통은 부상을 방지하기 위해 폭발 전에 미리 경고했다. 웨더맨 최악의 오점이자 급속히 퇴색하는 유혈 공격 시대에 종지부를 찍은 사건은 경찰관 2명과 경비원 1명이 사망한 1981년 장갑차 강도 사건이었다.

---

409 헤르베르트 마르쿠제: 독일계 미국 철학자, 정치학자, 사회학자. 20세기 후반 신좌파에 강력한 영향력을 행사했다.

410 프란츠 파농: 정신과 의사로 인종차별의 심리를 날카롭게 분석하고 알제리 혁명에서 식민주의의 청산을 위해 노력했다.

411 웨더맨: 웨더 지하기구(Weather Underground Organization, WUO), 일명 웨더맨은 1970년대에 활동한 미국의 극좌 테러 조직이다.

412 피그 시티: 대규모 건물 모형들을 밀도가 매우 높고 조밀한 상황으로 만들어 한계를 탐구할 수 있도록 만든 도시.

1974년 4월 15일 샌프란시스코의 하이버리나 은행(Hibernia bank) 강도의 공범으로 등장한 패티 허스트(사진 오른쪽 여성). 언론 재벌의 상속녀인 패티 허스트는 공생해방군(SLA)에게 납치된 후 몇 주 동안의 협박과 세뇌 끝에 은행강도의 공범이 되었으나 체포되었다. 1973년에 첫 테러 공격을 저지른 공생해방군은 허스트와 그녀를 납치했던 동지 3명이 체포된 후 1975년에 활동을 중단했다. 〈출처: WIKIMEDIA COMMONS | Public Domain〉

공생해방군은 활동 기간이 더 짧았지만 더 폭력적이었다. 이 조직의 이념은 마오쩌둥주의였다. 이들은 "인민의 생명을 먹이로 하는 파시스트 곤충에 죽음을"이라는 구호를 내걸었다. 백인 중산층 버클리 급진주의자 10명으로 구성된 공생해방군은 자신을 대원수로 자처한 도널드 디프리즈Donald DeFreeze라는 흑인 탈옥수가 이끌었다. 공생해방군은 1974년 언론 재벌 상속녀 패티 허스트Patty Hearst를 납치하여 악명을 떨쳤다. 몇 주 동안의 협박과 세뇌 끝에 그녀는 체 게바라의 추종자 '타냐Tania'라는 이름으로 은행강도의 공범이 되었다. 1973년에 첫 테러 공격(오클랜드Oakland 흑인 교육감 살해)을 저지른 공생해방군은 허스트와 그녀를 납치했던 동지 3명이 체포된 후 1975년에 활동을 중단했다. 활동을 중단하기 전인 1974년에 디프리즈와 다른 조직원 5명이 소총 17정, 탄약 6,000발을 비축해둔 로스앤젤레스 사우스 센트럴 지구의 한 집에서 2시간 동안 경찰과 총격전을 벌인 끝에 사살되었는데, 전 과정이 TV 생방송으로 중계되었다. 공생해방군 급진주의자들은 존 브라운처럼 극적인 폭력행위가 아프리카계 미국인의 대규모 반란을 촉발할 수 있다고 생각했지만 완전히 실패하고 말았다.

서독 적군파와 그 분파는 규모가 더 컸고 더 오래 지속되었으며 더 파괴적이었지만 더 이상 성공하지 못했다. 적군파 조직원은 경찰관, 판사, 검사, 사업가, 미군을 포함하여 30명 이상을 살해하고 90명 이상에게 부상을 입혔다. 1977년에는 12명의 요원이 독일 내 미군 기지에 침투해 핵무기를 훔치려는 시도를 했으나 실패했다. 이들은 엔테베 항공기 납치 이외에도 다른 항공기 납치를 시도하기도 했다. 1977년 독일의 급진파는 공생해방군과 협력하여 루프트한자Lufthansa 보잉 737기를 납치해 모가디슈로 기수를 돌리게 했다. 납치된 루프트한자 보잉 737기 구출 작전에 투입된 새로 창설된 독일 대테러 부대인 GSG-9는 인명 손실 없이 항공기에 돌입해 인질을 구출하는 데 성공하여 사이렛 매트칼에 비해 더 나은 작전 결과를 얻어냈다. (이 작전으로 납치범 3명이 사망하고 1명이 부상을 입었다.) 본국에서는 서독 경찰이 대규모 수사를 벌여 30명 이상의 적군파 상근 조직원과 활동 중인 동조자 수백 명을 체포했다. 1976~1977년에 수감 중이었던 초기 지도자 울리케 마인호프Ulrike Meinhof와 안드레아스 바더Andreas Baader는 감옥에서 스스로 목숨을 끊었다. 그 후 적군파는 훈련 캠프, 자금, 무기를 제공한 동독 비밀경찰과 수많은 팔레스타인 단체 및 아랍 국가의 도움을 받아 2세대 및 3세대 무장세력으로 거듭나는 놀라운 능력을 보여주었다.

서독 같은 질서 있고 안정된 사회에서도 이와 같은 소규모 무장세력—노벨상 수상자인 소설가 하인리히 뵐Heinrich Böll의 약간 과장된 표현을 빌리면 "6,000만 명을 상대로 한 6명의 전쟁"을 수행한—이 계속 활개를 칠수 있었다는 것은 의지가 확고한 반란세력은 아무리 소규모라도 뿌리 뽑기 어렵다는 것을 보여준다. 다른 한편으로 적군파가 어떤 결과도 얻지 못한 것을 보면 민주 정부를 무력으로 흔드는 것이 얼마나 어려운지를 알 수 있다. 바더-마인호프단은 1992년에 공식적으로 작전을 중단했지만, 이미 오래전에 홀치기염색tie-dye[413]이나 히피족 모임be-in이 유행했던 구시대의 케케묵은 유물과도 같은 시대착오적인 조직이 된 상태였다.

1978년 전 총리 알도 모로Aldo Morro의 납치 및 살인으로 악명 높은 이탈리아 붉은여단, 일본 적군파 및 이와 유사한 단체들도 같은 운명을 겪었다. 그들 모두는 베를린 장벽이 무너질 무렵 공산 정권의 지원 감소로 모두 사라졌다. 그들에 대한 대중의 관심은 거의 제로였다. 최소한 노동운동에 접근할 수 있었던 무정부주의자들보다도 지지층이 더 얇았다. 무정부주의자들과 마찬가지로 신좌파 테러리스트들은 타당한 이유 없이 잔인한 행동을 함으로써 그들이 얻을 수도 있었던 대중적 동정심마저 잃었다.

바스크 ETA, IRA 및 쿠르디스탄 노동자당Partiya Karkerên Kurdistan처럼 민족주의 지지층을 확보한 테러리스트 단체는 좀 더 오래 지속되었다. 그들은 독립이라는 궁극적인 목표를 달성하는 데는 실패했지만 몇 가지 정치적 개혁을 이루는 데 성공했다. 가장 유명한 단체는 테러리즘과 기민한 외교, 현명한 언론 활동을 병행한 팔레스타인해방기구PLO였다. 야세르 아라파트 의장의 장기집권 하에 있던 팔레스타인해방기구는 정치적 수완까지는 아니라 하더라도 지속력에 있어서만큼은 연구대상이 될 만하다.

---

413 홀치기염색: 염색하기 전 원단의 일부를 실로 견고하게 묶거나 감아서 염색을 방지한 후 침염법으로 염색하는 방법.

56

아라파트의 오디세이

♦

아라파트가 테러로 달성한 것과 달성하지 못한 것

아라파트는 카스트로와 러시아 허무주의자들까지 거슬러 올라가는 수많은 현대 혁명가들처럼 대학생 시절에 정치에 입문했다. 아라파트의 정식 이름은 무함마드 압델-라우프 아라파트 알-쿠드와 알-후세이니Muhammad Abdel-Rauf Arafat al-Qudwa al-Husseini다. 그는 아이러니하게도 "태평한" 또는 "근심 걱정 없는"이라는 뜻을 가진 '야세르Yasser'라는 별명으로도 불렸는데, 그의 별명은 팔레스타인 투쟁 이외의 다른 것에 관심을 둔 적이 없는 변덕스럽고 자만심이 강하며 까다로운 성격의 소유자인 그에게는 전혀 어울리지 않았다. 그는 혁명적 대의에 너무 헌신적이어서 "게릴라전이 한창일 때는" 면도할 시간조차 없었다고 밝혔다. 하루에 15분씩 한 달에 총 450분을 할애할 여유가 없었던 것이다. 그의 몇 안 되는 휴식 중 하나는 만화를 보는 것이었다. 그는 "쥐가 고양이보다 똑똑하다"는 이유로 〈톰과 제리Tom and Jerry〉를 가장 좋아했다. 그는 편집적인 집착 때문에 쉽게 좋아할 만한 사람은 못 되었지만, 체 게바라나 마오쩌둥과 같은 성공적인 혁명가들이나 사업이나 스포츠에서 직업적으로 성공한 다른 많은 사람들보다 특별히 유별난 점은 없었다.

팔레스타인 애국자인 아라파트로서 좀 난처하게도 그의 출생지는 카이로로 추정된다. 사업가인 그의 아버지는 아라파트가 태어나기 2년 전인 1927년에 사업상의 이익을 위해 카이로로 이주했다. 어머니가 사망하고 그의 아버지가 그가 미워하던 계모와 재혼한 후 젊은 아라파트는 1930년대에 가족을 따라서 예루살렘으로 와서 몇 년간 잠시 살다가 곧 카이로로 돌아왔다. 그는 나중에 예루살렘 전장에서 영웅적으로 싸웠다고 주장했지만("나는 예루살렘, 예루살렘 남부 및 가자Gaza에서 싸웠다"라고 1988년 기자에게 말했다), 그가 1947~1948년에 70만 명의 팔레스타인 난민을 촉발한 이스라엘 독립전쟁에 참여했다는 증거는 없다. 이듬해에 그는 토목공학을 전공하기 위해 킹 푸아드 대학King Fuad University(훗날 카이로 대학Cairo University이 됨)에 입학했다. 그러나 그의 친구의 회상에 따르면, "그의 유일한 관심사는 정치활동이었고 공대에 오는 일은 아주 드물었다." 아라파트의 대학 생활은 카스트로(1945년 아바나 대학에 입학)의 대학 생활과 거의 똑같았다.

아라파트의 주요 업적은 무슬림 형제단Muslim Brotherhood의 지원으로 팔레스타인학생연합Palestine Students' Union의 회장이 된 것이었다. 아라파트는 하마스Hamas[414]의 창시자처럼 결코 이슬람주의자가 되지 않았지만, 그렇다고 조지 하바시George Habash, 와디 하다드Wadi Haddad, 그리고 1960~1970년대의 다른 많은 팔레스타인 혁명가들과 달리 급진 좌파도 아니었다. 그는 처음부터 팔레스타인 독립국가 건설 이외에 어떠한 이데올로기적인 계획도 가지고 있지 않은 전통적인 무슬림이었다.

1956년 대학 졸업 후 아라파트는 다른 많은 팔레스타인 전문직 종사

---

414 하마스: 1987년 이스라엘에 저항하는 팔레스타인 무장단체로 창설하여 저항활동을 전개해오다가 2006년 팔레스타인 자치정부의 집권당이 되었다.

자들과 마찬가지로 유전 개발로 인한 경제 호황에 이끌려 쿠웨이트로 이주했다. 그는 공공사업부Ministry of Public Works의 하급 도로 엔지니어로 일하면서 1959년에 20명 미만의 다른 팔레스타인 망명자들과 함께 '은밀한 곳'에 모여 파타Fatah(정복)라는 반이스라엘 단체를 만들었다. 시리아와 알제리의 초기 지원으로 1964년에 이 신생 조직은 수백 명의 전투원을 위한 최초의 훈련 캠프를 설립할 수 있었다.

이스라엘 정착민들에 대한 테러는 새로운 현상이 아니었고 1936~1939년 아랍 반란 이후 피할 수 없는 현실이었다. 물론 부분적으로는 영국 당국에 대한 시오니스트 조직의 테러 활동의 결과로 1948년 이스라엘이 건국된 이후 유대국가는 아랍 페다인fedayeen(자기희생자)의 끊임없는 침입에 직면했다. 1948~1956년에 페다인 침입자들은 200명 이상의 이스라엘 민간인과 군인 다수를 살해하고 1956년 이집트와의 전쟁과 수많은 소규모 보복 공격을 촉발하는 데 도움을 주었다. 그러나 이러한 테러 작전은 독립적 팔레스타인 단체가 아니라 이집트와 시리아와 같은 인접 국가가 수행했다. 팔레스타인인들은 씨족에 대한 충성심과 경제적 이해관계로 인해 사분오열되어 있었고, 강력한 세력을 형성할 만큼 민족주의가 강하지도 않았다. 아랍 지도자들은 팔레스타인 문제를 이용하기를 원하면서도 팔레스타인인들이 자신들의 목소리를 내는 것을 원하지 않았다. 권위적인 아랍 국가 지도자들은 어떤 팔레스타인 지도자도 자신들의 권위에 도전하는 것을 용납하지 않았다. 이러한 상황에서 1964년에 가자 지구Gaza Strip를 통치하는 이집트 대통령 가말 압델 나세르Gamal Abdel Nasser의 후원 아래 팔레스타인해방기구가 창설되었다. (서안 지구는 요르단이 통치했다.) 첫 번째 지도자는 나세르의 지원에 전적으로 의존하는 보잘것없는 사람이었다. 아라파트는 팔레스타인해방기구와 팔레스타인해방기구를 후원하는 이집트보다 더 먼저 선수를 치기로 결정하고 1964년에 자신이 기획한 테러 활동을 시작했다.

이 무렵 그는 이미 자신의 트레이드마크를 완성했다. 흑백 카피예

kaffiyeh(머리 스카프), 수염이 잔뜩 난 얼굴, 밤낮을 가리지 않고 쓰고 있는 검은 안경, 군 복무 경험이 없음에도 불구하고 국방색 군복과 권총집에 꽂아넣은 스미스 & 웨슨Smith & Wesson 리볼버 권총이 그것이다. 이것들은 그에게 중요한 상징이 되었고, 몽고메리의 베레모나 맥아더의 옥수수 속대 파이프 같은 역할을 했다. 또한 162cm밖에 안 되는 키, 튀어나온 눈, 3일은 면도를 안 한 것처럼 보이는 까칠하게 자란 수염, 불룩 튀어나온 아랫배 등 아라파트의 매력 없는 외모는 주의를 분산시키는 역할도 했다. 토머스 프리드먼Thomas Friedman 기자의 기록에 따르면, "아라파트는 멋진 인물이라고 할 만한 사람은 아니었다."

아라파트의 빈틈없는 정치적 감각은 신체적으로 부족한 부분을 메우고도 남을 정도였다. 처음부터 그는 상습적으로 자신이 그럴듯하게 관련 사실을 부인할 수 있도록 테러 공격이 자신들의 소행이라고 주장할 이름뿐인 조직들을 설립하곤 했다. 이들 중 첫 번째 조직은 알-아시파al-Asifa(폭풍)라고 불렸다. 1965년 1월 1일, 시리아에 기반을 둔 파타 요원들은 이스라엘에 대한 첫 공격을 개시했다. 상수도 시설을 파괴하려는 이 시도는 실패했다. 초기 작전의 대부분은 마찬가지로 성공하지 못했지만 모든 작전이 역사적인 업적이라고 선전하는 엄청난 보도자료가 언론에 제공되었다. 초기에 아라파트는 폭스바겐 비틀Volkswagen Beetle을 타고 베이루트 주변을 돌며 "자화자찬 일색의 성명"을 직접 발표했다. 나중에 그는 자신의 메시지를 전달하기 위해 세계적 수준의 선전 기계propaganda machine를 개발하게 된다. 다른 많은 현대 혁명가들과 마찬가지로 그는 "인쇄기는 현대 지휘관의 무기고에서 가장 위대한 무기다"라는 T. E. 로렌스의 격언을 내면화한 사람이었다. 아라파트는 담배와 술에 관해서는 금욕적인 태도를 취했지만 홍보활동에 중독된 사람이었다.

요르단강 서안 지구와 가자 지구에서 마오쩌둥 스타일의 반란을 조직하려는 아라파트의 초기 아마추어적인 시도는 거의 실패로 돌아갔다. 이스라엘 국내 보안기관 신 베트Shin Bet는 "끈질기고 신속하며 무자비했다".

특히 유인책(돈, 취업 또는 통행증)과 위협(감옥, 추방)을 적절히 조합하여 팔레스타인 정보원을 찾는 데 능숙했다. 1967년 말 아라파트는 천운으로 습격 직전에 라말라Ramallah에 위치한 은신처에서 탈출했다. 보안요원이 들이닥쳤을 때 아라파트가 누워 있던 매트리스는 아직 따뜻했다.

이스라엘 장교는 파타를 무시하며 다음과 같이 말했다. "우리는 파타를 게릴라나 특공대라는 이름으로 부르기를 거부한다. … 그들은 베트콩의 기준에도 미치지 못한다." 이는 사실이었지만 아라파트는 전혀 개의치 않았다. 아라파트가 아무리 부인하더라도(아라파트는 테러리스트라는 낙인은 "이스라엘 군사 정권의 새빨간 거짓말"이라고 주장했다) 파타는 게릴라나 조직이 아닌 테러리스트였으며, 파타가 수행한 작전은 이스라엘을 군사적으로 패배시키거나 심각한 피해를 입히려는 게 아니라 매스컴의 관심과 정치적 지원을 이끌어내기 위한 목적으로 수행되었다. 그 기준으로 보면 아라파트는 성공하고 있었다. 아라파트의 공격이 시작되자, 부유한 걸프 지역 아랍인들의 엄청난 자금 지원이 시작되었다. 어느 학자의 말에 따르면, 팔레스타인해방기구는 "지금까지 전 세계에서 가장 부유한 영토회복주의자들의 운동 조직"으로 거듭나고 있었다.

아라파트는 총 수십억 달러에 달하는 팔레스타인해방기구의 자금이 어디에 숨겨져 있는지 알고 있는 유일한 사람이었다. 그는 이러한 사실을 강력한 개인적 권력의 도구로 삼아 장기간 팔레스타인해방기구 의장직을 맡을 수 있었다. 그의 동료 중 많은 사람들이 부패 혐의로 의심을 받았지만 아라파트는 그렇지 않았다. 아라파트는 체 게바라처럼 물질적 안락함에 무관심해 보였다. 삶의 대부분을 롤렉스Rolex 시계와 스미스 앤 웨슨 리볼버 권총 외에는 개인적인 소유물이 거의 없이 떠도는 생활을 했다. 1989년에 어느 언론인은 "아라파트의 삶에 장식품이라고 할 만한 것은 하나도 없다"라고 말했다.

아라파트는 카라메 전투battle of Karameh로 초기 명성을 쌓았다. 카라메는 파타가 작전 기지로 사용한 요르단의 팔레스타인 난민 캠프였다. 1968

불바다 작전(Operation Inferno)을 수행하는 이스라엘군. 1968년 3월 21일에 도로에 설치한 지뢰로 인해 이스라엘 스쿨버스가 폭파되자, 이스라엘 지상군은 이에 대한 보복으로 카라메를 공격했다. 이스라엘군은 예상보다 훨씬 더 심한 저항에 부딪혀 33명의 병사를 잃었고 팔레스타인해방기구는 156명이 전사하고 141명이 포로로 잡히는 큰 피해를 입었다. 이것을 승리라고 보기 어려웠으나, 아라파트는 카라메 전투를 이스라엘이 패한 첫 번째 전투라고 선전하며 군사적 실패를 홍보전의 승리로 전환시키는 천재성을 보여주었다. 〈출처: WIKIMEDIA COMMONS | Public Domain〉

년 3월 21일에 도로에 설치한 지뢰로 인해 이스라엘 스쿨버스가 폭파되자, 이스라엘 지상군은 이에 대한 보복으로 카라메를 공격했다. 이스라엘군은 예상보다 훨씬 더 심한 저항에 부딪혀 33명의 병사를 잃었고, 팔레스타인해방기구는 156명이 전사하고 141명이 포로로 잡히는 큰 피해를 입었다. 전통적인 의미에서 이는 승리라고 보기 어려웠으며 대부분의 전투는 팔레스타인해방기구가 아닌 요르단군이 수행했다. 그러나 아라파트는 군사적 실패를 홍보전의 승리로 전환시키는 천재성을 보여주었다. 그는 카라메 전투를 이스라엘이 패한 첫 번째 전투라고 선전했고, 1967년 6일 전쟁 이후 좋은 소식을 갈망하던 아랍인들은 그를 믿었다. 수천 명의 자원자들이 파타로 몰려들었고 아랍 국가들은 지원을 크게 늘렸다.

1968년 아라파트는 《타임》지의 1면에 등장해 "아랍 세계 사람이라면 아라파트가 누구인지 누구나 알고 있다"라고 선언했으며, 1969년에는 평생을 유지하게 될 팔레스타인해방기구의 의장으로 선출되었다. 아라파트는 이렇게 얻은 부와 권력을 통해 요르단에 있는 그의 기지들의 네트워크를 마치 요르단 내에 있는 한 국가 수준으로 확장할 수 있었다. 팔레스타인 무장괴한들은 총구를 들이대고 '기부'를 강요하며 '요르단의 파시스트 정권'을 전복하겠다고 공개적으로 선언하기도 했다.

하지만 머지 않아 복수의 여신이 찾아왔다.

파타 다음으로 팔레스타인해방기구의 두 번째로 큰 정당이자 아라파트가 거의 통제권을 행사하지 못한 팔레스타인해방인민전선은 1970년 9월 서방 항공기를 공중에서 납치하여 요르단에서 폭파함으로써 위기를 촉발시켰다. 아라파트는 팔레스타인해방인민전선의 항공기 납치에 반대 의사를 표명하기는 했지만, 저지하려는 시도는 하지 않았다. 표리부동한 아라파트에 대해 존중하는 마음이 거의 없었던 요르단 후세인^{Hussein} 왕은 자신의 나라에 대한 통제력을 잃어간다는 공포에 사로잡혀 군대에게 팔레스타인해방기구를 축출하라고 명령했다. 기갑, 포병, 항공기의 지원을 받는 정규군인 요르단군은 전혀 준비가 되어 있지 않은 팔레스타인해방기구 전투원들을 신속하게 진압했다. 이 과정에서 최소 2,000명이 사망했다. 아라파트의 일부 부하들은 무자비한 요르단군이 너무 무서워 심지어 이스라엘로 피신했고 아라파트는 작전 기지를 레바논으로 이전했다. 요르단 후세인 왕에게 공개적으로 도전한 것은 그의 첫 오판이었지만, 그는 요르단 후세인 왕에 대한 도전을 멈추지 않았다.

◆ ◆ ◆

복귀를 준비하기 위해 1971년 아라파트는 검은9월단^{Black September}이라는 새로운 폭력 단체를 조직했다. 팔레스타인해방기구 선전에 따르면, 첫 번째 희생자는 "팔레스타인인을 학살한 사람 중 한 명"인 와스피 탈^{Wasfi Tal} 요르단 총리였다. 와스피 탈 요르단 총리는 1971년에 카이로에서 저격당했다. 소름 끼치게도 암살자 중 한 명이 바닥에 흐르고 있던 죽어가던 와스피 탈의 피를 마셨다. 1973년 검은9월단 조직원들은 수단의 수도 하르툼Khartoum에 있는 사우디 대사관에서 열린 파티에 난입하여 미국 대사, 미국 부대사, 벨기에 외교관을 살해했다. 이는 팔레스타인해방기구가 미국을 직접 공격한 몇 안 되는 사례 중 하나로 꼽힌다.

수년 동안 아라파트는 많은 적을 만들었다. 그는 소련을 포함한 동구권 국가들과 긴밀한 관계를 유지했음에도 불구하고 초강대국에 대한 직접적인 공격은 피하는 신중함을 보였다. 검은9월단이 저지른 테러 중 가장 충격적인 사례는 1972년 올림픽 이스라엘 선수단 납치 사건이었다. 이 납치 사건은 2001년 9·11테러 이전에 벌어진 테러들 중에서 가장 유명했다. 마치 다른 행성에서 온 냉혹한 방문객처럼 머리에 스타킹 마스크를 쓰고 이스라엘팀 숙소 발코니에 서 있는 총잡이의 사진은 그 시대의 모습을 보여주는 결정적인 이미지가 되었다.

이스라엘은 즉시 레바논과 시리아에 있는 팔레스타인해방기구 기지들을 폭격함으로써 보복했다. 동시에 골다 메이어Golda Meir 총리는 '신의 분노 작전Operation Wrath of God'의 일환으로 이스라엘 정보기관에 검은9월단과 팔레스타인해방인민전선 요원들이 있는 곳이면 어디든 추적해 죽이라고 비밀리에 명령했다. 이스라엘이 표적을 암살한 것은 이것이 처음이 아니었다. 1956년 모사드 요원들은 가자 지구에서 페다인 공격을 지휘한 이집트 정보장교 무스타파 하페즈Mustafa Hafez 중령에게 책폭탄을 우편으로 보내어 암살한 적이 있었다. 그러나 뮌헨에 대한 보복은 특히 규모가 컸고, 논란의 여지가 있었다.

보복작전 중에는 1973년 해상 특공대가 베이루트 중심부를 습격하는 위험천만한 '젊음의 봄날 작전Operation Springtime of Youth'도 있었다. 공수부대가 팔레스타인해방인민전선 분파 조직의 본부와 기타 표적을 폭파하는 동안 지휘관 에후드 바라크Ehud Barak를 포함해 여성으로 분장한 사이렛 매트칼 대원들은 경계병을 몰래 통과해 팔레스타인해방기구 최고지도자 3

명을 아파트에서 암살했다. 또 다른 주목할 만한 성공은 6년 후인 1979년에 검은9월단의 운영 책임자이자 아라파트의 측근 알리 하산 살라메^{Ali Hassan Salameh}('붉은 왕자')가 베이루트에서 차를 타고 지나갈 때 길가에 주차된 폭스바겐의 폭발로 사망한 사건이 있다.

이러한 위업에도 불구하고 '신의 분노 작전'은 완벽하게 성공했다고 할 수 없었다. 검은9월단의 수장 아부 다우드^{Abu Daoud}는 1981년 바르샤바^{Warsaw} 커피숍에서 13발의 총알을 맞았지만 목숨을 건졌다. 더 당혹스러운 것은 1973년 모사드 팀이 살라메로 오인한 모로코 출신 웨이터를 살해한 후 노르웨이에서 체포된 것이었다. 이것은 유일하게 기록으로 남은 오인 사례였지만, 암살당한 많은 사람들은 뮌헨 학살과는 그다지 연관이 없는 사람들이었다. 이들이 선택된 이유는 팔레스타인해방기구 고위 지도부에 비해 손쉽게 접근할 수 있었기 때문이었다. (아라파트는 매일 밤 다른 곳에서 잠을 잤고, 수많은 경호원의 보호를 받았다.) 이스라엘의 암살 작전도 보복을 피할 수 없었다.

팔레스타인해방기구는 실패하기는 했지만 1973년에 골다 메이어 암살을 시도했고, 1972년에는 방콕에 있는 주태국 이스라엘 대사관을 점거한 것을 포함해 해외에서 이스라엘인들을 납치·살해함으로써 이스라엘에 보복했다.

아라파트는 1973년에 검은9월단을 해체하고 국제 테러를 자제하는 한편, 이스라엘과 점령지에서 테러를 계속했다. 이스라엘의 표적 암살이 그의 결정에 영향을 미쳤는지 판단하기는 어렵다. 확실한 것은 이스라엘의 보복 관행이 유럽 및 아랍 정부들이 체포된 테러리스트들을 석방하는 것보다 더 효과적인 억제책이었다는 것이다. 예를 들어, 와스피 탈 살인 용의자는 이집트 법원에서 석방 판결을 받았으며, 살아남은 뮌헨 테러리스트 3명은 검은9월단이 루프트한자 항공기를 공중 납치한 지 2개월도 채 되지 않아 독일 정부에 의해 석방되었다. (원치 않는 수감자들을 제거하기 위해 서독 정부가 납치를 묵인했다는 소문도 있었다.) 그러나 순전

1974년 11월 13일 유엔에서 연설하는 아라파트. 팔레스타인해방기구(PLO)는 아랍 연맹으로부터 팔레스타인 국민의 '유일한 합법적 대표자'로 인정받았고, 이로써 아라파트는 유엔 총회에서 연설할 수 있게 되었다. 팔레스타인의 대의명분에 이끌린 일부 과격분자들과 달리, 아라파트는 국제적 정당성을 추구했다. 아라파트는 테러 사용에 있어서는 실리적이었지만 종종 잘못된 판단을 내렸고, 레바논에 자리를 잡은 후에도 그의 오판은 계속되었다. 〈출처: WIKIMEDIA COMMONS | Public Domain〉

히 이스라엘의 '신의 분노 작전'만으로 아라파트의 마음이 바뀌었다고 보기는 어렵다. 또 다른 확실한 주원인은 팔레스타인해방기구가 사우디아라비아나 미국의 시설이나 인력을 다시 공격할 경우 심각한 결과를 감수해야 할 것이라는 사우디아라비아와 미국의 경고였다.

아라파트는 뮌헨 학살 같은 세간의 이목을 끈 테러 공격으로 가능한 모든 이익을 얻었으니 더 이상 테러를 계속하는 것은 자신의 정치적 전략을 약화시킬 뿐이라고 판단했을 것이다. 그의 의미에서 1974년은 전환점이었다. 그해 팔레스타인해방기구는 아랍 연맹으로부터 팔레스타인 국민의 "유일한 합법적 대표자"로 인정받았고, 이로써 아라파트는 유엔 총회에서 연설할 수 있게 되었다. 1975년 석유장관을 인질로 잡기 위해 석유수출국기구OPEC, Organization of Petroleum Exporting Countries의 비엔나 본부를 습격한 베네수엘라인 일리치 라미레스 산체스Ilich Ramírez Sánchez('카를로스 자칼Carlos the Jackal')나 1985년에 로마와 비엔나 공항의 엘 알 항공사 카운터에서 총격 사건을 벌인 팔레스타인 배신자 아부 니달Abu Nidal과 같이 팔레스타인의 대의에 이끌린 일부 과격분자들과 달리, 아라파트는 국제적 정당성을 추구했다. 아라파트는 테러 사용에 있어서는 실리적이었지만 종종 잘못된 판단을 내렸고, 레바논에 자리를 잡은 후에도 그의 오판은 계속되었다.

✦ ✦ ✦

그는 파타랜드Fatahland로 알려진 곳에서 바더-마인호프단원 같은 외국 테러리스트들을 수용하는 훈련시설을 비롯해 기업, 준정부부처, 법원 및 학교로 이루어진 강력한 네트워크를 구축했다. 그는 심지어 1만 5,000명 규모의 반정규군인 팔레스타인해방군Palestine Liberation Army을 창설했다.

팔레스타인 무장병력의 존재는 레바논 정치의 미묘한 균형을 무너뜨렸고, 1975년에 1990년까지 계속될 파괴적인 내전을 촉발시켰다. 내전으로 인해 10만 명 이상이 사망하고 한때 "동방의 파리"라고 불렸던 베이루트는 황폐해졌다. 팔레스타인해방기구는 무슬림, 드루즈Druze 민병대와 함께 이스라엘의 지원을 받는 기독교 민병대에 맞서 싸웠다. 팔레스타인해방기구는 레바논의 은신처에서 이스라엘을 습격하고 미사일로 공격했다. 여기에는 소형 고무보트를 타고 이스라엘에 상륙한 11명의 파타 조직원이 버스를 납치한 1978년의 악명 높은 '해안도로 학살' 사건도 포함되어 있었다. 당시 이스라엘 보안군과의 총격전으로 승객 35명이 사망하고 71명이 부상당했다. 3일 후 이스라엘 국방군은 레바논 남부를 침공하여 국경을 따라 '보안구역security zone'를 설정하고 기독교도 민병대가 감시하게 했다.

그러나 팔레스타인해방기구의 공격이 계속되자, 1982년 6월 이스라엘은 레바논을 전면 침공했다. 공격은 10주간의 베이루트 포위 공격으로 정점에 달했고, 이는 이스라엘에 대한 광범위한 비난으로 이어졌다. 엔테베 작전 당시에는 존경할 만한 약자였던 이스라엘에 대한 외국인들의 인식이 이 시점부터 폭력적인 제국주의 국가로 바뀌기 시작했다. 유대 국가 이스라엘의 국제적 위상에 심각한 영향을 미친 이러한 변화는 레바논 팔랑헤Phalangist 기독교도 민병대가 1982년 9월에 사브라Sabra와 샤틸라Shatila 수용소에서 팔레스타인 난민들을 학살하는 동안 이스라엘군이 이를 방조하고 있었다는 사실이 드러난 후에 더욱 가속화되었다. 머지않아 이스라엘은 새로 등장한 '신의 정당Party of God'인 헤즈볼라Hezbollah가 이스라엘군에게 끊임없이 가하는 게릴라 공격으로 레바논에 갇힌 느낌을 받게 된다. 그렇다고 해서 전 세계에 군사적으로 부적절한 행동을 취한 사실이 다시 한 번 드러난 팔레스타인해방기구에게 그다지 위안이 되는 것은 아니었다. 1982년 8월 아라파트는 팔레스타인해방기구 본부를 2,550km 떨어진 튀니지로 대피시킨다는 미국의 계획에 동의할 수밖에 없었다.

그러나 그는 항거의 의미로 자살하라는 리비아 지도자 무아마르 카다피Muammar Qaddafi의 그럴 듯한 조언에 따르기를 거부했다. 아라파트는 다른 사람들을 위한 순교는 옹호하면서도 자신은 절대 그것을 실천하지 않았다. 그는 이스라엘의 암살 시도를 피해 다녀야 했지만, 크리스티안 데 베트, 마이클 콜린스, 체 게바라와 같은 진정한 최전방 전사는 아니었다. 행동과는 거리가 먼 그의 역할은 전용기를 타고 여기저기에서 고위급 외교 회담을 하는 것이었기 때문에 부하들이 직면한 위험과 궁핍에도 아랑곳하지 않고 쉽게 투쟁을 이어나갈 수 있었다. 그는 패배를 인정하는 것조차 거부했다. 레바논에서의 철수는 또 다른 영광스러운 승리로 포장되었다. 팔레스타인해방기구의 온건파 중 한 사람은 "이런 승리를 한 번만 더 하면 팔레스타인해방기구는 피지Fiji 섬에 있게 될 것이다"라고 농담을 하기도 했다.

♦ ♦ ♦

젊은 시절부터 "늙은이"라고 불렸던 아라파트는 우연한 사건을 통해 또다른 부활의 기회를 맞게 되었다. 1987년 12월 요르단강 서안 지구와 가자 지구에서 팔레스타인 젊은이들이 이스라엘 점령군과 충돌하기 시작했다. 인티파다Intifada(봉기, 문자 그대로는 흔들다는 뜻)는 팔레스타인해방기구가 계획하지 않았으며 테러가 아닌 파업, 보이콧, 시위를 통해 많은 지지를 얻었다. 인티파다에 참여한 사람들은 총기를 포기하고 돌, 칼, 화염병을 들었다. 그들의 행동 유형은 간디가 추구했던 비폭력 저항과 같지는 않았지만, 그렇다고 해서 이스라엘 민간인을 고의적으로 학살한 팔레스타인해방기구의 이전 행동 유형과 같다고 할 수는 없었다.

이스라엘 보안군은 어떻게 대응해야 할지 몰랐다. 이스라엘 국방군IDF의 공식 역사가는 "우리는 당황했다"라고 말했다. 끊임없는 국제적 감시를 받고 있는 자유민주주의의 군인으로서 그들은 중국 정부가 1989년에 그랬던 것처럼 전차를 보내 비무장 시위대를 진압할 수는 없었다. 때때로, 특히 초기에 대규모 폭도들과 마주한 소규모 이스라엘 부대는 사격으로 대응했다. 그런데 시간이 흐를수록 총 대신 경찰봉, 최루 가스 및 고무총탄 등을 더 자주 사용했다. 보안군은 확인된 문제의 인물들을 구타·추방·억류했다. 이들 중 몇몇은 심문 과정에서 고문을 당했다. 인티파다의 첫해에만 팔레스타인인 1만 8,000명이 체포되고 1987년부터 1990년까지 약 600명의 팔레스타인인이 이스라엘 보안군에 의해 사살된 반면, 팔레스타인인에 의해 사망한 이스라엘인은 100명뿐이었다. 이스라엘 사람들이 비교적 행동을 자제했음에도 불구하고 양측 희생자의 수적 불균형은 이스라엘 골리앗이 팔레스타인 다윗을 계속 때리는 것 같은 인상을 주었다. 이스라엘 같은 자제력을 발휘하지 못한 중국 인민해방군은 1989년 천안문 광장 주변에서 약 2,000명의 시위대를 학살했다. 그러나 현대 서구 민주주의 강대국들은 필연적으로 공산주의 중국과 같은 반자유주의 국가보다 더 높은 인권 기준을 유지해왔다. 영국이 아일랜드 독립 전쟁에서 그랬고, 프랑스가 알제리 전쟁에서 그랬고, 미국이 이라크와 아프가니스탄에서 그랬다.

미국, 영국, 프랑스와 마찬가지로 이스라엘 지도자들은 방송의 중요성을 인식하지 못했다. 대부분의 뉴스 매체는 두건으로 얼굴을 가리고 돌을 던지는 팔레스타인 젊은이들이 중무장하고 고압적으로 보이는 이스라엘 병사들과 경찰에 맞서 싸우는 모습을 방영했다. 팔레스타인해방기구 지도부가 시위를 시작한 것은 아니었지만, 이들은 국제 기자단의 홍보력을 확실히 이용해 시위를 세상에 널리 알렸고, 항상 약자를 기꺼이 응원하는 국제 기자단도 이에 협력하기를 원했던 것이다. 20세기 초반까지 게릴라전에서 상대적으로 비중이 적었던 '보도전쟁'은 이제 사건의 향방을 결정하는 데 있어 실제 전투보다 더 중요한 영향력을 발휘했다. 이스라엘 국방군은 정규전에서 최상의 기술을 보여주었지만, 보도전쟁이라는 새로운 전쟁 분야에는 익숙하지 않았다.

인티파다의 결과로 대부분의 이스라엘인들은 영토 점령에 반대했고 처음으로 팔레스타인을 국가로 기꺼이 인정하게 되었다. 팔레스타인에 대한 국제적 동정심도 높아졌다. 19세기에 오스만 제국에 대항한 그리스 반란군, 스페인에 대항한 쿠바 반란군, 더 최근에는 프랑스에 대항한 알제리 반란군이 일궈낸 승리에는 미치지 못했지만, 인티파다는 홍보전으로 일궈낸 승리였다.

아라파트는 1990년 사담 후세인의 쿠웨이트 침공을 지지하기로 한 잘못된 결정을 계기로 보다 협조적인 사고방식을 갖게 되었다. 이로 인해 페르시아만에 위치한 국가들의 자금 지원이 중단되었고, 팔레스타인해방기구에는 금융 위기가 찾아왔다. 따라서 오슬로 평화 협상을 위한 무대가 마련되었다. 1993년 아라파트와 이스라엘 총리 이츠하크 라빈Yitzhak Rabin은 이스라엘을 인정하는 대가로 팔레스타인 자치정부를 설립하고 요르단강 서안 지구와 가자 지구에 제한적 권한을 부여하되 그 권한을 점

1994년 노벨 평화상을 공동수상하는 아라파트 팔레스타인해방기구(PLO) 의장, 시몬 페레스 이스라엘 외무장관, 이츠하크 라빈 이스라엘 총리. 1993년 아라파트와 이스라엘 총리 이츠하크 라빈은 이스라엘을 인정하는 대가로 팔레스타인 자치정부를 설립하고 요르단강 서안 지구와 가자 지구에 제한적 권한을 부여하되 그 권한을 점진적으로 확대하는 것에 합의하는 협정에 서명했다. 〈출처: WIKIMEDIA COMMONS | CC BY-SA 3.0〉

진적으로 확대하는 것에 합의하는 협정에 서명했다.

야세르 아라파트는 1992년 리비아 사막에서 비행기 추락 사고로 죽을 고비를 넘겼다. 그가 육체적으로는 물론 정치적으로도 살아 있다는 것은 기적이었다. 거의 30년 동안 팔레스타인 영토에 발을 들여놓지 않고 평생 망명자로 살았던 그는 1994년 노벨 평화상 공동 수상자이자 국제적으로 인정받는 준국가 지도자로 돌아올 수 있었다.

그의 긴 인생의 하이라이트 중 하나는 의심할 여지 없이 그가 적색, 흑색, 백색, 녹색으로 된 팔레스타인 국기로 장식된 가자시티Gaza City에서 수만 명의 팔레스타인 군중으로부터 열광적인 환영을 받은 것이었다. 그는 요르단강 서안의 라말라Ramallah에 있는 옛 이스라엘 건물을 본부로 삼았고, 그곳에서 국가 원수부터 이 책의 저자인 필자에 이르기까지 다양한 방문객들을 이른 아침 시간에 만났다. (아라파트는 전형적인 올빼미족이었다.)

1990년 62세의 혁명가는 수하 타윌Suha Tawil이라는 27세의 한 팔레스타인 기독교도 여성과 비밀리에 결혼식을 올리고 5년 후 딸을 얻으면서 정착하기로 결심했다. 그러나 딸은 수하 타윌이 많은 시간을 보냈던 파리에서 태어났다. 가난하게 살고 있는 보통 팔레스타인 사람들은 제트기를 타고 이곳저곳 다니는 수하를 보고 분통을 터뜨렸다. 복귀한 팔레스타인 해방기구 간부들 사이에서 부패가 만연한 것을 보고 그들의 분노는 더욱 커져갔다.

아라파트에 실망한 것은 팔레스타인 사람들뿐만이 아니었다. 라빈은 아라파트가 법원, 인권 로비, 또는 기타 "지나치게 동정심이 많은 사람" 덕분에 아무런 제한을 받지 않았기 때문에 이스라엘군이 할 수 있는 것보다 팔레스타인 무장세력을 자제시키는 데 더 많은 일을 해주기를 바랐지만, 아랍파트는 그렇게 하지 않았다. 아라파트는 때로는 테러리스트를 체포하고, 때로는 그들과 협력하면서 그때그때 그의 목적에 부합하는 것이면 무엇이든 했다. 1990년대에 이스라엘에서 처음으로 자살폭탄 공격이 시작되었고, 1993~2000년에 30건이 넘는 자살폭탄 공격이 발생했다. 이러한 공격은 팔레스타인해방기구가 아닌 하마스와 팔레스타인 이슬람 지하드Palestinian Islamic Jihad가 수행했지만, 아라파트는 이를 막으려고 하지 않았다.

◆ ◆ ◆

2000년, 캠프 데이비드Camp David[415]에서 에후드 바라크 이스라엘 총리가 동예루살렘, 서안 지구의 최소 90%, 그리고 거의 모든 가자 지구를 양도하는 최종 합의안을 아라파트에게 제안했다. 아라파트는 존경받는 '자유의 투사'에서 작고 빈곤한 국가의 지도자로 전락시키고 무장세력으로부

---

415 캠프 데이비드: 미국 메릴랜드주에 위치한 미국 대통령의 전용 별장.

터 암살될 위험에 처하게 할 수도 있는 조약에 서명하는 대신 제2차 인티파다를 실행했다. (그는 적어도 그것을 중단시키려고 하지 않았다.) 제2차 인티파다는 1982년 레바논 침공의 설계자이자 요르단강 서안 지구와 가자 지구에 있는 유대인 정착촌의 옹호자로서 팔레스타인 사람들 사이에서 이미 미움을 받고 있던 이스라엘 야당 지도자 아리엘 샤론Ariel Sharon이 무슬림과 유대인 모두의 성지인 예루살렘의 성전산Temple Mount을 방문하자마자 2000년 9월에 발생한 자발적인 폭동으로 시작되었다.

이 자발적인 폭동은 제1차 인티파다가 그랬던 것처럼 시위가 아니라 테러 행위로 빠르게 바뀌었다. 자살폭탄 테러범은 이스라엘의 가장 큰 도시에 침투하여 이스라엘이 이때까지 테러로 겪었던 것보다 더 많은 사상자를 냈다. 2000~2005년에 이스라엘 민간인 649명이 사망했다. 아라파트는 늘 그랬던 것처럼 총격 및 자살폭탄 테러를 수행하기 위해 하마스, 팔레스타인 이슬람 지하드와 협력한 전선 조직 알-아크사 순교자 여단al-Aqsa Martyrs Brigade과 탄짐Tanzim[416] 뒤에 숨어 자신의 개입을 숨기려고 했다.

다시 한 번 제1차 인티파다 때와 마찬가지로 이스라엘의 초기 대응은 혼란스럽고 제한적이었다. 이스라엘의 어느 고위 정보책임자는 "우리는 전혀 실마리를 찾지 못했다"라고 인정했다. 1990년대에 팔레스타인 당국에 요르단강 서안 지구의 통제권을 양도한 이스라엘인들은 이스라엘 국방군 총참모장이 말한 대로 그곳이 "테러리스트들의 안식처"가 되었음에도 물러설 생각이 거의 없었다. 그러나 2002년 3월, 이스라엘의 인내심이 한계에 도달했다. 3월 한 달에 유월절 축제Passover Seder에서 30명 이상이 학살된 것을 포함하여 17건의 공격으로 135명의 이스라엘인이 사망했다. 어느 이스라엘 장군은 "예전처럼 이런 상황이 계속되도록 내버려 둘 수는 없었다"라고 기록했다.

당시 아리엘 샤론 총리는 논란의 여지가 있는 두 가지 대응을 지시했

---

416 탄짐: 파타의 무장세력 중 하나.

다. 하나는 방어 작전이고, 다른 하나는 공세 작전이었다. 방어 작전은 비용이 많이 드는 장벽을 설치하는 것이었다. 일부는 장벽, 다른 일부는 울타리를 세워 요르단강 서안 지구의 팔레스타인 공동체와 이스라엘 정착촌을 분리하는 것이었다. 장벽 건설과 함께 서안 지구 전체를 다시 장악하기 위한 정규군의 공격도 병행했다. 2002년 3월 29일에 시작된 디펜시브 쉴드 작전Operation Defensive Shield은 놀라울 정도로 순조롭게 진행되었다.

치열한 전투가 벌어진 유일한 도시는 제닌Jenin이었다. 그러나 팔레스타인 측 주장처럼 학살이 벌어진 것은 아니었다. 유엔은 나중에 제닌 전투로 인해 이스라엘 병사 23명과 팔레스타인 52명이 사망했고, 그중 민간인은 절반도 채 안 된다고 발표했다. 대부분 무장세력 조직원이었던 500명의 팔레스타인 사람들이 초기 작전에서 사망하고 7,000명이 체포되었다. 다시 한 번 요르단과 레바논에서와 마찬가지로 팔레스타인 전사들은 정규군과 정면으로 맞설 수 없다는 것이 입증되었다. 2002년 아라파트는 요르단강 서안 라말라 청사에 갇혀 이스라엘 D-9 장갑 불도저가 건물 벽을 무너뜨리고 있는 것을 봐야 했다. 2004년에 75세의 나이로 사망할 즈음 그는 그의 오랜 투쟁이 결국 재앙으로 끝남으로써 불명예스럽고 노쇠한 반란군 지도자라는 평가가 지배적이었다.

아라파트가 계획하지 않은 제1차 인티파다는 이스라엘 사회를 분열시켰다. 아라파트의 작품인 제2차 인티파다는 이스라엘을 하나로 뭉치게 만들었다. 그로 인해 이스라엘 국방군은 인상적인 승리를 거두는 데 필요한 지원을 제공받을 수 있었다. 이 승리는 현재 콜롬비아 무장혁명군 FARC과 싸우는 콜롬비아군, 타밀 호랑이Tamil Tigers와 싸우는 스리랑카군, 2007~2008년 이라크에서 수많은 반란군과 싸운 미군의 현대적 성공과 비교할 만하다. 2002년 이스라엘에서 53건의 자살공격이 있었다. 2007년에는 단 한 건뿐이었고 2009년에는 없었다. 다수의 이스라엘 보안군조차도 목숨을 내놓겠다는 결연한 의지로 무장한 테러리스트들을 저지할 수 없다고 믿었던 통념과 정면충돌하는 이 반전을 어떻게 설명할 수

2002년 4월 디펜시브 쉴드 작전 중 나블루스(Nablus)에서 주변을 감시하고 있는 이스라엘 국방군 (IDF)의 모습. 2000년에 시작된 제2차 인티파다에 대한 이스라엘의 초기 대응은 혼란스럽고 제한적 이었으나, 2002년 3월 한 달간 유월절 축제에서 30명 이상이 학살된 것을 포함하여 17건의 공격으로 135명의 이스라엘인이 사망하자 이스라엘은 정규군 공격으로 대응했다. 2002년 3월 29일에 시작된 디펜시브 쉴드 작전은 놀라울 정도로 순조롭게 진행되었다. 이 작전으로 팔레스타인 전사들은 정규군 과 정면으로 맞설 수 없다는 것이 입증되었다. 〈출처: WIKIMEDIA COMMONS | CC BY–SA 2.0 | Israel Defence Forces〉

있을까?

세 가지 요소가 특히 중요했다. 첫째, 이스라엘 국방군이 200만 아랍 인 주민이 거주하는 요르단강 서안 지구—미국 델라웨어Delaware주보다 작 았다—를 봉쇄하는 데 성공한 것이다. 이 봉쇄로 팔레스타인 군대의 재 보급을 막을 수 있었다. 예를 들어, 2002년에 이스라엘 해군은 팔레스타 인에 배송되는 이란제 무기 50톤을 실은 화물선 카린 A$^{Karine A}$ 호를 나포 했다. 그러자 아라파트는 아주 당혹스러워하며 처음부터 그 무기는 자신 의 팔레스타인 군대를 위한 것이 아니라고 발뺌했다. 요르단강 서안 지구 내에서는 수많은 장애물이 세워져 무장세력과 민간인 모두 이동이 금지 되었다. 둘째, 전자적 수단과 인간정보 자산을 통해 정확한 정보를 수집 하는 이스라엘 국방군의 능력이다. 그것을 위해서는 요르단강 서안 지구

주민 상당수가 팔레스타인의 통제를 받게 된 1990년대에 잃어버린 정보수집능력을 재구축할 필요가 있었다. 현지에서 작전을 수행할 수 있게 되자, 이스라엘 정보장교들은 다시 한 번 정보원을 모집할 수 있었다. 셋째, 가장 중요한 것은 이스라엘 국방군의 유지력이었다. 이스라엘 국방군이 수십 년 동안 이웃 아랍 국가에 대해 실시한 이전의 수많은 습격들이나 2006년 헤즈볼라 및 2008~2009년 하마스에 대한 후속 작전처럼 디펜시브 쉴드 작전을 신속하게 치고 빠지는 작전으로 여겼다면 지속적인 성공을 거두었을지 의심스럽다. 2011년 이스라엘의 어느 고위 전략가는 "이스라엘군이 요르단강 서안 지구에서 철수한다면 가자 지구처럼 될 것"이라고 주장했다. "잔디는 계속 깎아야 한다."

영국군이 북아일랜드에서 취했던 조치처럼 이스라엘 국방군은 현지에 머물렀기 때문에 정보를 계속 수집하면서 몇 시간 또는 몇 분 이내에 조치를 취할 수 있었다. 이를 통해 이스라엘 국방군은 하마스, 알-아크사 순교자 여단 및 기타 테러리스트 단체들이 기반을 재건하는 것을 막았다. 많은 자살폭탄 테러범이 여전히 공격을 시도했지만(2009년에만 36명) 성공한 사람은 거의 없었다. 테러 위협이 줄어들자 이스라엘 국방군은 일부 검문소를 해체함으로써 팔레스타인 주민들의 삶을 개선할 수 있었다. 아무리 이스라엘 국방군이 근본적으로(당연하게도) 적대적인 주민의 '마음과 정신'을 얻으려고 시도해도 거기까지였다. 제2차 인티파다가 시작된 지 10년이 지난 2011년에도 이스라엘 국방군은 여전히 요르단강 서안 지구에서 야간 작전을 수행하여 테러 용의자들을 체포하고 있다. 팔레스타인이 진정으로 주권국(아라파트의 인생 목표)이 되는 것은 그 어느 때보다 요원해 보인다.

◆ ◆ ◆

1965년부터 2004년까지 아라파트의 오랜 무장투쟁 기간을 되돌아보면,

테러리즘이 효과가 있었는지 말하기는 어렵다. 확실한 것은 테러 공격은 아라파트와 팔레스타인해방기구를 지도에 올려놓았다는 것이다. 아라파트도 무장투쟁도 테러 없이는 세계적으로 유명해지지 못했을 것이다. 테러 공격은 이스라엘인들의 반발을 불러일으킴으로써 그때까지 냉담했던 팔레스타인 주민들을 과격해지게 만드는 데 일조했으며, 이전에는 부족했던 국가 정체성을 불러일으켰다. 그러나 1970년 요르단, 1982년 레바논, 2000년 요르단강 서안 지구와 가자 지구에서 적어도 세 차례에 걸쳐 아라파트가 테러리즘에 의지하는 바람에 팔레스타인의 국가 수립이 지연되는 큰 어려움을 겪었다. 테러리즘은 양날의 검이었다. 팔레스타인 사람들의 테러 행위는 그들의 불만에 대한 국제적 관심을 불러일으켰지만, 팔레스타인의 평판을 떨어뜨렸고 이스라엘을 더 비타협적으로 대응하게 만들었다.

아라파트는 적어도 무장투쟁 초기에 프랑스가 알제리에서, 미국이 남베트남에서 쫓겨나는 것을 보면서 유대인도 끊임없이 공격하면 팔레스타인에게 주권을 되돌려줄 것이라고 믿었던 것 같다. 그는 알제리와 베트남을 모두 방문했고 알제리 민족해방전선^FLN과 베트콩에 깊은 감명을 받았다. 한때 그의 대리인이었던 아부 이야드^Abu Iyad는 이렇게 썼다. "파타 창설 5년 전에 시작된 알제리의 게릴라전은 우리에게 큰 영향을 미쳤다. [그것은] 우리가 꿈꾸던 성공을 상징했다." 이들은 중요한 차이점을 놓치고 있었다.

프랑스와 미국은 국가적으로 큰 손해를 보지 않고 본국에서 멀리 떨어진 나라에서 일어나는 분쟁을 포기할 수 있었다. 그러나 이스라엘의 관점에서 항복은 또 다른 홀로코스트와 다름없었다. 이스라엘의 유대인들은 이스라엘군이 전멸하지 않는 한 고국을 떠나지 않을 것이며, 이스라엘군은 팔레스타인해방기구의 보잘것없는 군사력으로는 어림도 없었다. 1968~1985년에 테러로 이스라엘인 650명, 연간 평균 40명이 사망한 것으로 추정되는데, 이는 이스라엘처럼 작은 국가에게도 치명적이라고

만년의 아라파트. 아라파트는 무장투쟁으로 두각을 나타냈었기 때문에 결코 무장투쟁을 포기할 수 없었다. 팔레스타인 테러리즘의 가장 큰 희생자는 팔레스타인 자신이었다. 제2차 인티파다에서만 팔레스타인 사람 3,200명 이상이 사망했고, 국가 지위도 인정받지 못했다. 〈출처: WIKIMEDIA COMMONS | CC BY-SA 3.0〉

볼 수 없는 수치다.

이스라엘 진보 작가 게르숌 고렌버그Gershom Gorenberg가 주장했듯이, 팔레스타인을 아라파트가 아닌 마하트마 간디나 마틴 루터 킹 주니어Martin Luther King Jr.가 이끌었다면 국가 위상에 더 큰 이익을 가져다주었을 것이라고 믿을 만한 충분한 근거가 있다. 이스라엘과 같은 자유민주주의 국가들은 대중의 분노를 불러일으키는 잔인한 공격보다 양심에 호소하는 것에 더 민감하게 반응한다. 팔레스타인은 제1차 인티파다 이후 가장 큰 이득을 보았는데, 제1차 인티파다가 그 이전의 20년간의 테러 공격이나 그 뒤를 이은 제2차 인티파다보다 훨씬 폭력의 강도가 덜했다는 것은 의미심장하다. 그러나 아라파트는 무장투쟁으로 유명해졌기 때문에 결코 그것을 포기할 수 없었다. 그는 이스라엘의 메나헴 베긴Menachem Begin 총리(한때 이르군 지도자)와 이츠하크 샤미르Yitzhak Shamir('스턴 갱'의 지도자)를 포함한 몇몇 다른 테러 지도자들이 정상적인 정치인이 된 것처럼 변신할 수 없었다. 그리고 아라파트와 다른 극단주의자들의 힘은 비폭력 저항이나 이스라엘에 대한 타협을 옹호한 팔레스타인 사람들이 전면에 나서는 것을 불가능하게 만들었다.

최종 분석 결과 팔레스타인 테러리즘의 가장 큰 희생자는 팔레스타인 자신이었다. 제2차 인티파다에서만 팔레스타인 사람 3,200명 이상이 사망했으며, 국가 지위도 인정받지 못했다.

57

좌파 반란의 쇠퇴에도
사라지지 않는 게릴라전과 테러

♦

1980년대 마르크스주의 테러 단체의 종말

다른 모든 사람들과 마찬가지로 게릴라와 테러리스트는 대중의 분위기와 지적 유행에 영향을 받는다. 18세기 후반부터 19세기 후반까지 신대륙의 조지 워싱턴, 시몬 볼리바르, 투생 루베르튀르, 유럽의 울프 톤Wolfe Tone[417] 프란시스코 에스포스 이 미나Francisco Espoz y Mina[418], 주세페 가리발디와 주세페 마치니 같은 혁명가들은 당시 진보적 사상가들 사이에서 유행한 자유주의적 이상으로부터 영감을 받았다. 20세기로 접어들면서 계몽주의 사상은 최소한 특정 지성인 집단에서 사회를 재조직하기 위한 보다 극단적인 계획으로 대체되었다. 이런 환경에서 무정부주의 테러리즘이 번성하자, 무정부주의가 좌파의 대표적인 이데올로기가 되었다. 하지만

---

417 울프 톤: 18세기 무력을 사용해서 영국과의 관계를 청산하고 아일랜드인의 이름으로 신교도, 가톨릭교도, 비국교도의 통합을 꾀한 비밀결사 조직인 아일랜드인 연합(The United Irishmen)의 리더.

418 프란시스코 에스포스 이 미나: 18, 19세기 스페인 게릴라 리더.

무정부주의가 사회주의에 의해 혁명의 선봉에서 밀려나자, 1920년대 이후 무정부주의 테러리스트에 대한 이야기는 거의 들을 수 없게 되었다.

1940년대와 1950년대의 반식민지적 분위기에서 후기 좌파 테러리스트와 게릴라들이 출현했고, 이들은 1960년대와 1970년대에 전성기를 누렸는데, 이때 진보적 여론은 제3세계의 '민족해방운동가'를 제국주의와 '신제국주의' 오우거ogre[419]에 대항하는 이상주의적 투사로 찬양했다. 당시는 호찌민, 체 게바라, 피델 카스트로, 야세르 아라파트가 인구에 회자되었고 많은 대학 기숙사 벽에 이들의 사진이 붙어 있던 시기였다.

에드워드 랜스데일, 로버트 톰슨Robert Thompson, 존 폴 밴John Paul Vann 같은 그들의 적들조차도 젊은이들의 우상은 아니더라도 유명인사가 되었다. 1980년대 들어 식민주의에 대한 기억이 희미짐과 동시에 탈식민주의 통치자들이 더욱 많이 등장하고 로널드 레이건Ronald Reagan과 마가렛 대처Margaret Thatcher의 추진력으로 자본주의가 부활하자, 좌파 운동은 쇠퇴하고 게릴라 신비주의는 너무 오래 방치된 폭스바겐 밴처럼 서서히 사라지게 되었다.

전후 시기 '해방 이데올로기'는 1970년대 들어 후원국인 소련과 중국의 경제적 실패가 분명해지고 한때 권력을 잡은 지지자들의 비인간적 행위가 드러나면서 신뢰를 잃게 되었다. 가장 극단적인 예는 스탈린과 마오쩌둥이 자행한 수천만 건의 살인 사건에서 찾을 수 있다. 이디 아민의 우간다에서부터 크메르 루즈Khmer Rouge의 캄보디아에 이르기까지 한때 반군이 기치로 내걸었던 이상에 대한 신뢰를 잃게 할 정도로 충격적인 잔혹 행위 사례가 무수히 많았다. 투파마로스Tupamaros[420], 바더-마인호프단, 팔레스타인해방인민전선 등 결코 권력을 얻지 못한 집단들조차도 민간인을 대상으로 한 무차별 공격으로 온건한 계층의 지지를 잃었다. 그들은

---

419 오우거: 이야기 속에 나오는 사람을 잡아먹는 거인.
420 투파마로스: 우루과이의 과격파 게릴라.

더 성공적인 과거 테러 집단, 특히 1919~1921년의 아일랜드공화국군IRA 과 1944~1947년의 이르군과 스턴 갱의 "일반적으로 점령 당국에 공격을 집중해야 한다"라는 교훈을 무시했다. 이와는 대조적으로 1970년대의 테러리스트 단체는 뮌헨 올림픽 인질극, 엔테베 항공기 납치 등 세계의 텔레비전 카메라 앞에서 민간인을 표적으로 삼아 세간의 이목을 끄는 작전에 특화되어 있었다. 그들은 텔레비전이라는 강력한 새로운 소통 매체를 통해 자신들의 불만을 널리 알리는 데에는 성공했지만 전 세계 시청자들의 지지보다는 오히려 훨씬 더 큰 혐오감을 불러일으켰다.

1980년대에 이르자 마르크스주의 통치자들의 눈에도 마르크스주의가 파탄이 났음이 명백해 보였다. 소련에서는 미하일 고르바초프Mikhail Gorbachev가 페레스트로이카Perestroika와 글라스노스트glasnost를 시행했지만 이러한 개혁조차도 부패를 막지 못했고 결국 1991년에 국가 전체가 붕괴되었다. 당시 동유럽의 공산주의 정권은 이미 전복된 상태였다. 1976년 마오쩌둥 사후 중국은 대장정의 베테랑인 덩샤오핑鄧小平 정권 하에서 자본주의(민주주의는 아니다)로의 점진적 전환이 이루어졌다. 베트남 역시 1986년 레주언Le Duan 사후 얼마 안 되어 같은 운명을 겪었다. 쿠바나 북한같이 아주 당당하게 공산주의 국가로 남은 몇 안 되는 나라들은 경제가 엉망이 되었다. 골수 공산주의자들을 제외하고 이렇게 가난하고 억압된 나라에서 미래가 있으며 그들의 비참한 사례를 모방하기 위해 무장 운동을 개시할 가치가 있다고 생각하는 사람은 찾아볼 수 없었다.

또한 소련과 중국의 구 정권 몰락은 반군 단체에 더욱 직접적인 영향을 미쳐서 보조금, 무기, 훈련과 같은 귀중한 자원 지원이 끊기게 되었다. 1970년대의 마르크스주의 테러리스트 단체들은 지지 기반을 많이 만들지 못했고 외국의 지원이 끊기면서 사라지게 되었다. 팔레스타인해방기구, IRA 같은 민족주의 운동은 외부 지원의 감소로 인해 어려움을 겪으면서 반란에 대한 외부 원조의 중요성을 다시 한 번 보여주었다. 콜롬비아무장혁명군FARC과 인도의 낙살라이트Naxalites 같은 일부 좌파 게릴라 운동은 명맥을 유지하고 있었지만 존재감이 점점 사라져갔다. 네팔의 마오쩌 둥주의자들조차 2006년에 마침내 '인민전쟁'을 포기하고 다른 정당들과 경쟁하여 표를 얻도록 규정한 평화협정에 서명했다. 팔레스타인의 투쟁은 말할 필요도 없이 계속되었지만 마르크스주의 팔레스타인해방인민전선은 더 이상 최전선에 있지 않았고, 2008년 조지 하바쉬가 사망하기 오래전부터 중요한 역할을 하지 못했다.

좌파의 반란은 쇠퇴하고 있었지만 게릴라전과 테러리즘은 좀처럼 사라지지 않았다. 그들은 아주 뿌리 깊은 인종과 종교에 대한 불만을 품은 새로운 무장 단체로서 기존과 달리 신문의 헤드라인을 장식하는 방식을 취했다.

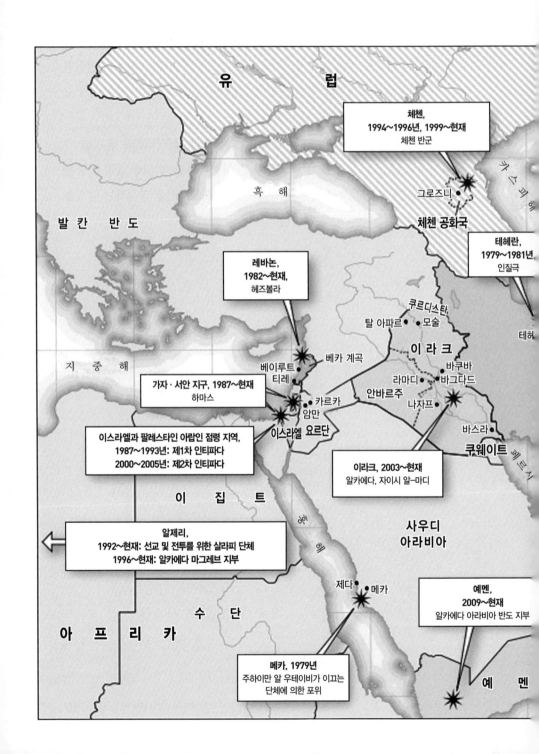

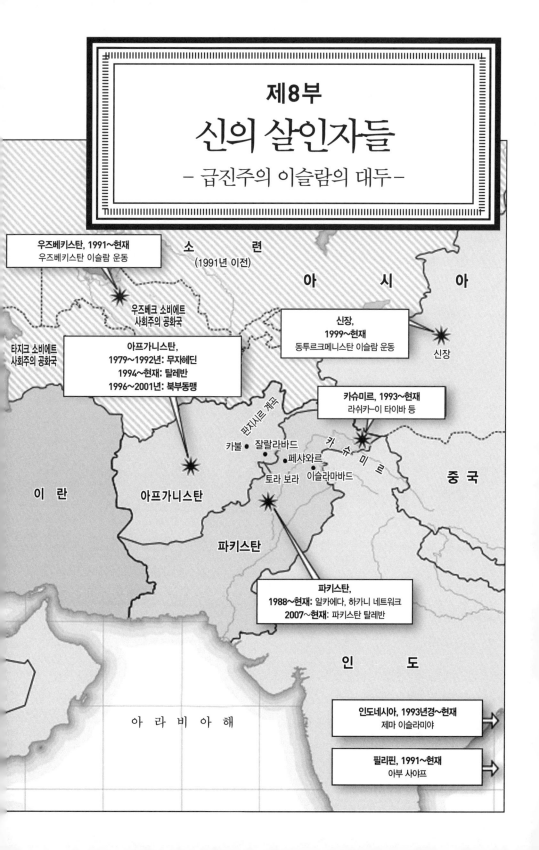

58

세계를 놀라게 한 50일

♦

**1979년 11월 4일~12월 24일,
테헤란, 메카, 이슬라마바드, 카불**

정치가 원인인 반란에서 종교가 원인인 반란으로의 전환—좌익운동에서 이슬람 극단주의로의 전환—은 수십 년, 심지어는 수세기에 걸친 발전의 산물이었다. 그것은 1950~1960년대 이집트 정치 선동가 사이드 쿠틉Sayyid Qutb의 저술, 1928년 이집트의 무슬림 형제단Muslim Brotherhood을 창설한 하산 알-반나Hassan al-Banna의 활동, 사우디아라비아의 공식 종파의 이론인 와하비즘Wahhabism[421]을 18세기에 창안한 무함마드 빈 압드 알-와하브Muhammad bin Abd al-Wahhab의 개종, 동료 무슬림들을 배교자takfir로 선언하는 토대를 마련하여 공격의 대상이 된 14세기 신학자 이븐 타이미야Ibn Taymiyya, 그리고 가장 근본주의적인 무슬림만이 통치하기에 적합하다고 믿었던 7세기 하리지파Kharijite까지 거슬러 올라간다. 그러나 그들의 사상—야세르

---

[421] 와하비즘: 수니파의 한 분파인 와하브파의 교리. 18세기 중엽 아라비아 반도에서 출현한 이슬람 복고주의 운동이자 사회·정치 운동으로 오늘날 사우디아라비아의 건국 이념의 기초이자, 근대 이슬람 부흥운동의 효시다.

아라파트와 후계자 마흐무드 압바스^{Mahmoud Abbas}와 같은 세속적인 무슬림 혁명가들과는 무관했던—이 미친 획기적인 결과는 1979년의 운명적 몰락에 이를 때까지 세계의 주목을 끌지 못했다.

세계를 뒤흔든 50일은 1979년 11월 4일에 시작되었다. 약한 비가 내리던 그날 아침, 시위대는 테헤란^{Teheran}의 타크테 잠쉬드 거리^{Takht-e-Jamshid Avenue}에 위치한 미국 대사관 건물의 벽돌담을 오르기 시작했다. 대사관을 경비하는 임무를 맡은 이란 경찰은 시위자들을 제지하기 위해 아무것도 하지 않았다. 미국의 굳건한 동맹 무함마드 레자 팔레비^{Mohammad Reza Pahlavi} 국왕은 그해 초 권좌에서 축출되었다.

그러나 국왕의 하야 이후 정부 형태는 아직 정해지지 않은 상태였다. 신정 독재 정부^{theocratic dictatorship}(벨라야티 파키^{velayat-e faqih}, 즉 '성직자에 의한 통치')를 확립하고자 했던 아야톨라 루홀라 호메이니^{Ayatola Ruhollah Khomeini}를 따르는 이슬람 지지자들은 세속적인 좌파와 자유주의자들과 세력 다툼을 하고 있었다. 온건파 중 다수는 미국과의 동맹을 계속 유지하기를 희망했다. 메디 바자르간^{Mehdi Bazargan} 총리는 미국 국가안보 보좌관 즈비그뉴 브레진스키^{Zbigniew Brzezinski}를 만나기 위해 외무장관과 함께 알제^{Algiers}를 방문했다.

대사관 점거 사태는 '그레이트 사탄^{Great Satan}'[422]뿐만 아니라 메디 바자르간 총리, 그리고 다른 세속주의자들을 공격하려는 미래의 대통령 마흐무드 아마디네자드^{Mahmoud Ahmadinejad}를 포함한 급진적 대학생들이 주도했다. 대사관 습격을 위해 학생 수천 명이 동원되었고, 이들에게 플래카드, 신분증, 볼트 커터^{bolt cutter}, 심지어 포로를 묶을 천 조각까지 제공되었다. 해병대 경비대원들은 사격하지 말라는 명령을 받았기 때문에 이들이 대사관 내 미국인들을 제압하는 데는 그리 오랜 시간이 걸리지 않았다. 눈을 가린 인질들이 공관 밖으로 끌려나오자, 수많은 군중은 "알라^{Allāh}는 위대

---

422 그레이트 사탄: 이슬람 급진파들이 미국을 이르는 말.

하다! 미국에게 죽음을!"이라고 열광적으로 외쳤다. 호메이니는 대사관 점거에 대해 미리 알지는 못했지만 대중이 학생들을 지지하고 있다는 것을 알고 자신의 권력을 강화하기 위해 그들의 대의를 받아들였다. 바자르간이 이에 대한 항의의 표시로 사임했기 때문에 최고지도자로 가는 가장 큰 장애물도 제거된 셈이었다.

지나치게 성격이 온화한 지미 카터Jimmy Carter 미 대통령은 초기에는 유화적으로 접근하려 했지만, 나중에는 인질 구출 작전 실행을 지시했다. 암호명 데저트 원Desert One은 이란 내 집결지에서 대규모 폭발로 미군 8명이 전사하면서 1980년 4월 25일에 실패로 끝이 났다. 붙잡힌 52명의 인질은 카터가 퇴임하고 로널드 레이건Ronald Reagan이 취임한 1981년 1월 20일에야 비로소 석방되었다. 언론은 인질들이 붙잡혀 있었던 444일 동안 미국이 자국의 외교관을 지키지 못하는 무기력한 거인이라고 과장 보도했다. 호메이니도 "미국인들은 제대로 하는 일이 없다"라고 외쳤다. 이에 고무된 호메이니는 반시온주의와 함께 반미주의를 자신의 지도력 뒤에 있는 이란 국민을 동원하고 이란 혁명을 해외로 확산시키려는 자신의 시도의 중심축으로 삼았다.

이슬람교도들이 분노를 느끼는 미국의 동맹국은 이란뿐만이 아니었다. 사우디아라비아도 표적이 되었다. 세속적 서구주의자였던 이란의 국왕과는 달리 사우디아라비아 왕가는 무슬림 근본주의자였지만, "신앙심 깊은 선조들"이 실천한 초기 이슬람교를 따를 것을 주장하는 초급진주의 살라피스트Salafist의 눈에 비친 이들은 근본주의자가 아니었다.

1979년 11월 20일 새벽, 군주제를 전복시킬 반란을 일으키려는 수백 명의 무장세력이 관 안에 넣어 밀반입한 소총과 자동화기로 메카Mecca의 그랜드 모스크Grand Mosque(이슬람에서 가장 성스러운 신전)를 점령했다. 사우디 국방군 출신의 변덕스러운 털보 주헤이만 알 오타이비Juhayman al Otaybi가 이들을 지휘하고 있었다. 주헤이만은 사우디 왕자들을 "망나니에 술고래"라고 힐난하며 "영화관, 클럽, 미술전시회"를 사우디에 허용한 그들을

1979년 그랜드 모스크에서 연기가 피어오르고 있다. 군주제를 전복시킬 목적으로 반란을 일으키려는 수백 명의 무장세력이 관 안에 넣어 밀반입한 소총과 자동화기로 메카의 그랜드 모스크를 점령했다. 프랑스 고문의 도움으로 사우디 보안군이 반란을 진압하는 데 2주가 걸렸고 그 과정에서 수천 명이 희생되었다. 〈출처: WIKIMEDIA COMMONS | Public Domain〉

맹비난했다. 주헤이만은 모스크 점거에도 참여한 그의 처남이 심판의 날을 안내할 마흐디Mahdi(메시아)라고 주장했다. 주헤이만과 중무장한 그의 추종자들은 모스크를 탈환하려는 정부의 초기 시도를 격퇴했다. 프랑스 고문의 도움으로 사우디 보안군이 반란을 진압하는 데 2주가 걸렸고, 그 과정에서 수천 명이 희생되었다. 현장에서 사살되지 않고 살아남은 반란군은 고문을 당한 후 처형되었다.

신성한 성지에서 전투를 벌이는 동안 종교적 지지를 얻기 위해 사우디 왕가는 1960~1970년대에 도입한 자유화 조치를 철회해야만 했다. 신문에서 여성의 사진이 사라지고, 극장은 폐쇄되었으며, 미덕 증진 및 비행 방지 위원회Committee to Promote Virtue and Prevent Vice는 공공 장소에서의 성적인 암시를 집중적으로 조사했다. 신앙심 깊은 이슬람교도들은 개를 부정한 것으로 여겼기 때문에 심지어 개사료조차 슈퍼마켓에서 자취를 감추었다. 더욱 위협적인 것은 사우디 정부가 정권을 지키기 위해 '현실정치 Realpolitik'[423]에 더욱 의존했다는 것이다. 이는 가혹한 와하브파 교리를 전 세계에 퍼뜨리기 위해 지출을 늘리는 것을 의미했다. 이후 오사마 빈 라 덴Osama bin Laden과 그의 추종자들을 사우디 왕정과 서구 우방국에 대항하 도록 부추긴 것이 바로 이 와하브파 교리다.

사우디는 메카 그랜드 모스크 점거 사건에 너무 당황한 나머지 인터넷 이 등장하기 전 10년 동안 이 사건에 대한 모든 뉴스를 차단하려고 시도 해 어느 정도 성공을 거두었다. 이로 인해 주모자가 이란 요원들이거나 그렇지 않으면 유대인과 미국인이라는 소문이 퍼졌다. 특히 주모자가 유 대인과 미국이라는 주장은 파키스탄을 통해 들불처럼 퍼졌다.

1979년 11월 21일, 주헤이만이 그랜드 모스크를 점령한 지 하루 만에 파키스탄의 수도 이슬라마바드Islamabad의 미국 대사관 앞에 집결한 군중 은 "미국 개들에게 죽음을!"이라고 외쳤다. 몇 주 전 테헤란에서 그랬던 것처럼 시위대는 비교적 큰 저항 없이 대사관을 점거했다.

파키스탄 군대와 경찰은 이란 군대가 그랬던 것처럼 개입하기를 꺼렸 다. 무함마드 지아울하크Muhammad Zia-ul-Haq 대통령은 파키스탄을 더 이슬 람주의적 방향으로 변화시키려고 했고, 급진주의자들과 싸워서 그들이 멀어지게 만들고 싶지 않았다. 대사관 직원은 큰 화를 피할 수 있었는데, 그것은 순전히 파키스탄 시위대가 이란 학생들만큼 조직적이지 않거나 결연하지 않았기 때문이다. 시위대는 화염병을 던져 대사관 관저의 건물 6개 동을 불태웠지만 100명의 직원은 대사관 3층에 있는 보안-통신 대 피실로 피신했다. 대피실 바닥 타일이 아래층에서 발생한 화재로 인해 금 이 가고 휘었지만 미국인들은 밤이 될 때까지 버티다가 밖으로 나와 폭 도들이 사라진 것을 발견했다. 대사관 직원 4명(미국인 2명, 파키스탄인

---

423 현실정치: 이념적 관념이나 도덕적 전제 따위보다 권력 및 실질적 물질적 요소와 그 고려 에 주로 의거하는 정치적 또는 외교적 견해를 말한다. 현실정치라는 단어는 간혹 강압적·비도 덕적 또는 마키아벨리적인 정치를 가리키는 경멸어로 사용되기도 한다.

2명)과 시위대 2명이 사망했다. 결과가 더 안 좋았을 수도 있었지만 사태는 이 정도로도 충분히 심각했다. 세계에서 두 번째로 인구가 많은 무슬림 국가인 파키스탄이 점차 급진주의적으로 변화하고 있다는 불길한 징조였기 때문이다.

2000년대에 새로 등장한 주요 반란군은 이슬람교도들뿐만이 아니었다. 냉전 이후의 기간에는 주로 아프리카와 발칸 반도에서 민족 및 부족 갈등이 다시 나타났다. 이러한 인종 간의 전쟁은 적어도 종교 전쟁 못지않게 야만적인 성향을 띠었으며, 사망자는 훨씬 더 많았다. 하지만 이러한 전쟁은 서방의 관심을 거의 끌지 못했고, 주로 인도주의적 문제로만 부각되었다. 이와 반대로 서방은 지하디스트jihadist(이슬람 성전주의자)에 대해 큰 관심을 가졌다. 지하디스트를 전략적 동맹(아프간 무자헤딘mujahideen)이나 위협(헤즈볼라, 알카에다, 이라크 알카에다)으로 여겼기 때문이다. 지하디스트들의 모든 행적이 명확하게 드러난 것은 아니지만, 제8부에서는 아프가니스탄의 산과 사막, 또는 베이루트 미 해병대 막사와 뉴욕 세계무역센터World Trade Center의 잔해에서 초강대국 미국을 손쉽게 꺾을 수 있는 능력을 이미 보여준 모든 테러 단체들에 대해 살펴볼 것이다.

59

러시아의 베트남

◆

**1980~1989년,
붉은 군대 대 무자헤딘 게릴라**

소련이 아프가니스탄에서 교과서적인 급습을 시작했을 때 지하디스트 반란군이 그렇게 강력할 것이라고 예측한 사람은 거의 없었다. 소련군의 공격은 테헤란에 있는 미국 대사관 점거 사건 발생 정확히 50일 후인 1979년 크리스마스 이브에 시작되었다. 1개 공정사단 이상이 카불 공항에서 56km 떨어진 바그람^{Bagram} 공군 기지에 강하했다. 하루 후인 12월 25일, 차량화보병사단들이 소련 투르케스탄^{Turkestan}에서 국경을 넘어 카불을 향해 남쪽으로 질주하기 시작했다. 이 부대들이 아프가니스탄에 투입된 표면적인 이유는 1년 전 쿠데타로 집권한 공산주의 정권의 지원 요청 때문이었지만 진짜 이유는 따로 있었다. 공산주의자라고 알려진 아프가니스탄 인민민주당^{People's Democratic Party}이 오래된 사회적 관습과 토지 소유 관행을 철폐하려고 시도하면서 주민들은 인민민주당에 대한 반감을 갖기 시작했다. 지주와 물라^{mullah}(이슬람교 율법학자)가 체포되었고, 여성의 베일 착용이 철폐되었다. 아프가니스탄 국기의 색조차 이슬람을 의미하는 녹색에서 공산주의를 의미하는 빨간색으로 바뀌었다. 정부는 항공기로 민간인 마을을 폭격하고 군대를 보내 마을 사람 전체를 학살함으로써 사회적 변화로 인한 불만을 억제하려고 했다. 하지만 이런 과도한 진압으로 인해 오히려 더 많은 지원자가 막 태동한 성전에 뛰어들었다. 1979년 말까지 아프간군의 절반 이상이 탈영했고, 국민의 80%는 중앙 정부의 통제를 따르지 않았다.

병약한 80세의 레오니드 브레즈네프Leonid Brezhnev 서기장이 이끄는 모스크바 정치국 수뇌부는 소련이 개입하지 않으면 '형제' 정권이 무너질 것이라는 결론을 내렸다. 특히, 소련은 불과 3개월 전에 전임자를 해임한 후 살해하고 권력을 잡은 무자비한 공산주의자 하피줄라 아민Hafizullah Amin 대통령이 공산주의 혁명을 위험에 빠뜨렸다고 믿었다. 컬럼비아 대학에서 교육을 받은 아민은 영어를 구사하며 워싱턴과의 관계를 개선하고자 하는 자신의 열망을 표명했다. 이 때문에 KGB는 아민 대통령을 CIA 요원으로 의심했다.

1979년 12월 27일, 아프간군 군복을 입고 붉은 군대의 지원을 받는 KGB 특공대는 아민이 2,500명의 경비병과 함께 은거하던 카불 외곽에 있는 타즈베그Tajbeg 궁전을 공격하라는 명령을 받았다. 아이러니하게도 오후 7시 30분에 작전이 시작될 무렵 아민은 대통령 암살 계획을 통보받지 못한 소련 대사관 소속 의사들로부터 식중독(KGB가 꾸민 음모였음) 치료를 받고 있었다. 타즈베그 궁전이 공격을 받고 있다는 소식을 접한 아민은 부관에게 소련에 지원을 요청하라고 지시했지만 공격자들이 소련군이라는 대답을 듣고 아연실색했다.

KGB 요원들은 작전 투입 전 보드카 몇 잔을 받았고 궁전에 "아무도 살아 있으면 안 된다"는 지시를 받았다. 그들은 예상했던 것보다 더 큰 아민의 경비병들의 저항에 부딪혔다. 아민의 경비병들은 중기관총을 쏘면서 이 방에서 저 방으로 옮겨가며 싸웠다. KGB 요원 수십 명이 사망하고 나머지 거의 모두가 부상을 입었다. 그러나 KGB 요원들은 자동화기와 수류탄으로 결국 타즈베그 궁전을 장악하고 아민을 암살하는 데 성공했다. 어느 KGB 요원은 작전이 끝날 무렵 "양탄자가 피에 홍건히 젖었다"라고 회상했다.

카불의 다른 곳에서는 다른 소련 군대가 정부 부처, 라디오, 텔레비전 방송국 및 기타 전략적 요충지를 점령하고 있었다. 그들은 어느 소련 고문의 도움으로 아프간군을 속여 전차에서 탄약을 꺼내고 트럭에서 배터리를 빼냈다. 2003년 미국의 이라크 침공 때보다 신속하고 적은 비용으로 수도뿐만 아니라 국가 전체를 장악한 모범적인 사례였다. 수주 내로 붉은 군대 8만 명이 전국에 배치되었고, 아민의 정적이었던 공산주의자 바브라크 카르말Babrak Karmal이 새로 대통령에 취임했다.

서방 지도자들은 이것이 페르시아만 유전에 대한 공산주의자들의 공세의 시작에 불과하다며 두려워했다. 하지만 소련 지도자들은 그럴 계획이 없었다. 그들은 그저 위태로운 동맹국을 바로 세우려 했을 뿐이었으며, 1956년 헝가리나 1968년 체코슬로바키아에서처럼 신속하게 치고 빠지는 작전이기를 바랐다. 소련은 2만 6,000명의 자국군이 전사하고 소련 제국의 몰락을 초래하고 전 세계 지하드 조직에 상당한 힘을 실어줄 9년간 지속될 전쟁을 지금 막 시작했다는 사실을 인지하지 못했다.

아마도 소련 지도부가 1839~1842년과 1878~1880년에 아프가니스탄에서 '부르주아' 영국군이 겪은 고난을 포함한 게릴라전 전사를 좀 더 면밀히 연구했다면 결과에 대해 그렇게 확신하지는 못했을 것이다. 그러나 역사를 아주 철저하게 연구했다 하더라도 영국군이 직면했던 것보다 훨씬 더 까다로운 아프간 적과 맞서 싸울 준비를 완전히 갖추지는 못했을 것이다. 19세기 조상들이 그랬던 것처럼 소련 침략자들과 싸울 아프간 반란군은 민족주의와 종교적 열정으로 불타올랐다. 그러나 그들은 아크바르 칸Akbar Khan이나 셰르 알리Sher Ali는 상상도 하지 못했던 이점을 누리고 있었다. 그것은 바로 이웃 국가인 파키스탄에 무기를 공급받고 조직원을 훈련시킬 수 있는 안전한 기지를 확보한 것이었다. 얼마 못 가서 붉은 군대는 아프가니스탄의 광활하고 험난한 지형에서 이러한 이점이 모든 현대 무기보다 더 중요하다는 사실을 알게 되었다. 그것은 본질적으로 베트남에서 미군이 배운 교훈과 똑같이 그들에게 큰 고통을 안겨주게 된다.

◆ ◆ ◆

붉은 군대가 경험한 뼈아픈 교훈은 우뚝 솟은 힌두쿠시 산맥의 판지시르 계곡Panjshir Valley에서 시작되었다. 카불에서 북쪽으로 약 64km 떨어진 곳에 위치한 판지시르 계곡은 길이가 약 112km이며 북동쪽으로 뻗어 있다. 판지시르 계곡의 벽면은 깎아지른 듯한 회색 바위로 되어 있는데, 바닥이 너무 좁아서 가장 넓은 지점도 너비가 1.6km밖에 되지 않는다. 1980년대 당시 '청록색'의 판지시르강을 따라 달리는 길은 "돌투성이 샛길 같은" 단일 차선의 비포장도로가 유일했다. 판지시르 계곡에는 소련 군이 진주하기 전에 8만 명의 타지크Tajik족이 살았는데, 그들은 닭과 염소를 키우고 살구와 밀을 길러 생계를 유지하고 있었다. 1980년까지 이 계곡 일대는 소련의 침략에 저항하기 위해 무기를 들은 수많은 무자헤딘mujahideen 사령관 중 한 명인 아흐마드 샤 마수드Ahmad Shah Massoud의 통제 하에 있었다.

실제로 마수드는 수많은 '성전 전사들'처럼 러시아인이 오기 전부터 무기를 든 사람이었다. 마수드는 1952년 아프가니스탄 육군 장교의 아들로 태어나 카불에 있는 프랑스 고등학교에 다녔고, 소련이 세운 카불 폴리테크닉 대학Kabul Polytechnic Institute에서 수학적 재능을 보였다. 1970년대의 다른 대학생들과 마찬가지로 마수드는 활발한 정치 활동을 했지만 세속적 좌파는 아니었고, 오히려 이집트 무슬림 형제단의 영향을 받은 폭력 운동권 단체인 무슬림 청년단Muslim Youth의 지지자가 되었다. 무슬림 청년단의 활동은 1973년 사촌 자히르 샤Zahir Shah 왕으로부터 권력을 탈취한

무자헤딘은 아프가니스탄의 무장 게릴라 조직으로, 무자헤딘이란 '성전을 행하는 이슬람 전사'를 뜻한다. 무자헤딘은 음식과 물 없이도 오랫동안 버틸 수 있고 염소처럼 험한 산을 오르내릴 수 있었다. 1979년 소련이 아프가니스탄을 침공하자, 타지크족 출신 아흐마드 샤 마수드는 판지시르 계곡에서 자신의 무자헤딘을 이끌고 무장투쟁을 하여 결국 소련군의 철수를 이끌어냈다. 아흐마드 샤 마수드는 아프가니스탄 구국 영웅이자 '아프가니스탄의 나폴레옹'으로 불리고 있다. 〈출처: WIKIMEDIA COM-MONS | CC BY-SA 3.0〉

좌파 대통령 모함마드 다우드Mohammad Daoud와 충돌했다. (다우드 정권은 5년 후 공산주의 동맹세력에 의해 전복된다.) 마수드는 자신은 물론이고 수천 명의 다른 이슬람 근본주의자들인 아프간인들에게 군사훈련을 제공한 파키스탄으로 도피해야 했다. 1975년에 아프가니스탄으로 돌아오려 했으나 실패한 마수드는 그로부터 3년 뒤에 새로운 공산주의 정권에 맞서 싸우기 위해 영원히 아프가니스탄으로 돌아왔다. 어느 언론인의 말에 따르면, 그는 "30명도 채 되지 않는 부하들, 각기 제조사가 다른 소총 17정, 현금 130달러로 시작했다." 하지만 몇 년 만에 그는 3,000명으로 구성된 무장 게릴라 조직 무자헤딘을 만들었고, 그들은 소련이 그때까지 직면한 가장 강력한 게릴라 운동의 핵심으로 성장했다.

마수드가 파키스탄에 기반을 두고 파키스탄 정보부Inter-Services Intelligence와 밀접한 관계를 가졌던 다른 무자헤딘 사령관들보다 훨씬 적은 외부 지원을 받았다는 점을 고려하면, 이러한 성과는 아주 놀라운 것이었다. 더욱

이 연장자를 공경하는 나라에서 마수드는 소련 침공 당시 아직 30세도 채 되지 않았다. 그가 독립적으로 큰 세력으로 성장할 수 있었던 것은 그의 기민함과 카리스마 때문이었다. 미국 저널리스트 세바스찬 융어Sebastian Junger의 회상에 따르면, "마수드는 즉각적이고 강력하게 주변의 모든 사람에게 영향을 미치는 에너지, 강렬함, 위엄을 지니고 있었다. 그와 대화를 나누면 그에게서 눈을 뗄 수가 없었다. 그에게는 사람을 사로잡는 매혹적인 무언가가 있었다."

마수드는 하루에 다섯 번 기도하는 독실한 무슬림이었지만, 다른 강경파 무자헤딘 사령관들처럼 교조적이고 극단적이지는 않았다. 그는 "부드러운 섬세함과 무장을 해제시키는 유머 감각"을 지니고 있었고, 타인에게 관용적이며, 시와 수피 신비주의Sufi mysticism에 관심을 보였다. 그는 여성 교육을 장려하고, 소련군 전쟁포로를 "소련 군인들이 다른 누구보다 마수드에게 항복하는 것을 선호하도록 인간적으로" 대우했다. 포로 중 한 명은 그의 경호원이 되기도 했다. (반면에 다른 무자헤딘 사령관들은 소련군 포로들을 고문하는 것으로 악명이 높았다.) 마수드는 허세라고는 찾아볼 수 없는 사람이었고, 부하들의 복지에 진정으로 관심을 가졌기 때문에 부하들은 헌신적으로 그를 따랐다.

그의 동료 무자헤딘은 마수드에 대해 "자신의 옷은 물론 양말까지도 자신이 직접 세탁하고" 자신이 먹을 음식을 스스로 준비하고 야간 경계 근무를 자청했던 사람으로 기억했다. 그는 "자신의 신발에 구멍이 나서 발가락이 신발 밖으로 튀어나온 상태였음"에도 불구하고 외국인 방문객이 선물로 준 새 신발을 부하에게 양보했다.

무자헤딘은 이맘 샤밀Imam Shamil의 체첸인들이나 그리스 클렙트Greek klepht 같은 자생적인 게릴라들로, 수세기 동안 외국의 침입자들과 싸워온 강한 종교적 신념을 가진 올곧은 '산간마을 사람들'이었다. 마수드는 그동안 배운 프랑스어를 대부분 잊었지만 동지들보다도 교육을 잘 받은 편이었다. 그는 게릴라전의 고전인 마오쩌둥, 체 게바라, 보응우옌잡, 심지어 미국 독립운동에 관한 책까지 읽었고, 배운 것을 적용하기 시작했다. 파콜^{pakol}(납작한 모직 모자)과 사파리 재킷을 입고 매부리코에 얼마 안 되는 턱수염을 기른 마수드는 곧 그가 책을 통해 연구한 게릴라 전사들만큼 유명해지게 된다. 여행작가 로버트 카플란^{Robert Kaplan}은 몇 년 안에 그가 "20세기 최고의 게릴라 전사 중 한 명"으로 인정받게 될 것이라고 평가했다.

그는 다른 무자헤딘과 달리 판지시르 계곡을 기지로 사용했을 뿐만 아니라 자체 학교, 법원, 사원, 감옥, 프랑스인이 운영하는 병원 및 군사훈련기관을 설치하고 '해방 지역'으로 관리했다. 그는 자신의 무자헤딘을 상근 전투원으로 구성된 기동군(무타리크^{moutarik})과 마을을 방어하는 비상근 보조 전투원으로 구성된 지역 민병대(사베트^{sabet})로 나눈 최초의 무자헤딘 사령관이었다. 120명이 1개 중대로 구성된 무타리크는 국방색 전투복에 검은색 전투화를 신었고 AK-47 돌격소총, RPG-7 대전차로켓, DShK 12.7mm 기관총, 심지어 ZPU-2 대공포를 포함하여 소련군에게서 노획하거나 파키스탄에서 구입한 다양한 무기로 무장했다. 판지시르 계곡은 카불에서 소련 국경까지 이어지는 살랑^{Salang} 고속도로에서 불과 몇 km밖에 떨어져 있지 않았기 때문에 마수드의 무자헤딘은 소련군에게 특히 위협적이었다. 마수드의 부하들은 소련의 주보급로였던 살랑 고속도로를 끊임없이 습격했다. 한번은 그들이 아프가니스탄 국방장관에게 배송되던 검정색 볼가^{Volga} 세단을 탈취한 적이 있었는데, 그들은 탈취한 차량을 분해하여 판지시르 계곡으로 운반한 다음 마수드가 탈 수 있도록 다시 조립했다.

◆ ◆ ◆

1980년 봄, 소련군은 판지시르에 대한 1차 공격을 시작했지만 거의 효과가 없었다. 1982년 5월 강력한 공군의 지원을 받는 8,000명의 소련군과 4,000명의 아프가니스탄군은 5차 공격을 준비하고 있었다. 마수드는 뛰어난 정보 네트워크를 통해 다가올 상황을 감지하고 1982년 4월 25일 바그람의 소련 공군 기지에 파쇄공격spoiling attack[424]을 가해 지상에 계류 중이던 10여 대의 항공기를 손상시키거나 파괴했다. 이로 인해 소련군의 지상 공세에 앞서 1주일 동안 실시하려 했던 폭격 임무가 지연되었다. 마침내 5월 17일에 아프간군을 선두에 세운 소련군은 침공을 시작했다. 마수드는 아프간군 병사들이 무사히 통과하도록 그대로 내버려두었다. 많은 아프간군 병사들이 탈영했다. 그러나 소련 기갑부대가 판지시르 계곡에 진입하자마자 마수드의 부하들은 이들의 진군을 막기 위해 다이너마이트를 폭파시켜 계곡의 암석을 무너뜨렸다. 이로 인해 소련군의 진군이 잠시 멈추기는 했지만, 이런 상태가 오래 지속되지는 못했다. 소련군은 장애물을 돌파했을 뿐만 아니라 마수드를 잡기 위해 계곡 북쪽 끝으로 부대를 보내 협공을 실시했다. 동시에 약 1,200명으로 구성된 6개 대대가 Mi-6 및 Mi-8 헬리콥터로 계곡 한가운데에 공중강습을 실시했으며 MiG-21 전투기와 Su-25 전투기는 지상에서 움직이는 모든 것들을 포착하는 즉시 파괴했다.

마수드의 무자헤딘과 함께 공격을 목격한《크리스천 사이언스 모니터 Christian Science Monitor》지의 에드워드 지라르데Edward Girardet 기자는 "소련군은 새벽부터 해질 때까지 끈질기게 공격해왔다"라고 썼다.

먼저 저 멀리서 불길한 웅웅거리는 소리가 들렸다. 그런 다음 두두두 하는 소리가 점차 커지면서 지평선에 작은 반점이 나타나더니 힌두쿠시의 눈 덮인 들쭉날쭉한 봉우리들을 휩쓸었다. 칙칙한 회색 공격헬기들이 날아오더니 비옥한 판지시르 계곡을 둘러싸고 있는 우뚝 솟은 산등성이 위에서 말벌 떼처럼 웅웅거렸다. 이 공격헬기들이 게릴라 진지를 타격하자, 곧 로켓과 폭탄이 떨어지는 소리가 천둥처럼 울려 퍼

---

424 파쇄공격: 적이 공격을 위해 대형을 갖추거나 집결 중에 있을 때 적의 공격을 현저히 방해하기 위해 운용하는 전술적인 기동.

졌다. 판지시르 계곡 중간 지점에서 우리는 소련군과 아프간 정부군이 단일 비포장 도로를 따라 먼지를 날리며 전차, 장갑차, 트럭으로 이동하는 모습을 뚜렷하게 볼 수 있었다. 우리는 쌍안경으로 각각 총 4.5톤의 폭발물을 탑재한 40개의 로켓을 발사할 수 있는 '스탈린의 오르간Stalin organs' BM-21 차량과 위협적으로 아군 방향을 지향하고 있는 거대한 자주곡사포 종대를 식별할 수 있었다.

마수드는 다각적인 공격에 허를 찔렸지만 그것도 잠시였다. 그는 "뛰어난 체스 선수"였고 모든 위대한 체스 선수들처럼 상황을 냉정하게 분석할 줄 알았다. 마수드와 함께 시간을 보낸 어느 영국 저널리스트의 따르면, 그는 "결코 당황하지 않는 것 같았다. 그는 냉정함을 절대 잃지 않는 것 같았다." 동료 무자헤딘의 회상에 따르면, "그는 항상 웃고 있었다. 그가 웃는 것을 보면… 우리가 승리할 것이라는 느낌을 받았다." 이와 같은 낙관적인 태도는 1982년에 그랬던 것처럼 그에게 상황이 불리할 때 도움이 되었다.

마수드와 그의 부하들은 계곡 주민 대부분과 함께 판지시르에 인접한 작은 계곡으로 피신했다. 이들은 동굴과 "우뚝 솟은 절벽의 구석과 틈새"에 구축한 석조 대피소에서 안전하게 지내면서 절벽 아래에서 움직이지 않는 소련군을 언제든지 공격할 수 있었다. 소련군은 성가시게 괴롭히는 무자헤딘을 잡을 수가 없었다. 소련군은 오후 내내 작은 나무 한 그루만 남을 때까지 게릴라 기관총 진지 한 곳을 폭격하고 로켓을 발사했다. 다음 날에도 총알은 계속 날아왔다. 에드워드 지라르데의 회상에 따르면, "소련군은 처음에는 계곡 바닥에 텐트만 쳤다. 나중에 무자헤딘의 총격에 감당할 수 없을 정도로 피해가 커지자 그들은 참호를 파야 했다." 7월이 되자 참호는 버려졌다. 공격은 약화되었고, 소련은 대부분의 군대를 철수시켜야 했다.

전쟁이 끝날 무렵 붉은 군대는 수천 명을 희생해가며 아홉 번이나 대공세를 실시했지만, 판지시르는 여전히 마수드의 통제 하에 있었다. 확실한 기량과 잔인함을 지닌 우월한 적의 반복적인 공격에도 굴하지 않는 마수드의 회복력은 아이티의 투생 루베르튀르, 스페인의 프란시스코 에스포스 이 미나, 유고슬라비아의 요시프 브로즈 티토 못지않게 놀라웠다.

◆ ◆ ◆

판지시르 계곡 전투들은 소련-아프가니스탄 전쟁의 대표적인 전투들이었다. 붉은 군대는 수많은 공세를 벌였지만 그때마다 큰 실수를 저질렀고, 나중에 소련군 총참모부가 인정했듯이 대부분의 공세는 "헛수고였고, 아프가니스탄의 험준한 산악지형보다 북유럽 평야에 더 적합했다." 동쪽의 우뚝 솟은 봉우리부터 남쪽의 황량한 사막에 이르기까지 아프간 국토 대부분은 영원히 손길이 닿지 않는 곳으로 남아 있었다. 소련군이 장악한 지역은 오직 주요 도시와 이들을 연결하는 고속도로뿐이었다.

두키^{dukhi}(유령) 또는 두쉬만^{dushman}(적)이라고 부르는 반군을 붙잡을 수 없다는 것에 좌절한 소련군은 무력한 민간인에게 분노를 표출했다. 국제 인권단체의 전신인 헬싱키 워치^{Helsinki Watch}의 조사관들은 1984년에 아프가니스탄 난민, 소련군 탈영병, 아프가니스탄을 방문한 서방 방문객을 인터뷰하기 위해 파키스탄에 갔다. "우리는 인터뷰를 통해 상상할 수 있는 거의 모든 인권 침해가 아프가니스탄에서 엄청난 규모로 발생하고 있다는 사실을 확인할 수 있었다." 전쟁포로였던 사람들은 소련과 KGB에서 훈련받은 아프간 비밀경찰 KhAD의 심문 방법(전기고문, 손톱뽑기, 장시간 잠 안 재우기, 찬물에 세워두기 및 기타 고문 등)에 대해 증언했다. 소련군은 공격에 대한 끔찍한 보복 역시 상습적으로 자행했다. 어느 소련군 병사는 1982년에 대위 1명과 병사 3명이 보드카에 취해 마을을 방황하다가 살해당한 일을 회상했다. 사망한 대위의 형제였던 붉은 군대 여단장은 병사들을 마을로 보내 눈에 보이는 모든 사람들을 학살했는데, 사상자가 약 200명에 달했다.

소련군의 잔학행위는 대부분 군사적 목적이 전혀 없었다. 소련군 병사들는 귀중품을 훔치고 저항하는 사람에게 총을 쏜 것으로 알려졌다. 공격헬기들은 심지어 움직이는 차량에 발포하여 병사들의 약탈을 지원했다. 이러한 민간인에 대한 끊임없는 공격으로 인해 많은 아프간인들이 집을 떠나 이란이나 파키스탄으로 피난했다. 담요와 닭을 움켜쥔 불쌍한 난민 행렬조차도 안전하지 못했다. 소련군 항공기는 난민을 개활지에서 발견하면 기총소사와 폭격을 가했다. 아마도 민간인 사상의 가장 큰 원인은 전국에 무차별적으로 매설된 수백만 개의 지뢰 때문일 것이다. 대부분은 주변 풍경과 조화를 이루도록 설계된 공중에서 투하된 '나비' 지뢰였다. 그들은 사망자보다 부상자가 반란군에게 더 부담이 된다는 이론에 따라 죽이지 않고 주로 불구로 만들었다. 입증되지는 않았지만 장난감으로 위장한 지뢰가 아이들의 다리와 팔을 날렸다는 보도가 끊임없이 계속되었고, 이는 소련 침공에 반대하는 세계 여론을 결집시키는 데 많은 역할을 했다. 소련군은 심지어 코란을 찢어버리고 모스크를 폭격하거나 화장실로 사용하기도 했는데, 이는 아프가니스탄처럼 이슬람교도들의 신심이 깊은 사회에서는 상상할 수도 없는 최악의 신성모독이었다.

침략자들은 리요테부터 랜스데일에 이르기까지 여러 세대의 대반란군이 설파한 것처럼 주민의 지지를 얻기 위한 민사작전의 필요성에 대해 전혀 무관심하지는 않았다. 1980~1989년에 소련 정부는 아프가니스탄에 30억 달러의 비군사적 원조를 제공했으며, 아프가니스탄 정부를 돕기 위해 수천 명의 고문을 파견했다. 그러나 예산의 대부분은 학교에서 마르크스-레닌주의와 러시아어를 가르치기 위한 아프간 사회의 소비에트화 작업에 지출되어 무슬림 국민들의 '마음과 정신'을 얻는 데는 아무런 도움도 되지 않았고, 실제로 아프간 사람들을 더욱 멀어지게 만들었다. 이따금 실시된 병원 및 발전소 건설과 같은 소련의 선행조차도 피바다에 잠겨버렸다.

소련의 침략으로 아프가니스탄 사람 100만 명 이상이 사망했고 500

만 명 이상이 강제로 나라를 떠났다. 200만 명은 국내 실향민이 되었다. 전쟁 전 아프가니스탄의 인구는 1,500만~1,700만 명이었는데, 인구의 6% 이상이 사망한 고통의 규모는 제2차 세계대전 당시 유고슬라비아와 견줄 만했다.

소련 지도자들은 인도주의적 관점에서 그들이 초래한 모든 피해에 대해 신경을 쓰지 않았을 수도 있다. 하지만 유고슬라비아에서 독일이 그랬던 것처럼 그들은 그들의 정책이 많은 사람들을 저항군의 편으로 몰아넣게 만드는 효과를 초래한 것에 대해 후회했을 것이다. 최소 15만 명의 전투원이 무자헤딘에 합류했다. 이로 인해 무자헤딘 게릴라는 11만 5,000명이 안 되는 아프가니스탄에 주둔 중이던 붉은 군대를 수적으로 압도하게 되었다. 소련군은 아프가니스탄 정부군 3만 명의 도움을 받았는데, 강요에 의해 징병된 신뢰할 수 없는 병사들이 대부분이었다. 또한 KGB와 긴밀히 협력한 아프간 비밀경찰도 최소 1만 5,000명이 있었다. 비밀경찰은 정권을 헌신적으로 수호하는 부대였지만 대반란군의 수적 열세를 보완하기에는 그 수가 너무 적었다. (반면, 2001년 이후 좀 더 온건한 적과 맞선 탈레반은 최고 14만 명에 달하는 나토NATO군과 35만 명에 달하는 아프간 보안군과 싸우기 위해 3만 명 이상의 병력을 동원할 수 없었다.) 카불에 있는 소련군의 지원을 받은 아프간 정권의 경우, 대반란 수치(인구 대비 보안군의 비율로, 이 경우는 100 대 1이었다) 면에서 확실히 불리했다.

◆ ◆ ◆

점령군의 구성 상태도 작전에 유리하게 작용하지 않았다. 미국은 베트남 전쟁 중에 대중의 지지를 높이기 위해 즉각적인 성과를 얻을 가능성이 거의 없는, 불명예스럽고 위험하며 오래 지속되는 임무에 많은 징집병을 보낸 것이 문제의 원인이라는 것을 알게 되었다. 당시 지휘관들은 부대원들의 사기 저하와 본국의 반전 여론에 대처해야 했다. 소련 정부는 미국 정부보다 여론에 덜 민감했지만, 그들 역시 의지 없는 징집병을 피비린내나는 대반란전에 투입하는 것이 어리석은 일임을 곧 알게 된다.

소련군 병사들은 자신들이 "형제 동맹국이 미국의 제국주의와 베이징의 패권주의에 저항하는 것을 돕기 위해 파견되었다"는 말을 들었다. 이 선전의 본질을 꿰뚫어보는 데는 그리 오랜 시간이 걸리지 않았다. 어느 병사가 쓴 대로 "우리 주변의 모든 사람은 적이었다. 우호적인 아프간 사람은 어디에도 없었고 오직 적뿐이었다. 심지어 아프간군조차 우호적이지 않았다." 소련군 병사들은 잘 보호된 기지 밖으로 모험을 하러 나갈 때마다 잘못하면 아연으로 만든 관을 실은 수송기 '검은 튤립Black Tulip'을 타고 귀국할 수도 있다는 것을 알고 있었다. 기지도 완전히 안전한 것은 아니었다. 바그람 기지에서는 야외 화장실에 갔던 병사 2명이 막대기에 머리가 찔린 채 발견되기도 했다. 전우가 전사한 것을 본 어느 병사는 "나는 모든 것과 모든 사람을 파괴할 준비가 되어 있었다"라고 말했다. 또 다른 병사는 같은 중대 소속 전우 2명이 실제로 "포로로 붙잡힌 아프가니스탄인 7명을 서로 사살하려고 싸웠다"라고 회상했다. 그들 중 한 명이 목 뒤쪽에 총을 쏘아 포로 6명을 사살하자, 다른 병사는 "나도 좀 쏴보자! 나도!"라고 외쳤다.

전문직업군 장교와 부사관은 병사들을 고무시키고 훈련시키며 공격성을 건설적인 방향으로 이끌어야 한다. 그러나 '자칼'이라는 평판을 얻은 붉은 군대 장교들은 대체로 일신의 안락함을 취하고 선임병(또는 할아버지라 부름)이 신병을 괴롭히고 구타하는 것을 허용했다. 어느 병사가 말한 대로 "총체적인 도덕적 부패"에 빠진 장교들은 주민의 마음을 얻기 위해 부하들에게 주민을 존중하라고 지시한 마오쩌둥, 카스트로, 막사이사이, 그리고 그 밖의 반란군 및 대반란군 지도자들의 가르침과 완벽히 반대로 행동하며, 동기가 없고 겁에 질려 걸핏하면 총질을 해대는 병사들을 거의 제지하지 않았다. 모든 대반란전 부대들이 일부 잔혹 행위를 저지른 것은 사실이다. 대부분의 다른 나라 군대보다 상대적으로 군기가 엄정한 미군조차도 운디드 니Wounded Knee[425], 미라이My Lai[426]와 아부 그라이브 Abu Ghraib[427]에서 잔혹 행위를 저질렀다. 그러나 아프가니스탄 내 인권 침해 행위의 발생률과 규모는 훨씬 더 큰 문제가 되는 수준이었으나, 붉은 군대 지휘관들은 미군보다 훨씬 느슨하게 부하들을 단속했다. 소련군 병사들은 "하고 싶은 대로 해라. 그런데 걸리지만 마라"라는 말을 들었다. 이 말은 만연한 인권 유린에 대한 면죄부가 되었다. 광범위하게 자행된 인권 유린 은 아프간인들에게 큰 고통을 주었을 뿐만 아니라 가해자에게조차 상당 한 심리적 외상을 입히고 소련의 전쟁 목표 달성을 심각하게 훼손했다.

소련 영토 바로 옆에서 전쟁이 벌어지고 있는데도 붉은 군대가 충분한 식량, 동계 피복, 난방유를 제공할 수 없었기 때문에 병사들의 사기는 떨 어질 수밖에 없었다. 일부 병사들이 썩은 감자나 양배추를 먹는 바람에 비전투손실이 발생하기도 했다. 비전투손실을 입은 병사의 약 70%는 오 염된 물을 마셔 생긴 발진티푸스, 말라리아, 간염, 이질을 포함한 심각한 질병으로 입원했다. 군기가 너무 해이져서 많은 병사들이 무기와 탄약을 무자헤딘에게 팔아서 집에 가져갈 청바지나 카세트 플레이어를 사기도 했다.

상황이 너무 암울해서 일부 병사들은 집으로 돌아가는 빠른 티켓을 끊 기 위해 총으로 자해까지 했고, 다른 일부는 탈영했다. 이보다 더 많은 병 사들은 어느 병사가 말한 대로 "구역질이 날 정도로 메스꺼운" "달콤하고 시큼한 피비린내"를 피하기 위해 술과 마약으로 도피했다. 소련군은 보드 카, 밀주, 애프터셰이브 로션에 취하거나, 그렇지 않으면 적인 소련군을 타락하게 만드는 것을 기쁘게 생각하는 아프가니스탄 업체가 무료로 제

---

425 운디드 니: 미국 사우스 다코다 주 남서부의 마을 이름으로, 1890년에 이곳에서 백인들이 인디언을 대량 학살했다.

426 미라이: 베트남 남부의 작은 마을로, 1968년에 미군이 이곳 주민을 대량 학살했다.

427 아부 그라이브: 바그다드에서 서쪽으로 32km 떨어진 아부 그라이브 시에 위치한 이라크 최대의 정치범 수용소로 ,이곳에서 포로에 대한 잔혹 행위가 벌어졌다.

공한 마리화나marijuana, 헤로인heroin, 해시시hashish에 열광했다. 어느 병사는 "몽롱하게 취한 상태로 작전에 투입되는 것이 가장 좋다. 왜냐하면 나 자신이 짐승으로 변하기 때문이다"라고 말했다.

◆ ◆ ◆

인기 없는 대반란전에 불만을 품은 징병자들이 전쟁 말기에 투입되었던 베트남 전쟁에서 미국이 겪은 일이 또다시 되풀이된 것은 전적으로 우연만은 아니었다. 소련이 베트콩에 원조를 확대한 것과 마찬가지로 미국도 초강대국이자 경쟁국인 소련이 무릎을 꿇게 만들기 위해 무자헤딘에 지원을 확대했다.

미국 정부는 붉은 군대가 도착하기 전부터 무자헤딘에 무전기, 의료품, 현금 등 비군사적 지원을 시작했다. 침공 직후 지미 카터 대통령은 무자헤딘 반란군에 무기를 공급하는 비밀 프로그램을 승인하는 통보각서MON, Memorandum Of Notification에 서명했다. 미국의 역할을 비밀로 유지하기 위해 CIA는 이집트, 폴란드, 중국 및 기타 출처에서 동구권 무기를 구입하여 파키스탄으로 배송했다. 사우디아라비아는 미국이 보낸 자금과 정확히 같은 금액의 자금을 지원했다. 분배는 파키스탄 정보국ISI, Inter-Services Intelligence이 맡았다. 파키스탄 정보국은 페샤와르Peshawar 국경 지역 마을에 본부가 있는 7개 주요 저항세력에게 무기를 제공하고 훈련을 지원했다. 파키스탄 정보국 준장의 말에 따르면, 페샤와르 국경 지역 마을은 "엄청나게 큰 지하드 행정 기지로 성장해가고 있었다." 파키스탄 국경 지역에서 총은 트럭, 말, 노새 또는 무자헤딘의 등에 실려 언론인들이 "지하드 트레일jihad trail"이라고 부르는 길을 따라 아프가니스탄으로 밀반입되었다. 소련군은 이 보급로를 차단하기 위해 전력을 다했지만, 미군이 호찌민 루트 차단 작전에서 그랬던 것처럼 운이 없었다. 게릴라 전투원들이 빠져나갈 수 있는 산길이 너무 많았다. 어느 언론인의 말에 따르면, 무자헤딘은

"음식과 물 없이도 오랫동안 버틸 수 있고 염소처럼 산을 오르내릴 수 있었다."

2001년 9월 11일 이후 일부 사람들은 미국이 9·11 테러를 저지른 자들을 무장시킴으로써 9·11 테러를 자초했다고 주장할 수도 있으나 이는 사실과 다르다. CIA나 다른 미국 정부 기관이 오사마 빈 라덴을 지원했다는 증거는 없다. 그러나 1980년대에 미국의 원조가 언젠가 미국의 적이 될 많은 강경파 이슬람주의자들에게 돌아갔던 것은 사실이다. 그러나 이것은 점점 이슬람주의자로 변해가고 있던 파키스탄 대통령 지아울하크Zia ul-Huq에게 무기와 자금을 지원하기로 한 미국 정부의 결정으로 인해 의도치 않게 생긴 일이었다.

지아울하크의 부하들은 굴붓딘 헤크마티야르Gulbuddin Hekmatyar가 이끄는 히즈비 이슬라미Hizb-i-Islami(이슬람당) 같은 가장 극단적인 단체에 미국이 공급한 대부분의 무기를 지원했다. 권력에 굶주린 전직 공학도였던 헤크마티야르는 라이벌인 무자헤딘으로부터 공분을 사고 있었다. 무자헤딘은 로버트 카플란의 말을 빌리면, "그의 조직이 전투능력이 부족하고 다른 게릴라 파벌들을 공격하는 데 많은 자원을 낭비했다"고 생각했다. 헤크마티야르는 아메드 샤 마수드와는 달리 페샤와르에서 정치하는 것을 선호해 아프가니스탄에서 거의 시간을 보내지 않았다. 하지만 그는 파키스탄 정보국과 사우디 정보국의 총애를 받고 있었다. CIA조차도 그를 편애했다. 그는 소련 침공 이후 파키스탄을 방문하기 시작한 오사마 빈 라덴과도 가까웠다. CIA는 영국·프랑스 정보부와 마찬가지로 마수드에게 어느 정도의 자금을 지원하기는 했지만, 그것은 나중에 아프가니스탄에서 미군에 대항해 무기를 들 헤크마티야르 같은 극단주의자들에게 흘러들어간 자금에 비하면 비교도 되지 않을 만큼 적었다.

아프가니스탄의 사례는 특히 주목할 만하지만, 대리군에 대한 원조가 배분 과정에서 적에게 흘러 들어가 의도치 않게 '반격'으로 되돌아온 유일한 사례는 아니었다. 제2차 세계대전 이후 유럽 열강들도 이와 같은 일을 경험한 바 있었다. 제2차 세계대전 당시 유럽 열강들로부터 장비를 지원받아 일본과 싸우던 일부 저항세력이 제2차 세계대전이 끝나자 돌변하여 유럽 열강들에게 총구를 겨누었던 것이다.

◆ ◆ ◆

처음 미국의 목표는 단순히 소련이 피를 흘리게 만드는 것이었다. 그러나 레이건 행정부는 소련을 괴롭히는 것에서 패배시키는 것으로 목표를 바꾸었다. 1980년 3,000만 달러에서 1987년 6억 3,000만 달러로 증액한 원조는 사우디의 추가 지원으로 사실상 12억 달러(2012년 환율로 계산 시 약 30억 달러)를 상회했다. 1986년 미국 관료들은 스팅어^{Stinger} 지대공 미사일을 무자헤딘에 공급함으로써 소련에 가하는 압력을 배가했다. 막후에서 이러한 결정을 내리게 된 시발점과 이 결정의 영향에 대해서 지금까지 상당히 잘못 알려져 있었다.

『찰리 윌슨의 전쟁$^{Charlie Wilson's War}$』이라는 책과 같은 제목의 영화는 술고래에 호색한인 텍사스 하원의원 찰리 윌슨이 스팅어 미사일을 포함한 무기를 미국이 무자헤딘에게 지원하게 만든 주동자라는 인상을 심어주었다. 윌슨은 의심할 것도 없이 영향력 있는 무자헤딘 지지자이기는 했지만 그저 많은 무자헤딘 지지자들 중 한 명에 불과했다. 『찰리 윌슨의 전쟁』의 저자 조지 크릴$^{George Crile}$ 역시 인정했듯이 윌슨은 스팅어 미사일을 보내기로 한 결정에 "직접적으로 관여"하지 않았다. 윌슨이 주로 기여한 것은 스위스 회사 윌리콘^{Oerlikon}이 제작한 대공포를 지원하도록 1984년에 로비한 것이었다. 그러나 대공포 1문의 무게가 약 544kg에 달했고 운반하는 데 20마리의 노새가 필요했기 때문에 윌리콘 대공포는 아프가니스탄에서 실용적인 무기가 아니었다. 반대로 스팅어 미사일은 무게가 15kg에 불과했고 항공기가 방출하는 적외선을 추적해 발사하는 휴대용 적외선 유도 미사일이었다.

스팅어 미사일을 지원하게 만든 주동자는 찰리 윌슨이 아니라 국방부 공무원인 프레드 이클레Fred Iklé 국방부 차관과 보수 성향의 전직 국회의사 당 직원이었던 국방부 차관 보좌관 마이클 필스버리Michael Pillsbury였다. 그들은 미국제 첨단 무기 지원 시 확전 가능성을 우려한 합동참모본부, 국무부, CIA의 반대에 직면했다. 그러나 그들은 국무부 관료 모튼 아브라모위츠Morton Abramowitz를 설득하는 데 성공했고, 아브라모위츠는 조지 슐츠George Shultz 국무장관을 납득시켰다. 다른 2명의 회의론자 캐스파 와인버거Caspar Weinberger 국방장관과 CIA 국장 빌 케이시Bill Casey도 설득당했다. 1986년 3월 레이건 대통령은 스팅어 미사일 지원을 공식적으로 승인했다.

6개월 후, 1986년 9월 29일 오후 3시 Mi-24 하인드Hind 공격헬기 8대 가 잘랄라바드 공항Jalalabad airport에 착륙을 시도하고 있었다. Mi-24 하인드는 무자헤딘이 "샤이탄 아르바Shytaitan Arba"(사탄의 마차)라고 부르며 가장 두려워하는 소련제 무기체계였다. 하인드는 자동 개틀링건, 80mm 로켓, 폭탄과 지뢰를 장착했으며 중장갑으로 인해 대부분의 기관총탄을 무력화시킬 수 있었다. 그러나 그날 스팅어 미사일 3기로 무장한 무자헤딘 무리가 하인드 3대를 격추하는 데 성공했다. 소련 총참모부는 나중에 "스팅어 미사일 도입 이후 격추된 항공기의 수가 눈에 띄게 증가하지는 않았다"라고 주장했다. 이 주장이 사실이라고 하더라도 스팅어 미사일의 존재로 인해 소련 조종사는 전장에서 가능하면 스팅어 미사일의 최대사거리인 3.81킬로미터 이상 고도에서 비행해야 했고, 이로 인해 전투효율이 저하되었다. 소련 최고의 무기가 무력화된 것이었다.

스팅어 미사일 배치가 점령군들에게 타격을 입힌 것은 사실이었지만, 그렇다고 많은 사람들이 믿는 것처럼 전쟁의 전환점이 된 것은 아니었다. 스팅어 미사일이 배치되기 전에도 새로운 소련 지도자 미하일 고르바초프는 전쟁에서 승리할 수 없다고 결론지었다. 첫 번째 스팅어 미사일이 발사되기 거의 1년 전인 1985년 10월 17일, 그는 "가능한 한 최단 시간 내에 아프가니스탄에서 철수"할 것이라고 정치국에 말했다. 실제 철

스팅어 미사일에 격추당하는 소련의 Mi-24 하인드 공격헬기. 레이건 행정부는 1986년 스팅어 지대공 미사일을 무자헤딘에게 공급하기로 결정했다. 스팅어 미사일은 아프간 무자헤딘에게 거친 아프간 전장에서 가장 두려운 무기인 소련의 Mi-24 공격헬기를 파괴할 수 있는 능력을 부여함으로써 전쟁의 흐름을 뒤집었다. 〈출처: WIKIMEDIA COMMONS | Public Domain〉

수가 1989년에 완료되기 전까지 많은 고전(전쟁 중 소련의 최대 공세였던 1987년 마지스트랄 작전Operation Magistral을 포함해서)을 거듭해야 했지만 1986년에 전쟁의 끝이 보이기 시작했다.

◆ ◆ ◆

소련군이 겪은 9년간의 시련은 마침내 1989년 2월 15일 "추운 겨울 아침"에 끝났다. 오전 11시 55분, 제40군 사령관 보리스 그로모프Boris Gromov 중장은 아프가니스탄에서 우호교Friendship Bridge를 건너 우즈베크 소비에트 사회주의 공화국Uzbek Soviet Socialist Republic으로 돌아갔다. 전쟁 자체의 종식은 아니더라도 전투에서 소련의 역할이 종료되었음을 알리는 신호였다. 소련의 철수는 수세기에 걸친 식민지 확장 이후 소련이 처음으로 패배했다는 것을 상징적으로 보여주었을 뿐만 아니라, 점령군에게 정당성이 결여

아프가니스탄에서 철수하는 소련군. 소련의 철수는 수세기에 걸친 식민지 확장 이후 소련이 처음으로 패배했다는 것을 상징적으로 보여주었을 뿐만 아니라, 점령군에게 정당성이 결여되어 있고 적군이 유리한 지형에서 작전을 펼치고 외부의 지원을 받는다면 가장 잔인한 수단으로 대반란전을 수행하더라도 반드시 성공할 수 있는 것은 아니라는 것을 보여주었다. 〈출처: WIKIMEDIA COMMONS | CC-BY-SA 3.0〉

되어 있고 적군이 유리한 지형에서 작전을 펼치고 외부의 지원을 받는다면 가장 잔인한 수단으로 대반란전을 수행하더라도 반드시 성공할 수 있는 것은 아니라는 것을 보여주었다.

KGB는 국내에서 전쟁에 대한 대중의 불만이 표출되는 것을 통제했다. 1960년대에 미국에서 있었던 반전 행진 같은 것은 소련에서 볼 수 없었다. 그러나 1980년대 말에는 이 엄청난 패배를 적당히 위장할 방법이 없었다. 이 패배로 인해 이미 흔들리고 있던 소련 공산주의자들의 통치의 정당성은 훼손되었고 더 나아가 소련 공산주의자들의 통치를 반대하는 사람들 사이에 퍼져 있던 공포 분위기는 사라지게 되었다. 소련이 아프가니스탄을 떠난 바로 그해에 소련이 동유럽에 대한 통제권을 상실한 것은 우연이 아니다. 2년 후 소련은 국가 전체가 붕괴했다. 아프가니스탄은 "제국들의 무덤"이라고 불리지만, 사실 아프가니스탄에서 종말을 맞이한 제국은 소비에트 제국이 처음이었고, 게다가 심지어 소련이 붕괴한 것은 대부분 전쟁과 무관한 요인들 때문이었다. 이와 대조적으로 대영제국은 1842년에 아프가니스탄에서 패배한 이후 오히려 영광스런 대영제국의 전성기인 빅토리아 시대를 맞았다.

◆ ◆ ◆

역설적이게도 나지불라^{Najibullah}라는 전직 비밀경찰서장이 1986년부터 통치한 아프간 정권은 후원국 소련보다 더 오래 정권을 유지했다. 나지불라의 정적들의 고질적인 분열이 상당 부분 작용했기 때문이다. 나지불라는 아마드 샤 마수드의 타지크족 게릴라와 압둘 라시드 도스툼^{Abdul Rashid Dostum}의 우즈베키스탄 민병대가 연합해 공격하자 러시아 원조가 끝난 1992년에 결국 실각했다. 새 정부는 군사령관인 마수드가 통치했다. 그러나 마수드는 게릴라전에는 능숙했지만 티토처럼 정치에 능숙한 것은 아니었다. 그는 이질적인 무자혜딘 파벌을 하나로 단결시킬 수 없었고 헤크마티야르가 권력 장악을 위해 카불을 포격하는 것을 막지도 못했다. 군벌이 정권을 놓고 경쟁하고 범죄자들이 날뛰면서 전국은 혼란에 빠졌다.

이러한 견딜 수 없는 상황이 계속되다가 1994년에 파슈툰족 학생들의 이슬람 극단주의 단체인 탈레반^{Taliban}[428]이 결성되었다. 탈레반은 도요타 픽업트럭을 타고 다니면서 질서 회복을 약속했다. 탈레반의 대부분은 평화를 알지 못했으며 지하드주의만을 가르치는 파키스탄 난민 캠프에서 사우디가 자금을 지원한 마드라사^{Madrasa}[429]에서 교육받은 전쟁고아들이었다. 파키스탄은 헤크마티야르^{Hekmatyar}에서 탈레반으로 지원을 전환했으며, 1996년 10개월간의 포위 공격 끝에 탈레반은 아프가니스탄의 새로

---

428 탈레반: 탈레반이란 파슈툰족어로 "학생"을 뜻하는 탈리브(talib)의 복수형.

429 마드라사: 이슬람교 고등교육 시설.

운 통치자로 카불에 입성했다.

탈레반이 취한 첫 번째 행동 중 하나는 나지불라를 거세하고, 사살한 다음 공개적으로 교수형에 처한 것이었다. 마수드는 판지시르로 돌아와 추격을 막기 위해 뒤에 있는 협곡을 폭파했다. 그는 북부동맹Northern Alliance 에서 온 그의 동맹들과 함께 5년간 탈레반과 알카에다의 새로운 아랍 동맹국들에 맞서 싸웠다. 마수드는 결국 2001년 9월 9일 TV 기자로 위장한 2명의 알카에다 자살폭탄 테러범의 공격으로 최후를 맞았다. 이틀 후 세계무역센터World Trade Center와 미 국방성Pentagon에 대한 테러 공격이 발생했다. 9·11테러는 마수드의 적인 탈레반의 위험성을 전 세계에 알리는 계기가 되었다.

사실 1979년뿐만 아니라 그 이후에도 수많은 경고 신호가 있었다. 특히 레바논은 누군가가 징후를 읽으려고만 했다면 감지할 수 있었던 불길한 전조로 가득 차 있었다. 레바논은 1980년대에 자살폭탄 테러범으로 대량살상을 초래하는 새로운 형태의 전쟁을 개발한 배양 접시와도 같았다. 끔찍할 정도로 무자비한 자살폭탄 테러 전술은 이후 오사마 빈 라덴이 활용하게 된다.

60

A팀

♦

1982~2006년,
정규전 전술과 비정규전 전술을 결합한
하이브리드전의 최전선에 선 레바논 헤즈볼라

1983년 10월 23일 일요일의 폭발은 앞으로 닥칠 사태의 전조였다. 팀 게러티Tim Geraghty 대령은 그날 아침 베이루트Beirut에서 평소처럼 새벽에 일어나 전투복과 전투화를 착용하고 찬물로 세수를 마친 다음 지휘통제실로 내려갔다. 나이에 비해 젊어 보이는 베트남 전쟁 참전용사이자 CIA에서 복무했으며 각진 턱을 가진 미남인 그는 제24해병상륙부대Twenty-Fourth Marine Amphibious Unit.의 지휘관이었다. 제24해병상륙부대의 해병 1,800명은 전년도에 레바논 수도에 파견된 다국적 평화유지임무단의 일원이었다.

미 해병대는 원래 1982년 8월 이스라엘 침공 이후 팔레스타인해방기구 전투원들의 철수를 감독하기 위해 파견되었다가, 레바논의 기독교도 대통령 바시르 제마엘Bashir Jemael 암살 사건과 기독교도 팔랑헤 민병대가 자행한 사브라와 샤틸라 팔레스타인 난민 수용소 학살 이후 9월에 레바논에 돌아왔다. 미 해병대에게 부여된 모호한 임무는 "주둔군의 존재감을 확립"하고, 7년째 접어든 레바논 내전으로 인한 고통을 어떻게든 개선하는 것이었다. 미 해병대는 엄정한 중립을 유지해야 했지만 미국이 기독교도가 장악한 레바논군에 보급 및 훈련을 지원했기 때문에 점점 더 내전에 휘말리게 되었다. 레바논군과 싸우고 있던 시아Shiite파 민병대와 드루즈Druze 민병대도 이들을 공격 목표로 삼기 시작했다.

미 해병대는 1983년 9월 내내 베이루트 공항에 위치한 본부에 대한 저격수와 포병 공격으로 사상자가 발생했다. 그러나 9월 26일에 불안한 휴전이 이루어졌다. 게러티는 10월 23일 기상하면서 상황이 "비교적 조용"하다고 생각했다. 사건이 발생하던 오전 6시 22분, 소수의 취사병, 경계병 및 몇몇 해병대원만이 일어나 있었다. 게러티는 그 순간을 회상했다. "깨진 창문에서 날아온 유리 파편, 장비, 설명서 및 종이가 온 사무실을 날아다녔다." 그는 귀가 아직 먹먹한 상태로 방탄모와 45구경 권총을 들고 도대체 무슨 일이 벌어지고 있는지를 확인하려고 밖으로 나갔다. 나가자마자 그는 20년 후 9·11사태의 생존자들에게 익숙할 "짙은 잿빛 안개에 휩싸여 있는" 자신을 발견했다. 북쪽은 '매캐한 안개' 때문에 거의 보이지 않았다. 그의 옆에는 남쪽을 쳐다보며 "맙소사, 대대상륙단BLT, Battalion Landing Team 막사가 날아갔다"고 깜짝 놀라 말하는 소령이 서 있었다. 게러티 부대의 지상전투부대인 대대상륙단 본부 예하 300명 이상의 해병과 수병들이 임시숙소로 사용하던 건물이 완전히 잿더미가 되었다.

지난 2년 동안 레바논에서는 그해 봄 베이루트에 있는 미국 대사관에 큰 희생을 치르게 했던 테러를 포함하여 몇 차례의 자살차량폭탄 공격이 있었지만 이 정도의 규모는 아니었다. 노란색 메르세데스 벤츠 트럭이 시속 35마일(56km) 이상의 속도로 달려와 윤형 철조망을 뚫고 대대본부 정문으로 들어왔다. 압축된 부탄가스를 첨가한 폭발물 PETN(펜타에리트리톨 테트라니트레이트Pentaerythritol tetranitrate)을 실은 이 트럭은 1,200파운드(5,443kg)의 TNT에 맞먹는 위력으로 폭발하면서 '밝은 주황-황색 섬광'을 내뿜으며 하늘로 치솟았다. 이는 역사상 가장 큰 비핵폭발 중 하나로

1983년 10월 23일 베이루트에 주둔한 미 해병대 숙소가 폭발하면서 거대한 버섯구름이 솟아오르고 있다. 역사상 가장 큰 비핵폭발 중 하나로 기록된 이 폭발로 241명의 해병대원들이 사망했다. 이는 1945년 이오지마 전투 이후 미 해병대가 입은 1일 최대 피해였다. 〈출처: WIKIMEDIA COMMONS | U.S. Marine Corpes | Public Domain〉

기록되었다. 사람들은 베이루트 전역에서 '무시무시한 굉음'과 공항 위로 솟아오르는 버섯구름을 확인할 수 있었다. 철근 콘크리트로 만들어진 4층 건물은 무너지기 전에 기반에서 완전히 분리되어 날아갔다.

게러티는 "제2차 세계대전 중 유럽의 흑백 뉴스"를 연상시키는 "비참한 현장"을 볼 수 있었다. "심하게 훼손된 사체가 끔찍하게 사방에 흩어져 있었다. 침낭 안에 들어 있는 한 해병의 시신은 나뭇가지에 찔린 채로 발견되었다." 구조대원들이 도착하자 "폐허 아래에 깔린 구슬픈 신음소리"를 들을 수 있었다. 사망자가 너무 많아 영현백(시신을 담는 가방)이 소진되어 긴급히 재보급을 요청해야 했다.

총 241명의 해병과 수병이 사망했다. 1945년 이오지마 전투 이후 미 해병대가 입은 1일 최대 피해였다. 거의 동시에 약 3km 떨어진 프랑스 공수부대원들이 있는 건물에 또 다른 트럭 폭탄이 충돌하여 58명이 사망했다. 두 공격 모두 이슬람 지하드라는 유령조직이 자신들의 소행이라고 주장했다. 이것은 곧 헤즈볼라Hezbollah[430]로 알려지게 될 시아파 아말 운동Amal Movement의 초급진주의 분파였다. 이 신생 조직은 자원이 부족하거나 너무 많은 사람을 희생시킬 의지가 부족했던 KKK, 사회주의혁명전투단Socialist Revolutionary Combat Organization에서 팔레스타인해방기구PLO와 바더-마인호프단에 이르는 이전 테러 단체보다 더 야심 찬 규모로 테러를 수행할 의지와 능력이 있음을 초기 행동을 통해 보여주었다. 이전의 테러 단체들은 대부분 특정 선을 넘으면 큰 반발을 불러일으켜 오히려 자신들이 자멸하는 결과를 초래하게 될지도 모른다고 생각했던 것이다. 이후 알카에다와 알카에다의 자매조직들이 더욱더 분명하게 보여주겠지만 처음부터 헤즈볼라는 그런 것에는 전혀 신경 쓰지 않고 거침없는 행동을 보여주었다.

이 효과적이고 무자비한 신생 조직의 탄생지는 레바논의 베카 계곡Bekaa Valley이었다. 당시 베카 계곡에는 이란 혁명수비대Iran's Revolutionary Guard Corps 1,500명이 시리아의 협력 하에 이스라엘 침략자들과 싸울 무장세력을 훈련시키기 위해 파견되어 있었다. 이들은 1970년대 초부터 점점 더 조직화되고 급진화되어온 레바논 시아파 출신의 많은 자원자들이 '시오니스트'와 '인피델Infidel[431]'과 싸우고 싶어한다는 것을 알고 있었다. 그중에서 가장 눈에 띄는 자원자는 1978년까지 아야톨라 호메이니Ayatollah Khomeini가 망명생활을 했던 이라크 나자프Najaf의 신학교에서 교육을 받은 2명의 젊은 시아파 성직자인 34세의 수비 알-투파일리Subhi al-Tufayli와 30세의 압

---

430 헤즈볼라: 레바논의 이슬람 시아파 무장세력이자 정당조직으로, 중동지역 최대의 테러 조직이다. 아랍어로 '신(神)의 당(黨)'을 뜻한다.

431 인피델: 진정한 종교 이슬람을 믿지 않는 자를 말함.

바스 무사위Abbas Musawi였다. 이들은 헤즈볼라의 1, 2대 사무총장이 된다.

조직이 초기에 발전하는 데 더욱 중요한 역할을 담당한 사람은 실질적 군사작전 책임자인 이마드 무그니예Imad Mughniyeh였다. 레바논 남부에서 태어나 베이루트의 빈민가에서 자란 비범한 테러리스트였던 그는 1982년에 겨우 20세였지만 이미 팔레스타인해방기구PLO 최정예 경호조직인 포스 17Force 17[432]에서 복무한 경험이 있었다. 이스라엘 국방군IDF이 레바논에서 팔레스타인해방기구를 축출하자 그는 헤즈볼라에 합류했다. 이후 20년 동안 그는 이란 요원들과 긴밀히 협력하여 자살폭탄 테러부터 인질 납치에 이르기까지 헤즈볼라가 악명을 떨친 거의 모든 공격을 수행하게 된다.

그의 이스라엘 적수 중 한 명은 그를 "내가 본 사람 중 가장 창의적이고 똑똑한 인물"이라고 칭했다. 오사마 빈 라덴Osama bin Laden이 등장하기 전 무그니예는 세계 1위 수배 대상 테러리스트였지만 빈 라덴과는 달리 언론의 주목을 피했다. 그는 심지어 외모를 위장하기 위해 성형수술도 받았다. 1982~1983년, 미 해병대는 주둔지에 대한 공격을 지시하는 그를 보았지만 그의 이름을 몰랐다. 덥수룩한 수염 때문에 그를 "카스트로"라고 불렀다. 헤즈볼라는 2008년에 무그니예가 사망하기 전까지 그의 존재를 부인하다가, 사후에 그를 기리기 위해 샤히드shaheed(순교자)로 추대하고 그의 박물관을 건립했다.

이를 통해 헤즈볼라가 전체 조직에 대해서 얼마나 철저하게 비밀로 했는지를 엿볼 수 있다. 헤즈볼라는 1985년 "미국, 그리고 그 동맹국들과 시온주의 정권이 야기한 침략과 굴욕"을 비난하는 선언문을 발표할 때까지 자신들의 존재를 인정하지 않았다. 헤즈볼라는 과격한 선언보다는 극적인 테러 공격, 특히 자살공격으로 명성을 얻는 것을 선호했다. 레바

---

[432] 포스 17: 1970년대 초반 당시 팔레스타인해방기구(PLO) 의장이던 야세르 아라파트 수반과 팔레스타인해방기구 주요 간부들의 신변을 보호하기 위해 창설한 경호조직.

논에서 자살폭탄 테러범이 처음으로 공격한 목표는 이라크 대사관으로, 1981년의 공격으로 27명이 사망했다. (당시 이라크는 폭탄 테러의 배후에 있던 이란과 전쟁 중이었다.) 이듬해에는 이스라엘의 차례였다. 1982년 11월, 약 600kg의 폭발물을 가득 실은 푸조Peugeot 자동차가 레바논 최남단 도시 티레Tyre에 있는 이스라엘 본부를 강타하여 이스라엘인 75명과 27명의 레바논 포로가 사망했다. 이것은 이스라엘 표적에 대한 최초의 자살폭탄 테러였다. 그 뒤로도 자살폭탄 테러는 계속 이어졌다. 거의 정확히 1년 후, 폭발물을 가득 실은 쉐보레Chevrolet 픽업 차량이 티레에 있는 또 다른 이스라엘 본부를 공격하여 28명의 이스라엘인과 35명의 포로가 사망했다. 베이루트에 있는 미국 대사관 역시 반복적인 테러 대상이었다. 1983년 4월 GMC 픽업트럭의 미 대사관 첫 테러 공격으로 63명이 사망했다. 이듬해인 1984년 9월, 베이루트 교외에 있는 미국 대사관 별관에 대한 쉐보레 밴의 테러 공격으로 24명이 추가로 사망했다.

연이은 자살폭탄 테러로 헤즈볼라는 자살폭탄 테러의 대명사가 되었다. 이 전술은 1970년대 팔레스타인 테러리스트나 아프간 무자헤딘도 사용하지 않았다. 자살공격은 20세기 초 러시아 사회주의자들과 중세 아사신 등 과거의 일부 테러리스트들이 산발적으로 사용하기는 했지만, 일본 가미카제神風와 가장 밀접한 관련이 있다. 제2차 세계대전이 끝나갈 무렵 일본은 자살공격을 사용함으로써 자살공격이 약자와 광신자의 무기라는 사실을 극명하게 보여주었다.

이슬람 세계의 90%를 차지하는 수니파에 비해 시아파는 항상 열세였기 때문에 자살공격은 헤즈볼라에게는 자연스러운 전술이 되었다. 시아파 신앙의 근간은 무함마드의 손자 후세인Hussein을 숭배하는 것이다. 후세인은 예언자 무함마드의 정당한 상속자라는 주장을 거부한 칼리프caliph에 의해 서기 680년에 살해당했다. 1980년대에 이란은 장비를 더 잘 갖춘 이라크군과 싸우기 위해 자원자들로 구성된 자살공격부대 바시즈Basij를 충분히 활용했다. 소년(일부는 10살 남짓이었다) 수만 명이 천국으로

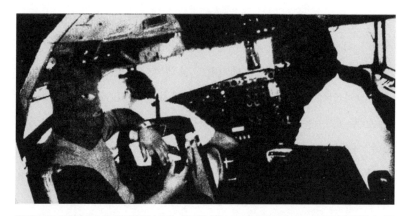

헤즈볼라가 수행한 가장 유명한 비행기 납치는 1985년 6월 14일 베이루트에서 TWA 847편을 납치하여 미군 수병을 살해하고 활주로에 시신을 버린 사건이다. 헤즈볼라는 그들의 목적을 달성하기 위하여 초기에 주로 자살 테러 공격, 비행기 납치, 인질극을 벌였다. 〈출처: WIKIMEDIA COMMONS | Public Domain〉

가는 플라스틱 열쇠를 받고 인해전술로 지뢰밭에 뛰어들었다.

코란이 자살과 무고한 사람을 죽이는 것을 명백하게 금지하고 있음에도 헤즈볼라는 동일한 순교 정신을 테러 작전에 도입했다. 헤즈볼라의 지도자인 하산 나스랄라Hassan Nasrallah는 1998년에 "우리 모두는 노소를 막론하고 국토를 침략하고 점령한 유대인의 몸을 찢어버리기 위해 기쁘게 내 한 몸을 날려버릴 수 있다"라고 선언했다. 헤즈볼라는 "조직원들이 스스로 목숨을 끊겠다는 의지를 갖고 있다면 무장은 더 잘 되어 있지만 '겁 많고 비겁한' 이스라엘인과 같은 더 유약한 적을 정복할 수 있다"라고 주장했는데, 이 주장은 이후 다른 많은 이슬람 단체가 인용했다. 그러나 많은 후발 조직과 달리 헤즈볼라는 자살공격을 군사 목표로 제한했다.

자살공격은 헤즈볼라의 무기 중 하나일 뿐이었으며, 헤즈볼라의 역량이 발전함에 따라 점차 중요도가 낮아졌다. 실제로 2011년에 헤즈볼라는 1999년 이후 단 한 번도 자살공격을 한 적이 없다. 또한 헤즈볼라는 자살공격을 포기하기 전인 창설 초기에 비행기 납치도 시도했다. 가장 유명한 비행기 납치는 1985년 6월 베이루트에서 TWA 847편을 납치하여 미군 수병을 살해하고 활주로에 시신을 버린 사건이다.

헤즈볼라가 창립 초기에 자주 사용하다가 중단한 세 번째 전략은 인질극이다. 헤즈볼라의 최초 인질극은 1982년에 베이루트에 있는 아메리칸 대학American University 총장 대행 데이비드 닷지David Dodge를 납치한 사건이다. 그는 상자 안에 갇힌 채 테헤란Tehran으로 납치된 후 366일 만에 석방되었다. 그 후 10년 동안 약 100명에 달하는 서양 인질이 레바논에서 납치되었다. 가장 오래 억류된 사람은 거의 7년 동안(1985~1991년) 포로 생활을 한 기자 테리 앤더슨Terry Anderson이었다. 그는 고문당한 후 살해된 2명의 인질인 CIA 지부장 윌리엄 버클리William Berkely와 유엔 평화유지군 윌리엄 "리치" 히긴스William "Rich" Higgins 미 해병대 중령에 비하면 운이 좋았다.

이러한 공격은 단순히 잔인함이나 살인 충동에서 비롯된 것이 아니었다. 그것은 이스라엘, 미국 및 기타 서방의 영향력을 레바논에서 몰아내고 이란과 그 동맹국들이 우세한 위치에 서고자 고안한 계산된 전략의 일부였는데, 실제로 효과가 있었다. 베이루트에 있는 해병대 본부가 공격받은 지 4개월도 채 되지 않아 로널드 레이건Ronald Reagan은 미 해병대를 레바논 밖으로 '재배치'했다. 게러티 대령은 불만이 있었겠지만, 미국은 이 공격에 대해 어떠한 보복도 하지 않았고 베카 계곡에 위치한 이란 및 헤즈볼라 진지에 대한 프랑스와 이스라엘의 공습에도 참여하는 것을 거부했다. 뒤이은 인질극은 "가장 사악한 사탄"인 미국에게 더 큰 굴욕을 안겨주었다. 당시 레이건의 보좌관은 인질을 석방하는 대가로 이란에 무기를 수출하기로 비밀리에 협상했다. 3명의 인질이 석방되었지만 그 사이에 더 많은 사람들이 인질로 잡혀갔고 이란-콘트라Iran-contra 스캔들[433]로 레이건 행정부는 거의 무너질 뻔했다. 이란과 이란의 대리인들은 1992년 아야톨라 호메이니가 사망하고 좀 더 온건한 정권이 수립된 뒤에야 결국 인질극을 포기했다.

---

433 이란-콘트라 스캔들: 1986년에 로널드 레이건 정권 당시 미국 CIA가 적성국이었던 이란에게 무기를 몰래 수출한 대금으로 니카라과의 우익 성향 반군 콘트라를 지원하다가 발각되어 큰 파장을 일으킨 사건이다.

◆ ◆ ◆

이스라엘에 대한 헤즈볼라의 공격("근절해야 할 암종양")은 훨씬 더 광범위하고 효과적이었다. 시아파는 처음에 팔레스타인해방기구PLO의 압제적인 통치에서 일시적으로나마 벗어나기 위해 이스라엘의 레바논 침공을 환영했지만, 이스라엘인들은 레바논에 기독교도 주도의 친이스라엘 정부를 세우려는 시도가 실패하자 더 이상 시아파의 환영을 받지 못하게 되었다. 분명한 것은 이스라엘의 공격이 없었더라도 헤즈볼라가 형성되었을 것이지만 이스라엘의 존재는 시아파의 군사화를 가속화했다. 헤즈볼라가 감행한 1982년 티레에 위치한 이스라엘군 본부에 대한 자살폭탄 테러는 침략자들을 몰아내기 위한 게릴라전의 시작에 불과했다.

이스라엘 보안군은 도로 장애물을 설치하고 용의자를 체포한 후 가혹하게 심문하고 마을을 파괴했으며 헤즈볼라의 은신처를 폭격하는 방식으로 대응했다. 그러나 이스라엘 사령관들이 나중에 인정했듯이, 이스라엘의 가혹한 처사는 프랑스가 알제리와 인도차이나에서 그랬던 것처럼 주민의 마음을 이반시킬 뿐이었다. 서로 반목하던 이스라엘 정보기관들은 모든 노력을 기울였음에도 불구하고 이스라엘군을 저격하고 폭탄 테러를 강행하는 반란군 조직을 무너뜨릴 수는 없었다. 자살폭탄 테러범은 종종 이스라엘 호송대를 타격했지만 이슬람 반란군은 이스라엘 재머jammer(방해전파 송출기)를 방해하기 위해 이란이 제공한 정교한 도로변 폭탄을 운용하기도 했다. 1985년, 국내 불만과 사상자 증가(650명 사망, 3,000명 부상)로 인해 이스라엘 방위군은 레바논 남부의 보안구역으로 철수했다. 이스라엘 역사상 최초의 군사적 패배였지만 이스라엘에 대한 헤즈볼라의 승리는 이제부터가 시작이었다.

이스라엘의 후퇴는 헤즈볼라에게 자신감을 불어넣어 그들의 궁극적인 목표인 '시온주의 정권의 최종 말살'과 이란을 모델로 한 레바논 이슬람 공화국 건국을 추구하게 되었다. 그 거대한 목표를 달성하기 위해 헤즈볼라는 이란혁명수비대와 정보기관의 도움으로 레바논 밖 멀리까지 도달할 수 있었다. 1992년에 헤즈볼라 요원들은 부에노스아이레스^{Buenos Aires}에 있는 이스라엘 대사관을 폭파하여 29명을 사망케 했다. 1994년에 또 다른 폭탄이 부에노스아이레스에 있는 유대인 커뮤니티 센터를 파괴하여 85명이 사망했다. 1996년 사우디아라비아의 크호바르 타워^{Khobar Towers} 단지를 폭파하여 미 공군 병사 19명을 사망케 한 사건도 헤즈볼라와 혁명수비대의 소행으로 추정되었다. 또한 헤즈볼라는 1990년대의 알카에다부터 2003년 이후 이라크 마흐디군^{Jaish al Mahdi}에 이르는 다양한 테러 단체에 훈련과 지원을 제공했다. 1998년 알카에다의 아프리카 주재 미국 대사관 두 곳에 대한 트럭 폭탄 테러와 2003년 이후 이라크 주둔 미군에 대한 다양한 길가 폭탄 테러 같은 수많은 후속 테러 공격은 헤즈볼라가 레바논에서 개척한 방법을 모델로 한 것이다.

이에 맞서 이스라엘은 1992년 아파치 공격헬리콥터 중 한 대로 헤즈볼라 사무총장인 압바스 무사위가 가족과 함께 타고 이동하던 차량을 폭파하는 주목할 만한 성공을 거두었다. 16년 후인 2008년에 한때 천재 테러리스트였던 이마드 무그니예는 다마스쿠스에서 모사드에 의해 자신이 가장 좋아하는 무기인 차량 폭탄으로 사망했다. 때때로 테러 조직은 지도자가 제거당함으로써 조직이 와해되기도 하는데, 1992년 페루의 빛나는 길^{Shining Path}[434]의 경우 리더 아비마엘 구즈만^{Abimael Guzmán}이 체포된 후 조직이 와해되었고, 더 먼 과거인 기원전 139년 스페인에서 로마 통치에 반대하는 루시타니아^{Lusitania} 반란군도 비리아투스^{Viriathus}가 사망한 후 같은 운명에 처했다. 헤즈볼라는 이미 조직이 탄탄하게 확립되어 있었기 때문에 무사위와 무그니예가 제거되었어도 영향을 받지 않았다.

뚱보 후계자 하산 나스랄라^{Hassan Nasrallah}가 즉시 무사위의 뒤를 이었다.

---

434 빛나는 길: 아비마엘 구즈만 교수가 제국주의에 대항한다는 명분으로 1969년에 만든 페루의 사회주의적 반정부 게릴라 단체다.

2000년 5월 대중연설을 하고 있는 헤즈볼라 사무총장 하산 나스랄라(Hassan Nasrallah). 1992년에 이스라엘이 죽인 압바스 무사위의 뒤를 이어 헤즈볼라 사무총장에 오른 그는 정치적 행동의 중요성을 인식해 헤즈볼라를 순수한 테러 조직에서 탈피시키고자 했다. 1992년에 정당이 된 헤즈볼라는 레바논 선거에 참여해 장관을 배출하고 레바논의 가난한 시아파에게 사회 서비스를 제공하는 등 자신들의 역할을 넓혀나갔다. 〈출처: WIKIMEDIA COMMONS | CC BY 4.0〉

동베이루트의 빈민가 출신 32세의 성직자였던 하산 나스랄라는 청과상의 아들이었지만 예언자 무함마드의 혈통을 상징하는 검은색 터번을 썼다. 무사위처럼 그는 나자프에서 공부하면서 호메이니의 가르침을 받아들였다. 그는 자신이 적어도 전임자만큼 영리하고 무자비하며 카리스마가 있다는 것을 드러냈다. 그는 심지어 자신의 언어장애와 다른 약점을 기꺼이 웃어넘길 수 있는 유머 감각을 지니고 있었다. 오사마 빈 라덴이라면 상상조차 하기 어려운 일이었다.

나스랄라는 1997년 이스라엘 특공대와의 충돌로 장남이 사망하자 추종자들이 그에게 헌신하기 시작했다. 중동 지도자들의 아들은 대부분 방탕한 호색한이었다. 헤즈볼라 지도자들은 과거에 다소 이단적인 시아파 테러리스트였던 아사신의 창시자 하산 에 사바흐Hassan-i Sabbah처럼 자신의 자손을 기꺼이 희생함으로써 추종자들로부터 큰 신뢰를 얻었다.

나스랄라는 헤즈볼라를 순수하게 테러만 자행하는 조직에서 탈피시키고자 했다. 마오쩌둥, 호찌민, 카스트로처럼 그는 정치적 행동의 중요성을 인식하고 있었다. 그는 투표를 조작하고 비판자들을 침묵시키기 위해 지속적으로 상당히 강압적인 방법을 사용했지만 마오쩌둥, 호찌민, 카스트로와 달리 어느 정도 자유선거로 경쟁할 의향은 있었다. 헤즈볼라는 일부 의원들의 반대를 이겨내고 1992년부터 정당이 되어 레바논 선거에 출마하여 각료를 배출했다. 또한 헤즈볼라에게 연간 약 1억 달러를 제공하는 이란으로부터 지원받은 자금으로 학교, 병원, 건설회사, 대출 제공자 및 기타 사업체의 방대한 네트워크를 운영하며 레바논의 가난한 시아파에게 사회 서비스를 제공하는 등 자신들의 역할을 넓혀나갔다. 헤즈볼라는 자체 보이 스카우트인 마흐디 스카우트Mahdi Scout와 자살폭탄 테러범의 미망인과 고아를 지원하는 순교자협회Martyr's Association를 운영했다. 심지어 나스랄라의 이미지로 장식된 팔찌와 라이터 등 관광객에게 기념품을 팔기도 했다. 필자도 2009년 라이터를 베카 계곡에서 구입했다. 더 중요한 것은 조직의 메시지를 전달하기 위해 자체 웹 사이트, 4개의 신문사, 5개의 라디오 방송국, 위성 TV 방송국인 알 마나Al Manar(등대)를 설립했다. 놀랍게도 이 비국가단체는 이스라엘 정부로부터 모든 자원을 지원받는 시온주의자 적들보다도 메시지를 더 효과적으로 전달했다.

그러나 이러한 정치 진출이 헤즈볼라가 군사력을 포기했다는 의미는 아니었다. 오히려 그 반대였다. 헤즈볼라 또는 헤즈볼라를 후원하는 시리아 정부와 이란 정부를 가로막는 레바논 정치인, 장군, 언론인들은 끔찍한 최후를 맞이했다. 헤즈볼라의 소행이 확실한 가장 악명 높은 테러로는 시리아 군대를 레바논에서 강제로 몰아내려고 했던 전 총리 라픽 하리리Rafiq Hariri를 살해한 2005년 대규모 자동차 폭탄 테러가 있다. 그러나 헤즈볼라의 무장 투쟁 에너지의 대부분은 이스라엘에 집중되어 있다. 헤즈볼라는 1989년 레바논 내전이 끝난 후 다른 민병대처럼 무장 해제를 거부하고 이스라엘과의 투쟁에 무력을 사용해야 한다는 명분으로 무장을 정당화하고 있다.

◆ ◆ ◆

1990년대는 전 세계적으로 수많은 유혈 게릴라 투쟁이 벌어진 시기였다. 이 암울한 목록에는 세르비아 정교도가 이슬람 보스니아인과 가톨릭 슬로베니아인 및 기타 민족 집단과 전투를 벌인 구 유고슬라비아, 파키스탄의 지원을 받는 무슬림 저항 세력이 힌두교도가 대다수인 인도의 통치에 저항하고 있는 카슈미르Kashmir, 러시아 정교회 군인들이 무슬림 체첸인의 저항을 억압하려 했던 체첸 공화국Chechnya, 아르메니아Armenia 기독교인들이 아제르바이잔Azerbaijan 무슬림으로부터 자치권을 요구하는 나고르노-카라바흐Nagorno-Karabakh, 중앙 권력이 무너진 후 여러 씨족과 정당들이 권력을 위해 싸우는 소말리아, 강경파 후투족Hutus이 투치족Tutsi 소수와 온건파 후투족을 학살한 르완다Rwanda가 포함되어 있다. 모든 다양성에도 불구하고 이러한 각각의 갈등은 민족주의 이데올로기에 사로잡힌 민족의 차이에 뿌리를 두고 있었으며, 르완다와 소말리아를 제외하고 대부분의 경우 종교의 차이로 인해 더욱 악화되었다. 1993년 정치학자 새뮤얼 헌팅턴Samuel Huntington이 세계가 '문명의 충돌clash of civilizations'을 목격하고 있다고 주장하게 된 것은 바로 이러한 분쟁들 때문이었다. 헌팅턴의 논문은 다소 과장되었지만—적어도 문명 안에서 그만큼 충돌이 많았다— 그의 주장은 냉전 이후 첫 10년 동안의 만연한 분쟁을 설명할 수 있는 것처럼 보였기 때문에 널리 통용되었다. 레바논은 헌팅턴의 주장에 꼭 들어맞았다. 1990년대에 이 작은 지중해 국가는 아직 내전에서 회복 중이었고, 80만 명이 넘는 사람들이 사망할 르완다 같은 나라들과 비교하면 상대적으로 평화로웠지만, 레바논 분쟁 역시 민족과 종교에 뿌리를 두고 있었다.

그 10년 동안 헤즈볼라는 레바논 남부에서 이스라엘 국방군과 주로 기독교인으로 구성된 2,500명의 대리부대인 남레바논군을 상대로 게릴라전을 수행했다. 전문 조직원은 수천 명에 불과했지만, 헤즈볼라는 이 병력만으로도 규모가 더 크고 더 좋은 장비를 가진 이스라엘 국방군을 괴롭히기에 충분했다. 도로변 폭탄을 사용한 남부 '보안구역'에서의 저강도 공격으로 인해 연평균 17명의 이스라엘 병사와 30명의 남레바논군 병사가 사망하자, 이스라엘 내에서 전사한 병사들의 어머니들이 이끄는 강력한 반전운동이 촉발되었다. 헤즈볼라는 선전이라는 강력한 무기를 통해 전과를 확대할 수 있었기 때문에 그렇게 많은 사람을 죽일 필요가 없다는 것을 알고 있었다. 전사하거나 부상당한 군인의 이미지를 보여주며 히브리어로 "다음에는 누구 차례가 될까?"라는 방송으로 이스라엘의 반전 감정을 교묘하게 조장했다.

2000년 5월, 에후드 바라크Ehud Barak 이스라엘 총리는 18년 만에 마침내 레바논에서 이스라엘 군대를 철수시켰다. 나스랄라는 즉시 "순교와 피로 쟁취한 위대한 역사적 승리"라고 주장했다. 헤즈볼라와 다른 사람들(곧 제2차 인티파다를 시작한 팔레스타인인을 포함)이 도출한 교훈은 나스랄라의 말을 빌리면 "핵무기가 있어도 이스라엘은 거미줄보다 약하다"는 것이었다. 헤즈볼라는 이스라엘의 점령에 반대하는 자신들의 존재 이유가 제거되었다는 것을 인정하기는커녕 전쟁 이전에 레바논이 아닌 시리아에 속해 있던, 이스라엘이 점령하고 있는 골란 고원Golan Heights의 작은 영토인 쉐바 농장Shebaa Farms을 반환하라는 새로운 요구를 했다.

2006년 이스라엘과의 오랜 긴장이 고조되면서 1982년 레바논 침공 이후 이스라엘의 최대 전쟁이 일어났다. 7월 12일, 헤즈볼라 요원이 이스라엘 북부에 침투하여 이스라엘 국방군 험비 2대를 매복공격하여 병사 3명을 죽이고 추가로 2명을 납치했다. 2시간 후 이스라엘 군대가 추격을 시작했지만 헤즈볼라는 지뢰로 메르카바 전차를 파괴하고 5명의 병사를 추가로 살해했다. 에후드 올메르트Ehud Olmert 이스라엘 총리는 레바논 남부와 베이루트 외곽의 헤즈볼라 기반시설을 겨냥한 공중 및 포병 공격으로 대응했다. 베이루트 교외의 100개가 넘는 고층 건물이 파괴되었지만 대부분은 이스라엘의 경고로 비어 있었다. 레바논에서 헤즈볼라를 축출하라는 압력을 배가하기 위해(정부가 너무 약해서 그렇게 하지 못했다.) 이스라엘 해군은 레바논 해안선을 봉쇄했고 이스라엘 공군은 베이루트 공항을 폭격했다. 다음 달에 이스라엘 항공기는 1만 2,000발 이상의 폭탄과 미사일을 투하하고 이스라엘 지상군과 해군은 15만 발 이상의 로켓과 포탄을 발사했다. 그러나 이렇게 화력을 투사해도 헤즈볼라가 122mm 카츄샤Katyusha 로켓을 이스라엘 북부로 끊임없이 발사하는 것을 막을 수는 없었다. 이 단거리 비유도 미사일은 거의 모든 곳에서 단 몇 분만에 설치할 수 있어 공중요격이 불가능했다.

실망한 이스라엘 내각은 최종적으로 1만 5,000명에 달하는 지상군의 제한적인 기습을 승인했지만 이스라엘 국민군은 헤즈볼라가 예상보다 더 강력하다는 것을 알고 있었다. 헤즈볼라는 이스라엘이 지금까지 싸웠던 돌팔매질하는 팔레스타인 사람들, 전투력을 제대로 발휘하지 못하는 아랍 징집병과는 상당한 차이가 있었다. 분쟁이 일어나기 전에 헤즈볼라는 민간 통신 체계로 연결된 벙커, 터널 및 은신처로 구성된 정교한 시스템을 구축하고 여기에 충분한 식량, 물, 탄약을 비축했다. 전투가 시작되면, 전투원들은 스스로 재보급할 수 있었고 공격을 받는 상황에서도 효과적으로 기동할 수 있었다. 이는 모든 전투 병력이 항상 맞닥뜨리는 중요한 문제다. 헤즈볼라는 방어할 전선이 없었기 때문에 구형 AT-4 새거Sagger부터 신형 AT-14 코넷Kornet에 이르는 대전차 미사일로 예상치 못한 방향에서 이스라엘 군대를 공격해서 전차를 파괴하고 밀집부대를 타격할 수 있었다. 헤즈볼라는 중국이 설계하고 이란이 공급한 C-802 대함 미사일을 발사하여 해안에서 16km 떨어져 있는 이스라엘 미사일 함정에 심각한 피해를 입혔다.

이렇게 정교하게 전투를 수행할 수 있는 헤즈볼라의 능력을 보고 일부 분석가들은 헤즈볼라는 정규전 전술과 비정규전 전술을 결합한 새로운 전쟁 개념인 '하이브리드전hybrid warfare'의 최전선에 있다고 분석했다. '하이브리드전'이 진짜 새로운 것인지에 대해서는 의심의 여지가 있기는 하지만, 이 분석은 어느 정도 일리가 있다. 미국 식민지인들이든 중국 공산주의자이든 과거에 가장 성공적이었던 반란군들은 게릴라 전술과 재래식 전술을 배합해 사용했다. 알제리 민족해방전선^{FLN}, 아일랜드공화국군^{IRA} 및 베트민/베트콩 같은 다른 많은 반란군들은 헤즈볼라처럼 테러와 게릴라전을 결합했다. 하지만 헤즈볼라가 정말로 탁월한 능력을 보여준 분야는 지상전이 아닌 뉴스 매체의 조작이었다.

전쟁의 전환점은 7월 30일 이스라엘이 실시한 카나^{Qana} 마을 내 헤즈볼라 진지로 추정되는 곳에 대한 공습이었다. 이 공습으로 아파트 건물이 무너져 어린이 17명, 성인 11명이 사망했다. (초기 사상자 추정치는 훨씬 더 높았다.) 헤즈볼라는 건물 잔해에서 처참한 시신들을 수습하는 영상을 널리 퍼뜨렸고, 이 영상은 이스라엘에 공격을 중단하라는 압력을 증가시켰으며 공세가 "지나쳤다"는 여론을 불러일으켰다. 이스라엘은 체첸 분리주의자들 진압 당시의 러시아, '빛나는 길' 진압 당시의 페루, 이슬람 근본주의자 진압 당시의 알제리와 같은 비민주주의 세력이 수행한 대반란전에 대해 다룬 것만큼 언론이 사실을 자세하게 파헤치지 않는다며 불만을 토로했는데, 이것은 어느 정도 일리가 있었다. 하지만 언론의 이러한 이중 잣대—혹은 미국의 지원에 의존하는 작은 고립국孤立國으로서 국제적인 압력에 특히 취약하다는 사실—에 대해 이스라엘이 할 수 있는 일은 그리 많지 않았다. 언론은 이스라엘의 메르카바 전차와 F-16 전투기를 무력화하는 무기였다. 1820년대의 그리스인, 1890년대의 쿠바인, 1950년대의 알제리인, 1980년대의 팔레스타인인처럼 심리전, 홍보전 위주의 정보작전에 탁월한 헤즈볼라는 전 세계의 동정을 얻는 데 성공함으로써 적의 강점을 약점으로 만들었다. 헤즈볼라가 기울인 노력은 인터넷과 위성 텔레비전의 확산으로 효과가 배가되었다.

2006년 8월 14일 휴전이 발효되었다. 이스라엘 군대는 자국 국경으로 철수했고, 헤즈볼라는 레바논 남부로 다시 돌아왔다. 34일간의 전쟁으로 119명의 이스라엘 군인과 42명의 이스라엘 민간인이 사망했다. 그리고 총 1,100명의 레바논 민간인이 사망했다. 헤즈볼라의 전사자 추정치는

레바논에서 발사된 카츄사 로켓에 맞아 불에 타고 있는 이스라엘 하이파(Haifa)의 로스차일드 병원의 모습. 헤즈볼라는 정규전 전술과 비정규전 전술을 결합한 새로운 전쟁 개념인 '하이브리드전'을 구사했다. 헤즈볼라가 특히 탁월한 능력을 보여준 분야는 지상전이 아닌 뉴스 매체의 조작이었다. 헤즈볼라는 탁월한 뉴스 매체 조작으로 이스라엘을 곤경에 빠뜨리곤 했다. 〈출처: WIKIMEDIA COMMONS | CC BY-SA 2.0〉

250명(자체 추정치)에서 650명(이스라엘 추정치)까지 다양했는데, 어떤 추정치를 따르든 헤즈볼라의 피해는 1만 5,000명에 달하는 헤즈볼라 전체 병력 중 극히 일부에 불과했다.

◆ ◆ ◆

헤즈볼라는 이스라엘과의 분쟁에서 어느 정도 잘못을 깨달은 듯한 모습을 보였다. 헤즈볼라의 사례에서 영향을 받은 수니파 조직 하마스Hamas가 2008년 12월부터 2009년 1월까지 가자 지구에서 이스라엘과 전쟁을 벌였을 때 헤즈볼라는 이스라엘과 전쟁을 치른 2006년의 상황이 반복되지 않기를 바란다는 것을 암시하며 북쪽에 제2전선을 구축하는 것에 신중했다. 그러나 제2차 레바논 전쟁에서 취한 대부분의 조치로 헤즈볼라는 더욱 강해졌다. 시리아와 이란의 도움을 받아 재무장한 나스랄라는 2006년 전쟁 시작 당시 미사일 1만 3,000기를 보유했던 것과 달리 2010년 당시 4만 기를 보유하고 있다고 주장했다. 또한 헤즈볼라는 전쟁으로 피해를 입은 지역을 재건하는 데 수억 달러를 투입함으로써 시아파 주민들에 대한 장악력을 강화했다. 2011년 헤즈볼라와 동맹 조직들은 레바논의 친서방 수니파 사드 하리리Saad Hariri 총리의 실각을 유도하고 헤즈볼라의 입맛에 맞는 정치인으로 교체했다.

헤즈볼라는 1960년대 이후로 수많은 작전에서 이스라엘이 과거에 아랍 정규군을 신속하고 완벽하게 격멸했던 것처럼 헤즈볼라 게릴라들을 완전히 물리치지 못함으로써 득세하게 되었다. 이스라엘이 맞닥뜨린 문제는 여러 측면에서 베트남, 이라크, 아프가니스탄에서 미국이, 알제리와 인도차이나에서 프랑스가, 키프로스와 아덴에서 영국이 맞닥뜨린 문제와 유사했다. 물론 차이점은 이스라엘이 인구밀집지역에서 불과 몇 km 떨어진 곳에 뉘우치지 않는 적을 남겨둔 결과를 걱정하지 않고 부대를 복귀시킬 수 없다는 것이었다.

이스라엘은 방어 목적으로 정기적으로 징벌적인 공습을 실시했는데, 이는 오히려 테러 조직과 테러 조직의 작전지역에 사는 민간인 간의 관계를 더욱 긴밀하게 강화시켰을 뿐이었다. 공습으로 헤즈볼라나 하마스와 같은 테러 조직들에게 피해를 입힐 수는 있었지만, 조직의 재생을 막지는 못했다. 테러 조직이 되살아나는 것을 막으려면 어쩔 수 없이 재점령을 해야만 했는데, 이스라엘은 또다시 아랍 영토를 점령하려면 시간이 오래 걸리고 값비싼 대가를 치러야 했기 때문에 재점령을 망설였다. 현대 서양 국가를 지향하는 이스라엘에게 제국주의는 더 이상 허용 가능한 선택지가 아니었다. 이스라엘은 제2차 인티파다 기간 동안 부분적인 재점령을 단행했고 2004년 아라파트가 사망한 후 마흐무드 압바스와 살람 파야드가 이끄는 보다 온건한 팔레스타인 자치정부 지도부가 우연히 등장했기 때문에 요르단강 서안으로부터의 테러 위협을 종식시키는 데 어느 정도 성공했다. 그러나 점점 급진화되는 시아파 공동체가 부상하고 있는 레바논에는 온건한 정권이 출현하지 않았다. 따라서 이스라엘이 바랄 수 있는 것은 기껏해야 언제든지 깨질 수 있는 불안한 휴전이었다.

◆ ◆ ◆

창설 이후 25년 동안, 헤즈볼라의 존재는 "헤즈볼라는 '테러리스트의 A팀'이고 알카에다는 실제로 'B'팀일 수도 있다"는 전직 미국 관료의 표현에 부합할 정도였다. 확실히 알카에다는 헤즈볼라의 준정규군 역량, 독점 소유한 라디오 및 텔레비전 네트워크, 상당히 넓은 지역을 지배하고 관리하는 능력에 필적할 수 없었다. 대부분의 다른 이슬람 단체도 마찬가지였다. 대다수의 이슬람 반란군은 대다수의 비이슬람 반란군과 마찬가지로 비참한 실패를 맛보았다. 알제리, 이집트, 모로코, 시리아, 사우디아라비아 및 기타 중동 지역 반란군은 이스라엘이나 미국과 달리 여론의 영향에 크게 영향을 받지 않는 비선출 통치자들에 의해 유혈진압을 당한 수많은 사례가 있다. 알제리 전쟁은 특히 정의롭지 못해서 1990년대에 최소 10만 명이 사망했다. 물론 우리가 본 바와 같이, 유고슬라비아에서 나치가, 혹은 아프가니스탄에서 소련이 그랬던 것처럼 대반란군의 행동이 전 국민의 분노를 불러일으킨다면 아무리 자유를 제한하는 폭압적인 대반란군이라 해도 실패할 수 있다. 그러나 가장 극단적인 이슬람주의 단체들은 주민 다수의 지지를 얻는 데 전혀 관심이 없었고, 대부분 무슬림 민간인을 표적으로 삼는 경향으로 인해 여론의 비난을 불러일으켰다. 따라서 아랍 독재자들은 2011년 '아랍의 봄' 기간 동안 발생한 보다 저변이 넓은 대중 반란이 아닌 이상 무장 이슬람 반란을 진압할 수 있는 충분한 정당성을 유지할 수 있었다.

　무슬림이 소수인 지역의 무슬림들은 당연히 더 나을 것이 없었다. 동아시아부터 서유럽, 북미부터 남아시아에 이르기까지 국가를 상대로 한 급진주의자들의 반란은 거의 성공을 거두지 못했다. 심지어 러시아조차도 1991년에 독립을 선언한 체첸 공화국의 반란군을 진압할 수 있었다. 1994년에 체첸을 침공했다가 1996년에 철수한 러시아는 19세기 선조들과 마찬가지로 필사적으로 저항한 체첸 게릴라들 때문에 뜻을 이루지 못했지만 1999년에 돌아와 초토화 전술을 사용하여 연방에서 이탈하려는 체첸을 굴복시켰다. 전쟁 전 인구 통계에 따르면, 100만 명에 달했던 체첸 주민 중 10만 명이 사망했는데, 이는 유고슬라비아의 제2차 세계대전 당시 사망률보다 훨씬 높고 아이티 독립전쟁 당시 사망률보다는 적은 수치다. 이 과정에서 러시아군도 2만 명이 전사했다.

러시아의 체첸 반란 진압과 몇 년 후 발생한 스리랑카의 타밀 호랑이 Tamil Tigers 반란 진압 성공 사례는 21세기에도 레바논이나 프랑스에서 이스라엘이나 알제리가 전혀 확보하지 못한 실질적인 정당성을 확보한 반란군이 세계 여론에 무관심한 채로 국내 활동에만 전념하면 폭력적인 반란 진압이 효과가 있음을 보여주었다. 체첸이나 스리랑카에서와는 달리 1980년대 아프가니스탄뿐만 아니라 1995년 보스니아Bosnia, 1999년 코소보Kosovo, 1991년 이라크 쿠르디스탄Kurdistan, 2011년 리비아에서처럼 국외 지원 세력이 반란군을 지원하는 경우에만 강압적인 반란 진압 방식은 문제에 봉착했다.

정권 전복에 실패한 전 세계의 이슬람 혁명가들은 1990년대에 자신들에게 동조하며 실질적으로 정부의 통제력이 미치지 않는 소수의 장소인 소말리아, 수단, 예멘, 파키스탄 부족 영토, 아프가니스탄에서 피난처를 찾아야 했다. 하지만 이렇게 어려운 상황에서도 얼마 지나지 않아 헤즈볼라만큼 효율적이지는 못하지만 헤즈볼라의 악명을 뛰어넘을 테러 조직이 출현하게 된다.

61

국제 테러리스트

◆

**1988~2011년,
오사마 빈 라덴과 알카에다**

1998년 2월 23일, 런던에서 발행되는 아랍어 신문 《알 쿠드스 알 아라비Al Quds Al Arabi》는 팩스로 전송된 성명서를 발표했다. "유대인과 십자군에 대한 지하드Jihad(성전)를 위한 세계 이슬람 전선World Islamic Front의 선언"이라는 표제가 붙어 있는 이 성명서에는 5명의 남성이 서명했다. 아이만 알자와히리Ayman al-Zawahiri라는 외과의사를 포함한 이집트인 2명, 파키스탄인 1명, 방글라데시인 1명, 그리고 사우디 이름을 가진 '셰이크 우사마 빈-무함마드 빈 라덴Shaykh Usamah Bin-Muhammad Bin-Ladin'이었다. 이 성명서에 서명한 사람들은 코란과 무슬림 학자들의 인용문을 다수 인용한, 풍부하고 시적이기까지 한 아랍어로 '십자군-시오니스트 동맹'에 대한 전형적인 불만을 장황하게 늘어놓았다. 그들의 주장은 십자군-시오니스트 동맹이 1991년 걸프전 이후 "가장 성스러운 장소인 아라비아 반도에서 이슬람 땅을 점령하고, 부를 약탈하고, 통치자들의 내정에 간섭하고, 국민을 모욕하고, 이웃 국가들을 공포에 떨게 하고, 아라비아 반도의 기지를 이웃 무슬림 민족과 싸우는 교두보로 삼았다"는 것이었다. 더불어 성명서에 서명한 사람들은 미국인들이 "알라와 그의 예언자 마호메트, 무슬림과의 전쟁"을 선포한 이래로 "군인, 민간인 가릴 것 없이 미국인과 그 동맹국 사람을 살해하는 것은 모든 무슬림의 개인적인 의무"라는 법률적 판결인 파트와fatwa[435]를 발표한다고 선언했다.

당시만 해도 오사마 빈 라덴은 서구에 거의 알려지지 않은 인물이었다. CIA는 이미 그를 추적하기 위한 조직으로 알렉 스테이션Alec Station을 창설 했다. 빈 라덴은 1994년부터 이미 《뉴욕 타임스New York Times》에서 16번이 나 언급되었다. 미국 텔레비전에 낯설지 않은 그는 1993년에도 CNN과 인터뷰를 했고, 1994년에는 ABC 뉴스와 인터뷰를 했다. 그러나 빈 라덴 은 언제나 테러리스트가 아닌 은행가로 알려져 있었다. 빈 라덴을 중심으 로 1988년에 결성된 조직 알카에다는 아직 실체가 명확하지 않은 상태 였다. 1998년 당시 빈 라덴은 탈레반이 장악한 아프가니스탄에 은거하 고 있었다. 그는 자신을 사우디아라비아에서 추방한 미국에 대해 원한을 품고 있는 것으로 알려졌지만 미국에 대한 실질적인 위협을 가할 만한 위치에 있는 것으로 보이지는 않았다. 세계 최강국 미국에 대한 그의 선 전포고는 미국 신문이나 잡지에서 다룰 만큼 중요한 일은 아니라는 판단 이 지배적이었다. 마치 길모퉁이에 서 있는 험악한 눈빛의 설교자가 시청 과 맞서 싸우겠다고 선언한 것과 마찬가지였기 때문이다.

하지만 불과 6개월 후 세계는 빈 라덴을 재평가해야 했다. 1998년 8 월 7일, 알카에다 자살폭탄 테러범은 케냐와 탄자니아에 있는 미국 대사 관 앞에서 폭발물을 실은 트럭을 폭파시켜 미국인 12명을 포함해 213명 의 생명을 빼앗았다. 클린턴Bill Clinton 행정부는 이제 빈 라덴의 위협을 심 각하게 받아들이기 시작했다. 8월 20일, 미 해군 함정은 아프가니스탄

---

435 파트와: 이슬람 법에 따른 결정이나 명령. 이슬람 세계의 법률 용어로, 법학자들이 『코란 (Koran)』을 비롯한 이슬람 세계의 법원을 바탕으로 한 법적 해석을 의미.

사우디아라비아 출신 국제 테러리스트이자 테러 조직 알카에다의 지도자였던 오사마 빈 라덴은 1996년에 발표된 파트와에서 "아군과 적군 간의 힘의 불균형 때문에 가장 적합한 전투 수단은 극비리에 임무를 수행하는 경무장한 신속기동부대를 이용하는 것, 즉 게릴라전을 개시하는 것이다"라고 썼다. 그는 최초로 진정한 세계적 반란을 일으키기 위해 정교한 최신 기술과 조직 관리 기법을 이용하는 천재성을 보여주었으며, 자신처럼 종교적 훈련을 받은 것은 아니지만 최신 기술에 정통하고 현대 문물에 익숙한 많은 동지들을 끌어모았다. 이를 통해 알카에다는 일반적이면서도 정교한 기술을 활용하는 능력을 갖춰 테러의 수준을 새로운 차원으로 끌어올렸다. 〈출처: WIKIMEDIA COMMONS | CC BY-SA 3.0〉

동부의 알카에다 훈련소와 잘못된 정보로 인해 알카에다가 사용할 화학 무기를 제조한 것으로 의심되는 수단의 제약 공장에 수십 발의 토마호크 순항미사일을 발사했다. 그러나 이로 인해 사망한 알카에다 전투원은 거의 없었다. 빈 라덴은 명성만 높아진 채 무사히 탈출했다. 이 사건은 미국

에 대한 빈 라덴의 경멸감("미국은 너무 비겁하고 두려워서 무슬림 청년들에
게 정정당당히 맞서지 못한다.")을 더욱 증폭시켰을 뿐만 아니라 그의 전략
적 선택이 현명했음을 확인시켜주었다. 2년 전인 1996년에 발표된 파트
와에서 그는 "아군과 적군 간의 힘의 불균형 때문에 가장 적합한 전투수
단은 극비리에 임무를 수행하는 경무장한 신속기동부대를 이용하는 것,
즉 게릴라전을 개시하는 것이다"라고 썼다.

자신보다 강력한 적과 싸우기 위해 비대칭 수단을 사용하겠다는 빈 라
덴의 결심은 새로운 것이 아니었다. 이것은 우리가 본 것처럼 국가 자체
만큼이나 오래된 충동이었다. 빈 라덴의 종교적 광신주의는 비정규 전사
들 사이에서는 드문 것이 아니었다. 최초의 테러 집단은 유대교 광신도와
무슬림 아사신이었다. 그러나 과거 게릴라 및 테러리스트 조직은 대부분
공격 대상을 인접국으로 제한했으며 파멸적인 반발을 회피하기 위해 일
반적으로 폭력의 강도를 조절했다. 빈 라덴은 더 원대한 야망을 갖고 있
었다. 전 세계인이 "알라의 가르침을 최고로 떠받들게 하고" 중동 전역에
있는 미국의 동맹국들을 무너뜨리기 위한 전주곡으로서 미국을 '파괴'하
는 것을 목표로 했다. 1998년까지 빈 라덴의 조직은 이미 알제리, 보스
니아, 에티오피아, 케냐, 소말리아, 탄자니아에서 발생한 테러 공격과 연
관되어 있었으며, 이것은 시작에 불과했다. 이후 알카에다에게 영향을 받
아 그들로부터 훈련 및 자금, 지시를 받거나 무장을 지원받는(가끔은 알카
에다로부터 이 모든 것을 지원받기도 했다) 지하디스트들의 테러를 피할 수
있는 곳은 전 세계에서 거의 찾아보기 힘들게 되었다.

초국가적 테러리즘의 경향은 이미 19세기 후반의 무정부주의 조직과
1970년대의 좌파 조직 사이에서 분명히 드러났지만, 알카에다는 일반적
이면서도 정교한 기술을 활용하는 능력을 갖춰 테러의 수준을 새로운 차
원으로 끌어올렸다. 여객기로 인해 전 세계 여행이 쉬워졌다. 마찬가지
로 전화, 팩스, 위성 TV, 그리고 휴대전화기와 인터넷 덕분에 자금을 조
달하고, 선전을 전파하고, 추종자를 모집하여 배치하기가 훨씬 더 쉬워졌

다. 컴퓨터의 사용으로 복잡한 조직 운영도 손쉬워졌다. 또한 AK-47, 로켓 추진 유탄Rocket Propelled Grenade, 그리고 무엇보다도 폭발물 같은 저렴하고 신뢰성이 높은 대량생산 무기로 인해 인명피해를 초래하는 테러가 더욱 용이해졌다. 빈 라덴이 중세 이슬람 문화로의 복귀를 옹호했을 수도 있지만, 그는 최초로 진정한 세계적 반란을 일으키기 위해 정교한 최신 기술과 조직 관리 기법을 이용하는 천재성을 보여주었으며, 자신처럼 종교적 훈련을 받은 것은 아니지만 최신 기술에 정통하고 현대 문물에 익숙한 많은 동지들을 끌어모았다. 마약 밀매자, 컴퓨터 해커, 국제 범죄자인 이들은 21세기 세계화의 어두운 면을 대표하는 사람들이었다.

◆ ◆ ◆

오사마 빈 라덴이 '자칼' 카를로스, 아부 니달Abu Nidal, 심지어 야세르 아라파트와 같은 선구적인 유명인들을 제치고 테러의 세계적인 인물로 부상한 것은 의외의 일이었다. 수줍음이 많고 부드러운 말투에 예의 바른 그는 활달하고 외향적인 형들의 그늘에 가려 있었다. 오사마의 아버지 무함마드는 빈손으로 사우디아라비아에 온 외눈박이 예멘 출신 이민자로, 사우디아라비아 왕실의 후원으로 왕국 최대의 건설회사를 세웠다.

무함마드는 22명의 아내와 결혼해 슬하에 54명 이상의 자녀를 두었다. 오사마는 평범한 시리아 출신 소녀에게서 1957년에 태어난 18번째 아들이었다. 무함마드는 2년 후 그녀와 이혼하고 나서 자기 마음대로 그녀를 회사의 임원 중 한 명과 결혼시켰다. 오사마는 아버지를 거의 보지 못한 채 아버지에 대한 경외심을 마음속에 품고 자랐다. 1967년 비행기 추락 사고로 가장인 아버지가 사망하자 오사마의 맏형 살렘Salem이 가문을 이어받았다. 살렘은 유럽과 미국에서 시간을 보내는 것을 좋아하는 무종교자였으며 재미를 추구하고 기타를 즐겨 연주하는 유쾌한 사람이었다.

성장기의 오사마는 이런 제트Jet족 생활방식과는 거리가 멀었다. 그는 홍해의 항구도시 제다Jeddah에서 어머니와 계부와 함께 안정된 중산층 가정에서 살았다. 오사마는 어린 시절에도 신앙심이 깊었지만, 사우디의 기준에서 보면 도를 넘은 수준은 아니었다. 그는 하루에 다섯 번 기도했지만, 텔레비전을 보고 말을 타는 것도 좋아했으며 축구도 즐겼다. 하지만 나이가 들어가면서 더욱 금욕적이 되어 영화시청, 음악감상, 사진촬영을 거부했다. 이와 같은 모든 활동이 '비이슬람적'이라고 생각했던 것이다. 해외에서 교육을 받은 많은 형제들과 달리 오사마는 제다에 있는 알 타그르 사립학교Al Thagr School에 다녔는데, 그곳에서 그는 평범한 학생이었다. 이후 제다의 킹 압둘 아지즈 대학교King Abdul Aziz University에서 경제학을 전공했으나 졸업하지는 못했다. 대학을 다닐 때 그는 1966년 가말 압델 나세르의 세속 정권에 의해 처형된 이집트의 이슬람 사도 사이드 쿠틉Sayyid Qutb의 급진적 저술에 영향을 받았는데, 마침 사이드 쿠틉의 형이 그 대학교의 교수로 근무하고 있었다.

1974년 17세의 빈 라덴은 시리아 출신의 15세의 사촌과 결혼했다. 이후 몇 년 동안 그는 그의 아버지를 모방하고 코란의 가르침에 따라 박사학위를 가진 2명의 교사를 포함해 더 많은 아내를 맞이했다. (그는 첫 번째 부인에게 "이슬람을 위해 많은 자녀를 가질 수 있도록" 이타적으로 행동하고 있다고 말했다.) 그는 최소 총 20명의 자녀를 슬하에 두게 된다. 빈 라덴의 가족은 에어컨과 냉장고가 금지된 특이한 가정에서 살았다. 금욕적인 빈 라덴은 변변찮은 음식을 먹고 칙칙한 옷을 입는 것을 좋아했으며 그의 가족도 그렇게 하기를 바랐다. 그의 가족은 미국의 청량음료, 실제로 모든 냉장 음료, 장난감, 과자, 심지어 처방약까지 금지당해 천식을 앓던 아이들은 흡입기를 몰래 써야만 했다. 그의 아들들은 성전에 대비하고 스스로를 단련시키기 위해 물이 거의 없거나 전혀 없는 상태에서 사막을 가로질러 가는 긴 행군을 필수적으로 해야 했다.

그의 딸들은 어머니와 함께 한적한 곳에 있는 집에 격리되었고 남성 보호자 없이는 외출할 수 없었다. 기쁨이라곤 찾아볼 수 없는 이 가정에서는 농담과 웃음마저 금지되었다. 웃다가 적발되면 아이들은 엄격한 아버지 오사마로부터 체벌을 당했다.

빈 라덴의 인생에서 중요한 전환점은 1979년 소련의 아프가니스탄 침공과 함께 찾아왔다. 그의 첫 번째 부인은 붉은 군대가 주는 고통으로 "남편의 속은 바짝바짝 타들어갔다"라고 회상했다. 그는 무자헤딘에게 자금을 제공하고 그들을 지원하기 위해 파키스탄을 왕래하기 시작했다. 당시 그의 집안이 경영하는 건설업체에서 일하고 있었던 그는 부친 무함마드처럼 부하들과 함께 위법적인 일을 서슴지 않고 하는 것으로 유명했다. 그러나 1980년대에 그는 반소련 지하드에서 독특한 정체성을 차츰 드러내기 시작했다.

파키스탄에서 그는 무슬림 형제단Muslim Brotherhood의 팔레스타인 지부인 하마스의 창립자 중 한 명인 원로 팔레스타인 성직자 압둘라 아잠Abdullah Azzam을 만났다. 당연히 사우디의 자금 지원을 간절히 원하고 있던 아잠은 빈 라덴의 멘토가 되었다. 1985년에 아잠과 빈 라덴은 아랍 지원병들이 소련과 싸우는 것을 돕기 위해 알카에다의 전신인 서비시스 오피스Services Office를 창설했다. 서비시스 오피스는 그럴싸한 잡지 《지하드Jihad》를 발간하고 미국을 포함한 전 세계에서 자금을 모아 알카에다가 나중에 활용할 네트워크를 만들었다. 빈 라덴이 미국 정부의 지원을 받았다는 증거는 없지만 빈 라덴을 이용해 무자헤딘에게 자금을 지원했던 것으로 알려진 사우디 정보국과 관련이 있었던 것은 사실이다.

빈 라덴은 단순히 모금 활동을 하는 사람이나 무정부주의 이론가 크로포트킨 공작Prince Kropotkin 같은 탁상공론형 철학자로서의 역할에 만족하지 않고 아프가니스탄 현장에 뛰어들기 시작했다. 1986년에 그는 아프가니스탄 동부의 자지Jaji 마을 근처에 아랍 전투원 50~60명을 수용할 기지를 세웠다. 이 기지는 나중에 알 마사다al Masada(사자굴)로 알려지게 되었다. 이듬해 그는 아랍인들이 후퇴하기 전까지 용감하게 싸웠던 일주일간의 전투에 참가했고, 이 전투는 아랍 언론이 열광적으로 보도했다. 또한 1989년에 다시 전장으로 가서 아랍 지원병을 이끌고 나지불라Najibullah 부대가 점령하고 있던 잘랄라바드Jalalabad 탈환을 시도했다. 하지만 이 공격은 전장 지휘관으로서의 빈 라덴의 한계를 보여준 값비싼 실패로 끝났다. 하지만 그렇다고 해서 부국 사우디에서의 안락한 삶을 자발적으로 포기한 신앙심 깊고 두려움 없는 전사로서 그가 쌓아온 명성이 실추된 것은 아니었다. 아라파트와 마찬가지로 빈 라덴은 전장에서의 패배를 선전으로 승리로 바꾸는 방법을 알고 있었다.

10년이라는 시간이 흐르면서 아잠과 빈 라덴의 사이는 차츰 멀어졌다. 아잠은 별도로 아랍 전투부대를 만든다는 생각에 반대했고, 아마드 샤 마수드를 존경했다. 빈 라덴은 마수드를 싫어했고 오히려 마수드의 적인 근본주의자들과 가깝게 지냈다. 아잠은 1988년 페샤와르에 있는 빈 라덴의 집에 알카에다 알-아스카리야Al Qaeda al-Askariya('군사기지')를 건립하는 데 적극적이었다. 아잠의 목표는 아프가니스탄에서 소련과의 전쟁이 끝난 후에도 '지하드의 불꽃'을 유지하는 것이었다. 하지만 1989년 아잠은 신원 미상의 폭탄 테러범에 의해 페샤와르에서 폭사했다.

그 무렵 빈 라덴은 1973년 이슬람 지하드Islamic Jihad라는 조직을 설립한 저명한 이집트 가문 출신의 뛰어난 외과의사 아이만 알-자와히리Ayman al-Zawahiri라는 아버지뻘 되는 새로운 인물의 영향을 받았다. 1981년에 안와르 사다트Anwar Sadat 이집트 대통령이 암살되자, 그의 조직인 이슬라믹 지하드가 안와르 사다트 이집트 대통령 암살에 관여했다는 혐의로 그도 체포되어 3년간 투옥되었다. 3년간 투옥 생활을 하는 동안 고문을 당한 자와히리는 이후 더욱 급진적인 길을 걷게 되었다. 아잠은 민간인 테러에 반대하는 한편 무슬림 땅에서 외세를 몰아내는 데 집중하기를 원했지만, 자와히리는 온건한 무슬림 정권을 전복시키고 무슬림 '배교자'를 제거하려고 했다. 자와히리가 배후에 있는 것으로 의심되는 아잠의 사망으로 빈 라덴의 삶에서 주요 온건파가 제거되었다. 오사마의 큰형이자 빈라덴 가문의 가장이었던 살렘의 죽음도 마찬가지였다. 살렘은 1988년

2001년 파키스탄 언론과의 인터뷰에서 아이만 알-자와히리(오른쪽)와 함께한 오사마 빈 라덴(왼쪽). 빈 라덴은 1973년 이슬라믹 지하드라는 조직을 설립한 저명한 이집트 가문 출신의 뛰어난 외과의사이며 급 진적인 생각을 가진 자와히리를 만났다. 자와히리가 배후에 있는 것으로 의심되는 아잠과 살렘의 사망으로 주요 온건파가 제거되면서 빈 라덴은 처음으로 자신의 힘으로 물주이자 절대적인 힘을 가진 알카에다 지도자가 되었다. 그는 "전체 전투 준비에서 미디어전의 비율이 90%를 차지할 정도"로 "미디어전이 성전주의를 홍보하는 가장 강력한 방법" 중 하나라고 확신했다. 야세르 아라파트를 제외하고 기존 반란군 중 이렇게 선전전을 강조한 사람은 거의 없었다. 〈출처: WIKIMEDIA COMMONS | CC BY-SA 3.0〉

텍사스에서 개인 소유 초경량 비행기를 조종하던 중 불의의 사고로 사망했다.

아잠과 살렘이 세상을 떠나면서 빈 라덴은 처음으로 자신의 힘으로 물주物主이자 절대적인 힘을 가진 알카에다 지도자가 되었다. 키가 196cm인 그는 문자 그대로, 그리고 비유적으로, 증가하는 그의 수행원들 위에 우뚝 솟았다. 모든 알카에다 조직원들은 사우디에 대한 개인적인 충성을 맹세해야 했다. 작전의 실질적 책임자인 자와히리조차도 빈 라덴이 제공하는 거액의 재정 지원에 의존했기 때문에 그에게 경의를 표했다.

◆ ◆ ◆

1989년 사우디아라비아로 돌아온 빈 라덴은 정부로부터 군사영웅으로 환영을 받았다. 하지만 이듬해 그는 군사영웅에서 외톨이로 전락했다. 사담 후세인Saddam Hussein이 쿠웨이트를 침공하자, 빈 라덴은 '아프간 출신 아랍인' 부하들을 파견하여 사우디를 수호하겠다고 왕에게 제안했으나 왕이 그의 제안을 거절하자 사우디 왕실에 등을 돌렸다. 사우디 왕실은 빈 라덴 대신 미군을 택했다. 가족이 운영하는 회사가 미군을 지원함으로써 돈을 많이 벌 수 있는 유리한 계약을 체결했음에도 불구하고 빈 라덴은 거룩한 땅에 '이교도들'이 너무 많이 존재한다는 사실이 혐오스러웠다. 사우디 왕실에 대한 공개적 비판을 지속하던 그는 1992년에 이슬람 정권이 통치하는 수단으로 이주할 수밖에 없었다. 빈 라덴은 수단에서 자신의 성전주의를 사업과 결합하여 준군사부대 훈련소를 설립하는 동시에 해바라기를 재배하고 도로를 건설하며 가죽 재킷을 만드는 회사를 운영했다.

알카에다의 소행으로 추정되는 최초의 테러 공격은 1991년 이탈리아에서 빈 라덴의 추종자 중 한 명이 이탈리아로 망명한 77세의 아프가니스탄의 전 왕을 칼로 찔렀지만 암살에는 실패했다. 이듬해 알카에다의 또 다른 테러 역시 그다지 성공적이지 않았다. 미군이 자주 드나드는 아덴Aden에 위치한 호텔 두 군데에서 폭탄이 터졌지만 희생자는 관광객과 호텔 직원뿐이었다. 다른 테러는 성공적이었다. 나중에 빈 라덴은 1993년 모가디슈Mogadishu에서 미국 특수작전 부대를 매복공격하여 블랙호크Black Hawk 헬리콥터 2대를 격추하고 미국인 19명을 죽인 소말리아 부족민을 훈련하고 지원하기 위해 부하를 파견했다고 선전했다. 1995년에 리야드Riyadh에 있는 사우디 국방군 청사 앞에서 자동차폭탄 테러가 발생해 미국인 5명을 포함한 7명이 희생되었는데, 빈 라덴의 추종자들이 이 테러에 연관되어 있었다. 1996년 미군 19명이 사망한 사우디아라비아 코바

1996년 6월 24일 오후 2시 55분에 발생한 사우디아라비아 코바르 타워 폭탄 테러 피해를 미군과 사우디군이 조사하고 있다. 미군 19명이 사망한 이 폭탄 테러 공격은 알카에다가 연루되었다는 의혹이 제기되었다. 세간의 이목을 끈 테러 공격으로 인해 빈 라덴이 악명을 떨치자, 사우디아라비아는 그의 시민권을 박탈했으며 수단은 1996년에 그를 추방했다. 이런 그를 받아들인 유일한 나라는 탈레반 통치 하의 아프가니스탄이었다. 〈출처: WIKIMEDIA COMMONS | U.S. Navy | Public Domain〉

르 타워Khobar Towers 폭탄 테러도 알카에다가 연루되었다는 의혹이 제기되었다. (빈 라덴은 조국 사우디아라비아에서 발생한 두 번의 테러 공격을 모두 극찬했지만 여기에 대한 책임은 부인했다.) 이집트는 알카에다의 또 다른 주요 표적이었다. 1995년 이슬람주의자들은 파키스탄에 있는 이집트 대사관을 폭파하고 에티오피아를 방문한 호스니 무바라크Hosni Mubarak 이집트 대통령의 암살을 시도했다.

세간의 이목을 끈 이러한 테러 공격들로 인해 빈 라덴이 악명을 떨치자, 사우디아라비아는 그의 시민권을 박탈했으며 수단은 1996년에 그를 추방했다. 빈 라덴을 받아들인 유일한 나라는 탈레반 통치 하의 아프가니스탄이었다. 알카에다는 팔레스타인해방기구PLO부터 헤즈볼라에 이르는 다른 테러 단체들이 받았던 것과 같은 국가적 차원의 지원을 요구하지 않았다. 알카에다는 자신들의 조직을 국가적으로 지원할 수 있는 강력한 국가가 아닌 침략에 저항할 수 없는 약소국을 찾았다. 1990년대 말, 1978년 이래로 끊임없는 전쟁으로 황폐해진 아프가니스탄보다 약한 국가는 없었다.

♦ ♦ ♦

세계 최빈국 중 하나인 아프가니스탄에서 빈 라덴은 조직을 재건해야 했다. 수단에서 수백만 달러의 손실을 입었고 가문과 의절했기 때문에 성전은 더욱 난항에 봉착했다. 소문만큼 부자는 아니었던 그는 1970년 이후로 가문으로부터 연간 약 100만 달러를 받았지만 1993년 또는 1994년 이후부터는 지원을 받지 못했다. 이때부터 그는 부유한 걸프 지역 사업가들과 무슬림 자선단체로부터 자금을 조달해야 했다. 빈 라덴의 가족은 때때로 먹을 것이 충분하지 않았지만(그의 가족은 달걀, 빵, 모래가 묻은 석류를 먹고 연명했다), 그는 지하드에 대한 자금 지원은 확실히 했다.

FBI는 나중에 알카에다가 9·11 이전에 매년 3,000만 달러를 모금했다고 추정했다. 테러에 대비하는 데는 많은 예산이 요구되지만 테러를 수행하는 데는 그다지 비용이 많이 들지 않는다. 9·11 전체 작전에 투입된 총 비용은 50만 달러 미만으로 추정된다. 다른 테러는 자금이 훨씬 더 적게 들었다. 2000년 미 해군 전함 콜 함USS Cole 테러 공격에 투입된 추정 비용은 5만 달러였다. 2004년 마드리드 폭탄 테러에 들어간 돈은 단돈 1만 달러에 불과했다.

알카에다 기금의 대부분은 수천 명의 지하디스트들이 교육을 받는 아프가니스탄의 훈련소를 지원하는 데 투입되었다. 빈 라덴은 지원자들에게 숙박, 식사, 급여, 무기, 차량, 훈련 매뉴얼을 제공했다. 빈 라덴은 효과적인 공격을 수행하는 방법에 대한 수천 페이지의 조언이 담긴 『지하드 백과사전Encyclopedia of Jihad』을 제작하기도 했다. 이렇게 번창하는 사업체(지하드 주식회사Jihad Inc.)를 관리하기 위해 빈 라덴은 스타트업 회사처럼 관리자를 임명하고 컴퓨터로 처리되는 인사체계 및 급여체계를 도입했다. 기자 피터 버겐Peter Bergen은 알카에다를 "역사상 가장 관료적인 테러 조직"이라고 평했다.

알카에다 훈련소에 합류하기를 열망하는 지하디스트들은 마치 대학에 지원하는 것처럼 "군 복무 경험이 있는가?", "취미는 무엇인가?"와 같은 배경을 묻는 기본적인 질문뿐만 아니라 "코란은 어느 정도 외우고 있는가?"를 묻는 긴 설문지를 작성해야 했다. 이집트 태생 미 육군 부사관 출신자의 도움으로 구성된 훈련 커리큘럼은 소련제 DShK 기관총부터 이스라엘제 우지Uzi 기관단총에 이르는 다양한 무기를 다루었다. 새로 들어온 자원자는 전차 조종술까지 배웠다. 일부 알카에다 전투원이 아프가니스탄의 북부동맹Northern Alliance에 대한 준정규작전에 참여하기는 했지만, 대부분은 전차를 운용하는 정규전과는 거리가 먼 방식으로 싸울 예정이었다.

알카에다는 2000년 아덴항에 정박 중이던 미 해군 전함 콜 함 승조원 17명의 생명을 앗아간 소형 자살보트 공격과 같은 장엄한 '순교'작전을 전문적으로 수행했다. 콜 함 테러는 1998년 아프리카 대사관 폭탄 테러, 2001년 세계무역센터World Trade Center와 펜타곤에 대한 공격과 같이 '알카에다 본부'가 계획하고 실행한 작전이었다. 빈 라덴의 영향을 받거나 빈 라덴이 훈련시킨 지하디스트 요원들은 이외에도 많은 테러 공격들을 독립적으로 수행했다. 이러한 경향은 특히 알카에다 지도자들이 도피길에 오르게 된 9·11 이후에 두드러졌지만, 그 이전에도 훈련소를 수료한 인원 대부분은 알카에다에 합류하지 않았다. 알카에다 조직원 가입은 신중하게 선별된 수백 명의 '형제들'에게만 주어지는 특권이었다. 수용소에서 훈련을 받은 지하디스트 대부분은 인도네시아의 제마 이슬라미야Jemaah Islamiyah, 카슈미르Kashmir의 하라캇 울–무자헤딘Harakat ul-Mujahideen, 알제리의 무장이슬람그룹Armed Islamic Group 같은 알카에다의 느슨한 자매 조직에 가입했다.

빈 라덴은 지하드를 전 세계적 조직으로 육성하기 위해 ABC, CNN 및 알자지라Al Jazeera와 인터뷰를 할 정도로 야심 찬 선전 활동을 시작했다. 그는 조직 내 방송부서 알사합Al Sahab('구름'을 의미)을 통해 동영상 및 오디오 메시지를 송출하고 추종자들로 하여금 수천 개의 지하디스트 웹사이트를 구축하도록 했다. 외딴 은신처에서도 BBC를 강박적으로 시청했던 빈 라덴은 "전체 전투 준비에서 미디어전의 비율이 90%를 차지할 정도"로 "미디어전이 성전주의를 홍보하는 가장 강력한 방법" 중 하나라고 확신했다. 야세르 아라파트를 제외하고 기존 반란군 중 이렇게 선전전을 강조한 사람은 거의 없었다. 이는 빈 라덴이 인터넷, 휴대전화, 위성 TV가 점점 보편화되어가고 있는 상황에서 그 잠재력을 직관적으로 알고 있었기 때문이며, 알카에다의 재래식 군사력이 상대적으로 약한 탓에 비정기적으로 발생하는 공격 사이의 간극을 메우기 위해서는 '정보전'을 강조할 수밖에 없었기 때문이라고 설명할 수 있다.

알카에다 조직원들은 중산층이 대부분이었지만 일반적으로 사회에서 소외된 자들이었다. 일부는 유럽에 거주하는 무슬림 이민자이거나 무슬림 이민자의 자녀들이었다. 나머지는 사우디아라비아, 이집트, 시리아 같은 무능한 독재정권 하에서 살던 사람들이었다. 대부분의 테러리스트와 마찬가지로 이들에게는 연구자 루이스 리처드슨Louise Richardson이 '3R'이라고 부른 복수revenge, 명성renown, 반응reaction이 행동의 원인이 되었다. 이들은 십자군 시대부터 서구 세계가 무슬림들에게 저지른 잘못에 대해 복수를 모색하고, 별로 중요하지 않은 존재에 의미를 부여하려는 시도로 그들 스스로 명성을 추구하고, 그들의 적으로부터 반응을 이끌어내려고 했다.

알카에다 조직원 대다수는 이 세 가지 목표를 모두 달성하는 가장 좋은 방법은 '순교 작전'을 수행하는 것이라고 믿었다. 샤히드shaheed(순교자)가 되는 영예를 얻기 위해 조직 내에서 치열한 경쟁이 벌어졌다. 그러나 알카에다 지도자들은 자발적으로 자신이나 그들의 자식을 희생하지 않았다. 그들은 알라의 적들에게 승리하기 위해서는 살아남아야 한다고 믿었다. 이 목표를 달성하기 위해 아부 우바이드 알-쿠라이시Abu Ubayd al-Qurayshi, 유수프 알-아예리Yusuf al-Ayeri, 아부 무사브 알-수리Abu Musab al-Suri처럼 서방에 거의 알려지지 않은 영향력 있는 지하드 사상가들은 군사전략과 전사를 면밀히 연구했다. 그들의 글에는 클라우제비츠와 손자뿐만 아니라 마오쩌둥, 보응우옌잡, 체 게바라, 마리겔라Marighella, 테이버Taber, 그리고 기타 좌파 비정규전 지지자들의 문구가 많이 인용되었다. 그들은 베트남, 아프가니스탄, 레바논, 소말리아에서 초강대국을 추방한 반란군의 성공에 매료되어 게릴라전, 테러 전술에 대해 과도한 관심을 가지게 되었지만 게릴라전과 테러 전술은 몇 년 동안 실패만 안겨주었다.

빈 라덴은 미국을 몇 번의 날카로운 타격으로 무릎을 꿇릴 수 있는 여리고 비겁한 "종이호랑이"라고 확신하게 되었다. 또한 "원거리에 있는 적" 미국을 알카에다 공격의 초점으로 설정하고, 일단 미국의 세력이 무너지면 "기존 아랍 및 이슬람 정권의 모든 구성 요소도 함께 무너질 것"이라고 확신했다. 그렇게 되면 그는 중동 전역에 근본주의 칼리프가 다스리는 나라를 세울 수 있을 것이다. 하지만 이는 엄청난 전략적 오산임이 드러났다. 빈 라덴은 미국이 중동에서 '배교적인' 정권을 지원하는 수준을 과대평가했다. 중동 국가들은 권력을 유지하는 데 미국과의 동맹보다는 비밀경찰에 더 많이 의존하고 있었다. 초기 이슬람 반란이 실패하기는 했지만 미국을 자극하지 말고 아랍 정권들과 직접 싸우라는 조언을 그가 받아들였더라면 더 좋았을 것이다. 이러한 접근 방식은 폭력적인 반란으로 이란, 아프가니스탄, 수단을 장악하고 선거를 통해 터키, 튀니지, 이집트를 장악한 이슬람주의자들에게 효과가 있었다. 그러나 빈 라덴은 세상을 더 넓은 시각으로 바라보고 있었고 자신의 한계에 대한 인식이 적었다. 이러한 상황판단력과 교만함 때문에 그는 역사상 가장 치명적인 테러 공격을 감행하게 되었다.

◆ ◆ ◆

'비행기 납치 테러'에 대한 아이디어는 빈 라덴의 카리스마와 그가 가진 자원을 보고 모여든 수많은 테러리스트 기획자 중 한 명인 칼리드 셰이크 모하메드Khalid Sheikh Mohammed로부터 비롯되었다. 칼리드 셰이크 모하메드는 쿠웨이트에서 자라고 미국에서 교육받은 파키스탄 출신의 엔지니어였다. 16세에 무슬림 형제단에 가입한 모하메드는 아프가니스탄에서 소련에 대항하는 투쟁에 적극적으로 참여했다. 그는 이후 1992년에 보스니아에서도 싸웠다. 그는 아프가니스탄의 알카에다 훈련소에서 교육받은 그의 조카 람지 유세프Ramzi Yousef가 주도한 1993년 세계무역센터 트럭 폭탄 테러와 다소 관련이 있었다. 트럭 폭파로 6명이 사망했지만 쌍둥이빌딩을 무너뜨리는 데는 실패했다. 1994년, 마닐라에서 지내던 모하메드와 유수프는 태평양 상공에서 미국 국적 여객기 12대를 폭파하는 것에 대해 논의했다. 2년 후 모하메드는 아프가니스탄으로 이동하여 빈 라덴에게 미국 여객기 10대를 납치해 그중 9대를 유명한 건물에 충돌시키고 열 번째 비행기의 성인 남자 승객을 전부 살해하고 비행기를 공항에 착륙시킨 다음 자신이 텔레비전 카메라 앞에 서서 반미 성명을 발표하겠다는 계획을 제시했다.

빈 라덴은 유능한 CEO처럼 부하의 지나치게 야심 찬 제안을 좀 더 실용적인 계획으로 다듬었다. 이로 인해 모하메드는 전 세계 지하드의 얼굴을 자처하는 빈 라덴의 지위에 도전할 수 없게 되었다. 그런 다음 빈 라덴은 계획을 실행하기 위한 자금과 인원을 공급했다. 2001년 9월 11일, 알카에다 조직원 19명은 커터 칼box cutter을 사용하여 4대의 항공기를 납치했다. 이러한 독창적인 수법은 사전에 치밀한 관찰과 계획이 있었음을 보여준다. 당시 항공기 납치 사건의 충격 효과가 감소하긴 했지만, 협상을 하기 위해 엔테베에서와 같이 납치한 항공기를 착륙시키지 않고 목표물에 충돌시키는 것은 1972년 뮌헨 올림픽 이후 어떠한 테러 행위에도 사용

2001년 9월 11일 공중 납치된 UA 175편기의 충돌로 세계무역센터 쌍둥이빌딩이 파괴되면서 거대한 연기가 피어오르고 있다. 9·11테러로 인해 약 3,000명이 사망하고 최소 6,000명이 부상을 입었다. 미국 영토가 적으로부터 공격당한 마지막 사건인 1941년 12월 7일 일본의 진주만 공격으로 입은 피해보다 더 컸다. 오사마 빈 라덴은 9·11테러로 5,000억 달러로 추산되는 경제적 손실을 입힌 데 대해 흡족해했다. 그는 자신이 세계에서 가장 부유한 나라를 파산시킬 수 있다고 여겼다. 〈출처: WIKIMEDIA COMMONS | Public Domain〉

된 적이 없는 방식으로 전 세계의 이목을 사로잡는 잔인한 행위였다.

9·11테러로 발생한 즉각적인 결과는 쌍둥이빌딩 전체가 아니라 기껏해야 3, 4개 층의 파괴를 기대했던 빈 라덴의 기대를 훨씬 뛰어넘었다. 사망자 수는 약 3,000명에 달했는데, 미국 본토가 적으로부터 공격당한 마지막 사건인 1941년 12월 7일 일본의 진주만 공격으로 입은 피해보다 더 컸다. 심지어 진주만 공격은 소규모 비정부조직이 아니라 국가가 수행한 것이었는데도 말이다. 빈 라덴은 9·11테러로 5,000억 달러로 추산되는 경제적 손실을 입힌 데 대해 흡족해했다. 과거 경제학도였던 빈 라덴은 그가 세계에서 가장 부유한 나라를 파산시킬 수 있다고 여겼다.

빈 라덴은 미국이 자신이 상상했던 것보다 나약하지 않다는 것을 곧 깨닫게 된다. 그는 "우리는 소련에 맞서 싸운 것처럼 장기간의 게릴라전을 통해 미국에게 피해를 입힐 수 있기 때문에 미국의 아프가니스탄 침공을 환영한다"라고 말했지만, 실제로 일어난 일들에 대한 대비를 거의 하지 않았다. 9·11테러가 발생한 지 불과 몇 주 만에 소수의 CIA 요원과 특수작전부대가 북부동맹에 활력을 불어넣기 위해 현금과 첨단 통신장비로 가득 찬 여행가방을 들고 아프가니스탄에 도착했다. 탈레반은 12월 초에 무너졌고, 알카에다는 미 공군의 지원을 받는 북부동맹에 의해 격퇴당했다. 빈 라덴과 자와히리는 2001년 11월부터 12월까지 잘랄라바드^{Jalalabad} 외곽의 토라 보라^{Tora Bora} 산맥에서 그들을 잡을 충분한 병력을 보내지 않은 미군 지휘관과 미 정부 관료들의 실수 덕분에 파키스탄으로 탈출할 수 있었다. 수많은 테러리스트 동지들은 체포되거나 사살당했다. 빈 라덴 자신을 포함하여 더 많은 조직원들이 그 후로 몇 년간 추적당했다.

9·11테러 공격으로 부시 행정부가 허를 찔렸다고 말하는 것은 절제된 표현이었다. 여전히 미국-러시아 냉전 구도나 이란, 이라크 같은 불량국가에 관심을 두고 있던 부시 대통령과 대통령 보좌진은 미국에 대한 가장 큰 위험이 무국적 테러 네트워크라는 정보를 무시했다. 어떤 의미에서 부시 대통령과 대통령 보좌진은 역사상 항상 존재해왔던 중요한 게릴라

전의 역할을 무시하고 국가 간의 정규전만을 강조하는 전통적인 역사 기록의 희생자들이라고 할 수 있었다.

9·11테러 이후 부시 대통령은 필사적으로 빈 라덴을 따라잡으려 노력했다. '테러와의 전쟁global war on terror'의 일환으로 부시 대통령과 미 의회는 새로운 국내 보안 기관을 창설하고 법 집행 기관과 정보기관 간의 협력을 방해했던 많은 관료적 장벽을 무너뜨렸다. 더 논란이 되는 것은 부시 대통령이 2003년 파키스탄에서 체포된 뒤 183차례 물고문을 당한 칼리드 셰이크 모함메드Khalid Sheikh Mohammed 같은 고가치 억류자들에 대한 '강도 높은 심문 기술'의 사용이나 테러리스트와 관련이 있을지도 모르는 미국 내 사람들에 대한 영장 없는 도청과 같은 전통적인 법 집행 범위를 넘어선 많은 조치들을 승인했다는 것이다. 여기에는 일부 국가(예를 들어 이집트, 알제리, 요르단)가 고문으로 악명이 높았음에도 불구하고 수감자들을 출신국으로 송환하고, 관타나모 만Guantanamo Bay과 CIA가 운영하는 '블랙 사이트black site'에서 테러 용의자 800명을 재판 없이 무기한 구금하고 테러 용의자 재판을 위한 군사재판소를 만들고, 파키스탄이나 예멘 같은 나라에서 프레데터Predator 드론으로 알카에다 지도자들을 표적암살하는 등의 조치가 포함되어 있었다.

시민 자유주의자들은 이러한 조치를 비난했으며, 9·11테러 직후 공포가 진정되자 많은 조치가 의회 및 법원에 의해 축소되었다. 부시의 정책이 널리 비판을 받았음에도 불구하고 부시 대통령이 취한 조치들은 실제로 다른 나라들, 심지어 영국, 프랑스, 이스라엘과 같은 민주주의 국가들이 테러 위협에 직면했을 때 취한 것들과 비교하면 그나마 자제한 편이었다. 그것들은 또한 남북전쟁 당시의 에이브러햄 링컨, 제1차 세계대전 당시의 우드로 윌슨Woodrow Wilson, 제2차 세계대전 당시의 프랭클린 D. 루스벨트Franklin D. Roosevelt가 시행한 시민의 자유를 제한한 조치들과 비교해도 절제된 것들이었다. "스트레스를 주는 모든 기술"을 고문이라고 가정하더라도, 의심할 여지 없이 대부분이 그랬던 것처럼 고문은 신체에 지속적인 손상이 가지 않도록 주의 깊게 모니터링되는 상황에서 28명의 수감자에게만 적용되었다. 알제리에서 프랑스인에게 훨씬 더 잔인하게 고문당하고 이후에 살해된 수천 명의 사람들과 비교해볼 필요가 있다. 옳든 그르든, 미국은 대규모 테러에 맞서 싸웠던 소수 일부 국가들이 설정한 기준에 따라 세계 여론의 법정에 섰다. 안타깝게도 생각을 제대로 전달하지 못한 부시 대통령은 미국의 행동을 설명하고 이를 납득시키는 데 실패했다. 그러나 모든 잘못에도 불구하고 부시 행정부는 지하디스트들에게 심각한 피해를 입혔다. 알카에다 전략가 아부 무사브 알-수리Abu Musab al-Suri는 2004년에 "미국이 무장 지하드 운동의 지도자·기반·지지자 및 친구들 대부분을 제거했다"라고 한탄했다.

지하디스트들은 9·11테러 이후 소규모지만 끔찍한 테러 공격을 추가로 자행했다. 잘 알려진 사례로는 2002년 발리Bali 나이트클럽 폭탄 테러(202명 사망), 2004년 마드리드 열차 폭탄 테러(191명 사망), 2005년 런던 지하철 폭탄 테러(52명 사망), 2008년 뭄바이 총기 난사(163명 사망)가 있다. 그러나 일부 예외(스페인의 이라크 철수에 기여한 마드리드 테러 공격)를 제외하고, 이러한 공격은 알카에다와 알카에다 관련 단체들의 의제를 진전시키는 데 전혀 도움이 되지 않았다. 오히려 그 반대였다. 지하디스트들이 다수 무슬림을 포함한 수많은 무고한 사람들을 학살함에 따라 지하디스트들에 대한 무슬림의 여론은 바뀌었고 전 세계적으로 이들을 색출하려는 노력이 이어졌다. 지금까지 이슬람주의자들과의 투쟁에 냉담했던 사우디아라비아조차도 35명이 사망한 2003년 리야드에서 발생한 폭탄 테러 이후 강경 노선으로 전환했다. 점점 더 많은 국가가 알카에다를 자국에 대한 위협으로 간주하기 시작했기 때문에 미국은 알카에다 토벌을 위한 효과적인 범세계적 연대를 결성할 수 있었다. 국제 협력으로 인해 2006년 여름 액체 폭발물로 대서양 상공에 있는 여객기 7대를 격추하려는 야심 찬 시도를 포함한 수많은 테러 음모가 실패했다. 2001년 파리발 마이애미행 비행기의 구두 폭탄 테러 미수나 2010년 타임스 스

퀘어^{Times Square}의 자동차 폭파 미수 같은 다른 많은 테러 시도 역시 능력
이 부족했거나 운이 없어 무산되었다.

9·11테러 이전의 테러리스트들은 대규모 민간인 사망을 초래하는 테
러는 역효과를 낼 수 있다는 사실을 깨닫고 있었기 때문에 그러한 테러
는 일반적으로 자제했다. 테러 분석가 브라이언 젠킨스^{Brian Jenkins}가 1970
년대에 썼듯이, "테러는 연극이고, 테러리스트들이 원하는 것은 많은 사
람이 죽는 게 아니라 많은 사람이 지켜보게 하는 것이다." 알카에다와 다
른 이슬람 단체들은 이 격언을 무시함으로써 조직에 대한 지지를 잃는
대가를 치렀다. 체첸 반란군은 이에 대한 적절한 사례를 제시했다. 체첸
반란군이 2002년 169명이 사망한 모스크바 극장 인질극과 2004년 331
명이 사망한(사망자 중 절반 이상이 어린이) 북오세티아^{North Ossetia} 베슬란
^{Beslan} 학교 인질극을 벌이고 나자 국내외의 동정 여론은 자취를 감추었다.

1990년대에는 알제리와 이집트에서, 2000년대에는 이라크에서 동일
한 현상(무정부주의자들의 폭력이 역효과를 낳고 있는 현상)이 뚜렷하게 나
타났다. 알제리와 이집트에서 이슬람 반란은 자국의 군사 정권에 의해 진
압되었다. 하지만 사담^{Sadam} 정권 이후의 이라크는 효과적으로 반란에 대
응하기에는 국가가 너무 약했다. 반란군과의 전투는 베트남에서 굴욕적
으로 패배하고도 게릴라전을 제대로 준비하지 않은 외국 초강대국의 '이
교도' 군대에게 맡겨졌다.

62

자르카위와 이라크 알카에다의 자살폭탄 테러

◆

2003년 이후 이라크 알카에다

이라크 상황이 최악으로 치닫던 2003년 8월, 모든 것이 시작되었다. 8월 7일, 바그다드에 있는 요르단 대사관 외부에서 트럭 폭탄 테러로 19명이 사망하는 사건이 발생했다. 8월 12일, 자살폭탄 테러범이 폭발물을 실은 레미콘 트럭을 몰고 바그다드 유엔 본부로 돌진했다. 이 테러로 인해 사망한 22명의 희생자 중에는 주 이라크 유엔 고위 대표이자 유명한 브라질 외교관 세르지우 비에이라 지 멜루Sergio Vieira De Mello도 포함되어 있었다. 최악의 사건은 8월 29일 나자프에서 발생한 테러 공격이었다. 오후 2시경, 토요타 랜드크루저Toyota Landcruiser로 추정되는 주차된 차량이 시아파 교도가 가장 신성시하는 성지 이맘 알리 모스크Imam Ali Mosque 밖에서 폭발했다. 정오 기도가 끝난 후 이라크 내 주요 시아파 성직자로 꼽히는 아야톨라 모함메드 바키르 알-하킴Ayatollah Mohammed Baqir al-Hakim은 주간 설교를 마치고 떠나려 하고 있었고, 수천 명의 신자들이 그 주위를 둘러싸고 있었다. 이 폭발로 거리에 약 90cm 너비의 큰 구멍이 생겼고, 하킴을 포함해

트럭 폭탄 테러 공격으로 파괴된 바그다드에 있는 요르단 대사관의 모습. 19명이 사망한 이 테러 공격을 시작으로 이후 몇 년간 이런 잔혹한 사건이 매우 자주 반복적으로 발생했다. 〈출처: WIKIMEDIA COMMONS | U.S Air Force | Public Domain〉

80명 이상이 사망했다. 어느 목격자에 따르면, "모스크 맞은편 건물 옥상에서 사람 살덩이가 발견되기도 했고 온 창문에 살점이 붙어 있기도 했다." 폭발 후 어느 기자는 "고무 타는 냄새가 진동하고 거리는 기름, 뒤틀린 금속 파편, 유리 조각, 각종 잔해물로 뒤덮였다"라고 묘사했다.

이후 몇 년간 이와 같은 잔혹한 사건이 매우 자주 반복적으로 발생했다. 2003년 봄 미군은 큰 어려움 없이 몇 주간의 짧은 전투로 사담 후세인 정권을 무너뜨렸는데, 이는 전통적인 정규 작전에 대한 미군의 우월함을 보여주었다. 그러나 불행히도 미군 지휘관들은 초기 공세에 지나치게 집중한 나머지 질서를 회복하고 국가 행정을 재건할 준비가 전혀 되어 있지 않았다. 그로 인해 권력 공백이 생기자 수많은 수니파 및 시아파 극단주의자들이 대대적인 테러 행위를 일삼으면서 이라크인 수만 명과 외국군 장병 수천 명을 학살했고, 이는 역사상 가장 파괴적인 테러 중 하나로 기록되었다. 이런 테러 활동의 최전선에 선 조직이 바로 8월에 발생한 일련의 폭탄 테러뿐만 아니라 이후 더 많은 테러를 저지른 '일신교와 지하드Monotheism and Jihad'였다. 이 조직은 나중에 이라크 알카에다AQI, Al Qaeda in Iraq로 명칭이 바뀌게 된다.

이라크 알카에다의 설립자는 아부 무사브 알-자르카위Abu Musab al-Zarqawi 였으며, 그의 장인은 나자프 출신 자살폭탄 테러범으로 알려졌다. 그는 오사마 빈 라덴과 아이만 알-자와히리에 이어 세계에서 가장 유명한 지하디스트로 단시간에 부상한 인물로, 명문가에서 태어나 교육을 잘 받고 자란 사람들과는 크게 달랐다. 요르단의 더러운 공업도시 자르카Zarqa에서 태어났다. 태어날 당시의 이름 아흐마드 파딜 알-할라일라Ahmad Fadil al-Khalaylah는 도시의 이름에서 딴 것이다. 그는 몸에 문신을 새긴 고등학교 중퇴자로 비디오 가게 점원 경력을 가진 잡범이었으며 교육을 받지 못해 글을 거의 읽을 줄 몰랐으며 술고래에 싸움꾼이었다. 그는 마침내 알라에 귀의하고 나서 1989년 23세의 나이에 아프가니스탄 알카에다 캠프에서 훈련을 받았다. 요르단으로 돌아와서는 반란죄로 5년 동안 복역한 후 1999년에 아프가니스탄으로 다시 돌아갔다. 이후 곧 그는 자신만의 지하드 조직을 이끌게 되었다.

2001년 가을, 미국의 공격으로 인해 그는 추종자들과 함께 이란으로 피신했는데, 이란은 그가 반시아파 감정을 갖고 있다는 것을 알고 있었음에도 불구하고 반신반의하며 그를 도와주고 피난처를 제공해주었다. 이란에서 자르카위와 부하들은 아이러니하게도 미국 공군력이 보호하고 있던 북부 쿠르드 지역Kurdish area에서 이라크로 침투를 개시했다. 2003년 봄, 존재하지도 않는 후세인의 대량살상무기를 찾으려고 미군이 이라크에 침공했을 때, 자르카위는 "침략자들이 밟고 있는 땅에 불을 지를 준비가 되어 있었다."

전직 바트당원Baathist이 이끄는 세속적인 수니파 집단은 미군을 저격하고 급조폭발물IED로 미군 차량을 폭파하는 데 집중했다. 반세기 전 인도차이나의 프랑스군과 말라야의 영국군에게 매우 친숙한 전형적인 게릴라 전술이었다. 수니파와는 대조적으로 자르카위는 최신 통신 기술을 이용한 인질 참수 장면 TV 중계와 같은 끔찍한 극적인 행동을 선호했다. 2004년 5월 11일 지하디스트 웹사이트는 복면을 쓴 남성 5명이 관타나모 수감자들이 착용한 것과 비슷한 주황색 점프수트jumpsuit를 입은 유대계 미국인 사업가 니콜라스 버그Nicholas Berg를 참수하는 동영상을 게시했다. CIA는 자르카위가 직접 칼을 휘둘러 버그를 참수했다고 생각했다. 이 동영상은 온라인상에 배포되었는데, 최근에 사용 가능하게 된 광대역 인터넷 접속의 이점을 악용한 이러한 방식은 이라크 알카에다의 전형적인 선전 방식이었다. 19세기 무정부주의자들이 신문과 잡지의 보급을 이용하고 베트콩과 팔레스타인해방기구PLO가 텔레비전 방송을 이용했던 것처럼 21세기 반란군 이라크 알카에다는 어떻게 최신 기술을 이용해 테러를 확산시킬 수 있는지를 보여주었다.

자르카위는 주로 이라크에 초점을 맞추면서도 조국 요르단을 잊지 않았다. 2005년에 자르카위가 보낸 자살폭탄 테러범들이 요르단의 수도 암만Amman에 있는 미국인 소유의 호텔 세 곳을 공격하여 민간인 60명(주로 무슬림)을 살상하자, 요르단에서 자르카위에 대한 대대적인 반발이 촉발되었다. 그러나 자르카위의 가장 파괴적인 행동은 이라크에서 발생한 자동차 자살폭탄 테러였다. 2003~2008년에 이라크에서는 역사상 그 어느 나라에서보다 더 많은 자살폭탄 테러가 발생했다. 피터 버겐Peter Bergen은 "2008년 4월까지 자살폭탄 테러로 이라크인 1만 명 이상이 사망했다"라고 기록했다.

정치학자 로버트 페이프Robert Pape는 "자살폭탄 테러는 주로 외세의 점령에 대한 저항"이라고 주장하고 있지만, 이라크 자살폭탄 테러범의 대부분은 이라크 사람이 아니었고, 목표 역시 외세 점령군이 아니었다. 이들은 주로 시리아를 경유해 아랍 각 지방에서 온 사람들(사우디 출신이 다수)로, 주로 시아파 민간인과 이라크 보안 요원을 공격했다. 이들이 자살폭탄 테러를 저지른 주요 동기가 민족주의가 아니라 종교 이념이었다는 것은 분명했다. 왜냐하면 자살폭탄 테러범 대부분은 이라크에서 스스로를 제물로 바치기 전에는 이라크를 방문한 적이 없었기 때문이다.

자르카위가 시아파를 얼마나 광적으로 증오했는지를 감안하면 그러한 극악무도한 범죄의 배후에서 이성적인 동기를 찾는 것은 아마도 무의미한 일일 것이다. 미국 정보기관이 가로챈 편지에서 자르카위는 시아파를 전갈, 뱀, 쥐, 이교도, "인간의 탈을 쓴 악마"라고 언급했다. 시아파에 대한 공격이 순수한 적대감 이상으로 활발했을 정도로 자르카위는 시아파의 반발을 촉발시켜 "부주의한 수니파에게 위험이 다가오고 있다는 경각심을 일깨워주려는 것"처럼 보였다. 그러면 이라크 알카에다는 수니파의 수호자로 부각될 수 있었다. 그 당시까지는 그런대로 순조로운 편이었지만, 다음 단계는 어떻게 될지 장담할 수 없었다. 기껏해야 이라크 인구의 25%도 되지 않는 수니파가 다수의 시아파에게 어떻게 이길 수 있을까? 수니파가 몰살될 가능성이 훨씬 더 컸다.

알카에다 지휘부의 유명무실한 상급자들도 자르카위가 수행하는 테러가 비생산적이라는 것을 분명히 알고 있었다. 2005년 7월 자와히리는 자르카위에게 충고 편지를 보냈다. "자네의 평범한 무슬림 숭배자들 중 많은 사람들이 자네가 왜 시아파를 공격하는지 궁금해하고 있네. 내 생각에는 자네가 아무리 이 사건을 설명하려 해도 무슬림 대중은 이를 받아들이지 못할 것이고 시아파 공격에 대한 혐오는 계속될 것이네."

자르카위는 자신의 조직이 알카에다 본부와는 무관하게 독립적으로 운영되었기 때문에 이 유용한 조언을 제멋대로 묵살할 수 있었다. 최전성기였던 2005~2006년에 이라크 알카에다는 주로 휘발유 밀수, 자동차절도 및 강탈 같은 범죄 행위로 연간 450만 달러를 모을 수 있었다. 자르카위가 창설한 이라크 알카에다는 그가 죽은 후에도 존속했을 만큼 강했다. 2006년 6월 7일, 바쿠바Baqubah 외곽의 안전가옥에 은신해 있던 자르카위를 발견한 미국 합동특수작전사령부Joint Special Operations Command는 F-16 전투기에서 폭탄 2발을 투하해 자르카위를 제거했다.

그때까지 이라크의 붕괴는 순조롭게 진행되고 있었다. 2006년 2월 22

미국 F-16 전투기의 공습으로 폐허가 된 자르카위의 안전가옥. 2006년 6월 7일, 이라크 바쿠바의 작은 마을 히비브(Hibhib)에 있는 안전가옥에 은신해 있던 자르카위를 발견한 미국 합동특수작전사령부는 F-16 전투기에서 폭탄 2발을 투하해 자르카위를 제거했다. 〈출처: WIKIMEDIA COMMONS | Public Domain〉

일, 이라크 알카에다가 자행한 시아파 성지 사마라^{Samara} 황금 모스크^{Golden} ^{Mosque} 폭파는 격렬한 반발을 불러일으켰다. 시아파 암살단은 수니파를 바그다드에서 몰아내려는 인종청소 캠페인으로 대응했다. 매일 수십 구의 수니파 시신이 수도 바그다드 주변에서 발견되었다. 발견된 시체 중 일부는 전동 드릴을 사용한 고문 흔적이 있었으며, 일부 시체는 모스크 내에서 발견되기도 했다. 이라크 민간인 사망자 수는 2005년에 5,746명이었던 것이 2006년에는 2만 5178명으로 급증했다.

무력한 방관자 역할을 하는 미군을 중심으로 전면적인 내전이 시작되는 것처럼 보였다. 미군 지휘관들은 폭력을 진압하는 것이 아니라 이라크 보안군에 통제권을 넘기는 데 초점을 맞추었다. 안타깝게도 이라크군은 훈련이 제대로 되어 있지 않았고 시아파 무장 세력이 이미 이라크를 장악한 상태였다. 보안군은 종파 간 갈등의 불씨를 진화하기는커녕 오히려 부채질했다. 치안이 엉망이었기 때문에 평범한 이라크 국민들은 종파 민병대의 세력권 내에서 보호를 받으려고 했다. 2006년 당시 이라크 알카에다가 이라크 서부와 북부에서 뉴잉글랜드주보다 더 넓은 지역을 장악한 반면, 모크타다 알-사드르Moqtada al-Sadr가 이끄는 시아파 민병대 마흐디군은 이라크 중부 및 남부를 세력권 내에 편입한 상태였다.

2006년 9월 라마디Ramadi 인근 부족장들이 미 지상군 및 미 해병대와 협력하여 이라크 알카에다에 대한 반격을 시작하면서 절망적인 상황은 반전되기 시작했다. 부족민들은 이라크 알카에다가 주로 밀수를 통해 부족민의 권위와 수입원을 빼앗고 있다는 사실에 분노했다. 이라크 알카에다는 이슬람 근본주의 신념 때문에 심지어 이라크인들이 심심풀이로 즐기는 흡연마저도 금지했다. 지시에 저항한 사람들은 살해당했고, 이로 인해 부족민들과의 유혈사태가 벌어지기도 했다. 어느 부족장은 "도저히 묵과할 수 없는 상황이었다"라고 회상했다. 19세기 체첸에서도 샤밀의 지시에 불쾌감을 느낀 부족 장로들이 비슷한 감정을 토로했다. 이로 인해 1850년대 부족 장로들은 샤밀의 지하드 운동을 진압하려는 러시아 점령자들과 협력하게 되었다. 하지만 샤밀에게 반감을 갖고 있던 부족민들조차도 집단적으로 무기를 들고 이라크 알카에다에 저항하지 않았다. 반면에 안바르Anbar 지방의 수니파 부족들은 이라크 알카에다에 저항하기 위해 무기를 들었다. 이후 10만 명이 넘는 수니파 교도들이 이라크의 아들들Sons of Iraq이라는 이름으로 반알카에다 민병대 세력에 합류하게 되었다.

이 대규모 수니파 교도들의 반알카에다 세력으로의 전환은 불가피한 것이 아니었다. 이전에도 부족들 사이에는 불만이 있었지만, 이라크 알카에다는 항상 불만을 무자비하게 억압했다. 또한 당시 미국 국민 대다수가 원했던 대로 2007년에 미군이 철수했다면 이 반란은 실패했을 가능성이 크다. 하지만 2006년 말, 3년 이상의 표류 끝에 부시 대통령은 마침내 잘못된 전쟁의 수행 방향을 바로잡겠다는, 국민들의 지지를 받지 못한 결정을 내렸다. 합동참모본부와 국회의원 대부분의 반대에도 불구하고 부시 대통령은 이라크에 2만 명을 추가 파병하기로 결정했고, 이후 그 수는 최종적으로 3만 명으로 늘었다. 이와 동시에 부시 대통령은 이라크팀도 대폭 물갈이했다. 도널드 럼스펠드Donald Rumsfeld 국방부 장관, 중부사령관 존 아비자이드John Abizaid 장군, 주 이라크 선임장교 조지 케이시George Casey 장군은 베트남 전쟁 이후 미국 군사상 최악의 재난을 초래한 장본인들이다. 케이시 장군은 베트남 전쟁 당시 웨스트모어랜드처럼 육군 참모총장으로 자리를 옮겼다.

그때까지 부시 대통령은 자신이 직접 선택한 럼스펠드, 아비자이드, 케이시가 이라크에서 미국의 영향력을 최소화하자고 끈질기게 요청하자 순순히 이에 동의했다. 베트남 전쟁에 대해 세세한 것까지 간여했던 린든 존슨Lyndon John loyallyson의 실수를 반복하고 싶지 않았기 때문이다. 이는 역사적 사실에 근거해 전사戰史를 연구하는 것의 중요성을 보여주는 주목할 만한 사례다. 우리가 살펴본 바에 따르면, 실제로 존슨은 북베트남에 대한 공습은 세세한 것까지 하나하나 직접 관리한 반면에 남베트남에서 벌어지는 지상전은 웨스트모어랜드에게 재량권을 주었다. 문제는 이라크에서 수많은 후배 장교들이 그랬던 것처럼 웨스트모어랜드도 실패하고 있다는 증거를 아무리 제시해도 이에 아랑곳하지 않고 끈질기게 전통적인(그리고 극단적으로 낙관적인) 사고방식을 고수하며 비정규전에 접근했다는 것이다.

이라크의 현장 상황이 점점 더 암울해지고 미국 국민이 전쟁 수행을 반대하자, 럼스펠드와 장군들은 맥나마라와 웨스트모어랜드가 한때 그랬던 것처럼 아무도 그것을 체감하지 못하고 있는데도 실제로 상태가 나아지고 있다고 계속해서 태평스럽게 안심시켰다. 결국 국가 안보에 대한 경험 없이 대통령에 취임한 부시조차도 자신이 순진하게 과신했던 명령 체계를 더 이상 믿을 수 없다는 것을 깨달았다. 위기에 처한 부시 대통령은 전사연구가 프레더릭 케이건Frederick Kagan과 잭 킨Jack Keane 예비역 장군 같은 외부 고문이 제시한 새로운 작전 개념을 채택했다. 그들은 럼스펠드, 아비자이드, 케이시가 구상한 점진적 철수를 포기하고 가용한 증원 병력을 전부 이라크로 투입할 것을 촉구했다.

이 '증파'를 실행하기 위해 부시 대통령은 강렬한 승리 의지를 학자다운 온화한 얼굴 뒤에 감추고 있는 장군을 소환했다. 오사마 빈 라덴이 21세기 초의 반란군을 이끌었다면, 데이비드 하웰 퍼트레이어스David Howell Petraeus는 대반란전을 이끌게 될 참이었다.

63

대반란전의 재발견

◆

**2007~2008년,
데이비드 퍼트레이어스와 증파**

이라크 문제를 해결하기 전에 퍼트레이어스는 프린스턴 대학교^{Princeton} University 박사와 같은 지식인들의 의견을 좀처럼 받아들이지 않는 것으로 유명한 미 육군을 먼저 정복해야 했다. 그의 가장 효과적인 무기는 체력과 강인함이었다. 50대에 들어서도 그는 20대 병사들의 팔굽혀펴기 대회에 참가하여 우승한 것으로 유명했다. 경쟁심이 강한 그는 전속부관 면접 시에도 같이 달리면서 지원자들이 따라올 수 있는지 확인하기 위해 점차 속도를 높였다.

1991년 당시 중령이었던 그는 훈련 중 자신의 부대원이 M-16 총기 오발 사고를 내는 바람에 흉부에 총상을 입었다. 그는 이후 연방의회 공화당 상원 원내대표를 지낸 빌 프리스트^{Bill Frist} 박사의 응급수술을 받고 구사일생으로 목숨을 건졌다. 그러나 그는 수술 후 일주일도 채 되지 않아 대대로 원복시켜달라면서 병원에 퇴원을 요구했다. 그는 의사들에게 자신이 이상이 없다는 것을 증명해 보이기 위해 팔에 꽂은 수액 바늘을 뽑고 병원 바닥에 엎드려 팔굽혀펴기를 50회 했다. 그로부터 9년이 지난 2000년에 고공강하를 하던 퍼트레이어스 준장은 지상으로부터 약 20m 상공에서 낙하산이 문제를 일으키는 바람에 그대로 지상에 강하게 추락하여 골반이 골절되었다. 그는 몸속에 금속판과 나사를 삽입해야 했다. 하지만 부상도 그의 무시무시한 일 처리와 운동 속도를 제지하지 못했다. 2009년에 비밀리에 방사선 치료를 받으면서 극복한 전립선암조차도 이런 그를 제지하지 못했다.

퍼트레이어스는 왜소한 체구(175cm, 68kg) 안에 대단한 인내력의 원천이 숨겨져 있다고 고백했다. 그것 덕분에 그는 그가 너무 내성적이고 지적이어서 전투 현장에서 부하들을 지휘하기 어려울지도 모른다는 의구심을 불식시킬 수 있었다. 그동안 전장에서 부하들을 지휘해본 경험이 없던 그는 2성 장군이었던 2003년이 되어서야 비로소 그 기회를 얻게 되었다.

당시 많은 동료 장교들이 수세대에 걸친 군인 집안 출신이었던 것과 달리, 퍼트레이어스는 그의 집안에서 처음으로 군인이 되었다. 그는 1952년 이민자의 아들로 태어났다. 아버지는 나치가 네덜란드를 점령하자 미국으로 이주한 네덜란드계 상선 선장이었고, 제2차 세계대전 중 가장 힘든 호송대에서 미국 상선을 지휘했다. 어머니는 시간제 사서로 일하면서 그에게 독서에 대한 애정을 불어넣었다. 그는 웨스트포인트에서 몇 km 떨어진 콘월-온-허드슨Cornwall-on-Hudson에서 자랐기 때문에 대학에 지원할 때가 되자 웨스트포인트에 도전하여 입학 허가를 받아냈다. 군 생활 내내 두드러졌던 강한 경쟁심은 웨스트포인트에서부터 발현되었다. 웨스트포인트에서 그는 학업성적 상위 5%를 뜻하는 '스타 생도star man'였을 뿐만 아니라 중대장 생도였고, 스키팀과 축구팀의 일원으로 활약했다. 그는 심지어 웨스트포인트에서 가장 어려운 과정이라는 이유로 의학부 예과에 들어가기도 했다. 또한 그는 1974년 졸업 직후 웨스트포인트 교장의 도도한 딸인 홀리 놀튼Holly Knowlton과 결혼하는 또 다른 위업을 달성했다. 이후 그는 9주간의 가혹한 인내심의 시험장인 레인저 스쿨^{Ranger School}과 1년간의 소령 보수교육과정인 지휘참모대학에서 모두 수석을 차지한 유일한 장교가 되었다.

퍼트레이어스는 자신의 지적 능력은 물론이고 모든 대회에서 우승하고, 모든 약장을 획득하고, 모든 라이벌을 이기려는 끝없는 성취욕을 애써 숨기려 하지 않았기 때문에 동기부여가 덜 되어 있고 주목받지 못하는 다른 장교들을 자극했지만, 상대방을 무장해제시키는 유머 감각, 차분한 성격, 동료 군인들을 배려하는 성품을 지닌 사람이었기 때문에 인기가 없지는 않았다. 일례로 레인저 스쿨에서 그는 동료가 코스를 완주하도록 도와준 공로를 인정받기도 했다. 나중에 그는 하급 장교 양성으로 명성을 얻기도 한다. 그는 1968년에 출간된 이래로 군에서 인기 있는 안톤 마이어^{Anton Myer}의 베스트셀러 소설 『원스 언 이글^{Once an Eagle}』의 주인공인 자기중심적인 정치군인 코트니 매센게일^{Courtney Massengale} 같은 사람이 아니었다. 그렇다고 미 육군 최고위직에 자주 오른 전형적인 남부 백인 남자(토미 프랭크스^{Tommy Franks})처럼 담배를 씹으면서 부하들의 등을 두드려주는 그런 유형의 사람도 아니었다.

나토^{NATO}군을 지휘한 경력이 있고 전역 후 플레처 국제법·외교학 전문 대학원^{Fletcher School of Law and Diplomacy} 학장이 된 군인이자 학자인 존 갤빈^{John Galvin} 장군은 퍼트레이어스의 초기 멘토 중 한 명으로, 퍼트레이어스를 다른 길로 인도한 장본인이었다. 갤빈은 당시 부관이었던 젊은 대위 퍼트레이어스에게 민간 대학원 위탁 교육을 받도록 적극 추천했다. 퍼트레이어스는 프린스턴 대학의 우드로 윌슨 공공정책 및 국제정책 대학원^{Woodrow Wilson School of Public and International Affairs}을 선택했고, 1983년부터 1985년까지 위탁교육을 받는 동안 군에서 들을 수 없었던 다양한 분야의 관점들을 접하게 되었다. 위탁교육 덕분에 그는 대부분 군인에게는 생소한 학계와 미디어계에 익숙해졌다.

퍼트레이어스는 웨스트포인트 사회학과 교수로 재직하면서 베트남 전쟁이 미군에 미친 영향을 주제로 박사학위 논문을 썼다. 정신적 외상을 초래할 정도로 여파가 컸던 베트남 전쟁에 미군이 참전한 이후로 그는 이 주제에 매료되었다. 1976년 프랑스에서 훈련을 받는 동안 그는 제2차 세계대전, 인도차이나, 알제리에서 싸운 전설적인 프랑스 공수부대원 마르셀 "브루노" 비제아Marcel "Bruno" Bigeard를 존경하게 되었다. 그는 나중에 비제아가 사인한 사진을 보물처럼 소중히 간직했고, 2010년 비제아가 사망할 때까지 편지를 주고받았다. 그는 또한 베르나르 폴Bernard Fall, 장 라르테기Jean Larteguy, 데이비드 할버스탬David Halberstam, 다비드 갈룰라 등 인도차이나에서 프랑스군과 미군의 경험에 대해 쓴 다른 작가들의 책을 읽었다. 1980년대 당시 장교 대부분은 베트남을 잊고 싶어 했고 대반란전이 힘들기만 하고 무익하다고 여겨서 가능하면 반란전 대비에 많은 힘을 쏟지 않으려고 했다. 그러나 퍼트레이어스는 달랐다. 박사학위 논문에서 퍼트레이어스는 "미국의 저강도 분쟁 개입은 피할 수 없다. 군은 이에 대비해야 한다"고 주장했다.

퍼트레이어스는 이라크전 전까지 이러한 저강도 분쟁에 대한 경험이 많지 않았다. 1986년 여름, 그는 당시 미국 남부사령관U.S. Southern Command이었던 갤빈 장군 휘하에서 일하며 엘살바도르 등 기타 남미 국가를 방문하여 이들의 반란 작전을 연구했다. 1995년, 그는 아이티 국가 건설 지원을 위해 유엔에서 3개월간 근무했다. 그 후 2001~2002년에 평화유지군의 일원으로 보스니아에서 10개월을 보냈다. 저강도 분쟁뿐만 아니라 모든 종류의 전투에 대한 그의 경험은 이것이 전부였다. 그는 많은 동료 장교들에게 첫 출전 무대와도 같았던 1991년 걸프전에 참전할 기회를 얻지 못했다. 전쟁이 한창일 때 퍼트레이어스는 좌절감을 느끼며 육군 참모총장 칼 부오노Carl Vuono 장군의 부관으로 워싱턴에서 근무하고 있었다. 동료 중 상당수는 실병력 지휘와 거리가 먼 퍼트레이어스의 보직을 좋게 보지 않았고 그를 진흙투성이의 전형적인 야전 군인이 아니라 콜린 파월Colin Powell 같은 "정치장군political general"이라고 비웃었다. 최소한 2003년 이

퍼트레이어스는 베트남 전쟁이 미군에 미친 영향을 주제로 쓴 박사학위 논문에서 "미국의 저강도 분쟁 개입은 피할 수 없다. 군은 이에 대비해야 한다"고 주장했다. 2003년 당시 이라크 자유 작전 침공 이후의 혼란스런 국면을 수습할 준비가 되어 있는 미군 지휘관은 거의 없었다. 너무 많은 장교들이 국가 재건을 소홀히 하고 불필요한 무력을 대량으로 투입하는 작전을 수행하는 바람에 과도하게 많은 이라크 국민이 살상되거나 감금되어 민심이 이반되고 있었다. 이에 반해 강력한 반란이 증가하고 있고 화력만으로는 이것을 막을 수 없다는 것을 잘 알고 있던 퍼트레이어스는 주민 중심의 대반란전을 실시하며 북부 이라크 전역에 국가 재건을 시작해 주목할 만한 성과를 거뒀다. 사진은 이라크 모술을 순찰 중인 제101공수사단장 퍼트레이어스(오른쪽 첫 번째)의 모습이다. 〈출처: WIKIMEDIA COMMONS | Public Domain〉

전에는 이런 비난이 어느 정도 일리가 있었다. 하지만 퍼트레이어스는 자신의 보직에서 최고 수준의 정책결정 과정과 민군 간의 교류를 경험할 수 있는 귀중한 기회를 갖게 되었다. 2003년 봄, 제101공수사단장으로 이라크에 간 그는 이러한 경험들을 활용하게 된다. 당시 동료들 대부분은 이런 경험이 없었다. 그는 위베르 리요테, T. E. 로렌스, 그리고 다른 군사 이론가들처럼 전투의 도가니에서 교범에 따라 사고하고 효율적으로 행동할 수 있다는 것을 보여줄 참이었다.

♦ ♦ ♦

이라크 자유 작전Operation Iraqi Freedom 침공 이후의 혼란스런 국면을 수습할 준비가 되어 있는 미군 지휘관은 거의 없었다. 너무 많은 장교들이 국가 재건을 소홀히 하고 대신에 미꾸라지처럼 빠져나가는 반란군을 추적하기 위해 마치 레바논에서 이스라엘이, 또 2세기 전 스페인에서 프랑스가 그랬던 것처럼 불필요한 무력을 대량으로 투입하는 작전을 수행하는 바람에 지나치게 많은 이라크 국민이 죽거나 감금되어 민심이 이반되고 있었다. 국방부 장관 도널드 럼스펠드 같은 고위 민간인 공직자들은 냉전이 정점에 달한 1975~1977년에는 국방부를 유능하게 운영했지만 이처럼 완전히 다른 성격의 분쟁에 대처하는 능력이 없었기 때문에 미군 지휘관들은 그들이 설정한 이 같은 잘못된 접근방식을 따를 수밖에 없었다. 럼스펠드는 심지어 2003년에 이라크에서 '게릴라전'이 벌어졌다는 사실을 부인하기까지 했다. 럼스펠드는 반란군을 "몇 안 되는 반체제 집단"이라고 경멸하듯 말했다. 그는 이라크가 직면한 가장 큰 위협은 미국의 원조에 대한 '의존 또는 종속'이라고 생각하는 것 같았다.

퍼트레이어스는 이와 반대로 강력한 반란이 증가하고 있으며 화력만으로는 이것을 막을 수 없다는 것을 잘 알고 있었다. 그는 모술Mosul에 위치한 그의 사단본부에 다비드 갈룰라와 로버트 톰슨이 자세히 설명한 주민 중심의 대반란전 기본 교리를 그가 얼마나 잘 이해하고 있는지를 보여주는 다음과 같은 문구를 내걸었다. "우리는 주민의 마음을 얻는 경쟁을 하고 있다. 이 목표 달성을 위해 오늘 귀관과 귀관의 부대는 무엇을 했는가?"

바그다드에서는 선임장교 리카르도 산체스Richardo Sanchez 중장과 고위공무원 L. 폴 브레머 3세L. Paul Bremer III 대사의 사이가 완전히 틀어진 상태였기 때문에 퍼트레이어스는 이들의 지시를 기다리지 않고 북부 이라크 전역에서 국가 재건을 시작했다. 공격작전 역시 게을리하지 않았다. 제101

공수사단은 2003년 7월 22일 사담 후세인의 아들 우다이^{Uday}와 쿠사이 ^{Qusay}를 색출해 제거함으로써 주목할 만한 성과를 거두었다. 그러나 그는 민심을 사로잡기 위한 재건 지원 작전을 강조했다. 그는 북부 이라크에 대표 정부를 수립하고, 전화 서비스를 재개하고, 도로를 포장하고, 경찰 조직을 창설했으며, 터키·시리아와의 계약을 통해 이라크 석유를 전기 와 교환하기도 했다.

퍼트레이어스는 어느 기자에게 농담으로 자신이 "대통령과 교황을 결 합해놓은 것 같은 역할을 하고 있다"고 말했고, 일부 이라크 국민은 그를 "다윗 왕"이라고 불렀다. 세간의 이목을 끄는 그의 역할은 기존 장교들의 심기를 건드려 그가 사단장이라는 "그의 진짜 역할에서 벗어난 행동을 하고 있다"고 불평했다. 하지만 퍼트레이어스는 그들이 이해하지 못하는 것—제대로 작동하는 정부를 신속하게 수립하는 것이 중요하고 누군가 가 이라크에 산적한 문제들을 주도적으로 책임져야 한다는 것—을 이해 하고 있었다. 이외에도 그는 현대 전쟁의 또 다른 진실, 즉 '여론전'을 펴 는 것이 중요하다는 사실을 이해하고 있었다. 그 결과, 그는 대부분의 동 료들보다 언론에 더 개방적이었지만, 이후 아프가니스탄에서 스탠리 맥 크리스탈$^{Stanley McChrystal}$ 장군의 지휘를 조기에 중단시킨 것 같은 무분별 한 행동은 삼갔다. 퍼트레이어스는 항상 "선을 지키는" 태도를 유지하면 서 솔직한 태도로 인터뷰에 임했다. 뉴스 매체를 노련하게 다룰 줄 아는 그의 능력은 자신의 경력뿐만 아니라 그가 수행해야 할 임무를 향상시키 는 데 많은 도움이 되었다.

◆ ◆ ◆

제101공수사단과 함께 귀국한 지 두 달이 채 되지 않은 2004년 4월 중 순, 퍼트레이어스는 이라크 보안군의 능력을 평가하기 위해 이라크로 돌 아왔다. 그는 이라크 보안군의 능력이 충분치 않다는 것을 깨달았다. 6

월, 중장으로 진급한 그는 이라크군을 장비하고 훈련시키는 임무를 맡은 신규 조직 이라크 다국적안보전환사령부Multi-National Security Transition Command-Iraq를 지휘하게 되었다. 훗날 그는 이러한 노력을 "비행 중에 저격당하면서 세계에서 가장 큰 항공기를 설계해 만드는 것에 비유해 설명했다. 그는 병사와 경찰의 수를 9만 5,000명에서 19만 2,000명으로 늘렸지만 악화되는 안보 상황의 속도를 따라갈 수 없었다. 이라크군 내에는 탈영, 부패, 민병대의 침투가 만연해 있었다. 폭력의 강도가 세지자, 이라크군이 다국적군으로부터 안보 책임을 이양받을 수 없다는 사실이 입증되었다. 퍼트레이어스를 밀착취재했던 기자 2명의 말에 따르면, 그는 자신감과 결단력을 보여주기 위해 열심히 노력했지만 "피곤하고 의기소침해 보인 날"이 많았다.

2005년 9월 그는 이라크를 떠나 캔자스주 포트 레븐워스Fort Leavenworth에 있는 제병협동센터Combined Arms Center의 지휘관에 보직되었다. 육군의 교리, 훈련 센터 및 지휘참모대학을 감독하는 것이 주 임무였다. 그는 나중에 "일각에서 말한 대로 자신이 한직으로 내쫓겼다"는 것을 인정했다. 하지만 이 궁색한 벽촌은 전체 전쟁의 방향을 전환시킬 토론장으로 변모했다.

약칭을 좋아하는 미 육군에서 COIN이라고 부르기도 하는 육군의 대반란전counterinsurgency 교리는 지난 수십 년 동안 수정되지 않은 상태였다. 퍼트레이어스는 특히 알제리와 말라야에서의 역사적 경험뿐만 아니라 이라크와 아프가니스탄에서 본인을 포함한 군인들의 최근 경험을 반영한 새로운 야전교범을 만들기 시작했다. 퍼트레이어스는 파격적인 야전교범을 작성하기 위해 파격적인 방법을 선택했다. 그는 유능한 장교뿐만 아니라 학자, 언론인, 구호단체 요원 등 과거에 군이 자문을 구하지 않았던 사람들을 불러 모았다. 퍼트레이어스는 프린스턴 대학교에서 "그동안 생소했던 지적 영역을 접한 경험"을 통해 많은 도움을 받았기 때문에 그들에게 의견을 구했다고 설명했다. 영향력 있는 민간인을 참여시키면 웨스트포인트 동기생 콘래드 크레인Conrad Crane이 이끄는 '코인디니스타스 COINdinistas'의 결과물을 홍보하는 데 도움이 될 것이라는 사실 역시 미디어에 정통한 퍼트레이어스의 관심을 끌었다. 연구 결과로 나온 미 육군-해병대의 『대반란전 야전교범Counterinsurgency Field Manual』은 2006년 12월에 나오자마자 150만 번 다운로드되었고, 심지어 이전에 야전교범을 다룬 적이 없었던 《뉴욕타임스New York Times》에 게재되는 영예를 누렸다.

『대반란전 야전교범』은 찰스 콜웰Charles Callwell, T. E. 로렌스, 로버트 톰슨, 그리고 무엇보다도 다비드 갈룰라와 같은 사람들이 쓴 고전을 바탕으로 주로 주민 중심의 대반란군의 모범 사례들을 요약했다. 『대반란전 야전교범』은 다음과 같은 대반란전의 기본원칙을 가장 먼저 제시했다. "대반란전COIN 작전의 주요 목표는 군사적 수단과 비군사적 수단을 균형 있게 적용함으로써 효과적인 거버넌스의 발전을 촉진하는 것이다." 『대반란전 야전교범』은 민간 분야와 군사 분야 간의 '노력 통합'의 중요성, '정치적 요인'의 우선순위, '작전 환경의 이해'와 '민간인에 대한 안전 보장' 제공이 필요함을 강조했다. 가장 중요한 교훈 중 하나는 "적절한 수준의 무력을 사용하라"는 것이었다. "5명의 반란군을 제거하면서 부수적 피해로 인해 반란군 50명이 늘어난다면 이 작전은 비생산적인 작전이다."

비슷한 맥락에서 이 『대반란전 야전교범』은 정보작전, 정치적 행동, 경제 발전의 중요성을 강조하면서 "대반란군의 최고 무기 중 하나는 총을 쏘지 않는 것이다"라고 조언했다. 또한 "때로는 아군 부대를 더 많이 보호하면 할수록 덜 안전할 수 있다"라고 경고했다. 이는 거대한 방폭벽 뒤에 은폐한 채 주민과의 접촉을 삼가면서 기지 밖으로 나갈 때마다 급조폭발물IED의 손쉬운 먹잇감이 되고 있던 이라크에 있는 미군 부대를 직접적으로 비판하는 것이었다. 아부 그라이브Abu Ghraib 교도소에서 자행된 불법 행위에 대해서도 암묵적으로 비판하면서 군인들에게 "비전투원과 구금자들을 인도적으로 대우해야 한다"라고 경고했다.

야전교범 3-24는 군사계에 알려진 것처럼 C. E. 콜웰의 『소규모 전쟁들Small Wars』(1896)과 미 해병대의 『소규모 전쟁 매뉴얼Small Wars Manual』
(1935) 이후 적어도 영어권 국가에서는 게릴라전에 대한 가장 영향력 있
는 공식 간행물이라고 할 수 있었다. 그러나 군 내부에서 논란의 여지가
없는 것은 아니었다. 이 간행물의 저자들은 현역 및 퇴역 군인들로부터
좌파-민족주의 게릴라들을 상대로 했던 20세기 중반 전쟁의 틀을 "감성
과 지성"에 대한 호소에 민감하지 않는 21세기의 종교와 인종 전쟁에 부
적절하게 적용하려 했다고 많은 비판을 받게 되었다. 그러나 이 비판가들
은 서구 자유민주주의 세력이 이러한 유형의 전쟁에서 어떻게 행동해야
하는지에 대한 설득력 있는 대안을 제시하지 못했다. 그들 중 많은 사람
들은 초토전술이 훨씬 더 효율적일 것이라는 잘못된 신념에 사로잡혀 있
는 것처럼 보였다. 메소포타미아에서의 고대 아카드, 발칸 반도에서의 나
치 독일, 아프가니스탄에서의 소련의 대반란전을 연구했더라면 이러한
잘못된 신념에 사로잡히지는 않았을 것이다.

퍼트레이어스는 대반란전 야전교범을 작성했을 때 자신이 이라크에서
이 교훈을 실행할 기회를 얻을 수 있을지 확신하지 못했다. 미래에 그런
임무를 수행할지도 모른다는 암시가 있기는 했지만, 보장된 것은 아무것
도 없었다. 케이시 장군이 이라크를 떠나 육군 참모총장으로 전보되었
을 때 소문만 무성하던 기회가 예상보다 빨리 찾아왔다. 4성 장군으로 진
급한 퍼트레이어스는 2007년 2월 바그다드에 도착하자 상황이 생각했
던 것보다 더 심각하다는 것을 알게 되었다. 도시 전체가 유령도시가 되
어 있었다. 부시 대통령의 '증파' 계획의 일환으로 추가로 5개 여단이 증
원될 예정이었지만, 케이시를 포함한 대부분의 전문가들은 이러한 증원
이 악화일로를 걷는 상황을 반전시키기에 충분한지 확신하지 못했다. 인
구 2,500만 명의 이라크에 주둔하는 다국적군은 아직 17만 명에 불과했

다. 32만 5,000명의 이라크 보안군이 있었지만 그들의 충성심과 능력은 여전히 의심스러웠다.

훗날 퍼트레이어스는 "우리가 이전처럼 병력을 운용했다면 결과는 똑같았을 것"이라고 말했다. 하지만 퍼트레이어스는 현행 작전을 담당하는 거구에 머리가 벗겨진 포병 출신 장군 레이 오디에르노Ray Odierno 중장과 긴밀히 협조하는 한편, 즉시 새 야전교범에서 채택한 새로운 전략을 실행했다. 이 새 전략은 보어 전쟁부터 후크발라합 반란에 이르는 성공적인 대반란전 사례에서 도출한 것이었다. 퍼트레이어스와 오디에르노는 거대한 전방작전기지Forward Operating Base에 부대를 고립시키는 대신 인구밀집지역에 위치한 소규모 합동치안기지Joint Security Station와 전투전초Combat Outpost에 부대를 주둔시켰다. 병사들은 더 이상 '출퇴근'하지 않게 되었다. 이제 그들은 순찰하던 곳에 주둔하면서 작전지역에 익숙해지고 주민들의 신뢰를 얻을 수 있게 되었다. 중장갑차량 기동순찰 대신 이 책의 프롤로그에 설명한 도보 정찰이 대안으로 권장되었다. 부대는 '작전지역'을 보호하기 위해 차량폭탄을 차단하고 접근을 통제할 거대한 콘크리트 장벽을 세우라는 지시를 받았다. 미군의 임무는 더 이상 이라크에게 통제권을 넘기는 것이 아니고 전쟁에서 승리하는 것이었다. 퍼트레이어스는 '대반란전 지침'에서 자신의 '기본방침'을 다음과 같이 요약했다. "주민을 보호하고 도와라", "주민들과 밀접한 관계를 유지하라", "확보한 작전지역은 그대로 유지하라", "끈질기게 적을 추격하라."

부대에 새로운 대반란전 지침을 신념화하는 것은 어려운 문제였다. 게다가 17만 명이나 되는 부대원 전체가 이 대반란전 지침대로 임무를 수행하는 것은 더욱더 어려운 일이었다. 이전에 이라크에서 수행된 몇몇 단독 대반란전 성공 사례가 있기는 했다. 예를 들어 맥매스터McMaster 대령이 지휘한 제3기갑기병연대는 2005~2006년에 이라크 북부 도시 탈 아파르Tal Afar에서 후에 야전교범 3-24에서 기술된 전술을 활용하여 폭력 수준을 크게 낮추었다. 하지만 이 당시 다른 지휘관들은 맥매스터와는 아주 다르게 재래식 전술을 추구했다. 대반란전 개념에 대한 케이시 장군의 립서비스에도 불구하고 그것이 실제로 이라크 전역에 걸쳐 시행된 적은 없었다.

퍼트레이어스는 미진한 점을 인식하고 있었고, 정력적이고 의지가 넘쳤던 템플러가 말라야에서 그랬던 것처럼 문제를 해결해나갔다. 퍼트레이어스는 전투참모단이 참석하는 일일상황평가회의에서 나온 아이디어를 집에서도 연구했다. 그는 부관이 항상 휴대하고 다니는 노트북을 통해 끊임없이 이메일을 주고받고 일주일에 두 번 작전지역 '현장지도'를 실시하여 부대원들과 함께 순찰하고 대화를 나눔으로써 전투 상황을 실시간으로 확인하고 평가했다. 그는 자신의 이메일 주소를 널리 공유하고 부대원 중 지위가 가장 낮은 병사들과도 자주 이야기를 나눴으며 수평적인 의사소통을 강조하고 부하들이 문제에 즉시 대처할 수 있도록 재량권을 부여해야 한다고 믿는 사람이었다. 또한 이라크에 있는 대부분의 다른 장교들과 마찬가지로 매일 17시간씩 주 7일을 근무하는 근면한 사람이었다.

타성에 젖은 군인들은 퍼트레이어스가 군인을 사회복지사로 만들고 있다고 불만을 표시했지만, 그러한 비난은 사실과 거리가 먼 억측일 뿐이었다. 2007년, 사살되거나 체포된 반군의 수는 급증했지만(미군은 2만 7,000명의 이라크인을 구금하고 있었다) 전쟁 초기에 있었던 공격적인 행동을 동반한 대중의 소요 행위는 일어나지 않았다. 이전과 다른 점은 이제 이라크 마을에 주둔하는 부대가 주민들과 반군을 정확히 구분해내고 수년 전 과거에 그랬던 것처럼 젊은 남성을 잡아들이는 비생산적인 행동을 피할 수 있는 정보를 얻을 수 있게 되었다는 것이었다.

고위급 지휘관들은 이전에 주민 집중 거주지에 부대를 주둔시키는 것을 주저했었는데, 그 이유는 미국 본토에서 전쟁에 대한 국민의 지지를 약화시킬 수 있는 사상자의 급증이 초래될 것으로 우려했기 때문이었다. 이런 우려가 완전히 잘못된 것은 아니었다. 실제로 2007년 여름은 전체 전쟁 기간 중 가장 폭력적인 사건이 많이 발생한 시기로, 4월, 5월, 6월에 매달 100명 이상의 미군이 전사했다. 그러나 갑자기 오른 열이 떨어지듯이 손실이 감소되기 시작하여 12월에는 전사자수가 25명으로 줄었다. 1년 후인 2008년 12월에는 미군 전사자가 단 16명뿐이었다. 2011년 말까지 총 4,484명이 이라크에서 전사했지만 전체 전사자 중 2007년 이후에 발생한 전사자는 577명에 불과했다. 민간인 손실도 마찬가지로 급격하게 감소했다. 사망자 수는 2007년 2만 3,333명에서 2008년 6,362명, 2009년 2,681명, 2010년 2,500명, 2011년 1,600명으로 줄었다. 2011년 말 기준으로 전체 분쟁 기간 동안 이라크 민간인 7만 명과 이라크 보안요원 1만 5,000명이 사망한 것으로 집계되었는데, 실제 사망자 수는 집계된 수치보다 더 많을 수도 있다.

2007년 퍼트레이어스는 안바르 주와 바그다드 주변 지역, 이른바 바그다드 '벨트'에 대한 알카에다의 지배력을 무너뜨리는 데 초점을 맞췄다. 그는 이라크 알카에다의 위협이 줄어들면 시아파가 더 이상 모크타다 알 사드르의 마흐디군에 의존하지 않을 것이라고 예상했다. 이러한 도박은 2008년에 누리 알-말리키Nouri Al-Maliki 총리가 미국으로부터 상당한 지원을 받은 이라크군을 파견해 바스라Basra와 사드르Sadr 시에 근거지를 둔 마흐디군을 제거함으로써 성공할 수 있었다. 이라크는 미래를 위협하는 뿌리 깊은 종파 및 정치 파벌로 분열되어 있기는 했지만 깊은 수렁에서 한 발짝 벗어날 수 있었다. 2011년 12월 말 마지막으로 남아 있는 미군이 전부 떠난 후에도 상황이 안정될 것이라는 보장은 없었지만, 안보 상황은 2009년, 2010년, 2011년에 미군 수가 감소했음에도 불구하고 계속 개선되고 있었다.

일부 회의론자들은 폭력이 90% 감소한 것은 '증파' 때문이 아니라 10만 명이 넘는 수니파 교도가 돈을 받고 이라크의 아들Sons of Iraq에 가입했기 때문이라고 주장했다. 물론 이들의 변절이 결과에 중요한 영향을 미쳤지만, T. E. 로렌스가 금만으로 베두인 부족을 동원해 아랍의 반란을 유도할 수 없었던 것과 마찬가지로 금전적 보상만으로 수니파의 충성심에 변화가 생겼다고 단정하기에는 충분치 않다. 대부분의 사람들과 마찬가지로 부족민들은 무엇보다도 자신들의 이익을 보호하는 데 관심이 있다. 아무리 금전적 보상을 받아도 살아 있어야 쓸 수 있기 때문에 자신의 목숨을 보장받지 못한다면 그들은 그러한 금전적 보상을 받아들이려 하지 않을 것이다. 그들은 어느 안바르 족장이 작가 빙 웨스트[Bing West]에게 말했듯이 "가장 강한 부족"인 해병대가 이라크에 장기간 머물 것(그들은 해병대가 그럴 것이라고 생각했다)이라는 확신이 들 때만 미국 편에 합류할 의향이 있었다. 미군이 2007년에 증파가 아닌 감축을 선택했다면 수니파의 각성 운동이 일어났을지는 의문이다.

수니파의 각성 운동은 퍼트레이어스의 대반란전 교리에 대한 거부가 아니라 인정을 의미했다. 그것은 그들이 일단 그것이 승리하는 길이라고 확신하면 누구 편을 들지 갈팡질팡하는 유동층뿐만 아니라 심지어 적까지도 정부 편에 가담하도록 유도함으로써 안보 상황을 급격하게 개선할 수 있음을 보여주었다. 하지만 증파가 아무리 전술적으로 성공적이더라도 그 자체로는 항구적인 안정성을 보장할 수 없었다. 성공적인 경계작전은 소수의 불만을 해결하고 나라를 하나로 단결시키는 포괄적이고 효과적인 통치가 가능하도록 할 뿐이다. 1900년대의 남아프리카, 1950년대의 말라야와 필리핀, 1980년대의 엘살바도르, 1990년대의 북아일랜드, 2000년대의 콜롬비아는 이런 기회를 잘 잡았다. 그러나 호전적인 시아파 민병대 지도자 말리키 총리가 막사이사이나 우리베[Uribe]처럼 통찰력이 있었는지는 분명하지 않았다. 실제로 2011년 이후 이라크 주둔 미군 철수로 인해 그 진위 여부를 확인할 수는 없었지만, 분열을 초래하는 그의 종파적 의제는 미군과 이라크 동맹군이 힘들게 쟁취한 성과를 물거품으로 만들고 증파의 궁극적인 성패에 대한 역사적 평가를 바꾸겠다고 위협했다.

◆ ◆ ◆

주민 중심의 대반란전이 이라크에서 적어도 일시적으로 전술적 측면에서 성공을 거두었다는 사실은 이전에 다른 나라에서도 성공을 거둔 사례가 있었던 점을 감안하면 그리 놀라운 것은 아니다. 하지만 몇 가지 측면에서 이라크의 사례는 이례적이었다. 우선 콜롬비아를 제외하면 붕괴 직전에 회복된 국가는 거의 없었다. 말라야에서는 초기에 차질을 빚었던 템플러가 결국 반란세력을 꺾는 데 성공했지만, 말라야는 이라크보다 폭력 수준이 훨씬 낮았고, 국토도 훨씬 작은 나라였다. 게다가 템플러는 많은 외국의 개입에 대해 걱정할 필요가 없었던 반면, 이라크에서는 시리아와 이란이 각각 수니파와 시아파 저항세력을 엄청나게 지원했다. 마지막으로 말라야에서는 대부분의 게릴라 분쟁에서와 마찬가지로 반란군이 수도에서 멀리 떨어진 내륙지역에 고립되어 있었던 반면, 이라크에서는 팔루자Fallujah, 라마디, 모술, 바쿠바, 바그다드 등 주요 대도시가 전쟁터였다. 이것은 양날의 검으로 작용했다. 바그다드와 다른 도시 지역에서 발생한 수많은 공격은 위기를 증폭시킨 동시에 미군을 도시에 대규모로 투입하게 만듦으로써 위기를 수습하게 만드는 역할을 했다.

이라크 반란군이 수많은 분산 조직으로 구성된 것 역시 마찬가지로 양날의 검으로 작용했다. 이라크 알카에다와 마흐디군이 각각 수니파와 시아파의 대표 세력이었지만 그 외에도 수많은 '저항조직'이 있었다. 어느 조사에 따르면 그 저항조직의 수가 총 56개나 되었다. 공산주의자들의 반란과 달리, 이라크 반란군은 중앙에서 반란을 통제하는 조직이 없었고 호찌민이나 피델 카스트로처럼 널리 알려진 지도자도 없었다. 반란군 조직의 단결력이 느슨하다는 것은 반란군이 승리하기 어렵다는 것을 의미하는 동시에 반란군을 진압하는 것 역시 어렵다는 것을 의미했다. 자르카위 제거 같은 '참수' 작전을 실시해도 확산된 반란은 근절되지 않았다.

전통적으로 도시 반란은 성공하기 어려웠지만, 제2차 세계대전 이후

2008년 7월 이라크 바그다드를 방문한 오바마 당시 상원의원을 영접한 퍼트레이어스. 퍼트레이어스의 주도로 2006년 완성된 미 육군-해병대 『대반란전 야전교범』은 영어권에서 게릴라전에 대한 가장 영향력 있는 공식 간행물이 되었다. 2007년 4성 장군으로 진급해 이라크에 부임한 퍼트레이어스는 "주민을 보호하고 도와라", "주민들과 밀접한 관계를 유지하라", "확보한 작전지역은 그대로 유지하라", "끈질기게 적을 추격하라"는 대반란전 기본원칙에 충실한 지휘로 이라크에서 성공을 거두었다. 〈출처: WIKIMEDIA COMMONS | Public Domain〉

주로 외세에 의해 패배한 반란은 거의 없었다. 최근 수십 년 동안 성공적이었던 대반란전의 경우는 대부분 현지 정부가 외국으로부터 상당한 원조를 받았고, 심지어 대부분의 전투를 외국군이 수행한 경우였다. 그러나 이라크의 경우는 이와는 달랐다. 미국 본토 내에서 국민의 반전 여론이 증가하고 있음에도 불구하고 2007년에 미군은 대반란전을 주도했다. 미군이 부분적으로 성공할 수 있었던 것은 소련군이 아프가니스탄에서 그랬던 것과 달리 독재 정권을 지지하지 않았으며 많은 결점에도 불구하고 대부분의 국민을 대표하는 선출된 정부를 지지했기 때문이다. 말라야에서 영국이 그랬던 것처럼, 그리고 알제리와 인도차이나에서 프랑스가 했던 것과 달리, 미국은 2008년에 2011년 말까지 미군 철수를 촉구하는 협정에 서명함으로써 기약 없이 이라크를 점령하고 있지 않을 것이라는 입장을 분명히 했다. 이 협정 체결로 인해 종파가 첨예하게 대립하는 이라크에서 미군은 중립적 중재자로 간주되었다. 대부분의 이라크인들은 이라크 보안군보다 미군을 더 신뢰했다.

퍼트레이어스가 이라크에서 성공하자, 부시 행정부는 이라크에 미국의 자원을 집중시키는 동안 수년간 방치된 아프가니스탄에서 또 다른 어려운 대반란전을 수행하라는 달갑지 않은 임무를 그에게 맡겼다. 그의 임무는 아프가니스탄 정부의 만연한 부패, 파키스탄 내에 있는 탈레반 은신처, 미 본토에서 증가하고 있는 전쟁 피로감 때문에 더욱 어려워졌다. 2010년 7월 버락 오바마 대통령의 요청으로 아프가니스탄에 온 그는 1년 후 CIA 국장이 되어 상황을 어느 정도 개선했지만 이라크에서처럼 극적인 전환은 없었다. 이라크 전쟁 이전에 시작된 탈레반, 하카니 네트워크Haqqani Network 및 기타 반군과의 분쟁은 더 오래 지속될 전망이다. 아프가니스탄에서의 전쟁은 『대반란전 야전교범』이 비록 역사적 교훈의 정수를 담고 있다 하더라도 끈질긴 게릴라들을 즉시 물리칠 수 있는 마법의 공식을 제공하는 것은 아니라는 것을 보여주었다. 아무리 좋은 상황이라 하더라도 끈질긴 반란군에 맞서 싸우는 것은 단시간에 끝나지 않는 어려운 일이다. 더욱이 아프가니스탄은 알렉산드로스 대왕부터 영국인과 러시아인에 이르는 침략자들이 이미 겪었듯이 대반란전 교훈을 적용하기에 좋은 최적의 장소는 아니었다.

64

'보이지 않는 군대'와의 싸움은 세계화된 21세기에 피할 수 없는 전쟁의 현실

◆

승리를 장담할 수 없는 전 세계 이슬람 반군과의 전쟁

최소한 일시적으로나마 이라크에서 알카에다가 축출된 것은 9·11테러 이후 지하디스트들이 경험한 수많은 좌절 중 하나일 뿐이었다. 그중 가장 기념비적인 사건은 2011년 5월 2일 파키스탄의 은신처에 대한 미 특수전 부대의 대담한 공격으로 오사마 빈 라덴을 제거한 사건이었다. 이는 오바마 대통령이 일부 참모들의 반대를 무릅쓰고 명령한 것이었다. 민중의 시위와 반란은 테러리스트의 작전보다 훨씬 더 강력한 변화의 도구임이 입증되었다. 2011년 아랍 민중의 반정부 시위가 리비아부터 바레인까지 들불처럼 번져 알카에다가 한 번도 해본 적이 없던 방식으로 독재 정권들을 뒤흔들어놓았다. 이슬람주의자들은 이슬람 정부를 무너뜨리지는 못했지만, 움마^{umma}[436]의 대부분이 그들로부터 등을 돌리게 만들었다. 퓨리서치 센터^{Pew Research Center}가 글로벌 애티듀드 프로젝트^{Global Attitudes Project}

---

[436] 움마: 이슬람 공동체.

차원에서 실시한 설문조사를 보면, 2003~2010년에 빈 라덴을 '지지'하는 사람들이 파키스탄에서 46%에서 18%로, 인도네시아에서 59%에서 25%로, 요르단에서 56%에서 14%로 급격히 감소한 것으로 나타났다.

그러나 테러 조직을 유지하는 데는 소수 인원만으로도 충분하며, 알카에다는 다시 일어서는 놀라운 능력을 보여주었다. 알카에다 자매조직들은 중동부터 동남아시아에 이르기까지 계속해서 운영되었다. 알카에다 본부와 가장 잘 알려진 지부인 알카에다 아라비아 반도 지부(사우디아라비아 및 예멘)와 알카에다 이슬람 마그레브Islamic Maghreb(북아프리카) 지부 사이에는 특히 밀접한 관계가 있었다. 한편 라슈카르에타이바Lashkar-e-Taiba, 파키스탄 탈레반Pakistani Taliban, 아프가니스탄 탈레반Afghan Taliban 및 하카니 네트워크 같은 다른 이슬람 단체들은 알카에다에 동조하지만 공식적으로 제휴하지는 않았으며 아프가니스탄에서 지속적으로 상당한 세력을 유지했다. 하마스가 가자 지구를 장악하는 동안 헤즈볼라는 레바논을 지배했고 알샤바브Al-Shabab는 소말리아에서 권력을 장악하려 했다. 2011년 아랍의 봄 동안 중동을 휩쓸었던 혼란은 알카에다의 일부 동조자를 포함한 극단적인 이슬람주의자들에게 권력을 장악할 새로운 기회를 제공했다. 2012년 이슬람 단체들의 기록에 따르면, 이슬람 단체들은 무정부주의자보다 훨씬 더 성공적으로 권력을 장악했지만 19세기 자유주의 민족주의자나 20세기 공산주의자보다는 훨씬 덜 성공적이었다.

알카에다나 기타 테러리스트 조직들이 중대한 영향력을 미칠 수 있는 최선의 방법은 오사마 빈 라덴이 모든 무슬림의 '종교적 의무'라고 규정한 핵무기, 화학무기 또는 생물학무기를 손에 넣는 것이다. 테러리스트 조직들은 세상에 종말을 초래할 수 있는 그런 대량살상무기 없이도 알카에다가 9·11테러로 미국이 아프가니스탄을 침공하게 만든 것처럼 국가를 새로운 전쟁으로 끌어들 수 있는 능력을 가지고 있다. 헤즈볼라와 팔레스타인해방기구는 이스라엘을 레바논에 개입시켜 국가 간 분쟁을 일으켰으며, 파키스탄에 기반을 둔 지하드 네트워크는 인도 영토를 공격하여 여러 차례 인도와 파키스탄 간의 전쟁을 촉발시킬 뻔했다. 테러 행위가 제1차 세계대전의 원인이라는 점을 감안할 때 테러리스트가 핵보유국 간의 전쟁을 일으킬 가능성이 있다는 것이 그렇게 터무니 없는 이야기는 아니다.

그런 재앙적 가능성에 맞서 스스로를 방어하기 위해 미국과 동맹국들은 다양한 방어 수단을 구축하려고 노력했다. 주로 보안, 경찰 업무, 정보 수집 개선이 관건이었다. 군대 역시 중요한 역할을 했지만 미국의 침공으로 인해 이전 정부가 전복된 이라크, 아프가니스탄에서만큼 핵심적인 역할을 한 것은 아니었다. 정부 기능이 원활하게 작동하는 국가나 절반이라도 작동하는 국가에서 미군의 역할은 훈련, 무기, 정보 및 기타 지원을 제공하는 것으로 제한되었다. 이러한 "제한된 역할"을 수행한 전형적인 군대가 바로 아부 사야프Abu Sayyaf 등 지하드 단체를 무력화하기 위해 2002년 필리핀에 파견된 미국의 합동특수작전부대Task Force였다. 600명도 안 되는 미국인으로 구성된 이 부대는 직접적인 전투에는 참여하지 않고 의료시설 및 학교 건설 같은 민사 프로젝트를 수행하며 필리핀 군대를 훈련하고 지원했다.

취임 초기에 버락 오바마 대통령은 이전 부시 정권의 테러와의 전쟁에 대해 여러 면에서 비판적이었다. 그러나 오바마가 가장 강력하게 비판했던 "스트레스 기법"을 사용한 심문과 같은 관행은 2기 부시 행정부 시절에 이미 중단되었다. 그 밖에 구금자들을 관타나모에 무기한 억류하고 군사재판에 넘기는 등의 정책들은 의회의 반대 때문에 오바마가 받아들여야 했다. 한편 오바마는 파키스탄 내 드론 공격 같은 다른 차원의 공격을 실제로 전임자 부시보다 더 많이 승인했으며, 또한 오사마 빈 라덴 제거 같은 위험 부담이 큰 특수작전을 지시함으로써 전임자보다 테러와의 전쟁에 더 강한 의지를 보여주었다. 많은 진보주의자들은 오바마가 부시의 정책들을 완전히 철회하지 않은 것에 실망했다. 마찬가지로 많은 보수주의자들은 오바마가 너무 멀리 갔다고 생각했기 때문에 불만이 많았다. 그러나 대부분의 미국인은 의회에서 초당적 지지를 얻어 9·11테러 이후 10년 동안 국민을 안

2013년 5월 5일 미니애폴리스에서 미국 시민들이 미국의 파키스탄 내 드론 공격에 항의하는 거리 시위를 벌이고 있다. 오바마는 파키스탄 내 드론 공격 같은 다른 차원의 공격을 실제로 전임자 부시보다 더 많이 승인했으며, 또한 오사마 빈 라덴 제거 같은 잠재적으로 위험한 특수 임무를 지시함으로써 전임자보다 테러와의 전쟁에 더 강한 의지를 보여주었다. 그러나 이러한 테러와의 전쟁의 성공이 앞으로도 지속될 것이라는 보장은 없다. '보이지 않는 군대'와의 싸움은 지난 세기 동안 이슬람 반란군과 싸웠던 영국, 프랑스, 러시아 및 기타 서구 열강이 해결하려 했던 위협과는 전혀 다른 새로운 위협이었다. 하지만 이는 이제 세계화된 21세기에 피할 수 없는 전쟁의 현실이 되었다. 〈출처: WIKIMEDIA COMMONS | CC BY 2.0〉

전하게 지켜준 강력한 대테러 접근방식에 만족하는 것처럼 보였다.

그러나 이러한 테러와의 전쟁의 성공이 앞으로도 지속될 것이라는 보장은 없다. 알카에다가 자행한 '비행기 테러' 사례에서 알 수 있듯이 '보이지 않는 군대invisible army'와의 싸움에서 패배하는 것은 본국에서 멀리 떨어진 전장뿐 아니라 본국에서도 충격적인 돌발상황으로 현실화될 수 있다. 이것은 지난 세기 동안 이슬람 반란군과 싸웠던 영국, 프랑스, 러시아 및 기타 서구 열강이 해결하려 했던 위협과는 전혀 다른 새로운 위협이었다. 체첸 반란군은 19세기에 파슈툰족이 런던을 공격했던 것이나 모로코인들이 파리를 공격한 것처럼 모스크바를 공격하지는 않았다. 하지만 이는 이제 세계화된 21세기에 피할 수 없는 전쟁의 현실이 되었다.

에필로그

◆

2011년 10월 23일, 마자르 회담

무장한 외교관이라고 부를 수 있는 해병대원들은 〈스타워즈Star Wars〉 영화 세트장에서 볼 법한 엄청난 크기를 자랑하는 지뢰방호차량MRAP, Mine Resistant Ambush Protected 앞에 집결했다. 사막색 전투화를 신은 해병대원들이 움직이자 사막 한가운데 위치한 기지의 마른 진흙과 자갈을 밟는 소리가 났다. 기지 안의 모래색 텐트 군락은 위장망으로 덮여 있었고, 텐트 안에는 조립식 합판 가구들이 있었다. 이 기지는 자살폭탄과 적 로켓 공격을 차단하기 위해 설계된 흙을 가득 채운 헤스코Hesco 방벽437과 콘크리트 저지 장벽Jersey barrier438에 둘러싸여 있어 마치 중세 요새처럼 보였다. 중세 요새와 다른 점이 있다면 해자孩子가 없다는 것뿐이었다. 생활환경이 너무 열악해 수세식 화장실은커녕 간이화장실조차 없었다. 해병대원들은 땅에 꽂아둔 플라스틱 '소변 튜브'에 소변을 보았다. 그들의 머리 위에 우뚝

---

437 헤스코 방벽: 중동지역에서 많이 쓰이는 방호벽.

438 저지 장벽: 차량 손상을 최소화하며 정면 충돌 가능성을 방지하도록 설계된, 차선을 분리하도록 설계된 장벽

솟은 길고 얇은 안테나는 이 외딴 전초 기지가 상급부대 본부 및 야전 예하부대와 통신할 수 있도록 창공을 향해 금속 손을 뻗은 것처럼 보였다. 전투복을 입은 해병대원들은 장갑차 옆에 서서 M-4 소총, 예비 탄창, 방탄복, 무전기, 카멜백CamelBak, 구급 상자 및 기타 다양한 장비를 착용한 채 짧은 임무 브리핑을 들었다.

갑자기 청명한 푸른 하늘에 거대한 날개를 단 비행체가 요란한 소리를 내며 유령처럼 나타났다. 고정익기와 회전익기의 특성을 결합한 V-22 오스프리Osprey 수직이착륙기가 틸트 로터tilt rotor[439]의 방향을 위로 한 채 캠프 핸슨Camp Hanson에 착륙했고, 곧이어 이 작전지역을 평가하기 위해 카불Kabul에서 파견된 안보전문가 몇 명이 V-22 오스프리에서 내렸다. 강단 있고 활력이 넘치는 해병대 제6연대 3대대장 다니엘 A. 슈미트Daniel A. Schmitt 중령은 이 따뜻한 가을날 방탄모를 손에 든 채 앞으로 나가 방문객들을 맞이한 뒤 이들이 탑승할 지뢰방호차량으로 안내했다. 지뢰방호차량에 탑승한 이들은 정착촌 북쪽 끝에서 인구밀집지역으로 곧바로 이어지는, 과수원과 농지로 둘러싸인 비포장도로를 30분 동안 덜커덕거리며 달렸다.

2011년 10월 23일 일요일, 아프가니스탄 남부 헬만드Helmand 지방의 마르자Marjah 지구. 데이비드 브루나이David Brunais 대위가 제82공정사단 소속 병사들을 이끌고 바그다드의 거리로 나선 지 4년 반이 지난 후, 또 다른 미군 장교가 다른 나라에 있는 또 다른 미군 기지에서 나와 오랜 세월에 걸쳐 유효성이 입증된 대반란전의 표준적인 절차를 수행하는 중이었다. 브루나이의 정찰대가 비통제 지역에 대한 공격으로 얻은 전과를 더욱 공고히 하기 위해 정찰임무를 수행한 것처럼, 슈미트도 마찬가지로 '핵심 지도자 방문KLE, Key Leader Engagement'을 수행했다. 핵심 지도자 방문KLE이라

---

439 틸트 로터: 주익 양 끝에 설치한 엔진과 프로펠러를 위아래로 회전시켜 수직이륙이나 고속 전진비행이 가능한 비행기의 회전익.

는 말은 지역 유지 방문을 미군이 멋지게 들리도록 포장한 말이었다.

미 해병대 제6연대 3대대는 탈레반의 안전한 피난처이자 번성하는 마약 거래의 중심지로 오랫동안 악명 높았던 이 지역에 2010년 2월 처음 진주했다. 궁지에 몰린 아프가니스탄 정부에 대해서 지나치게 낙관적으로 말했던 지휘관들의 부푼 희망은 아프가니스탄 정부를 대표할 사람들의 낮은 수준과 현지 반란군의 전투역량 및 완강한 저항에 의해 좌절되었다. 폭죽을 터뜨려 축하할 만한 승리를 거둔 것도 아니었고, 마르자의 상황이 즉시 호전된 것도 아니었지만, 그때까지는 완강하게 저항하는 게릴라 조직과 싸우는 일도 없었다. 그러나 전투가 점점 치열해지면서 양측 모두 심각한 손실을 입게 되자, 미 해병대는 탈레반을 마을 밖으로 조금씩 몰아낼 수 있었다. 한때 마르자에는 미 해병대 2개 대대가 주둔했었는데 이제는 증강된 1개 대대만 남게 되자, 헬만드Helmand강 계곡을 따라 뻗어 있는 좁은 농경지, 말 그대로 '녹색 지대' 밖에 놓여 있는 텅 빈 사막으로 탈레반을 추격할 수 있도록 마을 자체의 통제권을 점점 아프간 군대와 경찰에게 넘겨주고 있었다. 물론 일부 탈레반 조직원들이 마을에 남아 있었지만, 그들은 적어도 당분간은 자신들의 무기를 숨기는 것이 현명하다는 것을 알고 있었다.

현지 상황은 미 해병대 제6연대 3대대가 두 번째 순환배치를 위해 마르자에 도착한 2011년 5월에 비해 훨씬 안전했다. 슈미트는 금속탐지기를 휴대한 해병대원에게 진출로에 매설된 지뢰가 있는지 탐지하라는 지시를 내려 예방 조치를 취한 뒤 방문객들과 함께 지뢰방호차량에서 내려 경비가 삼엄한 마을 원로의 집을 향해 걸어갔다. 정해진 형태가 없는 치명적인 급조폭발물IED은 헬만드에 주둔한 미 해병대에게 수많은 전사자와 사지 절단 부상을 초래하는 엄청난 피해를 입혔다. 이 무시무시한 급조폭발물은 대부분 너무 잘 숨겨져 있어서 금속탐지기나 잘 훈련된 병사의 육안으로만 탐지가 가능했다.

마을 원로의 집에 도착하자 일단 미 해병대원들과 방문객들은 '추악한 미국인'ugly American'의 시대가 지나간 지 오래되었다는 것을 행동으로 보여주기 위해 지난 10년 동안 미군의 몸에 배여 습관이 되어버린 행동을 했다. 미군은 방탄복을 벗어 밖에 쌓아둔 땔감 더미에 놓아두고 안에 들어가 넓은 거실 바닥에 둘러앉았다. 그들과 함께 낡은 양탄자에 앉은 사람들은 지역 유력자들이었다. 슈미트 옆 상석에 쭈그리고 앉은 이 집의 주인인 하지 바즈 굴Hajji Baz Gul은 전통의상인 헐렁한 흰색 샬와르 카미즈shalwar kameez440에 검은 조끼를 입고 터번을 썼으며 풍성한 희끗희끗한 턱수염을 기르고 있었다. ('하지'는 메카 순례를 다녀온 사람을 이르는 존칭이다.)

하지 바즈 굴 같은 원로와의 만남은 알렉산드로스 대왕 때부터 대반란군이 규칙적으로 수행해온 활동의 일부였다. 실제로 손목에 찬 비싼 시계를 제외하면 하지 바즈 굴은 마케도니아 정복자와의 좌담회에 어울릴 만한 인물로 보이지 않았다. 이런 대화는 정보를 교환하고 정복자와 피정복자 간의 생활방식을 이해할 목적으로 시행되고 있었다. 대화는 전쟁으로 발생하는 폭력과 강압(반란군 제거 및 체포)을 대체할 수는 없지만 필수적인 보완책이었다. 소대부터 사단 및 그 이상의 제대에 이르는 미군 지휘관들은 많은 시간을 이러한 외교 활동에 할애했는데, 이러한 외교 활동은 순수한 군사적 행동이 전부인 재래식 분쟁과 대반란전을 구별하는 요소 중 하나다. 대반란전에서 승리하는 것은 단순히 많은 총탄 세례를 퍼붓는 것보다 훨씬 더 복잡하며 피격되거나 폭파당하는 것 외에도 식중독, 엄청난 권태 같은 위험들을 감수해야 한다.

하인이 들어오더니 오이, 토마토, 쌀밥, 새카맣게 탄 닭고기 조각을 더러운 검은 손으로 나눠주었다. 음식을 먹으면서 차가운 캔에 든 탄산음료를 마셨다. 미군과 아프가니스탄 주민들이 모여 바닥에 놓인 접시에 차려진 음식을 손으로 먹고 있는 동안 다른 원로가 들어오더니 슈미트 옆에 앉은 첫 번째 장로의 맞은편에 앉았다. 하지 모토 칸Hajji Moto Khan 역시 하

---

440 샬와르 카미즈: '샬와르'는 헐렁한 바지를, '카미즈'는 긴 셔츠같이 생긴 상의를 의미한다.

지 바즈 굴과 거의 똑같은 옷을 입고 있었다. 유일한 차이점은 그의 수염이 눈에 띄게 길고 하얗다는 것이었는데, 이는 이 가부장적인 공동체에서 더 높은 지위를 의미했다. 다음 한 시간 동안 미국인과 아프간인들은 해병대 통역관을 통해 간간이 호의를 전달하며 부자연스러운 대화를 느리게 이어갔다. 원로들은 미군에게 더 많은 사회기반시설 투자를 호소한 반면, 슈미트는 아프간 원로들에게 치안을 위해 더 많이 협력해줄 것을 요청했다.

이들은 겉으로는 우호적인 대화를 나누고 있었지만, 속으로는 서로를 경계하고 있었다. 하지 모토 칸은 이전에 현지 탈레반 지도자로 일한 경력이 있었다. 방 뒤쪽에 앉아 있던 또 다른 원로는 미 해병대와의 전투에서 두 아들을 잃은 사람이었다. 이들은 전투복을 입은 손님에 대해 적대감을 가지고 있는 것은 아니었지만 자신의 이익을 계산할 수 있는 약삭빠른 생존자들이었다. 2007년 이라크 안바르주에서 그랬던 것처럼 미군은 적어도 당분간 '가장 강한 부족' 역할을 수행하기로 했다.

양측의 협력으로 한때 아프가니스탄 폭력 사태의 진원지였던 마르자는 놀랍도록 평화로워졌다. 원로의 집에서 나온 슈미트가 마주친 가장 큰 장애물은 길을 막고 있는 고집 센 양 떼였다. 부하들을 표적으로 삼는 저격수도 없었고, 지뢰방호차량을 날려 버릴 급조폭발물도 터지지 않았다. 그는 심지어 치안 상태가 좋다는 것을 보여주기 위해 방문자들을 데리고 방탄모를 벗은 채 노점을 거닐기도 했다. 한때 폐쇄되었던 시장은 이제 아이들이 뛰어다니고 야채부터 플라스틱 슬리퍼에 이르기까지 다양한 상품이 쌓여 있는 포장마차와 중심가에 모여드는 트럭과 오토바이로 활기를 띠었다. 슈미트는 이와 같은 성취를 자랑스러워했는데, 이것은 그에게는 얼마나 많은 반란군을 체포 또는 사살했는지를 따지는 것보다 더 중요했다.

이처럼 평화로운 광경에도 불구하고 저 멀리에서 폭풍이 몰아칠 조짐처럼 앞으로 어떻게 될지 모르는 불길한 질문 하나가 밀려왔다. 미 해병대가 전부 철수한 뒤에도 이런 평화 상태가 지속될 것인가? 2007년 이라크에 주둔하고 있던 당시 미군 병사들도 이와 같은 질문을 했었다.

지난 4년 반 동안 변화가 거의 없었던 것 같았다. 이라크와 아프가니스탄의 상당한 차이에도 불구하고 미군은 거의 유사한 전술, 기술 및 절차를 적용하여 대반란전을 수행하고 있으며 똑같은 좌절과 똑같은 성공의 기쁨을 경험했다. 하지만 어떤 면에서는 지난 5천년 동안 거의 변화가 없었다. 이라크 알카에다와 탈레반은 아카드 및 기타 메소포타미아 국가들을 괴롭힌 페르시아 고원 부족의 정신적 후계자들이었고, 브루나이와 슈미트는 아카드의 사르곤으로 거슬러 올라가는 대반란전의 발자취를 따라 걷고 있었다. 양측은 과거로부터 반란과 대반란전에 대처하는 방법—정부를 전복시키는 방법과 정부 전복을 막는 방법—에 대해 많은 것을 배워왔다.

이러한 교훈은 아프가니스탄 전쟁과 이라크 전쟁이 끝난 뒤에도 아주 오랫동안 중요한 교훈으로 남을 것이다. 왜냐하면 역사에서 끊임없이 거듭되어온 불변의 상수와도 같은 게릴라전이 앞으로도 언제 어디서든 필연적으로 일어날 것이기 때문이다. 게릴라전은 어느 한쪽이 너무 약해서 공개적인 전투에서 상대방에 맞서기 어려울 때 모든 문화권에서 일어날 수 있는 전투의 한 형태다. 이러한 전쟁수행방식이 조만간 구식이 될 것이라고 생각할 만한 근거는 없다. 오히려 미래에 일어날 확률이 더 높아질 것이라고 우려할 만한 이유가 여전히 존재한다. 만약 일부 저항세력이 대량살상무기, 특히 핵무기를 획득한다면 보병 분대 규모의 테러 조직이라도 정규군을 모두 합친 것보다 더 큰 파괴력을 쉽게 획득할 수 있다. 이것은 슬프게도 공상과학 세계의 일이 아니다. 그런 일이 발생한다면 게릴라전은 5천년 세계사에서 용납되지 않는 중요성을 갖게 될 것이다. 기술적 비약이 당장 일어나지 않는다 하더라도 게릴라들이 과거에 성공적으로 해왔던 것처럼 계속해서 세계의 강대국들을 전장에서 꺾고 굴욕감을 안겨줄 것이라는 상서롭지 못한 조짐이 나타나고 있으며 브루나이와 슈미트의 발자취를 따라가는 군인들은 필연적으로 비정규전이라는 가마솥에 빠지게 될 것임은 자명하다.

스페인 출생의 미국 철학자 겸 시인이자 평론가인 조지 산타야나^{George Santayana}의 명언을 수정한 다음 문장으로 끝을 맺고자 한다. "오직 죽은 자만이 안전하다. 오직 죽은 자만이 게릴라전의 끝을 보았다."

시사점

◆

12가지 지침으로 요약한 5천년 역사의 교훈

T. E. 로렌스는 1917년에 자신이 반란군으로서 습득한 많은 교훈을 요약한 『27가지 지침Twenty-Seven Articles』이라는 에세이를 썼다. 다음은 이 책의 내용을 T. E. 로렌스의 『27가지 지침』처럼 "12가지 지침"으로 요약한 것이다.

1. 게릴라전은 유사 이래 어디에서나 볼 수 있는 효과가 큰 전쟁의 형태였다.

역사 전반에 걸쳐 한 게릴라 부대가 다른 게릴라 부대와 싸우는 부족 간의 전쟁은 인류만큼 오래되었으며, 아직도 여전히 세계 일부 지역에서 변형된 형태로 존재한다. 게릴라들이 '정규군'에 맞서 싸우는 게릴라전과 같은 새로운 형태의 전쟁은 5천년 전 메소포타미아에서 발생했다. 따라서 게릴라전을 '비정규전'이라고 부르는 것은 앞뒤가 바뀐 말이고, 반대로 게릴라전이 일반적인 전쟁의 형태라고 할 수 있다. 다만, 국가 간의 전쟁은 예외다.

세계인 대부분은 현재의 국경선과 정부 형태가 그들의 조상에 의해 또는 그들의 조상에 저항한 반란에 의해 결정된 국가에 살고 있다. 스코틀랜드와 아일랜드의 반군을 물리친 영국인들의 성공으로 '통합'된 영국을 생각해보자. 영국 정부가 100년 전보다 훨씬 작은 영토를 통치하고 있는 것은 부분적으로 아일랜드공화국군IRA과 시오니스트들이 일으킨 반란이 성공했기 때문이다. 물론 이전에 미국 식민지 개척자들이 치른 전쟁도 있었다. 개척자들이 세운 국가는 북미 원주민 비정규전 부대와 3세기에 걸친 끊임없는 전쟁을 통해 현재의 국경을 형성하게 되었다.

이 사례들은 수없이 열거할 수 있는 많은 사례들의 일부에 불과하다. 게릴라들과 싸우면서 많은 시간과 자원을 소비하지 않은 조직화된 군대를 떠올리기 어려운 것처럼 전 세계에서 게릴라전의 참화를 피한 나라를 떠올리기는 쉽지 않다.

2. 게릴라전은 '동양의 전쟁 방식'이 아니라 약자의 보편적인 전쟁 방식이다.

중국 및 베트남 공산주의자들이 게릴라 전술로 권력을 장악하는 데 성공했다는 이유로 게릴라 전술이 클라우제비츠와 같은 서방 군사 전문가들이 주창한 정규전 전술과 상충되는 손자 및 다른 중국 군사사상가들의 결과물이라고 묘사하는 경향이 있다. 하지만 고대 중국군과 인도군은 로마 군단과 마찬가지로 방대한 정규군을 운용했다. 게릴라전에 뛰어난 문화적 기질을 지닌 것은 중국이 아니라 아시아 내륙의 유목민들이었다. 수족부터 파슈툰족에 이르는 다른 부족민들과 마찬가지로 그들에게는 비정규전이 삶의 한 방식이었다. 그러나 게릴라 전술로 큰 성공을 거둔 투르크족, 아랍인, 몽골족 같은 부족민조차도 힘들게 이룩한 제국을 유지하기 위해 정규군으로 눈을 돌렸다. 그들의 사례들을 보면, 그들 중 어느 누구도 자발적으로 게릴라전을 택한 것이 아니라는 것을 알 수 있다. 게릴라전은 세력이 너무 약해서 정규군을 만들 수 없는 약자가 최후 수단으로 택하는 전술이다. 이와 마찬가지로 테러는 게릴라 부대를 만들기에는 세력이 너무 미약한 약자가 최후의 수단으로 택하는 전술이다.

3. 게릴라전은 과소평가되기도 하고 과대평가되기도 했다.

1945년 이전까지만 해도 게릴라전의 고유한 가치를 과소평가하는 경향이 있었다. 비정규전 부대는 로마를 무너뜨린 야만인의 침공부터 1790년대 아이티의 프랑스 통치에 대한 반란에 이르는 수많은 사례들을 통해 세계 최강의 제국들을 이길 수 있는 능력을 갖고 있음을 보여주었음에도 불구하고 정면대결을 피했기 때문에 그들이 마땅히 받아야 할 제대로 된 평가를 받지 못했다.

그러나 1945년 이후로는 대중의 정서가 지나치게 다른 방향으로 기울어져 게릴라를 무력으로 패배시킬 수 없는 초인적인 존재로 여기게 되었다. 어느 전문가가 1967년에 언급했듯이 "이런 이유로, 현대 게릴라는 거의 무적이라는 후광을 얻게 되었다." 이는 주로 제2차 세계대전 직후 마오쩌둥, 호찌민, 피델 카스트로와 같은 1960~1970년대에 래디컬 시크를 불러일으킨 몇몇 게릴라 지도자들이 일궈낸 성공 때문이다. 그러나 그들의 업적에만 초점을 맞추다 보면 카스트로의 유명한 후계자인 체 게바라를 포함한 대다수의 반란군이 불명예스러운 최후를 맞았다는 사실을 간과하게 된다. 실제로 게릴라는 무적도 아니고 꺾을 수 없는 것도 아니다. 진실은 그 사이 어딘가에 있다. 일반적으로 게릴라들은 몇 년 동안 계속 싸울 수도 있고 적에게 큰 손실을 입힐 수도 있었지만, 목표를 달성한 경우는 드물었다. 테러리스트의 성공률은 게릴라의 성공률보다도 더 낮았다.

4. 1945년 이후로 반란군의 성공 확률은 높아졌지만, 그래도 여전히 반란군의 대부분은 패배하고 있다.

이 책 부록에 수록한 1775년 이후 443개의 반란 데이터베이스에 따르면, 반란군의 승률은 25.5%인 반면, 정규군의 승률은 63.6%였다. (나머지 10.8%는 무승부였다.) 1945년 이후 반란군의 승률은 40.3%까지 올라갔다. 하지만 1945년 이후 대반란군의 승률은 50.8%였다. 그런데 이 수치는 사실 저항세력의 성공 확률을 다소 과장하고 있는데, 현재 현장에서 활동하고 있는 많은 반란군 조직들의 성공 가능성이 희박하기 때문이다. 현재까지 계속 실패로 끝나고 있기는 하지만 진행 중인 나머지 반란이 결국 실패로 끝나게 되면 1945년 이후 반란군의 승률은 21.9%로 줄어드는 반면, 대반란군의 승률은 68.7%로 올라간다. 이러한 사실과 함께 명시된 목표를 달성하지 못한 일부 테러리스트나 게릴라 조직들이 여전히 그들의 투쟁을 통해 주의를 환기시키고 상대방으로부터 일부 양보를 얻어낼 수 있다는 사실도 감안할 필요가 있다. 아일랜드공화국군^{IRA}과 팔레스타인해방기구^{PLO}가 좋은 예다.

5. 지난 200년간 게릴라전에서 가장 눈에 띄는 발전은 바로 여론 조성이다.

1945년 이래로 게릴라들의 성공 확률이 높아진 것은 무엇 때문인가? 필자는 민주주의·교육·통신기술·대중매체, 국제기구의 확산을 통해 여론의 힘이 점점 세지고 있기 때문이라고 생각한다. 이 모든 요소들은 특히 자국 영토 밖에서 장기간 수행되는 대반란전에 참가하는 국가의 의지를 약화시키고 반란군(군사적 좌절을 겪은 후라 하더라도)의 생존능력을 향상시켰다.

여론이 부상하기 이전 시대의 게릴라들은 치고 빠지는 습격전에 탁월한 능력을 보였을지는 모르지만 대체로 정치적 동원에 대한 개념이 없는 비정치적 부족민이 대부분이었다. 그들은 무자비한 폭력을 행사하는 것 이외에 어느 편에 가담할지 결정을 내리지 못한 사람들을 같은 편으로 끌어들이거나 반대파의 의지를 약화시키는 행동을 거의 또는 전혀 하지 않았다. 간혹 후기 로마 제국의 경우처럼 그들의 공격 대상이 끊임없는 공격으로 약해져서 굴복하는 경우도 있었지만, 더 강력한 군대를 동원할 수 있는 정착 문명에 의해 그들이 격퇴당한 사례가 더 많았다. 공격자가 말을 타고 싸우는 놀라운 전투 기술을 보유하고 있었음에도 불구하고 당시 전략적 이점은 방어측에게 있었다. 17세기부터 국가가 강력해지면서 방어측의 이점은 더 커졌다.

힘의 균형은 1776년에 처음 인쇄물에 등장하기 시작한 용어인 '여론'의 영향력이 커지면서 반란군 쪽으로 기울기 시작했다. 1782년 의회의 반란으로 노스North 경이 이끄는 내각이 몰락하고 분쟁의 종식을 협상하는 데 전념한 휘그당 내각이 부상하지 않았더라면 영국은 북아메리카 식민지에서의 군사적 좌절에도 불구하고 결국 식민지에 대한 통제권을 다시 장악할 수 있었을지도 모른다. 수십 년 후 1820년대 그리스 반란군은 필헬레네(그리스 독립 지원자, 그리스 문화 애호가, 친그리스주의자)들이 오스만 제국의 학정에 대항하는 나라들을 결집시킨 서방의 여론으로부터 도움을 받았다. 1890년대에 스페인 통치에 저항한 쿠바인부터 1950년대에 프랑스 통치에 저항한 알제리인, 1980년대부터 이스라엘 세력에 저항하고 있는 헤즈볼라에 이르기까지 미래의 많은 반란군이 이와 유사한 전략을 추구했다. 여론의 중요성은 베트남 전쟁 당시 입증되었다. 미국이 베트남 전쟁에서 패배한 것은 전장에서 패배해서가 아니라 국내 여론이 전쟁에 등을 돌렸기 때문이다. 2007년 이라크에서도 거의 같은 일이 일어났다.

전쟁을 계속 수행할 의지가 국민의 지지에 달려 있는 자유주의 국가의 경우에는 대중과 언론의 반대가 아주 강력한 영향을 미친다. 하지만 점점 커지고 있는 여론의 힘은 트위터, 유튜브 같은 기술의 확산, CNN, 알자지라 같은 언론 매체, 그리고 유엔UN, 국제 인권감시기구 같은 조직의 확산으로 인해 반란을 진압하기가 더 어려워지고 있다는 것을 알고 있는 반자유주의 정권의 계획에도 영향을 미친다. 오늘날의 반란전과 대반란전은 전장에서뿐만 아니라 사이버 공간, 위성 TV에서도 수행되어야 한다. 이 영역에서 알카에다, 헤즈볼라 같은 혁신적인 이슬람 조직은 탁월한 능력을 발휘하고 있는 반면, 구태의연한 정규군은 뒤처지고 있다.

6. 정규전 전술은 비정규전 위협에 효과가 없다.

정규군은 종종 전문 전투부대의 화력이나 군기에 턱없이 못 미치는 오합지졸이 모인 전투원들을 제압하는 데 어려움이 전혀 없을 것이라고 생각한다. 1960년부터 1962년까지 미 육군 참모총장을 역임한 조지 데커 George Decker 장군은 이런 정규군의 사고방식을 "쓸 만한 군인이라면 누구나 게릴라를 처리할 수 있다"라는 말로 요약했다.

그러나 베트남 전쟁을 포함한 수많은 다른 분쟁에서 이 상투적인 말이 틀렸다는 것이 입증되었다. 대규모 병력을 투입해 수행한 화력 집약적인 작전은 게릴라를 거의 잡지 못했고 많은 민간인의 마음을 이반시키는 결과를 낳았다. 대반란군은 반란군을 물리치기 위해 반란군을 쫓는 것이 아니라 민심 확보에 초점을 맞춘 다른 접근방식을 취해야 한다. 이것이 '탐색 격멸'과 '소탕 후 치안 유지'의 차이다. 후자의 접근방식은 결코 평화적이지 않다. 이 방법 역시 폭력과 강압이 요구되지만, 신중한 조정과 지능적인 표적화가 필요하다. 어느 이스라엘 장군이 필자에게 말했듯이 "F-16 전투기보다 M-16 소총으로 테러와 싸우는 것이 낫다."

7. 적어도 외국에서 대규모 테러를 자행하고 성공한 반란군은 거의 없다.

찾기 힘든 적을 상대할 때 정규군은 정보를 알아내기 위해 지나칠 정도로 자주 용의자를 고문하고 민간인에게 유혈 보복을 가했다. 이러한 전략은 때때로 효과가 있었지만 실패한 경우도 적지 않다. 이 점은 프랑스 혁명군과 나폴레옹 시대 프랑스의 사례에 잘 나타나 있다. 프랑스 혁명군은 1790년대 프랑스 방데에서 무차별적인 살육을 통해 성공적으로 반란을 진압했다. 그러나 프랑스군은 스페인이나 아이티에서도 마찬가지로 잔인한 방법을 사용했음에도 불구하고 반란을 진압하지 못했다. 인권 로비, CNN이 없었던 고대 세계 제국조차도 불만이 가득 찬 국민을 안정시키려면 당근과 채찍을 사용해야 한다는 사실을 알고 있었다. 신민들의 마음을 얻은 팍스 로마나Pax Romana[441] 정책은 엄청난 이점이 있었다. 로마의 대반란전에는 "초토화시켜놓고 그것을 평화라고 부르는 것"과는 다른 무언가가 훨씬 더 많았다.

무차별적으로 폭력을 사용하는 접근법은 반란 세력이 매우 약하거나 거의 존재하지 않을 때 대반란군이 적어도 어느 정도 법적 정당성을 갖추고 거주민 및 지형에 대해 상당한 지식을 가지고 있으며 압도적인 무력을 동원할 수 있는 상태에서 자신의 영토에서 반란 진압을 시도할 때 가장 성공적이다. 1930년대 스탈린의 대숙청과 1960년대 마오쩌둥의 문화대혁명이 대표적인 사례다. 그러나 발칸 반도의 나치와 아프가니스탄의 소련과 같은 다른 많은 경우에는 대반란군이 대량학살을 자행했음에도 불구하고 승리하지 못했다. 그들의 잔학행위는 외부 지원을 받는 반란군에 더 많은 사람을 가담하게 만들 뿐이었다. 그렇기 때문에 내전의 권위자인 정치학자 스태디스 캘리버스Stathis Kalyvas는 "힘의 불균형이 아주 큰 상황을 제외하고는 무차별적인 폭력은 역효과를 낳는 것 같다"는 결론을 제시했다.

8. 주민 중심의 대반란전은 종종 성공하는 경우도 있지만 일반적으로 생각하는 것만큼 즉시 효과가 나타나는 것은 아니다.

미국을 포함한 자유민주주의 국가들이 독재 정권만큼 잔인할 수 없다는 사실, 좀 더 정확하게 말하면 잔인한 수단을 사용하지 않기로 했다는 사실이 일각에서 주장하는 것처럼 그들이 대반란전에서 성공할 수 없다는

---

441 팍스 로마나: 기원전 29년 아우구스투스에 의해 로마 제정이 수립된 후 약 200년간 지속된 로마의 평화와 번영의 시대를 말한다.

것을 의미하는 것은 아니다. 그것은 그들이 에드워드 랜스데일과 제럴드 템플러가 보여준 인도주의적인 방식으로 대반란전을 수행해야 한다는 것을 의미한다. 데이비드 퍼트레이어스는 2007~2008년 이라크에서 '증파'가 항구적인 정치적 안정을 가져오지는 못했지만, 최소한 좁은 의미의 치안 측면에서 주민 중심의 대반란전이 얼마나 성공적인지를 보여주었다. 같은 시기에 콜롬비아에서 이와 유사한 '민주적 치안' 전략을 실행한 알바로 우리베^{Alvarro Uribe} 대통령과 성공적인 작전으로 제2차 인티파다를 진압한 이스라엘 국방군은 같은 교훈을 우리에게 시사한다. 주민 중심 전술의 또 다른 주목할 만한 성공 사례로는 1990년대의 북아일랜드, 1980년대의 엘살바도르, 1950년대의 말라야의 사례를 들 수 있다.

주민 중심 전략으로 더 잘 알려진 말은 "마음과 정신 사로잡기"라는 말이다. 사람을 현혹시키는 이 말은 미국 독립전쟁 기간에 헨리 클린턴^{Henry Clinton} 장군이 처음 만들고 1950년대에 제럴드 템플러^{Gerald Templer}가 대중화했다. 이제는 진부한 표현이 된 이 말은 대반란군이 주민 인기 경쟁에서 승리하기 위해 노력하고 있음을 시사한다. 몇몇 정부는 이 접근방식을 시도했다. 2003~2007년에 미국은 이라크 국민이 반란군에 등을 돌릴 것이라고 기대하며 사회 경제적 이익을 창출하기 위한 이라크 개발 원조에 최소 290억 달러를 지출했다.

그러나 이 전략은 만연한 치안 공백으로 인해 실패했다. 정부를 지원할 경우 살해당할 위험이 높아진다면 양질의 교육 서비스나 쓰레기 수거 서비스가 제공된다고 해도 선뜻 정부를 지지할 사람은 그리 많지 않다. 대부분의 분쟁에서 주민 대다수는 어느 쪽이 이길 가능성이 있는지 명확해질 때까지 누구의 편도 들지 않고 중립적인 입장을 취했고, 이라크에서는 2007년 증파가 시행될 때까지 그런 일은 일어나지 않았다. 마찬가지로 미국 독립전쟁 기간 동안 성공적인 영국군의 공세로 인해 토리당의 기세는 높아진 반면, 영국군의 후퇴는 더 많은 식민지 주민들을 반군에 동조하게 만들었다. 이것은 스태디스 캘리버스가 주장한 "어떤 지역에 대한 통제권을 확보하면 현지 주민이 협력하고, 지역에 대한 통제력을 상실하면 협력의 많은 부분을 더 이상 기대할 수 없다"는 중요한 요점을 강조하고 있다.

필수적인 통제권을 획득하는 유일한 방법은 24시간 365일 군대를 주민 거주 지역에 주둔시키는 것이다. 주기적인 '색출 작전' 또는 '봉쇄 및 탐색' 작전은 나치처럼 잔인한 대반란군이 수행하더라도 실패했다. 주민들이 대반란군이 떠나는 순간 반란군이 돌아와 그들에게 협력한 모든 사람들에게 끔찍한 복수를 할 것이라는 사실을 알고 있었기 때문이다. 주민들은 반란군을 지지하는 것보다 정부를 지지하는 것이 덜 위험한 경우에만 정부를 받아들일 것이다. 이것이 성공적인 주민 중심의 경찰이 국민의 사랑과 감사를 얻는 것이 아니라 국민을 통제하는 것을 목표로 하는 이유다. 유명한 남베트남의 미국 군사고문 존 폴 밴John Paul Vann은 이런 말을 남겼다. "치안은 문제의 10%일 수도 있고 90%일 수도 있지만, 어느 쪽이든 간에 가장 먼저 해결해야 할 문제다. 치안 문제가 해결되지 않으면 그 어떤 임무도 일관되게 추진할 수 없다."

9. 정당성 확립은
반란전이나 대반란전의 성공을 위해 아주 중요하지만,
현대에는 외국의 단체나 정부가 달성하기 어렵다.

정당성 확립은 실제로 주민을 물리적으로 안전하게 보호하는 것 다음으로 중요한 사항이다. 20세기 이전에는 선출되지 않은 통치자들뿐만 아니라 심지어 외국인들도 정당성을 얻기가 용이했다. 역사의 대부분을 보면 황제, 왕, 족장에 의한 통치가 일반적이었기 때문이다. 그 사이에 민족주의와 민주주의가 확산되면서 비민주적인 정권, 특히 외세의 힘을 빌린 비민주적 정권은 민심을 얻기가 어려워졌다. 따라서 오늘날 강대국이 외국의 저항세력과 싸울 때 과거 조상들이 그랬던 것처럼 단순히 총칼을 들이대고 무력으로 식민지 사무소를 통해 강압적으로 통치하기보다는 현지에 수립된 정권의 정당성을 지지할 수밖에 없다. 미국의 경우, 미국이 민주적으로 선출된 정부를 지지한 콜롬비아, 필리핀 같은 국가에서는 이러한 임무를 비교적 쉽게 달성할 수 있었던 반면, 아무런 기반도 없이 미국이 합법적인 정부를 수립하려고 노력했던 남베트남, 아프가니스탄, 이라크에서는 이러한 임무를 달성하기가 아주 어려웠다. 아프가니스탄처럼 독실한 이슬람 국가에서 무신론자 군사정권을 지지한 소련의 경우, 이것은 불가능한 임무였다.

마찬가지로 정당성은 반란군에게도 문제가 된다. 무정부주의는 통치 신념으로서의 신뢰성을 확립하지 못했기 때문에 무정부주의자들의 혁명적 위협은 서서히 사라졌다. 좌파의 반란은 소련의 붕괴와 마르크스-레닌주의를 불신한 중국의 시장 개혁 이후 사라졌다. 오늘날 주류 이슬람주의가 아닌 폭력적 극단주의를 의미하는 지하디즘jihadism은 대중적 정당성이 결여되어 이슬람 세계에서도 존립 위기에 처해 있다. 하마스와 헤즈볼라는 가자 지역과 레바논 국민을 설득하기 위해 사회복지사업을 운영했기 때문에 다른 무장 이슬람 단체보다 더 나은 성과를 냈다.

게릴라와 테러리스트에게 동기를 부여하는 원동력으로서 가장 일반적이고 가장 오랫동안 영향을 미치고 있는 이데올로기는 자유주의도 무정부주의도 사회주의도 이슬람주의도 아닌 민족주의다. 1970년대에 대부분의 테러 조직이 실패했음에도 불구하고 팔레스타인해방기구PLO, 아일랜드공화국군IRA처럼 민족주의적 성향을 띤 조직은 상당한 성과를 달성한 반면, 급진적 사회 변화를 표방한 바더-마인호프단, 웨더맨 같은 조직은 지도자의 죽음이나 투옥 이후 흔적도 없이 사라졌다.

10. 반란은 대부분 오래 지속되며, 신속하게 승리를 달성하려는 시도는 역효과를 낳는다.

이 책 부록에 실린 데이터베이스에 따르면, 1775년 이후 반란은 평균적으로 10년 동안 지속되었다. 1945년 이후의 반란은 지속 기간이 14년으로 훨씬 더 길어졌다. 흥미롭게도 분쟁 기간과 반군의 성공 가능성 사이에는 상관관계가 거의 없다. 이는 1947년에 베트남 공산주의 전략가 쯔엉찐^{Truong Chinh}이 요약한 기존 통념에 어긋난다. "전쟁을 길게 끌고 가는 것이 승리의 열쇠다. 시간은 우리 편이다." 인도차이나에서는 분쟁을 길게 끌면 끌수록 반란군에게 유리했던 반면, 그들의 적인 외국에서 투입된 대반란군은 긴 분쟁에 지쳐 불리했다. 하지만 국내 정권에 맞서 싸울 때는 시간은 반란군 편이 아니었다. 이 책의 부록에 수록한 데이터베이스에 따르면, 10년 미만 지속된 반란과 20년 이상 지속된 반란 간의 결과에는 거의 차이가 없다. 즉, 정규군은 10년 미만 지속된 반란에서는 64.3%, 20년 이상 지속된 반란에서는 63.9%의 승률을 보였다.

로버트 톰슨 경^{Sir Robert Thompson}의 말에 따르면, 저강도 분쟁이 "힘들고 오래 지속되는" 경향이 있다는 사실은 양측 모두에게 좌절감을 안겨줄 수 있지만, 신속하게 승리를 달성하기 위해 과정을 단축시키려는 시도는 보통 역효과를 낳기 마련이다. 미국은 베트남 전쟁과 이라크 전쟁 초기에 존 폴 밴이 제대로 비난한 것처럼 "빨리 가시적인 성과"를 내기 위해 정규군 부대를 이용해 반군을 추적해 잡으려고 했다. 아이러니하게도 미국이 신속한 승리에 대한 희망을 버리고 주민 중심 대반란전의 입증된 교리를 적용하고 나서야 비로소 성과를 내기 시작했다. 베트남에서는 이미 너무 늦었지만, 이라크에서는 치안 유지가 꾸준하게 적시에 이루어졌다.

특히 더 솔깃한 '신속한 승리' 전략은 반란군 지도자를 제거하는 것이다. 이러한 전략들은 때때로 효과가 있다. 로마인들은 기원전 139년에 일부 반란군이 그들의 지도자 비리아투스^{Viriathus}를 암살하도록 유도함으로써 스페인 반란을 진압했다. 미국은 1901년의 과감한 습격을 통해 필리핀 반란군 지도자 에밀리오 아기날도^{Emilio Aguinaldo}를 체포해 필리핀 반란의 종식을 앞당겼다. 그러나 헤즈볼라와 이라크 알카에다가 그랬던 것처럼 반란군의 지도자들이 제거되었는데도 불구하고 반란이 지속되고, 때로는 그 어느 때보다 더 거세진 사례도 많이 존재한다. 최고지도자 '참수' 전략은 반란 조직이 결속력이 약하고 최고지도자 개인 숭배에 빠져 있을 때 가장 큰 효과를 발휘한다. 이와 같은 지도부를 목표로 한 참수 전략이라 하더라도 이와 동시에 반란군과 주민을 분리하기 위해 계획한 대반란전 노력을 광범위하게 실시해야만 큰 효과를 볼 수 있다. 지도부 타격 작전만 단독으로 수행하면 계속 다시 자라나는 잔디를 깎는 것과 같은 효과를 낼 뿐이다. 이 경우 대상 조직은 보통 되살아날 가능성이 있다.

반란군 역시 1951년과 1968년에 보응우옌잡 장군이 그랬던 것처럼 승리를 달성하기 위해 성급한 공세를 시도하다가는 실패할 수 있다. 반란군과 대반란군 모두 템플러 원수가 1953년에 말라야에서 도출한 고견에 주목할 필요가 있다. "내가 항상 말했듯이 반란이 완전히 진압될 때까지는 인고의 시간이 필요하다."

11. 게릴라는 외부의 지원을 받으며 작전할 때, 특히 정규군 부대와 함께 작전할 때 가장 효과적이다.

게릴라들의 입장에서 대중이 공감하는 정당성을 획득했을 때 그들이 누릴 수 있는 가장 중요한 혜택은 외부의 지원을 받을 수 있다는 것이다. 무엇보다도 가장 좋은 점은 그들이 자체적으로 만든 정규군 부대나 동맹국의 정규군 부대와 함께 작전할 수 있다는 것이다. 그렇게 되면 게릴라를 상대하는 정규군은 계속 허를 찔리게 된다. 게릴라를 상대하는 정규군이 게릴라 주력 부대와 싸우기 위해 모이면 정규군 병참선이 게릴라 공격에 취약해지고, 게릴라에 집중하기 위해 부대를 분산하면 게릴라 주력 부대의 공격에 취약해진다. 마오쩌둥, 호찌민 같은 몇몇 게릴라 지도자들은 자체적으로 정규군 주력 부대를 만들 수 있었다. 하지만 그러한 선례는 드물다. 더 일반적인 것은 반란군이 해외 동맹국과 협력하는 것인데, 전형적인 예로는 영국에 대항한 프랑스군과 협력한 미국 독립군, 나폴레옹에 대항한 웰링턴과 협력한 스페인 게리예로, 오스만 제국에 대항한 알렌비[Allenby], 로렌스와 협력한 아랍 반군을 들 수 있다.

함께 작전할 주력 부대가 없더라도 외국이 제공한 자금, 무기, 훈련 및 피난처는 게릴라들에게 큰 도움이 된다. 베트콩과 아프가니스탄 무자헤딘처럼 다양한 사례를 통해 알 수 있듯이 반란군의 성공에 이보다 밀접한 관련이 있는 다른 요인은 없다. 고대 세계에서 대반란군이 크게 유리했던 요인 중 하나는 반란군이 일반적으로 외부 지원을 받을 수 없었다는 것이다. 반란군이 상당한 원조를 받고 있다가 그것이 단절되면 1948년 유고슬라비아의 지원이 끊긴 그리스 공산당이나 1990년대 남아프리카와 미국이 지원을 중단한 앙골라완전독립민족동맹UNITA, National Union for the Total Independence of Angola처럼 그 결과는 치명적일 수 있다.

그러나 외국 지원의 영향이 과장되어서는 안 된다. 쿠바에서 피델 카스트로가, 아일랜드에서 마이클 콜린스가 보여준 것처럼 외부 지원을 거의 또는 전혀 받지 않고도 승리할 수 있다. 반대로 이라크 알카에다, 팔레스타인해방인민전선Popular Front for the Liberation of Palestine, 그리고 다른 단체들이 그랬던 것처럼 상당한 외국 지원이 있어도 패배할 수 있다. 그러나 외국의 피난처가 반드시 반란을 승리로 이끌 수는 없더라도 완전히 패배하는 것을 막을 수는 있다. 일례로 2002년부터 긴 시간 동안 연전연패를 거듭했음에도 불구하고 베네수엘라의 우고 차베스Hugo Chávez의 지원으로 명맥을 유지하고 있는 콜롬비아무장혁명군FARC, Fuerzas Armadas Revolucionarias de Colombia를 들 수 있다.

12. 정규전처럼 게릴라전에서도 과학기술이 중요해지고 있다.

자살폭탄 테러에서 인질 납치 및 도로 견부 매복에 이르기까지 모든 게릴라 및 테러리스트의 전술은 정규군이 가진 화력의 우위를 무효화하도록 설계된 것이다. 이러한 유형의 전쟁에서 과학기술은 정규전에서보다는 덜 중요하다. 소련과 미국은 궁극의 무기인 핵폭탄을 보유하고 있으면서도 게릴라에게 수치스러운 패배를 당하는 것을 막지 못했다. 저강도 분쟁에서 그나마 과학기술이 중요한 분야가 있다면 그것은 비살상 분야다.

T. E. 로렌스의 유명한 말처럼 "인쇄기는 현대 지휘관의 무기고에서 가장 위대한 무기다." 오늘날의 반란군은 '인쇄기'를 '인터넷'으로 바꿔 말하겠지만, 그 본질적인 의미는 변함이 없다.

그러나 반란군이 화학무기, 생물학무기, 특히 핵무기를 손에 넣는다면 이러한 유형의 전쟁에서도 무기의 역할은 앞으로 커질 수 있다. 그렇게 되면 소대 규모의 소규모 테러 조직이라 해도 브라질이나 이집트 같은 비핵보유국의 전체 정규군보다 더 큰 살상능력을 보유할 수도 있다. 이러한 생각은 과장된 것이 아니다. 이것은 미래에는 저강도 분쟁이 과거보다 세계 주요 강대국에게 더 큰 문제를 야기할 수 있다는 것을 시사한다. 지금까지 우리가 살펴본 것처럼 과거에 저강도 분쟁으로 인해 심각한 다양한 문제들이 실제로 일어났듯이, 미래에 과학기술을 활용한 저강도 분쟁으로 인해 과거보다 더 큰 문제들이 일어날 수도 있다는 것을 간과해서는 안 된다.

부록

◆

보이지 않는 군대 데이터베이스

1775년 이후로 발생한 반란을 정리한 이 데이터베이스는 역사적 서사를 보완하기 위한 것이다. 이것은 기존 데이터베이스를 기반으로 한 것이지만, 기존 데이터베이스보다 더 광범위하고 상세하며 정확하다.

전투 결과는 0(반란군 승리), 1(무승부), 2(정규군 승리) 또는 3(진행 중)으로 표시했다. 정규군이 정치적으로 양보하거나 반란군이 군사적으로 완전히 격멸되지 않은 경우에도 '2'라고 표시한 사례도 있다. 예를 들면, 영국은 성 금요일 협정^{Good Friday Accord}을 체결함으로써 아일랜드 공화당에게 정부 대표권을 주었지만 1998년 임시아일랜드공화국군^{Provisional IRA}과의 분쟁에서 승리했다. 반면, 아일랜드공화국군^{IRA}은 북아일랜드 독립 후 아일랜드와의 통일이라는 목표를 달성하지 못했다. 명백하게 승리한 당사자가 없고 분쟁 당사자 양측이 상당한 양보를 하는 협상으로 끝났을 때는 '1'로 결과를 표시했다. 예를 들어, 키프로스민족해방조직^{EOKA, Ethniki Organosis Kyprion Agoniston}은(2개 공군 기지를 제외하고) 영국군을 축출하는 데 성공했지만, 키프로스와 그리스를 통일시키는 데 성공하지 못했기 때문에 키프로스의 경우에는 승리가 아닌 무승부 '1'로 표시했다.

다수의 데이터베이스(예: 리얼Lyall과 윌슨Wilson, "Rage" 참조)에는 전사자 1,000명 이상과 같은 특정 임계값을 넘는 분쟁들만 기술되어 있다. 하지만 이는 KKK, 바더-마인호프단 같은 조직들을 제외하고 있을 뿐만 아니라 반란군이 유리하다는 편견을 낳는다. 이것은 마치 신생 기업 연구 시일정 수익이나 주가의 임계값을 달성한 기업들만 연구 대상으로 제한하면 그 기업들에게만 유리한 편파적인 연구가 되는 것과 같다. 대부분의 반란 조직과 마찬가지로 대부분의 신생 기업은 성공하기 힘든데, 이러한 사실 역시 기록할 필요가 있다. 따라서 필자는 이 데이터베이스에 1775년 이후 발생한 모든 주요 반란 사례들을 포함시키려고 했다. 주요 반란이란 무엇인가? 주요 반란이란 사람들의 목숨을 앗아가고 동시대인과 역사가들의 관심을 끈 사건이다. 이런 주요 반란 중 일부는 중요하지 않게 보일 수도 있다. 1921년 상하이에서 13명의 대표가 창설한 중국 공산당의 경우도 마찬가지다. 멕시코 마약 갱단, 소말리아의 해적 같은 단순한 범죄 조직은 제외했다.

결과는 두 가지로 나눠서 정리했다. 하나는 해결된 반란만 포함한 것이고, 다른 하나는 현재 진행 중인 반란을 정규군의 승리로 간주한 것이다. 대부분 다른 데이터베이스에서는 현재 진행 중인 반란을 전부 제외했지만, 일부 게릴라 및 테러리스트 조직(예: 콜롬비아무장혁명군FARC 및 카친Kachin주분리주의자)이 수십 년 동안 고군분투하다가 실패했다는 점을 감안할 때 이들을 전혀 포함시키지 않으면 반란군의 전망에 대한 왜곡된 시각을 갖게 만들 수 있다.

반란군은 외부 세력이 개입한 덕분에 수많은 전쟁에서 승리했다. 1820년대 그리스 독립전쟁과 1890년대 쿠바 독립전쟁 같은 분쟁에서 반란군이 외부 개입을 촉진하기 위해 많은 노력을 기울인 경우는 그 결과를 '0'(반란군 승리)으로 기록했고, 제2차 세계대전 동안 활동한 저항세력처럼 외세의 개입이 반란군에게 눈에 띄는 영향을 거의 미치지 않은 사례의 경우는 그 결과를 '1'(무승부)로 기록했다.

정규군	반란군	분쟁 발생 시점	분쟁 종료 시점	기간(일)	기간(년)	결과
영국	북미 식민지	1775.4.19.	1783.9.3.	3059	8.381	0
미국	체로키족 북미 원주민	1776.5.	1794.6.	6605	18.096	2
네덜란드/보어	호사(Xhosa)족	1779.12.	1781.7.	578	1.584	1
미국	북서부 북미 원주민	1785.11.	1795.8.3.	3562	9.759	2
러시아	체첸[세이크 만수르(Sheikh Mansur)]	1785.7.	1791.6.	2161	5.921	2
영국	호주 아보리진(Aborigine) 원주민	1788.5.29.	1869.2.	29467	80.732	2
프랑스	아이티	1791.8.21.	1804.1.1.	4515	12.370	0
프랑스	방데(Vendee) 가톨릭 및 왕당파	1793.3.	1800.1.	2497	6.841	2
러시아	폴란드	1794.4.17.	1794.4.19.	2	0.005	2
미국	위스키 혁명군	1794.7.	1794.10.	92	0.252	2
영국	아일랜드	1798.5.23.	1798.9.8.	108	0.296	2
러시아	조지아	1802.9.	1841.9.	14245	39.027	2
영국	아일랜드	1803.7.23.	1803.7.23.	1	0.003	2
영국	칸디(Kandy) 왕국 (스리랑카)	1803.1.31.	1803.10.30.	5751	15.756	2
오스만 제국	세르비아	1804.1.	1813.10.3.	3563	9.762	2
영국	호주 내 아일랜드 출신 주민	1804.3.4.	1804.3.4.	1	0.003	2
영국	스페인 식민지(리오 데 플라타(Rio de Plata) 침공	1806.6.	1806.7.	395	1.082	0
프랑스	칼라브리아(이탈리아)	1806.3.	1811.3.	1826	5.003	2
아이티	프티옹(Petion) 정군 (내전)	1806.10.17.	1820.10.8.	5105	13.986	0
오스만 제국	예니체리	1807	1808	ND	1.000	2
프랑스	스페인 게릴라(반도전쟁)	1808.5.2.	1814.4.17.	2176	5.962	0
영국	호주(섬 반란)	1808.1.26.	1810.1.1.	706	1.934	2
스페인	볼리비아	1809.7.16.	1825.4.1.	5738	15.721	0
스페인	에콰도르	1809.8.10.	1822.5.22.	4668	12.789	0

정규군	반란군	분쟁 발생 시점	분쟁 종료 시점	기간(일)	기간(년)	결과
프랑스/바이에른	티롤 (오스트리아)	1809.4.	1810.2	306	0.838	2
스페인	멕시코	1810.9.16.	1821.9.27.	4029	11.038	0
스페인	칠레	1810.9.18.	1826.1.15.	5598	15.337	0
스페인	아르헨티나	1810.5.18.	1818.4.5.	2879	7.888	0
미국	테쿰세(Tecumseh)/쇼니(Shawnee)족 북미 원주민	1809.10.	1811.11.7.	767	2.101	2
스페인/포르투갈	우루과이	1811.5.18.	1821.7.	3697	10.129	0
스페인	페루	1811.6.	1824.12.	4932	13.512	0
스페인	베네수엘라	1811.7.5.	1823.10	4471	12.249	0
프랑스	러시아 파르티잔	1812.6.	1812.12.8.	190	0.521	0
미국	크리크(Creek) 북미 원주민	1813.7.	1814.11.7.	494	1.353	2
오스만 제국	세르비아	1815.4.	1817.11.	945	2.589	2
러시아	캅카스 (샤밀 등)	1817년 경	1864년 경	ND	47	2
미국	세미놀(Seminole)족 (제1차 전쟁)	1817.2.	1818.5.28.	481	1.318	2
영국	핀다리(Pindari)	1817.11.6	1818.6.3.	210	0.575	2
프랑스/스페인	스페인 카를로스주의자(Carlist)	1821.12.1	1823.4.6.	492	1.348	2
오스만 제국	그리스	1821.3.25.	1828.4.25.	2588	7.09	0
포르투갈	아빌레스(Avilez) 반란/브라질	1821.9.	1825.8.29.	1458	3.995	0
네덜란드	파드리(Padri) 반란 (수마트라 서부)	1821	1837	ND	16	2
영국	버마	1823.9.24.	1826.2.24.	884	2.422	2
영국	아샨티(Ashanti) 왕국(가나)	1824.1.20.	1826.8.7.	930	2.548	1
중국	카슈가리(Kashgari) 반란	1825	1828	ND	3	2
멕시코	야키(Yaqui), 마요(Mayo) 부족	1825.10.25.	1827.4.13.	535	1.466	2
네덜란드	디파느가라(Diponegoro) 왕자	1825.7.23.	1830.3.28.	1710	4.685	2
영국	바랏푸르(Bharatpuri)	1825.12.	1826.1.	32	0.088	2
포르투갈	페드루 4세/자유주의자	1829.7.1.	1834.7.5.	1831	5.016	2
러시아	폴란드	1830.11.29.	1831.9.8.	283	0.775	2

정규군	반란군	분쟁 발생 시점	분쟁 종료 시점	기간(일)	기간(년)	결과
오스만 제국	시리아	1831.10.1.	1832.12.27.	453	1.241	0
미국	블랙호크(Blackhawk)족	1832.5.14.	1832.8.2.	80	0.219	2
스페인	카를로스지지자(Carlists)	1834.7.15.	1840.7.15.	2193	6.008	2
브라질	공화당파 반란군	1835.1.6.	1837.5.	846	2.318	2
미국	세미놀족	1835.12.28.	1842.8.14.	2421	6.633	2
영국	퀘벡(Quebec), 온타리오(Ontario)	1837.11.6.	1838.11	360	0.986	2
텍사스	체로키(Cherokee)족	1838.5.	1839.3.	304	0.833	2
영국	아프가니스탄	1838.10.1.	1842.10.12.	1472	4.033	0
우루과이	콜로라도(Colorado)당, 블랑코(Blancos)당 (내전)	1838.3.	1852.2.	5085	13.932	2
프랑스	압드 알 카드르(Abd al Kadr) (알제리)	1839.11.1.	1847.12.23.	2974	8.148	2
오스만 제국	보스니아	1841	1841	183	0.501	2
영국	마오리(Maori)족	1843.6.17.	1872.5.	10546	28.893	2
영국	신드(Sindh)족	1843.2.15.	1843.8.	167	0.458	2
아이티	도미니카 공화국	1844.2.27.	1849.4.21.	1880	5.151	0
프랑스	모로코	1844.8.6.	1844.9.10.	36	0.099	2
영국	시크(Sikh)교도	1845.12.13.	1846.3.9.	87	0.238	2
합스부르크 제국	크라쿠프(Krakow)	1846.2.15.	1846.3.3.	16	0.044	2
미국	나바호(Navajo)족	1846.8.	1864.1.14.	6375	17.466	2
영국	흐사(Xhosa)족	1846	1847	366	1.003	2
미국	멕시코 게릴라 (미-멕시코 전쟁)	1846.5.12.	1848.2.2.	632	1.732	2
스페인	카를로스주의자(Carlists) (2차 전쟁)	1847.5.15.	1849.5.1.	718	1.967	2
멕시코	유카탄 반도 마야족 계급전쟁 (Caste War)	1848.8.17.	1855.3.4.	2390	6.548	2
합스부르크 제국	헝가리	1848.9.9.	1849.8.13.	338	0.926	2
양시칠리아 왕국	시칠리아 혁명당파	1848.1.12.	1848.1.27.	15	0.041	2
합스부르크 제국	이탈리아 혁명당파	1848.3.13.	1848.10.31.	232	0.636	2
프로이센	대(大) 폴란드	1848.3.	1848.5.	61	0.167	2

정규군	반란군	분쟁 발생 시점	분쟁 종료 시점	기간(일)	기간(년)	결과
오스만 제국	왈라키아(Wallachia)	1848.6.	1848.9.	92	0.252	2
미국	캘리포니아 북미 원주민	1850.9.	1863.7.22.	4707	12.896	2
영국	호사(Xhosa)족	1850	1853	1097	3.005	2
중국	태평천국 운동	1850.10.1.	1864.7.31.	1674	4.586	2
영국	버마	1852.4.	1853.1.	276.5	0.758	2
중국	염군(捻軍)	1853.11.	1868.8.	5387	14.759	2
중국	수(Sioux)족	1854.8.19.	1855.9.3.	380	1.041	2
중국	객가(客家, Hakka)	1855	1867	ND	12	2
영국	산탈(Santal) (인도)	1855	1856	366.5	1.004	2
미국	야키마(Yakima)족	1855.10.6.	1858.9.5.	1065	2.918	2
미국	세미놀(Seminole)족	1855.12.	3.1858	821	2.249	2
미국	캔자스 (노예제 찬반 세력 간 충돌)	1856.5.21.	1856.9.15.	117	0.321	2
프랑스	알제리 카빌리아(Kabylia) 지역	1856	1857	366.5	1.004	2
프랑스	테크루르(Toucouleur) 제국	1857	1857	183	0.501	2
영국	세포이 항쟁 (인도)	1857.5.10.	1859.4.7.	697	1.91	2
미국	존 브라운	1859.10.16.	1859.10.18.	2	0.005	2
중국	묘족(苗族)	1860.10.25.	1872.5.1.	4206	11.523	2
프랑스	인도차이나	1858.8.31.	1862.6.5.	1375	3.767	2
중국	회(回)족/중국 내 무슬림	1860.10.25.	1872.12.26.	4445	12.178	2
미국	아파치족	1860.12.4.	1864.4.7.	1220	3.342	2
영국	마오리(Maori)족	1860	1870	ND	10	2
합스부르크 제국	피에드몬트–사르데냐 왕국	1860.3.4.	1870.3.23.	3672	10.06	0
미국	남부연합 부시왜커(Bushwhackers)	1861.4.12.	1865.4.9.	1458	3.995	2
미국	수족	1862.8.17.	1868.7.2.	2146	5.879	2
프랑스	멕시코 (막시밀리안 반란)	1862.4.16.	1867.2.5.	1756	4.811	0
영국	아샨티(Ashanti) 왕국 (가나)	1863	1864	ND	1	1

정규군	반란군	분쟁 발발 시점	분쟁 종료 시점	기간(일)	기간(년)	결과
러시아	폴란드	1863.1.22.	1864.4.19.	454	1.244	2
스페인	도미니카 공화국 (도미니카 독립전쟁)	1863.8.	1865.3.	578	1.584	0
러시아	폴란드	1863.1.	1864.5.	486	1.332	2
중국	신장	1864.7.	1871.7.3.	2558	7.008	0
러시아	중앙아시아 칸국	1864.9.	1873.8.	3256	8.921	2
영국	부탄	1865.1.	1865.11.11.	300	0.822	2
미국	KKK/백인우월주의자 (재건)	1866	1876	ND	10	0
오스만 제국	크레타 (1차 전쟁)	1866.5.29.	1867.2.22.	270	0.74	2
미국	수(Sioux)족 [레드 클라우드(Red Cloud) 전쟁]	12.21.1866	1868.11.6.	686	1.879	1
영국	이디오피아 제국	1867.12.	1868.4.13.	120	0.329	2
스페인	쿠바 (10년 전쟁)	1868.10.10.	1878.2.10.	3410	9.342	2
영국	레드강(江) 반란 (캐나다)	1869.10.	1870.8.24.	327	0.896	2
프러시아	프랑 티뢰르(Francs-Tireurs) (보불전쟁)	1870.7.15.	1871.5.10.	299	0.819	2
프랑스	알제리	1871.3.	1872.1.	307	0.841	2
프랑스	파리 코뮌	1871.4.2.	1871.5.29.	57	0.156	2
미국	아파치족	1871.4.	1873.6.	792	2.17	2
스페인	카를로스주의자	1872.4.20.	1876.2.20.	1402	3.841	2
미국	모도크(Modoc)족	1872.11.30.	1873.5.22.	173	0.474	2
프랑스	통킹 (인도차이나)	1873	1885	4384	12.011	2
네덜란드	아체(Aceh)	1873	1913	ND	40	2
영국	아샨티(Ashanti) 왕국 (가나)	1873.1.	1874.2.	395.5	1.084	2
미국	코만치, 카이오와, 남 샤이엔, 아라파호 족	1874.6.27.	1875.5.8.	315	0.863	2
오스만 제국	헤르체고비나, 불가리아	1876.6.30.	1877.3.	244	0.668	0
미국	아파치족 [제로니모(Geronimo)]	1876.9.	1886.9.	3652	10.005	2
미국	수(Sious)족 [대(大) 수족 전쟁]	1876.3.17.	1876.11.25.	253	0.693	2

정규군	반란군	분쟁 발생 시점	분쟁 종료 시점	기간(일)	기간(년)	결과
러시아	캅카스 이맘령(領)(Caucasian Imamate)	1877	1878	ND	1	2
미국	네즈퍼스(Nez Perce)	1877.6.17.	1877.10.5.	110	0.301	2
일본	사쓰마(薩摩)	1877.1.29.	1877.9.24.	239	0.65	2
영국	아프가니스탄	1878.11.20.	1880.9.2.	652	1.786	1
합스부르크 제국	슬라브 민족주의자	1878.7.13.	1919.9.10.	15033	41.186	0
미국	샤이엔족	1878.9.13.	1879.1.22.	131	0.359	2
아르헨티나	파타고니아 부족 (사막 전쟁)	4.6.1879	1880.7.8.	459	1.258	2
러시아	국민의 의지 당파(Narodnaya Volya)	1879.8.	1883.2.	1280	3.507	2
영국	줄루(Zulu) 왕국	1879.1.11.	1879.7.4.	175	0.48	2
영국	보어	1880.12.30.	1881.4.5.	97	0.266	0
프랑스/이탈리아/스페인	무정부주의자	1880년 경	1939년 경	ND	59	2
영국/케이프 콜로니	바소토(Basotho) (무기 전쟁)	1880.9.	1881.5.	243.5	0.667	0
프랑스	튀니지 반란	1881.3.31.	1882.4.4.	370	1.014	2
영국	이집트 (아랍)	1881.2.1.	1882.9.13.	589	1.614	2
영국	마흐디스트(Mahdist) 반란 (수단)	1882.9.13.	1885.12.30.	1204	3.299	0
프랑스	마다가스카르	1883.6.1.	1885.12.17.	930	2.548	1
프랑스	깐브엉(Can Vuong) (베트남)	1885.7.	1888.12.12.	1260	3.452	2
프랑스	와술루(Wassoulou) 제국 (제1차 만딩고 전쟁)	1885	1886	366	1.003	2
러시아	아프가니스탄	1885.3.30.	1885.4.	17.5	0.048	1
영국	버마	1885	1886	366	1.003	2
오스만 제국	크레타	1888	1889	ND	1	2
프랑스	다호메이(Dahomey) 왕국 (베냉(Benin)	1889	1892	1096.5	3.004	2
미국	수족 (소나무 능선 전역/운디드 니(Wounded Knee))	1890.12.29.	1891.1.15.	17	0.047	2
프랑스	세네갈	1890	1891	366	1.003	2
프랑스	시암(Siam) 왕국	1893.7.	1893.10.	92	0.252	2
영국	은데벨레(Ndebele) [제1차 마타벨레(Matabele) 전쟁]	1893.11.1.	1894.1.23.	83	0.227	2

정규군	반란군	분쟁 발생 시점	분쟁 종료 시점	기간(일)	기간(년)	결과
유고슬라비아	IMRO	1893.11.	1944.8.	18505	50,699	2
호주	잔다마라(Jandamarra) 전쟁	1894.11.	1897.4.	882	2,416	2
프랑스	마다가스카르	1894.12.12.	1895.10.1.	293	0,803	0
프랑스	와술루 제국(Wassoulou 제국) (제2차 만딩고(Mandingo) 전쟁)	1894	1895	ND	1	0
대한민국	동학농민운동	1894.2	1895.3.	393	1,077	2
네덜란드	롬복(Lombok) (발리)	1894	1894	183	0.5	2
영국	아샨티(Ashanti) 왕국 (가나)	1894	1905.3.14.	6	6	2
스페인	쿠바	1895.2.24.	1898.4.20.	1152	3,156	0
이탈리아	이디오피아	1895.12.7.	1896.10.21.	320	0,877	0
일본	대만 반란군	1895.5.29.	1895.10.21.	146	0,4	2
브라질	카누도스(Canudos) 반란군	1896.10.1.	1897.10.5.	369	1,011	2
스페인	필리핀	1896.5.30.	1898.5.1.	701	1,921	0
오스만 제국	크레타	1896.2.	1897.2.15.	367.5	1,007	0
영국	은데벨레(Ndebele) (제2차 마타벨레(Matabele) 전쟁)	1896.3.	1896.10.	214	0,586	2
오스만 제국	드루즈(Druze) 반란군	1896	1896	183.5	0.5	1
영국	마흐디스트(Madhist) 반란군 (수단)	1896.9.	1899.11.4.	1145.5	3,138	2
영국	파슈툰족 (Northwest Frontier Campaign)	1897.8.	1868.4.	243.5	0,667	2
영국	북 나이지리아	1897	1897	183	0,501	2
영국	인도 무슬림	1897.8.	1898.4.	243.5	0,667	2
영국	템네(Temne), 멘데(Mende)족 (시에라리온) (오두막 세금전쟁)	1898.2.	1895.5.	91.5	0,251	2
미국	필리핀	1899.2.4.	1902.7.4.	1246	3,414	2
콜롬비아	자유주의당파 (천일전쟁)	1899.9.1.	1903.6.15.	1383	3,789	2
영국	보어	1899.10.11.	1902.5.31.	963	2,638	2
영국	소말릴란드(Somaliland)	1899.9.	1905.3.5.	1998	5,474	2
중국 내 외국 세력	의화단의 난 (중국)	1900.6.17.	1900.8.14.	59	0,162	2

정부군	반란군	분쟁 발생 시점	분쟁 종료 시점	기간(일)	기간(년)	결과
볼리비아	아크레(Acre) 반란	1902.8.6.	1903.3.21.	227	0.622	0
라시드 가문	사우디 반란군 (사우디아라비아 통일)	1902.1	1932.9.23	11209	30.71	0
오스만 제국	성 일리아제(Ilinden)/VMRO 반란군	1903.8.2.	1903.11.2.	92	0.252	2
독일	헤레로(Herero)족 (나미비아)	1904.1.12.	1905.11.16.	674.5	1.848	2
러시아	사회주의자/자유주의자 (1905 혁명)	1905.1.22.	1906.1.1.	344	0.942	2
독일	마지-마지(Maji-Maji) 저항운동, 탕가니카(Tanganyika)	1905.7.	1906.6.	335	0.92	2
러시아	폴란드	1905.6.21.	1905.6.25.	4	0.011	2
영국	줄루(Zulu) 왕국	1906.3	1906.7.	123	0.337	2
스페인	모로코	1909.7.	1909.10	92	0.252	0
멕시코	혁명당파	1910.11.20.	1920.5.21.	3470	9.507	2
프랑스	모로코	1911.7.1.	1912.3.30.	273	0.748	2
중국	공화당파 반란군	1911.10.11.	1911.12.31.	81	0.222	1
중국	티벳 불라주의자	1914.3.1.	1913.4.1.	396	1.085	0
미국	멕시코 (베라크루즈 점령)	1914.4.21.	1914.11.23.	216	0.592	2
영국	폰 레토프-포어베크(Von Lettow-Vorbeck) (동아프리카)	1914.11.2.	1918.11.25.	1484	4.066	1
미국/아이티	카코스(Cacos) 게릴라	1915.7.3.	1934.8.14.	6982	19.129	2
오스만 제국	아랍 반란	1915.6.5.	1918.10.30.	877	2.403	0
영국	부활절 봉기(Easter Rebellion)	1915.4.24.	1916.5.1.	7	0.019	2
프랑스	모로코	1916	1917	366.5	1.004	2
미국	도미니카 공화국	1916.5	1924.9	3045	8.342	1
러시아	백군 (러시아 내전)	1917.12.9.	1921.3.18.	1195	3.274	2
중국	티벳	1918.1.7.	1918.8	222	0.608	0
러시아	캅카스 이맘령(嶺)(Caucasian Imamate)	1917.8	1925.9	2953	8.09	2
러시아	우크라이나 혁명 반란군(Revolutionary Insurrectionary Army of Ukraine)	1918	1921	ND	3	2
독일	노동조합(Workers Councils)	1919.1.6.	1919.5	115	0.315	2

정부군	반군	분쟁 발생 시점	분쟁 종료 시점	기간(일)	기간(년)	결과
영국	아프가니스탄	1919.5.19.	1919.8.8.	85	0.233	1
영국	아일랜드공화국군(IRA) (아일랜드 독립전쟁)	1919.1.19.	1921.12.6.	1052	2.882	0
미국	무정부주의자	1919	1927	ND	8	2
프랑스	시리아	1920	1920	183.5	0.503	1
이탈리아	세누시(Senussi)족 (리비아)	1920.6.1.	1932.7.1.	4414.5	12.095	2
영국	이라크	1920.6	1921	382.5	1.048	2
러시아	투르키스탄 이브라힘 벡(Ibrahim Bek)	1921.11.10.	1931.6.30.	3519	9.641	2
스페인/프랑스	리프(Rif) 반란군	1921.7.18.	1926.5.27.	1774	4.86	2
일본	군주주의자/초국수주의자 비밀단체	1921년 경	1937년 경	ND	16	0
아일랜드	반협정(Anti-Treaty) IRA	1922.4	1923.5	395	1.082	2
이라크/영국	쿠르드	1922.6	1924.7.	761	2.085	2
영국	IRA	1923	1969	ND	46	2
독일	나치 맥주 홀 폭동(Beer Hall Putsch)	1923.11.8.	1923.11.11.	3	0.008	2
터키	셰이크 사이드(Said) 반란군 (쿠르드)	1924	1925	ND	1	2
프랑스	드루즈(Druze) 반란 (시리아)	1925.7.18.	1927.6.1.	684	1.874	2
미국/니카라과	니카라과 산디노(Sandino)	1927.7.	1933.1.	2011	5.51	2
중국	공산주의자	1927.8.1.	1937.7.7.	3628	9.94	1
루마니아	철위단	1927.6.24.	1940.9.4.	4821	13.208	0
멕시코	크리스테로(Cristero) 봉기	1927.10	1929.4	548	1.501	1
유고슬라비아	크로아티아 민족주의자/우스타셰(Ustase)	1927.6	1941.4.	5053	13.844	0
영국	사야 산(Saya San) 반란 (버마)	1930.12	1932.6.	548.5	1.503	2
일본	중국 게릴라	1931.9.19.	1945.8.14.	5078	13.912	1
페루	아프리스타(Aprista) 반란군	1932.7.7.	1932.7.17.	10	0.027	2
영국/인도	파슈툰족 (북서부 국경지대 반란)	1936	1939	ND	3	2
영국	아랍 반란 (팔레스타인)	1936.4.20.	1939.5.17.	1123	3.077	2
소련	핀란드	1939.11.30.	1940.3.12.	103	0.282	2
독일	프랑스 레지스탕스	1940.6.23.	1944.8.29.	1528	4.186	1

정부군	반란군	분쟁 발생 시점	분쟁 종료 시점	기간(일)	기간(년)	결과
소련	체첸	1940	1944	4	0.011	2
독일	소비에트 파르티잔	1941.7.	1944.7.	1096	3.003	0
독일, 이탈리아	유고슬라비아 [파르티잔/체트니크(Chetnik)]	1941.5.	1945.4.	1431	3.921	0
일본	필리핀 저항세력	1942.4.9.	1945.8.15.	1224	3.353	1
이탈리아/독일	알바니아 저항세력	1941.11.	1944.10.	1065	2.918	0
일본	SOE/말라야	1942.2.15.	1945.9.2.	1295	3.548	1
독일	그리스 저항세력	1941.5.1.	1944.8.	1188	3.255	0
일본 (버마)	친디트(Chindit)/OSS/버마	1943.2.18.	1945.5.	804	2.203	1
독일	바르샤바 게토(Warsaw Ghetto) 반란	1943.4.19.	1943.5.16.	27	0.074	2
독일	이탈리아 저항세력	1943.9.8.	1945.5.2.	602	1.649	1
독일	바르샤바 반란	1944.8.1.	1944.10.2.	62	0.17	2
영국	팔레스타인 (시오니스트)	1944.2.1.	1948.5.14.	1564	4.285	0
그리스	공산주의자	1944.12.3.	1949.10.16.	1778	4.871	2
소련	숲의 형제단(Forest Brothers) (발트 3국)	1905.4	1956	ND	12	2
소련	우크라이나 (UPA)	1944	1953	ND	9	2
콜롬비아	자유주의, 공산주의 반군 [라 비올렌시아(La Violencia)]	1945.9.15.	1966.12.31.	4856	13.304	1
네덜란드	인도네시아	1945.11.10.	1946.10.15.	340	0.932	0
중국 (국민당)	PLA (공산주의자)	1945.8.	1949.12.7.	1589	4.353	0
프랑스	베트민 (인도차이나)	1946.12.	1954.12.29.	2950	8.082	0
프랑스	마다가스카르	1947.3.29.	1948.12.1.	613	1.679	2
중국	대만 반군	1947.2.28.	1947.3.21.	21	0.058	2
버마	카친(Kachin), 카렌(Karen) (KNU)	1948.8.	진행 중			3
영국	MRLA (말라야)	1948.2.	1960.7.31.	4564	12.504	2
필리핀	후크발라합(Huk) 반군	1950.9.1.	1954.5.	1338	3.666	2
중국	티벳	1950.10.	1954.8.	1400	3.836	2

정규군	반란군	분쟁 발발 시점	분쟁 종료 시점	기간(일)	기간(년)	결과
볼리비아	MNR	1952.4.8.	1952.4.11.	3	0.008	0
프랑스	튀니지	1952.3.	1956.3.	1461	4.003	0
영국	마우 마우(Mau Mau) (케냐)	1952.10.20.	1956	1351.5	3.703	2
영국	EOKA (키프로스)	1952.7.2.	1959.8.13.	2598	7.118	1
쿠바	7월 26일 운동 (카스트로)	1953.7.26.	1959.1.1.	1985	5.438	0
인도네시아	다룰 이슬람(Darul Islam)	1953.9.20.	1953.11.23.	64	0.175	2
라오스/미국	파테트 라오(Pathet Lao)	1953.4.	1975.12.2.	8280	22.685	0
프랑스	FLN (알제리)	1954.11.1.	1962.7.1.	2799	7.668	0
프랑스	카메룬	1955	1960	1827.5	5.007	0
인도	나가(Naga)	1955.10.	1975.11.	7336	20.099	2
미국	백인우월주의자	1955	1968	ND	13	2
남베트남/미국	베트콩/PAVN	10.26.1955.	1975.4.30.	7126	19.523	0
소련	헝가리	10.23.1956.	1956.11.30.	38	0.104	2
중국	티벳	3.1.1956.	1959.3.22.	1117	3.06	2
인도네시아	좌파반군	12.15.1956.	1960.12.31.	1478	4.049	2
스페인	모로코/사하위(Sahrawi)족 반란군 [이프니(Ifni) 전쟁]	1957.11.	1957.12.	30	0.082	2
알제리/프랑스	OAS	1958.5.1.	1963.3.	1765	4.836	2
스페인	ETA	1959.7.	2011.10.20.	19104	52.34	2
르완다/벨기에	후투족(hutu)	1959.11.	1961.9.	670	1.836	0
콩고민주공화국	카탕가(Katanga)족	1960.7.11.	1963.1.15.	918	2.515	2
나미비아	SWAPO	1960.4.19.	1990.3.21.	10928	29.94	0
과테말라	EGP, ORPA, FAR, PGT, URNG	1960.11.	1996.12.	13179	36.107	2
남아프리카공화국	ANC, PAC, 이자포(Azapo)	1961.12.16.	1990.8.1.	10455	28.644	0
베네수엘라	혁명 좌익운동(Revolutionary Left Movement), FALN	1960.4.	1963.12.	1339	3.668	2
이디오피아	에리트레아(Eritrea) 분리주의자	1961.9.1.	1993.5.24.	11588	31.748	0
이라크	쿠르드	1961.9.16.	1963.11.22.	798	2.186	2

정규군	반란군	분쟁 발생 시점	분쟁 종료 시점	기간(일)	기간(년)	결과
니카라과	산디니스타(Sandinista)	1961.7.	1979.7.19.	6592	18.06	0
포르투갈	앙골라	1961.2.3.	1975.11.11.	5394	14.778	0
알제리	CNDR/FFS(카빌리아)	1963.9.	1965.4.	550	1.507	2
오만/영국	도파르(Dhofar)주	1962.	1983	ND	21	2
포르투갈	기니비사우	1962.12.	1974.12.	4384	12.011	0
포르투갈	모잠비크	1962.6.	1975.6.25.	4772	13.074	0
예멘	예멘 공화당원 (북 예멘 내전)	1962.11.15.	1969.9.3.	2485	6.808	0
캐나다	퀘벡 해방 전선(Front de Lib ration du Qu bec)	1963.3.	1971.1.	2863	7.844	2
우루과이	투파마로스(Tupamaros)	1963.7.31.	1973.6.	3593	9.844	2
수단	아냐냐(Anya Nya) 반군	1963.10.1.	1972.2.28.	3073	8.419	1
영국/말라야	보르네오	1963.1.	1966.8.	1308	3.584	2
콜롬비아	FARC/ELN/EPL/M-19	1963	진행 중			3
영국	FLOSY/NLF (아덴(Aden))	1963.12.	1967.11.30.	1460	4	0
케냐	NFDLM (시프타(Shifta)전쟁)	1963.12.	1968.1.31.	1522	4.17	2
콩고 민주공화국	동부 콩고 [오리엔탈(Orientale), 북키부(Nord-Kivu), 남키부(Sud-Kivu), 카탕가(Katanga)]	1964.9.1.	1967.11.5.	1160	3.178	2
로디지아	ZANU-PF (로디지아-부시(Bush)전쟁)	1964.7.	1979.12.	5631	15.427	0
페루	혁명 좌익운동(Revolutionary Left Movement)	1965.6.9.	1965.10.23.	136	0.373	2
태국	공산당	1965.11.	1983.1.	6270	17.178	2
이스라엘	PLO	1965.	진행 중			3
차드	FROLINAT	1965.11.	1979.8.	5041	13.811	0
칠레	MIR	1965	진행 중			3
도미니카 공화국	헌법옹호파(Constitutionalists)	1965.4.24.	1966.6.3.	405	1.11	2
이란	무자헤딘 에 칼크(Mujaheedin e Khalq)	1965	진행 중			3
인도	미조(Mizo) 국민 전선	1966	진행 중			3
북아일랜드	얼스터 의용군(Ulster Volunteer Force)/왕당파 의용군(Loyalist Volunteer Force)	1966.5.	2007.5.	14975	41.027	1

정규군	반란군	분쟁 발생 시점	분쟁 종료 시점	기간(일)	기간(년)	결과
나이지리아	비아프라(Biafra)	1967.7.6.	1970.1.12.	921	2.523	2
인도	낙살라이트(Naxalites)	1967	진행 중			3
캄보디아	크메르 루주(Khmer Rouge)	1968.1.	1975.4.16.	2662	7.293	0
브라질	ALN/VPR	1968.2.	1971.9.	1308	3.584	2
필리핀	MNLF	1968.3.18.	1996.9.2.	10395	28.479	2
이스라엘	PFLP-General Command	1968.	진행 중			3
미국	웨더맨(Weathermen)	191969.6.20.	1977.11.	3056	8.373	2
영국	급진파 IRA	1969.12.	1997.7.	10074	27.6	2
필리핀	필리핀 공산당/New People's Army	1969	진행 중			3
일본	일본 적군파	1969.8.29.	2000.4.14.	11186	30.647	2
독일	적군파(바더-마인호프단)	1970.6.5.	1998.3.	10131	27.756	2
이탈리아	붉은여단(Red Brigades)	1970.8.	1988.12.	6697	18.348	2
요르단	PLO	1970.9.17.	1970.9.24.	8	0.022	2
파키스탄	방글라데시	1971.3.26.	1971.12.17.	266	0.729	0
스리랑카	JVP	1971.4.5.	1971.6.9.	65	0.178	2
브룬디	후투 반군	1972.4.29.	1972.7.31.	93	0.255	2
파키스탄	발루치(Baluchi) 분리주의자	1973.	진행 중			3
이집트	가마 알이슬라미야(Gama'a al-Islamiyya)	1973.	진행 중			3
미국	공생해방군(Symbionese Liberation Army)	1973.3.	1975.9.18.	931	2.551	2
방글라데시	방글라데시-산티 바히니(Shanti Bahini)	1973.1.7.	1997.12.2.	9095	24.918	1
이디오피아	반(反) 데르그(Derg) 민병대	1974.11.	1991.5.	6025	16.507	0
이스라엘/요르단	아부 니달(Abu Nidal)	1974	진행 중			3
인도네시아	프레틸린(Fretilin)	1974.9.11.	1999.8.30.	9119	24.984	1
앙골라	UNITA	1975.8.9.	2002.8.2.	9855	27	2
레바논	수니, 시아, 크리스트교 민병대 (내전)	1975.4.13.	1990.10.13.	5662	15.512	1
앙골라	카빈다(Cabinda)주(州)	1975	진행 중			3

정부군	반란군	분쟁 발생 시점	분쟁 종료 시점	기간(일)	기간(년)	결과
인도네시아	동티모르	1975.11.29.	1999.8.30.	8675	23.767	0
그리스	11월 17일 혁명조직(Revolutionary Organization 17 November)	1975.12.23.	2002.9.5.	9753	26.721	2
모로코	폴리사리오 해방전선(Polisario)	1976.2.27.	1991.9.	5665	15.521	2
인도네시아	GAM [아체(Aceh)]	1976.12.4.	2005.1.	10255	28.096	2
아르헨티나	FAR, ERP.MTP [더러운 전쟁("Dirty War")]	1976.3.25.	1982.7.16.	2304	6.312	1
모잠비크	RENAMO	1976.12.	1992.10.4.	5786	15.852	2
시리아	무슬림 형제단(Muslim Brotherhood)	1976.7.	1982.2.28.	2068	5.666	2
콩고 민주공화국	FLNC	1977.3.8.	1977.5.31.	84	0.23	2
필리핀	MILF	1977	진행 중			3
터키	혁명인민해방당(Revolutionary People's Liberation Party)	1978	진행 중			3
캄보디아	FUNCINPEC, KPNLAF	1979.3.	1993.5.	5175	14.178	1
이란	이란 쿠르드 민주당(Kurdish Democratic Party Iran)	1979.	진행 중			3
프랑스	악시옹 디렉트(Action Directe)	1979.5.	1987.2.21.	2853	7.816	2
이라크	쿠르드 페시메르가(Kurdish Peshmerga)	1980.10.1.	1988.9.6.	2897	7.937	2
나이지리아	마이타트시네파(Maitatsine)파 [카노(Kano) 지역]	1980.4.	4.85.	1826	5.003	2
페루	빛나는 길(Shining Path), MRTA	1980	진행 중			3
소련	아프가니스탄	1980.1.	1989.2.15.	3333	9.132	0
엘살바도르	FMLN	1980.10.10.	1992.1.	4100	11.233	2
소말리아	반(反) 바레(Barre) 부족 (SSDF, SNM, Isaaqs)	1980.7.	1991.1.29.	3864	10.586	0
니카라과	콘트라(Contras) 반군	1981.8.	1990.4.	3165	8.671	1
우간다	NRA	1981.1.	1986.1.19.	1844	5.052	0
이스라엘	헤즈볼라 (남 레바논)	1982.6.4.	2000.5.25.	6565	17.986	0
세네갈	MFDC	1982.12.	2004.12.	8036	22.016	2
포르투갈	4월 25일 인민당(Forças Populares 25 de Abril)	1983.12.6.	1984.9.24.	293	0.803	2
스리랑카	타밀 호랑이	1983.7.	2009.5.	9436	25.852	2
수단	SPLM	1983.8.	2005.1.	7824	21.436	0

정부군	반란군	분쟁 발생 시점	분쟁 종료 시점	기간(일)	기간(년)	결과
터키	PKK	1983	진행 중			3
인도	시크(Sikh)교도	1984	진행 중			3
일본	옴진리교	1984	진행 중			3
남 예멘	내전	1986.1.13.	1986.1.24.	11	0.03	2
우간다/콩고 민주공화국/수단	신의 저항군(Lord's Resistance Army)	1986	진행 중			3
우간다	ADF/NALU	1986	2000	ND	14	2
우간다	UPA/UFM	1986	1993	ND	7	2
이스라엘	하마스(Hamas)	1987	진행 중			3
이스라엘	팔레스타인 인티파다(Intifada)	1987.12.	1993.9.13.	2113	5,789	1
미국/동맹군	알카에다	1988	진행 중			3
브룬디	후투(Hutu) 반란군	1988.8.18.	1988.8.22.	4	0.011	2
인도	카슈미르 분리주의자	1989	진행 중			3
파푸아 뉴기니	부겐빌(Bougainville) 혁명군	1988.12.	1998.4.	3408	9,337	0
인도	라쉬카르 예 타이바(Lashkar e Taiba)	1989	진행 중			3
파키스탄/카슈미르	하라캇 울-무자헤딘(Harakat ul-Mujahidin)	1989	진행 중			3
말리	투아레그(Tuareg) 반군	1990.6.	1995.7.	1856	5,085	1
미국	파나마 침공작전 (Operation Just Cause)	1989.12.20.	1989.12.24.	4	0.011	2
아프가니스탄 (나지불라)	무자헤딘	1989.2.19.	1992.4.15.	1151	3,153	0
라이베리아	NPFL	1989.12.24.	1996.11.22.	2525	6,918	1
몰도바	드네스트르(Dniestr) 분리주의자	1990.9.	1992.7.21.	689	1,888	0
르완다	RPF	1990.10.1.	1994.7.18.	1386	3,797	0
이스라엘	차하네 차이(Kahane Chai)	1990	진행 중			3
모로코	모로코 이슬람 전투단(Moroccan Islamic Combatant Group)	1990	진행 중			3
크로아티아	세르비아 크라이나 공화국(Republic of Serbian Krajina)	1990.4.	1995.8.	1948	5,337	2
지부티	FRUD (Afar Insurgents)	1991.8.	2001.5.12.	3572	9,786	1
이라크	시아파, 쿠르드족	1991.3.1.	1991.3.31.	30	0.082	2

정부군	반란군	분쟁 발생 시점	분쟁 종료 시점	기간(일)	기간(년)	결과
우즈베키스탄	우즈베키스탄 이슬람 운동	1991	진행 중			3
필리핀	아부 사야프(Abu Sayyaf)	1991	진행 중			3
시에라리온	RUF/AFRC	1991.3.	2002.1	3959	10.847	2
소말리아	다수 반란군 세력	1991	진행 중			3
유고슬라비아	슬로베니아 민족주의자/분리주의자	1991.6.27.	1991.7.5.	10	0.027	0
나이지리아	니제르(Niger) 삼각주 반란군	1991	진행 중			3
레바논	아스밧 알-안사르(Asbat al-Ansar)	1991	진행 중			3
미국	애국운동(Patriot Movement)	1992.8.	2001.5	3195	8.753	2
알제리	MIA/FIS/AIS/GIA	1992.1.	2002.2	3684	10.093	2
아제르바이잔	나고르노카라바흐(Nagorno-Karabakh)	1988.2.	1994.5.16.	2296	6.29	1
보스니아	스릅스카 공화국(Republik Srpska) (세르비아)	1992.6.6.	1994.12.31.	938	2.57	1
조지아	압하지아(Abkhaz) 분리주의자	1992.8.14.	1993.12.1.	474	1.299	0
타지키스탄	UTO	1992.5.	1997.6.27.	1883	5.159	2
방글라데시	하라캇 울-지하드-이-이슬라미(Harakat ul-Jihad-i-Islami)	1992	진행 중			3
부룬디	내전	1993.10.	2005.4.12.	4211	11.537	0
인도네시아	제마 이슬라미아(Jemaah Islamiyah)	1993	진행 중			3
멕시코	EZLN	1994	진행 중			3
아프가니스탄	탈레반	1994.8.	1996.9.27.	788	2.159	0
중앙아프리카공화국	MLPC	1994	1997	ND	3	2
아프가니스탄	북부동맹(Northern Alliance)	1996.11.	2001.12.	1856	5.085	0
차드	MDD/FNT/CSNDP/FARF	1991.10.15.	1998.5.	2390	6.548	1
러시아	체첸	1994.12.11.	1996.8.31.	629	1.723	0
르완다	인테라함웨(Interahamwe)	1994.7.18.	진행 중			3
예멘	남예멘	1994.2.21.	1994.7.7.	136	0.373	1
아일랜드	연속 아일랜드공화국군(Continuity IRA)	1994	진행 중			3

정규군	반란군	분쟁 발생 시점	분쟁 종료 시점	기간(일)	기간(년)	결과
멕시코	사파티스타 민족 해방군(Zapatista Army of National Liberation)	1994	진행 중			3
리비아	리비아 이슬람 전투단(Libyan Islamic Fighting Group)	1995	진행 중			3
세르비아	KLA	1996.2.	1999.6.10.	1225	3.356	0
파키스탄	라쉬카르-에-장비(Lashkar-e-Jhangvi)	1996	진행 중			3
네팔	CPN	1996.2.13.	2006.4.26.	3725	10.205	1
콩고 민주공화국	콩고-자이르 해방 연합민주군 (Alliance of Democratic Forces for the Liberation of Congo-Zaire)	96.10.	1997.5.	212	0.581	0
중국	위구르	1996	진행 중			3
콩고	코브라, 닌자 반란군	1997.6.	1999.12.	913	2.501	2
콜롬비아	콜롬비아 연합 자위대(United Self-Defense Forces of Columbia)	1997.4.	2006.4.12.	3298	9.036	2
케냐/탄자니아	동아프리카 알카에다	1998	진행 중			3
콩고 민주공화국	콩고 동부 민병대조직 (제2차 콩고 전쟁 및 그 이후)	1998	진행 중			3
기니비사우	군사독재정권	1998.6.7.	1999.5.10.	337	0.923	0
알제리	GSPC/이슬람의 마그레브(Islamic Maghreb) 알카에다	1998	진행 중			3
러시아	체첸/북 코카서스	1999	진행 중			3
라이베리아	LURD, MODEL	1999.4.25.	2003.8.11.	1569	4.299	0
파키스탄	자이쉬-에-모하메드(Jaish-e-Mohammed)	2000	진행 중			3
이스라엘	팔레스타인 (제2차 인티파다)	2000.9.28.	2005.2.8.	1594	4.367	2
사우디아라비아/예멘	사우디아라비아 알카에다, 예멘 이슬람의 지하드(Islamic Jihad)/AQAP	2000	진행 중			3
미국/아프가니스탄	탈레반/하카니 네트워크(Haqqani Network)/ 히즈브 이슬라미 굴붓딘(Hizb-I Islami Gulbuddin)	2001	진행 중			3
미국/이라크/시우럼	안사르 알-이슬람(Ansar al-Islam)	2001	진행 중			3
아이보리코스트	포스 누벨(Forces Nouvelles)	2002	진행 중			3
파키스탄	테리크-이-탈레반(Tehrik-i-Taliban)	2002	진행 중			3

정규군	반란군	분쟁 발발 시점	분쟁 종료 시점	기간(일)	기간(년)	결과
수단/차드	다르푸르(Darfur) 반란군	2003	진행 중			3
이라크	AQI/JAM/카타이브 헤즈볼라(Kata'ib Hizballah)/바트당 민족주의자(Baathist Nationalists)	2003	진행 중			3
이란	PRMI/준달라(Jundallah) [발루치(Baluch)족]	2003	진행 중			3
그리스	혁명투쟁당(Revolutionary Struggle)	2003	진행 중			3
태국	남태국 반군	2004	진행 중			3
예멘/사우디아라비아	후티(Houthi) 반란군	2004	진행 중			3
우즈베키스탄	이슬라믹 지하드(Islamic Jihad) 연합	2004	진행 중			3
이스라엘	헤즈볼라 (제2차 레바논 전쟁)	2006.7.12.	2006.8.14.	33	0.09	1
말리	투아레그(Tuareg) 반군	2007.5.	2009.2.	642	1.759	1
파키스탄	파키스탄 테리크-에 탈레반(Tehrik-e Taliban)	2007	진행 중			3
리비아	리비아 과도국가위원회(National Transitional Council)	2011.2.15.	2011.10.23.	250	0.685	0
시리아	자유시리아군	2011	진행 중			3
말리	투아레그(Tuareg)/안사르-알-디네(Ansar-al-Dine)	2012	진행 중			3

〈데이터베이스 요약〉

승패가 결정된 반란전		
반군 승리	96 (25.20%)	
무승부/강화(講和)	42 (11.02%)	
대반란군 승리	243 (63.78%)	

현재 진행 중인 분쟁 중 61건을 대반란군 승리로 처리할 경우		
반군 승리	96 (21.72%)	
무승부/강화(講和)	42 (9.50%)	
대반란군 승리	304 (68.78%)	

분쟁 시점	반군 승리	무승부	대반란군 승리
1945년 이전	50 (20.49%)	21 (8.61%)	173 (70.90%)
1945년 이후 (승패 결정)	46 (39.60%)	21 (15.33%)	70 (51.09%)

분쟁 기간 (승패가 결정된 분쟁) (단위: 년)	
1945년 이전 평균 분쟁 기간	5,489
1945년 이후 평균 분쟁 기간	9,677
평균 분쟁 기간 (총괄)	6.97

분쟁 기간	승패가 결정된 반란(총계)	대반란군 승리	무승부	반군 승리
10년 미만 반란	293	196 (66.89%)	34 (11.60%)	63 (21.50%)
20년 이상 반란	32	21 (65.63%)	3 (9.38%)	8 (25.00%)

감사의 글

◆

이 책은 외교협회Council on Foreign Relations의 도움을 받아 집필했다. 필자는 2006년부터 2012년까지 6년 동안 이 책을 집필하는 동안 당시 외교협회 국가안보연구실 진 커크패트릭Jeane J. Kirkpatrick 선임연구원으로부터 상당한 지원을 받았다. 그의 도움이 없었다면 이 책은 빛을 보지 못했을 것이다. 이 책이 나오기까지 아낌없는 지원을 해주신 협회장 리처드 하스Richard Haas 및 연구실장 제임스 린제이James Lindsay, 개리 새모어Gary Samore에게 깊이 감사드리며, 이 책을 출간할 수 있도록 최적의 환경을 조성해준 협회 동료들[특히 에이미 베이커Amy Baker, 제닌 힐Janine Hill, 그리고 연구센터 전 멤버들(내셔널 프로그램national program 부책임자 이리나 파키아노스Irina Farkianos, 그리고 편집부장 패트릭 도프Patricia Dorff)]뿐만 아니라 협회의 전 회원들에게 감사드린다. 필자는 특히 전선과 협회를 오가며 1년 동안 함께 근무한 군 출신 객원 연구원들로부터 특히 많은 것을 배웠다. 협회는 지난 1920년부터 미국의 외교정책 발전에 중요하고 항구적인 기여를 해온 생동감이 넘치는 지적 공동체이며, 필자는 이 공동체의 일원이라는 사실을 영광으로 생각하고 있다.

협회원으로서 누리는 혜택 중 하나는 다양한 지원을 받을 수 있는 연구원들이 있다는 점이다. 필자는 이 책을 집필하면서 최고의 남녀 영재들로부터 전폭적인 도움을 받았다. 새러 에스크리스-윈클러Sarah Eskries-Winkler, 마이클 스캐벨리Michael Scavelli, 릭 베넷Rick Bennet, 그리고 세스 마이어스Seth Myers가 바로 그들이다. 필자가 연구와 집필에 몰두하고 있을 때 우리 연구원들은 관련 서적을 찾고 예산을 마련했을 뿐 아니라 수많은 번거로운 행정 및 기타 지원을 아끼지 않았다. 릭과 세스는 보이지 않는 군대 데이터베이스 구축에 특히 중요한 역할을 했다.

필자는 또한 협회에서 작업할 수 있도록 재정적·지적, 그리고 정신적 지원을 해주신 헤어톡 재단Hertog Foundation의 로저 헤어톡Roger Hertog, 로젠크랜즈 재단Rosenkranz Foundation의 로버트 로젠크랜즈Robert Rosenkranz, 알렉산드라 먼로Alexandra Munroe, 다나 울프Dana Wolfe, 랜돌프 재단Randolph Foundation의 헤더 히긴스Heather Higgins, 스미스 리처드슨 재단Smith Richardson Foundation의 마틴 스트르메키Martin Strmecki, 나디아 섀들로우Nadia Schadlow, 브래들리 재단Bradley Foundation의 다이앤 셸러Dianne J. Sehler, 그리고 스티븐 윈치Steven Winch와 그 밖에 여러분께 감사드린다. 이외에도 이름이 밝혀지기를 꺼리는 수많은 분들이 필자에게 도움을 주었다. 특히 로저 헤어톡은 연구를 위해 이스라엘로 떠날 때 고위층 인사들의 연락처를 알려주어 큰 도움이 되었으며, 샬렘 센터Shalem Center 다니엘 폴리사Daniel Polisar 센터장과 조르다나 바르카츠Jordana Barkats 비서는 이스라엘 안보의 기틀을 잡은 분들을 후즈후who's who 인명사전에서 찾아 인터뷰를 도와주셨다. 로버트 로젠크랜즈와 알렉산드라 먼로는 필자가 영국의 기록물을 연구하는 동안 런던에 있는 두 분의 집에서 지낼 수 있도록 도와주셨다.

몇몇 친구들과 동료들은 시간을 들여 이 책의 원고 전부 또는 일부를 같이 읽어주는 수고를 아끼지 않았다. 배리 스트라우스Barry Strauss, 로버트 어틀리Robert Utley, 피터 만수르Peter Mansoor, 아더 월드론Arthur Waldron, 로엘 게레흐트Reuel Gerecht, 루퍼스 필립스Rufus Philips, 릭 베넷Rick Bennet, 그리고 특히 맬로리 팩터Mallory Factor는 마음에 새겨야 할 조언을 해주었다. 스티브 비들Steve Biddle과 제프 프리드먼Jeff Friedman 역시 데이터베이스 작성 시 피드백을 주었고, 협회의 요청에 따라 원고를 자세하게 검토해준 익명의 두 검토자들에게도 감사드린다.

지난 9년(2003~2012년) 동안 필자는 아프가니스탄과 이라크를 10차례 이상 방문하여 전장을 살펴보고 고위급 장성과 민간인 관계자들을 만났다. 이로부터 필자가 얻은 정보는 이라크, 아프가니스탄에서 미국이 취한 조치들을 이 책에 쓰는 데 도움이 되었을 뿐만 아니라 전체적으로 저강도 분쟁에 대한 필자의 시각을 형성하는 데 도움을 주었다. 필자는 이런 방문이 가능하도록 도와주신 고위급 지휘관들, 특히 데이비드 퍼트레이어스David Petraeus, 레이 오디에르노Ray Odierno, 스탠리 맥크리스탈Stanley McChrystal, 존 앨런John Allen 장군께 감사드린다. 그들의 부하들은 필자를 친절하고 따뜻하게 대해주었다. 전장의 간이식당이나 이동하는 장갑차 안에서 그들과 대반란 전술에 대해 유익한 토론을 한 기억이 아직도 생생하다. 또한 필자가 필리핀과 콜롬비아를 방문할 수 있게 해준 특수작전부대Special Operations Forces와 이스라엘이 헤즈볼라, 하마스와 전쟁 중이던 시기에도 이스라엘로 미국 안보분석관들이 두 번이나 출장을 갈 수 있도록 도와준 미국 유대인회American Jewish Committee, 그리고 레바논 방문을 지원해준 리 스미스Lee Smith에게도 감사드린다.

필자는 연구 기간 동안 방문한 기관의 사서들과 기록물 관리관들에게도 큰 빚을 졌다. 이분들은 정말 노련하고, 도움을 주려고 노력하셨으며 전문지식을 가진 프로들이었다. 특히 필자가 집을 방문하여 아버지의 기록을 연구할 수 있도록 허락해준 템플러 원수의 아들 마일스 템플러Miles Templer에게도 감사드린다. 그리고 외교협회가 소장 중인 책들을 대출할 수 있도록 도와주고 엄청나게 긴 대출 목록에 대해 단 한 번도 불평한 적이 없는 외교협회 사서들께도 감사드린다.

나의 에이전트이자 친구인 글렌 하틀리Glen Hartly와 린 추Lynn Chu는 언제나 그랬듯이 훌륭한 조언과 많은 지원을 아끼지 않았다. 로버트 웰Robert Well, 그리고 비서 필 마리노Phil Marino, 윌리엄 미내커William Menaker 등 W. W.

노튼^{W. W. Norton} 출판사 직원 여러분과 함께 일할 수 있어 정말 즐거웠다. 밥^{Bob}은 아직도 원고를 연필로 교정하는 구세대 편집장이지만 필자가 올바른 서술적 접근방법을 찾기 위해 고군분투했던 원고 집필 초기와 다 쓴 원고를 수정하는 단계에서 그의 전문가다운 조언은 큰 도움이 되었다. 필자는 지금껏 만나본 편집장 중 그보다 나은 분은 없었고 앞으로도 없으리라 확신한다. 데이비드 린드로스^{David Lindroth}는 멋진 지도를 그려주었고, 세스 마이어스^{Seth Myers}는 이 책에 수록된 사진들을 수집해주었다.

마지막으로 나는 내가 사랑하는 사람들에게 많은 빚을 졌다. 특히 이 책 집필을 위해 내가 장기간 집을 비우고 없는 동안 방해가 되지 않게 잘 참아준 아이들에게 이 책을 바친다.

한국국방안보포럼(KODEF)은 21세기 국방정론을 발전시키고 국가안보에 대한 미래 전략적 대안을 제시하기 위해 뜻있는 군·정치·언론·법조·경제·문화 마니아 집단이 만든 사단법인입니다. 온·오프라인을 통해 국방정책을 논의하고, 국방정책에 관한 조사·연구·자문·지원 활동을 하고 있으며, 국방 관련 단체 및 기관과 공조하여 국방 교육 자료를 개발하고 안보의식을 고양하는 사업을 하고 있습니다. http://www.kodef.net

KODEF 안보총서 **117**

보이지 않는 군대
INVISIBLE ARMIES

게릴라전, 테러, 반란전과 대반란전의 5천년 역사

초판 1쇄 인쇄 | 2023년 3월 9일
초판 1쇄 발행 | 2023년 3월 16일

지은이 | 맥스 부트
옮긴이 | 문상준 · 조상근
펴낸이 | 김세영

펴낸곳 | 도서출판 플래닛미디어
주소 | 04044 서울시 마포구 양화로6길 9-14 102호
전화 | 02-3143-3366
팩스 | 02-3143-3360
블로그 | http://blog.naver.com/planetmedia7
이메일 | webmaster@planetmedia.co.kr
출판등록 | 2005년 9월 12일 제313-2005-000197호

ISBN | 979-11-87822-74-5 03900